Ickstadt/Dinges
Die Prüfung der Verwaltungsfachangestellten

Zusätzliche digitale Inhalte für Sie!

Zu diesem Buch stehen Ihnen kostenlos folgende digitale Inhalte zur Verfügung:

- Online-Buch ✓
- Buch als PDF
- Online-Training
- Zusatz-Downloads
- App
- Digitale Lernkarten

Schalten Sie sich das Buch inklusive Mehrwert direkt frei.

Scannen Sie den QR-Code **oder** rufen Sie die Seite **www.kiehl.de** auf. Geben Sie den Freischaltcode ein und folgen Sie dem Anmeldedialog. Fertig!

Ihr Freischaltcode

BIIK-JTFV-FKRY-KPKI-XMCK-FZ

www.kiehl.de

Die Prüfung der Verwaltungsfachangestellten

Prüfungstraining für die Zwischen- und Abschlussprüfung

Von
Ewald Ickstadt und
Marvin Dinges

19., aktualisierte Auflage

kiehl

ISBN 978-3-470-**54119-8** · 19., aktualisierte Auflage 2018

www.kiehl.de

Kiehl ist eine Marke des NWB Verlags

Satz: SATZ-ART Prepress & Publishing GmbH, Bochum
Druck: Stückle Druck und Verlag, Ettenheim

Geleitwort

Die öffentliche Verwaltung in Deutschland befindet sich seit den 90er-Jahren und verstärkt seit 2008 („Doppik-Zeitalter"), aber auch durch aktuelle Herausforderungen, wie beispielsweise der Flüchtlingssituation, in einer großen Umbruchphase, die mit einem tiefgreifenden Reformprozess einhergeht, der über den Ansatz der Reformbestrebungen früherer Jahre weit hinausgeht. Am deutlichsten werden diese Veränderungen spürbar an den bereits eingeführten neuen Verwaltungsstrukturen und Steuerungsmodellen sowie der Hinwendung zur Kosten- und Leistungsrechnung. Zur Umsetzung dieser Reformen brauchen die Verwaltungen Mitarbeiterinnen und Mitarbeiter, die entsprechend qualifiziert und den geänderten Anforderungen gewachsen sind.

Der Ausbildungsberuf hat zum Ziel, die künftigen Verwaltungsfachangestellten zur komplexen und ganzheitlichen Aufgabenwahrnehmung zu befähigen und ihre berufliche Flexibilität und Mobilität durch eine breit angelegte berufliche Bildung zu fördern. Die Ausbildungsziele tragen zugleich dem veränderten Selbstverständnis der öffentlichen Verwaltung hinsichtlich des auf die Verknüpfung fachlicher, organisatorischer, methodischer und informationstechnologischer Qualifikationen mit ökonomischen, ökologischen, kommunikativen und sozialen Kompetenzen ausgerichteten Mitarbeiterprofils Rechnung.

Dies findet auch seinen Niederschlag in der Abschlussprüfung, die nicht nur die bisher bekannten Prüfungsgebiete Personalwesen, Verwaltungsrecht und Verwaltungsverfahren sowie Wirtschafts- und Sozialkunde umfasst, sondern als neues Element den Prüfungsbereich Verwaltungsbetriebswirtschaft, der neben dem klassischen Haushaltsrecht, das Beschaffungswesen und die Organisation sowie betriebswirtschaftliche Elemente, wie die kaufmännische Buchführung, die Kosten- und Leistungsrechnung und das Controlling enthält. Außerdem ist die bislang übliche mündliche Prüfung durch einen praktischen Teil ersetzt worden. Der bisher hohe Standard an fachlicher Qualifizierung der Verwaltungsfachangestellten wurde mit der neuen Ausbildungsordnung beibehalten, wobei jedoch die in der bisherigen Ausbildungsordnung vorgesehene Vermittlung von Spezialkenntnissen weggefallen ist, soweit diese nicht mehr regelmäßig gefragt sind.

Die inhaltlichen Anforderungen der für das spätere Berufsleben der jungen Auszubildenden so bedeutsamen Zwischen- und Abschlussprüfungen richten sich nach der Ausbildungsordnung und dem dazugehörigen Ausbildungsrahmenplan sowie dem Rahmenlehrplan der Kultusministerkonferenz. Daher war der Gedanke einer Unterstützung für eine erfolgreiche und Erfolg versprechende Zwischen- und Abschlussprüfung hilfreich und begrüßenswert. Diesem Grundgedanken der angemessenen Hilfestellung folgend, haben die Verfasser dieses „Prüfungsbuches", die über langjährige Erfahrungen im Bereich der beruflichen Bildung – speziell in der Ausbildung von Verwaltungsfachangestellten in der staatlichen und kommunalen Verwaltung – verfügen, für die Auszubildenden ein wirkungsvolles Hilfsmittel entwickelt, mit dem sich die angehenden Verwaltungsfachangestellten nicht nur auf die schriftlichen Prüfungen und die praktische Prüfung sowie die Übungsarbeiten vorbereiten können, sondern während der gesamten Ausbildung eine gut gegliederte und übersichtliche Fachliteratur und ein fachbezogenes Nachschlagewerk besitzen. Darüber hinaus ist dieses

Werk auch geeignet, den in der Ausbildung und Lehre Tätigen sowohl in der Praxis als auch im schulischen Bereich eine Orientierungshilfe zu geben.

Die Verfasser haben angesichts der Fülle des Lehrstoffes bewusst darauf verzichtet, die nicht einfache Materie in Form eines Lehrbuches abzuhandeln und sich darauf beschränkt, das für eine erfolgreiche Ausbildung und Prüfung erforderliche theoretische Fachwissen in „Frage und Antwort" praxisbezogen zu vermitteln. Dies hat für die Prüflinge den großen Vorteil, dass ihnen in übersichtlicher Weise typische Inhalte von Prüfungsfragen in logischem Zusammenhang näher gebracht werden. Die Verständlichkeit und klare Sprache sowie der Umfang der Antworten, der sich an dem Wesentlichen orientiert, gewährleisten eine gute Aufnahme und Verarbeitung des Prüfungsstoffes durch den Lernenden.

Das Prüfungsbuch, das sich inzwischen zu einem Standardwerk für die Prüfungsvorbereitung der angehenden Verwaltungsfachangestellten entwickelt hat, erscheint nunmehr bereits in 19. Auflage und befindet sich auf dem aktuellen Rechtsstand. Es ist darauf hinzuweisen, dass der Aufgabenteil des Prüfungsbuches eine den realen Anforderungen entsprechende Muster-Zwischenprüfung und Muster-Abschlussprüfung mit Lösungen sowie Übungsfälle aus den Teilgebieten der drei Prüfungsgebiete der Zwischenprüfung und der vier schriftlichen Prüfungsbereiche der Abschlussprüfung sowie der praktischen Prüfung enthält. Damit können sich die Auszubildenden und die Angestellten, die als Externe die Verwaltungsfachangestelltenprüfung ablegen wollen, noch gezielter auf die Prüfungen vorbereiten, was sich für diesen Personenkreis sicherlich als hilfreich erweisen wird.

Allgemein erkennbar ist, dass neben der Ausbildung auch die Fortbildung einen immer breiteren Raum einnimmt und das einmal Gelernte nicht bis zum Ende des Berufslebens ausreicht. Dies erfordert eine deutliche Erhöhung der Qualität gerade in den Ausbildungs- und Fortbildungsstandards. Der Hessische Verwaltungsschulverband (HVSV) nimmt deshalb im Rahmen seines Qualitätsmanagements an einem formalen wissenschaftlich begleiteten und geprüften Testierungsverfahren nach **LQW** (**l**ernorientierte **Q**ualität in der **W**eiterbildung) teil. Nach Vorlage eines wissenschaftlichen Gutachtens und erfolgreicher Visitation wurde dem Hessischen Verwaltungsschulverband das Qualitätstestat für vier Jahre bis April 2014 erteilt. Dieses Qualitätstestat wurde im Rahmen einem sich anschließenden, jedoch nicht weniger aufwendigen, Re-Testierungsverfahren im Mai 2014 für weitere vier Jahre bis zum Jahr 2018 verlängert und gewährleistet somit eine hochqualifizierte sowie an den Änderungen der Arbeitswelt orientierte Aus- und Fortbildung der Beschäftigten in der öffentlichen Verwaltung in Hessen.

Zwischenzeitlich hat der Hessische Verwaltungsschulverband ein weiteres innovatives Bildungsprojekt erfolgreich beginnen können. Seit dem 01.04.2017 kann am Verwaltungsseminar Darmstadt in Kooperation mit der Hochschule Darmstadt im Studiengang Public Management berufsbegleitend der akademische Abschluss „Bachelor of Science" erreicht werden.

Horst Knechtel
Bürgermeister a. D. der Wissenschaftsstadt Darmstadt
Schulleiter und Verbandsgeschäftsführer des Hessischen Verwaltungsschulverbandes
Darmstadt, im März 2018

Vorwort

Das Standardwerk „Die Prüfung der Verwaltungsfachangestellten“ liegt nunmehr bereits in 19. Auflage vor. Die Neuauflage berücksichtigt die seit Erscheinen der vorangegangenen Auflage in den jeweiligen Prüfungsbereichen eingetretenen rechtlichen und tariflichen Änderungen und bringt das Werk auf den Rechtsstand vom 1. März 2018.

Das Buch ist in die folgenden fünf Kapitel gegliedert:

- Einführung
- Grundwissen
- Übungsfälle
- Praktische Prüfung
- Musterprüfung.

In dem Kapitel „Grundwissen“ ist der Prüfungsstoff der schriftlichen Prüfungsbereiche „Verwaltungsbetriebswirtschaft“, „Personalwesen“, „Verwaltungsrecht und Verwaltungsverfahren“ und „Wirtschafts- und Sozialkunde“ (mit den Teilgebieten „Staatskunde“, „Rechtskunde“ und „Wirtschaftskunde“) vollständig zusammengefasst. Die Stoffauswahl erfolgte hierbei auf der Grundlage der am 1. August 1999 in Kraft getretenen neuen Ausbildungsordnung für den Ausbildungsberuf Verwaltungsfachangestellter/ Verwaltungsfachangestellte und des von der Ständigen Konferenz der Kultusminister der Länder hierzu beschlossenen Rahmenlehrplanes für die Berufsschule, sodass die Auszubildenden das Buch nicht nur zur gezielten Vorbereitung auf Klassenarbeiten und die Zwischen- und Abschlussprüfung, sondern bereits vom ersten Tag ihrer Ausbildung an unterrichtsbegleitend benutzen können.

Die Fallsammlungen mit Lösungen aus den Teilgebieten der drei Prüfungsgebiete der Zwischenprüfung und der vier schriftlichen Prüfungsbereiche der Abschlussprüfung im Kapitel „Übungsfälle“ und die Übungsaufgaben mit Lösungen des Prüfungsbereiches „Fallbezogene Rechtsanwendung“ im Kapitel „Praktische Prüfung“ sowie die Muster-Zwischenprüfung und Muster-Abschlussprüfung mit Lösungen im Kapitel „Musterprüfung“ sind in dem farblich hervorgehobenen Anhang am Ende des Buches abgedruckt.

Das Buch ist kein Lehrbuch, sondern ein Lern-, Übungs- und Arbeitsbuch und vermittelt den komplizierten Prüfungsstoff in der bewährten Form in Frage und Antwort. Die Übungsfälle und Übungsaufgaben sowie die Musterprüfungen ermöglichen den Auszubildenden eine gezielte Lernerfolgskontrolle. Das Inhaltsverzeichnis und das umfangreiche Stichwortverzeichnis erleichtern das Nachschlagen in dem Prüfungsbuch.

An dieser Stelle sei ein herzlicher Dank an alle gerichtet, die durch konstruktive Kritik, Hinweise und Vorschläge zu einer weiteren Verbesserung des Prüfungsbuches beigetragen haben. Ein besonderer Dank gilt hierbei Herrn Verwaltungsstudiendirektor Martin Lüpkes vom Hessischen Verwaltungsschulverband für seine Anregungen zum Teilgebiet „Staatskunde“ und für die Überarbeitung dieses Gebietes sowie für seine Hinweise zu den Lern- und Arbeitstechniken, die Eingang in das erste Kapitel „Einführung“ gefunden haben, den Mitarbeitern des Personal- und Organisationsamtes – Sachgebiet Ausbildung – der Landeshauptstadt Wiesbaden für die freundliche Unterstützung und Hilfe bei der Erstellung der Übungsfälle und Übungsaufgaben einschließlich der Musterlösungen, Herrn Olaf Gazda, Verwaltungsfachangestellter bei der Stadt Hamm, für den für die schriftliche Abschlussprüfung des Prüfungsbereiches „Verwaltungsbetriebswirtschaft“ bearbeiteten Übungsfall „Ermittlung von Zuschlagssätzen und Selbstkosten“ mit Musterlösung und Frau Stefanie Fillmann, hauptamtliche Dozentin beim Verwaltungsseminar Wiesbaden, für ihre ergänzenden Hinweise zu diesem Übungsfall, Herrn Uwe Laib für die Genehmigung zum Abdruck der Übungsaufgabe „Ertrags-, Aufwandskonten und Abschlusskonto der Ergebnisrechnung“ mit Musterlösung aus seinem Werk „Buchführungssystematik im Rahmen der kommunalen Doppik“, erschienen im Fachverlag Jüngling-ggb/Verlagsservice Stephan Metz, www.juenglingverlag.de, die Eingang bei den Übungsfällen für die schriftliche Abschlussprüfung des Prüfungsbereiches „Verwaltungsbetriebswirtschaft“ gefunden hat, Herrn Rüdiger Werner, Dozent an der Berufsakademie Ostsachsen in Bautzen, für seinen Beitrag über die Vorbereitung auf die praktische Prüfung, der in gekürzter Fassung in dem Kapitel „Praktische Prüfung“ abgedruckt ist, und Herrn Daniel Siegler vom Personal- und Organisationsamt der Stadt Frankfurt am Main für die bearbeitete Aufgabe für den Prüfungsbereich „Verwaltungsbetriebswirtschaft“ mit Musterlösung. Darüber hinaus gilt ein besonderer Dank meinem Kollegen und Freund Herbert Hörner für die Gestaltung der Schaubilder sowie meinem Schwiegersohn Dr. Peter Hibst für die Durchsicht des Prüfungsbuches und für seine redaktionellen Änderungen.

Für Anregungen und Kritik aus dem Leserkreis sind Verfasser und Verlag stets dankbar.

Abschließend noch ein Hinweis zur Nutzung des Prüfungsbuches: Aufgrund des erheblichen Umfangs des zu beherrschenden Wissens für die Zwischen- und Abschlussprüfung, das durch den Ausbildungsrahmenplan und den Rahmenlehrplan für die Berufsschule bestimmt wird, gelingt es in den seltensten Fällen, sich kurz vor der jeweiligen Prüfung das Prüfungswissen anzulernen. Wir empfehlen daher allen Lesern, das Prüfungsbuch bereits vom ersten Tag der Ausbildung ausbildungsbegleitend zu nutzen, wobei zugleich auch der Umgang mit dem Buch erlernt werden kann.

Ewald Ickstadt und Marvin Dinges
Ingelheim am Rhein und Mainz, im März 2018

Benutzungshinweise

Diese Symbole erleichtern Ihnen die Arbeit mit diesem Buch:

TIPP

Hier finden Sie nützliche Hinweise zum Thema.

MERKE

Das X macht auf wichtige Merksätze oder Definitionen aufmerksam.

ACHTUNG

Das Ausrufezeichen steht für Beachtenswertes, wie z. B. Fehler, die immer wieder vorkommen, typische Stolpersteine oder wichtige Ausnahmen.

INFO

Hier erhalten Sie nützliche Zusatz- und Hintergrundinformationen zum Thema.

RECHTSGRUNDLAGEN

Das Paragrafenzeichen verweist auf rechtliche Grundlagen, wie z. B. Gesetzestexte.

MEDIEN

Das Maus-Symbol weist Sie auf andere Medien hin. Sie finden hier Hinweise z. B. auf Download-Möglichkeiten von Zusatzmaterialien, auf Audio-Medien oder auf die Website von Kiehl.

Aus Gründen der Praktikabilität und besseren Lesbarkeit wird darauf verzichtet, jeweils männliche und weibliche Personenbezeichnungen zu verwenden. So können z. B. Mitarbeiter, Arbeitnehmer, Vorgesetzte grundsätzlich sowohl männliche als auch weibliche Personen sein.

Feedbackhinweis

Kein Produkt ist so gut, dass es nicht noch verbessert werden könnte. Ihre Meinung ist uns wichtig. Was gefällt Ihnen gut? Was können wir in Ihren Augen verbessern? Bitte schreiben Sie einfach eine E-Mail an: **feedback@kiehl.de**

Geleitwort 5
Vorwort 7
Benutzungshinweise 9
Abkürzungsverzeichnis 17

A. Einführung

1. Die Prüfung 21
1.1 Lern- und Arbeitstechniken 21
1.2 Prüfungsvorbereitung und Prüfungsverhalten 22
1.3 Prüfungsgebiete und Prüfungsbereiche 24

2. Weiterbildung 25

B. Grundwissen

I. Verwaltungsbetriebswirtschaft
1. Betriebliche Organisation 27
1.1 Die Aufbauorganisation 27
1.2 Die Ablauforganisation 33
2. Haushaltswesen 35
2.1 Rechtsgrundlagen des öffentlichen Haushaltsrechts 35
2.2 Ziele und Notwendigkeit der Haushalts- und Wirtschaftsplanung 39
2.3 Aufstellung des Haushaltsplans 42
2.4 Haushaltsgrundsätze 56
2.5 Bewirtschaftung der Haushaltsmittel 60
2.6 Feststellung von Ansprüchen und Zahlungsverpflichtungen 72
2.7 Formen und Arten der Kassenanordnungen 74
2.8 Die Ausübung der Anordnungsbefugnis 77
2.9 Die Einziehung der Einnahmen 78
3. Rechnungswesen 81
3.1 Staatliche und kommunale Doppik 81
3.2 Produktorientierter Haushalt und Produkthaushalt 92
3.3 Kosten- und Leistungsrechnung 94
3.4 Wirtschaftlichkeitsberechnungen 103
3.5 Controlling und Berichtswesen 106
3.6 Rechnungsprüfung 109
4. Öffentliches Auftragswesen 111
4.1 Grundlagen des öffentlichen Auftragswesens 111
4.2 Vergabeverfahren 112
4.3 Nachprüfungsverfahren 120

II. Personalwesen

1. Personalplanung 123
1.1 Die Aufgaben und Ziele der Personalplanung 123
1.2 Die Ziele und Instrumente der Personalentwicklung 126
2. Der öffentliche Dienst 129
2.1 Die Beschäftigungsverhältnisse im öffentlichen Dienst 129
2.2 Die Zugangsvoraussetzungen zum öffentlichen Dienst 132
2.3 Das Berufsausbildungsverhältnis 136
3. Die Grundlagen des Arbeitsverhältnisses im öffentlichen Dienst 143
3.1 Die rechtlichen und tariflichen Grundlagen 143
3.2 Die Begründung des Arbeitsverhältnisses 148
3.3 Rechte und Pflichten im Arbeitsverhältnis 154
3.4 Beschäftigungszeit 155
3.5 Beendigung des Arbeitsverhältnisses 157
4. Das Entgeltsystem des TVöD/TV-L 165
4.1 Eingruppierung 165
4.2 Das Arbeitsentgelt und sonstige Leistungen 168
4.3 Die gesetzlichen Abzüge vom Brutto-Arbeitsentgelt 179
5. Überblick über die Altersversorgung der Arbeitnehmer des öffentlichen Dienstes 183
6. Die Grundlagen des Beamtenverhältnisses 190
6.1 Die Rechtsquellen und Gesetzgebungszuständigkeiten im Beamtenrecht 190
6.2 Beamtenrechtliche Grundbegriffe und Beamtengruppen 193
6.3 Die Begründung des Beamtenverhältnisses 201
6.4 Die Pflichten und Rechte der Beamten 209
6.5 Die Beendigung des Beamtenverhältnisses 214
7. Die Besoldung der Beamten 221
7.1 Die gesetzlichen Grundlagen der Beamtenbesoldung 221
7.2 Die Bestandteile der Beamtenbesoldung 223
8. Überblick über die Beamtenversorgung 235
9. Das Personalvertretungsrecht 241
9.1 Der Personalrat 241
9.2 Die Personalversammlung 246
9.3 Die Jugend- und Auszubildendenvertretung 247
10. Das Arbeitsschutzrecht 249
10.1 Allgemeine Arbeitnehmerschutzvorschriften 249
10.2 Besondere Arbeitnehmerschutzvorschriften 251

11. Die Arbeitsgerichtsbarkeit 255
11.1 Die Organisation der Arbeitsgerichtsbarkeit 255
11.2 Das arbeitsgerichtliche Verfahren 256

III. Verwaltungsrecht und Verwaltungsverfahren
1. Begriff und Rechtsformen der öffentlichen Verwaltung 259
1.1 Begriff der öffentlichen Verwaltung 259
1.2 Rechtsformen der öffentlichen Verwaltung 260
2. Die Quellen des Verwaltungsrechts 264
2.1 Arten der Rechtsquellen 264
2.2 Rangordnung der Rechtsquellen 271
3. Die Organisation der öffentlichen Verwaltung 273
3.1 Träger der öffentlichen Verwaltung 273
3.2 Amt, Organ, Behörde 275
3.3 Grundformen der Verwaltungsorganisation 278
3.4 Verwaltungsaufbau im Bund und in den Ländern 279
4. Das Verwaltungshandeln 283
4.1 Handlungsformen der öffentlichen Verwaltung 283
4.2 Allgemeine Grundsätze des Verwaltungshandelns 285
4.3 Ermessen 288
4.4 Bestimmte und unbestimmte Rechtsbegriffe 291
5. Das Verwaltungsverfahren 292
5.1 Rechtsgrundlagen, Begriff und Arten des Verwaltungsverfahrens 292
5.2 Grundsätze des Verwaltungsverfahrens 293
6. Der Verwaltungsakt 299
6.1 Merkmale und Arten des Verwaltungsaktes 299
6.2 Nebenbestimmungen des Verwaltungsaktes 303
6.3 Allgemeine Anforderungen an den Verwaltungsakt 305
6.4 Der fehlerhafte Verwaltungsakt 315
6.5 Rücknahme eines rechtswidrigen Verwaltungsaktes 320
6.6 Widerruf eines rechtmäßigen Verwaltungsaktes 322
7. Der öffentlich-rechtliche Vertrag 325
8. Das Verwaltungsvollstreckungsverfahren 328
8.1 Grundlagen der Verwaltungsvollstreckung 328
8.2 Verwaltungsvollstreckung von Geldforderungen 329
8.3 Erzwingung von Handlungen, Duldungen und Unterlassungen 331
9. Rechtsschutz gegen Verwaltungshandeln 335
9.1 Formen und Wirkungen von Rechtsbehelfen 335
9.2 Widerspruchsverfahren 337
9.3 Klagearten im Verwaltungsprozess 346

IV. **Wirtschafts- und Sozialkunde**

Teilgebiet Staatskunde 359

1. Staatsbegriff und Staatsaufgaben 359

1.1 Der Staat und seine Merkmale 359

1.2 Die Aufgaben des Staates 362

2. Staatsformen und Regierungsformen 363

2.1 Die Staatsformen 363

2.2 Die Regierungsformen 365

3. Die Verfassungsprinzipien der Bundesrepublik Deutschland 366

3.1 Das Grundgesetz 366

3.2 Das Demokratieprinzip 368

3.3 Das Rechtsstaatsprinzip 372

3.4 Das Sozialstaatsprinzip 382

3.5 Das Bundesstaatsprinzip 383

4. Die Verfassungsorgane 388

4.1 Der Bundestag 388

4.2 Der Bundesrat 405

4.3 Der Gemeinsame Ausschuss 408

4.4 Der Bundespräsident und die Bundesversammlung 410

4.5 Die Bundesregierung 413

4.6 Das Bundesverfassungsgericht 418

5. Staatsfunktionen 420

5.1 Die Gesetzgebungskompetenzen und das Gesetzgebungsverfahren 420

5.2 Die Verwaltungskompetenzen 428

5.3 Die Rechtsprechungskompetenzen 431

6. Die Einbindung der Bundesrepublik Deutschland in das europäische Rechtssystem 433

6.1 Die Europäische Union 433

6.2 Die Organe der Europäischen Union 444

6.3 Das Recht der Europäischen Union 451

6.4 Die Unionsbürgerschaft 458

Teilgebiet Rechtskunde 459

1. Grundlagen des Rechts 459

1.1 Funktionen des Rechts 459

1.2 Einteilung des Rechts 461

1.3 Rechtsquellen und Rechtsnormen 464

2. Rechtssubjekte und Rechtsobjekte 466

2.1 Personenrecht 466

2.2 Gegenstände des Rechts 470

3. Rechtsgeschäfte 472
3.1 Willenserklärung und Rechtsgeschäft 472
3.2 Vollmacht und Vertretung 478
3.3 Bedingung und Zeitbestimmung 480
3.4 Verjährung 482
4. Recht der Schuldverhältnisse, dargestellt am Kaufvertrag 486
4.1 Vertragliche Schuldverhältnisse 486
4.2 Der Kaufvertragsabschluss 488
4.3 Die Grenzen der Vertragsfreiheit 491
4.4 Die Erfüllung des Kaufvertrages 493
4.5 Die Leistungsstörungen bei der Erfüllung von Kaufverträgen 496
4.6 Gesetzliche Schuldverhältnisse 505

Teilgebiet Wirtschaftskunde 507
1. Notwendigkeit des Wirtschaftens 507
1.1 Bedürfnisse und Bedarf 507
1.2 Güter als Mittel der Bedürfnisbefriedigung 511
1.3 Prinzipien wirtschaftlichen Handelns 515
2. Wirtschaftskreislauf und Volkswirtschaftliche Gesamtrechnung 516
2.1 Der Wirtschaftskreislauf 516
2.2 Volkswirtschaftliche Gesamtrechnungen 520
3. Markt und Preis 527
3.1 Marktarten und Marktformen 527
3.2 Preis und Preisbildung 531
4. Wirtschaftsordnung 534
4.1 Freie Marktwirtschaft und Zentralverwaltungswirtschaft 534
4.2 Soziale Marktwirtschaft 537
5. Grundzüge der Wirtschaftspolitik 539
5.1 Konjunktur und Konjunkturverlauf 539
5.2 Wirtschaftspolitische Ziele 540
5.3 Die Handlungsfelder der Wirtschaftspolitik 545
6. Die Europäische Währungsunion 550
6.1 Die europäische Währung 550
6.2 Das Europäische Währungssystem 557

C. Übungsfälle

1. Vorbemerkung 561

2. Übungsfälle für die Zwischenprüfung 561

2.1 Prüfungsgebiet „Ausbildungsbetrieb, Arbeitsorganisation und bürowirtschaftliche Abläufe“ 561
2.2 Prüfungsgebiet „Haushaltswesen und Beschaffung“ 564
2.3 Prüfungsgebiet „Wirtschafts- und Sozialkunde“ 566

3. Übungsfälle für die schriftliche Abschlussprüfung 568

3.1 Prüfungsbereich „Verwaltungsbetriebswirtschaft“ 568
3.2 Prüfungsbereich „Personalwesen“ 575
3.3 Prüfungsbereich „Verwaltungsrecht und Verwaltungsverfahren“ 579
3.4 Prüfungsbereich „Wirtschafts- und Sozialkunde“ 583

D. Praktische Prüfung

1. Vorbemerkung 586

1.1 Ganzheitliche Prüfungsvorbereitung 587

2. Übungsaufgaben für die praktische Prüfung 589

2.1 Prüfungsbereich „Fallbezogene Rechtsanwendung“ 589

E. Musterprüfung

1. Muster-Zwischenprüfung 593

1.1 Prüfungsgebiet „Ausbildungsbetrieb, Arbeitsorganisation und bürowirtschaftliche Abläufe“ 593
1.2 Prüfungsgebiet „Haushaltswesen und Beschaffung“ 594
1.3 Prüfungsgebiet „Wirtschafts- und Sozialkunde“ 595

2. Muster-Abschlussprüfung 597

2.1 Prüfungsbereich „Verwaltungsbetriebswirtschaft“ 597
2.2 Prüfungsbereich „Personalwesen“ 599
2.3 Prüfungsbereich „Verwaltungsrecht und Verwaltungsverfahren“ 601
2.4 Prüfungsbereich „Wirtschafts- und Sozialkunde“ 602

Lösungen 605
Stichwortverzeichnis 675

Abs.	Absatz
a. F.	alte Fassung
AG	Aktiengesellschaft
AGB	Allgemeine Geschäftsbedingungen
Anm.	Anmerkung
AO	Abgabenordnung
ArbGG	Arbeitsgerichtsgesetz
ArbPlSchG	Arbeitsplatzschutzgesetz
ArbZG	Arbeitszeitgesetz
Art.	Artikel
AZV	Arbeitszeitverordnung der Bundesbeamten
BArbG	Bundesarbeitsgericht
BAT	Bundes-Angestelltentarifvertrag
BBankG	Bundesbankgesetz
BBesG	Bundesbesoldungsgesetz
BBG	Bundesbeamtengesetz
BBiG	Berufsbildungsgesetz
BDG	Bundesdisziplinargesetz
BeamtStG	Beamtenstatusgesetz
BeamtVG	Beamtenversorgungsgesetz
BEEG	Bundeselterngeld- und Elternzeitgesetz
BErzGG	Bundeserziehungsgeldgesetz
BGB	Bürgerliches Gesetzbuch
BGleiG	Bundesgleichstellungsgesetz
BHO	Bundeshaushaltsordnung
BLV	Bundeslaufbahnverordnung
BPersVG	Bundespersonalvertretungsgesetz
BRH	Bundesrechnungshof
BRHG	Gesetz über Errichtung und Aufgaben des Bundesrechnungshofes
BRRG	Beamtenrechtsrahmengesetz
Buchst.	Buchstabe
BVerfG	Bundesverfassungsgericht
BVerfGG	Bundesverfassungsgerichtsgesetz
BWG	Bundeswahlgesetz
dgl.	dergleichen
DNeuG	Dienstrechtsneuordnungsgesetz
Doppik	Doppelte Buchführung in Konten
EFSF	Europäische Finanzstabilisierungsfazilität
EFSM	Europäischer Finanzstabilisierungsmechanismus
EG	Europäische Gemeinschaft
EGBGB	Einführungsgesetz zum Bürgerlichen Gesetzbuch
EGV	Vertrag zur Gründung der Europäischen Gemeinschaft
Epl.	Einzelplan
ESM	Europäischer Stabilitätsmechanismus
EStG	Einkommensteuergesetz
ESZB	Europäisches System der Zentralbanken
EU	Europäische Union
EUV	Vertrag über die Europäische Union
EZB	Europäische Zentralbank
ff.	folgende
FPL	Funktionenplan
GastG	Gaststättengesetz
GASP	Gemeinsame Außen- und Sicherheitspolitik
GemHVO	Gemeindehaushaltsverordnung
GemKVO	Gemeindekassenverordnung
GewO	Gewerbeordnung
GG	Grundgesetz
ggf.	gegebenenfalls
GmbH	Gesellschaft mit beschränkter Haftung
GO	Gemeindeordnung
GOB	Grundsätze ordnungsmäßiger Buchführung und Bilanzierung
GO-BT	Geschäftsordnung des Bundestages

GO-BR	Geschäftsordnung des Bundesrates
GPL	Gruppierungsplan
GVG	Gerichtsverfassungsgesetz
GWB	Gesetz gegen Wettbewerbsbeschränkungen
HBG	Hessisches Beamtengesetz
HG	Haushaltsgesetz
HGB	Handelsgesetzbuch
HGO	Hessische Gemeindeordnung
HGrG	Haushaltsgrundsätzegesetz
HGrGMoG	Haushaltsgrundsätzemodernisierungsgesetz
Hpl.	Haushaltsplan
HRB	Haushaltstechnische Richtlinien des Bundes
i.V.m.	in Verbindung mit
JArbSchG	Jugendarbeitsschutzgesetz
KGSt	Kommunale Gemeinschaftsstelle für Verwaltungsvereinfachung
KLR	Kosten- und Leistungsrechnung
KSchG	Kündigungsschutzgesetz
LASt	Lebensaltersstufe
Leistungs TV-Bund	Tarifvertrag über das Leistungsentgelt für die Beschäftigten des Bundes
LHO	Landeshaushaltsordnung
LV	Landesverfassung
MdB	Mitglied des Bundestages
MTArb	Manteltarifvertrag für Arbeiterinnen und Arbeiter des Bundes und der Länder
NachwG	Nachweisgesetz
n. F.	neue Fassung
PStG	Personenstandsgesetz
RatSchTV Ang	Tarifvertrag über den Rationalisierungsschutz für Angestellte
RKO	Reichskassenordnung
RRO	Reichsrechnungslegungsordnung
S.	Seite
SektVO	Sektorenverordnung
SGB	Sozialgesetzbuch
sog.	sogenannt
StGB	Strafgesetzbuch
StWG	Stabilitäts- und Wachstumsgesetz
TV-H	Tarifvertrag für den öffentlichen Dienst des Landes Hessen
TV-L	Tarifvertrag für den öffentlichen Dienst der Länder
TV Wiederaufnahme Berlin	Tarifvertrag zur Überleitung der Beschäftigten des Landes Berlin in das Tarifrecht der TdL
TVA-H BBiG	Tarifvertrag für Auszubildende des Landes Hessen in Ausbildungsberufen nach dem Berufsbildungsgesetz
TVA-L BBiG	Tarifvertrag für Auszubildende der Länder in Ausbildungsberufen nach dem Berufsbildungsgesetz
TVAöD-BBiG	Tarifvertrag für die Auszubildenden des öffentlichen Dienstes nach BBiG
TV-Entgelt U-L	Tarifvertrag zur Entgeltumwandlung für die Beschäftigten der Länder
TVöD	Tarifvertrag für den öffentlichen Dienst
TVÜ-H	Tarifvertrag zur Überleitung der Beschäftigten des Landes Hessen in den TV-H und zur Regelung des Übergangsrechts

TVÜ-Länder	Tarifvertrag zur Überleitung der Beschäftigten der Länder in den TV-L und zur Regelung des Übergangsrechts
TVÜ-VKA	Tarifvertrag zur Überleitung der Beschäftigten der kommunalen Arbeitgeber in den TVöD und zur Regelung des Übergangsrechts
u.	und
u. a.	und andere
u. Ä.	und Ähnliches
usw.	und so weiter
u. U.	unter Umständen
VBL	Versorgungsanstalt des Bundes und der Länder
VGR	Volkswirtschaftliche Gesamtrechnungen
VO	Verordnung
VOB	Vergabe- und Vertragsordnung für Bauleistungen
VOL	Vergabe- und Vertragsordnung für Leistungen
Vorl. VV	Vorläufige Verwaltungsvorschriften
VSVgV	Konzessionsvergabeverordnung
VV	Verwaltungsvorschriften
VV-HB	Verwaltungsvorschriften zur Haushaltssystematik des Bundes
VwGO	Verwaltungsgerichtsordnung
VwVfG	Verwaltungsverfahrensgesetz
VwVG	Verwaltungsvollstreckungsgesetz
VwZG	Verwaltungszustellungsgesetz
WissZeitVG	Wissenschaftszeitvertragsgesetz
z. B.	zum Beispiel
ZJIP	Zusammenarbeit in der Justiz- und Innenpolitik
ZPO	Zivilprozessordnung
ZVG	Gesetz über die Zwangsversteigerung und die Zwangsverwaltung

A. Einführung

1. Die Prüfung

1.1 Lern- und Arbeitstechniken

Das Tätigkeits- und Anforderungsprofil der Mitarbeiter in der öffentlichen Verwaltung hat sich in den letzten Jahren aufgrund der gestiegenen Bürgererwartungen an öffentliche Dienstleistungen grundlegend verändert. Gefragt sind nicht mehr Verwaltungsmitarbeiter, die mit dem erfolgreichen Abschluss ihrer Ausbildung „ausgelernt" haben, sondern vielmehr engagierte und flexible Fachkräfte, die sich unter den Vorzeichen zeitgemäßer Organisations- und Personalentwicklung ein **Arbeitsleben lang weiterbilden**, nachdem sie mit ihrer Ausbildung die für den Berufseinstieg notwendigen Fertigkeiten und Kenntnisse erworben haben. Als wichtigste Schlüsselqualifikation gilt deshalb neben der klassischen Fach- und Sozialkompetenz die **Methodenkompetenz**.

Das Beherrschen von Methoden, wozu auch **Lern- und Arbeitstechniken** gehören, hat damit einen neuen, wichtigen Stellenwert erhalten, der auch seinen Niederschlag in der neuen Ausbildungsordnung gefunden hat. Für die angehenden Verwaltungsfachangestellten bedeutet dies **ganzheitliches Lernen** im Rahmen eines handlungsorientierten Unterrichts, der sich nicht mehr an klassischen Unterrichtsfächern sondern **Lernfeldern** orientiert. Dies bedeutet zugleich eine weitgehende Abkehr von dem herkömmlichen Frontalunterricht, sodass Erfolg oder Misserfolg der Ausbildung viel eher als früher davon abhängen, inwieweit die Auszubildenden selbstständig und aktiv mit den Lernangeboten umgehen, die ihnen gemacht werden. Engagement und **aktive Teilnahme am Unterricht** sind somit ab der ersten Unterrichtsstunde der Berufsausbildung gefordert, um später den in der Zwischen- und Abschlussprüfung gestellten Anforderungen zu entsprechen.

Die nachfolgenden **grundlegenden Hinweise**, die einer ersten Orientierung dienen, sollen Ihnen dabei helfen, den angestrebten Ausbildungsabschluss – mit einem möglichst guten Ergebnis – zu erreichen:

- Nehmen Sie eine aktive Haltung gegenüber dem Unterrichtsgeschehen ein und vermeiden Sie grundsätzlich ein passiv-abwartendes Verhalten. Das heißt im Klartext: Lassen Sie bei Gruppenarbeiten und der Präsentation der Arbeitsergebnisse nicht die anderen die Arbeit erledigen, sondern ergreifen Sie selbst die Initiative. Dies gilt genauso für das Unterrichtsgespräch, das von der Beteiligung aller lebt. Nicht zuletzt gehört dazu, dass Sie Fragen stellen, und zwar spätestens dann, wenn etwas unklar geblieben ist. Bekanntlich gibt es keine dummen Fragen.
- Durch eine gezielte Unterrichtsvor- und nachbereitung erleichtern Sie die aktive Teilnahme und das Verstehen des Gelernten. Mitschriften und ihre Verbesserung im Rahmen der Unterrichtsnachbereitung sowie die von den Lehrkräften empfohlene Arbeit mit Unterrichtsmaterialien sollten hierbei selbstverständlich sein. Wichtig ist in jedem Fall die aktive Auseinandersetzung mit Texten, wozu verstehendes Lesen notwendigerweise gehört.
- Herkömmliche Mitschriften und die Lektüre von Fachbüchern sind schon immer Bestandteil des Lernens und Arbeitens gewesen. In den letzten Jahren haben sich vor

allem neue Medien (z. B. PC und Internet) sowie einige neue Arbeitstechniken (z. B. Mind-Mapping, Präsentationstechniken) entwickelt, die man nutzen kann und sollte. Diese sind kein Selbstzweck, sondern können sehr hilfreich sein. Seien Sie gegenüber den neuen Medien und Arbeitstechniken offen.

- Schreiben ist eine grundlegende Kulturtechnik, die für die berufliche Tätigkeit in der öffentlichen Verwaltung beherrscht werden muss. Damit sind Rechtschreibung, Zeichensetzung und ein sicheres und gewandtes schriftliches wie mündliches Ausdrucksvermögen von besonderer Bedeutung, genauso wie ein zutreffender Textaufbau und ein ansprechendes Erscheinungsbild, z. B. einer Übungsklausur, eines Referates oder einer Prüfungsarbeit. Dies fließt auch in die Bewertung ein. Erfahrungsgemäß können Lücken bei Rechtschreibung und Zeichensetzung im Unterricht an der Berufsschule nicht immer geschlossen werden. Hier sind individuelle Anstrengungen unabhängig von der Ausbildung gefragt. So gibt es beispielsweise im Buchhandel zahlreiche praxisorientierte Trainingsbücher zur neuen Rechtschreibung, mit deren Hilfe gezielt individuelle Schwächen ausgeglichen werden können.
- Arbeiten im Team prägt nicht nur den Berufsalltag. Auch private Lern- und Arbeitsgruppen, die der Prüfungsvorbereitung dienen, haben sich bewährt. Unterstützen Sie die Bildung solcher Lern- und Arbeitsgruppen und arbeiten Sie hier aktiv mit.
- Sich selbst und seine Arbeit zu organisieren kann schwierig sein. Zeitmanagement und eine angemessene Einrichtung eines häuslichen Arbeitsbereichs sind ebenso notwendig wie hilfreich. Bei Lernschwierigkeiten und Prüfungsangst ist Selbsterkenntnis gefragt. Sollten Sie den Eindruck haben, dass Sie sich selbst nicht mehr helfen können, empfiehlt es sich, Vertrauenspersonen (z. B. Ausbilder, Lehrkräfte) um Hilfe zu bitten. Je eher Sie sich dazu entschließen, desto besser. Das beste Mittel gegen Prüfungsangst ist im Übrigen systematisches Lernen.
- Die öffentliche Verwaltung ist in gesamtstaatliches Handeln eingebunden. Dies bedeutet, dass Sie diese Aspekte nicht nur zur Kenntnis nehmen sondern auch verstehen sollten. Politisches Interesse kann zweifellos nicht verordnet werden – aber als Mitarbeiter der Verwaltung sollten Sie wissen, dass die Politik die Rahmenbedingungen für Verwaltungshandeln setzt. Damit gehört zu einem erfolgreichen Absolvieren der Ausbildung auch, dass Sie verfolgen, was auf der Welt vor sich geht: Neben der Arbeit mit der notwendigen Fachliteratur erleichtern die Lektüre der Zeitung und das Hören der Nachrichten die aktive Teilnahme am Unterricht genauso wie die Orientierung im Berufsleben überhaupt.

1.2 Prüfungsvorbereitung und Prüfungsverhalten

Der Erfolg der Ausbildung, soweit man ihn selbst beeinflussen kann, hängt also entscheidend von eigenen Aktivitäten ab. Wer dies von Beginn der Ausbildung an beherzigt, kann sicher sein, zu einem erfolgreichen Abschluss der Ausbildung Wesentliches beigetragen zu haben. Für die Prüfungsvorbereitung und das Prüfungsverhalten lassen sich daraus die folgenden Regeln ableiten:

1. Bereiten Sie sich intensiv auf die Zwischen- und Abschlussprüfung vor, nicht erst kurz vor dem Prüfungstermin.

2. Üben Sie vor der Prüfung die Bearbeitung von Aufgaben und praktischen Fällen, sprechen Sie auch mit Ihrem Ausbilder und den anderen Prüfungsbewerbern.
3. Vor der Prüfung sollten Sie gut ausgeschlafen sein und gut gefrühstückt haben.
4. Streben Sie Gelassenheit an. Kommen Sie pünktlich, damit Sie nicht abgehetzt sind.
5. Nehmen Sie mehrere Schreibgeräte mit. Vergessen Sie nicht Ihre Uhr, damit Sie sich die Zeit einteilen können.
6. Lesen Sie zunächst den gesamten Aufgabensatz durch. Beachten Sie dabei auch die jeweils zu erreichenden Punkte.
7. Entscheiden Sie dann, welche Aufgaben Ihnen am leichtesten erscheinen oder welche Sie problemlos lösen können.
8. Beachten Sie die bei der Lösung der Aufgaben zu erreichende Punktzahl. Eine Aufgabe mit hoher Punktzahl erfordert eine längere Bearbeitungszeit und auch eine hohe Leistung.
9. Legen Sie sich anhand der Punkteverteilung einen ungefähren Zeitplan zurecht. Als Richtschnur kann dabei gelten:

Zwischenprüfung	
Prüfungszeit je Arbeit (unter Zugrundelegung gleicher Zeitanteile)	60 Minuten
Zeit zur Vor- und Nachbereitung (Lesen, Korrektur lesen)	10 Minuten
verbleibende Bearbeitungszeit	50 Minuten
d. h. für jeweils 10 Punkte	5 Minuten
Abschlussprüfung	
Prüfungszeit je Arbeit	90/120/135 Minuten
Zeit zur Vor- und Nachbereitung (Lesen, Korrektur lesen)	15/20/25 Minuten
verbleibende Bearbeitungszeit	75/100/110 Minuten
d. h. für jeweils 10 Punkte	7,5/10/11 Minuten

10. Beginnen Sie mit den Ihnen leicht erscheinenden Aufgaben oder mit Aufgaben, die Sie sofort lösen können. Versuchen Sie dabei, nicht hinter Ihrem Zeitplan zurückzubleiben. Sie werden feststellen, dass Sie nach einer kurzen Anlaufzeit schneller werden.
11. Verschmähen Sie nicht leichte Aufgaben mit geringer Punktzahl. Diese Punkte können später wichtig sein.
12. Bevor Sie mit der Lösung einer Aufgabe beginnen, lesen Sie diese noch einmal genau durch. Als richtig kann nur gewertet werden, was auch gefragt war. Verschwenden Sie keine Zeit mit nicht Gefragtem, weil diese Ausführungen wertlos sind.
13. Bei der Fallbearbeitung kommt es darauf an, aus dem vorgegebenen Sachverhalt die richtigen Schlüsse zu ziehen. Unterscheiden Sie das Wesentliche vom Unwesentlichen. Sorgen Sie für eine klare und gut gegliederte Einteilung. Die Ausarbeitung sollte knapp in der Darstellung, klar im Ausdruck, unmissverständlich und vollständig sein.

14. Geben Sie bei der Lösung der Aufgaben stets die Rechtsgrundlagen an, es sei denn, dass dies bei einzelnen Aufgaben ausdrücklich nicht gefordert wird.
15. Benutzen Sie die zugelassenen Hilfsmittel. Sie erleichtern Ihnen die Bearbeitung und geben Ihnen Sicherheit.
16. Lesen Sie zum Schluss Ihre Arbeit noch einmal durch und vergewissern Sie sich, dass Sie alle Aufgaben bearbeitet haben.

1.3 Prüfungsgebiete und Prüfungsbereiche

Die Prüfungsgebiete der Zwischenprüfung und die Prüfungsbereiche der Abschlussprüfung sind in der Verordnung über die Berufsausbildung zum Verwaltungsfachangestellten/zur Verwaltungsfachangestellten vom 19. Mai 1999 (BGBl. I S. 1029) festgelegt.

Zwischenprüfung
Zur Ermittlung des Ausbildungsstandes wird etwa in der Mitte des zweiten Ausbildungsjahres eine schriftliche Zwischenprüfung durchgeführt. Gegenstand dieser Prüfung sind praxisbezogene Fälle oder Aufgaben aus den folgenden Prüfungsgebieten:

- Ausbildungsbetrieb, Arbeitsorganisation und bürowirtschaftliche Abläufe
- Haushaltswesen und Beschaffung
- Wirtschafts- und Sozialkunde.

Die Zwischenprüfung dauert insgesamt drei Stunden und erstreckt sich inhaltlich auf die bis zu diesem Zeitpunkt vermittelten Lerninhalte.

Abschlussprüfung
Die Abschlussprüfung erstreckt sich auf die im Ausbildungsrahmenplan – gemeinsam und fachrichtungsspezifisch – aufgeführten Fertigkeiten und Kenntnisse sowie auf den im Berufsschulunterricht vermittelnden Lehrstoff, soweit er für die Berufsausbildung wesentlich ist.

Im schriftlichen Teil der Abschlussprüfung hat der Prüfling vier Arbeiten in den folgenden Prüfungsbereichen anzufertigen:

1. Prüfungsbereich Verwaltungsbetriebswirtschaft

In 135 Minuten soll der Prüfling praxisbezogene Aufgaben oder Fälle bearbeiten. Er soll dabei zeigen, dass er haushaltsrechtliche, betriebswirtschaftliche und organisatorische Zusammenhänge versteht und Fertigkeiten und Kenntnisse dieser Gebiete im Rahmen der betrieblichen Leistungserstellung praktisch anwenden kann.

2. Prüfungsbereich Personalwesen

In 120 Minuten soll der Prüfling praxisbezogene Aufgaben oder Fälle bearbeiten. Er soll dabei zeigen, dass er rechtliche Zusammenhänge versteht und Personalangelegenheiten bearbeiten kann.

3. Prüfungsbereich Verwaltungsrecht und Verwaltungsverfahren

In 120 Minuten soll der Prüfling praxisbezogene Aufgaben oder Fälle bearbeiten. Er soll dabei zeigen, dass er Sachverhalte rechtlich beurteilen und verfahrensmäßig bearbeiten kann. Die jeweilige Fachrichtung ist dabei zu berücksichtigen.

4. Prüfungsbereich Wirtschafts- und Sozialkunde

In 90 Minuten soll der Prüfling praxisbezogene Aufgaben oder Fälle, insbesondere aus den Gebieten staats- und verfassungsrechtliche Zusammenhänge, Vertragsrecht, Wirtschaftskreislauf und Wirtschaftspolitik bearbeiten. Er soll dabei zeigen, dass er wirtschaftliche, rechtliche und gesellschaftliche Zusammenhänge der Berufs- und Arbeitswelt darstellen und beurteilen kann.

Außerdem sieht die Ausbildungsordnung eine praktische Prüfung anstelle der früheren mündlichen Prüfung vor.

5. Prüfungsbereich Fallbezogene Rechtsanwendung

Der Prüfling soll eine praktische Aufgabe bearbeiten und dabei Sachverhalte aus seiner Fachrichtung beurteilen und Lösungen aufzeigen. Die Aufgabe soll Ausgangspunkt für das folgende Prüfungsgespräch sein. Hierbei soll der Prüfling zeigen, dass er Arbeitsergebnisse bürgerorientiert darstellen sowie in berufstypischen Situationen kommunizieren und kooperieren kann. Das Prüfungsgespräch einschließlich der Bearbeitungszeit für die Aufgabe soll für den einzelnen Prüfling nicht länger als 45 Minuten dauern.

Die Abschlussprüfung kann zweimal wiederholt werden. Dabei besteht die Möglichkeit, Prüflinge auf Antrag in denjenigen Fächern von der Prüfung zu befreien, in denen sie mindestens ausreichende Leistungen in einer vorangegangenen Abschlussprüfung erbracht haben.

2. Weiterbildung

Die Berufsausbildung zum Verwaltungsfachangestellten vermittelt Grundlagen/Grundqualifikationen für den Einstieg in ein Berufsleben mit lebensbegleitendem Lernen.

Die von den jeweiligen Einstellungskörperschaften angebotenen Fortbildungsmaßnahmen sind unterschiedlich strukturiert. Die Einzelheiten sind daher bei den jeweiligen Beschäftigungsbehörden zu erfragen. Von besonderer Bedeutung sind Fortbildungsangebote, die auf die **Angestelltenprüfung II** oder die **Fortbildungsprüfung zum Verwaltungsfachwirt** ausgerichtet sind.

Für die **Bundesverwaltung** ist die **Fortbildungsprüfung zum Verwaltungsfachwirt** in einer Prüfungsordnung des Bundesverwaltungsamtes vom 22. Januar 2007, in der Fassung vom 4. Oktober 2016 geregelt. Danach wird in der Fortbildungsprüfung festgestellt, ob der Prüfling durch die berufliche Fortbildung vertiefte Kenntnisse, Fertigkeiten und Erfahrungen erworben hat, die ihn über das Ziel der Berufsausbildung des Verwaltungsfachangestellten hinaus qualifizieren und ihn befähigen, komplexere und verantwortungsvollere Aufgaben mit größerem Schwierigkeitsgrad in der allgemeinen und inneren Verwaltung des Bundes wahrzunehmen.

B. Grundwissen

I. Verwaltungsbetriebswirtschaft

1. Betriebliche Organisation

1.1 Die Aufbauorganisation

1. Was ist unter dem Begriff Organisation im verwaltungsbetrieblichen Sinne zu verstehen?

Unter **Organisation** im verwaltungsbetrieblichen Sinne versteht man die innere Organisation des Verwaltungsbetriebes (Behördenorganisation), in der die Beschäftigten des Verwaltungsbetriebes und Sachmittel (z. B. Personalcomputer) zur Erfüllung der Aufgaben und zum Erreichen des Zieles des Verwaltungsbetriebes untereinander verbunden sind.

2. Was sind die vorrangigen Ziele der Modernisierung im Bereich der Organisation der öffentlichen Verwaltung?

Die vorrangigen **Ziele der Modernisierung** im Bereich der Organisation der öffentlichen Verwaltung werden in dem vom Sachverständigenrat „Schlanker Staat" herausgegebenen „Leitfaden zur Modernisierung von Behörden" wie folgt umschrieben:

- Leistungssteigerung durch Straffung der inneren Struktur der Behörden
- Verbesserung der Beziehung von Leistung und Mitteleinsatz
- optimale Allokation der finanziellen und personellen Ressourcen nach dem Minimalprinzip (Zielerreichung durch geringstmöglichen Mitteleinsatz) und Maximalprinzip (bestmögliche Zielerreichung bei gegebenem Mitteleinsatz)
- Identifikation mit Zukunfts- und Auslaufaufgaben sowie flexible Anpassung an neue Aufgaben
- Stärkung der Eigenverantwortung und Motivation der Mitarbeiter durch größeren Handlungsspielraum bei der Arbeitsausführung und Delegation von Verantwortung, um die Eigeninitiative zu stärken
- stärkere Ausrichtung der Verwaltungsarbeit an den Interessen der Bürger
- Verringerung des Personalbestandes und Einsparung von Haushaltsmitteln.

3. Wie wird die innere Behördenorganisation untergliedert?

Die innere **Behördenorganisation**, die zwar eine Einheit darstellt, wird aus Gründen der Praktikabilität, das heißt zur Vereinfachung spezieller Fragestellungen, untergliedert in

- **Aufbauorganisation**
- **Ablauforganisation**.

4. Was ist unter Aufbauorganisation zu verstehen?

Unter **Aufbauorganisation** ist die **Gestaltung des Aufbaus der Behörde** mit ihren hierarchischen Strukturen, die Gliederung in Abteilungen, Referate u. Ä. zu verstehen.

5. Welche Formen der Aufbauorganisation sind in der öffentlichen Verwaltung anzutreffen?

In der öffentlichen Verwaltung sind vorrangig folgende Formen der **Aufbauorganisation** – auch Strukturtypen genannt – anzutreffen:

- **Einliniensystem**
- **Mehrliniensystem**
- **Stabliniensystem**
- **Matrixorganisation**.

Neben diesen Strukturtypen der Aufbauorganisation werden in der öffentlichen Verwaltung zur Bewältigung übergreifender oder fachlich besonders schwieriger Aufgaben besondere Gruppen eingesetzt, und zwar insbesondere:

- **Arbeitsgruppen**
- **Projektgruppen**.

6. Wodurch unterscheiden sich die einzelnen Liniensysteme und die Matrixorganisation?

Das **Einliniensystem** ist eine Organisationsform, bei der die Linien (Dienstwege) in einen streng zentralisierten Weisungs- und Meldeweg eingebunden sind, der von der Behördenleitung bis zur untersten Arbeitsebene der Verwaltung besteht und unbedingt eingehalten werden muss.

Das **Stabliniensystem** ist eine Weiterentwicklung des Einliniensystems, wobei der Grundaufbau des Einliniensystems durch sogenannte Stabsstellen ergänzt wird. Eine Stabsstelle ist weisungsgebunden an eine Leitungsstelle und hat selbst keine Entscheidungsbefugnis. Sie übernimmt Beratungs- und Unterstützungsfunktion und bereitet Entscheidungen vor. In der Praxis sind die Stabsstellen meistens der Verwaltungsspitze zugeordnet.

Das **Mehrliniensystem** ist eine Organisationsform, die durch Mehrfachunterstellung von Stellen/Dienstposten gekennzeichnet ist, das heißt den verschiedenen Funktionsbereichen (Abteilungen) wird ein direktes fachliches Weisungsrecht gegenüber den untergeordneten Stellen eingeräumt. Ein Stelleninhaber kann also seine Arbeitsaufträge von verschiedenen Funktionsstellen (Vorgesetzten) bekommen. Deshalb wird das Mehrliniensystem auch als Funktionalsystem bezeichnet.

Die **Matrixorganisation** ist eine Weiterentwicklung des Mehrliniensystems, wobei ergänzend zu den vertikalen Weisungswegen der Linie ein weiterer Weisungsweg bzw. mehrere Weisungswege eingerichtet werden. Dadurch wird die Struktur der Aufbauorganisation zweidimensional oder mehrdimensional. Die Teamarbeit steht hier also im Vordergrund.

7. Was sind die wesentlichsten Vor- und Nachteile der Liniensysteme und der Matrixorganisation?

Bezeichnung	Vorteile	Nachteile
Einliniensystem	► straffe, übersichtliche Organisation ► eindeutige Dienstwege ► klare Kompetenzabgrenzung und Verantwortungsbereiche ► klare Kommunikationswege ► einheitliche Entscheidung (Einheit der Verwaltung) ► gute Kontrollmöglichkeiten für die Vorgesetzten	► starre, zum Teil lange Dienstwege ► starke Belastung der Leitungsspitze durch ihre ständige Einschaltung ► Informationsverfälschung auf langen Dienstwegen ► Gefahr der Bürokratisierung (Überorganisation) ► geringerer Entfaltungsspielraum bei den unteren Instanzen
Mehrliniensystem	► Möglichkeit der Spezialisierung in Funktionsbereichen (Abteilungen) ► kurze Dienstwege ► weniger Leerlauf durch direkte fachliche Anweisungen	► unübersichtliche Organisation ► keine klaren Kompetenzabgrenzungen und Verantwortungsbereiche ► Verunsicherung der untergeordneten Stellen durch unterschiedliche Weisungszuständigkeiten ► Koordinationsprobleme zwischen den Funktionsbereichen
Stabliniensystem	► Erhaltung des eindeutigen Dienstweges und der straffen, übersichtlichen Organisation des Einliniensystems ► Entlastung der Linieninstanzen durch Stabsarbeit ► erhöhte Qualität der Entscheidung ► verbesserte Teamarbeit zwischen Spezialisten der Stabsstelle und der Linieninstanz	► Nachteile des Einliniensystems bleiben erhalten ► Konfliktgefahr zwischen Stabsstelle und Linieninstanz ► Gefahr der Vernachlässigung der Linieninstanz ► Gefahr der Entwicklung der Stabsstelle zu einer „grauen Eminenz“, die den Informationsfluss manipulieren kann

Bezeichnung	Vorteile	Nachteile
Matrix-organisation	▸ Entlastung der Leitungsspitze (Entscheidungsdelegation) ▸ Förderung der Teamarbeit ▸ geringere Belastung der Zwischeninstanzen ▸ qualitative Verbesserung der Informations- und Entscheidungsprozesse ▸ gleichwertige Berücksichtigung ▸ mehrerer Dimensionen	▸ großer Bedarf an Leitungskräften ▸ hoher Kommunikations- und Informationsbedarf ▸ Kompetenzprobleme bei sich überschneidenden Aufgabenbereichen ▸ keine Einheit der Leitung ▸ Gefahr schlechter Kompromisse ▸ Verlangsamung der Entscheidungsprozesse

8. Was versteht man unter einer Arbeitsgruppe und einer Projektgruppe?

Eine **Arbeitsgruppe** ist ein in der Regel aus verschiedenen Organisationseinheiten der Verwaltung bestehender Kreis von Personen, dem die gemeinsame Erfüllung oder Koordination fachübergreifender Daueraufgaben übertragen ist.

Beispiele: Arbeitsgruppe „Dorferneuerung“, Arbeitsgruppe „Umweltschutz“.

Die **Projektgruppe** ist ein in der Regel aus verschiedenen Organisationseinheiten der Verwaltung bestehender Kreis von Personen, die für eine begrenzte Dauer für Planungsaufgaben für ein bestimmtes Vorhaben (Projekt), dessen Verwirklichung innerhalb einer begrenzten Zeit möglich ist, eingesetzt wird.

Beispiele: Projektgruppe „Rathausneubau“, Projektgruppe „Verwaltungsreform“.

9. Was sind die grundlegenden organisatorischen Pläne der Aufbauorganisation in der staatlichen Verwaltung?

Zu den grundlegenden **organisatorischen Plänen** der Aufbauorganisation in der staatlichen Verwaltung gehören:

- **Organisationsplan**
- **Geschäftsverteilungsplan**
- **Stellenbeschreibung**.

10. Was beinhalten der Organisationsplan, der Geschäftsverteilungsplan und die Stellenbeschreibung im staatlichen Bereich?

Im **Organisationsplan** wird der organisatorische Aufbau der Behörde getrennt nach Organisationseinheiten (z. B. Abteilungen, Dezernate, Referate, Sachgebiete, Ämter) dargestellt.

Im **Geschäftsverteilungsplan** wird die Verteilung der innerhalb der Organisationseinheiten anfallenden Aufgaben der Behörde auf die Beschäftigten unter Angabe der Organisationsbezeichnung (z. B. Abteilung I, Dezernat 1, Referat I A 1) sowie der Namen und der Einstufung der Stelleninhaber sowie deren Telefonnummer dargestellt.

In der **Stellenbeschreibung** – auch Tätigkeits- oder Arbeitsplatzbeschreibung genannt – werden die wesentlichen Inhalte und Merkmale einer Stelle (z. B. Aufgaben, Kompetenzen und Verantwortung des Stelleninhabers) dargestellt, üblicherweise unabhängig von der Person des Stelleninhabers.

11. Was sind die grundlegenden aufbauorganisatorischen Pläne in der kommunalen Verwaltung?

Die grundlegenden aufbauorganisatorischen Pläne in der kommunalen Verwaltung sind:

- **Aufgabengliederungsplan**
- **Verwaltungsgliederungsplan**
- **Geschäftsverteilungsplan**.

12. Was beinhaltet der Aufgabengliederungsplan, der Verwaltungsgliederungsplan und der Geschäftsverteilungsplan im kommunalen Bereich?

Der **Aufgabengliederungsplan** beinhaltet die Zusammenfassung aller Aufgaben zu **Aufgabengruppen**, wobei die sachlich zusammengehörenden Aufgabengruppen zu **Aufgabenhauptgruppen** verbunden werden. Die Aufgabenhauptgruppen, Aufgabengruppen und Aufgaben sind dabei nach dem Dezimalsystem gekennzeichnet. Als Modell dient der von der **Kommunalen Gemeinschaftsstelle für Verwaltungsvereinfachung** (KGSt) erarbeitete **Kommunale Aufgabengliederungsplan**, der acht Aufgabenhauptgruppen von Einzelverwaltungen (1. Allgemeine Verwaltung, 2. Finanzverwaltung, 3. Rechts-, Sicherheits- und Ordnungsverwaltung, 4. Schul- und Kulturverwaltung, 5. Sozial-, Jugend- und Gesundheitsverwaltung, 6. Bauverwaltung, 7. Verwaltung für öffentliche Einrichtungen, 8. Verwaltung für Wirtschaft und Verkehr) vorsieht. Der Aufgabengliederungsplan bildet die Grundlage für alle weiteren organisatorischen Regelungen.

Der **Verwaltungsgliederungsplan** beinhaltet die Bildung von Organisationseinheiten, wobei für jede **Aufgabenhauptgruppe** eine **Einzelverwaltung** und für jede **Aufgabengruppe** (in kleineren Kommunalverwaltungen für mehrere Aufgabengruppen) ein **Amt** vorgesehen ist. Auch für den Verwaltungsgliederungsplan gibt es einen von der KGSt erarbeiteten Grundplan sowie verschiedene nach Größe der Kommune entwickelte Modellpläne. Die größte Gliederungseinheit stellen die **Dezernate** dar, gefolgt von den **Ämtern**, welche in größeren Kommunalverwaltungen in **Abteilungen** untergliedert sind.

Der **Geschäftsverteilungsplan** – auch Dienst- oder Arbeitsverteilungsplan genannt – baut auf der mit dem Aufgabengliederungsplan und dem Verwaltungsgliederungsplan vorgegebenen Ordnung auf und enthält die **Aufgabenbeschreibung** für jeden Mitarbeiter, die Funktionsbezeichnung und den Namen des Mitarbeiters sowie den Namen des Vertreters, wobei häufig auch noch die Amts- oder Dienstbezeichnung und die Telefon- und Zimmernummer angegeben werden.

13. Welches Ziel wird mit der Neugestaltung der Aufbauorganisation in der öffentlichen Verwaltung verfolgt und welche Maßnahmen sind hiermit verbunden?

Ziel der **Neugestaltung der Aufbauorganisation** ist es, die innere Struktur so zu verändern, damit die Verwaltung mehr Spielraum erhält, um die ihr übertragenen Aufgaben optimal erledigen zu können. Zur Erreichung dieses Zieles werden insbesondere folgende Maßnahmen als erforderlich angesehen:

- Verlagerung von Verantwortung für Personal, Organisation, Finanz- und Sachmittel auf Dienststellen vor Ort (dezentrale Ressourcenverantwortung)
- Straffung des stark gegliederten Aufbaus der Behörden mit seiner vielfältig geteilten Verantwortung durch Bildung großer flexibler Arbeitseinheiten
- Erledigung kurzfristiger Aufgaben mit zeitlicher Beschränkung durch befristete Projektgruppen
- Abteilungsweise Zuweisung der Mitarbeiter, um beim Personaleinsatz flexibel zu bleiben
- Bildung eigenverantwortlicher Teams mit weitgehender Entscheidungsbefugnis, wodurch größere Freiräume bei der Arbeitsausführung und Arbeitsgestaltung entstehen, die dem Wunsch der Beschäftigten nach mehr Selbstbestimmung entgegenkommen.

14. Welche vorbereitenden Maßnahmen bilden die Grundlage für die Einführung der neuen Aufbauorganisation in der öffentlichen Verwaltung?

Die **Einführung der neuen Aufbauorganisation** in der öffentlichen Verwaltung setzt grundsätzlich folgende Maßnahmen voraus:

- eine interne und/oder externe **Organisationsuntersuchung**
- eine exakte **Personalbedarfsermittlung**
- die **Einsetzung eines Leitungsstabes** bei der Behördenleitung, der die Aufbauorganisation entwickelt.

15. In welchen Schritten vollzieht sich grundsätzlich die Neugestaltung der Aufbauorganisation?

Die **Neugestaltung der Aufbauorganisation** vollzieht sich grundsätzlich in folgenden Schritten:

- Beschreibung der zu erbringenden Leistungen (Produkte) entsprechend den der Behörde übertragenen Aufgaben durch die Fachbereiche. Die so bestimmten Produkte sind zu Produktgruppen und Produktbereichen zusammenzufassen
- Kostenermittlung und Budgetierung
- Planung und Ausführung der Leistungserstellung durch die Fachbereiche, die damit auch die Bereiche Organisation, Haushalt und Personal übernehmen
- Zielvereinbarungen zwischen Behördenleitung und Fachabteilungen über Umfang und Qualität (Standards) der zu erbringenden Leistung, Umfang der zur Verfügung gestellten Haushaltsmittel, Umfang des Ermessensspielraumes im Rahmen des Gesamtkonzepts (Festlegung des Handlungsrahmens)
- fortlaufende Kontrolle der Zielerreichung.

1.2 Die Ablauforganisation

1. Was ist unter Ablauforganisation zu verstehen?

Unter **Ablauforganisation** versteht man die **Gestaltung der Arbeitsvorgänge und Arbeitsabläufe** in einer Verwaltung, die das Zusammenwirken der Beschäftigten, der Arbeitsmittel und Gegenstände im Hinblick auf die zweckmäßige Erfüllung der Aufgaben betrifft.

2. Welches Ziel verfolgt die Ablauforganisation?

Ziel der Ablauforganisation ist es:

- Bearbeitungszeiten zu reduzieren
- Bearbeitungs- und Durchlaufkosten zu minimieren
- vorhandenen Kapazitäten optimal zu nutzen
- Arbeitsplätze human zu gestalten.

3. Was sind die wichtigsten Darstellungsformen der Ablauforganisation in der öffentlichen Verwaltung?

Die wichtigsten **Darstellungsformen der Ablauforganisation** in der öffentlichen Verwaltung sind:

- **Geschäftsordnung**
- **Organisationsanweisungen**.

4. Wodurch unterscheidet sich die Geschäftsordnung von den Organisationsanweisungen?

Die **Geschäftsordnung** regelt insbesondere den förmlichen Geschäftsgang, den Geschäftsverkehr sowie den allgemeinen Dienstbetrieb der Behörde. Für den Bereich der Bundesbehörden bildet die von der Bundesregierung am 26. Juli 2000 beschlossene Geschäftsordnung der Bundesministerien das Grundmuster, für den Bereich der Landesbehörden ist dies die Geschäftsordnung der Landesregierung des jeweiligen Bundeslandes. In den Kommunalbehörden wird anstelle des Begriffs „Geschäftsordnung" meistens die Bezeichnung „Allgemeine Geschäftsanweisung" oder „Allgemeine Dienst- und Geschäftsanweisung" verwandt.

Die **Organisationsanweisungen** stellen auf Einzelgebiete des Geschäftsganges oder Dienstbetriebes ab oder regeln bestimmte Geschäftsabläufe oder Dienstpflichten einzelner Beschäftigter in der Behörde, die auf die verbindliche Regelung des generellen Dienstbetriebes abstellen, z. B. besondere Dienst- und Geschäftsanweisungen, Regelungen zur Schriftgutverwaltung oder Textverarbeitung, Hausverfügungen.

5. Durch welche Maßnahmen kann die Ablauforganisation in der öffentlichen Verwaltung verbessert werden?

Die **Ablauforganisation** in der öffentlichen Verwaltung kann insbesondere durch folgende Maßnahmen **verbessert werden:**

- Übertragung der Gestaltung der Arbeitsabläufe, der Entscheidungsbefugnisse (weitestgehend) und der Verteilung der anfallenden Arbeit auf die Fachabteilungen
- Verbindung der zur Herstellung einer Leistung erforderlichen Arbeit nach vorheriger Analyse dergestalt, dass ein wirtschaftlicher Arbeitsablauf gewährleistet wird, wobei Schnittstellen durch optimale Aufgabenbündelung zu reduzieren sind
- Verzahnung der Zuständigkeit zur Bearbeitung mit der Zuständigkeit zur Entscheidung
- Abbau von Mitzeichnungen, wodurch Doppelarbeit vermieden und die Bearbeitungszeit verkürzt werden kann
- Durchführung von regelmäßigen Besprechungen (z. B. Abteilungs- oder Referatsbesprechungen), um den Informationsaustausch zu gewährleisten.

6. Was versteht man unter Aufgabenkritik und welche Formen unterscheidet man?

Unter **Aufgabenkritik** versteht man die Überprüfung des Aufgabenbestandes der Verwaltung mit dem Ziel, den Kernbestand der Aufgaben neu zu bestimmen.

Innerhalb der Aufgabenkritik wird unterschieden zwischen **Zweckkritik**, das heißt die Klärung der Frage, ob die Aufgabe überhaupt noch wahrgenommen werden muss, ob sie inhaltlich entfallen bzw. ob sie von Privaten kostengünstiger und wirtschaftlicher wahrgenommen werden kann, und **Vollzugskritik**, das heißt die Frage nach der richtigen Art und Weise der Aufgabenwahrnehmung, der richtigen Stelle und der richtigen Struktur. In der Regel werden beide Formen der Aufgabenkritik gemeinsam durchgeführt, wobei die Zweckkritik aber inhaltlich immer vor der Vollzugskritik steht.

2. Haushaltswesen

2.1 Rechtsgrundlagen des öffentlichen Haushaltsrechts

1. Welches sind die wesentlichen Rechtsgrundlagen des öffentlichen Haushaltsrechts?

Die wesentlichen **Rechtsgrundlagen** des öffentlichen **Haushaltsrechts** sind:

Für den Bereich des **Bundes** und der **Länder:**

- die **Vorschriften des Haushaltsverfassungsrechts in den Artikeln 109 bis 115 des Grundgesetzes** (GG) und die entsprechenden landesverfassungsrechtlichen Vorschriften
- das Gesetz zur Förderung der Stabilität und des Wachstums der Wirtschaft (**Stabilitäts- und Wachstumsgesetz** – StWG)
- das Gesetz über die Grundsätze des Haushaltsrechts des Bundes und der Länder (**Haushaltsgrundsätzegesetz** – HGrG)
- das Gesetz zur Errichtung eines Stabilitätsrates und zur Vermeidung von Haushaltsnotlagen – **Stabilitätsratsgesetz**
- das jährliche **Haushaltsgesetz** des Bundes und die Haushaltsgesetze der Länder
- das **Gesetz über den Bundesrechnungshof** (Bundesrechnungshofgesetz – BRHG) und die Rechnungshofgesetze der Länder
- die **Bundeshaushaltsordnung** (BHO) und die jeweilige **Landeshaushaltsordnung** (LHO)
- die **Allgemeinen Verwaltungsvorschriften zur Bundeshaushaltsordnung** (VV-BHO) sowie die entsprechenden **Verwaltungsvorschriften zur Landeshaushaltsordung** (VV-LHO)
- die **Verwaltungsvorschriften zur Haushaltssystematik des Bundes** (VV-HB) und die entsprechenden Vorschriften der Länder
- die **Haushaltstechnischen Richtlinien des Bundes** (HRB) sowie die entsprechenden Richtlinien der Länder
- die **Kassenbestimmungen für die Bundesverwaltung** (KBestB) und die entsprechenden Kassenbestimmungen der Länder
- die **Zahlstellenbestimmungen für die Bundesverwaltung** (ZBestB) und die entsprechenden Zahlstellenbestimmungen der Länder.

Für den Bereich der **Gemeinden** und **Gemeindeverbände:**

- **Gemeindeordnung** (GemO, GO)
- **Verwaltungsvorschriften zur Gemeindeordnung**
- **Gemeindehaushaltsverordnung** (GemHVO)
- **Verwaltungsvorschriften zur Gemeindehaushaltsverordnung** (VV-GemHVO)
- **Gemeindekassenverordnung** (GemKVO)
- **Verwaltungsvorschriften zur Gemeindekassenverordnung** (VV-GemKVO).

Zu beachten ist, dass auch alternative Fassungen der Gemeindehaushaltsverordnung (GemHVO) in den Ländern bestehen können, falls es Länder ihren Gemeinden freigestellt haben, ob sie ihre Haushaltswirtschaft nach den Grundsätzen der Verwaltungsbuchführung oder der doppelten Buchführung führen (z. B. GemHVO-Doppik, GemHVO-Vwbuchfg).

2. Welcher Grundsatz gilt nach dem Grundgesetz für die Haushaltswirtschaft in Bund und Ländern?

Aus der grundsätzlichen Trennung von Aufgaben, Ausgaben und Einnahmen zwischen Bund und Ländern folgt der in Artikel 109 Abs. 1 des Grundgesetzes (GG) festgelegte Grundsatz, dass Bund und Länder in ihrer **Haushaltswirtschaft selbstständig und voneinander unabhängig sind**. Die Gemeinden und Gemeindeverbände sind hier als Bestandteile der Länder zu verstehen. Für den Bund und die Länder können jedoch gemäß Artikel 109 Abs. 4 GG (neu) durch Bundesgesetz, das der Zustimmung des Bundesrates bedarf, gemeinsam geltende Grundsätze für das Haushaltsrecht, für eine konjunkturgerechte Haushaltswirtschaft und für eine mehrjährige Finanzplanung aufgestellt werden.

Von dieser Kompetenz zur Grundsatzgesetzgebung hat der Bund im Jahre 1967 durch das Gesetz zur Förderung der Stabilität und des Wachstums der Wirtschaft (**Stabilitäts- und Wachstumsgesetz** – StWG) und im Jahre 1969 durch das Gesetz über die Grundsätze des Haushaltsrechts des Bundes und der Länder (**Haushaltsgrundsätzegesetz** – HGrG) Gebrauch gemacht, dass zuletzt durch das am 1. Januar 1998 in Kraft getretene Gesetz zur Fortentwicklung des Haushaltsrechts in Bund und Ländern (Haushaltsrechts-Fortentwicklungsgesetz – HRFEG) und das am 1. Januar 2010 in Kraft getretende Gesetz zur Modernisierung des Haushaltsgrundsätzegesetzes (Haushaltsgrundsätzemodernisierungsgesetz – HGrGMoG) vom 31. Juli 2009 novelliert wurde.

3. Was beinhaltet das Gesetz zur Förderung der Stabilität und des Wachstums der Wirtschaft?

Mit dem Gesetz zur Förderung der Stabilität und des Wachstums der Wirtschaft (**Stabilitäts- und Wachstumsgesetz** – StWG) ist im Jahre 1967 angesichts der damaligen Rezession der Versuch unternommen worden, der öffentlichen Hand ein Steuerinstrument zu schaffen, mit dessen Hilfe eine langfristige konjunkturgerechte Finanzpolitik ermöglicht werden sollte. Das StWG interpretiert den Verfassungsrechtssatz des Artikels 109 Abs. 2 (alt) des Grundgesetzes (GG), dass Bund und Länder bei ihrer Haushaltswirtschaft den Erfordernissen des gesamtwirtschaftlichen Gleichgewichts Rechnung zu tragen haben. Danach sind die Maßnahmen so zu treffen, dass sie im Rahmen der marktwirtschaftlichen Ordnung gleichzeitig zur **Stabilität des Preisniveaus**, zu einem **hohen Beschäftigungsstand** und **außenwirtschaftlichem Gleichgewicht** bei **stetigem und angemessenem Wirtschaftswachstum** beitragen (§ 1 StWG). Zugleich stellt das StWG für den Bund und die Länder geltende Grundsätze für eine konjunkturgerechte, antizyklische Haushalts- und Wirtschaftsführung und eine mehrjährige Finanzplanung auf. Außerdem verpflichtet das StWG die Gemeinden und Gemeindeverbände, bei ihrer Haushaltswirtschaft die Erfordernisse des gesamtwirtschaftlichen Gleichgewichts zu beachten (§ 16 Abs. 1 StWG). Ferner haben die Länder durch geeignete Maßnahmen darauf hinzuwirken, dass die Haushaltswirtschaft der Gemeinden und Gemeindeverbände den konjunkturpolitischen Erfordernissen entspricht (§ 16 Abs. 2 StWG).

Zu beachten ist, dass durch das Gesetz zur Änderung des Grundgesetzes vom 29. Juli 2009 der Artikel 109 Abs. 2 GG dahin gehend neu gefasst wurde, dass Bund und Länder gemeinsam die Verpflichtungen der Bundesrepublik Deutschland aus Rechtsakten der Europäischen Gemeinschaft aufgrund des Artikels 104 des Vertrags zur Gründung der Europäischen Gemeinschaft zur Einhaltung der Haushaltsdisziplin erfüllen und in diesem Rahmen den Erfordernissen des gesamtwirtschaftlichen Gleichgewichts Rechnung tragen.

4. Welches Ziel verfolgt das Gesetz über die Grundsätze des Haushaltsrechts des Bundes und der Länder?

Das Gesetz über die Grundsätze des Haushaltsrechts des Bundes und der Länder (**Haushaltsgrundsätzegesetz** – HGrG) verfolgt das Ziel, die Rechtseinheitlichkeit auf dem Gebiet des Haushaltsrechts von Bund, Ländern, Gemeinden und Gemeindeverbänden in den tragenden Grundzügen zu sichern sowie die formale Vergleichbarkeit der öffentlichen Haushalte in Plan- und Rechnungsaufbau wegen ihrer Wirkung auf die Gesamtwirtschaft herzustellen. Es enthält daher – neben einigen unmittelbar für Bund und Länder geltenden Vorschriften – den Gesetzgebungsauftrag an Bund und Länder, ihr Haushaltsrecht nach gemeinsamen Grundsätzen zu regeln (§ 1 HGrG).

5. Was sind die grundlegenden Ziele des Gesetzes zur Errichtung eines Stabilitätsrates und zur Vermeidung von Haushaltsnotlagen?

Im Zuge der Föderalismusreform II wurde mit dem am 1. August 2009 in Kraft getretenen Gesetz zur Änderung des Grundgesetzes (GG) unter anderem ein neuer Artikel 109a in die Verfassung eingefügt, der unter dem Vorbehalt eines Ausführungsgesetzes die Einrichtung eines **Stabilitätsrates** und die Einführung eines Frühwarnsystems mit dem Ziel der Vermeidung und Behebung von Haushaltsnotlagen vorsieht. Die erforderliche Ausgestaltung durch ein Bundesgesetz erfolgte mit dem Gesetz zur Errichtung eines Stabilitätsrates und zur Vermeidung von Haushaltsnotlagen (**Stabilitätsratsgesetz** – StabiRatG), das am 1. Januar 2010 in Kraft getreten ist. Der Stabilitätsrat hat den früheren Finanzplanungsrat abgelöst, der durch die Föderalismusreform abgeschafft wurde.

Die zentrale **Aufgabe des Stabilitätsrates**, der sich aus dem Bundesminister der Finanzen, den Finanzministern der Länder und dem Bundesminister für Wirtschaft und Energie zusammensetzt, ist die laufende Überwachung der Haushalte des Bundes und der Länder, um so drohende Haushaltsnotlagen frühzeitig zu erkennen und geeignete Gegenmaßnahmen rechtzeitig einleiten zu können. Grundlage für das Haushaltsüberwachungsverfahren bilden jährlich vom Bund und den Ländern vorzulegende Berichte.

Sie enthalten die Darstellung bestimmter, vom Stabilitätsrat festgelegter Kennziffern zur aktuellen Haushaltslage, zur Finanzplanung und zur Einhaltung der verfassungsmäßigen Kreditaufnahmegrenzen sowie eine Projektion der mittelfristigen Haushaltsentwicklung, wobei die allgemein geltenden Haushaltskennziffern die Einheitlichkeit des Haushaltsüberwachungsverfahrens beim Bund und den Ländern gewährleisten sollen.

6. Welche Regelungen enthalten die Bundeshaushaltsordnung und die Landeshaushaltsordnungen und warum bedarf es hierzu zusätzlicher Verwaltungsvorschriften?

Die **Bundeshaushaltsordnung** (BHO) und die **Landeshaushaltsordnungen** (LHO) enthalten grundlegende Vorschriften allgemeiner Art. Es sind dies Vorschriften über die:

- Aufstellung und Ausführung des Haushaltsplanes
- Kassen- und Buchführung
- Rechnungslegung und Rechnungsprüfung
- Prüfung der bundesunmittelbaren juristischen Personen des öffentlichen Rechts sowie der Sondervermögen.

Die Bundeshaushaltsordnung (BHO) und die Landeshaushaltsordnungen (LHO) beschränken sich nur auf Grundsätze. Sie bedürfen daher zu ihrer praktischen Anwendung zusätzlicher Verwaltungsvorschriften, die das Bundesministerium der Finanzen und das jeweilige Finanzministerium des Landes erlassen, wobei die Paragrafenfolge in allen Haushaltsordnungen weitgehend identisch ist.

7. Welchem Zweck dienen die Verwaltungsvorschriften zur Haushaltssystematik und die Haushaltstechnischen Richtlinien?

Die **Verwaltungsvorschriften zur Haushaltssystematik** regeln die Ordnung in der Darstellung der Haushaltseinnahmen und Haushaltsausgaben des Haushaltsplans nach ökonomischen Gesichtspunkten auf der Grundlage der volkswirtschaftlichen Gesamtrechnung. Zentrale Elemente der Haushaltssystematik sind der **Gruppierungsplan**, der Grunddaten für die Berechnung des Staatskontos bereitstellt, und der **Funktionenplan**, der Auskunft darüber gibt, mit welchem Mitteleinsatz einzelne öffentliche Aufgaben (Funktionen) erfüllt werden.

Die **Haushaltstechnischen Richtlinien** regeln in Ergänzung der Bestimmungen der Bundeshaushaltsordnung (BHO) bzw. der jeweiligen Landeshaushaltsordnung (LHO) und der Verwaltungsvorschriften zur Bundeshaushaltsordnung (VV-BHO) bzw. der Verwaltungsvorschriften zur LHO die Aufstellung der Voranschläge (§ 27 BHO/LHO), des Entwurfs des Haushaltsplans (§ 28 BHO/LHO) sowie die haushaltstechnische Umsetzung von Änderungen im parlamentarischen Verfahren nach einheitlichen Grundsätzen.

8. Welche Voraussetzungen gelten für den Erlass der Verwaltungsvorschriften zur vorläufigen und endgültigen Haushaltsführung des Bundes und der Länder?

Ist der Haushaltsplan bis zum Schluss eines Rechnungsjahres für das folgende Jahr nicht durch Gesetz festgestellt, so ist bis zu seinem Inkrafttreten die Bundesregierung oder Landesregierung im Rahmen des sogenannten **Nothaushaltsrechts** nach Artikel 111 des Grundgesetzes (GG) oder der entsprechenden Bestimmung in der jeweiligen Verfassung des Landes zur vorläufigen Haushaltsführung ermächtigt. In diesem Falle erlässt das Bundesfinanzministerium oder das Landesfinanzministerium **Verwaltungsvorschriften über die vorläufige Haushaltsführung** für das betreffende Haushaltsjahr (§ 5 BHO/LHO). Nach Verkündung des Haushaltsgesetzes werden vom Bundesfinanzministerium oder vom Landesfinanzministerium sodann die **Verwaltungsvorschriften über die endgültige Haushaltsführung** erlassen (§ 5 BHO/LHO). Zugleich werden damit die Verwaltungsvorschriften über die vorläufige Haushaltsführung aufgehoben.

9. Wer hat die Gesetzgebungskompetenz zur Regelung des kommunalen Haushaltsrechts?

Die **Gesetzgebungskompetenz zur Regelung des kommunalen Haushaltsrechts liegt bei den Ländern**, denen somit auch die Zuständigkeit und Verantwortung über die Einführung der Reform des Gemeindehaushaltsrechts obliegt. Rechtliche **Grundlage für das Haushaltsrecht in den Kommunen** bilden die jeweilige von den Ländern erlassene **Gemeindeordnung** (GO) und **Gemeindehaushaltsverordnung** (GemHVO).

2.2 Ziele und Notwendigkeit der Haushalts- und Wirtschaftsplanung

1. Was ist ein Haushaltsplan?

Der **Haushaltsplan** – auch Etat oder Budget genannt – ist die durch das Haushaltsgesetz festgestellte, für die Haushalts- und Wirtschaftsführung des Bundes oder Landes maßgebende Zusammenstellung aller veranschlagten Einnahmen und Ausgaben, Verpflichtungsermächtigungen, Planstellen und anderen Stellen von allen Bundes- oder Landesverwaltungen für ein oder zwei Rechnungsjahre (Art. 110 GG).

Im kommunalen Haushaltsrecht bildet der Haushaltsplan ebenfalls die Grundlage für die Haushalts- und Wirtschaftsführung der Kommunen, wobei der Haushaltsplan durch die Haushaltssatzung, eine Art „Ortsgesetz", in Kraft gesetzt wird.

2. Welche Bedeutung hat der Haushaltplan?

Der Haushaltsplan dient der Feststellung und Deckung des Finanzbedarfs, der zur Erfüllung der Aufgaben des Bundes oder Landes im Bewilligungszeitraum voraussichtlich notwendig ist. Der Haushaltsplan ist Grundlage für die Haushalts- und Wirtschaftsführung. Bei seiner Aufstellung und Ausführung ist den Erfordernissen des gesamtwirtschaftlichen Gleichgewichts Rechnung zu tragen (§ 2 HGrG, § 2 BHO/LHO).

3. Welche Wirkungen entfaltet der Haushaltsplan?

Der Haushaltsplan ermächtigt die Verwaltung, Ausgaben zu leisten und Verpflichtungen einzugehen. Durch den Haushaltsplan werden Ansprüche oder Verbindlichkeiten weder begründet noch aufgehoben (§ 3 HGrG, § 3 BHO/LHO).

4. Welches ist das Hauptziel und der wesentlichste Unterschied der Haushalts- und Wirtschaftsplanung der privaten Unternehmen sowie der privaten und öffentlichen Haushalte?

Das **Hauptziel der Haushalts- und Wirtschaftsplanung** ist:

- in den **Unternehmen der Privatwirtschaft** die Erreichung eines möglichst hohen Gewinns
- in den **privaten Haushalten** eine möglichst große Befriedigung der Bedürfnisse aller im Privathaushalt lebenden Personen
- in den **öffentlichen Haushalten** die wirtschaftliche Aufgabenerfüllung, das heißt es ist die günstigste Relation zwischen dem verfolgten Zweck und den einzusetzenden Mitteln (Ressourcen) anzustreben, also entweder ein bestimmtes Ergebnis mit möglichst geringem Mitteleinsatz (Minimalprinzip) oder mit einem bestimmten Mitteleinsatz das bestmögliche Ergebnis (Maximalprinzip) zu erzielen.

Die Haushalts- und Wirtschaftsplanung der öffentlichen Haushalte ist weitgehend durch gesetzliche Vorschriften geregelt, das heißt Bund, Länder und Gemeinden sind verpflichtet, jedes Haushaltsjahr ein Haushaltsgesetz bzw. eine Haushaltssatzung zu erlassen, denen als Anlage der Haushaltsplan beigefügt ist. Dagegen sind die privaten Haushalte und die Unternehmen der Privatwirtschaft bei der Gestaltung ihrer Planung frei, lediglich handels- und steuerrechtliche Vorschriften (z. B. HGB, AO) verpflichten die Unternehmen der Privatwirtschaft dazu, nach Abschluss des Rechnungsjahres Erträge und Aufwendungen darzustellen (Gewinn- und Verlustrechnungen) und Vermögen, Schulden und Reinvermögen (Bilanz) nachzuweisen.

5. Welche Bedeutung hat der öffentliche Haushalt für die Aufgabenerfüllung der öffentlichen Verwaltung?

Der öffentliche Haushalt, also der durch das Haushaltsgesetz bzw. durch die Haushaltssatzung festgestellte Haushaltsplan, bildet die Grundlage für die Haushalts- und Wirtschaftsführung beim Bund, den Ländern und den Gemeinden. Der Haushaltsplan ermächtigt die Verwaltung, Ausgaben zu leisten und Verpflichtungen einzugehen (§ 3 Abs. 1 BHO/LHO). Da der Haushaltsplan nur eine Ermächtigung begründet, kann das Parlament jedoch die Regierung nicht zwingen, Ausgaben, die auf Wunsch des Parlaments in den Haushaltsplan eingestellt wurden, tatsächlich zu leisten.

6. Was sind die wesentlichsten Funktionen des Haushaltsplans des Bundes und Landes?

Die wesentlichsten **Funktionen des Haushaltsplans**, die in der Literatur je nach der Betrachtungsweise unterschiedlich dargestellt werden, lassen sich wie folgt umschreiben:

- **Bedarfsdeckungsfunktion**, das heißt der Haushaltsplan zeigt den Einnahmebedarf auf, der zum Ausgleich der veranschlagten Haushaltsausgaben für die Finanzierung der Aufgaben des Bundes oder Landes erforderlich ist. Es handelt sich hierbei um die klassische Funktion der öffentlichen Haushalte.
- **Planungsfunktion**, das heißt der Haushaltsplan ist eine Bestandsaufnahme der gegenwärtigen Haushaltslage und zugleich ein Steuerungsinstrument für die zukünftige finanz- und gesamtwirtschaftliche Entwicklung.
- **Rechtliche Funktion**, das heißt der Haushaltsplan bildet die rechtliche Grundlage für die Haushalts- und Wirtschaftsführung des Bundes oder Landes.
- **Politische Funktion**, das heißt der Haushaltsplan zeigt die politische Zielsetzung der Bundesregierung oder Landesregierung auf.
- **Gesamtwirtschaftliche Funktion**, das heißt der Bund und die Länder sind bei der Aufstellung und Ausführung des Haushaltsplans verpflichtet, den Erfordernissen des gesamtwirtschaftlichen Gleichgewichts Rechnung zu tragen, sodass der Haushaltsplan dadurch zum volkswirtschaftlichen Ordnungsinstrument wird.
- **Kontrollfunktion**, das heißt die Bundes- oder Landesregierung ist mit der Verabschiedung des Haushaltsplans durch den Bundestag oder Landtag auch an den Inhalt des Haushaltsplans gebunden, sodass die Kontrolle über den Haushaltsplan und die Entlastung für die jeweilige Haushaltsperiode ausschließlich dem Bundestag oder Landtag obliegt, wobei der parlamentarischen Kontrolle die Prüfung der Rechnung sowie der Haushalt- und Wirtschaftsführung durch den Bundes- oder Landesrechnungshof vorgeschaltet ist.

7. Was versteht man unter einem Wirtschaftsplan und aus welchen Teilen besteht dieser?

Der **Wirtschaftsplan** ist ein **Ersatzhaushaltsplan**, der von Betrieben des Bundes oder des Landes aufgestellt wird, wenn ein Wirtschaften nach Einnahmen und Ausgaben nach dem Haushaltsplan des Bundes oder des Landes nicht zweckmäßig ist. Im staatlichen Haushaltsplan sind nur die Zuführungen oder Ablieferungen zu veranschlagen; der Wirtschaftsplan oder wenigstens eine Übersicht sind allerdings dem Haushaltsplan beizufügen oder in dessen Erläuterungen aufzunehmen. Außerdem sind die Planstellen nach Besoldungsgruppen und Amtsbezeichnungen im Haushaltsplan auszubringen, wobei der Geldansatz für die Personalausgaben jedoch im Wirtschaftsplan enthalten ist, da diese Kosten Bestandteil des Betriebsergebnisses sind (§ 18 Abs. 1 HGrG, § 26 Abs. 1 BHO/LHO). Ebenfalls werden die Stellen für Arbeitnehmerinnen und Arbeitnehmer in den Wirtschaftsplan aufgenommen. Für die Sondervermögen gelten ergänzende Regelungen (§ 18 Abs. 2 HGrG, § 26 Abs. 2 BHO/LHO).

Der **Wirtschaftsplan** umfasst **einen Erfolgs- und einen Finanzplan**. Im **Erfolgsplan** sind die im Wirtschaftsjahr voraussichtlich anfallenden Aufwendungen und Erträge nach Art einer Gewinn- und Verlustrechnung darzustellen. Im **Finanzplan** sind die geplanten Maßnahmen zur Vermehrung des Anlage- und Umlaufvermögens, Schuldentilgungen und Gewinnabführung sowie die zu erwartenden Deckungsmittel (Gewinne, Abschreibungen, Darlehen, Kapitalausstattungen usw.) darzustellen (VV Nr. 1.3 zu § 26 BHO/LHO).

Im **kommunalen Bereich** gilt Entsprechendes bei der Anwendung der von den Ländern erlassenen Eigenbetriebsgesetze bzw. Eigenbetriebsverordnungen, wobei der Wirtschaftsplan aus dem Erfolgsplan, dem Vermögensplan und der Stellenübersicht besteht.

2.3 Aufstellung des Haushaltsplans

1. Wie erfolgt die Aufstellung des Entwurf des Haushaltsplans des Bundes und der Länder?

Die Aufstellung des **Entwurfs** des Haushaltsplans des Bundes erfolgt in folgenden Schritten:

1. Schritt: **Aufstellungsrundschreiben**, das heißt Ausgangspunkt für die Aufstellung des Haushaltsplanentwurfs ist in der Regel ein Ende November/Anfang Dezember vom Bundesministerium der Finanzen an die obersten Bundesbehörden versandtes Aufstellungsrundschreiben. Dies enthält grundsätzliche Hinweise zum vorgesehenen Ablauf des gesamten regierungsinternen Aufstellungsverfahrens, einen ersten Terminplan sowie eine Vielzahl vorwiegend haushaltstechnischer Vorgaben.

Seit der Aufstellung des Bundeshaushalts 2012 wird der Finanzbedarf nicht mehr „von unten nach oben" (**bottom-up**) gemeldet, sondern die Haushaltsaufstellung beginnt grundsätzlich aus der entgegen gesetzten Richtung „von oben nach unten" (**top-down**). Dies geschieht dadurch, indem das Bundesministerium der Finanzen auf der Basis des geltenden Finanzplans, einer aktualisierten Einschätzung der mittelfristigen gesamtwirtschaftlichen Entwicklung, des durch die Schuldenregel des Grundgesetzes (GG) gesetzten Rahmens sowie aus sonstigen haushaltspolitischen Vorgaben einen Eckwertevorschlag entwickelt. Auf dieser Grundlage erstellt das Bundesministerium der Finanzen zur Vorbereitung des entsprechenden Kabinettsbeschlusses dann den Entwurf eines Eckwertebeschlusses, mit dem der finanzielle Rahmen der einzelnen Einzelpläne abgesteckt wird und bedeutsame Einnahme- und Ausgabepositionen festgelegt werden. Der Entwurf des Eckwertebeschlusses wird anschließend zur Diskussion und zur Abstimmung gestellt und in einer Kabinettssitzung von der Bundesregierung beschlossen.

2. Schritt: **Aufstellung der Voranschläge**, das heißt die obersten Bundesbehörden erstellen aufgrund des Aufstellungsgrundschreibens unter Berücksichtigung der Vorgaben des von der Bundesregierung gefassten **Eckwertebeschlusses** ihre Haushaltsvoranschläge und beteiligen hierbei die nachgeordneten Dienststellen ihres

Geschäftsbereichs, die ihre Bedarfsanmeldungen an die jeweils nächsthöhere Dienststelle weiterleiten. Hier werden die verschiedenen Ausgabenwünsche koordiniert. Die für den Einzelplan zuständige oberste Dienstbehörde fordert dann vom Bundesministerium der Finanzen die aus ihrer Sicht benötigten Haushaltsmittel an. Dabei obliegt es auf jeder Stufe jeweils dem Beauftragten für den Haushalt der Dienststelle, die Voranschläge aufzustellen (§ 9 Abs. 2 Satz 1 BHO).

3. Schritt: **Prüfung der Voranschläge**, das heißt das Bundesministerium der Finanzen prüft die von den obersten Bundesbehörden übersandten Voranschläge. Dabei muss es sicherstellen, dass die Ausgaben insgesamt nicht höher sind als die geschätzten Einnahmen einschließlich der aus gesamtwirtschaftlicher Sicht vertretbaren Nettokreditaufnahme. Soweit es bei den Einnahmen um Steuereinnahmen geht, legt das Bundesministerium der Finanzen die Schätzergebnisse des unabhängigen Arbeitskreises „Steuerschätzung", der regelmäßig im Frühjahr tagt, zugrunde. Außerdem muss das Bundesministerium der Finanzen die Empfehlungen des Stabilitätsrats berücksichtigen, der die Aufgabe hat, die Finanzplanung von Bund, Ländern und Gemeinden zu koordinieren (§ 51 HGrG). Auch der Bundesrechnungshof erhält die Voranschläge der obersten Bundesbehörden, damit er rechtzeitig Stellung nehmen kann (§ 27 Abs. 2 BHO).

4. Schritt: **Haushaltsverhandlungen**, das heißt die Verhandlungen über die Voranschläge erfolgen zwischen dem Bundesministerium der Finanzen, das an die Voranschläge nicht gebunden ist und sie nach Benehmen mit den beteiligten Stellen (§ 28 Abs. 1 Satz 2 BHO) ändern kann und den obersten Bundesbehörden auf verschiedenen Hierarchieebenen, beginnend mit der Referatsleiterebene, in der auch Vertreter des Bundesrechnungshofs beratend teilnehmen, über die Abteilungsleiterebene und letztlich der Chefebene (Chefgespräche). Dabei wird versucht, verbleibende Streitpunkte auf der jeweils höheren Ebene auszuräumen. Gelingt dies auch auf Chefebene nicht, muss die Bundesregierung entscheiden (§ 28 Abs. 2 BHO). Wenn die Voranschläge mit den Vorgaben des Eckwertebeschlusses in Einklang stehen, besteht für das Bundesministerium der Finanzen grundsätzlich kein Anlass auf ihre Änderung hinzuwirken.

5. Schritt: **Aufstellung des Haushaltsplanentwurfs**, das heißt aufgrund der Voranschläge der obersten Bundesbehörden und der Ergebnisse der Haushaltsverhandlungen stellt das Bundesministerium der Finanzen den Haushaltsplanentwurf auf (§ 28 Abs. 1 Satz 1 BHO) und sendet die Vorlage als Kabinettvorlage an das Bundeskanzleramt.

6. Schritt: **Beschlussfassung des Haushaltsplanentwurfs**, das heißt die Bundesregierung beschließt den Haushaltsplanentwurf (§ 29 Abs. 1 BHO), in der Regel Anfang Juli, damit der Haushalt noch vor Jahresbeginn gesetzlich festgestellt werden kann.

7. Schritt: **Zuleitung des Haushaltsplanentwurfs an Bundestag und Bundesrat**, das heißt der Bundeskanzler leitet den von der Bundesregierung beschlossenen Haushaltsplanentwurf mit dem Entwurf des Haushaltsgesetzes gleichzeitig dem Bundestag und dem Bundesrat zu, in der Regel spätestens in der ersten Sitzungswoche des Bundestages nach dem 1. September (§ 30 BHO).

Die **Landeshaushaltsordnungen** enthalten im Vergleich zu den §§ 27 bis 30 der Bundeshaushaltsordnung (BHO) teilweise sachlich verschiedenartige Regelungen, wobei die Aufstellung des Haushaltsplanentwurfs der Länder sinngemäß in gleicher Weise wie beim Bund erfolgt.

Zu beachten ist, dass sich das Verfahren der Aufstellung eines doppischen Haushaltes nicht grundlegend von der Aufstellung eines kameralen Haushaltes unterscheidet. Allerdings erfolgt eine Aufbereitung zusätzlicher Informationen. Die Aufwands- und Ertragsplanung ist insbesondere wegen des gegenüber der Kameralistik zusätzlich zu berücksichtigenden Abschreibungs- und Rückstellungsbedarfes insofern komplexer als eine Einnahme- und Ausgabenplanung. Der Liquiditätsbedarf wird zusätzlich festgestellt. Fachbehörden und Fachressorts müssen ihre spezifischen Erträge und die kassenmäßig zu erwartenden Einzahlungen sowie ihren Aufwandsbedarf einschließlich der aus der Anlagenbuchhaltung abzuleitenden Abschreibungen und der nach kaufmännischen Grundsätzen zu bestimmenden Rückstellungen sowie den sich daraus und aus den geplanten Investitionen ergebenden, voraussichtlich notwendigen Auszahlungsbedarf ermitteln und im üblichen Verfahren dem Finanzministerium vorlegen. Das Finanzministerium hat daraus einen Gesamtplan und einen in Ein- und Auszahlungen ausgeglichenen doppischen Finanzplan, das heißt eine Darstellung der geplanten Zahlungsströme des Haushaltsjahres, vorzulegen, gegebenenfalls um zu konsolidierende Einrichtungen ergänzt.

2. Wie ist das Gesetzgebungsverfahren zur Feststellung des Haushaltsplans des Bundes und der Länder gestaltet?

Der **Haushaltsplan** des Bundes wird – ebenso wie die Haushaltspläne der Länder – durch das **Haushaltsgesetz festgestellt**. Der Haushaltsentwurf des Bundes (Entwurf des Haushaltsgesetzes und des Haushaltsplans) wird wie jeder Gesetzentwurf dreimal im Plenum des Bundestages beraten, wobei der Entwurf wegen der Dringlichkeit des Haushalts gleichzeitig dem Bundesrat und dem Bundestag zugeleitet wird und insoweit vom normalen Gesetzgebungsverfahren (erst Beratung im Bundesrat, dann Zuleitung an den Bundestag) abweicht. Zusätzlich zum Haushaltsentwurf werden der Finanzplan (§ 9 StWG), der Finanzbericht (§ 31 BHO) sowie alle zwei Jahre der Subventionsbericht (§ 12 Abs. 2 StWG) vorgelegt.

Erste Lesung im Bundestag und erster Durchgang im Bundesrat

Die **erste Lesung** (Beratung) im **Bundestag** des von der Bundesregierung beschlossenen Haushaltsentwurfs findet in der Regel Anfang September statt. Sie beginnt mit der Haushaltsrede (Einbringungsrede) des Bundesfinanzministers, in der dieser die grundsätzlichen haushalts- und finanzpolitischen Überlegungen der Bundesregierung zum Haushaltsentwurf vorträgt. Abgeordnete der im Bundestag vertretenen Parteien nehmen dazu grundsätzlich Stellung. Am Schluss der ersten Lesung wird der Haushaltsentwurf dem Haushaltsausschuss des Bundestages zur federführenden Beratung überwiesen.

Gleichzeitig findet im **Bundesrat** der **erste Durchgang** statt. Der Bundesrat ist berechtigt, innerhalb von sechs Wochen zum Haushaltsentwurf Stellung zu nehmen (Art. 110 Abs. 3 GG). Zur Stellungnahme des Bundesrates arbeitet das Bundesministerium der Finanzen, wenn nötig, den Entwurf einer Gegenäußerung aus und sendet ihn dem Bundeskanzleramt als Kabinettvorlage zu. Die Gegenäußerung wird von der Bundesregierung beschlossen. Die Stellungnahme des Bundesrates und die Gegenäußerung der Bundesregierung reicht der Bundeskanzler unverzüglich dem Präsidenten des Bundestages nach.

Zweite Lesung im Bundestag

Die **zweite Lesung** des **Bundestages** beginnt frühestens sechs Wochen nach der Zuleitung des Haushaltsentwurfs an den Bundesrat, es sei denn, die Stellungnahme des Bundesrates liegt dem Bundestag bereits früher vor. In der zweiten Lesung wird das Ergebnis der Beratungen des Ausschusses von den Berichterstattern des Haushaltsausschusses im Plenum des Bundestages erläutert. Danach beginnt die Beratung der Einzelpläne, wobei über jeden Einzelplan und den Entwurf des Haushaltsgesetzes getrennt im Bundestag abgestimmt wird.

Dritte Lesung im Bundestag und zweiter Durchgang im Bundesrat

In der **dritten Lesung** des **Bundestages**, die sich in der Regel unmittelbar an die zweite Lesung anschließt, wird nach Erledigung von Änderungsanträgen und von Entschließungsanträgen über den Haushaltsentwurf insgesamt abgestimmt. Wird das Gesetz im Bundestag angenommen, so muss noch die Zustimmung des Bundesrates eingeholt werden. Dies geschieht dadurch, dass der Präsident des Bundestages den Gesetzesbeschluss über den Haushalt unverzüglich dem Bundesrat für den zweiten Durchgang (Art. 77 Abs. 1 Satz 2 GG) zuleitet.

Wenn der **Bundesrat** mit dem Haushalt nicht einverstanden ist, kann er binnen drei Wochen nach Eingang des Gesetzesbeschlusses den Vermittlungsausschuss anrufen (Art. 77 und 78 GG). Über mögliche Änderungsvorschläge des Vermittlungsausschusses muss der Bundestag gegebenenfalls erneut entscheiden. Danach hat der Bundesrat, da der Haushalt kein Zustimmungsgesetz ist, nur noch die Möglichkeit, binnen zwei Wochen Einspruch gegen den Haushalt einzulegen (Art. 77 GG), wobei der Bundestag den Einspruch jedoch mit der entsprechenden Stimmenzahl zurückweisen kann (Art. 77 Abs. 4 GG).

Wird der Einspruch des Bundesrates vom Bundestag rechtswirksam zurückgewiesen oder hat der Bundesrat dem Haushaltsgesetz zugestimmt, so ist das **Gesetz zustande gekommen**.

Das **Haushaltsgesetz** wird sodann zusammen mit dem Haushaltsplan dem Bundespräsidenten zur Ausfertigung vorgelegt, nachdem es vom Bundeskanzler und dem Bundesfinanzminister gegengezeichnet worden ist. Das vom Bundespräsidenten ausgefertigte Haushaltsgesetz wird zusammen mit dem Gesamtplan (§ 1 BHO) im **Bundesgesetzblatt**, in der Regel Ende Dezember, **verkündet** (Art. 82 GG). Es tritt stets mit Wirkung vom 1. Januar des betreffenden Haushaltsjahres in Kraft.

Das Gesetzgebungsverfahren der Länder bestimmt sich nach den jeweiligen Regelungen des Landesverfassungsrechts, wobei das Gesetzgebungsverfahren zur Feststellung des Haushalsplans sinngemäß in gleicher Weise wie das Verfahren im Bundestag erfolgt.

3. Wie erlangt der Haushaltsplan der Kommune seine Rechtskraft?

In den von den Ländern erlassenen Gemeindeordnungen ist bestimmt, dass die Kommunen die Angelegenheiten der örtlichen Gemeinschaft durch Satzung regeln können, soweit gesetzlich nichts anderes bestimmt ist. Für den Haushaltsplan der Kommune gilt, dass dieser durch die **Haushaltssatzung** in Kraft gesetzt wird. Die Haushaltssatzung muss vom Rat bzw. von der Gemeindevertretung beschlossen und danach öffentlich bekannt gemacht werden. Außerdem sind die Genehmigungs- oder Anzeigepflichten gegenüber der Aufsichtsbehörde zu beachten. Damit hat der Haushaltsplan der Kommune seine Rechtskraft erlangt.

4. Welche Anlagen sind dem Entwurf des Haushaltsplans beizufügen und welchem Zweck dienen sie?

Dem **Entwurf des Haushaltsplans des Bundes und der Länder** sind folgende **Anlagen beizufügen:**

- die Darstellung der Einnahmen und Ausgaben in einer Gruppierung nach bestimmten Arten (**Gruppierungsübersicht**) bzw. beim doppisch basierten Haushalt der **Kontenrahmen**
- die Darstellung der Einnahmen und Ausgaben in einer Gliederung nach bestimmten Aufgabengebieten (**Funktionenübersicht**), die sich nach den Verwaltungsvorschriften über die Gliederung der Einnahmen und Ausgaben des Haushaltsplans nach Aufgabengebieten (**Funktionenplan**) richtet. Bei **Produkthaushalten** ist die Funktionenübersicht durch eine **Produktübersicht** zu ersetzen. Die Produktübersicht richtet sich nach Verwaltungsvorschriften über die funktionale Gliederung des Produkthaushalts (**Produktrahmen**)
- die Darstellung der Einnahmen und Ausgaben in einer Zusammenfassung der Gruppierungs- und Funktionenübersicht (**Haushaltsquerschnitt**)
- eine Übersicht über die den Haushalt in Einnahmen und Ausgaben durchlaufenden Posten
- eine Übersicht über die Planstellen der Arbeitnehmerinnen und Arbeitnehmer (§ 11 HGrG, § 14 BHO/LHO).

Im kommunalen Haushaltsrecht bestimmen sich die dem **Haushaltsplan der Kommune beizufügenden Anlagen nach der jeweiligen vom Land erlassenen Gemeindehaushaltsverordnung** (GemHVO), wobei alle Anlagen bereits mit dem Entwurf der Haushaltssatzung bzw. dem Rat der Gemeindevertretung vorgelegt werden müssen.

Die dem Entwurf des Haushaltsplans beizufügenden **Anlagen dienen dem Zweck**, die **Durchsichtigkeit** (Transparenz) des Haushaltsplans **in finanz- und wirtschaftspolitischer Sicht zu fördern** und die **Entscheidungen der Regierung und der gesetzgebenden Körperschaft zu erleichtern**.

5. Welche wesentlichen Regelungen sind im Haushaltsgesetz enthalten?

Das **Haushaltsgesetz des Bundes und der Länder** enthält folgende **wesentlichen Regelungen:**

- Vorschriften, die sich auf die Einnahmen und die Ausgaben sowie auf den Zeitraum beziehen, für den das Haushaltsgesetz beschlossen wird
- die Feststellung des Haushaltsplans
- den Höchstbetrag der Kredite zur Deckung von Ausgaben
- den Höchstbetrag der Kredite zur Kassenverstärkung (Kassenverstärkungskredite)
- dass Vorschriften bis zur Verkündung des nächsten Haushaltsgesetzes weitergelten
- dass Sicherheitsleistungen (Bürgschaften, Garantien usw.) vom Bund bzw. Land eingegangen werden dürfen
- dass Haushaltsvermerke, z. B. Deckungsvermerke, allgemein auf die bezeichneten Fälle anwendbar sind (Art. 110, 115 GG, §§ 13, 15 HGrG, §§ 18, 20 BHO/LHO).

6. Was ist der Mindestinhalt der Haushaltssatzung der Kommune?

Die von den Ländern erlassenen Gemeindeordnungen schreiben folgenden **Mindestinhalt** für die **Haushaltssatzung** der Kommune vor:

- die Angabe des **Gesamtbetrags der Einnahmen und Ausgaben des Haushaltsjahres**
- die Angabe des **Gesamtbetrags der vorgesehenen Kreditaufnahmen für Investitionen und Investitionsförderungsmaßnahmen**
- die Angabe des **Gesamtbetrags der Verpflichtungsermächtigungen**
- den **Höchstbetrag der Kassenkredite**
- die **Steuersätze**, die für jedes Haushaltsjahr festzusetzen sind.

Über den vorgeschriebenen Mindestinhalt kann die Haushaltssatzung weitere Vorschriften enthalten, die sich auf die Einnahmen und Ausgaben und den Stellenplan des Haushaltsjahres beziehen.

7. Wie kann der Haushaltsplan des Bundes oder des Landes gegliedert werden und aus welchen Bestandteilen besteht der Haushaltsplan?

Der Haushaltsplan des Bundes oder des Landes kann in einen **Verwaltungshaushalt** und in einen **Finanzhaushalt** gegliedert werden (§ 9 Abs. 2 HGrG, § 12 Abs. 2 BHO/LHO). Wird der Haushaltsplan in einen Verwaltungshaushalt und in einen Finanzhaushalt gegliedert, enthält der Verwaltungshaushalt die zu erwartenden Verwaltungseinnahmen, die voraussichtlich zu leistenden Verwaltungsausgaben (Personalausgaben und sächliche Verwaltungsausgaben) und die voraussichtlich benötigten Verpflichtungsermächtigungen zur Leistung von Verwaltungsausgaben (§ 12 Abs. 3 BHO/LHO).

Der Haushaltsplan des Bundes und der Länder besteht aus den **Einzelplänen** und dem **Gesamtplan**, bei einem doppischen Rechnungswesen aus einem Erfolgsplan auf Ebene der Einzelpläne sowie des Gesamtplans und aus einem doppischen Finanzplan auf Ebene des Gesamtplans (§ 10 Abs. 1 HGrG, § 13 Abs. 1 BHO/LHO).

8. Was enthalten die Einzelpläne des Haushalts des Bundes und der Länder und wie sind diese eingeteilt?

Die Einzelpläne des Haushalts des Bundes und der Länder enthalten die Einnahmen, Ausgaben und Verpflichtungsermächtigungen eines einzelnen Verwaltungszweigs oder bestimmte Gruppen von Einnahmen, Ausgaben und Verpflichtungsermächtigungen (§ 10 Abs. 2 Satz 1 HGrG, § 13 Abs. 2 Satz 1 BHO/LHO). Dabei gilt grundsätzlich das **Ressortprinzip** (auch Ministerial- oder Institutionalprinzip genannt), das heißt jedem Ressort ist ein Einzelplan zugewiesen. Für bestimmte Aufgabenbereiche wird das **Realprinzip** angewandt, das heißt einem Sachbereich ist ein Einzelplan zugewiesen (z. B. Bundesschuld, Versorgung). Jeder Einzelplan enthält eine zweistellige Nummer, an der er erkennbar ist, z. B. Einzelplan 02 – Deutscher Bundestag, Einzelplan 06 – Bundesministerium des Innern.

Die Einzelpläne sind in **Kapitel** und **Titel** eingeteilt (§ 10 Abs. 2 Satz 2 HGrG, § 13 Abs. 2 Satz 2 BHO/LHO). Innerhalb eines **Kapitels** sind die Einnahmen und Ausgaben in ihrer Reihenfolge entsprechend dem Aufbau des Gruppierungsplans aufzuführen. Jedem Kapitel sind „**Vorbemerkungen**" vorangestellt, die im Wesentlichen kurz gefasste Angaben über die Aufgaben der jeweiligen Organisations- bzw. Funktionseinheit enthalten. Die **Kapitel** werden **zweistellig nummeriert** und bilden zusammen mit der **zweistelligen Nummer des Einzelplans die Kapitelbezeichnung**, z. B. Kapitel 0601 – Bundesministerium des Innern, Kapitel 0602 – Allgemeine Bewilligungen. Im Bereich des Bundes erfolgt die Darstellung der Einnahmen und Ausgaben in den Kapiteln entsprechend dem Muster Anhang 3 und für den Abschluss des Kapitels entsprechend dem Muster Anhang 4 der Haushaltstechnischen Richtlinien des Bundes (HRB).

Die **Einteilung in Titel** richtet sich nach Verwaltungsvorschriften über die Gruppierung der Einnahmen und Ausgaben des Haushaltsplans nach Arten (**Gruppierungsplan**; § 10 Abs. 2 Satz 3 HGrG, § 13 Abs. 2 Satz 3 BHO/LHO). Der Titel, der die unterste Stufe der Gliederung des Haushaltsplans darstellt, umfasst Titelnummer und Funktion, Zweckbestimmung (diese bestimmt den Grund der Einnahme oder den Zweck der Ausgabe und wird daher auch Dispositiv genannt), Ansatz für Einnahmen oder Ausgaben sowie gegebenenfalls Verpflichtungsermächtigungen, Haushaltsvermerke und Erläuterungen. Die **Titelnummer** besteht aus einer **dreistelligen Gruppierungsnummer** (die für Bund und Länder einheitlich festgelegt ist und auch mit der Haushaltssystematik der Gemeinden abgestimmt wurde) und einer **zweistelligen Zählnummer** (die nach

Ermessen des Bundes und der Länder angefügt wird) sowie einer dreistelligen Funktionenkennziffer, die lediglich statistischen Zwecken dient. Für den Bund sind in den Allgemeinen Hinweisen zum Gruppierungsplan verschiedene Titel mit einer fünfstelligen Titelnummer verbindlich vorgeschrieben, die die Bezeichnung **Festtitel** führen. Die in die **Haushaltsflexibilisierung einbezogenen Titel** werden durch ein der Titelnummer vorangestelltes „F" gekennzeichnet (Nr. 4.7 HRB). Wenn eine – innerhalb des Kapitels – abgrenzbare übergeordnete Zweckidentität vorliegt, können Titel unterschiedlicher ökonomischer Einnahme- oder Ausgabearten oder Funktionen auch zu einer **Titelgruppe** zusammengefasst werden, wodurch die Übersicht über sachlich zusammenhängende Titel erleichtert wird. Die Bildung von Titelgruppen ist jedoch auf Ausnahmefälle zu begrenzen (Nr. 4.8 HRB).

Für den **doppischen Haushalt** des Bundes und der Länder bestimmt sich gemäß § 10 Abs. 2 Satz 3 und 4 des Haushaltsgrundsätzegesetzes (HGrG) die Einteilung nach Konten nach den Verwaltungsvorschriften über die Gruppierung der Erträge, Aufwendungen und Bestände (**Verwaltungskontenrahmen**). Die Einteilung nach Produktstrukturen ist dabei so vorzunehmen, dass eine eindeutige Zuordnung nach den Verwaltungsvorschriften über funktionale Gliederung des Produkthaushalts (**Produktrahmen**) sichergestellt ist. Die Regelung für doppische Haushalte wurde durch das Gesetz zur Modernisierung des Haushaltsgrundsätzegesetzes (Haushaltsgrundsätzemodernisierungsgesetz – HGrGMoG) vom 31. Juli 2009, das am 1. Januar 2010 in Kraft getreten ist, in das HGrG eingefügt.

9. Was sind Verpflichtungsermächtigungen und welchem Zweck dienen diese?

Verpflichtungsermächtigungen sind nach der Legaldefinition des § 5 des Haushaltsgrundsätzegesetzes (HGrG) und des § 6 der Bundeshaushaltsordnung (BHO) bzw. der entsprechenden Landeshaushaltsordnung (LHO) Ermächtigungen zum Eingehen von Verpflichtungen zur Leistung von Ausgaben in künftigen Jahren, die zur Erfüllung der Aufgaben des Bundes oder eines Landes notwendig sind.

Im **kommunalen Haushaltsrecht** versteht man unter dem in der jeweiligen von den Ländern erlassenen Gemeindeordnung (GO) zu findenden Begriff Verpflichtungsermächtigung, die im Haushaltsplan bei den einzelnen Haushaltsstellen (beim doppischen kommunalen Rechnungswesen in den Teilfinanzhaushalten) veranschlagten Ermächtigungen zum Eingehen von Verpflichtungen zur Leistung von Ausgaben für Investitionen und Investitionsförderungsmaßnahmen zulasten der dem Haushaltsplan folgenden (in der Regel) drei Haushaltsjahre. Die Verpflichtungsermächtigungen sind nur dann zulässig, wenn die Finanzierung der aus ihrer Inanspruchnahme entstehenden Ausgaben in den künftigen Haushalten gesichert erscheint.

Die **Verpflichtungsermächtigungen** dienen der **Sicherung des Budgetrechts** des Parlaments bzw. der gesetzgebenden Körperschaft, da durch die Verpflichtungsermächtigungen die für künftige Haushaltsjahre begründete Vorbelastung erkennbar wird, sodass damit das Parlament bzw. die gesetzgebende Körperschaft entscheiden kann, in welchem Umfang es seine Dispositionsfreiheit für künftige Haushaltsjahre einschränken will. Zugleich tragen die Verpflichtungsermächtigungen zu einer **kontinuierlichen Haushaltswirtschaft** bei, da sich durch die Veranschlagung von Verpflichtungsermächtigungen das Parlament bzw. die gesetzgebende Körperschaft verpflichtet, in künftigen Haushaltsjahren entsprechende Ausgaben bereitzustellen.

10. Was ist ein Gruppierungsplan und wie ist das Gruppierungssystem aufgebaut?

Der **Gruppierungsplan** ist eine Aufgliederung der Einnahmen und Ausgaben des Haushaltsplans nach ökonomischen Arten auf der Grundlage des Staatskontos der Volkswirtschaftlichen Gesamtrechnung.

Das **Gruppierungssystem** ist nach dem Dezimalsystem aufgebaut, wobei die Gruppierung von einzelnen Hauptgruppen ausgeht. Auf der **Einnahmeseite** des Haushaltsplans sind dies die folgenden vier **Hauptgruppen:**

- 0 Einnahmen aus Steuern und steuerähnlichen Abgaben sowie EU-Eigenmittel
- 1 Verwaltungseinnahmen, Einnahmen aus Schuldendienst und dergleichen
- 2 Einnahmen aus Zuweisungen und Zuschüssen mit Ausnahme für Investitionen
- 3 Einnahmen aus Schuldenaufnahmen, aus Zuweisungen und Zuschüssen für Investitionen, besondere Finanzierungseinnahmen.

Auf der **Ausgabenseite** des Haushaltsplans bestehen die folgenden sechs **Hauptgruppen:**

- 4 Personalausgaben
- 5 Sächliche Verwaltungsausgaben, militärische Beschaffungen usw., Ausgaben für den Schuldendienst
- 6 Ausgaben für Zuweisungen und Zuschüsse mit Ausnahme für Investitionen
- 7 Baumaßnahmen
- 8 Sonstige Ausgaben für Investitionen und Investitionsförderungsmaßnahmen
- 9 Besondere Finanzierungsausgaben.

Innerhalb der Hauptgruppen werden entsprechend dem Dezimalsystem durch Anhängen einer zweiten Ziffer, die jeweils mit 1 beginnt, **Obergruppen** mit genauerem, gleichem ökonomischem Inhalt gebildet.

Beispiel: Obergruppe 41 Aufwendungen für Abgeordnete und ehrenamtlich Tätige, Obergruppe 42 Bezüge und Nebenleistungen.

Innerhalb der Obergruppen werden entsprechend dem Dezimalsystem durch Anhängen einer dritten Ziffer, die jeweils mit 1 beginnt, **Gruppen** mit noch genauerem, gleichem ökonomischem Inhalt gebildet.

Beispiel: Gruppe 411 Aufwendungen für Abgeordnete, Gruppe 421 Bezüge des Bundespräsidenten, Bundeskanzlers, der Ministerpräsidenten, Minister, Parlamentarischen Staatssekretäre und sonstiger Amtsträger.

11. Was ist ein Funktionenplan und wie ist dieser gegliedert?

Der **Funktionenplan** ist eine Aufgliederung der Einnahmen und Ausgaben des Haushaltsplans nach bestimmten Aufgaben (Funktionen).

Die Einteilung nach Funktionen erfolgt durch eine dreistellige Ziffer nach dem Dezimalsystem, wobei durch die erste Ziffer des Funktionenplans die **Hauptfunktion** entsteht, durch Anhängen einer zweiten Ziffer die **Oberfunktion** gebildet wird und durch Anhängen einer dritten Ziffer die **Funktion** (Funktionenkennziffer) entsteht.

Beispiel: 0 Allgemeine Dienste (Hauptfunktion), 01 Politische Führung und zentrale Verwaltung (Oberfunktion), 011 Politische Führung (Funktion).

12. Aus welchen Bestandteilen besteht der Gesamtplan des Haushalts des Bundes und der Länder?

Der **Gesamtplan** des Haushalts des Bundes und der Länder besteht aus folgenden Bestandteilen:

- Der **Haushaltsübersicht** (Teil I), die eine Zusammenfassung der Einnahmen, Ausgaben und Verpflichtungsermächtigungen der Einzelpläne enthält (§ 10 Abs. 4 Nr. 1 HGrG, § 13 Abs. 4 Nr. 1 BHO/LHO).
- Der **Finanzierungsübersicht** (Teil II), die eine Berechnung des Finanzierungssaldos enthält und die Vergleichbarkeit der öffentlichen Haushalte aus gesamtwirtschaftlicher Sicht gewährleistet. Der Finanzierungssaldo ergibt sich aus einer Gegenüberstellung der Einnahmen (mit Ausnahme der Einnahmen aus Krediten vom Kreditmarkt, der Entnahmen aus Rücklagen, der Einnahmen aus kassenmäßigen Überschüssen sowie der Münzeinnahmen) und der Ausgaben (mit Ausnahme der Ausgaben zur Schuldentilgung am Kreditmarkt, der Zuführungen an Rücklagen und der Ausgaben zur Deckung eines kassenmäßigen Fehlbetrags; § 10 Abs. 4 Nr. 2 HGrG, § 13 Abs. 4 Nr. 2 BHO/LHO).
- Dem **Kreditfinanzierungsplan** (Teil III), der eine Darstellung der Einnahmen aus Krediten und der Tilgungsausgaben enthält und sowohl der Haushaltsklarheit als auch der Vergleichbarkeit der öffentlichen Haushalte dient (§ 10 Abs. 4 Nr. 3 HGrG, § 13 Abs. 4 Nr. 3 BHO/LHO).
- Der **Übersicht über die flexibilisierten Ausgaben** (Teil IV), die eine Darstellung der in die flexible Bewirtschaftung einbezogenen Verwaltungsausgaben enthält und die Höhe dieser Ausgabebewilligungen getrennt nach Einzelplänen sowie in der Gesamtsumme ausweist (§ 5 Haushaltsgesetz des Bundes). Diese Übersicht wurde in den Gesamtplan des Bundeshaushalts erstmals im Jahre 1998 infolge der durch das Haushaltsrechts-Fortentwicklungsgesetz zugelassenen verstärkten Flexibilität der Haushaltswirtschaft aufgenommen.

Der **Gesamtplan** wird mit dem Haushaltsgesetz im Bundesgesetzblatt bzw. Gesetzblatt der Länder verkündet (§ 1 BHO/LHO). Auf die Verkündung des Haushaltsplans wird wegen seines großen Umfangs verzichtet.

Bei doppisch basierten Haushalten des Bundes und der Länder tritt an die Stelle einer Finanzierungsübersicht und eines Kreditfinanzierungsplans eine Übersicht über die Ein- und Auszah-lungen (**doppischer Finanzplan**), wobei ergänzend auch der Finanzierungssaldo auszuweisen ist (§ 10 Abs. 4 Satz 2 HGrG). Diese Regelung ist durch das Gesetz zur Modernisierung des Haushaltsgrundsätzegesetzes (Haushaltsgrundsätzemodernisierungsgesetz – HGrGMoG) vom 31. Juli 2009, das am 1. Januar 2010 in Kraft getreten ist, in das HGrG eingefügt worden.

Ein Beispiel für einen doppischen Finanzplan ist nachfolgend dargestellt:

		Plan 2018 Euro				
1.		Einzahlungen aus laufender Verwaltungstätigkeit				
2.	-	Auszahlungen aus laufender Verwaltungstätigkeit				
3.	=	**Saldo aus laufender Verwaltungstätigkeit**				
4.		Einzahlungen aus empfangenen Investitionszuschüssen				
5.	+	Einzahlungen aus der Veräußerung von Sachanlagen				
6.	+	Einzahlungen aus der Veräußerung von Finanzanlagen				
7.	+	Sonstige Investitionseinzahlungen				
8.	-	Auszahlungen für geleistete Investitionszuschüsse				
9.	-	Auszahlungen für den Erwerb von Grundstücken/ Gebäuden				
10.	-	Auszahlungen für Baumaßnahmen				
11.	-	Auszahlungen für den Erwerb von beweglichen Anlagevermögen				
12.	-	Auszahlungen für den Erwerb von Finanzanlagen				
13.	-	Sonstige Investitionsauszahlungen				
14.	=	**Saldo aus laufender Investitionstätigkeit**				
15.		Einzahlungen auf gegebenen Darlehen				
16.	-	Auszahlungen für gegebene Darlehen				
17.	+	Einzahlungen aus der Aufnahme von Krediten				
18.	-	Auszahlungen für die Tilgung von Krediten				
19.	=	**Saldo aus laufender Finanzierungstätigkeit**				
20.	=	**Zahlungswirksame Veränderungen des Finanzmittelbestandes**				

13. Was versteht man unter dem Begriff Budgetierung?

Wenn Haushalte mit dezentraler Ergebnisverantwortung verbunden sind, wird diese Form der Verwaltungssteuerung regelmäßig als **Budgetierung** bezeichnet. Mit der Budgetierung werden den Verwaltungen Gestaltungsspielräume zur eigenverantwortlichen Bewirtschaftung unter Berücksichtigung zu erwartender Leistungsziele eröffnet.

Zu beachten ist, dass der Begriff Budgetierung durch das Gesetz zur Modernisierung des Haushaltsgrundsätzegesetzes (Haushaltsgrundsätzemodernisierungsgesetz –

HGrGModG) vom 31. Juli 2009, das am 1. Januar 2010 in Kraft getreten ist, eine eigenständige Gesetzesgrundlage in § 6a des Haushaltsgrundsätzegesetzes (HGrG) erhalten hat.

14. Welche Gliederungsstruktur findet im Allgemeinen bei Haushalten mit Budgetierung Anwendung?

Die Gliederungs- und Darstellungsstruktur von Haushalten mit Budgetierung geht im Allgemeinen aufgrund des Ressortprinzips von Gliederungseinheiten unterhalb der Ressortebene – also von organisatorischen Einheiten, in die sich die Ressorts gliedern – aus, die den budgetierten „Organisationseinheiten" im Sinne des § 6a des Haushaltsgrundsätzegesetzes (HGrG) entsprechen. Diese Gliederungsstruktur findet auch bei Produkthaushalten Anwendung. Die Legitimationsfunktion des Haushalts erfordert nach § 6a HGrG, die budgetierten Organisationseinheiten (Budgeteinheiten) so zu gliedern, dass eine Veranschlagung der Budgets nach aussagekräftigen Leistungszwecken möglich wird. Den budgetierten Organisationseinheiten werden alle Mittel zugeordnet, die zur Deckung ihrer Ausgaben, Aufwendungen oder Produktkosten erforderlich sind.

15. Aus welchen Bestandteilen besteht der kommunale Haushaltsplan?

Die **Gemeindehaushaltsverordnungen** sehen bei einem **doppischen Rechnungswesen** neben dem **Gesamthaushalt**, der aus dem **Ergebnishaushalt** und dem **Finanzhaushalt** besteht, und den **Teilhaushalten**, den **Stellenplan** als **Bestandteile des Haushaltsplans der Kommunen** vor, wobei die Gemeindehaushaltsverordnungen der Länder Brandenburg, Niedersachsen und Nordrhein-Westfalen den Stellenplan als Teil der Anlagen erwähnen. Darüber hinaus sieht die Gemeindehaushaltsverordnung des Saarlandes zusätzlich das Haushaltssicherungskonzept als Bestandteil des Haushaltsplans vor. Ein Haushaltssicherungskonzept ist in der Regel erforderlich, wenn der Haushaltsausgleich nicht erreicht wird. Es soll aufzeigen, mit welchen Maßnahmen der Haushaltsausgleich mittelfristig wieder erreicht werden kann.

Beim **kameralen Haushalt** ist in den Gemeindehaushaltsverordnungen vorgesehen, dass der Haushaltsplan aus dem Gesamtplan, den Einzelplänen des Verwaltungshaushalts und des Vermögenshaushalts, den Sammelnachweisen und dem Stellenplan besteht.

16. Wie ist der kommunale Haushaltsplan gegliedert?

Im **kommunalen Haushaltsrecht** ist durch die von den Ländern erlassene Gemeindeordnung (GO) bei der Haushaltswirtschaft mit **doppelter Buchführung** die Teilung des Haushaltsplans in einen **Ergebnishaushalt** und einen **Finanzhaushalt** (beim kameralen Haushalt besteht der Haushaltsplan der Kommune aus einem Verwaltungshaushalt und einem Vermögenshaushalt) vorgeschrieben. Der Ergebnis- und Finanzhaushalt werden in Teilhaushalte gegliedert.

Die verbindliche Vorgabe für die Mindestkontengliederung bildet der **Kontenrahmen**, der die Gliederung der Bestände, der Aufwendungen und Erträge sowie der Auszahlungen und Einzahlungen umfasst. Auf der Grundlage des Kontenrahmens wird der gemeindeeigene Kontenplan erstellt. Der **Produktrahmen** stellt die verbindliche Vorgabe für die Mindestgliederung der Produkte dar und damit für die Gliederung des Haushalts in Teilergebnispläne und in Teilfinanzpläne. Auf der Grundlage des Produktrahmens wird der gemeindespezifische **Produktplan** erstellt, der weiter nach Produktgruppen, Produkten und Leistungen untergliedert sein kann.

Näheres bestimmt die jeweilige vom Land erlassene Gemeindehaushaltsverordnung (GemHVO).

Zum besseren Verständnis sind nachstehend beispielhaft auszugsweise Muster eines Kontenrahmens, Produktrahmens und Produktplans dargestellt:

1. **Kommunaler Kontenrahmen** (Auszug)

Kontenklasse					
Kontengruppe					
	Kontenart				
		Konto			
			Bereichsabgrenzung		
					Bezeichnung
					Aktiv- und Passivseite der Vermögensrechnung (Bilanz)
0					Immaterielle Vermögensgegenstände und Sachanlagen
1					Finanzvermögen und Aktive Rechnungsabgrenzung
2					Nettoposition, Sonderposten, Verbindlichkeiten, Rückstellungen und passive Rechnungsabgrenzung
					Ergebniskonten
3					Erträge
4					Aufwendungen
5					Außerordentliche Erträge und Aufwendungen
					Finanzkonten
6					Einzahlungen
7					Auszahlungen
					Abschlusskonten und KLR
8					Abschlusskonten
9					Kosten- und Leistungsrechnung

2. **Kommunaler Produktrahmen** (Auszug)

Produkt-bereich	Produkt-gruppe	Produkt-untergruppe	Produkt	Bezeichnung
11				**Innere Verwaltung**
	111			**Verwaltungssteuerung und -service**
		1111		Gemeindeorgane
			111101	Gemeinderat, Stadtrat, Kreistag
			111102	Ortschaftsrat, Stadtbezirksrat
			111103	Oberbürgermeister, Bürgermeister, Landrat, Beigeordneter, Ortsvorteher, soweit nicht in anderen Produkten dargestellt
			111104	Ausschüsse
			111105	Fraktionen
			111106	Repräsentationen, Ehrungen, partnerschaftliche Beziehungen
			111110	Gemeinschaftsausschuss, Verbandsversammlung, sonstige Gremien

3. **Kommunaler Produktplan** (Auszug)

Kommunaler Produktplan für den Freistaat Sachsen

11 Innere Verwaltung
111 Verwaltungssteuerung und -service
1111 Gemeindeorgane

Produkt:	111101 Gemeinderat, Stadtrat, Kreistag
Kurzbeschreibung:	Unterstützung der kommunalpolitischen Willensbildung. Fachliche, organisatorische und technische Hilfestellung für die jeweiligen Gremien. Information und Betreuung der einzelnen Entscheidungsträger. Dokumentation der Willensbildung.
Rechtscharakter:	Freiwillige Aufgabe (f), in der Umsetzung z. T. weisungsgebundene Pflichtaufgabe (wg)
Rechtsgrundlage:	SächsGemO, SächsLKrO, Geschäftsordnung, Hauptsatzung
Angebot:	Intern
Ziele	Bestmögliche Unterstützung des Prozesses der demokratischen Willensbildung und damit auch der Verwaltungsarbeit durch klare Beschlusslagen und zeitnahe Entscheidungen der Gremien
Zielgruppe:	Gemeinde- und Stadtrat, Kreistag, Ausschüsse, Verwaltung

Leistungen:

- Erstellung von Vorlagen, Einladungen, Sitzungsniederschriften, Sitzungsplänen und Beschlussführungsprotokollen
- Information der Ratsmitglieder
- Vor- und Nachbereitung von Sitzungen der politischen Gremien.

Kennzahlen:

Quantität

Kennzahl	Formel	Erfassungsmethode	Erfassungszeitraum
Anzahl der Anträge je Sitzung	Summe absolut	Zählung, Statistik	jährlich
Anzahl der Sitzungen und Beratungen	Summe absolut	Zählung, Statistik	jährlich

Wirtschaftlichkeit

Kennzahl	Formel	Erfassungsmethode	Erfassungszeitraum
Durchschnittliche Kosten je Sitzung	Summe des Aufwands geteilt durch Anzahl der Sitzungen	Produktplan, Ergebnisrechnung, Ermittlung der Kostenrechnung, Statistik	jährlich
Durchschnittliche Personalkosten je Sitzung	Summe der Personalkosten geteilt durch Anzahl der Sitzungen	Produktplan, Ergebnisrechnung, Ermittlung der Kostenrechnung, Statistik	jährlich

2.4 Haushaltsgrundsätze

1. Was sind Haushaltsgrundsätze?

Haushaltsgrundsätze sind die historisch gewachsenen, das geltende Haushaltsrecht bestimmenden Prinzipien, deren Einhaltung für eine geordnete und wirtschaftliche Haushaltswirtschaft unerlässlich ist. Sie haben ihre Grundlage heute im Grundgesetz und den Landesverfassungen und sind im Haushaltsgrundsätzegesetz enthalten sowie in die Haushaltsordnungen des Bundes und der Länder übernommen worden.

2. Welche Haushaltsgrundsätze mit Verfassungsrang unterscheidet man?

Grundsatz der Einheit und Vollständigkeit (Art. 110 Abs. 1 Satz 1 GG)
Alle Einnahmen und Ausgaben sind in einen einzigen Haushaltsplan einzustellen. Es dürfen keine Mittel ohne Haushaltsermächtigung ausgegeben werden. Sonderhaushalte sind nur für Bundes- oder Landesbetriebe und bei Sondervermögen zugelassen,

bei denen nur die Zuführungen oder Ablieferungen in den Haushaltsplan eingestellt zu werden brauchen.

Grundsatz des Haushaltsausgleichs (Art. 110 Abs. 1 Satz 2 GG)
Der Haushalt ist in Einnahmen und Ausgaben auszugleichen, das heißt er muss für den Gesamtbetrag der eingestellten Ausgaben auf der Einnahmeseite die erforderliche Deckung ausweisen, da andernfalls die Vollzugsfähigkeit des Haushaltsplans nicht gewährleistet wäre. Als Deckung sind auch die Aufnahme von Krediten im Rahmen der Schuldenregel des Artikels 115 GG oder entsprechender Bestimmungen in den Landesverfassungen zulässig. Hierzu gehören aber nicht die sog. Kassenkredite, die zur Aufrechterhaltung einer ordnungsgemäßen Kassenwirtschaft erforderlich sind.

Grundsatz der Jährlichkeit (Art. 110 Abs. 2 GG)
Der Haushaltsplan wird für ein oder zwei Rechnungsjahre, nach Jahren getrennt, vor Beginn des ersten Rechnungsjahres durch das Haushaltsgesetz festgestellt. Dies bedeutet, dass auch bei zweijährigen Haushalten mithin ein Jahreshaushalt aufgestellt wird, wodurch eine jährliche Rechnungslegung und Rechnungskontrolle gewährleistet wird. Die haushaltsrechtlichen Vorschriften lassen jedoch Ausnahmen von dem Grundsatz der Jährlichkeit zu, die übertragbare Ausgabebewilligungen (§ 19 BHO/LHO), Selbstbewirtschaftungsmittel (§ 12 Abs. 3 HGrG, § 15 Abs. 2 BHO/LHO) und Wegfall- und Umwandlungsvermerke (§§ 21, 47 BHO/LHO) betreffen.

Grundsatz der Vorherigkeit (Art. 110 Abs. 2 Satz 1 GG)
Der Haushaltsplan ist durch Verabschiedung des Haushaltsgesetzes grundsätzlich vor Beginn des Haushaltsjahres festzustellen. Die rechtzeitige Haushaltsbewilligung ist für eine geordnete wirtschaftliche Haushaltsausführung wichtig. Andernfalls gilt das sogenannte Nothaushaltsrecht des Artikels 111 GG (§§ 1 und 30 BHO/LHO).

Bepackungsverbot (Art. 110 Abs. 4 Satz 1 GG)
In das jährliche Haushaltsgesetz dürfen nur solche Vorschriften aufgenommen werden, die sich auf die Einnahmen und Ausgaben (sachliches Bepackungsverbot) und auf den Zeitraum beziehen, für den das Haushaltsgesetz beschlossen wird (zeitliches Bepackungsverbot).

3. Welche Haushaltsgrundsätze ohne Verfassungsrang gibt es?

Grundsätze der Wirtschaftlichkeit und Sparsamkeit (§ 6 HGrG, § 7 BHO/LHO)
Die Grundsätze der Wirtschaftlichkeit und Sparsamkeit sind bei Aufstellung und Ausführung des Haushaltsplans zu beachten, wobei die Sparsamkeit ein Teil der Wirtschaftlichkeit ist. Wirtschaftlichkeit bedeutet, dass ein bestimmtes Ergebnis mit geringst möglichem Mitteleinsatz (Minimalprinzip = Sparsamkeitsgrundsatz) oder mit einem bestimmten Mitteleinsatz das bestmögliche Ergebnis (Maximalprinzip = Ergiebigkeitsprinzip) angestrebt wird.

Diese Grundsätze verpflichten zur Prüfung, inwieweit staatliche Aufgaben oder öffentlichen Zwecken dienende wirtschaftliche Tätigkeiten durch Ausgliederung und

Entstaatlichung oder Privatisierung erfüllt werden können. Für alle finanzwirksamen Maßnahmen sind angemessene Wirtschaftlichkeitsuntersuchungen durchzuführen. In geeigneten Fällen ist privaten Anbietern die Möglichkeit zu geben darzulegen, ob und inwieweit sie staatliche Aufgaben oder öffentlichen Zwecken dienende wirtschaftliche Tätigkeiten nicht ebenso gut oder besser erbringen können (Interessenbekundungsverfahren). In geeigneten Bereichen ist eine Kosten- und Leistungsrechnung einzuführen.

Gebot der Gesamtdeckung (§ 7 HGrG, § 8 BHO/LHO)
Alle Einnahmen dienen grundsätzlich als Deckungsmittel für alle Ausgaben. Damit wird eine bevorzugte Deckung bestimmter Ausgaben verhindert. Andererseits müssen wichtige Ausgaben nicht zurückgestellt werden, bis für sie zweckbestimmte Einnahmen eingegangen sind.

Als Ausnahmen vom Gebot der Gesamtdeckung sind beim Bund und den Ländern die Zweckbindung kraft Gesetzes und die Zweckbindung kraft Vermerks im Haushaltsplan zu unterscheiden. Durch die Beschränkung von Einnahmen auf die Verwendung für bestimmte Zwecke, die bei der gesetzlichen Zweckbindung in den Erläuterungen des Haushaltsplans und ansonsten im Haushaltsplan durch den Haushaltsvermerk kenntlich zu machen ist, wird das Ziel verfolgt, Anreize für die Erzielung von Mehreinnahmen zu schaffen, die zur Verstärkung von Ausgaben eingesetzt werden können.

Fälligkeitsprinzip (§ 8 HGrG, § 11 BHO/LHO)
Im Haushaltsplan dürfen nur die Ausgaben veranschlagt werden, die im Haushaltsjahr voraussichtlich fällig und damit kassenwirksam werden. Hierdurch wird eine unnötige Ausweitung des Haushalts verhindert und zugleich sichergestellt, dass der Haushaltsplan einen Überblick über den tatsächlichen Mittelbedarf im betroffenen Haushaltsjahr bietet.

Bruttoprinzip (§ 12 Abs. 1 HGrG, § 15 Abs. 1 BHO/LHO)
Die Einnahmen und Ausgaben in kameralen Haushalten, Aufwendungen und Erträge in doppischen Haushalten sowie die zur Produkterstellung vorgesehenen Mittel in Produkthaushalten sind in voller Höhe und getrennt voneinander zu veranschlagen. Es dürfen also weder Ausgaben von Einnahmen vorweg abgezogen noch Einnahmen auf Ausgaben vorweg angerechnet werden sowie Einnahmen mit Ausgaben in der Weise verrechnet werden, dass eine Veranschlagung und Buchung unterbleibt. Durch das Bruttoprinzip wird die Zusammensetzung der einzelnen Haushaltspositionen durchschaubar gemacht. Eine Ausnahme vom Bruttoprinzip gilt für die Veranschlagung von Einnahmen aus Krediten vom Kreditmarkt und den hiermit zusammenhängenden Tilgungsausgaben (§ 15 Abs. 1 Satz 2 BHO/LHO). Weitere Ausnahmen können im Haushaltsplan zugelassen werden, insbesondere für Nebenkosten und Nebenerlöse bei Erwerbs- oder Veräußerungsgeschäften (§ 15 Abs. 1 Satz 3 BHO/LHO).

Grundsatz der Einzelveranschlagung (§ 12 Abs. 4 HGrG, § 15 Abs. 1 BHO/LHO)
Die Einnahmen sind nach dem Entstehungsgrund, die Ausgaben und die Verpflichtungsermächtigungen nach Zwecken getrennt zu veranschlagen. Je stärker und detaillerter der Grundsatz der Einzelveranschlagung – auch als Grundsatz der sachlichen

Spezialität bezeichnet – beachtet wird, desto stärker ist die Einflussmöglichkeit des Parlaments auf die Gestaltung des Haushaltsplans und die Bindung der Regierung daran im Haushaltsvollzug. Für die notwendige Flexibilität im Haushaltsvollzug sorgen Deckungsregelungen (§ 20 BHO/LHO, Haushaltsgesetz, Haushaltsvermerke) und die Möglichkeit von über- und außerplanmäßigen Ausgaben (§ 37 BHO/LHO).

Grundsätze der Haushaltswahrheit und Haushaltsklarheit
Aus dem Grundsatz des Haushaltsausgleichs folgen das ungeschriebene materielle Gebot der Haushaltswahrheit und das formelle Gebot der Haushaltsklarheit. Nach dem Grundsatz der Haushaltswahrheit sind die voraussichtlichen Einnahmen und Ausgaben mit größtmöglicher Genauigkeit zu ermitteln oder zu schätzen. Nach dem Grundsatz der Haushaltsklarheit sind Haushaltsansätze nach einem durchgängigen System klar zu gliedern, das die Kontrolle der Einhaltung dieses Grundsatzes erleichtert.

Grundsatz der Öffentlichkeit (Art. 110 Abs. 3 GG bzw. Landesverfassungsrecht)
Der Haushaltsplan und das Haushaltsgesetz werden in öffentlichen Lesungen im Bundestag bzw. in den Landtagen beraten. Öffentlichkeit wird hierbei durch die Berichterstattung über die Haushaltsberatungen in den Medien hergestellt. Die Verkündung des Haushaltsgesetzes mit Gesamtplan im Bundesgesetzblatt bzw. den Gesetzblättern der Länder ermöglicht es darüber hinaus dem Bürger, sich gezielt zu informieren.

Nicht der öffentlichen Beratung in den gesetzgebenden Körperschaften unterliegen die Staatsausgaben geheimer Natur. Diese werden zusammengefasst als „Fonds" im Haushaltsplan dargestellt (sog. „Reptilienfonds").

4. Wie wird bei der Haushaltsmodernisierung der Haushaltsgrundsatz der Einzelveranschlagung gewahrt?

Der Haushaltsplan muss mit seinen Ansätzen und Zweckbestimmungen grundsätzlich so genau sein, dass eine wirksame Bindung der Regierung (der Verwaltung) an den fiskalischen Willen des Parlaments eintritt. Der Haushaltsgrundsatz der Einzelveranschlagung – auch als Grundsatz der sachlichen Spezialität bezeichnet – hat daher eine hohe verfassungsrechtliche Bedeutung.

Im Rahmen der reinen **Kameralistik** wird der sachlichen Spezialität durch eine detaillierte Titelstruktur Rechnung getragen. Entsprechend dem Gruppierungsplan werden dabei die Einnahmen nach ihrem Entstehungsgrund und die Ausgaben nach ihrem Zweck titelweise veranschlagt. Die gesetzliche Feststellung erstreckt sich auf das sogenannte Dispositiv mit Zweckbestimmung, Betrag für das Haushaltsjahr, Verpflichtungsermächtigungen, Haushaltsvermerken sowie der personalrechtlichen Ermächtigung. Dabei werden öffentliche Leistungen hinsichtlich ihrer Qualität und Quantität nicht beschrieben.

Bei der **Erweiterten Kameralistik** wird die sachliche Spezialität ebenfalls durch kamerale Haushaltsansätze grundsätzlich gewahrt. In Abhängigkeit vom Detaillierungsgrad der Titelstruktur können zusätzliche Informationen hinzukommen.

Bei einem **doppischen Rechnungswesen** (ohne Produkthaushalt) tritt an die Stelle der Spezialität von Ausgabezwecken die Spezialität nach Aufwandszwecken. Die sachliche Spezialität wird aus der Kostenstruktur abgeleitet, wobei davon auszugehen ist, dass eine Verdichtung von Ergebnissen der Konten erfolgt. In der Regel wird das doppische Rechnungswesen jedoch mit Produkthaushalten verbunden.

Für **produktorientierte Haushalte** wird die sachliche Spezialität durch die Titelstruktur gewahrt. Sie wird erläuternd ergänzt durch Zusatzinformationen über Leistungen. Sie folgt in ihrem verbindlichen Teil ausschließlich dem inputorientierten Zahlungsprinzip.

Demgegenüber verfolgen **Produkthaushalte** als outputorientierte Steuerungsmodelle das Ziel, das Gebot der sachlichen Spezialität mit der Hinwendung zu einer produktorientierten bzw. leistungsorientierten Spezialität zu verwirklichen. Damit tritt bei Produkthaushalten an die Stelle der Spezialität von Ausgabezwecken eines kameralen Haushalts eine Verbindung der nach Produkten strukturierten Mittelzuweisungen mit einer Spezialität nach Leistungszwecken. Produkte bzw. Produktbereiche bilden im Rahmen outputorientierter Steuerungsmodelle mit der gegenüber dem traditionellen kameralen Haushalt eher pauschal gehaltenen globalen Budgetermächtigung das haushaltsrechtliche Dispositiv.

Darüber hinaus kann in einem outputorientierten Steuerungsmodell dem Erfordernis der sachlichen Spezialität zusätzlich durch die Klassifizierung des Ressourcenverbrauchs in einem Leistungs- und Erfolgsplan Rechnung getragen werden.

2.5 Bewirtschaftung der Haushaltsmittel

1. Was sind Haushaltsmittel und wie werden diese verteilt?

Haushaltsmittel sind Beträge, die im Haushaltsplan mit Titelnummer und Zweckbestimmung als Ansatz ausgebracht sind. Zu beachten ist, dass Haushaltsmittel kein Geld sind, da mit der Haushaltsmittelzuweisung lediglich die Ermächtigung erteilt wird, Geldzahlungen im laufenden Haushaltsjahr anzuordnen.

Die **Verteilung der Haushaltmittel** erfolgt im Bund und in den Ländern nach dem in der Bundeshaushaltsordnung (BHO) oder der betreffenden Landeshaushaltsordnung (LHO) festgelegten Verfahren. Dieses Verfahren ist im Einzelnen wie folgt gestaltet:

Nach der Feststellung des Haushaltsplans durch das Haushaltsgesetz übersendet das Bundesministerium bzw. Landesministerium der Finanzen mit einem **Rundschreiben über die endgültige Haushaltsführung** (§ 5 BHO/LHO), in dem zugleich die eventuell bestehenden Verwaltungsvorschriften zur vorläufigen Haushaltsführung aufgehoben werden, den für den Einzelplan zuständigen obersten Bundes-/Landesbehörden je einen **Abdruck des für sie maßgebenden Einzelplans** und teilt ihnen mit, welche Teile von Einzelplänen, die bestimmte Gruppen von Einnahmen, Ausgaben, Verpflichtungsermächtigungen, Planstellen und anderen Stellen für mehrere Geschäftsbereiche enthalten, auf sie entfallen. Zugleich eröffnet das Bundes-/Landesministerium der Finanzen den für den Einzelplan zuständigen Stellen (Oberste Bundes-/Landesbehörden) die auf sie entfallenden Titelkonten in den Büchern des Bundes bei der Zentralkasse (früher Bundeshauptkasse) bzw. in den Büchern des Landes bei der Hauptkasse des Landes (VV Nr. 1.1 zu § 34 BHO/LHO).

Die obersten Bundesbehörden bzw. Landesbehörden verteilen die veranschlagten Einnahmen, Ausgaben, Verpflichtungsermächtigungen, Planstellen und anderen Stellen, soweit sie diese nicht selbst bewirtschaften, auf die ihnen unmittelbar nachgeordneten Dienststellen, indem sie diesen die für sie maßgebenden Einnahmen, Ausgaben und Verpflichtungsermächtigungen durch **Kassenanweisung** an die für sie zuständige Kasse und die für sie bestimmten Planstellen und anderen Stellen durch **besondere Verfügung** zukommen lassen, wobei die nachgeordneten Dienststellen die Haushaltsmittel, die sie nicht selbst bewirtschaften, auf den ihnen nachgeordneten Bereich in gleicher Weise verteilen (VV Nr. 1.2 zu § 34 BHO/LHO).

2. Was versteht man unter Bewirtschaftungsbefugnis und wer besitzt diese?

Die **Bewirtschaftungsbefugnis** ist das Recht einer mittelbewirtschaftenden Dienststelle – im Rahmen der ihr zugewiesenen Haushaltsmittel und der vorgesehenen Zweckbestimmung – selbst-ständig darüber zu entscheiden, für welchen Zweck und in welcher Höhe die Haushaltsmittel im Einzelnen verwendet werden sollen.

Mit der Zuweisung der Haushaltsmittel besitzen der **Behördenleiter** aufgrund seiner Direktionsbefugnis und der **Beauftragte für den Haushalt** gemäß § 9 der Bundeshaushaltsordnung (BHO) bzw. Landeshaushaltsordnung (LHO) die Bewirtschaftungsbefugnis, wobei in der Praxis der Beauftragte für den Haushalt die Bewirtschaftungsbefugnis regelmäßig ausübt. Zu beachten ist, dass im Bereich des Bundes und der Länder bei jeder Dienststelle, die Einnahmen oder Ausgaben bewirtschaftet, ein **Beauftragter für den Haushalt** zu bestellen ist, soweit der Leiter der Dienststelle diese Aufgaben nicht selbst wahrnimmt. Der Beauftragte soll dem Leiter der Dienststelle unmittelbar unterstellt werden (§ 9 Abs. 1 BHO/LHO). Bei obersten Bundes- oder Landesbehörden ist der Leiter des Haushaltsreferats der Beauftragte für den Haushalt (VV Nr. 1.1 zu § 9 BHO/LHO). Der Beauftragte für den Haushalt wird vom Leiter der Dienststelle bestellt. Die Bestellung ist der zuständigen Kasse mitzuteilen (VV Nr. 1.3 zu § 9 BHO/LHO). Die zuständige Kasse unterrichtet den Beauftragten für den Haushalt und die anderen Bediensteten der Dienststelle, denen der Beauftragte für den Haushalt die von ihm bewirtschafteten Teile des Einzelplans zur Bewirtschaftung übertragen hat (**Titelverwalter**), durch **Kontoauszüge** über die erfolgte Übertragung der Bewirtschaftung (VV Nr. 3.1.1 zu § 9 BHO/LHO).

Die **Gemeindeordnungen** enthalten keine weiteren Vorschriften über das sonstige Personal der Haushaltswirtschaft und überlassen es dem Rat bzw. der Gemeindevertretung oder dem Bürgermeister, im Rahmen ihrer/seiner Rechte Zuständigkeiten für die Aufstellung und Ausführung des Haushaltsplans innerhalb der Verwaltung festzulegen. Die Stellung des Beauftragten für den Haushalt ist deshalb auch auf keinen Fall mit der des Kämmerers im kommunalen Bereich vergleichbar.

3. Welche Befugnisse hat der Beauftragte für den Haushalt?

Dem Beauftragten für den Haushalt, dem im Vollzug des Haushaltsrechts innerhalb der Bundes- und Landesverwaltung wegen der besonderen Bedeutung seiner Aufgabe eine starke Stellung zukommt, wobei er in dieser Funktion Aufgaben des Dienststellenleiters übernimmt, obliegen die Aufstellung der Unterlagen für die Finanzplanung und der Unterlagen für den Entwurf des Haushaltsplans (Voranschläge) sowie die Ausführung des Haushaltsplans. Im Übrigen ist der Beauftragte bei allen Maßnahmen von finanzieller Bedeutung zu beteiligen. Er kann Aufgaben bei der Ausführung des Haushaltsplans übertragen (§ 9 Abs. 2 BHO/LHO u. VV zu § 9 BHO/LHO).

4. Welche Besonderheit gilt hinsichtlich der Anordnungsbefugnis und der Feststellung der sachlichen und rechnerischen Richtigkeit beim Einsatz automatisierter Verfahren?

Beim **Bund und den Ländern** kommen im Haushalts-, Kassen- und Rechnungswesen in der Regel moderne Technologien mit automatisierten Verfahren zur Anwendung. Im Rahmen der automatisierten Verfahren wird nicht mehr auf die bisher erforderliche Anordnungsbefugnis und die Feststellung der rechnerischen und sachlichen Richtigkeit abgestellt. Vielmehr hat das jeweilige Ressort beim Einsatz automatisierter Verfahren Verantwortlichkeiten sicherzustellen, in denen die herkömmliche Anordnungsbefugnis, aber auch die Feststellungen der rechnerischen und sachlichen Richtigkeit enthalten sind. Die näheren Einzelheiten sind für den Bereich des Bundes in den Verwaltungsvorschriften für Zahlungen, Buchführung und Rechnungslegung (§§ 70 bis 72 und 74 bis 80 BHO) und für den Bereich der Länder in den entsprechenden Verwaltungsvorschriften der Landeshaushaltsordnung (LHO) geregelt.

Auch bei den **Kommunen** werden im Haushalts-, Kassen- und Rechnungswesen grundsätzlich moderne Technologien mit automatisierten Verfahren eingesetzt. Die Gemeindekassenverordnungen enthalten nähere Regelungen über das Anordnungs- und Feststellungsverfahren beim Einsatz automatisierter Verfahren. Zugleich sehen die Gemeindekassenverordnungen vor, dass der Bürgermeister die Befugnis für die Feststellung der sachlichen und rechnerischen Richtigkeit und deren Form regelt, wobei Beschäftigten der Gemeindekasse die Befugnis nur erteilt werden darf, wenn der Sachverhalt nur von ihnen beurteilt werden kann.

5. Wie erfolgt die Überwachung der Bewirtschaftung der Haushaltsmittel?

Im Bereich des **Bundes** erfolgt die Überwachung der Haushaltseinnahmen, Haushaltsausgaben und Verpflichtungen zulasten künftiger Haushaltsjahre im Rahmen des automatisierten Verfahrens für das Haushalts-, Kassen- und Rechnungswesen des Bundes (**HKR-Verfahren**). Der Bewirtschafter hat dabei festzustellen, ob alle erteilten Kassenanordnungen (bei den Haushaltseinnahmen und Haushaltsausgaben) zutreffend erfasst und ausgeführt worden sind bzw. die erteilten Buchungsanordnungen (bei den Verpflichtungen zulasten künftiger Haushaltsjahre) zutreffend ausgeführt worden sind (VV Nr. 7 bis 9 zu § 34 BHO).

Für den Bereich der **Länder** sieht die jeweilige Landeshaushaltsordnung (LHO) außer der Erledigung der **Haushaltsüberwachung mit automatisierten Verfahren** zum Teil auch noch die Haushaltsüberwachung in Form von **Haushaltsüberwachungslisten** vor, wie diese auch beim Bund für die Haushaltsüberwachung bis zur Einführung des HKR-Verfahrens vorgeschrieben war. Es werden hierbei Haushaltsüberwachungslisten für angeordnete Einnahmen (HÜL-E), Haushaltsüberwachungslisten für Ausgaben (HÜL-A) und Haushaltsüberwachungslisten für Verpflichtungsermächtigungen (HÜL-VE) unterschieden.

6. Welches oberstes Prinzip gilt für die Bewirtschaftung der Ausgaben und für die Inanspruchnahme von Verpflichtungsermächtigungen des Haushaltsplans?

Oberstes Prinzip für die Bewirtschaftung der Ausgaben und für die Inanspruchnahme von Verpflichtungsermächtigungen des Haushaltsplans des Bundes und des Landes ist der in § 7 der Bundeshaushaltsordnung (BHO) bzw. der jeweiligen Landeshaushaltsordnung (LHO) niedergelegte **Grundsatz der Wirtschaftlichkeit und Sparsamkeit**, der in § 34 Abs. 2 und 3 der BHO bzw. LHO noch einmal besonders hervorgehoben wird. Danach dürfen Ausgaben bzw. Verpflichtungsermächtigungen nur insoweit und nicht eher geleistet (in Anspruch genommen) werden, als sie zur wirtschaftlichen und sparsamen Verwaltung erforderlich sind, das heißt die mittelbewirtschaftende Stelle muss jeweils vor Inanspruchnahme der Ausgabe- und Verpflichtungsermächtigungen des Haushaltsplans prüfen, ob die Leistung der Ausgaben oder das Eingehen der Verpflichtung nach Grund und Höhe sowohl sachlich notwendig als auch zum jetzigen Zeitpunkt erforderlich ist. Außerdem sind die Ausgabemittel so zu bewirtschaften, dass sie zur Deckung aller Ausgaben bzw. Verpflichtungen ausreichen, die unter die einzelne Zweckbestimmung fallen. Hierdurch soll sichergestellt werden, dass eine Überschreitung des Haushaltsplans (§§ 37 Abs. 1, 38 Abs. 1 Satz 2 BHO/LHO) möglichst nicht eintritt.

Auch die Gemeindeordnungen schreiben ausdrücklich vor, dass die Haushaltswirtschaft sparsam und wirtschaftlich zu führen ist.

7. Auf welche Weise können Ausgabe- und Verpflichtungsermächtigungen des Haushaltsplans beschränkt werden?

Die Verfügung über die Ausgabe- und Verpflichtungsermächtigungen des Haushaltsplans können im Einzelfall aus wichtigen Gründen beschränkt (gesperrt) sein. Solche **Haushaltssperren** können verhängt werden:

- durch **Gesetz**
- durch Vermerk im **Haushaltsplan**
- durch **Kabinettbeschluss**
- durch das **Bundes- oder Landesfinanzministerium** nach Benehmen mit dem zuständigen Bundes- oder Landesministerium.

8. Was sind Haushaltsvermerke?

Haushaltsvermerke sind einschränkende oder erweiternde Bestimmungen zu den Ansätzen des Haushaltsplans, die sowohl die Bewirtschaftung der Haushaltsmittel einschränken als auch die Möglichkeit von Ausnahmeregelungen zulassen können.

9. Welche Arten von Haushaltsvermerken unterscheiden die Bundeshaushaltsordnung und die von den Ländern erlassene Landeshaushaltsordnung?

Haushaltsvermerke	Rechtsgrundlage
Zweckbindungsvermerke	§ 8 BHO/LHO
Rückeinnahmevermerke	§ 15 BHO/LHO
Übertragbarkeitsvermerke	§ 19 Abs. 1 BHO/LHO
Verstärkungsvermerke	§ 19 Abs. 2 BHO/LHO
Deckungsvermerke	§ 20 BHO/LHO
Wegfall- und Umwandlungsvermerke	§ 21 BHO/LHO
Sperrvermerke	§ 22 BHO/LHO

10. Was sind Wegfall- und Umwandlungsvermerke und welche Bedeutung haben diese?

Ausgaben und Planstellen sind als **künftig wegfallend** (kw) zu bezeichnen, soweit sie in den folgenden Haushaltsjahren voraussichtlich nicht mehr benötigt werden (§ 21 Abs. 1 BHO/LHO).

Planstellen sind als **künftig umzuwandeln** (ku) zu bezeichnen, soweit sie in den folgenden Haushaltsjahren voraussichtlich in Planstellen einer niedrigeren Besoldungsgruppe oder in Stellen für Angestellte oder Arbeiter umgewandelt werden können (§ 21 Abs. 2 BHO/LHO).

Die **Wegfallvermerke** (kw-Vermerke), die sowohl bei den Personalausgaben als auch den Planstellen Anwendung finden, haben zur Folge, dass von dem Zeitpunkt an, mit dem die im Haushaltsplan bezeichnete Voraussetzung für den Wegfall erfüllt ist, nicht mehr über die Ausgaben verfügt werden bzw. die nächste freiwerdende Planstelle derselben Besoldungsgruppe für Beamte derselben Fachrichtung nicht wieder besetzt werden darf, wobei dies entsprechend für Stellen der Angestellten und Arbeiter gilt (§ 47 Abs. 1 und 2 BHO/LHO).

Die **Umwandlungsvermerke** (ku-Vermerke), die es nur für Planstellen gibt, haben zur Folge, dass die nächste freiwerdende Planstelle derselben Besoldungsgruppe für Beamte derselben Fachrichtung im Zeitpunkt ihres Freiwerdens in die Stelle umgewandelt gilt, die in dem Umwandlungsvermerk angegeben ist, wobei dies entsprechend für Stellen der Angestellten und Arbeiter gilt (§ 47 Abs. 3 BHO/LHO).

Die Gemeindehaushaltsverordnungen regeln Umwandlungsvermerke für Stellen (nicht für Ausgaben) im Zusammenhang mit dem Stellenplan.

11. Welche Gruppen von Haushaltssperren lassen sich nach ihrem Zweck unterscheiden?

Nach ihrem Zweck sind grundsätzlich folgende Gruppen von **Haushaltssperren** zu unterscheiden:

- Sperren durch Gesetz
- haushaltswirtschaftliche Sperren
- Sperren durch Haushaltsplan oder Haushaltsgesetz
- konjunkturpolitische Sperren.

12. Welche Regelungen gelten für haushaltswirtschaftliche Sperren von Haushaltsmitteln?

Wenn die Entwicklung der Einnahmen oder Ausgaben es erfordert, kann das Bundesministerium der Finanzen bzw. Landesfinanzministerium nach Benehmen mit dem zuständigen Bundesministerium bzw. Landesministerium es von seiner Einwilligung abhängig machen, ob Verpflichtungen eingegangen oder Ausgaben geleistet werden (§ 25 HGrG, § 41 BHO/LHO).

Durch diese Regelung wird das Bundesministerium der Finanzen bzw. das Landesfinanzministerium ermächtigt, durch Ausgabensperren oder Sperren von Verpflichtungsermächtigungen in den planmäßigen Haushaltsvollzug einzugreifen, wobei es die von ihr selbst erlassene Sperre nach eigenem Ermessen wieder aufheben kann.

Auch das **kommunale Haushaltsrecht** lässt die haushaltswirtschaftliche Sperre, die die Inanspruchnahme von Ausgabeansätzen untersagt, zu. Über die haushaltswirtschaftliche Sperre entscheidet, abhängig von dem in den Ländern verwirklichten kommunalen Verfassungssystem, der Bürgermeister oder der Kämmerer. Dieser hat den Rat bzw. die Gemeindevertretung unverzüglich zu unterrichten. Der Rat bzw. die Gemeindevertretung kann über die Aufhebung der Sperre beschließen.

13. Wann dürfen durch Haushaltsplan oder Haushaltsgesetz gesperrte Ausgaben geleistet oder Verpflichtungen zur Leistung solcher Ausgaben eingegangen werden?

Ausgaben des Bundes, die durch Gesetz oder Haushaltsplan als gesperrt bezeichnet sind, dürfen nur mit vorheriger Zustimmung (Einwilligung) des Bundesministeriums der Finanzen geleistet werden. Dies gilt auch für Verpflichtungen, die zur Leistung solcher Ausgaben eingegangen werden. In Ausnahmefällen, in denen durch Sperrvermerk die Leistung von Ausgaben oder die Inanspruchnahme von Verpflichtungsermächtigungen der Einwilligung des Bundestages bedarf (§ 22 BHO), hat das Bundesministerium der Finanzen die Einwilligung des Bundestages einzuholen (§ 36 BHO).

Die Landeshaushaltsordnungen, die im Wesentlichen mit der Bundeshaushaltsordnung übereinstimmen, enthalten jedoch darüber hinaus zum Teil ergänzende Regelungen (§ 36 LHO).

14. Wer kann eine konjunkturpolitische Sperre verhängen?

Die Bundesregierung kann im Falle einer die volkswirtschaftliche Leistungsfähigkeit übersteigenden Nachfrageausweitung das Bundesministerium der Finanzen ermächtigen, die Inanspruchnahme bestimmter Ausgabemittel sowie den Beginn von Baumaßnahmen sowie das Eingehen von Verpflichtungsermächtigen von seiner Einwilligung abhängig zu machen (§ 6 Abs. 1 StWG). Denkbar ist es auch, dass die Bundesregierung von einer Ermächtigung absieht und die Sperre selbst verhängt. Für die Aufhebung der Sperre ist dabei jeweils zuständig, wer die Sperre erlassen hat.

15. Für welche Vorhaben dürfen die im Haushaltsplan veranschlagten Ausgaben und Verpflichtungsermächtigungen geleistet oder in Anspruch genommen werden?

Ausgaben und Verpflichtungsermächtigungen dürfen nur zu im Haushaltsplan bezeichneten Zwecken und Leistungen, soweit und so lange sie fortdauern, und nur bis zum Ende des Haushaltsjahres geleistet oder in Anspruch genommen werden (**Grundsatz der sachlichen Bindung**, § 27 Abs. 1 HGrG, § 45 Abs. 1 BHO/LHO). Zu beachten ist, dass sich der im Haushaltsplan bezeichnete Zweck aus der jeweiligen Zweckbestimmung des Ausgabetitels, dem sogenannten Dispositiv, ergibt.

Im kommunalen Haushaltsrecht besteht die sachliche Bindung bei der Ausführung des Haushaltsplans darin, dass jede Einnahme und jede Ausgabe der Haushaltsstelle zuzuordnen ist, die ihrer Zweckbestimmung entspricht. Somit kann jede einzelne Einnahme nur unter dem sachlich zuständigen Ansatz vereinnahmt werden. Ist kein Ansatz vorhanden, muss eine Haushaltsstelle geschaffen werden. Davon ausgenommen sind auch nicht die vermischten Einnahmen und Ausgaben und die Verfügungsmittel.

16. Für welchen Zeitraum dürfen die im Haushaltsplan veranschlagten Ausgaben und Verpflichtungsermächtigungen geleistet oder in Anspruch genommen werden?

Die durch den Haushaltsplan der Verwaltung erteilten Ermächtigungen zur Leistung von Ausgaben und zum Eingehen von Verpflichtungen zur Leistung von Ausgaben in künftigen Jahren (Verpflichtungsermächtigungen) gelten nach dem Haushaltsrecht des Bundes und der Länder grundsätzlich nur bis zum Ende des laufenden Haushaltsjahres, für das der Haushaltsplan durch Gesetz festgestellt worden ist, das heißt nach Ablauf des Haushaltsjahres verfallen die Ermächtigungen (**Grundsatz der zeitlichen Bindung**, § 27 Abs. 1 Satz 1 HGrG, § 45 Abs. 1 Satz 1 BHO/LHO).

Im **kommunalen Haushaltsrecht** sind die Begriffe Jährlichkeit und zeitliche Bindung in ihrem Wesensgehalt gleichartig. Während sich der Grundsatz der Jährlichkeit auf die Phase der Aufstellung des Haushaltsplans bezieht, handelt es sich bei dem Grundsatz der zeitlichen Bindung um den Bereich der Ausführung des Haushaltsplans.

17. Für welche Arten von Ausgaben bestehen Ausnahmen von dem Grundsatz der zeitlichen Bindung?

Ausnahmen von der zeitlichen Bindung des Haushalts bestehen nach dem Haushaltsrecht des Bundes und der Länder für sogenannte **übertragbare Ausgaben**. Hierzu zählen alle Ausgaben für Investitionen und Ausgaben aus zweckgebundenen Einnahmen. Andere Ausgaben können im Haushaltsplan für übertragbar erklärt werden, wenn dies ihre wirtschaftliche und sparsame Verwendung fördert (§ 15 Abs. 1 HGrG, § 19 Abs. 1 BHO/LHO). Entsprechendes gilt bei doppisch basierten Haushalten für Auszahlungen. Bei doppisch basierten Haushalten sieht § 15 Abs. 2 des Haushaltsgrundsätzegesetzes (HGrG), der durch das Gesetz zur Modernisierung des Haus- haltsgrundsätzegesetzes (Haushaltsgrundsätzemodernisierungsgesetz – HGrGMoG) vom 31. Juli 2009, das am 1. Januar 2010 in Kraft getreten ist, in das HGrG eingefügt wurde, außerdem die Möglichkeit vor, Rücklagen nach § 7a HGrG zu bilden. Die Bildung und Inanspruchnahme von Rücklagen, abgesehen von Sonderposten mit Rücklagenanteil, bedarf der haushaltsrechtlichen Ermächtigung (§ 15 Abs. 2 Satz 3 HGrG). Bei übertragbaren Ausgaben können in kameralen Haushalten bzw. für die vorgenannten Fälle der doppisch basierten Haushalte **Ausgabereste** gebildet werden, das heißt die nicht ausgeschöpften Ausgabeermächtigungen bleiben über das laufende Haushaltsjahr hinaus bis zum Ende des auf die Bewilligung folgenden zweitnächsten Haushaltsjahres verfügbar, wobei für Bauten Sonderregelungen gelten. Für die bei den doppisch basierten Haushalten erwähnten vorgenannten Fälle gilt dies entsprechend (§ 27 Abs. 2 HGrG, § 45 Abs. 2 BHO/LHO).

Zu beachten ist, dass die Inanspruchnahme von Ausgaberesten der Einwilligung des Bundesministeriums- bzw. Landesministeriums der Finanzen bedarf, das seine Einwilligung jedoch nur erteilen darf, wenn in demselben oder einem anderen Einzelplan Ausgaben in gleicher Höhe bis zum Ende des laufenden Haushaltsjahres nicht geleistet werden oder wenn Ausgabemittel zur Deckung der Ausgabereste veranschlagt worden sind (§ 45 Abs. 3 BHO/LHO). Durch dieses Deckungserfordernis ist sichergestellt, dass die Inanspruchnahme der übertragbaren Ausgabeermächtigung nicht zur Überschreitung des Gesamtausgabensolls des Haushaltsplans führt.

Im **kommunalen Haushaltsrecht** versteht man unter Haushaltsresten die Einnahme- und Ausgabeansätze, die ins folgende Jahr übertragen werden.

18. Welche Haushaltsausgaben dürfen übertragen werden?

Beim Bund und den Ländern dürfen **übertragen** werden:

- Ausgaben für Investitionen
- Ausgaben aus zweckgebundenen Einnahmen
- andere Ausgaben, wenn dies ihre wirtschaftliche und sparsame Verwendung fördert (§ 15 Abs. 1 HGrG, § 19 Abs. 1 BHO/LHO).

In den **Gemeindehaushaltsverordnungen** ist vorgesehen, dass die Ausgabeansätze des Vermögenshaushalts übertragbar sind. Im Verwaltungshaushalt können Ausgaben für übertragbar erklärt werden, wenn die Übertragbarkeit eine sparsame Bewirtschaftung der Mittel fördert.

19. Was versteht man unter Deckungsfähigkeit?

Unter **Deckungsfähigkeit** versteht man die durch die Bundes- oder Landeshaushaltsordnung, durch Haushaltsgesetz oder Haushaltsvermerk begründete Möglichkeit, bei einem Titel höhere Ausgaben als veranschlagt aufgrund von Einsparungen bei einem oder mehreren anderen Ausgabetiteln zu leisten bzw. durch Haushaltsvermerk die Verpflichtungsermächtigung bei einem Titel zulasten einer oder mehrerer anderer Verpflichtungsermächtigungen zu erweitern (VV Nr. 1 zu § 20 BHO/LHO, § 46 BHO/LHO).

20. Welche Arten der Deckungsfähigkeit unterscheidet man?

Im **staatlichen Haushaltsrecht** werden folgende **Arten der Deckungsfähigkeit** unterschieden:

- **gegenseitige Deckungsfähigkeit**
- **einseitige Deckungsfähigkeit**.

Im **kommunalen Haushaltsrecht** wird zwischen der unechten und der echten Deckungsfähigkeit unterschieden. Die **unechte Deckungsfähigkeit**, die durch Haushaltsvermerk begründet wird, hat zur Folge, dass die über einen Haushaltsansatz hinausgehenden Einnahmen (Mehreinnahmen) zur Deckung höherer Ausgaben bei einer oder mehrerer für deckungsfähig erklärten Ausgabehaushaltsstellen verwendet werden dürfen. Bei der **echten Deckungsfähigkeit** dürfen Ausgabemittel, die bei einer bestimmten Haushaltsstelle veranschlagt wurden, für einen anderen Einzelzweck verwendet werden, wobei die echte Deckungsfähigkeit nochmals unterteilt wird in gegenseitige und einseitige Deckungsfähigkeit.

21. Wann liegt gegenseitige und einseitige Deckungsfähigkeit vor?

Gegenseitige Deckungsfähigkeit liegt vor, wenn die Ausgabetitel bzw. Verpflichtungsermächtigungen wechselseitig zur Verstärkung der jeweiligen Ansätze bzw. Verpflichtungsermächtigungen herangezogen werden dürfen (VV Nr. 1 Satz 2 zu § 20 BHO/LHO). **Kraft Gesetzes** sind **gegenseitig deckungsfähig** (sog. **geborene Deckungsfähigkeit**) die Ausgaben für Vergütungen der Angestellten und Löhne der Arbeiter (§ 20 Abs. 1 Nr. 1 BHO/LHO).

Einseitige Deckungsfähigkeit liegt vor, wenn der eine Ansatz (deckungsberechtigter Ansatz) bzw. die eine Verpflichtungsermächtigung (deckungsberechtigte Ermächtigung) nur verstärkt und der andere Ansatz (deckungspflichtiger Ansatz) bzw. die andere Verpflichtungsermächtigung (deckungspflichtige Ermächtigung) nur für die Verstärkung des ersten (deckungsberechtigten) Ansatzes bzw. der ersten (deckungsberechtigten) Verpflichtungsermächtigung herangezogen werden darf (VV Nr. 1 Satz 3 zu § 20 BHO/LHO). **Kraft Gesetzes** sind **einseitig deckungsfähig** (sog. **geborene Deckungsfähigkeit**) die Ausgaben für Bezüge der Beamten zugunsten der Ausgaben für Vergütungen der Angestellten und Löhne der Arbeiter sowie die Ausgaben für Unterstützungen zugunsten der Ausgaben für Beihilfen (§ 20 Abs. 1 Nr. 2 BHO/LHO).

Daneben können durch **Haushaltsvermerk oder Haushaltsgesetz** (sog. **gekorene Deckungsfähigkeit**) Ausgaben und Verpflichtungsermächtigungen jeweils für **gegenseitig oder einseitig deckungsfähig** erklärt werden, wenn ein verwaltungsmäßiger oder sachlicher Zusammenhang besteht oder eine wirtschaftliche und sparsame Verwendung gefördert wird (§ 15 Abs. 2 Satz 1 HGrG, § 20 Abs. 2 BHO/LHO).

Das **kommunale Haushaltsrecht** sieht nach näherer Festlegung der Gemeindehaushaltsverordnung (GemHVO) die gegenseitige Deckungsfähigkeit bei den doppischen Haushalten grundsätzlich innerhalb jedes Teilhaushalts für alle veranschlagten Aufwendungen vor, wenn im Haushaltsplan nichts anderes bestimmt ist. Im Übrigen ist die einseitige oder gegenseitige Deckungsfähigkeit durch entsprechenden Haushaltsvermerk zu erklären. Für die im Haushaltsplan veranschlagten Auszahlungen und Verpflichtungsermächtigungen für Investitionen gelten die vorgenannten Regelungen entsprechend. Innerhalb eines Teilhaushalts kann auch die einseitige Deckungsfähigkeit von ordentlichen Auszahlungen zugunsten von Investitionsauszahlungen erklärt werden.

22. Welche Ausgaben und Verpflichtungsermächtigungen dürfen nicht für deckungsfähig erklärt werden?

Ausgaben und Verpflichtungsermächtigungen, die ohne nähere Angabe des Verwendungszwecks veranschlagt sind, dürfen nicht für deckungsfähig erklärt werden (§ 15 Abs. 2 Satz 2 HGrG (neu), § 20 Abs. 3 BHO/LHO). Hierzu zählen beispielsweise die Beträge, die ohne Zweckbindung den Behördenleitern für außergewöhnlichen Aufwand aus dienstlicher Veranlassung, z. B. für Repräsentationsaufwendungen, zur Verfügung stehen (sog. **Verfügungsmittel**).

Das **kommunale Haushaltsrecht** sieht nach näherer Festlegung der Gemeindehaushaltsverordnung (GemHVO) vor, dass die Mittel für Fraktionen nicht für deckungsfähig und zahlungsunwirksame Aufwendungen (z. B. Abschreibungen) nicht zugunsten von zahlungswirksamen Aufwendungen für deckungsfähig erklärt werden dürfen.

23. Was sind über- und außerplanmäßige Ausgaben?

Überplanmäßige Ausgaben sind Ausgaben, bei denen der für die Zweckbestimmung im Haushaltsplan vorgesehene Ansatz unter Berücksichtigung der Ausgabereste, der Haushaltsvorgriffe und der zur Verstärkung verwendeten deckungspflichtigen Ausgaben sowie unter Berücksichtigung zweckgebundener Einnahmen überschritten werden muss (VV Nr. 1 zu § 37 BHO).

Außerplanmäßige Ausgaben sind Ausgaben, für die der Haushaltsplan keine Zweckbestimmung und keinen Ansatz enthält und auch keine Ausgabereste vorhanden sind (VV Nr. 2 zu § 37 BHO).

24. Unter welchen Voraussetzungen dürfen über- und außerplanmäßige Ausgaben geleistet werden?

Beim **Bund** dürfen **über- und außerplanmäßige Ausgaben** nur im Falle eines **unvorhergesehenen und unabweisbaren Bedürfnisses** mit der Zustimmung des Bundesministeriums der Finanzen geleistet werden (Art. 112 GG, § 37 Abs. 1 und 2 BHO). Die über- und außerplanmäßigen Ausgaben sollen durch Einsparungen bei anderen Ausgaben in demselben Einzelplan ausgeglichen werden (§ 37 Abs. 3 BHO) und sind dem Bundestag und dem Bundesrat vierteljährlich, in Fällen von grundsätzlicher oder erheblicher finanzieller Bedeutung unverzüglich mitzuteilen (§ 37 Abs. 4 BHO).

Die **Landeshaushaltsordnungen** (LHO) enthalten im Vergleich zur Bundeshaushaltsordnung (BHO) – mit Rücksicht auf Landesverfassungsrecht – teilweise sachlich verschiedenartige Regelungen bei der Bewilligung von über- und außerplanmäßigen Ausgaben.

Nach den **Gemeindeordnungen** sind über- und außerplanmäßige Ausgaben nur zulässig, wenn sie unvorhergesehen und unabweisbar sind und die Deckung gewährleistet ist. Die Frage, wer über die Leistung von über- und außerplanmäßigen Ausgaben entscheidet, ist in den Gemeindeordnungen der Länder unterschiedlich geregelt. Sind die Ausgaben erheblich, so bedürfen sie in allen Ländern der vorherigen Zustimmung des Rates bzw der Gemeindevertretung. Im Übrigen sind sie dem Rat bzw. der Gemeindevertretung zur Kenntnis zu bringen.

25. Was sind über- und außerplanmäßige Verpflichtungsermächtigungen?

Eine **Verpflichtungsermächtigung** ist **überplanmäßig**, wenn eine im Haushaltsplan für den vorgesehenen Zweck erteilte Verpflichtungsermächtigung unter Berücksichtigung der zur Verstärkung verwendeten deckungspflichtigen Verpflichtungsermächtigungen hinsichtlich ihres Gesamtbetrages überschritten wird (VV Nr. 2.1 zu § 38 BHO/LHO).

Eine **Verpflichtungsermächtigung** ist **außerplanmäßig**, wenn im Haushaltsplan für den vorgesehenen Zweck keine Verpflichtungsermächtigung vorgesehen ist (VV Nr. 2.2 zu § 38 BHO/LHO).

26. Welche Voraussetzungen gelten für die Inanspruchnahme über- und außerplanmäßiger Verpflichtungsermächtigungen?

Beim **Bund** ist die Inanspruchnahme **über- und außerplanmäßiger Verpflichtungsermächtigungen** nur im Falle eines **unvorhergesehenen und unabweisbaren Bedürfnisses** mit der Zustimmung des Bundesministeriums der Finanzen zulässig (§ 38 Abs. 1 Satz 2 BHO). Das Bundesministerium kann seine Einwilligung im Einzelfall von Einsparungen in gleicher Höhe bei zeitlich und sachlich vergleichbaren Verpflichtungsermächtigungen desselben Einzelplans abhängig machen (VV Nr. 2.3 zu § 38 BHO).

Die **Landeshaushaltsordnungen** enthalten im Vergleich zur Bundeshaushaltsordnung – mit Rücksicht auf Landesverfassungsrecht – teilweise sachlich verschiedenartige

Regelungen hinsichtlich der Zulässigkeitsvoraussetzungen für die Inanspruchnahme über- und außerplanmäßiger Verpflichtungsermächtigungen.

Die **Gemeindeordnungen** lassen generell überplanmäßige Verpflichtungsermächtigungen dann zu, wenn sie unvorhergesehen und unabweisbar sind und der in der Haushaltssatzung festgesetzte Gesamtbetrag der Verpflichtungsermächtigungen dadurch nicht überschritten wird. Außerplanmäßige Verpflichtungsermächtigungen werden dagegen nur von einem Teil der Gemeindeordnungen zugelassen. Die Frage, wer über die Zulässigkeit von über- und außerplanmäßigen Verpflichtungsermächtigungen entscheidet, ist in den Gemeindeordnungen der Länder unterschiedlich geregelt. Sind diese nach Umfang oder Bedeutung erheblich, so bedürfen sie in allen Ländern der vorherigen Zustimmung des Rates bzw. der Gemeindevertretung. Im Übrigen sind sie den Rat bzw. der Gemeindevertretung zur Kenntnis zu bringen.

27. Welche Ausgaben dürfen geleistet werden, wenn der Haushaltsplan zu Beginn des Haushaltsjahres noch nicht durch Gesetz festgestellt wurde?

Ist der Haushaltsplan zu Beginn des Haushaltsjahres noch nicht durch die Verabschiedung des Haushaltsgesetzes festgestellt, so ist bis zu dessen Inkrafttreten die Bundesregierung gemäß Artikel 111 des Grundgesetzes (GG) ermächtigt, zur Aufrechterhaltung der Wirtschaftsführung alle Ausgaben zu leisten, die nötig sind, um gesetzlich bestehende Einrichtungen zu erhalten und gesetzlich beschlossene Maßnahmen durchzuführen oder um Bauten, Beschaffungen und sonstige Leistungen fortzusetzen oder Beihilfen für diese Zwecke weiter zu gewähren, sofern durch den Haushaltsplan eines Vorjahres bereits Beträge bewilligt worden sind. Außerdem darf die Bundesregierung die zur Aufrechterhaltung der Wirtschaftsführung erforderlichen Mittel bis zur Höhe eines Viertels der Endsumme des abgelaufenen Haushaltsplans im Wege des Kredits flüssig machen, soweit nicht auf besonderem Gesetze beruhende Einnahmen aus Steuern, Abgaben und sonstigen Quellen oder die Betriebsmittelrücklage die vorbezeichneten Ausgaben decken (sog. **Nothaushaltsrecht**).

Die **Verfassungen der Länder** enthalten ähnliche Ermächtigungen zur vorläufigen Haushaltsführung für die Landesregierungen. Auch die Gemeindeordnungen lassen vergleichbare Regelungen zu.

28. Wann bedarf es eines Nachtragshaushaltsgesetzes oder einer Nachtragssatzung?

Ist der Haushaltsplan bereits durch die Verabschiedung des Haushaltsgesetzes festgestellt worden und sollte sich im Laufe des Haushaltsjahres ergeben, dass durch Umstände, die bei der Aufstellung des Entwurfs des Haushaltsplans noch nicht bekannt waren, die vom Bundes- bzw. Landesfinanzministerium veranschlagten Haushaltseinnahmen erheblich hinter den Planansätzen zurückbleiben oder neue bzw. erheblich höher zu veranschlagende Haushaltsausgaben auftreten werden, so bedarf der Haushaltsplan einer Änderung durch ein **Nachtragshaushaltsgesetz**. Der Entwurf ist hierbei bis zum Ende des Haushaltsjahres einzubringen (§ 33 BHO/LHO). Das Verfahren zur Änderung des Haushaltsplans entspricht dabei in der Form eines Nachtragshaushaltsgesetzes und eines Nachtragshaushaltsplans grundsätzlich dem ursprünglichen Gesetzgebungsverfahren zur Feststellung des Haushaltsplans des Bundes bzw. der Länder.

Die **Gemeindeordnungen** sehen vor, dass die Haushaltssatzung durch eine Nachtragssatzung geändert werden kann, die bis zum Ablauf des Haushaltsjahres vom Rat bzw. der Gemeindevertretung zu beschließen ist. Eine Nachtragssatzung hat die Kommune aber unverzüglich zu erlassen, wenn sich zeigt, dass trotz Ausnutzung jeder Sparmöglichkeit ein erheblicher Fehlbetrag entstehen oder ein veranschlagter Fehlbetrag sich wesentlich erhöhen wird und der Haushaltsausgleich nur durch eine Änderung der Haushaltssatzung erreicht werden kann, bisher nicht veranschlagte oder zusätzliche Ausgaben bei einzelnen Haushaltsstellen oder einzelnen vorgegebenen Finanzrahmen (Budget) in einem im Verhältnis zu den gesamten Ausgaben erheblichen Umfang geleistet werden müssen, Ausgaben für bisher nicht veranschlagte Investitionen oder Investitionsförderungsmaßnahmen geleistet werden sollen, Beamte oder Arbeitnehmer eingestellt, befördert oder in eine höhere Entgeltgruppe eingestuft werden sollen und der Stellenplan die hierzu notwendigen Stellen nicht enthält. Eine Nachtragssatzung ist jedoch nicht erforderlich beim Erwerb von beweglichen Sachen des Anlagevermögens und bei Baumaßnahmen, für die unerhebliche Ausgaben zu leisten sind, sowie bei Instandsetzungen an Bauten und Anlagen, die unabweisbar sind, und bei der Umschuldung von Krediten, bei Abweichungen vom Stellenplan und der Leistung höherer Personalausgaben, soweit sie aufgrund des Besoldungs- oder Tarifrechts zwingend erforderlich sind.

2.6 Feststellung von Ansprüchen und Zahlungsverpflichtungen

1. Welche Feststellungsvermerke sind mit dem Fertigen von Kassenanordnungen verbunden?

Mit dem Fertigen von Kassenanordnungen sind folgende **Feststellungsvermerke** verbunden:

- die Feststellung und Bescheinigung der **sachlichen Richtigkeit**
- die Feststellung und Bescheinigung der **rechnerischen Richtigkeit**.

2. Was wird mit dem Feststellungsvermerk der sachlichen Richtigkeit auf der Kassenanordnung bestätigt?

Der Feststeller der **sachlichen Richtigkeit** übernimmt mit der Unterzeichnung des Feststellungsvermerks die Verantwortung, dass

- die in der Anordnung und den sie begründenden Unterlagen enthaltenen, für die Zahlung und Buchung maßgebenden Angaben vollständig und richtig sind, soweit nicht deren Richtigkeit vom Feststeller der rechnerischen Richtigkeit zu bescheinigen ist
- nach den geltenden Vorschriften, insbesondere den Grundsätzen der Wirtschaftlichkeit, verfahren worden ist
- die Lieferung oder Leistung als solche und auch die Art ihrer Ausführung geboten war

- die Lieferung oder Leistung entsprechend der zugrunde liegenden Vereinbarung oder Bestellung sachgemäß und vollständig ausgeführt worden ist
- Abschlagszahlungen, Vorauszahlungen, Abtretungen und Pfändungen vollständig und richtig berücksichtigt worden sind
- die übrigen haushaltsrechtlichen Voraussetzungen für die Zahlung vorliegen (z. B. Mittelverfügbarkeit)
- die angeforderte Zahlung nach Rechtsgrund und Höhe richtig ermittelt worden ist (Nr. 1.2 der VV für Zahlungen, Buchfühung und Rechnungslegung (§§ 70 bis 72 und 74 bis 80 BHO), § 70 Vorl.VV-LHO).

3. Welcher Personenkreis ist zur Feststellung der sachlichen Richtigkeit befugt?

Zur Feststellung der **sachlichen Richtigkeit** sind befugt:

- der Leiter der Dienststelle
- der Beauftragte für den Haushalt
- andere Bedienstete, denen diese Befugnis vom Beauftragten für den Haushalt für ihren Verantwortungsbereich allgemein oder im Einzelfall schriftlich übertragen worden ist
- sonstige Personen (z. B. Architekten, Ingenieure), die aufgrund schriftlicher Verträge oder sonstiger Vereinbarungen Teilbescheinigungen abgegeben haben.

Zu beachten ist, dass Bedienstete sachliche Feststellungsbescheinigungen in Angelegenheiten, die ihre eigene Person oder ihre Angehörigen betreffen, nicht abgeben dürfen.

4. Was wird mit dem Feststellungsvermerk der rechnerischen Richtigkeit auf der Kassenanordnung bestätigt?

Der Feststeller der **rechnerischen Richtigkeit** übernimmt mit der Unterzeichnung des Feststellungsvermerks die Verantwortung, dass der anzunehmende oder auszuzahlende Betrag sowie alle auf Berechnungen beruhenden Angaben richtig sind. Hierzu gehört auch die richtige Anwendung der Berechnungsgrundlagen, z. B. Bestimmungen, Tarife, Verträge (vgl. Nr. 2.2.2.1 der Anlage zu Nr. 9.2 der VV für Zahlungen, Buchführung und Rechnungslegung (§§ 70 bis 72 und 74 bis 80 BHO, Vorl. VV zu § 70 LHO)).

Der Feststeller, der in der förmlichen Kassenanordnung oder den sie begründenden Unterlagen die sachliche oder rechnerische Richtigkeit bescheinigt, ist für die Richtigkeit der Angaben nicht verantwortlich, soweit andere Feststeller Teilbescheinigungen abgegeben oder in den begründenden Unterlagen die Richtigkeit bescheinigt haben. Entsprechendes gilt, wenn Teilbescheinigungen aufgrund schriftlicher Verträge oder sonstiger Vereinbarungen von anderen Personen (z. B. Architekten, Ingenieuren) abgegeben wurden.

5. Welcher Personenkreis ist zur Feststellung der rechnerischen Richtigkeit befugt?

Nach dem **Haushaltsrecht des Bundes und der Länder** sind zur Feststellung der **rechnerischen Richtigkeit** nur Bedienstete befugt, die mindestens dem mittleren Dienst (Beamte), der Laufbahngruppe der Unteroffiziere (Soldaten), der Entgeltgruppe 3 (Arbeitnehmer) angehören und aufgrund der ihnen übertragenen Funktion in der Lage sind, die Richtigkeit der Angaben und Ansätze zu bescheinigen. Der Beauftragte für den Haushalt kann die Befugnis auf bestimmte Bedienstete beschränken.

Zu beachten ist, dass Bedienstete rechnerische Feststellungsbescheinigungen in Angelegenheiten, die ihre eigene Person oder ihre Angehörigen betreffen, nicht abgeben dürfen.

Im **kommunalen Haushaltsrecht** bestimmt jeweils der Gemeindedirektor oder hauptamtliche Bürgermeister, welcher befähigte Beamte oder Arbeitnehmer zur rechnerischen Feststellung befugt ist.

6. In welcher Form erfolgt die Bescheinigung der sachlichen und rechnerischen Richtigkeit?

Die **sachliche Richtigkeit** ist auf der Vorderseite der Kassenanordnung vom Feststeller durch Unterzeichnung des Vermerks „sachlich richtig“ zu bescheinigen.

Die **rechnerische Richtigkeit** ist auf der Vorderseite der Kassenanordnung vom Feststeller durch Unterzeichnung des Vermerks „rechnerisch richtig“ zu bescheinigen.

Beide Bescheinigungen können auch zusammengefasst werden als „sachlich und rechnerisch richtig“.

Die Unterschriften sind beim Bund ohne jeden Zusatz und in den Ländern grundsätzlich unter Angabe der Amtsbezeichnung oder der Entgeltgruppe des Feststellers mit blauem Kugelschreiber (DIN 16554) zu leisten oder mit solchen Schreibmitteln auszufertigen, bei deren Verwendung nachträgliche Veränderungen erkennbar sind.

2.7 Formen und Arten der Kassenanordnungen

1. Was versteht man unter dem Begriff Kassenanordnungen?

Kassenanordnungen sind schriftliche Anordnungen an die Kasse, Zahlungen anzunehmen oder zu leisten und die Buchungen vorzunehmen (**Zahlungsanordnungen**) sowie andere buchführungspflichtige Vorgänge in die Bücher einzutragen (**Buchungsanordnungen**).

Die Kassenanordnungen sind auf vorgeschriebenen Vordrucken oder nach vorgeschriebenen Druckbildern (in der Bundesverwaltung gemäß Muster des Bundesministeriums der Finanzen) zu erteilen (vgl. Nr. 2.3 der Anlage zu Nr. 9.2 der VV für Zahlungen, Buchführung und Rechnungslegung (§§ 70 bis 72 und 74 bis 80 BHO), Vorl. VV zu § 70 LHO).

2. In welcher Form können Kassenanordnungen erteilt werden?

Kassenanordnungen können erteilt werden:

- als **Einzelanordnung** über einmalige oder wiederkehrende Zahlungen für **einen** Zahlungspflichtigen oder Empfangsberechtigten sowie für **Einzelbuchungen** oder
- als **Sammelanordnung** über einmalige oder wiederkehrende Zahlungen für **mehrere** Zahlungspflichtige oder Empfangsberechtigte sowie für **mehrere** Buchungen.

3. Welche Arten der Kassenanordnung unterscheidet man?

Man unterscheidet folgende **Arten der Kassenanordnung:**

- **förmliche Kassenanordnung**
- **allgemeine Kassenanordnung**.

4. Welche Bestandteile soll die förmliche Kassenanordnung enthalten?

Die **förmliche Kassenanordnung** soll enthalten:

- die Bezeichnung der Kasse, die Einzahlungen annehmen oder Auszahlungen leisten und/oder buchen soll
- die Anordnung zur Annahme, Leistung und/oder Buchung
- den anzunehmenden oder zu leistenden Betrag
- den Einzahlungspflichtigen oder den Empfänger
- wenn nötig den Fälligkeitstag
- die Buchungsstelle und das Haushaltsjahr
- eine Begründung der Anordnung
- die Angabe des Ortes, des Tages und der anweisenden Behörde oder Dienststelle
- die Unterschrift des Anordnungsberechtigten.

Beim Einsatz automatisierter Verfahren im Haushalts-, Kassen- und Rechnungswesen sind bei der Gestaltung von Zahlungsanordnungen bestimmte Vereinfachungen zugelassen.

5. Was sind die wichtigsten förmlichen Kassenanordnungen?

Die **wichtigsten förmlichen Kassenanordnungen** sind:

- **Einzahlungsanordnungen** für Einzelhaushaltseinnahmen und laufende/wiederkehrende Haushaltseinnahmen
- **Auszahlungsanordnungen** für Einzelhaushaltsausgaben und laufende/wiederkehrende Haushaltsausgaben

- **Änderungsanordnungen**
- **Einstellungsanordnungen**
- **Umbuchungsanordnungen**.

6. Wann wird eine Einstellungsanordnung erforderlich?

Ist die Gültigkeitsdauer einer Kassenanordnung über laufende Haushaltseinnahmen bzw. Haushaltsausgaben nicht bekannt und soll die Zahlung ab einem bestimmten Zeitpunkt eingestellt werden, so wird dies mit einer **Einstellungsanordnung** verfügt (in der Bundesverwaltung gemäß Muster des Bundesministeriums der Finanzen), z. B. bei der Aufhebung eines Pachtvertrags ab einem bestimmten Zeitpunkt.

7. Wann muss eine Umbuchungsanordnung verwendet werden?

Die **Umbuchungsanordnung** ist für die Berichtigung der förmlichen Kassenanordnung erforderlich, wenn diese bereits ausgeführt worden ist. Durch Umbuchungen werden überwiegend Titelverwechslungen richtig gestellt. Die Umbuchungsanordnung ist mit der berichtigten Kassenanordnung zu verbinden.

8. Wie ist die Berichtigung einer förmlichen Kassenanordnung vorzunehmen?

Die Berichtigung des angeordneten Betrages kann nur durch eine vollständige Nachtragskassenanordnung oder durch eine neue Kassenanordnung vorgenommen werden.

Andere Berichtigungen und Änderungen müssen so ausgeführt werden, dass die ursprünglichen Eintragungen lesbar bleiben.

9. Wer vollzieht die förmliche Kassenanordnung?

Die **förmliche Kassenanordnung** muss von dem oder den zur Ausübung der Anordnungsbefugnis berechtigten Beschäftigten mit blauem Kugelschreiber (DIN 16554) oder mit solchen Schreibmitteln vollzogen sein, bei deren Verwendung nachträgliche Veränderungen erkennbar sind (lfd. Nr. 1.4 der Anlage 1 zur VV Nr. 2.6 zu § 34 BHO). Namenskürzung oder die Verwendung eines Namensstempels sind unzulässig.

10. Welche Anforderungen gelten für die Erteilung allgemeiner Kassenanordnungen?

Im Bereich des Bundes kann das Bundesministerium der Finanzen im Einvernehmen mit dem Bundesrechnungshof für bestimmte Zahlungsfälle zulassen, dass von der Erteilung förmlicher Kassenanordnungen abgewichen wird, das heißt eine allgemeine Kassenanordnung erteilt wird. Der zuständigen Kasse des Bundes sind für die einzelnen Buchungen aufgrund der allgemeinen Kassenanordnung Buchungsbelege in der vom Bundesministerium vorgeschriebenen Form zu übergeben (VV Nr. 1.1.2 für Zahlungen, Buchführung und Rechnungslegung (§§ 70 bis 72 und 74 bis 80 BHO)).

Im Bereich der Länder bestehen entsprechende Regelungen.

2.8 Die Ausübung der Anordnungsbefugnis

1. Was ist unter einer Anordnungsbefugnis zu verstehen?

Die **Anordnungsbefugnis** ist das Recht einer mittelbewirtschaftenden Dienststelle, die für sie zuständige Kasse/Zahlstelle anzuweisen, Einzahlungen anzunehmen sowie Auszahlungen zu leisten und die Beträge nach näherer Angabe zu buchen (§ 19 HGrG).

2. Wer besitzt die Anordnungsbefugnis?

Die **Anordnungsbefugnis besitzt**

- der Behördenleiter aufgrund seiner Direktionsbefugnis
- der Beauftragte für den Haushalt
- andere Bedienstete, denen der Beauftragte für den Haushalt diese Befugnis übertragen kann (VV Nr. 2.1 zu § 34 BHO/LHO).

3. Was bestätigt der Anordnungsbefugte mit seiner Unterschrift auf der Kassenanordnung?

Der **Anordnungsbefugte** bestätigt mit seiner Unterschrift, dass

- Haushaltsmittel und, soweit erforderlich, Betriebsmittel zur Verfügung stehen und bei der angegebenen Buchungsstelle verausgabt werden dürfen
- die sachliche Richtigkeit von ihm festgestellt oder von den dazu befugten Bediensteten bescheinigt wurde
- die rechnerische Richtigkeit von den dazu befugten Bediensteten bescheinigt wurde (VV Nr. 2.4 zu § 34 BHO/LHO, Vorl. VV zu § 70 LHO).

Die Verantwortung erstreckt sich jedoch nicht auf den Inhalt der im selben Arbeitsvorgang mit der förmlichen Kassenanordnung erstellten maschinell lesbaren Datenträger (VV Nr. 2.5 zu § 34 BHO/LHO).

4. Was sind Betriebsmittel?

Betriebsmittel sind die von dem Bundes- oder Landesfinanzministerium der obersten Bundes- oder Landesbehörde erteilte Ermächtigung, in ihrem Geschäftsbereich innerhalb eines bestimmten Zeitraums die notwendigen Auszahlungen bis zur Höhe eines bestimmten Betrages leisten zu lassen (§ 43 Abs. 1 BHO/LHO). Auf die Anmeldung und Zuweisung der Betriebsmittel kann das Bundes- oder Landesfinanzministerium verzichten. Zu beachten ist, dass Betriebsmittel kein Geld sind. Mit der Betriebsmittelzuweisung wird lediglich die Ermächtigung erteilt, Geldzahlungen innerhalb eines bestimmten Zeitraums (Monat oder Quartal) anzuordnen.

5. Was ist unter dem Grundsatz der Trennung von Anordnungsbefugnis und Zahlungsbefugnis zu verstehen?

An Zahlungen oder Buchungen darf derjenige nicht beteiligt sein, der Anordnungen im Sinne des § 70 der Bundeshaushaltsordnung (BHO) bzw. Landeshaushaltsordnung (LHO) erteilt oder an ihnen verantwortlich mitwirkt. Das Bundesministerium bzw. Landesministerium der Finanzen kann jedoch zulassen, dass die Kassensicherheit auf andere Weise gewährleistet wird (§ 77 BHO/LHO).

Die **Gemeindehaushaltsverordnungen** gehen ebenfalls von dem Grundsatz der Trennung zwischen Anordnungsbefugnis und Zahlungsbefugnis aus.

2.9 Die Einziehung der Einnahmen

1. Welche Voraussetzungen müssen für die Einziehung oder die Vollstreckung von Geldforderungen vorliegen?

Allgemeine Voraussetzungen:

- befehlender Verwaltungsakt
- Vollstreckbarkeit, das heißt der Verwaltungsakt ist unanfechtbar oder der Rechtsbehelf hat keine aufschiebende Wirkung oder die sofortige Vollstreckung ist angeordnet (§ 6 VwVG, §§ 58, 70, 80, 80a, 80b VwGO).

Besondere Voraussetzungen:

- Leistungsbescheid bzw. Verwaltungsakt, mit dem dem Schuldner seine Leistungspflicht bekannt gegeben worden ist (mit Rechtsbehelfsbelehrung).
- Fälligkeit der Leistung.
- Die Wochenfrist gemäß Vollstreckungsgesetz muss abgelaufen sein.
- Mahnung mit Hinweis auf die drohende Vollstreckung mit einer weiteren Zahlungsfrist von einer Woche (§ 3 VwVG).

2. Welche Möglichkeiten der Veränderung von Ansprüchen sieht das öffentliche Haushaltsrecht vor?

Das öffentliche Haushaltsrecht kennt folgende Möglichkeiten der **Veränderung von Ansprüchen:**

- **Stundung**
- **Niederschlagung**
- **Erlass** (§ 31 Abs. 2 HGrG, § 59 BHO/LHO).

Die Gemeindehaushaltsverordnungen sehen ebenfalls die vorerwähnten Möglichkeiten der Veränderung von Ansprüchen vor.

3. Was ist eine Stundung?

Die **Stundung** ist eine Maßnahme, durch die die **Fälligkeit eines Anspruchs hinausgeschoben wird.** Bei Gewährung der Stundung ist eine Stundungsfrist festzulegen (VV Nr. 1.1 zu § 59 BHO/LHO).

Die **Gemeindehaushaltsverordnungen** enthalten ebenfalls entsprechende Regelungen.

4. Was sind die gesetzlichen Anforderungen für die Stundung von Ansprüchen?

Die **gesetzlichen Anforderungen für die Stundung**, die nur auf Antrag gewährt wird, sind gegeben, wenn:

- die sofortige Einziehung mit erheblichen Härten für den Anspruchsgegner des Bundes oder Landes verbunden wäre
- der Anspruch des Bundes oder Landes durch die Stundung nicht gefährdet wird.

Die Stundung soll gegen angemessene Verzinsung und in der Regel nur gegen Sicherheitsleistung gewährt werden (§ 31 Abs. 2 Nr. 1 HGrG, § 59 Abs. 1 Nr. 1 BHO/LHO). Als angemessene Verzinsung sind regelmäßig zwei Prozentpunkte über dem jeweiligen Basiszinssatz nach § 247 des Bürgerlichen Gesetzbuches (BGB) anzusehen, wobei der Zinssatz je nach Lage des Einzelfalles herabgesetzt werden kann, insbesondere wenn seine Erhebung die Zahlungsschwierigkeiten verschärfen würde (VV Nr. 1.4.1 und 1.4.2 zu § 59 BHO/LHO).

Eine erhebliche Härte für den Anspruchsgegner ist dann anzunehmen, wenn er sich aufgrund ungünstiger wirtschaftlicher Verhältnisse vorübergehend in ernsthaften Zahlungsschwierigkeiten befindet oder im Falle der sofortigen Einziehung in diese geraten würde (VV Nr. 1.2 zu § 59 BHO/LHO).

Die **Gemeindehaushaltsverordnungen** enthalten ebenfalls entsprechende Regelungen.

5. Was ist eine Niederschlagung?

Die **Niederschlagung** ist eine verwaltungsinterne Maßnahme, mit der von der Weiterverfolgung eines fälligen Anspruchs abgesehen wird (vgl. § 31 Abs. 2 Nr. 2 HGrG, § 59 Abs. 1 Nr. 2 BHO/LHO, VV Nr. 2.1 zu § 59 BHO/LHO).

Die **Gemeindehaushaltsverordnungen** enthalten ebenfalls entsprechende Regelungen.

6. Welche Arten der Niederschlagung unterscheidet man?

Man unterscheidet folgende **Arten der Niederschlagung:**

- **unbefristete Niederschlagung**
- **befristete Niederschlagung** (§ 59 BHO/LHO u. VV Nr. 2 zu § 59 BHO).

Die **Gemeindehaushaltsverordnungen** sehen ebenfalls die vorbezeichneten Arten der Niederschlagung vor.

7. Was sind die gesetzlichen Anforderungen für die Niederschlagung von Ansprüchen?

Ansprüche können niedergeschlagen werden, wenn

- die Einziehung wegen der wirtschaftlichen Verhältnisse des Anspruchsgegners oder aus anderen Gründen vorübergehend keinen Erfolg haben würde und eine Stundung nicht in Betracht kommt (**befristete Niederschlagung**) oder
- die Einziehung wegen der wirtschaftlichen Verhältnisse des Anspruchsgegners (z. B. mehrmals fruchtlos gebliebene Vollstreckungen) oder aus anderen Gründen (z. B. Tod) dauernd ohne Erfolg bleiben wird (**unbefristete Niederschlagung**, VV Nrn. 2.3 und 2.4 zu § 59 BHO/LHO).

Zu beachten ist, dass durch die Niederschlagung, die keines Antrags des Anspruchsgegners bedarf, der **Anspruch nicht erlischt, sondern lediglich ruht**, sodass die weitere Rechtsverfolgung hierdurch nicht ausgeschlossen wird. Eine Mitteilung an den Anspruchsgegner ist nicht erforderlich. Wird dennoch eine Mitteilung gegeben, so ist darin das Recht vorzubehalten, den Anspruch später erneut geltend zu machen (VV Nr. 2.2 zu § 59 BHO/LHO).

Die **Gemeindehaushaltsverordnungen** enthalten ebenfalls entsprechende Regelungen.

8. Was versteht man unter dem Begriff Erlass im Haushaltsrecht?

Der Erlass ist eine Maßnahme, mit der auf einen fälligen Anspruch verzichtet wird. Durch den Erlass erlischt der Anspruch (vgl. § 31 Abs. 2 Nr. 3 HGrG, § 59 Abs. 1 Nr. 3 BHO/LHO, VV Nr. 3.1 zu § 59 BHO/LHO).

Die **Gemeindehaushaltsverordnungen** enthalten ebenfalls entsprechende Regelungen.

9. Was sind die gesetzlichen Anforderungen für den Erlass von Ansprüchen?

Für den **Erlass von Ansprüchen**, die in der Regel auf Antrag erfolgt, gelten folgende **Anforderungen:**

- Der Anspruch muss einziehbar sein.
- Die Einziehung muss eine besondere Härte für den Schuldner darstellen.
- Eine Stundung darf nicht in Betracht kommen (vgl. VV Nr. 3 zu § 59 BHO/LHO).

Eine besondere Härte ist insbesondere anzunehmen, wenn sich der Anspruchsgegner in einer unverschuldeten wirtschaftlichen Notlage befindet und zu besorgen ist, dass die Weiterverfolgung des Anspruchs zu einer Existenzgefährdung führen würde (VV Nr. 3.4 zu § 59 BHO/LHO).

Bei privatrechtlichen Ansprüchen und Ansprüchen aus öffentlich-rechtlichen Verträgen ist der Erlass zwischen dem Bund bzw. Land und dem Anspruchsgegner vertraglich zu vereinbaren. In den übrigen Fällen ist der Erlass durch einen dem Anspruchsgegner bekannt zu gebenden Verwaltungsakt auszusprechen (VV Nr. 3.3 zu § 59 BHO/LHO).

Die **Gemeindehaushaltsverordnungen** enthalten ebenfalls entsprechende Regelungen.

3. Rechnungswesen

3.1 Staatliche und kommunale Doppik

1. Wie kann die Haushaltswirtschaft im Rahmen des Rechnungswesens in der staatlichen und der kommunalen Verwaltung gestaltet werden?

Durch das Gesetz zur Modernisierung des Haushaltsgrundsätzegesetzes (**Haushaltsgrundsätzemodernisierungsgesetz** – HGrGMoG) vom 31. Juli 2009, das am 1. Januar 2010 in Kraft getreten ist, wurde durch Einfügung eines neuen § 1a in das Haushaltsgrundsätzegesetz (HGrG) die bisher dem Bund und den Ländern obliegende zwingende Verpflichtung, ihre Haushaltswirtschaft im Rahmen des Rechnungswesens kameral, das heißt nach Ein- und Auszahlungen zu gestalten, aufgegeben. Zugleich ist dem Bund und den Ländern die Möglichkeit eröffnet worden, dass sie ihre Haushaltswirtschaft außer nach der bisherigen **Kameralistik** bzw. der sogenannten **Erweiterten Kameralistik** auch nach den Grundsätzen der staatlichen doppelten Buchführung **(staatliche Doppik)** gestalten können. Der Begriff **Doppik** ist ein Kunstwort und die Kurzbezeichnung für **Dopp**elte Buchführung **i**n **K**onten.

Außerdem wurde bei der Haushaltsdarstellung als neues Steuerungsinstrument der **produktorientierte Haushalt** und der **Produkthaushalt** zugelassen. Ein wesentliches Ziel des HGrGMoG ist es, ein Nebeneinander unterschiedlicher Haushalts- und Rechnungswesensysteme zu ermöglichen, dabei aber die Vergleichbarkeit innerhalb dieser Systeme durch ein Mindestmaß einheitlicher Vorgaben zu gewährleisten.

Wesentlicher Bestandteil der Reform des **kommunalen Haushaltsrechts** ist die Umstellung der kommunalen Haushaltswirtschaft von der bislang zahlungsorientierten auf eine ressourcenorientierten Darstellung. Damit einher geht die Ablösung der kameralistischen Haushaltsführung durch die **kommunale Doppik** und die vollständige Bilanzierung des kommunalen Vermögens. Um die Einheitlichkeit des kommunalen Haushaltsrechts zu gewährleisten, hat die Innenministerkonferenz der Länder (IMK) bereits am 21. November 2003 einer Reform des kommunalen Haushaltsrechts zugestimmt und den Ländern zugleich einen Regelungskorridor vorgegeben, der Einheitlichkeit gewährleistet und gleichzeitig Raum für landesspezifische Gegebenheiten und für konzeptionelle Unterschiede lässt. Dabei handelt es sich um eine Gemeindehaushaltsverordnung für ein doppisches Haushalts- und Rechnungswesen, eine Gemeindehaushaltsverordnung für die erweiterte Kameralistik, Beispieltexte für notwendige Änderungen der haushaltsrechtlichen Regelungen, Empfehlungen für einen gemeinsamen Produktrahmen, der vom Rechnungsstil unabhängig ist, und Empfehlungen für Kontenrahmen für das doppische Rechnungswesen. In den meisten Ländern wurden die rechtlichen Grundlagen für das neue kommunale Haushaltsrecht inzwischen geschaffen, wobei sich die Länder in der Regel für die Einführung der kommunalen Doppik entschieden haben.

2. Wodurch unterscheiden sich Kameralistik, Erweiterte Kameralistik und staatliche Doppik?

Die **Kameralistik** ist eine zahlungsorientierte Einnahmen- und Ausgabenrechnung, die in Einzelpläne, Kapitel und Titel untergliedert ist. Sie dient dem Nachweis der Einhaltung von Haushaltsrecht, Haushaltsplan und Haushaltsliquidität und ist um einen Vermögensnachweis (kamerale Vermögensrechnung) zu ergänzen. Einnahmen- und Ausgabentitel werden durch den Gruppierungs- und den Funktionenplan nach ökonomischen bzw. funktionalen Kriterien strukturiert. Haushaltsgesetzliche Bewilligungs- und Ermächtigungsgrundlage ist das titelbezogene Dispositiv, das heißt Zweckbestimmung, Betrag für das Haushaltsjahr, Verpflichtungsermächtigung, Haushaltsvermerk sowie die personalrechtlichen Ermächtigungen. Dabei werden öffentliche Leistungen hinsichtlich ihrer Qualität und Quantität nicht beschrieben. Zentrale finanzpolitische Steuerungsgröße ist der zahlungsmäßige Einnahmen- und Ausgabensaldo, insbesondere die Nettokreditaufnahme.

Bei der **Erweiterten Kameralistik** wird das Gliederungssystem der Kameralistik (Einzelplan, Kapitel, Titel) grundsätzlich beibehalten und die sachliche Spezialität durch kamerale Haushaltsansätze grundsätzlich gewahrt. Haushaltsgesetzliche Bewilligungs- und Ermächtigungsgrundlage ist das titelbezogene Dispositiv (wie bei der Kameralistik). Allerdings wird hier in einem zusätzlichen Rechenwerk regelmäßig eine grundsätzlich Flächen deckende Kosten- und Leistungsrechnung (KLR) beigestellt, die den Ressourcenverbrauch leistungsbezogen abbildet und zunächst in einer Vorstufe als reine Kostenrechnung ausgebildet sein kann. Der Erweiterten Kameralistik kann neben der KLR ein erweiterter Vermögensnachweis hinzugefügt werden. Dem erweiterten Vermögensnachweis liegt im Gegensatz zur Vermögensdarstellung eine Berechnung zugrunde, die die Entwicklung von Vermögen und Schulden durch Zu- und

Abgänge nachvollziehbar macht, während die Vermögensdarstellung lediglich einer „Bestandsaufnahme" ohne Vergleich mit dem vorherigen Vermögensstand entspricht. Im erweitert kameralen System setzt dies allerdings eine Ressourcenverbrauchssicht voraus, die sich nach Einzelplänen und Kapiteln gliedern lässt.

Bei der **staatlichen Doppik** (**Dopp**elte Buchführung **i**n **K**onten) handelt es sich um ein Rechnungswesen, bei dem die Ressourcenverbrauchssicht (Erträge und Aufwendungen) und die Vermögenssicht im Vordergrund stehen. Die Liquiditätssicht wird aber weiterhin für das Zahlungs-Management unterstützt. Bei der staatlichen Doppik wird technisch das Ergebnis auf zwei verschiedene Arten ermittelt (Erträge abzüglich Aufwendungen und Vermögensvergleich). Eine Vermögensrechnung mit Ausweis der Netto-Position (Vermögen abzüglich Schulden) ist diesem Rechnungswesen eigen und wird durch Bilanzen verkörpert. Außerdem wird bei der staatlichen Doppik die „Konzernkonsolidierung" des Staatshaushalts unterstützt, indem die Gesamtsicht auf den Kernhaushalt und die von der Gebietskörperschaft beherrschten Einrichtungen zusammengefasst werden. Die staatliche Doppik wird um eine Finanzrechnung ergänzt, die hier die Rolle der Liquiditätsdarstellung wahrnimmt. Außerdem kann die staatliche Doppik um eine KLR ergänzt werden. Bei doppischen Haushalten (ohne Produkthaushalt) kann die Gliederungslogik der Kameralistik (Einzelplan, Kapitel und Titel/Konto) grundsätzlich beibehalten werden. Haushaltsgesetzliche Bewilligungs- und Ermächtigungsgrundlage ist das Dispositiv, das im Gegensatz zur Kameralistik keine zahlungsorientierten, sondern Aufwands- und Ertragsdaten enthält. Im doppischen System bedeutet dies eine dezentrale Ausprägung mindestens der Ergebnis- und Finanzrechnung je Einzelplan und Kapitel (optional auch Vermögensrechnung). Unterhalb dieser Ebene tritt bei doppischen Haushalten an die Stelle der Titel die Einteilung in verschiedene Ertrags- und Aufwandsarten. Bei doppisch basierten Haushalten tritt an die Stelle der Spezialität von Ausgabenzwecken die Spezialität nach Aufwandszwecken. Bei einem doppischen Rechnungswesen wird die sachliche Spezialität aus der Kontenstruktur abgeleitet, wobei davon auszugehen ist, dass eine Verdichtung von Ergebnissen der Konten erfolgt. In der Regel wird das doppische Rechnungswesen jedoch mit Produkthaushalten verbunden.

3. Welche Zielsetzungen und Wirkungen verfolgen erweitert kamerale und doppisch basierte Haushalte?

Die **erweitert kameralen Haushalte** und die **doppisch basierten Haushalte** verfolgen folgende **Zielsetzungen und Wirkungen:**

- Die Vermögenssituation der öffentlichen Haushalte und ihre Veränderung soll stärker berücksichtigt werden.
- Finanzielle Belastungen sollen – unabhängig von ihrer Zahlungswirksamkeit – auf den Zeitraum ihrer Verursachung bezogen werden, z. B. entstehende Pensionsanwartschaften.

In der **Erweiterten Kameralistik** ist dabei weiter die auf die Liquidität ausgerichtete Sichtweise vorherrschend. Die Ressourcenverbrauchssicht und/oder die Vermögenssicht treten/tritt lediglich ergänzend hinzu. Im **doppischen System** stehen Ressourcenverbrauchssicht und Vermögenssicht im Vordergrund. Die Liquiditätssicht wird weiterhin für das Zahlungsmanagement unterstützt.

Ein **produktorientierter Haushalt** verfolgt **darüber hinaus die nachstehenden Zielsetzungen und Wirkungen:**

- Ergänzung um eine Outputorientierung, mit der die Programmfunktion des Haushalts gestärkt wird
- Erleichterung einer priorisierenden und sachgerechten Verteilung der zur Verfügung stehenden Mittel
- Verstärkung des Wirtschaftlichkeitsgrundsatzes für die Entscheidung des Budgetgesetzgebers, um mit den eingesetzten Mitteln das bestmögliche Ergebnis zu erreichen.

4. Was ist der grundlegende Rechtsrahmen der staatlichen Doppik?

Die **staatliche Doppik** folgt nach § 7a des **Haushaltsgrundsätzegesetzes** (HGrG) – die Vorschrift wurde mit dem am 1. Januar 2010 in Kraft getretenen Gesetz zur Modernisierung des Haushaltsgrundsätzegesetzes (Haushaltsgrundsätzemodernisierungsgesetz – HGrGMoG) vom 31. Juli 2009 in das HGrG eingefügt – den Grundsätzen der ordnungsmäßigen Buchführung und Bilanzierung (GoB) und den Bestimmungen des Handelsgesetzbuches (HGB) für Kapitalgesellschaften (Drittes Buch):

- Erster Abschnitt: Vorschriften für alle Kaufleute; dazu gehören insbesondere Regelungen zu Buchführung, Inventar, Eröffnungsbilanz, Jahresabschluss, Belegaufbewahrung und Belegvorlage.
- Zweiter Abschnitt – 1. Unterabschnitt: Jahresabschluss von Kapitalgesellschaften und Lagebericht.
- Zweiter Abschnitt – 2. Unterabschnitt: Konzernabschluss und Konzernlagebericht.

Konkretisierungen, insbesondere die Ausübung handelsrechtlicher Wahlrechte, und von den vorgenannten Vorschriften abweichende Regelungen, die aufgrund der Besonderheiten der öffentlichen Haushaltswirtschaft erforderlich sind, werden in dem gemeinsam von Bund und Ländern nach § 49a Abs. 1 des Haushaltsgrundsätzegesetzes eingerichtenden Gremium erarbeitet (§ 7a Abs. 2 HGrG).

Zu beachten ist, dass bei doppischen Rechnungswesen für den Haushaltsplan, für Titel sowie für Einnahmen und Ausgaben die Bestimmungen des Haushaltsgrundsätzegesetzes (HGrG) entsprechend gelten. Daneben treten an die Stelle des Haushaltsplans der Erfolgsplan und der doppische Erfolgsplan an die Stelle von Titeln oder Konten. An die Stelle von Einnahmen treten Erträge im Erfolgsplan und Einzahlungen im doppischen Erfolgsplan, an die Stelle von Ausgaben treten Aufwendungen im Erfolgsplan und Auszahlungen im doppischen Finanzplan (§ 1a Abs. 2 HGrG).

5. Auf welche Weise werden für die unterschiedlichen Rechnungswesensysteme einheitliche Verfahrens- und Datengrundlagen gewährleistet?

Zur Gewährleistung einer einheitlichen Verfahrens- und Datengrundlage der unterschiedlichen Rechnungswesensysteme (Kameralistik, Doppik) und der unterschiedlichen Haushaltsdarstellungen (Titelhaushalt, Produkthaushalt) bei Bund und Ländern sieht die durch das Gesetz zur Modernisierung des Haushaltsgrundsätzegesetzes **(Haushaltsgrundsätzemodernisierungsgesetz** – HGrG) vom 31. Juli 2009 in das Haushaltsgrundsätzegesetz (HGrG) eingefügte Vorschrift des § 49a vor, dass Bund und Länder ein gemeinsames Gremium einrichten, welches **Standards für kamerale und doppische Haushalte sowie für Produkthaushalte** erarbeitet und dabei sicherstellt, dass die Anforderungen der Finanzstatistik einschließlich der der Volkswirtschaftlichen Gesamtrechnungen berücksichtigt werden. Die Standards werden jeweils durch Verwaltungsvorschriften des Bundes und der Länder umgesetzt. Die Einzelheiten des nach § 49a HGrG eingerichteten Gremiums sind in einer Bund-Länder-Verwaltungsvereinbarung geregelt. Das Gremium hat zu den in § 7a Abs. 1 HGrG verankerten Grundsätzen der staatlichen Doppik und dem hier definierten grundsätzlichen Strukturen, Regeln und Verfahren die **„Standards staatlicher Doppik“** sowie die Numerik zum **„Verwaltungs-Kontenrahmen“** und als Standard für den Produkthaushalt den **„Integrierten Produktrahmen“** überprüft und beschlossen. Ebenso wurde der Funktionenplan mit Zuordnungshinweisen und Allgemeinen Vorschriften sowie der Gruppierungsplan mit Zuordnungshinweisen und Allgemeinen Vorschriften überprüft und als Standard beschlossen. Zur Gewährleistung der Vergleichbarkeit der Haushaltswirtschaft bei Bund und Ländern kann die Bundesregierung außerdem durch Rechtsverordnung, die der Zustimmung des Bundesrates bedarf, nähere Bestimmungen erlassen über die Standards für kamerale und doppische Haushalte sowie für Produkthaushalte, insbesondere zum Gruppierungs- und Funktionenplan, zum Verwaltungskontenrahmen und Produktrahmen sowie zu den Standards nach § 7a Abs. 2 HGrG für die staatliche Doppik (§ 49a Abs. 2 HGrG).

Die **Länder** sind jedoch auch weiterhin verpflichtet, ihre Einnahmen und Ausgaben nach der für die Haushalte des Bundes und der Länder festgelegten gemeinsamen Systematik des Funktionen- und des Gruppierungsplanes für die Finanzstatistiken zu melden, auch wenn sie aufgrund der Änderung des HGrGMoG künftig doppisch basierte Rechnungswesensysteme mit entsprechend ausgerichtetem Haushaltswesen anwenden, ohne gleichzeitig einen Haushaltsplan nach kameraler Systematik aufzustellen. Eine entsprechende Klarstellung wurde im Rahmen des HGrGMoG durch Ergänzung des § 3 Abs. 1 des Gesetzes über die Statistik der öffentlichen Finanzen und des Personals im öffentlichen Dienst (Finanz- und Personalstatistikgesetz – FPStatG) vorgenommen.

6. Welche Anpassungen der geltenden Gliederungs- und Darstellungsprinzipien der Haushalte werden bei doppischen und erweitert kameralen Haushalten erforderlich?

Die **kameralen Haushalte** gliedern sich in Einzelpläne und darunter in Kapitel nach institutionellen und/oder funktionalen Gesichtspunkten. Unterhalb der Ebene Einzelplan/Kapitel werden in kameralen Haushalten die bekannten Titel ausgewiesen.

Bei **doppischen und erweitert kameralen Haushalten** kann dieses Gliederungssystem grundsätzlich beibehalten werden. Im doppischen System bedeutet dies eine dezentrale Ausprägung mindestens der Ergebnis- und Finanzrechnung je Einzelplan und Kapitel (optional auch Vermögensrechnung). Im erweiterten kameralen System setzt dies eine Ressourcenverbrauchssicht voraus, die sich nach Einzelplänen und Kapiteln gliedern lässt. Unterhalb dieser Ebene tritt bei doppischen Haushalten an die Stelle der Titel die Einteilung in verschiedene Ertrags- und Aufwandsarten.

Die Liquiditätsbeurteilung lässt sich in allen Fällen herleiten. Wie in der reinen Kameralistik ist sie auch in der Erweiterten Kameralistik führendes Element des Haushalts; im doppisch basierten System lässt sich die obligatorische Finanzrechnung aus den Finanzkonten ableiten.

7. Wie ist der Verwaltungskontenrahmen aufgebaut?

In der öffentlichen Verwaltung werden derzeit verschiedene Kontenrahmen beim doppischen Rechnungswesen verwendet. Die Finanzministerkonferenz (FMK) hat sich mit Beschluss vom 26. Juni 2003 für eine einheitliche Anwendung des **Verwaltungskontenrahmens** (VKR) in den Ländern entschieden. Der VKR stellt einen betriebswirtschaftlichen Rahmen für die doppelte Buchführung zur Verfügung, der auf Basis des in Landesbetrieben und anderen Einrichtungen weit verbreiteten Industriekontenrahmens erstellt wurde und sowohl die „Konzernkonsolidierung“ erleichtert als auch hinreichend öffentliche Spezifika für die transparente Haushaltsdarstellung enthält. Durch seinen Aufbau nach dem Abschlussgliederungsprinzip geben die Kontengruppen des VKR gleichzeitig die Gliederungsstruktur für die Ergebnis- und Vermögensrechnung und damit für die aggregierte Darstellung in Haushaltsplan und Haushaltsrechnung vor. Eine originäre Erfassung von Einzahlungen und Auszahlungen ist durch entsprechende IT-Unterstützung sicherzustellen. Der siebenstellige VKR entfaltet Verbindlichkeiten bis zur dritten Stelle (Hauptkontenebene), für darüber hinausgehende Untergliederungen wird lediglich eine Empfehlung ausgesprochen.

Der vom Bund-Länder-Arbeitskreis „Kosten- und Leistungsrechnung/Doppik“ erarbeitete Vorschlag eines bundeseinheitlichen Kontenrahmens, der sich in seiner Struktur am Industriekontenrahmen (IKR) orientiert, liegt folgender Aufbau zugrunde:

Bundeseinheitlicher Kontenrahmen Finanzbuchhaltung									
Kontenklasse 0 Immaterielles Vermögen und Sachanlagen	Kontenklasse 1 Finanzanlagen	Kontenklasse 2 Umlaufvermögen und aktive Rechnungsabgrenzung	Kontenklasse 3 Eigenkapital (Nettoposition) und Rückstellungen	Kontenklasse 4 Verbindlichkeiten und passive Rechnungsabgrenzung	Kontenklasse 5 Erträge, Steuern, Transfers	Kontenklasse 6 Betriebliche Aufwendungen	Kontenklasse 7 Weitere Aufwendungen und Transferaufwendungen	Kontenklasse 8 Abschluss kamerale Abgrenzung und Überleitung	Kontenklasse 9 Kosten- und Leistungsrechnung (KLR)
Vermögensrechnung					Ergebnisrechnung			Abgrenzung	KLR

Werden lediglich Module der staatlichen Doppik (z. B. Ergebnisrechnung oder Vermögensrechnung) oder ein produktorientierter Haushaltsplan eingesetzt, sollte ebenfalls der Verwaltungskontenrahmen (VKR) angewendet werden. Gleiches gilt für die Erweiterte Kameralistik, um damit die Numerik mit dem Kosten- und Erlösartenplan der Kosten- und Leistungsrechnung (KLR) gleichzusetzen.

8. Welches Ziel wird mit dem Integrierten Produktrahmen verfolgt?

Mit dem **Integrierten Produktrahmen** (IPR) wird das Ziel verfolgt, einheitliche Mindestinhalte für eine produktorientierte Gliederung bei Bund, Ländern und Kommunen zu definieren, eine Zusammenfügung der Daten auf den getrennten Ebenen zum Zwecke der Vergleichbarkeit (Benchmarking) zu ermöglichen und eine einheitliche Datenbasis für die Aufstellung von Produkthaushalten zu schaffen. Der bereits von den Innenministern der Länder abgestimmte Produktrahmen für die kommunalen Haushalte soll dabei integriert werden. Derzeit kann der IPR wegen seiner ressourcen- und outputorientierten Perspektive den Funktionenplan mit seiner zahlungsorientierten Ausrichtung nicht ersetzen. Deshalb ist der Funktionenplan weiterhin von Bund und Ländern im bisherigen Umfang zu bedienen.

Der IPR ist verbindlich für Bund und Länder, die Produkthaushalte führen. Für produktorientierte Haushalte hat der IPR empfehlenden Charakter. Für Kommunen besitzt der IPR keine Verbindlichkeit.

9. Wie ist der Integrierte Produktrahmen gegliedert?

Der **Integrierte Produktrahmen** (IPR) ist in drei Ebenen gegliedert. Die erste Ebene wird als Fachebene bezeichnet. Es gibt maximal 10 Fachebenen (von 0 bis 9):

0 Übergeordnete Staatliche Aufgaben
1 Öffentliche Sicherheit und Ordnung
2 Justiz
3 Bildung, Wissenschaft (Forschung und Lehre) und Kultur
4 Raumordnung, Stadtentwicklung und Verkehr

5 Soziale Sicherung, Familie und Jugend
6 Gesundheit, Verbraucherschutz und Sport
7 Natur und Umwelt
8 Wirtschaftspolitik und -förderung
9 Finanzwirtschaft

Die Fachebenen sind in Aufgabenebenen (2. Ebene, 2-Stellen) gegliedert und diese wiederum in Produktebenen (3. Ebene, 3-Stellen). Die Erläuterungen und Aufzählungen unterhalb der 3. Ebene haben den Charakter eines Kommentars zur jeweiligen Produktebene. Sie enthalten auch Abgrenzungen bzw. Verweise auf andere Produktebenen und sind nicht abschließend.

Die Gliederung des IPR ist nachstehend am Beispiel der Fachebene 4 „Raumordnung, Stadtentwicklung und Verkehr" dargestellt:

4 Raumordnung, Stadtentwicklung und Verkehr

41 Verkehr

Die nachfolgend aufgeführten Positionen beinhalten sowohl die staatlichen Kosten und Erträge zur Errichtung, Unterhaltung und zum Betrieb der Infrastruktur wie auch die Kosten und Erlöse der Administration und der Politikfeldgestaltung.
Die Ziffern 411 bis 414 sind jeweils ohne die spezifischen Aufwendungen für den ÖPNV/SPNV darzustellen.

411 Schiene

412 Straße
- Gemeindestraßen
- Kreisstraßen
- Landesstraßen
- Bundesstraßen
- Bundesautobahnen
- Einrichtungen des ruhenden Verkehrs
- Anlagen der Verkehrslenkung, Beleuchtung

413 Wasserstraßen (Gewässer 1. Ordnung) und Häfen
Hinweis: Maßnahmen im Zusammenhang mit Gewässerschutz und -pflege bei Gewässern 2. und 3. Ordnung werden bei Ziffer 713 abgebildet.
- Bundeswasserstraßen
- Seeverkehr
- Wasserbauliche Anlagen (soweit sie Verkehrszwecken dienen)
- Binnen- und Seehäfen

414 Luftverkehr

415 ÖPNV/SPNV
- Regionalisierungsmittel
- Bestellerentgelte
- Infrastrukturkosten
- Öffentlich-Rechtliche Verkehrsbetriebe

42 Stadtentwicklung und Landesplanung

421 Integrierte Gesamtverkehrsplanung
- Nah- und Fernverkehrskonzepte
- Koordinierungsprogramme

422 Stadtentwicklung, Raumordnung und Landesplanung
- Landesplanung/Entwicklung ländlicher Raum (Dorferneuerung, Stadtteilentwicklung, Flurneuordnung, Integriertes ländliches Entwicklungskonzept (ILEK)/ Regionalmanagement)
- Regionalplanung
- Städtebauförderung
- Flächenmanagement

423 Wohnbauförderung
- Flächenausweisung
- Förderung des sozialen Wohnungsbaues
- Instandsetzungs- und Modernisierungsmaßnahmen an Wohngebäuden
- Ausgleichszahlungen nach dem Gesetz über den Abbau der Fehlsubventionierung im Wohnungswesen (sog. Fehlbelegungsabgabe)

424 Kataster und Vermessung
- Geodätischer Raumbezug
- Geotopographie und Kartographie
- Liegenschaftskataster

425 Baurecht und Bauordnung
- Bau- und Grundstücksordnung, Genehmigungsverfahren
- Baufachliche Angelegenheiten

10. Was sind die wichtigsten Grundsätze ordnungsgemäßer Buchführung und Bilanzierung?

Die wichtigsten **Grundsätze ordnungsgemäßer Buchführung und Bilanzierung** (GoB) sind aus dem nachstehenden Schaubild zu ersehen, welches inhaltlich der Darstellung der Buchführungsgrundsätze in den vom Bund-Länder-Arbeitskreis „Kosten- und Leistungsrechnung/Doppik“ erarbeiteten „Standards staatlicher Doppik“ entspricht.

Allgemeine Bilanzierungsgrundsätze	Allgemeine Bewertungsgrundsätze	Bewertungsvereinfachungsverfahren	Allgemeine Gliederungsgrundsätze
Grundsatz der Klarheit und Übersichtlichkeit (§ 243 Abs. 2 HGB) ► Saldierungsverbot (§ 246 Abs. 2 HGB) ► Anlagenspiegel (§ 268 Abs. 2 HGB). Grundsatz der Bilanzwahrheit ► Vollständigkeitsgebot (§ 246 Abs. 1 HBG). Grundsatz der Bilanzkontinuität ► Grundsatz der Bilanzidentität (§ 252 Abs. 1 Nr. 1 HGB) ► Stetigkeit des Ausweises (§ 265 Abs. 1 HGB) ► Stetigkeit der Bewertung (§ 252 Abs. 1 Nr. 6 HGB).	Grundsatz der Fortführung (§ 252 Abs. 1 Nr. 2 HGB) Grundsatz der Einzelbewertung (§ 252 Abs. 1 Nr. 3 HGB) **Hinweis:** Der Grundsatz der Einzelbewertung wird durch die Festbewertung (§ 240 Abs. 3 HGB) und die Gruppenbewertung (§ 240 Abs. 4 HGB) durchbrochen. Grundsatz der Vorsicht (§ 252 Abs. 1 Nr. 4 HGB) **Hinweis:** Anwendungsfälle des Vorsichtsprinzips sind das Realisationsprinzip, welches besagt, dass Erträge erst dann ausgewiesen werden dürfen, wenn sie feststehen oder realisiert sind, und das Imparitätsprinzip, welches besagt, dass Verluste bereits dann ausgewiesen werden müssen, wenn sie zu erwarten sind. Anschaffungswertprinzip (§ 253 Abs. 1 Satz 1 HGB) Grundsatz der Periodenabgrenzung (§ 252 Abs. 1 Nr. 5 HGB) Grundsatz der Bewertungsstetigkeit (§ 252 Abs. 1 Nr. 6 HGB)	Verbrauchsfolgeverfahren **Hinweis:** Bei gleichartigen Vorratsgütern darf das Fifo-Verfahren (first in first out) als Reihenfolge für Anschaffung oder für Veräußerung/Verbrauch unterstellt werden. Festbewertung (§ 240 Abs. 3 HGB) Gruppenbewertung (§ 240 Abs. 4 HGB)	Darstellung der Bilanz in Kontenform (§ 266 Abs. 1 bis 3 HGB) Darstellung der Ergebnisrechnung in Staffelform unter Anwendung des Gesamtkostenverfahrens (§ 275 Abs. 1 HGB) Grundsatz der Darstellungsstetigkeit (§ 265 Abs. 1 HGB) Angabe der Vorjahresbeträge (§ 265 Abs. 2 HGB) Untergliederung und Hinzufügung von Posten (§ 265 Abs. 5 HGB) Gliederungs- und Bezeichnungsänderungen (§ 265 Abs. 6 HGB) Nichtausweis von Leerposten (§ 265 Abs. 6 HGB)

11. Welches Konzept bildet die Grundlage für die kommunale Doppik?

In der **Kommunalverwaltung** ist die traditionelle Doppik nach dem Handelsgesetzbuch (HGB) nicht in unveränderter Form anwendbar. Das Konzept für die kommunale Doppik sieht daher als Kombination der kameral-finanzwirtschaftlichen „Ein-Komponenten-Rechnung“ (Jahresrechnung auf Zahlungsebene) und der kaufmännischen „Zwei-Komponenten-Rechnung“ (Bilanz und Gewinn- und Verlustrechnung) die sogenannte „Drei-Komponenten-Rechnung“ vor, die auch als Drei-Komponenten-Modell bezeichnet wird. Die **Drei-Komponenten-Rechnung** beinhaltet

- den **Ergebnishaushalt**/die **Ergebnisrechnung**
- den **Finanzhaushalt**/die **Finanzrechnung**
- die **Vermögensrechnung** (Bilanz).

Zu beachten ist, dass der Ergebnishaushalt und der Finanzhaushalt Planungsinstrumente sind und es sich bei der Ergebnisrechnung, Finanzrechnung und Vermögensrechnung (Bilanz) um Jahresabschlussinstrumente handelt.

12. Wodurch unterscheiden sich die einzelnen Bestandteile der Drei-Komponenten-Rechnung?

Im **Ergebnishaushalt** werden alle **Aufwendungen und Erträge** der Kommune **geplant** und in der aus dem Ergebnishaushalt abgeleiteten **Ergebnisrechnung** werden alle **Aufwendungen und Erträge dokumentiert**, wobei der Saldo aus den Aufwendungen und Erträgen den Ressourcenverbrauch, also den Werteverzehr oder Wertezuwachs zum Bilanzstichtag widerspiegelt und daher die entscheidende Größe für die Beurteilung der Entwicklung des Eigenkapitals ist.

Im **Finanzhaushalt** werden die **geplanten Einzahlungen und Auszahlungen** der Kommune **festgehalten** und in der aus dem Finanzhaushalt abgeleiteten **Finanzrechnung** werden alle tatsächlich **anfallenden Einzahlungen und Auszahlungen nachgewiesen, die im Laufe eines Haushaltsjahres entstehen**.

Zu beachten ist, dass der Ergebnis- und Finanzhaushalt in **Teilhaushalte** gegliedert werden.

Die **Vermögensrechnung** (Bilanz) weist den **Bestand des Bruttovermögens, der Schulden und des Reinvermögens** der Kommune nach. Die **Aktivseite der Bilanz**, in der sich in enger Anlehnung an das Handelsgesetzbuch (HGB) im Wesentlichen das Anlage- und Umlaufvermögen mit den zum Bilanzstichtag ermittelten Werten findet, beantwortet die Frage: „Wie ist das Vermögen der Kommune angelegt?“ Die **Passivseite der Bilanz**, in der im Wesentlichen das Eigenkapital, die Sonderposten, die Rückstellungen und die Verbindlichkeiten ausgewiesen sind, gibt Antwort auf die Frage: „Wie ist das Vermögen der Kommune finanziert?“

Das nachfolgende Schaubild macht das Zusammenwirken der einzelnen Komponenten der kommunalen Doppik deutlich:

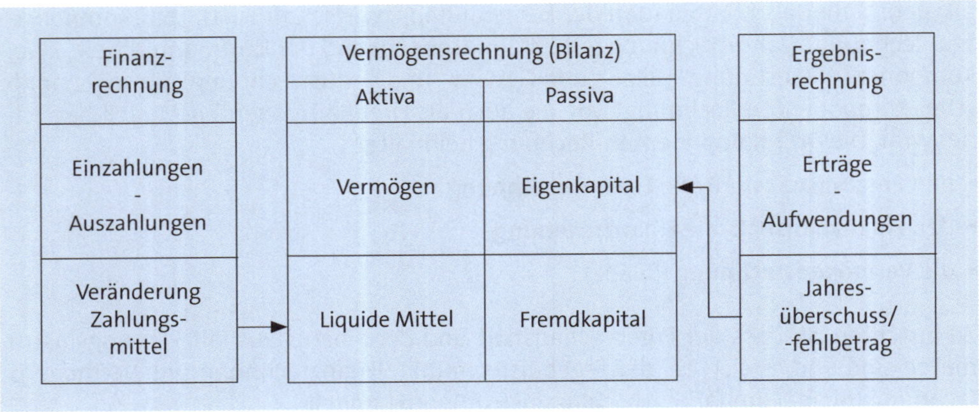

Muster der Ergebnis-, Finanz- und Vermögensrechnung sind jeweils der Gemeindehaushaltsverordnung (GemHVO) beigefügt und für die Kommunen verbindlich, wobei der für das Kommunalrecht zuständige Minister bzw. das zuständige Ministerium Ausnahmen zulassen kann.

3.2 Produktorientierter Haushalt und Produkthaushalt

1. Welche neuen Formen der Haushaltsdarstellung lässt das Haushaltsgrundsätzemodernisierungsgesetz zu?

Durch das Gesetz zur Modernisierung des Haushaltsgrundsätzegesetzes (**Haushaltsgrundsätzemodernisierungsgesetz** – HGrGModG), das am 1. Januar 2010 in Kraft getreten ist, wurden folgende neue Formen der Haushaltsdarstellung zugelassen:

- **produktorientierter Haushalt**
- **Produkthaushalt**.

Zu beachten ist, dass beim doppischen Rechnungswesen für den Haushaltsplan, für Titel sowie für Einnahmen und Ausgaben die Bestimmungen des Haushaltsgrundsätzegesetzes (HGrG) entsprechend gelten. Bei Produkthaushalten treten an die Stelle der Titel die Produktstrukturen, die z. B. Produktgruppen sein können, und an die Stelle von Einnahmen und Ausgaben die zur Produkterstellung zugewiesenen Mittel (§ 1a Abs. 2 HGrG).

2. Was versteht man im Haushaltsrecht unter einem Produkt und welchem Zweck dienen Produkte?

Im Haushaltsrecht wird unter einem **Produkt** grundsätzlich eine Verwaltungsleistung oder ein Bündel dieser Leistungen bzw. das Ergebnis von Leistungserstellungsprozessen verstanden, die sich an Empfänger außerhalb der Verwaltung richten.

Produkte dienen der Erreichung politischer Ziele und sind dadurch steuerungsrelevant. Der Definition von Mengen bzw. der Mengeneinheiten (quantitative Kennzahlen) und gegebenenfalls Qualitäten (qualitative Kennzahlen) auf der Grundlage eines logisch nachvollziehbaren Kennzahlensystems kommt hierbei eine Schlüsselrolle zu; so sind Kennzahlen zu definieren, mit denen die Aufgabenerfüllung und die Zielerreichung bei dem jeweiligen Produkt durch aussagefähige und messbare Größen beurteilt werden können. Das System der outputorientierten Steuerung geht mit der Dezentralisierung der Ressourcenverantwortung und der Integration von Fach- und Ressourcenverwaltung zwingend einher.

3. Wodurch unterscheidet sich der produktorientierte Haushalt vom Produkthaushalt?

Bei **produktorientierten Haushalten** tritt neben die Titel- oder neben die Ressourcenverbrauchssicht die Produktsicht. Kennzeichnend für einen produktorientierten Haushalt ist die Ergänzung (im Sinne einer Erläuterung) des rein finanziellen Inputs um den erwarteten Output in Form von Verwaltungsleistungen/-produkten. Zur Beschreibung der Leistungsangaben werden in der Regel Kennzahlen und/oder Indikatoren beigefügt. Dieser Output-Ansatz dient dazu, die kameralen oder doppischen Haushaltsbudgets stärker an Wirkungen, Ergebnissen und Leistungen auszurichten. Durch diese Wechselwirkung kann ein produktorientierter Haushalt die sachgerechte Verteilung der zur Verfügung stehenden Finanzmittel erleichtern. Bei produktorientierten Haushalten bleibt das titel- oder kontenbezogene System jedoch führend, das heißt haushaltsgesetzliche Bewilligungs- und Ermächtigungsgrundlage ist das titel- oder kontenbezogene Dispositiv.

Bei **Produkthaushalten** entscheidet der Haushaltsgesetzgeber über einen leistungsbezogenen Ansatz im Dispositiv. Damit richtet sich der Steuerungsansatz für Politik und Verwaltung ausschließlich auf Produktstrukturen und die zur Produkterstellung zugewiesenen Mittel. Die Gliederungsebenen von Einzelplänen und Kapiteln werden bei Produkthaushalten ebenfalls beibehalten. Führend ist jedoch nicht mehr die Titel-, sondern die Produktsicht, das heißt haushaltsgesetzliche Bewilligungs- und Ermächtigungsgrundlage sind die nach Produkten strukturierten Mittelzuweisungen. Damit tritt bei Produkthaushalten an die Stelle der sachlichen Bindung nach Ausgabezwecken die sachliche Bindung nach Produkten bzw. nach Leistungszwecken.

4. Wie erfolgt die Aufstellung und Ausführung des Haushaltsplans als Produkthaushalt?

Nach dem durch das Gesetz zur Modernisierung des Haushaltsgrundsätzegesetzes (**Haushaltsgrundsätzemodernisierungsgesetz** – HGrGMoG) vom 31. Juli 2009, das am 1. Januar 2010 in Kraft getreten ist, in das Haushaltsgrundsätzegesetz (HGrG) eingefügten § 1a erfolgt die Aufstellung und Ausführung des Haushaltsplans als Produkthaushalt leistungsbezogen durch die Verbindung von nach Produkten strukturierten Mittelzuweisungen mit einer Spezialität nach Leistungszwecken. Art und Umfang der zu erbringenden Leistungen sind durch Gesetz oder den Haushaltsplan verbindlich festzulegen. Für die Bereiche, für die ein Produkthaushalt aufgestellt wird, ist grundsätzlich eine Kosten- und Leistungsrechnung (KLR) einzuführen.

5. Welche Anpassungen der geltenden Gliederungs- und Darstellungsprinzipien der Haushalte werden bei produktorientierten Haushalten und bei Produkthaushalten erforderlich?

Die kameralen Haushalte gliedern sich in Einzelpläne und darunter in Kapitel nach institutionellen und/oder funktionalen Gesichtspunkten. Unterhalb der Ebene Einzelplan/Kapitel werden in kameralen Haushalten die bekannten Titel ausgewiesen. Bei **produktorientierten Haushalten** tritt neben die Gliederung in Titel oder neben die Ressourcenverbrauchssicht die Produktsicht, führend bleibt die Titelsicht. Hier sollten Kennzahlen und/oder Indikatoren zur Beschreibung der Leistungsangaben beigefügt werden.

Bei **Produkthaushalten** werden ebenfalls die Gliederungsebenen von Einzelplänen und Kapiteln beibehalten. Jedoch steht die Produktzuordnung im Vordergrund. Hier müssen mindestens Mengen und Preise sowie Kennzahlen und/oder Indikatoren zur Beschreibung der Leistungsangaben jedenfalls erläuternd beigefügt werden. Produkthaushalte basieren in der Regel auf einem doppischen Rechnungswesen. In diesem Fall können sie – gemeinsam mit den rein doppischen Haushalten – unter der Rubrik „doppisch basierte Haushalte“ zusammengefasst werden.

3.3 Kosten- und Leistungsrechnung

1. Was ist unter dem Begriff Kosten-und Leistungsrechnung in der öffentlichen Verwaltung zu verstehen?

Die **Kosten- und Leistungsrechnung** (KLR) ist nach der Definition in dem „Handbuch zur Kosten- und Leistungsrechnung in der Bundesverwaltung“ ein internes Informationsinstrument zur transparenten Bereitstellung von Daten zu Kosten und Erlösen. Die KLR bildet den in Geld bewerteten Verzehr oder Zuwachs von Gütern/Ressourcen bei der Erstellung von Verwaltungsleistungen periodengerecht ab.

INFO

Das „Handbuch zur Kosten- und Leistungsrechnung in der Bundesverwaltung“ wurde vom Bundesministerium der Finanzen mit Rundschreiben vom 6. November 2013 als Anlage zu der neu gefassten Verwaltungsvorschrift (VV) Nr. 4 zu § 7 der Bundeshaushaltsordnung (BHO) erlassen. Die Antworten zu den Fragen in den Abschnitten „Kosten- und Leistungsrechnung“, „Wirtschaftlichkeitsberechnungen“ und „Controlling und Berichtswesen“ einschließlich der Schaubilder basieren auf dieser Verwaltungsvorschrift.

2. Welche Ziele werden mit der Kosten- und Leistungsrechnung in der öffentlichen Verwaltung verfolgt?

Mit der **Kosten- und Leistungsrechnung** (KLR) in der öffentlichen Verwaltung werden insbesondere folgende Ziele verfolgt:

Stärkung des Kostenbewusstseins und des wirtschaftlichen Handelns

- Erhöhung des Kostenbewusstseins durch Schaffung von Transparenz
- Bereitstellung von Daten für eine innerbehördliche Budgetierung
- Transparente Darstellung inner- und zwischenbehördlicher Leistungsverrechnungen
- Unterstützung von Wirtschaftlichkeitsuntersuchungen und Wirtschaftlichkeitsbetrachtungen
- Unterstützung der Prüfung von Entscheidungen über Eigenfertigung oder Fremdbezug
- Schaffung der Voraussetzungen für die Durchführung interner und externer Vergleiche (Benchmarking).

Unterstützung der Planung, Steuerung und des Controllings

- Unterstützung der innerbehördlichen Produkt-/Leistungsplanung und -steuerung
- Bereitstellung von Daten für eine systematische Aufgabenkritik
- Bereitstellung von Daten für das Controlling
- Unterstützung der kameralen Haushaltsplanung und Haushaltsdurchführung durch ergebnisorientierte Darstellung des gesamten Ressourcenverbrauchs.

Bereitstellung einer transparenten Kalkulationsbasis für die Abrechnung von Leistungen

- Unterstützung der Ermittlung von kostendeckenden Gebühren und Entgelten
- Unterstützung der Preisbildung für Produkte und Leistungen von Dienstleistungszentren
- Unterstützung der Ermittlung von verursachungsgerechten inner- und zwischenbehördlichen Verrechnungspreisen.

3. Was versteht man in der Kosten- und Leistungsrechnung in der öffentlichen Verwaltung unter Kosten und Leistungen?

In der Kosten- und Leistungsrechnung in der öffentlichen Verwaltung ist unter **Kosten** der bewertete periodisierte Verzehr von Gütern und Dienstleistungen bei der Erstellung von Verwaltungsleistungen zu verstehen.

Leistungen (genauer: **Erlöse**) sind der bewertete periodisierte Zuwachs von Gütern und Dienstleitungen im Zusammenhang mit den behördlichen Leistungsprozessen.

4. Wodurch unterscheiden sich die Kosten und Leistungen von den Aufwendungen und Erträgen der Finanzbuchhaltung und wie lassen sich diese voneinander abgrenzen?

Kosten und Erlöse unterscheiden sich von den Aufwendungen und Erträgen der Finanzbuchhaltung durch ihren Bezug zur behördlichen Leistungserstellung und den Ausweis des tatsächlichen Werteverzehrs bzw. Wertezuwachses.

Die Abgrenzung zwischen Aufwendungen bzw. Erträgen und Kosten bzw. Erlösen sind aus dem nachstehenden Schaubild zu ersehen:

<table>
<tr><th colspan="4">Aufwendungen/Erträge</th></tr>
<tr><td>Neutrale Aufwendungen/ Erträge</td><td colspan="3">Zweckaufwendungen/-erträge</td></tr>
<tr><td></td><td rowspan="2">Grundkosten/ -erlöse</td><td>Anderskosten/ -erlöse</td><td>Zusatzkosten/ -erlöse</td></tr>
<tr><td></td><td colspan="2">Kalkulatorische Kosten/Erlöse</td></tr>
<tr><td></td><td colspan="3">Kosten/Erlöse</td></tr>
</table>

Zu beachten ist, das **neutrale Aufwendungen** bzw. **neutrale Erträge** nicht zu den Kosten bzw. Erlösen zählen, da sie in keinem direkten Zusammenhang mit der behördlichen Tätigkeit stehen (betriebsfremd), nicht im Rahmen des gewöhnlichen behördlichen Ablaufs entstehen (außerordentlich) oder andere Perioden betreffen (periodenfremd).

Beispiele: Aufwendungen für Spenden, für Schadensfälle und für Steuernachzahlungen bzw. Erträge aus Finanzanlagen, aus Anlagenverkauf über dem Buchwert und aus Steuerrückerstattungen.

Grundkosten bzw. **Grunderlöse** stehen Aufwendungen bzw. Erträge in gleicher Höhe in der Finanzbuchhaltung gegenüber.

Beispiele: Materialkosten bzw. erhobene Gebühren für erbrachte Leistungen.

Kalkulatorische Kosten bzw. **kalkulatorische Erlöse** werden in Anderskosten bzw. Anderserlöse und in Zusatzkosten bzw. Zusatzerlöse unterschieden. **Anderskosten** bzw. **Anderserlösen** stehen Aufwendungen bzw. Erträge in anderer Höhe gegenüber.

Beispiele: Kalkulatorische Abschreibungen, die von den Abschreibungen in der Finanzbuchhaltung abweichen, kalkulatorische Personalkosten, die auf Durchschnittssätzen basieren (**Anderskosten**), Bestandserhöhungen, die mit Herstellkosten bewertet werden, die von den Herstellungskosten in der Finanzbuchhaltung abweichen (**Anderserlöse**).

Zusatzkosten bzw. **Zusatzerlösen** stehen keine Aufwendungen bzw. Erträge gegenüber.

Beispiele: Kalkulatorische Zinsen für gebundenes Vermögen, kalkulatorische Mieten für die Nutzung von mietfreien Immobilien, kalkulatorische Wagnisse zur Deckung von nicht versicherten speziellen Risiken, z. B. gegen Feuer, Diebstähle, Unfälle (**Zusatzkosten**), Werte selbsterstellter Software oder von Patenten, sofern diese nicht in der Finanzbuchhaltung angesetzt wurden (**Zusatzerlöse**).

5. Nach welchen Gesichtspunkten werden die Kosten kategorisiert?

Die Kosten werden nach unterschiedlichen Gesichtspunkten kategorisiert, und zwar in Abhängigkeit

- vom **Zeitbezug** in Istkosten, Normalkosten und Plankosten
- vom **Umfang der Zuordnung** in Vollkosten und Teilkosten
- von ihrer **Zurechenbarkeit** in Einzelkosten und Gemeinkosten
- vom **Beschäftigungsgrad** in fixe und variable Kosten
- von ihrer **Entstehung** in Primärkosten und Sekundärkosten.

6. Was versteht man unter Istkosten, Normalkosten und Plankosten?

Istkosten sind die tatsächlich in der vergangenen Rechnungsperiode angefallenen Kosten.

Normalkosten sind Durchschnittskosten, die zufällige Schwankungen der Istkosten vergangener Rechnungsperioden glätten.

Beispiel: Personalkosten, die auf durchschnittlichen Personalkostensätzen basieren.

Plankosten sind die für künftige Rechnungsperioden im Voraus angesetzten Kosten.

7. Was sind Vollkosten und Teilkosten?

Vollkosten sind alle in einer Periode anfallenden Kosten, die einem Bezugsobjekt (Kostenstelle, Kostenträger) direkt oder indirekt zugeordnet werden.

Teilkosten sind nach bestimmten Kriterien (Zurechenbarkeit, Beeinflussbarkeit) abgegrenzte Bestandteile der Gesamtkosten.

8. Was versteht man unter Einzelkosten und Gemeinkosten?

Als **Einzelkosten** werden diejenigen Kostenarten bezeichnet, die direkt und unmittelbar einer sie verursachenden Leistung zurechenbar sind.

Beispiele: Personalkosten des Sozialamtes hinsichtlich einer bestimmten Art von Sozialhilfebescheiden, Reisekosten für gutachtliche Stellungnahmen.

Gemeinkosten sind diejenigen Kosten, die sich einzelnen Leistungen nicht unmittelbar zurechnen lassen. Sie werden im Allgemeinen über bestimmte Pauschalbeträge oder Zuschlagsprozentsätze berücksichtigt, weil es zumeist schwierig oder unwirtschaftlich ist, ihre Höhe exakt zu ermitteln. In der öffentlichen Verwaltung ist der Anteil der Gemeinkosten an den Gesamtkosten wegen des starken Umfanges vorbereitender, planender, steuernder und kontrollierender Tätigkeiten sehr hoch.

Beispiel: Die Kosten der Telefonzentrale lassen sich nach der Anzahl der Telefonanschlüsse oder nach der Anzahl der telefonierten Einheiten an die einzelnen Kostenstellen weiterbelasten.

9. Was versteht man unter Fixkosten, variablen Kosten, Primärkosten und Sekundärkosten?

Fixkosten sind die in einer Betrachtungsperiode unabhängig vom Beschäftigungsgrad in konstanter Höhe anfallenden Kosten.

Variable Kosten sind Kosten, die sich proportional (linear), überproportional (progressiv) oder unterproportional (degressiv) zum Beschäftigungsstand ändern.

Primärkosten sind die ursprünglichen Kosten, wie sie beispielsweise in der Finanzbuchhaltung erfasst werden.

Sekundärkosten sind Kosten, die durch Verrechnung innerhalb der Kosten- und Leistungsrechnung entstehen.

10. Nach welchen Kriterien werden die in der öffentlichen Verwaltung bei der Aufstellung der Kosten- und Leistungsrechnung in Betracht kommenden Kostenrechnungssysteme unterteilt?

Die in der **öffentlichen Verwaltung** bei der Aufstellung der Kosten- und Leistungsrechnung in Betracht kommenden Kostenrechnungssysteme werden unterteilt nach

- dem **Zeitbezug der Kosten** in
  - **Istkostenrechnung**
  - **Normalkostenrechnung**
  - **Plankostenrechnung**.
- dem **Umfang der Zuordnung der Kosten** in
  - **Vollkostenrechnungen**
  - **Teilkostenrechnungen**.

Zu beachten ist, dass die Übergänge zwischen den Kostenrechnungssystemen fließend sind und die Kostenrechnungssysteme trotz der Unterscheidungskriterien miteinander verknüpft werden können, das heißt die Voll- oder Teilkostenrechnung kann auch als Ist-, Normal- oder Plankostenrechnung betrieben werden, wobei umgekehrt die Ist-,

Normal- oder Plankostenrechnung auch als Voll- oder Teilkostenrechnung durchgeführt werden kann.

11. Wodurch unterscheidet sich die Vollkostenrechnung von der Teilkostenrechnung?

Die **Vollkostenrechnung** basiert auf einer Unterscheidung der Kosten in Einzel- und Gemeinkosten. Sämtliche angefallenen Kostenarten werden auf die Kostenträger weiterverrechnet, die Einzelkosten direkt und die Gemeinkosten indirekt über die Kostenstellenrechnung. Sie findet beispielsweise Anwendung, wenn bei der Kalkulation von Gebühren und Entgelten alle anfallenden Kosten zu berücksichtigen sind.

Der Ansatz der **Teilkostenrechnung** ist die Einteilung der Werteverzehre in fixe und variable Kosten. Auch die Teilkostenrechnung geht von der Gliederung in Kostenarten, Kostenstellen und Kostenträgern aus. Die fixen Kosten werden aber nicht über Umlagen auf die Produkte weiter gewälzt, sondern dem Grunde nach beschränkt sich die Kostenkontrolle auf die beeinflussbaren variablen Kosten.

In Abhängigkeit von der DV-technischen Flexibilität der Gemeinkostenverrechnung und der differenzierten Auswertbarkeit von Kosteninformationen können Voll- und Teilkostenrechnungen zumeist ohne größeren zusätzlichen Aufwand parallel betrieben werden.

12. Was ist die wichtigste Form der Teilkostenrechnung?

Die wichtigste Form der Teilkostenrechnung ist die **Deckungsbeitragsrechnung**, deren Ausgangspunkt die Erlöse sind. Von diesen Erlösen werden in der **einstufigen Deckungsbeitragsrechnung** nur die variablen Kosten abgezogen. Die Differenz ist der Deckungsbeitrag, wobei sämtliche Fixkosten als Block betrachtet und nicht auf die Kostenträger verrechnet werden.

In der **mehrstufigen Deckungsbeitragsrechnung (Fixkostendeckungsrechnung)** wird der Fixkostenblock entsprechend seiner Beeinflussbarkeit und Produktnähe noch weiter untergliedert. Je produktferner und weniger beeinflussbar die Kosten sind, desto später werden sie Deckungsbeiträgen zugeordnet.

Beispiel

Mehrstufige Deckungsbeitragsrechnung

Erlöse	**Beispiele**
- variable Kosten	Honorare, Material, Dienstreisen
= **Deckungsbeitrag I**	
- Produktfixkosten	Kalkulatorische Abschreibungen für Geräte
= **Deckungsbeitrag II**	

Erlöse	Beispiele
- Abteilungsfixkosten	Besoldung/Entgelte Abteilungsleitung
= **Deckungsbeitrag III**	
- Behördenfunktion	Besoldung/Entgelte Behördenleitung, Mieten für Liegenschaften
= **Deckungsbeitrag IV (Betriebsergebnis)**	

13. Welche Abrechnungsstufen unterscheidet man innerhalb der Kosten- und Leistungsrechnung?

Innerhalb der **Kosten- und Leistungsrechnung** (KLR) unterscheidet man drei Abrechnungsstufen:

- **Kostenartenrechnung**
- **Kostenstellenrechnung**
- **Kostenträgerrechnung**.

14. Wodurch unterscheiden sich Kostenarten-, Kostenstellen- und Kostenträgerrechnung?

Die **Kostenartenrechnung** als erste Abrechnungsstufe der Kosten- und Leistungsrechnung (KLR) gibt Auskunft darüber, welche Kosten für die Erstellung eines Produktes oder einer Dienstleistung in einer bestimmten Rechnungsperiode, das heißt grundsätzlich in einem Haushaltsjahr, angefallen sind. In der Kostenartenrechnung werden die Grundkosten in der Regel aus der Finanzbuchhaltung übernommen und durch kalkulatorische Kosten (Anderskosten, Zusatzkosten) ergänzt. Die Kostenträgereinzelkosten werden dabei direkt den Kostenträgern (Produkten, Dienstleistungen) zugeordnet. Sämtliche Kosten und Erlöse werden nach der Art ihrer Erstehung in einem Kosten- und Erlösartenplan, der nach den Vorgaben des **Verwaltungskontenrahmen** (VKR) zu gliedern ist, erfasst. Der VKR, dessen Aufbau im Abschnitt 3.1, Frage 7 beschrieben ist, kann in Abhängigkeit von behördenspezifischen Erfordernissen weiter detailliert werden.

Die **Kostenstellenrechnung** als zweite Abrechnungsstufe der KLR dient der Zuordnung der Kostenarten zu den Kostenstellen (Organisationseinheiten). Die Kostenträgergemeinkosten werden in der Kostenstellenrechnung auf den Kostenstellen erfasst, wo sie entstanden sind und auf die Kostenstellen verrechnet, die unmittelbar an der Erstellung der Kostenträger mitwirken. Sie beantwortet so die Frage „Wo entstehen die Kosten?"

Die **Kostenträgerrechnung** als dritte und letzte Abrechnungsstufe der KLR gibt an, für welchen Zweck, das heißt für welches Produkt bzw. Teilprodukt einer Behörde die Kosten in welcher Höhe angefallen sind, wobei eine vollständige Übersicht aller Kostenträger mit einer meist numerischen Systematik sich im Kostenträgerplan wiederfindet, der Bestandteil des Kontenplanes ist. Sie gibt somit Antwort auf die Frage „Für welche Aufgabe (Auftrag, Leistung) sind Kosten in welcher Höhe angefallen?"

15. Was sind die wichtigsten Kostenarten?

Die wichtigsten **Kostenarten** sind:

- **Personalkosten:** Dies sind alle direkten (z. B. Gehälter) und indirekten (z. B. Beihilfen) Kosten, die durch den Personaleinsatz entstehen, wobei neben den Lohn-/Gehaltsbestandteilen auch alle sonstigen geldlichen oder geldwerten Leistungen (z. B. Unterstützung, verbilligte Wohnung) zu berücksichtigen sind.
- **Sachkosten:** Dies sind alle Kosten, die durch den Einsatz von Sachmitteln entstehen, z. B. Kosten für Raumnutzung, Instandhaltung, Versicherungen, Verbrauchsmaterialien, wobei zur Vereinfachung der Ermittlung die Sachkostenpauschale eines Arbeitsplatzes dient, die anteilig je Arbeitsplatz Raumkosten, laufende Sachkosten, Kapitalkosten der Büroausstattung sowie einen Zuschlag für deren Unterhaltung sowie sonstige jährliche Investitionskosten umfasst.
- **Kalkulatorische Kosten:** Dies sind die in der Bezugsperiode verrechneten Kosten, denen keine Ausgaben bzw. Auszahlungen entsprechen, z. B. die Abnutzung vorhandenen Anlagevermögens, die Nutzung eigener Gebäude sowie die Verzinsung des Eigenkapitals und des Fremdkapitals, soweit dies nicht bereits in den Pauschalen enthalten ist.

16. Welche Ziele werden mit der Kostenstellenrechnung verfolgt?

Mit der **Kostenstellenrechnung** werden vor allem folgende **Ziele** verfolgt:

- Schaffung von **Kostenverantwortung** im Einklang mit der Fachverantwortung
- Schaffung von **Transparenz über Gemeinkosten und über innerbehördliche Leistungsbeziehungen**
- Ermöglichung einer **sachgerechteren Gemeinkostenverteilung und Gemeinkostenverrechnung**.

17. Was ist Aufgabe der Kostenstellenrechnung?

Die **Kostenstellenrechnung** hat als Bindeglied zwischen Kostenarten- und Kostenträgerrechnung die Aufgabe, alle Kosten, die den Kostenträgern nicht direkt zugerechnet werden können (Kostenträgergemeinkosten), auf die Kostenstellen umzulegen. Als konzeptionelles Hilfsmittel für die Verteilung der **Primärkosten** und die anschließende Verrechnung der **Sekundärkosten** auf die Kostenstellen dient der sogenannte **Betriebsabrechnungsbogen** (BAB).

18. Welchem Zweck dient der Betriebsabrechnungsbogen?

Zweck des **Betriebsabrechnungsbogen** (BAB) ist es, alle Kosten für extern bezogene Leistungen (z. B. Energie) und die hausintern erbrachten Leistungen auf die Kostenstellen zu verrechnen, die verantwortlich für die Erstellung der externen Produkte sind. Die Energiekosten werden beispielsweise auf der Basis einer Bezugsgröße, z. B. nach Raumfläche, den einzelnen Kostenstellen weiterbelastet. Aus dem BAB ist ersichtlich, welche Kostenstelle (Organisationseinheit) zur Wahrnehmung einer bestimmten Aufgabe (z. B. Beratung) welchen Aufwand im abgelaufenen Haushaltsjahr verursacht hat. In der Verwaltungspraxis werden in der Regel die Kostenverteilung und die Kostenverrechnung nicht mehr manuell mithilfe des BAB, sondern DV-gestützt durchgeführt.

19. Wodurch unterscheidet sich die Primärkostenverteilung von der Sekundärkostenverrechnung?

Bei der **Primärkostenverteilung** werden die Kosten, die nur indirekt einer Kostenstelle zugeordnet werden können (z. B. Energie, Miete, Versicherung), nach einem festgelegten Schlüssel (z. B. Quadratmeter, Zahl der Beschäftigten) auf die Hilfs- und Hauptkostenstellen verteilt. Die Primärkostenarten bleiben dabei erhalten und werden auf die Kostenstellen einzeln ausgewiesen.

Die **Sekundärkostenverrechnung** dient der Abbildung der internen Leistungsbeziehungen. Dabei werden die Primärkostenarten der Hilfskostenstellen zumeist zu einer Sekundärkostenart zusammengefasst und auf die Hauptkostenstellen nach festgelegten Bezugsgrößen verrechnet. Werden die innerbehördlichen Leistungsbeziehungen durch interne Produkte abgebildet, sind die Kosten der Hilfskostenstellen zunächst auf die von ihnen erstellten internen Produkte umzulegen und anschließend auf die Produkte oder Hauptkostenstellen weiter zu verrechnen.

20. In welche Hauptformen ist die Kostenträgerrechnung gegliedert?

Die **Kostenträgerrechnung** ist gegliedert in:

- **Kostenträgerzeitrechnung**
- **Kostenträgerstückrechnung** (auch Selbstkostenrechnung oder Kalkulation genannt).

21. Wodurch unterscheiden sich Kostenträgerzeitrechnung und Kostenträgerstückrechnung?

In der **Kostenträgerzeitrechnung** werden die den Kostenträgern zugerechneten Einzelkosten und Gemeinkosten einer Rechnungsperiode systematisch dargestellt. Sie ist Grundlage für die Ermittlung des Periodenergebnisses, in dem die Kosten den Erlösen gegenübergestellt werden.

Die **Kostenträgerstückrechnung** hat die Aufgabe, die Kosten für die Herstellung einer Mengeneinheit eines Kostenträgers zu ermitteln. Sie ist die Basis für die Kalkulation von Gebühren und Preisen.

3.4 Wirtschaftlichkeitsberechnungen

1. Was versteht man unter dem Begriff Kalkulationsverfahren?

Mit dem Begriff **Kalkulationsverfahren** werden die Verfahren der Kostenträgerstückrechnung zur Ermittlung der Kosten je Mengeneinheit eines Produktes bezeichnet.

2. Welche Kalkulationsverfahren stehen in der öffentlichen Verwaltung zur Auswahl?

In der öffentlichen Verwaltung stehen grundsätzlich alle gängigen **Kalkulationsverfahren** zur Auswahl, und zwar insbesondere:

- **Divisionskalkulation** (in ein- oder mehrstufiger Form)
- **Äquivalenzziffernkalkulation** (als Divisionskalkulation mithilfe von Äquivalenzziffern)
- **Zuschlagskalkulation** (basierend auf mengen- und wertmäßigen Zuschlägen)
- **prozessorientierte Kalkulation**.

Die Wahl des geeigneten Kalkulationsverfahren hängt von der Produktstruktur und der Komplexität der Leistungserstellungsprozesse ab.

3. Was versteht man unter Divisionskalkulation und wann kommt diese zur Anwendung?

Die Divisionskalkulation ist ein einfaches Verfahren bei dem die Gesamtkosten (Einzel- und Gemeinkosten) einer Periode auf die erstellten Leistungseinheiten verteilt werden. Sie wird angewendet, wenn lediglich ein Produkt in großen Stückzahlen erstellt wird.

4. Welche Formen unterscheidet man bei der Divisionskalkulation?

Bei der Divisionskalkulation wird unterschieden zwischen einstufiger und mehrstufiger Divisionskalkulation. Bei der **einstufigen Divisionskalkulation** wird die Summe der Gesamtkosten für eine Rechnungsperiode durch die Summe der im gleichen Zeitraum erbrachten Leistungen geteilt. Voraussetzung für die Anwendung dieses Kalkulationsverfahrens ist eine einheitliche Leistung oder eine Kostenstelle, die durch eine einheitliche Bezugsgröße bestimmt ist.

Beispiel

Die Gesamtkosten für das Hallenbad der Stadt X beliefen sich im Jahr 2017 auf 100.000 € bei 20.000 Besuchern, sodass die Kosten für das Hallenbad pro Besucher 5 € (= 100.000 € Kosten geteilt durch 20.000 Besucher) betragen.

Die **mehrstufige Divisionskalkulation** findet vor allem Anwendung, wenn das Leistungsangebot differenziert ist.

Beispiel

Zum Hallenbad der Stadt Y gehört außerdem eine Sauna und ein Solarium. Im Jahr 2017 betrugen die Gesamtkosten für das Hallenbad 100.000 € bei 20.000 Besuchern = 5 €/Besucher, für die Sauna 30.000 € bei 10.000 Besuchern = 3 €/Besucher sowie für das Solarium 15.000 € bei 15.000 Besuchern = 1 €/Besucher, sodass die Kosten für das Hallenbad, die Sauna und das Solarium insgesamt 9 € pro Besucher betragen.

5. Was vesteht man unter Äquivalenzziffernkalkulation und wann kommt diese zur Anwendung?

Die **Äquivalenzziffernkalkulation** ist eine besondere Methode der Divisionskalkulation. Sie wird angewendet, wenn Leistungen angeboten werden, die zwar gleichwertig, aber nicht gleichartig sind. Bei diesem Kalkulationsverfahren wird vorausgesetzt, dass die Kosten der Leistungen wegen der Ähnlichkeiten im Arbeitsablauf in einem bestimmten Kostenverhältnis zueinander stehen, welches der Verursachung der Kosten entspricht, wobei dieses Verhältnis durch Beobachtung oder Messung festgestellt und in einer Äquivalenzziffer ausgedrückt wird, wodurch aus ähnlichen Leistungen wertgleiche Leistungen werden.

Beispiel

Bei der Reinigung eines Bürogebäudes mit 15.000 m^2 Bürofläche und Reinigungskosten von 12.500 € wird festgestellt, dass für die Reinigung von einem Quadratmeter Flur (Flurfläche 1.000 m^2) lediglich ein Drittel der Zeit wie für die Reinigung von einem Quadratmeter Bürozimmer (Bürozimmerfläche 13.500 m^2) benötigt wird und der Sitzungsraum (Sitzungsraumfläche 500 m^2) in der Hälfte der Zeit wie ein Quadratmeter Bürozimmer gereinigt werden kann.

6. Was ist unter Zuschlagskalkulation zu verstehen und wann kommt diese zur Anwendung?

Die **Zuschlagskalkulation** ist ein Verfahren, bei dem die Kosten einer bestimmten Leistung gesondert nach dem Verursacherprinzip erfasst und der betreffenden Leistung zugeordnet werden. Hierbei werden die Einzelkosten und die Gemeinkosten mit ihren sich aus dem Betriebsabrechnungsbogen ergebenden Zuschlagssätzen den Kostenträgern zugerechnet. Je mehr Kosten als Einzelkosten ausgewiesen werden, desto verursachergerechter und realitätsbezogener wird die Kalkulation. Die Zuschlagskalkulation wird angewendet, wenn mehrere unterschiedliche Produkte erstellt werden. Sie wird ebenfalls für die Kostenkontrolle von Verwaltungsverfahren benötigt, insbesondere wenn eine Abrechnung (z. B. durch Verkauf oder Sonderauftrag) erforderlich ist, ein Vergleich zwischen Auftragsvergabe und Selbsterstellung der Leistungen durchgeführt werden soll und die Forderung bzw. Absicht besteht, ein „Projekt" gesondert zu verrechnen, um es besser überwachen zu können.

7. Welche Verfahren der Zuschlagskalkulation unterscheidet man?

Grundsätzlich lassen sich zwei **Verfahren der Zuschlagskalkulation** unterscheiden:

- **summarische Zuschlagskalkulation**
- **differenzierte Zuschlagskalkulation**.

8. Wodurch unterscheidet sich die summarische von der differenzierten Zuschlagskalkulation?

Die summarische Zuschlagskalkulation erfasst sämtliche Gemeinkosten in einer Summe und rechnet diese Gemeinkosten pauschal mit einem Zuschlagsbetrag den Kalkulationskosten zu.

Die **differenzierte Zuschlagskalkulation** gliedert die Gemeinkosten nach Kostenstellen auf und bildet pro Kostenstelle einen oder mehrere Zuschlagssätze, wobei die Zahlen der Kostenstellenrechnung die Grundlage für die Bildung von Zuschlagssätzen sind.

9. Wie lassen sich der Zuschlagssatz und die Kosten für jede Leistungseinheit bei der summarischen Zuschlagskalkulation ermitteln?

Der in Prozent ausgedrückte Zuschlagssatz ergibt sich aus folgender Beziehung:

$$\text{Zuschlagssatz in \%} = \frac{\text{Kostenträgergemeinkosten} \cdot 100}{\text{Bezugsbasis}}$$

Die Kosten je Leistungseinheit lassen sich dann nach folgendem Grundschema ermitteln:

	Einzelkosten je Leistungseinheit
+	Gemeinkosten je Leistungseinheit (Einzelkosten • Zuschlagssatz)
=	**Kosten je Leistungseinheit**

10. Was ist unter prozessorientierte Zuschlagskalkulation zu verstehen und wann kommt diese zur Anwendung?

Die **prozessorientierte Zuschlagskalkulation** ist eine besondere Methode der Zuschlagskalkulation und setzt eine Prozesskostenrechnung voraus. Anstelle prozentualer Zuschlagssätze werden Prozesskosten angesetzt, um der unterschiedlichen Beanspruchung der Ressourcen durch Produkte Rechnung zu tragen. Die Gemeinkosten werden somit nicht nach dem Verursacherprinzip, sondern nach dem Beanspruchungsprinzip auf die Kostenträger verrechnet.

3.5 Controlling und Berichtswesen

1. Was versteht man in der öffentlichen Verwaltung unter dem Begriff Controlling?

Eine allgemein verbindliche Definition des Begriffes Controlling gibt es nicht. In der öffentlichen Verwaltung wird unter dem Begriff **Controlling** (im Sinne von Verwaltungscontrolling) eine neue Form der **Steuerung des Verwaltungshandelns** verstanden, die darauf abzielt, Planung, Durchführung und Kontrolle im Rahmen eines zielorientierten Kommunikationsprozesses zu koordinieren. Ausgangspunkt des Controllings ist die Planung und Vereinbarung von Zielen sowie Kennzahlen, anhand derer nach einer bestimmten Zeit Erfolgskontrollen durchgeführt werden, wobei die **Kosten- und Leistungsrechnung** die wesentliche Datenbasis für das Controlling bereitstellt sowie die maßgebliche Basis für eine Überprüfung der Zielerreichung, der Bestimmung neuer Ziele und der Entwicklung von Zielanpassungsmaßnahmen bietet.

2. Welche Ziele werden mit der Einführung des Verwaltungscontrollings angestrebt?

Mit der Einführung des **Verwaltungscontrollings** werden insbesondere folgende Ziele angestrebt:

- **Schaffung von Kosten- und Leistungstransparenz zur Erhöhung der Effizienz der öffentlichen Verwaltung**, das heißt die Steuerungsinstanzen sollen erkennen können, welche Produkte/Leistungen mit welcher Qualität und mit welchem Mitteleinsatz erbracht werden, wobei diese Erkenntnisse helfen sollen, den Mitteleinsatz zu optimieren, um die gesetzlichen und politischen Ziele zu erfüllen.
- **Verbesserung der Haushaltsveranschlagung**, das heißt es sollen die Voraussetzungen für eine realistische und zugleich den Notwendigkeiten des Haushaltsverfahrens gerecht werdende Planung von finanziellen Mitteln geschaffen werden.
- **Schaffung von Analyseinstrumenten in Form von Kennzahlen**, das heißt im Rahmen eines Berichtswesens sollen Instrumente zur Analyse von Entwicklungstrends einzelner Ausgabearten sowie zur Erkennung von deren Ursachen geschaffen werden.
- **Wirtschaftliche Mittelverwendung**, das heißt es soll ein Budgetierungssystem entwickelt werden, durch das die Fachbereiche innerhalb zugewiesener Globaltitel die Mittelvergabe ökonomisch rational nach aktuellen Erfordernissen steuern können.

3. Welche Formen des Controllings unterscheidet man?

In der Literatur wird grundsätzlich unterschieden:

- **operatives Controlling**
- **strategisches Controlling**.

4. Wodurch unterscheidet sich in der öffentlichen Verwaltung das operative von dem strategischen Controlling?

Das **operative Controlling** arbeitet weitestgehend mit internen Informationsquellen, das heißt dem Rechnungswesen, insbesondere der Kosten- und Leistungsrechnung, und orientiert sich an Ergebnissen und Zahlen der Gegenwart und Vergangenheit.

Das **strategische Controlling**, das zukunftsorientiert ist, versucht unter Berücksichtigung externer Entwicklungen langfristige Ergebnisse zu ermitteln und zu planen, wobei in der öffentlichen Verwaltung das Ziel darin besteht, die politische und administrative Führung in die Lage zu versetzen, gesellschaftliche Entwicklungen systematisch zu erfassen, um politische Zielsetzungen, Programme und Planungen falls nötig frühzeitig an neu oder veränderte Bedingungen anpassen zu können.

5. Wie kann die Controllingeinheit organisatorisch in die Behörde eingebunden werden?

Für die Einbindung der Controllingeinheit in die Behördenstruktur gibt es verschiedene Möglichkeiten, die sowohl von der Aufgabenstellung der Controllingeinheit als auch von der Behördenorganisation abhängig sind.

Für eine Behörde herkömmlicher Struktur bietet sich zunächst die Einbindung als **Stabsstelle oder als Linieninstanz** an. Die Einbindung als Stabsstelle empfiehlt sich, wenn die beratende Funktion der Behördenleitung im Vordergrund der Aufgabenstellung steht. Bei einer Einbindung in die Linie stehen meist vollständig durchzuführende und zu verantwortende Aufgaben im Vordergrund.

Darüber hinaus ist auch die Einbindung innerhalb einer **Matrixorganisation** denkbar. Die Funktionen des Controllings sind hier fachübergreifender Art und entsprechen von daher typischer Weise den Aufgaben von Querschnittseinheiten.

6. Was versteht man unter einer Zielvereinbarung?

In der **Zielvereinbarung** werden aus Oberzielen klar umschriebene Referats- und Abteilungsziele konkretisiert und abgestimmt. Dabei sind der zu erreichende Zustand, die Qualität und ggf. die einzusetzenden Ressourcen festzulegen.

7. Was versteht man unter dem Begriff Berichtswesen?

Unter dem Begriff **Berichtswesen** ist der Teil des Controllings zu verstehen, mit dem gewährleistet wird, dass die für die Steuerung des Verwaltungshandelns erforderlichen Informationen aus der Kosten- und Leistungsrechnung vorliegen.

8. Was ist der Sinn und Zweck des Berichtswesens?

Sinn und Zweck des **Berichtswesens** ist es, die steuerungsrelevanten Informationen aus der Kosten- und Leistungsrechnung hervorzubringen, für den jeweiligen Kostenstellen- oder Projektverantwortlichen aufzubereiten und zur Verfügung zu stellen, wobei vor allem quantifizierbare Informationen für die Entscheidungsträger in einer der Entscheidungssituation angepassten Form geliefert werden.

9. Welche Arten von Berichten werden in der Kosten- und Leistungsrechnung unterschieden?

In der Kosten- und Leistungsrechnung werden folgende Berichtsarten unterschieden:

- **Standardberichte (Routineberichte, Basisberichte)**, die vorrangig der regelmäßigen Informationsversorgung dienen, wobei Inhalt, Form, Zeitraum und der Empfängerkreis definiert sind. Zu den Standardberichten zählen insbesondere Kostenstellenberichte und Kostenträgerberichte. Die Kostenstellenberichte informieren den Kostenverantwortlichen über die in einer Kostenstelle anfallenden Kosten bzw. Erlöse und zeigen die Belastungen und Entlastungen der Kostenstelle nach Kostenarten auf. Die Kostenträgerberichte (Produktberichte) informieren den Produktverantwortlichen über die bei der Erstellung eines Kostenträgers (Produkts) entstandenen Kosten und ggf. über die einzelnen Erlöse bzw. Deckungsbeiträge.
- **Abweichungsberichte**, die bei Abweichungen über vorher definierte Schwellenwerte als Begründung für eine Abweichung und als Grundlage einer Abweichungsanalyse erstellt werden.
- **Sonderberichte**, in denen bestimmte Sachverhalte zur Vervollständigung des Informationsbedarfs gesondert aufbereitet werden. Die Sonderberichte werden individuell auf Anforderung erstellt.

10. Was sind Kennzahlen?

Kennzahlen sind Messgrößen, die auf Daten über Tätigkeiten, Ergebnissen, dafür eingesetzte Ressourcen und erzielten Wirkungen beruhen und eine Aussagekraft über diese Daten erlauben. Durch sie können Überlastung und Unterforderung sichtbar gemacht werden.

11. Welche Arten von Kennzahlen werden unterschieden?

Kennzahlen können **absolute Zahlen** (z. B. Summen oder Mittelwerte) oder **relative Zahlen** (z. B. Gliederungs-, Beziehungs- oder Indexzahlen) sein.

Darüber hinaus werden **monetäre Kennzahlen** (Wertgrößen) und **nichtmonetäre Kennzahlen** (Mengen- und Zeitgrößen) unterschieden. Monetäre Kennzahlen können u. a. von der Kosten- und Leistungsrechnung (KLR) unmittelbar bereitgestellt werden, z. B. Stückkosten oder Deckungsbeiträge. Nichtmonetäre Kennzahlen (z. B. durchschnittliche Arbeitszeit oder Eingangszahlen) müssen häufig erst durch Aufschreibung, Zählung oder Auswertung vorhandener Daten erhoben werden.

12. Welche Anforderungen müssen Kennzahlen für den Einsatz bei Planungs- und Steuerungsentscheidungen erfüllen?

Kennzahlen müssen eine hohe Aussagekraft und Aktualität besitzen und durch das Controlling zielorientiert und adressengerecht aufbereitet werden, um für Planungs- und Steuerungsentscheidungen der Leitung genutzt werden zu können. Der Aussagewert einzelner Kennzahlen kann durch ihre systematische Einbindung in ein Kennzahlensystem, das Ursache-Wirkungs-Beziehungen bzw. Mittel-Zweck-Beziehungen aufzeigt, entscheidend verbessert werden.

3.6 Rechnungsprüfung

1. Welche Vorschriften bilden die Rechtsgrundlage für die Rechnungsprüfung?

Rechtsgrundlage für die Prüfung der Rechnung sowie der Wirtschaftlichkeit und Ordnungsmäßigkeit der Haushalts- und Wirtschaftsführung des Bundes und der Länder bilden der **Artikel 114 Abs. 2 des Grundgesetzes** (GG) bzw. die entsprechende verfassungsrechtliche Regelung der Länder und § 42 Abs. 1 des Gesetzes über die Grundsätze des Haushaltsrechts des Bundes und der Länder (**Haushaltsgrundsätzegesetz** – HGrG) sowie § 88 Abs. 1 der **Bundeshaushaltsordnung** (BHO) bzw. die entsprechende Regelung der jeweiligen **Landeshaushaltsordnung** (LHO).

Beim Bund obliegt die Prüfung der Rechnung sowie der Wirtschaftlichkeit und Ordnungsmäßigkeit der Haushalts- und Wirtschaftsführung einschließlich der Sondervermögen und Betriebe des Bundes dem Bundesrechnungshof nach Maßgabe der Bestimmungen der §§ 89 bis 104 der Bundeshaushaltsordnung (BHO); für die Rechnungsprüfung des Landes ist der jeweilige Landesrechnungshof zuständig, wobei die Einzelheiten hierzu in der Landeshaushaltsordnung (LHO) geregelt sind.

Im **kommunalen Haushaltsrecht** bestimmt sich die Rechnungsprüfung nach den Regelungen der von den Ländern erlassenen **Gemeindeordnung**, die die Einrichtung kommunaler Rechnungsprüfungsämter vorsehen.

2. Was ist der Zweck der Rechnungsprüfung?

Zweck der Rechnungsprüfung ist die Überwachung der Rechtmäßigkeit, Ordnungsmäßigkeit und Wirtschaftlichkeit der Haushalts- und Wirtschaftsführung.

3. Worauf erstreckt sich die Rechnungsprüfung?

Die **Prüfung kameraler Haushalte** erstreckt sich insbesondere auf Einnahmen, Ausgaben und Verpflichtungen zur Leistung von Ausgaben, Maßnahmen, die sich finanziell auswirken können, sowie das Vermögen und die Schulden. Bei erweitert kameralen Haushalten können zusätzlich insbesondere die Kosten- und Leistungsrechnung (KLR) in ihren Ergebnissen und in ihrem systemischen Aufbau als auch die Wertansätze in der Vermögensrechnung und ihre Weiterentwicklung Prüfungsgegenstände sein.

Die **Prüfung von Haushalten nach den Regeln der staatlichen Doppik** umfasst unter anderem die Eröffnungsbilanzen sowie die Abschlüsse (Vermögens-, Ergebnis- und Finanzrechnung, Anhang und Lagebericht) des Bundes und der Länder einschließlich der Buchführung sowie gegebenenfalls die Kosten- und Leistungsrechnung und das Controlling. Hierzu gehört z. B. die Überprüfung der Ansätze in der Bilanz auf die zutreffende Wertermittlung nach den festgesetzten Bewertungsregelungen. Die Rechnungshöfe prüfen insbesondere, ob der Jahresabschluss unter Beachtung der für die staatliche Doppik geltenden Grundsätze ein den tatsächlichen Verhältnissen entsprechendes Bild der Vermögens-, Ertrags- und Finanzlage ergibt. Den Rechnungshöfen kann die Feststellung von Eröffnungsbilanzen und Jahresabschlüssen übertragen werden.

Bei **produktorientierten Haushalten und Produkthaushalten** können auch die erhobenen Kennzahlen hinsichtlich ihrer Aussagekraft für die Ziele, Wirkungen und Ergebnisse der Leistungen/Produkte geprüft werden.

Zur Unterrichtung des Parlaments für die Erteilung der Entlastung der Regierung fassen die Rechnungshöfe jährlich das Ergebnis ihrer Prüfungen in einem Bericht (Bemerkungen) zusammen. Bei staatlicher Doppik wird in dem Bericht auch mitgeteilt, welche wesentlichen Beanstandungen sich bei der Prüfung der Eröffnungsbilanzen und der Abschlüsse ergeben haben und ob die dargestellte Vermögens-, Finanz- und Ertragslage den tatsächlichen Verhältnissen entspricht.

Im **kommunalen Haushaltsrecht** entspricht die Prüfung von Haushalten, die nach den Regeln der kommunalen Doppik geführt werden, inhaltlich den Regeln bei der Prüfung von Haushalten mit staatlicher Doppik.

4. Wer nimmt die Aufgaben der Rechnungsprüfung wahr?

Beim **Bund** obliegt die Prüfung der Rechnung sowie der Wirtschaftlichkeit und Ordnungsmäßigkeit der Haushalts- und Wirtschaftsführung einschließlich der Sondervermögen und Betriebe des Bundes dem **Bundesrechnungshof** nach Maßgabe der Bestimmungen der §§ 89 bis 104 der Bundeshaushaltsordnung (BHO). Für die Rechnungsprüfung des **Landes** ist der jeweilige **Landesrechnungshof** zuständig, wobei die Einzelheiten hierzu in der Landeshaushaltsordnung (LHO) geregelt sind.

Im **kommunalen Haushaltsrecht** bestimmt sich die Rechnungsprüfung nach den Regelungen der von den Ländern erlassenen Gemeindeordnung, die die Einrichtung kommunaler **Rechnungsprüfungsämter** vorsehen.

5. Welche Prüfungsarten und Prüfungsziele kennt die Rechnungsprüfung?

Prüfungsart	Prüfungsziel
Allgemeine Prüfung	Kontrolle der Haushalts- und Wirtschaftsführung
Schwerpunktprüfung	Kontrolle der Haushalts- und Wirtschaftsführung
Querschnittsprüfung	Kontrolle der Haushalts- und Wirtschaftsführung
System- und Programmprüfung	Ordnungsmäßigkeit und Zweckmäßigkeit bestimmter Verwaltungsverfahren und Regelwerke
Begleitende Prüfung	Prüfung parallel zu einem noch laufenden Vorgang mit dem Ziel, diesen ggf. noch beeinflussen zu können
Maßnahmenprüfung	Gegenwärtige Prüfung abgeschlossener Planungen (z. B. große Bauvorhaben)
Orientierungsprüfung	Pilotprojekt für Schwerpunkt- und Querschnittsprüfungen
Kontrollprüfung	Überprüfung, ob beanstandete Mängel abgestellt wurden

Quelle: Hessischer Rechnungshof

4. Öffentliches Auftragswesen

4.1 Grundlagen des öffentlichen Auftragswesens

1. Was beinhaltet das öffentliche Auftragswesen?

Das **öffentliche Auftragswesen** – auch als Vergabe- oder Beschaffungswesen bezeichnet –, das durch das Vergaberecht geregelt ist, beinhaltet die Rechtsgrundsätze der Vergabe von Aufträgen durch öffentliche Stellen und weitere besonders definierte Auftraggeber an private Bieter.

Die öffentlichen Auftraggeber sind bei der Vergabe von Aufträgen grundsätzlich verpflichtet die Leistungen öffentlich auszuschreiben. Die Ausschreibung eines Auftrages ist Teil der Vergabe eines öffentlichen Auftrags.

2. Was ist vorrangiges Ziel des öffentlichen Auftragswesens?

Vorrangiges **Ziel des öffentlichen Auftragswesens** ist es, durch die wirtschaftliche und sparsame Verwendung von Haushaltsmitteln den Beschaffungsbedarf der öffentlichen Hand zu decken. Durch die Gebote der Gleichbehandlung, Nichtdiskriminierung und Transparenz soll es einen fairen Wettbewerb zwischen den bietenden Unternehmen sicherstellen und Korruption und Vetternwirtschaft wirksam verhindern. Daneben kann das öffentliche Auftragswesen durch die Einbeziehung von nachhaltigen, insbesondere umweltbezogenen, sozialen und innovativen Kriterien auch der Verwirklichung strategischer Politikziele dienen.

3. Welches sind die wesentlichen Rechtsgrundlagen des öffentlichen Auftragswesens?

Die wesentlichen **Rechtsgrundlagen des öffentlichen Auftragswesens** sind:

- **Gesetz gegen Wettbewerbsbeschränkungen** (GWG), insbesondere der 4. Teil
- Verordnung über die Vergabe öffentlicher Aufträge (**Vergabeverordnung** – VgV)
- **Sektorenverordnung** (SektVO)
- **Konzessionsvergabeverordnung** (KonzVgV)
- **Vergabestatistikverordnung** (VergStatVO)
- **Unterschwellenvergabeordnung** (UVgO)
- Gesetz über die Grundsätze des Haushaltsrechts des Bundes und der Länder (**Haushaltsgrundsätzegesetz** – HGrG)
- **Bundeshaushaltsordnung** (BHO) bzw. **Landeshaushaltsordnung** (LHO) sowie **Gemeindehaushaltsverordnung**
- **europäische Richtlinien**.

4.2 Vergabeverfahren

1. Wie ist das öffentliche Auftragswesen aufgebaut?

Das öffentliche Auftragswesen ist dreistufig nach dem Kaskadenprinzip aufgebaut:

Die **1. Stufe** bildet der **Teil 4 des Gesetzes gegen Wettbewerbsbeschränkungen** (GWB), der durch das Gesetz zur Modernisierung des Vergaberechts (Vergaberechtsmodernisierungsgesetz – VergRModG) vom 17. Februar 2016, in Kraft getreten am 18. April 2016, maßgeblich geändert und neu gefasst wurde, und aus zwei Kapiteln mit Vorschriften zum Vergabeverfahren (Kapitel 1) und zum Nachprüfungsverfahren (Kapitel 2) besteht, die die wesentlichen Vorgaben zur Vergabe von öffentlichen Aufträgen und von Konzessionen enthalten (§§ 97 - 184 GWB).

Auf der **2. Stufe** folgt die auf der Grundlage des § 113 GWB von der Bundesregierung erlassene Verordnung über die Vergabe öffentlicher Aufträge (**Vergabeverordnung – VgV**).

Die **3. Stufe** des Vergaberechts bildet aufgrund der Verweisungsregelung in § 2 der Vergabeverordnung (VgV) für die Vergabe von Bauaufträgen neben den Abschnitten 1 und 2, Unterabschnitt 2 VgV, der Teil A Abschnitt 2 der **Vergabe- und Vertragsordnung für Bauleistungen** (VOB). Der Sektorenbereich (Verkehr, Trinkwasser und Energie) ist in der **Sektorenverordnung** (SektVO) und die Vergabe von verteidigungs- und sicherheitsspezifischen öffentlichen Aufträgen ist in der **Vergabeverordnung Verteidigung und Sicherheit** (VSVgV) geregelt.

2. Welche Auftragsvergabe umfasst das Gesetz gegen Wettbewerbsbeschränkungen?

Der Anwendungsbereich des Gesetzes gegen Wettbewerbsbeschränkungen (GWB) umfasst ausschließlich die Vergabe von öffentlichen Aufträgen und Konzessionen sowie die Ausrichtung von Wettbewerben, deren geschätzter Auftrags- oder Vertragswert einen bestimmten Schwellenwert – auch als **EU-Schwellenwert** bezeichnet – ohne Umsatzsteuer erreicht oder überschreitet (§ 106 Abs. 1 GWB). Zu beachten ist, dass das GWB auf die Vergabe von öffentlichen Aufträgen bzw. Konzessionen, die in den §§ 107 - 109, 116 und 117 sowie 137 - 140 GWB genannt sind, nicht anzuwenden ist.

Die öffentlichen Auftraggeber sind beim Erreichen oder Überschreiten der in den Vergaberichtlinien der Europäischen Union (EU) festgelegten Wertgrenzen (EU- Schwellenwerte) verpflichtet, einen öffentlichen Auftrag innerhalb der EU durch Bekanntmachung im Amtsblatt der Europäischen Gemeinschaften auszuschreiben.

3. Was ist Gegenstand der Vergabeverordnung?

Die am 18. April 2016 in Kraft getretene Verordnung über die Vergabe öffentlicher Aufträge (**Vergabeverordnung** – VgV) trifft nähere Bestimmungen über das bei der Vergabe von öffentlichen Aufträgen und bei der Ausrichtung von Wettbewerben durch den öffentlichen Auftraggeber einzuhaltende Verfahren, die dem Teil 4 des Gesetzes gegen Wettbewerbsbeschränkungen (GWB) unterliegen (§ 1 Abs. 1 VgV). Damit regelt die VgV die gesamte öffentliche Beschaffung **oberhalb des EU-Schwellenwerts**. Daneben ist mit dem Vergaberechtsmodernisierungsgesetz (VergRModG) zugleich der zweite Abschnitt des Teils A der Vergabe- und Vertragsordnung für Leistungen (VOL/A) und die Vergabeordnung für freiberufliche Leistungen (VOF), die die Ausschreibung und Vergabe insbesondere von freiberuflichen Architekten- und Ingenieurleistungen durch öffentliche Auftraggeber regelt, in die VgV integriert worden (§§ 73 - 80 VgV).

Zu beachten ist, dass die VgV nicht anzuwenden ist auf die Vergabe von öffentlichen Aufträgen und die Ausrichtung von Wettbewerben durch Sektorenauftraggeber zum Zweck der Ausübung einer Sektorentätigkeit, die Vergabe von verteidigungs- oder sicherheitsspezifischen öffentlichen Aufträgen und die Vergabe von Konzessionen durch Konzessionsgeber (§ 1 Abs. 2 VgV).

4. Welche Regelungen bilden die rechtliche Grundlage für die Auftragsvergabe unterhalb der EU-Schwellenwerte?

Erreicht der geschätzte Auftrags- oder Vertragswert die in den Vergaberichtlinien der Europäischen Union (EU) festgelegten Wertgrenzen (**EU-Schwellenwerte**) nicht, bilden das Gesetz über die Grundsätze des Haushaltsrechts des Bundes und der Länder (**Haushaltsgrundsätzegesetz** – HGrG), und zwar insbesondere die Gebote der Wirtschaftlichkeit und Sparsamkeit (§ 6 Abs. 1 HGrG) sowie des Vorrangs der öffentlichen Ausschreibung (§ 30 HGrG) einschließlich der ergänzenden Bestimmungen des § 55 der Bundeshaushaltsordnung (BHO) bzw. der entsprechenden landesrechtlichen Regelungen in der Landeshaushaltsordnung (LHO) und die entsprechenden Regelungen in den

Gemeindehaushaltsverordnungen, die rechtliche Grundlage für die Vergabe eines öffentlichen Auftrags.

Nach der neu gefassten Verwaltungsvorschrift zu § 55 BHO, die am 2. September 2017 in Kraft trat, ist für die Vergabe von Liefer- und Dienstleistungen die **Unterschwellenvergabeordnung** (UVgO) und für die Vergabe von Bauleistungen Teil A Abschnitt 1 der Vergabe- und Vertragsordnung für Bauleistungen (VOB/A) anzuwenden. Im Bereich des Landes sind diese Vergabeordnungen aber erst ab dem Zeitpunkt anzuwenden, an dem diese durch einen Ausführungserlass, der eine Änderung bzw. Neufassung der entsprechenden Regelung in der LHO beinhaltet, in Kraft gesetzt wurden.

Der öffentliche Auftraggeber kann hier das Medium frei wählen, in dem er seine Ausschreibung veröffentlichen will (z. B. regionale Tageszeitung, gemeindliches Mitteilungsblatt).

5. Wer gehört zum Kreis der öffentlichen Auftraggeber und der Sektorenauftraggeber?

Der Kreis der **öffentlichen Auftraggeber** und der **Sektorenauftraggeber** ist in den §§ 99 und 100 des Gesetzes gegen Wettbewerbsbeschränkungen (GWB) abschließend aufgezählt. Danach gehören zu den öffentlichen Auftraggebern die sog. klassischen Auftraggeber, dies sind die Gebietskörperschaften sowie deren Sondervermögen. Sektorenauftraggeber sind öffentliche Auftraggeber, die eine Sektorentätigkeit auf dem Gebiet der Trinkwasser- oder Energieversorgung oder des Verkehrs ausüben, sofern diese Tätigkeit auf der Grundlage von besonderen oder ausschließlichen Rechten ausgeübt wird, die von einer zuständigen Behörde gewährt wurden, oder dass sie von den vorgenannten öffentlichen Auftraggebern beherrscht werden.

6. Was sind öffentliche Aufträge?

Öffentliche Aufträge sind entgeltliche Verträge zwischen öffentlichen Auftraggebern oder Sektorenauftraggebern und Unternehmen über die Beschaffung von Leistungen, die Lieferung von Waren, die Ausführung von Bauleistungen oder die Erbringung von Dienstleistungen zum Gegenstand haben (§ 103 Abs. 1 GWB).

7. Was versteht man unter Liefer-, Bau- und Dienstleistungsaufträgen sowie Rahmenvereinbarungen und Wettbewerben?

Lieferaufträge sind Verträge zur Beschaffung von Waren, die insbesondere Kauf oder Ratenkauf oder Leasing, Mietverhältnisse oder Pachtverhältnisse mit oder ohne Kaufoption betreffen, wobei die Verträge auch Nebenleistungen umfassen können (§ 99 Abs. 2 GWB).

Bauaufträge sind Verträge über die Ausführung oder die gleichzeitige Planung und Ausführung von Bauleistungen im Zusammenhang mit einer der Tätigkeiten, die in Anhang II der Richtlinie 2014/24/EU des Europäischen Parlaments und des Rates vom 26. Februar 2014 über die öffentliche Auftragsvergabe und zur Aufhebung der Richtlinie

2004/18/EG (ABl. L 94 vom 28.03.2014, S. 65) und Anhang I der Richtlinie 2014/25/EU des Europäischen Parlaments und des Rates vom 26. Februar 2014 über die Vergabe von Aufträgen durch Auftraggeber im Bereich der Wasser-, Energie- und Verkehrsversorgung sowie der Postdienste und zur Aufhebung der Richtlinie 2004/17/EG (ABl. L 94 vom 28.03.2014, S. 43) genannt sind, oder eines Bauwerkes für den öffentlichen Auftraggeber oder Sektorenauftraggeber, das Ergebnis von Tief- oder Hochbauarbeiten ist und eine wirtschaftliche oder technische Funktion erfüllen soll. Ein Bauauftrag liegt auch vor, wenn ein Dritter die Bauleistung gemäß den vom öffentlichen Auftraggeber oder Sektorenauftraggeber genannten Erfordernissen erbringt, die Bauleistung dem Auftraggeber unmittelbar wirtschaftlich zugutekommt und dieser einen entscheidenden Einfluss auf Art und Planung der Bauleistung hat.

Als **Dienstleistungsaufträge** gelten die Verträge über die Erbringung von Leistungen, die nicht Liefer- oder Bauaufträge sind (§ 103 Abs. 4 GWB).

Rahmenvereinbarungen sind Vereinbarungen zwischen einem oder mehreren öffentlichen Auftraggebern oder Sektorenauftraggebern und einem oder mehreren Unternehmen, die dazu dienen, die Bedingungen für öffentliche Aufträge, die während eines bestimmten Zeitraums vergeben werden sollen, festzulegen, insbesondere in Bezug auf den Preis (§ 103 Abs. 5 GWB).

Wettbewerbe sind Auslobungsverfahren, die dem Auftraggeber aufgrund vergleichender Beurteilung durch ein Preisgericht mit oder ohne Verteilung von Preisen zu einem Plan oder einer Planung verhelfen sollen (§ 103 Abs. 6 GWB).

8. Welche Verfahrensarten werden bei der Vergabe öffentlicher Aufträge unterschieden?

Das **Gesetz gegen Wettbewerbsbeschränkungen** (GWB) und die **Vergabeordnung** (VgV) unterscheidet bei der Vergabe von öffentlichen Aufträgen folgende **Verfahrensarten:**

Verfahrensart	Rechtsgrundlage
Offenes Verfahren	§ 119 Abs. 3 GWB, § 15 VgV
Nicht offenes Verfahren	§ 119 Abs. 4 GWB, § 16 VgV
Verhandlungsverfahren	§ 119 Abs. 5 GWB, § 17 VgV
Wettbewerblicher Dialog	§ 119 Abs. 6 GWB, § 18 VgV
Innovationspartnerschaft	§ 119 Abs. 7 GWB, § 19 VgV

Bei der Vergabe öffentlicher Aufträge, die auf der Grundlage der jeweiligen **Haushaltsvorschriften** des Bundes, der Länder oder der Gemeinden geschehen, werden als **Verfahrensarten** unterschieden:

- **öffentliche Ausschreibung**, welche dem offenen Verfahren entspricht
- **beschränkte Ausschreibung**, welche dem nicht offenen Verfahren entspricht
- **freihändige Vergabe**, welche dem Verhandlungsverfahren entspricht.

9. Welche besonderen Methoden und Instrumente sieht das Gesetz gegen Wettbewerbsbeschränkungen in Vergabeverfahren vor?

Das **Gesetz gegen Wettbewerbsbeschränkungen** sieht die folgenden **besonderen Methoden und Instrumente in Vergabeverfahren** vor:

- dynamisches Beschaffungssystem
- elektronische Auktion
- elektronischer Katalog
- zentrale Beschaffungsstelle.

10. Wodurch unterscheiden sich die besonderen Methoden und Instrumente in Vergabeverfahren?

Das **dynamische Beschaffungssystem** ist ein zeitlich befristetes, ausschließlich elektronisches Verfahren zur Beschaffung marktüblicher Leistungen, bei denen die allgemein auf dem Markt verfügbaren Merkmale den Anforderungen des öffentlichen Auftraggebers genügen (§ 120 Abs. 1 GWB).

Die **elektronische Auktion** ist ein sich schrittweise wiederholendes elektronisches Verfahren zur Ermittlung des wirtschaftlichsten Angebots. Jeder elektronischen Auktion geht eine vollständige erste Bewertung aller Angebote voraus (§ 120 Abs. 2 GWB).

Der **elektronische Katalog** ist ein auf der Grundlage der Leistungsbeschreibung erstelltes Verzeichnis der zu beschaffenden Liefer-, Bau- und Dienstleistungen in einem elektronischen Format. Er kann insbesondere beim Abschluss von Rahmenvereinbarungen eingesetzt werden und Abbildungen, Preisinformationen und Produktbeschreibungen umfassen (§ 120 Abs. 3 GWB).

Eine **zentrale Beschaffungsstelle** ist ein öffentlicher Auftraggeber, der für andere öffentliche Auftraggeber dauerhaft Liefer- und Dienstleistungen beschafft, öffentliche Aufträge vergibt oder Rahmenvereinbarungen abschließt (zentrale Beschaffungstätigkeit). Öffentliche Auftraggeber können Liefer- und Dienstleistungen von zentralen Beschaffungsstellen erwerben oder Liefer-, Bau- und Dienstleistungsaufträge mittels zentraler Beschaffungsstellen vergeben. Öffentliche Aufträge zur Ausübung zentraler Beschaffungstätigkeiten können an eine zentrale Beschaffungsstelle vergeben werden, ohne ein Vergabeverfahren durchzuführen. Derartige Dienstleistungsaufträge können auch Beratungs- und Unterstützungsleistungen bei der Vorbereitung oder Durchführung von Vergabeverfahren umfassen (§ 120 Abs. 4 GWB).

11. Welche Unterschiede bestehen zwischen dem offenen Verfahren, dem nicht offenen Verfahren und dem Verhandlungsverfahren?

Das **offene Verfahren** ist ein Verfahren, in dem der öffentliche Auftraggeber eine unbeschränkte Anzahl von Unternehmen öffentlich zur Abgabe von Angeboten auffordert (§ 119 Abs. 3 GWB, § 15 VgV).

Das **nicht offene Verfahren** ist ein Verfahren, bei dem der öffentliche Auftraggeber nach vorheriger öffentlicher Aufforderung zur Teilnahme eine beschränkte Anzahl von Unternehmen nach objektiven, transparenten und nichtdiskriminierenden Kriterien auswählt (Teilnahmewettbewerb), die er zur Abgabe von Angeboten auffordert (§ 119 Abs. 4 GWB, § 16 VgV).

Das **Verhandlungsverfahren** ist ein Verfahren, bei dem sich der öffentliche Auftraggeber mit oder ohne Teilnahmewettbewerb an ausgewählte Unternehmen wendet, um mit einem oder mehreren dieser Unternehmen über die Angebote zu verhandeln (§ 119 Abs. 5 GWB, § 17 VgV).

Zu beachten ist, das mit dem am 18. April 2016 in Kraft getretenen Gesetz zur Modernisierung des Vergaberechts (Vergaberechtsmodernisierungsgesetz – VergRModG) die grundsätzliche Wahlfreiheit für öffentliche Auftraggeber zwischen dem offenen und dem nicht offenen Verfahren, das stets einen Teilnahmewettbewerb erfordert, eingeführt wurde, während die bisherige Regelung des § 101 Abs. 7 GWB den Vorrang des offenen Verfahrens vorgesehen hatte (§ 119 Abs. 2 GWB). Die anderen Verfahrensarten (Verhandlungsverfahren, wettbewerblicher Dialog und Innovationspartnerschaft), die eine Begrenzung des Teilnehmerkreises ermöglichen, stehen dem Auftraggeber nur zur Verfügung, soweit dies durch gesetzliche Bestimmungen oder nach Maßgabe der Regelungen des § 14 Abs. 3 und 4 der Vergabeverordnung (VgV) gestattet ist (§ 14 Abs. 2 VgV).

12. Wodurch unterscheiden sich der wettbewerbliche Dialog und die Innovationspartnerschaft?

Der **wettbewerbliche Dialog** ist ein Verfahren zur Vergabe öffentlicher Aufträge mit dem Ziel der Ermittlung und Festlegung der Mittel, mit denen die Bedürfnisse des öffentlichen Auftraggebers am besten erfüllt werden können. Nach einem Teilnahmewettbewerb eröffnet der öffentliche Auftraggeber mit den ausgewählten Unternehmen einen Dialog zur Erörterung aller Aspekte der Auftragsvergabe (§ 119 Abs. 6 GWB, § 18 VgV).

Die **Innovationspartnerschaft**, die im Zuge der Modernisierung des EU-Vergaberechts als neue Verfahrensart in Artikel 31 der Richtlinie 2014/24/EU eingeführt wurde, ist ein Verfahren zur Entwicklung innovativer, noch nicht auf dem Markt verfügbarer Liefer-, Bau- oder Dienstleistungen und zum anschließenden Erwerb der daraus hervorgehenden Leistungen. Nach einem Teilnahmewettbewerb verhandelt der öffentliche Auftraggeber in mehreren Phasen mit den ausgewählten Unternehmen über die Erst- und Folgeangebote (§ 119 Abs. 7 GWB, § 19 VgV).

13. Welche Grundsätze der Vergabe gelten für öffentliche Aufträge und Konzessionen im Anwendungsbereich des Gesetzes gegen Wettbewerbsbeschränkungen?

Für **öffentliche Aufträge** und Konzessionen gelten im Anwendungsbereich des Gesetzes gegen Wettbewerbsbeschränkungen (GWB) folgende **Grundsätze** der Vergabe:

- Vergabe der öffentlichen Aufträge und Konzessionen im Wettbewerb und im Wege transparenter Verfahren (**Wettbewerbsgrundsatz**; § 97 Abs. 1 GWB)
- Gleichbehandlung aller Teilnehmer am Vergabeverfahren, es sei denn, eine Ungleichbehandlung ist aufgrund des GWB ausdrücklich geboten oder gestattet (**Gleichbehandlungsgebot**; § 97 Abs. 2 GWB)
- Berücksichtigung von sozialen und umweltbezogenen Aspekten sowie Aspekten der Qualität und der Innovation nach Maßgabe des Teil 4 des GWB (§ 97 Abs. 3 GWB)
- Vornehmliche Berücksichtigung mittelständischer Interessen, wobei die Leistungen in der Menge aufgeteilt (Teillose) und getrennt nach Art oder Fachgebiet (Fachlose) zu vergeben sind. Mehrere Teil- oder Fachlose dürfen zusammen vergeben werden, wenn wirtschaftliche oder technische Gründe dies erfordern (**Gebot der Losvergabe**; § 97 Abs. 4 GWB).
- Vergabe der Aufträge an fachkundige und leistungsfähige (geeignete) Unternehmen, sofern diese nicht nach den §§ 123 oder 124 GWB von der Teilnahme des Vergabeverfahrens ausgeschlossen sind (**Grundsatz der Bietereignung**, § 122 Abs. 1 GWB).
- Erteilung des Zuschlages auf das wirtschaftlichste Angebot (**Gebot der Wirtschaftlichkeit**; § 127 Abs. 1 GWB)
- Das **Recht auf Einhaltung der Vergabevorschriften**, d. h. die Unternehmen haben Anspruch darauf, dass die zu ihrem Schutz erlassenen Vergabevorschriften von den öffentlichen Auftraggebern eingehalten werden (§ 97 Abs. 6 GWB).

14. Wie erfolgt der Nachweis der Bietereignung?

Der Nachweis der Bietereignung (Fachkunde und Leistungsfähigkeit) erfolgt durch das Einreichen der vom öffentlichen Auftraggeber geforderten Eignungsnachweise. Der Nachweis der Eignung und das Nichtvorliegen von Ausschlussgründen nach den §§ 123 und 124 GWB kann ganz oder teilweise auch durch die Teilnahme an Präqualifizierungssystemen erbracht werden (§ 122 Abs. 3 GWB). Die **Präqualifikation** ist eine der eigentlichen Auftragsvergabe vorgelagerte, auftragsunabhängige Prüfung der Eignung des Unternehmens hinsichtlich seiner Fachkunde und Leistungsfähigkeit bei den hierfür vorgesehenen Prüfunternehmen. Hat das Unternehmen die Eignungsnachweisprüfung ohne Beanstandungen durchlaufen, wird es in eine allgemein zugängliche Liste präqualifizierter Unternehmen aufgenommen und braucht die für jeden einzelnen Auftrag insoweit geforderten Eignungsnachweise dem öffentlichen Auftraggeber nicht mehr vorzulegen.

15. Wie hat die Vergabestelle die Wertung der Angebote vorzunehmen?

Die Vergabestelle hat die **Wertung der Angebote** in vier Stufen vorzunehmen. Die vier Wertungsstufen sind von der Vergabestelle zwingend einzuhalten. Die Wertungsstufen dürfen nicht vermischt werden, da dies sonst zu einer Verletzung der Bieterrechte führt. Außerdem müssen alle Phasen und Entscheidungen im Vergabeverfahren dokumentiert werden (sog. Vergabevermerk). Die auf der jeweiligen Wertungsstufe von der Vergabestelle vorzunehmende Prüfung bzw. Auswahl ist nachstehend dargestellt:

1. Wertungsstufe
Prüfung des Ausschlusses von der Wertung wegen formaler Fehler
§§ 123 und 124 GWB, § 16 VOB/A

2. Wertungsstufe
Prüfung der Eignung der Bieter
§ 122 Abs. 1 GWB, § 16b VOB/A

3. Wertungsstufe
Prüfung der Angemessenheit der Preise
§ 16d VOB/A

4. Wertungsstufe
Auswahl des wirtschaftlichsten Angebots
§ 127 Abs. 1 GWB

16. Was ist Gegenstand der Vergabestatistikverordnung?

Mit der Verordnung zur Statistik über die Vergabe öffentlicher Aufträge und Konzessionen (**Vergabestatistikverordnung** – VergStatVO), die im Jahre 2016 im Rahmen der Reform des Vergaberechts erlassen wurde, ist erstmals die Grundlage für den Aufbau einer allgemeinen bundesweiten Vergabestatistik geschaffen worden.

Die Vergabestatistikverordnung regelt die Pflichten der Auftraggeber im Sinne von § 98 des Gesetzes gegen Wettbewerbsbeschränkungen (GWB) zur Übermittlung bestimmter in den §§ 3 und 4 der Verordnung aufgeführten Daten an das Bundesministerium für Wirtschaft und Energie. Das Bundesministerium für Wirtschaft und Energie ist berechtigt diese Daten – diese betreffen Beschaffungsvorgänge im Bereich oberhalb der EU-Schwellenwerte und eingeschränkt auch im Bereich unterhalb der EU-Schwellenwerte – auszuwerten, zu speichern und nach Maßgabe dieser Verordnung zu Auswertungszwecken an Dritte zu übermitteln (§ 1 VergStatVO).

4.3 Nachprüfungsverfahren

1. Welchem Zweck dient das Nachprüfungsverfahren bei der Vergabe öffentlicher Aufträge?

Zweck des Nachprüfungsverfahrens bei der Vergabe der unter den Anwendungsbereich des Teils 4 des **Gesetzes gegen Wettbewerbsbeschränkungen** (GWB) fallenden öffentlichen Aufträge und Konzessionen ist es, **Transparenz und Chancengleichheit sowie einen effektiven Rechtsschutz für Bieter und Bewerber zu gewährleisten**.

2. Wem obliegt die Nachprüfung der Vergabe öffentlicher Aufträge?

Die **Vergabe öffentlicher Aufträge und Konzessionen** unterliegt – unbeschadet der Prüfungsmöglichkeiten von Aufsichtsbehörden – für die dem Bund zuzurechnenden Aufträge den Vergabekammern des Bundes bzw. für die den Ländern zuzurechnenden Aufträge den Vergabekammern der Länder (§§ 155 und 156 Abs. 1 GWB). Die **Vergabekammern** des Bundes sind beim Bundeskartellamt eingerichtet (§§ 158 Abs. 1 GWB).

Zu beachten ist, dass die Vergabekammern nur für die Nachprüfung von Vergabeverfahren öffentlicher Auftraggeber zuständig sind, deren Auftragswert die in den EU-Vergaberichtlinien festgelegten Wertgrenzen (**EU-Schwellenwerte**) erreichen oder überschreiten. Bei Vergabeverfahren unterhalb dieser Schwellenwerte besteht lediglich die Möglichkeit der Nachprüfung der Vergabe öffentlicher Aufträge durch die jeweilige Aufsichtsbehörde der Vergabestelle. Diese unterschiedliche Gestaltung des Rechtsschutzes bei Aufträgen oberhalb und unterhalb der Schwellenwerte ist durch das Bundesverfassungsgericht ausdrücklich bestätigt worden. In seiner Entscheidung hat das Bundesverfassungsgericht zur Begründung darauf hingewiesen, dass Vergaben unterhalb der Schwellenwerte ein Massenphänomen sind. Müssten die Vergabeverfahren ständig überprüft werden, könnte dies die Verwaltungsarbeit erheblich beeinträchtigen, und damit würde die Wirtschaftlichkeit der Vergabe leiden.

3. Welche Regelungen gelten für das Verfahren vor den Vergabekammern?

Die **Vergabekammern**, die ihre Tätigkeit im Rahmen der Gesetze unabhängig und in eigener Verantwortung ausüben und grundsätzlich in der Besetzung mit einem Vorsitzenden und zwei Beisitzern entscheiden (§ 157 GWB), werden nur auf Antrag tätig (§ 160 Abs. 1 GWB). Antragsbefugt ist jedes Unternehmen, das ein Interesse an dem öffentlichen Auftrag oder der Konzession hat und eine Verletzung in seinen Rechten durch Nichtbeachtung von Vergabevorschriften geltend macht (§ 160 Abs. 2 GWB). Der Antragsteller hat den Verfahrensverstoß, sofern er ihn erkannt hat oder der Verstoß aus der Bekanntmachung erkennbar ist, bei der Vergabestelle vor Stellung des Nachprüfungsantrags zu rügen. Kommt er seiner Rügepflicht nicht spätestens bis zum Ablauf der geltenden Rügefrist nach, so ist der Antrag unzulässig. Ist der Antrag nicht offensichtlich unzulässig oder unbegründet, so stellt ihn die Vergabekammer dem Auftraggeber zu. Nach der Zustellung des Antrags darf der Auftraggeber den Zuschlag bis zur Entscheidung der Vergabekammer und bis zum Ablauf der für die Einlegung der sofortigen Beschwerde an das Oberlandesgericht geltenden Frist nicht erteilen. Die Vergabekammer fällt und begründet ihre Entscheidung nach einer mündlichen Verhandlung binnen einer Frist von fünf Wochen, wobei die Frist ausnahmsweise bei besonders schwierigen Verfahren durch begründete Verfügung verlängert werden kann (§ 167 Abs. 1 GWB). Nach der Wertung der Angebote hat der Auftraggeber die Zuschlagsentscheidung zu treffen. Vor der Zuschlagserteilung muss er die nicht berücksichtigten Bieter über seine **Zuschlagsentscheidung** informieren, und zwar i d. R. 14 Kalendertage vor der **Zuschlagserteilung** (§ 134 GWB). Die Frist beginnt am Tag nach der Absendung der Information durch den Auftraggeber. Innerhalb dieser Frist kann der Bieter die Entscheidung des Auftraggebers vor der Vergabekammer überprüfen lassen. Unterbleibt die Information der Bieter durch den Auftraggeber oder erteilt er den Zuschlag vor Fristablauf, so ist der öffentliche Auftrag von Anfang an unwirksam (§ 135 Abs. 1 GWB). Das Vergabeverfahren endet mit der Zuschlagserteilung auf ein Angebot. Durch den Zuschlag wird ein Angebot angenommen und damit der Vertrag geschlossen. Mit der Erteilung des Zuschlags enden die primären Rechtsschutzmöglichkeiten des vermeintlich übergangenen Bieters. Die Zuschlagserteilung ist nach den Bestimmungen des Gesetzes gegen Wettbewerbsbeschränkungen (GWB) unanfechtbar (§ 168 Abs. 2 GWB). Der vermeintlich übergangene Bieter kann dann nur noch die Feststellung des Vorliegens einer Rechtsverletzung beantragen, sofern er vor Zuschlagserteilung ein Nachprüfungsverfahren eingeleitet hat, oder Schadensersatzansprüche geltend machen (sogenannter Sekundärrechtsschutz).

4. Welche Rechtsschutzmöglichkeiten bestehen gegen die Entscheidung der Vergabekammer?

Gegen die Entscheidung der Vergabekammer in der Hauptsache ist die **sofortige Beschwerde zum Oberlandesgericht** zulässig (§ 171 GWB). Sie ist binnen einer Frist von zwei Wochen, die mit der Zustellung der Entscheidung beginnt, schriftlich und mit Begründung bei dem Beschwerdegericht einzulegen (§ 172 Abs. 1 und 2 GWB). Vor dem Beschwerdegericht müssen sich die Beteiligten durch einen Rechtsanwalt als Bevollmächtigten vertreten lassen. Juristische Personen des öffentlichen Rechts können sich durch Beamte oder Angestellte mit Befähigung zum Richteramt vertreten lassen (§ 175 Abs. 1 GWB). Hält das Oberlandesgericht die Beschwerde für begründet, so hebt es die Entscheidung der Vergabekammer auf. Es entscheidet entweder in der Sache selbst oder verpflichtet die Vergabekammer, unter Berücksichtigung der Rechtsauffassung des Gerichts in der Sache erneut zu entscheiden (§ 178 GWB). Die sofortige Beschwerde hat gegenüber der Entscheidung der Vergabekammer **aufschiebende Wirkung** (§ 173 Abs. 1 GWB). Der Auftraggeber darf den Zuschlag nicht erteilen. Auf schriftlichen und gleichzeitig begründeten Antrag des Auftraggebers kann das Gericht unter Berücksichtigung der Erfolgsaussichten der sofortigen Beschwerde den weiteren Fortgang des Vergabeverfahrens und der Zuschlagserteilung gestatten. Das Beschwerdegericht hat die Vorabentscheidung über die Zuschlagsgestattung grundsätzlich innerhalb von fünf Wochen nach Eingang des Antrags zu treffen und zu begründen (§ 176 GWB).

5. Welche Folgen hat es, wenn sich von Anfang an der Antrag auf Nachprüfung vor der Vergabekammer oder die sofortige Beschwerde vor dem Oberlandesgericht als ungerechtfertigt erweist?

Erweist sich der Antrag auf Einleitung eines Nachprüfungsverfahrens vor der **Vergabekammer** (§ 160 GWB) oder die sofortige Beschwerde vor dem Oberlandesgericht (§ 171 GWB) als von Anfang an ungerechtfertigt, ist der Antragsteller oder der Beschwerdeführer verpflichtet, dem Gegner und den Beteiligten den Schaden zu ersetzen, der ihnen durch den Missbrauch des Antrags- oder Beschwerderechts entstanden ist (§ 180 Abs. 1 GWB).

Ein Missbrauch des Antrags- und Beschwerderechts ist es insbesondere,

- die Aussetzung oder die weitere Aussetzung des Vergabeverfahrens durch vorsätzlich oder grob fahrlässig vorgetragene falsche Angaben zu erwirken
- die Überprüfung mit dem Ziel zu beantragen, das Vergabeverfahren zu behindern oder Konkurrenten zu schädigen
- einen Antrag in der Absicht zu stellen, ihn später gegen Geld oder andere Vorteile zurückzunehmen (§ 180 Abs. 2 GWB).

Erweisen sich die von der Vergabekammer entsprechend einem besonderen Antrag des Antragstellers, mit dem dieser seine Rechte auf andere Weise als durch den drohenden Zuschlag als gefährdet sah (§ 169 Abs. 3 GWB), nach den getroffenen vorläufigen Maßnahmen als von Anfang an ungerechtfertigt, hat der Antragsteller dem Auftraggeber den aus der Vollziehung der angeordneten Maßnahme entstandenen Schaden zu ersetzen (§ 180 Abs. 3 GWB).

Hat der Auftraggeber gegen eine den Schutz von Unternehmen bezweckende Vorschrift verstoßen und hätte das Unternehmen ohne diesen Verstoß bei der Wertung der Angebote eine echte Chance gehabt, den Zuschlag zu erhalten, die aber durch den Rechtsverstoß beeinträchtigt wurde, so kann das Unternehmen Schadensersatz für die Kosten der Vorbereitung des Angebots oder der Teilnahme an einem Vergabeverfahren verlangen, wobei weiterreichende Ansprüche auf Schadensersatz unberührt bleiben (§ 181 GWB).

II. Personalwesen

1. Personalplanung

1.1 Die Aufgaben und Ziele der Personalplanung

1. Was versteht man unter Personalplanung?

Unter **Personalplanung** versteht man die planvolle gedankliche Vorwegnahme aller das Personalwesen betreffenden zukünftigen Maßnahmen und Entscheidungen.

2. Was ist Aufgabe der Personalplanung?

Aufgabe der **Personalplanung** ist es, sicherzustellen, dass das für die Erfüllung künftiger Aufgaben der Verwaltung notwendige Personal in der erforderlichen Anzahl, mit den erforderlichen Qualifikationen, zum richtigen Zeitpunkt und am richtigen Ort zur Verfügung steht.

3. Welche Teilbereiche werden innerhalb der Personalplanung unterschieden?

Innerhalb der **Personalplanung** werden folgende **Teilbereiche** unterschieden:

- **Personalbedarfsplanung**
- **Personalbeschaffungsplanung**
- **Personalabbauplanung**
- **Personaleinsatzplanung**
- **Personalentwicklungsplanung**
- **Personalkostenplanung**.

4. Was versteht man unter Personalbedarfsplanung?

Unter **Personalbedarfsplanung** versteht man alle systematisch erarbeiteten und festgelegten Überlegungen über die Steuerung des Personaleinsatzes, der Personalerhaltung und der Personalentwicklung, um durch entsprechende Maßnahmen einen positiven Personalbedarf (Unterdeckung) oder negativen Personalbedarf (Überdeckung) zu vermeiden.

5. Was ist das Ziel der Personalbedarfsplanung?

Ziel der Personalbedarfsplanung ist es, den Personalbedarf in quantitativer, qualitativer, zeitlicher und örtlicher Hinsicht zu bestimmen, das heißt festzulegen, **wie viel Verwaltungspersonal** mit der **erforderlichen Qualifikation** in der **erforderlichen Anzahl** zum **richtigen Zeitpunkt** am **richtigen Ort** für künftige Aufgaben zur Verfügung stehen muss, um die vorgegebenen Aufgaben zu verwirklichen.

6. Was sind die wichtigsten Aufgaben der Personalbedarfsplanung?

Zu den wichtigsten **Aufgaben der Personalbedarfsplanung** gehören:

- Ermittlung des voraussichtlichen zukünftigen quantitativen und qualitativen Personalbedarfs, d. h. Prüfung, welche Gruppen von Beschäftigten (Beamte, Angestellte und Arbeiter) in welcher Zahl (quantitative Personalbedarfsplanung) und mit welcher Vor- und Ausbildung (qualitative Personalbedarfsplanung) benötigt werden
- Ermittlung des voraussichtlichen zukünftigen Personalbestandes unter Berücksichtigung vorhersehbarer Veränderungen, z. B. durch Pensionierung, Elternzeit, Wehr- und Zivildienst
- Erstellen von Stellenbeschreibungen, Stellenbesetzungsplänen und Personalstatistiken.

7. Nach welchem Schema wird der Personalbedarf geplant?

Vom gegenwärtigen Personalbestand werden die erwarteten Personalabgänge (z. B. durch Pensionierungen, Kündigungen, Einberufungen zur Bundeswehr) abgezogen und die bereits feststehenden Personalzugänge (z. B. erfolgte Einstellungen) hinzugezählt. Dieser Personalbestand dient als Grundlage der weiteren noch vorzunehmenden Einstellungen.

8. Welche Maßnahmen kommen im Rahmen der Personalbedarfsplanung bei einem Personalüberhang infrage?

Als Maßnahmen für einen **Personalabbau** kommen grundsätzlich infrage:

- Nichtersetzen des natürlichen Personalabgangs (Einstellungsstopp)
- Beendigung befristeter Arbeitsverhältnisse
- Versetzungen zu einer anderen Dienststelle mit entsprechenden Beschäftigungsmöglichkeiten
- Abbau von Überstunden
- Umwandlung von Vollzeitstellen in Teilzeitstellen
- Förderung des freiwilligen Ausscheidens durch Eigenkündigung des Beschäftigten
- Abschluss von Aufhebungsverträgen und vorzeitigen Pensionierungen
- Entlassung aus betriebsbedingten Gründen als äußerstes Mittel.

9. Was versteht man unter einer Stellenbeschreibung?

Unter einer **Stellenbeschreibung** – auch Tätigkeits- oder Arbeitsplatzbeschreibung genannt – versteht man die **schriftliche Festlegung** der **wesentlichen Inhalte und Merkmale einer Stelle** (z. B. Aufgaben, Kompetenzen und Verantwortung des Stelleninhabers), wobei die Stellenbeschreibung üblicherweise unabhängig von der Person des Stelleninhabers betrachtet wird.

10. Was ist Inhalt eines Stellenbesetzungsplanes?

Ein **Stellenbesetzungsplan** zeigt auf, von wem die einzelnen Stellen besetzt werden, wobei dadurch gleichzeitig auch ersichtlich wird, welche Stellen noch unbesetzt sind. Der Stellenbesetzungsplan enthält neben der Bezeichnung der Stelle den Namen, das Geburtsdatum, die Amts- oder Dienstbezeichnung und die Besoldungs- oder Vergütungsgruppe des Stelleninhabers.

11. Was versteht man unter Personaleinsatzplanung?

Unter **Personaleinsatzplanung** versteht man alle systematisch erarbeiteten und festgelegten Überlegungen über zukünftige Stellenbesetzungen insbesondere hinsichtlich der optimalen Zuordnung der verfügbaren Arbeitskräfte zu den Arbeitsplätzen (Stellen).

12. Was ist Ziel der Personaleinsatzplanung?

Ziel der Personaleinsatzplanung ist es, verfügbare Beschäftigte den Arbeitsplätzen so zuzuordnen, dass der Arbeitsanfall sach- und termingerecht unter bestmöglicher Ausnutzung der vorhandenen Mittel in der verfügbaren Arbeitszeit erledigt werden kann, d. h. das Anforderungsprofil des Arbeitsplatzes und das Eignungsprofil des Beschäftigten sollten möglichst weitgehend übereinstimmen.

13. Was versteht man unter einem Anforderungsprofil und welchem Zweck dient es?

Unter einem **Anforderungsprofil** versteht man die systematische Zusammenstellung aller wesentlichen Anforderungen, die ein bestimmter Arbeitsplatz (Stelle) an die Eignung (Qualifikation) einer Person stellt (z. B. Belastbarkeit, Zuverlässigkeit, Initiative, Ausdauer, soziales Verhalten), die ihn ausfüllen soll oder will.

Das Anforderungsprofil hat hauptsächlich die **Aufgabe**, Auswahlkriterien für die Bewerberauswahl zu liefern. Es bildet zugleich die Grundlage für die Gestaltung der Stellenbeschreibung und des Organisationsplans und kann auch für die Erarbeitung eines Systems der Mitarbeiterbeurteilung genutzt werden.

14. Was sind die wesentlichsten Aufgaben der Personaleinsatzplanung?

Zu den wesentlichsten **Aufgaben der Personaleinsatzplanung** gehören:

- Führung von Stellenplänen sowie Aktualisierung von Stellenbeschreibungen und Anforderungsprofilen
- Aktualisierung von Eignungsprofilen sowie deren Abgleich mit den Anforderungsprofilen in qualitativer und quantitativer Hinsicht
- Beteiligung bei der Einführung von Arbeitszeitmodellen (z. B. Erstellung von Schichtplänen, Teilzeitbeschäftigungsplänen, Bereitschaftsdienstplänen, Vertretungsplänen).

1.2 Die Ziele und Instrumente der Personalentwicklung

1. Was versteht man unter Personalentwicklung?

Die **Personalentwicklung** ist der Oberbegriff für alle Maßnahmen, die der individuellen beruflichen Entwicklung der Beschäftigten dient und die erforderlichen Qualifikationen zur optimalen Wahrnehmung jetziger und künftiger Aufgaben unter Berücksichtigung der persönlichen Interessen der Beschäftigten vermitteln.

In § 5 des Tarifvertrages für den öffentlichen Dienst (TVöD), des Tarifvertrages für den öffentlichen Dienst der Länder (TV-L) und des Tarifvertrages für den öffentlichen Dienst des Landes Hessen (TV-H) haben die **Tarifvertragsparteien erstmals die Qualifizierung als Teil der Personalentwicklung dokumentiert** und hierbei den besonderen Wert, den die Qualifizierungsmaßnahmen sowohl für den Beschäftigten als auch für den Arbeitgeber haben, beschrieben und die verschiedenen Arten von entsprechenden Qualifizierungsmaßnahmen aufgeführt sowie Öffnungsklauseln für weitergehende freiwillige Betriebsvereinbarungen bzw. für Dienstvereinbarungen im Rahmen der personalvertretungsrechtlichen Möglichkeiten vereinbart.

Die von der Bundesregierung erlassene Verordnung über die Laufbahnen der Bundesbeamtinnen und Bundesbeamten (**Bundeslaufbahnverordnung** – BLV) sieht in § 46 als Grundlage für die Personalentwicklung ebenfalls die **Erstellung von Personalentwicklungskonzepten** vor, über deren Gestaltung die oberste Dienstbehörde oder die von ihr bestimmte Behörde entscheidet und führt hierbei verschiedene Arten von Personalführungs- und Personalentwicklungsmaßnahmen auf. Auch die von den jeweiligen Landesregierungen für den Bereich des Landes nach Inkrafttreten des Beamtenstatusgesetzes (BeamtStG) neu erlassenen Laufbahnverordnungen enthalten in der Regel ebenfalls Regelungen zur Personalentwicklung.

2. Was ist das Hauptziel der Personalentwicklung?

Das **Hauptziel der Personalentwicklung** ist es, die Leistungsfähigkeit, die Leistungsbereitschaft und die Motivation der Beschäftigten zu steigern.

3. Was sind die wesentlichsten Personalentwicklungsinstrumente?

Die wesentlichsten **Personalentwicklungsinstrumente** sind:

- **Mitarbeitergespräch**
- **Zielvereinbarungen**
- **Mitarbeiterbefragung**
- **Verwendungs- und Leistungsbeurteilung**
- **Zukunftsperspektiven- und Karriereplanung**
- **Anpassungs- und Aufstiegsfortbildung**.

4. Was versteht man unter dem Mitarbeitergespräch und aus welchen Gesprächselementen besteht es?

Das **Mitarbeitergespräch** ist ein institutionalisiertes Gespräch zwischen Vorgesetzten und Mitarbeitern. Es ist das zentrale Führungs- und Steuerungsinstrument, das aus folgenden **Gesprächselementen** besteht:

- **Beratung**
- **Zielvereinbarung**
- **Förderung**.

Zu beachten ist, dass der Tarifvertrag für den öffentlichen Dienst (TVöD), der Tarifvertrag für den öffentlichen Dienst der Länder (TV-L) und der Tarifvertrag für den öffentlichen Dienst des Landes Hessen (TV-H) erstmalig den Beschäftigten einen **Anspruch auf ein Mitarbeitergespräch** mit ihrer Führungskraft **zum Thema Qualifizierungsbedarf** einräumt, wobei dieses Gespräch sowohl in Form eines Gruppengesprächs als auch in Form eines Einzelgesprächs stattfinden kann und jährlich – soweit nichts anderes geregelt ist – zu führen ist (§ 5 Abs. 4 TVöD/TV-L/TV-H).

5. Wodurch unterscheiden sich die Gesprächselemente Beratung, Zielvereinbarung und Förderung?

Die **Beratung** ist der gegenwartsbezogene Teil des Mitarbeitergespräches, in dem nach der Arbeitszufriedenheit gefragt wird, Fragen der Zusammenarbeit besprochen werden, Missverständnisse bereinigt werden sowie nach Umständen gefragt wird, die die Herbeiführung des Leistungserfolges gefördert haben oder nach Ursachen, die zur Beeinträchtigung führten. In dem Mitarbeitergespräch werden gemeinsam grundsätzliche Herausforderungen, Anforderungen oder sonstige Probleme der Führung und Zusammenarbeit analysiert und Lösungen erarbeitet, wobei auch Lösungen gesucht werden, wie anerkannte Erfolgsfaktoren ausgeweitet oder möglichst stabilisiert und Misserfolgsfaktoren behoben oder abgebaut werden können.

In der **Zielvereinbarung**, dem Kernstück des Mitarbeitergespräches, werden aus Oberzielen klar umschriebene Referats- und Abteilungsziele konkretisiert und abgestimmt, wobei der zu erreichende Zustand, die Qualität und ggf. die einzusetzenden Ressourcen festzulegen sind.

Die **Förderung** ist der personale, gestalterische Aspekt des Mitarbeitergespräches, wobei im Mittelpunkt des Gespräches insbesondere die berufliche und persönliche Qualifizierung und Weiterentwicklung des Mitarbeiters steht. Der Vorgesetzte und der Mitarbeiter haben hierbei die Möglichkeit, ihre Wünsche und Erwartungen zur beruflichen Entfaltung des Mitarbeiters zu erörtern.

6. Welchem Zweck dient die Mitarbeiterbefragung?

Die **Mitarbeiterbefragung** dient insbesondere dazu, Einstellungen und Meinungen der Mitarbeiter bezüglich Betriebsklima, Führungsstil, Zufriedenheit mit der Aufgabe,

Qualität der Arbeit, Nutzen von Personalentwicklungsmaßnahmen sichtbar zu machen.

7. Was versteht man unter einer dienstlichen Beurteilung und welchem Zweck dient diese?

Unter einer **dienstlichen Beurteilung** versteht man die qualitative oder quantitative Beschreibung einer Leistung oder eines Verhaltens anhand vorher festgelegter Kriterien, wobei die beurteilten Bereiche grundsätzlich in Form eines Beurteilungsbogens schriftlich festgehalten werden.

Die dienstliche Beurteilung dient als **Grundlage für personen- und sachgerechte Personalentscheidungen** und als ein Mittel der Personalführung. Als solche hat sie erhebliche Bedeutung für die Leistungsfähigkeit der Verwaltung und für die Verwirklichung des Leistungsgrundsatzes in der Verwaltung. Die Beurteilung soll ein zutreffendes Bild der Eignung, Befähigung und Leistung des Beurteilten geben.

8. Wodurch unterscheidet sich die Verwendungsbeurteilung von der Leistungsbeurteilung?

Die **Leistungsbeurteilung** ergeht auf der Grundlage der in der bisherigen Tätigkeit gezeigten Arbeitsergebnisse (Erfolgskontrolle).

Die **Verwendungsbeurteilung** trifft eine Aussage über die Eignung des Beschäftigten für neue Aufgaben (Prognosebeurteilung).

9. Was versteht man unter Karriereplanung?

Unter der **Karriereplanung** als Teilsystem der Personalentwicklung versteht man die Planung des zukünftigen Einsatzes von Beschäftigten im Zuge der Organisationsentwicklung und Stellenbesetzungsplanung und die mit ihnen verknüpfte Planung der beruflichen Zukunft von Beschäftigten.

10. Was ist unter beruflicher Fortbildung zu verstehen und welche Arten der Fortbildung unterscheidet man?

Unter **beruflicher Fortbildung** versteht man alle Bildungsmaßnahmen und Bildungsaktivitäten, bei denen es um die Aktualisierung, die Modernisierung und die Vertiefung von fachlichen Kenntnissen und Fähigkeiten nach der abgeschlossenen Berufsausbildung geht. Die berufliche Fortbildung wird häufig unterteilt in:

- **Anpassungsfortbildung**
- **Aufstiegsfortbildung**.

11. Worin unterscheidet sich die Anpassungsfortbildung von der Aufstiegsfortbildung?

Die **Anpassungsfortbildung** umfasst alle Maßnahmen innerhalb und außerhalb der Behörde, die dazu bestimmt und geeignet sind, die Beschäftigten an die Bedingungen des technischen, wirtschaftlichen und sozialen Umfeldes insoweit anzupassen, dass einmal erworbenes Fachwissen, fachliches Können und bisher praktizierte Verhaltensweisen vertieft und aktualisiert werden, damit die Beschäftigten den gewandelten Anforderungen am Arbeitsplatz gewachsen bleiben bzw. auf künftige Veränderungen vorbereitet sind.

Die **Aufstiegsfortbildung** dient zur Übernahme höherwertiger Funktionen in der jeweiligen Behörde.

2. Der öffentliche Dienst

2.1 Die Beschäftigungsverhältnisse im öffentlichen Dienst

1. Was versteht man unter dem öffentlichen Dienst?

Unter dem öffentlichen Dienst versteht man die Tätigkeit im Dienste **einer juristischen Person des öffentlichen Rechts**.

2. Bei welchen juristischen Personen des öffentlichen Rechts können die im öffentlichen Dienst beschäftigten Personen tätig sein?

- Beim **Bund**
- den **Ländern**
- den **Gemeinden und Gemeindeverbänden**
- den sonstigen **Körperschaften, Anstalten und Stiftungen des öffentlichen Rechts**.

3. Wer sind die Angehörigen des öffentlichen Dienstes?

Zu den **Angehörigen des öffentlichen Dienstes** gehören:

- Arbeitnehmer einschließlich der zu ihrer Berufsausbildung Beschäftigten
- Beamte
- Richter
- Soldaten.

4. Welche Rechtsstellung haben die Angehörigen des öffentlichen Dienstes?

Die **Arbeitnehmer** im öffentlichen Dienst stehen in einem privatrechtlichen Arbeitsverhältnis. Die zu ihrer Berufsausbildung Beschäftigten stehen hierbei grundsätzlich in einem Vertragsverhältnis besonderer Art im Sinne eines Ausbildungs- und Erziehungsverhältnisses.

Die **Beamten**, **Richter** und **Soldaten** stehen zu ihrer Anstellungskörperschaft in einem **öffentlich-rechtlichen Dienst- und Treueverhältnis**.

5. Wodurch unterscheidet sich das privatrechtliche Arbeitsverhältnis vom öffentlich-rechtlichen Dienst- und Treueverhältnis?

Das **privatrechtliche Arbeitsverhältnis** ist vertraglich geregelt. Der Inhalt ist weitgehend vorgegeben durch Tarifverträge. Das privatrechtliche Arbeitsverhältnis kommt durch den Abschluss eines Arbeitsvertrages zustande. Zuständig für Rechtsstreitigkeiten aus dem privatrechtlichen Arbeitsverhältnis sind die Arbeitsgerichte.

Grundlage für das **öffentlich-rechtliche Dienst- und Treueverhältnis** und seinen Inhalt bilden ausschließlich gesetzliche Regelungen oder davon abgeleitete Rechtsverordnungen und Verwaltungsvorschriften. Das öffentlich-rechtliche Dienst- und Treueverhältnis wird durch einen Hoheitsakt (Ernennung) begründet. Für Rechtsstreitigkeiten aus dem öffentlich-rechtlichen Dienst- und Treueverhältnis ist der Verwaltungsrechtsweg gegeben.

6. Was sind die wesentlichsten Unterscheidungsmerkmale zwischen Beamten und Arbeitnehmern im öffentlichen Dienst?

Beamte	Arbeitnehmer
Öffentlich-rechtliches **Dienst- und Treueverhältnis**	Privatrechtliches **Arbeitsverhältnis**
Begründung durch **Ernennungsurkunde** (Verwaltungsakt)	Begründung durch **Arbeitsvertrag**
Für Rechtsstreitigkeiten ist der Rechtsweg zu den **Verwaltungsgerichten** gegeben.	Für Rechtsstreitigkeiten sind die **Arbeitsgerichte** zuständig.
Der Inhalt des Beamtenverhältnisses ist durch **Gesetz** geregelt.	Die Arbeitsbedingungen werden durch **Tarifvertrag und Einzelarbeitsvertrag** geregelt.
Leistung eines **Diensteides** zur Bekräftigung der Treuepflicht	Bekräftigung der Treuepflicht durch **Gelöbnis**
Bei Pflichtverletzung **Bestrafung nach dem Disziplinargesetz**	Bei Pflichtverletzung höchstens **fristlose Kündigung**
Gewährleistung eines angemessenen Lebensunterhalts auf Lebenszeit (sog. **Alimentationsprinzip)**	Bezahlung nach dem **Gegenleistungsprinzip**
Kosten der Versorgung trägt der Staat (**Versorgungsprinzip**).	Versorgung beruht weitgehend auf dem **Versicherungsprinzip**.
Streikverbot	**Streikrecht**

7. Was versteht man unter einem Dienstordnungs-Angestellten?

Dienstordnungs-Angestellte (DO-Angestellte) sind Beschäftigte einer Berufsgenossenschaft oder einer gesetzlichen Krankenkasse, die in einem durch Abschluss eines Dienstvertrages begründeten privatrechtlichen Arbeitsverhältnis stehen, für die durch Verweisung der Dienstordnungen auf Vorschriften des Beamtenrechts aber beamtenrechtliche Grundsätze gelten. Die Rechtsstellung der DO-Angestellten im Bereich der Berufsgenossenschaften richtet sich nach den §§ 144 bis 147 Siebtes Buch Sozialgesetzbuch (SGB VII) und im Bereich der gesetzlichen Krankenkassen nach den §§ 349 bis 357 der Reichsversicherungsordnung (RVO) sowie den jeweils dort vorgesehenen, von den Trägern der Sozialversicherung im Rahmen des Satzungsrechts erlassenen Dienstordnungen. Die gesetzlichen Krankenkassen dürfen jedoch seit dem 1. Januar 1993 keine neuen Dienstordnungsverträge mehr abschließen (§ 358 RVO), sodass neue Arbeitsverhältnisse für diesen Personenkreis grundsätzlich nur noch auf tarifrechtlicher Grundlage begründet werden.

8. Welche Aufgaben nehmen die Angehörigen des öffentlichen Dienstes wahr?

Den **Beamten** ist nach der Verfassung die Ausübung hoheitsrechtlicher Befugnisse (z. B. Polizei, Justizvollzug) vorbehalten. Sie dürfen aber auch Aufgaben im nichthoheitlichen Bereich (z. B. wenn der Staat als Käufer auftritt) wahrnehmen (Art. 33 Abs. 4 GG).

Den **Arbeitnehmern** ist nach dieser verfassungsrechtlichen Aufgabenverteilung als Regelfall die Wahrnehmung von Aufgaben im nichthoheitlichen Bereich vorbehalten. In der Praxis werden aber Arbeitnehmer oft auch mit hoheitlichen Aufgaben in größerem Umfang betraut, als dies nach Artikel 33 Abs. 4 des Grundgesetzes (GG) vorgesehen ist.

Den **Richtern** ist die rechtsprechende Gewalt anvertraut (Art. 92 GG). Sie haben die Aufgabe, über Rechtsstreitigkeiten zu entscheiden. Die Richter sind im Gegensatz zu den Beamten nicht weisungsgebunden.

Die **Soldaten** haben die Pflicht, den Verteidigungsauftrag zu erfüllen (Art. 87a GG).

9. Weshalb sind Richter keine Beamten?

Ein wesentliches Merkmal des zu den fundamentalen Verfassungsgrundsätzen gehörenden Rechtsstaatsprinzips ist die Verteilung der Ausübung der Staatsgewalt auf verschiedene, voneinander unabhängige und kontrollierende Gewalten (Grundsatz der Gewaltenteilung). Danach steht die Gesetzgebung (Legislative) der vom Volk gewählten Volksvertretung zu, die vollziehende Gewalt (Exekutive) liegt in den Händen der Regierung und der nachgeordneten Behörden und die Rechtsprechung (Judikative) wird durch unabhängige Gerichte ausgeübt.

Im Gegensatz zu den Beamten, die Teil der vollziehenden Gewalt sind, ist den **Richtern die rechtsprechende Gewalt anvertraut** (Art. 92 GG). Die Richter sind nach Artikel 97 des Grundgesetzes (GG) nur an Gesetz und Recht (Art. 20 GG) und nicht an Weisungen gebunden (**sachliche Unabhängigkeit**) und grundsätzlich unabsetzbar und unversetzbar und werden auf Lebenszeit ernannt (**persönliche Unabhängigkeit**). Der besondere Status der Richter findet daneben auch seinen Niederschlag in Artikel 98 Abs. 1 und 3 GG, der den Bund und die Länder verpflichtet, die Rechtstellung der Richter durch besondere Gesetze zu regeln. Dieser Verpflichtung sind Bund und Länder durch den Erlass von Richtergesetzen (Deutsches Richtergesetz, Landesrichtergesetze) nachgekommen.

Mit den Richtern dürfen aber nicht die Staatsanwälte gleichgesetzt werden. Für die **Staatsanwälte** gilt zwar die gleiche Besoldungsordnung wie für Richter (Besoldungsordnung R); sie gehören jedoch als **Beamte** zur vollziehenden Gewalt.

2.2 Die Zugangsvoraussetzungen zum öffentlichen Dienst

1. Welche Kriterien sieht das Grundgesetz für den Zugang zum öffentlichen Dienst für Deutsche vor?

Die Kriterien für den Zugang zum öffentlichen Dienst ergeben sich aus Artikel 33 Abs. 2 des Grundgesetzes (GG). Danach hat jeder Deutsche nach seiner **Eignung, Befähigung und fachlichen Leistung gleichen Zugang zu jedem öffentlichen Amte** (Prinzip der Bestenauslese). Dies gilt sowohl für die dauerhafte Beschäftigung als Beamter als auch für die Beschäftigung der Arbeitnehmer des öffentlichen Dienstes, wobei für die Beamtenlaufbahnen die laufbahnspezifische Qualifikation die entscheidende Zugangsvoraussetzung ist und es für entsprechende Arbeitnehmerpositionen auf die funktionsspezifische Qualifikation ankommt. Daneben hebt Artikel 33 Absatz 3 GG noch besonders hervor, dass niemand wegen seines religiösen Bekenntnisses oder seiner Weltanschauung beim Zugang zu den öffentlichen Ämtern benachteiligt werden darf.

Das Prinzip der Bestenauslese ist ebenfalls in § 9 des Bundesbeamtengesetzes (BBG) verankert. Danach richtet sich die Auswahl der Bewerber nach Eignung, Befähigung und fachlicher Leistung ohne Rücksicht auf Geschlecht, Abstammung, Rasse oder ethnische Herkunft, Behinderung, Religion oder Weltanschauung, politische Anschauungen, Herkunft, Beziehungen oder sexuelle Identität, wobei gesetzliche Maßnahmen zur Durchsetzung der tatsächlichen Gleichstellung im Erwerbsleben, insbesondere Quotenregelungen mit Einzelfallprüfung sowie zur Förderung schwerbehinderter Menschen dem nicht entgegen stehen.

Für den Bereich der **Länder** enthält § 9 des Beamtenstatusgesetzes (BeamtStG) eine den vorgenannten Auswahlkriterien entsprechende Regelung.

2. Welche Regelung gilt für den Zugang zum öffentlichen Dienst für Staatsangehörige der Mitgliedstaaten der Europäischen Union?

Die **Staatsangehörigen der Mitgliedstaaten der Europäischen Union** (EU) sind aufgrund der Freizügigkeitsregelungen des Gemeinschaftsrechts der EU hinsichtlich des Zugangs zum öffentlichen Dienst den Deutschen im Sinne des Artikels 116 des Grundgesetzes (GG) **grundsätzlich gleichgestellt**. Dies gilt lediglich nicht für diejenigen öffentlichen Aufgaben, die wegen ihres sachlichen Gehaltes den deutschen Staatsangehörigen vorbehalten sind, wobei hinsichtlich der jeweiligen Funktion die Entscheidung getroffen werden muss, ob die Wahrnehmung der Aufgabe durch Deutsche notwendig ist.

3. Welche Voraussetzungen müssen für die Begründung eines Beamtenverhältnisses vorliegen und welche Anforderungen muss der Bewerber für die Berufung in das Beamtenverhältnis erfüllen?

Hinsichtlich der Begründung eines Beamtenverhältnisses unterscheidet man zwischen den **sachlichen Voraussetzungen**, die vor der Begründung eines Beamtenverhältnisses erfüllt sein müssen und den **persönlichen Voraussetzungen**, die die Bewerber erfüllen müssen, um in das Beamtenverhältnis berufen werden zu können.

Sachliche Voraussetzungen

- Die öffentliche Körperschaft muss die Dienstherrnfähigkeit besitzen, das heißt rechtlich befähigt sein, Beamte zu beschäftigen (§ 2 BBG, § 2 BeamtStG).
- Es muss sich um die Wahrnehmung hoheitsrechtlicher Aufgaben oder solcher Aufgaben handeln, die aus Gründen der Sicherung des Staates oder des öffentlichen Lebens nicht ausschließlich Personen übertragen werden dürfen, die in einem privatrechtlichen Arbeitsverhältnis stehen (§ 4 BBG, § 3 Abs. 2 BeamtStG).
- Es muss eine freie Planstelle der jeweiligen Besoldungsgruppe zur Verfügung stehen, die im Stellenplan des Haushaltsplanes ausgewiesen sein muss (§§ 17 Abs. 5 und 49 Abs. 1 BHO/LHO).
- Es muss grundsätzlich eine Stellenausschreibung erfolgt sein (§ 8 BBG).

Persönliche Voraussetzungen

Der Bewerber muss

- Deutscher im Sinne des Artikels 116 des Grundgesetzes (GG) sein oder die Staatsangehörigkeit eines anderen Mitgliedstaates der Europäischen Union oder eines anderen Vertragsstaates des Abkommens über den Europäischen Wirtschaftsraum oder eines Drittstaates, dem Deutschland und die Europäische Union vertraglich einen entsprechenden Anspruch auf Anerkennung von Berufsqualifikationen eingeräumt haben, besitzen (§ 7 Abs. 1 Nr. 1 BBG, § 7 Abs. 1 Nr. 1 BeamtStG)
- die Gewähr dafür bieten, jederzeit für die freiheitlich demokratische Grundordnung im Sinne des GG einzutreten (§ 7 Abs. 1 Nr. 2 BBG, § 7 Abs. 1 Nr. 2 BeamtStG)
- die nach Bundes- oder Landesrecht vorgeschriebene Befähigung besitzen (§ 7 Abs. 1 Nr. 3 BBG, § 7 Abs. 1 Nr. 2 BeamtStG)
- geschäftsfähig (§ 106 i.V.m. § 2 BGB) oder von seinem gesetzlichen Vertreter ermächtigt sein (§§ 107, 113, 1626 und 1629 BGB)
- in gesundheitlicher Hinsicht berufstauglich (dienstfähig) sein
- in geordneten wirtschaftlichen Verhältnissen leben.

Außerdem darf der Bewerber

- die gesetzlich festgelegte Altersgrenze noch nicht überschritten haben
- kein Verbrechen oder Vergehen begangen haben, das ihn der Berufung in das Beamtenverhältnis unwürdig erscheinen lässt
- nicht das Recht zur Bekleidung öffentlicher Ämter durch ein Gericht aberkannt bekommen haben oder aufgrund einer Entscheidung des Bundesverfassungsgerichts gemäß Artikel 18 GG ein Grundrecht verwirkt haben (§§ 13 Abs. 1 Nr. 3 Buchst. b und 41 Abs. 1 Satz 2 BBG, §§ 11 Abs. 1 Nr. 3 Buchst. b und 24 Abs. 1 Satz 2 BeamtStG).

Wenn die Aufgaben es erfordern, darf nur ein Deutscher im Sinne des Artikels 116 GG in ein Beamtenverhältnis berufen werden (§ 7 Abs. 2 BBG, § 7 Abs. 2 BeamtStG), wobei im Anwendungsbereich des Bundesbeamtengesetzes (BBG) das Bundesministerium des Innern hiervon Ausnahmen zulassen kann, wenn für die Berufung des Beamten ein dringendes dienstliches Bedürfnis besteht (§ 7 Abs. 3 BBG) und im Anwendungsbereich des Beamtenstatusgesetzes (BeamtStG) Ausnahmen zugelassen werden können, wenn für die Gewinnung des Beamten ein dringendes dienstliches Interesse besteht oder bei der Berufung von Hochschullehrerinnen und Hochschullehrern und anderen Mitarbeiterinnen und Mitarbeitern des wissenschaftlichen und künstlerischen Personals in das Beamtenverhältnis andere wichtige Gründe vorliegen (§ 7 Abs. 3 BeamtStG).

4. Was ist unter einer Laufbahn im beamtenrechtlichen Sinne zu verstehen und wie sind die Laufbahnen gestaltet?

Der Begriff „Laufbahn“ wird im Bundesbeamtengesetz (BBG) wie folgt definiert:

Die **Laufbahn umfasst alle Ämter, die verwandte und gleichwertige Vor- und Ausbildungen voraussetzen** (§ 16 Abs. 1 BBG).

Die Beamtengesetze bzw. Laufbahnverordnungen der Länder enthalten inhaltlich entsprechende Bestimmungen des Laufbahnbegriffs.

Die Gestaltung der Laufbahnen ist für den Bereich des **Bundes** in § 6 Abs. 1 der Verordnung über die Laufbahnen der Bundesbeamtinnen und Bundesbeamten (Bundeslaufbahnverordnung – BLV) geregelt. Die **Laufbahnen** sind hiernach den **Laufbahngruppen des einfachen, mittleren, gehobenen und höheren Dienstes zugeordnet**, wobei sich die Zugehörigkeit einer Laufbahn zu einer Laufbahngruppe nach dem im Bundesbesoldungsgesetz bestimmten Eingangsamt richtet.

Beispiele: Laufbahn des mittleren nichttechnischen Dienstes in der allgemeinen und inneren Verwaltung des Bundes, Laufbahn des gehobenen nichttechnischen Dienstes in der allgemeinen und inneren Verwaltung des Bundes.

Die **Länder** haben aufgrund ihrer Gesetzgebungszuständigkeit für das Laufbahnrecht der Landesbeamten und der im Dienst der Gemeinden, der Gemeindeverbände sowie der sonstigen der Aufsicht eines Landes unterstehenden Körperschaften, Anstalten und Stiftungen des öffentlichen Rechts (Art. 70 i.V.m. Art. 74 Abs. 1 Nr. 27 GG) in ihren Beamtengesetzen bzw. Laufbahnverordnungen die Laufbahnen für diesen Personenkreis zum Teil abweichend vom Bund gestaltet und auf die bisherige Unterteilung des Ämtergefüges in vier Laufbahngruppen (einfacher, mittlerer, gehobener und höherer Dienst) zugunsten einer einheitlichen Laufbahn mit verschiedenen Fachrichtungen oder zugunsten von zwei Laufbahnen, indem sie die Laufbahnen des einfachen und mittleren Dienstes sowie die Laufbahnen des gehobenen und höheren Dienstes jeweils zu einer Laufbahn zusammengefasst haben, verzichtet. Bayern hat die vier Laufbahngruppen durch eine durchgehende Leistungslaufbahn ersetzt, in die entsprechend dem Schul- und Hochschulrecht nach Vor- und Ausbildung sowie gegebenenfalls unter Berücksichtigung beruflicher Leistungen in vier Qualifikationsebenen eingestiegen wird.

5. Welche Bildungsvoraussetzung wird von den Bewerbern für die Zulassung zu den Beamtenlaufbahnen mindestens gefordert?

Laufbahngruppe	Bildungsvoraussetzung
einfacher Dienst	erfolgreicher Besuch einer Hauptschule oder ein als gleichwertig anerkannter Bildungsstand (§ 17 Abs. 2 Nr. 1 BBG)
mittlerer Dienst	Abschluss einer Realschule oder der erfolgreiche Besuch einer Hauptschule und eine abgeschlossene Berufsausbildung oder der erfolgreiche Besuch einer Hauptschule und eine Ausbildung in einem öffentlich-rechtlichen Ausbildungsverhältnis oder ein als gleichwertig anerkannter Bildungsstand (§ 17 Abs. 3 Nr. 1 BBG)
gehobener Dienst	eine zu einem Hochschulstudium berechtigende Schulbildung oder ein als gleichwertig anerkannter Bildungsstand (§ 17 Abs. 4 Nr. 1 BBG)
höherer Dienst	ein mit einem Master abgeschlossenes Hochschulstudium oder ein gleichwertiger Abschluss (§ 17 Abs. 5 Nr. 1 BBG)

Die Regelungen des Bundesbeamtengesetzes (BBG) über die für die Zulassung zu den einzelnen Beamtenlaufbahnen mindestens zu fordernden Bildungsvoraussetzungen entsprechen inhaltlich den von den Ländern in ihren Beamtengesetzen bzw. Laufbahnverordnungen getroffenen Bestimmungen.

6. Welche Zugangsvoraussetzungen gelten bei der Einstellung von Arbeitnehmern in den öffentlichen Dienst?

Im Gegensatz zum Beamtenrecht kennt das Recht der Arbeitnehmer des öffentlichen Dienstes **kein Laufbahnsystem** und in der Regel auch **keine formalen Zugangsvoraussetzungen**, wenn man die berufsbezogenen Bildungsabschlüsse außer Acht lässt. Die Bewerber werden im Allgemeinen aufgrund ihrer persönlichen Kenntnisse und Fähigkeiten eingestellt, wobei die Eignung für den konkreten Arbeitsplatz das entscheidende Kriterium ist.

Daneben ist haushaltsrechtlich für die Einstellung der Arbeitnehmer des öffentlichen Dienstes Voraussetzung, dass eine freie Stelle zur Verfügung steht, die in den Erläuterungen zum Haushaltsplan ausgewiesen sein muss (§ 17 Abs. 6 BHO/LHO). Unter bestimmten Voraussetzungen darf jedoch auch eine besetzbare Beamtenplanstelle für einen Arbeitnehmer in Anspruch genommen werden (VV Nr. 2 zu § 49 BHO).

Im Übrigen setzt die Einstellung der Arbeitnehmer des öffentlichen Dienstes – ebenso wie im Beamtenrecht – in der Regel voraus, dass eine **Stellenausschreibung** erfolgt ist, damit das Recht auf gleichen Zugang zu den öffentlichen Ämtern gewährleistet ist.

2.3 Das Berufsausbildungsverhältnis

1. Was sind die wesentlichsten Rechtsquellen für die Begründung eines Berufsausbildungsverhältnisses im öffentlichen Dienst?

- **Berufsbildungsgesetz** (BBiG)
- **Jugendarbeitsschutzgesetz** (JArbSchG)
- **Ausbildungsordnung** des jeweiligen Ausbildungsberufes
- **Tarifvertrag für die Auszubildenden des öffentlichen Dienstes nach BBiG** (TVAöD-BBiG)
- **Tarifvertrag für Auszubildende der Länder in Ausbildungsberufen nach dem Berufsbildungsgesetz** (TVA-L BBiG)
- **Tarifvertrag für Auszubildende des Landes Hessen in Ausbildungsberufen nach dem Berufsbildungsgesetz** (TVA-H BBiG).

INFO

Die aktuellen Fassungen der Tarifverträge für Auszubildende sowie die jeweils vereinbarten Änderungstarifverträge sind für den Bereich der Bundesverwaltung auf der Homepage des Bundesministeriums des Innern in der Rundschreibendatenbank, für den Bereich der Länder (außer Hessen) auf der Homepage der Tarifgemeinschaft deutscher Länder (TdL), für den Bereich des Landes Hessen auf der Homepage des Hessischen Ministeriums des Innern und für Sport und für den Bereich der Kommunalverwaltung auf der Homepage der Vereinigung der kommunalen Arbeitgeberverbände (VKA), zu finden.

2. Was versteht man unter dem Begriff Berufsbildung und welchen Anwendungsbereich umfasst das Berufsbildungsgesetz?

Unter dem Begriff **Berufsbildung** sind die Berufsausbildungsvorbereitung, die Berufsausbildung, die berufliche Fortbildung und die berufliche Umschulung zu verstehen (§ 1 Abs. 1 BBiG).

Das **Berufsbildungsgesetz** (BBiG) gilt für die Berufsbildung, soweit sie nicht in berufsbildenden Schulen durchgeführt wird, die den Schulgesetzen der Länder unterstehen (§ 3 Abs. 1 BBiG). Vom Geltungsbereich des Berufsbildungsgesetzes ausgenommen ist die Berufsbildung, die in berufsqualifizierenden oder vergleichbaren Studiengängen an Hochschulen auf der Grundlage des Hochschulrahmengesetzes und der Hochschulgesetze der Länder durchgeführt wird (§ 3 Abs. 2 Nr. 1 BBiG), die Berufsbildung in einem öffentlich-rechtlichen Dienstverhältnis (§ 3 Abs. 2 Nr. 2 BBiG), die Berufsbildung auf Kauffahrteischiffen, die nach dem Flaggenrechtsgesetz die Bundesflagge führen, soweit es sich nicht um Schiffe der kleinen Hochseefischerei oder der Küstenfischerei handelt (§ 3 Abs. 2 Nr. 3 BBiG).

3. Für wen gelten die für Auszubildende des öffentlichen Dienstes vereinbarten Tarifverträge?

Der am 1. Oktober 2005 in Kraft getretene Tarifvertrag für Auszubildende des öffentlichen Dienstes (TVAöD) bildet im Zusammenhang mit dem Allgemeinen Teil dieses Tarifvertrages den ebenfalls am 1. Oktober 2005 in Kraft getretenen **Tarifvertrag für die Auszubildenden des öffentlichen Dienstes nach BBiG** (TVAöD-BBiG). Der Tarifvertrag gilt für Personen, die in Verwaltungen und Betrieben, die unter den Geltungsbereich des Tarifvertrages für den öffentlichen Dienst (TVöD) fallen, in einem staatlich anerkannten oder als staatlich anerkannt geltenden Ausbildungsberuf ausgebildet werden, für Schüler in der Gesundheits- und Krankenpflege, Gesundheits- und Kinderkrankenpflege, Entbindungspflege und Altenpflege, die in Verwaltungen und Betrieben, die unter den Geltungsbereich des TVöD fallen, ausgebildet werden, und für Auszubildende in Betrieben oder Betriebsteilen der Versorgung und des Nahverkehrs, die den TV-V, den TV-WW/NW oder TV-N (solange nicht eine anderweitige landesbezirkliche Regelung getroffen wurde) anwenden (Auszubildende; § 1 Abs. 1 TVAöD-Allgemeiner Teil).

Der **Tarifvertrag für Auszubildende der Länder in Ausbildungsberufen nach dem Berufsbildungsgesetz (TVA-L BBiG)**, der am 1. November 2006 in Kraft getreten ist, gilt für Personen, die in Verwaltungen und Betrieben, die unter den Geltungsbereich des TV-L fallen, in einem staatlich anerkannten oder als staatlich anerkannt geltenden Ausbildungsberuf nach dem Berufsbildungsgesetz (BBiG) ausgebildet werden (Auszubildende; § 1 Abs. 1 TVA-L BBiG).

Der **Tarifvertrag für Auszubildende des Landes Hessen in Ausbildungsberufen nach dem Berufsbildungsgesetz** (TVA-H BBiG), der am 1. Januar 2010 in Kraft getreten ist, gilt für Personen, die in Verwaltungen und Betrieben, die unter den Geltungsbereich des Tarifvertrages für den öffentlichen Dienst des Landes Hessen (TV-H) fallen, in einem staatlich anerkannten oder als staatlich anerkannt geltenden Ausbildungsberuf nach dem Berufsbildungsgesetz (BBiG) ausgebildet werden (Auszubildende).

4. Welche Angaben müssen Berufsausbildungsverträge mindestens enthalten, die mit den im öffentlichen Dienst beschäftigten Auszubildenden abgeschlossenen wurden?

Berufsausbildungsverträge, die mit den unter den Anwendungsbereich des Tarifvertrages für die Auszubildenden des öffentlichen Dienstes nach BBiG (TVAöD-BBiG) bzw. des Tarifvertrages für Auszubildende der Länder in Ausbildungsberufen nach dem Berufsbildungsgesetz (TVA-L BBiG) oder des Tarifvertrages für Auszubildende des Landes Hessen in Ausbildungsberufen nach dem Berufsbildungsgesetz (TVA-H BBiG) fallenden Auszubildenden des öffentlichen Dienstes abgeschlossen werden, **müssen neben der Bezeichnung des Ausbildungsberufs mindestens Angaben enthalten über**

- die **maßgebliche Ausbildungs- und Prüfungsordnung** in der jeweils geltenden Fassung sowie Art, sachliche und zeitliche Gliederung der Ausbildung
- **Beginn und Dauer der Ausbildung**
- **Dauer der** regelmäßigen täglichen oder wöchentlichen **Ausbildungszeit**
- **Dauer der Probezeit**
- **Zahlung und Höhe des Ausbildungsentgelts**
- **Dauer des Urlaubs**
- **Voraussetzungen, unter denen der Ausbildungsvertrag gekündigt werden kann**
- die **Geltung des Tarifvertrages** für die Auszubildenden des öffentlichen Dienstes nach BBiG (TVAöD-BBiG) oder des Tarifvertrages für Auszubildende der Länder (TVA-L BBiG) oder des Tarifvertrages für Auszubildende des Landes Hessen in Ausbildungsberufen nach dem Berufsbildungsgesetz (TVA-H BBiG) sowie einen in allgemeiner Form gehaltenen Hinweis auf die auf das Ausbildungsverhältnis anzuwendenden Betriebs-/Dienstvereinbarungen (§ 2 Abs. 1 TVAöD-Allgemeiner Teil/TVA-L BBiG/TVA-H BBiG).

Nebenabreden sind nur wirksam, wenn sie schriftlich vereinbart werden. Sie können gesondert gekündigt werden, soweit dies einzelvertraglich vereinbart ist (§ 2 Abs. 2 TVAöD-Allgemeiner Teil/TVA-L BBiG/TVA-H BBiG).

Zu beachten ist, dass bei **minderjährigen Auszubildenden** der **Ausbildungsvertrag zu seiner Wirksamkeit der Zustimmung der gesetzlichen Vertreter**, in der Regel also der Eltern, bedarf.

Die Tarifregelungen stimmen inhaltlich mit der Vorschrift des § 11 Abs. 1 des Berufsbildungsgesetzes (BBiG) überein.

5. Welche Besonderheiten gelten für die gesundheitliche Eignung der Auszubildenden?

Auszubildende haben auf Verlangen des Ausbildenden ihre **gesundheitliche Eignung** durch das **Zeugnis eines Amts- oder Betriebsarztes nachzuweisen** (§ 4 Abs. 1 TVAöD – Allgemeiner Teil/TVA-L BBiG/TVA-H BBiG). Im Ausbildungsvertrag kann dabei eine fehlende gesundheitliche Eignung als aufschiebende Bedingung für die Wirksamkeit des abgeschlossenen Vertrages vereinbart werden.

Für **Auszubildende**, die **noch nicht 18 Jahre alt sind**, ist ergänzend § 32 Abs. 1 des **Jugendarbeitsschutzgesetzes** (JArbschG) zu beachten. Danach darf der Ausbildende (Arbeitgeber) mit der Berufsausbildung nur beginnen, wenn der Auszubildende innerhalb der letzten 14 Monate von einem Arzt untersucht worden ist und ihm eine von diesem Arzt ausgestellte Bescheinigung vorliegt. Diese ärztliche Bescheinigung ist der zuständigen Stelle, bei der das Verzeichnis der Berufsausbildungsverhältnisse geführt wird, zur Einsicht vorzulegen (§ 35 Abs. 1 Nr. 3 BBiG). Außerdem hat sich der Ausbildende vor Ablauf des ersten Ausbildungsjahres die Bescheinigung eines Arztes darüber vorzulegen zu lassen, dass der Auszubildende nachuntersucht worden ist (erste Nachuntersuchung), wobei die Nachuntersuchung nicht länger als drei Monate zurückliegen darf (§ 33 Abs. 1 JArbSchG). Die Bescheinigung über die erste Nachuntersuchung ist der das Verzeichnis der Berufsausbildungsverhältnisse führenden zuständigen Stelle spätestens am Tage der Anmeldung des Auszubildenden zur Zwischenprüfung oder zum ersten Teil der Abschlussprüfung zur Einsicht vorzulegen (§ 35 Abs. 2 BBiG).

Die Einzelheiten über die Durchführung der ärztlichen Untersuchungen nach dem JArbSchG sind in der **Jugendarbeitsschutzuntersuchungsverordnung** (JArbSchUV) geregelt.

6. Welche Regelungen gelten für das Berufsausbildungsverhältnis hinsichtlich der Probezeit?

Das Berufsbildungsgesetz (BBiG) schreibt vor, dass die **Probezeit** mindestens einen Monat betragen muss und höchstens vier Monate betragen darf (§ 20 BBiG).

Für die Berufsausbildungsverhältnisse im Bereich der öffentlichen Verwaltung sieht § 3 Abs. 1 des Tarifvertrages für Auszubildende des öffentlichen Dienstes (TVAöD-BBiG) und des Tarifvertrages für Auszubildende der Länder in Ausbildungsberufen nach dem Berufsbildungsgesetz (TVA-L BBiG) sowie des Tarifvertrages für Auszubildende des Landes Hessen in Ausbildungsberufen nach dem Berufsbilungsgesetz (TVA-H BBiG) eine **Probezeit von drei Monaten** vor. Nach der Rechtsprechung des Bundesarbeitsgerichts ist es jedoch zulässig, im Berufsausbildungsvertrag zu vereinbaren, dass sich die Probezeit um den Zeitraum der Unterbrechung verlängert, wenn die Berufsausbildung um mehr als ein Drittel dieser Zeit unterbrochen wird.

Da die Probezeit schon zur Berufsausbildung gehört, bestehen auch die vollen Pflichten des Ausbildenden und des Auszubildenden, das heißt der Ausbildende ist während der Probezeit verpflichtet, die Eignung des Auszubildenden für den zu erlernenden Beruf besonders sorgfältig zu prüfen, und der Auszubildende muss prüfen, ob er die richtige Berufswahl getroffen hat.

7. Unter welchen Voraussetzungen kann das Berufsausbildungsverhältnis gekündigt werden?

Während der Probezeit kann das **Berufsausbildungsverhältnis** jederzeit sowohl vom Ausbildenden als auch vom Auszubildenden **ohne Angaben von Gründen und ohne Einhalten einer Frist schriftlich gekündigt werden** (§ 22 Abs. 1 und 3 BBiG, § 3 Abs. 2 TVAöD – Besonderer Teil BBIG/TVA-L BBiG/TVA-H BBiG).

Nach der Probezeit kann das **Berufsausbildungsverhältnis** sowohl vom Ausbildenden als auch vom Auszubildenden nur **aus einem wichtigen Grund ohne Einhalten einer Kündigungsfrist** gekündigt werden (§ 22 Abs. 2 Nr. 1 BBiG, § 16 Abs. 4 Buchst. a TVAöD, § 18 Abs. 4 Buchst. a TVA-L BBiG/TVA-H BBiG). Ein **wichtiger Grund** ist gegeben, wenn Tatsachen vorliegen, aufgrund derer dem Kündigenden unter Berücksichtigung aller Umstände des Einzelfalles und unter Abwägung der Interessen beider Vertragsparteien die Fortsetzung des Berufsausbildungsverhältnisses bis zum Ablauf der Ausbildungszeit nicht zugemutet werden kann. Die Kündigung aus einem wichtigen Grund ist jedoch unwirksam, wenn die ihr zugrunde liegenden Tatsachen dem zur Kündigung Berechtigten länger als zwei Wochen bekannt sind (§ 22 Abs. 4 BBiG).

Auszubildende können außerdem das Berufsausbildungsverhältnis **nach der Probezeit mit einer Kündigungsfrist von vier Wochen** kündigen, wenn sie die **Berufsausbildung aufgeben** oder sich für eine **andere Berufstätigkeit ausbilden** lassen wollen (§ 22 Abs. 2 Nr. 2 BBiG, § 16 Abs. 4 Buchst. b TVAöD, § 18 Abs. 4 Buchst. b TVA-L BBiG/TVA-H BBiG).

Jede **Kündigung** des Berufsausbildungsverhältnisses nach der Probezeit muss schriftlich und unter **Angabe der Kündigungsgründe** erfolgen (§ 22 Abs. 3 BBiG).

In den Fällen, in denen das Berufsausbildungsverhältnis nach der Probezeit aus einem wichtigen Grund gelöst wurde, können Ausbildende oder Auszubildende **Ersatz des Schadens** verlangen, wenn die andere Vertragspartei den Grund für die Auflösung zu vertreten hat, wobei der Anspruch innerhalb von drei Monaten nach Beendigung des Ausbildungsverhältnisses geltend gemacht werden muss (§ 23 BBiG).

8. Was sind die wesentlichsten Pflichten der Ausbildenden im Rahmen des Berufsausbildungsverhältnisses?

Zu den **Pflichten der Ausbildenden** gehören insbesondere:

- den Auszubildenden und deren gesetzlichen Vertretern eine Niederschrift des Berufsausbildungsvertrages auszuhändigen (§ 11 Abs. 3 BBiG)
- den Auszubildenden die zum Erreichen des Ausbildungszieles vorgeschriebenen Fertigkeiten und Kenntnisse zu vermitteln (§ 14 Abs. 1 Nr. 1 BBiG)
- selbst auszubilden oder einen Ausbilder oder eine Ausbilderin ausdrücklich damit zu beauftragen (§ 14 Abs. 1 Nr. 2 BBiG)
- den Auszubildenden die zur Berufsausbildung und zum Ablegen von Zwischen- und Abschlussprüfungen erforderlichen Ausbildungsmittel kostenlos zur Verfügung zu stellen (§ 14 Abs. 1 Nr. 3 BBiG)

- den Auszubildenden zum Besuch der Berufsschule sowie zum Führen von schriftlichen Ausbildungsnachweisen anzuhalten (§ 14 Abs. 1 Nr. 4 BBiG)
- den Auszubildenden charakterlich zu fördern und sittlich und körperlich nicht zu gefährden (§ 14 Abs. 1 Nr. 5 BBiG)
- den Auszubildenden nur Verrichtungen zu übertragen, die dem Ausbildungszweck dienen und ihren körperlichen Kräften angemessen sind (§ 14 Abs. 2 BBiG)
- den Auszubildenden für die Teilnahme am Berufsschulunterricht und an Prüfungen sowie an Ausbildungsmaßnahmen außerhalb der Ausbildungsstätte freizustellen (§ 15 BBiG)
- den Auszubildenden bei Beendigung des Ausbildungsverhältnisses ein schriftliches Zeugnis auszustellen (§ 16 Abs. 1 BBiG)
- den Auszubildenden eine angemessene Vergütung zu gewähren (§§ 17 bis 19 BBiG).

9. Was sind die wesentlichsten Pflichten der Auszubildenden im Rahmen des Berufsausbildungsverhältnisses?

Zu den **Pflichten der Auszubildenden** gehören insbesondere:

- sich zu bemühen, die berufliche Handlungsfähigkeit zu erwerben, die zum Erreichen des Ausbildungszieles erforderlich ist (§ 13 Satz 1 BBiG)
- die ihnen im Rahmen ihrer Berufsausbildung aufgetragenen Aufgaben sorgfältig auszuführen (§ 13 Nr. 1 BBiG)
- regelmäßig am Berufsschulunterricht sowie an Ausbildungsmaßnahmen außerhalb der Ausbildungsstätte teilzunehmen (§ 13 Nr. 2 BBiG)
- die im Rahmen der Berufsausbildung erteilten Weisungen zu befolgen (§ 13 Nr. 3 BBiG)
- die für die Ausbildungsstätte geltende Ordnung zu beachten (§ 13 Nr. 4 BBiG)
- die Werkzeuge, Maschinen und sonstige Einrichtungen pfleglich zu behandeln (§ 13 Nr. 5 BBiG)
- über Betriebs- und Geschäftsgeheimnisse Stillschweigen zu wahren (§ 13 Nr. 6 BBiG)
- einen schriftlichen Ausbildungsnachweis zu führen (siehe einschlägige Ausbildungsverordnung).

10. Wann endet das Berufausbildungsverhältnis?

Das **Berufsausbildungsverhältnis endet:**

- mit dem Ablauf der Ausbildungszeit bzw. im Falle der Stufenausbildung mit Ablauf der letzten Stufe (§ 21 Abs. 1 BBiG)
- mit dem Tag der Bekanntgabe des Ergebnisses über das Bestehen der Abschlussprüfung durch den Prüfungsausschuss, wenn dieser Tag vor dem vertraglichen Ende der Ausbildungszeit liegt (§ 21 Abs. 2 BBiG)

- bei nichtbestandener Abschlussprüfung mit dem Tag des Bestehens der Wiederholungsprüfung, wobei sich das Berufsausbildungsverhältnis auf Verlangen des Auszubildenden höchstens um ein Jahr verlängert (§ 21 Abs. 3 BBiG).

Nach der Rechtsprechung des Bundesarbeitsgerichts zur Verlängerung des Berufsausbildungsverhältnisses bei nichtbestandener Abschlussprüfung sind hinsichtlich der Beendigung des Ausbildungsverhältnisses folgende Fallkonstellationen möglich:

- Ende mit vertraglichem Ausbildungsende, wenn der Auszubildende in der ursprünglich vereinbarten Ausbildungszeit die Abschlussprüfung nicht bestanden und keine Verlängerung seines Ausbildungsverhältnisses verlangt hat.
- Ende mit dem Tag der Bekanntgabe des Prüfungsergebnisses, wenn der Auszubildende die Abschlussprüfung innerhalb der vertraglichen Ausbildungszeit abgelegt hat und die Bekanntgabe des Ergebnisses über das Bestehen der Abschlussprüfung aber erst nach dem Ende des ursprünglich vereinbarten Ausbildungsverhältnisses erfolgt ist, sofern der Auszubildende die Verlängerung seines Ausbildungsverhältnisses verlangt hat.
- Ende mit dem Tag des Bestehens der Wiederholungsprüfung, wenn die Verlängerungsfrist von einem Jahr nach Ende des ursprünglichen vertraglichen Ausbildungsendes noch nicht abgelaufen ist.
- Ende kraft Befristung mit Ablauf eines Jahres nach Ende des ursprünglichen vertraglichen Ausbildungsendes, wenn der Auszubildende nicht zuvor die Wiederholungsprüfung bestanden hat.

11. An welche Voraussetzung ist die Zahlung einer Abschlussprämie an Auszubildende des öffentlichen Dienstes geknüpft und in welcher Höhe wird diese gewährt?

Voraussetzung für die Zahlung einer **Abschlussprämie** ist, dass der Auszubildende die Abschlussprüfung beim ersten Mal besteht. Im Einzelfall kann der Ausbildende (Arbeitgeber) jedoch auch eine Abschlussprämie an Auszubildende zahlen, die ihre Ausbildung nach erfolgloser Prüfung aufgrund einer Wiederholungsprüfung abschließen. Die Abschlussprämie ist kein zusatzversorgungspflichtiges Entgelt. Sie ist nach Bestehen der Abschlussprüfung bzw. der staatlichen Prüfung fällig (§ 17 Abs. 1 und 2 TVAöD, § 20 Abs. 1 und 2 TVA-L BBIG/TVA-H BBiG).

Die Abschlussprämie beträgt für die unter den Geltungsbereich des Tarifvertrages für Auszubildende des öffentlichen Dienstes (TVAöD) und des Tarifvertrages für Auszubildende der Länder in Ausbildungsberufen nach dem Berufsbildungsgesetz (TVA-L BBiG) fallenden Personen 400 € (§ 17 Abs. 1 TVAöD, § 20 Abs. 1 TV A-L BBiG). Die unter den Tarifvertrag für Auszubildende des Landes Hessen in Ausbildungsberufen nach dem Berufsbildungsgesetz (TVA-H BBiG) fallenden Personen erhalten eine Abschlussprämie – gestaffelt nach dem Ergebnis der Abschlussprüfung – in Höhe von 500 € (Abschlussnote gut und sehr gut), 400 € (Abschlussnote befriedigend) und 300 € (Abschlussnote ausreichend; § 20 Abs. 1 TVA-H BBiG).

12. Wer überwacht die Durchführung der Berufsausbildung nach dem Berufsbildungsgesetz im öffentlichen Dienst?

In § 76 des Berufsbildungsgesetzes (BBiG) ist geregelt, dass die Durchführung der Berufsausbildung von der **zuständigen Stelle** überwacht wird, die diese durch Beratung der an der Berufsbildung beteiligten Personen fördert und zu diesem Zweck Berater – auch als Ausbildungsberater bezeichnet – zu bestellen hat. Im öffentlichen Dienst bestimmt für den Bund die oberste Bundesbehörde für ihren Geschäftsbereich die zuständige Stelle bzw. die Länder die zuständige Stelle für ihren Bereich sowie für die Gemeinden und Gemeindeverbände, wobei dies auch für die der Aufsicht des Bundes bzw. der Länder unterstehenden Körperschaften, Anstalten und Stiftungen des öffentlichen Rechts gilt (§ 73 BBiG). Die obersten Bundesbehörden haben für ihren Geschäftsbereich als zuständige Stelle nach dem BBiG für die Ausbildung zum Verwaltungsfachangestellten das Bundesverwaltungsamt bestimmt.

13. Welche Aufgabe hat der Berufsbildungsausschuss der zuständigen Stelle?

Der von der zuständigen Stelle gemäß § 77 des Berufsbildungsgesetzes (BBiG) errichtete **Berufsbildungsausschuss**, dem jeweils sechs Beauftragte der Arbeitgeber und der Arbeitnehmer sowie mit beratender Stimme sechs Lehrkräfte an berufsbildenden Schulen angehören, ist in allen wichtigen Angelegenheiten der beruflichen Bildung zu unterrichten und zu hören und hat im Rahmen seiner Aufgaben auf eine stetige Entwicklung der Qualität der beruflichen Bildung hinzuwirken (§ 79 Abs. 1 BBiG). Eine Konkretisierung der wichtigen Angelegenheiten, in denen der Berufsbildungsausschuss anzuhören oder zu unterrichten ist, enthält § 79 Abs. 2 und 3 des BBiG. Darüber hinaus hat der Berufsbildungsausschuss die von der zuständigen Stelle zu erlassenden Rechtsvorschriften für die Durchführung der Berufsbildung, z. B. die Prüfungsordnung für die Abschlussprüfung, zu beschließen (§ 79 Abs. 4 BBiG).

3. Die Grundlagen des Arbeitsverhältnisses im öffentlichen Dienst

3.1 Die rechtlichen und tariflichen Grundlagen

1. Was sind die wesentlichsten Rechtsquellen für die im öffentlichen Dienst beschäftigten Arbeitnehmer?

- **Artikel 33 Abs. 2 und 3 des Grundgesetzes** (gleicher Zugang zu öffentlichen Ämtern)
- das **Bürgerliche Gesetzbuch**; insbesondere die Vorschriften über den Dienstvertrag (§§ 611 ff. BGB), über die Abgabe von Willenserklärungen (§§ 116 ff. BGB) und über die Geschäftsfähigkeit (§§ 104 ff. BGB)
- die allgemeinen arbeitsrechtlichen **Gesetze zum Schutz der Arbeitnehmer**; z. B. das Kündigungsschutzgesetz, das Arbeitsplatzschutzgesetz, das Mutterschutzgesetz, das Jugendarbeitsschutzgesetz, das Neunte Buch Sozialgesetzbuch
- das **Tarifvertragsgesetz**.

2. Was sind die bedeutsamsten Grundrechte für die in einem Arbeitsverhältnis stehenden Angestellten und Arbeiter im öffentlichen Dienst?

- Artikel 2 Abs. 1 GG – allgemeine Handlungsfreiheit
- Artikel 3 Abs. 2 GG – Gleichbehandlung von Mann und Frau
- Artikel 5 GG – Gewährung der politischen Meinungsfreiheit
- Artikel 6 GG – Schutz von Ehe und Familie
- Artikel 9 Abs. 3 GG – Koalitionsfreiheit (Tarifautonomie)
- Artikel 12 Abs. 1 GG – Schutz der freien Arbeitsplatzwahl.

3. Welchem Rechtsgebiet ist das für die im öffentlichen Dienst beschäftigten Arbeitnehmer geltende Recht zuzuordnen?

Das für die im öffentlichen Dienst beschäftigten Arbeitnehmer geltende Recht ist Teil des **Arbeitsrechts**. Das Arbeitsrecht, das sich aus einer Fülle von Einzelregelungen zusammensetzt, ist als eigenes Rechtsgebiet teilweise dem Privatrecht und teilweise dem öffentlichen Recht (z. B. sämtliche arbeitsschutzrechtlichen Gesetze) zuzuordnen.

4. Was versteht man unter der Tarifautonomie?

Die **Tarifautonomie** bedeutet das Recht der Arbeitgeber, der Arbeitgeberverbände und der Gewerkschaften in Tarifverträgen eigenverantwortlich und ohne staatliche Einflussnahme, jedoch im Rahmen der Verfassung und der Gesetze, die Arbeitsbedingungen und Arbeitsentgelte zu vereinbaren und sie den jeweiligen wirtschaftlichen und sozialen Entwicklungen anzupassen. Die gesetzliche Grundlage bildet das Tarifvertragsgesetz (TVG).

5. Was ist ein Tarifvertrag?

Ein **Tarifvertrag** ist ein schriftlicher Vertrag, der zwischen einem oder mehreren Arbeitgebern oder Arbeitgeberverbänden und einer oder mehreren Gewerkschaften abgeschlossen wird. Er bildet die Grundlage zur Regelung von arbeitsrechtlichen Rechten und Pflichten für die Zusammenarbeit von Arbeitnehmern und Arbeitgebern (**schuldrechtlicher Teil**) und zur Festlegung von Rechtsnormen, insbesondere über den Abschluss, den Inhalt und die Beendigung der erfassten Arbeitsverhältnisse (**normativer Teil**).

6. Welche Funktionen verfolgt der Tarifvertrag?

Der **Tarifvertrag** verfolgt im Wesentlichen drei **Funktionen:**

- Er soll den einzelnen Arbeitnehmer davor schützen, dass die Arbeitsbedingungen einseitig durch den Arbeitgeber festgelegt werden (**Schutzfunktion**).
- Er soll für eine autonome Ordnung des Arbeitslebens sorgen (**Ordnungsfunktion**).
- Er soll sicherstellen, dass während seiner Laufzeit der Arbeitsfriede gewahrt wird (**Friedensfunktion**).

7. Was ist unter dem Begriff Tarifgebundenheit zu verstehen?

Tarifgebundenheit bedeutet die Bindung des einzelnen Arbeitnehmers an die Vereinbarungen im Tarifvertrag. Uneingeschränkt gilt dies jedoch nur, wenn Arbeitgeber und Arbeitnehmer Mitglied der tarifvertragsschließenden Parteien sind. Die **Anwendung des Tarifvertrages** für nicht tarifgebundene Arbeitnehmer kann aber durch den **Einzelarbeitsvertrag vereinbart werden**. Dies ist im **öffentlichen Dienst regelmäßig der Fall**, sodass für die Arbeitnehmer des öffentlichen Dienstes ein **einheitliches Tarifrecht** gilt.

Von der außerdem bestehenden Möglichkeit, einen Tarifvertrag unter den Voraussetzungen des § 5 Tarifvertragsgesetz (TVG) für allgemeinverbindlich zu erklären, der damit auch für Arbeitsverhältnisse gelten würde, deren Tarifvertragsparteien nicht tarifgebunden sind, wurde bisher für den Bereich der öffentlichen Verwaltung kein Gebrauch gemacht.

8. Wer sind die Tarifvertragsparteien des öffentlichen Dienstes?

Die **Tarifvertragsparteien des öffentlichen Dienstes** sind:

Bei den **Arbeitgebern**

- die **Bundesrepublik Deutschland**, die durch den Bundesminister des Inneren vertreten wird
- die **Tarifgemeinschaft deutscher Länder** (TdL) – in der alle Bundesländer außer Hessen Mitglieder sind –, die als Arbeitgeberverband der Bundesländer in der Rechtsform eines nicht eingetragenen Vereins die Bundesländer vertritt, wobei deren gewählter Vorsitzender in der Regel der Finanzminister eines Landes ist, und
- die **Vereinigung der kommunalen Arbeitgeberverbände** (VKA), die als der tarifpolitische und arbeitsrechtliche Dachverband der kommunalen Verwaltungen und Betriebe die in den einzelnen Bundesländern bestehenden kommunalen Arbeitgeberverbände vertritt.

Bei den **Arbeitnehmern**

- die **Vereinte Dienstleistungsgewerkschaft e. V.** (Ver.di) die aus dem Zusammenschluss der Deutschen Angestellten-Gewerkschaft (DAG), der Deutschen Postgewerkschaft (DPG), der Gewerkschaft Handel, Banken und Versicherungen (HBV), der Industriegewerkschaft Medien und der Gewerkschaft Öffentliche Dienste, Transport und Verkehr (ÖTV) entstanden ist und am 2. Juli 2001 ins Vereinsregister eingetragen wurde, und
- der **dbb** (Deutscher Beamtenbund), der durch die von den Gewerkschaftstagen von dbb und dbb tarifunion am 12. November 2012 beschlossene Verschmelzung an die Stelle der bisher selbstständigen Tarifvertragspartner dbb tarifunion getreten ist. Der dbb ist eine Spitzenorganisation von Gewerkschaften des öffentlichen Dienstes und des privaten Dienstleistungssektors, unter dessen Dach sich Landesbünde in allen 16 Bundesländern, 12 Gewerkschaften der im Bundesdienst oder privaten Dienstleistungssektor Beschäftigten und 31 Fachgewerkschaften, in denen Beamte

und Tarifbeschäftigte im öffentlichen Dienst und auf kommunaler und Länderebene in Bundesorganisationen organisiert sind, zusammengeschlossen haben.

9. In welchen Tarifverträgen sind die allgemeinen Arbeitsbedingungen der im öffentlichen Dienst beschäftigten Arbeitnehmer geregelt?

Die **allgemeinen Arbeitsbedingungen** der im öffentlichen Dienst beschäftigten Arbeitnehmer sind in folgenden Tarifverträgen geregelt:

Für den Bereich der Bundesverwaltung

- in dem am 1. Oktober 2005 in Kraft getretenen Tarifvertrag für den öffentlichen Dienst (TVöD) sowie im Besonderen Teil Verwaltung (TVöD BT-V) und
- in dem am 1. Oktober 2005 in Kraft getretenen Tarifvertrag zur Überleitung der Beschäftigten des Bundes in den TVöD und zur Regelung des Übergangsrechts (TVÜ-Bund).

Für den Bereich der Landesverwaltung

- in dem am 1. November 2006 in Kraft getretenen Tarifvertrag für den öffentlichen Dienst der Länder (TV-L) und in dem am 1. November 2006 in Kraft getretenen Tarifvertrag zur Überleitung der Beschäftigten der Länder in den TV-L und zur Regelung des Übergangsrechts (TVÜ-Länder), welche in allen Bundesländern – mit Ausnahme von Berlin und Hessen – unmittelbar gelten
- in dem am 1. Januar 2013 in Kraft getretenen Tarifvertrag zur Überleitung der Beschäftigten des Landes Berlin in das Tarifrecht der TdL (TV Wiederaufnahme Berlin)
- in dem am 1. Januar 2010 in Kraft getretenen Tarifvertrag für den öffentlichen Dienst des Landes Hessen (TV-H), der in weiten Teilen dem Tarifvertrag für den öffentlichen Dienst der Länder (TV-L) entspricht, und in dem am 1. Januar 2010 in Kraft getretenen Tarifvertrag zur Überleitung der Beschäftigten des Landes Hessen in den TV-H und zur Regelung des Übergangsrechts (TVÜ-H).

Für den Bereich der Kommunalverwaltung

- in dem am 1. Oktober 2005 in Kraft getretenen Tarifvertrag für den öffentlichen Dienst (TVöD) sowie im Besonderen Teil Verwaltung (TVöD BT-V)
- in dem am 1. Oktober 2005 in Kraft getretenen Tarifvertrag zur Überleitung der Beschäftigten der kommunalen Arbeitgeber in den TVöD und zur Regelung des Übergangsrechts (TVÜ-VKA).

Mit den vorbezeichneten Tarifverträgen wurden die bisher für die Angestellten und Arbeiter in den öffentlichen Verwaltungen geltenden Tarifverträge (BAT/BAT-O, MTArb/MTArb-O und BMT-G/BMT-G O) ersetzt bzw. abgelöst. Nach näherer Maßgabe des neuen Tarifrechts gelten jedoch zahlreiche Vorschriften der bisherigen Tarifverträge weiter oder bilden die Grundlage für besitzstandswahrende Übergangsregelungen. Zugleich wurden mit dem neuen Tarifrecht die bisherige Trennung in Tarifverträge für das Gebiet der alten Bundesrepublik (Tarifgebiet West) und das Beitrittsgebiet (Tarifgebiet Ost) aufgegeben.

10. Für wen gelten die für den Bereich der Verwaltung des Bundes, der Länder und der Kommunen vereinbarten Tarifverträge?

Der **Tarifvertrag für den öffentlichen Dienst** (TVöD) gilt für Arbeitnehmer, die in einem Arbeitsverhältnis zum Bund oder zu einem Arbeitgeber stehen, der Mitglied eines Mitgliedverbandes der Vereinigung der kommunalen Arbeitgeberverbände (VKA) ist (§ 1 Abs. 1 TVöD).

Der **Tarifvertrag für den öffentlichen Dienst der Länder** (TV-L) gilt für Arbeitnehmer, die in einem Arbeitsverhältnis zu einem Arbeitgeber stehen, der Mitglied der Tarifgemeinschaft deutscher Länder (TdL) oder eines Mitgliedsverbandes der TdL ist (§ 1 Abs. 1 TV-L). Mitglied der TdL oder eines Mitgliedsverbandes der TdL sind alle Bundesländer mit Ausnahme des Landes Hessen.

Der **Tarifvertrag zur Überleitung der Beschäftigten des Landes Berlin in das Tarifrecht der TdL** (TV Wiederaufnahme Berlin) gilt für Arbeitnehmer, die in einem Arbeitsverhältnis zum Land Berlin stehen.

Der **Tarifvertrag für den öffentlichen Dienst des Landes Hessen** (TV-H) gilt für Arbeitnehmer, die in einem Arbeitsverhältnis zum Land Hessen stehen.

Nicht unter den Geltungsbereich des TVöD, TV-L und TV-H fallen bestimmte Beschäftigtengruppen, die besonders in den jeweiligen Tarifverträgen aufgeführt sind (§ 1 Abs. 2 TVöD, § 1 Abs. 2 und 3 TV-L, § 1 Abs. 2 und 3 TV-H).

Zu beachten ist, dass der **TVöD, TV-L und TV-H keine Unterscheidung zwischen Angestellten und Arbeitern kennt**. Diese werden unter dem Begriff **„Arbeitnehmerinnen und Arbeitnehmer“** zusammengefasst und in den Tarifverträgen überwiegend als **„Beschäftigte“** bezeichnet (§ 1 Abs. 1 TVöD/TV-L/TV-H).

INFO

Die aktuellen Fassungen der Tarifverträge sowie die jeweils vereinbarten Änderungstarifverträge sind für den Bereich der Bundesverwaltung auf der Homepage des Bundesministeriums des Innern in der Rundschreibendatenbank, für den Bereich der Länder (außer Hessen) auf der Homepage der Tarifgemeinschaft deutscher Länder (TdL), für den Bereich des Landes Hessen auf der Homepage des Hessischen Ministeriums des Innern und für Sport und für den Bereich der Kommunalverwaltung auf der Homepage der Vereinigung der kommunalen Arbeitgeberverbände (VKA) zu finden.

3.2 Die Begründung des Arbeitsverhältnisses

1. Wie wird das Arbeitsverhältnis der Arbeitnehmer im öffentlichen Dienst begründet?

Das Arbeitsverhältnis der Arbeitnehmer im öffentlichen Dienst wird durch einen **Arbeitsvertrag**, der zwischen dem Arbeitnehmer und dem Arbeitgeber als einer juristischen Person des öffentlichen Rechts abgeschlossen wird, begründet. Es handelt sich dabei um einen **Dienstvertrag** im Sinne des § 611 des Bürgerlichen Gesetzbuches (BGB).

2. Welche Form ist für den Abschluss des Arbeitsvertrages mit einem Arbeitnehmer im öffentlichen Dienst vorgeschrieben?

Der **Tarifvertrag für den öffentlichen Dienst** (TVöD) und der **Tarifvertrag für den öffentlichen Dienst der Länder** (TV-L) sowie der **Tarifvertrag für den öffentlichen Dienst des Landes Hessen** (TV-H) **schreiben für den Arbeitsvertrag** verbindlich den **schriftlichen Abschluss vor** (§ 2 Abs. 1 TVöD/TV-L/TV-H). Wenn der Arbeitsvertrag nicht bereits vor der Arbeitsaufnahme schriftlich abgeschlossen wurde, so ist dies unverzüglich nachzuholen. Auch spätere Änderungen des Arbeitsvertrages sind schriftlich abzuschließen. Die Gültigkeit des Arbeitsverhältnisses hängt jedoch nicht davon ab, ob der Arbeitsvertrag schriftlich vereinbart wurde. Dies bedeutet, dass das Arbeitsverhältnis auch dann rechtsgültig ist, wenn der Arbeitsvertrag mündlich abgeschlossen worden ist.

Bei **befristeten Arbeitsverträgen**, die auf der Grundlage des **Teilzeit- und Befristungsgesetzes** (TzBfG) abgeschlossen wurden, führt die **Nichtbeachtung der** nach § 14 Abs. 5 TzBfG vorgeschriebene **Schriftform** dazu, dass ein **Arbeitsverhältnis auf unbestimmte Zeit zustande kommt**. Dies gilt auch für den Fall, dass der befristete Arbeitsvertrag erst nach Aufnahme der Beschäftigung schriftlich vereinbart wird, wobei zwar mit der Arbeitsaufnahme ein rechtsgültiges Arbeitsverhältnis zustande gekommen ist, die Befristung jedoch wegen Nichtbeachtung der Schriftform unwirksam ist.

Nebenabreden sind jedoch nur **wirksam, wenn sie schriftlich vereinbart wurden** (§ 2 Abs. 3 TVöD/TV-L/TV-H). Die mündliche Vereinbarung von Nebenabreden ist gemäß § 125 Abs. 2 des Bürgerlichen Gesetzbuches (BGB) nichtig.

3. Welche Anforderungen werden an den Inhalt eines Arbeitsvertrages gestellt?

Nach dem Gesetz über den Nachweis der für ein Arbeitsverhältnis geltenden wesentlichen Bedingungen (**Nachweisgesetz** – NachwG), das grundsätzlich für alle Arbeitnehmer sowohl im öffentlichen Dienst als auch in der Privatwirtschaft gilt, hat der **Arbeitgeber** binnen eines Monats nach dem Beginn des Arbeitsverhältnisses dem Arbeitnehmer eine unterschriebene **Niederschrift mit den wesentlichen Arbeitsbedingungen auszuhändigen**, sofern sich die geforderten Angaben nicht bereits aus dem schriftlich abgeschlossenen Arbeitsvertrag ergeben.

Die **Niederschrift** muss gemäß § 2 Abs. 1 NachwG mindestens folgende Angaben enthalten:

- Name und Anschrift der Vertragsparteien
- Zeitpunkt des Beginns des Arbeitsverhältnisses (bei befristeten Arbeitsverhältnissen die vorhersehbare Dauer)
- Arbeitsort (ggf. mit einem Hinweis, falls wechselnde Arbeitsorte vorgesehen sind)
- kurze Charakterisierung oder Beschreibung der vom Arbeitnehmer zu leistenden Tätigkeit
- Zusammensetzung und Höhe des Arbeitsentgelts einschließlich der Zuschläge, Zulagen, Prämien, Sonderzahlungen sowie andere Bestandteile des Arbeitsentgelts und deren Fälligkeit
- vereinbarte Arbeitszeit
- Dauer des jährlichen Erholungsurlaubs
- Fristen für die Kündigung des Arbeitsverhältnisses
- allgemeiner Hinweis auf die Tarifverträge, Betriebs- oder Dienstvereinbarungen, die auf das Arbeitsverhältnis anzuwenden sind.

Bei Arbeitnehmern, die eine geringfügige Beschäftigung ausüben, ist außerdem der Hinweis aufzunehmen, dass sie durch eine Erklärung gegenüber ihrem Arbeitgeber die Stellung eines rentenversicherungspflichtigen Arbeitnehmers erwerben können.

Zu beachten ist, dass die geforderten Angaben über die Zusammensetzung, Höhe und Fälligkeit des Arbeitsentgelts, die vereinbarte Arbeitszeit, die Dauer des jährlichen Erholungsurlaubs und die Fristen für die Kündigung des Arbeitsverhältnisses durch einen Hinweis auf den einschlägigen Tarifvertrag ersetzt werden können (§ 2 Abs. 3 NachwG). Die Niederschrift, die kein Bestandteil des Arbeitsvertrages ist, wird allein vom Arbeitgeber unterzeichnet (§ 2 Abs. 1 NachwG).

4. Welche Arten von Arbeitsverträgen werden hinsichtlich der Vertragsdauer im öffentlichen Dienst unterschieden?

Die Arbeitsverträge im öffentlichen Dienst werden hinsichtlich ihrer Vertragsdauer ebenso wie in der Privatwirtschaft unterschieden in:

- **unbefristete Arbeitsverträge**, die auf unbestimmte Zeit abgeschlossen werden
- **befristete Arbeitsverträge**, die auf bestimmte Zeit abgeschlossen werden.

Den **Regelfall** bilden im öffentlichen Dienst die **unbefristeten Arbeitsverträge**.

5. Welche Regelungen beinhaltet das Tarifrecht des öffentlichen Dienstes zur Teilzeitbeschäftigung?

Die rechtliche Ausgestaltung der **Teilzeitbeschäftigung** ist für die Arbeitnehmer des öffentlichen Dienstes in Ergänzung der Regelungen des Teilzeit- und Befristungsgesetzes (TzBfG) und der für die Erwerbstätigkeit in der Elternzeit nach dem Bundeselterngeld- und Elternzeitgesetz (BEEG) geltenden Vorschriften in § 11 des Tarifvertrages für den öffentlichen Dienst (TVöD), des Tarifvertrages für den öffentlichen Dienst der Länder (TV-L) und des Tarifvertrages für den öffentlichen Dienst des Landes Hessen (TV-H) geregelt. Danach haben die Beschäftigten einen Anspruch auf eine geringere als die festgelegte Arbeitszeit, wenn sie ein Kind unter 18 Jahren oder einen nach ärztlichem Gutachten pflegebedürftigen sonstigen Angehörigen tatsächlich betreuen oder pflegen und dringende dienstliche bzw. betriebliche Belange nicht entgegenstehen (§ 11 Abs. 1 Satz 1 TVöD/TV- L/TV-H). Auf Antrag des Beschäftigten ist die Teilzeitbeschäftigung für einen Zeitraum von zunächst bis zu fünf Jahren zu befristen; die Befristung kann auf Antrag aber verlängert werden, wobei der Antrag spätestens sechs Monate vor Ablauf der vereinbarten Teilzeitbeschäftigung zu stellen ist (§ 11 Abs. 1 Satz 2 und 3 TVöD/TV-L/TV-H).

Beschäftigte, die in anderen als den vorgenannten familiären Fällen eine Teilzeitbeschäftigung vereinbaren wollen, können von ihrem Arbeitgeber verlangen, dass er mit ihnen die Möglichkeit einer Teilzeitbeschäftigung mit dem Ziel erörtert, zu einer entsprechenden Vereinbarung zu gelangen (§ 11 Abs. 2 TVöD/TV-L/TV-H). Ist mit früher Vollbeschäftigten auf ihren Wunsch eine Teilzeitbeschäftigung vereinbart worden, sollen sie bei späterer Besetzung eines Vollzeitarbeitsplatzes bei gleicher Eignung im Rahmen der dienstlichen bzw. betrieblichen Möglichkeiten bevorzugt berücksichtigt werden (§ 11 Abs. 3 TVöD/TV-L/TV-H).

Im Übrigen ist zu beachten, dass Arbeitgeber und Arbeitnehmer auch eine Teilzeitbeschäftigung im Arbeitsvertrag bei der Einstellung vereinbaren können.

6. Welche Besonderheiten gelten nach dem Tarifrecht für den öffentlichen Dienst beim Abschluss von befristeten Arbeitsverträgen?

Der Tarifvertrag für den öffentlichen Dienst (TVöD) und der Tarifvertrag für den öffentlichen Dienst der Länder (TV-L) sowie der Tarifvertrag für den öffentlichen Dienst des Landes Hessen (TV-H) sehen vor, dass **befristete Arbeitsverträge** auf der Grundlage des **Teilzeit- und Befristungsgesetzes** (TzBfG) sowie anderer gesetzlicher Vorschriften über die Befristung von Arbeitverträgen, z. B. Vertretung während Mutterschutz- und Erziehungsurlaubszeiten nach dem Bundeselterngeld- und Elternzeitgesetz zulässig sind (§ 30 Abs. 1 Satz 1 TVöD/TV-L/TV-H).

Für die Befristung eines Arbeitsverhältnisses bedarf es grundsätzlich eines **sachlich rechtfertigenden Grundes** (§ 14 Abs. 1 TzBfG), wobei bei Vorliegen eines sachlichen Grundes weitere befristete Arbeitsverträge möglich sind, ohne dass es eine absolute Obergrenze gibt. Bei der erstmaligen Begründung eines Arbeitsverhältnisses ist jedoch auch eine Befristung des Arbeitsvertrages **ohne Sachgrund** bis zur Dauer von zwei Jahren – mit einer innerhalb dieser Rahmenfrist höchstens dreimaligen Verlängerung –

zulässig, sofern nicht bei demselben Arbeitgeber bereits zuvor ein befristetes oder unbefristetes Arbeitsverhältnis bestanden hat (§ 14 Abs. 2 TzBFG). Nach dem Urteil des Bundesarbeitsgerichts vom 6. April 2011 steht eine frühere Beschäftigung des Arbeitnehmers dem Abschluss eines befristeten Arbeitsvertrages ohne Sachgrund jedoch dann nicht entgegen, wenn das Ende der früheren Beschäftigung mehr als drei Jahre zurückliegt.

Darüber hinaus enthält § 30 Abs. 1 Satz 2 TVöD/TV-L/TV-H für die nach den früheren Tarifregelungen zum Tarifgebiet West gehörenden Beschäftigten, deren Tätigkeit vor dem 1. Januar 2005 der Rentenversicherung der Angestellten unterlegen hätte, Sonderregelungen hinsichtlich der Befristung von Arbeitsverträgen, deren Einzelheiten in § 30 Abs. 2 bis 5 TVöD/TV-L/TV-H geregelt sind, wobei dies nicht für befristete Arbeitsverhältnisse mit wissenschaftlichem und künstlerischem Personal an Hochschulen gilt, für die die §§ 1 bis 5 des Wissenschaftszeitvertragsgesetzes (WissZeitVG) unmittelbar oder entsprechend gelten.

Außerdem sieht der TVöD/TV-L/TV-H bei **Führungspositionen ab der Entgeltgruppe 10 mit Weisungsaufgaben** die Möglichkeit der Vereinbarung eines **befristeten Arbeitsverhältnisses** vor. Dabei wird in den Tarifregelungen unterschieden zwischen **Führungspositionen auf Probe**, die bis zur Gesamtdauer von zwei Jahren übertragen werden können, wobei innerhalb dieser Gesamtdauer eine höchstens zweimalige Verlängerung des Arbeitsvertrages zulässig ist, und **Führungspositionen auf Zeit**, die bis zur Dauer von vier Jahren mit Verlängerungsmöglichkeiten bis zu einer Gesamtdauer von acht Jahren bzw. zwölf Jahren (ab Entgeltgruppe 13) vergeben werden können (§§ 31, 32 TVöD/TV-L/TV-H).

7. Welche Bedeutung haben für die Arbeitnehmer im öffentlichen Dienst die im Tarifrecht enthaltenen Verweisungsregelungen auf beamtenrechtliche Vorschriften?

Durch die im Tarifrecht für den öffentlichen Dienst enthaltenen Verweisungsregelungen auf das Beamtenrecht, z. B. Reise-, Umzugskosten und Trennungsgeld (§ 44 Abs. 1 TVöD BT-V, § 23 Abs. 4 TV-L/TV-H), wird bestimmt, dass der Arbeitgeber berechtigt ist, einseitig für die Beamten erlassene Bestimmungen und Vorschriften auch auf Arbeitnehmer des öffentlichen Dienstes anzuwenden. Die **beamtenrechtlichen Regelungen** werden hierbei jeweils **Inhalt der Vereinbarung des Arbeitsvertrages** und damit zum Privatrecht. Bei Rechtsstreitigkeiten werden somit nicht die Verwaltungsgerichte (wie im Beamtenrecht) zuständig, sondern es ist in diesen Fällen ebenfalls der Rechtsweg zu den Arbeitsgerichten gegeben.

8. Wie ist die Probezeit der Arbeitnehmer im öffentlichen Dienst geregelt?

Nach dem Tarifvertrag für den öffentlichen Dienst (TVöD) und dem Tarifvertrag für den öffentlichen Dienst der Länder (TV-L) sowie dem Tarifvertrag für den öffentlichen Dienst des Landes Hessen (TV-H) gelten die **ersten sechs Monate der Beschäftigung als Probezeit**, soweit nicht eine kürzere Zeit vereinbart ist (§ 2 Abs. 4 Satz 1 TVöD/TV-L/TV-H). Bei Übernahme von Auszubildenden im unmittelbaren Anschluss an das Ausbildungsverhältnis in ein Arbeitsverhältnis **entfällt die Probezeit** (§ 2 Abs. 4 Satz 2 TVöD/TV-L/TV-H). Stellt der Arbeitgeber während der Probezeit fest, dass der Arbeitnehmer für die Tätigkeit nicht geeignet ist, muss er das Arbeitverhältnis kündigen, da das Arbeitsverhältnis auch während der Probezeit unbefristet ist. Die Kündigung ist bis zum letzten Tag der Probezeit zulässig. Die Kündigungsfrist beträgt in diesen Fällen zwei Wochen zum Monatsschluss (§ 34 Abs. 1 Satz 1 TVöD/TV-L/TV-H).

9. Was versteht man unter dem Direktionsrecht des Arbeitgebers?

Unter dem **Direktionsrecht** des Arbeitgebers versteht man die **Befugnis des Arbeitgebers**, durch **Weisungen gegenüber dem Arbeitnehmer** die konkret zu **erbringende Arbeit und die Art und Weise ihrer Erledigung festzulegen**. Das Weisungsrecht gehört zum wesentlichen Inhalt eines jeden Arbeitsvertrages. Es findet jedoch seine Grenzen in den Gesetzen, Tarifverträgen und Dienstvereinbarungen und wird auch durch die Rechte der Betriebs- und Personalräte sowie durch das gemäß Artikel 1 des Grundgesetzes (GG) geschützte Persönlichkeitsrecht des Arbeitnehmers beschränkt.

Beispiel: Wird im Arbeitsvertrag als Tätigkeit „Angestellter im allgemeinen Verwaltungsdienst" festgelegt, so kann der Arbeitgeber dem Beschäftigten alle Arbeiten zuweisen, die innerhalb dieses Berufsbildes anfallen. Ist jedoch im Arbeitsvertrag eine Tätigkeit als „Lohnbuchhalter" bestimmt, so bedarf es zur Übertragung einer anderen Tätigkeit auf den Beschäftigten einer Änderung des Arbeitsvertrages im gegenseitigen Einvernehmen oder einer Änderungskündigung durch den Arbeitgeber.

10. Was ist nach den Tarifregelungen unter den Begriffen Abordnung, Versetzung, Zuweisung und Personalgestellung zu verstehen?

Die Begriffe „Versetzung", „Abordnung", „Zuweisung" und „Personalgestellung" werden in den zu § 4 des Tarifvertrages für den öffentlichen Dienst (TVöD), des Tarifvertrages für den öffentlichen Dienst der Länder (TV-L) und des Tarifvertrages für den öffentlichen Dienst des Landes Hessen (TV-H) von den Tarifvertragsparteien vereinbarten Protokollerklärungen wie folgt definiert:

Die **Abordnung** ist die Zuweisung einer vorübergehenden Beschäftigung bei einer anderen Dienststelle oder einem anderen Betrieb desselben oder eines anderen Arbeitgebers unter Fortsetzung des bestehenden Arbeitsverhältnisses.

Beispiel: Abordnung des beim Bundesverwaltungsamt tätigen Beschäftigten Werner Müller an das Bundesinnenministerium vom 1. Dezember 2017 bis 31. Mai 2018.

Die **Versetzung** ist die Zuweisung einer auf Dauer bestimmten Beschäftigung bei einer anderen Dienststelle oder einem anderen Betrieb desselben Arbeitgebers unter Fortsetzung des bestehenden Arbeitsverhältnisses.

Beispiel: Versetzung des beim Bundesverwaltungsamt tätigen Beschäftigten Karl Zahn zum Bundesinnenministerium.

Die **Zuweisung** ist – unter Fortsetzung des bestehenden Arbeitsverhältnisses - die vorübergehende Beschäftigung bei einem Dritten im In- und Ausland, bei dem der Allgemeine Teil des TVöD/TV-L sowie der TV-H nicht zur Anwendung kommt.

Beispiel: Dem Beschäftigten Alfred Schulze, der beim Bundesinnenministerium tätig ist, wird mit seinem Einverständnis eine Tätigkeit beim österreichischen Innenministerium vom 1. Dezember 2017 bis 31. Mai 2018 zugewiesen.

Die **Personalgestellung** ist – unter Fortsetzung des bestehenden Arbeitsverhältnisses – die auf Dauer angelegte Beschäftigung bei einem Dritten.

Zu beachten ist, dass der Wechsel des Arbeitsplatzes bei derselben Dienststelle innerhalb desselben Arbeitsortes weder eine Versetzung noch eine Abordnung, sondern eine **Umsetzung** ist.

11. Unter welchen Voraussetzungen ist eine Abordnung, Versetzung, Zuweisung oder Personalgestellung zulässig?

Die **Versetzung** oder **Abordnung** eines Arbeitnehmers des öffentlichen Dienstes ist nur zulässig, wenn sie aus **dienstlichen oder betrieblichen Gründen erforderlich ist** (§ 4 Abs. 1 Satz 1 TVöD/TV-L/TV-H). Der Tarifvertrag für den öffentlichen Dienst (TVöD) und der Tarifvertrag für den öffentlichen Dienst der Länder (TV-L) sowie der Tarifvertrag für den öffentlichen Dienst des Landes Hessen (TV-H) sieht daneben vor, dass der Beschäftigte vorher zu hören ist, wenn er an eine Dienststelle außerhalb des bisherigen Arbeitsortes versetzt oder voraussichtlich länger als drei Monate abgeordnet werden soll (§ 4 Abs. 1 Satz 2 TVöD/TV-L/TV-H). Zu beachten ist, dass nach herrschender Meinung eine Versetzung außerhalb des Tätigkeitsbereiches desselben Arbeitgebers nicht zulässig ist. Eine Versetzung zu einem anderen Arbeitgeber (z. B. vom Bund zu einem Land) ist somit nicht möglich. Dies gilt auch dann, wenn der Arbeitnehmer hiermit einverstanden wäre. Das bisherige Arbeitsverhältnis muss in solchen Fällen beendet und mit dem neuen Arbeitgeber ein neues Arbeitsverhältnis begründet werden.

Die **Zuweisung** einer mindestens gleich vergüteten Tätigkeit eines Arbeitnehmers des öffentlichen Dienstes bei einem Dritten ist nur zulässig, wenn die Zuweisung vorübergehend ist und im dienstlichen/betrieblichen oder öffentlichen Interesse liegt, und der Beschäftigte der Zuweisung zugestimmt hat, wobei die Zustimmung nur aus wichtigem Grund verweigert werden kann (§ 4 Abs. 2 Satz 1 und 2 TVöD/TV-L/TV-H). Die Rechtsstellung des Beschäftigten bleibt dabei unberührt (§ 4 Abs. 2 Satz 3 TVöD/TV-L/TV-H).

Eine **Personalgestellung** ist nur zulässig, wenn Aufgaben des Arbeitnehmers des öffentlichen Dienstes zu einem Dritten verlagert werden. In diesem Falle ist von dem Beschäftigten auf Verlangen des Arbeitgebers bei weiter bestehendem Arbeitsverhältnis die arbeitsvertraglich geschuldete Arbeitsleistung bei dem Dritten zu erbringen (§ 4 Abs. 3 TVöD/TV-L/TV-H).

3.3 Rechte und Pflichten im Arbeitsverhältnis

1. Welche Schwierigkeiten können sich aus der Gegenüberstellung der Begriffe Rechte und Pflichten im Arbeitsverhältnis ergeben?

Die Gegenüberstellung der Begriffe Rechte und Pflichten im Arbeitsverhältnis führt in der Praxis zu Missverständnissen, weil die Rechte des Arbeitnehmers zugleich Pflichten des Arbeitgebers sind und umgekehrt. Es wird daher in diesem Kapitel ausschließlich der Begriff **Pflichten** verwendet, wie dies auch in der Literatur immer mehr gebräuchlich ist.

2. Welche Pflichten ergeben sich aus dem Arbeitsverhältnis für Arbeitnehmer und Arbeitgeber im öffentlichen Dienst?

Die **Pflichten aus dem Arbeitsverhältnis** lassen sich in Hauptpflichten und Nebenpflichten einteilen.

Hauptpflicht der Arbeitnehmer im öffentlichen Dienst ist die Pflicht zur Arbeitsleistung (§ 611 BGB), der aufseiten des Arbeitgebers die Pflicht zur Zahlung der Arbeitsvergütung – im öffentlichen Dienst Tabellenentgelt genannt – gegenüber steht (§ 15 TVöD/TV-L/TV-H).

Die einzelnen **Nebenpflichten** der Arbeitnehmer im öffentlichen Dienst lassen sich unter dem Oberbegriff „Treuepflicht" und die des Arbeitgebers unter dem Oberbegriff „Fürsorgepflicht" zusammenfassen.

3. Was sind die wesentlichsten Treuepflichten der im öffentlichen Dienst beschäftigten Arbeitnehmer?

- Die Pflicht, sich durch sein gesamtes Verhalten zur freiheitlich demokratischen Grundordnung im Sinne des Grundgesetzes zu bekennen (sog. **politische Treuepflicht**, § 41 Satz 2 TVöD BT-V, § 3 Abs. 1 Satz 2 TV-L/TV-H).
- Die **Pflicht zur Verschwiegenheit** über Angelegenheiten, deren Geheimhaltung durch gesetzliche Vorschriften vorgesehen oder vom Arbeitgeber angeordnet ist (§ 3 Abs. 1 TVöD, § 3 Abs. 2 TV-L/TV-H).
- Die Pflicht zur Unbestechlichkeit (sog. **Schmiergeldverbot**). Die Beschäftigten dürfen von Dritten Belohnungen, Geschenke, Provisionen oder sonstige Vergünstigungen in Bezug auf ihre Tätigkeit nicht annehmen. Ausnahmen sind nur mit Zustimmung des Arbeitgebers möglich. Werden den Beschäftigten derartige Vergünstigungen angeboten, haben sie dies dem Arbeitgeber unverzüglich anzuzeigen (§ 3 Abs. 2 TVöD, § 3 Abs. 3 TV-L/TV-H).
- Die Pflicht, eine **Nebentätigkeit** gegen Entgelt dem Arbeitgeber rechtzeitig vorher – also vor deren Aufnahme – schriftlich anzuzeigen, wobei der Arbeitgeber die Nebentätigkeit untersagen oder mit Auflagen versehen kann, wenn diese geeignet ist, die Erfüllung der arbeitsvertraglichen Pflichten der Arbeitnehmer oder berechtigte Interessen des Arbeitgebers zu beeinträchtigen. Für Nebentätigkeiten im öffentlichen

Dienst kann eine Ablieferungspflicht nach den Bestimmungen, die beim Arbeitgeber gelten, zur Auflage gemacht werden (§ 3 Abs. 3 TVöD, § 3 Abs. 4 TV-L/TV-H).

- Die **Pflicht zu achtungswürdigem Verhalten**. Dies ergibt sich aus dem Grundsatz von Treu und Glauben. Hierzu gehört insbesondere die Pflicht der Beschäftigten bei Ausübung der übertragenen Tätigkeit das Gemeinwohl zu beachten, durch ihr Verhalten innerhalb und außerhalb des Dienstes das Ansehen des Staates und seiner Einrichtungen nicht zu schädigen und ein Leben zu führen, das ihrer dienstlichen Aufgabe und ihrer Dienststellung angemessen ist.

4. Was sind die wichtigsten Fürsorgepflichten der Arbeitgeber im öffentlichen Dienst?

Die Pflicht zur:

- Gewährung von Einsicht in die Personalakten (§ 3 Abs. 5 TVöD/TV-L, § 3 Abs. 6 TV-H)
- Gewährung von Entgelt im Krankheitsfall (§ 22 TVöD/TV-L/TV-H)
- Gewährung von vermögenswirksamen Leistungen (§ 23 Abs. 1 TVöD/TV-L/TV-H)
- Gewährung von Jubiläumsgeld (§ 23 Abs. 2 TVöD/TV-L/TV-H)
- Erstattung von Reise- und Umzugskosten sowie Trennungsgeld (§ 23 Abs. 4 TVöD/TV-L/TV-H)
- Gewährung einer zusätzlichen Alters- und Hinterbliebenenversorgung (§ 25 TVöD/TV-L/TV-H)
- Gewährung von Erholungsurlaub (§ 26 TVöD/TV-L/TV-H)
- Ausstellung eines End-, Zwischen- oder vorläufigen Zeugnisses (§ 35 TVöD/TV-L/TV-H).

3.4 Beschäftigungszeit

1. In welcher Form findet die Beschäftigungsdauer im öffentlichen Dienst im Tarifrecht seinen Niederschlag?

Die Beschäftigungsdauer im öffentlichen Dienst, die durch bestimmte Tarifansprüche honoriert wird, findet im Tarifvertrag für den öffentlichen Dienst (TVöD) und im Tarifvertrag für den öffentlichen Dienst der Länder (TV-L) sowie im Tarifvertrag für den öffentlichen Dienst des Landes Hessen (TV-H) in Form der **Beschäftigungszeit** seinen Niederschlag. Die im früheren Tarifrecht vorgenommene Trennung in zwei Zeitrechnungen – der Beschäftigungszeit und der Dienstzeit – enthält das neue Tarifrecht nicht mehr.

2. Was versteht man unter der Beschäftigungszeit und welche Zeiten gelten als Beschäftigungszeit?

Beschäftigungszeit ist die bei demselben Arbeitgeber im Arbeitsverhältnis zurückgelegte Zeit, auch wenn sie unterbrochen ist. Unberücksichtigt bleibt die Zeit eines Sonderurlaubs im Sinne des § 28 des Tarifvertrages für den öffentlichen Dienst (TVöD) und des Tarifvertrages für den öffentlichen Dienst der Länder (TV-L) sowie des Tarifvertrages für den öffentlichen Dienst des Landes Hessen (TV-H), es sei denn, der Arbeitgeber hat vor Antritt des Sonderurlaubs schriftlich ein dienstliches oder betriebliches Interesse anerkannt. Darüber hinaus werden auch frühere Zeiten bei einem anderen Arbeitgeber, der unter den Geltungsbereich des TVöD oder TV-L fällt, und Zeiten bei einem Wechsel von einem anderen öffentlich-rechtlichen Arbeitgeber als Beschäftigungszeit anerkannt (§ 34 Abs. 3 TVöD/TV-L/TV-H).

Außerdem kann sich auch die Berücksichtigung bestimmter Zeiten als Beschäftigungszeit aus gesetzlichen Bestimmungen ergeben, z. B. Zeiten des Grundwehrdienstes und der Wehrübungen nach dem Arbeitsplatzschutzgesetz (ArbPlSchG), Zeiten im Soldatenverhältnis bei der Bundeswehr nach dem Soldatenversorgungsgesetz (SVG).

Für die von den früheren Tarifregelungen in den TVöD, TV-L und den TV-H übergeleiteten Arbeitnehmer des öffentlichen Dienstes enthalten der Tarifvertrag zur Überleitung der Beschäftigten des Bundes in den TVöD und zur Regelung des Übergangsrechts (TVÜ-Bund), der Tarifvertrag zur Überleitung der Beschäftigten der Länder in den TV-L und zur Regelung des Übergangsrechts (TVÜ-Länder) und der Tarifvertrag zur Überleitung der Beschäftigten der kommunalen Arbeitgeber in den TVöD und zur Regelung des Übergangsrechts (TVÜ-VKA) sowie der Tarifvertrag zur Überleitung der Beschäftigten des Landes Hessen in den TV-H und zur Regelung des Übergangsrecht (TVÜ-H) in § 14 Übergangsvorschriften, die im Wesentlichen den Fortbestand der vor Inkrafttreten des neuen Tarifrechts erreichten Beschäftigungszeiten sichern.

3. Welche Ansprüche der Arbeitnehmer des öffentlichen Dienstes sind von der Beschäftigungszeit abhängig?

Die **Beschäftigungszeit** hat Einfluss auf:

- die Dauer der Bezugsfristen des Krankengeldzuschusses (§ 22 Abs. 3 TVöD/TV-L/TV-H)
- das Jubiläumsgeld (§ 23 Abs. 2 TVöD/TV-L/TV-H)
- die Dauer der Kündigungsfristen des Arbeitsverhältnisses (§ 34 Abs. 1 TVöD/TV-L/TV-H)
- den Ausschluss der ordentlichen Kündigung durch den Arbeitgeber für Beschäftigte des Gebietes der alten Bundesrepublik (Tarifgebiet West) und für Beschäftigte, die nach bisherigem Recht unkündbar waren (§ 34 Abs. 2 TVöD/TV-L/TV-H)
- den Kündigungsschutz, die Vergütungssicherung und die Höhe der Abfindung bei Rationalisierungsmaßnahmen (§§ 5 bis 7 RatSchTV Ang)
- die Voraussetzungen der Altersteilzeitarbeit (§ 2 TV ATZ).

4. Wie wird die Beschäftigungszeit berechnet?

Der **Berechnungsmodus** der Beschäftigungszeit ist im Tarifvertrag für den öffentlichen Dienst (TVöD), im Tarifvertrag für den öffentlichen Dienst der Länder (TV-L) und im Tarifvertrag für den öffentlichen Dienst des Landes Hessen (TV-H) **nicht geregelt**. Die **Berechnung der berücksichtigungsfähigen Zeiten** erfolgt **üblicherweise nach Jahren und**

Tagen. Für die Berechnung der vollen Jahre ist es unerheblich, ob sich darin Schaltjahre befinden oder nicht. Die über die vollen Jahre hinausgehenden Zeiten werden nach der kalendermäßigen Zahl der Tage berechnet. Fällt in diesen Zeitraum ein Schalttag, so ist dieser mitzurechnen. Von der Rechtsprechung ist jedoch auch als zulässig angesehen worden, die Beschäftigungszeit in Anlehnung an die frühere Regelung des Besoldungsdienstalters der Beamten nach Tagen, Monaten und Jahren zu berechnen, wobei jeder Monat zu 30 Tagen angesetzt wird.

Zu beachten ist, dass die **Berechnung der Beschäftigungszeit** nur **deklaratorische Bedeutung** hat und deshalb von dem Arbeitgeber jederzeit berichtigt werden kann, wenn sie sich als falsch herausstellt, wobei jedoch in besonders gelagerten Ausnahmefällen die Änderung im Hinblick auf den Vertrauensschutz nach § 242 des Bürgerlichen Gesetzbuches (BGB) oder in entsprechender Anwendung des § 48 des Verwaltungsverfahrensgesetzes (VwVfG) bzw. der Verwaltungsverfahrensgesetze der Länder als unzulässig angesehen werden kann.

3.5 Beendigung des Arbeitsverhältnisses

1. Was sind die am häufigsten vorkommenden Beendigungsgründe des Arbeitsverhältnisses eines Arbeitnehmers des öffentlichen Dienstes?

Die in der Praxis am **häufigsten vorkommenden Beendigungsgründe des Arbeitsverhältnisses** eines Arbeitnehmers des öffentlichen Dienstes – ebenso wie außerhalb des öffentlichen Dienstes – sind:

- **Kündigung**
- **Zeitablauf**
- **Auflösungsvertrag**
- **Bezug einer Rente wegen Erwerbsminderung**
- **Erreichen der Altersgrenze**
- **Tod des Arbeitnehmers**.

2. Was versteht man unter den Begriffen Kündigung und Änderungskündigung?

Die **Kündigung** ist eine einseitige Erklärung einer der beiden Parteien des Arbeitsvertrages, durch die das Arbeitsverhältnis für die Zukunft aufgelöst werden soll.

Die **Änderungskündigung** ist die Kündigung des Arbeitsverhältnisses durch den **Arbeitgeber**, wobei gleichzeitig die Fortsetzung des Arbeitsverhältnisses zu geänderten Arbeitsbedingungen angeboten wird (§ 2 Satz 1 KSchG).

Beispiel: Kündigung des Arbeitsverhältnisses durch den Arbeitgeber verbunden mit dem Angebot an den Arbeitnehmer, ihn auf einem geringer bezahlten Arbeitsplatz weiterzubeschäftigen. Falls der Arbeitnehmer das Angebot nicht annimmt, wird die Kündigung wirksam; wobei der Arbeitnehmer die Änderung der Arbeitsbedingungen jedoch auch unter dem Vorbehalt der arbeitsgerichtlichen Nachprüfung wegen Sozialwidrigkeit annehmen kann.

3. Welche Arten der Kündigung des Arbeitsverhältnisses unterscheidet man?

Man unterscheidet folgende **Arten der Kündigung:**

- **ordentliche Kündigung**
- **außerordentliche Kündigung**.

4. Was versteht man unter einer ordentlichen Kündigung?

Unter einer **ordentlichen Kündigung** versteht man eine Maßnahme, ein auf unbestimmte Zeit abgeschlossenes Arbeitsverhältnis unter Einhaltung bestimmter, in der Regel gesetzlich oder tarifvertraglich geregelter Fristen, zu beenden.

5. Wonach bemessen sich die Kündigungsfristen bei der Beendigung eines Arbeitsverhältnisses im öffentlichen Dienst durch ordentliche Kündigung?

Die **Kündigungsfristen** bei der Beendigung des Arbeitsverhältnisses eines Arbeitnehmers des öffentlichen Dienstes durch ordentliche Kündigung richten sich nach der von dem Arbeitnehmer zurückgelegten **Beschäftigungszeit**.

Entscheidend für die Dauer der Kündigungsfrist ist dabei grundsätzlich die erreichte Beschäftigungszeit am Tage des Zugangs der Kündigung.

6. Welche Kündigungsfristen gelten bei der ordentlichen Kündigung eines Arbeitsverhältnisses im öffentlichen Dienst?

Beschäftigungszeit (§ 34 Abs. 3 Satz 1 und 2 TVöD/TV-L/TV-H)	**Kündigungsfrist** (§ 34 Abs. 1 TVöD/TV-L/TV-H)
bis zum 6. Monat	2 Wochen zum Monatsschluss
bis zu 1 Jahr	1 Monat zum Monatsschluss
mehr als 1 Jahr	6 Wochen zum Schluss eines Kalendervierteljahres
mindestens 5 Jahre	3 Monate zum Schluss eines Kalendervierteljahres
mindestens 8 Jahre	4 Monate zum Schluss eines Kalendervierteljahres
mindestens 10 Jahre	5 Monate zum Schluss eines Kalendervierteljahres
mindestens 12 Jahre	6 Monate zum Schluss eines Kalendervierteljahres

7. Welche Kündigungsbeschränkungen bestehen bei der ordentlichen Kündigung des Arbeitsverhältnisses durch den Arbeitgeber?

Für Arbeitnehmer, deren Arbeitsverhältnis ohne Unterbrechung länger als sechs Monate bestanden hat, und die in einem Betrieb oder einer Verwaltung tätig sind, in denen in der Regel mehr als fünf Arbeitnehmer (ausschließlich der zu ihrer Berufsausbildung Beschäftigten) beschäftigt werden, gilt ein im Kündigungsschutzgesetz (KSchG) geregelter **allgemeiner Kündigungsschutz**, das heißt eine Kündigung des Arbeitsverhältnisses gegenüber dem Arbeitnehmer ist nicht wirksam, wenn sie **sozial ungerechtfertigt** ist (§ 23 Abs. 1 i. V. m. § 1 Abs. 1 KSchG). Mit dem am 1. Januar 2004 in Kraft getretenen Gesetz zu Reformen am Arbeitsmarkt, das auch eine Änderung des KSchG beinhaltete, wurde der Schwellenwert für die Anwendbarkeit des allgemeinen Kündigungsschutzes von fünf auf zehn Arbeitnehmer heraufgesetzt. Kein Kündigungsschutz besteht danach für die ab 1. Januar 2004 neu eingestellten Arbeitnehmer in Betrieben und Verwaltungen mit zehn oder weniger Arbeitnehmern, wobei diejenigen Arbeitnehmer, die bereits am 31. Dezember 2003 den Kündigungsschutz nach dem alten Recht hatten, jedoch den bestehenden Kündigungsschutz behalten.

Neben dem allgemeinen Kündigungsschutz nach dem KSchG gibt es einen **besonderen Kündigungsschutz** aufgrund gesetzlicher Regelungen für besonders schutzbedürftige oder schutzwürdige Arbeitnehmer. Zu diesem Personenkreis gehören Mitglieder eines Betriebsrats, einer Personalvertretung oder einer Jugend- und Auszubildendenvertretung einschließlich der Wahlbewerber und des Wahlvorstandes für ein solches Gremium (§ 15 KSchG), schwerbehinderte Menschen (§§ 85 ff. SGB IX), Mitglieder der Schwerbehindertenvertretung (§ 93 Abs. 3 SGB IX), Vertrauenspersonen schwerbehinderter Menschen (§ 96 Abs. 3 SGB IX), Schwangere und Mütter bis zum Ablauf von vier Monaten nach der Entbindung (§ 9 MuSchG), Mütter und Väter in Elternzeit (§ 18 BEEG), Gleichstellungsbeauftragte (§ 18 Abs. 5 Satz 2 BGleiG), Wehr- und Zivildienstleistende (§ 2 Abs. 1 ArbPlSchG, § 78 Abs. 1 Nr. 1 ZDG).

8. Wann ist eine ordentliche Kündigung sozial gerechtfertigt?

Sozial gerechtfertigt ist eine ordentliche Kündigung nur, wenn sie durch **Gründe**, die **in der Person** (z. B. Wegfall der Arbeits- oder Berufserlaubnis, mangelnde körperliche oder geistige Eignung, dauernde Krankheits- oder altersbedingte Arbeitsunfähigkeit) oder **dem Verhalten** (z. B. wiederholte Arbeitsverweigerung, häufiges Zuspätkommen, Schlechtarbeit, Störung des Betriebsfriedens) des Arbeitnehmers liegen oder durch **dringende betriebliche Erfordernisse**, die einer Weiterbeschäftigung des Arbeitnehmers in diesem Betrieb entgegenstehen (z. B. längerfristige Absatzschwierigkeiten, Rohstoff- und Energiemangel, Rationalisierungsmaßnahmen, Stillegung einer Betriebsabteilung, Umstellung der Produktionsmethoden), bedingt ist (§ 1 Abs. 2 KSchG). Bei betriebsbedingten Kündigungen hat der Arbeitgeber soziale Gesichtspunkte zu berücksichtigen. Hierzu zählen seit dem 1. Januar 2004 nur noch die Dauer der Betriebszugehörigkeit, das Lebensalter, die Unterhaltspflichten und die Schwerbehinderung des Arbeitnehmers (§ 1 Abs. 3 Satz 1 KSchG). Außerdem sind bestimmte für den Betrieb wichtige Personen (sog. Leistungsträger) nicht in die Sozialauswahl mit einzubeziehen (§ 1 Abs. 3 Satz 2 KSchG).

Zu beachten ist, dass nach der arbeitsgerichtlichen Rechtsprechung für die soziale Rechtfertigung und damit die Wirksamkeit der ordentlichen Kündigung des Arbeitsverhältnisses gegenüber dem Arbeitnehmer eine vorherige **Abmahnung durch den Arbeitgeber** erforderlich ist, wenn der Anlass für die ordentliche Kündigung des Arbeitsverhältnisses auf ein steuerbares Verhalten des Arbeitnehmers zurückzuführen und eine Wiederherstellung des Vertrauens zu erwarten ist, also die Abmahnung im Sinne ihrer Rüge- und Warnfunktion Erfolg verspricht.

9. Was muss der Arbeitnehmer beachten, wenn er die ordentliche Kündigung für sozial ungerechtfertigt hält?

Die **Sozialwidrigkeit** der ordentlichen Kündigung kann – ebenso wie dies für die Geltendmachung aller anderen Rechtsunwirksamkeitsgründe gilt – nur in einem arbeitsgerichtlichen Verfahren geltend gemacht werden, das heißt der Arbeitnehmer muss innerhalb von drei Wochen nach Zugang der Kündigung **Kündigungsschutzklage** gegen den Arbeitgeber vor dem Arbeitsgericht erheben, da ansonsten die Kündigung als von Anfang an rechtswirksam gilt (§ 4 KSchG). Bei einer Kündigung wegen dringender betrieblicher Erfordernisse hat der Arbeitgeber seit dem 1. Januar 2004 auch die Möglichkeit, bereits in der Kündigungserkläung eine Abfindung anzubieten, sofern der Arbeitnehmer darauf verzichtet, innerhalb der dreiwöchigen Klagefrist Kündigungsschutzklage zu erheben (§ 1a Abs. 1 KSchG). Die Höhe der Abfindung bestimmt sich nach der Regelung des § 1a Abs. 2 des Kündigungsschutzgesetzes (KSchG).

10. Wann ist das Recht des Arbeitgebers zur ordentlichen Kündigung eines Arbeitsverhältnisses nach dem TVöD, TV-L und TV-H ausgeschlossen?

Das **Recht des Arbeitgebers zur ordentlichen Kündigung** eines Arbeitsverhältnisses ist nach dem Tarifvertrag für den öffentlichen Dienst (TVöD), dem Tarifvertrag für den öffentlichen Dienst der Länder (TV-L) und dem Tarifvertrag für den öffentlichen Dienst des Landes Hessen (TV-H) **ausgeschlossen**, wenn der Beschäftigte

- das 40. Lebensjahr vollendet hat und sein Arbeitsverhältnis unter die Regelungen des Tarifgebiets West fällt oder
- nach den bis zum 30. September 2005 für den Bund und die Kommunen, bis zum 31. Oktober 2006 für die Länder bzw. bis zum 31. Dezember 2009 für das Land Hessen geltenden Tarifregelungen unkündbar war und
- eine Beschäftigungszeit von mehr als 15 Jahren abgeleistet hat, wobei bei der Berechnung der Beschäftigungszeit für die Feststellung des Eintritts der Unkündbarkeit nur diejenigen Beschäftigungszeiten berücksichtigt werden, die bei demselben Arbeitgeber zurückgelegt wurden (§ 34 Abs. 2 TVöD/TV-L/TV-H).

11. Was versteht man unter einer außerordentlichen Kündigung und unter welchen Voraussetzungen ist diese zulässig?

Unter einer **außerordentlichen Kündigung** versteht man eine Maßnahme, ein Arbeitsverhältnis vorzeitig und ohne Beachtung der sonst geltenden Kündigungsfristen zu beenden. Die außerordentliche Kündigung ist im Regelfall fristlos. Sie kann jedoch auch vom Arbeitgeber mit einer Auslauffrist erklärt werden. Hierauf muss aber der Arbeitgeber besonders hinweisen, um den Eindruck zu vermeiden, es handele sich um eine ordentliche Kündigung.

Die Anforderungen für eine außerordentliche Kündigung sind in § 626 des Bürgerlichen Gesetzbuches (BGB) geregelt. Hiernach ist Voraussetzung für eine **außerordentliche Kündigung, dass ein wichtiger Grund** zur Beendigung des Arbeitsverhältnisses zum Zeitpunkt des Ausspruchs der Kündigung vorliegt. Ein wichtiger Grund ist gegeben, wenn dem Kündigenden unter Berücksichtigung aller Umstände des Einzelfalles und unter Abwägung der Interessen beider Vertragsteile die Fortsetzung des Arbeitsverhältnisses bis zum Ablauf der Kündigungsfrist oder bis zu der vereinbarten Beendigung des Arbeitsverhältnisses nicht zugemutet werden kann. Als wichtiger Grund kommen vor allem Vertragsverletzungen (z. B. Diebstahl, Unterschlagung, Betrug, Arbeitsverweigerung) in Betracht.

12. Wer ist zur außerordentlichen Kündigung eines Arbeitsverhältnisses berechtigt?

Zur **außerordentlichen Kündigung eines Arbeitsverhältnisses** sind nach § 626 Abs. 1 des Bürgerlichen Gesetzbuches (BGB) **sowohl der Arbeitgeber als auch der Arbeitnehmer berechtigt**. Vor Ausspruch einer außerordentlichen Kündigung durch den Arbeitgeber ist nach dem Bundespersonalvertretungsgesetz (BPersVG) und den Personalvertretungsgesetzen der Länder die Personalvertretung zu hören. Wird die Personalvertretung nicht angehört, ist die Maßnahme unwirksam. Die außerordentliche Kündigung des Arbeitsverhältnisses mit einem schwerbehinderten Menschen bedarf – ebenso wie die ordentliche Kündigung – der vorherigen Zustimmung des Integrationsamtes, sofern das Arbeitsverhältnis zum Zeitpunkt des Zugangs der Kündigungserklärung länger als sechs Monate bestanden hat (§§ 85, 90 Abs. 1 Nr. 1 SGB IX).

13. Innerhalb welcher Frist muss eine außerordentliche Kündigung eines Arbeitsverhältnisses erfolgen?

Die **außerordentliche Kündigung** eines Arbeitsverhältnisses kann nur innerhalb von **zwei Wochen**, gerechnet von dem Zeitpunkt, in dem der Kündigungsberechtigte von den für die Kündigung maßgebenden Tatsachen Kenntnis erlangt hat, erfolgen (§ 626 Abs. 2 BGB).

14. Wann wird die Kündigung eines Arbeitsverhältnisses im öffentlichen Dienst wirksam und welche Form ist hierfür vorgeschrieben?

Die **Kündigung** eines Arbeitsverhältnisses wird in dem Zeitpunkt **wirksam**, in welchem sie dem **Vertragspartner**, dem gekündigt werden soll, **zugegangen ist** (§ 130 BGB).

Die Beendigung eines Arbeitsverhältnisses durch **Kündigung** bedarf zu ihrer Wirksamkeit der **Schriftform** (§ 623 BGB). Eine formelle Zustellung der Kündigung ist nicht erforderlich, es genügt ein einfacher Brief. Die Nichtbeachtung der nach dem BGB vorgeschriebenen Schriftform hat grundsätzlich die Nichtigkeit der Kündigung zur Folge (§ 125 Satz 1 BGB).

15. Zu welchem Zeitpunkt endet ein befristetes Arbeitsverhältnis?

Ein befristetes Arbeitsverhältnis endet automatisch mit dem Ablauf der Zeit, für die es eingegangen ist, ohne dass es einer Kündigung bedarf (§ 620 Abs. 1 BGB).

16. Was ist ein Auflösungsvertrag und wann endet das Arbeitsverhältnis beim Abschluss eines Auflösungsvertrages?

Der **Auflösungsvertrag** ist die vertragliche **Aufhebung des Arbeitsverhältnisses im gegenseitigen Einvernehmen** zwischen den Vertragsparteien des Arbeitsvertrages. Zu seiner Wirksamkeit bedarf der Auflösungsvertrag gemäß § 623 des Bürgerlichen Gesetzbuches (BGB) der Schriftform, wobei die elektronische Form (§§ 126 Abs. 3, 126a Abs. 1 BGB) ausdrücklich ausgeschlossen ist. Die Nichtbeachtung der vorgeschriebenen Schriftform hat grundsätzlich die Nichtigkeit des Auflösungsvertrages zur Folge (§ 125 Satz 1 BGB). Zu beachten ist, dass für den Auflösungsvertrag weder die Kündigungsschutzvorschriften noch das Mitbestimmungs- bzw. Mitwirkungsrecht des Personalrats gelten.

Beim Abschluss eines Auflösungsvertrages endet das Arbeitsverhältnis zu dem Zeitpunkt, den die Vertragsparteien vereinbart haben, ohne dass es einer Kündigung bedarf (§ 33 Abs. 1 Buchst. b TVöD/TV-L/TV-H).

17. Was versteht man unter teilweiser und voller Erwerbsminderung?

Teilweise Erwerbsminderung liegt vor, wenn der Versicherte wegen Krankheit oder Behinderung auf nicht absehbare Zeit außerstande ist, unter den üblichen Bedingungen des allgemeinen Arbeitsmarktes zwischen drei und weniger als sechs Stunden täglich erwerbstätig zu sein (§ 43 Abs. 1 Satz 2 SGB VI).

Volle Erwerbsminderung ist gegeben, wenn der Versicherte wegen Krankheit oder Behinderung auf nicht absehbare Zeit außerstande ist, unter den üblichen Bedingungen des allgemeinen Arbeitsmarktes weniger als drei Stunden täglich erwerbstätig zu sein (§ 43 Abs. 2 Satz 2 SGB VI).

18. Wann endet das Arbeitsverhältnis im Falle der Erwerbsminderung?

Der Tarifvertrag für den öffentlichen Dienst (TVöD), der Tarifvertrag für den öffentlichen Dienst der Länder (TV-L) und der Tarifvertrag für den öffentlichen Dienst des Landes Hessen (TV-H) enthält zur Beendigung des Arbeitsverhältnisses im Falle teilweiser oder voller Erwerbsminderung folgende Regelung:

Ist der Beschäftigte teilweise oder voll erwerbsgemindert, endet das Arbeitsverhältnis – ohne dass es einer besonderen Kündigung bedarf – automatisch mit Ablauf des Monats, in dem ihm der Bescheid eines Rentenversicherungsträgers (Rentenbescheid) über die Feststellung der teilweisen oder vollen Erwerbsminderung zugestellt wird (§ 33 Abs. 2 Satz 1 TVöD/TV-L/TV-H). Der Beschäftigte hat den Arbeitgeber von der Zustellung des Rentenbescheids unverzüglich zu unterrichten (§ 33 Abs. 2 Satz 2 TVöD/TV-L/TV-H). Beginnt die Rente erst nach der Zustellung des Rentenbescheids, endet das Arbeitsverhältnis mit Ablauf des dem Rentenbeginn vorangehenden Tages (§ 33 Abs. 2 Satz 3 TVöD/TV-L/TV-H). Liegt im Zeitpunkt der Beendigung des Arbeitsverhältnisses eine nach § 92 SGB IX erforderliche Zustimmung des Integrationsamtes noch nicht vor, endet das Arbeitsverhältnis mit Ablauf des Tages der Zustellung des Zustimmungsbescheides des Integrationsamtes (§ 33 Abs. 2 Satz 4 TVöD/TV-L/TV-H). Eine automatische Beendigung des Arbeitsverhältnisses tritt jedoch nicht ein, wenn nach dem Bescheid des Rentenversicherungsträgers eine Rente auf Zeit gewährt wird; beginnt die Rente rückwirkend, ruht das Arbeitsverhältnis ab dem ersten Tag des Monats, der auf den Monat der Zustellung des Rentenbescheids folgt (§ 33 Abs. 2 Satz 6 TVöD/TV-L/TV-H).

Zu beachten ist, dass im Falle teilweiser Erwerbsminderung das Arbeitsverhältnis nicht endet bzw. ruht, wenn der Beschäftigte nach seinem vom Rentenversicherungsträger festgestellten Leistungsvermögen auf seinem bisherigen oder einem anderen geeigneten und freien Arbeitsplatz weiterbeschäftigt werden könnte, soweit dringende dienstliche bzw. betriebliche Gründe nicht entgegenstehen, und der Beschäftigte innerhalb von zwei Wochen nach Zugang des Rentenbescheids seine Weiterbeschäftigung schriftlich beantragt (§ 33 Abs. 3 TVöD/TV-L/TV-H).

Wenn der Beschäftigte den Antrag auf Rente wegen Erwerbsminderung schuldhaft verzögert oder Altersrente für langjährige Versicherte (§ 236 SGB VI) oder für schwerbehinderte Menschen (§ 236a SGB VI) bezieht oder nicht in der gesetzlichen Rentenversicherung versichert ist, so tritt in diesen Fällen an die Stelle des Rentenbescheids das Gutachten eines Amts- oder Betriebsarztes oder eines sonstigen Arztes, auf den sich die Betriebsparteien geeinigt haben. Das Arbeitsverhältnis endet in diesem Fall mit Ablauf des Monats, in dem dem Beschäftigten das Gutachten bekannt gegeben worden ist (§ 33 Abs. 4 TVöD/TV-L/TV-H).

19. Zu welchem Zeitpunkt endet das Arbeitsverhältnis, wenn der Arbeitnehmer das gesetzlich festgelegte Alter für den Bezug einer Regelaltersrente erreicht hat?

Nach dem Tarifvertrag für den öffentlichen Dienst (TVöD), dem Tarifvertrag für den öffentlichen Dienst der Länder (TV-L) und dem Tarifvertrag für den öffentlichen Dienst des Landes Hessen (TV-H) endet das **Arbeitsverhältnis** des Arbeitnehmers **automatisch mit Ablauf des Monats, in dem er das gesetzlich festgelegte Alter zum Erreichen der Regelaltersrente bzw. abschlagsfreie Regelaltersrente vollendet hat** (§ 33 Abs. 1 Buchst. a TVöD/TV-L/TV-H). Einer besonderen Kündigung bedarf es hierzu nicht. Zu beachten ist, dass die am ersten eines Monats geborenen Beschäftigten das Lebensalter mit Ablauf des letzten Tages des Vormonats vollenden, sodass in diesen Fällen das Arbeitsverhältnis bereits mit Ablauf des Vormonats automatisch endet.

Das Arbeitsverhältnis endet jedoch nicht automatisch, wenn der Beschäftigte von der Möglichkeit des Bezugs von Altersrente vor Vollendung des gesetzlich festgelegten Alters für den Bezug einer Regelaltersrente Gebrauch machen will. In diesem Fall kann der Arbeitnehmer das Arbeitsverhältnis entweder durch Kündigung oder durch Abschluss eines Auflösungsvertrages beenden.

20. Welche Regelungen gelten für die Weiterbeschäftigung eines Arbeitnehmers nach Erreichen des gesetzlich festgelegten Alters für den Bezug einer Regelaltersrente?

Nach dem Tarifvertrag für den öffentlichen Dienst (TVöD), dem Tarifvertrag für den öffentlichen Dienst der Länder (TV-L) und dem Tarifvertrag für den öffentlichen Dienst des Landes Hessen (TV-H) ist die **Weiterbeschäftigung** eines Arbeitnehmers, dessen Arbeitsverhältnis wegen Erreichens des für den Bezug einer Regelaltersrente gesetzlich festgelegten Alters endet, nur zulässig, wenn ein **neuer schriftlicher Arbeitsvertrag** abgeschlossen wird, wobei das Arbeitsverhältnis jederzeit mit einer Frist von vier Wochen zum Monatsende gekündigt werden kann, wenn im Arbeitsvertrag nichts anders vereinbart ist (§ 33 Abs. 5 TVöD/TV-L/TV-H). Zu beachten ist, dass in dem neu abzuschließenden Arbeitsvertrag auch der Ausschluss bestimmter tariflicher Regelungen des TVöD, TV-L bzw. TV-H vereinbart werden kann.

21. Welche Auswirkungen auf das Arbeitsverhältnis sind mit dem Tod des Arbeitnehmers verbunden?

Der Arbeitnehmer ist nach dem Arbeitsvertrag verpflichtet, die Arbeit persönlich zu leisten (§ 613 BGB). Aus dieser persönlichen Arbeitspflicht folgt, dass diese nicht vererblich ist und beim Tod des Arbeitnehmers das Arbeitsverhältnis endet.

22. Welche Ansprüche stehen dem Arbeitnehmer bei Beendigung des Arbeitsverhältnisses zu?

Der unter den Anwendungsbereich des Tarifvertrages für den öffentlichen Dienst (TVöD), des Tarifvertrages für den öffentlichen Dienst der Länder (TV-L) und des Tarifvertrages für den öffentlichen Dienst des Landes Hessen (TV-H) fallende Beschäftigte hat bei Beendigung des Arbeitsverhältnisses Anspruch auf **Ausstellung eines schriftlichen Zeugnisses** über Art und Dauer seiner Tätigkeit; es muss sich auch auf Führung und Leistung erstrecken (Endzeugnis, § 35 Abs. 1 TVöD/TV-L/TV-H).

23. Welche Zeugnisarten unterscheiden der TVöD, TV-L und der TV-H?

Der Tarifvertrag für den öffentlichen Dienst (TVöD), der Tarifvertrag für den öffentlichen Dienst der Länder (TV-L) und der Tarifvertrag für den öffentlichen Dienst des Landes Hessen (TV-H) unterscheiden zwischen **drei Zeugnisarten**, und zwar:

- einem **Endzeugnis**, das Angaben über Art und Dauer der Tätigkeit enthalten und sich auch auf Führung und Leistung erstrecken muss (§ 35 Abs. 1 TVöD/TV-L/TV-H)

- einem **Zwischenzeugnis**, das aus triftigen Gründen auch während des Arbeitsverhältnisses verlangt werden kann (§ 35 Abs. 2 TVöD/TV-L/TV-H)
- einem **vorläufigen Zeugnis**, das bei bevorstehender Beendigung des Arbeitsverhältnisses verlangt werden kann und Angaben über Art und Dauer der Tätigkeit enthalten muss (§ 35 Abs. 3 TVöD/TV-L/TV-H).

24. Innerhalb welcher Frist verfallen Ansprüche aus dem Arbeitsverhältnis?

Nach dem Tarifvertrag für den öffentlichen Dienst (TVöD), dem Tarifvertrag für den öffentlichen Dienst der Länder (TV-L) und dem Tarifvertrag für den öffentlichen Dienst des Landes Hessen (TV-H) verfallen Ansprüche aus dem Arbeitsverhältnis, wenn sie nicht innerhalb einer **Ausschlussfrist von sechs Monaten** nach Fälligkeit von dem Beschäftigten oder dem Arbeitgeber schriftlich geltend gemacht werden. Für denselben Sachverhalt reicht die einmalige Geltendmachung des Anspruchs auch für später fällige Leistungen aus (§ 37 Abs. 1 TVöD/TV-L/TV-H). Die Ausschlussfrist gilt nicht für Ansprüche aus einem Sozialplan (§ 37 Abs. 2 TVöD/TV-L/TV-H).

Von der Ausschlussfrist zu unterscheiden sind die **Verjährungsfristen** nach dem Bürgerlichen Gesetzbuch (BGB). Die Verjährungsfrist für Vergütungsansprüche beträgt drei Jahre (§ 195 BGB). Sie beginnt mit dem Schluss des Jahres, in dem der Anspruch entstanden ist (§ 199 Abs. 1 Nr. 1 BGB) und der Anspruchsteller von den Umständen, die seinen Anspruch begründen, Kenntnis erlangt oder ohne grobe Fahrlässigkeit hätte erlangen müssen (§ 199 Abs. 1 Nr. 2 BGB). Daneben können Ansprüche aus dem Beschäftigungsverhältnis auch durch **Verwirkung** untergehen, z. B. wenn der Anspruch längere Zeit nicht geltend gemacht wurde und besondere Umstände hinzutreten, aufgrund deren die verspätete Geltendmachung als Verstoß gegen den Grundsatz von Treu und Glauben nach § 242 BGB anzusehen ist.

4. Das Entgeltsystem des TVöD/TV-L[1]

4.1 Eingruppierung

1. Was ist unter dem Begriff Eingruppierung zu verstehen?

Der Tarifvertrag für den öffentlichen Dienst (TVöD) und der Tarifvertrag für den öffentlichen Dienst der Länder (TV-L) enthält keine Definition des Begriffs „Eingruppierung“. Aus den tariflichen Merkmalen lässt sich folgende Begriffsbestimmung ableiten:

Die **Eingruppierung** umfasst die bei der Einstellung vorzunehmende **Einordnung des Arbeitnehmers in eine Entgeltgruppe**.

---

1 Die Eingruppierungsvorschriften des Tarifvertrages für den öffentlichen Dienst des Landes Hessen (TV-H) und die zum TV-H vereinbarte Entgeltordung entsprechen weitgehend dem TV-L, sodass auf eine gesonderte Darstellung des Entgeltsystems des TV-H verzichtet wurde.

2. Wonach richtet sich die Eingruppierung der unter den TVöD bzw. TV-L fallenden Beschäftigten?

Für die **Beschäftigten beim Bund**, die unter den Geltungsbereich des Tarifvertrages für den öffentlichen Dienst (TVöD) Bund fallen, richtet sich die **Eingruppierung** nach den zum 1. Januar 2014 in Kraft getretenen **Eingruppierungsvorschriften der §§ 12 und 13 TVöD Bund**, die inhaltlich den §§ 22 und 23 des Bundes-Angestelltentarifvertrages (BAT) und des Tarifvertrages zur Anpassung des Tarifrechts – Manteltarifrechtliche Vorschriften – (BAT-O) entsprechen und lediglich redaktionell angepasst wurden, sowie nach dem **Tarifvertrag über die Entgeltordnung des Bundes** (TV EntgO Bund), der ebenfalls am 1. Januar 2014 in Kraft getreten ist. Die für die Eingruppierung maßgebenden Tätigkeitsmerkmale ergeben sich aus der Anlage 1 (Entgeltordnung) des TV EntgO.

Für die **Beschäftigten beim Land**, die unter den Geltungsbereich des Tarifvertrages für den öffentlichen Dienst der Länder (TV-L) fallen, richtet sich die **Eingruppierung** nach den zum 1. Januar 2012 in Kraft getretenen **Eingruppierungsvorschriften der §§ 12 und 13 TV-L**, die inhaltlich den §§ 22 und 23 des Bundes-Angestelltentarifvertrages (BAT) und des Tarifvertrages zur Anpassung des Tarifrechts – Manteltarifrechtliche Vorschriften – (BAT-O) entsprechen und lediglich redaktionell angepasst wurden sowie den Tätigkeitsmerkmalen der **Entgeltordnung zum TV-L**, die dem TV-L als Anlage A angefügt wurde und ebenfalls am 1. Januar 2012 in Kraft getreten ist.

Für die **Beschäftigten bei einem kommunalen Arbeitgeber**, die unter den Geltungsbereich des Tarifvertrages für den öffentlichen Dienst (TVöD) VKA fallen, bestimmt sich die **Eingruppierung** nach den zum 1. Januar 2017 in Kraft getretenen **Eingruppierungsvorschriften der §§ 12 und 13 TVöD VKA**, die an die bisherigen Regelungen der §§ 22 und 23 des Bundes-Angestelltentarifvertrages (BAT) und des Tarifvertrages zur Anpassung des Tarifrechts – Manteltarifrechtliche Vorschriften – (BAT-O) angelehnt sind, sowie den Tätigkeitsmerkmalen der **Entgeltordnung VKA**, die dem TVöD VKA als Anlage 1 angefügt wurden und ebenfalls zum 1. Januar 2017 in Kraft getreten sind.

3. Nach welchem allgemeinen Grundsatz bestimmt sich die Eingruppierung der Beschäftigten, die unter den TVöD bzw. TV-L fallen?

Die **Eingruppierung** der unter den Geltungsbereich des Tarifvertrages für den öffentlichen Dienst (TVöD) und des Tarifvertrag für den öffentlichen Dienst der Länder (TV-L) fallenden Beschäftigten bestimmt sich nach dem **Grundsatz der Tarifautomatik**. Dies bedeutet, dass der Beschäftigte in der Entgeltgruppe eingruppiert ist, deren Tätigkeitsmerkmalen die gesamte von ihm nicht nur vorübergehend auszuübende Tätigkeit entspricht. Die gesamte auszuübende Tätigkeit entspricht den Tätigkeitsmerkmalen einer Entgeltgruppe, wenn zeitlich mindestens zur Hälfte Arbeitsvorgänge anfallen, die für sich genommen die Anforderungen eines Tätigkeitsmerkmals oder mehrerer Tätigkeitsmerkmale dieser Entgeltgruppe erfüllen (§ 12 Abs. 2 Satz 1 und 2 TVöD Bund/TV-L/TVöD VKA). Für den Beschäftigten ergibt sich somit ein unmittelbar aus dem Tarifvertrag herzuleitender Anspruch auf Entgelt aus einer bestimmten Entgeltsgruppe. Die Angabe der Entgeltgruppe im Arbeitsvertrag hat insoweit nur deklaratorische Bedeutung.

4. Wie ist die Entgeltordnung des Bundes, der Länder und der Kommunen aufgebaut?

Die **Entgeltordnung des Bundes** gliedert sich in folgende sechs Teile:

- Teil I – Allgemeinen Tätigkeitsmerkmale für den Verwaltungsdienst
- Teil II – Allgemeine Tätigkeitsmerkmale für körperlich/handwerklich geprägte Tätigkeiten
- Teil III – Tätigkeitsmerkmale für besondere Beschäftigungsgruppen
- Teil IV – Besondere Tätigkeitsmerkmale im Bereich des Bundesministeriums der Verteidigung (BMVg)
- Teil V – Besondere Tätigkeitsmerkmale im Bereich des Bundesministeriums für Verkehr und digitale Infrastruktur (BMVI)
- Teil VI – Besondere Tätigkeitsmerkmale im Bereich des Bundesministeriums des Innern (BMI).

Die **Entgeltordnung der Länder** gliedert sich in folgende vier Teile:

- Teil I – Allgemeine Tätigkeitsmerkmale für den Verwaltungsdienst
- Teil II – Tätigkeitsmerkmale für bestimmte Beschäftigtengruppen
- Teil III – Tätigkeitsmerkmale für Beschäftigte mit körperlich/handwerklich geprägten Tätigkeiten
- Teil IV – Tätigkeitsmerkmale für Beschäftigte im Pflegedienst.

Die **Entgeltordnung der Kommunen**, gliedert sich in einen Allgemeinen Teil und spartenbezogene Besondere Teile. Aus dem Allgemeinem Teil und dem jeweiligen Besonderen Teil sind durchgeschriebene Fassungen für jede Sparte erstellt worden.

Der Allgemeine Teil enthält die Vorbemerkungen für alle Entgeltgruppen sowie die allgemeinen Tätigkeitsmerkmale und die für alle Besonderen Teile geltenden speziellen Merkmale.

Für die Besonderen Teile gilt Folgendes:

a) Tätigkeitsmerkmale, die im Wesentlichen nur für bestimmte Besondere Teile des TVöD gelten, werden zu diesen Besonderen Teilen des TVöD vereinbart; in den übrigen Besonderen Teilen wird auf diese Tätigkeitsmerkmale verwiesen.

b) Tätigkeitsmerkmale, die nur für einen (oder mehrere) Besondere(n) Teil(e) des TVöD gelten, werden nur zu diesem (oder diesen) Besonderen Teil(en) des TVöD vereinbart.

5. Wie kann der Arbeitnehmer des öffentlichen Dienstes gegen eine nach seiner Auffassung unzutreffende tarifliche Eingruppierung vorgehen?

Der Arbeitnehmer des öffentlichen Dienstes muss die nach seiner Auffassung unzutreffende tarifliche Eingruppierung zunächst gegenüber seinem Arbeitgeber geltend machen. Hat er bei seinem Arbeitgeber keinen Erfolg, so kann er im Wege einer sogenannten **Eingruppierungsfeststellungsklage** seine Ansprüche bei dem zuständigen Arbeitsgericht geltend machen. Der Arbeitnehmer hat hierbei die Tatsachen für seinen Anspruch im Einzelnen darzulegen.

6. Auf welche Weise kann eine Herabgruppierung des Arbeitnehmers des öffentlichen Dienstes erreicht werden?

Die **Herabgruppierung** (auch Rückgruppierung genannt) kann erreicht werden durch:

- einen im Einvernehmen zwischen dem Arbeitgeber und dem Arbeitnehmer abgeschlossenen **Änderungsvertrag zum Arbeitsvertrag**
- eine wirksame **Änderungskündigung durch den Arbeitgeber**
- eine **vorbehaltslose Übernahme der neuen Tätigkeit durch den Arbeitnehmer** (Änderung des Arbeitsvertrages durch konkludentes Handeln).

4.2 Das Arbeitsentgelt und sonstige Leistungen

1. Was ist unter den Begriff Arbeitsentgelt zu verstehen?

Unter **Arbeitsentgelt** ist die Entlohnung des Arbeitnehmers für seine Arbeitsleistung zu verstehen.

2. Aus welchen Bestandteilen besteht das Arbeitsentgelt der unter den Geltungsbereich des TVöD und TV-L fallenden Beschäftigten?

Das Arbeitsentgelt der unter den Geltungsbereich des Tarifvertrages für den öffentlichen Dienst (TVöD) und des Tarifvertrages für den öffentlichen Dienst der Länder (TV-L) fallenden Beschäftigten besteht aus einem festen monatlichen **Tabellenentgelt** (§ 15 Abs. 1 Satz 1 TVöD/TV-L).

Der TVöD Bund bzw. VKA sieht außerdem variables **Leistungsentgelt** vor, das zusätzlich zum Tabellenentgelt gezahlt werden kann (§ 18 TVöD Bund bzw. VKA).

Daneben erhält der TVÖD bzw. TV-L in § 8 Regelungen über den finanziellen Ausgleich für bestimmte Sonderformen der Arbeit (z. B. Wechselschichtarbeit, Schichtarbeit, Bereitschaftsdienst, Rufbereitschaft, Nachtarbeit, Mehrarbeit und Überstunden) und definiert die einzelnen Begriffe für die Sonderformen der Arbeit (§§ 7 und 9 TVöD/TV-L).

3. Wonach bestimmt sich die Höhe des Tabellenentgelts und wo sind die für die Beschäftigten maßgebenden Tabellenentgelte festgelegt?

Die Höhe des **Tabellenentgelts** bestimmt sich nach der **Entgeltgruppe**, in die der Beschäftigte eingruppiert ist, und nach der für ihn geltenden Stufe (§ 15 Abs. 1 Satz 2 TVöD/TV-L).

Die dem Beschäftigten **konkret zustehenden Beträge des Tabellenentgelts** sind für die Beschäftigten des Bundes in der Anlage A (Bund) des TVöD, für die Beschäftigten der

Länder in den Anlagen B und C (für Pflegekräfte) zum TV-L und für die Beschäftigten der Mitglieder eines Mitgliedverbandes der VKA in der Anlage A (VKA) des TVöD festgelegt (§ 15 Abs. 2 TVöD/TV-L).

Für an- und ungelernte Tätigkeiten in von Outsourcing (Auslagerung auf andere Dienstleister) und/oder Privatisierung bedrohten Bereichen enthält § 15 Abs. 3 TVöD bzw. TV-L eine Öffnungsklausel, die es Ländern und Kommunen im Rahmen eines landesbezirklichen Tarifvertrages bzw. dem Bund in einem bundesweiten Tarifvertrag ermöglicht, in den Entgeltgruppen 1 bis 4 Abweichungen von der Entgelttabelle bis zu einer dort vereinbarten Untergrenze vorzunehmen. Die Untergrenze muss im Rahmen der Spannbreite des Entgelts der Entgeltgruppe 1 liegen. Die Umsetzung erfolgt durch Anwendungsvereinbarung, für den Bund durch Bundestarifvertrag.

4. Wie ist die Entgelttabelle aufgebaut?

Der Tarifvertrag für den öffentlichen Dienst (TVöD) und der Tarifvertrag für den öffentlichen Dienst der Länder (TV-L) sieht für alle Beschäftigten nur noch eine Entgelttabelle vor. Die Entgelttabelle besteht in ihrem **horizontalen Aufbau aus 15 Entgeltgruppen** (1 bis 15) mit bis zu sechs Entgeltstufen, wobei die Stufen 1 und 2 die sogenannten „Grundentgeltstufen" und die Stufen 3 bis 6 die sogenannten „Entwicklungsstufen" sind und in der Entgeltgruppe 1 es keine Stufe 1 gibt (§ 16 Abs. 1 und 5 TVöD (Bund), § 16 Abs. 1 und 4 TVöD (VKA), § 16 Abs. 1 und 4 TV-L). Für eine Reihe von bestimmten Tätigkeiten haben die Tarifvertragsparteien besondere Stufenregelungen vereinbart, die für den Bereich des Bundes und der Länder in den jeweiligen Tätigkeitsmerkmalen in der Entgeltordnung sowie für den Bereich der kommunalen Arbeitgeber im Anhang zu § 16 TVöD (VKA) geregelt sind.

Im **vertikalen Aufbau ist die Entgelttabelle anhand formaler Berufs- und Bildungsabschlüsse sowie der übertragenen Tätigkeit nach Qualitätsebenen strukturiert** und gliedert sich in vier Qualifikationsebenen:

- **Qualifikationsebene 1:** Entgeltgruppe 1 bis 4 für Un- und Angelernte
- **Qualifikationsebene 2:** Entgeltgruppe 5 bis 8 für Beschäftigte mit abgeschlossener Ausbildung von mindestens drei Jahren
- **Qualifikationsebene 3:** Entgeltgruppe 9/9a, b, c bis 12 für Beschäftigte mit abgeschlossener Fachhochschulausbildung bzw. Bachelorabschluss
- **Qualifikationsebene 4:** Entgeltgruppe 13 bis 15 für Beschäftigte mit abgeschlossener wissenschaftlicher Hochschulausbildung bzw. Masterabschluss.

5. Welche Regelung gilt für die Zuordnung der Beschäftigten zu den Stufen der Entgelttabelle?

Die **Zuordnung der Beschäftigten** des Bundes, der Länder und der Kommunen **zu den Stufen der jeweiligen Entgelttabelle** geschieht nach Maßgabe des § 16 des Tarifvertrages für den öffentlichen Dienst (TVöD) Bund oder VKA bzw. des Tarifvertrages für den öffentlichen Dienst der Länder (TV-L) **bei der Einstellung**, und zwar zugleich mit der Einordnung in die Entgeltgruppe. Das Zusammenwirken beider Faktoren macht dabei erst den Eingruppierungs- bzw. Einreihungsvorgang (Neueinstellung bzw. Umgruppierung) vollständig.

Die Beschäftigten werden hierbei den Stufen der jeweiligen Entgelttabelle – diese sieht zwei Grundstufen (Stufen 1 und 2) und bis zu vier Entwicklungsstufen (Stufen 3 bis 6) vor – wie folgt zugeordnet:

- In der **Entgeltgruppe 1** zwingend der Stufe 2 (Eingangsstufe; § 16 Abs. 5 Satz 2 TVöD (Bund), § 16 Abs. 4 Satz 2 TVöD (VKA) und § 16 Abs. 4 Satz 2 TV-L).
- In den **Entgeltgruppen 2 bis 15** der Stufe 1, sofern keine einschlägige Berufserfahrung vorliegt. Verfügt der Beschäftigte über eine einschlägige Berufserfahrung von mindestens einem Jahr, erfolgt eine Zuordnung zur Stufe 2; bei einer einschlägigen Berufserfahrung von mindestens drei Jahren erfolgt in der Regel eine Zuordnung zur Stufe 3. Für Beschäftigte mit einschlägiger Berufserfahrung erfolgt unter bestimmten Voraussetzungen die Stufenzuordnung unter Anrechnung der Zeiten der einschlägigen Berufserfahrung aus dem vorhergehenden Arbeitsverhältnis. Außerdem kann der Arbeitgeber bei Neueinstellungen zur Deckung des Personalbedarfs Zeiten einer vorherigen beruflichen Tätigkeit ganz oder teilweise für die Stufenzuordnung berücksichtigen, wenn diese Tätigkeit für die vorgesehene Tätigkeit förderlich ist (§ 16 Abs. 2 und 3 TVöD (Bund), § 16 Abs. 2 TVöD (VKA) und § 16 Abs. 2 TV-L). Daneben kann bei der Einstellung von Beschäftigten in unmittelbarem Anschluss an ein Arbeitsverhältnis im öffentlichen Dienst die beim vorherigen Arbeitgeber nach den Regelungen des TVöD, des TV-L oder des TVÜ-Länder oder eines vergleichbaren Tarifvertrages erworbene Stufe bei der Stufenzuordnung ganz oder teilweise berücksichtigt werden (§ 16 Abs. 3 TVöD (Bund), § 16 Abs. 2a TVöD (VKA) und § 16 Abs. 2a TV-L). Im Bereich des TVÖD (Bund) kann zur Deckung des Personalbedarfs oder zur Bindung von qualifizierten Fachkräften Beschäftigten abweichend von der tarifvertraglichen Einstufung ein bis zu zwei Stufen höheres Entgelt ganz oder teilweise vorweg gewährt werden. Beschäftigte mit einem Entgelt der Endstufe können bis zu 20 v. H. der Stufe 2 zusätzlich erhalten. Beide Zulagen können befristet werden. Sie sind auch als befristete Zulagen widerruflich und gelten als Tabellenentgelt gem. § 15 TVÖD. Im Übrigen sieht § 17 Abs. 3 TVöD/TV-L die Berücksichtigung bestimmter Unterbrechungszeiten für eine Reihe von Fällen (z. B. wegen Mutterschutz, Arbeitsunfähigkeit, bezahltem Urlaub) bei der Stufenzuordnung vor.

Die Zuordnung von neu eingestellten Beschäftigten zu den Stufen der Entgelttabelle stellt nach einer Entscheidung des Bundesverwaltungsgerichts vom 27. August 2008 eine Eingruppierung im Sinne der Personalvertretungsgesetze dar und ist daher mitbestimmungspflichtig, weil im Gegensatz zu den Regelungen des Bundes-Angestelltentarifvertrages (BAT) die Stufenzuordnung nicht mehr schematisch erfolgt, sondern der Arbeitnehmer ebenso wie bei der Zuordnung zu den Entgeltgruppen auch bei der Stufenzuordnung in ein kollektives Entgeltschema eingereiht wird. Die Personalräte können das Mitbestimmungsrecht nicht nur für die Zukunft, sondern auch rückwirkend für alle seit Inkrafttreten des TVöD/TV-L vorgenommenen Einstellungen einfordern.

6. Welche Grundsätze gelten für den Aufstieg in den Stufen der Entgelttabelle?

Für den **Aufstieg in den Stufen der Entgelttabelle** gelten nach dem Tarifvertrag für den öffentlichen Dienst (TVöD) und dem Tarifvertrag für den öffentlichen Dienst der Länder (TV-L) folgende **Grundsätze:**

In der **Entgeltgruppe 1** wird die jeweils nächste Stufe in der Regel nach vier Jahren in der vorangegangenen Stufe erreicht (§ 16 Abs. 5 Satz 3 TVöD (Bund), § 16 Abs. 4 Satz 3 TVöD (VKA) und § 16 Abs. 4 Satz 3 TV-L).

In den **Entgeltgruppen 2 bis 15** erreichen die Beschäftigten in der Regel die jeweils nächste Stufe innerhalb ihrer Entgeltgruppe – von Stufe 3 an in Abhängigkeit von ihrer Leistung gemäß § 17 Abs. 2 TVöD/TV-L – nach folgenden Zeiten einer ununterbrochenen Tätigkeit innerhalb derselben Entgeltgruppe bei ihrem Arbeitgeber (Stufenlaufzeit):

- Stufe 2 nach einem Jahr in Stufe 1
- Stufe 3 nach zwei Jahren in Stufe 2
- Stufe 4 nach drei Jahren in Stufe 3
- Stufe 5 nach vier Jahren in Stufe 4
- Stufe 6 nach fünf Jahren in Stufe 5 (§ 16 Abs. 4 Satz 1 TVöD (Bund), § 16 Abs. 3 Satz 1 TVöD (VKA) und § 16 Abs. 3 Satz 1 TV-L).

Abweichungen von dem Aufstieg in den Stufen der Entgelttabelle sind für den Bereich des Bundes und für den Bereich der Länder in den jeweiligen Tätigkeitsmerkmalen in der Entgeltordnung sowie für den Bereich der kommunalen Arbeitgeber im Anhang zu § 16 TVöD (VKA) geregelt.

7. Ab welchem Zeitpunkt erhalten die Beschäftigten das Tabellenentgelt beim Erreichen einer neuen Stufe?

Die Beschäftigten erhalten das Tabellenentgelt nach der neuen Stufe von Beginn des Monats an, in dem die nächste Stufe erreicht wird (§ 17 Abs. 1 TVöD/TV-L).

8. Wie ist der leistungsabhängige Aufstieg in den Stufen der Entgelttabelle geregelt?

Im Gegensatz zu dem im früheren Tarifrecht verankerten Senioritätsprinzip, wonach das Lebensalter das maßgebliche Kriterium für die kontinuierliche Einkommenssteigerung innerhalb der Vergütungsgruppen war, wurde mit dem Tarifvertrag für den öffentlichen Dienst (TVöD) bzw. dem Tarifvertrag für den öffentlichen Dienst der Länder (TV-L) erstmals ein an der **Leistung orientierter Aufstieg** bei bestimmten Stufen der Entgelttabelle eingeführt. Die Vorschrift des § 17 Abs. 2 Satz 1 und 2 des TVöD bzw. TV-L sieht vor, dass die erforderliche Zeit für das Erreichen der Stufen 4 bis 6 in den Entgeltgruppen, das heißt das Aufrücken aus den Stufen 3 bis 5, bei erheblich über dem Durchschnitt liegenden Leistungen des Beschäftigten verkürzt oder bei erheblich unter dem Durchschnitt liegenden Leistungen verlängert werden kann.

Bei **Leistungsminderungen**, die auf einen anerkannten Arbeitsunfall oder eine Berufskrankheit gemäß §§ 8 und 9 SGB VII beruhen, ist diese Ursache in geeigneter Weise zu berücksichtigen (Protokollerklärung zu § 17 Abs. 2 Satz 2 TVöD/TV-L).

Im Fall der Verlängerung der Stufenlaufzeit hat der Arbeitgeber jährlich zu prüfen, ob die Voraussetzungen für die Verlängerung noch vorliegen (§ 17 Abs. 2 Satz 3 TVöD/TV-L). Eine Regelung über Mindest- oder Höchstfristen für das Verbleiben in einer Stufe enthalten die Tarifvorschriften nicht.

9. Wer ist für die Beratung der Beschwerden von Beschäftigten gegen eine Verlängerung der Stufenlaufzeit zuständig?

Im Tarifvertrag für den öffentlichen Dienst (TVöD) und im Tarifvertrag für den öffentlichen Dienst der Länder (TV-L) ist festgelegt, dass für die Beratung der Beschwerden von Beschäftigten gegen eine Verlängerung der Stufenlaufzeit, die schriftlich begründet sein muss, eine **betriebliche Kommission** zuständig ist. Die Mitglieder der betrieblichen Kommission werden je zur Hälfte vom Arbeitgeber und vom Personalrat bzw. Betriebsrat benannt und müssen der Dienststelle bzw. dem Betrieb angehören. Der Arbeitgeber entscheidet auf Vorschlag der Kommission darüber, ob und in welchem Umfang der Beschwerde abgeholfen werden soll (§ 17 Abs. 2 Satz 4 bis 6 TVöD/TV-L).

10. Nach welcher Tarifvorschrift bestimmt sich die Zuordnung zu den Stufen der Entgelttabelle bei Höhergruppierungen und Herabgruppierungen?

Die Zuordnung zu den Stufen der Entgelttabelle bei der Eingruppierung in eine höhere Entgeltgruppe (**Höhergruppierung**) oder eine niedrigere Entgeltgruppe (**Herabgruppierung**) bestimmt sich für die Beschäftigten des Bundes nach § 17 Abs. 5 TVöD Bund, für die Beschäftigten der Länder nach § 17 Abs. 4 TV-L und für die Beschäftigten im Bereich der kommunalen Arbeitgeber nach § 17 Abs. 4 TVöD VKA.

Das sich durch die Veränderung (Höhergruppierung bzw. Herabgruppierung) ergebende neue Tabellenentgelt erhält der Beschäftigte aus der festgelegten Stufe der betreffenden Entgeltgruppe, ggf. einschließlich des Garantiebetrages, vom Beginn des Monats an, in dem die Höhergruppierung oder Herabgruppierung wirksam wird, wobei dies auch für diejenigen Fälle gilt, in denen die Veränderung erst im Laufe oder zum Ende eines Monats eintritt.

11. Welcher Zeitraum liegt der Berechnung des Tabellenentgelts und der sonstigen Entgeltbestandteile zugrunde und wann wird das Entgelt gezahlt?

Bemessungszeitraum für das Tabellenentgelt und die sonstigen Entgeltbestandteile ist der **Kalendermonat**, soweit tarifvertraglich nicht ausdrücklich etwas Abweichendes geregelt ist (§ 24 Abs. 1 Satz 1 TVöD/TV-L).

Die **Zahlung des Entgelts** erfolgt am **letzten des Monats** (Zahltag) **für den laufenden Kalendermonat** auf ein von dem Beschäftigten benanntes Konto innerhalb eines Mitgliedstaats der Europäischen Union (§ 24 Abs. 1 Satz 2 TVöD/TV-L). Fällt der Zahltag auf einen Samstag, einen Wochenfeiertag oder den 31. Dezember, gilt der vorhergehende Werktag, fällt er auf einen Sonntag, gilt der zweite vorhergehende Werktag als Zahltag (§ 24 Abs. 1 Satz 3 TVöD/TV-L). Entgeltbestandteile, die nicht in Monatsbeträgen festgelegt sind, und bestimmte, nach einem Tagesdurchschnitt fortzuzahlende Entgeltbestandteile sind jedoch erst am letzten des zweiten auf ihre Entstehung folgenden Kalendermonats fällig (§ 24 Abs. 1 Satz 4 TVöD/TV-L).

12. Welche Besonderheit gilt hinsichtlich des Tabellenentgelts bei einer Teilzeitbeschäftigung?

Teilzeitbeschäftigte erhalten das Tabellenentgelt und alle sonstigen Entgeltbestandteile in dem Umfang, **der dem Anteil ihrer individuell vereinbarten durchschnittlichen Arbeitszeit an der regelmäßigen Arbeitszeit vergleichbarer Vollzeitbeschäftigter entspricht**, soweit tarifvertraglich nicht ausdrücklich etwas anderes geregelt ist (§ 24 Abs. 2 TVöD/TV-L).

13. Was ist das Leistungsentgelt und welcher Zweck wird mit dem Leistungsentgelt verfolgt?

Das mit dem Tarifvertrag für den öffentlichen Dienst (TVöD) für den Bereich des Bundes und der kommunalen Arbeitgeber zum 1. Januar 2007 eingeführte Leistungsentgelt ist eine variable und leistungsorientierte Bezahlung zusätzlich zum Tabellenentgelt. Der Tarifvertrag für den öffentlichen Dienst der Länder (TV-L) enthält keine Regelung über die Zahlung eines Leistungsentgelts.

Die leistungs- und/oder erfolgsorientierte Bezahlung soll dazu beitragen, die öffentlichen Dienstleistungen zu verbessern. Zugleich sollen Motivation, Eigenverantwortung und Führungskompetenz gestärkt werden (§ 18 Abs. 1 TVöD Bund bzw. VKA).

14. Wonach bestimmt sich die Höhe des Leistungsentgelts?

Für unter den **Tarifvertrag für den öffentlichen Dienst** (TVöD) fallenden **Beschäftigten beim Bund** bestimmt sich die **Höhe des individuellen Leistungsentgelts** des Beschäftigten nach Maßgabe des **§ 18 TVöD (Bund)** in Verbindung mit dem Tarifvertrag über das Leistungsentgelt für die Beschäftigten des Bundes (**LeistungsTV-Bund**) aus einem durch Dienstvereinbarung festzulegenden Schlüssel, der das Ergebnis der individuellen Leistungsfeststellung mit dem jeweils vor Ort zur Verfügung stehenden Leistungsentgeltvolumen verknüpft (§ 10 Abs. 1 LeistungsTV-Bund), wobei die Auszahlung des Leistungsentgelts bis auf Weiteres durch eine Leistungsprämie erfolgt (Niederschriftserklärung zu § 8 Abs. 1 Satz 1 LeistungsTV-Bund).

Für die **Beschäftigten bei Gemeinden und Gemeindeverbänden** sowie kommunalen Betrieben, deren Arbeitgeber Mitglied eines Mitgliedverbandes der Vereinigung der kommunalen Arbeitgeberverbände (VKA) ist, sieht **§ 18 TVöD (VKA)** eine **betriebliche Vereinbarung** über das jeweilige System der leistungsbezogenen Bezahlung vor, wobei das Leistungsentgelt als Leistungsprämie, Erfolgsprämie oder Leistungszulage gewährt werden kann und auch das Verbinden verschiedener Formen des Leistungsentgelts zulässig ist. Solange keine betriebliche Regelung (Dienst- oder Betriebsvereinbarung) über die Feststellung oder Bewertung von Leistungen zustande kommt, die durch das Vergleichen von Zielerreichungen mit den in der Zielvereinbarung angestrebten Zielen oder über eine systematische Leistungsbewertung erfolgt sein muss, erhalten die Beschäftigten jeweils mit dem Tabellenentgelt des Monats Dezember ein Leistungsentgelt gezahlt, deren Höhe sich nach der in der Protokollerklärung zu § 18 Abs. 4 TVöD (VKA) getroffenen Regelung bemisst.

15. Welche zusätzliche finanzielle Leistung erhalten Beschäftigte bei der vorübergehenden Übertragung einer höherwertigen Tätigkeit?

Beschäftigte, die unter den Anwendungsbereich des Tarifvertrages für den öffentlichen Dienst (TVöD) bzw. des Tarifvertrages für den öffentlichen Dienst der Länder (TV-L) fallen, denen vorübergehend eine andere Tätigkeit übertragen wird, die den Tätigkeitsmerkmalen einer höheren als ihrer Eingruppierung entspricht, und die diese Tätigkeit mindestens einen Monat ausgeübt haben, erhalten für die Dauer der Ausübung eine **persönliche Zulage** rückwirkend ab dem ersten Tag der Übertragung der Tätigkeit (§ 14 Abs. 1 TVöD/TV-L).

16. Wonach bemisst sich die persönliche Zulage?

Die **persönliche Zulage** bemisst sich für Beschäftigte, die in eine der Entgeltgruppen 9 bis 14 eingruppiert sind, aus dem Unterschiedsbetrag, der sich zu seinem Tabellenentgelt bzw. Betrag bei dauerhafter Übertragung nach der Stufenzuordnung bei Veränderungen der Entgeltgruppe nach § 17 Abs. 4 Satz 1 und 2 TVöD/TV-L ergeben hätte. Für Beschäftigte, die in eine der Entgeltgruppen 1 bis 8 eingruppiert sind, beträgt die Zulage 4,5 v. H. des Tabellenentgelts des Beschäftigten (§ 14 Abs. 3 TVöD/TV-L).

17. Welche sonstigen Leistungen sieht der TVöD bzw. TV-L vor?

Der Tarifvertrag für den öffentlichen Dienst (TVöD) und der Tarifvertrag für den öffentlichen Dienst der Länder (TV-L) sieht folgende **sonstigen Leistungen** vor:

- **Erschwerniszuschläge** (§ 19 TVöD/TV-L)
- **Jahressonderzahlung** (§ 20 TVöD/TV-L)
- **Entgelt im Krankheitsfall** (§§ 21 und 22 TVöD/TV-L)
- **Besondere Zahlungen** (§ 23 TVöD/TV-L)
- **Betriebliche Altersversorgung** (§ 25 TVöD/TV-L).

18. Welche Rahmenbedingungen gelten für die Bezahlung von Erschwerniszuschlägen?

Die Rahmenbedingungen für die Zahlung von **Erschwerniszuschlägen** sind in § 19 des Tarifvertrages für den öffentlichen Dienst (TVöD) bzw. des Tarifvertrages für den öffentlichen Dienst der Länder (TV-L) festgelegt. Danach werden **Erschwerniszuschläge** für Arbeiten gezahlt, die **außergewöhnliche Erschwernisse** beinhalten (§ 19 Abs. 1 Satz 1 TVöD/TV-L). Ausgenommen davon sind Erschwernisse, die mit dem Berufs- oder Tätigkeitsbild verbunden sind, das der Eingruppierung zugrunde liegt (§ 19 Abs. 1 Satz 2 TVöD/TV-L). Außerdem ist die Zahlung von Erschwerniszuschlägen in den Fällen ausgeschlossen, in denen den Erschwernissen durch besondere Vorkehrungen – insbesondere hinsichtlich des Arbeitsschutzes – Rechnung getragen wird (§ 19 Abs. 3 TVöD/TV-L). In dem Katalog des § 19 Abs. 2 TVöD/TV-L sind diejenigen Arbeiten aufgezählt, bei denen außergewöhnliche Erschwernisse vorliegen, die einen Anspruch auf Erschwerniszuschläge begründen können.

19. Wer hat Anspruch auf die Jahressonderzahlung und wonach bemisst sich diese Leistung?

Anspruch auf die **Jahressonderzahlung** haben im Anwendungsbereich des Tarifvertrages für den öffentlichen Dienst (TVöD) bzw. des Tarifvertrages für den öffentlichen Dienst der Länder (TV-L) alle Beschäftigten, die am **1. Dezember in einem Arbeitsverhältnis** stehen (§ 20 Abs. 1 TVöD Bund bzw. VKA/TV-L).

Die **Jahressonderzahlung bemisst sich nach sozial gestaffelten Prozentsätzen**, deren genaue Höhe sich aus § 20 Abs. 2 TVöD (Bund) bzw. § 20 Abs. 2 Satz 1 TVöD (VKA) und § 20 Abs. 2 Satz 1 TV-L ergibt. Bemessungsgrundlage für die Jahressonderzahlung ist das in den Monaten Juli, August und September durchschnittlich gezahlte monatliche Entgelt, wobei hierbei das zusätzlich für nichtdienstplanmäßige Überstunden und Mehrarbeit gezahlte Entgelt, Leistungszulagen sowie Leistungs- und Erfolgsprämien unberücksichtigt bleiben. Der Bemessungssatz bestimmt sich nach der Entgeltgruppe am 1. September (§ 20 Abs. 3 Satz 2 TVöD (Bund) bzw. § 20 Abs. 2 Satz 2 TVöD (VKA) und § 20 Abs. 3 Satz 2 TV-L). In den Fällen, in denen das Arbeitsverhältnis nach dem 30. September (bei den Ländern nach dem 31. August) begonnen wurde, ist der erste volle Kalendermonat des Arbeitsverhältnisses der maßgebliche Bemessungszeitraum für die Jahressonderzahlung (§ 20 Abs. 3 Satz 3 TVöD (Bund) bzw. § 20 Abs. 2 Satz 3 TVöD (VKA) und § 20 Abs. 3 Satz 3 TV-L). Bei Ausübung einer elterngeldunschädlichen Teilzeitbeschäftigung bemisst sich die Jahressonderzahlung im Jahr der Geburt des Kindes nach dem Beschäftigungsumfang am Tag vor dem Beginn der Elternzeit (§ 20 Abs. 3 Satz 4 TVöD (Bund) bzw. § 20 Abs. 2 Satz 4 TVöD (VKA) und § 20 Abs. 3 Satz 4 TV-L). Der Anspruch auf die Jahressonderzahlung vermindert sich um ein Zwölftel für jeden Kalendermonat, in dem Beschäftigte keinen Anspruch auf Entgelt, Urlaubsentgelt oder Entgeltfortzahlung haben, wobei in bestimmten Fällen der Ableistung des Grundwehrdienstes oder Zivildienstes und der Inanspruchnahme der Elternzeit nach dem Bundeselterngeld- und Elternzeitgesetz (BEEG) sowie in der Zeit des Beschäftigungsverbots nach dem Mutterschutzgesetz (MuSchG) die Kürzung der Jahressonderzahlung unterbleibt (§ 20 Abs. 4 TVöD Bund bzw. VKA/TV-L). Die Jahressonderzahlung wird mit dem Tabellenentgelt des Monats November ausgezahlt, wobei ein Teilbetrag der Jahressonderzahlung auch zu einem früheren Zeitpunkt ausgezahlt werden kann (§ 20 Abs. 5 TVöD Bund bzw. VKA/TV-L).

20. Wie ist die Entgeltfortzahlung im Krankheitsfall geregelt?

Für die Zeit der **unverschuldeten Arbeitsunfähigkeit infolge Krankheit** hat der **Arbeitnehmer gegenüber dem Arbeitgeber Anspruch auf Fortzahlung des Arbeitsentgelts** nach Maßgabe des Gesetzes über die Zahlung des Arbeitsentgelts an Feiertagen und im Krankheitsfall (Entgeltfortzahlungsgesetz – EFZG) **grundsätzlich bis zur Dauer von sechs Wochen** (§ 3 Abs. 1 Satz 1 EFZG). Zu den Arbeitnehmern im Sinne des EFZG gehören neben den Angestellten und Arbeitern auch die zu ihrer Berufsbildung Beschäftigten (§ 1 Abs. 2 EFZG). Von den Vorschriften des EFZG darf – mit Ausnahme der Bemessungsgrundlage für das fortzuzahlende Arbeitsentgelt durch Vereinbarung in einem Tarifvertrag – zu Ungunsten des Arbeitnehmers nicht abgewichen werden (§ 12 EFZG). Der Tarifvertrag für den öffentlichen Dienst (TVöD) und der Tarifvertrag für den öffentlichen Dienst der Länder (TV-L) enthalten für die sechswöchige Entgeltfortzahlung im Krankheitsfall eine dem EFZG entsprechende Regelung und wiederholen die gesetzlichen Bestimmungen (§ 22 Abs. 1 Satz 1 i. V. m. § 21 TVöD/TV-L). Als unverschuldete Arbeitsunfähigkeit gilt auch die Arbeitsverhinderung in Folge einer Maßnahme der medizinischen Vorsorge und Rehabilitation im Sinne von § 9 EFZG (§ 22 Abs. 1 Satz 3 TVöD/TV-L). Entsprechendes gilt nach § 3 Abs. 2 EFZG auch für die nicht rechtswidrige Sterilisation und den nicht rechtswidrigen Schwangerschaftsabbruch. Die Höhe der Entgeltfortzahlung ist in § 21 TVöD/TV-L geregelt.

Nach **Ablauf der sechswöchigen Entgeltfortzahlung** erhalten die Beschäftigten für die Zeit, für die ihnen Krankengeld oder entsprechende gesetzliche Leistungen gezahlt werden, einen **Krankengeldzuschuss** in Höhe des Unterschiedsbetrages zwischen den tatsächlichen Barleistungen des Sozialleistungsträgers (sog. Bruttokrankengeld, das einen Arbeitnehmeranteil zur Sozialversicherung enthält und daher nicht voll ausbezahlt wird) und dem Nettoentgelt (§ 22 Abs. 2 TVöD/TV-L). Die Bezugsdauer des Krankengeldzuschusses ist abhängig von der Beschäftigungszeit, die im Laufe der krankheitsbedingten Arbeitsunfähigkeit vollendet wird. Ein Anspruch auf den Krankengeldzuschuss besteht dabei erst ab einer Beschäftigungszeit von mehr als einem Jahr, wobei der Krankengeldzuschuss längstens bis zum Ende der 13. Woche und bei einer Beschäftigungszeit von mehr als drei Jahren längstens bis zum Ende der 39. Woche seit Beginn der Arbeitsunfähigkeit wegen derselben Krankheit gezahlt wird (§ 22 Abs. 3 TVöD/TV-L). Bei der Berechnung der Bezugsdauer des Krankengeldzuschusses ist zu beachten, dass sich die Frist vom Beginn der Arbeitsunfähigkeit berechnet und somit der Zeitraum der sechswöchigen Entgeltfortzahlung mitgezählt werden muss, sodass der tatsächliche Zeitraum, für den dieser Zuschuss gewährt wird, höchstens 7 bzw. 33 Wochen beträgt.

Wird der Beschäftigte wegen **derselben Krankheit erneut arbeitsunfähig**, gelten die Bestimmungen des EFZG (§ 22 Abs. 1 Satz 2 TVöD/TV-L). Dabei ist zu beachten, dass für Wiederholungserkrankungen grundsätzlich kein erneuter sechswöchiger Entgeltfortzahlungsanspruch besteht, wobei der Beschäftigte jedoch noch nicht ausgeschöpfte Zeiten dieses Zeitraums in Anspruch nehmen kann. Ein erneuter Anspruch entsteht jedoch dann, wenn der Beschäftigte vor Beginn der Wiederholungserkrankung sechs Monate nicht infolge dieser Erkrankung arbeitsunfähig war oder seit dem Beginn der ersten Arbeitsunfähigkeit wegen dieser Krankheit eine Frist von zwölf Monaten abgelaufen ist (§ 3 Abs. 1 EFZG). Bei Beendigung des Arbeitsverhältnisses während der Arbeitsunfähigkeit gelten gemäß § 22 Abs. 1 Satz 2 TVöD/TV-L ebenfalls die Bestimmungen des EFZG, wobei sich die Einzelheiten hierzu aus § 8 EFZG ergeben.

Für Personen, die in öffentlichen Verwaltungen und Betrieben, deren Beschäftigte unter den Geltungsbereich des TVöD oder TV-L fallen, in einem **Ausbildungsberuf nach dem Berufsbildungsgesetz** (BBiG) ausgebildet werden, bestimmt sich das Entgelt im Krankheitsfall nach den Regelungen des § 12 des Tarifvertrages für Auszubildende des öffentlichen Dienstes (TVAöD) bzw. § 13 des Tarifvertrages für die Auszubildenden der Länder in Ausbildungsberufen nach dem BBiG (TVA-L BBiG).

Für die von der früheren **Übergangsregelung** des § 71 des Bundes-Angestelltentarifvertrages (BAT) erfassten Beschäftigten, die sich bereits vor dem 1. Juli 1994 in einem Arbeitsverhältnis befunden haben, das seitdem ununterbrochen fortbestanden hat, gelten für die Entgeltfortzahlung im Krankheitsfall besondere Regelungen, die in der jeweiligen Übergangsvorschrift des § 13 des Tarifvertrages zur Überleitung der Beschäftigten des Bundes in den TVöD und zur Regelung des Übergangsrechts (TVÜ-Bund), des Tarifvertrages zur Überleitung der Beschäftigten der Länder in den TV-L und zur Regelung des Übergangsrechts (TVÜ-Länder) und des Tarifvertrages zur Überleitung der Beschäftigten der kommunalen Arbeitgeber in den TVöD und zur Regelung des Übergangsrechts (TVÜ-VKA) enthalten sind.

Die **Arbeitsunfähigkeit** hat der **Arbeitnehmer** gegenüber dem Arbeitgeber **anzuzeigen** und in **bestimmten Fällen auch nachzuweisen**. Zu den Anzeige- und Nachweispflichten enthält der TVöD bzw. TV-L keine eigenständige Regelung, so dass sich die Anzeige- und Nachweispflichten aus § 5 EFZG ergeben.

21. Wann besteht kein Anspruch auf Entgeltfortzahlung im Krankheitsfall?

Keinen Anspruch auf Entgeltfortzahlung im Krankheitsfall haben Beschäftigte, die die **Arbeitsunfähigkeit vorsätzlich oder grob fahrlässig herbeigeführt** haben (Protokollerklärung zu § 22 Abs. 1 Satz 1 TVöD/TV-L).

Außerdem wird nach dem Ende des Arbeitsverhältnisses und von dem Zeitpunkt an, zu dem der Beschäftigte eine Rente oder eine vergleichbare Leistung aufgrund eigener Versicherung aus der gesetzlichen Rentenversicherung, aus einer zusätzlichen Alters- und Hinterbliebenenversorgung oder aus einer sonstigen Versorgungseinrichtung erhalten hat, die nicht allein aus Mitteln der Beschäftigten finanziert ist, grundsätzlich kein Entgelt im Krankheitsfall gezahlt (§ 22 Abs. 4 TVöD/TV-L).

22. Welche besondere Zahlungen sieht der TVöD bzw. TV-L vor?

Der Tarifvertrag für den öffentlichen Dienst (TVöD) bzw. der Tarifvertrag für den öffentlichen Dienst der Länder (TV-L) sieht folgende **besondere Zahlungen** vor:

- **Vermögenswirksame Leistungen** (§ 23 Abs. 1 TVöD/TV-L)
- **Jubiläumsgeld** (§ 23 Abs. 2 TVöD/TV-L)

- **Sterbegeld** (§ 23 Abs. 3 TVöD/TV-L)
- Erstattung von **Reise- und Umzugskosten sowie Trennungsgeld** (§ 23 Abs. 4 TVöD/TV-L).

23. Welche Beschäftigte haben Anspruch auf Gewährung von vermögenswirksamen Leistungen und wie hoch sind diese Leistungen?

Die unter den Anwendungsbereich des Tarifvertrages für den öffentlichen Dienst (TVöD) und des Tarifvertrages für den öffentlichen Dienst der Länder (TV-L) fallenden Beschäftigten, deren Arbeitsverhältnis mindestens sechs Monate dauert, haben gemäß § 23 Abs. 1 TVöD bzw. TV-L **Anspruch auf vermögenswirksame Leistungen nach Maßgabe des Vermögensbildungsgesetzes**. Der Anspruch entsteht frühestens für den Kalendermonat, in dem der Beschäftigte dem Arbeitgeber die erforderlichen Angaben schriftlich mitteilt und für die beiden vorangegangenen Monate desselben Kalenderjahres; die Fälligkeit tritt nicht vor acht Wochen nach Zugang der Mitteilung beim Arbeitgeber ein. Die vermögenswirksame Leistung wird nur für Kalendermonate gewährt, für die den Beschäftigten Tabellenentgelt, Entgeltfortzahlung oder Krankengeldzuschuss zusteht. Für Zeiten, für die Krankengeldzuschuss zustehen, ist die vermögenswirksame Leistung Teil des Krankengeldzuschusses. Die vermögenswirksame Leistung ist kein zusatzversorgungspflichtiges Entgelt.

Für Vollbeschäftigte beträgt die vermögenswirksame Leistung für jeden vollen Kalendermonat 6,65 €. Dieser Betrag reduziert sich bei Teilzeitkräften entsprechend dem Verhältnis ihrer Arbeitszeit zur Arbeitszeit eines Vollbeschäftigten (§ 23 Abs. 1 i.V.m. § 24 Abs. 2 TVöD/TV-L).

24. Wie hoch ist das Jubiläumsgeld?

Das **Jubiläumsgeld** beträgt nach § 23 Abs. 2 Satz 1 des Tarifvertrages für den öffentlichen Dienst (TVöD) bzw. des Tarifvertrages für den öffentlichen Dienst der Länder (TV-L) bei Vollendung einer Beschäftigungszeit von:

- 25 Jahren: 350 €
- 40 Jahren: 500 €.

Teilzeitbeschäftigte erhalten das Jubiläumsgeld ebenfalls in voller Höhe (§ 23 Abs. 2 Satz 2 TVöD/TV-L). Im Bereich der Vereinigung der kommunalen Arbeitgeberverbände (VKA) können durch Dienst- oder Betriebsvereinbarung günstigere Regelungen getroffen werden (§ 23 Abs. 2 Satz 3 TVöD).

25. Welche Regelung gilt für das Sterbegeld beim Tod von Beschäftigten?

In § 23 Abs. 3 des Tarifvertrages für den öffentlichen Dienst (TVöD) bzw. des Tarifvertrages für den öffentlichen Dienst der Länder (TV-L) ist bestimmt, dass beim Tod von Beschäftigten, deren Arbeitsverhältnis nicht geruht hat, der Ehegattin/dem Ehegatten bzw. der Lebenspartnerin/dem Lebenspartner oder den Kindern ein **Sterbegeld** gewährt wird. Als Sterbegeld wird für die restlichen Kalendertage des Sterbemonats und – in einer Summe – für weitere zwei Monate das Tabellenentgelt des Verstorbenen gezahlt. Das Sterbegeld an einen der Berechtigten bringt – ebenso wie die Zahlung auf das Gehaltskonto des Verstorbenen – den Anspruch gegenüber dem Arbeitgeber zum Erlöschen.

26. Wonach richtet sich die Erstattung von Reise- und Umzugskosten sowie Trennungsgeld?

Nach § 44 Abs. 1 des Tarifvertrages für den öffentlichen Dienst (TVöD) – Besonderer Teil Verwaltung (BT-V) – und § 23 Abs. 4 des Tarifvertrages für den öffentlichen Dienst der Länder (TV-L) finden für die Erstattung von **Reise- und Umzugskosten** sowie **Trennungsgeld** die für die **Beamten jeweils gelten Bestimmungen** entsprechende Anwendung.

4.3 Die gesetzlichen Abzüge vom Brutto-Arbeitsentgelt

1. Welche gesetzlichen Abzüge muss der Arbeitnehmer von seinem Brutto-Arbeitsentgelt zahlen?

Der **Arbeitnehmer muss von seinem Brutto-Arbeitsentgelt** die nachfolgend aufgeführten **gesetzlichen Abzüge zahlen**, die der Arbeitgeber einbehält und wie folgt abführt:

An das Finanzamt

- **Lohnsteuer**
- **Solidaritätszuschlag**
- ggf. **Kirchensteuer**.

An die Träger der Sozialversicherung (Versicherungsträger)

- **Arbeitnehmeranteil zur gesetzlichen Krankenversicherung**
- **Arbeitnehmeranteil zur gesetzlichen Pflegeversicherung**
- **Arbeitnehmeranteil zur gesetzlichen Arbeitslosenversicherung**
- **Arbeitnehmeranteil zur gesetzlichen Rentenversicherung**.

Außerdem hat der Arbeitgeber vom Brutto-Arbeitsentgelt den vom Arbeitnehmer zu entrichtenden Anteil an der **Umlage an die Zusatzversorgungseinrichtung** einzubehalten und an diese abzuführen.

2. Wonach bestimmt sich der Lohnsteuerbetrag des Arbeitnehmers?

Der **Lohnsteuerbetrag** des Arbeitnehmers bestimmt sich nach:

- **Höhe des Arbeitsentgelts**
- **Steuerklasse** (§ 38b EStG)
- einem eventuellen **Freibetrag** (§ 39a EStG).

3. Nach welchem Verfahren wird die Lohnsteuer erhoben?

Die Erhebung der **Lohnsteuer** geschieht durch ein papierloses elektronisches Verfahren mit dem offiziellen Namen **„Elektronische Lohnsteuerabzugsmerkmale (ELStAM)"**. Die persönlichen Daten des Beschäftigten, die Auswirkung auf die zu zahlende Lohnsteuer haben, wozu u. a. die Steuerklasse, der Familienstand, die Zahl der Kinder, die Religionszugehörigkeit sowie die Freibeträge gehören, sind in einer Datenbank beim Bundeszentralamt für Steuern (BZSt) hinterlegt und werden dem Arbeitgeber elektronisch bereitgestellt.

Der Arbeitgeber benötigt zur Anmeldung im ELStAM-Verfahren lediglich noch die steuerliche Identifikationsnummer des Beschäftigten, sein Geburtsdatum sowie die Angabe, ob es sich um das Hauptarbeitsverhältnis oder um ein Nebenarbeitsverhältnis handelt, um die Lohnsteuer berechnen und an das Finanzamt abführen zu können. Nach der erfolgten Anmeldung kann der Arbeitgeber dann beim BZSt die zur Vornahme des Steuerabzugs relevanten Daten des Beschäftigten abrufen.

Für die Änderung der Lohnsteuerabzugsmerkmale sind die Finanzämter zuständig. Anschriftenänderungen und standesamtliche Veränderungen sind hiervon ausgenommen, da diese durch die Stadt- oder Gemeindeverwaltungen erfolgen, die die Daten direkt dem BZSt zur Änderung der persönlichen Lohnsteuerabzugsmerkmale weitergeben.

4. Wie viele Steuerklassen gibt es und welche Bedeutung haben diese?

Alle unbeschränkt steuerpflichtigen Arbeitnehmer werden nach § 38b des Einkommensteuergesetzes (EStG) für den laufenden Lohnsteuerabzug in eine von sechs **Steuerklassen** eingeordnet, wobei jede Steuerklasse für bestimmte persönliche Verhältnisse der lohnsteuerpflichtigen Person steht. Die Einordnung führt je nach Lohnsteuerklasse zu einer **unterschiedlichen Höhe der individuellen Lohnsteuer**.

5. Welche Steuerklasse gilt für den unbeschränkt steuerpflichtigen Arbeitnehmer?

Personenkreis	Steuerklasse
Ledige, Geschiedene, Verheiratete, die dauernd getrennt leben, sowie Verwitwete, die nicht die Voraussetzungen für die Einordnung in eine andere Steuerklasse erfüllen.	I
Personen aus der Steuerklasse I, die mit ihrem Kind oder ihren Kindern allein in einem Haushalt leben und Anspruch auf den Entlastungsbetrag für Alleinerziehende nach § 24b EStG haben.	II

Personenkreis	Steuerklasse
Verheiratete, die nicht dauernd getrennt leben, und nur ein Ehegatte bezieht Arbeitslohn oder beide Ehegatten beziehen Arbeitslohn und ein Ehegatte ist in die Steuerklasse V eingereiht oder Verwitwete im Jahr nach dem Tod des Ehegatten.	III
Verheiratete, die nicht dauernd getrennt leben und beide Ehegatten beziehen Arbeitslohn und haben die Steuerklasse IV gewählt. **Hinweis:** Ehegatten, für die sich die Steuerklassenkombination III/V eignet, können auch die Steuerklassenkombination IV/IV mit Faktor wählen. Hierdurch soll die bei der Steuerklassenkombination III/V unverhältnismäßige Verteilung der Lohnsteuer vermieden werden.	IV
Verheiratete, die nicht dauernd getrennt leben und beide Ehegatten beziehen Arbeitslohn und ein Ehegatte ist in die Steuerklasse III eingereiht.	V
Arbeitnehmer, die nebeneinander Arbeitslohn von mehreren Arbeitgebern erhalten ab der zweiten Lohnsteuerkarte oder Arbeitnehmer, die keine Lohnsteuerkarte vorgelegt haben.	VI

6. Wie berechnet der Arbeitgeber die Lohnsteuer?

Der Arbeitgeber berechnet anhand der elektronischen Lohnsteuerabzugsmerkmale (ELStAM), die ihm durch die beim Bundeszentralamt für Steuern (BZSt) im Rahmen des ELStAM-Verfahrens eingerichteten Datenbank zur Verfügung gestellt werden, die an das Finanzamt abzuführende Lohnsteuer. Zur Arbeitserleichterung verwendet der Arbeitgeber dazu die vom Gesetzgeber veröffentlichten Lohnsteuertabellen, aus denen er schnell und einfach ablesen kann, wie hoch die abzuführende Lohnsteuer für eine bestimmte Arbeitsvergütung ist.

Zu unterscheiden sind dabei die **allgemeine Lohnsteuertabelle** und die **besondere Lohnsteuertabelle**. Beide unterscheiden sich dadurch, dass in der allgemeinen Lohnsteuertabelle die **allgemeine Vorsorgepauschale** und in der besonderen Lohnsteuertabelle die – insbesondere für alle Beamten gültige – niedrigere **besondere Vorsorgepauschale** berücksichtigt ist.

7. Was ist der Solidaritätszuschlag?

Der **Solidaritätszuschlag** ist eine **Ergänzungsabgabe oder auch Zuschlagsteuer zur Einkommensteuer**. Er ist außerhalb des Einkommensteuergesetzes im **Solidaritätszuschlagsgesetz** geregelt und wird bei der Gehaltsabrechnung getrennt ausgewiesen und abgerechnet und in Höhe von 5,5 % der einbehaltenen Lohnsteuer vom Arbeitgeber an das Finanzamt abgeführt.

8. Wodurch unterscheidet sich in der Sozialversicherung die Beitragsbemessungsgrenze von der Versicherungspflichtgrenze?

Die **Beitragsbemessungsgrenze** in der Rentenversicherung (§ 159 SGB VI), Arbeitslosenversicherung (§ 341 SGB III), Krankenversicherung (§ 223 SGB V) und Pflegeversicherung (§ 55 SGB XI) **gibt den Höchstwert des beitragspflichtigen Bruttojahreseinkommens des Arbeitnehmers an, bis zu dem Sozialversicherungsbeiträge abzuführen sind**. Übersteigendes Einkommen ist bei der Berechnung des Beitrags nicht anzurechnen.

Die **Versicherungspflichtgrenze** – offiziell als Jahresarbeitsentgeltgrenze bezeichnet – gibt den Höchstwert des Einkommens an, bis zu dem jeder Arbeitnehmer in der **gesetzlichen Kranken- und Pflegeversicherung pflichtversichert** ist (§ 6 SGB V). Überschreitet das Einkommen die Versicherungspflichtgrenze, kann der Arbeitnehmer wählen, ob er freiwillig in der gesetzlichen Kranken- und Pflegeversicherung versichert bleibt oder ob er eine private Kranken- und Pflegeversicherung wählt. Die Versicherungspflicht endet jedoch erst dann, wenn die Versicherungspflichtgrenze in drei aufeinander folgenden Jahren überschritten wird.

Die Beitragsbemessungsgrenzen und die Versicherungspflichtgrenze werden jedes Jahr entsprechend der Regelungen des Sozialgesetzbuches anhand der Entwicklung der Bruttolohnsumme und der Bruttogehaltssumme der durchschnittlich beschäftigten Arbeitnehmer des voran vergangenen Kalenderjahres zu dem vergangenen Kalenderjahr aktualisiert und in der von der Bundesregierung mit Zustimmung des Bundesrates erlassenen Sozialversicherungs-Rechengrößenverordnung veröffentlicht. Die Beitragssätze in der allgemeinen Rentenversicherung werden nach Maßgabe des §158 Abs. 4 des Sechsten Buches Sozialgesetzbuch – Gesetzliche Rentenversicherung – vom Bundesministerium für Arbeit und Soziales im Bundesgesetzblatt als Bekanntmachung veröffentlicht.

9. Wie hoch ist die jährliche Beitragsbemessungsgrenze und die Versicherungspflichtgrenze in der Sozialversicherung?

Beitragsbemessungsgrenze (Stand: 1. Januar 2018)			**Versicherungspflichtgrenze** (Stand: 1. Januar 2018)
Renten- und Arbeitslosenversicherung		**Kranken- und Pflegeversicherung**	**Kranken- und Pflegeversicherung**
Alte Bundesländer und Berlin-West	Neue Bundesländer und Berlin-Ost	Alte und neue Bundesländer	Alte und neue Bundesländer
78.000 €	69.600 €	53.100 €	59.400 €[1]

1 Für Arbeitnehmer, die bereits am 31.12.2002 wegen Überschreitens der Pflichtgrenze versicherungsfrei waren, gilt eine besondere Versicherungspflichtgrenze von 53.100 €.

10. Wie hoch ist der Beitragssatz in den einzelnen Zweigen der Sozialversicherung und wer trägt diesen Beitrag?

Sozialversicherungszweig	**Beitragssatz** (Stand: 1. Januar 2018)	Arbeitnehmer-anteil	Arbeitgeber-anteil
Krankenversicherung	14,60 %	7,30 %[1]	7,30 %
Pflegeversicherung	2,55 %	1,275 %[2 3]	1,175 %[4]
Rentenversicherung	18,60 %	9,30 %	9,30 %
Arbeitslosenversicherung	3,00 %	1,50 %	1,50 %

5. Überblick über die Altersversorgung der Arbeitnehmer des öffentlichen Dienstes

1. Auf welchen Säulen beruht die Altersversorgung der Arbeitnehmer des öffentlichen Dienstes?

Die **Altersversorgung** der Arbeitnehmer des öffentlichen Dienstes beruht auf drei Säulen:

- **gesetzlichen Rentenversicherung**
- **betrieblichen Altersversorgung** (Zusatzversorgung)
- **privaten Altersvorsorge**.

2. Welches Gesetz bildet die Rechtsgrundlage für die allgemeine gesetzliche Rentenversicherung?

Gesetzliche Grundlage für die allgemeine gesetzliche Rentenversicherung ist das **Sechste Buch Sozialgesetzbuch (SGB VI)**.

3. Wer nimmt die Aufgaben in der gesetzlichen Rentenversicherung wahr?

Die Aufgaben in der allgemeinen gesetzlichen Rentenversicherung werden seit der am 1. Oktober 2005 in Kraft getretenen Neuorganisation der gesetzlichen Rentenversicherung (§§ 125 und 274d SGB VI) von **einem Bundesträger**, und zwar der **Deutschen Rentenversicherung Bund** (vorher: Bundesversicherungsanstalt für Angestellte = BfA) und **16 Regionalträgern**, die neben der Bezeichnung „Deutsche Rentenversicherung“ einen Zusatz für ihre jeweilige regionale Zuständigkeit führen, z. B. Deutsche Rentenversicherung Westfalen (früher: Landesversicherungsanstalt = LVA), wahrgenommen. Mit der Organisationsreform in der Rentenversicherung ist zugleich die nicht mehr zeitgemäße Unterscheidung zwischen Arbeitern und Angestellten abgeschafft worden.

---

[1] Für Zusatzbeiträge muss der Arbeitnehmer alleine aufkommen.

[2] Kinderlose Versicherte müssen nach Vollendung des 23. Lebensjahres (bis Jahrgang 1940) einen Zuschlag von 0,25 % entrichten.

[3] In Sachsen beträgt der Arbeitnehmeranteil 1,775 %.

[4] In Sachsen beträgt der Arbeitgeberanteil 0,775 %.

4. Was sind die Aufgaben der gesetzlichen Rentenversicherung?

Die **Aufgaben der gesetzlichen Rentenversicherung** sind:

- Erbringung von Leistungen zur medizinischen Rehabilitation, Leistungen zur Teilhabe am Arbeitsleben sowie ergänzende Leistungen (§ 9 SGB VI)
- Gewährung von Renten an Versicherte wegen Alters, verminderter Erwerbsfähigkeit oder wegen Todes (§ 33 SGB VI)
- Zahlung von Beträgen zur Kranken- und Pflegeversicherung der Rentner (§ 249a SGB V, § 106 SGB VI, § 59 Abs. 1 Satz 1 SGB XI)
- Aufklärung, Auskunftserteilung und Beratung Versicherter, Rentner und Arbeitgeber (§§ 13 bis 15 SGB I).

5. Wer ist in der gesetzlichen Rentenversicherung pflichtversichert?

In der gesetzlichen Rentenversicherung sind bis auf wenige Ausnahmen alle gegen Entgelt beschäftigte Arbeitnehmer pflichtversichert. Darüber hinaus sind Auszubildende, eine bestimmte Gruppe von Selbstständigen sowie einige weitere Personenkreise, die im Sechsten Buch Sozialgesetzbuch (SGB VI) benannt sind, versicherungspflichtig.

6. Welche Rentenarten unterscheidet die gesetzliche Rentenversicherung?

Die gesetzliche Rentenversicherung unterscheidet folgende **Rentenarten:**

- **Renten wegen Erwerbsminderung**
- **Renten wegen Alters**
- **Renten wegen Todes**.

7. Wer finanziert die Leistungen der gesetzlichen Rentenversicherung?

Die Leistungen der gesetzlichen Rentenversicherung werden weitgehend durch die je zur Hälfte von den Arbeitgebern und den versicherungspflichtigen Arbeitnehmern prozentual vom Arbeitsentgelt erhobenen Beiträge finanziert. Außerdem beteiligt sich der Bund aufgrund seiner Verantwortung für die Alterssicherung an der Finanzierung der gesetzlichen Rentenversicherung mit dem Bundeszuschuss aus Steuermitteln.

8. Welche Renten wegen Erwerbsminderung unterscheidet die gesetzliche Rentenversicherung und wer hat Anspruch auf diese Renten?

Das bisherige System der Renten wegen verminderter Erwerbsunfähigkeit, das zwischen Berufs- und Erwerbsunfähigkeitsrenten unterschied, ist zum 1. Januar 2001 durch eine abgestufte **Rente wegen Erwerbsminderung** abgelöst worden, und zwar die Rente wegen teilweiser und wegen voller Erwerbsminderung (§ 43 SGB VI) sowie wegen teilweiser Erwerbsminderung bei Berufsunfähigkeit (§ 240 SGB VI).

Anspruch auf Rente wegen Erwerbsminderung – die Rente wird nur bis zum Erreichen der Regelaltersgrenze geleistet, da anschließend Anspruch auf die Regelaltersrente besteht – haben Versicherte, wenn sie

- teilweise oder voll erwerbsgemindert oder berufsunfähig sind
- vor Eintritt der Erwerbsminderung oder Berufsunfähigkeit die allgemeine Wartezeit von fünf Jahren erfüllt haben
- in den letzten fünf Jahren vor Eintritt der Erwerbsminderung oder Berufsunfähigkeit drei Jahre Pflichtbeiträge für eine versicherte Beschäftigung oder Tätigkeit geleistet haben.

Unter bestimmten Voraussetzungen ist auch eine vorzeitige Wartezeiterfüllung möglich sowie eine Erfüllung der dreijährigen Pflichtbeitragszeit nicht erforderlich.

Bei der Rente wegen teilweiser Erwerbsminderung bei Berufsunfähigkeit handelt es sich um eine Sonderregelung für vor dem 2. Januar 1961 geborene Versicherte, die aufgrund ihrer beruflichen Qualifikation einen Berufsschutz genießen.

9. Welche wesentlichen Unterschiede bestehen zwischen der Rente wegen teilweiser und voller Erwerbsminderung?

Eine **teilweise Erwerbsminderung** liegt vor, wenn der Versicherte wegen Krankheit oder Behinderung auf nicht absehbare Zeit nur zwischen drei bis unter sechs Stunden täglich im Rahmen einer Fünf-Tage-Woche unter den üblichen Bedingungen des allgemeinen Arbeitsmarktes erwerbstätig sein kann (§ 43 Abs. 1 SGB VI).

Eine **volle Erwerbsminderung** liegt vor, wenn der Versicherte wegen Krankheit oder Behinderung unter den üblichen Bedingungen des allgemeinen Arbeitsmarktes nur noch weniger als drei Stunden täglich erwerbstätig sein kann (§ 43 Abs. 2 SGB VI).

10. Welche Renten wegen Alters unterscheidet die gesetzliche Rentenversicherung und welche Anspruchsvoraussetzungen gelten für diese Renten?

Rentenart	Anspruchsvoraussetzungen		
	Altersgrenze	Wartezeit	Besondere Voraussetzungen
Regelaltersrente (§ 35 SGB VI)	65 Jahre **Hinweis:** Die Altersgrenze ist stufenweise steigend ab dem Geburtsjahrgang 1947 bis Geburtsjahrgang 1963 auf 67 Jahre. Ab dem Geburtsjahrgang 1964 gilt dann die neue Altersgrenze.	5 Jahre	

Rentenart	Anspruchsvoraussetzungen		
	Altersgrenze	Wartezeit	Besondere Voraussetzungen
Altersrente für langjährig Versicherte (§§ 36, 236 SGB VI)	65 Jahre Vorzeitiger Rentenbezug ab Vollendung des 63. Lebensjahres mit Abschlag von minus 0,3 % je Monat möglich. **Hinweis:** Die Altersgrenze ist stufenweise steigend ab dem Geburtsjahrgang 1949 auf 67 Jahre bis Geburtsjahrgang 1963. Ab dem Geburtsjahrgang 1964 gilt dann die neue Altersgrenze.	35 Jahre	
Altersrente für schwerbehinderte Menschen (§§ 37, 236a SGB VI)	63 Jahre Vorzeitiger Rentenbezug ab Vollendung des 60. Lebensjahres mit Abschlag von minus 0,3 % je Monat möglich. **Hinweis:** Die Altersgrenze ist stufenweise steigend ab dem Geburtsjahrgang 1952 auf 65 Jahre bis Geburtsjahrgang 1963. Gleichzeitig wird die Altersgrenze für den vorzeitigen Rentenbezug stufenweise ab dem Geburtsjahrgang 1952 auf 62 Jahre angehoben.	35 Jahre	Schwerbehinderung (Grad der Behinderung mindestens 50 %).
Altersrente für besonders langjährig Versicherte (§§ 38, 236b SGB VI)	63 Jahre **Hinweis:** Die Altersgrenze ist stufenweise steigend ab dem Geburtsjahrgang 1953 auf 65 Jahre bis Geburtsjahrgang 1963. Ab dem Geburtsjahrgang 1964 gilt dann die neue Altersgrenze.	45 Jahre	

Daneben kennt die gesetzliche Rentenversicherung noch die Altersrente wegen Arbeitslosigkeit oder nach Altersteilzeitarbeit (§ 237 SGB VI) und die Altersrente für Frauen (§ 237a SGB VI), die es nur noch für vor dem 1. Januar 1952 geborene Versicherte gibt.

Zu beachten ist, dass für bestimmte Personengruppen Vertrauensschutzregelungen bestehen, die Ausnahmen von der Anhebung der Altersgrenzen beinhalten. Außerdem muss der Versicherte zur Verwirklichung seines Anspruches einen **Rentenantrag** stellen, da Altersrente nicht automatisch sondern nur auf Antrag gewährt wird.

11. Welche Renten wegen Todes unterscheidet die gesetzliche Rentenversicherung?

Die gesetzliche Rentenversicherung unterscheidet folgende **Renten wegen Todes:**

- **Witwen- oder Witwerrente**
- **Waisenrente**
- **Erziehungsrente**.

12. Welche Witwen- oder Witwerrenten unterscheidet die gesetzliche Rentenversicherung und wer hat Anspruch auf diese Renten?

Die gesetzliche Rentenversicherung unterscheidet **kleine und große Witwen- und Witwerrenten**. Die kleine Witwen- oder Witwerrente beträgt 25 % des Rentenanspruchs des Verstorbenen. Die große Witwen- oder Witwerrente beträgt 60 % des Rentenanspruchs des Verstorbenen, wenn die Ehe vor dem 1. Januar 2002 geschlossen wurde und ein Ehepartner vor dem 2. Januar 1962 geboren ist. Ansonsten beträgt die große Witwen- oder Witwerrente 55 % des Rentenanspruchs des Verstorbenen.

Anspruch auf die **kleine Witwen- oder Witwerrente** haben Witwen oder Witwer, die nicht wieder geheiratet haben, nach dem Tode des Versicherten, wenn der versicherte Ehegatte die allgemeine Wartezeit erfüllt hat (§ 46 Abs. 1 SGB VI). Anspruch auf die **große Witwen- oder Witwerrente** haben Witwen oder Witwer, wenn die Voraussetzungen für die kleine Witwen- oder Witwerrente erfüllt sind und sie das 47. Lebensjahr vollendet haben oder ein waisenberechtigtes Kind, welches das 18. Lebensjahr noch nicht vollendet hat, erziehen oder für ein behindertes Kind sorgen oder vermindert erwerbsfähig sind (§ 46 Abs. 2 SGB VI).

Hat der überlebende Ehegatte wieder geheiratet und ist die neue Ehe aufgelöst oder für nichtig erklärt worden, besteht erneut Anspruch auf die kleine oder große Witwen- oder Witwerrente (Witwen- oder Witwerrente nach dem vorletzten Ehegatten), wenn die übrigen Voraussetzungen dafür erfüllt sind (§ 46 Abs. 3 SGB VI). Auf diese Rente werden aber eventuelle Ansprüche aus der zweiten Ehe angerechnet.

13. Welche Arten von Waisenrenten unterscheidet die gesetzliche Rentenversicherung und wer hat Anspruch auf diese Renten?

Die gesetzliche Rentenversicherung unterscheidet **Halbwaisenrenten** und **Vollwaisenrenten**; wobei die Halbwaisenrente 10 % des Rentenanspruchs des verstorbenen Versicherten und die Vollwaisenrente 20 % der Rente der verstorbenen Versicherten beträgt, jeweils zuzüglich eines bestimmten Zuschlages. Beim Anspruch auf mehrere Waisenrenten wird nur die höchste gezahlt.

Anspruch auf die **Halbwaisenrente** besteht, wenn Kinder noch einen unterhaltspflichtigen Elternteil haben und der verstorbene Elternteil die allgemeine Wartezeit erfüllt hat (§ 48 Abs. 1 SGB VI).

Anspruch auf die **Vollwaisenrente** besteht, wenn Kinder keinen unterhaltspflichtigen Elternteil mehr haben (§ 48 Abs. 2 SGB VI). Die Vollwaisenrenten werden aus den Versicherungen der beiden verstorbenen Elternteile berechnet, wenn beide die allgemeine Wartezeit erfüllt hatten.

14. Wer hat Anspruch auf Erziehungsrente?

Anspruch auf **Erziehungsrente** haben Versicherte, deren Ehe geschieden wurde (in den alten Bundesländern zählen dazu nur Scheidungen nach dem 30. Juni 1977), solange sie ein eigenes Kind oder ein Kind des geschiedenen Ehegatten erziehen, wenn sie nicht wieder geheiratet haben und wenn sie bis zum Tod des geschiedenen Ehegatten die allgemeine Wartezeit erfüllt haben (§ 47 SGB VI). Auf die Erziehungsrente wird das eigene Erwerbseinkommen (z. B. Lohn, Gehalt) oder Erwerbsersatzeinkommen (z. B. Arbeitslosengeld, Krankengeld) zu 40 vom Hundert angerechnet, soweit es einen bestimmten Freibetrag übersteigt.

Die Erziehungsrente nimmt unter den Renten wegen Todes eine Sonderstellung ein, da es sich bei ihr nicht um eine Rente aus der Versicherung eines Verstorbenen, sondern um eine Rente aus der eigenen Versicherung der Erziehungsperson handelt. Sie gehört jedoch zu den Renten wegen Todes, weil der Auslöser für den Anspruch der Tod des geschiedenen Ehegatten ist.

15. Welche Regelung begründet den Anspruch auf eine betriebliche Altersversorgung für die Arbeitnehmer des öffentlichen Dienstes?

Die rechtliche Grundlage der betrieblichen Altersversorgung für die Arbeitnehmer des öffentlichen Dienstes (einschließlich der zu ihrer Berufsausbildung Beschäftigten) bildet § 25 des Tarifvertrages für den öffentlichen Dienst (TVöD) bzw. des Tarifvertrages für den öffentlichen Dienst der Länder (TV-L). Danach haben die Beschäftigten Anspruch auf Versicherung unter eigener Beteiligung zum Zwecke einer zusätzlichen Alters- und Hinterbliebenenversorgung nach Maßgabe besonderer Tarifverträge.

16. In welchen Tarifverträgen ist die betriebliche Altersversorgung für die Arbeitnehmer des öffentlichen Dienstes geregelt?

Die **betriebliche Altersversorgung** für die Arbeitnehmer des öffentlichen Dienstes (einschließlich der zu ihrer Berufsausbildung Beschäftigten) ist in folgenden besonderen Tarifverträgen geregelt:

- Tarifvertrag über die betriebliche Altersversorgung der Beschäftigten des öffentlichen Dienstes (**Tarifvertrag Altersversorgung-ATV**), der für die bei der Versorgungsanstalt des Bundes und der Länder (VBL) in Karlsruhe und der Zusatzversorgungskasse des Saarlandes versicherten Beschäftigten gilt.
- Tarifvertrag über die zusätzliche Altersvorsorge der Beschäftigten des öffentlichen Dienstes (**Altersvorsorge-TV-Kommunal-ATV-K**), der für die Beschäftigten gilt, die bei

den in den einzelnen Bundesländern bestehenden kommunalen Zusatzversorgungskassen versichert sind.

- Das **Hamburgische Zusatzversorgungsgesetz**, das für die bei der Freien und Hansestadt Hamburg versicherten Beschäftigten gilt.

Die Arbeitnehmer des öffentlichen Dienstes besitzen auch das **Recht auf Entgeltumwandlung** und können von ihrem Arbeitgeber verlangen, dass von ihrem Arbeitsentgelt pro Jahr bis zur Höhe von 4 % der Beitragsbemessungsgrenze in der Rentenversicherung für die betriebliche Altersvorsorge angelegt wird. Die Einzelheiten sind im Tarifvertrag zur Entgeltumwandlung für die Beschäftigten des Bundes und der Länder (TV-Entgelt-B/L), im Tarifvertrag zur Entgeltumwandlung für die Beschäftigten des Landes Hessen (TV-Entgelt U-H) und im Tarifvertrag zur Entgeltumwandlung für Arbeitnehmer/-innen im kommunalen öffentlichen Dienst (TV-EUmw/VKA) geregelt.

17. Für welche Arbeitnehmer des öffentlichen Dienstes besteht Versicherungspflicht bei der Zusatzversorgungseinrichtung?

Grundsätzlich besteht Versicherungspflicht für alle Arbeitnehmer des öffentlichen Dienstes, die das 17. Lebensjahr vollendet haben und vom Beginn der Versicherung bis zur Vollendung des 65. Lebensjahres noch die Wartezeit von 60 Kalendermonaten erfüllen können (§ 2 Abs. 1 ATV, § 2 Abs. 1 ATV-K).

18. Welche Leistung gewährt die Zusatzversorgungseinrichtung?

Die Zusatzversorgungseinrichtung gewährt dem Arbeitnehmer des öffentlichen Dienstes eine beitragsorientierte **Betriebsrente**, die neben der gesetzlichen Rente gezahlt wird.

19. Welchem Zweck dient die private Altersvorsorge?

Die private Altersvorsorge, die eine freiwillige zusätzliche Eigenvorsorge darstellt, dient dem Zweck, die aufgrund der Rentenreform künftig geringer ausfallenden Leistungen aus der gesetzlichen Alterssicherung auszugleichen.

20. In welcher Form fördert der Staat die private Altersvorsorge der Arbeitnehmer des öffentlichen Dienstes?

Der Staat fördert die private Altersvorsorge der Arbeitnehmer des öffentlichen Dienstes ebenso wie die private Altersvorsorge der Beschäftigten der Privatwirtschaft seit dem 1. Januar 2002 entweder in Form der Zahlung einer **Altersvorsorgezulage**, die sich aus Grund- und Kinderzulage zusammensetzt, oder als steuerliche Erleichterung in Form des **Sonderausgabenabzuges**, der in der Einkommensteuererklärung geltend gemacht werden kann (sogenannte **Riester-Rente**). Die Einzelheiten über die Voraussetzungen und Höhe der Förderung der privaten Altersvorsorge sind im Einkommensteuergesetz (EStG) geregelt (§§ 10a, 79 bis 93 EStG). Daneben gibt es seit dem 1. Januar

2005 eine weitere Form der vom Staat geförderten privaten Altersvorsorge, und zwar die sogenannte **Rürup-Rente**. Bei dieser Form der privaten Altersvorsorge werden bestimmte Altersvorsorgeaufwendungen, die abschließend in § 10 Abs. 1 Nr. 2 EStG aufgezählt sind, über Steuervorteile gefördert.

21. Welche Arbeitnehmer des öffentlichen Dienstes sind in die staatlich geförderte Altersvorsorge einbezogen?

In die staatlich geförderte Altersvorsorge sind alle in der gesetzlichen Rentenversicherung pflichtversicherten Arbeitnehmer des öffentlichen Dienstes einschließlich der Auszubildenden und der geringfügig Beschäftigten, die auf die Sozialversicherungsfreiheit verzichtet haben, einbezogen.

6. Die Grundlagen des Beamtenverhältnisses

6.1 Die Rechtsquellen und Gesetzgebungszuständigkeiten im Beamtenrecht

1. Welche Zuständigkeiten für die Gesetzgebung im Beamtenrecht haben der Bund und die Länder?

Die Zuständigkeiten für die Gesetzgebung im Beamtenrecht sind zwischen dem Bund und den Ländern im Zuge der Föderalismusreform I durch das Gesetz zur Änderung des Grundgesetzes (GG) vom 28. August 2006 neu geordnet worden.

Der **Bund** hat danach wie bisher die ausschließliche Gesetzgebungsbefugnis für die Regelung der Rechtsverhältnisse der im Dienste des Bundes und der bundesunmittelbaren Körperschaften des öffentlichen Rechts stehenden Personen (Art. 73 Nr. 8 GG). An die Stelle der dem Bund bisher außerdem zustehenden Rahmenkompetenz für die Rechtsverhältnisse aller Beamten (Art. 75 Abs. 1 Nr. 1 GG a.F.) ist eine konkurrierende Gesetzgebungsbefugnis des Bundes getreten, die die Regelung der Statusrechte und Statuspflichten der Beamten der Länder, Gemeinden und anderen Körperschaften des öffentlichen Dienstes sowie der Richter in den Ländern mit Ausnahme der Laufbahnen, Besoldung und Versorgung umfasst (Art. 74 Abs. 1 Nr. 27 GG).

Die **Länder** haben aufgrund der dem Bund nicht mehr zustehenden Rahmenkompetenz für die Rechtsverhältnisse aller Beamten (Art. 75 Abs. 1 Nr. 1 GG a. F.) sowie der ebenfalls entfallenen bisherigen konkurrierenden Gesetzgebungszuständigkeit des Bundes für Besoldung und Versorgung (Art. 74a GG a. F.) gemäß Artikel 70 GG nunmehr die grundsätzliche Gesetzgebungsbefugnis in den Bereichen, die nicht der ausschließlichen oder konkurrierenden Gesetzgebungsbefugnis des Bundes unterliegen. Dies betrifft die Laufbahnen, Besoldung und Versorgung der Beamten, die in ihrem Dienst oder im Dienst der ihrer Aufsicht unterstehenden juristischen Personen des öffentlichen Rechts stehen. Solange die Länder in diesen Bereichen keine eigene Regelungen treffen, gilt jedoch das bisherige Bundesrecht, und zwar das Bundesbesoldungsgesetz (BBesG) und das Beamtenversorgungsgesetz (BeamtVG) in der bis zum 31. August 2006 geltenden Fassung fort (Art. 125a Abs. 1 GG i. V. m. § 86 BBesG und § 108 Abs. 1 BeamtVG). Das vom Bund erlassene Beamtenrechtsrahmengesetz (BRRG), welches zunächst ebenfalls weiter fort galt, wurde inzwischen durch das am 1. April 2009 in Kraft getretene Gesetz zur Regelung des Statusrechts der Beamtinnen und Beamten in den Ländern (Beamtenstatusgesetz - BeamtStG) ersetzt und weitgehend aufgehoben. Lediglich die einheitlich und unmittelbar geltenden Vorschriften des Kapitels II (§§ 121 bis 133f BRRG), die für die Länder bereits weitgehend, aber noch nicht vollständig im Beamtenstatusgesetz (BeamtStG) enthalten sind, bleiben zunächst bis zum Erlass eigener Vorschriften durch die Länder weiter bestehen. Dies gilt auch für die Vorschrift des § 135 BRRG über die öffentlich-rechtlichen Religionsgemeinschaften, da eine entsprechende Regelung nicht mehr im BeamtStG enthalten ist.

Zu beachten ist, dass die **Gemeinden** keine Befugnisse zum Erlass beamtenrechtlicher Regelungen besitzen.

2. Welches sind die wesentlichsten Rechtsquellen des Beamtenrechts?

Die wesentlichsten Rechtsquellen des Beamtenrechts sind der **Artikel 33 des Grundgesetzes** (GG) und die folgenden, für den Bereich des Bundes bzw. für den Bereich der Länder geltenden Vorschriften:

Bereich des Bundes

- Bundesbeamtengesetz (BBG)
- Bundesbesoldungsgesetz (BBesG)
- Beamtenversorgungsgesetz (BeamtVG)
- Bundesdisziplinargesetz (BDG)
- Bundespersonalvertretungsgesetz (BPersVG)
- Bundeslaufbahnverordnung (BLV).

Bereich der Länder

- Gesetz zur Regelung des Statusrechts der Beamtinnen und Beamten in den Ländern (Beamtenstatusgesetz – BeamtStG)
- Beamtengesetze der Länder
- Besoldungsgesetze der Länder
- Beamtenversorgungsgesetze der Länder
- Disziplinargesetze der Länder
- Personalvertretungsgesetze der Länder
- Laufbahnverordnungen der Länder.

3. Welche Bedeutung hat Artikel 33 des Grundgesetzes für das Berufsbeamtentum?

Im Gegensatz zur Weimarer Verfassung, in der dem Beamten im Teil „Grundrechte" subjektive Einzelrechte garantiert wurden (z. B. Anstellung auf Lebenszeit, Klagerecht in vermögensrechtlichen Angelegenheiten, Anhörungsrecht, Vereinigungsfreiheit), gewährleistet das Grundgesetz (GG) im „organisatorischen Teil" durch Artikel 33 Abs. 5 die Einrichtung des Berufsbeamtentums im Rahmen seiner hergebrachten Grundsätze (sog. **Einrichtungsgarantie**). Der Schutz sämtlicher wohlerworbener Rechte aus der Vergangenheit wird dabei jedoch nicht zugesagt, sondern lediglich die Erhaltung der das Berufsbeamtentum tragenden Grundsätze. Mit der durch das Gesetz zur Änderung des Grundgesetzes vom 28. August 2006 vorgenommenen Ergänzung des Artikels 33 Abs. 5 GG fand die Fortentwicklung des Beamtenrechts Eingang in diesen Verfassungsartikel. Auch bei der Fortentwicklung des Beamtenrechts sind weiterhin die hergebrachten Grundsätze des Berufsbeamtentums zu berücksichtigen, die Veränderungen des Kernbestandes des Berufsbeamtentums ausschließen.

Der Artikel 33 Abs. 4 GG bestimmt ferner, dass hoheitsrechtliche Aufgaben in der Regel Beamten übertragen werden müssen, das heißt nur in Ausnahmefällen dürfen auch Arbeitnehmer hiermit beschäftigt werden (sog. Funktionsvorbehalt).

4. Was versteht man unter den hergebrachten Grundsätzen des Berufsbeamtentums?

Der Begriff der **„hergebrachten Grundsätze des Berufsbeamtentums"** ist im Einzelnen nicht leicht zu bestimmen. Gemeint sind damit die **grundlegenden Leitsätze des Beamtenrechts**, die für das Berufsbeamtentum der konstitutionellen Monarchie und der Weimarer Republik wesensbestimmend waren und konstitutiv andauernd galten und die nicht beseitigt werden können, ohne dass das Berufsbeamtentum an der Wurzel getroffen und damit vernichtet würde. Das für den Schutz und die Auslegung des Grundgesetzes (GG) zuständige Bundesverfassungsgericht hat dies wie folgt formuliert:

„Es handelt sich um jenen Kernbestand von Strukturprinzipien, die allgemein oder doch ganz überwiegend während eines längeren, Tradition bildenden Zeitraums, mindestens unter der Reichsverfassung von Weimar als verbindlich anerkannt und gewahrt worden sind."

Zu den **hergebrachten Grundsätzen des Berufsbeamtentums** zählen beispielsweise:

- die Ausgestaltung des Beamtenverhältnisses als öffentlich-rechtliches Dienst- und Treueverhältnis
- das Recht auf angemessenen und amtsgemäßen Lebensunterhalt und Versorgung auf Lebenszeit (Alimentationsprinzip)
- der Grundsatz der Anstellung des Beamten auf Lebenszeit
- die Pflicht zur unparteiischen Amtsführung
- die Pflicht zur Amtsverschwiegenheit.

6.2 Beamtenrechtliche Grundbegriffe und Beamtengruppen

1. Welche Beamtenbegriffe unterscheidet man?

Das Beamtenrecht unterscheidet folgende **Beamtenbegriffe:**

- Beamte im staatsrechtlichen Sinne
- Beamte im strafrechtlichen Sinne
- Beamte im haftungsrechtlichen Sinne.

2. Welche Personen gehören zu den Beamten im staatsrechtlichen Sinne?

Beamter im staatsrechtlichen Sinne ist, wer durch **Aushändigung einer Ernennungsurkunde**, in der die Worte **„unter Berufung in das Beamtenverhältnis"** enthalten sein müssen, in das **Beamtenverhältnis** von einer dazu berechtigten Körperschaft des öffentlichen Rechts **berufen** wurde.

3. Was versteht man unter dem Beamten im strafrechtlichen Sinne?

Der Begriff des Beamten im strafrechtlichen Sinne wurde durch § 11 Abs. 1 Nr. 2a des Strafgesetzbuches (StGB) zu dem des **Amtsträgers** erweitert. Zu den Amtsträgern gehören außer den Beamten unter anderem auch Richter und die in einem öffentlich-rechtlichen Amtsverhältnis stehenden Personen (z. B. Minister, Notare) sowie die nach dem Verpflichtungsgesetz für den öffentlichen Dienst besonders Verpflichteten (z. B. Arbeitnehmer).

Aufgrund der besonderen Stellung der Amtsträger enthält das StGB für diesen Personenkreis spezielle Straftatbestände und sieht für bestimmte Tatbestände erhöhte Strafen vor.

4. Welcher Personenkreis gehört zu den Beamten im haftungsrechtlichen Sinne?

Hierzu gehören unter anderem alle **Beamten** sowie die im öffentlichen Dienst stehenden **Arbeitnehmer**, die in Ausübung öffentlicher Gewalt, das heißt **hoheitsrechtlich handeln**. Nach Artikel 34 des Grundgesetzes (GG) haftet der Staat oder die Körperschaft dabei für den Schaden, den dieser Personenkreis einem Dritten zufügt (sogenannte Staatshaftung). Der Rückgriff gegen den Beschäftigten ist hierbei nur bei Vorsatz und grober Fahrlässigkeit möglich (sogenannte Amtspflichtverletzung).

5. Was bedeutet Dienstherrnfähigkeit und wem steht sie zu?

Unter **Dienstherrnfähigkeit** versteht man das **Recht, Beamte zu haben**. Dieses Recht besitzen:

- der Bund sowie sonstige bundesunmittelbare Körperschaften, Anstalten und Stiftungen des öffentlichen Rechts, die dieses Recht zum Zeitpunkt des Inkrafttretens des Bundesbeamtengesetzes (BBG) besitzen oder denen es danach durch Gesetz oder aufgrund eines Gesetzes verliehen wird (§ 2 BBG)

- die Länder, die Gemeinden und Gemeindeverbände sowie sonstige Körperschaften, Anstalten und Stiftungen des öffentlichen Rechts, die dieses Recht im Zeitpunkt des Inkrafttretens des Beamtenstatusgesetzes (BeamtStG) besitzen oder denen es durch ein Landesgesetz oder aufgrund eines Landesgesetzes verliehen wird (§ 2 BeamtStG).

6. Was ist unter den Begriffen oberste Dienstbehörde, Dienstvorgesetzter und Vorgesetzter zu verstehen?

Die Begriffe „oberste Dienstbehörde", „Dienstvorgesetzter" und „Vorgesetzter" werden im Bundesbeamtengesetz (BBG) wie folgt definiert:

Oberste Dienstbehörde des Beamten ist die oberste Behörde seines Dienstherrn, in deren Geschäftsbereich der Beamte ein Amt wahrnimmt (§ 3 Abs. 1 BBG).

Beispiele: Bundesministerien, Landesministerien, Kreisausschuss, Gemeindevorstand (Magistrat).

Dienstvorgesetzter ist, wer für beamtenrechtliche Entscheidungen über die persönlichen Angelegenheiten (z. B. Urlaub, Dienstbefreiung) der ihm nachgeordneten Beamten zuständig ist (§ 3 Abs. 2 BBG). Die Dienstvorgesetzteneigenschaft bestimmt sich nach dem Aufbau der Verwaltung (§ 3 Abs. 4 BBG).

Beispiele: Präsident des Bundesverwaltungsamtes, Regierungspräsident, Landrat, Bürgermeister.

Vorgesetzter ist, wer dem Beamten dienstliche Anordnungen erteilen darf (§ 3 Abs. 3 BBG). Die Vorgesetzteneigenschaft bestimmt sich nach dem Aufbau der Verwaltung (§ 3 Abs. 4 BBG).

Beispiele: Abteilungsleiter, Gruppenleiter, Referatsleiter, Sachgebietsleiter.

Die **Beamtengesetze der Länder** enthalten inhaltlich entsprechende Begriffsbestimmungen.

7. Was ist unter dem Begriff des Amtes im Sinne des Beamtenrechts zu verstehen?

Der Begriff des Amtes ist gesetzlich nicht definiert. Im Wesentlichen unterscheidet man zwischen dem Amt im statusrechtlichen und dem Amt im funktionellen Sinne.

Beim **Amt im statusrechtlichen Sinne** handelt es sich um das dem Beamten durch Ernennung übertragene Amt, das seine Rechtsstellung, die Besoldung und die Versorgung regelt, ohne jede Beziehung auf die von ihm wahrgenommenen Funktionen (z. B. das Amt eines Sekretärs oder Inspektors). Zu beachten ist, dass das Rechtsinstitut der Anstellung, das eine erstmalige Verleihung eines Amtes (im statusrechtlichen Sinne) an den Beamten grundsätzlich erst nach erfolgreicher Ableistung der Probezeit ermöglichte, für den Bereich des Bundes mit dem Dienstrechtsneuordnungsgesetz, das am 12. Februar 2009 in Kraft getreten ist, und für den Bereich der Länder mit dem am 1. April 2009 in Kraft getretenen Beamtenstatusgesetz ersatzlos weggefallen ist. Dies bedeutet, dass dem Beamten damit bereits mit der Begründung des Beamtenverhältnisses auf Probe ein Amt (im statusrechtlichen Sinne) verliehen wird, wobei die laufbahnrechtlich vorgeschriebene Ableistung der Probezeit hiervon unberührt bleibt.

Unter **Amt im funktionellen Sinne** ist der Aufgabenkreis des Beamten, der bei einer bestimmten Behörde zu erledigen ist, zu verstehen. Hierbei unterscheidet man zwischen:

- dem **abstrakten Amt im funktionellen Sinne**, das heißt dem der Rechtsstellung des Beamten entsprechenden Aufgabenkreis (Amtsstelle) bei einer bestimmten Behörde (z. B. das Amt eines Inspektors bei der Gemeinde X)
- dem **konkreten Amt im funktionellen Sinne**, das heißt der dem Beamten nach dem Organisations- und Geschäftsverteilungsplan speziell übertragene Aufgabenkreis (Dienstposten) innerhalb einer bestimmten Behörde (z. B. Sachbearbeiter in der Personalabteilung bei der Gemeinde X).

8. Was versteht man unter den Begriffen Einstellung, Vorbereitungsdienst, Probezeit und Erprobungszeit im Beamtenrecht?

Der Begriff **Einstellung** wird in der von der Bundesregierung erlassenen Verordnung über die Laufbahnen der Bundesbeamtinnen und Bundesbeamten (Bundeslaufbahnverordnung – BLV) wie folgt definiert:

Einstellung ist eine Ernennung unter Begründung des Beamtenverhältnisses (§ 2 Abs. 1 BLV). Die für den Bereich des Landes von der jeweiligen Landesregierung erlassene Laufbahnverordnung enthält eine inhaltlich entsprechende Bestimmung des Begriffs „Einstellung".

Unter dem **Vorbereitungsdienst** versteht man die **praktische und theoretische Ausbildung der Laufbahnbewerber** auf der Grundlage der für die jeweilige Laufbahn erlassenen Ausbildungs- und Prüfungsordnung. Durch den Vorbereitungsdienst und das Bestehen der Laufbahnprüfung erwerben die Laufbahnbewerber die Befähigung für ihre Laufbahn.

Der Begriff Probezeit wird in der von der Bundesregierung erlassenen Bundeslaufbahnverordnung wie folgt definiert:

Probezeit ist die Zeit in einem Beamtenverhältnis auf Probe, in der sich die Beamten **nach Erwerb der Laufbahnbefähigung zur späteren Verwendung auf Lebenszeit oder zur Übertragung eines Amtes mit leitender Funktion bewähren sollen** (§ 2 Abs. 6 BLV). Die für den Bereich des Landes von der jeweiligen Landesregierung erlassene Laufbahnverordnung enthält eine inhaltlich entsprechende Definition des Begriffs „Probezeit".

Erprobungszeit ist die Zeit, in der die Beamtin oder der Beamte die Eignung für einen höher bewerteten Dienstposten nachzuweisen hat (§ 2 Abs. 7 BLV).

9. Was versteht man im Sinne des Beamtenrechts unter Abordnung, Versetzung, Umsetzung und Zuweisung?

Die Begriffe „Abordnung" und „Versetzung" werden im Bundesbeamtengesetz (BBG) und im Gesetz zur Regelung des Statusrechts der Beamtinnen und Beamten in den Ländern (Beamtenstatusgesetz – BeamtStG) wie folgt definiert:

Eine **Abordnung** ist die **vorübergehende Übertragung einer dem Amt des Beamten** entsprechenden Tätigkeit bei einer anderen Dienststelle desselben oder eines anderen Dienstherrn unter Beibehaltung der Zugehörigkeit zur bisherigen Dienststelle (§ 27 BBG, § 14 BeamtStG).

Beispiel: Abordnung eines beim Bundesverwaltungsamt beschäftigten Beamten zum Bundesinnenministerium.

Eine **Versetzung** ist die **auf Dauer angelegte Übertragung eines anderen Amtes** (im funktionellen Sinne) an den Beamten bei einer anderen Dienststelle bei demselben oder einem anderen Dienstherrn (§ 28 BBG, § 15 BeamtStG).

Beispiele: Versetzung eines Bundesbeamten vom Statistischen Bundesamt zum Bundesverwaltungsamt, Versetzung eines Bundesbeamten in den Dienst eines Landes.

Der Begriff „Umsetzung" ist gesetzlich nicht definiert. Aus der Rechtsprechung lässt sich folgende Begriffsbestimmung ableiten:

Eine **Umsetzung** ist jede das statusrechtliche Amt und das funktionelle Amt im abstrakten Sinne unberührt lassende Zuweisung eines anderen Dienstpostens (funktionelles Amt im konkreten Sinne) an den Beamten innerhalb derselben Behörde. Nach herrschender Meinung ist die Umsetzung kein Verwaltungsakt.

Beispiel: Regierungsamtmann Meier, beschäftigt beim Bundesverwaltungsamt, wird von der Haushaltsabteilung in die Personalabteilung durch schriftliche Verfügung des Behördenleiters umgesetzt.

Der Begriff „Zuweisung" ist ebenfalls gesetzlich nicht definiert. Der Gesetzgeber hat nur Voraussetzungen und Folgen bestimmt. Aus den gesetzlichen Merkmalen lässt sich folgende Begriffsbestimmung ableiten:

Eine **Zuweisung** ist die vorübergehende Übertragung einer ganz oder teilweise dem Amt des Beamten entsprechenden Tätigkeit bei einer öffentlichen Einrichtung ohne Dienstherrneigenschaft im dienstlichen oder öffentlichen Interesse oder bei einer anderen Einrichtung, wenn ein öffentliches Interesse es erfordert. Der Beamte muss der Zuweisung zustimmen. Einer Zustimmung bedarf es nur dann nicht, wenn von der Zuweisung ein Beamter einer Dienststelle betroffen ist, die ganz oder teilweise in eine öffentlich-rechtlich organisierte Einrichtung ohne Dienstherrneigenschaft oder eine privatrechtlich organisierte Einrichtung der öffentlichen Hand umgewandelt wird, wenn öffentliche Interessen es erfordern. Die Rechtsstellung des Beamten bleibt dabei unberührt (§ 29 BBG, § 20 BeamtStG).

Beispiel: Zuweisung eines Bahnbeamten zur Dienstleistung an die als Wirtschaftsunternehmen in privatrechtlicher Form geführte Deutsche Bahn AG.

10. Wann spricht man von der Beförderung eines Beamten?

Der Begriff „Beförderung" wird in § 2 Abs. 8 Satz 1 der von der Bundesregierung erlassenen Verordnung über die Laufbahnen der Bundesbeamtinnen und Bundesbeamten (Bundeslaufbahnverordnung – BLV) wie folgt definiert:

Beförderung ist die Verleihung eines anderen Amtes mit **höherem Endgrundgehalt**. **Haushaltsrechtlich** ist zu beachten, dass das **Amt nur zusammen mit der Einweisung in eine besetzbare Planstelle verliehen werden darf.** Der Beamte kann bei einer Beförderung mit Wirkung vom Ersten des Monates, in dem seine Beförderung wirksam geworden ist, in die entsprechende, zu diesem Zeitpunkt besetzbare Planstelle eingewiesen werden, wobei auch ein rückwirkende Einweisung in eine besetzbare Planstelle von höchstens drei Monaten möglich ist, wenn der Beamte während dieser Zeit die Obliegenheiten dieses oder eines gleichwertigen Amtes wahrgenommen und die beamtenrechtlichen Voraussetzungen für die Beförderung erfüllt hat (§ 49 BHO/LHO).

In den Fällen, in denen die Amtsbezeichnung wechselt, erfolgt die Beförderung durch Ernennung (§ 2 Abs. 8 Satz 2 BLV).

Beispiel: Ernennung eines Inspektors (Bundesbesoldungsgruppe A 9) zum Oberinspektor (Bundesbesoldungsgruppe A 10).

Die von der jeweiligen Landesregierung für den Bereich des Landes erlassene Laufbahnverordnung enthält eine inhaltlich entsprechende Bestimmung des Begriffs „Beförderung".

11. Was versteht man unter der Amtsbezeichnung und der Dienstbezeichnung eines Beamten?

Die **Amtsbezeichnung** ist die Bezeichnung des statusrechtlichen Amtes, das der Beamte innehat. Ein solches Amt wird dem Laufbahnbeamten erstmals mit der Übernahme in das Beamtenverhältnis auf Probe verliehen.

Beispiel: Ernennung vom Inspektoranwärter (Dienstbezeichnung) zum Inspektor (Amtsbezeichnung).

Die **Beamten auf Widerruf** führen im Vorbereitungsdienst als **Dienstbezeichnung die Amtsbezeichnung des Eingangsamtes** ihrer Laufbahn mit dem Zusatz „Anwärter", in Laufbahnen des höheren Dienstes die Dienstbezeichnung „Referendar" (§ 11 Satz 2 BLV bzw. entsprechende Regelung in der Laufbahnverordnung des Landes).

Beispiele: Sekretäranwärter, Inspektoranwärter, Rechtsreferendar.

12. Nach welchen Merkmalen lassen sich die verschiedenen Arten der Beamtengruppen unterscheiden?

Die verschiedenen **Arten der Beamtengruppen** lassen sich nach folgenden Merkmalen unterscheiden:

- nach der Dauer des Beamtenverhältnisses
- nach der Stellung des Beamten
- nach der Art der Befähigung und der Laufbahn
- nach dem Dienstherrn.

13. Welche Arten von Beamtenverhältnissen werden nach ihrer Dauer unterschieden?

Das **Beamtenverhältnis** kann hinsichtlich der Dauer begründet werden auf **Lebenszeit**, auf **Zeit**, auf Probe, auf **Widerruf** und als **Ehrenbeamter** (§ 6 BBG, §§ 4 und 5 BeamtStG).

14. Welches Beamtenverhältnis bildet die Regel?

Das **Beamtenverhältnis auf Lebenszeit** ist nach dem Verfassungsgebot des Artikels 33 Abs. 5 des Grundgesetzes (GG) der **Regelfall**. In dieses Beamtenverhältnis wird berufen, wer dauernd zur Wahrnehmung hoheitsrechtlicher Aufgaben oder solcher Aufgaben, die aus Gründen der Sicherung des Staates oder des öffentlichen Lebens nicht ausschließlich Personen übertragen werden dürfen, die in einem privatrechtlichen Arbeitsverhältnis stehen, verwendet werden soll (§ 6 Abs. 1 BBG, § 4 Abs. 1 BeamtStG).

15. Wann kann ein Beamtenverhältnis auf Zeit begründet werden?

Ein **Beamtenverhältnis auf Zeit** kann begründet werden, wenn hoheitsrechtliche Aufgaben oder solche Aufgaben, die aus Gründen der Sicherung des Staates oder des öffentlichen Lebens nicht ausschließlich Personen übertragen werden dürfen, die in einem privatrechtlichen Arbeitsverhältnis stehen, befristet wahrgenommen werden sollen (§ 6 Abs. 2 Satz 1 BBG, § 4 Abs. 2 BeamtStG).

Für die Rechtsverhältnisse der Beamten auf Zeit gelten die Vorschriften für Beamte auf Lebenszeit entsprechend, soweit nicht gesetzlich (oder durch Landesrecht) etwas anderes bestimmt ist (§ 6 Abs. 2 Satz 2 BBG, § 6 BeamtStG).

16. Wann kann das Beamtenverhältnis auf Probe begründet werden?

Das **Beamtenverhältnis auf Probe** kann begründet werden, wenn zur **späteren Verwendung auf Lebenszeit** oder zur **Übertragung eines Amtes mit leitender Funktion** eine **Probezeit abzuleisten** ist (§ 6 Abs. 3 BBG, § 4 Abs. 3 BeamtStG).

17. Welche Bewerber werden in das Beamtenverhältnis auf Widerruf berufen?

In das **Beamtenverhältnis auf Widerruf** darf nur berufen werden, wer einen **Vorbereitungsdienst** abzuleisten hat (z. B. Sekretäranwärter, Inspektorenanwärter) oder vorübergehend hoheitsrechtliche Aufgaben oder solche Aufgaben, die aus Gründen der Sicherung des Staates oder des öffentlichen Lebens nicht ausschließlich Personen übertragen werden dürfen, die in einem privatrechtlichen Arbeitsverhältnis stehen, wahrnehmen soll (§ 6 Abs. 4 BBG, § 4 Abs. 4 BeamtStG).

18. Wer kann als Ehrenbeamter berufen werden?

Als **Ehrenbeamter** kann berufen werden, wer hoheitsrechtliche Aufgaben oder solche Aufgaben, die aus Gründen der Sicherung des Staates oder des öffentlichen Lebens nicht ausschließlich Personen übertragen werden dürfen, die in einem privatrechtlichen Arbeitsverhältnis stehen, unentgeltlich wahrnehmen soll (§ 6 Abs. 5 Satz 1 BBG, § 5 Abs. 1 BeamtStG). Ein Ehrenbeamtenverhältnis kann nicht in ein Beamtenverhältnis anderer Art und ein solches Beamtenverhältnis kann nicht in ein Ehrenbeamtenverhältnis umgewandelt werden (§ 6 Abs. 5 Satz 2 BBG, § 5 Abs. 3 BeamtStG).

Das Beamtenstatusgesetz (BeamtStG) bestimmt außerdem, dass die Rechtsverhältnisse der Ehrenbeamten durch Landesrecht abweichend von den für Beamte allgemein geltenden Vorschriften geregelt werden können, soweit es deren besondere Rechtsstellung erfordert (§ 5 Abs. 2 BeamtStG).

19. Welche Beamtengruppen werden nach der Stellung des Beamten unterschieden und wodurch unterscheiden sich diese?

Nach der Stellung des Beamten unterscheidet man Berufsbeamte und Ehrenbeamte.

Berufsbeamte üben ihre Tätigkeit als Lebensberuf aus. Sie stellen ihre Arbeitskraft voll in den Dienst ihres Dienstherrn und erhalten dafür eine angemessene Besoldung und eine lebenslängliche Versorgung. Der Berufsbeamte ist der Regeltyp des Beamten.

Ehrenbeamte üben eine hoheitliche Tätigkeit regelmäßig neben ihrem eigentlichen Beruf aus. Sie erhalten als Ehrenbeamte keine Besoldung oder Versorgung, sondern Auslagenersatz, Ver-dienstausfall bzw. eine Aufwandsentschädigung und Unfallfürsorge. Ehrenbeamte kennt man insbesondere im Kommunalbereich.

Beispiele: ehrenamtliche Bürgermeister, ehrenamtliche Kassenverwalter.

20. Was ist unter dem Begriff politischer Beamter zu verstehen?

Unter den **politischen Beamten**, die eine Sondergruppe der Berufsbeamten bilden, versteht man diejenigen Beamten, die bei ihrer Amtsausübung in **fortdauernder Übereinstimmung mit den grundsätzlichen politischen Ansichten und Zielen der Regierung stehen** müssen. Es handelt sich dabei um Beamte, denen aufgrund ihres Amtes eine unmittelbare politische Einflussnahme zusteht und die somit in besonderer Weise des Vertrauens der Regierung bedürfen (z. B. Staatssekretäre, Ministerialdirektoren, Beamte des höheren Dienstes im auswärtigen Dienst von der Besoldungsgruppe B 3 an aufwärts). Der Kreis der politischen Beamten ist in den Beamtengesetzen genau bestimmt.

Der politische Beamte kann, soweit er sich im Beamtenverhältnis auf Lebenszeit befindet, jederzeit in den **einstweiligen Ruhestand** versetzt werden (§ 54 BBG, § 30 Abs. 1 BeamtStG). Befindet er sich im Beamtenverhältnis auf Probe, so kann er jederzeit entlassen werden (§ 36 BBG, § 30 Abs. 2 BeamtStG).

21. Welche Beamtengruppen unterscheidet man nach der Art ihrer Befähigung?

Nach der Art der Befähigung werden **Laufbahnbewerber** und **andere Bewerber** unterschieden.

22. Wodurch unterscheidet sich der Laufbahnbewerber vom anderen Bewerber?

Der **Laufbahnbewerber** ist der Regeltyp des Berufsbeamten. Er besitzt die für seine Laufbahn vorgeschriebene oder – mangels solcher Vorschriften – übliche Vorbildung und hat den für den Erwerb der Laufbahnbefähigung vorgeschriebenen **Vorbereitungsdienst abgeleistet** und die **Laufbahnprüfung abgelegt** (§§ 7 Abs. 1 Nr. 3a und 15 bis 17 BBG, § 7 Abs. 1 Nr. 3 BeamtStG).

Daneben kann nach dem Laufbahnrecht des Bundes und der Länder die Befähigung als Laufbahnbewerber auch ohne Vorbereitungsdienst und Laufbahnprüfung erworben werden. Es handelt sich dabei um die für Fachkräfte mit besonderen technischen, wissenschaftlichen oder künstlerischen Kenntnissen geschaffenen **Laufbahnen besonderer Fachrichtungen**, die es ermöglichen, diesem Personenkreis, für den eine verwaltungseigene Ausbildung und Prüfung wegen der Eigenart der zu erfüllenden Aufgaben nicht sachgemäß wäre, aufgrund einer innerhalb oder außerhalb des öffentlichen Dienstes abgeleisteten hauptberuflichen Tätigkeit die Befähigung für eine Laufbahn besonderer Fachrichtung zuzuerkennen.

Anderer Bewerber ist, wer die erforderliche Befähigung durch **Lebens- und Berufserfahrung** erworben hat. Von dem anderen Bewerber darf die von dem Laufbahnbeamten geforderte Vorbildung, Ausbildung und Prüfung nicht verlangt werden, es sei denn, sie ist für alle Bewerber gesetzlich vorgeschrieben. Die Berufung in das Beamtenverhältnis darf dabei jedoch erst vorgenommen werden, wenn von der in dem Bundesbeamtengesetz bzw. den Beamtengesetzen der Länder bestimmten unabhängigen Stelle (z. B. Bundespersonalausschuss, Landespersonalausschuss) die erforderliche Befähigung des Bewerbers für die jeweilige Laufbahn zuvor festgestellt worden ist (§§ 7 Abs. 1 Nr. 3b und 19 BBG, § 22 BLV und entsprechende Regelungen des Landesbeamtenrechts).

23. Welche Beamtengruppen unterscheidet man hinsichtlich des Dienstherrn?

Hinsichtlich des Dienstherrn unterscheidet man Bundesbeamte, Landesbeamte, Kommunalbeamte sowie Beamte der sonstigen Körperschaften, Anstalten und Stiftungen des öffentlichen Rechts.

Innerhalb des Bundes und der Länder sind **unmittelbare und mittelbare Bundes- bzw. Landesbeamte** zu unterscheiden.

Unmittelbarer Bundes- oder Landesbeamter ist, wer den Bund oder ein Land zum Dienstherrn hat.

Der **mittelbare** Bundes- oder Landesbeamte ist bei einer Körperschaft, Anstalt oder Stiftung des öffentlichen Rechts beschäftigt, die der Bundes- oder Landesaufsicht unterliegt (z. B. Gemeinden und Gemeindeverbände).

6.3 Die Begründung des Beamtenverhältnisses

1. Was versteht man unter einem Beamtenverhältnis?

Unter dem Beamtenverhältnis ist das **öffentlich-rechtliche Dienst- und Treueverhältnis** des Beamten zu seinem Dienstherrn zu verstehen (§ 4 BBG, § 3 Abs. 1 BeamtStG).

2. Welche sachlichen Voraussetzungen müssen bei der Einstellung eines Beamten vorliegen?

Die Einstellungsbehörde muss:

- die Dienstherrnfähigkeit besitzen, das heißt rechtlich befugt sein, Beamte zu beschäftigen (§ 2 BBG/BeamtStG)
- sachlich und örtlich zuständig sein zur Einstellung des Bewerbers in das Beamtenverhältnis
- die zu besetzende Stelle grundsätzlich öffentlich ausschreiben (§ 8 BBG bzw. entsprechendes Landesbeamtenrecht)
- bei der Auswahl der Bewerber den Personalrat, den Gleichstellungsbeauftragten und den Schwerbehindertenbeauftragten beteiligen, soweit gesetzlich nichts anderes bestimmt ist
- beachten, dass dem Bewerber hoheitsrechtliche Aufgaben oder Sicherungsaufgaben übertagen werden müssen (§ 5 BBG, § 3 Abs. 2 BeamtStG)

- beachten, dass die haushaltsrechtlichen Voraussetzungen erfüllt sein müssen, das heißt es muss eine entsprechende Planstelle vorhanden sein, welche eine Einstellung ermöglicht (§ 49 Abs. 1 BHO/LHO).

3. Welche persönlichen Voraussetzungen müssen in der Person des Bewerbers bei der Einstellung in das Beamtenverhältnis auf Widerruf als Laufbahnbewerber gegeben sein?

Der Bewerber muss:

- Deutscher im Sinne des Artikels 116 des Grundgesetzes (GG) sein oder die Staatsangehörigkeit eines anderen Mitgliedstaates der Europäischen Union oder eines anderen Vertragsstaates des Abkommens über den Europäischen Wirtschaftsraum oder eines Drittstaates, dem Deutschland und die Europäische Union vertraglich einen entsprechenden Anspruch auf Anerkennung von Berufsqualifikationen eingeräumt haben, besitzen (§ 7 Abs. 1 Nr. 1 BBG/BeamtStG), es sei denn die Aufgaben erfordern es, dass nur ein Deutscher im Sinne des Artikels 116 GG in ein Beamtenverhältnis berufen werden darf (§ 7 Abs. 2 BBG/BeamtStG) oder es wurde eine Ausnahme zugelassen (§ 7 Abs. 3 BBG/BeamtStG)
- die Gewähr dafür bieten, jederzeit für die freiheitlich demokratische Grundordnung im Sinne des Grundgesetzes einzutreten (§ 7 Abs. 1 Nr. 2 BBG/BeamtStG)
- die nach Bundes- oder Landesrecht für die entsprechende Laufbahn vorgeschriebene Vorbildung besitzen (§ 7 Abs. 1 Nr. 3 BBG/BeamtStG)
- geschäftsfähig sein oder von seinem gesetzlichen Vertreter ermächtigt sein
- in gesundheitlicher Hinsicht berufstauglich (dienstfähig) sein
- in geordneten wirtschaftlichen Verhältnissen leben.

Außerdem darf der Bewerber:

- die gesetzlich festgelegte Altersgrenze noch nicht überschritten haben
- kein Verbrechen oder Vergehen begangen haben, dass ihn der Berufung in das Beamtenverhältnis unwürdig erscheinen lässt
- nicht das Recht zur Bekleidung öffentlicher Ämter durch ein Gericht aberkannt bekommen haben
- nicht aufgrund einer Entscheidung des Bundesverfassungsgerichts gemäß Artikel 18 GG ein Grundrecht verwirkt haben.

4. Welche Kriterien gelten für die Auswahl der Bewerber bei der Begründung des Beamtenverhältnisses?

Die Kriterien für die Auswahl der Bewerber bei der Einstellung von Beamten ergeben sich aus Artikel 33 Abs. 2 des Grundgesetzes (GG). Danach hat jeder Deutsche nach seiner **Eignung, Befähigung und fachlichen Leistung gleichen Zugang zu jedem öffentlichen Amte** (Prinzip der Bestenauslese). Daneben hebt Artikel 33 Abs. 3 des GG noch besonders hervor, dass niemand wegen seines religiösen Bekenntnisses oder seiner Weltanschauung beim Zugang zu den öffentlichen Ämtern benachteiligt werden darf. Das Prinzip der Bestenauslese ist ebenfalls in § 9 des Bundesbeamtengesetzes (BBG) verankert. Danach richtet sich die Auswahl der Bewerber nach Eignung, Befähigung und fachlicher Leistung ohne Rücksicht auf Geschlecht, Abstammung, Rasse oder ethnische Herkunft, Behinderung, Religion oder Weltanschauung, politische Anschauungen, Herkunft, Beziehungen oder sexuelle Identität, wobei gesetzliche Maßnahmen zur Durchsetzung der tatsächlichen Gleichstellung im Erwerbsleben, insbesondere Quotenregelungen mit Einzelfallprüfung sowie zur Förderung schwerbehinderter Menschen dem nicht entgegen stehen. Für den Bereich der Länder enthält § 9 des Beamtenstatusgesetzes (BeamtStG) hinsichtlich der Auswahlkriterien eine entsprechende Regelung.

Die Leistungskriterien „Eignung", Befähigung" und „fachliche Leistung" werden in der von der Bundesregierung erlassenen Verordnung über die Laufbahnen der Bundesbeamtinnen und Bundesbeamten (Bundeslaufbahnverordnung – BLV) wie folgt näher definiert:

- **Eignung** erfasst insbesondere Persönlichkeit und charakterliche Eigenschaften, die für ein bestimmtes Amt von Bedeutung sind (§ 2 Abs. 2 BLV).
- **Befähigung** umfasst die Fähigkeiten, Kenntnisse, Fertigkeiten und sonstigen Eigenschaften, die für die dienstliche Verwendung wesentlich sind (§ 2 Abs. 3 BLV).
- Die **fachliche Leistung** ist insbesondere nach den Arbeitsergebnissen, der praktischen Arbeitsweise, dem Arbeitsverhalten und für Beamte, die bereits Vorgesetzte sind, nach dem Führungsverhalten zu beurteilen (§ 2 Abs. 4 BLV).

5. Was versteht man unter einer Ernennung?

Die **Ernennung** ist ein Rechtsakt, der darauf gerichtet ist, ein **Beamtenverhältnis zu begründen** oder **zu ändern**. Sie ist ein mitwirkungsbedürftiger und formgebundener Verwaltungsakt.

6. In welchen beamtenrechtlichen Fällen bedarf es einer Ernennung?

Nach § 10 Abs. 1 des Bundesbeamtengesetzes (BBG) bzw. § 8 Abs. 1 des Gesetzes zur Regelung des Statusrechts der Beamtinnen und Beamten in den Ländern (Beamtenstatusgesetz – BeamtStG) bedarf es in folgenden Fällen einer **Ernennung**, und zwar

- zur **Begründung des Beamtenverhältnisses**, z. B. Ernennung eines Bewerbers zum Sekretäranwärter (Begründung des Beamtenverhältnisses auf Widerruf)
- zur **Umwandlung des Beamtenverhältnisses in ein solches anderer Art**, z. B. Ernennung vom Sekretäranwärter (Beamtenverhältnis auf Widerruf) zum Sekretär (Beamtenverhältnis auf Probe)
- zur **Verleihung eines anderen Amtes mit anderem Endgrundgehalt** bzw. zur Verleihung eines anderen Amtes mit anderem Grundgehalt und anderer Amtsbezeich-

nung, z. B. Beförderung vom Sekretär (Besoldungsgruppe A 6) zum Obersekretär (Besoldungsgruppe A 7)

- zur **Verleihung eines anderen Amtes mit anderer Amtsbezeichnung beim Wechsel der Laufbahngruppe**, z. B. Ernennung eines Oberamtsrates (Spitzenamt der Laufbahn des gehobenen Dienstes) zum Regierungsrat (Eingangsamt der Laufbahn des höheren Dienstes).

7. Was sind die Voraussetzungen für eine wirksame Ernennung?

Nach dem Bundesbeamtengesetz (BBG) und dem Gesetz zur Regelung des Statusrechts der Beamtinnen und Beamten in den Ländern (Beamtenstatusgesetz – BeamtStG) ist Voraussetzung für eine wirksame Ernennung zum Beamten, dass die **Ernennung** durch die **Aushändigung einer Ernennungsurkunde** entsprechend den gesetzlich vorgeschriebenen Angaben erfolgt, wobei eine Ernennung in elektronischer Form aber ausgeschlossen ist (§ 10 Abs. 2 BBG, § 8 Abs. 2 BeamtStG). Außerdem ist die **Zustimmung des zu Ernennenden Voraussetzung für die Wirksamkeit** der Ernennung, da keine Person gegen ihren Willen in ein Beamtenverhältnis berufen werden kann. Die Zustimmung bedarf keiner besonderen Form. Es genügt die widerspruchslose Entgegennahme der Ernennungsurkunde (stillschweigende Zustimmung).

8. Welche Angaben müssen in der Ernennungsurkunde enthalten sein?

Nach § 10 Abs. 2 des Bundesbeamtengesetzes (BBG) bzw. § 8 Abs. 2 des Gesetzes zur Regelung des Statusrechts der Beamtinnen und Beamten in den Ländern (Beamtenstatusgesetz – BeamtStG) müssen in der Ernennungsurkunde folgende Angaben enthalten sein:

- bei der **Begründung des Beamtenverhältnisses** die Worte **„unter Berufung in das Beamtenverhältnis“** mit dem die Art des Beamtenverhältnisses bestimmenden Zusatz „auf Lebenszeit“, „auf Probe“, „auf Widerruf“ oder „als Ehrenbeamter“ oder „auf Zeit“ mit der Angabe der Zeitdauer der Berufung
- bei der **Umwandlung des Beamtenverhältnisses in ein solches anderer Art die diese Art bestimmenden Worte** (z. B. „auf Lebenszeit“, „auf Probe“, „auf Widerruf“)
- bei der **Verleihung eines Amtes** die **Amtsbezeichnung** (z. B. „Sekretär“, „Inspektor“).

Darüber hinaus muss jede Urkunde den Dienstherrn, den Vor- und Zunamen der zu ernennenden Person, die Dienst- oder Amtsbezeichnung, wozu die Person ernannt werden soll, Ort und Datum der Ausfertigung der Urkunde, die ausstellende Behörde (diese kann sich auch aus dem Dienstsiegel ergeben) sowie die Unterschrift des dazu Berechtigten enthalten; wobei sich weitergehende Anforderungen an die richtige Unterzeichnung der Ernennungsurkunde aus den für einzelne Dienstherrn geltenden Sondervorschriften, z. B. den Gemeindeordnungen, ergeben können.

9. Welche Voraussetzungen muss der Beamte für die Ernennung auf Lebenszeit erfüllen?

Das durch das Gesetz zur Modernisierung und Neuordnung des Bundesdienstrechts (Dienstrechtsneuordnungsgesetz – DNeuG) vom 5. Februar 2009 neu gefasste **Bundesbeamtengesetz** (BBG) sieht als Voraussetzungen der Ernennung zum Beamten auf Lebenszeit vor, dass der Beamte die persönlichen Voraussetzungen für die Ernennung erfüllen (§ 7 BBG) und sich in einer Probezeit in vollem Umfang bewährt haben muss (§ 11 Abs. 1 Satz 1 BBG). Für die Feststellung der Bewährung gilt ein strenger Maßstab. Die **Probezeit** dauert mindestens drei Jahre. Die Anrechnung einer gleichwertigen Tätigkeit kann bis zu einer Mindestprobezeit von einem Jahr vorgesehen werden (§ 11 Abs. 1 Satz 2 bis 4 BBG). Dies bedeutet, dass Beamte, die ihre Probezeit erfolgreich durchlaufen haben, unabhängig von ihrem Alter in das Beamtenverhältnis auf Lebenszeit zu übernehmen sind, da das bislang im Beamtenrecht für die Berufung in das Beamtenverhältnis außerdem geforderte Kriterium der Vollendung des 27. Lebensjahres entfallen ist.

Die Einzelheiten, insbesondere die Kriterien und das Verfahren der Bewährungsfeststellung, die Anrechnung von Zeiten sowie Ausnahmen von der Probezeit einschließlich der Mindestprobezeit sind in der von der Bundesregierung erlassenen Verordnung über die Laufbahnen der Bundesbeamtinnen und Bundesbeamten (**Bundeslaufbahnverordnung** – BLV) geregelt. Zu beachten ist, dass ein Beamtenverhältnis auf Probe spätestens nach fünf Jahren in ein solches auf Lebenszeit umzuwandeln ist, wenn die beamtenrechtlichen Voraussetzungen hierfür erfüllt sind, wobei sich die Frist verlängert um die Zeit, um die sich die Probezeit wegen Elternzeit oder einer Beurlaubung unter Wegfall der Besoldung verlängert (§ 11 Abs. 2 BBG).

Für den Bereich der **Länder, Gemeinden und Gemeindeverbände** sieht § 10 des Gesetzes zur Regelung des Statusrechts der Beamtinnen und Beamten in den Ländern (Beamtenstatusgesetz – BeamtStG) als Voraussetzung der Ernennung auf Lebenszeit vor, dass der Beamte sich in einer Probezeit von mindestens sechs Monaten und höchstens fünf Jahren bewährt haben muss, wobei von der Mindestprobezeit durch Landesrecht Ausnahmen bestimmt werden können. Die im Zuge der Föderalismusreform I von den Ländern neu erlassenen Beamtengesetze sehen für die Feststellung der Bewährung des Beamten in Anlehnung an die Regelung des BBG ebenfalls eine Probezeit von mindestens drei Jahren vor.

10. Wann wird die Ernennung wirksam?

Das Bundesbeamtengesetz (BBG), das Gesetz zur Regelung des Statusrechts der Beamtinnen und Beamten in den Ländern (Beamtenstatusgesetz– BeamtStG) und die jeweiligen von den Ländern erlassenen Beamtengesetze enthalten nähere Regelungen darüber, wann eine Ernennung wirksam wird. Danach wird die **Ernennung** mit dem **Tage der Aushändigung der Ernennungsurkunde wirksam, wenn nicht in der Urkunde ausdrücklich ein späterer Zeitpunkt bestimmt ist** (§ 12 Abs. 2 Satz 1 BBG bzw. entsprechende Bestimmung des Landesbeamtengesetzes).

Beispiel: Die dem Bewerber bzw. Beamten am 5. Januar 2018 ausgehändigte Ernennungsurkunde enthält das Wirkungsdatum 1. Februar 2018. Die Ernennung wird am 1. Februar 2018 wirksam.

Darüber hinaus bestimmt § 12 Abs. 2 Satz 2 BBG, die der Vorschrift des § 8 Abs. 4 des Gesetzes zur Regelung des Statusrechts der Beamtinnen und Beamten in den Ländern (Beamtenstatusgesetz – BeamtStG) entspricht, dass eine **Ernennung auf einen zurückliegenden Zeitpunkt unzulässig** und insoweit unwirksam ist.

Beispiel: Die dem Bewerber bzw. Beamten am 5. Februar 2018 ausgehändigte Ernennungsurkunde enthält das Wirkungsdatum 1. Februar 2018. Die Ernennung wird am 5. Februar 2018 wirksam.

11. Welche Fälle führen zur Nichtigkeit einer Ernennung?

Nach § 13 des Bundesbeamtengesetzes (BBG) bzw. § 11 des Gesetzes zur Regelung des Statusrechts der Beamtinnen und Beamten in den Ländern (Beamtenstatusgesetz – BeamtStG) ist eine **Ernennung nichtig**, wenn:

- sie nicht der gesetzlich vorgeschriebenen Form (§ 10 Abs. 2 BBG, § 8 Abs. 2 BeamtStG) entspricht (die Ernennung ist aber dann wirksam, wenn aus der Urkunde oder dem Akteninhalt eindeutig hervorgeht, dass die für die Ernennung zuständige Stelle ein bestimmtes Beamtenverhältnis begründen oder ein bestehendes Beamtenverhältnis in ein solches anderer Art umwandeln wollte, für das die sonstigen Voraussetzungen vorliegen, wobei im Anwendungsbereich des BeamtStG die für die Ernennung zuständige Stelle die Wirksamkeit schriftlich bestätigen muss; das Gleiche gilt, wenn die Angabe der Zeitdauer fehlt, durch Rechtsvorschrift bzw. durch Landesrecht aber die Zeitdauer bestimmt ist)
- sie von einer sachlich unzuständigen Behörde ausgesprochen wurde (die Ernennung ist aber dann wirksam, wenn sie von der sachlich zuständigen Behörde nachträglich bestätigt wird)
- die ernannte Person zum Zeitpunkt der Ernennung nicht Deutscher im Sinne des Artikels 116 des Grundgesetzes (GG) gewesen ist oder nicht die Staatsangehörigkeit eines anderen Mitgliedstaates der Europäischen Union oder eines anderen Vertragsstaates des Abkommens über den Europäischen Wirtschaftsraum oder eines Drittstaates, dem Deutschland und die Europäische Union vertraglich einen entsprechenden Anspruch auf Anerkennung von Berufsqualifikationen eingeräumt haben, besitzt (die Ernennung ist aber dann wirksam, wenn nachträglich eine Ausnahme zugelassen wird)
- die ernannte Person zum Zeitpunkt der Ernennung nicht die Fähigkeit zur Wahrnehmung bzw. Bekleidung öffentlicher Ämter hatte oder
- zum Zeitpunkt der Ernennung eine ihr zugrunde liegende Wahl unwirksam ist.

12. In welchen Fällen ist die Ernennung zurückzunehmen?

Nach § 14 Abs. 1 des Bundesbeamtengesetzes (BBG) bzw. § 12 Abs. 1 des Gesetzes zur Regelung des Statusrechts der Beamtinnen und Beamten in den Ländern (Beamtenstatusgesetz – BeamtStG) ist eine **Ernennung mit Wirkung auch für die Vergangenheit zurückzunehmen**, wenn:

- sie durch Zwang, arglistige Täuschung oder Bestechung herbeigeführt wurde
- dem Dienstherrn nicht bekannt war, dass die ernannte Person wegen einer Straftat rechtskräftig verurteilt ist und deswegen für die Berufung in das Beamtenverhältnis als unwürdig erscheint
- die Ernennung nicht erfolgen durfte, weil die ernannte Person nicht Deutscher im Sinne des Artikels 116 des Grundgesetzes (GG) ist, obwohl die Aufgaben es erfordern und eine Ausnahme nicht zugelassen war und eine Ausnahme nicht nachträglich zugelassen wird, oder
- eine durch Landesrecht vorgeschriebene Mitwirkung einer unabhängigen Stelle (z. B. Landespersonalausschuss) oder einer Aufsichtsbehörde unterblieben ist und nicht nachgeholt wurde.

13. Wann soll die Ernennung zurückgenommen werden?

In § 14 Abs. 2 des Bundesbeamtengesetzes (BBG) bzw. § 12 Abs. 2 des Gesetzes zur Regelung des Statusrechts der Beamtinnen und Beamten in den Ländern (Beamtenstatusgesetz – BeamtStG) ist bestimmt, dass die **Ernennung zurückgenommen** werden soll, wenn dem Dienstherrn nicht bekannt war, dass gegen die ernannte Person in einem **Disziplinarverfahren auf Entfernung aus dem Beamtenverhältnis oder auf Aberkennung des Ruhegehalts** erkannt worden war. Dies gilt auch, wenn die Entscheidung gegen einen Beamten der Europäischen Gemeinschaften oder eines anderen Mitgliedstaates der Europäischen Union oder eines anderen Vertragsstaates des Abkommens über den Europäischen Wirtschaftsraum oder eines Drittstaates, dem Deutschland und die Europäische Union vertraglich einen entsprechenden Anspruch auf Anerkennung von Berufsqualifikationen eingeräumt haben (§ 7 Abs. 1 Nr. 1 BBG bzw. BeamtStG), ergangen ist.

14. Welche Rechtsfolgen treten durch die Nichtigkeit oder Zurücknahme der Ernennung ein?

Durch die Nichtigkeit oder die Zurücknahme der Ernennung wird festgestellt, dass die ernannte Person nicht Beamter geworden ist. Die durch die ernannte Person vorgenommenen Amtshandlungen sind jedoch in gleicher Weise gültig, wie wenn ein Beamter sie ausgeführt hätte. Die gezahlte Besoldung kann belassen werden (§ 15 BBG bzw. entsprechende Regelung in den Beamtengesetzen der Länder).

15. Welche Grundsätze gelten für die Beförderung der Beamten?

Für die **Beförderung der Beamten** gilt das in Artikel 33 Abs. 2 des Grundgesetzes (GG) verankerte Leistungsprinzip bzw. das **Prinzip der Bestenauslese**, welches im Bundesbeamtengesetz (BBG) und im Gesetz zur Regelung des Statusrechts der Beamtinnen und Beamten in den Ländern (Beamtenstatusgesetz – BeamtStG) näher konkretisiert ist. Danach ist die Beförderung der Beamten nach Eignung, Befähigung und fachlicher Leistung ohne Rücksicht auf Geschlecht, Abstammung, Rasse oder ethnische Herkunft, Behinderung, Religion oder Weltanschauung, politische Anschauungen, Herkunft, Beziehungen oder sexuelle Identität vorzunehmen (§ 22 Abs. 1 Satz 1 i.V.m. § 9 Satz 1 BBG, § 9 BeamtStG). Darüber hinaus ist in § 9 Satz 2 BBG bestimmt, dass gesetzliche Maßnahmen zur Durchsetzung der tatsächlichen Gleichstellung im Erwerbsleben, insbesondere Quotenregelungen mit Einzelfallprüfung sowie zur Förderung schwerbehinderter Menschen den vorbezeichneten Kriterien nicht entgegen stehen.

Weitere ergänzende Regelungen beinhalten häufig auch die jeweiligen Laufbahnvorschriften. So ist in § 32 der von der Bundesregierung erlassenen Verordnung über die Laufbahnen der Bundesbeamtinnen und Bundesbeamten (Bundeslaufbahnverordnung – BLV) bestimmt, dass ein Beamter befördert werden kann, wenn er nach Eignung, Befähigung und fachlicher Leistung ausgewählt worden ist, im Fall der Übertragung einer höherwertigen Funktion die Eignung in einer Erprobungszeit nachgewiesen wurde und kein Beförderungsverbot vorliegt.

16. Wann ist eine Beförderung unzulässig?

Die im Bundesbeamtengesetz (BBG) und in den Beamtengesetzen der Länder oder in den Laufbahnvorschriften enthaltenen Beförderungsverbote sehen grundsätzlich vor, dass der **Beamte nicht befördert** werden darf:

- während der Probezeit
- vor Ablauf einer bestimmten Wartezeit (in der Regel ein Jahr) nach Beendigung der Probezeit
- vor Ablauf einer bestimmten Wartezeit seit der letzten Beförderung (in der Regel ein oder zwei Jahre in Abhängigkeit von der Laufbahngruppe), es sei denn das bisherige Amt musste nicht regelmäßig durchlaufen werden, z. B. bei der Verbeamtung in einem Amt der Besoldungsordnung B im Fall der unmittelbaren Einstellung in das Beamtenverhältnis auf Lebenszeit
- innerhalb einer bestimmten Frist (in der Regel zwei Jahre) vor Erreichen der Altersgrenze
- vor Feststellung der Eignung für einen höherwertigen Dienstposten in einer Erprobungszeit von (mindestens) drei Monaten.

Die bei einer **Beförderung** im konkreten Falle zu beachtenden **Mindestwartezeiten** sind in den jeweiligen Beamtengesetzen bzw. Laufbahnvorschriften genau bestimmt.

Darüber hinaus ist zu beachten, dass regelmäßig zu durchlaufende Ämter bei Beförderungen nicht übersprungen werden dürfen (sog. **Verbot der Sprungbeförderung**). Außerdem sehen das Disziplinargesetz des Bundes und die Disziplinargesetze der Länder Beförderungsverbote für Beamte nach einer Disziplinarmaßnahme vor.

Von den **Beförderungsverboten** und dem **Verbot der Sprungbeförderung** können im Einzelfall **Ausnahmen zugelassen werden**, worüber die im BBG bzw. in den Beamtengesetzen der Länder bestimmte **unabhängige Stelle** (z. B. Bundespersonalausschuss, Landespersonalausschuss) entscheidet, sofern die jeweiligen Laufbahnvorschriften nicht bereits eine entsprechende Ausnahmeregelung beinhalten.

6.4 Die Pflichten und Rechte der Beamten

1. Auf welchen Grundlagen beruhen die Pflichten der Beamten?

Die **Pflichten der Beamten**, die sich auf das **innerdienstliche und außerdienstliche Verhalten** erstrecken, sind in den Beamtengesetzen nicht erschöpfend aufgezählt. Weitere Pflichten ergeben sich unmittelbar oder mittelbar aus dem beamtenrechtlichen Dienst- oder Treueverhältnis oder auch aus anderen Gesetzen, Rechts- und Verwaltungsvorschriften, besonderen Dienstanweisungen sowie aus der ständigen Praxis der Behörde.

2. Was versteht man unter der Treuepflicht der Beamten?

Die **Treuepflicht ist die Grundpflicht des Beamten**. Von der Treuepflicht lassen sich alle Beamtenpflichten ableiten. Sie beinhaltet die Bereitschaft zu steter Dienstleistung und schließt die Arbeitsverweigerung jeder Art aus. Die Verletzung der Treuepflicht kann zur Entfernung aus dem Dienst führen.

3. Was sind die wesentlichsten Beamtenpflichten?

Die wesentlichsten **Beamtenpflichten** sind:

- Pflicht, dem ganzen Volk zu dienen, nicht einer Partei (§ 60 Abs. 1 Satz 1 BBG, § 33 Abs. 1 Satz 1 BeamtStG)
- Pflicht zur unparteiischen und gerechten Erfüllung der Amtsaufgaben (§ 60 Abs. 1 Satz 2, 1. Halbsatz BBG, § 33 Abs. 1 Satz 2, 1. Halbsatz BeamtStG)
- Pflicht zur Amtsführung zum Wohle der Allgemeinheit (§ 60 Abs. 1 Satz 2, 2. Halbsatz BBG, § 33 Abs. 1 Satz 2, 2. Halbsatz BeamtStG)
- Pflicht, sich zur freiheitlich demokratischen Grundordnung zu bekennen und für deren Erhaltung einzutreten (§ 60 Abs. 1 Satz 3 BBG, § 33 Abs. 1 Satz 3 BeamtStG)
- Pflicht zur Mäßigung und Zurückhaltung bei politischer Betätigung (§ 60 Abs. 2 BBG, § 33 Abs. 2 BeamtStG)
- Pflicht, sich dem Beruf mit vollem persönlichen Einsatz zu widmen (§ 61 Abs. 1 Satz 1 BBG, § 34 Satz 1 BeamtStG)

- Pflicht, das übertragene Amt uneigennützig nach bestem Gewissen wahrzunehmen (§ 61 Abs. 1 Satz 2 BBG, § 34 Satz 2 BeamtStG)
- Pflicht zu einem achtungs- und vertrauenswürdigen dienstlichen und außerdienstlichen Verhalten (§ 61 Abs. 1 Satz 3 BBG, § 34 Satz 3 BeamtStG)
- Pflicht, das Gesicht bei Ausübung des Dienstes oder bei einer Tätigkeit mit unmittelbarem Dienstbezug nicht zu verhüllen, es sei denn, dienstliche oder gesundheitliche Gründe erfordern dies (§ 61 Abs. 1 Satz 4 BBG, § 34 Satz 4 BeamtStG).
- Pflicht zur Beratung und Unterstützung des Vorgesetzten (§ 62 Abs. 1 Satz 1 BBG, § 35 Satz 1 BeamtStG)
- Pflicht zum rechtmäßigen dienstlichen Handeln (§ 63 Abs. 1 BBG, § 36 Abs. 1 BeamtStG)
- Pflicht zur Amtsverschwiegenheit (§ 67 BBG, § 37 BeamtStG)
- Pflicht, keine Belohnungen, Geschenke oder sonstigen Vorteile für sich oder einen Dritten in Bezug auf sein Amt zu fordern, sich versprechen zu lassen oder anzunehmen (§ 71 BBG bzw. entsprechende Regelung im Landesbeamtengesetz)
- Pflicht, die Wohnung so zu nehmen, dass dienstliche Belange nicht beeinträchtigt werden (§ 72 BBG bzw. entsprechende Regelung im Landesbeamtengesetz)
- Pflicht, sich während der dienstfreien Zeit in erreichbarer Nähe des Dienstortes aufzuhalten, wenn besondere dienstliche Verhältnisse dies dringend erfordern (§ 73 BBG bzw. entsprechende Regelung im Landesbeamtengesetz)
- Pflicht zum Tragen von Dienstkleidung (gilt nur für bestimmte Beamte, z. B. Polizei, Feuerwehr; § 74 BBG bzw. entsprechende Regelung im Landesbeamtengesetz)
- Pflicht, Mehrarbeit ohne Vergütung zu leisten (§ 88 BBG bzw. entsprechende Regelung im Landesbeamtengesetz)
- Pflicht zur Übernahme einer Nebentätigkeit auf Verlangen des Dienstherrn (§ 98 BBG bzw. entsprechende Regelung im Landesbeamtengesetz).

4. In welcher Weise muss der Beamte die ihm obliegenden Pflichten bekräftigen?

Der Beamte muss bei der Einstellung durch einen **Diensteid** bekräftigen, dass er seine Pflichten gewissenhaft erfüllen will. Der Diensteid kann mit oder ohne religiöse Beteuerung (so wahr mir Gott helfe) geleistet werden (§ 64 BBG, § 38 BeamtStG). Weigert sich der Beamte, den gesetzlich vorgeschriebenen Diensteid zu leisten oder ein an dessen Stelle vorgeschriebenes Gelöbnis abzulegen, so ist er zu entlassen (§ 32 Abs. 1 Nr. 1 BBG, § 23 Abs. 1 Nr. 1 BeamtStG). Von besonderer Bedeutung ist, dass dieser Eid nicht nur für die Dauer des aktiven Beamtenverhältnisses gilt; er bindet vielmehr auch noch die von jeglicher Dienstpflicht entbundenen Ruhestandsbeamten bis zu ihrem Tode.

5. Wann begeht der Beamte ein Dienstvergehen?

Wenn der Beamte schuldhaft, das heißt vorsätzlich oder fahrlässig, die ihm obliegenden Pflichten nicht erfüllt, begeht er ein **Dienstvergehen** (§ 77 Abs. 1 Satz 1 BBG, § 47 Abs. 1 Satz 1 BeamtStG). Ein schuldhaftes Verhalten des Beamten außerhalb des Dienstes ist nur dann ein Dienstvergehen, wenn die Pflichtverletzung nach den Umständen des Einzelfalls in besonderem Maße geeignet ist, das Vertrauen in einer für ihr Amt oder das Ansehen des Beamtentums bedeutsamen Weise zu beeinträchtigen (§ 77 Abs. 1 Satz 2 BBG, § 47 Abs. 1 Satz 2 BeamtStG). Für Ruhestandsbeamte und Beamte mit Versorgungsbezügen enthält § 77 Abs. 2 des Bundesbeamtengesetzes (BBG) bzw. § 47 Abs. 2 Satz 1 und 2 des Gesetzes zur Regelung des Statusrechts der Beamtinnen und Beamten in den Ländern (Beamtenstatusgesetz – BeamtStG) eine Aufzählung der als Dienstvergehen geltenden Handlungen, wobei durch Landesrecht weitere Handlungen festgelegt werden können, die als Dienstvergehen gelten (§ 47 Abs. 2 Satz 3 BeamtStG).

6. Welche Rechtsfolgen kann das Dienstvergehen eines Beamten haben?

Ein **Dienstvergehen des Beamten** kann verschiedene **Rechtsfolgen** nach sich ziehen. In Betracht kommen:

- strafrechtliche Ahndung
- disziplinarische Maßnahmen
- Verlust der Dienstbezüge bei schuldhaftem Fernbleiben vom Dienst
- vermögensrechtliche Haftung
- personelle Maßnahmen, z. B. Verbot der Führung von Dienstgeschäften, Versetzung, Umsetzung, Zuweisung anderer Aufgaben.

7. Wonach richtet sich die Verfolgung von Dienstvergehen der Beamten und welche Maßnahmen kommen hierbei in Betracht?

Die **Verfolgung von Dienstvergehen** der unter den Geltungsbereich des Bundesbeamtengesetzes (BBG) fallenden Beamten richtet sich nach dem **Bundesdisziplinargesetz** (BDG) und der unter den Geltungsbereich eines Landesbeamtengesetzes fallenden Beamten nach dem jeweiligen **Disziplinargesetz des Landes**.

Gegen einen **Bundesbeamten** können nach § 5 Abs. 1 des **Bundesdisziplinargesetzes** (BDG) je nach der Schwere des Dienstvergehens folgende **Disziplinarmaßnahmen** verhängt werden:

- Verweis (§ 6 BDG)
- Geldbuße (§ 7 BDG)
- Kürzung der Dienstbezüge (§ 8 BDG)
- Zurückstufung (§ 9 BDG)
- Entfernung aus dem Beamtenverhältnis (§ 10 BDG).

Bei **Ruhestandsbeamten** ist nur die Kürzung des Ruhegehalts (§ 11 BDG) und die Aberkennung des Ruhegehalts (§ 12 BDG) zulässig (§ 5 Abs. 2 BDG). Bei **Beamten auf Widerruf** oder **auf Probe** sind nur die Erteilung eines Verweises oder die Auferlegung einer Geldbuße möglich (§ 5 Abs. 3 BDG).

Die von den Ländern erlassenen Disziplinargesetze sehen ebenfalls entsprechende Disziplinarmaßnahmen in Anlehnung an die Regelungen des BDG vor.

8. Wie ist im Regelfall der Gang des behördlichen Disziplinarverfahrens?

Für die unter das Bundesbeamtengesetz (BBG) fallenden Beamten ist das behördliche Disziplinarverfahren in den §§ 17 bis 44 des Bundesdisziplinargesetzes (BDG) geregelt. Danach hat der Dienstvorgesetzte die Dienstpflicht, ein **Disziplinarverfahren einzuleiten**, wenn **zureichende tatsächliche Anhaltspunkte vorliegen, die den Verdacht eines Dienstvergehens rechtfertigen** (§ 17 Abs. 1 BDG). Der **Beamte ist über die Einleitung des Verfahrens zu unterrichten**. Er erhält in aller Regel eine schriftliche Einleitungsverfügung. Die Durchführung der disziplinarrechtlichen Ermittlungen regelt sich nach §§ 20 bis 31 BDG: Der betroffene Beamte wird zunächst über die Vorwürfe unterrichtet und über bestimmte Rechte belehrt (§ 20 BDG). Er kann sich zu den Vorwürfen äußern und sich jederzeit der Hilfe eines Bevollmächtigten bedienen. Danach beginnen die Ermittlungen, die von Amts wegen durchzuführen sind. Trifft das Disziplinarverfahren mit Strafverfahren oder anderen Verfahren zusammen, so kommt es zunächst zu einer Aussetzung des Disziplinarverfahrens (§ 22 BDG). Die Ergebnisse solcher anderen Verfahren sind unter Umständen mit ihren tatsächlichen Feststellungen bindend für das Disziplinarverfahren (§ 23 BDG). Nach Beendigung der Ermittlungen ist dem Beamten Gelegenheit zu geben, sich abschließend zu äußern (§ 30 BDG). Dazu wird ihm das wesentliche Ergebnis der Ermittlungen übermittelt. Hierzu kann er sich dann noch einmal mündlich oder schriftlich äußern. Erst danach ergeht die Entscheidung. Wird das Disziplinarverfahren nicht eingestellt, so wird durch den Dienstvorgesetzten ein Verweis oder eine Geldbuße bzw. durch die oberste Dienstbehörde oder den der obersten Dienstbehörde unmittelbar nachgeordneten Dienstvorgesetzten eine Kürzung der Dienstbezüge oder des Ruhegehalts durch Disziplinarverfügung ausgesprochen (§ 33 BDG). Soll gegen den Beamten auf Zurückstufung, auf Entfernung aus dem Beamtenverhältnis oder auf Aberkennung des Ruhegehalts erkannt werden, ist gegen ihn **Disziplinarklage** zu erheben (§ 34 BDG). Die Aufgaben der Disziplinargerichtsbarkeit nehmen die Gerichte der Verwaltungsgerichtsbarkeit wahr (§ 45 BDG). Das Disziplinarverfahren ist im Übrigen eng an das Verwaltungsverfahrensrecht und an das Verwaltungsprozessrecht angelehnt.

Die **Länder** haben das behördliche Disziplinarverfahren in ihren Disziplinargesetzen ebenfalls weitgehend nach dem Vorbild des BDG gestaltet.

9. Welche vermögensrechtlichen Folgen haben die schuldhafte Verletzung der Pflichten für die Beamten?

Beamte, die vorsätzlich oder grob fahrlässig die ihnen obliegenden Pflichten verletzt haben, müssen gemäß § 77 des Bundesbeamtengesetzes (BBG) bzw. § 48 des Gesetzes zur Regelung des Statusrechts der Beamtinnen und Beamten in den Ländern (Beamtenstatusgesetz – BeamtStG) dem Dienstherrn, dessen Aufgaben sie wahrgenommen haben, den daraus entstehenden Schaden ersetzen. Haben zwei oder mehr Beamte gemeinsam den Schaden verursacht, haften sie gesamtschuldnerisch.

10. Auf welchen Grundlagen beruhen die Rechte der Beamten?

Die **Rechte der Beamten** sind ebenso wie die Beamtenpflichten nicht erschöpfend in den Beamtengesetzen geregelt. Sie ergeben sich auch aus anderen Gesetzen, Verordnungen und den Bestimmungen über die Pflichten der Beamten.

11. Was ist unter der Fürsorgepflicht des Dienstherrn gegenüber dem Beamten zu verstehen?

Die **Fürsorgepflicht des Dienstherrn** gegenüber den Beamten gehört zu den **hergebrachten Grundsätzen des Berufsbeamtentums** im Sinne des Artikels 33 Abs. 5 des Grundgesetzes (GG). Der Dienstherr hat zum Ausgleich der sich aus dem Dienst- und Treueverhältnis für den Beamten ergebenden Pflichten für das Wohl der Beamten und ihrer Familien, auch für die Zeit nach Beendigung des Beamtenverhältnisses, zu sorgen (§ 78 BBG, § 45 BeamtStG). Die Fürsorgepflicht des Dienstherrn bildet die Grundlage für alle die Rechte der Beamten regelnden Vorschriften.

12. Was sind die bedeutendsten Rechte des Beamten?

Die bedeutendsten **Rechte der Beamten** sind:

- Recht auf Dienstbezüge nach Maßgabe des Bundesbesoldungsgesetzes (BBesG) bzw. der Besoldungsgesetze der Länder
- Recht auf Versorgungsbezüge nach Maßgabe des Beamtenversorgungsgesetzes (BeamtVG) bzw. der Beamtenversorgungsgesetze der Länder
- Recht auf politische Betätigung (§ 60 Abs. 2 BBG, § 33 Abs. 2 BeamtStG)
- Recht auf Amtsausübung (§ 66 BBG, § 39 BeamtStG)
- Recht auf Gewährleistung von Mutterschutz, Elternzeit und Jugendarbeitsschutz (§ 79 BBG, § 46 BeamtStG sowie Regelung im Landesbeamtengesetz)
- Recht auf Gewährung von Beihilfe in Krankheits-, Pflege- und Geburtsfällen (§ 80 BBG bzw. Regelung im Landesbeamtengesetz)
- Recht auf Gewährung von Reisekosten, Umzugskosten und Trennungsgeld (§§ 81 bis 83 BBG bzw. Regelung im Landesbeamtengesetz)
- Recht auf Gewährung einer Dienstjubiläumszuwendung (§ 84 BBG bzw. Regelung im Landesbeamtengesetz)
- Recht auf Erteilung eines Dienstzeugnisses (§ 85 BBG bzw. Regelung im Landesbeamtengesetz)
- Recht auf Führung einer Amtsbezeichnung (§ 86 BBG bzw. Regelung im Landesbeamtengesetz)
- Recht auf Erholungsurlaub und Urlaub aus anderen Anlässen (§§ 89 und 90 BBG, § 44 BeamtStG sowie Regelung im Landesbeamtengesetz)

- Recht auf Teilzeitbeschäftigung, familienbedingte Teilzeitbeschäftigung und Beurlaubung sowie auf Altersteilzeit (§§ 91 bis 93 BBG, § 43 BeamtStG sowie Regelung im Landesbeamtengesetz)
- Recht auf Ausübung einer Nebentätigkeit (§§ 97 bis 105 BBG, § 40 BeamtStG sowie Regelung im Landesbeamtengesetz)
- Recht auf Einsicht in die Personalakten (§§ 106 bis 114 BBG, § 50 BeamtStG sowie Regelung im Landesbeamtengesetz)
- Recht auf Betätigung in Gewerkschaften oder Berufsverbänden (§ 116 BBG, § 52 BeamtStG)
- Recht zur Bildung von Personalvertretungen (§ 117 BBG, § 51 BeamtStG).

6.5 Die Beendigung des Beamtenverhältnisses

1. Auf welche Weise kann ein Beamtenverhältnis enden?

Das **Beamtenverhältnis kann enden** durch:

- Tod des Beamten
- Entlassung des Beamten
- Verlust der Beamtenrechte
- Entfernung des Beamten aus dem Beamtenverhältnis nach dem Bundesdisziplinargesetz bzw. den Disziplinargesetzen der Länder oder
- Eintritt oder Versetzung des Beamten in den Ruhestand (§ 30 BBG, § 21 BeamtStG).

Im Gegensatz zu dem früheren Beamtenrecht ist in dem durch das Gesetz zur Modernisierung und Neuordnung des Bundesdienstrechts (Dienstrechtsneuordnungsgesetz – DNeuG) vom 5. Februar 2009 neu gefassten Bundesbeamtengesetz (BBG) und in dem Gesetz zur Regelung des Statusrechts der Beamtinnen und Beamten in den Ländern (Beamtenstatusgesetz – BeamtStG) vom 17. Juni 2008 der Tod des Beamten nicht mehr als (selbstverständlicher) Beendigungstatbestand des Beamtenverhältnisses ausdrücklich erwähnt.

2. Welche Formen der Beendigung des Beamtenverhältnisses durch Entlassung unterscheidet man?

- die Entlassung des Beamten **kraft Gesetzes**
- die Entlassung **durch Verwaltungsakt ohne Antrag** des Beamten
- die Entlassung **durch Verwaltungsakt auf Antrag** des Beamten.

3. In welchen Fällen ist der Beamte kraft Gesetzes entlassen und wer entscheidet darüber, ob die gesetzlichen Voraussetzungen für die Entlassung vorliegen?

Das **Bundesbeamtengesetz** (BBG) **sieht die Entlassung eines Beamten kraft Gesetzes vor**,

- wenn er die Eigenschaft als Deutscher im Sinne des Artikels 116 des Grundgesetzes (GG) oder die Staatsangehörigkeit eines anderen Mitgliedstaates der Europäischen Union oder eines anderen Vertragsstaates des Abkommens über den Europäischen Wirtschaftsraum oder eines Drittstaates, dem die Bundesrepublik Deutschland und die Europäische Union vertraglich einen entsprechenden Anspruch auf Anerkennung der Berufsqualifikationen eingeräumt haben, verliert und das Bundesministerium des Inneren auch nachträglich keine Ausnahme zugelassen hat (§ 31 Abs. 1 Nr. 1 BBG), oder
- wenn er in ein öffentlich-rechtliches Dienst- oder Amtsverhältnis zu einem anderen Dienstherrn oder zu einer Einrichtung ohne Dienstherrnfähigkeit nach deutschem Recht tritt oder zum Berufssoldat oder zum Soldaten auf Zeit ernannt wird, sofern gesetzlich nichts anderes bestimmt ist – dies gilt nicht für den Eintritt in ein Beamtenverhältnis auf Widerruf oder als Ehrenbeamter oder wenn die oberste Dienstbehörde nach ihrem Ermessen die Fortdauer des Beamtenverhältnisses angeordnet hat, bevor der Beamte in das Dienst- oder Amtsverhältnis zu dem anderen Dienstherrn oder der Einrichtung getreten ist; bei Dienstherren im Sinne des Beamtenstatusgesetzes kann die Fortdauer nur mit deren Einvernehmen angeordnet werden (§ 31 Abs. 1 Nr. 2 BBG), oder
- wenn er in den Fällen des § 11a Absatz 2 BBG eine Probezeit für die neue Laufbahn abgeleistet hat und in der neuen Laufbahn zum Beamten auf Lebenszeit ernannt worden ist (§ 31 Abs. 1 Nr. 3 BBG).

Die oberste Dienstbehörde entscheidet darüber, ob die gesetzlichen Voraussetzungen für eine Entlassung des Beamten vorliegen, und stellt den Tag der Beendigung des Beamtenverhältnisses fest, wobei sie diese Aufgaben auf unmittelbar nachgeordnete Behörden übertragen kann (§ 31 Abs. 2 Satz 1 BGG).

Im Anwendungsbereich des **Beamtenstatusgesetzes** (BeamtStG) ist ein **Beamter kraft Gesetzes entlassen**,

- wenn er die Eigenschaft als Deutscher im Sinne des Artikels 116 des Grundgesetzes (GG) oder die Staatsangehörigkeit eines anderen Mitgliedstaates der Europäischen Union oder eines anderen Vertragsstaates des Abkommens über den Europäischen Wirtschaftsraum oder eines Drittstaates, dem Deutschland und die Europäische Union vertraglich einen entsprechenden Anspruch auf Anerkennung von Berufsqualifikationen eingeräumt haben, verliert oder
- wenn er die Altersgrenze erreicht und das Beamtenverhältnis nicht durch Eintritt in den Ruhestand endet oder
- wenn ein öffentlich-rechtliches Dienst- oder Amtsverhältnis zu einem anderen Dienstherrn oder zu einer Einrichtung ohne Dienstherrneigenschaft begründet wird, sofern nicht im Einvernehmen mit dem neuen Dienstherrn oder der Einrichtung die

Fortdauer des Beamtenverhältnisses neben dem neuen Dienst- oder Amtsverhältnis angeordnet oder durch Landesrecht etwas anderes bestimmt wird, wobei dies nicht für den Eintritt in ein Beamtenverhältnis auf Widerruf oder als Ehrenbeamter gilt, oder

- wenn er in ein Beamtenverhältnis auf Zeit aus einem anderen Beamtenverhältnis bei demselben Dienstherrn berufen wird, soweit das Landesrecht keine abweichenden Regelungen trifft (§ 22 Abs. 1 bis 3 BeamtStG).

Das **Beamtenverhältnis auf Widerruf** endet mit Ablauf des Tages der Ablegung oder dem endgültigen Nichtbestehen der für die Laufbahn vorgeschriebenen Prüfung, sofern durch Landesrecht nichts anderes bestimmt ist (§ 22 Abs. 4 BeamtStG).

Das **Beamtenverhältnis auf Probe** in einem Amt mit leitender Funktion endet mit Ablauf der Probezeit oder mit Versetzung zu einem anderen Dienstherrn (§ 22 Abs. 5 BeamtStG).

Das **Beamtenverhältnis endet** in allen Fällen, in denen eine Entlassung kraft Gesetzes vorgesehen ist, **automatisch**. Die Entlassung wird also nicht durch einen Verwaltungsakt ausgesprochen.

4. Wann ist die Entlassung eines Beamten durch Verwaltungsakt vorgesehen?

Das **Bundesbeamtengesetz** (BBG) **sieht die Entlassung eines Beamten durch Verwaltungsakt vor**, wenn er

- den Diensteid oder ein an dessen Stelle vorgeschriebenes Gelöbnis verweigert
- nicht in den Ruhestand oder einstweiligen Ruhestand versetzt werden kann, weil eine versorgungsrechtliche Wartezeit nicht erfüllt ist, oder
- zur Zeit der Ernennung als Inhaber eines Amtes, das kraft Gesetzes mit dem Mandat unvereinbar ist, Mitglied des Deutschen Bundestages oder des Europäischen Parlaments war und er nicht innerhalb der von der obersten Dienstbehörde gesetzten angemessenen Frist sein Mandat niederlegt
- wegen der Erforderlichkeit der Aufgaben nur als Deutscher im Sinne des Artikels 116 des Grundgesetzes (GG) in ein Beamtenverhältnis berufen werden durfte und er die Eigenschaft als Deutscher im Sinne des Artikels 116 GG verliert (§ 32 BBG)
- die Entlassung in schriftlicher Form verlangt (§ 33 Abs. 1 BBG) oder
- nach Erreichen der Altersgrenze in das Beamtenverhältnis berufen worden ist.

Darüber hinaus sieht das BBG für **Beamte in Führungsämtern auf Probe** besondere Gründe vor, die zwingend die Entlassung durch Verwaltungsakt zur Folge haben (§ 35 BBG). Außerdem sind im BBG für **Beamte auf Probe** (§ 34 BBG) und für politische Beamte auf Probe (§ 36 BBG) besondere Gründe angeführt, die zur Entlassung durch Verwaltungsakt führen können. Im Übrigen ist zu beachten, dass **Beamte auf Widerruf** jederzeit entlassen werden können (§ 37 Abs. 1 BBG), wobei Beamten auf Widerruf im Vorbereitungsdienst Gelegenheit gegeben werden soll, den Vorbereitungsdienst abzuleisten und die Prüfung abzulegen (§ 37 Abs. 2 BBG).

Das **Beamtenstatusgesetz** (BeamtStG) **sieht die Entlassung eines Beamten durch Verwaltungsakt vor, wenn er**

- den Diensteid oder ein an dessen Stelle vorgeschriebenes Gelöbnis verweigert
- nicht in den Ruhestand oder einstweiligen Ruhestand versetzt werden kann, weil eine versorgungsrechtliche Wartezeit nicht erfüllt ist
- dauernd dienstunfähig ist und das Beamtenverhältnis nicht durch Versetzung in den Ruhestand endet
- die Entlassung in schriftlicher Form verlangt oder
- nach Erreichen der Altersgrenze in das Beamtenverhältnis berufen worden ist (§ 23 Abs. 1 BeamtStG).

Außerdem kann der Beamte entlassen werden, wenn er wegen der Erforderlichkeit der Aufgaben nur als Deutscher im Sinne des Artikels 116 GG in ein Beamtenverhältnis berufen werden durfte (§ 7 Abs. 2 BeamtStG) und er die Eigenschaft als Deutscher im Sinne des Artikels 116 GG verliert (§ 23 Abs. 2 BeamtStG).

Darüber hinaus sind im BeamtStG für **Beamte auf Probe** besondere Gründe aufgeführt, die zur Entlassung durch Verwaltungsakt führen können (§ 23 Abs. 3 BeamtStG). Im Übrigen ist zu beachten, dass **Beamte auf Widerruf** jederzeit entlassen werden können, wobei ihnen Gelegenheit zur Beendigung des Vorbereitungsdienstes und zur Ablegung der Laufbahnprüfung gegeben werden soll (§ 23 Abs. 4 BeamtStG).

5. Welche Besonderheit gilt für Beamte, die ein Mandat als Abgeordnete eines gesetzgebenden Organs ausüben?

Das Grundgesetz (GG) sieht in Artikel 137 Abs. 1 aus Gründen der Gewaltenteilung vor, dass die **Wählbarkeit von Beamten** und anderen Angehörigen des öffentlichen Diensts in den Ländern und Gemeinden **gesetzlich beschränkt** werden kann. Die im Europaabgeordnetengesetz, im Abgeordnetengesetz des Bundes, in den Abgeordnetengesetzen bzw. Wahlgesetzen der Länder und in den Kommunalverfassungen bzw. Kommunalordnungen enthaltenen Unvereinbarkeitsbestimmungen regeln im Einzelnen, welche öffentlichen Ämter mit einem Mandat im Europäischen Parlament, im Deutschen Bundestag bzw. in einem Landtag oder einem kommunalen Mandat unvereinbar sind (sog. **Inkompatibilität** – Unvereinbarkeit von Amt und Mandat). Darüber hinaus sehen die Unvereinbarkeitsbestimmungen vor, dass die betroffenen Beamten mit der Annahme der Wahl aus dem Beamtenverhältnis ausscheiden oder von ihrem Dienstverhältnis beurlaubt werden bzw. das Dienstverhältnis zum Ruhen gebracht wird. Nach Beendigung des Mandats sind sie auf Antrag wieder in das frühere Dienstverhältnis zurückzuführen.

6. Nach welchen Gesichtspunkten ist die Entlassung eines Beamten auf eigenen Antrag geregelt?

Das **Bundesbeamtengesetz** (BBG) enthält hinsichtlich der von dem Beamten beantragten Entlassung aus dem Beamtenverhältnis folgende Regelung:

Ein Beamter kann **jederzeit seine Entlassung aus dem Beamtenverhältnis verlangen**. Einer Begründung hierzu bedarf es nicht. Das Verlangen auf Entlassung muss gegenüber der zuständigen Behörde schriftlich erklärt werden. Die Erklärung kann innerhalb von zwei Wochen nach Zugang bei der zuständigen Behörde noch zurückgenommen werden, wenn die Entlassungsverfügung dem Beamten noch nicht zugegangen ist. Nach Ablauf dieser Frist kann der Antrag nur noch mit Zustimmung der zuständigen Behörde zurückgenommen werden. Dem Entlassungsantrag des Beamten muss die Behörde entsprechen. Die Entlassung ist grundsätzlich für den beantragten Zeitpunkt auszusprechen. Nur in Ausnahmefällen kann sie für längstens drei Monate hinausgeschoben werden, bis der Beamte die ihm übertragenen Aufgaben ordnungsgemäß erledigt hat (§ 33 BBG).

Die **Beamtengesetze der Länder** enthalten eine entsprechende Regelung.

7. Welche rechtlichen Wirkungen hat die Entlassung aus dem Beamtenverhältnis?

Durch die **Entlassung** werden **alle Wirkungen des bisherigen Beamtenverhältnisses beseitigt**. Der Beamte hat jedoch auch nach der Entlassung aus dem Beamtenverhältnis das Recht auf Erteilung eines Dienstzeugnisses (§ 85 Satz 1 BBG bzw. entsprechende Regelung im Landesbeamtengesetz) und das Recht auf Einsicht in seine vollständigen Personalakten (§ 110 Abs. 1 BBG bzw. entsprechende Regelung im Landesbeamtengesetz). Über die ihm bei seiner amtlichen Tätigkeit bekannt gewordenen Angelegenheiten hat er Verschwiegenheit zu bewahren (§ 67 Abs. 1 BBG, § 42 Abs. 1 BeamtStG). Außerdem darf er keine Belohnungen, Geschenke oder sonstige Vorteile für sich oder eine Dritte Person in Bezug auf sein Amt fordern, sich versprechen lassen oder annehmen, es sei denn der letzte Dienstherr hätte eine Ausnahme erteilt (§ 71 Abs. 1 BBG bzw. Landesbeamtengesetz).

Dem entlassenen Beamten kann aber von der zuständigen obersten Dienstbehörde erlaubt werden, die Amtsbezeichnung mit dem Zusatz „außer Dienst" oder „a. D." sowie die im Zusammenhang mit dem Amt verliehenen Titel zu führen (§ 39 Satz 2 BBG bzw. entsprechende Regelung im Landesbeamtengesetz). Die Entlassung ist durch eine schriftliche Verfügung auszusprechen und muss dem Beamten schriftlich zugestellt werden.

8. Welche Tatbestände haben den Verlust der Beamtenrechte zur Folge und welche rechtlichen Wirkungen sind hiermit verbunden?

Nach § 41 des Bundesbeamtengesetzes (BBG) und § 24 des Gesetzes zur Regelung des Statusrechts der Beamtinnen und Beamten in den Ländern (Beamtenstatusgesetz – BeamtStG) führen die folgenden Tatbestände zum **Verlust der Beamtenrechte:**

- die Verurteilung im ordentlichen Strafverfahren durch das Urteil eines deutschen Gerichts wegen einer vorsätzlichen Tat zu einer Freiheitsstrafe von mindestens einem Jahr
- die Verurteilung im ordentlichen Strafverfahren durch das Urteil eines deutschen Gerichts wegen einer vorsätzlichen Tat, die nach den Vorschriften über Friedens-

verrat, Hochverrat, Gefährdung des demokratischen Rechtsstaates oder Landesverrat und Gefährdung der äußeren Sicherheit oder Bestechlichkeit strafbar ist (soweit sich die Tat auf eine Diensthandlung im Hauptamt bezieht), zu einer Freiheitsstrafe von mindestens sechs Monaten

- die Aberkennung der Fähigkeit zur Bekleidung öffentlicher Ämter
- die Verwirkung eines Grundrechts aufgrund einer Entscheidung des Bundesverfassungsgerichts nach Artikel 18 des Grundgesetzes (GG).

Bei einem Verlust der Beamtenrechte **endet das Beamtenverhältnis kraft Gesetzes mit der Rechtskraft des Urteils**. Der Beamte verliert hierbei den Anspruch auf Dienst- und Versorgungsbezüge und das Recht zur Führung der Amtsbezeichnung und der im Zusammenhang mit dem Amt verliehenen Titel. Eine besondere Entlassungsverfügung durch den Dienstherrn ist nicht erforderlich. Wegen der Rechtsklarheit ist es aber angezeigt, dem Beamten den Tag der Beendigung des Beamtenverhältnisses schriftlich mitzuteilen.

9. Wie kann das Beamtenverhältnis durch Eintritt in den Ruhestand enden?

Das Bundesbeamtengesetz (BBG) und das Gesetz zur Regelung des Statusrechts der Beamtinnen und Beamten in den Ländern (Beamtenstatusgesetz – BeamtStG) unterscheiden folgende Fallkonstellationen, bei denen das Beamtenverhältnis **durch Eintritt in den Ruhestand** endet:

- die Versetzung in den Ruhestand wegen Dienstunfähigkeit (§§ 44 und 49 BBG, §§ 26 und 28 BeamtStG)
- das Erreichen der Altersgrenze (§ 51 BBG, § 25 BeamtStG)
- die Versetzung in den Ruhestand auf Antrag des Beamten ohne Nachweis der Dienstunfähigkeit (§ 52 BBG bzw. entsprechende Regelung im Landesbeamtengesetz)
- die Versetzung in den einstweiligen Ruhestand (§ 54 BBG, § 31 BeamtStG).

10. Welche Rechtsfolge hat für den Beamten der Eintritt in den Ruhestand?

Mit dem **Eintritt in den Ruhestand endet das Beamtenverhältnis**, da der Ruhestandsbeamte nicht mehr zur Dienstleistung verpflichtet ist. Das Treueverhältnis zum Staat bleibt aber bestehen. Der Ruhestandsbeamte erhält Ruhegehalt und darf seine **Amtsbezeichnung** mit dem Zusatz „außer Dienst" oder „a. D." sowie die im Zusammenhang mit dem Amt verliehenen Titel weiterführen. Ändert sich die Bezeichnung des früheren Amtes, darf die geänderte Amtsbezeichnung geführt werden (§ 86 Abs. 3 BBG bzw. entsprechende Regelung im Landesbeamtengesetz).

11. Was versteht man unter Dienstunfähigkeit und wann beginnt bei Dienstunfähigkeit der Ruhestand des Beamten?

Der **Beamte auf Lebenszeit ist dienstunfähig**, wenn er wegen seines körperlichen Zustandes oder aus gesundheitlichen Gründen zur Erfüllung seiner Dienstpflichten dauernd unfähig ist (§ 26 Abs. 1 Satz 1 BeamtStG, § 42 Abs. 1 Satz 1 BBG). Als dienstunfähig kann der Beamte auf Lebenszeit auch dann angesehen werden, wenn er infolge Erkrankung innerhalb eines Zeitraumes von sechs Monaten mehr als drei Monate keinen Dienst getan hat und keine Aussicht besteht, dass er innerhalb weiterer sechs Monate wieder voll dienstfähig wird (§ 26 Abs. 1 Satz 2 BeamtStG, § 42 Abs. 1 Satz 2 BBG). Die Dienstunfähigkeit der **Beamten auf Probe** ist ähnlich geregelt (§ 28 BeamtStG, § 46 BBG). Für einzelne Beamtengruppen (z. B. Polizeivollzugsbeamte) bestehen besondere Voraussetzungen für die Dienstunfähigkeit, die gesetzlich geregelt sind.

Das Bundesbeamtengesetz (BBG) und das Gesetz zur Regelung des Statusrechts der Beamtinnen und Beamten in den Ländern (Beamtenstatusgesetz – BeamtStG) sehen vor, dass bei **Dienstunfähigkeit** der Ruhestand des Beamten auf Lebenszeit grundsätzlich mit dem Ende des Monats beginnt, in dem die Versetzung in den Ruhestand dem Beamten mitgeteilt worden ist (§ 44 BBG, § 26 BeamtStG). Diese Regelung gilt auch für die Beamten auf Probe, da deren Versetzung in den Ruhestand nur bei Dienstunfähigkeit möglich ist (§ 49 BBG, § 28 BeamtStG). Ähnlich geregelt in den Beamtengesetzen ist auch der Beginn des **einstweiligen Ruhestandes**, in den die politischen Beamten jederzeit versetzt werden können (§ 54 BBG, § 30 BeamtStG).

12. Zu welchem Zeitpunkt beginnt bei Erreichen der Altersgrenze der Ruhestand des Beamten?

Im Bundesbeamtengesetz (BBG) und im Gesetz zur Regelung des Statusrechts der Beamtinnen und Beamten in den Ländern (Beamtenstatusgesetz – BeamtStG) ist bestimmt, dass der **Beamte auf Lebenszeit** nach Erreichen der für ihn jeweils geltenden Altersgrenze in den Ruhestand tritt (§ 51 Abs. 1 Satz 1 BBG, § 25 BeamtStG). Die Altersgrenze wird in der Regel mit Vollendung des 65. Lebensjahres erreicht (**Regelaltersgrenze**), wobei für einzelne Beamtengruppen (z. B. Polizeivollzugsbeamte, Feuerwehrbeamte) eine gesetzlich festgelegte andere Altersgrenze besteht (**besondere Altersgrenze**). Für Beamte auf Lebenszeit des Bundes, die nach dem 31. Dezember 1946 geboren sind, ist eine schrittweise Anhebung der gesetzlichen Regelaltersgrenze vom 65. Lebensjahr auf das 67. Lebensjahr vorgesehen, sodass für alle Geburtsjahrgänge ab dem 1. Januar 1964 dann künftig die gesetzliche Regelaltersgrenze von 67 Jahren gelten wird (§ 51 Abs. 2 BBG). Das Beamtenverhältnis endet mit **Erreichen der Altersgrenze kraft Gesetzes**. Darüber hinaus können Beamte auf Lebenszeit des Bundes, die vor dem 1. Januar 1952 geboren sind, auf ihren Antrag (ohne Nachweis der Dienstunfähigkeit) vor Erreichen der Altersgrenze in den Ruhestand versetzt werden, wenn sie das 60. Lebensjahr vollendet haben und schwerbehindert im Sinne des § 2 Abs. 2 des Neunten Buches des Sozialgesetzbuches (SGB IX) sind (§ 52 Abs. 2 Satz 1 BBG) **oder** das 63. Lebensjahr vollendet haben (**Antragsaltersgrenze**; § 52 Abs. 3 BBG). Für schwerbehinderte Beamte des Bundes, die nach dem 31. Dezember 1951 geboren sind, ist eine schrittweise Anhebung der Antragsaltersgrenze vom 60. Lebensjahr auf das 62. Lebensjahr vorgesehen (§ 52 Abs. 2 Satz 2 BBG). Die von den Ländern erlassenen Beamtengesetze entsprechen weitgehend den Regelungen des Bundes und sehen ebenfalls eine schrittweise Anhebung des Ruhestandseintrittsalters vor.

Zu beachten ist, dass der Eintritt in den Ruhestand auf Antrag des Beamten bis höchstens drei Jahre über die gesetzlich festgelegte Altersgrenze hinausgeschoben werden kann. Die Voraussetzungen über das Hinausschieben des Eintritts in den Ruhestand sind in § 53 BBG geregelt. Die Beamtengesetze der Länder enthalten ebenfalls entsprechende Regelungen.

Für **Beamte auf Zeit** enthalten die von den Ländern erlassenen Beamtengesetze besondere Regelungen. Diese sehen vor, dass der Beamte auf Zeit mit Ablauf der Amtszeit in den Ruhestand tritt, falls er nicht mehr wiedergewählt wird und gesetzlich nichts anderes bestimmt ist. Für die **Beamten auf Widerruf** sehen die Beamtengesetze eine Versetzung in den Ruhestand nicht vor.

7. Die Besoldung der Beamten

7.1 Die gesetzlichen Grundlagen der Beamtenbesoldung

1. Welche Aufteilung der Gesetzgebungszuständigkeit sieht das Grundgesetz für die Beamtenbesoldung vor?

Im Zuge der Föderalismusreform I wurde durch das Gesetz zur Änderung des Grundgesetzes (GG) vom 28. August 2006 eine Neuverteilung der beamtenrechtlichen Gesetzgebungszuständigkeiten zwischen dem Bund und den Ländern vorgenommen, mit der unter anderem die bisherige konkurrierende Gesetzgebungszuständigkeit des Bundes für die Besoldung der Beamten (Art. 74a GG a.F.), wovon der Bund durch das Bundesbesoldungsgesetz (BBesG) Gebrauch gemacht hatte, entfallen ist (Art. 70 i. V. m. Art. 74 Abs. 1 Nr. 27 GG). Der Bund hat nunmehr nur noch die Gesetzgebungszuständigkeit für die Besoldung der Beamten des Bundes. Die Länder können eigene Regelungen für die Besoldung der Beamten der Länder, der Gemeinden, der Gemeindeverbände sowie der sonstigen der Aufsicht eines Landes unterstehenden Körperschaften, Anstalten und Stiftungen des öffentlichen Rechts treffen. Solange die Länder kein eigenes Besoldungsrecht für ihre Beamten geschaffen haben, gilt das vom Bund erlassene BBesG in der bis zum 31. August 2006 geltenden Fassung als Bundesrecht fort, soweit nichts anderes bestimmt ist (Art. 125a Abs. 1 GG i. V. m. § 68 Abs. 1 BBesG). Die Länder haben inzwischen aufgrund ihrer neuen Gesetzgebungszuständigkeit Besoldungsgesetze für die Besoldung der Beamten innerhalb ihres Bereiches erlassen.

2. Was versteht man unter dem Alimentationsprinzip?

Der Beamte hat nach den zu den hergebrachten Grundsätzen des Berufsbeamtentums im Sinne des Artikels 33 Abs. 5 des Grundgesetzes (GG) zählenden Rechten einen **Anspruch auf einen angemessenen und amtsgemäßen Lebensunterhalt**. Dieser Unterhalt, der durch die Dienstbezüge und durch die Alters- und Hinterbliebenenversorgung gesichert wird, stellt nach herrschender Meinung eine Gegenleistung für die Pflicht des Beamten dar, seine ganze Arbeitskraft dem Dienstherrn zu widmen (Alimentationsprinzip). Die Leistung des Dienstherrn ist somit keine Entlohnung für konkret geleistete Dienste des Beamten.

3. Welche Rechtsquellen bilden die Grundlagen für die Besoldung der Beamten?

Die Grundlagen für die **Besoldung der Beamten** bilden folgende Rechtsquellen:

- **Bundesbesoldungsgesetz** (BBesG)
- **Landesbesoldungsgesetze**.

4. Für welchen Personenkreis gelten das Bundesbesoldungsgesetz und die Landesbesoldungsgesetze?

Das **Bundesbesoldungsgesetz** (BBesG) **regelt die Besoldung** der:

- Beamten des Bundes (mit Ausnahme der Ehrenbeamten)
- Richter des Bundes (mit Ausnahme der ehrenamtlichen Richter)
- Berufssoldaten und Soldaten auf Zeit (§ 1 Abs. 1 BBesG).

Keine Anwendung findet das BBesG auf die öffentlich-rechtlichen Religionsgemeinschaften und ihre Verbände (§ 1 Abs. 4 BBesG).

Die von den **Ländern** aufgrund ihrer neuen Gesetzgebungszuständigkeit erlassenen Besoldungsgesetze gelten für die Besoldung der Beamten des jeweiligen Landes und der Besoldung der Beamten der Gemeinden, der Gemeindeverbände sowie der sonstigen der Aufsicht eines Landes unterstehenden Körperschaften, Anstalten und Stiftungen des öffentlichen Rechts.

5. Was versteht man unter dem Grundsatz der funktionsgerechten Besoldung?

Der in § 18 des Bundesbesoldungsgesetzes (BBesG) verankerte **Grundsatz der funktionsgerechten Besoldung** besagt, dass die von den **Beamten wahrgenommenen Funktionen** (Dienstposten) nach den mit ihnen verbundenen Anforderungen **sachgerecht zu bewerten und Ämtern zuzuordnen sind**. Eine Funktion kann bis zu drei Ämtern einer Laufbahngruppe , in obersten Bundesbehörden allen Ämtern einer Laufbahngruppe zugeordnet werden.

Die Ämter der Bundesbeamten und ihre Besoldungsgruppen werden in Bundesbesoldungsordnungen geregelt, wobei die Ämter nach ihrer Wertigkeit unter Berücksichtigung der gemeinsamen Belange aller Dienstherren den Besoldungsgruppen zuzuordnen sind (§ 20 Abs. 1 BBesG).

Die Zuordnung der Ämter der Beamten der Länder, der Gemeinden, der Gemeindeverbände sowie der sonstigen der Aufsicht eines Landes unterstehenden Körperschaften, Anstalten und Stiftungen des öffentlichen Rechts bestimmt sich nach den von den Ländern aufgrund ihrer neuen Gesetzgebungszuständigkeit erlassenen Besoldungsgesetze.

7.2 Die Bestandteile der Beamtenbesoldung

1. Was zählt zur Besoldung der Beamten?

Unter der Besoldung sind sämtliche Leistungen zu verstehen, die dem Beamten mit Rücksicht auf sein Dienstverhältnis gewährt werden. Nach dem **Bundesbesoldungsgesetz** (BBesG) gehören zur Besoldung die **Dienstbezüge und sonstigen Bezüge** des Beamten (§ 1 Abs. 2 und 3 BBesG).

Die von den **Ländern** aufgrund ihrer neuen Gesetzgebungszuständigkeit erlassenen Besoldungsgesetze enthalten eine entsprechende Regelung.

2. Aus welchen Dienstbezügen besteht die Besoldung des Beamten?

Nach § 1 Abs. 2 des **Bundesbesoldungsgesetzes** (BBesG) gehören zur Besoldung des Beamten folgende **Dienstbezüge:**

- Grundgehalt
- Leistungsbezüge für Professoren sowie hauptberufliche Leiter von Hochschulen und Mitglieder von Leitungsgremien an Hochschulen
- Familienzuschlag
- Zulagen
- Vergütungen
- Auslandsbesoldung.

Die **Besoldungsgesetze der Länder** enthalten entsprechende Regelungen.

3. Welche Teile der Besoldung zählen zu den sonstigen Bezügen des Beamten?

Die **sonstigen Besoldungsbezüge** zählen nach § 1 Abs. 3 des **Bundesbesoldungsgesetzes** (BBesG) wegen ihrer besonderen Zweckbestimmung nicht zu den Dienstbezügen. Sie sind aber Teile der Besoldung, da sie fortlaufend gewährt werden. Dazu gehören:

- Anwärterbezüge
- vermögenswirksame Leistungen.

Zu beachten ist, dass die bisherige Grundgehaltstabelle des Bundes im Zuge des Gesetzes zur Neuordnung und Modernisierung des Bundesdienstrechts (Dienstrechtsneuordnungsgesetz – DNeuG) zum 1. Juli 2009 durch eine neue Tabelle abgelöst wurde. In die neue Grundgehaltstabelle sind unter anderem die jährlichen Sonderzahlungen eingebaut worden, sodass diese nicht mehr zu den sonstigen Besoldungsbezügen gehören. Das BBesG trägt diesem Umstand insoweit Rechnung, als der in § 1 Abs. 3 BBesG enthaltene Begriff „jährliche Sonderzahlungen" zum 1. Januar 2011 ersatzlos weggefallen ist.

Die **Besoldungsgesetze der Länder** enthalten hinsichtlich der sonstigen Besoldungsbezüge entsprechende Regelungen.

Nicht zur Besoldung gehört das Kindergeld, das durch das Bundeskindergeldgesetz geregelt wird, die Jubiläumszuwendung (siehe » Kapitel 7.2, Frage 23) und die dem Beamten aus besonderem Anlass gewährte Leistung (siehe » Kapitel 7.2, Frage 27).

4. Wann beginnt und wann endet der Anspruch auf Besoldung im Regelfall für den Beamten?

Nach dem **Bundesbesoldungsgesetz** (BBesG) entsteht für den Beamten der Anspruch auf Besoldung mit dem Tag, an dem seine Ernennung, Versetzung, Übernahme oder sein Übertritt in den Dienst des Bundes wirksam wird. Bedarf es zur Verleihung eines Amtes mit anderem Endgrundgehalt (Grundgehalt) keiner Ernennung oder wird der Beamte rückwirkend in eine Planstelle eingewiesen, so entsteht der Anspruch mit dem Tag, der in der Einweisungsverfügung bestimmt ist (§ 3 Abs. 1 BBesG).

Der Anspruch auf Besoldung endet mit Ablauf des Tages, an dem der Beamte aus dem Beamtenverhältnis ausscheidet, soweit gesetzlich nichts anderes bestimmt ist (§ 3 Abs. 2 BBesG).

Besteht der Anspruch auf Besoldung nicht für einen vollen Kalendermonat, wird nur der Teil der Bezüge gezahlt, der auf den Anspruchsmonat entfällt, soweit gesetzlich nichts anderes bestimmt ist (§ 3 Abs. 3 BBesG).

Die **Besoldungsgesetze der Länder** enthalten entsprechende Regelungen.

5. Zu welchem Zeitpunkt werden die Dienstbezüge der Beamten gezahlt?

Zur Zahlung der Dienstbezüge der Beamten bestimmt das **Bundesbesoldungsgesetz** (BBesG), dass das Grundgehalt, die Leistungsbezüge für Professoren sowie für hauptberufliche Leiter von Hochschulen und Mitglieder von Leitungsgremien an Hochschulen und der Familienzuschlag monatlich im Voraus gezahlt werden. Die anderen Bezüge werden ebenfalls monatlich im Voraus gezahlt, soweit nichts anderes bestimmt ist (§ 3 Abs. 4 BBesG).

Zu beachten ist, dass kein Anspruch auf Verzugszinsen besteht, wenn Bezüge nach dem Tag der Fälligkeit gezahlt werden (§ 3 Abs. 5 BBesG). Bei der Berechnung von Bezügen sind die sich ergebenden Bruchteile eines Cents unter 0,5 abzurunden und Bruchteile von 0,5 und mehr aufzurunden. Zwischenrechnungen werden jeweils auf zwei Dezimalstellen durchgeführt. Jeder Bezügebestandteil ist einzeln zu runden (§ 3 Abs. 6 BBesG).

Die **Besoldungsgesetze der Länder** enthalten entsprechende Regelungen.

6. Welche Regelung gilt hinsichtlich der Dienstbezüge der Beamten bei Teilzeitbeschäftigung?

Das **Bundesbesoldungsgesetz** (BBesG) sieht vor, dass bei **Teilzeitbeschäftigung** die Dienstbezüge im gleichen Verhältnis wie die Arbeitszeit gekürzt werden (§ 6 Abs. 1 Satz 1 BBesG).

Die **Besoldungsgesetze der Länder** enthalten entsprechende Regelungen.

7. Wonach bestimmt sich das Grundgehalt des Beamten?

Nach § 19 Abs. 1 des **Bundesbesoldungsgesetzes** (BBesG) bestimmt sich das **Grundgehalt** eines Beamten nach der **Besoldungsgruppe des ihm verliehenen Amtes**. Die einzelnen Ämter der Beamten und ihre Besoldungsgruppen sind in **Bundesbesoldungsordnungen** oder in **Landesbesoldungsordnungen** geregelt. Ist ein Amt noch nicht in einer Besoldungsordnung enthalten oder ist es mehreren Besoldungsgruppen zugeordnet, bestimmt sich das Grundgehalt nach der Besoldungsgruppe, die in der Einweisungsverfügung bestimmt ist. Ist dem Beamten noch kein Amt verliehen worden, so bestimmt sich das Grundgehalt des Beamten nach der Besoldungsgruppe seines Eingangsamtes, und soweit die Einstellung in einem anderen als dem Eingangsamt erfolgt ist, nach der entsprechenden Besoldungsgruppe.

Die **Besoldungsgesetze der Länder** enthalten entsprechende Regelungen.

8. Welche Besoldungsordnungen gibt es und für wen gelten diese?

Das **Bundesbesoldungsgesetz** (BBesG) kennt vier **Bundesbesoldungsordnungen:**

- Die **Bundesbesoldungsordnung A** mit den Ämtern der Beamten der Laufbahngruppen des einfachen, mittleren, gehobenen und höheren Dienstes bis zur Besoldungsgruppe A 16 (z. B. Sekretäre, Inspektoren, Regierungsräte) sowie den entsprechenden Ämtern für Soldaten, wobei die jeweiligen Ämter und ihre Besoldungsgruppen in der Anlage I zum BBesG ausgewiesen sind (§ 20 BBesG).
- Die **Bundesbesoldungsordnung B** mit den Ämtern der Beamten des höheren Dienstes in besonders herausgehobenen Stellungen (z. B. Staatssekretäre, Ministerialdirigenten) sowie den entsprechenden Ämtern für Soldaten, wobei die jeweiligen Ämter und ihre Besoldungsgruppen in der Anlage I zum BBesG ausgewiesen sind (§ 20 BBesG).
- Die **Bundesbesoldungsordnung W** mit den Ämtern der Professoren sowie den Ämtern für hauptberufliche Leiter und Mitglieder von Leitungsgremien an Hochschulen, die nicht Professoren sind, soweit ihre Ämter nicht Besoldungsgruppen der Bundesbesoldungsordnungen A und B zugewiesen sind, wobei die jeweiligen Ämter und ihre Besoldungsgruppen in der Anlage II zum BBesG ausgewiesen sind (§ 32 BBesG).

- Die **Bundesbesoldungsordnung R** mit den Ämtern der Richter und Staatsanwälte, mit Ausnahme der Ämter der Vertreter des öffentlichen Interesses bei den Gerichten der Verwaltungsgerichtsbarkeit, wobei die jeweiligen Ämter und ihre Besoldungsgruppen in der Anlage III zum BBesG ausgewiesen sind (§ 37 BBesG).

Die **Besoldungsgesetze der Länder** kennen ebenfalls vier Besoldungsordnungen, die inhaltlich mit den Regelungen des BBesG übereinstimmen.

9. Welche Arten von Grundgehältern unterscheiden die Besoldungsordnungen?

Die Bundesbesoldungs- und Landesbesoldungsordnungen unterscheiden zwischen aufsteigenden und festen Gehältern.

Bei den **aufsteigenden Gehältern** steigt das Grundgehalt in bestimmten Zeiträumen bis zum Erreichen des Endgrundgehaltes. Ein aufsteigendes Gehalt beziehen die Beamten der Besoldungsordnungen A sowie Richter und Staatsanwälte in den Besoldungsgruppen R 1 und R 2.

Bei den **festen Gehältern** bleibt die Höhe des Grundgehalts ohne Rücksicht auf die Zeitdauer, in der der Beamte oder Richter das Amt innehat, gleich. Ein festes Gehalt erhalten die Beamten der Besoldungsordnungen B und W sowie Richter und Staatsanwälte in den Besoldungsgruppen R 3 bis R 10.

10. Wie wird das Grundgehalt bei den aufsteigenden Gehältern bemessen?

Die bisherige Grundgehaltstabelle der unter den Anwendungsbereich des Bundesbesoldungsgesetzes (BBesG) fallenden Beamten mit **aufsteigenden Gehältern** (Besoldungsgruppe A) ist im Zuge der durch das Gesetz zur Neuordnung und Modernisierung des Bundesdienstrechts (Dienstrechtsneuordnungsgesetz – DNeuG) neu geschaffenen Besoldungsstruktur zum 1. Juli 2009 durch eine altersunabhängige, an beruflichen Dienstzeiten orientierte Tabellenstruktur ersetzt worden, mit der das vorrangig am Lebensalter orientierte System des Besoldungsdienstalters abgelöst und zugleich die jährliche Sonderzahlung sowie die allgemeine Stellenzulage in die Grundgehaltstabelle eingearbeitet wurde.

Die neue Grundgehaltstabelle des Bundes sieht eine Bemessung des Grundgehaltes nach Stufen vor, soweit gesetzlich nichts anderes bestimmt ist. Dabei erfolgt der Aufstieg in eine nächsthöhere Stufe nach bestimmten Dienstzeiten, in denen anforderungsgerechte Leistungen erbracht wurden (**Erfahrungszeiten**; § 27 Abs. 1 BBesG). Mit der ersten Ernennung mit Anspruch auf Dienstbezüge wird ein Grundgehalt der Stufe 1 festgesetzt, soweit nicht berücksichtigungsfähige Erfahrungszeiten vorliegen, die in § 28 Abs. 1 bis 3 BBesG näher konkretisiert sind, z. B. Zeiten, die nach dem Arbeitsplatzschutzgesetz wegen wehrdienst- oder zivildienstbedingter Verzögerung des Beginns eines Dienstverhältnisses auszugleichen sind. Die Stufe wird mit Wirkung vom Ersten des Monats festgesetzt, in dem die Ernennung wirksam wird. Die Stufenfestsetzung ist dem Beamten schriftlich mitzuteilen. Entsprechendes gilt bei Versetzung,

Übernahme, Übertritt oder einer anderen statusrechtlichen Änderung (§ 27 Abs. 2 BBesG). Das Grundgehalt steigt nach Erfahrungszeiten von zwei Jahren in der Stufe 1, von jeweils drei Jahren in den Stufen 2 bis 4 und von jeweils vier Jahren in den Stufen 5 bis 7 bis zum Endgrundgehalt (Stufe 8). Zeiten ohne Anspruch auf Dienstbezüge verzögern den Aufstieg um diese Zeiten, soweit nicht berücksichtigungsfähige Zeiten vorliegen, z. B. Kinderbetreuungs- und Pflegezeiten (§ 28 Abs. 5 BBesG), durch die der Aufstieg in den Stufen nicht verzögert wird. Die Zeiten sind auf volle Monate abzurunden (§ 27 Abs. 3 BBesG). Auch in der Probezeit erfolgt das Aufsteigen in den Stufen entsprechend den vorgenannten Zeiträumen (§ 27 Abs. 8 BBesG).

Das BBesG enthält außerdem besondere Regelungen hinsichtlich der Bemessung des Grundgehalts für die in der Anlage III zur Bundesbesoldungsordnung R geregelten Ämter der Richter und Staatsanwälte (§ 38 BBesG).

Die **Besoldungsgesetze der Länder** sehen ebenfalls einen Aufstieg in den Stufen des Grundgehaltes nach beruflich orientierten **Erfahrungszeiten** vor.

Für die **hauptamtlichen Wahlbeamten auf Zeit** der Gemeinden, Samtgemeinden, Verbandsgemeinden, Ämter und Kreise enthalten die Landesbesoldungsgesetze besondere Regelungen hinsichtlich der Bemessung des Grundgehaltes.

11. Welche Grundsätze gelten für die Bemessung des Grundgehaltes hinsichtlich der Leistung des Beamten?

Das **Bundesbesoldungsgesetz** (BBesG) enthält für die Bemessung des Grundgehaltes hinsichtlich der Leistung der Beamten folgende Grundsätze:

Wird festgestellt, dass die **Leistungen des Beamten der Bundesbesoldungsordnung A nicht den mit dem Amt verbundenen Anforderungen entsprechen, verbleibt er in seiner bisherigen Stufe des Grundgehaltes**. Die Feststellung erfolgt auf der Grundlage einer geeigneten Leistungseinschätzung. Ist die Leistungseinschätzung älter als zwölf Monate, ist ergänzend eine aktuelle Leistungseinschätzung zu erstellen. Für die Feststellung können nur Leistungen berücksichtigt werden, auf die vor der Feststellung hingewiesen wurde. Wird auf der Grundlage einer weiteren Leistungseinschätzung festgestellt, dass die Leistungen des Beamten wieder den mit dem Amt verbundenen Anforderungen entsprechen, erfolgt der Aufstieg in die nächsthöhere Stufe am ersten Tag des Monats, in dem diese Feststellung erfolgt. Wird in der Folgezeit festgestellt, dass der Beamte Leistungen erbringt, die die mit dem Amt verbundenen Anforderungen erheblich übersteigen, gilt der von dieser Feststellung erfasste Zeitraum nicht nur als laufende Erfahrungszeit, sondern wird zusätzlich so angerechnet, dass er für die Zukunft die Wirkung eines früheren Verbleibens in der Stufe entsprechend mindert oder aufhebt. Die für diese Anrechnung zu berücksichtigenden Zeiten sind auf volle Monate abzurunden. Maßgebender Zeitpunkt ist der Erste des Monats, in dem die entsprechende Feststellung erfolgt (§ 27 Abs. 4 und 5 BBesG).

Beamten der Bundesbesoldungsordnung A, die dauerhaft herausragende Leistungen erbringen, kann für den Zeitraum bis zum Erreichen der nächsten Stufe das Grundgehalt der nächsthöheren Stufe gezahlt werden (Leistungsstufe). Solche Leistungsstufen dürfen in einem Kalenderjahr bis zu höchstens 15 v. H. der Beamten der Bundesbesoldungsordnung A eines Dienstherrn, die das Endgrundgehalt noch nicht erreicht haben, gewährt werden. Die Bundesregierung ist ermächtigt, nähere Regelungen durch Rechtsverordnung zu treffen, wobei auch in der Rechtsverordnung zugelassen werden kann, dass bei Dienstherren mit weniger als sieben Beamten der Bundesbesoldungsordnung A in jedem Kalenderjahr einem Beamten die Leistungsstufe gewährt wird (§ 27 Abs. 6 BBesG). Dies ist mit der Verordnung des Bundes über leistungsbezogene Besoldungsinstrumente (Bundesleistungsbesoldungsverordnung – BLBV) geschehen.

Im Bereich der **Länder** bildet die von der jeweiligen Landesregierung erlassene Rechtsverordnung die Grundlage für das leistungsmäßige Aufsteigen in den Grundgehaltsstufen für die Beamten der Besoldungsordnung A.

Für die in der Besoldungsordnung W 2 und W 3 geregelten Ämter der Professoren sowie der hauptberuflichen Leiter und Mitglieder von Leitungsgremien an Hochschulen gelten besondere Regelungen, wobei die Besoldung aus einem festen Grundgehalt und variablen Leistungsbezügen besteht. Die variablen **Leistungsbezüge**, die von der Bewertung der von den einzelnen Hochschullehrern erbrachten Leistung abhängig sind, werden vergeben anlässlich von Berufungs- und Bleibeverhandlungen, für besondere Leistungen in den Bereichen Forschung, Lehre, Weiterbildung und Nachwuchsförderung sowie für die Wahrnehmung von Funktionen oder besonderen Aufgaben im Rahmen der Hochschulselbstverwaltung oder der Hochschulleitung (§ 33 Abs. 1 BBesG). Das Nähere zur Gewährung der Leistungsbezüge ist für den Bereich des Bundes in der von dem zuständigen Bundesminister erlassenen Leistungsbezügeverordnung geregelt (§ 33 Abs. 4 BBesG) und richtet sich im Bereich der Länder nach dem Landesrecht.

12. Wonach richtet sich die Höhe des Familienzuschlages des Beamten?

Nach § 39 Abs. 1 Satz 2 des **Bundesbesoldungsgesetz** richtet sich die **Höhe des Familienzuschlages**

- nach der **Besoldungsgruppe** und
- nach der **Stufe, die den Familienverhältnissen des Beamten** entspricht.

Für die unter den Anwendungsbereich des Bundesbesoldungsgesetzes (BBesG) fallenden Beamten ergibt sich der dem Beamten konkret zustehende Familienzuschlag aus der Anlage V zum BBesG (§ 39 Abs. 1 Satz 1 BBesG).

Zu beachten ist, dass für Beamte auf Widerruf im Vorbereitungsdienst (Anwärter) die Besoldungsgruppe des Eingangsamtes maßgebend ist, in das der Anwärter nach Abschluss des Vorbereitungsdienstes unmittelbar eintritt (§ 39 Abs. 1 Satz 3 BBesG).

Die **Besoldungsgesetze der Länder** sehen ebenfalls einen Familienzuschlag in Anlehnung an die Regelungen des BBesG vor.

13. Welche Auswirkungen hat es auf den Familienzuschlag des Beamten, wenn sein Ehegatte ebenfalls im öffentlichen Dienst beschäftigt ist?

Das Bundesbesoldungsgesetz (BBesG) sieht für den Fall, dass der Ehegatte des Beamten im öffentlichen Dienst beschäftigt ist und ebenfalls einen Anspruch auf Zahlung des Familienzuschlages nach Stufe 1 oder einer der folgenden Stufen oder eine entsprechende Leistung in Höhe von mindestens der Hälfte des Höchstbetrages der Stufe 1 des Familienzuschlages hat (z. B. als Beamter oder Arbeitnehmer) vor, dass der Beamte den **Betrag der Stufe 1 des für ihn maßgebenden Familienzuschlages zur Hälfte erhält**. Dies gilt auch für die Zeit, für die der Ehegatte Mutterschaftsgeld bezieht. Kinder werden hierbei im Familienzuschlag nur bei einem Beschäftigten berücksichtigt; dem Familienzuschlag nach Stufe 2 oder einer der folgenden Stufen stehen der Sozialzuschlag nach den Tarifverträgen für Arbeiter des öffentlichen Dienstes, eine sonstige entsprechende Leistung oder das Mutterschaftsgeld gleich (§ 40 Abs. 4 und 5 BBesG).

Die **Besoldungsgesetze der Länder** sehen ebenfalls eine entsprechende Regelung vor.

14. Welche Zulagen und Prämien können den Beamten gewährt werden?

Nach dem **Bundesbesoldungsgesetz** (BBesG) können den Beamten insbesondere folgende Zulagen und Prämien gewährt werden:

- **Amtszulagen** (§ 42 Abs. 2 BBesG)
- **Stellenzulagen** (§ 42 Abs. 3 und 4 BBesG)
- **Leistungszulagen** (§ 42a BBesG)
- **Leistungsprämien** (§ 42a BBesG)
- **Personalgewinnungszuschlag** (§ 43 BBesG)
- **Zulagen für die Wahrnehmung befristeter Funktionen** (§ 45 BBesG)
- **Erschwerniszulagen** (§ 47 BBesG).

Andere Zulagen und Vergütungen dürfen nur gewährt werden, soweit dies gesetzlich bestimmt ist (§ 51 BBesG).

Die **Besoldungsgesetze der Länder** sehen ebenfalls die Gewährung von Zulagen und Prämien in Anlehnung an die Regelungen des BBesG vor.

15. Wodurch unterscheiden sich Amtszulagen von Stellenzulagen?

Amtszulagen werden für herausgehobene Funktionen bestimmten Beamten nach näherer Festlegung in der Besoldungsordnung gewährt. Die Amtszulagen sind unwiderruflich sowie ruhegehaltfähig und gelten als Bestandteil des Grundgehaltes.

Stellenzulagen dürfen dem Beamten nach näherer Festlegung in der Besoldungsordnung nur für die Dauer der von ihm wahrgenommenen herausgehobenen Funktion gewährt werden. Sie sind widerruflich und nur dann ruhegehaltfähig, wenn dies gesetzlich ausdrücklich bestimmt ist.

16. Wodurch unterscheiden sich Leistungszulagen von Leistungsprämien?

Leistungszulagen können den Beamten in Besoldungsgruppen der Besoldungsordnung A zur Abgeltung von **herausragenden besonderen Leistungen** gewährt werden. Die Leistungszulage ist widerrufbar und nicht ruhegehaltfähig.

Leistungsprämien können den Beamten in Besoldungsgruppen der Besoldungsordnung A zur Abgeltung einer **bereits erbrachten herausragenden besonderen Einzelleistung als Einmalzahlung** gewährt werden. Die Leistungsprämie ist nicht ruhegehaltfähig. Für den **Bereich des Bundes** sind die Voraussetzungen und die Höhe der Gewährung von Leistungszulagen und Leistungsprämien an Beamte in der Verordnung über leistungsbezogene Besoldungsinstrumente (**Bundesleistungsbesoldungsverordnung** – BLBV) geregelt. Im **Bereich der Länder** bildet die von der jeweiligen Landesregierung erlassene Rechtsverordnung die Grundlage für die Gewährung von Leistungszulagen und Leistungsprämien an Beamte.

17. Welche Voraussetzungen sind an die Gewährung eines Personalgewinnungszuschlags bzw. einer Zulage für die Wahrnehmung befristeter Funktionen geknüpft?

Voraussetzung für die Gewährung eines nicht ruhegehaltfähigen **Personalgewinnungszuschlags** – der Zuschlag wurde mit dem Gesetz zur Unterstützung der Fachkräftegewinnung im Bund und zur Änderung weiterer dienstrechtlicher Vorschriften vom 15. März 2012, das am 22. März 2012 in Kraft getreten ist, als neues besoldungsrechtliches Instrument in § 43 des **Bundesbesoldungsgesetzes** (BBesG) eingeführt – an Beamte ist, wenn ein Dienstposten andernfalls nicht anforderungsgerecht zu besetzen ist; wobei bei der Versetzung eines Beamten in den Dienst des Bundes der Personalgewinnungszuschlag nur gewährt werden darf, wenn an der Versetzung ein dringendes Interesse des Bundes besteht (§ 43 Abs. 1 BBesG).

Nach dem **Bundesbesoldungsgesetz** (BBesG) ist Voraussetzung für die Gewährung einer **Zulage für die Wahrnehmung befristeter Funktionen**, dass dem Beamten eine herausgehobene Funktion befristet übertragen wurde (z. B. Projektarbeit), wobei die Zulage ab dem siebten Monat der ununterbrochenen Wahrnehmung bis zu einer Dauer von höchstens fünf Jahren gezahlt werden kann. Die Zulage wird bis zur Höhe des Unterschiedsbetrages zwischen dem Grundgehalt der Besoldungsgruppe des Beamten und dem Grundgehalt der Besoldungsgruppe, die der Wertigkeit der wahrgenommenen Funktion entspricht, höchstens jedoch der dritten folgenden Besoldungsgruppe, gewährt. Bei jeder Beförderung vermindert sich die Zulage um den jeweiligen Erhöhungsbetrag (§ 45 BBesG).

18. Welchem Zweck dienen Erschwerniszulagen?

Erschwerniszulagen dienen dem Zweck, besondere bei der Bewertung des Amtes des Beamten oder bei der Regelung der Anwärterbezüge nicht berücksichtigte Erschwernisse abzugelten. Die Erschwerniszulagen sind widerruflich und nicht ruhegehaltfähig. Die allgemeinen Voraussetzungen, die einzeln abzugeltenden Erschwernisse und die Höhe der Erschwerniszulagen sind in der von der Bundesregierung bzw. jeweiligen Landesregierung erlassenen Verordnung über die Gewährung von Erschwerniszulagen (Erschwerniszulagenverordnung – EZulV) geregelt.

19. Welche Vergütungen können den Beamten gewährt werden?

Das **Bundesbesoldungsgesetz** (BBesG) enthält eine Ermächtigung für die Bundesregierung, durch Rechtsverordnung die Gewährung einer Mehrarbeitsvergütung für Beamte zu regeln, soweit die Dienstbefreiung nicht durch Mehrarbeit ausgeglichen wird (§ 48 BBesG) und eine Ermächtigung für das Bundesministerium der Finanzen, durch Rechtsverordnung im Einvernehmen mit dem Bundesministerium der Finanzen die Vergütung für Beamte zu regeln, die im Vollstreckungsdienst der Finanzverwaltung tätig sind (§ 49 BBesG).

Die **Besoldungsgesetze der Länder** sehen neben der Mehrarbeitsvergütung eine Vergütung für die Teilnahme an Sitzungen kommunaler Vertretungskörperschaften und ihrer Ausschüsse vor.

20. Unter welchen Voraussetzungen kann dem Beamten für geleistete Mehrarbeit eine Vergütung gewährt werden?

Der Beamte ist grundsätzlich verpflichtet, ohne Vergütung über die regelmäßige wöchentliche Arbeitszeit hinaus Dienst zu tun, wenn zwingende dienstliche Gründe dies erfordern und sich die Mehrarbeit auf Ausnahmefälle beschränkt. Den Beamten mit aufsteigendem Gehalt kann jedoch in bestimmten Bereichen bei dienstlich angeordneter oder genehmigter Mehrarbeit, wenn diese Arbeit ihn innerhalb eines Kalendermonats mehr als fünf Stunden über die regelmäßige Arbeitszeit hinaus beansprucht und aus zwingenden dienstlichen Gründen nicht durch Dienstbefreiung ausgeglichen werden kann, eine **Mehrarbeitsvergütung** gewährt werden (§ 88 Bundesbeamtengesetz (BBG) bzw. entsprechende Regelung im Landesbeamtengesetz). Die Höhe dieser Vergütung ist in der von der Bundesregierung bzw. der jeweiligen Landesregierung erlassenen Verordnung über die Gewährung von Mehrarbeitsvergütung für Beamte festgelegt.

21. Wie setzen sich die Anwärterbezüge zusammen?

Zu den **Anwärterbezügen**, die Beamte auf Widerruf im Vorbereitungsdienst erhalten, gehören gemäß § 59 Abs. 2 Satz 1 des Bundesbesoldungsgesetzes (BBesG)

- der **Anwärtergrundbetrag**, der sich nach der Anlage VIII des BBesG bemisst (§ 61 BBesG)
- die **Anwärtersonderzuschläge**, die beim Bestehen eines erheblichen Mangels an qualifizierten Bewerbern das Bundesministerium des Innern oder die von ihm bestimmte Stelle gewähren kann, wobei der Anspruch auf Anwärtersonderzuschläge an einen mindestens fünfjährigen Verbleib des Anwärters nach Bestehen der Laufbahnprüfung als Beamter im öffentlichen Dienst geknüpft ist (§ 63 BBesG).

Daneben werden der **Familienzuschlag** und vermögenswirksame Leistungen gewährt (§ 59 Abs. 2 Satz 2 BBesG). Zulagen und Vergütungen werden nur gewährt, wenn dies gesetzlich besonders bestimmt ist (§ 59 Abs. 2 Satz 3 BBesG). Anwärter mit dienstlichem Wohnsitz im Ausland erhalten zusätzlich Bezüge entsprechend der Auslandsbesoldung (§ 59 Abs. 3 BBesG).

Die **Besoldungsgesetze der Länder** enthalten ebenfalls entsprechende Regelungen in Anlehnung an das BBesG.

22. Welche Regelungen gelten für die Kürzung der Anwärterbezüge?

Das **Bundesbesoldungsgesetz** (BBesG) enthält hinsichtlich der **Kürzung der Anwärterbezüge** folgende Regelung:

Hat der Anwärter die vorgeschriebene Laufbahnprüfung nicht bestanden oder hat sich die Ausbildung aus einem vom Anwärter zu vertretenden Grund verzögert, so kann die oberste Dienstbehörde oder die von ihr bestimmte Stelle den Anwärtergrundbetrag bis zu 30 % des Grundgehaltes, das einem Beamten der entsprechenden Laufbahn in der ersten Stufe zusteht, herabsetzen (§ 66 Abs. 1 BBesG). Von der Kürzung ist abzusehen bei Verlängerung des Vorbereitungsdienstes infolge genehmigten Fernbleibens oder Rücktritts von der Prüfung sowie in besonderen Härtefällen (§ 66 Abs. 2 BBesG). Wird eine Zwischenprüfung nicht bestanden oder ein sonstiger Leistungsnachweis nicht erbracht, so ist die Kürzung auf den sich daraus ergebenden Zeitraum der Verlängerung des Vorbereitungsdienstes zu beschränken (§ 66 Abs. 3 BBesG).

Die **Besoldungsgesetze der Länder** enthalten ebenfalls entsprechende Regelungen in Anlehnung an das BBesG.

23. Wonach bestimmt sich der Anspruch der Beamten auf eine Jubiläumszuwendung und wie hoch ist diese Zuwendung?

Rechtsgrundlage für den Anspruch der **Beamten des Bundes** auf eine **Jubiläumszuwendung** bildet die Verordnung über die Gewährung von Dienstjubiläumszuwendungen (Dienstjubiläumsverordnung – DJubV).

Für **Bundesbeamte** beträgt die **Jubiläumszuwendung:**

- bei einer Dienstzeit von 25 Jahren: 350 €
- bei einer Dienstzeit von 40 Jahren: 500 €
- bei einer Dienstzeit von 50 Jahren: 600 €.

Die von der jeweiligen **Landesregierung** erlassene Verordnung über die Gewährung von Jubiläumszuwendungen an Beamte sieht in der Regel ebenfalls eine Jubiläumszuwendung in entsprechender Höhe der in der Dienstjubiläumsverordnung des Bundes festgelegten Beträge vor. Bei fehlender Rechtsgrundlage besteht kein Anspruch auf eine Jubiläumszuwendung.

24. In welcher Höhe werden den Beamten vermögenswirksame Leistungen gewährt?

Den Beamten werden **vermögenswirksame Leistungen** von zurzeit 6,65 € im Monat gewährt. Beamte, deren Grundgehalt einschließlich Amtszulagen und Ortszuschlag der Stufe 2 oder deren Anwärterbezüge unter 971,45 € liegen, erhalten zurzeit 13,29 €. Den teilzeitbeschäftigten Beamten wird jeweils die Hälfte der vorgenannten Beträge gewährt.

Grundlage für die Gewährung der vermögenswirksamen Leistungen bildet das Gesetz über vermögenswirksame Leistungen für Beamte, Richter, Berufssoldaten und Soldaten auf Zeit.

25. Kann der Beamte auf die Besoldung verzichten?

Nach dem Bundesbesoldungsgesetz (BBesG) kann der Beamte auf die ihm gesetzlich zustehende Besoldung (mit Ausnahme der vermögenswirksamen Leistungen) weder ganz noch teilweise verzichten (§ 2 Abs. 3 BBesG).

Die **Besoldungsgesetze der Länder** enthalten ebenfalls eine entsprechende Regelung.

26. Kann dem Beamten eine höhere als die ihm gesetzlich zustehende Besoldung gewährt werden?

Nach § 2 Abs. 2 des Bundesbesoldungsgesetzes (BBesG) sind Zusicherungen, Vereinbarungen und Vergleiche, die dem Beamten eine höhere als die gesetzlich zustehende Besoldung verschaffen sollen, unwirksam. Dies gilt auch für die zu diesem Zweck abgeschlossenen Versicherungsverträge.

Die **Besoldungsgesetze der Länder** enthalten ebenfalls eine entsprechende Regelung.

27. Welche finanziellen Leistungen werden dem Beamten neben der Besoldung noch gewährt?

Dem Beamten werden aufgrund der sich aus der Fürsorgepflicht des Dienstherrn ergebenden Verpflichtung bzw. zur Abgeltung dienstlich bedingten Aufwandes im Wesentlichen folgende Leistungen gewährt:

- **Reisekostenvergütung** bei Dienstreisen bzw. Dienstgängen für die Erledigung von Dienstgeschäften außerhalb der Dienststelle
- **Umzugskostenvergütung** in Form von Erstattung von Auslagen, die z. B. bei einem dienstlich veranlassten Umzug entstehen
- **Trennungsgeld** zum Ausgleich der Mehrbelastung, die durch getrennte Haushaltsführung, z. B. bei einer Versetzung aus dienstlichen Gründen entsteht
- **Beihilfen** für Aufwendungen in Krankheits-, Geburts- und Todesfällen. Auch die Ruhestandsbeamten und die Hinterbliebenen eines verstorbenen Beamten (Witwen, Witwer und waisengeldberechtigte Kinder) erhalten Beihilfen.

Die Anspruchsvoraussetzungen und der Umfang der vorgenannten Leistungen sind in dem vom Bund bzw. dem jeweiligen Land erlassenen Reisekostengesetz, dem Gesetz oder der Verordnung über die Umzugskostenvergütung und das Trennungsgeld sowie der Beihilfenverordnung geregelt.

28. Welche Besoldung erhält der Beamte bei begrenzter Dienstfähigkeit?

Das Bundesbesoldungsgesetz (BBesG) sieht vor, dass der Beamte bei begrenzter Dienstfähigkeit Dienstbezüge entsprechend der in § 6 Abs. 1 BBesG bei Teilzeitbeschäftigung getroffenen Regelung erhält, d. h. die Dienstbezüge werden im gleichen Verhältnis wie die Arbeitszeit gekürzt. Die Dienstbezüge werden jedoch mindestens in Höhe des Ruhegehaltes gewährt, das der Beamte bei Versetzung in den Ruhestand erhalten würde, sofern er im vollen zeitlichen Umfang seiner begrenzten Dienstfähigkeit Dienst leistet (§ 72a Abs. 1 BBesG). Daneben enthält das BBesG eine Ermächtigung für die Bundesregierung, zusätzlich zu den Dienstbezügen durch Rechtsverordnung die Gewährung eines nicht ruhegehaltsfähigen Zuschlags zu regeln (§ 72a Abs. 2 BBesG). Dies ist mit der von der Bundesregierung erlassenen Verordnung über die Gewährung eines Zuschlags zu den Dienstbezügen bei begrenzter Dienstfähigkeit (Begrenzte-Dienstfähigkeit-Zuschlag-Verordnung – BDZV) geschehen.

Die **Besoldungsgesetze der Länder** enthalten ebenfalls entsprechende Regelungen in Anlehnung an das BBesG.

8. Überblick über die Beamtenversorgung

1. Welches Gesetz bildet die Grundlage für das Versorgungsrecht der Beamten?

Die **Versorgung der Bundesbeamten** ist im **Gesetz über die Versorgung der Beamten und Richter des Bundes** (Beamtenversorgungsgesetz – BeamtVG) geregelt, welches durch das Gesetz zur Neuordnung und Modernisierung des Bundesdienstrechts (Dienstrechtsneuordnungsgesetz – DNeuG) vom 5. Februar 2009 umfangreiche Änderungen erhielt, die sich unter anderem aus den geänderten Gesetzgebungszuständigkeiten als Folge der Föderalismusreform I ergeben haben.

Die **Versorgung der Landesbeamten** und der im Dienste der Gemeinden, der Gemeindeverbände sowie der sonstigen der Aufsicht eines Landes unterstehenden Körperschaften des öffentlichen Rechts stehenden Beamten sind in den Beamtenversorgungsgesetzen der Länder geregelt, die die Länder aufgrund der auf sie im Zuge der Föderalismusreform I durch das Gesetz zur Änderung des Grundgesetzes vom 28. August 2006 übergegangenen Gesetzgebungszuständigkeit für die Beamtenbesoldung und Beamtenversorgung erlassen haben (Art. 70 i. V. m. Art. 74 Abs. 1 Nr. 27 GG).

2. Welche Regelung bildet die Grundlage für die Verteilung der Versorgungslasten bei einem bund- und länderübergreifenden Dienstherrnwechsel der Beamten?

Aufgrund der durch das Gesetz zur Änderung des Grundgesetzes vom 28. August 2006 neu geordneten Gesetzgebungszuständigkeiten für das Versorgungsrecht der Beamten ist die bisher in § 107b des Beamtenversorgungsgesetzes (BeamtVG) bundeseinheitlich geregelte **Verteilung der Versorgungslasten** in den Fällen eines bund- oder länderübergreifenden Dienstherrnwechsels als Rechtsgrundlage entfallen, sodass es einer Neuregelung bedurfte. Dies ist mit dem zwischen dem Bund und den Länder geschlossenen Staatsvertrag vom 16. Dezember 2009 und 26. Januar 2010 über die Verteilung von Versorgungslasten bei bund- und länderübergreifenden Dienstherrenwechseln (**Versorgungslastenteilungs-Staatsvertrag**), der nach der Ratifizierung durch den Bundestag und die Parlamente der Bundesländer am 1. Januar 2011 in Kraft getreten ist, geschehen. Der Versorgungslastenteilungs-Staatsvertrag enthält insbesondere Bestimmungen zum Anwendungsbereich und zur Versorgungslastenteilung sowie Übergangsbestimmungen.

3. Welche Arten der Beamtenversorgung unterscheidet man?

Nach § 2 des Gesetzes über die Versorgung der Beamten und Richter des Bundes (Beamtenversorgungsgesetz – BeamtVG) bzw. den Beamtenversorgungsgesetzen der Länder werden folgende **Arten der Beamtenversorgung** (Versorgungsbezüge) unterschieden:

- Ruhegehalt
- Unterhaltsbeitrag

- Hinterbliebenenversorgung
- Bezüge bei Verschollenheit
- Unfallfürsorge
- Übergangsgeld
- Ausgleich bei besonderen Altersgrenzen.

Zu den Versorgungsbezügen gehören auch die Erhöhungs-, Unterschieds- und Ausgleichsbeträge, der Anpassungszuschlag, der Kindererziehungszuschlag, der Kindererziehungsergänzungszuschlag, der Kinderzuschlag zum Witwengeld sowie der Pflege- und Kinderpflegeergänzungszuschlag. Ferner gehört zur Versorgung die jährliche Sonderzahlung.

4. Welche Voraussetzungen sind an die Gewährung des Ruhegehalts geknüpft?

Ruhegehalt wird nur gewährt, wenn der Beamte:

- eine **Dienstzeit von mindestens fünf Jahren** abgeleistet hat oder
- infolge Krankheit, Verwundung oder sonstiger Beschädigung, die er sich ohne grobes Verschulden bei Ausübung oder aus Veranlassung des Dienstes zugezogen hat, **dienstunfähig** geworden ist (§ 4 Abs. 1 BeamtVG Bund/Land).

5. Wann entsteht für den Beamten der Anspruch auf Ruhegehalt?

Der **Anspruch auf Ruhegehalt** entsteht für den Beamten mit dem **Beginn des Ruhestandes**. Bei in den einstweiligen Ruhestand versetzten Beamten und bei Wahlbeamten auf Zeit, die abgewählt wurden, entsteht der Anspruch auf Ruhegehalt nach Ablauf der Zeit, für die dem Beamten Dienstbezüge gewährt wurden (§ 4 Abs. 2 BeamtVG Bund/Land).

6. Auf welcher Grundlage wird das Ruhegehalt berechnet?

Das **Ruhegehalt** wird auf der Grundlage der **ruhegehaltfähigen Dienstbezüge** und der **ruhegehaltfähigen Dienstzeit** berechnet (§ 4 Abs. 3 BeamtVG Bund/Land).

7. Was gehört zu den ruhegehaltfähigen Dienstbezügen?

Ruhegehaltfähige Dienstbezüge sind:

- das Grundgehalt, das dem Beamten nach dem Besoldungsrecht zuletzt zugestanden hat
- der Familienzuschlag der Stufe 1, das dem Beamten nach dem Besoldungsrecht zustehen würde

- sonstige Dienstbezüge, die im Besoldungsrecht als ruhegehaltfähig bezeichnet sind und dem Beamten nach dem Besoldungsrecht zuletzt zugestanden haben (z. B. Amtszulagen)
- Leistungsbezüge nach § 33 Abs. 1 des Bundesbesoldungsgesetzes (BBesG) bzw. Landesbesoldungsgesetzes, soweit sie nach § 33 Abs. 3 BBesG bzw. Landesbesoldungsgesetz ruhegehaltfähig sind (§ 5 Abs. 1 Satz 1 BeamtVG Bund/Land).

Bei Teilzeitbeschäftigung und Beurlaubung ohne Dienstbezüge (Freistellung) gelten als ruhegehaltfähige Dienstbezüge die dem letzten Amt entsprechenden vollen Dienstbezüge (§ 5 Abs. 1 Satz 2 BeamtVG Bund). Dies gilt entsprechend bei eingeschränkter Verwendung eines Beamten wegen begrenzter Dienstfähigkeit nach § 42a des Bundesbeamtengesetzes oder entsprechendem Landesrecht (§ 5 Abs. 1 Satz 3 BeamtVG Bund/Land).

Ist der Beamte wegen Dienstunfähigkeit aufgrund eines Dienstunfalls (die Beschränkung auf die Dienstunfähigkeit wegen Dienstunfall wurde durch das Gesetz zur Reform des öffentlichen Dienstrechts zum 1. Juli 1997 eingeführt) in den Ruhestand getreten, so ist das Grundgehalt der für ihn maßgebenden Besoldungsgruppe nach der Dienstaltersstufe zugrunde zu legen, die er bis zum Eintritt in den Ruhestand wegen Erreichens der Altersgrenze hätte erreichen können (§ 5 Abs. 2 BeamtVG Bund/Land). Dies ist in der Regel das Endgrundgehalt. Ferner gelten besondere Regelungen, wenn der Beamte die Dienstbezüge aus einem Beförderungsamt noch nicht zwei Jahre erhalten hat (§ 5 Abs. 3 bis 5 BeamtVG Bund/Land).

8. Welche Arten von ruhegehaltfähigen Dienstzeiten unterscheidet das Beamtenversorgungsrecht?

Im vom Bund erlassenen Beamtenversorgungsgesetz (BeamtVG) und in den Beamtenversorgungsgesetzen der Länder ist im Einzelnen bestimmt, welche Dienstzeiten ruhegehaltfähig sind und welche nicht. Das Beamtenversorgungsgesetz unterscheidet dabei zwischen:

- den **regelmäßigen ruhegehaltfähigen Dienstzeiten** (§§ 6 und 7 BeamtVG Bund/Land)
- den als **ruhegehaltfähig geltenden Dienstzeiten** (§§ 8 und 9 BeamtVG Bund/Land)
- den aufgrund von **Soll- und Kannvorschriften zu berücksichtigenden Dienstzeiten** (§§ 10 bis 12 und 67 Abs. 2 BeamtVG Bund/Land).

9. Welche Dienstzeit zählt generell als regelmäßige ruhegehaltfähige Dienstzeit?

Als regelmäßige ruhegehaltfähige Dienstzeit zählt generell die Dienstzeit, die der Beamte vom Tage seiner ersten Berufung in das Beamtenverhältnis an im Dienstverhältnis eines öffentlich-rechtlichen Dienstherrn im Beamtenverhältnis nach Vollendung des 17. Lebensjahres zurückgelegt hat. Zeiten einer Teilzeitbeschäftigung sind nur zu dem Teil ruhegehaltfähig, der dem Verhältnis der ermäßigten zur regelmäßigen Arbeitszeit entspricht (§ 6 Abs. 1 BeamtVG Bund/Land).

10. Wie wird die ruhegehaltfähige Dienstzeit bei Versetzung in den Ruhestand wegen Dienstunfähigkeit berechnet?

Wird der Beamte wegen Dienstunfähigkeit vor Vollendung des 60. Lebensjahrs in den Ruhestand versetzt, erhöht sich die ruhegehaltfähige Dienstzeit um die **Zurechnungszeit**. Die zu berücksichtigende Zurechnungszeit beträgt zwei Drittel der Zeit vom Eintritt in den Ruhestand bis zum Ablauf des Monats vor Vollendung des 60. Lebensjahres, soweit diese Zeit nicht nach anderen Vorschriften als ruhegehaltfähig berücksichtigt wird (§ 13 Abs. 1 BeamtVG Bund/Land). Bei der Berechnung der Zurechnungszeit nach dem neuen Beamtenversorgungsrecht sind jeweils auch die für die vorhandenen Beamten im Beamtenversorgungsrecht getroffenen Übergangsregelungen zu beachten.

11. Wie errechnet sich der Ruhegehaltssatz?

Der Ruhegehaltssatz errechnet sich aus der ruhegehaltfähigen Dienstzeit. Für jedes Jahr ruhegehaltfähige Dienstzeit beträgt der Ruhegehaltssatz 1,79375 vom Hundert und ist auf zwei Dezimalstellen auszurechnen. Dazu wird ein Rest von Tagen unter Benutzung des Nenners 365 in einen Dezimalbruch auf zwei Stellen hinter dem Komma umgerechnet. Eine Aufrundung erfolgt, wenn in der dritten Stelle als Rest die Zahl 5 bis 9 verbleibt. Der Ruhegehaltssatz beträgt insgesamt höchstens 71,75 vom Hundert (§ 14 Abs. 1 BeamtVG Bund/Land). Für Beamte, die am 31. Dezember 1991 bereits in einem Beamtenverhältnis gestanden haben, hat eine Vergleichsberechnung zu erfolgen, sofern nach dem Recht ab 1. Januar 1992 nicht der Höchstruhegehaltssatz erreicht wird.

Zu beachten ist, dass im Beamtenversorgungsrecht für die **politischen Beamten**, die jederzeit in den einstweiligen Ruhestand versetzt werden können, und für die **Beamten auf Zeit** hinsichtlich der Bemessung des Ruhegehaltssatzes besondere Regelungen bestehen.

Beispiel

Berechnung des Ruhegehaltssatzes (ohne Vergleichsberechnung):

Sachverhalt: Herr Martin Klar, geboren am 1. Februar 1964, wird am 1. Oktober 1992 in das Beamtenverhältnis berufen. Das Beamtenverhältnis endet durch Eintritt in den Ruhestand wegen Erreichens der Regelaltersgrenze (67. Lebensjahr) am 31. Januar 2031.

Ermittlung des Ruhegehaltssatzes: Die von dem Beamten vom 1. Oktober 1992 bis 31. Januar 2031 abgeleistete Dienstzeit ergibt eine ruhegehaltfähige Dienstzeit von 38 Jahren und 131 Tagen. Danach errechnet sich der Ruhegehaltssatz wie folgt:

38 Jahre • 365 Tage = 13.870 Tage + 131 Tage = 14.001 Tage : 365 Tage (ein Jahr) = 38,358 Jahre = 38,36 Jahre (aufgerundet) • 1,79375 % = 68,808 % = 68,81 % (aufgerundet).

12. Wann kann eine Erhöhung des Ruhegehaltssatzes in Betracht kommen?

Das Beamtenversorgungsrecht sieht für Beamte, die vor der Vollendung des 65. Lebensjahres in den Ruhestand getreten sind und bis zum Beginn des Ruhestandes die Wartezeit von 60 Kalendermonaten für eine Rente der gesetzlichen Rentenversicherung erfüllt haben, die dienstunfähig sind oder die wegen Erreichens einer besonderen Altersgrenze in den Ruhestand getreten sind und das 60. Lebensjahr vollendet haben, unter bestimmten Voraussetzungen eine **vorübergehende Erhöhung des Ruhegehaltssatzes** auf bis zu 66,97 vom Hundert bis höchstens zum 65. Lebensjahr vor. Die Erhöhung des Ruhegehaltssatzes wird auf Antrag vorgenommen (§ 14a BeamtVG Bund/Land).

Außerdem kann sich das Ruhegehalt erhöhen um den Kindererziehungszuschlag und um weitere kindbezogene Zuschläge, durch die wie in der Rentenversicherung Zeiten der Kindererziehung sowie der Pflege bei der Beamtenversorgung berücksichtigt werden (§§ 50a bis 50d BeamtVG Bund/Land). Die kindbezogenen Zuschläge werden unter bestimmten Voraussetzungen auch vorübergehend gewährt (§ 50e BeamtVG Bund/Land).

13. Wie hoch ist die Mindestversorgung?

Das Ruhegehalt beträgt mindestens 35 vom Hundert der ruhegehaltfähigen Dienstbezüge (§ 14 Abs. 4 Satz 1 BeamtVG Bund/Land). Diese **amtsbezogene Mindestversorgung** ist zum 1. Januar 1992 neu eingeführt worden. Die bereits nach früherem Recht bestehende **amtsunabhängige Mindestversorgung** ist weiterhin beibehalten worden und beträgt 65 vom Hundert der jeweils ruhegehaltfähigen Dienstbezüge aus der Endstufe der Besoldungsgruppe A 4 zuzüglich bestimmter Beträge und wird dem Ruhestandsbeamten gewährt, wenn dies für ihn günstiger ist (§ 14 Abs. 4 Satz 2 und 3 BeamtVG Bund/Land).

14. Wann wird das Ruhegehalt um einen Versorgungsabschlag gemindert?

Das Ruhegehalt wird in der Regel um einen Versorgungsabschlag gemindert, wenn der Beamte vor Erreichen der gesetzlichen Altersgrenze in den Ruhestand versetzt wird. Der Versorgungsabschlag gilt für die gesamte Dauer der Versorgung und wirkt sich auch auf die Hinterbliebenenversorgung aus. Die Einzelheiten des Versorgungsabschlags sind in § 14 Abs. 3 BeamtVG Bund/Land) geregelt.

15. Unter welchen Voraussetzungen kann dem Beamten ein Unterhaltsbeitrag gewährt werden?

Ein **Unterhaltsbeitrag** bis zur Höhe des Ruhegehalts kann bei Bedürftigkeit auf Antrag gewährt werden einem **Beamten auf Lebenszeit**, der vor Ableistung einer Dienstzeit von fünf Jahren wegen Dienstunfähigkeit oder wegen Erreichen der Altersgrenze entlassen ist, oder einem **Beamten auf Probe**, der wegen Dienstunfähigkeit oder wegen Erreichens der Altersgrenze entlassen ist (§ 15 BeamtVG Bund/Land).

16. Wann entsteht der Anspruch auf Hinterbliebenenversorgung und wem steht diese zu?

Der Anspruch auf **Hinterbliebenenversorgung** entsteht mit dem Tode des Beamten oder Ruhestandsbeamten. Die Hinterbliebenenversorgung wird den unmittelbaren Familienangehörigen des verstorbenen Beamten (Witwe, Witwer, Waisen) gewährt. Bei der Hinterbliebenenversorgung handelt es sich um einen selbstständigen Rechtsanspruch der Hinterbliebenen, der diesen in Erfüllung der Fürsorgepflicht des Dienstherrn zusteht. Als Ausfluss des Alimentationsprinzips ist die Hinterbliebenenversorgung durch Artikel 33 Abs. 5 des Grundgesetzes (GG) garantiert.

17. Welche Leistungen umfasst die Hinterbliebenenversorgung?

Die **Hinterbliebenenversorgung** umfasst folgende Leistungen:

- Bezüge für den Sterbemonat
- Sterbegeld
- Witwengeld
- Witwenabfindung
- Waisengeld
- Unterhaltsbeiträge
- Witwerversorgung (§§ 17 bis 28 BeamtVG Bund/Land).

18. Was ist unter einem Dienstunfall zu verstehen?

Ein **Dienstunfall** ist ein auf äußerer Einwirkung beruhendes, plötzliches, örtlich und zeitlich bestimmbares, einen Körperschaden verursachendes Ereignis, das infolge oder in Ausübung des Dienstes eingetreten ist (§ 31 Abs. 1 Satz 1 BeamtVG Bund/Land).

19. Welche Leistungen werden dem durch einen Dienstunfall verletzten Besamten und seinen Hinterbliebenen gewährt?

In § 30 Abs. 1 BeamtVG Bund ist bestimmt, dass dem durch einen Dienstunfall verletzten Beamten und seinen Hinterbliebenen **Unfallfürsorge** gewährt wird. Unfallfürsorge wird auch dem Kind einer Beamtin gewährt, das durch deren Dienstunfall während der Schwangerschaft unmittelbar geschädigt wurde. Dies gilt auch, wenn die Schädigung durch besondere Einwirkungen verursacht worden ist, die generell geeignet sind, bei der Mutter einen Dienstunfall im Sinne des § 31 Abs. 3 BeamtVG Bund zu verursachen.

Die **Unfallfürsorge** umfasst gemäß § 30 Abs. 2 BeamtVG Bund folgende Leistungen:

- Erstattung von Sachschäden und besonderen Aufwendungen (§ 32 BeamtVG Bund)
- Heilverfahren (§§ 33, 34 BeamtVG Bund)
- Unfallausgleich (§ 35 BeamtVG Bund)

- Unfallruhegehalt oder Unterhaltsbeitrag (§§ 36 bis 38 BeamtVG Bund)
- Unfall-Hinterbliebenenversorgung (§§ 39 bis 42 BeamtVG Bund)
- einmalige Unfallentschädigung (§ 43 BeamtVG Bund)
- Schadensausgleich in besonderen Fällen (§ 43a BeamtVG Bund)
- Einsatzversorgung im Sinne des § 31a BeamtVG Bund.

Die Beamtenversorungsgesetze der Länder sehen ebenfalls entsprechende Leistungen vor.

20. In welcher Form fördert der Staat die private Altersvorsorge der Beamten?

Die private Altersvorsorge der Beamten wird seit dem 1. Januar 2002 vom Staat in Form der Zahlung einer **Altersvorsorgezulage**, die sich aus Grund- und Kinderzulage zusammensetzt, oder als steuerliche Erleichterung in Form des **Sonderausgabenabzuges**, der in der Einkommensteuererklärung geltend gemacht werden kann, gefördert (sog. **Riester-Rente**). Die Einzelheiten über die Voraussetzungen und Höhe der Förderung der privaten Altersvorsorge der Beamten sind im Einkommensteuergesetz (EStG) geregelt (§§ 10a, 79 bis 93 EStG). Daneben gibt es seit dem 1. Januar 2005 eine weitere Form der vom Staat geförderten privaten Altersvorsorge, und zwar die sogenannte **Rürup-Rente**. Bei dieser Form der privaten Altersvorsorge werden bestimmte Altersvorsorgeaufwendungen, die abschließend in § 10 Abs. 1 Nr. 2 EStG aufgezählt sind, über Steuervorteile gefördert.

9. Das Personalvertretungsrecht

9.1 Der Personalrat

1. In welchen Vorschriften ist das Personalvertretungsrecht geregelt?

Das Personalvertretungsrecht ist im **Bundespersonalvertretungsgesetz** (BPersVG), das für die Verwaltungen und Betriebsverwaltungen des Bundes sowie der bundesunmittelbaren Körperschaften, Anstalten und Stiftungen des öffentlichen Rechts und für die Gerichte des Bundes gilt, und in dem von dem jeweiligen Land erlassenen **Personalvertretungsgesetz** geregelt, das für die Verwaltungen und Betriebe des Landes, der Gemeinden und Gemeindeverbände und sonstigen nicht bundesunmittelbaren Körperschaften, Anstalten und Stiftungen des öffentlichen Rechts sowie für die Gerichte des Landes gilt.

2. Welchen Zweck verfolgen die Personalvertretungsgesetze?

Durch die Personalvertretungsgesetze soll den Beschäftigten im öffentlichen Dienst

- durch Mitbestimmung und andere Beteiligungsformen Gelegenheit gegeben werden, sich selbst am Arbeitsplatz besser zu verwirklichen und zu entfalten

- die Möglichkeit eingeräumt werden, an personalrechtlichen Entscheidungen des Dienstherrn teilzunehmen und mitzuwirken
- die vom Dienstherrn getroffenen Maßnahmen und Entscheidungen zu kontrollieren
- damit letztlich eigene Interessen aufgrund gesetzlich begründeter Rechte gegenüber dem Dienstherrn zu vertreten.

3. Welches sind die Organe der Personalvertretung?

Organe der **Personalvertretung** sind:

- **Personalrat** und die Stufenvertretungen (Bezirks-, Haupt- und Gesamtpersonalrat)
- **Personalversammlung**
- **Jugend- und Auszubildendenvertretung**.

4. Was ist ein Personalrat?

Der **Personalrat** ist eine von den Angehörigen im öffentlichen Dienst gewählte, mit weitgehenden Rechten und Pflichten ausgestattete Vertretung aller Beschäftigten gegenüber dem öffentlichen Dienstherrn.

5. Wer ist bei der Personalratswahl wahlberechtigt?

Nach dem Bundespersonalvertretungsgesetz (BPersVG) sind bei der **Personalratswahl wahlberechtigt** alle Beschäftigten, die am Wahltage das 18. Lebensjahr vollendet haben, es sei denn, dass sie infolge Richterspruchs das Recht, in öffentlichen Angelegenheiten zu wählen oder zu stimmen, nicht besitzen oder am Wahltage seit mehr als sechs Monaten unter Wegfall der Bezüge beurlaubt sind (§ 13 BPersVG).

6. Wer kann in den Personalrat gewählt werden?

In den **Personalrat wählbar** sind nach dem Bundespersonalvertretungsgesetz (BPersVG) alle Wahlberechtigten, die am Wahltage seit sechs Monaten dem Geschäftsbereich ihrer obersten Dienstbehörde angehören und seit einem Jahr in öffentlichen Verwaltungen oder von diesen geführten Betrieben beschäftigt sind (§ 14 Abs. 1 Satz 1 BPersVG). Nicht wählbar ist, wer infolge Richterspruchs die Fähigkeit, Rechte aus öffentlichen Wahlen zu erlangen, nicht besitzt (§ 14 Abs. 1 Satz 2 BPersVG). Darüber hinaus sind für die Personalvertretung ihrer Dienststelle nicht wählbar der Dienststellenleiter, sein ständiger Vertreter und Beschäftigte, die zu selbstständigen Entscheidungen in Personalangelegenheiten der Dienststelle befugt sind (§ 14 Abs. 3 BPersVG).

7. Wovon ist die Zahl der Personalräte abhängig und wie lange ist die Amtszeit des Personalrates?

Nach dem Bundespersonalvertretungsgesetz (BPersVG) ist die Zahl der Personalräte abhängig von der Anzahl der regelmäßig bei der Dienststelle Beschäftigten (§ 16 Abs. 1 BPersVG). Die Höchstzahl der Mitglieder des Personalrates beträgt einunddreißig (§ 16 Abs. 2 BPersVG).

Die **regelmäßige Amtszeit** des Personalrates beträgt **vier Jahre** (§ 26 BPersVG).

8. Wie setzt sich der Personalrat zusammen, wenn in der Dienststelle Angehörige verschiedener Gruppen (Beamte und Arbeitnehmer) beschäftigt sind?

Das Bundespersonalvertretungsgesetz (BPersVG) enthält hinsichtlich der Zusammensetzung des Personalrates, wenn in der Dienststelle Angehörige verschiedener Gruppen (Beamte und Arbeitnehmer) beschäftigt sind, folgende Regelung:

Sofern der Personalrat aus mindestens drei Mitgliedern besteht, muss jede Gruppe entsprechend ihrer Stärke im Personalrat vertreten sein. Macht eine Gruppe von ihrem Recht, im Personalrat vertreten zu sein, keinen Gebrauch, so verliert sie ihren Anspruch auf Vertretung. Die Verteilung der Sitze auf die Gruppen errechnet der Wahlvorstand nach den Grundsätzen der Verhältniswahl. Den einzelnen Gruppen wird im Interesse des Minderheitenschutzes eine bestimmte Anzahl von Sitzen garantiert. Die Geschlechter sollen im Personalrat entsprechend dem Zahlenverhältnis vertreten sein (§ 17 BPersVG).

9. Wer führt die Geschäfte des Personalrats?

Das Bundespersonalvertretungsgesetz (BPerVG) sieht vor, dass der Vorstand die laufenden Geschäfte des Personalrats führt. Er wird vom Personalrat aus seiner Mitte gebildet. Dem Vorstand muss ein Mitglied jeder im Personalrat vertretenen Gruppe angehören. Die Vertreter jeder Gruppe wählen das auf sie entfallende Vorstandsmitglied (§ 32 Abs. 1 und 2 BPersVG). Wenn der Personalrat aus mindestens elf Mitgliedern besteht, wird der Vorstand um zwei Mitglieder erweitert (§ 33 BPersVG).

Die Personalvertretungsgesetze der Länder sehen nicht immer die Einrichtung eines Vorstandes vor. In diesen Fällen führt der Vorsitzende die laufenden Geschäfte, wobei er diese Befugnis auf seine Stellvertreter übertragen kann.

10. Wer vertritt den Personalrat im Rahmen seiner Beschlüsse?

Im Bundespersonalvertretungsgesetz (BPersVG) ist festgelegt, dass der vom Personalrat mit einfacher Mehrheit gewählte Vorsitzende den Personalrat im Rahmen der von diesem gefassten Beschlüsse vertritt. In Angelegenheiten, die nur eine Gruppe betreffen, vertritt der Vorsitzende, wenn er nicht selbst dieser Gruppe angehört, gemeinsam mit einem der Gruppe angehörenden Vorstandsmitglied den Personalrat (§ 32 Abs. 3 BPersVG).

11. Wie lassen sich die Aufgaben des Personalrats gliedern und wodurch unterscheiden sich diese?

Die Aufgaben des Personalrats lassen sich in die allgemeinen Aufgaben und in die Aufgaben im Rahmen der förmlichen Beteiligung gliedern.

Bei den **allgemeinen Aufgaben** handelt es sich um allgemeine Rechte des Personalrats gegenüber der Dienststelle und allgemeine Pflichten gegenüber den Beschäftigten. Ein besonderes Verfahren für die Erledigung dieser Aufgaben ist gesetzlich nicht vorgeschrieben.

Demgegenüber ist das Verfahren der **förmlichen Beteiligung** des Personalrates gesetzlich genau vorgeschrieben. Wenn dieses Verfahren nicht eingehalten wird, können keine rechtswirksamen Entscheidungen zustande kommen.

12. Welche allgemeinen Aufgaben hat der Personalrat wahrzunehmen?

Der Personalrat hat nach dem Bundespersonalvertretungsgesetz (BPersVG) insbesondere folgende allgemeinen Aufgaben wahrzunehmen:

- darüber zu wachen, dass alle Angehörigen der Dienststelle nach Recht und Billigkeit behandelt werden
- darüber zu wachen, ob die zugunsten der Beschäftigten geltenden Gesetze, Verordnungen, Tarifverträge, Dienstvereinbarungen und Verwaltungsanordnungen durchgeführt werden
- ein allgemeines Antragsrecht für Maßnahmen, die der Dienststelle und ihren Angehörigen dienen
- Anregungen und Beschwerden von Beschäftigten entgegenzunehmen und, falls sie berechtigt erscheinen, durch Verhandlung mit dem Leiter der Dienststelle auf ihre Erledigung hinzuwirken
- die Eingliederung und die berufliche Entwicklung Schwerbehinderter und sonstiger Schutzbedürftiger, insbesondere älterer Personen, zu fördern
- die Durchsetzung der tatsächlichen Gleichberechtigung von Frauen und Männern insbesondere bei der Einstellung, Beschäftigung, Aus-, Fort- und Weiterbildung und dem beruflichen Aufstieg zu fördern
- die Eingliederung ausländischer Beschäftigter in die Dienststelle sowie das Verständnis zwischen ihnen und den deutschen Beschäftigten zu fördern (§§ 67, 68 BPersVG).

13. Welche Formen der Beteiligung des Personalrats werden unterschieden?

Die Personalvertretungsgesetze unterscheiden folgende **Formen der Beteiligung** des Personalrates:

- **Mitbestimmung**
- **Mitwirkung**
- **Anhörung**.

14. Was versteht man unter Mitbestimmung des Personalrats?

Das Recht der **Mitbestimmung** ist das **stärkste Beteiligungsrecht** des Personalrats. Die Dienststelle kann eine Maßnahme oder Entscheidung, die der Mitbestimmung unterliegt, grundsätzlich nur mit Zustimmung des Personalrats treffen.

Beispiele: Einstellung eines Arbeitnehmers, Übertragung einer höher oder niedriger zu bewertenden Tätigkeit.

15. Was geschieht, wenn der Personalrat seine Zustimmung zu einer von der Dienststelle beabsichtigten mitbestimmungspflichtigen Maßnahme verweigert?

Das Bundespersonalvertretungsgesetz (BPersVG) enthält hinsichtlich der Verweigerung der Zustimmung des Personalrates zu einer von der Dienststelle beabsichtigten mitbestimmungspflichtigen Maßnahme folgende Regelung:

Sofern der Personalrat seine Zustimmung zu einer Maßnahme verweigert, die seiner **Mitbestimmung** unterliegt, kann diese Maßnahme nicht durchgeführt werden. Der Leiter der Dienststelle und der Personalrat können aber die Angelegenheit der übergeordneten Dienststelle (ggf. bis zur obersten Dienstbehörde) vorlegen.

Ergibt sich weder bei den Verhandlungen zwischen der übergeordneten Dienststelle und der bei ihr gebildeten Stufenvertretung des Personalrats noch zwischen der obersten Dienstbehörde und dem dort bestehenden Hauptpersonalrat eine Einigung, dann wird die Angelegenheit einer **Einigungsstelle** vorgelegt (§ 69 BPersVG). Diese wird bei der obersten Dienstbehörde gebildet und besteht aus sechs Beisitzern, die je zur Hälfte von der obersten Dienstbehörde und dem Hauptpersonalrat bestellt werden, sowie aus einem einvernehmlich zu bestimmenden unparteiischen Vorsitzenden. Kommt eine Einigung über die Person des Vorsitzenden nicht zustande, so bestellt ihn der Präsident des Bundesverwaltungsgerichts (§ 71 BPersVG). Beim Bund entscheidet im Falle der **vollen Mitbestimmung** (§ 75 BPersVG) die Einigungsstelle endgültig; in Angelegenheiten, die der **eingeschränkten Mitbestimmung** des Personalrats (§ 76 BPersVG) unterliegen, beschließt die Einigungsstelle eine Empfehlung an die oberste Dienstbehörde, wobei diese dann die endgültige Entscheidung trifft (§ 69 Abs. 4 BPersVG).

Die Personalvertretungsgesetze der Länder enthalten zum Teil hiervon abweichende Regelungen.

16. Was versteht man unter Mitwirkung des Personalrats?

Das Bundespersonalvertretungsgesetz (BPersVG) sieht für die in den gesetzlich vorgeschriebenen Fällen der **Mitwirkung** des Personalrats unterliegenden Maßnahmen (§§ 78 Abs. 1 und 79 Abs. 1 BPersVG) vor, dass diese von der Dienststelle vor deren Durchführung mit dem Ziel einer Verständigung **rechtzeitig und eingehend mit dem Personalrat erörtert werden** müssen (§ 72 Abs. 1 BPersVG). Bei **Nichteinigung entscheidet endgültig die oberste Dienstbehörde** (§ 72 Abs. 4 BPersVG). Die Einigungsstelle kann in Angelegenheiten, die der Mitwirkung des Personalrats unterliegen, nicht angerufen werden.

Beispiele: Auflösung, Einschränkung, Verlegung oder Zusammenlegung von Dienststellen oder wesentlichen Teilen von ihnen.

17. Was bedeutet Anhörung des Personalrats?

Bei der **Anhörung** ist dem Personalrat Gelegenheit zu geben, sich zu beabsichtigten Maßnahmen vor deren Durchführung zu äußern. Besondere Verfahrensvorschriften gibt es bei dieser Beteiligungsform nicht.

Beispiel: Weiterleitung von Personalanforderungen zum Haushaltsvoranschlag.

9.2 Die Personalversammlung

1. Wie setzt sich die Personalversammlung zusammen?

Nach dem Bundespersonalvertretungsgesetz (BPersVG) besteht die **Personalversammlung** aus den **Beschäftigten der Dienststelle** (§ 48 Abs. 1 Satz 1 BPersVG). Kann nach den dienstlichen Verhältnissen eine gemeinsame Versammlung aller Beschäftigten nicht stattfinden, so sind Teilversammlungen abzuhalten (§ 48 Abs. 2 BPersVG).

2. Wer darf neben den Beschäftigten der Dienststelle an der Personalversammlung teilnehmen?

Das Bundespersonalvertretungsgesetz (BPersVG) bestimmt, dass an der Personalversammlung neben den Beschäftigten der Dienststelle nur der Dienststellenleiter, Beauftragte aller in der Dienststelle vertretenen Gewerkschaften, ein Beauftragter der Arbeitgebervereinigung, der die Dienststelle angehört, ein beauftragtes Mitglied der Stufenvertretung oder des Gesamtpersonalrats sowie ein Beauftragter der Dienststelle, bei der die Stufenvertretung besteht, teilnehmen dürfen (§ 52 BPersVG).

3. Von wem wird die Personalversammlung geleitet und wer beruft die Personalversammlung ein?

Im Bundespersonalvertretungsgesetz (BPersVG) ist bestimmt, dass die Personalversammlung, die nicht öffentlich ist, vom Vorsitzenden des Personalrats geleitet (§ 48 Abs. 1 Satz 2 und 3 BPersVG) und vom Personalrat einberufen wird (§ 49 BPersVG).

4. Wann findet die Personalversammlung statt?

Im Bundespersonalvertretungsgesetz (BPersVG) ist festgelegt, dass der Personalrat einmal in jedem Kalenderhalbjahr in einer **Personalversammlung** einen Tätigkeitsbericht zu erstatten hat (ordentliche Personalversammlung). Daneben ist der Personalrat berechtigt und auf Wunsch des Leiters der Dienststelle oder eines Viertels der wahlberechtigten Beschäftigten verpflichtet, eine Personalversammlung einzuberufen und den Gegenstand, dessen Beratung beantragt ist, auf die Tagesordnung zu setzen (außerordentliche Personalversammlung). Außerdem muss der Personalrat auf Antrag einer in der Dienststelle vertretenen Gewerkschaft vor Ablauf von zwölf Arbeitstagen nach Eingang des Antrages eine ordentliche Personalversammlung einberufen, wenn im vorhergegangenen Kalenderhalbjahr keine Personalversammlung und keine Teilversammlung durchgeführt worden sind (§ 49 BPersVG).

Die Personalvertretungsgesetze der Länder sehen zum Teil eine Personalversammlung nur einmal in jedem Kalenderjahr vor.

5. Was sind die Aufgaben der Personalversammlung?

Die **Personalversammlung** hat nach dem Bundespersonalvertretungsgesetz (BPersVG) folgende **Aufgaben:**

- Entgegennahme des Tätigkeitsberichts des Personalrats
- Sie kann dem Personalrat Anträge unterbreiten.
- Sie kann zu den Beschlüssen des Personalrats Stellung nehmen.
- Sie kann alle Angelegenheiten behandeln, die die Dienststelle oder ihre Beschäftigten unmittelbar betreffen (§§ 49 Abs. 1 und 51 BPersVG).

9.3 Die Jugend- und Auszubildendenvertretung

1. Was versteht man unter einer Jugend- und Auszubildendenvertretung?

Die **Jugend- und Auszubildendenvertretung** ist eine nach den Vorschriften des Bundespersonalvertretungsgesetzes (BPersVG) bzw. Personalvertretungsgesetzes des Landes gebildete Interessenvertretung, die in der Personalvertretung die besonderen Belange der genannten Beschäftigten zu vertreten hat.

2. Unter welcher Voraussetzung ist in den öffentlichen Verwaltungen eine Jugend- und Auszubildendenvertretung zu bilden?

Nach dem Bundespersonalvertretungsgesetz (BPersVG) ist Voraussetzung für die Bildung einer Jugend- und Auszubildendenvertretung, dass in der Dienststelle eine Personalvertretung gebildet ist und der Dienststelle in der Regel mindestens fünf Beschäftigte angehören, die das 18. Lebensjahr noch nicht vollendet haben (jugendliche Beschäftigte) oder die sich in einer beruflichen Ausbildung befinden und das 25. Lebensjahr noch nicht vollendet haben (§ 57 BPersVG).

3. Wer wählt die Jugend- und Auszubildendenvertretung?

Nach dem Bundespersonalvertretungsgesetz (BPersVG) wird die Jugend- und Auszubildendenvertretung von den Beschäftigten in der Dienststelle, die das 18. Lebensjahr noch nicht vollendet haben, und den Auszubildenden, die noch keine 25 Jahre alt sind, aus ihrer Mitte in geheimer und unmittelbarer Wahl gewählt (§ 58 Abs. 1 BPersVG). Die Stärke und Zusammensetzung der Jugend- und Auszubildendenvertretung ist abhängig von der Anzahl der genannten Beschäftigten in der Dienststelle (§ 59 BPersVG).

4. Wer kann in die Jugend- und Auszubildendenvertretung gewählt werden und wie lange ist die Amtszeit?

In die **Jugend- und Auszubildendenvertretung** sind nach dem Bundespersonalvertretungsgesetz (BPersVG) alle Beschäftigten einer Dienststelle wählbar, die am Wahltag noch nicht das 26. Lebensjahr vollendet haben und seit sechs Monaten dem Geschäftsbereich ihrer obersten Dienstbehörde angehören (§ 58 Abs. 2 Satz 1 BPersVG). Nicht wählbar ist, wer infolge Richterspruchs die Fähigkeit, Rechte aus öffentlichen Wahlen zu erlangen, nicht besitzt. Darüber hinaus sind für die Personalvertretung ihrer Dienststelle nicht wählbar der Dienststellenleiter, sein ständiger Vertreter und Beschäftigte, die zu selbstständigen Entscheidungen in Personalangelegenheiten der Dienststelle befugt sind (§ 58 Abs. 2 Satz 2 BPersVG).

Die **regelmäßige Amtszeit** der Jugend- und Auszubildendenvertretung beträgt zwei Jahre (§ 60 Abs. 2 BPersVG).

5. Welche allgemeinen Aufgaben hat die Jugend- und Auszubildendenvertretung?

Die Jugend- und Auszubildendenvertretung hat nach dem Bundespersonalvertretungsgesetz (BPersVG) folgende allgemeinen Aufgaben:

- Maßnahmen, die den von ihnen zu vertretenden Beschäftigten dienen, insbesondere in Fragen der Berufsbildung beim Personalrat zu beantragen
- darüber zu wachen, dass die zugunsten der von ihnen zu vertretenden Beschäftigten geltenden Gesetze, Verordnungen, Unfallverhütungsvorschriften, Tarifverträge, Dienstvereinbarungen und Verwaltungsanordnungen durchgeführt werden

- Anregungen und Beschwerden von den von ihnen zu vertretenden Beschäftigten, insbesondere in Fragen der Berufsbildung, entgegenzunehmen und, falls sie berechtigt erscheinen, beim Personalrat auf eine Erledigung hinzuwirken (§ 61 Abs. 1 BPersVG).

10. Das Arbeitsschutzrecht

10.1 Allgemeine Arbeitnehmerschutzvorschriften

1. Was versteht man unter dem Arbeitsschutzrecht?

Unter dem **Arbeitsschutzrecht** versteht man die **Gesamtheit der arbeitsrechtlichen Normen**, die für die **Arbeitgeber öffentlich-rechtliche Pflichten zum Schutz der Arbeitnehmer** vor den von der Arbeit drohenden Gefahren **begründen**, wobei zwischen **allgemeinen und besonderen Schutzvorschriften** unterschieden wird.

2. Was sind die wesentlichsten allgemeinen Vorschriften des Arbeitsschutzrechts?

Die wesentlichsten **allgemeinen Vorschriften des Arbeitsschutzrechts** sind:

- **Arbeitsschutzgesetz**
- **Arbeitsstättenverordnung**
- **Sicherheitsgesetze**
- **Arbeitszeitgesetz**.

3. Was ist Zweck des Arbeitsschutzgesetzes?

Das **Arbeitsschutzgesetz** (ArbSchG) dient dem Zweck, **Sicherheit und Gesundheitsschutz der Beschäftigten bei der Arbeit durch Maßnahmen des Arbeitsschutzes zu sichern und zu verbessern** (§ 1 Abs. 1 ArbSchG). Unter den Begriff des Beschäftigten fallen im Wesentlichen alle Arbeitnehmer (Angestellte, Arbeiter und die zu ihrer Berufsbildung Beschäftigten) sowie die Beamten, Richter und Soldaten (§ 2 Abs. 2 ArbSchG). Nach dem ArbSchG sind die Arbeitgeber zu Maßnahmen des Arbeitsschutzes verpflichtet, das heißt, sie haben ihre Maßnahmen auf ihre Wirksamkeit zu überprüfen sowie erforderlichenfalls zur Verbesserung von Sicherheit und Gesundheitsschutz den sich ändernden Gegebenheiten anzupassen (§ 3 ArbSchG). Auch die Beschäftigten sind verpflichtet, nach ihren Möglichkeiten für ihre Sicherheit und Gesundheit bei der Arbeit Sorge zu tragen (§ 15 ArbSchG). Diese sehr allgemein gehaltenen Generalklauseln und Rahmenvorschriften werden durch eine Vielzahl von Spezialnormen konkretisiert (z. B. Arbeitsstättenverordnung), zu deren Erlass die Bundesregierung und das Bundesministerium für Arbeit und Soziales ermächtigt sind (§§ 18 bis 20 und 24 ArbSchG). Das ArbSchG wird weiter ergänzt und konkretisiert durch die Regelungen der Arbeitsmittelbenutzungsverordnung (AMBV). Arbeitsmittel müssen für die am Arbeitsplatz bestehenden Bedingungen geeignet sein und bei bestimmungsgemäßer Benutzung Sicherheit und Gesundheitsschutz der Beschäftigten bestmöglich gewährleisten (§ 3 AMBV).

4. Was beinhaltet die Arbeitsstättenverordnung?

Nach der am 25. August 2004 in Kraft getretenen neuen **Arbeitsstättenverordnung** (ArbStättV) müssen Arbeitsstätten so eingerichtet und betrieben werden, dass von ihnen keine Gefährdung für Sicherheit und Gesundheit der Beschäftigten ausgeht. Maßgebend sind dabei der jeweilige Stand der Technik und die vorliegenden arbeitswissenschaftlichen Erkenntnisse. Die in der ArbStättV enthaltenen Anforderungen entsprechen uneingeschränkt den Vorschriften der Europäischen Gemeinschaft (EG) über Sicherheit und Gesundheitsschutz in Arbeitsstätten. Anstelle weitgehender konkretisierter Anforderungen sind in der neuen ArbStättV Schutzziele formuliert worden. Die ArbStättV gilt für neue Arbeitsstätten, wobei für ältere Arbeitsstätten im öffentlichen Dienst die Mindestanforderungen des Anhangs II der EG-Arbeitsstättenrichtlinie aus dem Jahre 1989 gelten.

5. Welche Sicherheitsgesetze bestehen zum Schutz der Arbeitnehmer?

Zum Schutz der Arbeitnehmer bestehen folgende **Sicherheitsgesetze:**

- das Gesetz über Betriebsärzte, Sicherheitsingenieure und andere Fachkräfte für Arbeitssicherheit (**Arbeitssicherheitsgesetz**)
- das Gesetz über technische Arbeitsmittel und Verbraucherprodukte (**Geräte- und Produktsicherheitsgesetz**)
- das Gesetz zum Schutz vor gefährlichen Stoffen (**Chemikaliengesetz**).

6. Welchen Zweck verfolgt das Arbeitszeitgesetz?

Das am 1. Juli 1994 in Kraft getretene **Arbeitszeitgesetz** (ArbZG) verfolgt den Zweck, die Sicherheit und den Gesundheitsschutz der Arbeitnehmer sowie den zu ihrer Berufsausbildung Beschäftigten sicherzustellen, indem es die **tägliche Höchstarbeitszeit** begrenzt sowie **Mindestruhepausen** während der Arbeit und **Mindestruhezeiten** nach Arbeitsende festlegt. Zugleich enthält das ArbZG Rahmenbedingungen für die Vereinbarung **flexibler Arbeitszeiten** und Regelungen über die nur begrenzte Zulässigkeit von Nacht-, Sonn- und Feiertagsarbeit. Durch Tarifvertrag oder durch Einzelarbeitsvertrag können die Arbeitszeiten abweichend vom ArbZG festgelegt werden. In der Regel dürfen die Arbeitszeiten jedoch nicht die im ArbZG festgelegten Höchstgrenzen überschreiten.

Zu beachten ist, dass für die Beschäftigung von Personen unter 18 Jahren anstelle des ArbZG das **Jugendarbeitsschutzgesetz** (JArbSchG) gilt (§ 18 Abs. 2 ArbZG) sowie ein spezieller Arbeitsschutz für Schwangere im Mutterschutzgesetz (MuSchG) besteht. Beamte sind vom Geltungsbereich des ArbZG ausgenommen. Für die Beamten des Bundes ist die regelmäßige Arbeitszeit in der von der Bundesregierung erlassenen Verordnung über die Arbeitszeit der Beamtinnen und Beamten des Bundes (Arbeitszeitverordnung – AZV) und für die übrigen Beamten in den von der jeweiligen Landesregierung erlassenen Arbeitszeitverordnungen geregelt.

7. Welche Bedeutung hat der gesetzliche Arbeitszeitschutz für die Arbeitszeit der Arbeitnehmer im öffentlichen Dienst?

Die Arbeitszeit der Arbeitnehmer im öffentlichen Dienst ist entsprechend der im Arbeitszeitgesetz (ArbZG) zugelassenen Ausnahmen im Wesentlichen durch Tarifvertrag festgelegt. So bestimmt sich die Arbeitszeit der Arbeitnehmer im öffentlichen Dienst nach den §§ 6 bis 11 des Tarifvertrages für den öffentlichen Dienst (TVöD), des Tarifvertrages für den öffentlichen Dienst der Länder (TV-L) und des Tarifvertrages für den öffentlichen Dienst des Landes Hessen (TV-H).

Der gesetzliche Arbeitszeitschutz nach dem ArbZG ist für die Arbeitszeit der Arbeitnehmer im öffentlichen Dienst nur von Bedeutung, soweit tarifliche Regelungen fehlen bzw. abweichende tarifliche Regelungen von den gesetzlichen arbeitszeitrechtlichen Schutzvorschriften nicht getroffen werden dürfen.

10.2 Besondere Arbeitnehmerschutzvorschriften

1. Was sind die wesentlichsten besonderen Vorschriften des Arbeitsschutzrechts?

Die wesentlichsten **besonderen Vorschriften des Arbeitsschutzrechts** sind:

- **Jugendarbeitsschutzgesetz**
- **Mutterschutzgesetz**
- **Bundeselterngeld- und Elternzeitgesetz**
- **Sozialgesetzbuch IX**
- **Arbeitsplatzschutzgesetz**.

2. Welchem Zweck dient das Jugendarbeitsschutzgesetz und welche arbeitsrechtlichen Schutzvorschriften sieht es insbesondere vor?

Das **Jugendarbeitsschutzgesetz** (JArbSchG), das für die Beschäftigung von Personen, die noch nicht 18 Jahre alt sind, Anwendung findet, dient dem **Schutz von Kindern und Jugendlichen** und verbietet grundsätzlich die Beschäftigung von Kindern, wobei das Gesetz das Entwicklungsstadium der Jugendlichen berücksichtigt und jugendgerechte Schutzmaßnahmen hinsichtlich der Beschäftigung Jugendlicher vorsieht. Kind im Sinne des Jugendarbeitsschutzgesetzes ist, wer noch nicht 15 Jahre alt ist (§ 2 Abs. 1 JArbSchG). **Jugendlicher** im Sinne dieses Gesetzes ist, wer 15, aber noch nicht 18 Jahre alt ist (§ 2 Abs. 2 JArbSchG).

Das JArbSchG sieht insbesondere vor:

- Verbot von Kinderarbeit (§ 5 Abs. 1 JArbSchG)
- strenge Reglementierung der Beschäftigung von Kindern, die nur mit leichten, für sie geeigneten Arbeiten beschäftigt werden dürfen (§ 5 Abs. 2 und 3 sowie § 7 JArbSchG)
- Höchstarbeitszeit von 8 ½ Stunden täglich und 40 Stunden wöchentlich für Jugendliche (§ 8 JArbSchG)

- Freistellung für die Teilnahme am Berufsschulunterricht (§ 9 JArbSchG)
- Gewährung von im Voraus feststehenden Ruhepausen für Jugendliche (§ 11 JArbSchG)
- Verbot, Jugendliche mit für sie gefährlichen Arbeiten zu beschäftigen (§§ 22 bis 24 JArbSchG)
- arbeitsmedizinische Betreuung von Jugendlichen durch ärztliche Untersuchungen vor der Einstellung (Erstuntersuchung) und ein Jahr nach Aufnahme der ersten Beschäftigung (Nachuntersuchung) zur Feststellung der gesundheitlichen Eignung und eventueller Gefährdungen (§§ 32 und 33 JArbSchG).

3. Welchen arbeitsrechtlichen Schutz gewährt das Mutterschutzgesetz?

Das mit einigen Änderungen am 30. Mai 2017 und mit den meisten Änderungen am 1. Januar 2018 in Kraft getretene neue Gesetz zum Schutz von Müttern bei der Arbeit, in der Ausbildung und im Studium (**Mutterschutzgesetz** – MuSchG) gewährt Frauen während der Zeit vor und nach der Entbindung einen besonderen arbeitsrechtlichen Schutz, der im Wesentlichen folgende Maßnahmen umfasst:

- Der **Arbeitsplatz** für schwangere oder stillende Frauen muss so gestaltet sein, dass alle aufgrund der Gefährdungsbeurteilung nach § 10 MuSchG erforderlichen Maßnahmen für den Schutz ihrer physischen und psychischen Gesundheit sowie der ihres Kindes getroffen werden (sog. individuelle Beschäftigungsverbote, § 9 MuSchG).
- Schwangere Frauen dürfen **nicht beschäftigt** werden in den letzten sechs Wochen vor der Entbindung, soweit sie sich nicht zur Arbeitsleistung ausdrücklich bereit erklären. Nach der Entbindung dürfen Frauen nicht beschäftigt werden bis zum Ablauf von acht Wochen bzw. zwölf Wochen bei Früh- und Mehrlingsgeburten oder wenn vor Ablauf von acht Wochen nach der Entbindung bei dem Kind eine Behinderung ärtzlich festgestellt wird und die Frau die Verlängerung der Schutzfrist beantragt, wobei sich die Schutzfrist bei vorzeitigen Entbindungen um die Anzahl der Tage verlängert, die bei der sechswöchigen Schutzfrist vor der Geburt nicht in Anspruch genommen werden konnten (sog. **generelle Beschäftigungsverbote**; § 3 Abs. 1 und 2 MuSchG).
- Beim Tod des Kindes ist eine Wiederbeschäftigung frühestens ab Beginn der dritten Woche nach der Entbindung zulässig, sofern die Mutter dies ausdrücklich verlangt und nach ärtzlichem Zeugnis nichts dagegen spricht (§ 3 Abs. 4 MuSchG).
- Außerdem besteht ein **umfassender Kündigungsschutz**, das heißt während der Schwangerschaft und bis zum Ablauf von vier Monaten nach einer Fehlgeburt nach der zwölften Schwangerschaftswoche sowie mindestens bis zum Ablauf von vier Monaten nach der Entbindung kann der Arbeitgeber das Arbeitsverhältnis grundsätzlich nicht kündigen (§ 17 Abs. 1 MuSchG).

Zu beachten ist, dass für **Beamtinnen** das MuSchG nicht gilt, wobei vom Bund entsprechende Regelungen in der Verordnung über den Mutterschutz für Beamtinnen des Bundes und die Elternzeit für Beamtinnen und Beamte des Bundes (Mutterschutz- und Elternzeitverordnung – MuSchEltZV) getroffen wurden und die Länder analoge Regelungen in den von den jeweiligen Landesregierungen erlassenen Mutterschutz- und Elternzeitverordnungen getroffen haben.

4. Was beinhaltet das Bundeselterngeld- und Elternzeitgesetz?

Das Gesetz zum Elterngeld und zur Elternzeit (**Bundeselterngeld- und Elternzeitgesetz** – BEEG) gewährt Arbeitnehmern, die die Voraussetzungen nach § 15 BEEG erfüllen, einen Anspruch auf **Elternzeit** bis zur Vollendung des dritten Lebensjahres ihres Kindes oder Enkelkindes, wobei ein Anteil von bis zu 24 Monaten zwischen dem dritten Geburtstag und dem vollendeten achten Lebensjahr des Kindes in Anspruch genommen werden kann. Anspruch auf **Elterngeld** haben alle erwerbstätigen Eltern, also auch Beamte. Die Anspruchsvoraussetzungen auf das Elterngeld und die Höhe des Elterngeldes (Basiselterngeld bzw. Elterngeld Plus) sowie die Art und Dauer des Bezugs bestimmen sich im Einzelnen nach den §§ 1 bis 4 BEEG. Ergänzt wird diese Regelung durch einen besonderen Kündigungsschutz, das heißt der Arbeitgeber darf das Arbeitsverhältnis ab dem Verlangen der Elternzeit (höchstens jedoch acht Wochen vor Beginn der Elternzeit bzw. 14 Wochen vor Beginn einer Elternzeit zwischen dem dritten Geburtstag und dem vollendeten achten Lebensjahres des Kindes) und während der Elternzeit grundsätzlich nicht kündigen (§ 18 BEEG).

Für die **Beamten** des Bundes richtet sich der Anspruch auf **Elternzeit** nach der Verordnung über den Mutterschutz für Beamtinnen des Bundes und die Elternzeit für Beamtinnen und Beamte des Bundes (**Mutterschutz- und Elternzeitverordnung** – MuSchEltZV). Für die übrigen Beamten gelten die von den jeweiligen Landesregierungen erlassenen Verordnungen über Elternzeit.

5. Welche wesentlichen arbeitsrechtlichen Schutzbestimmungen bestehen für schwerbehinderte Menschen?

Mit dem am 1. Juli 2001 in Kraft getretenen Neunten Buch des Sozialgesetzbuches – Rehabilitation und Teilhabe behinderter Menschen – (SGB IX) ist das bisher im Schwerbehindertengesetz geregelte Schwerbehindertenrecht sowie das bisher in verschiedenen Einzelgesetzen befindliche Rehabilitationsrecht in einem Gesetzbuch zusammengefasst und weiterentwickelt worden. Das SGB IX sieht in seinem Teil 2 für schwerbehinderte Menschen im Wesentlichen folgende **arbeitsrechtliche Schutzmaßnahmen** vor:

- Die **Kündigung** des Arbeitsverhältnisses durch den Arbeitgeber bedarf zu ihrer Wirksamkeit der vorherigen **Zustimmung des Integrationsamtes**; wobei das Arbeitsverhältnis zum Zeitpunkt des Zugangs der Kündigungserklärung länger als sechs Monate bestanden haben muss (§§ 85, 90 Abs. 1 Nr. 1 SGB IX).
- Die **Kündigungsfrist** beträgt **mindestens vier Wochen** (§ 86 SGB IX).

- Schwerbehinderte Menschen werden auf ihr Verlangen von **Mehrarbeit freigestellt** (§ 124 SGB IX).
- Schwerbehinderte Menschen haben Anspruch auf einen bezahlten **zusätzlichen Urlaub von fünf Arbeitstagen** im Urlaubsjahr; verteilt sich die regelmäßige Arbeitszeit des schwerbehinderten Menschen auf mehr oder weniger als fünf Arbeitstage in der Kalenderwoche, erhöht oder vermindert sich der Zusatzurlaub entsprechend (§ 125 SGB IX).

6. Welche wesentlichen arbeitsrechtlichen Schutzbestimmungen enthält das Arbeitsplatzschutzgesetz?

Durch das Gesetz über den Schutz des Arbeitsplatzes bei Einberufung zum Wehrdienst (**Arbeitsplatzschutzgesetz** – ArbPlSchG) erfahren Arbeitnehmer sowie die zu ihrer Berufsausbildung Beschäftigten, die zum Grundwehrdienst oder zu einer Wehrübung einberufen werden oder sich als Soldat auf Zeit bis zu zwei Jahren verpflichten, einen **besonderen arbeitsrechtlichen Schutz**, der im Wesentlichen folgende Maßnahmen umfasst:

- Der Arbeitgeber darf das **Arbeitsverhältnis** in der Zeit von der Zustellung des Einberufungsbescheides bis zur Beendigung des Grundwehrdienstes sowie während einer Wehrübung **nicht ordentlich kündigen** (§ 2 Abs. 1 ArbPlSchG). Dies gilt auch im Falle des Wehrdienstes eines Wehrpflichtigen als Soldat auf Zeit für die zunächst auf sechs Monate festgesetzte Dienstzeit und für die endgültig auf insgesamt nicht länger als zwei Jahre festgesetzte Dienstzeit (§ 16a Abs. 1 ArbPlSchG).
- Die **Kündigung** des Arbeitsverhältnisses ist **unzulässig** vor und nach dem Wehrdienst **aus Anlass des Wehrdienstes** (§ 2 Abs. 2 ArbPlSchG).
- Das **Arbeitsverhältnis ruht**, das heißt es erlischt nicht (§ 1 Abs. 1 ArbPlSchG). Ein **befristetes Arbeitsverhältnis** wird jedoch durch die Einberufung zum Grundwehrdienst oder zu einer Wehrübung nicht verlängert, wobei das Gleiche gilt, wenn das Arbeitsverhältnis aus anderen Gründen während des Wehrdienstes geendet hätte (§ 1 Abs. 4 ArbPlSchG).
- Bei **Wiederaufnahme der Arbeit** in seinem bisherigen Betrieb darf dem Arbeitnehmer in beruflicher und betrieblicher Hinsicht aus der Abwesenheit, die durch den Grundwehrdienst oder die Wehrübung veranlasst war, **kein Nachteil entstehen** (§ 6 Abs. 1 ArbPlSchG).
- Bei der **Einstellung in den öffentlichen Dienst** ist dem Soldaten oder entlassenen Soldaten bis zum Ablauf von sechs Monaten nach Beendigung des Grundwehrdienstes **Vorrang** vor gesetzlich nicht bevorrechtigten Bewerbern gleicher Eignung einzuräumen (§ 11a ArbPlSchG).

Für **Zivildienstleistende** gilt nach Maßgabe des Zivildienstgesetzes der gleiche Schutz wie für die unter das ArbPlSchG fallenden Wehrdienstleistenden (§ 78 Abs. 1 Nr. 1 Zivildienstgesetz).

7. Welche wesentlichen arbeitsrechtlichen Schutzbestimmungen enthält das Allgemeine Gleichbehandlungsgesetz?

Das am 18. August 2006 in Kraft getretene **Allgemeine Gleichbehandlungsgesetz** (AGG) – auch Antidiskriminierungsgesetz genannt – ist ein Arbeitnehmerschutzgesetz. Es dient dem Persönlichkeitsrechtsschutz von Diskriminierung bedrohter Arbeitnehmergruppen. Ziel des Gesetzes ist die Verhinderung bzw. Beseitigung der wichtigsten im gesellschaftlichen Leben vorkommenden Benachteiligungen. Es verbietet die nicht gerechtfertigte Benachteiligung aus Gründen der Rasse oder der ethnischen Herkunft, des Geschlechts, der Religion oder Weltanschauung, einer Behinderung, des Alters oder der sexuellen Identität (§ 7 Abs. 1 i.V.m. § 1 AGG).

Der im AGG vorgesehene umfassende Schutz vor Benachteiligungen im Arbeitsleben gilt von der Ausschreibung einer Stelle über die Einstellungsverfahren, die Arbeitsbedingungen bis hin zum Zugang zu Weiterbildungsmaßnahmen oder der Mitgliedschaft in Beschäftigtenvereinigungen. Ausgenommen ist jedoch der Kündigungsbereich, für den weiterhin die Regelungen des Kündigungsschutzgesetzes (KSchG) gelten. Das AGG verpflichtet den Arbeitgeber zu umfassenden präventiven und reaktiven Maßnahmen. Diese reichen von der Information aller Mitarbeiter über ihre Rechte und Pflichten bis hin zur Kündigung von Beschäftigten, die gegen das Diskriminierungsverbot verstoßen haben. Arbeitnehmer erhalten umfassende Rechte, die bis zu Schadensersatzansprüchen gegen den Arbeitgeber im Diskriminierungsfall reichen.

11. Die Arbeitsgerichtsbarkeit

11.1 Die Organisation der Arbeitsgerichtsbarkeit

1. Was versteht man unter der Arbeitsgerichtsbarkeit und wofür ist sie zuständig?

Die **Arbeitsgerichtsbarkeit** ist eine der fünf in der Bundesrepublik Deutschland vorgesehenen gleichrangigen Gerichtszweige (Art. 95 GG).

Sie dient dazu, arbeitsrechtliche Streitigkeiten zu regeln und in arbeitsrechtlichen und betriebsverfassungsrechtlichen Rechtsfragen zu entscheiden.

2. In welcher Vorschrift ist die Organisation der Arbeitsgerichtsbarkeit geregelt?

Die Organisation der Gerichte für Arbeitssachen (Arbeitsgerichtsbarkeit) ist im Einzelnen in den §§ 14 bis 45 des **Arbeitsgerichtsgesetzes** (ArbGG) geregelt.

3. Wie ist der Aufbau der Gerichte für Arbeitssachen?

Die **Arbeitsgerichtsbarkeit** ist **dreistufig aufgebaut** und besteht aus:

- den Arbeitsgerichten in den Ländern als erster Instanz (§ 14 Abs. 1 ArbGG)
- den Landesarbeitsgerichten in den Ländern als zweiter Instanz (§ 33 ArbGG)
- dem Bundesarbeitsgericht mit Sitz in Erfurt als dritter Instanz (§ 40 Abs. 1 ArbGG).

4. Über welche Streitigkeiten entscheiden die einzelnen Instanzen der Gerichte für Arbeitssachen?

Im ersten Rechtszug sind für alle Streitigkeiten in Arbeitssachen die **Arbeitsgerichte** zuständig (§ 8 Abs. 1 ArbGG).

Die **Landesarbeitsgerichte** entscheiden in zweiter Instanz über die Rechtsmittel der Berufung gegen Urteile der Arbeitsgerichte und der Beschwerde gegen Beschlüsse der Arbeitsgerichte und ihrer Vorsitzenden (§ 8 Abs. 2 und 4 ArbGG).

Das **Bundesarbeitsgericht** entscheidet in dritter Instanz über das Rechtsmittel der Revision gegen Urteile der Landesarbeitsgerichte, über die sogenannte Sprungrevision gegen Urteile der Arbeitsgerichte und über die Rechtsbeschwerde gegen Beschlüsse der Landesarbeitsgerichte (§§ 8 Abs. 3 und 5, 76 ArbGG).

5. In welcher Zusammensetzung entscheiden die drei Instanzen der Gerichte für Arbeitssachen?

Die **Arbeitsgerichte** und **Landesarbeitsgerichte** entscheiden durch Kammern, die mit einem Berufsrichter als Vorsitzenden und je einem ehrenamtlichen Richter aus den Kreisen der Arbeitnehmer und Arbeitgeber besetzt sind (§§ 16 Abs. 2, 35 Abs. 2 ArbGG).

Das **Bundesarbeitsgericht** entscheidet durch **Senate**, die mit einem Berufsrichter als Vorsitzendem, zwei Berufsrichtern als Beisitzern und je einem ehrenamtlichen Richter aus den Kreisen der Arbeitnehmer und Arbeitgeber besetzt sind (§ 41 Abs. 2 ArbGG). Außerdem besteht beim Bundesarbeitsgericht zur Sicherung einer einheitlichen Rechtsprechung und zur Rechtsfortbildung ein **Großer Senat**, dem neben dem Präsidenten des Bundesarbeitsgerichts je ein Berufsrichter der Senate, in denen der Präsident nicht den Vorsitz führt, und je drei ehrenamtliche Richter aus den Kreisen der Arbeitnehmer und Arbeitgeber angehören (§ 45 Abs. 5 ArbGG).

11.2 Das arbeitsgerichtliche Verfahren

1. In welcher Vorschrift ist das Verfahren vor den Gerichten für Arbeitssachen geregelt?

Das Verfahren vor den Gerichten für Arbeitssachen ist im Einzelnen in den §§ 46 bis 98 des **Arbeitsgerichtsgesetzes** (ArbGG) geregelt.

2. Welche Verfahrensarten unterscheidet man im arbeitsgerichtlichen Verfahren?

Im arbeitsgerichtlichen Verfahren werden zwei Verfahrensarten unterschieden:

- **Urteilsverfahren** (§§ 46 bis 79 ArbGG)
- **Beschlussverfahren** (§§ 80 bis 98 ArbGG).

3. Für welche Streitigkeiten sind die Gerichte für Arbeitssachen im Urteilsverfahren und im Beschlussverfahren zuständig?

Im **Urteilsverfahren** sind die Gerichte für Arbeitssachen nach dem Katalog des § 2 Abs. 1 bis 4 des Arbeitsgerichtsgesetzes (ArbGG) insbesondere zuständig für alle Rechtsstreitigkeiten zwischen Arbeitnehmern und Arbeitgebern im Zusammenhang mit dem Arbeitsverhältnis sowie für Rechtsstreitigkeiten in Tariffragen und im Zusammenhang mit Arbeitskämpfen.

Im **Beschlussverfahren** sind die Gerichte für Arbeitssachen nach dem Katalog des § 2a Abs. 1 ArbGG im Wesentlichen zuständig für Streitigkeiten in Angelegenheiten aus dem Betriebsverfassungsgesetz und dem Mitbestimmungsgesetz.

Zu beachten ist, dass die Gerichte für Arbeitssachen nicht für Rechtsstreitigkeiten in Angelegenheiten aus dem Personalvertretungsrecht und aus dem Beamtenverhältnis zuständig sind, da hierfür der Verwaltungsrechtsweg gegeben ist (§§ 83 und 84 BPersVG, § 126 BBG).

4. Wie ist der Ablauf des Urteilsverfahrens vor dem Arbeitsgericht?

Das **Urteilsverfahren wird eingeleitet durch eine Klage**, die schriftlich oder zu Protokoll der Geschäftsstelle des zuständigen Arbeitsgerichts zu erklären ist. Die zuständige Kammer des Arbeitsgerichts bestimmt daraufhin zunächst einen ersten Termin zur mündlichen Verhandlung, wobei die Klageschrift mindestens eine Woche vor dem Termin zugestellt sein muss. Die mündliche Verhandlung beginnt mit einer Verhandlung vor dem Vorsitzenden Richter des Arbeitsgerichts – ohne die ehrenamtlichen Richter – zum Zwecke der gütlichen Einigung der Parteien (Güteverhandlung). In der **Güteverhandlung** wird vom Richter versucht, eine gütliche Einigung zwischen den Parteien zu erzielen. Gelingt dies, wird die gütliche Einigung als Vergleich protokolliert. Den Vergleich müssen beide Parteien genehmigen, wobei sie auch eine Frist für den Widerruf des Vergleichs vereinbaren können. Wenn eine gütliche Einigung in dem ersten Termin nicht gelingt, kommt es entweder zu einem zweiten Gütetermin oder es wird zum Schluss der Verhandlung ein Kammertermin festgelegt.

Erscheint eine Partei zu der Güteverhandlung nicht oder ist die Güteverhandlung erfolglos, schließt sich die weitere streitige Verhandlung unmittelbar an oder es wird, falls der weiteren Verhandlung Hinderungsgründe entgegenstehen, ein gesonderter Termin zur streitigen Verhandlung, der alsbald stattzufinden hat, bestimmt. Erscheinen oder verhandeln beide Parteien in der Güteverhandlung nicht, wird das Ruhen des Verfahrens angeordnet. Auf späteren Antrag einer Partei, der nur innerhalb von sechs Monaten nach der Güteverhandlung gestellt werden kann, ist dann ein Termin zur streitigen Verhandlung zu bestimmen.

Beim Kammertermin wird die streitige Verhandlung durch den Vorsitzenden Richter und zwei ehrenamtliche Richter geführt, wobei in diesem Termin die Verhandlung möglichst zu Ende zu führen ist. Auch in dem Kammertermin wird eine gütliche Erledigung des Rechtsstreits angestrebt.

Erscheint eine Partei in der streitigen Verhandlung nicht, so ergeht auf Antrag der anderen Partei ein Versäumnisurteil. Hiergegen kann innerhalb einer Woche Einspruch beim Arbeitsgericht eingelegt werden.

Kommt in der streitigen Verhandlung keine gütliche Einigung durch Vergleich zustande, so entscheidet das Arbeitsgericht über die Klage in der Regel durch **Urteil**, und zwar im Allgemeinen im Anschluss an die letzte mündliche Verhandlung.

5. Welche Besonderheit gilt für das Verfahren vor dem Arbeitsgericht bei Streitigkeiten aus einem bestehenden Berufsausbildungsverhältnis?

Ist nach § 111 Abs. 2 des **Arbeitsgerichtsgesetzes** (ArbGG) zur Beilegung von Streitigkeiten zwischen Ausbildenden und Auszubildenden aus einem bestehenden Berufsausbildungsverhältnis von der zuständigen Stelle im Sinne des Berufsbildungsgesetzes (BBiG) ein mit Arbeitgebern und Arbeitnehmern paritätisch besetzter Ausschuss (**Schlichtungsausschuss**) gebildet worden, gilt für das Verfahren vor dem Arbeitsgericht folgende Besonderheit:

- Der **Klage muss in allen Fällen die Verhandlung vor dem Schlichtungsausschuss vorangegangen sein**, das heißt, eine Güteverhandlung vor dem Arbeitsgericht findet nicht mehr statt (§ 111 Abs. 2 Satz 5 ArbGG).
- Ein **nicht anerkannter Schiedsspruch** des Schlichtungsausschusses kann vor das Arbeitsgericht nur dann gebracht werden, wenn gegen den Spruch fristgemäß Klage beim Arbeitsgericht erhoben wird (§§ 108, 111 Abs. 2 Satz 3 ArbGG).

Zu beachten ist, dass der Schlichtungsausschuss nicht bei Streitigkeiten angerufen werden kann, die die Abwicklung eines beendeten Ausbildungsverhältnisses betreffen, da hier das Arbeitsgericht zuständig ist.

III. Verwaltungsrecht und Verwaltungsverfahren

1. Begriff und Rechtsformen der öffentlichen Verwaltung

1.1 Begriff der öffentlichen Verwaltung

1. Welche Deutungen des Begriffs der öffentlichen Verwaltung unterscheidet man?

Die **öffentliche Verwaltung** lässt sich **begrifflich nur schwer erfassen**. Ursache hierfür ist, dass es keinen einheitlichen Verwaltungsbegriff gibt, da die Verwaltung nach verschiedenen Gesichtspunkten betrachtet werden kann. Es wird dabei unterschieden zwischen:

- **Verwaltung im organisatorischen Sinn**
- **Verwaltung im materiellen Sinn**
- **Verwaltung im formellen Sinn.**

2. Was ist unter Verwaltung im organisatorischen Sinn zu verstehen?

Mit der **Verwaltung im organisatorischen Sinn** ist der **Verwaltungsapparat** gemeint, der für die Erfüllung der Verwaltungsaufgaben geschaffen wurde.

Beispiele: Ministerien, Regierungspräsidien, Finanzämter, Arbeitsagenturen, Gemeindeverwaltungen.

3. Was versteht man unter Verwaltung im materiellen Sinn?

Unter **Verwaltung im materiellen Sinn** versteht man die **Staatstätigkeit**, die auf die Wahrnehmung der Verwaltungstätigkeit ausgerichtet ist.

Beispiele: Erlass eines Steuerbescheides, Erteilung einer Baugenehmigung, Ausstellung eines Reisepasses.

4. Wie lässt sich der Begriff der Verwaltung im materiellen Sinn näher umschreiben?

Die begriffliche Erfassung der **Verwaltung im materiellen Sinn** ist besonders problematisch, da bisher keine zufriedenstellende, positive Definition gefunden werden konnte. Die Verwaltung im materiellen Sinn wird daher in der Literatur – ausgehend von der Gewaltenteilungslehre Montesquieus – wie folgt umschrieben:

MERKE

Verwaltung ist diejenige staatliche Tätigkeit, die weder Gesetzgebung noch Rechtsprechung noch Regierungstätigkeit ist.

Diese negative Umschreibung ergibt jedoch kein besonders anschauliches Bild von der Verwaltung. Aus dem Gesichtspunkt, dass die Verwaltung stets der Erfüllung staatlicher Aufgaben dient, kann man zusammengefasst – wenn auch nur als unvollkommene Begriffsbestimmung – von der Verwaltung Folgendes positiv sagen:

Die Verwaltung ist das nach einer bestimmten Ordnung sich vollziehende planmäßige Handeln des Staates zur Erfüllung öffentlicher Aufgaben.

Die bestimmte Ordnung, nach der sich das Handeln der öffentlichen Verwaltung vollzieht, ist vorwiegend das **Verwaltungsrecht**, welches ein **Teil des öffentlichen Rechts** ist. Das Handeln des Staates tritt dabei in den unterschiedlichsten Verwaltungsmaßnahmen zu Tage, die sich aus der Verfassung, den Gesetzen und den örtlichen Notwendigkeiten des Lebens in der Gemeinschaft ergeben.

5. Was bedeutet Verwaltung im formellen Sinn?

Verwaltung im formellen Sinn ist die gesamte von den **Verwaltungsbehörden ausgeübte Tätigkeit**, ohne Rücksicht darauf, ob sie inhaltlich (materiell) verwaltender Natur ist oder nicht.

Beispiel: Erlass einer Polizeiverordnung durch den Bürgermeister als Ortspolizeibehörde, die nach ihrem Inhalt eine Tätigkeit der Gesetzgebung ist.

1.2 Rechtsformen der öffentlichen Verwaltung

1. In welche Arten lässt sich die öffentliche Verwaltung einteilen?

Die **öffentliche Verwaltung** lässt sich aus verschiedenen Gesichtspunkten grundsätzlich in folgende Arten einteilen:

Unterscheidungsmerkmal	Verwaltungsarten
Rechtsform des Handelns	hoheitliche Verwaltung fiskalische Verwaltung
Zweck der Verwaltungstätigkeit	Ordnungsverwaltung Leistungsverwaltung
Inhalt der Verwaltungstätigkeit	Vollzugsverwaltung Planungsverwaltung
Träger der Verwaltung	Staatsverwaltung Selbstverwaltung

2. Was versteht man unter hoheitlicher Verwaltung?

Hoheitliche Verwaltung liegt vor, wenn die Verwaltung auf öffentlich-rechtlicher Grundlage dem Bürger im Verhältnis der **Über- und Unterordnung** gegenübertritt. Innerhalb der hoheitlichen Verwaltung wird je nach den Beziehungen, die zwischen der

Verwaltung und dem der Staatsgewalt unterworfenen Bürgern bestehen, unterschieden zwischen:

- **obrigkeitlicher Verwaltung**
- **schlicht-hoheitlicher Verwaltung.**

3. Wodurch unterscheidet sich die obrigkeitliche von der schlicht-hoheitlichen Verwaltung?

Von **obrigkeitlicher Verwaltung** spricht man, wenn die Verwaltung dem Bürger mit der ihr durch Gesetz verliehenen Gewalt etwas gebietet, verbietet, erlaubt oder gewährt.

Beispiele: Festsetzung einer Steuer, Einberufung zum Wehrdienst, Enteignung eines Grundstückes, Abbruchverfügung eines baufälligen Gebäudes.

Von **schlicht-hoheitlicher Verwaltung** spricht man, wenn die Verwaltung auf öffentlich-rechtlicher Grundlage Leistungen zum Wohle des Bürgers frei von Befehl und Zwang erbringt.

Beispiele: Bau und Unterhaltung von öffentlichen Straßen, Abwasseranlagen oder Sportstätten, Bewilligung von Sozialhilfe, Betrieb eines öffentlichen Krankenhauses.

4. Was versteht man unter fiskalischer Verwaltung?

Fiskalische Verwaltung liegt vor, wenn die Verwaltung am privaten Rechtsverkehr teilnimmt und dem Bürger gleichgeordnet und gleichberechtigt gegenübertritt.

Beispiele: Abschluss von Arbeitsverträgen mit Angestellten oder Arbeitern, Einkauf von Büromaterial, Verkauf von Holz aus staatlichem Waldbesitz.

5. Was ist unter Ordnungsverwaltung zu verstehen?

Unter **Ordnungsverwaltung** – auch als **Eingriffsverwaltung** bezeichnet – ist diejenige Verwaltungstätigkeit zu verstehen, die der Gefahrenabwehr und der Aufrechterhaltung der öffentlichen Sicherheit und Ordnung dient.

Beispiele: Regelung des Straßenverkehrs, Bekämpfung von Seuchen.

6. Was versteht man unter Leistungsverwaltung?

Unter **Leistungsverwaltung** – auch als **Daseinsvorsorge** bezeichnet – ist diejenige Verwaltungstätigkeit zu verstehen, die der Sicherung und Verbesserung der Lebensverhältnisse der Bürger dient.

Beispiele: Gewährung von Studienbeihilfen, Bau von Schulen, Kindergärten und Krankenhäusern.

7. Was bedeuten die Begriffe Vollzugsverwaltung und Planungsverwaltung?

Unter **Vollzugsverwaltung** ist diejenige Verwaltungstätigkeit zu verstehen, die nach Maßgabe der Gesetze oder auf der Grundlage der Beschlüsse der Planungsverwaltung verbindliche Entscheidungen gegenüber dem Bürger trifft.

Beispiel: Erteilung einer Baugenehmigung.

Unter **Planungsverwaltung** ist diejenige Verwaltungstätigkeit zu verstehen, die der Vorbereitung und Ausführung eines bestimmten in der Zukunft liegenden Vorhabens zur Sicherstellung eines reibungslosen Ablaufs dient.

Beispiele: Aufstellung eines Flächennutzungsplans oder eines Bebauungsplans durch die Gemeinde, Beschlussfassung eines regionalen Raumordnungsplans durch einen Planungsverband.

8. Wann spricht man von Staatsverwaltung?

Unter **Staatsverwaltung** ist diejenige Verwaltungstätigkeit zu verstehen, die der Staat durch eigene Verwaltungseinrichtungen wahrnimmt. Innerhalb der Staatsverwaltung wird unterschieden zwischen

- **unmittelbarer Staatsverwaltung**
- **mittelbarer Staatsverwaltung.**

9. Wodurch unterscheidet sich die unmittelbare von der mittelbaren Staatsverwaltung?

Von **unmittelbarer Staatsverwaltung** spricht man, wenn Verwaltungsaufgaben von Bundes- oder Landesbehörden wahrgenommen werden.

Beispiele: Bundes- oder Landesministerien, Bundesverwaltungsamt, Oberfinanzdirektionen.

Von mittelbarer Staatsverwaltung (im engeren Sinne) spricht man, wenn Verwaltungsaufgaben durch die der Aufsicht des Bundes oder der Länder unterstehenden rechtsfähigen Anstalten und Stiftungen des öffentlichen Rechts wahrgenommen werden.

Beispiele: Rundfunk- und Fernsehanstalten, Stiftung Preußischer Kulturbesitz.

10. Was versteht man unter Selbstverwaltung?

Unter **Selbstverwaltung** ist diejenige Verwaltungstätigkeit zu verstehen, die durch rechtsfähige Körperschaften des öffentlichen Rechts in eigener Verantwortung unter der Rechtsaufsicht des Staates wahrgenommen wird.

Beispiele: Gemeinde- und Kreisverwaltungen, Handwerkskammern, Industrie- und Handelskammern, Landesversicherungsanstalten.

Die **Selbstverwaltung** wird in der Literatur auch häufig der **mittelbaren Staatsverwaltung** (im weiteren Sinne) zugeordnet. Diese Zuordnung ist jedoch zweifelhaft und umstritten, da sie der Selbstverwaltung nur bedingt gerecht wird. Dies gilt insbesondere für die gemäß Artikel 28 Abs. 2 Grundgesetz (GG) garantierte kommunale Selbstverwaltung, bei der es sich um eine Wahrnehmung eigener Angelegenheiten handelt, die nicht von der staatlichen Verwaltung verliehen oder von ihr abgeleitet sind.

11. Welchem Zweck dient die staatliche Aufsicht und welche Arten unterscheidet man?

Die Tätigkeit der Verwaltungsbehörden unterliegt der staatlichen Aufsicht, die vom Minister bis zur untersten Verwaltungsbehörde reicht. Die **Aufsicht** dient insbesondere dazu, die **Verwaltungstätigkeit der einzelnen Behörde zu kontrollieren**.

Dabei werden folgende **Arten** der Aufsicht unterschieden:

- **Dienstaufsicht**
- **Fachaufsicht**
- **Rechtsaufsicht**.

12. Was versteht man unter Dienstaufsicht, Fachaufsicht und Rechtsaufsicht?

Unter **Dienstaufsicht** ist die organisatorische Aufsicht über die innere Ordnung, die allgemeine Geschäftsführung und die Personalangelegenheiten der Behörde zu verstehen. Gleichzeitig besteht die personalrechtliche Aufsicht, z. B. über die Pflichterfüllung der Bediensteten. Über die Behörden der allgemeinen Verwaltung hat in der Zentralinstanz der Minister des Inneren die Dienstaufsicht.

Unter **Fachaufsicht** ist die inhaltliche Aufsicht über die rechtmäßige und zweckmäßige Erledigung der Verwaltungsaufgaben gegenüber nachgeordneten Behörden zu verstehen. Die Fachaufsicht über die Behörden der allgemeinen Verwaltung hat der zuständige Fachminister. Handelt es sich um eine Angelegenheit aus dem Geschäftsbereich des Ministers des Inneren, so ist dieser auch für die Fachaufsicht zuständig.

Unter **Rechtsaufsicht** ist die inhaltliche Aufsicht über die Rechtmäßigkeit von Sachentscheidungen in Selbstverwaltungsangelegenheiten gegenüber juristischen Personen des öffentlichen Rechts (Körperschaften, Anstalten und Stiftungen des öffentlichen Rechts) zu verstehen. Sie ist eine – mit Rücksicht auf die Selbstständigkeit des beaufsichtigten Organs – eingeschränkte Form der Fachaufsicht.

2. Die Quellen des Verwaltungsrechts

2.1 Arten der Rechtsquellen

1. Was versteht man unter den Begriffen Rechtsnorm und Rechtsquellen?

Artikel 20 Abs. 3 des Grundgesetzes (GG) bindet die **öffentliche Verwaltung** als Teil der vollziehenden Gewalt – ebenso wie die Gesetzgebung und Rechtsprechung – an **Gesetz und Recht**. Die öffentliche Verwaltung hat daher bei ihrer Tätigkeit die bestehenden Rechtsnormen, aus denen sie ihre Ermächtigung zum Handeln herleitet und die ihr die Grenzen und Schranken ihres Handelns abstecken, zu beachten. Eine **Rechtsnorm** ist eine **generell-abstrakte hoheitliche Anordnung**, die sich an eine **unbestimmte Vielzahl von Fällen** wendet. Die verschiedenen Formen, in denen Rechtsnormen vorkommen, werden unter dem Begriff **Rechtsquellen** zusammengefasst.

2. Welche Rechtsquellen kommen für das Verwaltungshandeln in Betracht und nach welchen Merkmalen lassen sich diese einteilen?

Unterscheidungsmerkmal	Rechtsquellen
Erscheinungsform	**geschriebene Rechtsquellen** ► Verfassungsgesetze ► formelle Gesetze ► Rechtsverordnungen ► Satzungen **ungeschriebene Rechtsquellen** ► Gewohnheitsrecht
Entstehungsart	**ursprüngliche Rechtsquellen** ► Verfassungsgesetze ► formelle Gesetze ► Gewohnheitsrecht **abgeleitete Rechtsquellen** ► Rechtsverordnungen ► Satzungen

Unterscheidungsmerkmal	Rechtsquellen
Rangordnung	**supranationales Recht** ► Völkerrecht ► Europarecht **nationales Recht** ► Grundgesetz ► formelle Bundesgesetze ► Rechtsverordnungen des Bundes ► Satzungen des Bundes ► Landesverfassung ► formelle Landesgesetze ► Rechtsverordnungen des Landes ► Satzungen des Landes ► Ortssatzungen

3. Was versteht man unter den Grundrechten und welche Bedeutung haben diese für die Tätigkeit der öffentlichen Verwaltung?

Unter den Grundrechten sind die **Fundamentalrechte** zu verstehen, die das Verhältnis des einzelnen Menschen gegenüber dem Staat **verbindlich regeln**. Grundrechte sind in der Regel verfassungsrechtlich gewährleistet.

Die besondere Bedeutung, die die Bundesrepublik Deutschland den Grundrechten beimisst, zeigt sich bereits darin, dass die **Grundrechte** am Anfang des Grundgesetzes (GG) stehen. Sie sind das wichtigste Fundament des deutschen Staates. Die Grundrechte im streng formalen Sinn sind im ersten Abschnitt des GG in den Artikeln 1 bis 19 zusammengefasst. Den **Grundrechten gleichgestellte Rechte** enthalten die Artikel 20 Abs. 4, 33, 38, 101, 103 und 104 GG. Die Unterscheidung zwischen Grundrechten und grundrechtsähnlichen Rechten hat keine praktische Bedeutung.

Die **Grundrechte** sind keine bloßen Programmsätze, sondern stellen **unmittelbar geltendes Recht** dar. Sie binden sowohl Gesetzgebung als auch vollziehende Gewalt und Rechtsprechung des Bundes und der Länder (Art. 1 Abs. 3 GG). Die Grundrechte begrenzen demnach die Staatsgewalt und sind in erster Linie **Abwehrrechte** des Einzelnen gegen staatliche Eingriffe. Sie schaffen dem Einzelnen damit einen geschützten Freiraum. Die besondere Bedeutung der Grundrechte für den Einzelnen liegt aber darin, dass sie ihm **subjektive Rechte** geben, auf die er sich dem Staat gegenüber berufen und die er vor Gericht durchsetzen kann (Art. 19 Abs. 4, 93 Abs.1 Nr. 4a GG). Daneben verkörpern die Grundrechte auch eine **objektive Wertordnung** des Staates, das heißt sie gelten als verfassungsrechtliche Grundentscheidung für alle Bereiche des Rechts und sind zugleich Rahmen und Richtlinien für die Gesetzgebung, Verwaltung und Rechtsprechung. Außerdem garantieren einige Grundrechte auch bestimmte Einrichtungen der Gesellschaft, z. B. die freie Presse (Art. 5 Abs. 1 Satz 2 GG), die Wissenschaft (Art. 5 Abs. 3 GG), die Ehe und Familie (Art. 6 Abs. 1 GG), das Eigentum (Art. 14 GG), das Berufsbeamtentum (Art. 33 Abs. 5 GG). Man bezeichnet diese als **institutionelle Garantien** oder **Einrichtungsgarantien**.

4. Können die im Grundgesetz enthaltenen Grundrechte eingeschränkt werden?

Die im Grundgesetz enthaltenen Grundrechte gelten nicht schrankenlos. Solche **Einschränkungen** ergeben sich aus einer begriffs- und inhaltsbestimmenden Auslegung des Geltungsbereichs des einzelnen Grundrechts, seiner Abgrenzung zu anderen Grundrechten und einer Einordnung in den Sinngehalt aller Verfassungsnormen sowie aufgrund von Gesetzesvorbehalten.

Gesetzesvorbehalt bedeutet, dass das betreffende Grundrecht durch ein einfaches Gesetz eingeschränkt werden kann. Der Gesetzgeber muss allerdings beim Erlass grundrechtseinschränkender Gesetze die Grenzen des Artikels 19 Abs. 1 und 2 des Grundgesetzes (GG) beachten, das heißt, es muss sich um ein allgemeines Gesetz handeln (**Verbot von Einzelfallgesetzen**), das Grundrecht muss unter Angabe des Artikels genannt werden (**Zitiergebot**) und das Grundrecht darf nicht in seinem Wesensgehalt angetastet werden (**Wesensgehaltsgarantie**). Außerdem hat der Gesetzgeber den **Grundsatz der Verhältnismäßigkeit** zu beachten.

Im Übrigen gelten für alle Grundrechte, auch wenn sie keinen ausdrücklichen Vorbehalt aufweisen, ungeschriebene Vorbehalte. Diese finden sich in den Grundrechten anderer Rechtsträger, aber auch in sonstigen Rechtsgütern, sofern diese gleichfalls mit Verfassungsrang ausgestattet sind. Diese ungeschriebenen Vorbehalte werden auch als **verfassungsimmanente Schranken** bezeichnet.

Beispiel: Die Glaubens- und Gewissensfreiheit ist vom Wortlaut des Artikel 4 GG nicht einschränkbar. Bei Seuchengefahr können jedoch Versammlungen unter freiem Himmel entsprechend den Einschränkungsmöglichkeiten des Artikels 8 GG verboten werden.

Eine besondere Form der Beschränkung von Grundrechten ist die **Grundrechtsverwirkung**. Gegen Personen, die Grundrechte zum Kampfe gegen die freiheitliche demokratische Grundordnung missbrauchen, kann das Bundesverfassungsgericht die Verwirkung der in Artikel 18 GG genannten Grundrechte aussprechen. Dadurch verliert der Betroffene jedoch nur das Recht, sich auf das verwirkte Grundrecht zu berufen, nicht aber das Grundrecht selbst.

Vor **Veränderungen geschützt** ist gemäß Artikel 79 Abs. 3 GG nur der Kerngehalt der in Artikel 1 und 20 GG niedergelegten Grundsätze, also die Würde des Menschen sowie die Grundsätze der republikanischen, demokratischen, bundesstaatlichen und rechtsstaatlichen Ordnung sowie das Sozialstaatsprinzip.

5. Welche über den Verfassungszwang hinausgehende Sicherungen enthält das Grundgesetz?

Die Bindung von **Legislative** (Gesetzgebung), **Exekutive** (Regierung und Verwaltung) und **Judikative** (Rechtsprechung) an die Grundrechte ist **unmittelbar geltendes Recht**. Dieser Grundsatz kann nach dem Grundgesetz (GG) ebenso wenig wie das Bekenntnis des Grundgesetzes zur Menschenwürde im Wege einer Verfassungsänderung beseitigt werden (Art. 1, 79 GG). Hinzu kommt das Verbot der Durchbrechung von Grundrechten im Einzelfall sowie die Unantastbarkeit des Wesensgehalts der Grundrechte (Art. 19 GG). Wenn sich der Einzelne in seinen Rechten durch die öffentliche Gewalt verletzt glaubt, steht ihm der Rechtsweg offen (sog. **Rechtsweggarantie**). Welcher Rechtsweg im Einzelfall gegeben ist, bestimmt sich nach den Zuständigkeitsregelungen der Gesetze. Die Garantie des Rechtsweges gewährleistet einen **lückenlosen gerichtlichen Schutz**.

Daneben ist von besonderer Bedeutung für den gerichtlichen Schutz der Grundrechte oder grundrechtsähnlichen Rechte der Rechtsbehelf der **Verfassungsbeschwerde**. Nach Artikel 93 Abs. 1 Nr. 4 a GG kann jedermann beim Bundesverfassungsgericht Verfassungsbeschwerde mit der Behauptung einlegen, von der öffentlichen Gewalt in einem seiner Grundrechte verletzt zu sein. Die Verfassungsbeschwerde kann jedoch grundsätzlich erst eingelegt werden, wenn der Rechtsweg erfolglos erschöpft ist. Die Einzelheiten über Form, Inhalt und Zulässigkeitsvoraussetzungen der Verfassungsbeschwerde sind im Gesetz über das Bundesverfassungsgericht (Bundesverfassungsgerichtsgesetz – BVerfGG) geregelt.

Eine missbräuchliche Handhabung der Grundrechte ist ausgeschlossen, da im GG Vorsorge getroffen wurde. Nach Artikel 18 GG verwirkt derjenige die in diesem Artikel bezeichneten Grundrechte, der sie zum Kampf gegen die freiheitliche demokratische Grundordnung missbraucht. Die Entscheidung darüber, ob und inwieweit ein solcher **Missbrauch** vorliegt, ob und in welchem Ausmaße die Grundrechte verwirkt werden, ist dem **Bundesverfassungsgericht** vorbehalten (Art. 18 Satz 2 GG).

6. Welche Arten des Gesetzesbegriffes unterscheidet man?

Die Gesetze, die neben der Verfassung die wichtigste Rechtsgrundlage für die Tätigkeit der öffentlichen Verwaltung sind, werden unterschieden in:

- **Gesetze im formellen Sinne**
- **Gesetze im materiellen Sinne.**

7. Was versteht man unter einem Gesetz im formellen Sinne und einem Gesetz im materiellen Sinne?

Unter **Gesetze im formellen Sinn**e sind die in dem von der Verfassung vorgeschriebenen förmlichen **Gesetzgebungsverfahren zustande gekommenen Gesetze** zu verstehen.

Gesetze im materiellen Sinne sind alle **Rechtsnormen, die Rechte und Pflichten für den Einzelnen begründen**.

Die **meisten Gesetze** sind **Gesetze sowohl im formellen wie im materiellen Sinne**. Gesetze nur im formellen Sinne sind beispielsweise die Haushaltsgesetze des Bundes und der Länder, da sie keine anspruchs- oder pflichtenbegründenden Regelungen für den Einzelnen enthalten. Gesetze nur im materiellen Sinne sind die Rechtsverordnungen und die Satzungen.

8. Was versteht man unter einer Rechtsverordnung?

Rechtsverordnungen sind Rechtsnormen, die von einem Exekutivorgan (Regierung, Minister oder Verwaltungsbehörde) aufgrund einer **gesetzlichen Ermächtigung** erlassen worden sind.

Beispiele: Verordnung über die Berufsausbildung zum Verwaltungsfachangestellten/zur Verwaltungsfachangestellten, Verordnung über die Laufbahnen der Bundesbeamtinnen und Bundesbeamten.

9. Welche Anforderungen werden an den Erlass einer Rechtsverordnung gestellt?

Voraussetzung für den Erlass einer **Rechtsverordnung** ist, dass Inhalt, Zweck und Ausmaß der erteilten Ermächtigung (**Grundsatz des Vorbehalts des Gesetzes**) an den Verordnungsgeber – dies kann die Bundesregierung, ein einzelner Bundesminister oder die Landesregierung sein – im Gesetz bestimmt sein müssen (**Bestimmtheitsgebot**; Art. 80 Abs. 1 Satz 1 und 2 GG). Außerdem ist die Rechtsgrundlage in der Verordnung anzugeben (**Zitiergebot**; Art. 80 Abs. 1 Satz 3 GG). Die Ermächtigung kann jedoch bei entsprechender gesetzlicher Regelung auch weiter übertragen werden (Art. 80 Abs. 1 Satz 4 GG).

Zu ihrer **Wirksamkeit** bedarf die Rechtsverordnung der **Verkündung** im Gesetzblatt oder sonstigen Verkündungsblatt, wobei Rechtsverordnungen des Bundes grundsätzlich im Bundesgesetzblatt verkündet werden (Art. 82 Abs. 1 Satz 2 GG). Rechtsverordnungen, die nicht dem Gebot des Artikels 80 des Grundgesetzes (GG) entsprechen oder über die erteilte Ermächtigung hinausgehen, sind unwirksam und damit nichtig.

Diese Grundsätze gelten auch für Rechtsverordnungen, die aufgrund einer **landesgesetzlichen Ermächtigung** erlassen werden. Im Übrigen sind grundsätzlich in den jeweiligen Verfassungen der Bundesländer die Voraussetzungen für den Erlass von Rechtsverordnungen aufgrund landesgesetzlicher Ermächtigung und ihre Verkündung bestimmt.

10. Worin liegt die Bedeutung einer Rechtsverordnung?

Die **Rechtsverordnung** steht im Rang unter der Verfassung und dem Gesetz und darf nicht zu ihnen im Widerspruch stehen. Ihre **Bedeutung** als abgeleitete Rechtsquelle liegt im Wesentlichen darin, dass hierdurch die **Parlamente entlastet** werden, alle Einzelheiten in den Gesetzen selbst zu regeln, sowie eine rasche Anpassung von überholten Vorschriften an sich ändernde Verhältnisse ermöglicht wird.

11. Was versteht man unter einer Satzung?

Satzungen sind **Rechtsnormen**, die von juristischen Personen des öffentlichen Rechts im Rahmen der ihnen verliehenen Autonomie zur Regelung ihrer eigenen Angelegenheiten in einem dafür vorgeschriebenen förmlichen Verfahren erlassen worden sind.

Beispiele für kommunale Satzungen: Bebauungspläne, Haushaltssatzungen, Gebührensatzungen.

12. Worin liegt die Bedeutung einer Satzung?

Die **Satzung** steht im Rang unter der Verfassung, den Gesetzen und den Rechtsverordnungen und darf nicht zu ihnen im Widerspruch stehen. Ihre **Bedeutung** liegt darin, dass hierdurch den verschiedenen gesellschaftlichen Gruppen die Möglichkeit zur selbstverantwortlichen Regelung der sie betreffenden Angelegenheiten eröffnet wird und die orts- und sachnahe Erledigung von Aufgaben im eigenen Wirkungskreis zugleich den Gesetzgeber entlastet.

13. Wodurch unterscheiden sich Satzungen von Rechtsverordnungen?

Bei den **Satzungen** handelt es sich ebenso wie bei den **Rechtsverordnungen** um **abgeleitete Rechtsquellen**, die nur im Rahmen der Gesetze erlassen werden dürfen. Die **Satzungen** beruhen dabei auf einer vom Staat eingeräumten **eigenen staatlichen Rechtssetzungsmacht**, während die **Rechtsverordnungen** auf einer **delegierten staatlichen Rechtssetzungsmacht** zurückgehen.

Die Ermächtigung zum Erlass von Satzungen unterliegt jedoch nicht den für den Erlass von Rechtsverordnungen durch Artikel 80 Abs. 1 des Grundgesetzes (GG) gezogenen Schranken. Zu ihrer Wirksamkeit bedürfen Satzungen ebenfalls der Veröffentlichung, wobei die Formen der Bekanntmachung sehr uneinheitlich sind, z. B. eigenes Amtsblatt, Tageszeitung.

14. Was bedeutet Gewohnheitsrecht?

Unter **Gewohnheitsrecht** versteht man ungeschriebenes Recht, das durch lang andauernde und allgemeine Übung (objektive Voraussetzung) und durch die Überzeugung der Beteiligten, dass sie rechtmäßig handeln (subjektive Voraussetzung), entsteht.

Beispiele: Recht der Einwohner einer Gemeinde, aus einem gemeindlichen Heilbrunnen Wasser zu entnehmen, Verpflichtung der Rechtsanwälte, vor Gericht die Amtstracht zu tragen.

15. Welche Bedeutung haben Gerichtsentscheidungen für das Verwaltungshandeln?

Gerichtsentscheidungen sind **keine Rechtsnormen**. Sie haben **keine Gesetzeskraft** und bilden daher unmittelbar keine Rechtsquellen, die von der öffentlichen Verwaltung auf jeden Fall zu beachten sind. Die Gerichtsentscheidungen binden nur die Parteien des Rechtsstreits, wobei eine **Ausnahme** nur bei bestimmten Entscheidungen des Bundesverfassungsgerichts besteht (§ 31 Abs. 2 BVerfGG).

In der Praxis sind jedoch insbesondere die **höchstrichterlichen Entscheidungen** von erheblicher Bedeutung und beeinflussen wesentlich die Tätigkeit der Verwaltung, da sich die unteren Gerichte und Behörden an den einschlägigen Entscheidungen der oberen Gerichte orientieren. Darüber hinaus können auch **Gesetzeslücken** durch sog. **Richterrecht** ausgefüllt werden.

16. Was versteht man unter einer Verwaltungsvorschrift und welchem Zweck dient sie?

Verwaltungsvorschriften sind **verwaltungsinterne Anordnungen** einer Behörde an nachgeordnete Behörden oder eines Vorgesetzten an die ihm unterstellten Bediensteten.

Die Verwaltungsvorschriften dienen dazu, die Tätigkeit der Verwaltung näher zu bestimmen und einheitlich zu gestalten.

17. Welche Arten von Verwaltungsvorschriften unterscheidet man?

Nach dem Regelungsinhalt und der Regelungsbefugnis werden folgende **Arten von Verwaltungsvorschriften** unterschieden:

- Organisations- und Dienstvorschriften, die der Regelung des inneren Dienstbetriebes dienen
- norminterpretierende Verwaltungsvorschriften, die der Auslegung von Gesetzen dienen
- Ermessensrichtlinien, die Regelungen über die Anwendung des in Gesetzen eingeräumten Ermessens enthalten.

18. Welchen Rechtscharakter haben Verwaltungsvorschriften?

Die **Verwaltungsvorschriften** werden **nicht zu den Rechtsquellen gerechnet**, weil sich ihre Wirkung grundsätzlich auf den inneren Dienstbetrieb der Verwaltung beschränkt und sie somit keine Rechte und Pflichten für den Einzelnen begründen und für die Gerichte nicht bindend sind.

Eine **Ausnahme** hiervon besteht bei den **Ermessensrichtlinien**, da diese eine gleichmäßige Anwendung des Ermessens sicherstellen sollen. Wenn eine Behörde ohne sachlich gerechtfertigten Grund von ihrer bisherigen Verwaltungspraxis abweicht (**Selbstbin-**

dung der Verwaltung), kann die Verwaltungsvorschrift mittelbar über den Gleichbehandlungsgrundsatz des Art. 3 Grundgesetz (GG) rechtliche Außenwirkung erlangen.

19. Was sind die gebräuchlichsten Bezeichnungen für Verwaltungsvorschriften?

Die Verwaltungsvorschriften sind unter verschiedenen Bezeichnungen zu finden und werden beispielsweise Verfügung, Rundverfügung, Erlass, Runderlass, Gemeinsamer Runderlass, Anordnung, Anweisung, Dienstanweisung, Richtlinien oder Rundschreiben genannt.

2.2 Rangordnung der Rechtsquellen

1. Welchem Zweck dient die Rangordnung der Rechtsquellen?

Die **Rangordnung** der Rechtsquellen dient dem Zweck, Widersprüche zwischen Rechtsnormen verschiedener Rechtsquellen zu lösen, da die Rechtsordnung widerspruchsfrei sein muss und nichts Gegenteiliges zugleich bestimmen darf.

Aus der **Rangordnung** lässt sich ersehen, welcher **Rechtsquelle jeweils der Vorrang eingeräumt** ist. Durch die Rangordnung wird jedoch kein Anwendungsvorrang sondern lediglich ein **Geltungsvorrang** der höherrangigen Rechtsnorm begründet. Im konkreten Fall bedeutet dies, dass zunächst grundsätzlich die **rangniedrigere Rechtsnorm anzuwenden** ist, wenn eine Frage widerspruchsfrei sowohl im GG wie auch im Gesetz und einer Rechtsverordnung geregelt wurde, weil die rangniedrigere Rechtsnorm in aller Regel konkreter und ausführlicher formuliert ist als die höherrangige Rechtsnorm.

2. Welche Grundsätze gelten für die Klärung des Vorrangs beim Aufeinandertreffen von zwei Rechtsnormen mit inhaltlich widersprechenden Regelungen derselben Rangstufe?

Beim Aufeinandertreffen von zwei Rechtsnormen derselben Rangstufe, die inhaltlich dieselbe Materie regeln, gelten für die Klärung des Vorrangs seit dem römischen Recht die folgenden drei Grundsätze:

- Das **spätere Gesetz verdrängt das frühere Gesetz** (Lex posterior derogat legi priori).
- Das **Spezialgesetz verdrängt das allgemeine Gesetz** (Lex specialis derogat legi generali).
- Das **spätere allgemeine Gesetz verdrängt nicht das frühere Spezialgesetz** (Lex posterior generalis non derogat legi priori speciali).

3. Welche Rangordnung gilt für die einzelnen Rechtsquellen?

Die allgemeinen Regeln des **Völkerrechts** sind gemäß Artikel 25 Grundgesetz (GG) unmittelbar geltendes Bundesrecht und gehen den Gesetzen, nicht jedoch der Verfassung, vor.

Die **Verordnungen der Europäischen Gemeinschaft** gehen dem innerdeutschen Recht aufgrund der gemäß Artikel 24 Abs. 1 GG vom Bund vorgenommenen Übertragung der Hoheitsrechte auf diese Institution vor. Nach Artikel 249 des EG-Vertrages haben die Verordnungen der Europäischen Gemeinschaften allgemeine Geltung und sind in allen ihren Teilen verbindlich und gelten unmittelbar in jedem Mitgliedstaat.

Das **Grundgesetz** ist die **ranghöchste innerdeutsche Rechtsquelle** und geht allen bundes- und landesrechtlichen Rechtsquellen vor.

Die **Landesverfassung** ist die **ranghöchste Rechtsquelle des jeweiligen Landes** für das Landesrecht.

Die **Bundesgesetze** stehen im Rang unter dem Grundgesetz und sind den Rechtsverordnungen des Bundes übergeordnet.

Die **Landesgesetze** stehen im Rang unter der Landesverfassung und sind den Rechtsverordnungen des Landes übergeordnet.

Die **Rechtsverordnungen des Bundes** stehen im Rang unter dem Grundgesetz und den Bundesgesetzen.

Die **Rechtsverordnungen des Landes** stehen im Rang unter der Landesverfassung und den Landesgesetzen.

Die **Satzungen** stehen im Rang unter der Verfassung (Grundgesetz, Landesverfassung), den Gesetzen und Rechtsverordnungen.

Für das Rangverhältnis der Rechtsquellen zwischen Bund und Ländern ist außerdem Artikel 31 GG (**Bundesrecht bricht Landesrecht**) zu beachten. Dies bedeutet, dass das GG sowie alle vom Bund erlassenen Gesetze und Rechtsverordnungen dem Landesrecht, welches die gleiche Materie behandelt, sofern der Bund sie regeln darf, vorgeht.

4. Wie lässt sich die Rangordnung der Rechtsquellen schematisch darstellen?

Die Rangordnung der Rechtsquellen lässt sich anhand der **Normenpyramide** wie folgt darstellen:

3. Die Organisation der öffentlichen Verwaltung

3.1 Träger der öffentlichen Verwaltung

1. Wer sind die Träger der öffentlichen Verwaltung?

Träger der öffentlichen Verwaltung sind die **juristischen Personen des öffentlichen Rechts** und die **beliehenen Unternehmer**.

2. Was versteht man unter den juristischen Personen des öffentlichen Rechts?

Juristische Personen des öffentlichen Rechts sind Rechtsträger, die auf öffentlich-rechtlichem und privatrechtlichem Gebiet Rechtsfähigkeit besitzen. Sie werden in der Regel durch Gesetz oder aufgrund eines Gesetzes errichtet, verändert oder aufgelöst. Sie handeln durch ihre **Organe**, nämlich Einzelpersonen oder Behörden.

Rechtlich sind die juristischen Personen des öffentlichen Rechts den natürlichen Personen (Menschen) weitestgehend gleichgestellt. Als Träger öffentlicher und privater Rechte und Pflichten sind sie **rechtsfähig**, das heißt sie können am privaten Rechtsverkehr teilnehmen und Rechtsgeschäfte tätigen, **parteifähig**, das heißt sie können in einem Rechtsstreit Kläger oder Beklagter sein und **deliktfähig**, das heißt sie haften für schadensersatzpflichtige Handlungen ihrer Organe oder Vertreter.

3. Wie werden die juristischen Personen des öffentlichen Rechts unterteilt?

Die **juristischen Personen des öffentlichen Rechts** werden unterteilt in:

- **Körperschaften**
- **Anstalten**
- **Stiftungen des öffentlichen Rechts.**

Die Bezeichnung der juristischen Person des öffentlichen Rechts lässt jedoch nicht in jedem Falle die zutreffende Zuordnung erkennen. So wird die Bezeichnung „Anstalt" häufig für Einrichtungen gebraucht, die in Wirklichkeit Körperschaften sind. Dies gilt auch umgekehrt.

4. Was ist eine Körperschaft des öffentlichen Rechts?

Körperschaften des öffentlichen Rechts sind mitgliedschaftlich organisierte Verwaltungseinheiten, die unabhängig vom Wechsel ihrer Mitglieder bestehen, in der Regel rechtsfähig sind und Aufgaben der öffentlichen Verwaltung erfüllen.

5. Welche Arten von Körperschaften des öffentlichen Rechts unterscheidet man?

Innerhalb der **Körperschaften des öffentlichen Rechts** werden folgende Arten unterschieden:

- **Gebietskörperschaften:** Bei ihnen ergibt sich die Mitgliedschaft kraft Gesetzes aus dem Wohnsitz eines Menschen oder dem Sitz einer juristischen Person, z. B. Bund, Länder, Gemeinden, Gemeindeverbände.
- **Personalkörperschaften:** Bei ihnen ergibt sich die Mitgliedschaft durch die Zugehörigkeit zu einer bestimmten Berufsgruppe oder anderer auf die Person bezogene Merkmale, z. B. Rechtsanwaltskammern, Ärztekammern, Hochschulen.
- **Realkörperschaften:** Bei ihnen beruht die Mitgliedschaft auf dem Eigentum an einer Liegenschaft oder auf dem wirtschaftlichen Besitz eines Betriebes, z. B. Jagdgenossenschaften, Deichverbände, Wasser- und Bodenverbände.
- **Verbandskörperschaften:** Bei ihnen sind die Mitglieder juristische Personen, die sich zum Erreichen eines öffentlichen Zweckes zusammengeschlossen haben, z. B. kommunale Zweckverbände, Umlandverbände.

6. Was sind Anstalten des öffentlichen Rechts?

Anstalten des öffentlichen Rechts sind rechtsfähige öffentlich-rechtliche Verwaltungseinrichtungen, die durch Gesetz oder aufgrund eines Gesetzes errichtet werden und bestimmte Aufgaben der öffentlichen Verwaltung für ihre Benutzer unter der Aufsicht des Staates erfüllen.

Beispiele: Rundfunkanstalten, Deutsche Bundesbank.

Der Begriff der Anstalt ist jedoch nicht nur auf die rechtsfähigen Anstalten beschränkt. Insbesondere im kommunalen Bereich sind die nicht selbst rechtsfähigen Anstalten (sog. **unselbstständige Anstalten**) weit verbreitet. Diese unterstehen als organisatorische Einheiten einem anderen Verwaltungsträger des öffentlichen Rechts.

Beispiele: Schulen, Kreiskrankenhäuser, Schwimmbäder.

7. Was versteht man unter einer Stiftung des öffentlichen Rechts?

Stiftungen des öffentlichen Rechts sind rechtsfähige öffentlich-rechtliche Verwaltungseinheiten, die in der Regel durch Gesetz oder aufgrund eines Gesetzes gegründet werden und die mit einem Kapital- oder Sachbestand bestimmte Aufgaben der öffentlichen Verwaltung unter der Aufsicht des Staates erfüllen.

Beispiele: Stiftung Preußischer Kulturbesitz, Stiftung Bundeskanzler-Konrad-Adenauer-Haus, Stiftung Bundespräsident-Theodor-Heuss-Haus.

8. Was ist ein beliehener Unternehmer und welchem Zweck dient die Beleihung?

Beliehene Unternehmer – auch als Beliehene bezeichnet – sind natürliche Personen oder juristische Personen des Privatrechts, denen durch Gesetz oder aufgrund eines Gesetzes von einem Träger der öffentlichen Verwaltung bestimmte hoheitliche Verwaltungsaufgaben zur selbstständigen Erledigung unter der Aufsicht des Staates übertragen wurden.

Beispiele: Amtlich anerkannte Prüfingenieure für Baustatik, Sachverständige des Technischen Überwachungsvereins (TÜV), bevollmächtigte Bezirksschornsteinfeger, freiberufliche Fleischbeschauer.

Zweck der Beleihung ist es, die öffentliche Verwaltung durch die Nutzung privater Sachkenntnis und Erfahrung zu entlasten.

3.2 Amt, Organ, Behörde

1. Welche Organisationseinheiten beinhaltet die Organisation eines Verwaltungsträgers?

Jeder Organisation eines Verwaltungsträgers sind **Organisationseinheiten** vorgegeben, die diesem innere und äußere Handlungsfähigkeit verleihen. Diese Organisationseinheiten sind:

- **Amt**
- **Organ**
- **Behörde**.

2. Was ist unter dem Begriff Amt im organisatorischen Sinn zu verstehen?

Unter dem Begriff **Amt im organisatorischen** (funktionellen) Sinn ist der innerhalb eines Verwaltungsträgers auf eine Person zugeschnittene Aufgabenbereich zu verstehen.

Beispiel: Der Aufgabenbereich des Sachbearbeiters für Ausbildungsförderung.

Zu beachten ist, dass der Begriff „Amt" ebenfalls mit anderen Bedeutungsinhalten verwendet wird und damit auch Untergliederungen innerhalb einer Behörde (z. B. Bauamt, Wohnungsamt) oder die Behörde selbst (z. B. Bundeskriminalamt, Finanzamt) bezeichnet werden.

3. Was ist ein Amtswalter?

Ein **Amtswalter** ist diejenige Person, die das jeweilige Amt konkret ausfüllt.

Beispiel: Der Sachbearbeiter für das Sachgebiet Ausbildungsförderung.

4. Was versteht man unter einem Organ?

Unter einem **Organ** versteht man die rechtlich geschaffene Einrichtung eines Verwaltungsträgers, die dessen Zuständigkeit für diesen wahrnimmt.

Beispiele: Bundespräsident, Bundestag, Bundesregierung, Bundesrat, Bundesverfassungsgericht, Landtag, Landesregierung, Regierungspräsident, Finanzamt, Wehrbereichsverwaltung, Gemeindevertretung, Gemeindevorstand.

5. Welchem Zweck dient das Organ?

Das **Organ**, das keine Rechtsfähigkeit besitzt, dient ausschließlich dem **Zweck**, die Einrichtung eines Verwaltungsträgers **handlungsfähig** zu machen. Dabei kann das Organ sowohl die Aufgabe der ausschließlich internen Willensbildung als **Beschlussorgan** erfüllen (z. B. Bundestag, Kreistag, Gemeindevertretung) als auch der externen Willensäußerung als **Handlungs- bzw. Vollzugsorgan** dienen (z. B. Gemeindedirektor, Bürgermeister).

6. Was ist unter einem Organwalter zu verstehen?

Als **Organwalter** werden diejenigen Menschen bezeichnet, die konkret die dem Verwaltungsorgan zugewiesene Zuständigkeit ausüben.

Beispiele: Mitglieder der Bundes- und Landesregierung, Mitglieder der Gemeindevertretung.

7. Welche Deutungen des Begriffs der Behörde unterscheidet man?

Einen einheitlichen Begriff der **Behörde** gibt es nicht. Der Behördenbegriff wird vielmehr in den einzelnen gesetzlichen Regelungen in einem unterschiedlichen Sinn verwandt. Hinsichtlich der weiteren begrifflichen Abgrenzung wird unterschieden zwischen

- **Behörden im organisationsrechtlichen Sinne**
- **Behörden im Sinne des Verwaltungsverfahrens**.

8. Was versteht man unter einer Behörde im organisationsrechtlichen Sinne?

Eine **Behörde im organisationsrechtlichen Sinne** ist eine nicht rechtsfähige Einheit (Organ, Stelle) eines Trägers der öffentlichen Verwaltung, die mit Handlungszuständigkeit ausgestattet ist.

Beispiele: Regierungspräsident, Finanzamt.

9. Was versteht man unter einer Behörde im Sinne des Verwaltungsverfahrens?

Eine **Behörde im Sinne des Verwaltungsverfahrens** ist jede Stelle, die Aufgaben der öffentlichen Verwaltung wahrnimmt (§ 1 Abs. 4 VwVfG).

Der Begriff der Behörde im Sinne des Verwaltungsverfahrens ist **weitergehender** als der organisationsrechtliche Begriff der Behörde. Er stellt letztlich auf die Funktionen der Behörde ab und umfasst beispielsweise auch die beliehenen Unternehmer. **Keine Behörden** sind jedoch die Untergliederungen innerhalb einer Behörde, da ihnen die organisatorische Selbstständigkeit fehlt, z. B. Bauamt, Wohnungsamt, Abteilungen, Dezernate, Gruppen, Referate, Sachgebiete.

10. Was versteht man unter Organisationsbefugnis?

Unter **Organisationsbefugnis** versteht man das Recht, Behörden zu errichten oder aufzulösen und ihre innere organisatorische Ausgestaltung zu bestimmen.

11. Wer besitzt das Recht, Behörden zu errichten oder aufzulösen?

Das Recht, Behörden einzurichten oder aufzulösen (**Organisationsbefugnis**) besitzen die einzelnen **Verwaltungsträger**, z. B. Bund, Länder, Gemeinden und Gemeindeverbände. Den Verwaltungsträgern ist die Organisationsbefugnis durch Gesetz oder aufgrund eines Gesetzes übertragen.

Für die **bundeseigene Verwaltung** sieht Artikel 86 Satz 2 des Grundgesetzes (GG) vor, dass die **Bundesregierung** die Einrichtung – gemeint ist wohl die Errichtung (Neuschaffung) – von Behörden regelt, soweit das Gesetz nichts anderes bestimmt. Für die Errichtung selbstständiger Bundesoberbehörden und neuer bundesunmittelbarer Körperschaften und Anstalten des öffentlichen Rechts bedarf es gemäß Artikel 87 Abs. 3 GG eines Bundesgesetzes.

Die **Errichtung von Landesbehörden** ist im Allgemeinen in den jeweiligen **Verfassungen der Bundesländer geregelt**. Für die Neuschaffung von Behörden bedarf es aber in der Regel einer gesetzlichen Grundlage. Die **Einrichtung der Behörden**, das heißt ihre tatsächliche Bildung und ihre Ausstattung mit Personal und Sachmitteln, obliegt dann den **Landesregierungen**.

In den **Kommunalverwaltungen** ist die Organisation ebenfalls jeweils gesetzlich geregelt.

3.3 Grundformen der Verwaltungsorganisation

1. Welche Organisationsformen unterscheidet man in der öffentlichen Verwaltung?

Aufgrund der Mannigfaltigkeit des Verwaltungsaufbaues in der Bundesrepublik Deutschland sind in den öffentlichen Verwaltungen **unterschiedliche Organisationsformen** anzutreffen. Diese lassen sich unter den folgenden vier Begriffen zusammenfassen:

- **Zentralisation**
- **Dezentralisation**
- **Konzentration**
- **Dekonzentration**.

2. Was versteht man unter Zentralisation und Dezentralisation?

Von **Zentralisation** spricht man, wenn die Verwaltungsaufgaben überwiegend von der unmittelbaren Staatsverwaltung durch Behörden der oberen und mittleren Verwaltungsebene wahrgenommen werden.

Beispiele: Ministerien, Statistische Landesämter, Landeskriminalämter.

Von **Dezentralisation** spricht man, wenn die Verwaltungsaufgaben überwiegend von der mittelbaren Staatsverwaltung oder der Selbstverwaltung wahrgenommen werden.

Beispiele: Gemeinde- und Kreisverwaltungen, Deutsche Rentenversicherung Bund.

3. Wann spricht man von Konzentration und Dekonzentration?

Von **Konzentration** spricht man, wenn möglichst viele der in einem Verwaltungsbezirk anfallenden Verwaltungsaufgaben bei einer Behörde zusammengefasst sind.

Beispiele: Regierungspräsidien, Bezirksregierungen.

Von **Dekonzentration** spricht man, wenn für verschiedene Fachaufgaben im gleichen Verwaltungsbezirk jeweils eigene Sonderbehörden bestehen.

Beispiele: Finanzämter, Versorgungsämter.

4. Was bedeuten Kollegialsystem und Einmannsystem?

Bei den öffentlichen Verwaltungen sind hinsichtlich ihres inneren Verwaltungsaufbaues die folgenden zwei Organisationsformen anzutreffen, das Kollegialsystem und das Einmannsystem.

Das **Kollegialsystem** ist dadurch gekennzeichnet, dass die Behörde ein aus mehreren gleichberechtigten Amtsträgern zusammengesetztes Organ als Verwaltungsspitze hat, das durch Mehrheitsbeschluss entscheidet und nach außen hin als Gesamtheit auftritt.

Beispiele: Kreisausschüsse, Magistrate (in Städten mit Magistratsverfassung).

Das **Einmannsystem** – auch als monokratische Verwaltung bezeichnet – ist dadurch gekennzeichnet, dass in der Behörde ausschließlich der Behördenleiter das verantwortliche Vollzugsorgan ist.

Beispiele: Bundesministerien, Landesministerien, Regierungspräsidien.

3.4 Verwaltungsaufbau im Bund und in den Ländern

1. Wie ist die Bundesverwaltung aufgebaut?

Innerhalb der Bundesverwaltung ist zunächst zwischen der unmittelbaren und der mittelbaren Bundesverwaltung zu unterscheiden. Die **unmittelbare Bundesverwaltung**, dazu gehören alle bundeseigenen Behörden, umfasst in der Regel Behörden der oberen Verwaltungsebene ohne eigenen Verwaltungsunterbau. Soweit bei der unmittelbaren Bundesverwaltung ein eigener Verwaltungsunterbau vorhanden ist, besteht dieser aus einem mehrstufigen, meist dreistufigen Verwaltungsaufbau, der oberen Verwaltungsebene, der mittleren Verwaltungsebene und der unteren Verwaltungsebene.

Zur **oberen Verwaltungsebene** gehören die obersten Bundesbehörden, z. B. Bundesministerien, Bundesrechnungshof.

Zur **mittleren Verwaltungsebene** gehören die oberen Bundesbehörden (Bundesoberbehörden) und die Bundesmittelbehörden.

Bei den **Bundesoberbehörden** handelt es sich um die einer obersten Bundesbehörde nachgeordneten Behörden, deren Zuständigkeitsbereich sich auf das gesamte Bundesgebiet erstreckt.

Beispiele: Bundesverwaltungsamt, Statistisches Bundesamt, Bundesamt für das Personalmanagement der Bundeswehr, Generalzolldirektion.

Die **Bundesmittelbehörden** können sowohl obersten als auch oberen Bundesbehörden nachgeordnet sein. Ihr Zuständigkeitsbereich erstreckt sich auf bestimmte Sachbereiche innerhalb eines Teils des Bundesgebietes.

Beispiele: Generaldirektion Wasserstraßen und Schifffahrt, Oberfinanzdirektionen.

Zur **unteren Verwaltungsebene** gehören die einer oberen Bundesbehörde oder Bundesmittelbehörde nachgeordneten Behörden.

Beispiele: Wasserstraßen- und Schifffahrtsämter, Bundeswehr-Dienstleistungszentren.

Die **mittelbare Bundesverwaltung** (im engeren Sinne) umfasst alle der Aufsicht des Bundes unterstehenden rechtsfähigen Anstalten und Stiftungen des öffentlichen Rechts, die zumeist ohne eigenen Verwaltungsunterbau eingerichtet sind.

Beispiel: Deutsche Nationalbibliothek.

Zur **mittelbaren Bundesverwaltung** (im weiteren Sinne) gehören alle bundesunmittelbaren rechtsfähigen Körperschaften des öffentlichen Rechts, die teils mit und teils ohne Verwaltungsunterbau eingerichtet sind. Ihre Zuständigkeit ist gesetzlich bestimmt und gegeneinander abgegrenzt.

Beispiele: Bundesagentur für Arbeit, Agenturen für Arbeit, Deutsche Rentenversicherung Bund.

2. Welcher Verwaltungsaufbau ist in den Ländern anzutreffen?

Auch in den Bundesländern wird – wie beim Bund – zwischen **unmittelbarer** und **mittelbarer Landesverwaltung** unterschieden.

Die **unmittelbare Landesverwaltung**, dazu gehören alle Landesbehörden, umfasst zumeist einen dreistufigen Verwaltungsaufbau, die obere Verwaltungsebene, die mittlere Verwaltungsebene und die untere Verwaltungsebene, wobei jedoch bereits mehrere Länder im Zuge von Reformüberlegungen ihren Verwaltungsaufbau unter Verzicht auf die mittlere Verwaltungsebene zweistufig organisiert haben.

Zur **oberen Verwaltungsebene** gehören die obersten Landesbehörden.

Beispiele: Landesministerien, Landesrechnungshöfe.

Zur **mittleren Verwaltungsebene** gehören die oberen Landesbehörden (Landesoberbehörden) und die Landesmittelbehörden.

Bei den **Landesoberbehörden** handelt es sich um die einer obersten Landesbehörde unmittelbar unterstehenden Behörden, die für das ganze Land zuständig sind. In der Regel haben diese keine nachgeordneten Behörden.

Beispiele: Statistische Landesämter, Landeskriminalämter.

Die **Landesmittelbehörden** unterstehen ebenfalls unmittelbar einer obersten Landesbehörde. Ihr Zuständigkeitsbereich erstreckt sich auf bestimmte Sachbereiche innerhalb eines Teils des Landesgebietes. Ihnen sind grundsätzlich untere Verwaltungsbehörden unterstellt.

Beispiele: Regierungspräsidien, Bezirksregierungen, Landesvermessungsämter, Eichdirektionen.

Zur **unteren Verwaltungsebene** gehören alle Behörden, die einer Landesoberbehörde oder Landesmittelbehörde unterstehen.

Beispiele: Landratsämter als staatliche Verwaltungsbehörden, Katasterämter, Eichämter, Straßenbauämter.

In den Stadtstaaten **Berlin, Bremen** und **Hamburg** ist der Verwaltungsaufbau wegen der Verbindung zwischen staatlicher und gemeindlicher Tätigkeit der Verwaltungsbehörden nicht immer vergleichbar mit den Organisationsformen der übrigen Bundesländer.

Die **mittelbare Landesverwaltung** (im engeren Sinne) umfasst alle der Aufsicht der Länder unterstehenden rechtsfähigen Anstalten und Stiftungen des öffentlichen Rechts. Diese Einrichtungen bestehen zumeist ohne eigenen Verwaltungsunterbau.

Beispiele: Rundfunkanstalten, Universitäten.

Zur **mittelbaren Landesverwaltung** (im weiteren Sinne) gehören alle der Aufsicht der Länder unterstehenden rechtsfähigen Körperschaften des öffentlichen Rechts, die teils mit und teils ohne Verwaltungsunterbau eingerichtet sind. Da der Staat bei diesen Selbstverwaltungskörperschaften lediglich eine Rechtsaufsicht ausübt und ihnen ansonsten einen eigenständigen Bereich der Aufgabenwahrnehmung überlässt, ist deren Zuordnung zur mittelbaren Staatsverwaltung jedoch zweifelhaft und umstritten.

Beispiele: Handwerkskammern, Industrie- und Handelskammern.

3. Wie ist in den Gemeinden die Verwaltung aufgebaut?

Die **Gemeindeverfassungen** sind wegen der bei den Bundesländern liegenden Gesetzgebungskompetenz sehr **unterschiedlich gestaltet**.

Als **oberstes Gemeindeorgan** sehen alle Gemeindeverfassungen den **Rat** – auch als Gemeinderat, Gemeindevertretung, Stadtrat oder Stadtverordnetenversammlung bezeichnet – vor, die ein **Beschlussorgan der Verwaltung** ist. In Niedersachsen besteht neben dem Rat noch ein Verwaltungsausschuss als zweites Organ der Gemeinde mit koordinierender Funktion gegenüber dem Rat und einer Leitungsfunktion gegenüber der Verwaltung.

Daneben gibt es in jedem Bundesland noch ein besonderes **Vollzugsorgan**, das zugleich die Spitze des Verwaltungsapparates der Gemeinde bildet und die Beschlüsse des Rates ausführt. Die Organisation dieses Vollzugsorgans bestimmt sich hierbei nach den jeweiligen Gemeindeverfassungen. Zu unterscheiden sind dabei die **norddeutsche Ratsverfassung**, die **süddeutsche Ratsverfassung**, die **Bürgermeisterverfassung** und die **Magistratsverfassung**.

4. Wodurch unterscheidet sich die norddeutsche von der süddeutschen Ratsverfassung?

Bei der **norddeutschen Ratsverfassung** ist Leiter der Gemeindeverwaltung und ausführendes Organ der hauptamtlich tätige Gemeindedirektor, der in Städten die Bezeichnung (Ober-) Stadtdirektor führt. Dieser gehört dem Rat nicht an und nimmt an seiner Beschlussfassung nur beratend teil. Diese Organisationsform, die bis zum Jahre 1996 in Niedersachsen und bis zum Jahre 1999 in Nordrhein-Westfalen bestand, gibt es heute in keinem Bundesland mehr.

Bei der **süddeutschen Ratsverfassung** ist der direkt von den Bürgern gewählte (Ober-) Bürgermeister neben seiner Funktion als Vorsitzender des Rates gleichzeitig Leiter der Gemeindeverwaltung. Diese Organisationsform gilt in den Städten und Gemeinden in Baden-Württemberg, Bayern, Brandenburg, Niedersachsen, Nordrhein-Westfalen, Rheinland-Pfalz, im Saarland, Sachsen, Sachsen-Anhalt, Schleswig-Holstein und Thüringen.

5. Wodurch unterscheidet sich die Bürgermeisterverfassung von der Magistratsverfassung?

Bei der **Bürgermeisterverfassung** ist der von dem Rat gewählte (Ober-)Bürgermeister Vorsitzender des Rates und leitet mit Unterstützung der ebenfalls von dem Rat gewählten Beigeordneten die Gemeindeverwaltung. Diese Organisationsform gilt derzeit mit einigen Besonderheiten lediglich in den Städten und Gemeinden von Mecklenburg-Vorpommern.

Bei der **Magistratsverfassung** wird die Gemeindeverwaltung von dem aus dem Bürgermeister (Oberbürgermeister) und Beigeordneten (Dezernenten) bestehenden Gemeindevorstand (Magistrat) als Kollegialorgan geleitet. Diese Organisationsform gilt derzeit lediglich noch in den Städten und Gemeinden in Hessen und in der zum Stadtstaat Bremen gehörenden Seestadt Bremerhaven.

6. Wie ist die Verwaltung in den Landkreisen aufgebaut?

Innerhalb der **Landkreise** bestehen wegen der bei den einzelnen Bundesländern liegenden Gesetzgebungskompetenz ebenfalls die **unterschiedlichsten Organisationsformen**. Die **Organisation der Landkreise entspricht** dabei in den Bundesländern **weitgehend der jeweiligen Gemeindeorganisation**, wenn man die Verknüpfung der Kreisverwaltung mit der unteren staatlichen Verwaltungsebene außer Betracht lässt. So entspricht nach Stellung und Aufgaben der Kreistag dem Rat, der Landrat dem Bürgermeister, der Kreisausschuss dem Gemeindevorstand (Magistrat) und der Oberkreisdirektor dem Oberstadtdirektor.

4. Das Verwaltungshandeln

4.1 Handlungsformen der öffentlichen Verwaltung

1. Welche Arten des Verwaltungshandelns der öffentlichen Verwaltung unterscheidet man?

Die **öffentliche Verwaltung** erfüllt ihre vielfältigen Aufgaben in **verschiedenen Formen des Verwaltungshandelns**. Diese sind der Verwaltung entweder **gesetzlich vorgegeben** oder es steht in ihrem **Ermessen**, welche Form des Verwaltungshandelns sie sich bei der Erledigung ihrer Aufgaben bedient. Es wird dabei unterschieden zwischen:

- **Verwaltungshandeln auf privatrechtlicher Grundlage**
- **Verwaltungshandeln auf öffentlich-rechtlicher Grundlage**.

2. Wodurch unterscheidet sich das privatrechtliche vom öffentlich-rechtlichen Verwaltungshandeln?

Privatrechtliches Verwaltungshandeln ist gegeben, wenn die Verwaltung entsprechend den Regelungen im Bürgerlichen Gesetzbuch tätig wird und Kauf-, Miet-, Pacht-, Werk- oder Dienstverträge abschließt.

Öffentlich-rechtliches Verwaltungshandeln liegt vor, wenn die Verwaltung Rechtsverordnungen, Satzungen oder Verwaltungsakte erlässt und öffentlich-rechtliche Verträge abschließt. Darüber hinaus gehören zum öffentlich-rechtlichen Verwaltungshandeln die Realakte, das planende Verwaltungshandeln und das interne Verwaltungshandeln.

Entscheidend für die Zuordnung ist hierbei, ob die betreffende Handlungsform durch Normen des **privaten** oder des **öffentlichen Rechts** geregelt ist.

3. Was versteht man unter einer Rechtsverordnung?

Rechtsverordnungen sind Rechtsnormen, die von einem **Exekutivorgan** (Regierung, Minister oder Verwaltungsbehörde) aufgrund einer **gesetzlichen Ermächtigung** erlassen worden sind.

4. Was versteht man unter einer Satzung?

Satzungen sind Rechtsnormen, die von **juristischen Personen des öffentlichen Rechts** im Rahmen der ihnen verliehenen **Autonomie** zur Regelung ihrer eigenen Angelegenheiten in einem dafür vorgeschriebenen **förmlichen Verfahren** erlassen worden sind.

5. Was ist ein Verwaltungsakt?

Der Verwaltungsakt ist die wichtigste Form des Verwaltungshandelns. Nach der Definition des § 35 Satz 1 des Verwaltungsverfahrensgesetzes (VwVfG) ist ein **Verwaltungsakt** jede Verfügung, Entscheidung oder andere **hoheitliche Maßnahme**, die eine Behörde zur **Regelung eines Einzelfalles** auf dem **Gebiet des öffentlichen Rechts** trifft und die auf unmittelbare **Rechtswirkung nach außen** gerichtet ist.

6. Was versteht man unter einem öffentlich-rechtlichen Vertrag?

Unter einem **öffentlich-rechtlichen Vertrag** – auch als Verwaltungsvertrag bezeichnet – versteht man die Begründung, Änderung oder Aufhebung eines Rechtsverhältnisses auf dem Gebiet des öffentlichen Rechts (§ 54 VwVfG).

7. Was versteht man unter einem Realakt?

Als **Realakte** – auch tatsächliches oder faktisches Verwaltungshandeln genannt – werden alle diejenigen Maßnahmen der öffentlichen Verwaltung bezeichnet, die im Gegensatz zu den Rechtsverordnungen, Satzungen oder Verwaltungsakten nicht auf einen rechtlichen, sondern auf einen **tatsächlichen Erfolg** gerichtet sind.

8. Welche Arten der Realakte unterscheidet man?

Innerhalb der **Realakte** ist zu unterscheiden zwischen

- **internen Handlungen**, z. B.: Dienstbesprechungen, Führung von Akten
- **externen Handlungen**, z. B.: Errichtung eines Verwaltungsgebäudes, Reinigung einer Straße.

Die **externen Realakte** lassen sich weiter unterteilen in **Wissenserklärungen**, das sind unverbindliche Mitteilungen der Behörde über Sach- und Rechtslagen und **sonstige Verrichtungen tatsächlicher Art**, das sind Verwaltungstathandlungen ohne eigenen Regelungsgehalt.

Beispiele für Wissenserklärungen: Auskünfte, gutachtliche Äußerungen.

Beispiele für sonstige Verrichtungen tatsächlicher Art: Bau einer Straße, Streifenfahrten der Polizei.

9. Welche rechtlichen Anforderungen gelten für Realakte?

Die **Realakte** erzeugen **keine rechtlichen Wirkungen** und sind daher unabhängig von ihrer Rechtmäßigkeit wirksam. Dennoch müssen auch die Realakte den jeweils für sie bestehenden rechtlichen Anforderungen entsprechen und somit mit dem geltenden Recht in Einklang stehen.

Die **Rechtswidrigkeit** verpflichtet die Verwaltung gegenüber den Betroffenen, die geschaffenen Fakten zu beseitigen und den **rechtmäßigen Zustand wiederherzustellen**, soweit dies noch möglich und zumutbar ist. Den Betroffenen kann gegebenenfalls ein Anspruch auf Schadensersatz oder Entschädigung zustehen. Die Abwehr belastender Realakte und die Beseitigung ihrer Folgen ist mit der allgemeinen Leistungsklage vor dem Verwaltungsgericht zu erreichen.

10. Was bedeutet planendes Verwaltungshandeln?

Das **planende Verwaltungshandeln** spielt eine nicht unerhebliche Bedeutung in der Praxis. In verschiedenen Bereichen der öffentlichen Verwaltung werden mithilfe von Plänen die **Grundlagen und Ziele für die Tätigkeit der Verwaltung** verbindlich festgelegt. Diese Pläne kommen nach einem bestimmten, in der Regel gesetzlich vorgeschriebenen Verfahren, zustande. Die Verwaltung ist beim Vollzug ihrer Aufgaben an die Vorgaben dieser Pläne gebunden.

Beispiele: Haushaltspläne, Raumordnungspläne, Bauleitpläne, Entwicklungs- und Bedarfspläne.

11. Was versteht man unter internem Verwaltungshandeln?

Die öffentliche Verwaltung hat im Interesse einer sachgerechten und wirtschaftlichen Erledigung ihrer Aufgaben auch Maßnahmen interner Art zu treffen. Dieses **interne Verwaltungshandeln** kann sowohl **Einzelfälle** betreffen als auch allgemeiner Natur sein. Das interne Verwaltungshandeln hat keine Außenwirkungen, sodass aus diesen Maßnahmen gegenüber dem Bürger weder Rechte noch Pflichten begründet werden. Die behördeninternen Regelungen müssen jedoch von den Bediensteten des Trägers der Verwaltung beachtet werden, der sie erlassen hat.

Beispiele: Verwaltungsvorschriften, allgemeine Dienstordnungen, Geschäftsverteilungspläne, Stellenpläne.

4.2 Allgemeine Grundsätze des Verwaltungshandelns

1. Welche allgemeinen Grundsätze sind beim Verwaltungshandeln zu beachten?

Die öffentliche Verwaltung hat bei der Ausübung ihrer Tätigkeit einige allgemeine Grundsätze zu beachten, die auch als **Grundsätze des Verwaltungshandelns** bezeichnet werden. Diese Grundsätze ergeben sich überwiegend aus dem **Rechtsstaatsprinzip** (Art. 20 Abs. 3 GG).

Im Einzelnen kommen dabei insbesondere die folgenden **Grundsätze** in Betracht:

- Grundsatz der **Gesetzmäßigkeit der Verwaltung**
- Grundsatz der **Gleichbehandlung**
- Grundsatz der **Verhältnismäßigkeit**
- Grundsatz der **Wirtschaftlichkeit**
- Grundsatz von **Treu und Glauben**
- Grundsatz der **pflichtgemäßen Ausübung des Ermessens**.

2. Was beinhaltet der Grundsatz der Gesetzmäßigkeit der Verwaltung?

Die **öffentliche Verwaltung** als Teil der vollziehenden Gewalt ist nach Artikel 20 Abs. 3 des Grundgesetzes (GG) – ebenso wie die Gesetzgebung und Rechtsprechung – an **Gesetz und Recht gebunden**. Dieser **Grundsatz der Gesetzmäßigkeit der Verwaltung** ist eines der bedeutendsten Merkmale des Rechtsstaates. Er enthält zwei wesentliche Elemente, den **Grundsatz des Vorrangs des Gesetzes** und den **Grundsatz des Vorbehalts des Gesetzes**.

3. Was bedeutet der Grundsatz des Vorrangs des Gesetzes?

Der **Grundsatz des Vorrangs des Gesetzes** bedeutet, dass die öffentliche Verwaltung keine Maßnahmen treffen darf, die einem Gesetz widersprechen. Dieser Grundsatz gilt uneingeschränkt für den gesamten Bereich der Verwaltung.

4. Was besagt der Grundsatz des Vorbehalts des Gesetzes?

Der **Grundsatz des Vorbehalts des Gesetzes** bedeutet, dass die **öffentliche Verwaltung** nur dann **tätig werden** darf, wenn sie dazu durch ein **Gesetz ermächtigt** worden ist. Dieser **Grundsatz gilt uneingeschränkt** im Bereich der **Eingriffsverwaltung**, also für Eingriffe der Verwaltung in die Freiheit und das Eigentum des Bürgers.

Im Bereich der **Leistungsverwaltung** ist der Geltungsbereich dieses Grundsatzes **umstritten**. Nach der Rechtsprechung des Bundesverfassungsgerichts ist der **Gesetzgeber** aber gehalten, alle für das Gemeinwesen wesentlichen **Grundsatzentscheidungen selbst zu treffen** und darf diese nicht der Verwaltung überlassen (sog. **Wesentlichkeitstheorie**). Der Grundsatz des Vorbehalts des Gesetzes ragt somit auch in den Bereich der **Leistungsverwaltung** hinein, wobei umstritten ist, was als wesentlich anzusehen ist. Ihre aktuelle Bedeutung hat diese Problematik jedoch weitgehend verloren, da die meisten Bereiche der Leistungsverwaltung gesetzlich geregelt sind.

5. Was bedeutet der Grundsatz der Gleichbehandlung für die öffentliche Verwaltung?

In Artikel 3 Abs. 1 des Grundgesetzes (GG) heißt es, dass alle Menschen vor dem Gesetz gleich sind. Dieser **Grundsatz der Gleichbehandlung** bindet gemäß Artikel 1 Abs. 3 GG die öffentliche Verwaltung als Teil der vollziehenden Gewalt als **unmittelbar geltendes Recht**.

Der Grundsatz der Gleichbehandlung gebietet der Verwaltung **Gleiches gleich** und **Ungleiches** entsprechend seiner Eigenart **ungleich zu behandeln**. Der Gleichbehandlungsgrundsatz bedeutet somit vor allem das **Verbot jeglicher Willkür** und verbietet es, dass von der Verwaltung bei ihren Entscheidungen mit zweierlei Maß gemessen wird.

Das Gleichheitsgebot löst bei gleichmäßig ausgeübtem Ermessensgebrauch eine **Selbstbindung der Verwaltung** aus. Dies bedeutet, dass die Verwaltung gleich gelagerte Fälle nicht ohne sachlichen Grund unterschiedlich behandeln darf. Die Verwaltung ist hierbei aber nicht an frühere Entscheidungen gebunden, wenn diese rechtswidrig waren, da es **keine Gleichheit im Unrecht** gibt. Die Verwaltung würde sonst gegen den Grundsatz der Gesetzmäßigkeit der Verwaltung verstoßen.

6. Was besagt der Grundsatz der Verhältnismäßigkeit?

Der öffentlichen Verwaltung stehen zur Erreichung des angestrebten Zweckes häufig mehrere Mittel, die den Einzelnen oder die Allgemeinheit mehr oder weniger belasten, zur Verfügung. Der **Grundsatz der Verhältnismäßigkeit** – auch als Übermaßverbot bezeichnet – bedeutet, dass das gewählte Mittel und der beabsichtigte Erfolg zu einem vernünftigen Verhältnis zueinander stehen müssen. Das **Übermaßverbot**, das Ausfluss und Bestandteil des Rechtsstaatsprinzips ist, beinhaltet die Prinzipien:

- der **Geeignetheit**, das heißt die Maßnahme der Verwaltung muss zur Erreichung des angestrebten Zweckes tauglich sein
- der **Erforderlichkeit**, das heißt die Verwaltung hat von mehreren möglichen Maßnahmen diejenige zu treffen, die den Einzelnen und die Allgemeinheit am wenigsten beeinträchtigt
- der **Angemessenheit**, das heißt die Maßnahme der Verwaltung darf nicht zu einem Nachteil führen, der zu dem angestrebten Zweck erkennbar außer Verhältnis steht.

Die Grundzüge des Übermaßverbotes müssen von der öffentlichen Verwaltung insbesondere bei **Ermessensentscheidungen**, aber auch bei der Auslegung von **unbestimmten Rechtsbegriffen** beachtet werden. Darüber hinaus ist der Grundsatz der Verhältnismäßigkeit auch in einigen Rechtsbereichen ausdrücklich gesetzlich geregelt.

7. Was bedeutet der Grundsatz der Wirtschaftlichkeit?

Der öffentlichen Verwaltung sind bei der Erfüllung ihrer Aufgaben in der Regel die notwendigen Maßnahmen und die Ziele durch den Gesetzgeber oder in anderer Weise vorgegeben. Bei der Wahrnehmung ihrer Aufgaben hat die Verwaltung den Grundsatz der Wirtschaftlichkeit zu beachten.

Der **Grundsatz der Wirtschaftlichkeit** bedeutet, einen bestimmten Erfolg mit dem geringst möglichen Aufwand zu erzielen (**Minimalprinzip**) oder mit einem bestimmten Aufwand den größtmöglichen Nutzen zu erreichen (**Maximalprinzip**).

Der Grundsatz der Wirtschaftlichkeit darf aber nicht mit dem **Wirtschaftlichkeitsprinzip**, wie es beispielsweise in der gewerblichen Wirtschaft gilt, verwechselt werden. Dort bedeutet Wirtschaftlichkeit, mit geringsten Mitteln den größten Erfolg zu erzielen. In der Verwaltung kommt es auf diesen größten Erfolg nicht an.

8. Was besagt der Grundsatz von Treu und Glauben?

Der in § 242 des Bürgerlichen Gesetzbuches niedergelegte **Grundsatz von Treu und Glauben** ist ein allgemeiner Rechtsgrundsatz, der sowohl im privaten als auch im öffentlichen Recht gilt. Die Ausgestaltung dieses Grundsatzes ist sehr vielschichtig. Er verpflichtet insbesondere die öffentliche Verwaltung, sich mit ihrem früheren Tun nicht in Widerspruch zu setzen (**Verbot widersprüchlichen Verhaltens**) und hat seine Ausprägung vor allem im **Vertrauensschutzprinzip** erfahren.

Der Grundsatz von Treu und Glauben bedeutet, dass die Verwaltung darauf hinzuwirken hat, dass der Bürger beim Vollzug der gesetzlichen Regelungen durch die Verwaltung auf diese vertrauen kann. Außerdem lässt sich aus dem Grundsatz von Treu und Glauben für den Bürger die Verpflichtung der Verwaltung zu einer allgemeinen Hilfe und Belehrung herleiten.

Auf dem Grundsatz von Treu und Glauben beruht auch die **Verwirkung**, das heißt die Beschränkung eines Rechts dahingehend, dass das Recht nicht mehr geltend gemacht werden darf. Die öffentliche Verwaltung kann dabei die ihr zustehenden Rechte verwirken, wenn sie das Recht über einen sehr langen Zeitraum hinweg nicht geltend gemacht hat und der Betroffene aufgrund aller Umstände davon ausgehen durfte, dass die Behörde ihre Befugnisse auch in der Zukunft nicht mehr ausüben wird.

4.3 Ermessen

1. Was bedeutet Ermessen?

Unter **Ermessen** versteht man die der öffentlichen Verwaltung **gesetzlich eingeräumte Möglichkeit**, sich für **unterschiedliche Handlungsformen oder Entscheidungen** zu entschließen, wobei sie die **Ermessensgrenzen** nicht überschreiten darf. Der Verwaltung wird hierdurch ein flexibles, lebensnahes und zielgenaues Vorgehen ermöglicht.

Ermessen ergibt sich auch dann, wenn das Gesetz eine **Rechtsfolge** oder deren Voraussetzung **nicht festlegt**, sondern es der Behörde überlässt, „notwendige Vorkehrungen" oder das „Erforderliche" zu veranlassen, z. B. polizeirechtliche Generalermächtigungen.

2. Was beinhaltet der Grundsatz der pflichtgemäßen Ausübung des Ermessens?

Der **Grundsatz der pflichtgemäßen Ausübung des Ermessens** bedeutet, dass die öffentliche Verwaltung das ihr eingeräumte Ermessen in einer dem Sinn und Zweck der Ermächtigung entsprechenden Weise auszuüben und hierbei die gesetzlichen Grenzen des Ermessens einzuhalten hat.

Je nachdem, in welchem Ausmaß die Rechtsnorm die öffentliche Verwaltung verpflichtet, an einen bestimmten gesetzlichen Tatbestand, bestimmte Rechtsfolgen zu knüpfen, wird unterschieden zwischen:

- **Muss-Vorschriften**
- **Soll-Vorschriften**
- **Kann-Vorschriften**.

3. Was versteht man unter einer Mussvorschrift?

Bei den **Muss-Vorschriften** handelt es sich um Regelungen, die der Behörde bei Erfüllung des Tatbestandes **zwingend eine bestimmte Rechtsfolge vorschreiben**.

Die Muss-Vorschriften sind in der Gesetzessprache beispielsweise zu erkennen an Formulierungen wie „die Behörde **muss** ...“, „die Genehmigung **ist** zu erteilen ...“, oder „... **hat** zu erfolgen“. Man nennt diese Verwaltungstätigkeit auch **gebundene Verwaltung**.

4. Was ist unter einer Sollvorschrift zu verstehen?

Bei den **Soll-Vorschriften** handelt es sich um die schwächste Form des Ermessens. Es sind dies Regelungen, die der Behörde bei Erfüllung des Tatbestandes im **Regelfall eine bestimmte Rechtsfolge vorschreibt**, es ihr aber gestattet, in **Ausnahmefällen hiervon abzusehen**.

Die Soll-Vorschriften sind in der Gesetzessprache beispielsweise zu erkennen an Formulierungen wie „die Behörde **soll** ...“, „... hat **in der Regel** ...“ oder „... **grundsätzlich** ist ...“. Man spricht hierbei auch von **eingeschränktem Ermessen**.

5. Was versteht man unter einer Kannvorschrift?

Die **Kann-Vorschriften** bilden die **stärkste Form des Ermessens**. Es handelt sich hierbei um Regelungen, die die Behörde ermächtigen, bei Erfüllung des Tatbestandes die **Rechtsfolge selbst zu bestimmen**, wobei sie die **Wahl zwischen mehreren rechtmäßigen Entscheidungen** hat.

Die Kann-Vorschriften sind in der Gesetzessprache in der Regel zu **erkennen** an Formulierungen wie „die Behörde **kann** ...“, „**darf** ...“, „ist **befugt** ...“ oder „ist **berechtigt** ...“. Der durch diese Formulierungen der Verwaltung eingeräumte Entscheidungsspielraum wird auch als **freies Ermessen** bezeichnet.

6. Welche Arten des Ermessens unterscheidet man?

Innerhalb des der öffentlichen Verwaltung eingeräumten Ermessens werden folgende **Arten** unterschieden:

- **Entschließungsermessen**
- **Auswahlermessen**.

7. Wodurch unterscheidet sich das Entschließungsermessen vom Auswahlermessen?

Das **Entschließungsermessen** erstreckt sich darauf, **ob** die Verwaltung eine zulässige Maßnahme überhaupt treffen will.

Beispiel: Die Behörde entscheidet, ob sie einen rechtswidrigen Verwaltungsakt zurücknehmen oder einen rechtmäßigen Verwaltungsakt widerrufen will.

Das **Auswahlermessen** erstreckt sich darauf, **welche** von mehreren zulässigen Maßnahmen die Verwaltung im Falle ihres Tätigwerdens ergreifen will.

Beispiel: Die Behörde bestimmt innerhalb eines in der Verwaltungskostenordnung vorgegebenen Gebührenrahmens die Höhe des Gebührenbetrages.

Nicht selten enthalten Rechtsnormen die **Verbindung von Entschließungs- und Auswahlermessen**. Dies bedeutet, dass für die Verwaltung sowohl ein Spielraum dahingehend besteht, ob sie tätig werden will als auch wie sie handeln will.

8. Welche Ermessensfehler werden unterschieden?

Wenn die Verwaltung nicht im Sinne des Gesetzes von ihrem Ermessen Gebrauch macht, begeht sie einen **Ermessensfehler**, der die Rechtswidrigkeit der Maßnahme zur Folge hat. Nach der herkömmlichen Lehre werden drei Ermessensfehler unterschieden:

- Die **Ermessensüberschreitung**, diese ist gegeben, wenn die Verwaltung den ihr vom Gesetz gezogenen Rahmen des Ermessens nicht beachtet, z. B. eine Behörde verhängt eine Geldbuße, die die im Gesetz festgesetzte Höchstgrenze übersteigt.
- Die **Ermessensunterschreitung** – auch als **Ermessensnichtgebrauch** oder **Ermessensmangel** bezeichnet –, diese ist gegeben, wenn die Verwaltung ein ihr zustehendes Ermessen nicht ausübt, z. B. eine Behörde geht im Vollzug einer Kann-Vorschrift davon aus, dass sie zwingend handeln müsse.
- Der **Ermessensmissbrauch** – auch als **Ermessensfehlgebrauch** bezeichnet –, dieser ist gegeben, wenn die Verwaltung von ihrem Ermessen nicht in einer dem Zweck der Ermächtigung entsprechenden Weise Gebrauch gemacht hat oder sonstige rechtsstaatliche Grundsätze (z. B. Gleichheitsgrundsatz) bei der Ermessensausübung missachtete, z. B. Beförderung eines Beamten, weil er einer bestimmten politischen Partei angehört.

In seltenen **Ausnahmefällen** kann es vorkommen, dass der Ermessensspielraum der Verwaltung derart reduziert ist, dass nur noch eine einzige Entscheidung ermessensfehlerfrei getroffen werden kann, weil jede andere Entscheidung dem Sinn des Gesetzes zuwiderlaufen würde. Man spricht dann von **Ermessensschrumpfung** oder **Ermessensreduzierung auf Null**.

4.4 Bestimmte und unbestimmte Rechtsbegriffe

1. Was ist ein bestimmter Rechtsbegriff?

Bestimmte Rechtsbegriffe sind eindeutige Begriffe, weil sie der Sache nach abgegrenzt oder rechtlich definiert sind. In diesen Fällen hat die öffentliche Verwaltung praktisch keinen Spielraum innerhalb des Tatbestandes der Norm, sodass die Rechtsanwendung dementsprechend auch in vollem Umfange der Nachprüfung durch die Verwaltungsgerichte unterliegt.

Beispiel: Einen Monat nach Bekanntgabe des Verwaltungsaktes.

2. Was ist ein unbestimmter Rechtsbegriff?

Als **unbestimmte Rechtsbegriffe** bezeichnet man die in einer Rechtsnorm zur Umschreibung der Tatbestandsmerkmale verwendeten Begriffe, die der **Auslegung** bedürfen. Die unbestimmten Rechtsbegriffe sind vom Begriff des Ermessens streng zu trennen.

Beispiele: Öffentliches Interesse, wichtiger Grund, Eignung, Befähigung, Leistung, Zuverlässigkeit.

Nach herrschender Auffassung lässt die **Anwendung unbestimmter Rechtsbegriffe** grundsätzlich nur **eine Entscheidung** zu, sodass der Verwaltung im Einzelfall kein Ermessen zusteht, da es hier um die Einordnung (**Subsumtion**) des konkreten Sachverhaltes unter einen gesetzlichen Tatbestand und nicht – wie beim Ermessen – der Setzung einer Rechtsfolge geht. Die Auslegung unbestimmter Rechtsbegriffe unterliegt als Rechtsfrage in vollem Umfange der Nachprüfung durch die Verwaltungsgerichte.

Nur bei **Prüfungsentscheidungen** und sonstigen Leistungsbewertungen, insbesondere im Schulrecht und im Beamtenrecht, räumt die Rechtsprechung der Verwaltung mit Rücksicht auf die dabei zu treffenden höchstpersönlichen und nicht nachvollziehbaren Werturteile einen **Beurteilungsspielraum** ein, der nur einer eingeschränkten richterlichen Überprüfung auf bestimmte Beurteilungsfehler unterliegt.

5. Das Verwaltungsverfahren

5.1 Rechtsgrundlagen, Begriff und Arten des Verwaltungsverfahrens

1. In welchen Vorschriften ist das Verwaltungsverfahren geregelt?

Das Verwaltungsverfahren ist im **Verwaltungsverfahrensgesetz des Bundes (VwVfG)**, das für die öffentlich-rechtliche Verwaltungstätigkeit der Behörden des Bundes und der bundesunmittelbaren Körperschaften, Anstalten und Stiftungen des öffentlichen Rechts gilt und in den **Verwaltungsverfahrensgesetzen der Länder**, die für die öffentlich-rechtliche Verwaltungstätigkeit der Landesbehörden und der Behörden der Gemeinden, Gemeindeverbände und der sonstigen, der Landesaufsicht unterstehenden juristischen Personen des öffentlichen Rechts gelten, geregelt. Die Verwaltungsverfahrensgesetze der Länder gelten darüber hinaus auch für den Vollzug von Bundesrecht durch die Länder (§ 1 Abs. 3 VwVfG). Die Verwaltungsverfahrensgesetze der Länder stimmen im Wesentlichen mit dem des Bundes überein.

2. Was ist unter dem Begriff Verwaltungsverfahren zu verstehen?

Unter einem **Verwaltungsverfahren** im Sinne des Verwaltungsverfahrensgesetzes (VwVfG) versteht man die nach außen wirkende Tätigkeit der Behörden, die auf die Prüfung der Voraussetzungen, die Vorbereitung und den Erlass eines Verwaltungsaktes oder auf den Abschluss eines öffentlich-rechtlichen Vertrages gerichtet ist; es schließt den Erlass des Verwaltungsaktes oder den Abschluss des öffentlich-rechtlichen Vertrages ein (§ 9 VwVerfG).

Das Verwaltungsverfahren nach dem Verwaltungsverfahrensgesetz beschränkt sich also auf die **öffentlich-rechtliche Tätigkeit der Verwaltung** und erfasst nur **externes Verwaltungshandeln**. Nicht zum Verwaltungsverfahren in diesem Sinne gehören unter anderem die privatrechtliche Tätigkeit der Behörden und das tatsächliche Verwaltungshandeln, z. B. Bau einer Straße sowie die auf den Erlass von Verordnungen und Satzungen abzielende Verwaltungstätigkeit.

3. Welche Arten von Verwaltungsverfahren unterscheidet man?

Das Verwaltungsverfahrensgesetz unterscheidet folgende **Arten von Verwaltungsverfahren:**

- das **allgemeine** oder **nichtförmliche Verwaltungsverfahren**, das nicht formgebunden ist (soweit keine besonderen Rechtsvorschriften für die Form des Verfahrens bestehen) und dann zur Anwendung kommt, wenn gesetzlich keine andere Verfahrensart angeordnet oder vorgesehen ist (§§ 10 bis 62 VwVfG)
- das **förmliche Verwaltungsverfahren**, das durch besondere Verfahrensvorschriften geprägt ist und nur anzuwenden ist, wenn eine Rechtsvorschrift dies ausdrücklich anordnet (§§ 63 bis 71 VwVfG)
- das **Planfeststellungsverfahren**, das ein besonderes formgebundenes Verfahren zur einheitlichen Regelung eines bestimmten raumbezogenen Vorhabens ist (z. B. Plan-

feststellung für Bundesfernstraßen) und nur zustande kommt, wenn dies durch Rechtsvorschrift angeordnet wurde (§§ 72 bis 78 VwVfG).

4. In welche Verfahrensabschnitte lässt sich das allgemeine Verwaltungsverfahren gliedern?

Das **allgemeine (nichtförmliche) Verwaltungsverfahren** lässt sich in **drei Verfahrensabschnitte** gliedern:

- Die **Einleitung des Verfahrens,** die im pflichtgemäßen Ermessen der Behörde liegt (sog. **Opportunitätsprinzip**) und von Amts wegen geschieht (sog. **Offizialprinzip**; § 22 Satz 1 VwVfG). Im Ermessen der Behörde liegt die Einleitung des Verfahrens jedoch dann nicht, wenn sie aufgrund von Rechtsvorschriften von Amts wegen tätig werden muss (sog. **Legalitätsprinzip**) oder wenn ihre Tätigkeit von einem Antrag abhängig ist, sei es, dass sie auf Antrag tätig werden muss oder dass sie nicht tätig werden darf, weil kein Antrag vorliegt (sog. **Dispositions- oder Verfügungsprinzip**; § 22 Satz 2 VwVfG).
- Die **Durchführung des Verfahrens**, bei der die Behörde die Fortführung des begonnenen Verfahrens bestimmt und die Sach- und Rechtslage prüft. Die Behörde hat dabei über den äußeren Verlauf des Verfahrens zu entscheiden (sog. **Grundsatz des Amtsbetriebs**) und den Sachverhalt, der Grundlage des Verfahrens ist, von Amts wegen zu erforschen (sog. **Untersuchungsgrundsatz**; § 24 VwVfG). Die Behörde ist hierbei nicht an das Vorbringen der Beteiligten und an Beweisanträge gebunden, sodass sie von sämtlichen Beweismitteln Gebrauch machen kann, die sie nach pflichtgemäßem Ermessen zur Ermittlung des Sachverhaltes für erforderlich hält (sog. **Grundsatz der freien Beweiswürdigung**; § 26 Abs. 1 Satz 1 VwVfG). Sie darf allerdings nicht einseitig vorgehen, sondern ist verpflichtet, alle für den Einzelfall bedeutsamen, auch für die Beteiligten günstigen Umstände zu berücksichtigen, denn eine richtige, das heißt dem Gesetz voll entsprechende Entscheidung ist regelmäßig nur möglich, wenn der Sachverhalt vollständig und zutreffend aufgeklärt ist (§ 24 Abs. 2 VwVfG). Die Behörde kann insbesondere Auskünfte jeder Art einholen, Beteiligte anhören, Zeugen und Sachverständige vernehmen oder die schriftliche oder elektronische Äußerung von Beteiligten, Sachverständigen und Zeugen einholen, Urkunden und Akten beiziehen sowie den Augenschein einnehmen (§ 26 Abs. 1 Satz 2 VwVfG). Die Feststellung des wahren Sachverhaltes liegt nämlich im öffentlichen Interesse und dient letztlich dazu, das **Prinzip der Gesetzmäßigkeit der Verwaltung** zu verwirklichen.

Der **Abschluss des Verfahrens**, das durch den Erlass bzw. die Ablehnung eines beabsichtigten Verwaltungsaktes oder durch den Abschluss bzw. das Scheitern eines angestrebten öffentlich-rechtlichen Vertrages endet.

5.2 Grundsätze des Verwaltungsverfahrens

1. Welcher Grundsatz gilt für die Durchführung des Verwaltungsverfahrens?

Für die Durchführung des **Verwaltungsverfahrens** gilt der **Grundsatz der Formfreiheit**, das heißt das Verwaltungsverfahren ist an bestimmte **Formen** (z. B. Schriftform) **nicht**

gebunden, soweit keine besonderen Rechtsvorschriften für die Formen des Verfahrens bestehen (§ 10 Satz 1 VwVfG). Es ist einfach, zweckmäßig und zügig durchzuführen (§ 10 Satz 2 VwVfG).

2. Was versteht man in einem Verwaltungsverfahren unter Beteiligungsfähigkeit und wer besitzt diese?

Die **Beteiligungsfähigkeit** – auch Beteiligtenfähigkeit genannt –, die der Parteifähigkeit (§ 61 VwGO) entspricht, ist die **rechtliche Fähigkeit**, als Beteiligter an einem Verwaltungsverfahren teilnehmen zu dürfen.

Fähig, am Verwaltungsverfahren beteiligt zu sein, sind:

- natürliche und juristische Personen (z. B. Gemeinden, Vereine, Aktiengesellschaften)
- Vereinigungen, soweit ihnen ein Recht zustehen kann (z. B. Parteien, Gewerkschaften)
- Behörden (§ 11 VwVfG).

3. Was ist in einem Verwaltungsverfahren unter Handlungsfähigkeit zu verstehen und wer besitzt diese?

Die **Handlungsfähigkeit** – diese setzt die Beteiligungsfähigkeit voraus – entspricht der Prozessfähigkeit (§ 62 VwGO) und ist die rechtliche Fähigkeit, in einem Verwaltungsverfahren Handlungen mit rechtlicher Wirkung vornehmen zu können.

Fähig zur Vornahme von Verfahrenshandlungen im Verwaltungsverfahren (**handlungsfähig**) sind:

- natürliche Personen, die nach bürgerlichem Recht geschäftsfähig sind
- natürliche Personen, die nach bürgerlichem Recht in der Geschäftsfähigkeit beschränkt sind, soweit sie für den Gegenstand des Verfahrens durch Vorschriften des bürgerlichen Rechts als geschäftsfähig oder durch Vorschriften des öffentlichen Rechts als handlungsfähig anerkannt sind
- juristische Personen und Vereinigungen durch ihre gesetzlichen Vertreter oder durch besonders Beauftragte
- Behörden durch ihre Leiter, deren Vertreter oder Beauftragte (§ 12 VwVfG).

4. Welche Personen kommen als Beteiligte an einem Verwaltungsverfahren in Betracht?

Als **Beteiligte** an einem Verwaltungsverfahren kommen folgende Personen in Betracht:

- Antragsteller
- Antragsgegner
- Adressat des Verwaltungsakts

- der Vertragspartner, mit dem die Behörde einen öffentlich-rechtlichen Vertrag schließen will oder geschlossen hat
- Personen, deren rechtliche Interessen durch den Ausgang des Verfahrens berührt werden oder bei denen der Ausgang des Verfahrens rechtsgestaltende Wirkung hat (§ 13 VwVfG).

Jeder Beteiligte am Verwaltungsverfahren kann sich durch einen **Bevollmächtigten** vertreten lassen. Außerdem kann jeder Beteiligte zu den Verhandlungen und Besprechungen mit einem **Beistand** erscheinen (§ 14 VwVfG).

5. Welche Personen dürfen im Verwaltungsverfahren für eine Behörde nicht tätig werden?

In § 20 des Verwaltungsverfahrensgesetzes (VwVfG) ist bestimmt, welche Personen von vornherein in einem Verwaltungsverfahren für eine Behörde nicht tätig werden dürfen. Bei diesen Personen wird kraft Gesetzes unwiderlegbar vermutet, dass sie befangen sind.

Zu den **ausgeschlossenen Personen** gehört, wer selbst Beteiligter oder Angehöriger eines solchen Beteiligten ist. Gleiches gilt für Personen, die einen Beteiligten kraft Gesetzes oder Vollmacht allgemein oder in diesem Verwaltungsverfahren vertreten (z. B. Betreuer, Rechtsanwalt) oder Angehöriger einer Person ist, die einen Beteiligten in diesem Verfahren vertreten. Dies gilt auch für diejenigen Personen, die bei einem Beteiligten gegen Entgelt beschäftigt sind oder bei ihm als Mitglied des Vorstandes, des Aufsichtsrates oder eines gleichartigen Organs tätig sind, es sei denn, deren Anstellungskörperschaft ist selbst Beteiligte. In § 20 Abs. 5 VwVfG sind die Angehörigen, die in einem Verwaltungsverfahren für eine Behörde nicht tätig werden dürfen, im Einzelnen benannt.

Ebenfalls dürfen Personen für eine Behörde in einem Verwaltungsverfahren nicht tätig werden, die außerhalb ihrer amtlichen Eigenschaft in dieser Angelegenheit ein **Gutachten abgegeben haben oder sonst tätig geworden sind**. Dies gilt auch für Personen, die durch die Tätigkeit oder durch die Entscheidung einen **unmittelbaren Vorteil oder Nachteil** erlangen können, es sei denn, der Vorteil oder Nachteil beruht nur darauf, dass sie einer Berufs- oder Bevölkerungsgruppe angehören, deren gemeinsame Interessen durch die Angelegenheit berührt werden.

Ausnahmen gelten für Wahlen zu einer ehrenamtlichen Tätigkeit sowie für die Abberufung aus einer solchen Tätigkeit. Das bedeutet, dass in einem Ausschuss der Betroffene bei seiner Wahl oder Abwahl mit abstimmen darf.

6. Was bedeutet Besorgnis der Befangenheit und was besagt hierzu das Verwaltungsverfahrensgesetz?

Besorgnis der Befangenheit bedeutet, dass ein Grund vorliegt, der geeignet ist, **Misstrauen gegen eine unparteiische Amtsausübung** eines Amtsträgers zu rechtfertigen. Denn wer befangen ist, kann nicht objektiv handeln.

In § 21 des Verwaltungsverfahrensgesetzes (VwVfG) ist festgelegt, unter welchen Voraussetzungen Amtsträger wegen Besorgnis der Befangenheit nicht an dem Verwaltungsverfahren mitwirken dürfen. Hiernach muss jeder Amtsträger **selbst prüfen**, ob ein **Grund für eine solche Besorgnis** vorliegt und hat gegebenenfalls den **Leiter der Behörde** oder seinen Vertreter über den Ausschlussgrund zu **informieren** und muss dessen **Entscheidung abwarten**. Wenn die Besorgnis der Befangenheit den Leiter der Behörde selbst trifft, so hat dieser die Aufsichtsbehörde zu unterrichten, die dann entscheidet, sofern er nicht von sich aus an einer Mitwirkung im Verwaltungsverfahren verzichtet. Die gleiche Regelung gilt, wenn von einem Beteiligten im Verwaltungsverfahren das Vorliegen eines Grundes, der die Besorgnis der Befangenheit betrifft, behauptet wird.

7. Was beinhaltet der Untersuchungsgrundsatz?

Nach dem in § 24 des Verwaltungsverfahrensgesetzes (VwVfG) niedergelegten **Untersuchungsgrundsatz** ermitteln im Verwaltungsverfahren die Behörden den Sachverhalt **von Amts wegen** und bestimmen Art und Umfang der Ermittlungen. An das Vorbringen und die Beweisanträge der Beteiligten sind die Behörden nicht gebunden. Setzt die Behörde automatische Einrichtungen zum Erlass von Verwaltungsakten ein, muss sie für den Einzelfall bedeutsame tatsächliche Angaben der Beteiligten berücksichtigen, die im automatischen Verfahren nicht ermittelt würden.

Bei der Ermittlung des Sachverhaltes dürfen die Behörden allerdings nicht einseitig vorgehen und sind verpflichtet, alle für den Einzelfall **bedeutsamen Umstände**, gleichwohl ob sie für die Beteiligten günstig oder ungünstig sind, zu berücksichtigen, denn eine richtige, das heißt dem Gesetz voll entsprechende Entscheidung ist regelmäßig nur möglich, wenn der Sachverhalt vollständig und zutreffend aufgeklärt ist.

Die Behörden dürfen die Entgegennahme von Erklärungen oder Anträgen, die in ihren Zuständigkeitsbereich fallen, nicht deshalb verweigern, weil sie die Erklärung oder den Antrag in der Sache für unzulässig oder unbegründet halten.

8. Wie ist die Beratungs- und Auskunftspflicht der Behörde im Verwaltungsverfahren geregelt?

Im Verwaltungsverfahren hat die Behörde bei Erklärungen und Anträgen eine **Beratungspflicht**, der ein Recht des Beteiligten auf Beratung entspricht. Die Behörde soll die Abgabe von Erklärungen, die Stellung von Anträgen oder die Berichtigung von Erklärungen oder Anträgen anregen, wenn diese offensichtlich nur versehentlich oder aus Unkenntnis unterblieben oder unrichtig abgegeben oder gestellt worden sind (§ 25 Satz 1 VwVfG).

Daneben besteht eine **Auskunftspflicht** der Behörde im Verwaltungsverfahren, der ein Recht des Beteiligten auf Auskunft entspricht. Die Behörde erteilt, soweit erforderlich, Auskunft über die den Beteiligten im Verwaltungsverfahren zustehenden Rechte und die ihnen obliegenden Pflichten (§ 25 Satz 2 VwVfG).

9. Welche Beweismittel stehen den Behörden zur Ermittlung des Sachverhalts im Verwaltungsverfahren zur Verfügung?

Die Behörde bedient sich der **Beweismittel**, die sie nach **pflichtgemäßem Ermessen** zur Ermittlung des Sachverhalts im Verwaltungsverfahren für erforderlich hält (§ 26 Abs. 1 Satz 1 VwVfG). Diese verfahrensrechtliche Regelung ist Ausfluss des Untersuchungsgrundsatzes in § 24 des Verwaltungsverfahrensgesetzes (VwVfG). Die der Behörde im Verwaltungsverfahren zur Verfügung stehenden Beweismittel sind beispielhaft in dem Katalog des § 26 Abs. 1 Satz 2 VwVfG aufgeführt. Danach kann die Behörde:

- Auskünfte jeder Art einholen
- Beteiligte anhören oder von ihnen schriftliche oder elektronische Äußerungen einholen
- Zeugen und Sachverständige vernehmen oder von ihnen schriftliche oder elektronische Äußerungen einholen
- Urkunden und Akten beiziehen
- den Augenschein einnehmen.

10. Was ist unter Amtshilfe zu verstehen?

Unter der **Amtshilfe** versteht man eine **ergänzende Hilfe**, die eine Behörde, auf Ersuchen einer anderen Behörde leistet (§ 4 Abs. 1 VwVfG).

Beispiel: Die Stadt A (ersuchende Behörde) bittet die Gemeinde B (ersuchte Behörde), ihr Auskünfte über den Bürger X zu erteilen, die sie für die Erledigung einer Verwaltungsaufgabe benötigt.

Amtshilfe liegt jedoch **nicht vor**, wenn Behörden einander innerhalb eines bestehenden Weisungsverhältnisses Hilfe leisten oder die Hilfestellung in Handlungen besteht, die der ersuchten Behörde als eigene Aufgabe obliegen (§ 4 Abs. 2 VwVfG).

Beispiel: Das Regierungspräsidium Darmstadt gibt dem Hessischen Innenministerium Auskunft über einen bestimmten Sachverhalt.

11. Was sind die Gründe für die Zulässigkeit eines Amtshilfeersuchens?

Die **Gründe** für die **Zulässigkeit eines Amtshilfeersuchens** sind beispielhaft in dem Katalog des § 5 Abs. 1 des Verwaltungsverfahrensgesetzes (VwVfG) aufgeführt. Danach kann eine Behörde um **Amtshilfe** insbesondere dann ersuchen, wenn sie:

- aus rechtlichen Gründen die Amtshandlung nicht selbst vornehmen kann
- aus tatsächlichen Gründen die Amtshandlung nicht selbst vornehmen kann, besonders weil die zur Vornahme der Amtshandlung erforderlichen Dienstkräfte oder Einrichtungen fehlen
- zur Durchführung ihrer Aufgaben auf die Kenntnis von Tatsachen angewiesen ist, die ihr unbekannt sind und die sie selbst nicht ermitteln kann
- zur Durchführung ihrer Aufgaben Urkunden oder sonstige Beweismittel benötigt, die sich im Besitz der ersuchten Behörde befinden
- die Amtshandlung nur mit wesentlich größerem Aufwand vornehmen könnte als die ersuchte Behörde.

Die **Grenzen der Amtshilfe**, das heißt wann die ersuchte Behörde die Amtshilfe verweigern muss oder verweigern darf, bestimmen sich im Einzelnen nach § 5 Abs. 2 bis 5 VwVfG.

12. Was versteht man unter Anhörung und welche Form ist hierfür vorgeschrieben?

Im Verwaltungsverfahren ist dem Beteiligten vor Erlass eines in seine Rechte eingreifenden Verwaltungsaktes Gelegenheit zu geben, sich zu den für die Entscheidung erheblichen Tatsachen zu äußern (§ 28 Abs. 1 VwVfG). Keinen Anspruch auf rechtliches Gehör haben hiernach aber die Personen, auf deren Rechtsstellung sich der Verwaltungsakt nicht nachteilig auswirken kann oder deren Anträge auf Erlass eines Verwaltungsaktes vollständig stattgegeben wurden. Die Anhörung kommt daher insbesondere bei Verwaltungsakten in der Eingriffsverwaltung in Betracht.

Eine besondere **Form** ist für die **Anhörung nicht vorgeschrieben**. Die Behörde genügt daher ihrer Pflicht zur Anhörung, wenn sie dem Beteiligten Gelegenheit gibt, sich schriftlich zu dem Sachverhalt vor Erlass des Verwaltungsaktes zu äußern.

13. In welchen Fällen kann die Behörde von der Anhörung absehen?

Die Behörde kann im Verwaltungsverfahren von der **Anhörung absehen**, wenn sie nach den Umständen des Einzelfalles nicht geboten ist, insbesondere wenn

- eine sofortige Entscheidung wegen Gefahr im Verzug oder im öffentlichen Interesse notwendig erscheint
- durch die Anhörung die Einhaltung einer für die Entscheidung maßgeblichen Frist infrage gestellt würde
- von den tatsächlichen Angaben eines Beteiligten, die dieser in einem Antrag oder einer Erklärung gemacht hat, nicht zu seinen Ungunsten abgewichen werden soll
- die Behörde eine Allgemeinverfügung oder gleichartige Verwaltungsakte in größerer Zahl oder Verwaltungsakte mithilfe automatischer Einrichtungen erlassen will
- Maßnahmen in der Verwaltungsvollstreckung getroffen werden sollen (§ 28 Abs. 2 VwVfG).

Darüber hinaus **unterbleibt eine Anhörung**, wenn ihr ein zwingendes öffentliches Interesse entgegensteht, das heißt die Anhörung ist in diesem Falle ausgeschlossen (§ 28 Abs. 3 VwVfG).

14. Wie ist das Recht auf Akteneinsicht der Beteiligten am Verwaltungsverfahren geregelt?

Das Verwaltungsverfahrensgesetz (VwVfG) räumt den Beteiligten am Verwaltungsverfahren ein allgemeines **Recht auf Akteneinsicht** ein. Die Behörde hat den Beteiligten Einsicht in die das Verfahren betreffenden Akten zu gestatten, soweit deren Kenntnis zur Geltendmachung oder Verteidigung ihrer rechtlichen Interessen erforderlich ist. **Nicht zu den Akten** in diesem Sinn gehören die Entwürfe für die später zu treffende Entscheidung sowie die Arbeiten zu deren unmittelbaren Vorbereitung. Nach Abschluss des Vorverfahrens kann der Beteiligte jedoch auch diese Unterlagen einsehen (§ 29 Abs. 1 VwVfG).

Ein **Anspruch auf Akteneinsicht besteht** aber **nicht**, soweit dadurch

- verhindert wird, dass die Behörde ihre Aufgaben ordnungsgemäß erfüllt
- das Staatswohl beeinträchtigt wird
- gegen eine Geheimhaltungspflicht verstoßen wird (§ 29 Abs. 2 VwVfG).

Die Akteneinsicht erfolgt bei der Behörde, die die Akten führt. Im Einzelfall kann die Einsicht auch bei einer anderen Behörde oder bei den deutschen Vertretungen im Ausland erfolgen, wobei die aktenführende Behörde weitere Ausnahmen gestatten kann (§ 29 Abs. 3 VwVfG).

15. Welche Regelungen gelten im Verwaltungsverfahren hinsichtlich der Geheimhaltung?

Die **Beteiligten am Verwaltungsverfahren** haben **Anspruch** darauf, dass ihre **Geheimnisse**, insbesondere die zum persönlichen Lebensbereich gehörenden Geheimnisse sowie die Betriebs- und Geschäftsgeheimnisse, **von der Behörde nicht unbefugt offenbart werden** (§ 30 VwVfG). Aus der Regelung über die Geheimhaltungspflicht ergibt sich zugleich, dass **Verwaltungsverfahren nicht öffentlich** sein können.

6. Der Verwaltungsakt

6.1 Merkmale und Arten des Verwaltungsaktes

1. Was ist ein Verwaltungsakt?

Ein **Verwaltungsakt** ist jede Verfügung, Entscheidung oder andere **hoheitliche Maßnahme**, die eine **Behörde** zur **Regelung eines Einzelfalles** auf dem **Gebiet des öffentlichen Rechts** trifft und die auf unmittelbare **Rechtswirkung nach außen** gerichtet ist (§ 35 Satz 1 VwVfG).

2. Was beinhalten die einzelnen Begriffsmerkmale des Verwaltungsaktes?

Aus der gesetzlichen Definition des Begriffes des Verwaltungsaktes lassen sich die folgenden fünf Merkmale entnehmen:

Hoheitliche Maßnahme: Der Begriff **„Maßnahme“** umfasst das zweckgerichtete, auf eine rechtliche Regelung hinzielende Handeln der Verwaltung. Durch den Zusatz **„hoheitlich“** wird das Merkmal der Einseitigkeit der Regelung durch die Behörde als Gegenstück zur vertraglichen Regelung betont.

Behörde: Eine Behörde ist nach § 1 Abs. 4 Verwaltungsverfahrensgesetz (VwVfG) jede Stelle, die **Aufgaben der öffentlichen Verwaltung** wahrnimmt. Unter diesen bewusst weit gefassten Behördenbegriff fallen die Bundes- und Landesbehörden, die Gemeinden, Gemeindeverbände und sonstige juristische Personen des öffentlichen Rechts sowie die beliehenen Unternehmer. Nicht dazu zählen die Maßnahmen der Gesetzgebung, der Regierung und der Rechtsprechung.

Regelung eines Einzelfalles: Das Begriffsmerkmal der **„Einzelfallregelung“** grenzt den Verwaltungsakt von den Rechtsnormen ab, die eine unbestimmte Vielzahl von Fällen und Personen betreffen. Demgegenüber betrifft der Verwaltungsakt die verbindliche Gestaltung eines konkreten Lebenssachverhaltes und richtet sich immer **an eine bestimmte einzelne Person**.

Öffentliches Recht: Das Begriffsmerkmal **„auf dem Gebiet des öffentlichen Rechts“** (sog. **Gebietsklausel**) dient zunächst der Abgrenzung des Verwaltungsaktes zu Maßnahmen auf dem Gebiet des Privatrechts. Außerdem bedeutet die Gebietsklausel praktisch die Beschränkung des Begriffes des Verwaltungsaktes auf **Maßnahmen aus dem Bereich des Verwaltungsrechts**.

Außenwirkung: Der Begriff „Außenwirkung“ bedeutet, dass die Wirkung der Maßnahme der Behörde den **behördeninternen Bereich verlassen muss**. Damit wird der Verwaltungsakt beispielsweise abgegrenzt gegenüber Verwaltungsvorschriften, innerdienstlichen Weisungen und Regelungen, Dienstvorschriften sowie Geschäftsordnungen, die nur den verwaltungsinternen Bereich betreffen.

3. Was ist unter einer Allgemeinverfügung zu verstehen?

Richtet sich ein Verwaltungsakt an einen nach allgemeinen Merkmalen bestimmten oder bestimmbaren Personenkreis oder betrifft er die öffentlich-rechtliche Eigenschaft einer Sache oder ihre Benutzung durch die Allgemeinheit, spricht man von einem Verwaltungsakt in der Form einer **Allgemeinverfügung** (§ 35 Satz 2 VwVfG). Die Allgemeinverfügung unterliegt grundsätzlich denselben Vorschriften wie der Verwaltungsakt.

4. Welche Arten der Allgemeinverfügung unterscheidet man?

Bei der **Allgemeinverfügung** werden die folgenden drei **Arten** unterschieden:

- Maßnahmen an einen bestimmten oder bestimmbaren Personenkreis (sog. **adressatenbezogene Allgemeinverfügung**).

  Beispiele: Anordnung seuchenpolizeilicher Maßnahmen, Auflösung einer nicht angezeigten Demonstration.

- Regelung der öffentlich-rechtlichen Eigenschaft einer Sache (sog. **sachbezogene Allgemeinverfügung**).

  Beispiele: Widmung einer öffentlichen Straße, Umbenennung einer öffentlichen Straße.

- Regelung der Benutzung einer Sache durch die Allgemeinheit (sog. **Benutzungsregelung**).

  Beispiele: Verkehrszeichen, Lichtzeichen an Ampelanlagen, Parkscheinautomat.

5. Nach welchen Gesichtspunkten lassen sich Verwaltungsakte einteilen?

Die **Verwaltungsakte** lassen sich nach **verschiedenen Gesichtspunkten** einteilen:

- nach ihrem **Inhalt**
- nach der **Art des Zustandekommens**
- nach der **Bedeutung für den Betroffenen**
- nach der **Form**.

6. Welche Arten von Verwaltungsakten unterscheidet man nach ihrem Inhalt?

Nach ihrem **Inhalt** werden Verwaltungsakte wie folgt unterschieden:

- **befehlende Verwaltungsakte**, die ein Gebot oder Verbot enthalten und den Betroffenen zu einem bestimmten Verhalten (Tun, Dulden oder Unterlassen) verpflichten, z. B. Gebot, ein baufälliges Haus abzureißen, Verbot ein nicht verkehrssicheres Kraftfahrzeug zu benutzen, Verkehrszeichen des Polizisten
- **gestaltende Verwaltungsakte**, die ein konkretes Rechtsverhältnis begründen, ändern oder aufheben, z. B. Ernennung, Entlassung oder Beförderung eines Beamten, Erteilung oder Entziehung einer Fahrerlaubnis
- **feststellende Verwaltungsakte**, die einen Anspruch oder eine rechtserhebliche Eigenschaft einer Person oder Sache verbindlich festlegen, z. B. Feststellung der Staatsangehörigkeit, Festsetzung des Besoldungsdienstalters eines Beamten, Feststellung der Schwerbehinderteneigenschaft
- Eine besondere Form der feststellenden Verwaltungsakte sind die **streitentscheidenden Verwaltungsakte**, die einen Streit zwischen außerhalb der Behörde stehenden Beteiligten beenden sollen, z. B. Entscheidung der Aufsichtsbehörde über Grenzstreitigkeiten zwischen Gemeinden, und die **beurkundenden Verwaltungsakte**, die als Beweismittel dienen, z. B. Eintragung der Eheschließung in das Personenstandsbuch.

7. Welche Verwaltungsakte sind nach der Art ihres Zustandekommens zu unterscheiden?

Nach der **Art ihres Zustandekommens** werden Verwaltungsakte wie folgt unterschieden:

- **einseitige Verwaltungsakte**, die ohne die Mitwirkung des Betroffenen erlassen werden, z. B. Widerruf einer Gaststättenerlaubnis, Verbot einer Versammlung
- **mitwirkungsbedürftige Verwaltungsakte**, die nur auf Antrag oder mit Zustimmung des Betroffenen erlassen werden dürfen, z. B. Ernennung eines Beamten, Einbürgerung eines Ausländers, Erteilung einer Aufenthaltserlaubnis
- **mehrstufige Verwaltungsakte**, die mit Zustimmung einer anderen Behörde ergehen, z. B. Beförderung eines Beamten während der Probezeit mit Zustimmung der unabhängigen Stelle, Erteilung einer Baugenehmigung mit Zustimmung der höheren Verwaltungsbehörde.

8. Welche Verwaltungsakte unterscheidet man nach der Bedeutung für den Betroffenen?

Nach der **Bedeutung für den Betroffenen** werden Verwaltungsakte wie folgt unterschieden:

- **begünstigende Verwaltungsakte**, die Rechte oder einen rechtlich erheblichen Vorteil begründen oder bestätigen, z. B. Bewilligung von Sozialleistungen und anderen Geldleistungen, Erteilung einer Baugenehmigung
- **belastende Verwaltungsakte**, die sich für den Betroffenen nachteilig auswirken, indem sie in seine Rechte eingreifen oder eine begehrte Vergünstigung ablehnen, z. B. Entziehung des Arbeitslosengeldes, Ablehnung eines Antrages auf Erteilung einer Baugenehmigung
- **Verwaltungsakte mit Doppelwirkung**, die für den einzelnen Betroffenen teils begünstigend und teils belastend wirken, z. B. ein beantragtes Wohngeld wird nur zu einem bestimmten Teil gewährt. Die Bewilligung ist begünstigend, soweit das Wohngeld gewährt wird, sie ist belastend, soweit der Mehrbetrag abgelehnt wird
- **Verwaltungsakte mit Drittwirkung** – die Verwaltungsgerichtsordnung (VwGO) bezeichnet diese als Verwaltungsakte mit Doppelwirkung –, die nicht nur für den Betroffenen, sondern auch für eine andere Person rechtliche Auswirkungen, in der Regel mit nachteiliger Wirkung, haben, z. B. Erteilung einer Baugenehmigung unter Befreiung von baurechtlichen Vorschriften, die den Anlieger in einem nachbarschützenden Recht (z. B. Verschlechterung der Lichtverhältnisse) beeinträchtigt, Gewährung einer Subvention an einen Unternehmer, wodurch sich der Konkurrenzunternehmer rechtlich benachteiligt fühlt.

9. Wie werden Verwaltungsakte nach ihrer Form unterschieden?

Nach ihrer **Form** werden Verwaltungsakte wie folgt unterschieden:

- **formfreie Verwaltungsakte**, die in einer beliebigen Form, entweder schriftlich, mündlich oder in anderer Weise (z. B. durch Zeichen oder schlüssige Handlung) erlassen werden können, z. B. Weisungen von Polizeibeamten, Verkehrszeichen
- **formgebundene Verwaltungsakte**, für deren Erlass eine bestimmte Form durch Rechtsvorschrift zwingend vorgeschrieben ist, z. B. Ernennung eines Beamten, Einbürgerung eines Ausländers, Erteilung einer Baugenehmigung.

6.2 Nebenbestimmungen des Verwaltungsaktes

1. Was sind Nebenbestimmungen zum Verwaltungsakt und wozu dienen diese?

Nebenbestimmungen sind die der Hauptregelung des Verwaltungsaktes beigefügten Nebenregelungen.

Die Nebenbestimmungen dienen dazu, den Regelungsinhalt des Verwaltungsaktes den **Besonderheiten des zu entscheidenden Einzelfalles anzupassen**. Sie haben vornehmlich den Zweck, rechtliche oder auch tatsächliche Hindernisse, die einer uneingeschränkten Genehmigung entgegenstehen, zu beseitigen, das heißt durch eine zusätzliche Bestimmung oder Nebenbestimmung kann die Erteilung einer Genehmigung ergänzt oder beschränkt werden.

2. Welche Nebenbestimmungen zum Verwaltungsakt kommen in Betracht?

Als **Nebenbestimmungen** zum Verwaltungsakt kommen in Betracht:

- **Befristung**
- **Bedingung**
- **Widerrufsvorbehalt**
- **Auflage**
- **Auflagenvorbehalt**.

Zu beachten ist, dass Verwaltungsakte, auf die ein Rechtsanspruch besteht (sog. **gebundene Verwaltungsakte**), mit einer Nebenbestimmung nur versehen werden dürfen, wenn dies durch Rechtsvorschrift ausdrücklich zugelassen ist oder wenn sie sicherstellen sollen, dass die gesetzlichen Voraussetzungen des Verwaltungsaktes erfüllt werden (§ 36 Abs. 1 VwVfG). Bei Verwaltungsakten der Ermessensverwaltung steht die Beifügung von Nebenbestimmungen im pflichtgemäßen Ermessen der Behörde (§ 36 Abs. 2 VwVfG). Eine Nebenbestimmung darf jedoch nicht dem Zweck des Verwaltungsaktes zuwiderlaufen (sog. **Verbot der Zweckwidrigkeit**; § 36 Abs. 3 VwVfG).

3. Was versteht man unter einer Befristung?

Die **Befristung** ist eine Bestimmung, bei der die Rechtswirkungen eines Verwaltungsaktes von einem bestimmten Termin abhängig sind.

Beispiel: Genehmigung des Verkaufs von Blumen am Sonntagvormittag von 9:30 bis 11:30 Uhr.

4. Was ist unter einer Bedingung zu verstehen?

Die **Bedingung** ist eine Bestimmung, bei der die Rechtswirkungen eines Verwaltungsaktes von dem ungewissen Eintritt eines zukünftigen Ereignisses abhängig sind. Hierbei wird unterschieden zwischen:

- **aufschiebende Bedingung**
- **auflösende Bedingung**.

5. Wodurch unterscheidet sich die aufschiebende von der auflösenden Bedingung?

Von einer **aufschiebenden Bedingung** spricht man, wenn der Verwaltungsakt erst mit dem Eintritt des zukünftigen Ereignisses wirksam wird.

Beispiel: Erteilung einer Baugenehmigung unter der Bedingung, dass mit dem Bau erst begonnen werden darf, wenn die Erschließungsbeiträge bezahlt sind.

Um eine **auflösende Bedingung** handelt es sich, wenn die Wirksamkeit des Verwaltungsaktes mit dem Eintritt des zukünftigen Ereignisses entfällt.

Beispiel: Erteilung der Erlaubnis zum Parken von Kraftfahrzeugen auf Gehsteigen bis zum Ende der Bauarbeiten.

6. Was versteht man unter einem Widerrufsvorbehalt?

Der **Widerrufsvorbehalt** ist eine **besondere Form der auflösenden Bedingung**, der es der Behörde ermöglicht, einen Verwaltungsakt zu einem späteren Zeitpunkt wieder aufzuheben.

Beispiel: Erteilung einer Erlaubnis zur Aufstellung eines Zeitungskiosks am Straßenrand mit dem Widerrufsvorbehalt, dass die Erlaubnis bei Verbreiterung der Straße zurückgenommen wird.

Zu beachten ist, dass die **Befristung**, die **Bedingung** und der **Widerrufsvorbehalt keine selbstständigen Verwaltungsakte** sind, sondern Bestandteile eines Verwaltungsaktes. Diese Nebenbestimmungen können daher nicht selbstständig angefochten werden. Um sie zu beseitigen, muss der Betroffene Verpflichtungsklage auf Erlass eines Verwaltungsaktes ohne die einschränkenden Nebenbestimmungen erheben.

7. Was ist unter einer Auflage zu verstehen?

Die **Auflage** ist die mit einem begünstigenden Verwaltungsakt verbundene Verpflichtung für den Betroffenen zu einem bestimmten Tun, Dulden oder Unterlassen, z. B. Erteilung einer Fahrerlaubnis mit der Auflage, sich in bestimmten Zeitabständen einem Sehtest zu unterziehen.

Zu beachten ist, dass es sich bei der **Auflage** um einen **mit einem Verwaltungsakt verbundene Nebenbestimmung** handelt. Diese ist grundsätzlich ein eigenständiger Verwaltungsakt, der selbstständig durch eine isolierte Anfechtungsklage angefochten werden kann.

8. Was versteht man unter einem Auflagenvorbehalt?

Der **Auflagenvorbehalt** ist die mit einem Verwaltungsakt verbundene Erklärung, dass sich die Behörde vorbehält, zu einem späteren Zeitpunkt eine **Auflage anzuordnen**, z. B. Erteilung einer Gaststättenerlaubnis unter dem Vorbehalt, dass Auflagen nachträglich festgesetzt werden können bei zunehmender Lärmbelästigung für die Nachbarschaft.

6.3 Allgemeine Anforderungen an den Verwaltungsakt

1. Welche Anforderungen werden an die Rechtmäßigkeit des Verwaltungsaktes gestellt?

Ein Verwaltungsakt muss bestimmten Anforderungen entsprechen um rechtmäßig ergehen zu können. Die **Rechtmäßigkeit ist gegeben**, wenn der Verwaltungsakt mit den **Anforderungen der Rechtsordnung übereinstimmt**. Dies ist der Fall, wenn:

- die Behörde zum Handeln durch Verwaltungsakt befugt war (**Zulässigkeit des Verwaltungsaktes**)
- der Verwaltungsakt von der zuständigen Behörde unter Beachtung der vorgeschriebenen Verfahrens- und Formvorschriften erlassen wurde (**formelle Rechtmäßigkeit des Verwaltungsaktes**)
- der Verwaltungsakt inhaltlich dem geltenden Recht entspricht (**materielle Rechtmäßigkeit des Verwaltungsaktes**).

2. Von welchen formellen Voraussetzungen ist das Zustandekommen des Verwaltungsaktes abhängig?

Die **formelle Rechtmäßigkeit** eines Verwaltungsaktes ist gegeben, wenn die folgenden Voraussetzungen erfüllt sind:

- **Zuständigkeit:** Der Verwaltungsakt muss von der **sachlich und örtlich zuständigen Behörde** erlassen worden sein (§§ 37 ff. VwVfG).
- **Verfahren:** Das Verwaltungsverfahren ist **an bestimmte Formen nicht gebunden**, soweit keine besonderen Rechtsvorschriften für die Form des Verfahrens bestehen (§ 10 Satz 1 VwVfG). Das Verfahren ist **einfach, zweckmäßig und zügig durchzufüh-**

ren (§ 10 Satz 2 VwVfG). Zu bemerken ist jedoch, dass eine ganze Reihe von Verfahrensvorschriften bestehen und die Beachtung dieser Vorschriften Voraussetzung für die Rechtmäßigkeit des Verwaltungsaktes ist, z. B. Anhörung des Betroffenen oder Mitwirkung weiterer Behörden.

- **Form:** Für den Erlass des Verwaltungsaktes gilt der **Grundsatz der Formfreiheit**, das heißt der **Verwaltungsakt kann schriftlich, elektronisch, mündlich oder in anderer Weise** (z. B. durch Zeichen oder schlüssige Handlung) **erlassen werden** (§ 37 Abs. 2 Satz 1 VwVfG). Zu beachten ist, dass ein mündlicher Verwaltungsakt jedoch schriftlich oder elektronisch und ein elektronischer Verwaltungsakt schriftlich zu bestätigen ist, wenn hieran ein berechtigtes Interesse besteht und der Betroffene dies unverzüglich verlangt (§ 37 Abs. 2 Satz 2 und 3 VwVfG). Ein schriftlicher oder elektronischer Verwaltungsakt muss die erlassende Behörde erkennen lassen und die Unterschrift oder die Namenswiedergabe des Behördenleiters, seines Vertreters oder seines Beauftragten enthalten. Wird für einen Verwaltungsakt, für den durch Rechtsvorschrift die Schriftform angeordnet ist, die elektronische Form verwendet, muss auch das der Signatur zugrunde liegende qualifizierte Zertifikat oder ein zugehöriges qualifiziertes Attributzertifikat die erlassende Behörde erkennen lassen. Daneben muss im Fall der Versendung eines elektronischen Verwaltungsaktes im Wege einer De-Mail-Nachricht die Bestätigung nach § 5 Abs. 5 des De-Mail-Gesetzes die erlassende Behörde als Nutzer des De-Mail-Kontos erkennen lassen (§ 37 Abs. 3 VwVfG). Besondere Regelungen hinsichtlich der Form gelten für einen schriftlichen Verwaltungsakt, der mithilfe **automatischer Datenverarbeitung** erlassen wird. Hier können Unterschrift und Namenswiedergabe fehlen. Außerdem können zur Inhaltsangabe Schlüsselzeichen verwendet werden, wenn derjenige, für den der Verwaltungsakt bestimmt ist oder der von ihm betroffen wird, aufgrund der dazu gegebenen Erläuterungen den Inhalt des Verwaltungsaktes eindeutig erkennen kann (§ 37 Abs. 5 VwVfG). Im Übrigen ist zu bemerken, dass für bestimmte Verwaltungsakte aber eine besondere Form durch Rechtsvorschrift zwingend vorgeschrieben ist. Außerdem kann ein Verwaltungsakt vollständig durch automatische Einrichtungen erlassen werden, sofern dies durch Rechtsvorschrift zugelassen ist und weder ein Ermessen noch ein Beurteilungsspielraum besteht (§ 35a VwVfG).

  Zur Form des Verwaltungsaktes gehört grundsätzlich auch die **Begründung**. Ein schriftlicher oder elektronischer sowie ein schriftlich oder elektronisch bestätigter Verwaltungsakt ist mit einer Begründung zu versehen. In der Begründung sind die wesentlichen, tatsächlichen und rechtlichen Gründe mitzuteilen, die die Behörde zu ihrer Entscheidung bewogen haben. Die Begründung soll auch die Gesichtspunkte erkennen lassen, von denen die Behörde bei der **Ausübung ihres Ermessens** ausgegangen ist (§ 39 Abs. 1 VwVfG). In besonderen Fällen, die in § 39 Abs. 2 VwVfG näher konkretisiert sind, kann von der Begründung abgesehen werden. Die Begründung dient der Behörde zur Selbstkontrolle, um ihre Entscheidung entsprechend rechtlich abzusichern, während der betroffene Bürger durch die Begründung in der Lage sein sollte, die Frage der Rechtmäßigkeit des Verwaltungsaktes und die Chancen eines Rechtsmittels zu beurteilen. Für mündliche oder in anderer Weise erlassene Verwaltungsakte (z. B. durch Zeichen) besteht keine Begründungspflicht.

3. Wann ist die materielle Rechtmäßigkeit des Verwaltungsaktes gegeben?

Die **materielle Rechtmäßigkeit** eines Verwaltungsaktes, die sich auf dessen Inhalt bezieht, ist von folgenden Voraussetzungen abhängig:

- **Übereinstimmung mit den bestehenden Rechtsvorschriften:** Der Verwaltungsakt muss mit den bestehenden Rechtsnormen (einschließlich der Verfassung) vereinbar sein.
- **Ermächtigungsgrundlage:** Der Verwaltungsakt muss sich auf eine gesetzliche Rechtsgrundlage stützen.
- **Ermessensausübung:** Wenn die Behörde ermächtigt ist, nach ihrem Ermessen zu handeln, hat sie ihr Ermessen entsprechend der Ermächtigung auszuüben und die gesetzlichen Grenzen des Ermessens einzuhalten (§ 40 VwVfG). Das Gebot zur **pflichtgemäßen Ausübung des Ermessens** umfasst die Pflicht der Behörde, keine Ermessensfehler (**Ermessensüberschreitung, Ermessensmangel, Ermessensmissbrauch**) zu begehen. Wesentliche Voraussetzung für eine **fehlerfreie Ermessensausübung** ist danach die Abwägung des öffentlichen Interesses mit den Interessen des Einzelnen hinsichtlich der Einhaltung und Ausschöpfung der vom jeweiligen Gesetz bestimmten Grenzen. Die Behörde darf sich dabei nicht von sachfremden Erwägungen leiten lassen und muss insbesondere den **Grundsatz der Gleichbehandlung** beachten.
- **Grundsatz der Verhältnismäßigkeit:** Dieser Grundsatz gilt vor allem beim belastenden Verwaltungsakt, da nur eine Maßnahme – zur Erreichung eines bestimmten Zwecks – eingesetzt werden darf, die geeignet, notwendig und der **Verhältnismäßigkeit** entsprechen muss.
- **Grundsatz der Bestimmtheit:** Der Verwaltungsakt muss **inhaltlich hinreichend bestimmt** sein. Das bedeutet, dass der Verwaltungsakt so **klar formuliert** sein muss, dass der Adressat unzweideutig erkennen kann, welcher Sachverhalt geregelt wird und was die Behörde im Einzelnen von ihm verlangt bzw. welche Ansprüche oder Rechte ihm zustehen. Wenn der Verwaltungsakt inhaltlich unklar ist, geht dies zulasten der Verwaltung (§ 37 Abs. 1 VwVfG).
- **Sonstige Rechtmäßigkeitsvoraussetzung:** Grundsätzlich kann ein Verwaltungsakt nur rechtmäßig sein, wenn er auf einen **tatsächlich und rechtlich möglichen Erfolg** gerichtet ist.

4. Welche Formen der Wirksamkeit des Verwaltungsaktes unterscheidet man?

Der Begriff der **Wirksamkeit** des Verwaltungsaktes wird in den Verwaltungsverfahrensgesetzen nicht definiert, sondern als bekannt vorausgesetzt. Zu unterscheiden ist hierbei zwischen:

- **äußerer Wirksamkeit des Verwaltungsaktes**
- **innerer Wirksamkeit des Verwaltungsaktes**.

5. Wodurch unterscheidet sich die äußere von der inneren Wirksamkeit des Verwaltungsaktes?

Die **äußere Wirksamkeit**, das heißt die **rechtliche Existenz**, erlangt der Verwaltungsakt mit seiner **Bekanntgabe**. Er bindet die Behörde und wird auch für den Betroffenen maßgeblich. Ist die äußere Wirksamkeit eingetreten, beginnt die **Rechtsbehelfsfrist zu laufen** und der Verwaltungsakt kann von dem in seinen Rechten betroffenen Beteiligten mit dem entsprechenden Rechtsbehelf angefochten werden. Die den Verwaltungsakt erlassende Behörde ist hierbei an die Regelungen des Verwaltungsaktes gebunden und kann ihn nur nach den Grundsätzen über die Rücknahme oder den Widerruf aufheben.

Die **innere Wirksamkeit,** das heißt die **rechtliche Verbindlichkeit**, erlangt der Verwaltungsakt mit dem **Eintritt der in der Regelung vorgesehenen Rechtswirkungen**. Auch ein fehlerhafter Verwaltungsakt ist wirksam, sofern nicht ausnahmsweise ein Nichtigkeitsgrund vorliegt, da von Anfang an nur der nichtige Verwaltungsakt unwirksam ist (§ 43 Abs. 3 VwVfG).

Voraussetzung für die innere Wirksamkeit eines Verwaltungsaktes ist jedoch immer seine **äußere Wirksamkeit**. Die innere Wirksamkeit kann dabei auch zu einem späteren Zeitpunkt (z. B. bei einer Genehmigung mit einer aufschiebenden Bedingung) oder zu einem früheren Zeitpunkt (z. B. bei der Gewährung von Leistungen rückwirkend für die Vergangenheit) eintreten als die äußere Wirksamkeit. In der Regel fällt der Beginn der äußeren und der inneren Wirksamkeit aber zeitlich zusammen. Mit dem **Eintritt der inneren Wirksamkeit** wird ein **Verwaltungsakt** auch **vollstreckbar**, das heißt die Behörde kann die von ihr getroffene Regelung mit Zwangsmitteln durchsetzen.

6. Wann endet die Wirksamkeit des Verwaltungsaktes?

Die **Wirksamkeit endet**, wenn und soweit der Verwaltungsakt zurückgenommen, widerrufen, durch die Widerspruchsbehörde oder das Gericht aufgehoben wird oder sich durch Ablauf einer Frist oder auf andere Weise, etwa durch Verzicht des Begünstigten auf Wahrnehmung seiner Rechte, erledigt hat (§ 43 Abs. 2 VwVfG).

7. Wem ist der Verwaltungsakt bekannt zu geben?

Ein Verwaltungsakt ist demjenigen **Beteiligten bekannt zu geben**, für den er **bestimmt ist** oder der von ihm **betroffen wird** (§ 41 Abs. 1 Satz 1 VwVfG). Dies bedeutet, dass ein Verwaltungsakt, der mehrere Personen rechtlich betrifft, auch allen Betroffenen bekannt gegeben werden muss. Ist ein Bevollmächtigter bestellt, so kann die Bekanntgabe ihm gegenüber vorgenommen werden (§ 41 Abs. 1 Satz 2 VwVfG).

8. Welcher Zeitpunkt ist für die Bekanntgabe des Verwaltungsaktes maßgebend?

Maßgebend für den Zeitpunkt der Bekanntgabe ist der **Zugang**. In entsprechender Anwendung des § 130 Abs. 1 des Bürgerlichen Gesetzbuches (BGB) genügt es hierbei, dass dem Betroffenen die Möglichkeit verschafft wird, von dem Verwaltungsakt Kenntnis zu nehmen.

Danach gilt die **Bekanntgabe** als erfolgt, wenn der Verwaltungsakt in einer Weise in den Empfangsbereich des Betroffenen gelangt ist, die unter gewöhnlichen Umständen die Möglichkeit der Kenntnisnahme gewährleistet. Ob der Betroffene von dem Verwaltungsakt tatsächlich Kenntnis nimmt, ist für die Bekanntgabe unbeachtlich. So ist also beispielsweise ein schriftlicher Verwaltungsakt mit dem Einwurf in den Hausbriefkasten des Adressaten bekannt gegeben, unabhängig davon, ob der Betroffene den Brief geöffnet oder gelesen hat.

9. Welche Formen der Bekanntgabe des Verwaltungsaktes unterscheidet man?

Form der Bekanntgabe	Rechtsgrundlage
Einfache Bekanntgabe	§ 41 Abs. 2 VwVfG
Öffentliche Bekanntgabe	§ 41 Abs. 3 und 4 VwVfG
Förmliche Bekanntgabe (Zustellung)	§ 41 Abs. 5 VwVfG

10. Wie geschieht die einfache Bekanntgabe des Verwaltungsaktes?

Die **einfache Bekanntgabe** eines Verwaltungsaktes erfolgt entweder durch einen **Brief,** der durch die Post übermittelt wird, oder durch elektronischen Datenverkehr, z. B. über das Internet. Der Verwaltungsakt gilt in diesem Falle mit dem **dritten Tage nach der Aufgabe zur Post bzw. nach der Absendung (bei der elektronischen Übermittlung) als bekannt gegeben**, außer wenn er nicht oder zu einem späteren Zeitpunkt zugegangen ist (§ 41 Abs. 2 VwVfG). Wenn der dritte Tag auf einen Samstag, Sonntag oder gesetzlichen Feiertag fällt, gilt die Bekanntgabe ebenfalls an diesen Tagen als bewirkt.

Im **Zweifel** hat die **Behörde den Zugang** des Verwaltungsaktes und den Zeitpunkt des Zugangs **nachzuweisen**.

11. Welche Regelungen gelten für die öffentliche Bekanntgabe des Verwaltungsaktes?

In **Ausnahmefällen** kann ein Verwaltungsakt auch **öffentlich bekannt gegeben** werden. Die öffentliche Bekanntgabe ist jedoch nur zulässig, wenn dies durch Rechtsvorschrift zugelassen ist oder wenn es sich um eine Allgemeinverfügung handelt, deren Bekanntgabe gegenüber den einzelnen Beteiligten untunlich ist, z. B. weil der Kreis der Beteiligten namentlich nicht feststeht (§ 41 Abs. 3 VwVfG).

Die **öffentliche Bekanntgabe** eines schriftlichen oder elektronischen Verwaltungsaktes erfolgt durch **ortsübliche Bekanntmachung** (z. B. in einer Tageszeitung oder durch Aushang im Rathaus) des verfügenden Teils, das heißt des Entscheidungssatzes, bei gleichzeitiger Angabe darüber, wo der Verwaltungsakt und seine Begründung eingesehen werden können. Der Verwaltungsakt gilt zwei Wochen nach der ortsüblichen Bekanntmachung als bekannt gegeben. In einer Allgemeinverfügung kann ein hiervon abweichender Tag, jedoch frühestens der auf die Bekanntmachung folgende Tag bestimmt werden (§ 41 Abs. 4 VwVfG).

12. In welchen Rechtsvorschriften ist die förmliche Bekanntgabe (Zustellung) von Verwaltungsakten geregelt?

Das förmliche Verfahren der Zustellung von Verwaltungsakten ist für die Bundesbehörden, der bundesunmittelbaren Körperschaften und Anstalten des öffentlichen Rechts und der Landesfinanzbehörden in dem vom Bund erlassenen **Verwaltungszustellungsgesetz** (VwZG) und für die Behörden der Bundesländer einschließlich der Gemeinden, Gemeindeverbände und sonstigen der Landesaufsicht unterstehenden Körperschaften, Anstalten und Stiftungen des öffentlichen Rechts in den jeweiligen von den Bundesländern erlassenen **Verwaltungszustellungsgesetzen** geregelt, die inhaltlich im Wesentlichen mit den Regelungen des Verwaltungszustellungsgesetzes des Bundes übereinstimmen.

13. Was versteht man unter der Zustellung und welchem Zweck dient sie?

Unter **Zustellung** im Sinne des vom Bund erlassenen Verwaltungszustellungsgesetzes (VwZG) ist die **Bekanntgabe eines schriftlichen oder elektronischen Dokuments** in der in diesem Gesetz bestimmten Form zu verstehen (§ 2 Abs. 1 VwZG).

Die Zustellung hat den **Zweck**, der Behörde den Nachweis des Zeitpunktes und der Art der ordnungsgemäßen Übergabe des Schriftstücks an den Empfänger zu sichern.

14. Durch welche Institution wird die Zustellung ausgeführt?

Die Zustellung wird durch einen Erbringer von Postdienstleistungen (Post), einen nach § 17 des De-Mail-Gesetzes akkreditierten Dienstanbieter oder durch die Behörde ausgeführt, wobei für die Zustellung im Ausland und für die öffentliche Zustellung Besonderheiten gelten (§ 2 Abs. 2 VwZG).

15. Welche Formen der Zustellung unterscheidet das vom Bund erlassene Verwaltungszustellungsgesetz?

Form der Zustellung	Rechtsgrundlage
Durch die Post mit Zustellungsurkunde	§ 3 VwZG
Durch die Post mittels Einschreiben	§ 4 VwZG
Durch die Behörde gegen Empfangsbekenntnis	§ 5 Abs. 1 bis 3 VwZG
Elektronisch gegen Empfangsbekenntnis	§ 5 Abs. 4 bis 6 VwZG
Gegen Abholbestätigung über De-Mail-Dienste	§ 5a VwZG

Darüber hinaus sieht das Verwaltungszustellungsgesetz als **Sonderarten** die **Zustellung im Ausland** (§ 9 VwZG) und die **öffentliche Zustellung** (§ 10 VwZG) vor.

Die Zustellungsarten stehen **gleichrangig nebeneinander**. Es liegt daher im pflichtgemäßen Ermessen der Behörde, von welcher der gesetzlich vorgesehenen Zustellungsarten sie Gebrauch machen will (§ 2 Abs. 3 VwZG). Die getroffene Wahl der Zustellungsart ist jedoch in dem Schriftstück genau zu bestimmen.

16. Wie ist das Verfahren bei der Zustellung durch die Post mit Zustellungsurkunde gestaltet?

Bei der **Zustellung durch die Post mit Zustellungsurkunde** übergibt die Behörde der Post den Zustellungsauftrag, dass zuzustellende Dokument in einem verschlossenen Umschlag und einen vorbereiteten Vordruck einer Zustellungsurkunde (§ 3 Abs. 1 VwZG). Der Postbedienstete beurkundet die Zustellung und leitet nach erfolgter Zustellung die Zustellungsurkunde an die Behörde zurück. Für die Ausführung der Zustellung gelten gemäß § 3 Abs. 2 Satz 1 des Verwaltungszustellungsgesetzes (VwZG) die Vorschriften der §§ 177 bis 182 der Zivilprozessordnung (ZPO) entsprechend.

Im Fall der Ersatzzustellung durch Niederlegung kann das zuzustellende Dokument abweichend von § 181 Abs. 1 ZPO auch bei der Behörde, die den Zustellungsauftrag erteilt hat, niedergelegt werden, wenn die Behörde ihren Sitz am Ort der Zustellung oder am Ort des für den Bezirk zuständigen Amtsgerichts hat (§ 3 Abs. 2 Satz 2 VwZG).

Die Zustellungsurkunde stellt in den Akten der Behörde den Nachweis dar, dass und wann der Empfänger das Schriftstück erhalten hat. Es handelt sich somit bei der **Zustellung durch die Post mit Zustellungsurkunde** für die Behörde um eine **besonders sichere Zustellungsart**.

17. Wann gilt das Dokument bei Zustellung durch die Post mittels Einschreiben als zugestellt und welchen Nachteil hat diese Zustellungsart?

Bei der **Zustellung durch die Post mittels Einschreiben**, die durch Übergabe oder mit Rückschein erfolgen kann (§ 4 Abs. 1 VwZG), genügt zum Nachweis der Zustellung der Rückschein (§ 4 Abs. 2 Satz 1 VwZG). Im Übrigen gilt das Dokument am dritten Tag nach der Aufgabe zur Post als zugestellt, es sei denn, dass es nicht oder zu einem späteren Zeitpunkt zugegangen ist (§ 4 Abs. 2 Satz 2 VwZG). Im Zweifel hat die Behörde den Zugang des Schriftstücks und den Zeitpunkt des Zugangs nachzuweisen (§ 4 Abs. 2 Satz 3 VwZG). Der Tag der Aufgabe zur Post ist in den Akten zu vermerken (§ 4 Abs. 2 Satz 4 VwZG).

Die Zustellung durch die Post mittels Einschreiben hat im Vergleich zur Zustellung durch die Post mit Zustellungsurkunde den **Nachteil**, dass der Empfänger oder die Ersatzempfänger die **Annahme des Schriftstückes verweigern** und der **eingeschriebene Brief nicht** durch Niederlegung (§ 181 ZPO) oder durch Zurücklassen (§ 179 Satz 1 ZPO) **zugestellt werden kann**. Die Annahmeverweigerung führt dazu, dass die Zustellung dann gescheitert ist und die Behörde eine andere Zustellungsart wählen muss, wenn sie sicherstellen will, dass ein bestimmtes Schriftstück zu einem bestimmten Zeitpunkt beim Betroffenen ankommt.

18. Welche Regelungen gelten für die Zustellung durch die Behörde gegen Empfangsbekenntnis?

Bei der **Zustellung durch die Behörde gegen Empfangsbekenntnis** händigt der zuzustellende Bedienstete das Dokument dem Empfänger in einem verschlossenen Umschlag aus (§ 5 Abs. 1 Satz 1 VwZG). Das Dokument kann auch offen ausgehändigt werden, wenn keine schutzwürdigen Interessen des Empfängers entgegenstehen (§ 5 Abs. 1 Satz 2 VwZG). Der Empfänger hat ein mit dem Datum der Aushändigung versehenes Empfangsbekenntnis zu unterschreiben (§ 5 Abs. 1 Satz 3 VwZG). Der Bedienstete vermerkt das Datum der Zustellung auf dem Umschlag des auszuhändigenden Dokuments oder bei offener Aushändigung auf dem Dokument selbst (§ 5 Abs. 1 Satz 4 VwZG). Das Empfangsbekenntnis stellt in den Akten der Behörde den Nachweis dar, dass und wann der Empfänger das Schriftstück erhalten hat.

Bei der Zustellung durch die Behörde gegen ein Empfangsbekenntnis besteht auch die Möglichkeit der **Ersatzzustellung**, wenn das Schriftstück dem Empfänger nicht ausgehändigt werden kann, und der **Zustellung bei Verweigerung der Annahme**, wobei die §§ 177 bis 181 Zivilprozessordnung (ZPO) mit geringen Abweichungen entsprechend anzuwenden sind (§ 5 Abs. 2 VwZG).

Zur Nachtzeit (von 21 bis 6 Uhr) sowie an Sonntagen und allgemeinen Feiertagen darf im Inland nur mit schriftlicher oder elektronischer Erlaubnis des Behördenleiters zugestellt werden. Die Erlaubnis ist bei der Zustellung abschriftlich mitzuteilen. Eine Zustellung, bei der diese Vorschriften nicht beachtet sind, ist wirksam, wenn die Annahme nicht verweigert wird (§ 5 Abs. 3 VwZG).

Daneben sieht das vom Bund erlassene Verwaltungszustellungsgesetz (VwZG) ein **vereinfachtes Verfahren** für die Zustellung eines Dokuments an Behörden, Körperschaften, Anstalten und Stiftungen des öffentlichen Rechts, an Rechtsanwälte, Patentanwälte, Notare, Steuerberater, Steuerbevollmächtigte, Wirtschaftsprüfer, vereidigte Buchprüfer, Steuerberatungsgesellschaften, Wirtschaftsprüfungsgesellschaften und Buchprüfungsgesellschaften vor. Dieses Verfahren besteht darin, dass das Dokument nicht dem Empfänger durch einen Bediensteten der die Zustellung betreibenden Behörde übergeben werden muss. Es genügt vielmehr, wenn es ihm in irgendeiner Weise, auch elektronisch, gegen Empfangsbekenntnis zugestellt wird, z. B. durch einfachen Brief gegen Empfangsbekenntnis, elektronische Zustellung mit elektronischer Übermittlung des Empfangsbekenntnisses (§ 5 Abs. 4 VwZG). Ein elektronisches Dokument kann elektronisch zugestellt werden, soweit der Empfänger hierfür einen Zugang eröffnet. Das Dokument ist jedoch elektronisch zuzustellen, wenn aufgrund einer Rechtsvorschrift ein Verfahren auf Verlangen des Empfängers in elektronischer Form abgewickelt wird. Für die Übermittlung ist das Dokument mit einer qualifizierten elektronischen Signatur nach dem Signaturgesetz zu versehen und gegen unbefugte Kenntnisnahme Dritter zu schützen (§ 5 Abs. 5 VwZG). Bei der **elektronischen Zustellung** ist die Übermittlung mit dem Hinweis „Zustellung gegen Empfangsbekenntnis" einzuleiten. Die Übermittlung muss die absendende Behörde, den Namen und die Anschrift des Zustellungsadressaten sowie den Namen des Bediensteten erkennen lassen, der das Dokument zur Übermittlung aufgegeben hat (§ 5 Abs. 6 VwZG). Zum **Nachweis der Zustellung** genügt dann das mit Datum und Unterschrift versehene Empfangsbekenntnis, das an die Behörde durch die Post oder elektronisch zurückzusenden ist (§ 5 Abs. 7 Satz 1 VwZG).

19. Wie geschieht die elektronische Zustellung gegen Abholbestätigung über De-Mail-Dienste?

Eine elektronische Zustellung kann durch Übermittlung der nach § 17 des De-Mail-Gesetzes akkreditierten Dienstanbieter gegen Abholbestätigung nach § 5 Abs. 9 des De-Mail-Gesetzes an das De-Mail-Postfach des Empfängers erfolgen. An die Stelle des Empfangsbekenntnisses tritt die Abholbestätigung (§ 5a Abs. 1 VwZG). Der akkreditierte Dienstanbieter hat nach Maßgabe des De-Mail-Gesetzes sowohl eine Versandbestätigung als auch eine Abholbestätigung zu erzeugen und diese Bestätigungen unverzüglich der absendenden Behörde zu übermitteln (§ 5a Abs. 2 VwZG). Zum Nachweis der elektronischen Zustellung genügt jedoch die Abholbestätigung (§ 5a Abs. 3 VwzG).

20. Bei welchem Personenkreis ist die Zustellung an ihre gesetzlichen Vertreter vorgesehen?

Eine **Zustellung an ihre gesetzlichen Vertreter** ist bei **Geschäftsunfähigen oder beschränkt Geschäftsfähigen** vorgesehen. Gleiches gilt bei Personen, für die ein Betreuer bestellt ist, soweit der Aufgabenkreis des Betreuers reicht (§ 6 Abs. 1 VwZG).

Bei Behörden wird an den Behördenleiter, bei juristischen Personen, nicht rechtsfähigen Personenvereinigungen und Zweckvermögen an ihre gesetzlichen Vertreter zugestellt (§ 6 Abs. 2 VwZG). Bei mehreren gesetzlichen Vertretern oder Behördenleitern genügt die Zustellung an einen von ihnen (§ 6 Abs. 3 VwZG).

21. Wie ist die Zustellung an Bevollmächtigte geregelt?

Zustellungen an Bevollmächtige können an den allgemeinen oder für bestimmte Angelegenheiten bestellten Bevollmächtigten gerichtet werden. Sie sind an ihn zu richten, wenn er **schriftliche Vollmacht** vorgelegt hat. Ist ein Bevollmächtigter für mehrere Beteiligte bestellt, so genügt die Zustellung eines Dokuments an ihn für alle Beteiligten. Einem Zustellungsbevollmächtigten mehrerer Beteiligter sind so viele Ausfertigungen oder Abschriften zuzustellen, als Beteiligte vorhanden sind (§ 7 VwZG).

22. Was gilt hinsichtlich der Heilung von Zustellungsmängeln?

Falls sich eine formgerechte Zustellung eines Dokuments nicht nachweisen lässt oder das Dokument unter Verletzung zwingender Zustellungsvorschriften zugegangen ist, gilt es als in dem **Zeitpunkt zugestellt**, in dem es dem **Empfangsberechtigten tatsächlich zugegangen ist**, im Fall der elektronischen Zustellung durch die Behörde gegen Empfangsbekenntnis in dem Zeitpunkt, in dem der Empfänger das Empfangsbekenntnis zurückgesendet hat (§ 8 VwZG).

Beispiel

Die Behörde verfügt die Zustellung des Verwaltungsaktes durch die Post mittels Einschreiben über den Bevollmächtigten des Beteiligten. Irrtümlich wird der Verwaltungsakt dem Beteiligten selbst zugestellt, der ihn an den Bevollmächtigten weiterreicht. Der Verwaltungsakt gilt dann als in dem Zeitpunkt zugestellt, in dem der Bevollmächtigte ihn tatsächlich erhalten hat.

23. Wie geschieht die Zustellung bei den einzelnen Sonderarten der Zustellung?

Die **Zustellung im Ausland** geschieht entweder durch Einschreiben mit Rückschein, soweit die Zustellung durch die Post völkerrechtlich zulässig ist, oder auf Ersuchen der Behörde durch die zuständige Behörde des fremden Staates oder durch die in diesem Staate befindliche deutsche diplomatische oder konsularische Vertretung. An deutsche Diplomaten im Ausland (Exterritoriale) sowie an deren Familienangehörige, die das Recht der Immunität genießen, wird auf Ersuchen der Behörde durch das Auswärtige Amt zugestellt. Daneben können auch eine Zustellung im Ausland durch Übermittlung elektronischer Dokumente entsprechend den für die elektronische Zustellung durch die Behörde gegen Empfangsbekenntnis geltenden Vorschriften des § 5 Abs. 5 Verwaltungszustellungsgesetz (VwZG) erfolgen, soweit dies völkerrechtlich zulässig ist (§ 9 Abs. 1 VwZG). Zum Nachweis der Zustellung durch Einschreiben mit Rückschein genügt der Rückschein. Die Zustellung auf Ersuchen der Behörde wird durch das Zeugnis der ersuchten Behörde nachgewiesen. Zum Nachweis der Zustellung durch Übermittlung elektronischer Dokumente genügt das mit Datum und Unterschrift versehene Empfangsbekenntnis, das an die Behörde durch die Post oder elektronisch zurückzusenden ist (§ 9 Abs. 2 VwZG).

Die **öffentliche Zustellung**, die nur zulässig ist, wenn der Aufenthaltsort des Empfängers unbekannt ist und eine Zustellung an einen Vertreter oder Zustellungsbevollmächtigten nicht möglich ist oder wenn eine Zustellung im Ausland nicht möglich ist oder keinen Erfolg verspricht, wobei bei juristischen Personen, die zur Anmeldung einer inländischen Geschäftsanschrift zum Handelsregister verpflichtet sind, eine Zustellung weder unter der eintragenen Anschrift noch unter einer im Handelsregister eingetragenen Anschrift einer für Zusellungen empfangsberechtigten Person oder einer ohne Ermittlungen bekannten anderen inländischen Anschrift möglich ist (§ 10 Abs. 1 Satz 1 VwZG). Die öffentliche Zustellung erfolgt durch Bekanntmachung einer Benachrichtigung an der Stelle, die von der Behörde hierfür allgemein bestimmt ist (z. B. Amtsblatt, Zeitung, Schaukasten vor dem Rathaus), oder durch Veröffentlichung einer Benachrichtigung im Bundesanzeiger oder im elektronischen Bundesanzeiger (§ 10 Abs. 2 Satz 1 VwZG). Die Benachrichtigung muss die Behörde, für die zugestellt wird, den Namen und die letzte bekannte Anschrift des Zustellungsadressaten, das Datum und das Aktenzeichen des Dokuments sowie die Stelle, wo das Dokument eingesehen werden kann, erkennen lassen (§ 10 Abs. 2 Satz 2 VwZG). Außerdem muss in der Benachrichtigung hingewiesen werden auf die öffentliche Zustellung und auf die Möglichkeit eines beginnenden Fristenablaufs mit etwaigen drohenden Rechtsfolgen; im Falle einer Ladung auf diesen Umstand (§ 10 Abs. 2 Satz 3 und 4 VwZG). In den Akten ist zu vermerken, wann und wie die Benachrichtigung bekannt gemacht wurde (§ 10 Abs. 2 Satz 5 VwZG). Das Dokument gilt als zugestellt, wenn seit dem Tag der Bekanntmachung der Benachrichtigung zwei Wochen vergangen sind (§ 10 Abs. 2 Satz 6 VwZG).

6.4 Der fehlerhafte Verwaltungsakt

1. Wann ist ein Verwaltungsakt fehlerhaft?

Ein Verwaltungsakt ist **fehlerhaft**, wenn er **rechtswidrig** ist, das heißt wenn er den Rechtmäßigkeitsvoraussetzungen nicht entspricht und damit nicht im Einklang mit der Rechtsordnung steht.

Zu den fehlerhaften Verwaltungsakten in diesem Sinne gehören jedoch nicht die **Nichtverwaltungsakte** – auch als Nichtakte bezeichnet –, das heißt Handlungen von Unbefugten, die lediglich den äußeren Anschein eines Verwaltungsaktes erwecken, ohne jedoch einer Behörde zugerechnet werden zu können, z. B. Fälle strafbarer Amtsanmaßung nach § 132 StGB; da diese keine Verwaltungsakte sind.

Zu beachten ist aber, dass nicht jeder Fehler den Verwaltungsakt rechtswidrig macht. **Nicht zu den rechtswidrigen Verwaltungsakten gehören** danach

- die unzweckmäßigen Verwaltungsakte, das heißt wenn die Behörde bei ihrer Entscheidung einzelne der Zweckmäßigkeitsfaktoren über- oder unterbewertet hat, ohne dass dabei aber der Zweck der Ermächtigung oder die gesetzlichen Grenzen des Ermessens verkannt wurden
- die offenbar unrichtigen Verwaltungsakte, das heißt wenn Schreibfehler, Rechenfehler und ähnliche offenbare Unrichtigkeiten im Verwaltungsakt enthalten sind. Diese offenbaren Unrichtigkeiten kann die Behörde in einem Verwaltungsakt jederzeit berichtigen; wobei die Berichtigung kein Verwaltungsakt ist. Bei berechtigtem Interesse des Beteiligten ist zu berichtigen. Die Behörde ist berechtigt, die Vorlage des Dokumentes zu verlangen, das berichtigt werden soll (§ 42 VwVfG).

  Beispiel: Ein Zeugnis enthält ein falsches Geburtsdatum.

2. Welche Fehlerquellen werden bei rechtswidrigen Verwaltungsakten unterschieden?

Hinsichtlich der **Fehlerquellen** bei rechtswidrigen Verwaltungsakten wird herkömmlich unterschieden zwischen:

- **formellen Fehlern**, das heißt der Verletzung von Verfahrens- und Formvorschriften beim Erlass eines Verwaltungsaktes
- **materiellen Fehlern**, das heißt der Inhalt eines Verwaltungsaktes entspricht nicht den rechtlichen Anforderungen.

Die Wirkungen und Folgen der Rechtswidrigkeit von Verwaltungsakten sind sehr unterschiedlich und hängen von der Schwere des Fehlers ab. Das Verwaltungsverfahrensgesetz unterscheidet hinsichtlich der **Rechtsfolgen** bei rechtswidrigen Verwaltungsakten zwischen der **Nichtigkeit** und der **Anfechtbarkeit.**

3. Welche formellen Fehler haben die Nichtigkeit eines Verwaltungsaktes zur Folge?

Als **absolute Nichtigkeitsgründe,** die in jedem Fall zur Nichtigkeit eines Verwaltungsaktes führen, zählt das Verwaltungsverfahrensgesetz verschiedene Fehlerquellen auf. Danach bewirken folgende **formelle Fehler** die **Nichtigkeit** des Verwaltungsaktes:

- In einem schriftlichen oder elektronischen Verwaltungsakt fehlt die Angabe der erlassenden Behörde (§ 44 Abs. 2 Nr. 1 VwVfG).

  Beispiel: Der Adressat hat den Verwaltungsakt in der Entwurfsfassung (ohne Briefkopf der Behörde) erhalten.

- Ein Verwaltungsakt wird ohne die zwingend vorgeschriebene Aushändigung einer Urkunde erlassen (§ 44 Abs. 2 Nr. 2 VwVfG).

  Beispiel: Die Einbürgerung eines Ausländers erfolgt ohne die Aushändigung der vorgeschriebenen Urkunde.

- Ein Verwaltungsakt, der sich auf unbewegliches Vermögen oder ein ortsgebundenes Recht oder Rechtsverhältnis bezieht, wird von einer örtlich unzuständigen Behörde erlassen, ohne dass diese dazu ermächtigt ist (§ 44 Abs. 2 Nr. 3 VwVfG).

  Beispiel: Die Steuerbehörde in Frankfurt am Main erhebt Grundsteuer für ein in München gelegenes Grundstück.

4. Welche materiellen Fehler bewirken die Nichtigkeit eines Verwaltungsaktes?

Hinsichtlich der **materiellen** (inhaltlichen) **Fehler** bewirken folgende Tatbestände die **Nichtigkeit** eines Verwaltungsaktes:

- Ein Verwaltungsakt kann aus tatsächlichen Gründen niemand ausführen (sog. objektive Unmöglichkeit; § 44 Abs. 2 Nr. 4 VwVfG).

  Beispiel: Abrissverfügung für ein Haus, das nicht mehr vorhanden ist.

- Ein Verwaltungsakt verlangt die Begehung einer mit Strafe oder Bußgeld bedrohten Handlung (§ 44 Abs. 2 Nr. 5 VwVfG).

  Beispiel: Ein Grundstückseigentümer wird aufgefordert, eine Mauer niederzureißen, die zum Teil seinem Nachbarn gehört.

- Ein Verwaltungsakt verstößt gegen die guten Sitten (§ 44 Abs. 2 Nr. 6 VwVfG).

  Beispiel: Genehmigung einer Peep-Show.

Darüber hinaus ist ein Verwaltungsakt nach der **Generalklausel** des § 44 Abs. 1 des Verwaltungsverfahrensgesetzes (VwVfG) auch dann nichtig, wenn er an einem **besonders schwerwiegenden Fehler** leidet und dies bei verständiger Würdigung aller in Betracht kommenden Umstände **offensichtlich** (früher offenkundig) ist (relative oder evidenzabhängige Nichtigkeitsgründe). Diese Generalklausel, die an die sog. **Evidenztheorie** (Offensichtlichkeit) anknüpft, wurde vom Bundesverwaltungsgericht einmal bildhaft mit der Formulierung umschrieben, dass ein Verwaltungsakt nichtig ist, wenn ihm die Gesetzwidrigkeit auf der Stirn geschrieben steht, z. B. Einberufung eines Kindes zum Wehrdienst.

5. Welche Rechtsfolgen hat der nichtige Verwaltungsakt?

Der **nichtige Verwaltungsakt** ist von Anfang an **unwirksam** (§ 43 Abs. 3 VwVfG). Dies bedeutet, dass der nichtige Verwaltungsakt keine Rechtswirkungen oder Rechtsfolgen entfaltet und der Betroffene ihn nicht zu beachten braucht. Die Behörde kann den nichtigen Verwaltungsakt weder vollziehen noch vollstrecken. Sie muss ihn aber auch nicht aufheben. Die Nichtigkeit kann die Behörde jederzeit von Amts wegen feststellen. Auf Antrag ist sie festzustellen, wenn der Antragsteller hieran ein berechtigtes Interesse hat (§ 44 Abs. 5 VwVfG).

In der Praxis kommen Fehler im Verwaltungsakt, die zu seiner Nichtigkeit führen, selten vor. Häufiger sind vielmehr diejenigen Fehler vorzufinden, die eine Anfechtbarkeit des Verwaltungsaktes zur Folge haben.

6. Welche formellen Fehler führen zur Anfechtbarkeit eines Verwaltungsaktes?

Die Gründe, die zur Anfechtbarkeit des Verwaltungsaktes führen, lassen sich nicht abschließend aufzählen. Der **Negativkatalog** des § 44 Abs. 3 des Verwaltungsverfahrensgesetzes (VwVfG) nennt beispielhaft die folgenden **formellen Fehler**, die im Einzelnen die **Anfechtbarkeit** des Verwaltungsaktes zur Folge haben:

- Ein Verwaltungsakt wird von der örtlich unzuständigen Behörde erlassen (§ 44 Abs. 3 Nr. 1 VwVfG). Eine Ausnahme gilt beim Fehlen der örtlichen Zuständigkeit in Angelegenheiten, die sich auf unbewegliches Vermögen oder ein ortsgebundenes Recht oder Rechtsverhältnis beziehen, da hier die Nichtigkeit des Verwaltungsaktes vorgesehen ist (§ 44 Abs. 2 Nr. 3 VwVfG).
- Ein Verwaltungsakt wird unter Mitwirkung einer wegen Befangenheit nach § 20 Abs. 1 Satz 1 Nr. 2 bis 6 VwVfG ausgeschlossenen Person erlassen (§ 44 Abs. 3 Nr. 2 VwVfG).

- Ein Verwaltungsakt wird ohne die durch Rechtsvorschrift vorgeschriebene Mitwirkung eines Ausschusses erlassen (§ 44 Abs. 3 Nr. 3 VwVfG).
- Ein Verwaltungsakt wird ohne die nach einer Rechtsvorschrift vorgeschriebene Mitwirkung einer anderen Behörde erlassen (§ 44 Abs. 3 Nr. 4 VwVfG).

7. Welche materiellen Fehler können zur Anfechtbarkeit eines Verwaltungsaktes führen?

An **materiellen** (inhaltlichen) **Fehlern**, die zur **Anfechtbarkeit** des Verwaltungsaktes führen, kommen insbesondere in Betracht:

- Der Verwaltungsakt wird ohne Rechtsgrundlage erlassen (sog. gesetzloser Verwaltungsakt).
- Der Verwaltungsakt beruht auf einer falschen Anwendung des Rechts (Subsumtionsfehler).
- Der Verwaltungsakt beruht auf einer falschen Auslegung von unbestimmten Rechtsbegriffen mit Beurteilungsspielraum.
- Der Verwaltungsakt beruht auf einer falschen Tatsachenfeststellung.
- Der Verwaltungsakt beruht auf einer nicht pflichtgemäßen Ausübung des Ermessens (Ermessensfehler).

8. Durch welche Handlungen können bei einem rechtswidrigen Verwaltungsakt Verfahrens- und Formfehler einer Behörde nachträglich geheilt werden?

Die Behörde hat bei rechtswidrigen (fehlerhaften) Verwaltungsakten unter bestimmten Voraussetzungen die Möglichkeit, Verfahrens- und Formfehler (formelle Fehler), die die Anfechtbarkeit des Verwaltungsaktes zur Folge haben, durch Nachholung der gebotenen Verfahrenshandlung zu **heilen**. Hierdurch wird die ursprüngliche Fehlerhaftigkeit des Verwaltungsaktes beseitigt und der Verwaltungsakt wird dadurch **rechtmäßig**.

Die Verletzung von Verfahrens- und Formfehlern kann im Einzelnen durch folgende Handlungen **geheilt** werden:

- Der für den Erlass des Verwaltungsaktes erforderliche Antrag wird nachträglich gestellt (§ 45 Abs. 1 Nr. 1 VwVfG).
- Die erforderliche Begründung (§ 39 Abs. 1 VwVfG) wird nachträglich gegeben (§ 45 Abs. 1 Nr. 2 VwVfG).
- Die erforderliche Anhörung eines Beteiligten (§ 28 VwVfG) wird nachgeholt (§ 45 Abs. 1 Nr. 3 VwVfG).
- Der Beschluss eines Ausschusses, dessen Mitwirkung für den Erlass des Verwaltungsaktes erforderlich ist, wird nachträglich gefasst (§ 45 Abs. 1 Nr. 4 VwVfG).
- Die erforderliche Mitwirkung einer anderen Behörde wird nachgeholt (§ 45 Abs. 1 Nr. 5 VwVfG).

9. Welche Fristen gelten bei rechtswidrigen Verwaltungsakten für die Heilung von Verfahrens- und Formfehlern?

Die unterlassenen Verfahrenshandlungen können bis zum **Abschluss der letzten Tatsacheninstanz des verwaltungsgerichtlichen Verfahrens** nachgeholt werden (§ 45 Abs. 2 VwVfG). Diese Regelung ist durch Gesetz vom 12. September 1996 eingeführt und durch das Dritte Gesetz zur Änderung verwaltungsverfahrensrechtlicher Vorschriften vom 21. August 2002 modifiziert worden, um die Dauer der Verwaltungsverfahren weiter zu verkürzen. Sie ersetzt die bisher geltende zeitliche Beschränkung, die eine Nachholung von Verfahrens- und Formfehler nur bis zum Abschluss des Vorverfahrens oder – falls ein Vorverfahren nicht stattfindet – bis zur Klageerhebung vorsah.

Von dem **Nachholen der Gründe** nach dem Verwaltungsverfahrensgesetz ist das **Nachschieben** von Gründen im Verwaltungsgerichtsprozess, das heißt die Änderung oder Ergänzung der Begründung eines angefochtenen Verwaltungsaktes zu unterscheiden. Diese Möglichkeit besteht ausschließlich bei rechtlich gebundenen Verwaltungsakten und ist nach herrschender Meinung nur dann als zulässig anzusehen, wenn die nachträglich angegebenen Gründe schon beim Erlass des Verwaltungsaktes vorlagen, dieser durch sie nicht in seinem Wesen geändert und der Betroffene nicht in seiner Rechtsverteidigung beeinträchtigt wird. Mit dem Wesen von Ermessensentscheidungen wäre ein Nachschieben von Gründen im Verwaltungsgerichtsprozess nicht vereinbar, weil der Verwaltungsakt sonst aus Gründen aufrecht erhalten bliebe, die der Entscheidung der Behörde nicht zugrunde lagen. Durch spätere Ermessenserwägungen kann somit die Rechtswidrigkeit nicht mehr beseitigt werden.

Im Übrigen ist zu beachten, dass Verfahrens- und Formfehler, die nicht zur Nichtigkeit des Verwaltungsaktes führen, die Rechtmäßigkeit dann nicht beeinträchtigen, wenn offensichtlich ist, dass die Verletzung der Verfahrens- und Formfehler die Entscheidung in der Sache nicht beeinflusst hat (§ 46 VwVfG).

10. Was ist unter der Umdeutung eines Verwaltungsaktes zu verstehen?

Neben der Heilung von fehlerhaften Verwaltungsakten kennt das Verwaltungsverfahrensgesetz die in der Praxis seltene Möglichkeit der **Umdeutung** oder Konversion eines fehlerhaften, das heißt nichtigen oder anfechtbaren Verwaltungsaktes, die in Anlehnung an § 140 des Bürgerlichen Gesetzbuches (BGB) entwickelt wurde.

Die Umdeutung, die an zahlreiche Voraussetzungen gebunden ist und sowohl von der Behörde als auch vom Verwaltungsgericht vorgenommen werden kann, beseitigt ebenso wie die Heilung die ursprüngliche Fehlerhaftigkeit des Verwaltungsaktes und macht diesen dadurch rechtmäßig (§ 47 VwVfG).

11. Was versteht man unter der Bestandskraft des Verwaltungsaktes?

Der Begriff der **Bestandskraft des Verwaltungsaktes** wird in den Verwaltungsverfahrensgesetzen nicht näher bestimmt. Hierbei ist zu unterscheiden zwischen:

- **formeller Bestandskraft des Verwaltungsaktes**
- **materieller Bestandskraft des Verwaltungsaktes.**

12. Wodurch unterscheidet sich die formelle von der materiellen Bestandskraft des Verwaltungsaktes?

Die **formelle Bestandskraft** bedeutet, dass der Verwaltungsakt mit einem förmlichen Rechtsbehelf (insbesondere Widerspruch, Anfechtungs- oder Verpflichtungsklage) nicht mehr angefochten werden kann. Die **Unanfechtbarkeit** des Verwaltungsaktes tritt ein, wenn die Rechtsmittelfristen abgelaufen sind, wenn der Betroffene auf die Einlegung von Rechtsmitteln verzichtet hat, wenn Rechtsmittel nicht oder weil der Rechtsweg erschöpft worden ist, nicht mehr eingelegt werden können.

Die **materielle Bestandskraft** bedeutet, dass **keine formelle Möglichkeit mehr gegeben** ist, einen **Verwaltungsakt noch nachträglich abzuändern**, sodass dieser für die Behörde sowie die Beteiligten unumstößlich feststeht und zwischen ihnen eine bestimmte Rechtsfolge verbindlich festlegt. Die materielle Bestandskraft des Verwaltungsaktes kann dabei nur **ausnahmsweise** aufgrund besonderer gesetzlicher Bestimmungen, z. B. nach den Regelungen über die Rücknahme oder den Widerruf, aufgehoben werden.

6.5 Rücknahme eines rechtswidrigen Verwaltungsaktes

1. Was versteht man unter der Rücknahme eines Verwaltungsaktes?

Unter **Rücknahme** versteht man die **Aufhebung eines rechtswidrigen** (fehlerhaften) **Verwaltungsaktes** (§ 48 VwVfG). Es ist dabei zu unterscheiden zwischen:

- **Rücknahme eines rechtswidrigen belastenden Verwaltungsaktes**
- **Rücknahme eines rechtswidrigen begünstigenden Verwaltungsaktes.**

2. Unter welchen Voraussetzungen kann ein rechtswidriger belastender Verwaltungsakt zurückgenommen werden?

Die **Rücknahme eines rechtswidrigen belastenden Verwaltungsaktes** liegt im pflichtgemäßen Ermessen der Behörde. Der Verwaltungsakt kann grundsätzlich **jederzeit**, auch nachdem er unanfechtbar, das heißt bestandskräftig geworden ist, ganz oder teilweise sowohl mit Wirkung für die Zukunft (**ex nunc**) als auch für die Vergangenheit (**ex tunc**) zurückgenommen werden (§ 48 Abs. 1 Satz 1 VwVfG).

3. Welche Regelungen gelten für die Rücknahme eines rechtswidrigen begünstigenden Verwaltungsaktes?

Die **Rücknahme eines rechtswidrigen begünstigenden Verwaltungsaktes** unterliegt im Hinblick auf den Grundsatz der Rechtssicherheit und des Vertrauensschutzes bestimmten einschränkenden Regeln, die den Ermessensrahmen für die Behörde bilden.

Zu unterscheiden ist hierbei zwischen zwei Gruppen von begünstigenden Verwaltungsakten, für die unterschiedliche Rechtsfolgen festgelegt sind:

Zur **ersten Gruppe** gehören diejenigen Verwaltungsakte, die eine **einmalige oder laufende Geldleistung** (z. B. Gewährung eines Zuschusses im Rahmen der Wirtschaftsförderung oder Bewilligung eines Stipendiums) oder **teilbare Sachleistung** (z. B. kostenlose Überlassung einer Wohnung) gewähren oder hierfür Voraussetzung sind (z. B. Festsetzung des Besoldungsdienstalters eines Beamten). Diese Verwaltungsakte dürfen grundsätzlich nicht mit Wirkung für die Vergangenheit (**ex tunc**) zurückgenommen werden, soweit der Begünstigte auf den Bestand des Verwaltungsaktes vertraut hat und sein Vertrauen unter Abwägung mit dem öffentlichen Interesse an einer Rücknahme schutzwürdig ist (§ 48 Abs. 2 Satz 1 VwVfG). Die Rücknahme mit Wirkung für die Zukunft (**ex nunc**) ist hierbei jedoch möglich, wobei in Ausnahmefällen aber auch eine Rücknahme des Verwaltungsaktes für die Zukunft unzulässig sein kann und die rechtswidrig gewährten Leistungen weiter gewährt werden müssen, z. B. wenn der Begünstigte schutzwürdige Vermögensdispositionen getroffen hat und die Einstellung der Leistungen seine Existenz gefährden würde.

Das **Vertrauen** ist nach der gesetzlichen Vermutung in der Regel **schutzwürdig**, wenn der Begünstigte gewährte Leistungen verbraucht oder eine Vermögensdisposition getroffen hat, die er nicht mehr oder nur unter unzumutbaren Nachteilen rückgängig machen kann (§ 48 Abs. 2 Satz 2 VwVfG).

Auf ein **Vertrauen** in den Bestand des Verwaltungsaktes kann sich der Begünstigte **nicht berufen**, wenn er den Verwaltungsakt durch arglistige Täuschung, Drohung, Bestechung oder durch Angaben, die in wesentlicher Beziehung unrichtig oder unvollständig waren, erwirkt hat oder die Rechtswidrigkeit des Verwaltungsaktes kannte oder infolge grober Fahrlässigkeit nicht kannte (§ 48 Abs. 2 Satz 3 VwVfG). In diesen Fällen wird der Verwaltungsakt in der Regel mit Wirkung für die Vergangenheit (ex tunc) zurückgenommen (§ 48 Abs. 2 Satz 4 VwVfG). Bereits gewährte Leistungen sind zu erstatten. Die zu erstattende Leistung ist durch schriftlichen Verwaltungsakt festzusetzen. Für den Umfang der Erstattung gelten die Vorschriften des Bürgerlichen Gesetzbuches über die Herausgabe einer ungerechtfertigten Bereicherung (§§ 812 ff. BGB) entsprechend (§ 49a VwVfG).

Zur **zweiten Gruppe** gehören die **sonstigen begünstigenden Verwaltungsakte**, z. B. Genehmigungen, Erlaubnisse oder Konzessionen. Diese Verwaltungsakte können nach pflichtgemäßem Ermessen von der Behörde ohne Einschränkung, auch bei schutzwürdigem Vertrauen des Begünstigten, zurückgenommen werden. Dem Grundsatz des Vertrauensschutzes wird in diesen Fällen dadurch entsprochen, dass die Behörde verpflichtet ist, dem Betroffenen auf Antrag den erlittenen Vermögensnachteil auszugleichen (§ 48 Abs. 3 VwVfG). Der Antrag kann nur innerhalb eines Jahres gestellt werden; die Frist beginnt, sobald die Behörde den Betroffenen auf sie hingewiesen hat. In der Praxis ist die Rücknahme der sonstigen begünstigenden Verwaltungsakte nach den Vorschriften des Verwaltungsverfahrensgesetzes nur von geringer Bedeutung, da für die meisten Verwaltungsakte spezielle gesetzliche Regelungen bestehen, die dem Verwaltungsverfahrensgesetz (VwVfG) vorgehen.

Im Übrigen ist zu beachten, dass bei der Rücknahme rechtswidriger begünstigender Verwaltungsakte **ausnahmsweise** auch sämtliche in § 49 Abs. 2 VwVfG aufgeführten Gründe für den Widerruf eines rechtmäßigen Verwaltungsaktes entsprechend anzuwenden sind, da der Fortbestand dieser Verwaltungsakte nicht stärker geschützt werden kann als der eines rechtmäßigen begünstigenden Verwaltungsaktes (**Erst-Recht-Schluss**).

4. Welche Fristen gelten für die Rücknahme eines rechtswidrigen begünstigenden Verwaltungsaktes?

Die Behörde kann einen rechtswidrigen begünstigenden Verwaltungsakt nur **innerhalb eines Jahres** seit dem Zeitpunkt der Kenntnis der Rechtswidrigkeit zurücknehmen, es sei denn, der Verwaltungsakt wurde durch arglistige Täuschung, Drohung oder Bestechung erwirkt (§ 48 Abs. 4 VwVfG). Nach einer Entscheidung des Großen Senats beim Bundesverwaltungsgericht beginnt die Jahresfrist erst zu laufen, wenn die Behörde die Rechtswidrigkeit des Verwaltungsaktes erkannt hat und ihr die für die Rücknahme außerdem erheblichen Tatsachen bekannt sind.

6.6 Widerruf eines rechtmäßigen Verwaltungsaktes

1. Was versteht man unter dem Widerruf eines Verwaltungsaktes?

Unter **Widerruf** versteht man die **Aufhebung eines rechtmäßigen** (fehlerfreien) **Verwaltungsaktes** (§ 49 VwVfG).

Es ist hierbei zu unterscheiden zwischen:

- **Widerruf eines rechtmäßigen belastenden Verwaltungsaktes**
- **Widerruf eines rechtmäßigen begünstigenden Verwaltungsaktes**.

2. Unter welchen Voraussetzungen ist der Widerruf eines rechtmäßigen belastenden Verwaltungsaktes möglich?

Der **Widerruf** eines **rechtmäßigen belastenden Verwaltungsaktes** liegt im **pflichtgemäßen Ermessen** der Behörde. Er kann grundsätzlich jederzeit, auch nachdem der Verwaltungsakt unanfechtbar, das heißt bestandskräftig geworden ist, erfolgen. Der Widerruf kann aber ganz oder teilweise nur mit Wirkung für die Zukunft (**ex nunc**) ausgesprochen werden.

Im Gegensatz zur Rücknahme ist also ein Widerruf für die Vergangenheit ausgeschlossen. Unzulässig ist der Widerruf auch, wenn ein Verwaltungsakt gleichen Inhalts erneut erlassen werden müsste, also ein gebundener Verwaltungsakt, z. B. Steuerbescheid, vorliegt oder andere Gründe, z. B. die Zusicherung einer Behörde, entgegenstehen (§ 49 Abs. 1 VwVfG).

3. Unter welchen Voraussetzungen ist der Widerruf eines rechtmäßigen begünstigenden Verwaltungsaktes möglich?

Der **Widerruf** eines **rechtmäßigen begünstigenden Verwaltungsaktes** ist aufgrund des Grundsatzes der Rechtssicherheit und des Vertrauensschutzes lediglich in **Ausnahmefällen**, ebenfalls ganz oder teilweise mit Wirkung für die Zukunft (**ex nunc**), zulässig.

Ein solcher Verwaltungsakt darf nach den im Verwaltungsverfahrensgesetz abschließend aufgeführten Gründen nur widerrufen werden, wenn:

- der Widerruf durch Rechtsvorschrift zugelassen oder im Verwaltungsakt vorbehalten ist (§ 49 Abs. 2 Nr. 1 VwVfG)
- der Begünstigte eine mit dem Verwaltungsakt verbundene Auflage nicht erfüllt hat (§ 49 Abs. 2 Nr. 2 VwVfG)
- die Behörde wegen nachträglicher Änderung der Sachlage, das heißt der tatsächlichen Verhältnisse, den Verwaltungsakt zum Zeitpunkt des Widerrufs versagen könnte und ohne den Widerruf das öffentliche Interesse gefährden würde (§ 49 Abs. 2 Nr. 3 VwVfG)
- die Behörde wegen nachträglicher Änderung der Rechtslage den Verwaltungsakt zum Zeitpunkt des Widerrufs versagen könnte und der Begünstigte von der Vergünstigung noch keinen Gebrauch gemacht hat oder aufgrund des Verwaltungsaktes noch keine Leistungen empfangen hat und ohne den Widerruf das öffentliche Interesse gefährdet würde (§ 49 Abs. 2 Nr. 4 VwVfG)
- schwere Nachteile für das Gemeinwohl verhütet oder beseitigt werden sollten (sog. vordringliches öffentliches Interesse; § 49 Abs. 2 Nr. 5 VwVfG).

Darüber hinaus sieht der durch Gesetz vom 2. Mai 1996 neu aufgenommene § 49 Abs. 3 des Verwaltungsverfahrensgesetzes (VwVfG) vor, dass ein rechtmäßiger Verwaltungsakt, der eine einmalige oder laufende Geldleistung oder teilbare Sachleistung zur Erfüllung eines bestimmten Zwecks gewährt oder hierfür Voraussetzung ist, auch nachdem er unanfechtbar geworden ist, ganz oder teilweise auch mit Wirkung für die Vergangenheit (ex tunc) widerrufen werden kann, wenn die Leistung nicht, nicht alsbald nach der Erbringung oder nicht mehr für den in dem Verwaltungsakt bestimmten Zweck verwendet wird oder wenn mit dem Verwaltungsakt eine Auflage verbunden ist und der Begünstigte diese nicht oder nicht innerhalb einer ihm gesetzten Frist erfüllt hat.

Die Behörde hat im Übrigen in den Fällen des Widerrufs wegen Änderung der Sach- oder Rechtslage (§ 49 Abs. 2 Nr. 3 und 4 VwVfG) oder wegen vordringlichem öffentlichem Interesse (§ 49 Abs. 2 Nr. 5 VwVfG) den Betroffenen auf Antrag für den **Vermö-**

gensnachteil zu entschädigen, den er im schutzwürdigen Vertrauen auf den Bestand des Verwaltungsaktes erlitten hat. Für den Umfang, die Festsetzung und die Geltendmachung des Entschädigungsanspruches gilt die gleiche Regelung wie für den Ausgleichsanspruch bei der Rücknahme rechtswidriger begünstigender Verwaltungsakte (§ 49 Abs. 6 VwVfG).

4. Welche Fristen gelten für den Widerruf eines rechtmäßigen begünstigenden Verwaltungsaktes?

Den rechtmäßigen begünstigenden Verwaltungsakt kann die Behörde nur **innerhalb eines Jahres** nach der Kenntnis des Widerrufsgrundes widerrufen (§ 49 Abs. 2 Satz 2 i.V.m. § 48 Abs. 4 VwVfG). Der widerrufene Verwaltungsakt wird mit dem Wirksamwerden des Widerrufs, das heißt der Bekanntgabe, unwirksam, wenn die Behörde keinen späteren Zeitpunkt bestimmt (§ 49 Abs. 4 VwVfG).

Eine **Sonderregelung** gilt für die Rücknahme und den Widerruf aus Anlass des Rechtsbehelfsverfahrens für **Verwaltungsakte mit Doppel- oder Drittwirkung.** In diesen Fällen kann die Behörde den Verwaltungsakt ohne Rücksicht auf die hinsichtlich des Vertrauensschutzes bestehenden Einschränkungen zurücknehmen oder widerrufen, solange ein zulässiger Rechtsbehelf (Widerspruch oder Klage) eines belastenden Dritten noch läuft (§ 50 VwVfG).

5. Was ist unter dem Wiederaufgreifen des Verfahrens zu verstehen?

Wiederaufgreifen des Verfahrens bedeutet, dass die Behörde auf Antrag des Betroffenen über die Aufhebung oder Änderung eines unanfechtbaren Verwaltungsaktes zu entscheiden hat, wenn

- sich die dem Verwaltungsakt zugrunde liegende Sach- oder Rechtslage nachträglich zugunsten des Betroffenen geändert hat
- neue Beweismittel vorliegen, die eine dem Betroffenen günstigere Entscheidung herbeiführen würde
- Wiederaufnahmegründe entsprechend § 580 der Zivilprozessordnung gegeben sind (§ 51 Abs. 1 VwVfG).

Der Antrag ist nur zulässig, wenn der Betroffene **ohne grobes Verschulden außer Stande** war, den Grund für das Wiederaufgreifen in dem früheren Verfahren, insbesondere durch Rechtsbehelf, geltend zu machen (§ 51 Abs. 2 VwVfG). Der Antrag muss binnen drei Monaten gestellt werden. Die Frist beginnt mit dem Tage, an dem der Betroffene von dem Grund für das Wiederaufgreifen Kenntnis erhalten hat (§ 51 Abs. 3 VwVfG).

7. Der öffentlich-rechtliche Vertrag

1. Was versteht man unter einem öffentlich-rechtlichen Vertrag und wodurch unterscheidet er sich vom Verwaltungsakt?

Unter einem **öffentlich-rechtlichen Vertrag** – auch als **Verwaltungsvertrag** bezeichnet – versteht man die **Begründung, Änderung oder Aufhebung eines Rechtsverhältnisses** auf dem Gebiet des **öffentlichen Rechts** (§ 54 VwVfG).

Zu beachten ist, dass von der gesetzlichen Begriffsbestimmung nur verwaltungsrechtliche Verträge erfasst werden, nicht jedoch Staatsverträge und Verwaltungsabkommen sowie privatrechtliche Verträge. In der Praxis erweist sich jedoch häufig die Abgrenzung des öffentlich-rechtlichen Vertrages vom privatrechtlichen Vertrag als **schwierig**. Maßgebend für die Zuordnung ist hierbei der Gegenstand des Vertrages, der aus seinem Inhalt zu ermitteln ist. Privatrechtliche Teilelemente, z. B. eine Grundstücksübereignung, nehmen dem Vertrag nicht seine öffentlich-rechtliche Eigenschaft, wenn dieser insgesamt auf einen öffentlich-rechtlichen Sachverhalt bezogen ist.

Der öffentlich-rechtliche Vertrag **unterscheidet** sich vom Verwaltungsakt dadurch, dass er aufgrund übereinstimmender Willenserklärungen der Beteiligten bestimmte Rechtsfolgen begründet.

2. Welche Arten öffentlich-rechtlicher Verträge unterscheidet man?

Die **öffentlich-rechtlichen Verträge** werden zumeist nach dem Verhältnis eingeteilt, in dem die Vertragsparteien zueinander stehen. Hierbei wird unterschieden zwischen

- **Koordinationsrechtlichen Verträgen**, das sind Verträge, bei denen sich die Beteiligten grundsätzlich **gleichgeordnet** gegenüberstehen. In der Regel handelt es sich dabei um öffentlich-rechtliche Vereinbarungen unter Verwaltungsträgern.

  Beispiele: Kommunale Gebietsänderungsverträge, Zweckverbandsvereinbarungen zwischen Gemeinden, Schulfinanzierungsverträge.

- **Subordinationsrechtlichen Verträgen**, das sind Verträge, bei denen sich die Beteiligten grundsätzlich im Verhältnis der **Über- und Unterordnung** gegenüberstehen. In der Regel handelt es sich dabei um öffentlich-rechtliche Verträge zwischen einem Verwaltungsträger und einer Privatperson. Die beiden wichtigsten Formen der subordinationsrechtlichen Verträge sind der **Vergleichsvertrag** und der **Austauschvertrag**.

  Beispiele: Verträge über die Erschließung, Verträge über die Entschädigung im Verfahren über die Sicherung der Bauleitplanung nach dem Bundesbaugesetz.

3. Was ist unter einem Vergleichsvertrag und einem Austauschvertrag zu verstehen?

Unter einem **Vergleichsvertrag** versteht man eine Vereinbarung zwischen der öffentlichen Verwaltung und einer Privatperson, mit der eine bei verständiger Würdigung des Sachverhalts oder der Rechtslage bestehende Ungewissheit durch gegenseitiges Nachgeben beseitigt wird (§ 55 VwVfG).

Beispiel: Erschließungsvertrag, da Ungewissheit über die Rechtslage besteht und die höchstrichterliche Entscheidung noch aussteht.

Unter einem **Austauschvertrag** versteht man eine Vereinbarung, in der sich der Vertragspartner der Behörde zu einer zweckgebundenen, der Erfüllung öffentlicher Aufgaben dienenden Gegenleistung verpflichtet, die den gesamten Umständen nach angemessen sein und im sachlichen Zusammenhang mit der vertraglichen Leistung der Behörde stehen muss (§ 56 VwVfG).

Beispiel

Ein Gastwirt kann auf seinem Grundstück nicht die erforderlichen Stellplätze für Pkws nachweisen. Damit ihm die erforderliche Konzession erteilt werden kann, kommt er durch die Zahlung einer Ablösesumme seiner Stellplatzverpflichtung nach. Die gezahlte Ablösesumme wird zweckgebunden für die Schaffung von öffentlichen Parkplätzen im Gemeindegebiet verwendet.

4. Welche Voraussetzungen müssen für den wirksamen Abschluss eines öffentlich-rechtlichen Vertrages erfüllt sein?

Das Verwaltungsverfahrensgesetz regelt nicht abschließend die Art und Weise des Abschlusses eines öffentlich-rechtlichen Vertrages. Es gelten deshalb auch die übrigen Vorschriften des Verwaltungsverfahrensgesetzes (VwVfG) sowie ergänzend die Vorschriften des Bürgerlichen Gesetzbuches (BGB) entsprechend (§ 62 VwVfG).

Der **öffentlich-rechtliche Vertrag** kommt durch **zwei auf einen gemeinsamen Rechtserfolg gerichtete Willenserklärungen** – Antrag und Annahme – zustande. Auf die öffentlich-rechtlichen Willenserklärungen finden hierbei insbesondere die Vorschriften des BGB über Willenserklärungen (§§ 116 bis 144 BGB) und über die allgemeinen vertragsrechtlichen Regelungen (§§ 145 bis 157 BGB) entsprechende Anwendung.

Für den wirksamen Abschluss eines öffentlich-rechtlichen Vertrages müssen im Wesentlichen die folgenden **Voraussetzungen** vorliegen:

- Die Behörde muss für den Vertragsgegenstand sachlich und örtlich zuständig sein (§ 3 VwVfG).
- Die Vertragsparteien müssen beteiligungs- und handlungsfähig sein (§§ 11, 12 VwVfG).
- Der öffentlich-rechtliche Vertrag muss hinsichtlich der Handlungsform und des Vertragsinhalts zulässig sein (§ 54 VwVfG). Als Handlungsform ist der Vertragsabschluss nur dann unzulässig, wenn Rechtsvorschriften entgegenstehen. Hinsichtlich des Vertragsinhalts sind insbesondere die sich aus dem materiellen Recht ergebenden Grenzen der inhaltlichen Gestaltungsfreiheit zu beachten, da die Behörde beim Vertragsabschluss an den Grundsatz der Gesetzmäßigkeit der Verwaltung gebunden ist.

Zusätzlich gelten für Vergleichs- oder Austauschverträge die im Verwaltungsverfahrensgesetz enthaltenen einschränkenden Sonderregelungen (§§ 55, 56 VwVfG).

- Der öffentlich-rechtliche Vertrag muss schriftlich geschlossen werden, soweit nicht durch Rechtsvorschrift eine andere Form vorgeschrieben ist (§ 57 VwVfG).
- Wenn der öffentlich-rechtliche Vertrag in die Rechte eines Dritten (z. B. eines Nachbarn) eingreift, bedarf er dessen schriftlicher Zustimmung (§ 58 Abs. 1 VwVfG). Entsprechendes gilt, wenn der Vertrag einen Verwaltungsakt ersetzen soll, bei dessen Erlass die Zustimmung einer anderen Behörde erforderlich wäre (§ 58 Abs. 2 VwVfG).

5. Zu welchen Folgen führt die Rechtswidrigkeit eines öffentlich-rechtlichen Vertrages?

Die **Fehlerhaftigkeit** (Rechtswidrigkeit) eines **öffentlich-rechtlichen Vertrages** führt entweder zur **Nichtigkeit** des Vertrages **oder** hat überhaupt **keine Rechtsfolgen**.

Nichtig ist ein rechtswidriger öffentlich-rechtlicher Vertrag dann, wenn einer der im Verwaltungsverfahrensgesetz (VwVfG) abschließend aufgeführten Nichtigkeitsgründe vorliegt (§ 59 VwVfG). Liegt keiner dieser Nichtigkeitsgründe vor, so bleibt ein rechtswidriger öffentlich-rechtlicher Vertrag voll wirksam, es sei denn, die Voraussetzungen für eine Anpassung des Vertragsinhalts oder für eine Vertragskündigung (§ 60 VwVfG) sind gegeben.

Durch den nichtigen öffentlich-rechtlichen Vertrag werden Rechtsfolgen oder Rechtswirkungen nicht begründet, sodass beim Verfügungsvertrag keine Rechtsänderungen herbeigeführt werden und beim Verpflichtungsvertrag keine Leistungspflichten entstehen. Bereits erbrachte Leistungen müssen nach den Grundsätzen der ungerechtfertigten Bereicherung (§§ 812 ff. BGB) zurückerstattet werden.

6. Welche Gründe bewirken die Nichtigkeit eines öffentlich-rechtlichen Vertrages?

Für die verschiedenen Arten der öffentlich-rechtlichen Verträge sieht das Verwaltungsverfahrensgesetz (VwVfG) folgende **Nichtigkeitsgründe** vor:

Koordinationsrechtliche und **subordinationsrechtliche öffentlich-rechtliche Verträge** sind **nichtig**, wenn sich dies aus der entsprechenden Anwendung von Vorschriften des Bürgerlichen Gesetzbuches (BGB) ergibt (§ 59 Abs. 1 VwVfG). In Betracht kommen hierbei unter anderem Nichtigkeit bei Geschäftsunfähigkeit, geheimen Vorbehalt, Scheingeschäften, Mangel an Ernstlichkeit, Verletzung der Schriftform (§§ 105, 116, 117 Abs. 1, 118, 125 BGB), Verstoß gegen die guten Sitten (§ 138 BGB), tatsächliche objektive Unmöglichkeit (§ 306 BGB).

Subordinationsrechtliche Verträge (dazu gehören auch die Vergleichs- und Austauschverträge) sind **ferner nichtig**, wenn ein Verwaltungsakt mit entsprechendem Inhalt nichtig wäre oder ein Verwaltungsakt rechtswidrig wäre und die Rechtswidrigkeit nicht auf einem Verfahrens- oder Formfehler beruht und beide Vertragspartner die

Rechtswidrigkeit kannten (§ 59 Abs. 2 Nr. 1 und 2 VwVfG). Daneben bestehen für den Vergleichsvertrag und den Austauschvertrag noch spezielle Nichtigkeitsgründe. Vergleichsverträge sind danach ebenfalls nichtig, wenn bei ihrem Abschluss die Voraussetzungen, unter denen sie geschlossen werden dürfen, nicht gegeben waren (§ 59 Abs. 1 Nr. 3 VwVfG). Austauschverträge sind ebenfalls auch dann nichtig, wenn sich die Behörde eine unzulässige Gegenleistung versprechen lässt (§ 59 Abs. 1 Nr. 4 VwVfG).

Betrifft die **Nichtigkeit nur einen Teil** des öffentlich-rechtlichen Vertrages, so ist er im **Ganzen nichtig,** wenn nicht anzunehmen ist, dass er auch ohne den nichtigen Teil geschlossen worden wäre (§ 59 Abs. 3 VwVfG).

8. Das Verwaltungsvollstreckungsverfahren

8.1 Grundlagen der Verwaltungsvollstreckung

1. In welchen Rechtsvorschriften ist das Verwaltungsvollstreckungsverfahren geregelt?

Das **Verwaltungsvollstreckungsverfahren** ist im **Verwaltungs-Vollstreckungsgesetz des Bundes** (VwVG) und im **Gesetz über den unmittelbaren Zwang bei Ausübung öffentlicher Gewalt durch Vollzugsbeamte des Bundes** (UZwG), welche für die Behörden des Bundes und der bundesunmittelbaren Körperschaften, Anstalten und Stiftungen des öffentlichen Rechts gelten, sowie in den **Verwaltungsvollstreckungsgesetzen der Länder**, die für die Landesbehörden und die Behörden der Gemeinden, Gemeindeverbände und der sonstigen, der Landesaufsicht unterstehenden juristischen Personen des öffentlichen Rechts gelten, geregelt. Die Verwaltungsvollstreckungsgesetze der Länder stimmen in den Grundzügen mit dem Verwaltungs-Vollstreckungsgesetz des Bundes überein.

2. Was ist unter Verwaltungsvollstreckung zu verstehen?

Unter **Verwaltungsvollstreckung** ist die zwangsweise Durchsetzung öffentlich-rechtlicher Ansprüche durch die Behörde in einem verwaltungseigenen Verfahren zu verstehen.

3. Wodurch unterscheiden sich Verwaltungsvollstreckung und Zwangsvollstreckung?

Die Bedeutung der Vollstreckung von öffentlich-rechtlichen Ansprüchen (**Verwaltungsvollstreckung**) ist am deutlichsten erkennbar, wenn man in die Betrachtung die Vollstreckung von privatrechtlichen Ansprüchen (**Zwangsvollstreckung**) einbezieht.

Wird ein **privatrechtlicher Anspruch** nicht erfüllt, so muss der Gläubiger in der Regel vor dem ordentlichen Gericht auf Erfüllung klagen. Wenn im gerichtlichen Erkenntnisverfahren festgestellt wird, dass der geltend gemachte Anspruch rechtlich begründet ist, so ergeht ein entsprechendes Urteil. Dieses Urteil bildet zugleich einen Vollstreckungstitel, aus dem auf Antrag des Gläubigers sodann der privatrechtliche Anspruch mithilfe der staatlichen Vollstreckungsorgane (Gerichtsvollzieher, Vollstreckungsgericht) zwangsweise durchgesetzt werden kann.

Im Gegensatz dazu können die **Verwaltungsbehörden** aufgrund der ihnen gesetzlich verliehenen **Hoheitsgewalt** die von ihnen erlassenen **Verwaltungsakte selbst zwangsweise durchsetzen**, ohne dass es eines gerichtlichen Erkenntnisverfahrens bedarf, falls der Betroffene dem Gebot oder Verbot nicht freiwillig nachkommt (sog. **Grundsatz der Selbstvollstreckung**). Die Verwaltungsvollstreckung setzt zwar ebenfalls einen Vollstreckungstitel voraus, die Verwaltungsbehörde kann sich durch den Verwaltungsakt aber den erforderlichen Vollstreckungstitel selbst beschaffen und mithilfe eigener Vollstreckungsorgane zwangsweise den öffentlich-rechtlichen Anspruch durchsetzen. Für privatrechtlich begründete Ansprüche der Verwaltung, z. B. Forderungen aus Kaufverträgen, gelten jedoch nicht die Regelungen der Verwaltungsvollstreckung sondern ebenfalls die der zivilrechtlichen Zwangsvollstreckung.

4. Welche Vollstreckungsarten bei der Verwaltungsvollstreckung unterscheidet man?

Das Verwaltungs-Vollstreckungsgesetz des Bundes (VwVG) unterscheidet hinsichtlich der Vollstreckung von Verwaltungsakten – ebenso wie die Landesgesetze – zwischen folgenden **Vollstreckungsarten:**

- Vollstreckung von **Geldforderungen** (sog. Zwangsbeitreibung)
- Vollstreckung zur **Erzwingung von Handlungen, Duldungen oder Unterlassungen** (sog. Verwaltungszwang).

8.2 Verwaltungsvollstreckung von Geldforderungen

1. Was ist Gegenstand der Vollstreckung von Geldforderungen?

Gegenstand der Vollstreckung von Geldforderungen sind die **öffentlich-rechtlichen Geldforderungen** (§ 1 Abs. 1 VwVG). In Betracht kommen hierbei insbesondere Steuern, Gebühren und Beiträge.

Nicht hierunter fallen privatrechtliche Geldforderungen der Behörden, z. B. aus dem Verkauf eines Kraftfahrzeuges, die diese wie jeder Privatmann vor den ordentlichen Gerichten geltend machen und gegebenenfalls nach den Vorschriften der Zivilprozessordnung (ZPO) beitreiben müssen.

2. Welches Vermögen des Schuldners unterliegt der Vollstreckung von öffentlich-rechtlichen Geldforderungen?

Der **Vollstreckung** unterliegt grundsätzlich das **gesamte Vermögen des Schuldners**, also das bewegliche und das unbewegliche Vermögen.

Die Vollstreckung in das **bewegliche Vermögen** erfolgt durch Pfändung und Pfandverwertung im Wege der Versteigerung (§ 5 Abs. 1 VwVG i. V. m. den §§ 285 ff. AO).

In **Forderungen** wird durch Pfändungsverfügung und Einziehung vollstreckt (§ 5 Abs. 1 VwVG i. V. m. den §§ 309, 314 AO).

In das **unbewegliche Vermögen** des Schuldners (z. B. Grundstücke) erfolgt die Vollstreckung durch Eintragung einer Sicherungshypothek, Zwangsversteigerung und Zwangsverwaltung (§ 322 AO). Vollstreckungsorgan ist hier das Amtsgericht als Vollstreckungsgericht.

3. Welche Voraussetzungen gelten für die Einleitung der Vollstreckung von öffentlich-rechtlichen Geldforderungen?

Die Vollstreckung von öffentlich-rechtlichen Geldforderungen (Zwangsbeitreibung) wird von der **Vollstreckungsbehörde** – dies ist eine bestimmte Stelle innerhalb des Verwaltungsträgers, der die Vornahme der Vollstreckung ausdrücklich zugewiesen ist (z. B. Vollstreckungsstelle beim Finanzamt oder Hauptzollamt) – durch eine **Vollstreckungsanordnung** eingeleitet. Die Vollstreckungsanordnung, die kein Verwaltungsakt, sondern eine innere Angelegenheit der Verwaltung ist und somit nicht mit Rechtsmitteln angefochten werden kann, ist an folgende **Voraussetzungen** gebunden:

- Der Schuldner muss durch einen Leistungsbescheid, das heißt einen Verwaltungsakt, der eine öffentlich-rechtliche Leistungspflicht zum Gegenstand hat, z. B. Steuer- oder Gebührenbescheid, zur Leistung aufgefordert worden sein (§ 3 Abs. 2 Buchst. a VwVG).
- Die Leistung muss fällig sein (§ 3 Abs. 2 Buchst. b VwVG).
- Nach Bekanntgabe des Leistungsbescheides bzw. nach Eintritt der Fälligkeit muss mindestens eine Woche vergangen sein (sog. Schonfrist, § 3 Abs. 2 Buchst. c VwVG).

Ferner soll der Schuldner vor Anordnung der Vollstreckung mit einer Zahlungsfrist von einer weiteren Woche besonders gemahnt werden (sog. Mahnfrist, § 3 Abs. 3 VwVG). Für die Mahnung wird eine Mahngebühr erhoben, die ein halbes Prozent des Mahnbetrages, mindestens jedoch 5 € und höchstens 150 € beträgt, und auf volle Euro aufgerundet wird (§ 19 Abs. 2 VwVG). Die Nichtbeachtung der Mahnfrist berührt jedoch nicht die Wirksamkeit der Vollstreckungsanordnung, da es sich hierbei lediglich um eine Sollvorschrift handelt.

Die **landesrechtlichen Regelungen** kennen zum Teil andere Fristen oder enthalten weitergehende Ausnahmen von der Zahlungsfrist und Mahnung.

Das Verfahren zur Vollstreckung von öffentlich-rechtlichen Geldforderungen richtet sich im Übrigen nach den Vorschriften der Abgabenordnung, die sich an die Bestimmungen der Zivilprozessordnung (ZPO) anlehnen (§ 5 Abs. 1 VwVG). Wenn die Vollstreckung von Vollstreckungsorganen der Länder ausgeführt wird, sind die landesrechtlichen Verwaltungsvollstreckungsvorschriften maßgebend.

8.3 Erzwingung von Handlungen, Duldungen und Unterlassungen

1. Welche Mittel stehen der öffentlichen Verwaltung zur Erzwingung von Handlungen, Duldungen und Unterlassungen zur Verfügung?

Der Verwaltungsbehörde stehen zur **Erzwingung von Handlungen** (z. B. Abriss eines baufälligen Hauses), **Duldungen** (z. B. Betreten eines Grundstückes) oder **Unterlassungen** (z. B. Schließung einer Gaststätte) bestimmte Mittel zur Verfügung, falls der Betroffene das Gebot oder Verbot nicht freiwillig befolgt. Diese der Verwaltung zur Verfügung stehenden rechtlichen Zwangsmaßnahmen werden als **Zwangsmittel** bezeichnet. Das Verwaltungs-Vollstreckungsgesetz des Bundes (VwVG) kennt folgende Zwangsmittel:

Zwangsmittel	Rechtsgrundlage
Ersatzvornahme	§ 10 VwVG
Zwangsgeld	§ 11 VwVG
Unmittelbarer Zwang	§ 12 VwVG

Die **Auswahl** der einzelnen Zwangsmittel steht – soweit gesetzlich keine bestimmte Reihenfolge vorgeschrieben ist – im **pflichtgemäßen Ermessen** der Behörde (§ 40 VwVfG). Das Zwangsmittel muss aber in einem angemessenen Verhältnis zu seinem Zweck stehen. Dabei ist das Zwangsmittel möglichst so zu bestimmen, dass der Betroffene und die Allgemeinheit am wenigsten beeinträchtigt werden (§ 9 Abs. 2 VwVG). Bei der Auswahl der Zwangsmittel ist somit ebenso wie bei allen Verwaltungsmaßnahmen der Grundsatz der Verhältnismäßigkeit und das Erfordernis des geringstmöglichen Eingriffs zu beachten.

2. Worin besteht die Ersatzvornahme?

Die **Ersatzvornahme** besteht darin, dass eine Handlung, deren Vornahme durch einen anderen möglich ist (vertretbare Handlung), anstelle des Pflichtigen, der diese Handlung hätte vornehmen müssen, von einem von der Verwaltungsbehörde beauftragten Dritten ausgeführt wird und der Pflichtige die daraus entstehenden Kosten zu tragen hat (§ 10 VwVG).

Beispiel: Abbruch eines widerrechtlich erstellten Gebäudes durch einen Unternehmer aufgrund eines zwischen ihm und der Behörde geschlossenen Werkvertrages.

Die meisten **Landesgesetze** sehen bei der Ersatzvornahme auch die Möglichkeit vor, dass die Handlung außer durch einen Dritten (sog. **Fremdvornahme**) auch durch die Behörde selbst ausgeführt werden kann (sog. **Selbstvornahme**). Keine Ersatzvornahme ist bei Duldungen oder Unterlassungen möglich, da es sich hier um höchstpersönliche Pflichten (unvertretbare Handlungen) handelt.

3. Was versteht man unter Zwangsgeld?

Das **Zwangsgeld** ist ein Zwangsmittel, wodurch der Pflichtige zur Vornahme einer Handlung oder zur Erfüllung einer Duldungs- oder Unterlassungspflicht angehalten werden soll (§ 11 VwVG).

Beispiel: Die Behörde fordert jemand auf, zu einer ärztlichen Untersuchung zu erscheinen. Dieser kam der Aufforderung bisher nicht nach.

4. Wann kommt das Zwangsgeld in Betracht?

Das **Zwangsgeld** kommt insbesondere bei **unvertretbaren** (höchstpersönlichen) **Handlungen** in Betracht. Allerdings kann ein Zwangsgeld auch bei vertretbaren Handlungen angewandt werden, wenn die Ersatzvornahme untunlich ist, besonders wenn der Pflichtige außer Stande ist, die dadurch entstehenden Kosten zu tragen (§ 11 Abs. 1 VwVG). Ferner ist ein Zwangsgeld zulässig, wenn der Pflichtige der Verpflichtung zuwiderhandelt, eine Handlung zu dulden oder zu unterlassen (§ 11 Abs. 2 VwVG).

Die **Höhe des Zwangsgeldes** beträgt bis zu 25.000 € (§ 11 Abs. 3 VwVG). In den Ländern gelten zum Teil andere Beträge. Ist das Zwangsgeld uneinbringlich, kann durch Beschluss des Verwaltungsgerichts auf Antrag der Behörde **Ersatzzwangshaft** angeordnet werden, sofern bei Androhung des Zwangsgeldes auf diese Möglichkeit hingewiesen worden ist (§ 16 Abs. 1 VwVG). Die Ersatzzwangshaft beträgt mindestens einen Tag und höchstens zwei Wochen (§ 16 Abs. 2 VwVG). Sie ist kein selbstständiges Zwangsmittel und wird in der Praxis nur selten angewandt.

5. Was ist unter unmittelbarem Zwang zu verstehen?

Unmittelbarer Zwang ist die Einwirkung auf Personen oder Sachen durch Anwendung von körperlicher Gewalt, von Hilfsmitteln der körperlichen Gewalt oder von Waffen (§ 12 VwVG, § 2 Abs. 1 UZwG).

Beispiele: Zwangsweise Vorführung einer Person, gewaltsames Öffnen einer Wohnungstür um einen Flüchtigen zu ergreifen, Einsatz von Wasserwerfern.

6. Wann darf der unmittelbare Zwang angewandt werden?

Der **unmittelbare Zwang** ist das **schärfste Zwangsmittel**. Er darf nur dann angewendet werden, wenn Ersatzvornahme oder Zwangsgeld nicht zum Erfolg führen oder nicht zweckmäßig sind (§ 12 VwVG). Ausgeübt werden darf der unmittelbare Zwang nur durch besonders ermächtigte Vollzugsbeamte, wobei vielfach für den Schusswaffengebrauch zusätzliche persönliche und sachliche Beschränkungen vorgesehen sind.

In der Praxis bereitet gelegentlich die Abgrenzung zwischen dem unmittelbaren Zwang gegenüber Sachen und der Ersatzvornahme Schwierigkeiten. Dies gilt insbesondere dann, wenn die Behörde die Handlung selbst vornimmt (sog. Selbstvornahme), wie dies in den meisten Ländern als zusätzliche Möglichkeit vorgesehen ist. Als Faustregel kann hierbei gelten, dass Ersatzvornahme immer dann gegeben ist, wenn durch die Vornahme der Handlung der Verwaltungszweck unmittelbar erfüllt wird (z. B. Abbruch eines einsturzgefährdeten Schornsteins) und unmittelbarer Zwang immer dann vorliegt, wenn die Einwirkung auf die Sache erst die Voraussetzungen für ein weiteres Handeln schaffen soll, durch das der Verwaltungszweck erreicht wird (z. B. Einsatz von Wasserwerfern zur Auflösung einer nicht genehmigten Kundgebung).

7. Welche Arten des Verwaltungsvollstreckungsverfahrens unterscheidet man?

Das Verwaltungs-Vollstreckungsgesetz des Bundes (VwVG) und die Verwaltungsvollstreckungsgesetze der Länder unterscheiden zwei Arten des Verwaltungsvollstreckungsverfahrens:

- **gestrecktes Verwaltungsvollstreckungsverfahren** (§§ 13 bis 15 VwVG)
- **sofortiger Vollzug** (§ 6 Abs. 2 VwVG).

8. Wie ist das gestreckte Verwaltungsvollstreckungsverfahren gegliedert?

Das **gestreckte Verwaltungsvollstreckungsverfahren** umfasst drei aufeinander folgende Stufen:

- Die **Androhung**, das heißt das Zwangsmittel muss dem Betroffenen vorher unter Festsetzung einer bestimmten Frist schriftlich angedroht worden sein (§ 13 Abs. 1 Satz 1 VwVG). Die Androhung, die die Rechtsnatur eines Verwaltungsaktes hat, ist nach Maßgabe des Verwaltungszustellungsgesetzes (VwZG) förmlich zuzustellen. Sie kann auch bereits mit dem zu vollstreckenden Verwaltungsakt verbunden werden, was in der Praxis meistens der Fall ist (§ 13 Abs. 2 und 7 VwVG). Die Androhung muss sich auf ein bestimmtes Zwangsmittel beziehen und dieses genau kennzeichnen (z. B. die konkrete Höhe des Zwangsgeldes) sowie bei der Ersatzvornahme auch den veranschlagten Kostenbetrag enthalten (§ 13 Abs. 3 bis 5 VwVG).
- Die **Festsetzung**, das heißt das angedrohte Zwangsmittel wird nach Fristablauf und Nichtbefolgung des Verwaltungsaktes durch einen besonderen Akt, der nach herrschender Meinung ebenfalls ein Verwaltungsakt ist, festgesetzt (§ 14 Satz 1 VwG). Die Festsetzung muss mit der Androhung des Zwangsmittels inhaltlich übereinstimmen, da sie ansonsten rechtswidrig ist. In den Ländergesetzen ist zum Teil eine Festsetzung der Zwangsmittel nur beim Zwangsgeld vorgesehen.
- Die **Anwendung**, das heißt das zuvor angedrohte und festgesetzte Zwangsmittel kann nun der Festsetzung entsprechend angewendet werden (§ 15 Abs. 1 VwVG).

Leistet der Pflichtige bei der Ersatzvornahme oder bei unmittelbarem Zwang Widerstand, so kann dieser mit Gewalt gebrochen werden (§ 15 Abs. 2 VwVG). Die Anwendung des Zwangsmittels ist einzustellen, sobald sein Zweck erreicht ist (§ 15 Abs. 3 VwVG).

9. Welches sind die Voraussetzungen für die Zulässigkeit des Verwaltungszwanges?

Für die Einleitung des**Verwaltungszwanges** (Vollstreckung zur Erzwingung von Handlungen, Duldungen oder Unterlassungen) gelten folgende **Voraussetzungen:**

- Der **Verwaltungsakt muss wirksam sein**, das heißt dem Adressaten bekannt gegeben worden sein (§ 43 Abs. 1 VwVfG). Zu beachten ist hierbei, dass nichtige und damit gemäß § 43 Absatz 3 des Verwaltungsverfahrensgesetzes (VwVfG) unwirksame Verwaltungsakte nicht vollstreckt werden dürfen. Dies gilt jedoch nicht für rechtswidrig anfechtbare Verwaltungsakte, da diese bis zu ihrer eventuellen Aufhebung wirksam sind und auch bestandskräftig werden können.
- Der **Verwaltungsakt muss vollstreckungsfähig sein**, das heißt die durch ihn getroffene Regelung muss ihrem Inhalt nach zur Leistung von Geld oder zu einem sonstigen Tun, Dulden oder Unterlassen verpflichten. Dies bedeutet, dass nur befehlende Verwaltungsakte vollstreckt werden dürfen, da die begünstigenden, gestaltenden und feststellenden Verwaltungsakte keine Ansprüche enthalten, die eventuell zwangsweise durchgesetzt werden müssten.
- Der **Verwaltungsakt muss vollstreckbar sein**, das heißt er muss entweder unanfechtbar geworden sein oder die Verwaltungsbehörde muss seine sofortige Vollziehung angeordnet haben (§ 80 Abs. 2 Nr. 4 VwGO) oder ein förmlicher Rechtsbehelf darf kraft Gesetzes keine aufschiebende Wirkung haben (§ 6 Abs. 1 VwVG).

10. Welche Regelungen gelten für den sofortigen Vollzug?

Der **sofortige Vollzug** – auch als sofortiger Zwang oder unmittelbare Ausführung bezeichnet –, darf nicht mit der sofortigen Vollziehung nach § 80 VwGO verwechselt werden. Er kommt nur in **Ausnahmefällen**, insbesondere in akuten Gefahrenlagen, z. B. auslaufendes Öl droht das Grundwasser zu verseuchen, in Betracht und ist nur zulässig, wenn er zur Verhinderung einer rechtswidrigen Tat, die einen Straf- oder Bußgeldtatbestand verwirklicht oder zur Abwendung einer drohenden Gefahr notwendig ist und die Behörde hierbei innerhalb ihrer gesetzlichen Befugnisse handelt (§ 6 Abs. 2 VwVG).

Der **sofortige Vollzug** kann in diesen Fällen **ohne vorausgegangenen Verwaltungsakt angewendet werden**, wobei auch die Androhung und die Festsetzung des Zwangsmittels entfallen (§ 13 Abs. 1 und § 14 Abs. 2 VwVG).

9. Rechtsschutz gegen Verwaltungshandeln

9.1 Formen und Wirkungen von Rechtsbehelfen

1. Auf welche Weise wird das öffentlich-rechtliche Verwaltungshandeln kontrolliert?

Die **öffentliche Verwaltung** ist als Teil der vollziehenden Gewalt gemäß Artikel 20 Abs. 3 des Grundgesetzes (GG) an **Gesetz und Recht gebunden** und somit zum **rechtmäßigen Handeln verpflichtet**. Trotzdem sind bei der Vielzahl der von der Verwaltung zu treffenden Maßnahmen fehlerhafte, also rechtswidrige Entscheidungen nicht auszuschließen. Aus Gründen der Rechtsstaatlichkeit ist es daher geboten, das **Verwaltungshandeln zu kontrollieren**, um es gegebenenfalls korrigieren zu können. Diesem Zweck dienen:

- die **verwaltungsinterne Kontrolle** – auch als **Selbstkontrolle** bezeichnet –, die durch die handelnde Behörde selbst oder durch andere Verwaltungsbehörden (z. B. Aufsichtsbehörden, Rechnungsprüfungsämter) erfolgt
- die **verwaltungsexterne Kontrolle** – auch als **Fremdkontrolle** bezeichnet –, die durch Institutionen außerhalb der öffentlichen Verwaltung erfolgt, insbesondere durch die Gerichte. Diese Fremdkontrolle kann außerdem auch von den Volksvertretungen (Bundestag, Landtag) ausgeübt werden, da nach Artikel 17 GG jedermann das Recht hat, sich einzeln oder in Gemeinschaft mit anderen schriftlich mit Bitten oder Beschwerden an die zuständigen Stellen und an die Volksvertretung zu wenden.

2. Welche Arten von Rechtsbehelfen unterscheidet man?

Die verwaltungsexterne Kontrolle wird durch die Einlegung von **Rechtsbehelfen**, die dem Bürger als Abwehrrechte gegen Verwaltungsmaßnahmen zur Verfügung stehen, eingeleitet. Man unterscheidet hierbei folgende **Arten** von Rechtsbehelfen:

- **formlose Rechtsbehelfe**
- **förmliche Rechtsbehelfe**.

3. Auf welcher verfassungsrechtlichen Grundlage beruhen die formlosen Rechtsbehelfe?

Die **formlosen Rechtsbehelfe** haben ihre verfassungsrechtlichen Wurzeln im **Petitionsrecht** (Art. 17 GG). Sie basieren auf dem Grundsatz, dass jedermann das Recht hat, sich einzeln oder in Gemeinschaft mit Bitten und Beschwerden an die zuständigen Stellen, das heißt alle Behörden, die dem von der Entscheidung der öffentlichen Verwaltung Betroffenen weiterhelfen können, zu wenden.

Die formlosen Rechtsbehelfe, die auch neben den förmlichen Rechtsbehelfen erhoben werden können, sind weder an eine bestimmte Form noch eine Frist gebunden. Die Behörde ist verpflichtet, den formlosen Rechtsbehelf entgegenzunehmen, das Anliegen zu prüfen und dem Beschwerdeführer in angemessener Frist schriftlich die Art der Erledigung mitzuteilen. Ein Anspruch auf Begründung der Mitteilung besteht nicht. Ebenso besteht kein Rechtsanspruch auf ein bestimmtes Tätigwerden oder auf eine formelle Entscheidung der Behörde.

4. Welche formlosen Rechtsbehelfe gibt es?

Man unterscheidet folgende **Arten** von formlosen Rechtsbehelfen:

- **Gegenvorstellung:** Sie richtet sich an die Behörde, die die Verwaltungsmaßnahme erlassen hat, und begehrt von ihr deren Änderung oder Aufhebung.
- **Aufsichtsbeschwerde:** Hierbei wird unterschieden zwischen der Fachaufsichtsbeschwerde und der Dienstaufsichtsbeschwerde.

  Die **Fachaufsichtsbeschwerde** richtet sich an die Aufsichtsbehörde und begehrt von ihr die Nachprüfung einer Verwaltungsmaßnahme mit dem Ziel, die zuständige Behörde anzuweisen, die beanstandete Maßnahme zu ändern oder aufzuheben oder im Falle einer Unterlassung tätig zu werden.

  Die **Dienstaufsichtsbeschwerde** richtet sich gegen das persönliche Verhalten eines Behördenbediensteten und begehrt vom Dienstvorgesetzten des gerügten Bediensteten eine Anweisung an den Bediensteten, sich ordnungsgemäß zu verhalten oder gegenüber dieser Person disziplinarrechtliche (bei Beamten) oder arbeitsrechtliche (bei Arbeitnehmern) Maßnahmen einzuleiten.

5. Wo haben die förmlichen Rechtsbehelfe ihre verfassungsrechtliche Grundlage?

Die **förmlichen Rechtsbehelfe** haben ihre verfassungsrechtliche Grundlage in der **Rechtsweggarantie** des Artikels 19 Abs. 4 des Grundgesetzes (GG). Danach steht der Rechtsweg offen, wenn jemand durch die öffentliche Gewalt in seinen Rechten verletzt wird. Die förmlichen Rechtsbehelfe sind an bestimmte Voraussetzungen gebunden, die durch gesetzliche Verfahrensordnungen festgelegt sind.

Die Einzelheiten für das Rechtsbehelfsverfahren in der öffentlichen Verwaltung und das gerichtliche Verfahren sind im Wesentlichen in der Verwaltungsgerichtsordnung (VwGO) geregelt.

6. Welche förmlichen Rechtsbehelfe gibt es?

Die **förmlichen Rechtsbehelfe** werden unterteilt in:

- **Rechtsmittel**
- **förmliche Rechtsbehelfe**.

Die **Rechtsmittel** sind Rechtsbehelfe zur Überprüfung von Gerichtsentscheidungen durch ein höheres Gericht, bevor die Gerichtsentscheidung rechtskräftig wird. Als Rechtsmittel kennt die Verwaltungsgerichtsordnung (VwGO) die **Berufung**, die **Revision**, die **Beschwerde** und die **Anhörungsrüge**, die durch das am 1. Januar 2005 in Kraft getretene Anhörungsrügengesetz eingeführt wurde.

Als **sonstige förmliche Rechtsbehelfe** kennt die VwGO den **Widerspruch** und die **Klage**.

9.2 Widerspruchsverfahren

1. Welche Vorschriften gelten für das Widerspruchsverfahren?

Für das Widerspruchsverfahren gelten nach § 79 des Verwaltungsverfahrensgesetzes (VwVfG) insbesondere die **Verwaltungsgerichtsordnung** (VwGO) und die zu ihrer Ausführung von den Ländern erlassenen Rechtsvorschriften, soweit nicht durch Gesetz etwas anderes bestimmt ist. Das Widerspruchsverfahren wird in der VwGO auch als **Vorverfahren** bezeichnet.

2. Welchem Zweck dient das Widerspruchsverfahren?

Der **Widerspruch** ist der wichtigste außergerichtliche förmliche Rechtsbehelf gegen Verwaltungsakte, die im Anwendungsbereich des Verwaltungsverfahrensgesetzes von der öffentlichen Verwaltung erlassen wurden.

Das durch einen Widerspruch in Gang gesetzte **Widerspruchsverfahren** hat doppelten Charakter. Es ist zum einen **Bestandteil des Verwaltungsverfahrens**, weil es der öffentlichen Verwaltung ermöglicht, den angefochtenen Verwaltungsakt nochmals auf seine Rechtmäßigkeit und Zweckmäßigkeit zu überprüfen und vorhandene Fehler zu beseitigen. Andererseits ist es auch ein **verwaltungsgerichtliches Verfahren**, weil es grundsätzlich vor der Erhebung einer Anfechtungsklage (bei einem erlassenen Verwaltungsakt) oder der Verpflichtungsklage (bei einer Ablehnung eines Verwaltungsaktes) durchgeführt werden muss. Das Widerspruchsverfahren dient folgendem **Zweck:**

- dem **Rechtsschutz für den Betroffenen**, der nochmals Gelegenheit hat, sein Anliegen zu verfolgen, ohne dass er das Verwaltungsgericht anrufen muss
- der **Entlastung der Verwaltungsgerichte**, weil hierdurch ein Teil der Streitigkeiten behördenintern erledigt werden kann
- der **Selbstkontrolle der öffentlichen Verwaltung**, die nochmals die Rechtmäßigkeit und Zweckmäßigkeit des von ihr erlassenen Verwaltungsaktes oder die Ablehnung des von ihr begehrten Verwaltungsaktes überprüfen kann.

Zu beachten ist, dass in verschiedenen Bundesländern in Folge neuer Gesetze zum Bürokratieabbau das Widerspruchsverfahren für bestimmte Bereiche abgeschafft haben, sodass bei Einwänden gegen Verwaltungsakte die Bürger sofort förmlich Klage vor dem Verwaltungsgericht erheben müssen.

3. Wann beginnt das verwaltungsrechtliche Vorverfahren?

Das Vorverfahren beginnt mit der **Erhebung des Widerspruchs** (§ 69 VwGO). Erhoben ist der Widerspruch in dem Zeitpunkt, in dem er der zuständigen Behörde zugegangen ist. Erfolg hat der Widerspruch nur, sofern er zulässig und begründet ist.

4. Welche Anforderungen werden an die Zulässigkeit des Widerspruchs gestellt?

Der **Widerspruch** ist **zulässig**, wenn im Einzelnen folgende **Voraussetzungen** erfüllt sind:

- Der **Widerspruch muss statthaft sein**, das heißt, bei der angegriffenen Maßnahme muss es sich um einen Verwaltungsakt im Sinne des § 35 des Verwaltungsverfahrensgesetzes (VwVfG) handeln und das Vorverfahren darf gesetzlich nicht ausgeschlossen sein (§ 68 Abs. 1 Satz 2 VwGO).
- Der **Verwaltungsrechtsweg muss gegeben sein**, das heißt, es muss sich bei dem Gegenstand des Widerspruchsverfahrens um eine öffentlich-rechtliche Streitigkeit nicht verfassungsrechtlicher Art handeln; wobei die Streitigkeit nicht durch Gesetz einem anderen Gericht ausdrücklich zugewiesen sein darf (§ 40 Abs. 1 Satz 1 VwGO).
- Der **Widerspruch muss ordnungsgemäß erhoben worden sein**, das heißt er ist innerhalb der vorgeschriebenen Frist und in der vorgeschriebenen Form zu erheben (§§ 58 Abs. 2, 70 Abs. 1 VwGO).
- Der **Widerspruchsführer muss widerspruchsbefugt** (beschwert) **sein**, das heißt er muss entsprechend der Klagebefugnis im gerichtlichen Verfahren (§ 42 Abs. 2 VwGO) geltend machen, dass er durch den angefochtenen Verwaltungsakt (sog. Anfechtungswiderspruch; § 68 Abs. 1 VwGO) in seinen Rechten beeinträchtigt oder durch die Ablehnung des beantragten Verwaltungsaktes (sog. Verpflichtungswiderspruch; § 68 Abs. 2 VwGO) in seinen Rechten verletzt ist.

  Beispiele: Aufhebung von Genehmigungen (Anfechtungswiderspruch), Versagung einer Baugenehmigung (Verpflichtungswiderspruch).
- Der **Widerspruchsführer muss beteiligungs- und handlungsfähig sein** (§§ 11, 12 VwVfG).

5. Wann ist das Widerspruchsverfahren ausgeschlossen?

Von dem Grundsatz, ein Widerspruchsverfahren vor Erhebung der Anfechtungs- oder Verpflichtungsklage durchzuführen, enthält § 68 Verwaltungsgerichtsordnung (VwGO) drei **Ausnahmen**. Danach bedarf es keines Vorverfahrens in folgenden Fällen:

- Ein **Gesetz bestimmt dies** (§ 68 Abs. 1 Satz 2 VWGO).

  Beispiel: Nach § 70 Verwaltungsverfahrensgesetz (VwVfG) bedarf es vor Erhebung einer verwaltungsgerichtlichen Klage, die einen im förmlichen Verwaltungsverfahren erlassenen Verwaltungsakt zum Gegenstand hat, z. B. bei Planfeststellungsverfahren gemäß §§ 74 ff. VwVfG, keiner Nachprüfung in einem Vorverfahren.
- Der **Verwaltungsakt ist von einer obersten Bundesbehörde oder von einer obersten Landesbehörde erlassen worden**, es sei denn, dass ein Gesetz die Nachprüfung vorschreibt.

  Beispiel: Nach § 126 des Bundesbeamtengesetzes (BBG) ist in allen beamtenrechtlichen Streitigkeiten immer ein Vorverfahren durchzuführen.

- Der **Abhilfebescheid oder der Widerspruchsbescheid enthält erstmalig eine Beschwer**.

  Beispiel: Die Bauaufsichtsbehörde hebt die Baugenehmigung auf Widerspruch des Nachbarn auf.

6. Innerhalb welcher Frist und in welcher Form ist der Widerspruch gegen einen Verwaltungsakt zu erheben?

Der **Widerspruch** ist **innerhalb eines Monats**, nachdem der Verwaltungsakt dem Betroffenen bekannt gegeben worden ist, schriftlich, in elektronischer Form nach § 3a Abs. 2 des Verwaltungsverfahrensgesetzes (VwVfG) oder zur Niederschrift bei der Behörde zu erheben, die den Verwaltungsakt erlassen hat; wobei die Frist auch durch Einlegung des Widerspruchs bei der Behörde, die den Widerspruchsbescheid zu erlassen hat, gewahrt wird (§ 70 Abs. 1 VwGO).

Die einmonatige Widerspruchsfrist beginnt jedoch nur zu laufen, wenn der Verwaltungsakt mit einer **schriftlichen oder elektronischen Rechtsbehelfsbelehrung,** deren Inhalt sich nach § 58 Abs. 1 Verwaltungsgerichtsordnung (VwGO) richtet, versehen war (§ 70 Abs. 2 VwGO). Bei einer **fehlenden oder unrichtigen Rechtsbehelfsbelehrung** verlängert sich die Widerspruchsfrist auf ein Jahr, gerechnet ab dem Zeitpunkt der Bekanntgabe des Verwaltungsaktes (§ 70 Abs. 2 i.V.m. § 58 Abs. 2 VwGO).

7. Welche Regeln gelten für die Berechnung der Widerspruchsfrist?

Wegen des rechtlichen Doppelcharakters des Vorverfahrens, welches einerseits ein gerichtliches Vorverfahren ist, das für die Zulässigkeit einer Anfechtungs- oder Verpflichtungsklage erforderlich und andererseits auch ein Verwaltungsverfahren ist, weil es durch die Ausgangs- und Widerspruchsbehörde selbst durchgeführt wird, kommt sowohl eine Berechnung der Widerspruchsfrist nach den Vorschriften der Verwaltungsgerichtsordnung (VwGO) als auch eine Fristberechnung nach den Vorschriften des Verwaltungsverfahrensgesetzes (VwVfG) in Betracht. Die herrschende Meinung geht hierbei von der Berechnung nach § 79 in Verbindung mit § 31 VwVfG aus, weil die Vorschrift zur Widerspruchsfrist (§ 70 Abs. 2 VwGO) nicht auf die Bestimmung des § 57 VwGO verweist. Im Ergebnis führen jedoch beide Meinungen zum selben Ergebnis, da sowohl § 31 VwVfG als auch § 57 Abs. 2 VwGO in Verbindung mit seiner Verweisung auf § 222 der Zivilprozessordnung (ZPO) hinsichtlich der Berechnung von Fristen auf die Vorschriften des Bürgerlichen Gesetzbuches (BGB) weiterverweisen (§§ 187 bis 193 BGB).

Danach sind für die Ermittlung des Beginns und des Endes der **einmonatigen Widerspruchsfrist** folgende Regeln zu beachten:

- Der Tag der Bekanntgabe des Verwaltungsaktes wird bei der Berechnung des Beginns der Widerspruchsfrist nicht mitgerechnet, da dieser Tag das für den Beginn der Frist maßgebende Ereignis ist (§ 187 Abs. 1 BGB).

Beispiel: Die einmonatige Widerspruchsfrist für einen am 8. März 2018 zugestellten Verwaltungsakt (Tag der Bekanntgabe) beginnt am 9. März 2018 um 0:00 Uhr (Tag nach der Bekanntgabe) zu laufen.

- Die Widerspruchsfrist endet grundsätzlich mit dem Ablauf des entsprechenden Monatstages (§ 188 Abs. 2 BGB).

  Beispiel: Die am Dienstag, dem 9. Januar 2018 um 0:00 Uhr zu laufen beginnende einmonatige Widerspruchsfrist endet am Donnerstag, dem 8. Februar 2018 um 24:00 Uhr.

- Fehlt bei der Widerspruchsfrist in dem Monat der für ihren Ablauf maßgebende Tag, so endet die Frist mit dem Ablauf des letzten Tages dieses Monats (§ 188 Abs. 3 BGB).

  Beispiel: Die am 31. Januar um 0:00 Uhr zu laufen beginnende einmonatige Widerspruchsfrist endet am 28. oder – in Schaltjahren – am 29. Februar um 24:00 Uhr.

- Fällt das Ende der Widerspruchsfrist auf einen Samstag, Sonntag oder einen staatlich anerkannten Feiertag, so tritt an seine Stelle der folgende Werktag (§ 193 BGB).

  Beispiel: Die eigentlich am Karfreitag endende einmonatige Widerspruchsfrist verlängert sich auf Osterdienstag, 24:00 Uhr.

8. Welche Besonderheit gilt bei unverschuldeter Versäumnis der Widerspruchsfrist?

Wenn der Betroffene ohne Verschulden verhindert war, die Widerspruchsfrist einzuhalten, z. B. bei schwerer Krankheit, so ist ihm auf Antrag **Wiedereinsetzung in den vorigen Stand** zu gewähren. Der Antrag ist binnen zwei Wochen nach Wegfall des Hindernisses zu stellen. Die Tatsachen zur Begründung des Antrags sind bei der Antragstellung oder im Verfahren über den Antrag glaubhaft (§ 294 ZPO) zu machen (§ 70 Abs. 2 i. V. m. § 60 VwGO).

9. Wie lautet üblicherweise die Rechtsbehelfsbelehrung bei einem Widerspruchsbescheid?

Die **Rechtsbehelfsbelehrung bei einem Widerspruchsbescheid** ist üblicherweise wie folgt gefasst:

Gegen den (die) ... (Bescheid, Verfügung, Anordnung oder Entscheidung) der ... (Bezeichnung und Anschrift der Behörde, die den Verwaltungsakt erlassen hat) vom ... kann innerhalb eines Monats nach Zustellung dieses Widerspruchbescheides Klage bei dem Verwaltungsgericht in ... (Anschrift des nach § 52 VwGO zuständigen Verwaltungsgerichts) schriftlich oder zur Niederschrift des Urkundsbeamten der Geschäftsstelle erhoben werden. Die Klage muss den Kläger, den Beklagten und den Gegenstand des Klagebegehrens bezeichnen. Sie soll einen bestimmten Antrag enthalten. Die zur Begründung dienenden Tatsachen und Beweismittel sollen angegeben werden. Der Klage nebst Anlagen sollen so viele Abschriften beigefügt werden, dass alle Beteiligten eine Ausfertigung erhalten können.

10. Welche Grundsätze gelten für die Begründetheit des Widerspruchs?

Die Maßstäbe für die Begründetheit des Widerspruchs ergeben sich für den sogenannten **Anfechtungswiderspruch** aus der analogen Anwendung des § 113 Abs. 1 der Verwaltungsgerichtsordnung (VwGO) und für den sog. **Verpflichtungswiderspruch** aus der analogen Anwendung des § 113 Abs. 5 VwGO. Daraus folgt, dass der Widerspruch begründet ist,

- wenn der angefochtene Verwaltungsakt (beim Anfechtungswiderspruch) bzw. die Ablehnung des beantragten Verwaltungsaktes (beim Verpflichtungswiderspruch) rechtswidrig ist und den Widerspruchsführer in seinen Rechten verletzt
- bei einer Ermessensentscheidung auch dann, wenn der Verwaltungsakt unzweckmäßig (zweckwidrig) ist und die Ablehnung Interessen des Widerspruchsführers berührt.

11. Welche Wirkung hat der Anfechtungswiderspruch?

Der **Anfechtungswiderspruch** hat grundsätzlich **aufschiebende Wirkung**, das heißt, der Verwaltungsakt kann bis zur Entscheidung über den Widerspruch nicht vollzogen werden (**Suspensiveffekt**). Die aufschiebende Wirkung des Widerspruchs gilt auch bei Verwaltungsakten mit Drittwirkung (die Verwaltungsgerichtsordnung (VwGO) bezeichnet diese als Verwaltungsakte mit Doppelwirkung), z. B. bei Nachbarklagen im Baurecht (§ 80 Abs. 1 VwGO).

12. In welchen Fällen besteht keine aufschiebende Wirkung?

Von dem **Grundsatz der aufschiebenden Wirkung** gibt es drei gesetzliche **Ausnahmen.** Danach **entfällt die aufschiebende Wirkung:**

- bei der **Anforderung von öffentlichen Abgaben und Kosten**, z. B. Steuern, Gebühren, Anliegerbeiträgen, Verfahrenskosten (§ 80 Abs. 2 Nr. 1 VwGO)
- bei **unaufschiebbaren Anordnungen und Maßnahmen von Polizeivollzugsbeamten**, z. B. Regelung des Straßenverkehrs durch einen Verkehrspolizisten (§ 80 Abs. 2 Nr. 2 VwGO)
- in **anderen durch Bundesgesetz oder für Landesrecht durch Landesgesetz vorgeschriebenen Fällen**, insbesondere für Widersprüche und Klagen Dritter gegen Verwaltungsakte, die Investitionen oder die Schaffung von Arbeitsplätzen betreffen (§ 80 Abs. 2 Nr. 3 VwGO), z. B. Überleitung von Ansprüchen des Sozialhilfeempfängers gegen Dritte durch den Sozialhilfeempfänger gemäß § 90 Abs. 3 des Bundessozialhilfegesetzes, Anordnungen zur Verhinderung der Verbreitung übertragbarer Krankheiten gemäß § 35 Abs. 2 des Bundesseuchengesetzes.

Außerdem entfällt die aufschiebende Wirkung, wenn die **sofortige Vollziehung** von der Verwaltungsbehörde angeordnet worden ist (§ 80 Abs. 2 Nr. 4 VwGO).

Darüber hinaus können die **Länder** auch bestimmen, dass Rechtsbehelfe keine aufschiebende Wirkung haben, soweit sie sich gegen Maßnahmen richten, die in der Verwaltungsvollstreckung durch die Länder nach Bundesrecht getroffen werden (§ 80 Abs. 2 Satz 2 VwGO).

13. Wann endet die aufschiebende Wirkung?

Die **aufschiebende Wirkung** des Widerspruchs und der Anfechtungsklage **endet** mit der Unanfechtbarkeit oder, wenn die Anfechtungsklage im ersten Rechtszug abgewiesen worden ist, drei Monate nach Ablauf der gesetzlichen Begründungsfrist des gegen die abweisende Entscheidung gegebenen Rechtsmittels. Dies gilt auch, wenn die Vollziehung durch die Behörde ausgesetzt oder die aufschiebende Wirkung durch das Gericht wiederhergestellt oder angeordnet worden ist, es sei denn, die Behörde hat die Vollziehung bis zur Unanfechtbarkeit ausgesetzt (§ 80b Abs. 1 VwGO).

Das Oberverwaltungsgericht kann auf Antrag anordnen, dass die aufschiebende Wirkung fortdauert (§ 80b Abs. 2 VwGO).

14. Unter welchen Voraussetzungen kann die sofortige Vollziehung eines Verwaltungsaktes angeordnet werden?

Voraussetzung für die **Anordnung der sofortigen Vollziehung** ist, dass sie im öffentlichen Interesse oder im überwiegenden Interesse eines Beteiligten geboten ist (§ 80 Abs. 2 Nr. 4 VwGO). Das besondere Interesse an der sofortigen Vollziehung des Verwaltungsaktes ist schriftlich zu begründen.

Der **schriftlichen Begründung** bedarf es **nicht**, wenn der angefochtene Verwaltungsakt eine **Notstandsmaßnahme** betrifft und er als solcher ausdrücklich bezeichnet wird. Notstandsmaßnahmen liegen bei Gefahr im Verzug für Leben, Gesundheit oder Eigentum vor (§ 80 Abs. 3 VwGO).

Zu beachten ist, dass die Behörde in den **Ausnahmefällen**, in denen die aufschiebende Wirkung entfällt, die Anordnung auch dann sofort vollziehen kann, wenn der Betroffene gegen den Verwaltungsakt Widerspruch erhoben hat. Hinsichtlich der **Verwaltungsakte mit Drittwirkung** (die Verwaltungsgerichtsordnung (VwGO) bezeichnet diese als Verwaltungsakte mit Doppelwirkung) enthält § 80a VwGO ergänzende Regelungen zur Anordnung der sofortigen Vollziehung.

Beispiele: Entziehung der Fahrerlaubnis im Zusammenhang mit dem Straßenverkehr, Nutzungsverbot von Schwarzbauten, Schließung einer Gaststätte wegen Unzuverlässigkeit, Abbruchanordnung wegen der Einsturzgefahr eines Hauses.

15. Unter welchen Voraussetzungen kann die Behörde die Vollziehung eines Verwaltungsaktes aussetzen?

In allen Fällen, in denen die **aufschiebende Wirkung entfällt**, kann sowohl die Behörde, die den ursprünglichen Verwaltungsakt erlassen hat, als auch die Widerspruchsbehörde von Amts wegen oder auf Antrag des Betroffenen durch **Einzelanordnung die**

Vollziehung aussetzen, soweit nicht bundesgesetzlich etwas anderes bestimmt ist. Bei der Anforderung von öffentlichen Abgaben und Kosten kann die Behörde die Vollziehung auch gegen Sicherheit aussetzen. Sie soll das tun, wenn ernstliche Zweifel an der Rechtmäßigkeit der Forderung bestehen oder wenn die Vollziehung für den Betroffenen eine unbillige, nicht durch überwiegende öffentliche Interessen gebotene Härte zur Folge hätte (§ 80 Abs. 4 VwGO).

Hinsichtlich der **Verwaltungsakte mit Drittwirkung** (die Verwaltungsgerichtsordnung (VwGO) bezeichnet diese als Verwaltungsakte mit Doppelwirkung) enthält § 80a VwGO ergänzende Regelungen zur Aussetzung der sofortigen Vollziehung.

16. Nach welchen Gesichtspunkten sind die Anordnung der Fortdauer oder Wiederherstellung der aufschiebenden Wirkung und die Aufhebung der Vollziehung geregelt?

Auf Antrag des Betroffenen kann das Gericht der Hauptsache die aufschiebende Wirkung in allen Fällen, in denen die aufschiebende Wirkung entfällt (§ 80 Abs. 2 Nr. 1 bis 3 VwGO), ganz oder teilweise **anordnen** oder die aufschiebende Wirkung ganz oder teilweise **wiederherstellen**, wenn die sofortige Vollziehung (§ 80 Abs. 2 Nr. 4 VwGO) angeordnet wurde (§ 80 Abs. 5 Satz 1 VwGO). Wenn der Verwaltungsakt schon vollzogen ist, kann das Gericht die **Aufhebung der Vollziehung anordnen** (§ 80 Abs. 5 Satz 3 VwGO). Die Wiederherstellung der aufschiebenden Wirkung kann auch von einer Sicherheitsleistung oder Erfüllung einer Auflage abhängig gemacht und auch befristet werden (§ 80 Abs. 5 Satz 4 und 5 VwGO).

Der Antrag ist schon vor Erhebung der Anfechtungsklage zulässig, das heißt ab dem Zeitpunkt der Bekanntgabe des Verwaltungsaktes (§ 80 Abs. 5 Satz 2 VwGO). Im Falle der Anforderung von öffentlichen Abgaben und Kosten ist der Antrag aber erst dann zulässig, wenn die Behörde einen Antrag auf Aussetzung der Vollziehung ganz oder zum Teil abgelehnt hat, es sei denn, dass die Behörde über den Antrag ohne Mitteilung eines zureichenden Grundes in angemessener Frist sachlich nicht entschieden hat oder eine Vollstreckung droht (§ 80 Abs. 6 VwGO).

17. Nach welchen Gesichtspunkten hat die Ausgangsbehörde den Widerspruch zu überprüfen?

Im Widerspruchsverfahren hat die Ausgangsbehörde, das ist die Behörde, die den Verwaltungsakt erlassen bzw. den beantragten Verwaltungsakt abgelehnt hat, zunächst die **Zulässigkeit des Widerspruchs** und – wenn diese gegeben ist – den Verwaltungsakt auf seine Rechtmäßigkeit und bei Ermessensentscheidungen auch auf seine Zweckmäßigkeit nachzuprüfen (§ 68 Abs. 1 Satz 1 VwGO).

Wurde der Widerspruch ausnahmsweise nicht bei der Ausgangsbehörde, sondern bei der Widerspruchsbehörde, das ist im Regelfall die nächst höhere Behörde, eingelegt – was nach § 70 Abs. 1 Satz 2 Verwaltungsgerichtsordnung (VwGO) möglich ist –, so muss diese den Widerspruch zunächst der Ausgangsbehörde zur Überprüfung zuleiten.

Die Prüfung der **Rechtmäßigkeit** durch die Ausgangsbehörde erstreckt sich darauf, ob der Verwaltungsakt dem geltenden Recht entspricht. Hierbei hat die Ausgangsbehörde den Verwaltungsakt nochmals auf formelle und materielle Fehler zu untersuchen.

Die Prüfung der **Zweckmäßigkeit** durch die Ausgangsbehörde erstreckt sich darauf, ob der Verwaltungsakt zur Erreichung des jeweiligen Verwaltungszweckes unerlässlich ist oder ob andere Mittel möglicherweise besser geeignet sind. Hierbei hat die Ausgangsbehörde die beim Erlass des Verwaltungsaktes abgewogenen Gründe nochmals einer Überprüfung zu unterziehen. Bei der Überprüfung der Recht- und Zweckmäßigkeit hat die Ausgangsbehörde auch ein eventuelles neues Vorbringen der Beteiligten oder eine etwaige zwischenzeitliche Änderung der Sach- oder Rechtslage zu berücksichtigen.

18. Was hat die Ausgangsbehörde zu veranlassen, wenn sie den Widerspruch für zulässig und begründet hält?

Hält die Ausgangsbehörde den Widerspruch für zulässig und ganz oder zum Teil für begründet, so hilft sie ihm ab und entscheidet über die Kosten (§ 72 VwGO).

Beim sogenannten **Anfechtungswiderspruch** besteht die **Abhilfe** darin, dass die Ausgangsbehörde entweder den Verwaltungsakt aufhebt oder den ursprünglichen Verwaltungsakt abändert.

Beim sogenannten **Verpflichtungswiderspruch** führt die **Abhilfe** dazu, dass der beantragte Verwaltungsakt ganz oder mit Einschränkungen von der Ausgangsbehörde erlassen wird.

Ist die Aufhebung oder Änderung des Verwaltungsaktes im Widerspruchsverfahren erstmalig mit einer Beschwer verbunden, z. B. Erteilung einer Gaststättenerlaubnis, die zu einer Belastung für die Nachbarn führen kann, so soll der **Betroffene** vor Erlass des Abhilfebescheides oder des Widerspruchbescheides **gehört werden** (§ 71 VwGO). Die unterlassene Anhörung berührt jedoch nicht die Wirksamkeit der Abhilfeentscheidung. Sie kann jedoch von dem Dritten bei der Anfechtung dieser Entscheidung als Verfahrensfehler des Vorverfahrens geltend gemacht werden, der zur Aufhebung führt, falls die Entscheidung auf ihm beruht.

Die Abhilfe oder Teilabhilfe erfolgt durch einen von der Ausgangsbehörde zu erlassenden **Abhilfebescheid**, der die Rechtsnatur eines Verwaltungsaktes hat. Der Abhilfebescheid muss auch eine Entscheidung über die **Kosten** enthalten.

19. Wie ist das Widerspruchsverfahren geregelt, wenn die Ausgangsbehörde den Widerspruch für unzulässig oder unbegründet hält?

Will die Ausgangsbehörde dem Widerspruch nicht abhelfen, so hat sie die Akten der Widerspruchsbehörde zur Entscheidung vorzulegen. Die **Widerspruchsbehörde** prüft die Entscheidung der Ausgangsbehörde auf ihre **Rechtmäßigkeit** und bei Ermessensentscheidungen auch auf ihre **Zweckmäßigkeit**. Dabei sind neue Tatsachen ebenso zu berücksichtigen wie eventuelle Rechtsänderungen.

Sodann erlässt die Widerspruchsbehörde einen **Widerspruchsbescheid**, der als neuer bzw. zweiter Verwaltungsakt ergeht, wobei in Selbstverwaltungsangelegenheiten die Ausführungsgesetze der Länder zur Verwaltungsgerichtsordnung (VwGO) zum Teil vor der Entscheidung über den Widerspruch die Anhörung durch einen Ausschuss oder Beirat vorsehen (§ 73 Abs. 2 VwGO).

Im Widerspruchsbescheid kann die Behörde dem Widerspruch entweder ganz oder teilweise stattgeben, das heißt wenn sie ihn für zulässig und ganz oder zum Teil für begründet hält, oder den Widerspruch zurückweisen, das heißt wenn sie ihn für unzulässig oder unbegründet hält (§ 73 Abs. 1 Satz 1 VwGO).

Der Widerspruchsbescheid, der die Rechtsnatur eines Verwaltungsaktes hat, ist **zu begründen**, mit einer Rechtsmittelbelehrung – deren Inhalt sich nach den Vorschriften des § 58 Abs. 1 VwGO richtet – zu versehen und zuzustellen (§ 73 Abs. 3 Satz 1 VwGO). Zugestellt wird von Amts wegen nach den Vorschriften des Verwaltungszustellungsgesetzes (§ 73 Abs. 3 Satz 2 VwGO). Im Widerspruchsbescheid ist auch zu bestimmen, wer die **Kosten** trägt (§ 73 Abs. 3 Satz 3 VwGO).

Gegen den Widerspruchbescheid kann der Betroffene nur noch Klage erheben. Mit dem Erlass des Widerspruchsbescheides ist das **Widerspruchsverfahren beendet**.

20. Wer ist die zuständige Behörde für den Erlass des Widerspruchsbescheides?

Widerspruchsbehörde ist im Regelfall die **nächsthöhere Behörde**, soweit nicht durch Gesetz eine andere höhere Behörde bestimmt wird (sog. **Devolutiveffekt**; § 73 Abs. 1 Nr. 1 VwGO).

Ausnahmsweise ist die Ausgangsbehörde zugleich auch Widerspruchsbehörde,

- wenn die nächsthöhere Behörde eine oberste Bundes- oder oberste Landesbehörde ist (§ 73 Abs. 1 Nr. 2 VwGO) oder
- wenn es sich um eine Selbstverwaltungsangelegenheit handelt (§ 73 Abs. 1 Nr. 3 VwGO).

9.3 Klagearten im Verwaltungsprozess

1. Auf welcher verfassungsrechtlichen Grundlage beruht die Einrichtung der Verwaltungsgerichtsbarkeit?

Das **Rechtsstaatsprinzip**, das zu den elementaren Verfassungsgrundsätzen und zu den Grundentscheidungen des Grundgesetzes (GG) gehört, bildet die **verfassungsrechtliche Grundlage** für die Rechtsordnung der Bundesrepublik Deutschland.

Eines der Merkmale des Rechtsstaatsprinzips ist die Gewährleistung von **Rechtsschutz durch unabhängige Gerichte**. Dieser Anforderung entspricht das GG aufgrund der **Rechtsweggarantie** des Artikels 19 Abs. 4 GG. Danach steht der Rechtsweg offen, wenn jemand durch die öffentliche Gewalt in seinen Rechten verletzt wird. Das Grundgesetz gewährt dem Einzelnen somit einen durchsetzbaren Anspruch auf richterlichen Schutz gegen staatliche Eingriffe. Daraus lässt sich zugleich der Auftrag ableiten, eine Gerichtsorganisation einzurichten.

2. Welchem Zweck dient die Verwaltungsgerichtsbarkeit?

Zweck der Verwaltungsgerichtsbarkeit ist es, den Bürger vor Maßnahmen der öffentlichen Verwaltung durch eine umfassende **Kontrolle des Verwaltungshandelns** zu schützen. Die personell und organisatorisch von der öffentlichen Verwaltung getrennte Verwaltungsgerichtsbarkeit ist also eine externe Rechtskontrolle der öffentlichen Verwaltung.

3. Wie ist die Verwaltungsgerichtsbarkeit aufgebaut?

Die **Verwaltungsgerichtsbarkeit** ist **dreistufig** aufgebaut und besteht aus:

- den **Verwaltungsgerichten** in den Ländern als erste Instanz
- je einem **Oberverwaltungsgericht** – durch landesrechtliche Bestimmung kann auch festgelegt werden, dass das Oberverwaltungsgericht die bisherige Bezeichnung **Verwaltungsgerichtshof** weiterführt (§ 184 VwGO) – in den Ländern als zweite Instanz
- dem **Bundesverwaltungsgericht** mit Sitz in Leipzig als dritte Instanz (§ 2 VwGO).

4. Über welche Streitigkeiten entscheiden die einzelnen Instanzen der Verwaltungsgerichtsbarkeit?

Die **Verwaltungsgerichte** entscheiden im ersten Rechtszug über alle Streitigkeiten, für die der Verwaltungsrechtsweg offen steht (§ 45 VwGO).

Die **Oberverwaltungsgerichte** entscheiden gemäß § 46 Verwaltungsgerichtsordnung (VwGO) über das Rechtsmittel der **Berufung** gegen Urteile des Verwaltungsgerichts und der **Beschwerde** gegen andere Entscheidungen des Verwaltungsgerichts. Daneben entscheiden sie auch über **Normenkontrollanträge** (§ 47 VwGO), in bestimmten atom- und energiewirtschaftlichen Angelegenheiten und Planfeststellungsverfahren (§ 48 Abs. 1 VwGO) sowie über **Vereinsverbote** (§ 48 Abs. 2 VwGO).

Das **Bundesverwaltungsgericht** entscheidet über Revisionen gegen Urteile (und gegen die ohne mündliche Verhandlung gefassten Beschlüsse) der Oberverwaltungsgerichte (Verwaltungsgerichtshöfe) und gegen Urteile der Verwaltungsgerichte (in Ausnahmefällen, in denen die Beru-fung ausgeschlossen ist) und über Beschwerden gegen die Nichtzulassung der Revision (§ 49 VwGO). Darüber hinaus entscheidet das Bundesverwaltungsgericht bei Streitigkeiten zwischen Bund und Ländern oder zwischen verschiedenen Ländern sowie in einigen besonderen Fällen, in denen der Bund Partei ist (§ 50 VwGO).

5. In welcher Zusammensetzung entscheiden die drei Instanzen der Verwaltungsgerichtsbarkeit?

Die **Verwaltungsgerichte** bestehen aus dem Präsidenten und aus den Vorsitzenden Richtern und weiteren Richtern in erforderlicher Anzahl (§ 5 Abs. 1 VwGO). Die Entscheidungen der Verwaltungsgerichte werden in **Kammern** getroffen (§ 5 Abs. 2 VwGO), die mit je drei Berufsrichtern und zwei ehrenamtlichen Richtern besetzt sind, soweit nicht ein Einzelrichter entscheidet (§ 5 Abs. 3 Satz 1 und 2 VwGO). Bei Beschlüssen außerhalb der mündlichen Verhandlung und bei Gerichtsbescheiden nach § 84 Verwaltungsgerichtsordnung (VwGO) wirken die ehrenamtlichen Richter nicht mit (§ 5 Abs. 3 Satz 3 VwGO).

Die **Oberverwaltungsgerichte** bestehen aus dem Präsidenten und aus den Vorsitzenden Richtern und weiteren Richtern in erforderlicher Anzahl (§ 9 Abs. 1 VwGO). Die Entscheidungen werden in **Senaten** getroffen (§ 9 Abs. 2 VwGO), die mit drei Berufsrichtern besetzt sind; wobei die Landesgesetzgebung vorsehen kann, dass die Senate in der Besetzung von fünf Richtern entscheiden, von denen zwei auch ehrenamtliche Richter sein können (§ 9 Abs. 3 Satz 1 VwGO). Bei Entscheidungen in bestimmten atom- und energiewirtschaftlichen Angelegenheiten sowie Planfeststellungsverfahren entscheiden die Senate des Oberverwaltungsgerichts in der Besetzung von fünf Richtern, wobei die Länder durch Gesetz in diesen Fällen aber auch vorsehen können, dass die Senate in der Besetzung von fünf Richtern und zwei ehrenamtlichen Richtern entscheiden (§ 9 Abs. 3 Satz 2 VwGO).

Das **Bundesverwaltungsgericht** besteht aus dem Präsidenten und aus den Vorsitzenden Richtern und weiteren Richtern in erforderlicher Anzahl (§ 10 Abs. 1 VwGO). Die Entscheidungen werden in **Senaten** getroffen (§ 10 Abs. 2 VwGO), die mit fünf Berufsrichtern (bei Beschlüssen außerhalb der mündlichen Verhandlung mit drei Berufsrichtern) besetzt sind (§ 10 Abs. 3 VwGO). Zur Sicherung einer einheitlichen Rechtsprechung und zur Rechtsfortbildung besteht beim Bundesverwaltungsgericht ein **Großer Senat**, dem neben dem Präsidenten sechs Berufsrichter angehören (§ 11 VwGO).

6. In welcher Form wird das verwaltungsgerichtliche Verfahren eingeleitet?

Das verwaltungsgerichtliche Verfahren wird eingeleitet durch die **Klage**, da es ohne Klage keinen Verwaltungsprozess gibt. Dies gilt lediglich nicht für die Überprüfung der Gültigkeit von Satzungen und Rechtsvorschriften in den in § 47 Verwaltungsgerichtsordnung (VwGO) genannten Normenkontrollverfahren, die nur auf Antrag durchgeführt werden.

Die Klage ist bei dem **Verwaltungsgericht schriftlich oder zur Niederschrift des Urkundsbeamten der Geschäftsstelle** zu erheben, wobei der Klage und allen Schriftsätzen Abschriften für die Beteiligten beigefügt sein sollen (§ 81 VwGO). Die Klage muss den Kläger, den Beklagten und den Gegenstand des Klagebegehrens bezeichnen (§ 82 Abs. 1 Satz 1 VwGO). Sie soll einen bestimmten Antrag enthalten (§ 82 Abs. 1 Satz 2 VwGO). Die zur Begründung dienenden Tatsachen und Beweismittel sollen angegeben, die angefochtene Verfügung und der Widerspruchsbescheid sollen in Urschrift oder in Abschrift beigefügt werden (§ 82 Abs. 1 Satz 3 VwGO). Fehlen diese Angaben, so können der Vorsitzende oder ein von ihm bestimmter Richter (Berichterstatter) den Kläger zu der erforderlichen Ergänzung innerhalb einer bestimmten Frist auffordern (§ 82 Abs. 2 Satz 1 VwGO). Kommt der Kläger dieser Aufforderung nicht oder nicht fristgemäß nach, so kann die Klage als unzulässig abgewiesen werden. Diese Folge muss dem Kläger mit der Aufforderung angedroht werden (§ 82 Abs. 2 Satz 2 VwGO).

7. Welche allgemeinen Voraussetzungen werden an die Zulässigkeit einer Klage im verwaltungsgerichtlichen Verfahren gestellt?

Als **allgemeine Zulassungsvoraussetzungen** – auch Prozessvoraussetzungen oder Sachurteilsvoraussetzungen genannt – kommen für die **Klage im verwaltungsgerichtlichen Verfahren** im Wesentlichen in Betracht:

- das Bestehen der Deutschen Gerichtsbarkeit (§ 173 VwGO i. V. m. §§ 18, 19 GVG)
- die Zulässigkeit des Verwaltungsrechtsweges (§ 40 VwGO)
- die sachliche Zuständigkeit des Gerichts (§§ 45 bis 50 VwGO)
- die örtliche Zuständigkeit des Gerichts (§§ 52, 53 VwGO)
- die Beteiligungsfähigkeit (§ 61 VwGO)
- die Prozessfähigkeit (§ 62 VwGO)
- die Ordnungsmäßigkeit des Rechtsschutzantrages (§§ 81, 82 VwGO)
- das allgemeine Rechtsschutzbedürfnis.

Die **besonderen Prozessvoraussetzungen** sind jeweils bei den einzelnen Klagearten dargestellt.

8. Was ist unter dem Verwaltungsrechtsweg zu verstehen?

Der **Verwaltungsrechtsweg**, darunter ist die Anrufung der Verwaltungsgerichte zu verstehen, ist nach der Generalklausel des § 40 Abs. 1 der Verwaltungsgerichtsordnung (VwGO) in allen öffentlich-rechtlichen Streitigkeiten nichtverfassungsrechtlicher Art gegeben, soweit die Streitigkeiten nicht durch Bundesgesetz einem anderen Gericht ausdrücklich zugewiesen sind. Öffentlich-rechtliche Streitigkeiten auf dem Gebiet des

Landesrechts können einem anderen Gericht auch durch Landesgesetz zugewiesen werden.

9. Was sind die wesentlichsten Klagearten im Verwaltungsprozess?

Die Verwaltungsgerichtsordnung (VwGO) enthält keine abschließende Aufzählung der zulässigen **Klagearten im Verwaltungsprozess**. Das Verwaltungsprozessrecht kennt ebenso wie das Zivilprozessrecht die gleichen drei Grundtypen der Klagearten, in die sich sämtliche Klagearten einordnen lassen. Es sind dies:

- Die **Gestaltungsklage**, die darauf abzielt, durch Urteil die Umgestaltung einer bestehenden Rechtslage zu erreichen. Die bedeutendste Gestaltungsklage im Verwaltungsprozess ist die **Anfechtungsklage**.
- Die **Leistungsklage**, die auf die Verurteilung des Beklagten zu einer bestimmten Leistung oder einem Unterlassen gerichtet ist. Das Verwaltungsprozessrecht kennt die **Verpflichtungsklage** und die **allgemeine Leistungsklage**.
- Die **Feststellungsklage**, die auf die gerichtliche Feststellung einer Sachlage oder Rechtslage gerichtet ist. Im Verwaltungsprozess kommen insbesondere die Feststellungsklage in Form der **positiven Feststellungsklage** (auf Bestehen eines Rechtsverhältnisses) oder **negativen Feststellungsklage** (auf Nichtbestehen eines Rechtsverhältnisses) oder die **Nichtigkeitsfeststellungsklage** (auf Feststellung der Nichtigkeit eines Verwaltungsaktes) in Betracht.

10. Welches Ziel wird mit der Anfechtungsklage, Verpflichtungsklage, allgemeinen Leistungsklage und der Feststellungsklage verfolgt?

Ziel der **Anfechtungsklage** ist die Aufhebung eines Verwaltungsakts (§ 42 Abs. 1 1. Halbsatz VwGO).

Beispiele: Klage gegen Gebührenbescheide, Ordnungsverfügungen, Gewerbeuntersagungen.

Ziel der **Verpflichtungsklage** ist die Verurteilung der Behörde zum Erlass eines abgelehnten Verwaltungsakts in Form der Vornahmeklage – auch als Weigerungs- oder Versagensgegenklage bezeichnet – oder eines unterlassenen Verwaltungsakts in Form der Untätigkeitsklage (§ 42 Abs. 1 2. Halbsatz VwGO).

Beispiele: Der Antrag von Herrn Meier auf Anerkennung einer Schwerbehinderung wird von der zuständigen Behörde nach Durchführung eines erfolglosen Widerspruchsverfahrens abgelehnt. Die Behörde soll durch Vornahmeklage zum Erlass des beantragten Verwaltungsakts verurteilt werden. Auf den Antrag von Herrn Meier auf Anerkennung einer Schwerbehinderung reagiert die zuständige Behörde nicht. Die Behörde soll durch Untätigkeitsklage zum Erlass des unterlassenen Verwaltungsakts verurteilt werden.

Ziel der **allgemeinen Leistungsklage** ist die Verurteilung der Behörde zur Vornahme einer Leistung (Tun, Dulden oder Unterlassen), die nicht im Erlass eines Verwaltungsakts besteht.

Beispiele: Klage eines Beamten auf Auszahlung zurückbehaltener Besoldung, Klage auf Erstattung einer versehentlich doppelt entrichteten Verwaltungsgebühr, Klage auf Aushändigung des Führerscheins, den die Behörde trotz des rechtskräftigen Urteils über die Aufhebung der Entziehung der Fahrerlaubnis nicht an den Berechtigten zurückgibt.

Ziel der **Feststellungsklage** ist es, das Bestehen eines Rechtsverhältnisses (positive Feststellungsklage) oder Nichtbestehen eines Rechtsverhältnisses (negative Feststellungsklage) oder die Nichtigkeit eines Verwaltungsakts feststellen zu lassen (§ 43 Abs. 1 VwGO).

Beispiele: Klage auf Feststellung, ob die Registrierung von dienstlichen Ferngesprächen durch den Dienstherrn rechtmäßig ist; Klage auf Feststellung der deutschen Staatsangehörigkeit oder Feststellung des aktiven bzw. passiven Wahlrechts.

11. Wann ist die Anfechtungsklage zulässig und begründet?

Die **Anfechtungsklage** ist **zulässig**, wenn neben den allgemeinen Prozessvoraussetzungen (Sachurteilsvoraussetzungen) die folgenden **besonderen Prozessvoraussetzungen** erfüllt sind:

- Die **Klage muss statthaft sein**, das heißt es muss ein Verwaltungsakt im Sinne des § 35 Verwaltungsverfahrensgesetz (VwVfG) vorliegen (§ 42 Abs. 1 VwGO).
- Der **Kläger muss beschwert sein**, das heißt er muss glaubhaft geltend machen, durch den angefochtenen Verwaltungsakt in seinen Rechten verletzt zu sein (§ 42 Abs. 2 VwGO). Diese sog. Klagebefugnis setzt voraus, dass eine Verletzung der Rechte des Klägers zumindest möglich erscheint (sog. Möglichkeitstheorie). Die Möglichkeit besteht immer dann, wenn der Kläger Adressat des belastenden Verwaltungsaktes ist, weil er hierdurch jedenfalls in seiner allgemeinen Handlungsfreiheit im Sinne des Artikel 2 Abs. 1 des Grundgesetzes (GG) verletzt sein kann (sog. Adressatentheorie).
- Das **Widerspruchsverfahren** (Vorverfahren) **muss für den Kläger erfolglos geblieben sein**, das heißt sein Widerspruch muss durch Widerspruchsbescheid zurückgewiesen worden sein (§ 68 Abs. 1 Satz 1 VwGO). Diese Prozessvoraussetzung entfällt in den in § 68 Absatz 1 Satz 2 Verwaltungsgerichtsordnung (VwGO) genannten Ausnahmefällen, in denen es eines Widerspruchsverfahrens nicht bedarf.
- Die **Klage muss innerhalb der Klagefrist erhoben worden sein**, das heißt grundsätzlich innerhalb eines Monats nach Zustellung des Widerspruchsbescheids oder, wenn ein Widerspruchsbescheid nicht erforderlich ist, innerhalb eines Monats nach Bekanntgabe des Verwaltungsaktes (§ 74 Abs. 1 VwGO).

Liegt eine der vorerwähnten Voraussetzungen nicht vor, so wird die Klage vom Gericht ohne Sachentscheidung als unzulässig abgewiesen. Nur wenn die Anfechtungsklage zulässig ist, prüft das Gericht die Begründetheit der Klage.

Die **Anfechtungsklage** ist **begründet**, wenn der Verwaltungsakt rechtswidrig und der Kläger dadurch in seinen Rechten verletzt ist. Ist die Anfechtungsklage zulässig und begründet, hebt das Gericht den angefochtenen Verwaltungsakt und einen etwaigen Widerspruchsbescheid auf (§ 113 Abs. 1 Satz 1 VwGO). Hält das Gericht die Klage für unbegründet, wird die Klage abgewiesen.

12. Wann ist die Verpflichtungsklage zulässig und begründet?

Die **Zulässigkeitsvoraussetzungen** der **Verpflichtungsklage** entsprechen denen der Anfechtungsklage. Eine **Besonderheit** gilt lediglich im Falle der **Untätigkeitsklage**, bei der vor der Klageerhebung kein Widerspruchsverfahren durchgeführt worden sein muss und die grundsätzlich nicht vor Ablauf von drei Monaten seit dem Antrag auf Vornahme des Verwaltungsakts erhoben werden darf (§ 75 Satz 2 VwGO).

Die **Begründetheit der Verpflichtungsklage** ist gegeben, wenn die Ablehnung oder Unterlassung des Verwaltungsakts rechtswidrig und der Kläger dadurch in seinen Rechten verletzt ist. Die Behörde wird dabei durch Urteil verpflichtet, den beantragten Verwaltungsakt zu erlassen, wenn die Sache spruchreif ist (§ 113 Abs. 5 Satz 1 VwGO). **Spruchreife** liegt vor, wenn der Kläger einen Anspruch auf Erlass des Verwaltungsakts hat. Die Spruchreife ist regelmäßig nicht gegeben, wenn der Behörde für den Erlass oder Inhalt des beantragten und abgelehnten Verwaltungsaktes ein Ermessensspielraum zusteht. Hier kann das Gericht aus rechtsstaatlichen Gründen nur prüfen, ob die Ablehnung des Verwaltungsaktes ermessensfehlerhaft rechtswidrig war und wenn dies der Fall ist, die Behörde verpflichten, den Kläger unter Beachtung der Rechtsauffassung des Gerichts neu zu bescheiden (**Bescheidungsurteil**; § 113 Abs. 5 Satz 2 VwGO).

13. Wann ist die allgemeine Leistungsklage zulässig und begründet?

Die **allgemeine Leistungsklage** ist in der Verwaltungsgerichtsordnung (VwGO) zwar erwähnt (z. B. §§ 43 Abs. 2, 111 VwGO), aber nicht ausdrücklich geregelt. Die **Zulässigkeitsvoraussetzungen** entsprechen denen der Anfechtungs- und Verpflichtungsklage, mit dem Unterschied, dass die allgemeine Leistungsklage an keine Klagefrist gebunden und ein Widerspruchsverfahren (Vorverfahren) nicht erforderlich ist, es sei denn, gesetzlich ist ein Vorverfahren vorgeschrieben (z. B. in Beamtenangelegenheiten nach § 126 Abs. 2 BBG).

Die **allgemeine Leistungsklage** ist **begründet**, wenn der Kläger einen Rechtsanspruch auf die begehrte Leistung besitzt.

14. Wann ist die Feststellungsklage zulässig und begründet?

Die **Feststellungsklage** ist **zulässig**, wenn neben den allgemeinen Prozessvoraussetzungen (Sachurteilsvoraussetzungen) die folgenden **besonderen Prozessvoraussetzungen** erfüllt sind:

- Der Kläger muss ein **berechtigtes Interesse** an der baldigen Feststellung haben (§ 43 Abs. 1 VwGO). Für das sog. Feststellungsinteresse sind wirtschaftliche, ideelle oder persönliche Interessen ausreichend, die aber hinreichend gewichtig sein müssen.
- Der Kläger kann seine **Rechte nicht durch Gestaltungs- oder Leistungsklage** (insbesondere Anfechtungs- oder Verpflichtungsklage) **verfolgen** (sog. Subsidiaritätsklausel; § 43 Abs. 2 Satz 1 VwGO). Dies gilt nicht, wenn die Feststellung der Nichtigkeit eines Verwaltungsakts begehrt wird (§ 43 Abs. 2 Satz 2 VwGO).

Die **Begründetheit der Feststellungsklage** ist gegeben, wenn das streitige Rechtsverhältnis tatsächlich besteht (positive Feststellungsklage) oder das streitige Rechtsverhältnis tatsächlich nicht besteht (negative Feststellungsklage) oder der Verwaltungsakt nichtig ist (Nichtigkeitsfeststellungsklage).

15. Welche Rechtsmittel kommen zur Überprüfung von verwaltungsgerichtlichen Entscheidungen in Betracht und welche wesentlichen gemeinsamen Merkmale weisen diese auf?

Nach der Verwaltungsgerichtsordnung (VwGO) kommen zur Überprüfung von verwaltungsgerichtlichen Entscheidungen folgende **Rechtsmittel** in Betracht:

- **Berufung** (§§ 124 bis 130b VwGO)
- **Revision** (§§ 132 bis 144 VwGO)
- **Beschwerde** (§§ 146 bis 152 VwGO)
- **Anhörungsrüge** (§ 152a VwGO).

Wesentliche gemeinsame Merkmale der Rechtsmittel sind die **Hemmungswirkung (Suspensiveffekt)**, das heißt die Einlegung des Rechtsmittels hemmt den Eintritt der Rechtskraft der angefochtenen gerichtlichen Entscheidung und die **Anfallwirkung (Devolutiveffekt)**, das heißt der Rechtsstreit geht auf eine höhere Instanz über und begründet deren Zuständigkeit für das Rechtsmittelverfahren.

16. Welche generellen Zulässigkeitsvoraussetzungen gelten im verwaltungsgerichtlichen Verfahren für alle Rechtsmittelarten?

Für alle Rechtsmittelarten gelten insbesondere folgende **Zulässigkeitsvoraussetzungen:**

- Das Rechtsmittel muss **statthaft**, das heißt durch das Gesetz oder die Rechtsverordnung vorgesehen sein.
- Das Rechtsmittel muss in der vorgeschriebenen **Frist und Form** eingelegt werden.

- Es muss ein **Rechtsschutzbedürfnis** (Rechtsschutzinteresse) bestehen, das heißt der Rechtsmittelkläger muss ein schutzwürdiges Interesse verfolgen. Hierdurch soll verhindert werden, dass die Gerichte für unnütze oder unlautere Zwecke in Anspruch genommen werden.
- Es muss eine **Beschwer** vorliegen, das heißt der Rechtsmittelkläger muss durch die angefochtene Entscheidung in seinen rechtlich geschützten Interessen betroffen sein.

Sind die Zulässigkeitsvoraussetzungen nicht erfüllt, so wird das Rechtsmittel durch Prozessurteil vom Gericht als unzulässig verworfen. Ist das Rechtsmittel zulässig, aber in der Sache unbegründet, wird es durch Sachurteil zurückgewiesen.

17. Gegen welche verwaltungsgerichtlichen Entscheidungen kommt das Rechtsmittel der Berufung in Betracht und wann ist die Berufung zuzulassen?

Den Verfahrensbeteiligten (§ 63 VwGO) steht gegen **Endurteile einschließlich der Teilurteile** und gegen **Zwischenurteile** der Verwaltungsgerichte die **Berufung** zu, wenn sie von dem **Verwaltungsgericht oder dem Oberverwaltungsgericht** zugelassen wird (§ 124 Abs. 1 VwGO).

Die Berufung darf nur aus den in § 124 Abs. 2 der Verwaltungsgerichtsordnung (VwGO) genannten Gründen (ernstliche Zweifel an der Richtigkeit des angefochtenen Urteils, besondere tatsächliche oder rechtliche Schwierigkeit, grundsätzliche Bedeutung der Rechtssache, Divergenz oder Verfahrensmangel, auf dem die angefochtene Entscheidung beruht) zugelassen werden. Die Zulassungskompetenz des Verwaltungsgerichts hinsichtlich der Berufung, die mit dem am 1. Januar 2002 in Kraft getretenen Gesetz zur Bereinigung des Rechtsmittelrechts eingeführt wurde, ist auf die Gründe der grundsätzlichen Bedeutung der Rechtssache und die Divergenz, auf der die angefochtenen Entscheidung beruht, beschränkt (§ 124a Abs. 1 Satz 1 VwGO).

18. Welche Regelungen gelten für das Berufungszulassungsverfahren?

Hat das Verwaltungsgericht in seinem Urteil die Berufung zugelassen, so ist das Oberverwaltungsgericht an diese Entscheidung gebunden (§ 124a Abs. 1 Satz 2 VwGO). Die vom **Verwaltungsgericht zugelassene Berufung** ist innerhalb **eines Monats** nach Zustellung des Urteils bei dem Verwaltungsgericht **einzulegen**, wobei die Berufung das angefochtene Urteil bezeichnen muss (§ 124a Abs. 2 VwGO). Die Begründung ist innerhalb von zwei Monaten nach Zustellung des vollständigen Urteils beim Oberverwaltungsgericht einzureichen, sofern sie nicht zugleich mit der Einlegung der Berufung beim Verwaltungsgericht erfolgt ist (§ 124a Abs. 3 Satz 1 und 2 VwGO). Die Begründungsfrist kann auf einen vor ihrem Ablauf gestellten Antrag von dem Vorsitzenden des Senats verlängert werden (§ 124a Abs. 3 Satz 3 VwGO). Die Begründung muss einen bestimmten Antrag enthalten sowie die im Einzelnen anzuführenden Gründe der Anfechtung (Berufungsgründe), wobei die Berufung unzulässig ist, wenn es an einem dieser Erfordernisse mangelt (§ 124a Abs. 3 Satz 4 und 5 VwGO).

Wird die Berufung nicht in dem Urteil des Verwaltungsgerichts zugelassen, so ist die **Zulassung der Berufung** innerhalb **eines Monats** nach Zustellung des vollständigen Urteils **zu beantragen**. Der Antrag ist bei dem Verwaltungsgericht zu stellen. Er muss das angefochtene Urteil bezeichnen. **Innerhalb von zwei Monaten** nach Zustellung des vollständigen Urteils sind die **Gründe darzulegen**, aus denen die Berufung zuzulassen ist. Die Begründung ist, soweit sie nicht bereits mit dem Antrag vorgelegt worden ist, bei dem Oberverwaltungsgericht einzureichen. Die **Stellung des Antrags hemmt die Rechtskraft des Urteils** (§ 124a Abs. 4 VwGO).

Über den Antrag entscheidet das **Oberverwaltungsgericht** durch Beschluss. Wenn einer der Gründe des § 124 Abs. 2 Verwaltungsgerichtsordnung (VwGO) dargelegt ist und vorliegt, ist die Berufung zuzulassen. Der Beschluss des Oberverwaltungsgerichts soll kurz begründet werden. Mit der Ablehnung des Antrages wird das Urteil rechtskräftig. Lässt das Oberverwaltungsgericht die Berufung zu, wird das Antragsverfahren als Berufungsverfahren fortgesetzt; der Einlegung einer Berufung bedarf es nicht (§ 124a Abs. 5 VwGO).

Die **Berufung** ist **innerhalb eines Monats** nach Zustellung des Beschlusses über die Zulassung der Berufung **zu begründen**. Die Begründung ist bei dem Oberverwaltungsgericht einzureichen. Die Begründungsfrist kann auf einen vor ihrem Ablauf gestellten Antrag von dem Vorsitzenden des Senats verlängert werden. Die Begründung muss einen bestimmten Antrag enthalten sowie die im Einzelnen anzuführenden Gründe der Anfechtung (Berufungsgründe). Mangelt es an einem dieser Erfordernisse, so ist die Berufung unzulässig (§ 124a Abs. 6 VwGO).

In den Verfahren vor dem Oberverwaltungsgericht besteht grundsätzlich **Anwaltszwang** (§ 67 Abs. 4 VwGO), das heißt die Verfahrensbeteiligten müssen sich durch einen Rechtsanwalt oder einen Rechtslehrer an einer staatlichen oder staatlich anerkannten Hochschule eines Mitgliedstaates der Europäischen Union, eines anderen Vertragsstaates des Abkommens über den Europäischen Wirtschaftsraum oder der Schweiz, der die Befähigung zum Richteramt besitzt, als Bevollmächtigten vertreten lassen, wobei für juristische Personen des öffentlichen Rechts und Behörden sowie für bestimmte Verfahren, z. B. Angelegenheiten der Kriegsopferfürsorge und des Schwerbehindertenrechts, Personalvertretungsangelegenheiten und Angelegenheiten, die in einem Zusammenhang mit einem gegenwärtigen oder früheren Arbeitsverhältnis von Arbeitnehmern im Sinne des § 5 des Arbeitsgerichtsgesetzes (ArbGG) stehen, ein erweiterter Vertretungszwang git (§ 67 Abs. 2 VwGO).

19. In welchem Umfang prüft das Oberverwaltungsgericht angefochtene Entscheidungen im Berufungsverfahren?

Das **Oberverwaltungsgericht**, dem die Berufungsschrift mit den Akten vom Verwaltungsgericht vorgelegt wird, prüft den Streitfall innerhalb des Berufungsantrages sowohl in **tatsächlicher als auch in rechtlicher Hinsicht** nach, soweit sich die Berufung als zulässig erweist. Dabei berücksichtigt es auch neu vorgebrachte Tatsachen und Beweismittel (§ 128 VwGO). Erklärungen und Beweismittel, die bereits das erstinstanzliche Verwaltungsgericht als verspätet zurückgewiesen hatte (§ 87b VwGO), bleiben jedoch auch im Berufungsverfahren ausgeschlossen (§ 128a Absatz 2 VwGO). Das Oberverwaltungsgericht ist als Berufungsgericht somit eine **zweite Tatsachen- und Rechtsinstanz**.

Das Berufungsverfahren richtet sich grundsätzlich nach den Vorschriften, die für das erstinstanzliche verwaltungsgerichtliche Verfahren gelten (§ 125 Abs. 1 VwGO). Über die Berufung wird durch Urteil entschieden. Ist die Berufung unzulässig, so ist sie zu verwerfen (§ 125 Abs. 2 VwGO).

20. Gegen welche verwaltungsgerichtlichen Entscheidungen kommt das Rechtsmittel der Revision in Betracht und wann ist die Revision zuzulassen?

Gegen das Urteil des Oberverwaltungsgerichts (§ 49 Nr. 1 VwGO) und die vom Oberverwaltungsgericht ohne mündliche Verhandlung gefassten Beschlüsse (§ 47 Abs. 5 Satz 1 VwGO) steht den Beteiligten die **Revision** an das Bundesverwaltungsgericht in Leipzig zu, wenn das Oberverwaltungsgericht oder auf Beschwerde gegen die Nichtzulassung das Bundesverwaltungsgericht sie zugelassen hat (§ 132 Abs. 1 VwGO). Daneben kann die Revision auch ausnahmsweise unmittelbar gegen Urteile der Verwaltungsgerichte eingelegt werden, wenn der Kläger und der Beklagte schriftlich zustimmen und sie vom Verwaltungsgericht im Urteil oder auf Antrag durch Beschluss zugelassen wird (sog. **Sprungrevision**; § 134 VwGO) oder wenn durch Bundesgesetz die Berufung ausgeschlossen ist (§ 135 VwGO).

Jede Revision darf nur aus den in § 132 Abs. 2 der Verwaltungsgerichtsordnung (VwGO) genannten Gründen (grundsätzliche Bedeutung der Rechtssache, Divergenz oder Verfahrensmangel, auf dem die angefochtene Entscheidung beruht) zugelassen werden. Sie kann nur darauf gestützt werden, dass das angefochtene Urteil auf der Verletzung von Bundesrecht oder einer Vorschrift des Verwaltungsverfahrensgesetzes eines Landes, die ihrem Wortlaut nach mit dem Verwaltungsverfahrensgesetz des Bundes übereinstimmt, beruht (§ 137 Abs. 1 VwGO). Wenn einer der in § 138 VwGO bezeichneten Verfahrensmängel (absolute Revisionsgründe) vorliegt, ist ein Urteil stets als auf der Verletzung von Bundesrecht beruhend anzusehen.

21. Welche Regelungen gelten für das Revisionsverfahren?

Die **Revision** ist bei dem Gericht, dessen Urteil angefochten wird, **innerhalb eines Monats** nach Zustellung des vollständigen Urteils oder des Beschlusses über die Rechtsmittelzulassung **schriftlich** einzulegen (§ 139 Abs. 1 Satz 1 VwGO). Die **Revisionsfrist** ist auch gewahrt, wenn die Revision innerhalb der Frist bei dem Bundesverwaltungsgericht eingelegt wird (§ 139 Abs. 1 Satz 2 VwGO). Die Revision ist innerhalb von zwei Monaten nach Zustellung des angefochtenen Urteils (bei der Rechtsmittelzulassung innerhalb eines Monats nach Zustellung des Beschlusses) zu begründen (§ 139 Abs. 3 Satz 1 VwGO). Die Begründungsfrist kann jedoch auf einen vor ihrem Ablauf gestellten Antrag von dem Vorsitzenden des für die Revision zuständigen Senats des Bundesverwaltungsgerichts verlängert werden (§ 139 Abs. 3 Satz 3 VwGO). Die Begründung muss einen bestimmten Antrag enthalten sowie die angeblich verletzte Rechtsnorm oder den eventuell gerügten Verfahrensmangel bezeichnen (§ 139 Abs. 3 Satz 4 VwGO).

In den Verfahren vor dem Bundesverwaltungsgericht besteht grundsätzlich **Anwaltszwang** (§ 67 Abs. 4 VwGO), das heißt die Verfahrensbeteiligten müssen sich durch einen Rechtsanwalt oder einen Rechtslehrer an einer staatlichen oder staatlich anerkannten Hochschule eines Mitgliedstaates der Europäischen Union, eines anderen Vertragsstaates des Abkommens über den Europäischen Wirtschaftsraum oder der Schweiz, der die Befähigung zum Richteramt besitzt, als Bevollmächtigten vertreten lassen (§ 67 Abs. 2 VwGO).

22. In welchem Umfang prüft das Bundesverwaltungsgericht angefochtene Urteile im Revisionsverfahren?

Das **Bundesverwaltungsgericht** ist bei der Prüfung der Revision an die in dem angefochtenen Urteil getroffenen tatsächlichen Feststellungen gebunden (§ 137 Abs. 2 VwGO). Es kann deshalb das angefochtene Urteil nur in **rechtlicher Hinsicht nachprüfen**, nicht jedoch Fragen zum Sachverhalt prüfen. Das Bundesverwaltungsgericht ist somit im Revisionsverfahren eine **reine Rechtsinstanz**.

Wenn die **Revision unzulässig** ist, so verwirft sie das Bundesverwaltungsgericht durch Beschluss (§ 144 Abs. 1 VwGO). Erweist sich die zulässige Revision als unbegründet, wird sie durch Urteil zurückgewiesen (§ 144 Abs. 2 VwGO). Bei **begründeter Revision** entscheidet das Bundesverwaltungsgericht ebenfalls durch Urteil. In diesem Urteil hebt es die angefochtene Entscheidung auf und kann dann in der Sache selbst entscheiden oder die Sache zur anderweitigen Verhandlung und Entscheidung an das Berufungsgericht zurückverweisen (§ 144 Abs. 3 VwGO).

23. Gegen welche verwaltungsgerichtlichen Entscheidungen kommt das Rechtsmittel der Beschwerde in Betracht?

Gegen die Entscheidungen des Verwaltungsgerichts, des Gerichtsvorsitzenden oder des Berichterstatters, die nicht Urteile oder Gerichtsbescheide sind, steht den Beteiligten und den sonst von der Entscheidung Betroffenen grundsätzlich die **Beschwerde an das Oberverwaltungsgericht** zu (§ 146 Abs. 1 VwGO). Daneben ist die Beschwerde statthaft gegen die **Nichtzulassung der Revision** (§ 133 VwGO).

24. Welche Regelungen gelten für das Beschwerdeverfahren?

Die **Beschwerde** ist bei dem Gericht, dessen Entscheidung angefochten wird, **schriftlich oder zu Protokoll** des Urkundsbeamten der Geschäftsstelle grundsätzlich innerhalb von **zwei Wochen** nach Bekanntgabe der Entscheidung einzulegen (§ 147 Abs. 1 VwGO). Die Beschwerdefrist ist auch gewahrt, wenn die Beschwerde innerhalb der Frist bei dem Beschwerdegericht eingeht (§ 147 Abs. 2 VwGO).

Mit Ausnahme von Entscheidungen, die die Festsetzung eines Ordnungs- oder Zwangsmittels zum Gegenstand haben, hat die **Beschwerde keine aufschiebende Wirkung** (§ 149 VwGO). Hält das Verwaltungsgericht, der Gerichtsvorsitzende oder der Berichterstatter, dessen Entscheidung angefochten wird, die Beschwerde für begründet, so ist ihr abzuhelfen. Ansonsten ist die Beschwerde unverzüglich dem Oberverwaltungsgericht vorzulegen (§ 148 Abs. 1 VwGO). Das Verwaltungsgericht soll die Beteiligten von der Vorlage der Beschwerde an das Oberverwaltungsgericht in Kenntnis setzen (§ 148 Abs. 2 VwGO). Die Beschwerdeentscheidung des Oberverwaltungsgerichts ergeht durch Beschluss (§ 150 VwGO). Der Beschluss des Oberverwaltungsgerichts kann **nicht** mehr durch ein weiteres Rechtsmittel **angefochten werden** (§ 152 VwGO).

Besondere Regelungen gelten für das Beschwerdeverfahren gegen Beschlüsse des Verwaltungsgerichts in Verfahren des vorläufigen Rechtsschutzes gemäß §§ 80, 80a und 123 der Verwaltungsgerichtsordnung (VwGO). Die Beschwerde ist in diesen Fällen innerhalb eines Monats nach Bekanntgabe der Entscheidung zu begründen. Die Begründung ist, sofern sie nicht bereits mit der Beschwerde vorgelegt worden ist, bei dem Oberverwaltungsgericht einzureichen. Sie muss einen bestimmten Antrag enthalten, die Gründe darlegen, aus denen die Entscheidung abzuändern oder aufzuheben ist, und sich mit der angefochtenen Entscheidung auseinander setzen. Mangelt es an einem dieser Erfordernisse, ist die Beschwerde als unzulässig zu verwerfen. Das Verwaltungsgericht legt die Beschwerde unverzüglich vor. Das Oberverwaltungsgericht prüft nur die dargelegten Gründe (§ 146 Abs. 4 VwGO).

Zu beachten ist, dass mit dem am 1. Januar 2002 in Kraft getretenen Gesetz zur Bereinigung des Rechtsmittelrechts die mit dem Sechsten Gesetz zur Änderung der Verwaltungsgerichtsordnung zum 1. Januar 1997 eingeführten Zulassungsregelungen aufgehoben worden sind und somit die Beschwerde keinem besonderen Zulassungsverfahren mehr unterliegt.

25. Was versteht man unter einer Anhörungsrüge und unter welchen Voraussetzungen kann diese im verwaltungsgerichtlichen Verfahren erhoben werden?

Die **Anhörungsrüge**, die durch das am 1. Januar 2005 in Kraft getretene Anhörungsrügengesetz eingeführt wurde, ist ein besonderer Rechtsbehelf im Prozessrecht, der es erlaubt, Verstöße einer Entscheidung gegen den Anspruch auf rechtliches Gehör im Sinne des Artikels 103 des Grundgesetzes (GG) geltend zu machen.

Die **Voraussetzungen**, unter denen im verwaltungsgerichtlichen Verfahren die Rüge der Verletzung des rechtlichen Gehörs statthaft und begründet ist, sind in § 152a der Verwaltungsgerichtsordnung (VwGO) geregelt. Danach ist auf Rüge eines durch eine gerichtliche Entscheidung beschwerten Beteiligten das Verfahren fortzuführen, wenn ein Rechtsmittel oder ein anderer Rechtsbehelf gegen die Entscheidung nicht gegeben ist und das Gericht den Anspruch dieses Beteiligten auf rechtliches Gehör in entscheidungserheblicher Weise verletzt hat, wobei gegen eine der Endentscheidung vorausgehende Entscheidung die Rüge nicht stattfindet. Die Rüge ist innerhalb einer Notfrist von zwei Wochen nach Kenntnis von der Verletzung des rechtlichen Gehörs schriftlich bei dem Gericht, dessen Entscheidung angegriffen wird, zu erheben; der Zeitpunkt der Kenntniserlangung ist glaubhaft zu machen. Hierbei ist zu beachten, dass die Rüge nach Ablauf eines Jahres seit Bekanntgabe der angegriffenen Entscheidung nicht mehr erhoben werden kann.

Ist die Rüge begründet, wurde also das rechtliche Gehör verletzt, wird das verwaltungsgerichtliche Verfahren in die Lage zurückversetzt, in der es sich vor der Entscheidung befand. Falls die Rüge unbegründet ist, wird sie vom Gericht durch unanfechtbaren Beschluss zurückgewiesen. Ist die Rüge nicht statthaft oder nicht in der gesetzlichen Form oder Frist erhoben, wird sie durch unanfechtbaren Beschluss als unzulässig verworfen.

IV. Wirtschafts- und Sozialkunde Teilgebiet Staatskunde

1. Staatsbegriff und Staatsaufgaben

1.1 Der Staat und seine Merkmale

1. Was versteht man unter dem Begriff Staat?

Das Wort „Staat" ist von dem lateinischen Wort „status" abgeleitet und kann mit „Zustand, Ordnung" übersetzt werden. Eingeführt wurde dieser Begriff von dem florentinischen Gelehrten *Niccolo Machiavelli* (1469 - 1527), der in seinem Werk „Il Principe" („Der Fürst") den Staat mit dem Wort „stato" bezeichnet hat.

Unter dem Begriff **Staat** (im rechtlichen Sinne) versteht man heute eine Einrichtung, durch die eine Vielzahl von Menschen auf einem bestimmten Teil der Erde unter einer hoheitlichen Gewalt in einer geordneten Gemeinschaft zur Verwirklichung von Gemeinschaftsaufgaben verbunden ist.

Nach dieser Definition müssen drei Elemente, und zwar ein **Staatsgebiet**, ein **Staatsvolk** und eine **Staatsgewalt** vorhanden sein, um von einem Staat sprechen zu können (sog. **Drei-Elemente-Theorie**).

Im politischen Sinne ist der Staat die politische Ordnung der Gesellschaft.

2. Was versteht man unter Staatsgebiet, Staatsvolk und Staatsgewalt?

Staatsgebiet, Staatsvolk und Staatsgewalt lassen sich wie folgt beschreiben:

- Das **Staatsgebiet** ist der abgegrenzte bewohnbare Teil der Erde, in dem der Staat seine Herrschaft ausübt.
- Das **Staatsvolk** ist die auf dem Staatsgebiet lebende Gesamtheit von Menschen gleicher Staatsangehörigkeit.
- Die **Staatsgewalt** ist die auf dem Staatsgebiet ordnende und beherrschende hoheitliche Gewalt über die sich in ihm aufhaltenden Menschen.

3. Wie setzt sich das Staatsgebiet der Bundesrepublik Deutschland zusammen?

Das **Staatsgebiet der Bundesrepublik Deutschland** besteht aus 16 Bundesländern. In dem nachstehenden Schaubild sind die Bundesländer mit ihren Hauptstädten aufgeführt:

Bundesland	Hauptstadt
Baden-Württemberg	Stuttgart
Bayern	München
Berlin	Berlin

Bundesland	Hauptstadt
Brandenburg	Potsdam
Bremen	Bremen
Hamburg	Hamburg
Hessen	Wiesbaden
Mecklenburg-Vorpommern	Schwerin
Niedersachsen	Hannover
Nordrhein-Westfalen	Düsseldorf
Rheinland-Pfalz	Mainz
Saarland	Saarbrücken
Sachsen	Dresden
Sachsen-Anhalt	Magdeburg
Schleswig-Holstein	Kiel
Thüringen	Erfurt

4. Welche Stadt ist die Hauptstadt der Bundesrepublik Deutschland?

Die **Hauptstadt** der Bundesrepublik Deutschland ist **Berlin** (Art. 22 Abs. 1 GG).

5. In welchen Vorschriften ist das deutsche Staatsangehörigkeitsrecht geregelt?

Das deutsche Staatsangehörigkeitsrecht ist in Artikel 16, 73 Nr. 2 und 116 des Grundgesetzes (GG) und im **Staatsangehörigkeitsgesetz** (StAG) geregelt.

6. Welcher Grundsatz gilt für den Erwerb der deutschen Staatsangehörigkeit?

Für den Erwerb der deutschen Staatsangehörigkeit gilt das **Abstammungs- oder Personalitätsprinzip** (ius sanguinis), welches bestimmt, dass sich die Staatsangehörigkeit des Kindes nach der Staatsangehörigkeit der Eltern richtet. Mit der zum 1. Januar 2000 in Kraft getretenen Reform des Staatsangehörigkeitsrechts, die unter anderem die Neuerung enthält, dass ein Kind ausländischer Eltern unter bestimmten Voraussetzungen bereits durch die Geburt in Deutschland die deutsche Staatsangehörigkeit erwirbt, haben ergänzend zum Abstammungsprinzip auch Elemente des **Territorial- oder Geburtsortprinzips** (ius soli) Eingang in das deutsche Staatsangehörigkeitsrecht gefunden. Dieses Prinzip knüpft hinsichtlich der Staatsangehörigkeit des Kindes an das Staatsgebiet seines Geburtsortes an.

7. Wie wird die deutsche Staatsangehörigkeit erworben?

Die **deutsche Staatsangehörigkeit** wird **erworben:**

- durch **Geburt**, wenn mindestens ein Elternteil die deutsche Staatsangehörigkeit besitzt, wobei auch ein Kind ausländischer Eltern unter bestimmten Umständen die deutsche Staatsangehörigkeit (neben der Staatangehörigkeit der Eltern) erwirbt, wenn es in Deutschland geboren wird (§ 4 StAG)
- durch **Erklärung**, deutscher Staatsangehöriger werden zu wollen (gilt nur unter bestimmten Voraussetzungen für vor dem 1. Juli 1993 geborene Kinder eines deutschen Vaters und einer ausländischen Mutter; § 5 StAG)
- durch **Annahme als Kind** durch einen Deutschen (Adoption; § 6 StAG)
- für Spätaussiedler und die in den Aufnahmebescheid einbezogenen Familienangehörigen mit der **Ausstellung der Bescheinigung** gem. § 15 Abs. 1 oder 2 des Bundesvertriebenengesetzes (§ 7 StAG)
- durch **Überleitung** als Deutscher ohne deutsche Staatsangehörigkeit im Sinne des Art. 116 Abs. 1 GG (§ 40a StAG)
- für einen Ausländer durch **Einbürgerung** (Naturalisation; §§ 8 bis 16, 40b und c StAG).

8. Welche Rechte und Pflichten sind mit der deutschen Staatsangehörigkeit für den Staatsangehörigen verbunden?

Mit der **deutschen Staatsangehörigkeit** sind für den Staatsangehörigen insbesondere folgende **Rechte** verbunden:

- Grundrechte, z. B. nach der Menschenrechtskonvention der Grundrechtscharta der Europäischen Union und dem Grundgesetz (GG)
- grundrechtsähnliche Rechte wie z. B. das Recht zur Parteiengründung, das Wahlrecht und der Zugang zu öffentlichen Ämtern und Ehrenämtern
- Recht auf staatliche Leistungen, z. B. Grundsicherungsleistungen, Jugendhilfe, Wohngeld, Ausbildungsförderung
- Recht auf staatlichen Schutz, z. B. das Recht, sich im Falle einer Notlage bei einem Auslandsaufenthalt an die deutsche Vertretung zu wenden.

Mit der **deutschen Staatsangehörigkeit** sind für den Staatsangehörigen insbesondere folgende **Pflichten** verbunden:

- Treuepflicht, z. B. Wahrung und Förderung der Interessen des Staates
- Gehorsamspflicht, z. B. Beachtung der Verfassung, Gesetze und Rechtsverordnungen
- Leistungspflicht, z. B. Schulpflicht, Steuerpflicht, Unterhaltspflicht, Meldepflicht, Hilfeleistungspflicht, Pflicht zur Übernahme von Ehrenämtern als Wahlhelfer, Schöffe oder Laienrichter.

9. Von wem wird die Staatsgewalt ausgeübt?

Die Staatsgewalt wird von **Staatsorganen** ausgeübt, die für den Staat handeln. Dies kann eine Einzelperson oder eine Gruppe sein.

Je nach ihrem Rechtsgrund unterscheidet man zwischen den **unmittelbaren Staatsorganen**, deren Einrichtung und Rechtsstellung sich unmittelbar aus der Verfassung ergeben (z. B. Volksvertretung, Staatsregierung) und den **mittelbaren Staatsorganen**, die ihr Dasein und ihre Zuständigkeit aus einfachen Gesetzen und Anordnungen der unmittelbaren Staatsorgane ableiten (z. B. staatliche Behörden, Gerichte). Wer jeweils **Inhaber der Staatsgewalt** ist, ergibt sich aus der **Staatsform und Regierungsform**.

10. In welche Funktionen lässt sich die Staatsgewalt in einer Demokratie gliedern?

Die Verfassungen demokratischer Staaten sehen die Aufteilung der Staatsgewalt vor allem in folgenden drei Funktionen vor:

- **gesetzgebende Gewalt** (Legislative).
- **ausführende oder vollziehende Gewalt** (Exekutive).
- **rechtsprechende Gewalt** (Judikative).

1.2 Die Aufgaben des Staates

1. Was ist der Grundzweck eines Staates?

Der **Grundzweck** eines jeden Staates ist die **Förderung des Gemeinwohles**, das heißt des Wohles aller Angehörigen des Staates. Aus diesem Grundzweck lassen sich die allgemein gültigen Grundaufgaben des Staates ableiten.

2. Was sind die allgemein gültigen Grundaufgaben eines Staates?

Allgemein gültige Grundaufgaben eines Staates sind:

- Schutz der **Sicherheit nach außen** durch die nötigen politischen und militärischen Maßnahmen, z. B. Abschluss von Verträgen mit anderen Staaten, Aufstellung von Streitkräften zur Landesverteidigung und deren Unterhaltung.
- Gewährleistung der öffentlichen **Sicherheit und Ordnung im Inneren** durch Schaffung einer Rechtsordnung und einem mit den erforderlichen Zwangsmitteln ausgestatteten Apparat von Verwaltungsbehörden und Gerichten.
- Gewährleistung einer **sozialen Sicherung** durch entsprechende Maßnahmen für alle Hilfsbedürftigen.
- Gewährleistung einer **angemessenen Daseinsvorsorge und Infrastruktur**, z. B. Bau und Unterhaltung von Bildungs- und kulturellen Einrichtungen, Krankenhäusern und Straßen sowie Bereitstellung einer sicheren Energieversorgung.

3. Wonach bestimmen sich die von einem Staat durchzuführenden Aufgaben?

Die von einem Staat durchzuführenden Aufgaben lassen sich nicht allgemeingültig festlegen. Welcher Art diese Aufgaben sind, bestimmt sich nach der jeweiligen **Verfassung**, aktuellen gesellschaftlichen **Entwicklungen** und den jeweiligen **Vorstellungen** der politisch Verantwortlichen. Die staatlichen Aufgaben sind aus diesem Grund nicht für alle Staaten und für alle Zeiten die gleichen, sondern einem stetigen Wandel unterworfen.

2. Staatsformen und Regierungsformen

2.1 Die Staatsformen

1. Welche Arten von Staatsformen unterscheidet man?

Im Allgemeinen werden die **Staatsformen** in zwei Gruppen untergliedert, in **Monarchien** und **Republiken**.

2. Was versteht man unter einer Monarchie?

Als **Monarchie** bezeichnet man eine Staatsform, in der eine einzelne Person auf Lebenszeit mit fürstlichen Ehrenrechten ausgestattetes Staatsoberhaupt ist. Diese Herrscherwürde ist verbunden mit einem Titel, wie z. B. Kaiser, König, Zar, Schah, die meistens innerhalb einer Familie oder Dynastie nach einer bestimmten Thronfolgeordnung vererbt wird (**Erbmonarchie**). Die Besetzung des Thrones kann jedoch auch durch eine besondere Wahl erfolgen (**Wahlmonarchie**).

3. Welche Hauptarten der Monarchie werden unterschieden und wie grenzen sie sich ab?

Nach dem Umfang der Befugnisse des Monarchen werden folgende Hauptarten der Monarchie unterschieden:

- **Absolute Monarchie:** Von einer absoluten Monarchie spricht man, wenn die gesamte Staatsgewalt beim Monarchen vereinigt ist. Die absolute Monarchie war im 17. und 18. Jahrhundert die herrschende Staatsform in Europa.
- **Konstitutionelle Monarchie:** In der konstitutionellen Monarchie ist die Staatsgewalt des Monarchen beschränkt durch eine geschriebene Verfassung, aus der sich die Befugnisse der Volksvertretung ergeben, z. B. Mitwirkung beim Erlass von Gesetzen, Kontrolle der Regierung. Der Monarch hat aber das Recht, die Mitglieder seiner Regierung nach eigenem Ermessen zu bestimmen. Die konstitutionelle Monarchie prägte im Wesentlichen das gesamte 19. Jahrhundert als die herrschende Staatsform in Europa.
- **Parlamentarische Monarchie:** In der parlamentarischen Monarchie beschränken sich die Aufgaben des Monarchen als Staatsoberhaupt im Wesentlichen auf die Repräsentation des Staates. Die Staatsgewalt liegt beim Volk, repräsentiert durch das Parlament. Die Regierung ist nicht vom Monarchen, sondern ausschließlich vom Ver-

trauen des Parlaments abhängig. Die parlamentarische Monarchie, dessen Entstehungsland England ist, ist die Staatsform in den meisten heute noch bestehenden europäischen Monarchien.

4. Was versteht man unter einer Republik?

Als **Republik** bezeichnet man einen Staat, dessen Staatsoberhaupt kein Monarch, sondern in der Regel ein Präsident ist. Das Wort Republik ist aus dem lateinischen Begriff „res publicae“ abgeleitet, das mit „öffentlichen Angelegenheiten“ oder „Gemeinwesen“ übersetzt werden kann.

5. Welche Formen der Republik unterscheidet man?

Innerhalb der Republik wird als mögliche Form die demokratische Republik und als Entartung die diktatorische Republik unterschieden:

- **Demokratische Republik:** In der demokratischen Republik ist das ganze Volk Träger der Staatsgewalt, wobei an der Spitze des Staates der gewählte Präsident steht. Je nach der verfassungsrechtlichen Stellung des Präsidenten, die sehr unterschiedlich sein kann, werden zwei Formen der demokratischen Republik unterschieden, die **Präsidialrepublik** und die **Parlamentsrepublik**.
- **Diktatorische Republik:** Es gab und gibt diktatorische Entartungen als Varianten einer Republik. So ist z. B. nach wie vor die Volksrepublik China eine Diktatur. Auch die ehemalige Sowjetunion war eine diktatorische Republik.

6. Wodurch unterscheiden sich die Präsidialrepublik von der Parlamentsrepublik?

In der **Präsidialrepublik** sind die Machtbereiche zwischen dem Parlament als der Volksvertretung und dem Präsidenten als dem Staatsoberhaupt weitgehend voneinander unabhängig gestaltet. Der auf eine bestimmte Zeit vom Volk gewählte Präsident ernennt und entlässt die Mitglieder seiner Regierung, die nur ihm verantwortlich sind. Der Präsident hat dadurch eine große Machtfülle. Er besitzt aber nicht das Recht, das Parlament vorzeitig aufzulösen. Das Parlament, bei dem die gesetzgebende Gewalt liegt, verfügt mit dem Budgetrecht, das heißt der Staatshaushalt wird durch das Haushaltsgesetz festgestellt, über wichtige Entscheidungs- und Kontrollmöglichkeiten. Es kann aber den Präsidenten nicht stürzen. Diese Staatsform gibt es beispielsweise in den Vereinigten Staaten von Amerika und in Frankreich.

In der **Parlamentsrepublik** hat die Volksvertretung, das Parlament, neben der Gesetzgebungsbefugnis maßgebenden Einfluss auf die Regierungsbildung. Die Regierung ist vom Vertrauen des Parlaments abhängig und diesem verantwortlich. Sie muss zurücktreten, wenn ihr das Parlament das Vertrauen entzieht. Die Aufgaben des Staatsoberhauptes, des Präsidenten, beschränken sich im Wesentlichen auf repräsentative Funktionen. Unter bestimmten Voraussetzungen hat der Präsident jedoch das Recht, das Parlament vor Ablauf der Wahlperiode aufzulösen. Diese Staatsform ist beispielsweise in der Bundesrepublik Deutschland und in Österreich vorzufinden.

2.2 Die Regierungsformen

1. Welche Arten von Regierungsformen unterscheidet man?

Innerhalb der Regierungsformen unterscheidet man je nachdem, wie die Staatsgewalt ausgeübt wird, zwischen **Demokratien** und **Diktaturen**.

2. Was versteht man unter einer Demokratie?

Eine allgemeingültige Definition des Demokratiebegriffes gibt es nicht. Das Wort **Demokratie** stammt aus dem Griechischen und bedeutet wörtlich übersetzt „Volksherrschaft". Die Demokratie wird in den einzelnen Gesellschaftssystemen unterschiedlich ausgelegt. Nach westlicher Demokratieauffassung spricht man von einer Demokratie, wenn das Staatsvolk Träger der Staatsgewalt ist.

3. Welche Hauptarten werden in der Demokratie unterschieden?

In der Demokratie werden folgende zwei Hauptarten unterschieden:

- **Unmittelbare** (plebiszitäre) **Demokratie:** Bei der unmittelbaren Demokratie werden die Beschlüsse über Staatsangelegenheiten direkt vom Volk in Versammlungen oder Volksent-scheidungen gefasst. Diese Demokratieform ist in den heutigen Demokratien wegen ihrer Größe und Bevölkerungszahl praktisch nicht durchzuführen. Sie ist deshalb nur noch in sehr kleinen Gemeinschaften (z. B. in einigen Schweizer Kantonen) vorzufinden.
- **Mittelbare** (repräsentative) **Demokratie:** Bei der mittelbaren Demokratie wird die gesetzgebende Staatsgewalt durch die vom Volk gewählte Volksvertretung, dem Parlament, ausgeübt. Dies ist heute die am häufigsten anzutreffende Erscheinungsform der Demokratie. In einzelnen Verfassungen ist dem Volk über die Wahl der Volksvertretung hinaus durch Elemente unmittelbarer Demokratie (Volksbegehren und Volksentscheid) in mehr oder weniger großem Umfang die Möglichkeit der unmittelbaren Teilnahme an der staatlichen Willensbildung eingeräumt.

4. Was versteht man unter einer Diktatur?

Von einer **Diktatur** spricht man, wenn eine Personengruppe (oft unter einem Diktator) Träger der Staatsgewalt ist und unbeschränkte Macht über Staat und Gesellschaft ausübt.

5. Welche Erscheinungsformen werden in der Diktatur unterschieden?

In der Diktatur werden grundsätzlich folgende Erscheinungsformen unterschieden:

- **Autoritäre Diktatur:** In der autoritären Diktatur übt eine militärische oder wirtschaftliche Führungsschicht oder eine Volksgruppe die Macht im Staate aus. Die Machtübernahme erfolgt häufig durch einen Staatsstreich, der die bestehende politische Ordnung beseitigt. Die typische Form der autoritären Herrschaft ist die Militärdiktatur (z. B. Spanien während des Franco-Regimes von 1939 bis 1975, Chile während der Militärjunta General Pinochets von 1973 bis 1990).

- **Totalitäre Diktatur:** In der totalitären Diktatur wird die Macht im Staate in der Regel von einer Partei ausgeübt. Diese begründet ihren Ausschließlichkeitsanspruch auf eine alle Gesellschaftsbereiche umfassende Ideologie und versteht sich zum Teil als Ausdruck revolutionärer Volksherrschaft. Die Einheitspartei beherrscht dabei alle Schaltstellen in Politik, Wirtschaft und Gesellschaft. Die typische Form der totalitären Herrschaft ist die Parteidiktatur (z. B. NS-Diktatur 1933 bis 1945, die meisten osteuropäischen Staaten vor 1990, Volksrepublik China).

3. Die Verfassungsprinzipien der Bundesrepublik Deutschland

3.1 Das Grundgesetz

1. Was ist das Grundgesetz und wie ist es gegliedert?

Das Grundgesetz (GG) ist die **Verfassung der Bundesrepublik Deutschland**. In ihr sind die grundlegenden Rechtssätze über Organisation und Funktionen der Staatsgewalt und die Rechtsstellung des Einzelnen verankert. Sie steht über allen anderen Bundesgesetzen. Nur Gesetze, die mit ihm vereinbar sind, sind gültig. Eine Änderung des GG ist nur mit Zwei-Drittel-Mehrheit in Bundestag und Bundesrat möglich. Bestimmte Teile der Verfassung, wie die Grundrechte, sind unantastbar.

2. Wie kam das Grundgesetz zustande?

Am **1. September 1948** trat in Bonn der **Parlamentarische Rat** zu seiner ersten Sitzung zusammen. Dieser bestand aus 65 Mitgliedern der elf westdeutschen Länder, die von den Landtagen gewählt worden waren, und fünf Mitgliedern der Berliner Westsektoren mit beratender Stimme. Zum Präsidenten wurde der Vorsitzende der CDU-Fraktion im nordrhein-westfälischen Landtag, *Dr. Konrad Adenauer*, gewählt. Dem Parlamentarischen Rat lag ein Grundgesetzentwurf vor, den ein von den westlichen Ministerpräsidenten bestellter Sachverständigenausschuss, der vom 10. bis 23. August 1948 auf der Herreninsel des Chiemsees tagte, ausgearbeitet hatte. Dieser Sachverständigenausschuss wird nach seinem Tagungsort als **Verfassungskonvent von Herrenchiemsee** bezeichnet. Der Parlamentarische Rat arbeitete dann auf der Grundlage des vorgelegten Entwurfs das Grundgesetz endgültig aus.

Am **8. Mai 1949**, dem vierten Jahrestag des Endes des 2. Weltkrieges, wurde das **Grundgesetz** für die Bundesrepublik Deutschland vom Parlamentarischen Rat mit 53 gegen 12 Stimmen verabschiedet. Die Militärgouverneure genehmigten am 12. Mai 1949 das Grundgesetz mit einigen Vorbehalten. Die Genehmigung durch die Landtage der Länder folgte in der Zeit vom 18. bis 21. Mai 1949. Nicht genehmigt wurde das Grundgesetz vom Bayerischen Landtag, der aber trotzdem die Mitgliedschaft Bayerns zum Bund anerkannte.

In der öffentlichen Sitzung des Parlamentarischen Rates vom 23. Mai 1949 wurde das Grundgesetz für angenommen erklärt, unterzeichnet und am gleichen Tage im Bundesgesetzblatt verkündet. Am **24. Mai 1949** trat das **Grundgesetz in Kraft** (Art. 145 Abs. 2 GG). Das Grundgesetz bildete dann die Grundlage für die Konstituierung von Bundestag und Bundesrat am 7. September 1949, für die Wahl von Dr. Theodor Heuss zum ersten Bundespräsidenten durch die Bundesversammlung am 12. September 1949, für die Wahl von Dr. Konrad Adenauer zum ersten Bundeskanzler durch den Bundestag am 15. September 1949 und für die Bildung der ersten Bundesregierung am 20. September 1949. Damit war die **Bundesrepublik Deutschland entstanden**.

3. Welche verfassungsgestaltenden Grundentscheidungen sind durch das Grundgesetz getroffen worden?

Die verfassungsgestaltenden Grundentscheidungen sind durch das Grundgesetz (GG) in den Artikeln 1, 20 und 28 Abs. 1 in Verbindung mit Artikel 79 Abs. 3 GG getroffen worden. Oberstes Prinzip der vom GG gegebenen Ordnung ist die Unantastbarkeit der Würde des Menschen und die Verpflichtung aller staatlichen Gewalt, sie zu schützen (Art. 1 Abs. 1 GG). Näher ausgestaltet wird diese Grundentscheidung insbesondere durch die Grundrechte in den Artikeln 2 bis 19 des Grundgesetzes.

In Artikel 20 Abs. 1 bis 3 legt das GG die fundamentalen Verfassungsgrundsätze fest. Es handelt sich hierbei um die Prinzipien **Republik**, **Demokratie**, **Rechtsstaat**, **Sozialstaat** und **Bundesstaat**. Die besondere Bedeutung dieser Verfassungsgrundsätze wird zusätzlich dadurch dokumentiert, dass gemäß Artikel 79 Abs. 3 des GG der Kerngehalt dieser Staatsorganisationsprinzipien vor Veränderungen geschützt ist.

Darüber hinaus sind die Grundsätze des republikanischen, demokratischen und sozialen Rechtsstaates gemäß Artikel 28 Abs. 1 des GG auch ausdrücklich für die Verfassungen der einzelnen Bundesländer vorgeschrieben (**Homogenitätsprinzip**).

4. Welche Möglichkeit sieht das Grundgesetz gegen den Versuch vor, die Verfassungsordnung zu beseitigen?

Im Jahre 1968 wurde im Zusammenhang mit der Notstandsgesetzgebung mit dem Artikel 20 Abs. 4 erstmals ein **Widerstandsrecht** in das Grundgesetz (GG) aufgenommen. Dieses **Grundrecht** gibt allen Deutschen das Recht zum Widerstand gegen jeden, der es unternimmt, die in Artikel 20 Abs. 1 bis 3 und über Artikel 79 Abs. 3 des GG garantierte verfassungsmäßige Ordnung (Republik, Demokratie, Rechts-, Sozial- und Bundesstaat) zu beseitigen, wenn andere Abhilfe nicht möglich ist. Der Widerstand stellt somit das letzte und äußerste Mittel der Verteidigung der freiheitlich demokratischen Grundordnung dar. Dies bedeutet, dass zuvor die staatlichen Organe zur Beseitigung der Gefahr aufgefordert werden müssen, es sei denn, die Gefahr würde von ihnen selbst ausgehen. Als mögliche Mittel zum Widerstand dürfte insbesondere ziviler Ungehorsam und unter Umständen Gewaltanwendung sowie der politische Streik in Betracht kommen. Eine das Widerstandsrecht auslösende Situation hat es bisher in der Praxis noch nicht gegeben.

Ob das **Widerstandsrecht** für den einzelnen Bürger überhaupt praktikabel ist, erscheint jedoch zweifelhaft. So bedürfen die Bürger bei der erfolgreichen Abwehr eines Angriffs auf die freiheitlich demokratische Grundordnung für ihr Handeln keiner Rechtfertigung durch ein Grundrecht. Sollte der Angriff aber zum Erfolg führen, wird es wohl niemanden mehr geben, der die Bürger, die vergeblich Widerstand geleistet haben, schützen dürfte.

3.2 Das Demokratieprinzip

1. Welche Festlegungen enthält das Grundgesetz zur Staats- und Regierungsform der Bundesrepublik Deutschland?

Mit der Bezeichnung „Bundesrepublik" hat sich das Grundgesetz (GG) in Artikel 20 Abs. 1 für die **republikanische Staatsform** und damit gegen die monarchische Staatsform entschieden. Diese Festlegung schließt einen Monarchen als Staatsoberhaupt aus. Zugleich bedeutet dies die Existenz eines auf Zeit gewählten Staatsoberhaupts. In der Bundesrepublik Deutschland ist dies der Bundespräsident, der von der Bundesversammlung für die Dauer von fünf Jahren gewählt wird. Seine konkrete Ausgestaltung findet das republikanische Prinzip in den Artikeln 54 bis 61 GG.

Die Bundesrepublik Deutschland wird in Artikel 20 Abs. 1 GG ausdrücklich als demokratisch bezeichnet. Darüber hinaus ergibt sich aber auch aus dem Wortlaut des Artikel 20 Abs. 2 Satz 1 GG „Alle Staatsgewalt geht vom Volke aus", dass die Bundesrepublik eine Demokratie ist. In Artikel 20 Abs. 2 Satz 2 GG ist bestimmt, dass die Staatsgewalt vom Volk in Wahlen ausgeübt wird. Damit wird hinsichtlich der **Regierungsform** festgelegt, dass die Bundesrepublik eine **mittelbare** (repräsentative) **Demokratie** ist. Die unmittelbare Form der Demokratie kennt das GG nur im Falle des Artikels 29, der für die Neugliederung des Bundesgebietes die Bestätigung des entsprechenden Bundesgesetzes durch einen Volksentscheid vorsieht.

2. Wie sind die wesentlichen Merkmale der Demokratie im Grundgesetz verwirklicht?

Die wesentlichen **Merkmale** der **Demokratie** sind im Grundgesetz (GG) wie folgt verwirklicht:

- Das **Prinzip der Volkssouveränität**, das heißt die Anerkennung des Volkes als Träger der Staatsgewalt, findet seine Konkretisierung in Artikel 20 Abs. 2 GG. Danach geht die Staatsgewalt vom Volk aus und wird von ihm insoweit unmittelbar in regelmäßig wiederkehrenden Wahlen ausgeübt. Grundsätzlich bestehen für die Bürger damit Mitwirkungs- und Selbstbestimmungsrechte; die Demokratie lebt vom Engagement der Bevölkerung.
- Die **Wahl des Parlaments**. Hierzu bestimmt Artikel 38 Abs. 1 Satz 1 GG, dass die Abgeordneten des Deutschen Bundestages in allgemeiner, unmittelbarer, freier, gleicher und geheimer Wahl gewählt werden.

- Das **Prinzip der Gleichheit**, das heißt alle Bürger müssen die gleichen staatsbürgerlichen Rechte und Pflichten haben. Dieses gewährleistet insbesondere Artikel 3 Abs. 1 GG. Darin heißt es, dass alle Menschen vor dem Gesetz gleich sind.
- Das **Mehrheitsprinzip**, das heißt die politischen Entscheidungen werden von der Mehrheit des Volkes bzw. der Volksvertretung getroffen. Das Mehrheitsprinzip ist für den Volksentscheid in Artikel 29 Abs. 6 GG, für den Bundestag in Artikel 42 Abs. 2 GG, für den Bundesrat in Artikel 52 Abs. 3 GG und für die Bundesversammlung in Artikel 54 Abs. 6 GG festgelegt.
- Der **Minderheitenschutz**, das heißt den politischen Minderheiten müssen die gleichen Chancen eingeräumt werden, um einmal selbst Mehrheit werden zu können. Der Minderheitenschutz ergibt sich aus der Freiheit der Wahl zwischen mehreren Alternativen mit der Möglichkeit des Wechsels der den Staat beherrschenden Mehrheit und dem Anspruch von Minderheiten auf Schutz und Anerkennung ihrer Belange. Dies kommt im Grundgesetz (GG) unter anderem durch die in Artikel 5 und 8 festgelegten Grundrechte auf Meinungs- und Versammlungsfreiheit sowie das in Artikel 44 vorgesehene Recht einer Minderheit auf Einsetzung eines Untersuchungsausschusses zum Ausdruck.
- Die **Chancengleichheit der politischen Parteien in einem Mehrparteiensystem**. Diese wird durch Artikel 21 GG gesichert, der es jedermann erlaubt, eine Partei zu gründen (sog. **Gründungsfreiheit**).
- Das **Recht auf parlamentarische Opposition**. Die Opposition, die das GG nicht erwähnt, wird gebildet von den im Bundestag vertretenen, aber nicht an der Regierung beteiligten Parteien. Ihre Arbeit wird unter anderem durch bestimmte Grundrechte, z. B. Meinungs-, Presse-, Versammlungs- und Vereinigungsfreiheit (Art. 5, 8 und 9 GG) und die Gewährung parlamentarischer Kontrollrechte, z. B. Zitierrecht (Art. 43 GG), Stellung von Großen und Kleinen Anfragen, Antrag auf Einsetzung von Untersuchungsausschüssen (Art. 44 GG) garantiert. Die **Opposition hat die Aufgabe**, die **Regierung zu kontrollieren**, **deren Politik zu kritisieren** und **politische Alternativen anzubieten**.

3. Was versteht man unter einer Partei und welche verfassungsmäßige Rolle legt das Grundgesetz für die Parteien fest?

Der **Parteienbegriff** wird im Grundgesetz (GG), das in Artikel 21 nur einige Grundfragen der Stellung der Parteien regelt, nicht definiert. Was eine Partei ist, ergibt sich aus der Legaldefinition in § 2 Abs. 1 des Parteiengesetzes. Danach sind Parteien **Vereinigungen von Bürgern**, die dauernd oder für längere Zeit für den Bereich des Bundes oder eines Landes auf die politische Willensbildung Einfluss nehmen und an der Vertretung des Volkes im Deutschen Bundestag oder einem Landtag mitwirken wollen, wenn sie nach dem Gesamtbild der tatsächlichen Verhältnisse, insbesondere nach Umfang und Festigkeit ihrer Organisation, nach der Zahl ihrer Mitglieder und nach ihrem Hervortreten in der Öffentlichkeit eine ausreichende Gewähr für die Ernsthaftigkeit dieser Zielsetzung bieten. Keine politischen Parteien im Sinne des Artikel 21 GG sind hiernach jedoch die sich ausschließlich an Kommunalwahlen beteiligenden Wählervereinigungen (sog. Rathausparteien).

Den **Parteien** wird in Artikel 21 GG eine **besondere verfassungsrechtliche Stellung** zugewiesen, die sie gegenüber anderen Organisationen oder Verbänden hervorhebt. Nach Auffassung des Bundesverfassungsgerichts sind die Parteien zwar selbst keine Verfassungsorgane, wohl aber **verfassungsrechtliche Institutionen**.

Die hervorgehobene Rolle der Parteien zeigt sich darin, dass der vorgenannte Verfassungsartikel die **Mitwirkung der Parteien bei der politischen Willensbildung des Volkes** garantiert, was in § 1 des Parteiengesetzes präzisiert wird. Danach sind die Parteien ein verfassungsrechtlich notwendiger Bestandteil der freiheitlich demokratischen Grundordnung. Sie erfüllen mit ihrer freien, dauernden Mitwirkung an der politischen Willensbildung des Volkes eine ihnen nach dem GG obliegende und von ihm verbürgte öffentliche Aufgabe.

Das GG gewährleistet in Artikel 21 das Recht der freien Parteiengründung, das heißt die Gründung einer Partei ist keiner staatlichen Genehmigung oder Zulassung unterworfen. Die Entscheidung über die Frage der Verfassungswidrigkeit einer Partei obliegt ausschließlich dem Bundesverfassungsgericht (sog. **Parteienprivileg**).

Zu beachten ist, dass das GG den Parteien auch **Bindungen** auferlegt. Danach muss ihre innere Ordnung demokratischen Grundsätzen entsprechen (Art. 21 Abs. 1 Satz 3 GG) und sie müssen über die Herkunft und Verwendung ihrer Mittel sowie über ihr Vermögen öffentlich Rechenschaft geben (Art. 21 Abs. 1 Satz 4 GG).

4. Was sind die wesentlichen Aufgaben der Parteien?

Der in Artikel 21 Abs. 1 Satz 1 des Grundgesetzes (GG) allgemein formulierte Auftrag an die Parteien, an der **politischen Willensbildung des Volkes mitzuwirken**, ist näher in dem beispielhaften Aufgabenkatalog des § 1 Abs. 2 des Parteiengesetzes beschrieben. Danach wirken die Parteien an der Bildung des politischen Willens des Volkes auf allen Gebieten des öffentlichen Lebens mit, indem sie insbesondere

- auf die Gestaltung der öffentlichen Meinung Einfluss nehmen
- die politische Bildung anregen und vertiefen
- die aktive Teilnahme der Bürger am politischen Leben fördern
- zur Übernahme öffentlicher Verantwortung befähigte Bürger heranbilden
- sich durch Aufstellung von Bewerbern an den Wahlen in Bund, Ländern und Gemeinden beteiligen
- auf die politische Entwicklung in Parlament und Regierung Einfluss nehmen
- die von ihnen erarbeiteten politischen Ziele in den Prozess der staatlichen Willensbildung einführen
- für eine ständige lebendige Verbindung zwischen dem Volk und den Staatsorganen sorgen.

5. Unter welchen Bedingungen können Parteien verboten werden?

Die Voraussetzungen, unter denen **Parteien verboten** werden können, sind in Artikel 21 Abs. 2 Satz 1 des Grundgesetzes (GG) abschließend aufgezählt. Danach sind Parteien, die nach ihren Zielen oder nach dem Verhalten ihrer Anhänger darauf ausgehen, die freiheitlich demokratische Grundordnung zu beeinträchtigen oder zu beseitigen oder den Bestand der Bundesrepublik Deutschland zu gefährden, verfassungswidrig. Das Bundesverfassungsgericht hat dazu entschieden, dass eine aktiv-kämpferische Haltung gegen die Demokratie nachgewiesen werden muss, bevor eine Partei verboten werden kann.

Den Begriff der **freiheitlich demokratischen Grundordnung**, der im GG nicht definiert ist, hat das Bundesverfassungsgericht umschrieben als eine Ordnung, die unter Ausschluss jeglicher Gewalt- und Willkürherrschaft eine rechtsstaatliche Herrschaftsordnung auf der Grundlage der Selbstbestimmung des Volkes nach dem Willen der jeweiligen Mehrheit und der Gleichheit darstellt. Über die Frage der **Verfassungswidrigkeit von Parteien entscheidet das Bundesverfassungsgericht** (Art. 21 Abs. 2 Satz 2 GG), wobei das Verfahren zum Verbot von Parteien im Gesetz über das Bundesverfassungsgericht (BVerfGG) geregelt ist.

6. Wie läuft das Parteiverbotsverfahren ab?

Zur **Einleitung eines Parteiverbotsverfahrens** bedarf es zunächst eines schriftlichen **Verbotsantrages**, der nur von den Verfassungsorganen Bundestag, Bundesrat und Bundesregierung gestellt werden kann (§ 43 Abs. 1 BVerfGG). Eine Landesregierung kann den Antrag nur gegen eine Partei stellen, deren Organisation sich auf das Gebiet ihres Landes beschränkt (§ 43 Abs. 2 BVerfGG).

Nach Eingang des Verbotsantrages gibt das Bundesverfassungsgericht dem Vertretungsberechtigten der Partei (§ 44 BVerfGG) Gelegenheit zur Äußerung binnen einer zu bestimmenden Frist und beschließt dann, ob der Antrag als unzulässig oder als nicht hinreichend begründet zurückzuweisen oder ob die Verhandlung durchzuführen ist (§ 45 BVerfGG). Erweist sich der **Antrag** als **begründet**, so stellt das **Bundesverfassungsgericht** fest, dass die politische **Partei verfassungswidrig** ist. Mit der Feststellung ist die **Auflösung der Partei** oder des selbstständigen Teiles der Partei und das **Verbot**, eine **Ersatzorganisation** zu schaffen, zu verbinden. Das Bundesverfassungsgericht kann in diesem Fall außerdem die Einziehung des Vermögens der Partei oder des selbstständigen Teiles der Partei zugunsten des Bundes oder des Landes zu gemeinnützigen Zwecken aussprechen (§ 46 BVerfGG). Infolge der vom Bundesverfassungsgericht festgestellten Verfassungswidrigkeit einer Partei verlieren Abgeordnete des Bundestages, die einer verbotenen Partei angehören, ihre Mitgliedschaft im Deutschen Bundestag (§ 46 Abs. 1 Satz 1 Nr. 5 BWG).

In der Praxis hat das Bundesverfassungsgericht auf Antrag der Bundesregierung bisher zwei Parteien für **verfassungswidrig** erklärt, im Jahr 1952 die **Sozialistische Reichspartei** (SRP) und im Jahr 1956 die **Kommunistische Partei Deutschlands** (KPD).

3.3 Das Rechtsstaatsprinzip

1. In welcher Weise ist das Rechtsstaatsprinzip im Grundgesetz verwirklicht?

Das **Rechtsstaatsprinzip** ist in Artikel 20 des Grundgesetzes (GG) nicht ausdrücklich aufgeführt. Nach herrschender Meinung ist es aber gleichwohl in ihm enthalten. Durch die in Artikel 20 Abs. 3 GG geregelte Bindung der Legislative an die verfassungsmäßige Ordnung und der Exekutive und Judikative an Gesetz und Recht wird das Prinzip eines vornehmlich am Recht orientierten Staates aber bereits deutlich. Mittelbar ergibt sich die allgemeine Geltung des Rechtsstaatsprinzips aus dem Artikel 28 Abs. 1 Satz 1 GG, der für die Verfassung der einzelnen Länder verbindlich den Rechtsstaat im Sinne des GG vorschreibt. Unser Rechtsstaat ist nicht nur formeller Natur, also nicht nur ein wertneutraler Gesetzesstaat, sondern vielmehr ein materieller Rechtsstaat, dem es um die Verwirklichung von Gerechtigkeit geht. Der materielle Rechtsstaat verhindert staatliche Willkür und sichert damit die Freiheit für die Bürger.

Die wesentlichen **Merkmale des Rechtsstaates** sind im GG wie folgt verwirklicht:

- Der **Grundsatz der Gewaltenteilung:** Das heißt die Verteilung der Ausübung der Staatsgewalt auf verschiedene, voneinander unabhängige und einander kontrollierende Gewalten, ergibt sich aus Artikel 20 Abs. 2 Satz 2 GG. Danach steht die Gesetzgebung (Legislative) der vom Volk gewählten Volksvertretung zu, die vollziehende Gewalt (Exekutive) liegt in den Händen der Regierung und der nachgeordneten Behörden und die Rechtsprechung (Judikative) wird durch unabhängige Gerichte ausgeübt.
- Der **Grundsatz des Vorrangs des Rechts:** Aus Artikel 20 Abs. 3 GG ergibt sich eine Bindung aller drei Staatsgewalten an die Verfassung sowie eine Bindung von Verwaltung und Rechtsprechung an Gesetz und Recht. Dies bedeutet für den Gesetzgeber, dass er sich nicht über die Verfassung hinwegsetzen darf und die von ihm beschlossenen Gesetze dem GG nicht widersprechen dürfen. Bei der Bindung der vollziehenden Gewalt an Gesetz und Recht spricht man auch vom **Grundsatz der Gesetzmäßigkeit der Verwaltung**. Hierzu gehören zwei wesentliche Elemente, zum einen der **Grundsatz des Vorrangs des Gesetzes**, das heißt das formelle Gesetz hat Vorrang gegenüber allen abgeleiteten Rechtsquellen (Rechtsverordnungen, Satzung) und gegenüber der konkreten Einzelanordnung der Verwaltung und zum anderen der **Grundsatz des Vorbehalts des Gesetzes**, das heißt, staatliches Handeln ist nur dann zulässig, wenn es auf ein Gesetz oder eine gesetzliche Ermächtigung zurückgeführt werden kann. Hier wird besonders deutlich, wie sehr das Rechtsstaatsprinzip das Verwaltungshandeln prägt.
- Die **Bindung der drei Gewalten an die Grundrechte:** Gemäß Artikel 1 Abs. 3 GG binden die nachfolgenden Grundrechte Gesetzgebung, vollziehende Gewalt und Rechtsprechung als unmittelbar geltendes Recht. Durch die Gewährleistung persönlicher Grundrechte wird das staatliche Handeln begrenzt, dem Bürger ein gesicherter Freiraum eingeräumt und die Gleichbehandlung garantiert.
- Die **Gewährleistung von Rechtsschutz durch unabhängige Gerichte** (Rechtsweggarantie): Das Grundgesetz gewährleistet einen umfassenden Rechtsschutz bei Rechtsverletzungen durch die öffentliche Gewalt aufgrund der Rechtsweggarantie

des Artikels 19 Abs. 4 GG. Danach steht der Rechtsweg offen, wenn jemand durch die öffentliche Gewalt in seinen Rechten verletzt wird. Bei Grundrechtsverletzungen ist außerdem die Verfassungsbeschwerde an das Bundesverfassungsgericht, in der Regel nach Ausschöpfung des Rechtsweges, möglich (Art. 93 Abs. 1 Nr. 4a GG).

- Das **Vorhandensein sog. Justizgrundrechte:** Als Ausfluss des Rechtsstaatsprinzips werden auch einige grundrechtsähnliche Verfahrensrechte des Justizrechts angesehen. Zu diesen Justizgrundrechten zählen der Anspruch auf den gesetzlichen Richter und das Verbot von Ausnahmegerichten (Art. 101 Abs. 1 GG), der Anspruch auf rechtliches Gehör vor Gericht (Art. 103 Abs. 1 GG), das Verbot der Rückwirkung von Strafgesetzen und das Gebot der Bestimmtheit des Strafgesetzes (Art. 103 Abs. 2 GG), das Verbot der Mehrfachbestrafung wegen derselben Tat (Art. 103 Abs. 3 GG) und der Schutz vor willkürlicher Verhaftung (Art. 104 GG).
- Das **Gebot der Rechtssicherheit:** Dieses beinhaltet, dass Rechtsnormen klar und inhaltsbestimmt gefasst sein müssen, damit sie für den Bürger kalkulierbar sind. Außerdem bedeutet Rechtssicherheit für den Bürger vor allem **Vertrauensschutz.** In diesem Zusammenhang stellt sich das Problem der Zulässigkeit der **Rückwirkung von Gesetzen**. Diese Rückwirkung ist grundsätzlich nur für Strafgesetze ausgeschlossen (Art. 103 Abs. 2 GG). Problematisch kann jedoch eine Gesetzesregelung mit rückwirkender Kraft sein, wenn sie den Bürger belastet, indem sie in bestehende Rechtspositionen eingreift. Ob eine solche Rückwirkung zulässig ist, hängt von der Art der Rückwirkung ab. Dabei ist zu unterscheiden zwischen **echter Rückwirkung**, das heißt das Gesetz greift nachträglich ändernd in abgewickelte, der Vergangenheit angehörende Tatbestände ein, und **unechter Rückwirkung**, das heißt auf Rechtsbeziehungen wird für die Zukunft verschlechternd eingewirkt, die in der Vergangenheit begründet wurden, auf Dauer angelegt und noch nicht abgeschlossen sind.
- Der **Grundsatz der Verhältnismäßigkeit** der Mittel, der auch als Übermaßverbot bezeichnet wird: Nach diesem Grundsatz dürfen Eingriffe der öffentlichen Gewalt in die Rechtssphäre des einzelnen Bürgers nur erfolgen, soweit es zum Schutz der öffentlichen Interessen unerlässlich ist. Das **Übermaßverbot** beinhaltet die Prinzipien der **Geeignetheit** der staatlichen Maßnahme, das heißt, es muss ein für die Erreichung des beabsichtigten Zweckes taugliches Mittel sein, der **Erforderlichkeit** des Mittels, das heißt, das angewandte Mittel muss unter mehreren geeigneten dasjenige sein, welches die Rechte des Einzelnen am wenigsten beeinträchtigt, und die **Angemessenheit** des Mittels, das heißt die staatliche Maßnahme darf nicht zu einem Nachteil für den Einzelnen führen, der zu dem beabsichtigten Zweck erkennbar außer Verhältnis steht.

2. Nach welchen Gesichtspunkten lassen sich die Grundrechte nach dem Grundgesetz einteilen?

Die Grundrechte unterteilt das Grundgesetz (GG) im Wesentlichen in **Menschenrechte**, die Deutschen und Ausländern zustehen, und **Bürgerrechte**, auf die sich nur Deutsche im Sinne des Artikels 116 des GG berufen können. Innerhalb der Menschen- und Bürgerrechte werden Freiheits-, Gleichheits- und Unverletzlichkeitsrechte unterschieden. **Freiheitsrechte** gewährleisten Bereiche, in denen sich der Einzelne nach seinem freien

Willen betätigen kann. **Gleichheitsrechte** sichern dem Einzelnen ein Recht auf Gleichbehandlung. **Unverletzlichkeitsrechte** gewähren den Schutz gegen die Staatsgewalt. Schließlich wird der Grundrechtskatalog durch einige **soziale Grundrechte** ergänzt, die einen Anspruch auf Teilhabe an staatlichen Garantien und Leistungen festschreiben.

Die Grundrechte gelten in erster Linie zwischen Bürger und Staat. Auch inländische juristische Personen, nicht rechtsfähige Handelsgesellschaften und Vereine können sich auf sie berufen, soweit sie ihrem Wesen nach auf diese anwendbar sind (Art. 19 Abs. 3 GG).

Beispiele: Schutz der Menschenwürde (Freiheitsrecht), Gleichberechtigung von Mann und Frau (Gleichheitsrecht), Recht auf Leben (Unverletzlichkeitsrecht), Schutz von Ehe und Familie (soziales Recht).

3. Welche Grundrechte enthält das Grundgesetz und was sagen sie aus?

- **Schutz der Menschenwürde** (Art. 1 Abs. 1 GG)
  Der Schutz der Menschenwürde in Artikel 1 des Grundgesetzes (GG) gehört zu den tragenden Verfassungsprinzipien. Dieses Grundrecht gilt uneingeschränkt für alle Rechtsgebiete. Es wird durch die Garantie der einzelnen Grundrechte in den verschiedenen Lebensbereichen verwirklicht. Nach Artikel 79 Abs. 3 GG ist eine Änderung des Grundgesetzes, die die in Artikel 1 niedergelegten Grundsätze berührt, unzulässig.
- **Recht auf freie Entfaltung der Persönlichkeit** (Art. 2 Abs. 1 GG)
  Das Grundgesetz gewährleistet das **Recht auf freie Entfaltung der Persönlichkeit**, sodass jedem das Recht verliehen wird, sein Handeln so einzurichten, wie er es kraft seiner eigenen Entscheidung für richtig hält. Diese allgemeine Handlungsfreiheit findet ihre Grenze dort, wo sie gegen die Rechte anderer, die verfassungsmäßige Ordnung oder das Sittengesetz verstößt. Das allgemeine Persönlichkeitsrecht umfasst nach dem Volkszählungsurteil des Bundesverfassungsgerichts vom 15. Januar 1983 das **Grundrecht auf informationelle Selbstbestimmung** (Grundrecht auf Datenschutz) und nach dem Urteil vom 27. Februar 2008 zu den Möglichkeiten und Grenzen der Onlinedurchsuchung von Computern das **Grundrecht auf Gewährleistung der Vertraulichkeit und Integrität informationstechnischer Systeme**.
- **Recht auf Leben und Recht auf körperliche Unversehrtheit** (Art. 2 Abs. 2 Satz 1 GG)
  Das Recht auf Leben, das zu den höchsten Rechtsgütern gehört, verbietet dem Staat, Menschen zu töten.

  Das Recht auf körperliche Unversehrtheit schützt in erster Linie vor zwangsweisen Eingriffen in den menschlichen Körper und lässt Eingriffe nur aufgrund eines Gesetzes unter Beachtung des Grundsatzes der Verhältnismäßigkeit zu. Dieses Grundrecht schützt auch die seelische Unversehrtheit. Deshalb ist die Zwangssterilisierung, Verwendung des Lügendetektors sowie die Verwendung heimlicher Tonbandaufnahmen unzulässig.
- **Recht auf Unverletzlichkeit der Freiheit der Person** (Art. 2 Abs. 2 Satz 2 GG)
  In diesem Grundrecht wird die **persönliche Freiheit** garantiert. Sie kann nur aufgrund eines förmlichen Gesetzes und nur unter Beachtung der darin vorgeschriebenen Form (z. B. Freiheitsstrafe aufgrund von Strafgesetzen) beschränkt werden.

- **Grundsatz der Gleichbehandlung vor dem Gesetz** (Art. 3 Abs. 1 GG)
  Der Gleichheitssatz bindet den Gesetzgeber, die vollziehende Gewalt und die Rechtsprechung, dass wesentlich Gleiches gleich behandelt wird. Dieses Recht auf Gleichheit (Gerechtigkeit) vor dem Gesetz und Gleichbehandlung bedeutet somit vor allem das Verbot jeglicher Willkür (z. B. bei einer Entscheidung sachfremde Erwägungen zugrunde zu legen). Der Gleichheitssatz verbietet es, dass bei behördlichen Entscheidungen mit zweierlei Maß gemessen wird.
- **Gleichberechtigung von Mann und Frau** (Art. 3 Abs. 2 GG)
  Männer und Frauen sind gleichberechtigt. Der Staat fördert die tatsächliche Durchsetzung der Gleichberechtigung von Frauen und Männern und wirkt auf die Beseitigung bestehender Nachteile hin. Demzufolge erlaubt die Gleichberechtigung von Mann und Frau nur dann einen rechtlichen Unterschied, wenn ein biologischer oder funktionaler Unterschied aus dem Geschlecht vorliegt, der für die rechtlichen Folgen entscheidend ist (z. B. gibt es einen Mutterschutz, aber keinen Vaterschutz).
- **Grundsatz der Chancengleichheit** (Art. 3 Abs. 3 GG)
  Der Grundsatz der Chancengleichheit verstärkt den allgemeinen Gleichheitssatz des Artikels 3 Abs. 1 GG. Die hier aufgeführten Merkmale, und zwar Geschlecht, Abstammung, Rasse, Sprache, Heimat, Herkunft, Glauben, religiöse oder politische Anschauung dürfen nicht als Grund für eine Bevorzugung oder Benachteiligung herangezogen werden. Neu aufgenommen wurde im Jahre 1994 das Verbot der Benachteiligung Behinderter.
- **Glaubens-, Gewissens- und Bekenntnisfreiheit** (Art. 4 Abs. 1 GG)
  Die Glaubens- und Bekenntnisfreiheit gewährleistet die ungestörte Religionsausübung. Sie steht nicht nur den Mitgliedern anerkannter Kirchen und Religionsgemeinschaften zu, sondern auch den Angehörigen anderer religiöser Vereinigungen. Auch eine religionsfreie oder religionsfeindliche Weltanschauung genießt diesen Schutz.

  Die **Gewissensfreiheit** garantiert ebenso wie die Glaubens- und Bekenntnisfreiheit dem Einzelnen das Recht, bei seinen Handlungen seiner inneren Überzeugung zu folgen.
- **Recht auf Kriegsdienstverweigerung** (Art. 4 Abs. 3 GG)
  Das Recht auf Kriegsdienstverweigerung ist ein unmittelbar geltendes Grundrecht, das nicht erst durch ein Gesetz bestätigt zu werden braucht. Der „Kriegsdienst mit der Waffe“ liegt nicht nur im Kriege vor; er umfasst auch den Friedenswehrdienst. Deshalb darf auch im Frieden der Waffendienst verweigert werden.
- **Meinungs-, Informations-, Presse- und Rundfunkfreiheit** (Art. 5 Abs. 1 GG)
  Unter der vom Grundgesetz geschützten Meinung ist jede wertende Stellungnahme zu verstehen. Dabei kommt es nicht darauf an, ob sie richtig oder falsch ist. Sie soll anderen zugänglich gemacht werden. Auf welche Weise die Meinung kundgetan wird, ist dem Einzelnen überlassen. Nicht geschützt ist ein Zwang gegen Dritte, die Meinung anzuhören.

  Die **Informationsfreiheit** bedeutet das Recht, sich selbst zu informieren; nicht nur die Verschaffung der Information, sondern auch die bloße Entgegennahme der Information wird geschützt. Dieses Grundrecht bezieht sich nur auf „allgemein zugängliche Quellen", insbesondere Zeitungen und andere Massenkommunikationsmittel.

Zur **Pressefreiheit** gehört zunächst ein Grundrecht, das allen im Pressewesen tätigen Menschen und juristischen Personen zusteht; es gewährt ihnen Freiheit gegenüber staatlichem Zwang. Daneben bedeutet Pressefreiheit die „Freie Presse" als Institution. Die Pressefreiheit reicht von der Beschaffung der Informationen bis zu Verbreitung der Nachrichten und Meinungen, dazu ist noch besonders zu betonen, dass es der Presse freigestellt ist, zu entscheiden, was sie berichten will und was sie nicht berichten will. Die Presse darf weder leichtfertig unwahre Nachrichten weitergeben noch die Wahrheit bewusst entstellen.

Die **Freiheit von Rundfunk und Film** ist die Freiheit aller Rundfunk- und Fernsehsendungen und aller sonstigen Filmdarbietungen. Sie umfasst ebenso wie die Pressefreiheit eine Garantie der Grundrechte der in diesem Bereich tätigen Menschen sowie die Garantie der Institution „Rundfunk" und „Fernsehen". Die Freiheit der Berichterstattung darf weder dem Staat noch einer gesellschaftlichen Gruppe ausgeliefert sein. Vielmehr sollen alle gesellschaftlichen Gruppen die Möglichkeit haben, Einfluss auszuüben und im Programm zu Wort kommen. Der Staat kann entscheiden, dass nur öffentlich-rechtliche Anstalten zu Rundfunksendungen berechtigt werden, wenn gewährleistet ist, dass alle gesellschaftlich relevanten Kräfte zu Wort kommen. Die Freiheit der Berichterstattung durch den Film gilt nur für berichterstattende Filme. Spielfilme können im Allgemeinen als Erzeugnisse der Kunst angesehen werden.

- **Kunst- und Wissenschaftsfreiheit** (Art. 5 Abs. 3 GG)
  Die Freiheit der Kunst bedeutet das Verbot, durch allgemein verbindliche Regeln des Staates auf Inhalte, Methoden und Tendenzen der künstlerischen Tätigkeit einzuwirken oder den Raum künstlerischer Betätigung einzuengen.

  Die **Freiheit von Wissenschaft, Forschung und Lehre** ist ein Freiheitsrecht, das jedem zusteht, der wissenschaftlich tätig ist oder tätig werden will. Die Lehrfreiheit steht jedoch unter dem Vorbehalt der Treue zur Verfassung.

- **Schutz von Ehe und Familie** (Art. 6 Abs. 1 GG)
  Ehe und Familie stehen unter einem besonderen **staatlichen Schutz**. Ehe ist die Vereinigung von Mann und Frau zur gemeinsamen Lebensgestaltung; sie ist im Grundsatz unauflöslich und darf daher nur unter erschwerten Bedingungen geschieden werden. Familie ist die Gemeinschaft von Eltern und Kindern, in der die Eltern besonders das Recht und die Pflicht zur Pflege und Erziehung der Kinder haben. Zugleich ist der Staat verpflichtet, Ehe und Familie vor Beeinträchtigungen zu schützen und sie zu fördern. Im Übrigen bedeutet diese Schutzgarantie die Gewährleistung der „Ehe" als Rechtsinstitut.

- **Erziehungsrecht der Eltern** (Art. 6 Abs. 2 GG)
  Die Eltern haben das Recht und die Pflicht, für ihre **Kinder zu sorgen und sie zu erziehen**. Auch der Mutter und dem Vater des nichtehelichen Kindes steht das Elternrecht zu. Zum Inhalt des Elternrechts gehört es auch, die Art der Schule und die religiöse Erziehung zu bestimmen. Die Ausübung des Elternrechts steht unter der Aufsicht des Staates.

- **Anspruch jeder Mutter auf Schutz und Fürsorge durch die Gemeinschaft** (Art. 6 Abs. 4 GG)
  Jede Mutter – ohne Rücksicht auf Familienstand und Alter – hat **Anspruch auf den Schutz und die Fürsorge der Gemeinschaft**. Besondere Bedeutung hat der Mutterschutz im Bereich des Arbeitsrechts erlangt, z. B. durch das Mutterschutzgesetz.
- **Gebot der Gleichstellung nichtehelicher und ehelicher Kinder** (Art. 6 Abs. 5 GG)
  Dieses Grundrecht dient dem **Schutz der unehelichen Kinder**. Sie sollen durch die Gesetze des Staates die gleichen Bedingungen für ihre leibliche und seelische Entwicklung und ihre Stellung in der Gesellschaft erhalten wie die ehelichen Kinder. Diesem Auftrag des Grundgesetzes ist der Gesetzgeber u. a. durch das Gesetz über die rechtliche Stellung der nichtehelichen Kinder vom 19. August 1969 nachgekommen.
- **Recht der Erziehungsberechtigten, über die Teilnahme des Kindes am Religionsunterricht zu entscheiden** (Art. 7 Abs. 2 GG)
  Der Religionsunterricht in den öffentlichen Schulen mit Ausnahme der bekenntnisfreien Schulen ist **ordentliches Lehrfach**. Den Erziehungsberechtigten steht das Recht zu, über die Teilnahme des Kindes am Religionsunterricht zu bestimmen, nach Vollendung des 12. Lebensjahres ist jedoch hierzu die Zustimmung des Kindes und nach Vollendung des 14. Lebensjahres die eigene Entscheidung des Kindes erforderlich.
- **Recht zur Errichtung von Privatschulen** (Art. 7 Abs. 4 GG)
  Dieses Grundrecht garantiert die Institution der Privatschule. Wenn Privatschulen anstelle einer öffentlichen Schule besucht werden und ihre Schüler damit bis zu dem maßgebenden Alter die Schulpflicht erfüllen sollen, bedürfen diese Schulen der staatlichen Genehmigung. Die Genehmigung ist zu erteilen, wenn die im Grundgesetz genannten Voraussetzungen gegeben sind. Die Privatschulen haben auch Anspruch auf Unterstützung aus staatlichen Mitteln und unterstehen den Landesgesetzen.
- **Versammlungsfreiheit** (Art. 8 GG)
  Das Grundrecht der Versammlungsfreiheit schützt die freie Entfaltung des Bürgers in der Gemeinschaft. Sie garantiert allen Deutschen das Recht, sich ohne Anmeldung oder Erlaubnis friedlich und ohne Waffen zu versammeln. Für Ausländer und Staatenlose ist dieses Recht verfassungsrechtlich nicht verankert. Trotzdem ist durch ein Vorbehaltsgesetz, nämlich das Versammlungsgesetz, eine Einschränkung, und zwar die vorherige Anmeldung bei der Polizeibehörde, vorgeschrieben. Die Nichtanmeldung kann zur Auflösung der Versammlung führen. Im „befriedeten Bannkreis" z. B. des Bundestages und des Bundesverfassungsgerichts sind öffentliche Versammlungen unter freiem Himmel durch das Bannmeilengesetz verboten worden. Die gleiche Regelung gilt für die Bannmeilen der Länderparlamente.
- **Vereinigungs- und Koalitionsfreiheit** (Art. 9 Abs. 1 und 3 GG)
  Mit der **Vereinigungsfreiheit** wird allen Deutschen das Recht gewährt, Vereine und Gesellschaften zu bilden. Berechtigt sind nicht nur deutsche Staatsbürger, sondern auch die Vereine selbst. Dabei muss es sich um eine dauernde Verbindung mehrerer Personen zu einem bestimmten gemeinsamen Zweck handeln. Zu den Vereinen gehören nicht nur Gesellschaften und Vereine im Sinne des BGB, sondern auch die wirtschaftlichen Vereinigungen, wie z. B. Aktiengesellschaften, Gesellschaften mit

beschränkter Haftung, Genossenschaften. Die politischen Parteien fallen nicht darunter, da für sie Artikel 21 GG gilt.

Die sogenannte **Koalitionsfreiheit**, die ein Sonderfall der Vereinigungsfreiheit ist, enthält ein Individualgrundrecht und eine Institutsgarantie. Sie gibt jedermann das Recht zur Wahrung und Förderung der Arbeits- und Wirtschaftsbedingungen Vereinigungen zu gründen, ihnen beizutreten, sie wieder zu verlassen oder ihnen von vornherein fernzubleiben (positive und negative Koalitionsfreiheit). Die Koalitionsfreiheit gewährleistet auch die Tarifautonomie, d. h. das Recht der Gewerkschaften und Arbeitgeberverbände in Tarifverträgen die Arbeits- und Wirtschaftsbedingungen frei von staatlicher Einmischung zu regeln. Auch das Recht zu Arbeitskampfmaßnahmen ist Bestandteil der Tarifautonomie.

- **Unverletzlichkeit des Brief-, Post- und Fernmeldegeheimnisses** (Art. 10 GG)
  Dieses Grundrecht richtet sich nur gegen den Staat; Verletzungen des Postgeheimnisses durch Private sind durch das Strafgesetzbuch verboten.

  Das **Briefgeheimnis** gilt nur für verschlossene Briefe; es schützt Absender und Empfänger dagegen, dass die öffentliche Gewalt vom Inhalt des Briefes Kenntnis erhält.

  Das **Postgeheimnis** schützt vor der Bekanntgabe, wer an wen geschrieben hat, es schützt vor der Öffnung verschlossener Sendungen und vor der Bekanntgabe von Postvorgängen an Behörden und Gerichten. Hierzu gehört auch der Postscheck- und Postsparverkehr.

  Vom **Fernmeldegeheimnis** werden der Inhalt von Ferngesprächen und die Fragen, ob, mit wem, wann und wie oft Telefongespräche stattgefunden haben oder Fernschreiben gesendet wurden, erfasst.

  Das **Brief-, Post- und Fernmeldegeheimnis** kann durch Gesetze **eingeschränkt** werden. Sie sind darauf abgestellt, Verstöße gegen Strafbestimmungen oder Steuerhinterziehungen und Ähnliches festzustellen. In der Regel ist für Eingriffe in das Postgeheimnis eine richterliche Anordnung erforderlich. Durch das Gesetz zur Beschränkung des Brief-, Post- und Fernmeldegeheimnisses vom 13. August 1968 (Abhörgesetz) ist die Überwachung von Postsendungen, Ferngesprächen und Fernschreiben zugelassen worden, wenn die Abwehr drohender Gefahren für die freiheitlich demokratische Grundordnung oder den Bestand oder die Sicherheit des Bundes oder eines Landes einschließlich der Sicherheit der NATO-Truppen es erfordert.

- **Freizügigkeit** (Art. 11 GG)
  Freizügigkeit bedeutet das Recht, sich an jedem Ort innerhalb der Bundesrepublik Deutschland aufhalten und seinen Wohnsitz nehmen zu können. Die Freizügigkeit kann aufgrund des Art. 11 Abs. 2 GG unter bestimmten Voraussetzungen eingeschränkt werden (z. B. bei Naturkatastrophen, zur Bekämpfung von Seuchengefahren).

- **Berufsfreiheit** (Art. 12 Abs. 1 GG)
  Das Grundrecht der **Berufsfreiheit** sichert das Recht, Beruf, Arbeitsplatz und Ausbildungsstätte ohne staatliche Einflussnahme frei zu wählen. Nach herrschender Meinung gilt als Beruf jede auf die Dauer berechnete und nicht nur vorübergehende der Schaffung und Erhaltung einer Lebensgrundlage dienende Betätigung.

Die Berufsfreiheit wird aufgegliedert in **Berufswahl** und **Berufsausübung**. Zur Berufswahl gehört das Recht, einen Beruf zu ergreifen, fortzusetzen und zu beenden. Bei der Berufsausübung können die Form und der Umfang der beruflichen Tätigkeit durch Gesetz geregelt werden. Eingriffe in die Berufsfreiheit dürfen nicht weiter gehen, als es die öffentlichen Interessen erfordern. Nach der Rechtsprechung des Bundesverfassungsgerichts sind Beschränkungen zum Hochschulstudium („Numerus clausus") nur verfassungsmäßig, wenn sie in den Grenzen des unbedingt Erforderlichen angeordnet werden und wenn ferner Auswahl und Verteilung der Bewerber nach sachgerechten Kriterien mit einer Chance für jeden Bewerber vorgenommen werden.

- **Verbot des Arbeitszwanges und der Zwangsarbeit** (Art. 12 Abs. 2 und 3 GG)
  Nach diesem Grundrecht darf niemand zu einer bestimmten Arbeit gezwungen werden (**Arbeitszwang**), außer im Rahmen einer herkömmlichen, allgemeinen, für alle gleichen öffentlichen Dienstleistungspflicht (z. B. Hand- und Spanndienste, Deichhilfepflicht).

  Die **Zwangsarbeit** lässt das GG gemäß Artikel 12 Abs. 3 nur bei einer vom Gericht angeordneten Freiheitsentziehung zu.

- **Unverletzlichkeit der Wohnung** (Art. 13 Abs. 1 GG)
  Das Grundrecht auf **Unverletzlichkeit der Wohnung** schützt die Privatsphäre des Bürgers. Durchsuchungen dürfen nur durch den Richter, bei Gefahr in Verzug oder durch die in den Gesetzen vorgesehenen anderen Organe (z. B. Staatsanwaltschaft) angeordnet und nur in der dort vorgeschriebenen Form vorgenommen werden. Außerdem dürften Eingriffe und Beschränkungen nur zur Abwehr einer gemeinen Gefahr oder einer Lebensgefahr für einzelne Personen, aufgrund eines Gesetzes (z. B. Polizeigesetze der Länder) auch zur Verhütung dringender Gefahren für die öffentliche Sicherheit und Ordnung, vor allen Dingen zur Behebung der Raumnot, zur Bekämpfung von Seuchengefahren oder zum Schutz gefährdeter Jugendlicher durchgeführt werden. Dieses Grundrecht gilt nur gegenüber dem Staat; Schutz gegen Private bietet das Strafgesetzbuch (Hausfriedensbruch). Durch die im Jahre 1998 vorgenommene Änderung des Artikel 13 Abs. 3 GG wurde beim Verdacht bestimmter schwerer Straftaten die akustische Überwachung von Wohnungen zum Zweck der Strafverfolgung unter bestimmten Voraussetzungen ermöglicht (sog. Großer Lauschangriff).

- **Gewährleistung des Eigentums und des Erbrechts** (Art. 14 Abs. 1 GG)
  Das **Grundrecht auf Eigentum** schützt den Bürger vor der Wegnahme von Sachen und der Entziehung von Rechten durch den Staat. Eine Enteignung ist nur zum Wohle der Allgemeinheit und gegen Entschädigung zulässig. Hierzu bedarf es gemäß Artikel 14 Abs. 3 GG eines Gesetzes, das Art und Ausmaß der Entschädigung regelt.

  Das **Erbrecht** schützt das Recht des Erblassers, durch ein Testament festzulegen, wem sein Vermögen nach seinem Tode zufallen soll. Zugleich sichert es das Recht des Erben, dieses Vermögen nach dem Erbfall zu übernehmen.

- **Verbot des Entzugs der Staatsangehörigkeit und Auslieferungsverbot** (Art. 16 Abs. 1 und 2 GG)
  Die deutsche **Staatsangehörigkeit** darf niemandem gegen seinen Willen entzogen werden. Der Verlust der Staatsangehörigkeit darf nur aufgrund eines Gesetzes und gegen den Willen des Betroffenen nur dann eintreten, wenn der Betroffene dadurch nicht staatenlos wird. Der Verlust der deutschen Staatsangehörigkeit, etwa beim Er-

werb einer fremden Staatsangehörigkeit auf eigenen Antrag, tritt erst ein, wenn der Betroffene die fremde Staatsangehörigkeit rechtlich tatsächlich erwirbt.

Mit dem **Auslieferungsverbot** wird das Recht jedes Deutschen gesichert, sich in der Bundesrepublik aufzuhalten und nicht zwangsweise auf Ersuchen eines anderen Staates an das Ausland ausgeliefert zu werden. Durch Gesetz kann eine abweichende Regelung für Auslieferungen an einen Mitgliedstaat der Europäischen Union oder an einen internationalen Gerichtshof getroffen werden, soweit rechtsstaatliche Grundsätze gewahrt sind.

- **Asylrecht** (Art. 16a GG)
  Das **Asylrecht** gewährt den politisch Verfolgten Schutz vor einer Auslieferung. Auch die Flucht aus der Heimat ist ein Asylgrund, wenn dem Betroffenen Verfolgung aus politischen Gründen droht. Das Asylrecht hat z. B. seine Grenzen in den allgemeinen Regeln des Völkerrechts, die nach dem Grundgesetz Bestandteil des Bundesrechts sind. Bei politischen Verbrechen gegen das Leben entsprechend der völkerrechtlichen „Attentatsklausel" ist das Asyl zu versagen.
- **Petitionsrecht** (Art. 17 GG)
  Das **Petitionsrecht** ist das Recht, sich einzeln oder in Gemeinschaft mit anderen schriftlich mit Bitten oder Beschwerden an die zuständigen Stellen und an die Volksvertretung wenden zu können. Es gibt dem Bürger einen Anspruch, dass die angegangene Stelle die Eingabe überprüft und einen Bescheid erteilt. Daraus ergibt sich, dass der Bürger auch bei einem formlosen Rechtsbehelf einen Bescheid erwarten kann, mindestens muss die Art der Erledigung schriftlich mitgeteilt werden. Petitionen sind auch an die „Volksvertretung" zulässig. Volksvertretung in diesem Sinne sind nur die Parlamente des Bundes und der Länder, nicht dagegen die Vertretung in den Landkreisen und Gemeinden.
- **Widerstandsrecht** (Art. 20 Abs. 4 GG)
  Durch das **Widerstandsrecht** haben die Deutschen das Recht zum Widerstand gegen jeden, der es unternimmt, die verfassungsmäßige Ordnung der Bundesrepublik Deutschland (demokratischer und sozialer Bundesstaat) zu beseitigen, wenn eine andere Abhilfe nicht möglich ist.
- **Gleichheit der staatsbürgerlichen Rechte und Pflichten** (Art. 33 Abs. 1 GG)
  Diese Bestimmung konkretisiert den allgemeinen **Gleichheitssatz** des Artikels 3 Abs. 1 des GG. Sie garantiert, dass jeder Deutsche in jedem Bundesland die gleichen staatsbürgerlichen Rechte und Pflichten hat, und verbietet den Ländern, ihre eigenen Landesangehörigen zu bevorzugen.
- **Gleicher Zugang zu den öffentlichen Ämtern** (Art. 33 Abs. 2 und 3 GG)
  Dieser **Gleichheitssatz** garantiert, dass jeder Deutsche nach seiner Eignung, Befähigung und fachlichen Leistung gleichen Zugang zu jedem öffentlichen Amt hat. Dies bedeutet, dass im öffentlichen Dienst nur nach diesen Kriterien eine Differenzierung zulässig ist (Leistungsprinzip).
- **Wahlrecht** (Art. 38 GG)
  In dieser Bestimmung sind die **Wahlrechtsgrundsätze** (allgemein, unmittelbar, frei, gleich und geheim) für die Bundestagswahlen verfassungsrechtlich verankert.

- **Anspruch auf den gesetzlichen Richter und das Verbot von Ausnahmegerichten** (Art. 101 Abs. 1 GG)
  Aufgrund dieses sogenannten **Justizgrundrechts** hat jeder Rechtssuchende einen garantierten Anspruch darauf, dass bei einer richterlichen Tätigkeit nur diejenigen Richter tätig werden und entscheiden dürfen, die nach den allgemeinen Gesetzen und nach den Geschäftsverteilungsplänen der Gerichte dafür vorgesehen sind.

  Das **Verbot von Ausnahmegerichten** bedeutet, dass Gerichte für einen besonderen Fall und nach Begehen der Tat nicht eingerichtet werden dürfen.

- **Anspruch auf rechtliches Gehör vor Gericht** (Art. 103 Abs. 1 GG)
  Dieses sogenannte **Justizgrundrecht** gewährleistet jedermann in einem gerichtlichen Verfahren den Anspruch, vor einer Entscheidung, die seine Rechte berühren, zu Wort zu kommen, um Einfluss auf das Verfahren und die Entscheidung nehmen zu können.

- **Verbot der Rückwirkung von Strafgesetzen und das Gebot der Bestimmtheit des Strafgesetzes** (Art. 103 Abs. 2 GG)
  Dieses sogenannte **Justizgrundrecht** schützt jedermann vor einer Strafe ohne gesetzliche Grundlage. Dies bedeutet, dass niemand für eine Tat strafrechtlich zur Verantwortung gezogen werden kann, wenn sie zum Zeitpunkt ihrer Begehung nicht strafbar war.

  Das Gebot der **Gesetzesbestimmtheit** erfordert, dass die strafrechtlichen Normen das Verbotene vom Erlaubten klar abgrenzen. Für den Einzelnen muss vorhersehbar sein, welches Handeln mit welcher Strafe bedroht ist, damit er sich danach richten kann.

- **Verbot der Mehrfachbestrafung wegen derselben Tat** (Art. 103 Abs. 3 GG)
  Durch dieses sogenannte **Justizgrundrecht** wird dem schon bestraften oder rechtskräftig freigesprochenen Täter Schutz gegen erneute Verfolgung und Bestrafung wegen derselben Tat gewährt.

- **Schutz vor willkürlicher Verhaftung** (Art. 104 GG)
  Dieses sogenannte **Justizgrundrecht** legt abschließend die Voraussetzungen fest, die bei Einschränkungen der Freiheit zu beachten sind. Es verstärkt insoweit das in Artikel 2 Abs. 2 Satz 2 des GG verankerte Grundrecht auf Freiheit der Person.

4. Welchen Sinn hat die Gewaltenteilung?

Sinn der **Gewaltenteilung** ist es:

- eine **Zusammenfassung der staatlichen Gewalt** in einer Hand durch gegenseitige Kontrolle zu **verhindern**
- den Bürger vor **Machtmissbrauch und staatlicher Willkür zu schützen**
- den demokratischen **Rechtsstaat zu sichern**.

5. An welchen Stellen ist das Prinzip der Gewaltenteilung in der Bundesrepublik Deutschland durchbrochen?

Das **Prinzip der Gewaltenteilung**, einer der Grundsätze des Artikels 20 des Grundgesetzes (GG), ist vom Wesen des Staatsaufbaues her nicht in reiner Form zu verwirklichen. Es ist unter anderem an folgenden Stellen durchbrochen:

- bei der Tätigkeit der Exekutive auf dem Gebiet der Gesetzgebung

  Beispiel: Erlass von Rechtsverordnungen und Ergreifen der Gesetzesinitiative durch die Regierung
- bei der Tätigkeit der Organe der Rechtsprechung auf dem Gebiet der Gesetzgebung

  Beispiel: Aufhebung von Gesetzen durch das Bundesverfassungsgericht
- bei der personellen Besetzung der Staatsorgane

  Beispiele: Mitglieder der Regierung sind gleichzeitig Abgeordnete, Wahl der Richter des Bundesverfassungsgerichts durch Bundestag/Bundesrat.

3.4 Das Sozialstaatsprinzip

1. Was versteht man unter dem Sozialstaatsprinzip des Grundgesetzes?

Bei dem in Artikel 20 Abs. 1 des Grundgesetzes (GG) verankerten **Sozialstaatsprinzip** handelt es sich nicht nur um einen Programmsatz, sondern um geltendes, den Gesetzgeber und die Verwaltung vor allem bei Ermessensentscheidungen bindendes Recht, das auch von den Gerichten zu beachten ist. Der Inhalt des Sozialstaatsprinzips lässt sich dahin umschreiben, dass der Staat zur Herstellung und Erhaltung **sozialer Gerechtigkeit und sozialer Sicherheit** verpflichtet wird.

2. Welche Bedeutung hat das Sozialstaatsprinzip für den Einzelnen?

Der Einzelne kann aus dem **Sozialstaatsprinzip** grundsätzlich **keinen direkten Anspruch** auf eine Leistung gegenüber dem Staat ableiten. Eine **Ausnahme** von diesem Grundsatz ergibt sich jedoch in Verbindung mit dem **Grundrecht der Würde des Menschen** (Art. 1 Abs. 1 GG) bei dem Anspruch des Einzelnen auf ein Mindestmaß an materieller Sicherheit (**Existenzminimum**). Alle Bedürftigen haben dementsprechend einen **Anspruch auf Grundsicherungsleistungen** nach den Regelungen des Zweiten und Zwölften Buches Sozialgesetzbuch (SGB II und SGB XII).

Die Sozialstaatsklausel verpflichtet den Staat, auf dem Gebiet der sog. **Daseinsvorsorge** (z. B. Versorgung mit Gas, Wasser, Strom, Gesundheitsvorsorge, Schulwesen) Leistungen für den Einzelnen zu erbringen, die jedoch nicht kostenlos sein müssen. Darüber hinaus hat der Staat für ein **sozial gerechtes Steuersystem** zu sorgen. Außerdem ist die **Zwangsversicherung** bestimmter Gruppen Ausfluss des Sozialstaatsprinzips (z. B. die Sozial- und Arbeitslosenversicherung). Konkretisierungen des Sozialstaatsprinzips enthält das Grundgesetz (GG) unter anderem in den Artikeln 6 Abs. 4 (Anspruch jeder Mutter auf Schutz und Fürsorge durch die Gemeinschaft), 9 Abs. 3 (sog. Koalitionsfreiheit) und 14 Abs. 2 (Pflicht zum sozialgerechten Gebrauch des Eigentums).

Das Sozialstaatsprinzip richtet sich vor allem an den **Gesetzgeber** und begründet für diesen die Aufgabe, dem Sozialstaatsprinzip durch die Verabschiedung entsprechender Regelungen Rechnung zu tragen.

3.5 Das Bundesstaatsprinzip

1. Was versteht man unter einem Bundesstaat?

Ein **Bundesstaat** ist eine staatsrechtliche Verbindung mehrerer Staaten zu einem neuen übergeordneten Gesamtstaat mit aufgeteilter Staatsgewalt zwischen dem Gesamtstaat und den Gliedstaaten. Beim Bundesstaat sind die Kompetenzen des Gesamtstaates (des Bundes) und seiner Gliedstaaten (der Länder) durch die Bundesverfassung abgegrenzt, wobei der Bund zu länderfreundlichem Verhalten (**Ländertreue**) und die Gliedstaaten zu bundesfreundlichem Verhalten (**Bundestreue**) verpflichtet sind und bei Verletzung ihrer Pflichten die Erfüllung notfalls durch **Bundeszwang** durchgesetzt werden kann. Wenn nach der Kompetenzverteilung der Schwerpunkt der Zuständigkeiten beim Gesamtstaat liegt, spricht man von einem **unitarischen Bundesstaat** (z. B. Weimarer Republik von 1919 bis 1933). Wenn der Schwerpunkt der Zuständigkeiten bei den Gliedstaaten liegt, spricht man von einem **föderalistischen Bundesstaat** (z. B. Bundesrepublik Deutschland, Österreich, Schweiz). Der Begriff Föderalismus ist von dem lateinischen Wort „foedus“ abgeleitet, das mit „Bündnis“ und „Vertrag“ zu übersetzen ist.

Der Begriff des Bundesstaates muss klar abgegrenzt werden zu den Begriffen „Staatenbund“, „Staatengemeinschaft“ und „Einheitsstaat“.

2. Wodurch unterscheidet sich der Staatenbund von der Staatengemeinschaft?

Ein **Staatenbund** ist eine auf völkerrechtlichem Vertrag bestehende Verbindung mehrerer selbstständiger Staaten zur Erreichung gemeinsamer Ziele. Im Staatenbund behalten die einzelnen Staaten ihre volle Souveränität. Die Mitgliedstaaten können sich aber verpflichten, gemeinschaftliche Einrichtungen zu unterhalten und inhaltlich gleiche Gesetze zu erlassen. Ein Gesetz erhält jedoch in den einzelnen Staaten erst dann Gesetzeskraft, wenn es von den jeweiligen Volksvertretungen ratifiziert wird (z. B. Der Deutsche Bund von 1815 bis 1866).

Staatengemeinschaften sind völkerrechtliche Zusammenschlüsse selbstständig bleibender Staaten zu bestimmten Zwecken, die meistens im **wirtschaftlichen, politischen** oder **militärischen Bereich** liegen, z. B. Vereinte Nationen (UNO), Europarat, Nord-Atlantik-Pakt (NATO).

Häufig werden von den Vertragsstaaten unter Verzicht auf ihre Hoheitsrechte durch zweiseitige (bilaterale) oder mehrseitige (multilaterale) Vereinbarungen Organe geschaffen, die in der Gemeinschaft eigene Zuständigkeiten und Befugnisse besitzen. Je nach der Stärke der Eingriffsrechte der Gemeinschaft gegenüber einem Mitgliedstaat wird dabei zwischen **supranationalen** (überstaatlichen) und **internationalen** (zwischenstaatlichen) **Gemeinschaften** unterschieden. Zu den Staatengemeinschaften zählen hierbei jedoch nicht die zwischen mehreren Staaten zur Regelung einzelner Fragen abgeschlossenen völkerrechtlichen Verträge, z. B. Auslieferungsabkommen.

3. Was ist unter dem Begriff Einheitsstaat zu verstehen?

Der **Einheitsstaat** ist ein Einzelstaat mit einheitlicher, zentral gelenkter Staatsgewalt. Der Einheitsstaat kann zentralisiert oder dezentralisiert sein. Im **zentralisierten Einheitsstaat** wird die Verwaltung und Rechtspflege für das gesamte Staatsgebiet ungeteilt von einer Zentralgewalt ausgeübt (z. B. Frankreich). Im **dezentralisierten Einheitsstaat** sind bestimmte Aufgaben der Zentralgewalt auf Selbstverwaltungsorgane übertragen unter Aufsicht der Zentralbehörden (z. B. Italien, Schweden).

4. Durch welche Vorteile zeichnet sich der Bundesstaat gegenüber dem Einheitsstaat aus?

Die wesentlichen **Vorteile des Bundesstaates** im Vergleich zum Einheitsstaat werden in der vom Bundesrat herausgegebenen Broschüre „Bundesrat und Bundesstaat" wie folgt beschrieben:

- **Der Bundesstaat führt zu größerer Machtverteilung.** Zur klassischen horizontalen Trennung der Staatsgewalten (Legislative – Exekutive – Rechtsprechung) kommt im Bundesstaat die vertikale Gewaltenteilung zwischen dem Gesamtstaat und den Gliedstaaten hinzu. Die größere Machtverteilung bedeutet mehr Machtkontrolle und Schutz vor mehr Machtmissbrauch.
- **Der Bundesstaat ermöglicht mehr Demokratie.** Die Gliederung in kleinere staatliche Einheiten erleichtert die Überschaubarkeit und Verstehbarkeit staatlichen Handelns und fördert damit die aktive Anteilnahme und Mitbestimmung der Bürger. Der Bürger kann außerdem sein Wahlrecht als das urdemokratische Entscheidungsrecht doppelt einsetzen; da im Bundesstaat zum Parlament des Gesamtstaates und zu den Parlamenten des Gliedstaates gewählt wird.
- **Der Bundesstaat sorgt für eine Verbesserung der Führungsalternativen.** Chancen und Wettbewerb der politischen Parteien werden im Bundesstaat dadurch gefördert, dass sie trotz Minderheitsposition im Gesamtstaat die politische Verantwortung in Gliedstaaten übernehmen und so ihre Leistungs- und Führungsfähigkeit erproben und beweisen können.
- **Der Bundesstaat bewirkt mehr Aufgabennähe.** Die staatlichen Organe sind regionalen Problemen im Bundesstaat näher als im Einheitsstaat. Vergessene, ferne „Provinzen" gibt es nicht.
- **Der Bundesstaat sichert mehr Bürgernähe.** Der Bürger hat kurze Wege zu den staatlichen Stellen. Er kann im Bundesstaat eher Kontakt zu Politikern und Behörden bekommen als im Einheitsstaat mit einer anonymen, fernen Zentrale.
- **Der Bundesstaat belebt den Wettbewerb.** Die Gliedstaaten stehen zwangsläufig im Wettbewerb zueinander. Konkurrenz belebt. Erfahrungsaustausch fördert den Fortschritt und beugt bundesweiten Fehlentwicklungen vor.

- **Der Bundesstaat sorgt für mehr Ausgleich.** Wechselseitige Kontrolle, gegenseitige Rücksichtnahme und Kompromisszwang verhindern oder erschweren im Bundesstaat doch zumindest Extrempositionen. Die Bundesstaatlichkeit wirkt ausgleichend und damit auch stabilisierend.
- **Der Bundesstaat bewahrt am besten die Vielfalt.** Die Gliederung des Bundes in Länder garantiert viele wirtschaftliche, politische und kulturelle Mittelpunkte. Die landsmannschaftlichen, geschichtlichen, wirtschaftlichen und kulturellen Eigenheiten können so besser erhalten und weiterentwickelt werden, wobei die Vielfalt auch zu mehr Freiheit werden kann.

5. Welche Nachteile hat der Bundesstaat gegenüber dem Einheitsstaat?

Von den **Kritikern des Bundesstaates** werden verschiedene Gründe als Nachteile im Vergleich zum Einheitsstaat angeführt. Als wesentliche Gründe werden hierbei in der vom Bundesrat herausgegebenen Broschüre „Bundesrat und Bundesstaat" genannt:

- **Der Bundesstaat sei zu uneinheitlich.** Durch die Eigenständigkeit der Länder, die zwangsläufig zu Unterschieden führe, könnten im Bundesstaat Schwierigkeiten für den Bürger entstehen, z. B. für Schüler bei einem Wohnungswechsel in ein anderes Bundesland.
- **Der Bundesstaat sei zu kompliziert.** Die aufgrund der vielen Entscheidungszentren und der Machtverteilung zwischen Bund und Ländern verflochtene Staatstätigkeit, die Zusammenwirken, Rücksichtnahme, gegenseitige Kontrolle und wechselseitige Begrenzung bedeute, lasse im Bundesstaat die Entscheidungsprozesse für den Bürger manchmal undurchschaubar werden.
- **Der Bundesstaat sei zu zeitraubend.** Parlamente, Regierungen und Verwaltungen von Bund und Ländern müssten im Bundesstaat gegenseitig auf Anstöße, Entscheidungen, Zustimmungen warten und langwierige Verhandlungen miteinander führen, um zu gemeinsamen Lösungen zu kommen, wodurch viel kostbare Zeit vergehe.
- **Der Bundesstaat sei zu teuer.** Die einzelnen Parlamente, Regierungen und Verwaltungen in Bund und Ländern kosteten viel Geld und seien teurer als die entsprechenden Stellen in einem Einheitsstaat. Es ist fraglich, ob diese Annahme wirklich stimmt, da die entsprechenden Stellen in einem Einheitsstaat nicht einfach ersatzlos wegfallen können und somit die Bundesstellen erweitert werden müssten. Ob die zentralen Mammutbehörden dann am Ende tatsächlich billiger wären, lässt sich nicht eindeutig beantworten.

6. Wie ist die bundesstaatliche Ordnung nach dem Grundgesetz ausgestaltet?

Das Grundgesetz (GG) kennzeichnet in Artikel 20 Abs. 1 die Bundesrepublik Deutschland ausdrücklich als **Bundesstaat**. Mit der Bezeichnung „Bundesrepublik Deutschland" wird zugleich der föderative Charakter des deutschen Staates zum Ausdruck gebracht. Nach herrschender Meinung ist die Bundesrepublik ein **zweigliedriger Bundesstaat**, der aus zwei staatlichen Ebenen besteht und zwar die des Bundes und der

Länder, wobei die Gemeinden sowie die anderen kommunalen Verwaltungsträger zu den Ländern gehören.

Die wesentlichen **Merkmale der bundesstaatlichen Ordnung** nach dem GG sind:

- Die **Eigenstaatlichkeit des Bundes und der Länder:** Diese ist dadurch gekennzeichnet, dass sowohl der Bund als auch die einzelnen Bundesländer Staatsqualität besitzen. Nach der Rechtsprechung des Bundesverfassungsgerichts sind die Länder als Glieder des Bundes Staaten mit eigener, nicht vom Bund abgeleiteter, sondern von ihm anerkannter Hoheitsmacht. Ihr Staatscharakter ist an ihren Verfassungen erkennbar, die unabhängig und selbstständig neben dem GG gelten und die die Grundlage für die Staatsorgane der Länder sind. Daraus folgt zwingend, dass jedes Bundesland ein Parlament und eine Regierung hat, diese über einen eigenen Verwaltungsapparat verfügt und es in jedem Land eine eigene Gerichtsbarkeit gibt. Die Staatsgewalt ist dabei zwischen dem Bund und den Ländern nach Aufgaben und Funktionsbereichen verteilt. Für die Länder muss aber ein bestimmter Kernbereich eigener, weder vom Bund abgeleiteter, noch durch den Bund beschränkter oder beschränkbarer Zuständigkeiten gewährleistet sein, in dem sie ihre politischen Ziele mit ihren Mitteln verwirklichen können. Als solcher Kernbereich wird z. B. die Kulturhoheit angesehen.
- Das **Homogenitätsprinzip:** Unerlässliche Voraussetzung für einen Bundesstaat ist ein gewisses Mindestmaß an Übereinstimmung sowohl der Gliedstaaten untereinander als auch der Gliedstaaten und des Bundes. Für den Föderalismus der Bundesrepublik Deutschland gilt deshalb das Prinzip der verfassungsmäßigen Homogenität, das heißt der grundsätzlichen Übereinstimmung von Bund und Ländern. Diese ist im GG insbesondere durch Artikel 28 Abs. 1 Satz 1 festgelegt, wonach die Bundesländer die gleichen vier Merkmale der Staatsform aufweisen müssen wie die Bundesrepublik. Sie muss republikanisch, demokratisch, rechtsstaatlich und sozial sein. Außerdem muss in den Ländern, Kreisen und Gemeinden das Volk eine Vertretung haben, die aus allgemeinen, unmittelbaren, freien, gleichen und geheimen Wahlen hervorgegangen ist. Der Bund ist nach Artikel 28 Abs. 3 GG verpflichtet, die verfassungsmäßige Ordnung in den Ländern zu gewährleisten.
- Das **Prinzip der Bundes- und Ländertreue:** Hierbei handelt es sich um einen ungeschriebenen Verfassungsgrundsatz, der ein bundesfreundliches Verhalten gebietet. Danach sind der Bund und die Länder gehalten, dem Wesen des sie verbindenden Bündnisses entsprechend zusammenzuwirken und zu seiner Festigung und zur Wahrung der wohlverstandenen Belange des Bundes und der Länder beizutragen. Nach der Rechtsprechung des Bundesverfassungsgerichtes ergeben sich aus dem Gebot der Bundestreue verschiedene Rechtspflichten, so z. B. die Pflicht zu finanzieller Unterstützung der schwächeren durch die finanzstärkeren Länder im Wege eines horizontalen Finanzausgleichs oder die Pflicht des Bundes zu gleicher Verfahrensweise gegenüber allen Ländern.
- Die **Zuständigkeitsaufteilung zwischen Bund und Ländern:** Die Zuständigkeiten zwischen dem Bund und den Ländern sind nach Sachgebieten und Funktionen unterschiedlich verteilt, wobei das Schwergewicht der Gesetzgebung beim Bund liegt, während Verwaltung und Rechtsprechung überwiegend in die Zuständigkeit der Länder fallen. Das Grundprinzip für die Aufgabenverteilung zwischen dem Bund und

den Ländern ist in Artikel 30 GG geregelt. Danach stehen die Ausübung der staatlichen Befugnisse und die Erfüllung der staatlichen Aufgaben grundsätzlich den Ländern zu, soweit das GG keine andere Regelung trifft oder zulässt. Dieser allgemeine Grundsatz findet seine Ergänzung für die Gesetzgebung des Bundes in den Artikeln 70 bis 74 GG, für die Ausführung der Bundesgesetze und die Bundesverwaltung in den Artikeln 83 bis 91 des GG, für die Rechtsprechung in den Artikeln 92 bis 96 des GG und für den Sonderfall der auswärtigen Angelegenheiten in Artikel 32 des GG.

- Die **gegenseitigen Einwirkungs- und Mitwirkungsrechte:** Die Zusammenarbeit innerhalb des Bundesstaates erfordert einerseits Einwirkungsmöglichkeiten des Bundes auf die Länder und andererseits Mitwirkungsrechte der Länder auf die Willensbildung des Bundes.

7. Welche Einwirkungsmöglichkeiten auf die Länder räumt das Grundgesetz dem Bund ein?

Das Grundgesetz (GG) räumt beispielsweise folgende **Einwirkungsmöglichkeiten** dem **Bund** ein:

- den **Vorrang des Bundesrechts vor dem Landesrecht** (Art. 31 GG)
- den **Bundeszwang**, wenn ein Land die ihm nach dem GG oder einem anderen Bundesgesetz obliegenden Pflichten nicht erfüllt. In diesem Fall kann die Bundesregierung mit Zustimmung des Bundesrates die notwendigen Maßnahmen treffen, um das Land zur Erfüllung seiner Pflichten anzuhalten (Art. 37 Abs. 1 GG)
- die **Bundesaufsicht** über die Länder, wenn diese Bundesgesetze als eigene Angelegenheit oder im Auftrage des Bundes ausführen (Art. 84, 85 GG)
- die **Bundesintervention**, wenn z. B. der Bestand oder die freiheitlich demokratische Grundordnung des Bundes oder eines Landes gefährdet ist (Art. 87a Abs. 4, 91 Abs. 2 GG)
- die **Hilfen im Rahmen der Finanzwirtschaft**, z. B. durch die Gewährung von Finanzhilfen nach näherer Maßgabe eines Gesetzes (Art. 104a Abs. 4 GG), durch die Regelung des Finanzausgleichs (Art. 107 Abs. 2 GG) und durch gesonderte Maßnahmen zur Konjunktursteuerung (Art. 109 Abs. 3 und 4 GG).

8. Welche Mitwirkungsrechte haben die Länder auf die Willensbildung des Bundes?

Mitwirkungsrechte der Länder auf die Willensbildung des Bundes bestehen vor allem über den **Bundesrat**. Gemäß Artikel 50 des Grundgesetzes (GG) wirken die Länder durch den Bundesrat bei der Bundesgesetzgebung, der Bundesverwaltung und in Angelegenheiten der Europäischen Union mit. Für die Länder bestehen über den Bundesrat nach dem GG auf fast allen staatlichen Funktionsbereichen Mitwirkungsrechte.

9. Auf welche Weise erfolgt die Zusammenarbeit zwischen dem Bund und den Ländern sowie zwischen den Ländern?

Die Zusammenarbeit zwischen dem Bund und den Ländern sowie zwischen einzelnen oder allen Ländern, die auch als **kooperativer Föderalismus** bezeichnet wird, findet in verschiedenen Funktionsbereichen und auf den unterschiedlichen politischen Ebenen statt. Dies geschieht vor allem durch

- die **informelle Zusammenarbeit**, das heißt das Zusammenwirken ohne rechtliche Regelungen oder organisierte Form, z. B. die Treffen der Leiter der Staats- und Senatskanzleien
- die **formalisierten Zusammenkünfte und Konferenzen**, z. B. die Treffen der Ministerpräsidenten der Länder, die Treffen der Regierungschefs der Bundesländer mit der Bundesregierung
- die **Kooperation durch Verwaltungsbehörden**, z. B. die Gremien, die bei den Verwaltungsbehörden des Bundes und der Länder gebildet sind und sich als Ausschüsse, Arbeitsgemeinschaften, Kommissionen usw. bezeichnen
- die **rechtlichen Vereinbarungen**, z. B. der Staatsvertrag zwischen den Ländern über die Vergabe von Studienplätzen
- die **Vertretungen der Länder beim Bund**, z. B. die Landesvertretungen in der Bundeshauptstadt
- die **Gemeinschaftseinrichtungen**. Hierbei wird unterschieden zwischen unechten und echten Gemeinschaftseinrichtungen. Bei den **unechten Gemeinschaftseinrichtungen** handelt es sich um Institutionen, die gegenüber den beteiligten Ländern nur eine beratende oder empfehlende Funktion ausüben, z. B. die Ständige Konferenz der Kultusminister der Länder (Kultusministerkonferenz). Dagegen sind die **echten Gemeinschaftseinrichtungen** Institutionen, die öffentliche Aufgaben unmittelbar gegenüber dem Bürger wahrnehmen und deren Handeln für die beteiligten Länder bindend ist, z. B. das Zweite Deutsche Fernsehen (ZDF), die Zentralstelle für die Vergabe von Studienplätzen (ZVS).

4. Die Verfassungsorgane

4.1 Der Bundestag

1. Was sind die obersten Organe des Bundes nach dem Grundgesetz?

Bundestag, Bundesrat, Gemeinsamer Ausschuss, Bundespräsident und Bundesversammlung, Bundesregierung, Bundesverfassungsgericht.

2. Welche staatsrechtliche Stellung hat der Bundestag?

Der **Bundestag** – auch bezeichnet als Volksvertretung oder Parlament – ist das Verfassungsorgan zur **Vertretung des gesamten Volkes** in der Bundesrepublik Deutschland (Art. 38 Abs. 1 Satz 2 GG).

3. Wie viele Abgeordnete werden im Regelfall in den Bundestag gewählt?

Der **Bundestag** besteht in der **Regel** aus **598 Abgeordneten**, und zwar 299 (mit der Erststimme) direkt in Wahlkreisen gewählten und der gleichen Anzahl (mit der Zweitstimme) über Landeslisten gewählten Abgeordneten (§ 1 Abs. 1 Satz 1 BWG).

Die Gesamtzahl der Abgeordneten und damit auch die gesetzliche Mitgliederzahl des Bundestages kann sich jedoch durch die sogenannten **Überhangmandate** und **Ausgleichsmandate** erhöhen. Überhangmandate fallen dann an, wenn in einem Bundesland mehr Abgeordnete einer Partei mit Erststimmen direkt in Wahlkreisen gewählt werden als dieser Partei nach dem Landeslistenergebnis der Zweitstimmen zustehen. Die direkt erworbenen Wahlkreissitze verbleiben dann der Partei und die Gesamtzahl der Sitze im Deutschen Bundestag erhöht sich um die Zahl der Überhangmandate und die hierbei für die anderen Parteien anfallenden Ausgleichsmandate, damit das Größenverhältnis zueinander erhalten bleibt (§ 6 BWG).

4. Wie viele Abgeordnete gehören dem Bundestag nach der Bundestagswahl 2017 an und wie verteilen sich die Sitze im Bundestag auf die Parteien?

Nach der Bundestagswahl vom 24. September 2017 gehören dem 19. Deutschen Bundestag wegen 46 Überhangmandaten und 65 Ausgleichsmandaten insgesamt 709 Abgeordnete an.

Die auf die einzelnen Parteien entfallenen Sitze in dem neu gewählten Bundestag verteilen sich – getrennt nach Wahlkreissitzen (Direktmandate) und Landeslistensitzen – wie folgt:

Partei	Wahlkreissitze	Landeslistensitze	Sitze gesamt
Christliche Demokratische Union Deutschlands (CDU)	185	15	200
Christlich-Soziale Union in Bayern e. V. (CSU)	46	0	46
Sozialdemokratische Partei Deutschlands (SPD)	59	94	153
Alternative für Deutschland (AfD)	3	91	94
Freie Demokratische Partei (FDP)	0	80	80
Die Linke	5	64	69
Bündnis 90/Die Grünen	1	66	67
Gesamt	**299**	**410**	**709**

5. Für welchen Zeitraum wird der Bundestag gewählt?

Die **Wahlperiode** des Bundestages beträgt **vier Jahre**. Sie beginnt mit der konstituierenden Sitzung des Bundestages, die für die 19. Wahlperiode am 24. Oktober 2017 stattfand, und endet mit dem Zusammentritt des neuen Bundestages. Die Neuwahl findet frühestens 45, spätestens 47 Monate nach Beginn der Wahlperiode statt. Im Falle einer Auflösung des Bundestages findet die Neuwahl innerhalb von 60 Tagen statt (Art. 39 Abs. 1 GG).

6. Nach welchen Wahlrechtsgrundsätzen werden die Abgeordneten des Bundestages gewählt?

Die **Abgeordneten des Bundestages** werden in **allgemeiner, unmittelbarer, freier, gleicher und geheimer Wahl gewählt** (Art. 38 GG, § 1 BWG).

7. Wie lassen sich die Wahlrechtsgrundsätze näher definieren?

- **Allgemeinheit der Wahl** bedeutet, dass allen Staatsangehörigen das Wahlrecht zustehen muss und nicht nur bestimmten Ständen oder Schichten der Bevölkerung. Dieses Recht darf nur durch für alle Staatsangehörigen allgemein verbindliche Voraussetzungen eingeschränkt werden, z. B. altersmäßige Beschränkungen.
- **Unmittelbarkeit der Wahl** bedeutet, dass für die Wahlberechtigten die Möglichkeit bestehen muss, Abgeordnete direkt ohne eine Zwischeninstanz, z. B. Wahlmänner, zu wählen.
- **Freiheit der Wahl** bedeutet, dass die Wahlberechtigten das Wahlrecht ohne Zwang, Drohung oder sonstige Beeinflussung ausüben können.
- **Gleichheit der Wahl** bedeutet, dass allen Wahlberechtigten die gleiche Anzahl von Stimmen zustehen muss und alle Stimmen den gleichen Wert haben müssen.
- **Geheime Wahl** bedeutet, dass die Stimmabgabe weder öffentlich noch offen erfolgen darf.

8. Wer ist berechtigt, die Abgeordneten des Bundestages zu wählen?

Das Recht die Abgeordneten des Bundestages zu wählen (**aktives Wahlrecht**), besitzen alle Deutschen im Sinne des Artikels 116 Abs. 1 des Grundgesetzes (GG), die am Wahltag

- das 18. Lebensjahr vollendet haben und
- seit mindestens drei Monaten in der Bundesrepublik Deutschland eine Wohnung innehaben oder sich sonst gewöhnlich aufhalten oder
- am Wahltag außerhalb der Bundesrepublik Deutschland leben, sofern sie nach Vollendung ihres 14. Lebensjahres mindestens drei Monate ununterbrochen in der Bundesrepublik Deutschland eine Wohnung innegehabt oder sich sonst gewöhnlich aufgehalten haben und dieser Aufenthalt nicht länger als 25 Jahre zurückliegt oder aus anderen Gründen persönlich und unmittelbar Vertrautheit mit den politischen Verhältnissen in der Bundesrepublik Deutschland erworben haben und von ihnen betroffen sind (§ 12 BWG).

Darüber hinaus darf kein Ausschluss vom Wahlrecht vorliegen.

9. Wer ist vom Wahlrecht bei Bundestagswahlen ausgeschlossen?

Ausgeschlossen vom Wahlrecht bei Bundestagswahlen sind Personen, die infolge eines Richterspruchs das Wahlrecht verloren haben oder für die ein Betreuer zur Besorgung aller ihrer Angelegenheiten nicht nur durch einstweilige Anordnung bestellt ist (dies gilt auch, wenn der Aufgabenkreis des Betreuers die in § 1896 Abs. 4 und § 1905 des Bürgerlichen Gesetzbuchs bezeichneten Angelegenheiten nicht erfasst) oder die sich aufgrund einer Anordnung nach § 63 in Verbindung mit § 20 des Strafgesetzbuches in einem psychiatrischen Krankenhaus befinden, weil sie eine rechtswidrige Tat im Zustand der Schuldunfähigkeit begangen haben (§ 13 BWG).

10. Was ist Voraussetzung für die Ausübung des Wahlrechts bei Bundestagswahlen?

Voraussetzung für die Ausübung des Wahlrechts bei Bundestagswahlen ist, dass der Wahlberechtigte in ein **Wählerverzeichnis** eingetragen ist oder einen Wahlschein besitzt (§ 17 BWG).

Das Wählerverzeichnis ermöglicht die Kontrolle, dass nur Wahlberechtigte wählen und dass jeder Wahlberechtigte nur einmal wählt.

11. Welche Personen können zu Abgeordneten des Bundestages gewählt werden?

Das Recht zum Abgeordneten des Bundestages gewählt zu werden (**passives Wahlrecht**), besitzen alle Personen, die am Wahltag

- Deutsche im Sinne des Artikels 116 Abs. 1 des Grundgesetzes (GG) sind und
- das 18. Lebensjahr vollendet haben, es sei denn, dass sie vom Wahlrecht ausgeschlossen sind oder infolge Richterspruchs die Wählbarkeit oder die Fähigkeit zur Bekleidung öffentlicher Ämter nicht besitzen (§ 15 BWG).

12. Welche Festlegungen enthält das Grundgesetz über das Wahlsystem für die Bundestagswahlen?

Das Grundgesetz (GG) enthält **keinerlei Festlegungen** darüber, nach welchem **Wahlsystem** die Abgeordneten des Bundestages zu wählen sind. In Artikel 38 Abs. 1 des GG sind lediglich wichtige Grundsätze über die Ausgestaltung der Wahl aufgeführt, wonach die Wahl allgemein, frei, geheim, gleich und unmittelbar sein muss.

Die Entscheidung, nach welchem **Wahlsystem** die Abgeordneten des Bundestages gewählt werden, obliegt ausschließlich dem **Gesetzgeber** (Art. 38 Abs. 3 GG). Dieser hat das Wahlsystem für die Bundestagswahlen im **Bundeswahlgesetz** (BWG) geregelt, das entsprechend einfach zu ändern wäre. In der Praxis hat sich jedoch das seit den zweiten Bundestagswahlen im Jahre 1953 bestehende Wahlsystem im Wesentlichen bewährt, sodass bisher nur kleinere Korrekturen vom Gesetzgeber vorgenommen wurden.

13. Nach welchem Wahlsystem werden die Abgeordneten des Bundestages gewählt?

Das im Bundeswahlgesetz (BWG) verankerte **Wahlsystem** bei der Wahl der Abgeordneten des Bundestages besteht aus einer **personalisierten Verhältniswahl**, bei dem die Personenwahl von Wahlkreisbewerbern nach den Grundsätzen der Mehrheitswahl mit der Verhältniswahl von Landeslisten der Parteien kombiniert ist und durch Anrechnung der gewonnenen Direktmandate auf die Listenmandate der Grundcharakter der Verhältniswahl gewahrt wird. Dieses Wahlsystem bedingt, dass jeder Wähler zwei Stimmen, das heißt eine Erst- und Zweitstimme hat (§ 4 BWG).

14. Was ist der Unterschied zwischen Erst- und Zweitstimme bei den Bundestagswahlen?

Mit der **Erststimme** (sog. Personenstimme) werden die Hälfte der Bundestagsabgeordneten in den Wahlkreisen nach dem Prinzip der **einfachen** (relativen) **Mehrheit** gewählt, das heißt es ist der Kandidat direkt gewählt, der die meisten gültigen Erststimmen auf sich vereinigt; wobei bei Stimmengleichheit das Los entscheidet (§ 5 BWG).

Mit der **Zweitstimme** (sog. Parteienstimme) wird die andere Hälfte der Bundestagsabgeordneten über die von den Parteien zu erstellenden **Landeslisten**, auf der die Kandidaten einer Partei in einer festgelegten Reihenfolge aufgeführt sind, nach dem Prinzip der **Verhältniswahl** gewählt (§ 6 BWG).

15. Welche besondere Bedeutung hat die Zweitstimme bei den Bundestagswahlen?

Die Zweitstimme ist ausschlaggebend für die Sitzverteilung, das heißt nach der **Zweitstimme bemisst sich die Anzahl der Sitze, die eine Partei im Bundestag erhält** (mit Ausnahme der Überhangmandate und der Ausgleichsmandate). Dabei ist zu beachten, dass die Zweitstimme zuteilungsberechtigt sein muss. Dies ist der Fall, wenn die Zweitstimme gültig ist und für eine Partei abgegeben wird, die mindestens fünf Prozent der gültigen Stimmen erreicht (**Fünf-Prozent-Sperrklausel**) oder mindestens drei Direktmandate errungen hat (**Grundmandatsklausel**) oder eine nationale Minderheit vertritt (**Minderheitsprivileg**). Für die Verteilung der nach Landeslisten zu besetzenden Sitze werden dabei die für jede Landesliste abgegebenen Zweitstimmen zusammengezählt, wobei die Zweitstimmen derjenigen Wähler, die ihre Erststimme für einen im Wahlkreis erfolgreichen parteiunabhängigen Einzelbewerber (§ 20 Absatz 3 BWG) oder für den erfolgreichen Wahlkreisbewerber einer Partei abgegeben haben, für die in dem betreffenden Land keine Landesliste zugelassen ist, unberücksichtigt bleiben (§ 6 Abs. 1 Satz 1 und 2 BWG).

16. Nach welchem Verfahren wird bei der Bundestagswahl die Sitzverteilung berechnet?

Seit der am 27. September 2009 stattgefundenen Wahl zum 17. Deutschen Bundestag wird die Sitzverteilung nach dem **Divisorverfahren mit Standardrundung** nach Sainte-Laguë/Schepers berechnet. Der französische Mathematiker *André Sainte-Laguë* (1882 - 1950) und der deutsche Physiker *Dr. Hans Schepers* (*1928), der seinerzeit Mitarbeiter des Deutschen Bundestages war, entwickelten das Verfahren unabhängig voneinander, und zwar mit jeweils verschiedenen Berechnungsmethoden, aber identischen Ergebnissen. Bei diesem Verfahren gibt es zur Berechnung der Sitzverteilung drei Methoden, die im Ergebnis rechnerisch gleich und damit rechtlich gleichwertig sind, und zwar das Höchstzahlverfahren, das Rangmaßzahlverfahren und das iterative Verfahren. Bei den Wahlen zum Deutschen Bundestag wird das iterative Verfahren angewandt.

Das Divisorverfahren mit Standardrundung ersetzt zugleich das seit der Wahl zum 11. Deutschen Bundestag am 25. Januar 1987 für die Berechnung der Sitzverteilung angewandte Verfahren der mathematischen Proportion, das von dem englischen Juristen *Thomas Hare* (1806 - 1891) entwickelt worden ist und von dem Aachener Mathematikprofessor *Horst Friedrich Niemeyer* (1931 - 2007) für die Besetzung der Ausschüsse und Gremien des Deutschen Bundestages vorgeschlagen wurde, sodass es als Hare-Niemeyer-Verfahren bekannt ist.

17. Wie wird bei der Bundestagswahl die Berechnung der Sitzverteilung nach dem Divisorverfahren mit Standardrundung nach Sainte-Laguë/Schepers vorgenommen?

Die seit der Wahl zum 18. Deutschen Bundestag am 22. September 2013 geltende Berechnung der Sitzverteilung, die in § 6 des Bundeswahlgesetzes (BWG) geregelt ist, und deren Änderung auf Vorgaben des Bundesverfassungsgerichts (BVerfG) im Urteil vom 25. Juli 2012 zum Sitzzuteilungsverfahren für die Bundestagswahlen zurückgeht, sieht unter Beibehaltung des Systems der personalisierten Verhältniswahl vor, dass **Überhangmandate** im Verhältnis der Parteien zueinander durch zusätzliche Mandate ausgeglichen werden (**Ausgleichsmandate**), sodass die Zahl der Sitze der Parteien ihrem jeweiligen **Zweitstimmenergebnis** entspricht.

Die Berechnung der Sitzverteilung geschieht im Einzelnen wie folgt:

1. In einer **ersten Berechnung** wird zunächst vor der Wahl die Gesamtzahl der 598 Sitze (§ 1 Abs. 1 BWG) auf die 16 Bundesländer nach deren **Bevölkerungsanteil** (§ 3 Abs. 1 BWG) verteilt. Anschließend wird in jedem Land die Zahl der dort verbleibenden Sitze auf der Grundlage der zu berücksichtigenden **Zweitstimmen den Landeslisten zugeordnet**. Hierbei erhält jede Landesliste so viele Sitze, wie sich nach Teilung der Summe ihrer erhaltenen Zweitstimmen durch einen **Zuteilungsdivisor** ergeben. Bei der **Verteilung der Sitze auf die Landeslisten** werden jedoch **nur Parteien berücksichtigt**, die:
   - mindestens 5 % der im Wahlgebiet abgegebenen gültigen Zweitstimmen erhalten haben (**Fünf-Prozent-Sperrklausel**)
   - in mindestens drei Wahlkreisen einen Sitz errungen haben (**Grundmandatsklausel**)
   - eine nationale Minderheit vertreten (**Minderheitsprivileg**).
2. Danach wird in einer **zweiten Berechnung** der Sitzverteilung in jedem Bundesland von der für jede Landesliste im ersten Schritt ermittelten Sitzzahl die Zahl der von der Partei in den Wahlkreisen des Landes errungenen Sitze (**Direktmandate**) abgezogen. Die Direktmandate verbleiben einer Partei als **Überhangmandate** auch dann, wenn sie die nach § 6 Abs. 2 und 3 BWG ermittelte Zahl übersteigen.

3. Mit einer **dritten Berechnung** wird sodann die Zahl der nach Abzug der erfolgreichen Wahlkreisbewerber verbleibenden Sitze so lange erhöht, bis jede Partei bei der **zweiten Verteilung** der Sitze mindestens die bei der ersten Verteilung für sie ermittelten zuzüglich der in den Wahlkreisen errungenen Sitze erhält, die nicht von der Zahl der nach § 6 Abs. 4 Satz 1 BWG für die Landesliste ermittelten Sitze abgerechnet werden können. Die hiernach zu vergebenden Sitze werden bei anschließender **bundesweiter Oberverteilung** als zusätzliche Mandate (**Ausgleichsmandate**) nach der Zahl der zu berücksichtigenden Zweitstimmen auf der Grundlage des **Divisorverfahrens** mit Standardrundung nach *Sainte-Laguë/Schepers* auf die nach § 6 Abs. 3 BWG zu berücksichtigenden Parteien, welche die Fünf-Prozent-Sperrklausel überwunden haben, verteilt. So wird das Größenverhältnis der Parteien dem Zweitstimmenergebnis entsprechend gewahrt. Die Gesamtzahl der 598 Sitze erhöht sich um die Unterschiedszahl.
4. Mit einer **vierten Berechnung** wird dann – nach der bundesweiten Oberverteilung der Sitze an die Parteien – die **endgültige Zuteilung der Sitze** durch eine **Unterverteilung auf die Landeslisten** vorgenommen. In den Parteien werden hierbei die Sitze **nach der Zahl der zu berücksichtigenden Zweitstimmen** nach dem **Divisorverfahren** auf die Landeslisten verteilt. Dabei wird jeder Landesliste mindestens die Zahl der in den Wahlkreisen des Landes von der Partei errungenen Sitze (**Direktmandate**) zugeteilt. Von der für jede Landesliste ermittelten Sitzzahl wird die Zahl der von der Partei in den Wahlkreisen des Landes errungenen **Direktmandate** (§ 5 BWG) abgezogen. Die restlichen Sitze werden aus der Landesliste in der dort festgelegten Reihenfolge besetzt. Bewerber, die in einem Wahlkreis gewählt sind, bleiben auf der Landesliste unberücksichtigt. Entfallen auf eine Landesliste mehr Sitze als Bewerber benannt sind, so bleiben diese Sitze unbesetzt.

Erhält bei der Verteilung der Sitze eine Partei, auf die mehr als die Hälfte der Gesamtzahl der Zweitstimmen aller zu berücksichtigenden Parteien entfallen ist, nicht mehr als die Hälfte der Sitze, werden ihr weitere Sitze zugeteilt, bis auf sie ein Sitz mehr als die Hälfte der Sitze entfällt (**Mehrheitssicherungsklausel**). Die Sitze werden in der Partei nach der Zahl der zu berücksichtigenden Zweitstimmen entsprechend dem Divisorverfahren auf die Landeslisten verteilt. In einem solchen Falle erhöht sich die bei der zweiten Verteilung der Sitze nach § 6 Abs. 5 BWG ermittelte Gesamtzahl der Sitze um die Unterschiedszahl.

18. Wie wird der Zuteilungsdivisor nach dem Divisorverfahren mit Standardrundung ermittelt?

Der **Zuteilungsdivisor** wird nach dem Divisorverfahren mit Standardrundung nach *Sainte-Laguë/Schepers* wie folgt ermittelt:

Zahlenbruchteile unter 0,5 werden auf die darunter liegende ganze Zahl abgerundet, solche über 0,5 werden auf die darüber liegende ganze Zahl aufgerundet. Zahlenbruchteile, die gleich 0,5 sind, werden so aufgerundet oder abgerundet, dass die Zahl der zu vergebenden Sitze eingehalten wird. Ergeben sich dabei mehrere mögliche

Sitzzuteilungen, so entscheidet das vom Bundeswahlleiter zu ziehende Los. Der Zuteilungsdivisor ist so zu bestimmen, dass insgesamt so viele Sitze auf die Landeslisten entfallen, wie Sitze zu vergeben sind. Dazu wird zunächst die Gesamtzahl der Zweitstimmen aller zu berücksichtigenden Landeslisten durch die Zahl der jeweils nach Abzug der erfolgreichen Wahlkreisbewerber (§ 6 Abs. 1 Satz 3 BWG) verbleibenden Sitze geteilt. Entfallen danach mehr Sitze auf die Landeslisten als Sitze zu vergeben sind, ist der Zuteilungsdivisor so heraufzusetzen, dass sich bei der Berechnung die zu vergebende Sitzzahl ergibt; entfallen zu wenig Sitze auf die Landeslisten, ist der Zuteilungsdivisor entsprechend herunterzusetzen (§ 6 Abs. 2 Satz 2 bis 7 BWG).

Beispiel

Ermittlung des Zuteilungsdivisors nach § 6 Abs. 2 BWG

Bei 10.000 für die Sitzzuteilung zu berücksichtigenden Stimmen sind 10 Sitze zu vergeben, wobei auf die einzelnen Parteien die folgenden Zweitstimmen entfallen:

Partei A	Partei B	Partei C
4.160 Stimmen (41,6 %)	3.380 Stimmen (33,8 %)	2.460 Stimmen (24,6 %)

Im **ersten Schritt** ist der Anfangswert des Divisors zu ermitteln. Dies geschieht dadurch, dass die Zweitstimmen aller Parteien durch die Gesamtzahl der Sitze geteilt werden. Das ergibt folgendes Ergebnis:

4.160 Stimmen + 3.380 Stimmen + 2.460 Stimmen = 10.000 Stimmen : 10 Sitze = 1.000 (Divisor)

Der Anfangswert des Divisors liefert folgende Sitzzuteilung:

Partei	Stimmen	Divisor	Sitzzahl ungerundet	Sitzzahl gerundet (ab 0,5 Aufrundung)
A	4.160	1.000	**4**,16	4
B	3.380	1.000	**3**,38	3
C	2.460	1.000	**2**,46	2
Gesamt	10.000		9 Sitze (Sitze nach Zahlen vor dem Komma)	9 Sitze (Gesamtsitzzahl)

Der erste rechnerisch ermittelte Divisor führt lediglich zur Zuteilung von 9 Sitzen, sodass ein Sitz zu wenig vergeben wurde. Es ist daher erforderlich, in einem **zweiten Schritt** Divisorkandidaten zu ermitteln. Dies geschieht, indem die Zweitstimmenzahl der jeweiligen Partei durch die aus dem ersten Schritt ermittelte und um 0,5 erhöhte Sitzzahl geteilt wird. Diese Berechnung ergibt folgendes Ergebnis:

- **Partei A** 4.160 Stimmen : 4,5 (Sitzzahl plus 0,5) = 924,444 (Divisorkandidat)
- **Partei B** 3.380 Stimmen : 3,5 (Sitzzahl plus 0,5) = 965,714 (Divisorkandidat)
- **Partei C** 2.460 Stimmen : 2,5 (Sitzzahl plus 0,5) = 984,000 (Divisorkandidat)

Der größte Wert der Divisorkandidaten ist 984,000 und der zweitgrößte Wert ist 965,714. Mit der Wahl eines Divisors in diesen Grenzen, beispielsweise mit 980 wird die Gesamtzahl der Sitze getroffen. Die Zweitstimmenzahl der jeweiligen Partei wird sodann durch den aus dem zweiten Schritt ermittelten und dann ausgewählten Divisor geteilt. Das ergibt folgendes Ergebnis:

Partei	Stimmen	Divisor	Sitzzahl ungerundet	Sitzzahl gerundet (ab 0,5 Aufrundung)
A	4.160	980	**4**,24	4
B	3.380	980	**3**,44	3
C	2.460	980	**2**,51	3
Gesamt	10.000		9 Sitze (Sitze nach Zahlen vor dem Komma)	10 Sitze (Gesamtsitzzahl)

Der zweite rechnerisch ermittelte Divisor führt nach Rundung der Zahlenbruchteile zur Zuteilung aller 10 Sitze.

19. Welche Rechtsstellung haben die Abgeordneten des Bundestages?

Die Abgeordneten des Bundestages:

- sind Vertreter des ganzen Volkes und an Aufträge und Weisungen nicht gebunden und nur ihrem Gewissen unterworfen; damit ist das freie Mandat garantiert und zugleich wird das gebundene (imperative) Mandat ausgeschlossen (Art. 38 Abs. 1 Satz 2 GG)
- haben Anspruch auf eine angemessene, ihre Unabhängigkeit sichernde Entschädigung (Art. 48 Abs. 3 Satz 1 GG)
- haben das Recht der freien Benutzung aller staatlichen Verkehrsmittel (Art. 48 Abs. 3 Satz 2 GG)
- dürfen zu keiner Zeit wegen einer Abstimmung oder wegen einer Äußerung, die sie im Bundestag oder in einem seiner Ausschüsse getan haben, gerichtlich oder dienstlich verfolgt oder außerhalb des Bundestages zur Verantwortung gezogen werden,

mit Ausnahme bei verleumderischen Beleidigungen (Indemnität bzw. Verantwortungsfreiheit; Art. 46 Abs. 1 GG)

- dürfen wegen einer mit Strafe bedrohten Handlung nur mit Genehmigung des Bundestages zur Verantwortung gezogen oder verhaftet werden, es sei denn, dass sie entweder bei Begehung der Tat oder im Laufe des folgenden Tages festgenommen werden (Immunität; Art. 46 Abs. 2 GG)
- sind berechtigt, über Personen, die ihnen in ihrer Eigenschaft als Abgeordnete oder denen sie in dieser Eigenschaft Tatsachen anvertraut haben, sowie über diese Tatsache selbst das Zeugnis zu verweigern. Dies schließt die Beschlagnahme von Schriftstücken mit ein (Zeugnisverweigerungsrecht; Art. 47 GG).

20. Was versteht man unter einer Fraktion?

Eine **Fraktion** ist die **Vereinigung von Abgeordneten einer Partei** oder von solchen Parteien, die aufgrund **gleichgerichteter politischer Ziele** in keinem Land miteinander in Wettbewerb stehen. Nach § 10 Abs. 1 GO-BT sind zur Bildung einer Fraktion eine Mindestzahl von 5 vom Hundert der Mitglieder des Bundestages nötig.

21. Welche Arten der Einwirkung der Fraktionen auf das Abstimmungsverhalten der Abgeordneten unterscheidet man?

Bei der Einwirkung der Fraktionen auf das Abstimmungsverhalten der Abgeordneten wird unterschieden zwischen:

- **Fraktionsdisziplin**
- **Fraktionszwang**.

22. Was versteht man unter Fraktionsdisziplin und Fraktionszwang?

Unter **Fraktionsdisziplin** ist die freiwillige Unterordnung des Abgeordneten unter die Mehrheitsbeschlüsse der Fraktion bei parlamentarischen Abstimmungen und Debatten zu verstehen.

Als **Fraktionszwang** wird das dem Abgeordneten durch die Fraktion vorgeschriebene Verhalten bei parlamentarischen Abstimmungen und Debatten bezeichnet, das im Falle des Zuwiderhandelns zum Mandatsverlust führt.

Der **Fraktionszwang** ist mit dem **Grundsatz des freien Mandats** des Artikels 38 des Grundgesetzes (GG) **nicht vereinbar** und somit unzulässig. Die in Artikel 21 GG verankerte Rolle der Parteien als wesentliche Träger der politischen Willensbildung schließt aber verfassungsrechtlich einen faktischen Druck auf den Abgeordneten, wie z. B. den Partei- und Fraktionsausschluss oder die Nichtberücksichtigung bei der Kandidatenaufstellung für die nächste Wahl, zur Durchsetzung der Fraktionssolidarität nicht aus.

23. Was sind die wesentlichen Organe des Bundestages?

Die wesentlichen **Organe des Bundestages** sind:

- Das **Plenum**, dies ist die Vollversammlung der Mitglieder des Bundestages.
- Der **Bundestagspräsident** und die sechs **stellvertretenden Präsidenten** (Stand: 19. Wahlperiode), die zusammen das **Präsidium** bilden (§ 5 GO-BT) und vom Bundestag für die Dauer der Wahlperiode gewählt werden (Art. 40 Abs. 1 Satz 1 GG).
- Der **Ältestenrat**, der den Bundestagspräsidenten bei seiner Arbeit unterstützt und insbesondere den Arbeitsplan des Bundestages vorbereitet. Er besteht aus dem Bundestagspräsidenten, seinen Stellvertretern und 23 weiteren von den Fraktionen benannten Abgeordneten (§ 6 GO-BT).
- Die **Ausschüsse**, die parlamentarische Hilfsorgane sind und einen wesentlichen Teil der Aufgaben des Bundestages als vorbereitende Beschlussorgane wahrnehmen. Deshalb muss jeder Ausschuss grundsätzlich ein verkleinertes Abbild des Plenums sein und in seiner Zusammensetzung das Stimmenverhältnis im Plenum widerspiegeln (§§ 54 bis 74 GO-BT).

24. Mit welcher Mehrheit fasst der Bundestag seine Beschlüsse?

Der Bundestag fasst seine Beschlüsse in der Regel mit **einfacher Mehrheit**, das ist die Mehrheit der abgegebenen gültigen Stimmen, soweit nicht das Grundgesetz (GG), ein Bundesgesetz oder die Geschäftsordnung des Bundestages andere Vorschriften enthalten (Art. 79 GG, §§ 48, 86 GO-BT).

An **besonderen Mehrheiten**, die nur erforderlich sind, wenn das GG sie ausdrücklich verlangt, werden unterschieden:

- Die **absolute Mehrheit**, darunter ist gemäß Artikel 121 GG die Mehrheit der gesetzlichen Mitgliederzahl des Bundestages zu verstehen. Diese ist z. B. in Artikel 29 Abs. 7, 63 Abs. 4, 67 Abs. 1, 68 Abs. 1 und 77 Abs. 4 Satz 1 GG vorgesehen.
- Die **einfache** (relative) **Zweidrittelmehrheit**, das sind zwei Drittel der abgegebenen Stimmen. Diese ist z. B. in Artikel 42 Abs. 1 und 77 Abs. 4 Satz 2 GG vorgesehen.
- Die **absolute** (qualifizierte) **Zweidrittelmehrheit**, das sind die Stimmen von zwei Dritteln der gesetzlichen Mitgliederzahl des Bundestages. Diese ist bei der Änderung des GG (Art. 23 Abs. 1 Satz 3, 79 Abs. 2 GG) und für den Beschluss auf Erhebung der Anklage des Bundespräsidenten vor dem Bundesverfassungsgericht (Art. 61 Abs. 1 GG) vorgesehen.

25. Wann ist der Bundestag beschlussfähig?

Der Bundestag ist beschlussfähig, das heißt er erfüllt als Gremium überhaupt die Voraussetzung, um rechtswirksame Beschlüsse zu fassen, wenn mehr als die Hälfte seiner Mitglieder anwesend sind (§ 45 GO-BT).

26. Welche wesentlichen Abstimmungsformen kommen im Bundestag in Betracht?

Im Bundestag kommen insbesondere die folgenden Abstimmungsformen in Betracht:

- Abstimmung durch Handzeichen, Aufstehen oder Sitzenbleiben (§ 48 GO-BT)
- namentliche Abstimmung (§ 52 GO-BT)
- geheime Abstimmung (§ 49 GO-BT).

Kann sich der Sitzungsvorstand über das Abstimmungsergebnis, das z. B. durch Handzeichen erfolgte, nicht einigen, wird eine Abstimmung nach dem sogenannten **Hammelsprung-Verfahren** durchgeführt, das früher bereits vom Reichstag und auch vom preußischen Abgeordnetenhaus als Abstimmungsverfahren praktiziert wurde. Der Präsident des Bundestages fordert dann die Abgeordneten auf, den Sitzungssaal zu verlassen. Die Abgeordneten betreten dann durch eine von drei mit „Ja“, „Nein“ oder „Enthaltung“ gezeichneten Türen den Sitzungssaal und werden von den Schriftführern gezählt (§ 51 GO-BT).

Der Begriff „Hammelsprung“ ist ein Scherzwort. Es geht auf ein Intarsienbild über einer der drei Haupttüren im Sitzungssaal des Wallot-Baus, des ursprünglichen Berliner Reichstagsgebäudes aus dem 19. Jahrhundert, zurück. Das Bild zeigte den von Odysseus geblendeten Zyklop Polyphem aus der griechischen Sage, der den Hammeln seiner Herde, die er zum Grasen aus seiner Höhle lassen wollte, über den Rücken streicht, um Odysseus und dessen Gefährten die Flucht aus seiner Zyklopenhöhle unmöglich zu machen, wobei sich diese jedoch unter den Bäuchen der Tiere hängend im Fell festhielten und so der Gefangenschaft entkamen.

27. Welche Befugnisse hat der Bundestag?

Der **Bundestag** ist **autonom**, das heißt er hat im Rahmen des Grundgesetzes (GG) und seiner Geschäftsordnung die Befugnis, seine Angelegenheiten selbst zu ordnen. Hierbei untersteht der Bundestag keiner Aufsicht und hat von niemandem Weisungen entgegenzunehmen. Diese Autonomie wird durch die Artikel 39 Abs. 3, 40, 41 und 46 des GG garantiert.

Daneben hat der Bundestag – aufgeteilt nach **Funktionsbereichen** – folgende Befugnisse:

- **Wahlfunktion**
- **Gesetzgebungsfunktion**
- **Kontrollfunktion**
- **Mitwirkungsfunktion in Angelegenheiten der Europäischen Union**
- **sonstige Funktionen**.

28. Welche Rechte hat der Bundestag im Rahmen seiner Autonomie?

Der Bundestag hat im Rahmen seiner **Autonomie** folgende Rechte:

- das Recht, seinen Präsidenten, dessen Stellvertreter und die Schriftführer zu wählen (Art. 40 Abs. 1 Satz 1 GG)
- das Recht, eine Geschäftsordnung zu erlassen (Art. 40 Abs. 1 Satz 2 GG)
- das Recht, den Schluss und den Wiederbeginn seiner Sitzungen zu bestimmen (Selbstversammlungsrecht; Art. 39 Abs. 3 Satz 1 GG)
- das Recht, die Gültigkeit der Wahl zum Bundestag zu prüfen (Wahlprüfungsrecht; Art. 41 Abs. 1 Satz 1 GG).

29. Was sind die Hauptaufgaben des Bundestages im Bereich seiner Wahlfunktion?

Die Hauptaufgaben des Bundestages im Bereich seiner **Wahlfunktion** sind:

- das Recht, den Bundeskanzler auf Vorschlag des Bundespräsidenten zu wählen (Art. 63 Abs. 1 GG)
- das Recht, die Hälfte der Mitglieder des Bundesverfassungsgerichts zu wählen (Art. 94 Abs. 1 GG)
- das Recht, die Hälfte der Mitglieder des Richterwahlausschusses, der über die Berufung der Richter der obersten Gerichtshöfe des Bundes entscheidet, zu wählen (Art. 95 Abs. 2 GG)
- das Recht, den Bundespräsidenten zusammen mit den anderen Mitgliedern der Bundesversammlung zu wählen (Art. 54 Abs. 1 und 3 GG).

30. Welche Befugnisse hat der Bundestag im Bereich der Gesetzgebung?

Der Bundestag hat im Bereich der **Gesetzgebung** folgende Befugnisse:

- das Recht, aus seiner Mitte Gesetzesvorlagen einzubringen (**Initiativrecht**; Art. 76 Abs. 1 GG)
- das Recht der **Beschlussfassung über die Bundesgesetze** (Art. 77 Abs. 1 GG)
- das Recht, die **Einberufung des Vermittlungsausschusses** zu verlangen, wenn zu einem vom Bundestag beschlossenen Gesetz die Zustimmung des Bundesrates erforderlich ist (Art. 77 Abs. 2 GG).

31. Welche wesentlichen Zuständigkeiten hat der Bundestag im Bereich seiner Kontrollfunktion?

Der Bundestag hat im Bereich seiner **Kontrollfunktion** folgende wesentliche Zuständigkeiten:

- das Recht, die Anwesenheit jedes Mitgliedes der Bundesregierung zu verlangen (**Zitierrecht**; Art. 43 Abs. 1 GG)
- das Recht, Anfragen an die Bundesregierung zu richten (**Interpellationsrecht**; abgeleitet aus Art. 43 Abs. 1 GG, siehe §§ 100 bis 105 GO-BT)

- das Recht und auf Antrag eines Viertels seiner Mitglieder die Pflicht, einen Untersuchungsausschuss einzusetzen (**Enqueterecht**; Art. 44, 45a Abs. 2 GG)
- das Recht, einen **Wehrbeauftragten zu berufen** (Art. 45b GG)
- das Recht, einen **Petitionsausschuss zu bestellen**, dem nach dem Gesetz über die Befugnisse des Petitionsausschusses des Deutschen Bundestages u. a. gegenüber der Bundesregierung und den Bundesbehörden das Recht auf Aktenvorlage, Auskunft und Zutritt zu deren Einrichtungen eingeräumt wird. Außerdem hat der Petitionsausschuss das Recht, Petenten, Zeugen und Sachverständige anzuhören (Art. 17, 45c GG)
- das Recht der **Genehmigung von Staatsverträgen** (Art. 59 Abs. 2 GG)
- das Recht, den **Bundespräsidenten** beim Bundesverfassungsgericht wegen vorsätzlicher Verletzung des Grundgesetzes oder eines Bundesgesetzes **anzuklagen** (Art. 61 Abs. 1 GG)
- das Recht, die Entlassung des Bundeskanzlers durch die Wahl eines Nachfolgers herbeizuführen (**Konstruktives Misstrauensvotum**; Art. 67 Abs. 1 Satz 2 GG)
- das Recht, über einen Antrag des Bundeskanzlers zu entscheiden, ihm das Vertrauen auszusprechen (**Vertrauensfrage**; Art. 68 Abs. 1 GG)
- das Recht, den Haushaltsplan des Bundes durch das Haushaltsgesetz festzustellen (**Budgetrecht**; Art. 110 Abs. 2 GG)
- das Recht der **Rechnungskontrolle** (Art. 114 Abs. 1 GG).

32. Wie sind die Mitwirkungsbefugnisse des Bundestages in Angelegenheiten der Europäischen Union geregelt?

Die Mitwirkungsbefugnisse des Bundestages in Angelegenheiten der Europäischen Union (EU) ist in dem im Jahre 1992 neu gefassten Artikel 23 Abs. 2 und 3 des Grundgesetzes (GG) näher konkretisiert. Danach hat die **Bundesregierung** den **Bundestag in Angelegenheiten der EU** umfassend und zum frühestmöglichen Zeitpunkt **zu unterrichten** und ihm **Gelegenheit zur Stellungnahme** vor ihrer Mitwirkung an Rechtsetzungsakten der EU **zu geben**; wobei die Bundesregierung die Stellungnahmen des Bundestages bei den Verhandlungen berücksichtigt.

Außerdem sieht der ebenfalls im Jahre 1992 in das GG eingefügte Artikel 45 die Bestellung eines **Ausschusses für die Angelegenheiten der EU** durch den Bundestag vor. Der Bundestag kann den Ausschuss ermächtigen, die Rechte des Bundestages gemäß Artikel 23 GG gegenüber der Bundesregierung wahrzunehmen. Näheres hierzu und zur Beteiligung des Bundestages in Angelegenheiten der EU ist im Gesetz über die Zusammenarbeit von Bundesregierung und Deutschem Bundestag in Angelegenheiten der EU geregelt. Der Bundestag kann den Ausschuss für die Angelegenheiten der EU auch zur Wahrnehmung seiner direkten Mitwirkungsrechte gegenüber den Organen der EU ermächtigen, die durch den Vertrag von Lissabon den nationalen Parlamenten erstmals eingeräumt worden sind. Hierzu wurde durch das Gesetz zur Änderung des Grundgesetzes (GG) vom 8. Oktober 2008 eine entsprechende Ergänzung des Artikels

45 des GG vorgenommen, die mit Inkrafttreten des Vertrags von Lissabon am 1. Dezember 2009 in Kraft trat. Die Einzelheiten sind im Gesetz über die Wahrnehmung der Integrationsverantwortung des Bundestages und des Bundesrates in Angelegenheiten der Europäischen Union (**Integrationsverantwortungsgesetz** – IntVG) festgelegt.

Im Übrigen wird in Artikel 8 des Protokolls (Nr. 2) **über die Anwendung der Grundsätze der Subsidiarität und der Verhältnismäßigkeit**, das dem Vertrag über die Europäische Union (EUV) und dem Vertrag über die Arbeitsweise der Europäischen Union (AEUV) in der Fassung des am 1. Dezember 2009 in Kraft getretenen Vertrages von Lissabon beigefügt ist, den nationalen Parlamenten erstmals das Recht eingeräumt, wegen Verstoßes eines Gesetzgebungsakts der EU gegen das Subsidiaritätsprinzip Klage vor dem Gerichtshof der EU zu erheben (sog. Subsidiaritätsklage). Die verfassungsrechtliche Grundlage für die Befugnis des Bundestages und des Bundesrates zur Erhebung der Subsidiaritätsklage ist durch die mit dem Gesetz zur Änderung des GG vom 8. Oktober 2008 vorgenommene Einfügung eines Absatzes 1a in Artikel 23 des GG geschaffen worden, wobei diese Grundgesetzänderung jedoch erst mit Inkrafttreten des Vertrags von Lissabon in Kraft trat. Die Einzelheiten zur Subsidiaritätsklage sind in § 12 des Integrationsverantwortungsgesetzes (IntVG) geregelt.

33. Welche wesentlichen sonstigen Funktionen hat der Bundestag?

Zu den wesentlichen **sonstigen Funktionen** des Bundestages gehören:

- das Recht der Wahlprüfung bei der Bundestagswahl (Art. 41 GG)
- das Recht, den Amtseid des Bundespräsidenten bei seinem Amtsantritt zusammen mit dem Bundesrat entgegenzunehmen (Art. 56 GG)
- das Recht, die Feststellung zu treffen, dass der Spannungsfall eingetreten ist (Art. 80a GG)
- das Recht, Richteranklage beim Bundesverfassungsgericht zu erheben (Art. 98 Abs. 2 GG)
- das Recht, mit Zustimmung des Bundesrates die Feststellung zu treffen, dass der Verteidigungsfall eingetreten ist (Art. 115a GG).

34. Wie ist die Beteiligung des Bundestages bei der Entscheidung über den Einsatz bewaffneter deutscher Streitkräfte im Ausland geregelt?

Form und Ausmaß der **Beteiligung des Bundestages beim Einsatz bewaffneter deutscher Streitkräfte im Ausland** sind im Gesetz über die parlamentarische Beteiligung bei der Entscheidung über den Einsatz bewaffneter Streitkräfte im Ausland (**Parlamentsbeteiligungsgesetz**) **geregelt**. Danach übersendet die Bundesregierung dem Bundestag den Antrag auf Zustimmung zum Einsatz der Streitkräfte rechtzeitig vor Beginn des Einsatzes (§ 3 Abs. 1 Parlamentsbeteiligungsgesetz). Der Bundestag kann dem Antrag zustimmen oder ihn ablehnen; Änderungen des Antrages sind nicht zulässig (§ 3 Abs. 3 Parlamentsbeteiligungsgesetz). Bei Einsätzen von geringer Intensität und Tragweite kann die Zustimmung in einem vereinfachten Verfahren erteilt werden (§ 4 Parlamentsbeteiligungsgesetz). Einsätze bei Gefahr im Verzug, die keinen Aufschub dulden, bedürfen keiner vorherigen Zustimmung des Bundestages. Gleiches gilt für Einsätze zur Rettung von Menschen aus besonderen Gefahrenlagen, solange durch die öffentliche Befassung des Bundestages das Leben der zu rettenden Menschen gefährdet würde. Der Bundestag ist vor Beginn und während des Einsatzes in geeigneter Weise zu unterrichten. Der Antrag auf Zustimmung zum Einsatz ist unverzüglich nachzuholen. Lehnt der Bundestag den Einsatz ab, ist der Einsatz zu beenden (§ 5 Parlamentsbeteiligungsgesetz). Der Bundestag kann die Zustimmung zu einem Einsatz bewaffneter Streitkräfte widerrufen (Rückholrecht, § 8 Parlamentsbeteiligungsgesetz).

35. Unter welchen Voraussetzungen kann der Bundestag aufgelöst werden?

Dem Bundestag steht nach dem Grundgesetz (GG) nicht das Recht zu, sich durch Beschluss vor Ablauf der Wahlperiode selbst aufzulösen. Nach dem GG kann der **Bundespräsident den Bundestag** nur in den folgenden zwei Fällen **auflösen**, wenn

- im letzten Wahlgang der Bundeskanzlerwahl nicht die erforderliche absolute Mehrheit erreicht worden ist (Art. 63 Abs. 4 GG)
- ein Antrag des Bundeskanzlers, ihm das Vertrauen auszusprechen, nicht die absolute Mehrheit fand und der Bundeskanzler dem Bundespräsidenten vorschlägt, den Bundestag aufzulösen und der Bundestag nicht mit absoluter Mehrheit einen anderen Bundeskanzler wählt (Art. 68 Abs. 1 GG).

36. Welche wesentlichen Aufgaben und Zuständigkeiten hat der Bundestagspräsident?

Der **Bundestagspräsident**

- vertritt den Bundestag und regelt seine Geschäfte
- wahrt die Würde und die Rechte des Bundestages, fördert seine Arbeiten, leitet die Verhandlungen/Sitzungen gerecht und unparteiisch und wahrt die Ordnung im Hause
- hat beratende Stimme in allen Ausschüssen
- beruft den Ältestenrat ein, der den Präsidenten bei der Führung der Geschäfte unterstützt und insbesondere eine Verständigung zwischen den Fraktionen über den Arbeitsplan des Bundestages herbeiführt und grundsätzlich den Termin und die Tagesordnung jeder Sitzung des Bundestages vereinbart
- übt das Hausrecht und die Polizeigewalt im Gelände des Bundestages aus; ohne seine Genehmigung darf in den Räumen des Bundestages keine Durchsuchung oder Beschlagnahme stattfinden (Art. 40 Abs. 2 GG)
- erlässt im Einvernehmen mit dem Ausschuss für Wahlprüfung, Immunität und Geschäftsordnung eine Hausordnung
- schließt im Benehmen mit seinen Stellvertretern die Verträge, die für die Bundestagsverwaltung von erheblicher Bedeutung sind

- ist die oberste Dienstbehörde der Bundestagsbeamten
- ernennt und stellt die Bundestagsbeamten nach den gesetzlichen und allgemeinen Verwaltungsvorschriften ein und versetzt sie in den Ruhestand bzw. stellt die nichtbeamteten Bediensteten des Bundestags ein und entlässt sie (§§ 6, 7 GO-BT).

In der konstituierenden Sitzung der 19. Wahlperiode des Bundestages am 24. Oktober 2017 wurde zum Präsidenten des Bundestages der Bundestagsabgeordnete Wolfgang Schäuble gewählt.

37. Welche Aufgaben haben die Bundestagsausschüsse?

Den **Ausschüssen des Bundestages** obliegt die **Vorbereitung der Plenarsitzungen.** Für bestimmte Aufgaben und für die gesamte Wahlperiode setzt der Bundestag **ständige Ausschüsse** ein, wie z. B. den Innenausschuss oder den Haushaltsausschuss (§ 54 Satz 1 GO-BT). Vom Grundgesetz (GG) vorgeschrieben sind die Ausschüsse für Angelgenheiten der Europäischen Union (Art. 45 GG), für auswärtige Angelegenheiten und für Verteidigung (Art. 45a GG) sowie der Petitionsausschuss (Art. 45c GG).

Eine besondere Stellung und Funktion unter den Ausschüssen haben die **Untersuchungsausschüsse**. Deren Aufgabe ist es, bestimmte Vorgänge aufzuklären, damit der Bundestag aufgrund des Untersuchungsergebnisses in der Lage ist, an den beteiligten Regierungsorganen Kritik zu üben und Maßnahmen zu beschließen, damit sich solche Vorkommnisse nicht wiederholen. Untersuchungsausschüsse werden von Fall zu Fall eingesetzt, wobei der Antrag eines Viertels der Mitglieder des Bundestages ausreicht (Art. 44 Abs. 1, 45a Abs. 2 GG). Das Untersuchungsverfahren bestimmt sich nach dem Gesetz zur Regelung des Rechts der Untersuchungsausschüsse des Deutschen Bundestages (**Untersuchungsausschussgesetz**).

Darüber hinaus kann der Bundestag für einzelne Angelegenheiten (z. B. zur Beratung besonders umfangreicher oder langwieriger Gesetzesvorhaben) **Sonderausschüsse** einsetzen (§ 54 Satz 2 GO-BT). Außerdem kann der Bundestag zur Vorbereitung von Entscheidungen über umfangreiche und bedeutsame Sachkomplexe eine **Enquete-Kommission** einsetzen (§ 56 GO-BT). Dies ist in der Vergangenheit z. B. zu den Sachkomplexen „Verfassungsreform" und „Schutz der Erdatmosphäre" geschehen.

4.2 Der Bundesrat

1. Welche staatsrechtliche Stellung hat der Bundesrat?

Der **Bundesrat** ist ein Verfassungsorgan des Bundes, durch den die **Länder** bei der Bundesgesetzgebung, der Bundesverwaltung und in Angelegenheiten der Europäischen Union mitwirken (Art. 50 GG).

2. Wie ist der Bundesrat zusammengesetzt?

Die Zusammensetzung des Bundesrates und die Verteilung der Stimmen sind in Artikel 51 des Grundgesetzes (GG) geregelt. Danach besteht der **Bundesrat** aus **Mitgliedern der Regierungen der Länder**, die sie bestellen und abberufen (Art. 51 Abs. 1 Satz 1 GG). Die Mitglieder der Landesregierung, die nicht zu ordentlichen Mitgliedern des Bundesrates bestellt werden, können diese bei Verhinderung vertreten (Art. 51 Abs. 1 Satz 2 GG). Wer Mitglied der Landesregierung ist, ergibt sich aus der jeweiligen Landesverfassung.

Die **Ländervertreter im Bundesrat** sind an die Weisungen ihrer Regierung gebunden, sie haben also ein **imperatives Mandat**. Für sie gibt es keine Amtsperiode, da sie nicht gewählt, sondern durch Mehrheitsbeschluss der Landesregierung zum Bundesratsmitglied bestellt werden. Mit ihrem Ausscheiden aus der Landesregierung scheiden sie automatisch auch aus dem Bundesrat aus. Der Bundesrat ist somit ein **ständiges Verfassungsorgan**, da er keine Wahl- oder Amtsperiode hat.

3. Wonach bemisst sich die Stimmenzahl der Länder im Bundesrat?

Die **Stimmenzahl jedes Landes** im Bundesrat richtet sich nach seiner **Einwohnerzahl**, wobei jedes Land mindestens drei Stimmen hat. Länder mit mehr als zwei Millionen Einwohnern haben vier, Länder mit mehr als sechs Millionen Einwohnern haben fünf und Länder mit mehr als sieben Millionen Einwohnern haben sechs Stimmen (Art. 51 Abs. 2 GG). Die Stimmen eines Landes können nur einheitlich und nur durch anwesende Mitglieder oder deren Vertreter abgegeben werden (Art. 51 Abs. 3 GG). Dies bedeutet, dass alle Länder nur eine Stimme besitzen, wobei diese Stimme jedoch einen unterschiedlichen Zählwert hat, der sich nach der Einwohnerzahl des jeweiligen Landes bemisst.

Der **Bundesrat** hat derzeit insgesamt **69 Mitglieder**. Aus dem nachstehenden Schaubild sind die auf die einzelnen Länder entfallenden Stimmen im Bundesrat zu ersehen, ergänzt um Angaben zu den Regierungschefs und den Regierungsparteien (Stand: 1. März 2018) sowie der Einwohnerzahl.

---

[1] Quelle: Statistisches Bundesamt (Stand: 31.12.2015)

Land	Regierungschef	Regierungspartei	Stimmen im Bundesrat	Einwohner in Mio.[1]
Baden-Württemberg	Winfried Kretschmann (Grüne)	Bündnis 90/Die Grünen und CDU	6	10.951.893
Bayern	Horst Seehofer (CSU)	CSU	6	12.930.751
Berlin	Michael Müller (SPD)	SPD, Linke und Bündnis 90/Die Grünen	4	3.574.830
Brandenburg	Dietmar Woidke (SPD)	SPD und Linke	4	2.494.648
Bremen	Carsten Sieling (SPD)	SPD und Bündnis 90/Die Grünen	3	678.753
Hamburg	Olaf Scholz (SPD)	SPD	3	1.810.438
Hessen	Volker Bouffier (CDU)	CDU und Bündnis 90/Die Grünen	5	6.213.088
Mecklenburg-Vorpommern	Manuela Schwesig (SPD)	SPD und CDU	3	1.610.674
Niedersachsen	Stephan Weil (SPD)	SPD und CDU	6	7.945.685
Nordrhein-Westfalen	Armin Laschet (CDU)	CDU und FDP	6	17.890.100
Rheinland-Pfalz	Marie-Luise (Malu) Dreyer (SPD)	SPD, FDP und Bündnis 90/Die Grünen	4	4.066.053
Saarland	Tobias Hans (CDU)	CDU und SPD	3	996.651
Sachsen	Michael Kretschmer (CDU)	CDU und SPD	4	4.081.783
Sachsen-Anhalt	Reiner Haseloff (CDU)	CDU und SPD	4	2.236.252
Schleswig-Holstein	Daniel Günther (CDU)	CDU, Bündnis 90/Die Grünen und FDP	4	2.881.926
Thüringen	Bodo Ramelow (Linke)	Linke, SPD und Bündnis 90/Die Grünen	4	2.158.128

4. Was sind die wesentlichsten Organe des Bundesrates?

Die innere Organisation und die Arbeitsweise des Bundesrates bestimmt sich nach dem Grundgesetz (GG) und nach der Geschäftsordnung des Bundesrates (GO-BR). Der

1 Quelle: Statistisches Bundesamt (Stand: 31.12.2016)

Bundesrat besitzt ähnlich wie der Bundestag das **Recht der Autonomie**, das heißt er hat die Befugnis, seine Angelegenheiten selbst zu ordnen.

Der **Bundesrat** hat im Wesentlichen folgende **Organe:**

- Das **Plenum**, dies ist die Vollversammlung des Bundesrates. Ihm gehören als ordentliche Mitglieder jeweils so viele Mitglieder einer Landesregierung an, wie das Land Stimmen hat. Das Plenum tagt regelmäßig am Freitag in einem Abstand von etwa drei Wochen.
- Der **Präsident** und seine **drei Vizepräsidenten**, die zusammen das **Präsidium** bilden (§ 8 Abs. 1 GO-BR). Nach Artikel 52 Abs. 1 des GG wird der Präsident auf ein Jahr gewählt, wobei in der Präsidentschaft aufgrund einer internen Vereinbarung der Regierungschefs der Länder vom 30. August 1950, die nach dem Tagungsort auch als „Königsteiner Abkommen" bezeichnet wird, ein turnusmäßiger Wechsel eintritt, beginnend mit Nordrhein-Westfalen als dem Land mit der größten Einwohnerzahl und endend bei Bremen als dem einwohnerschwächsten Land. Die Vizepräsidenten, die den Präsidenten bei der Erledigung seiner Aufgaben beraten und ihn bei seiner Verhinderung oder der vorzeitigen Beendigung seines Amtes vertreten, werden ebenfalls nach einer bestimmten Reihenfolge gewählt. Außerdem besteht beim Präsidium ein **ständiger Beirat**, dem die Bevollmächtigten der Länder angehören. Er berät und unterstützt das Präsidium bei der Vorbereitung der Sitzungen und der Führung der Verwaltungsgeschäfte des Bundesrates und hält die Verbindung zur Bundesregierung mit aufrecht (§ 9 GO-BR).
- Die **Europakammer**, die für die Wahrnehmung der Mitwirkungsrechte des Bundesrates in Angelegenheiten der EU zuständig ist. Die Beschlüsse der Europakammer gelten als Beschlüsse des Bundesrates (Art. 52 Abs. 3a GG).
- Die **Ausschüsse**, die der Vorbereitung der Verhandlungen im Plenum des Bundesrates dienen. Für bestimmte Aufgaben setzt der Bundesrat **ständige Ausschüsse** ein, z. B. den Finanzausschuss und den Rechtsausschuss. Daneben kann er für besondere Angelegenheiten weitere Ausschüsse einsetzen. Von besonderer Bedeutung für die Tätigkeit der Ausschüsse ist, dass sich die Mitglieder des Bundesrates durch Beauftragte ihrer Regierung vertreten lassen können (Art. 52 Abs. 4 GG). In der Regel nehmen als vollstimmberechtigte Ausschussmitglieder an den Ausschusssitzungen Beamte der jeweiligen Länder teil.

5. Wann ist der Bundesrat beschlussfähig und mit welcher Mehrheit fasst er seine Beschlüsse?

Der **Bundesrat** ist **beschlussfähig**, wenn **mehr als die Hälfte seiner Stimmen** vertreten ist (§ 28 GO-BR).

Der **Bundesrat** fasst seine **Beschlüsse** grundsätzlich mit **absoluter Mehrheit**, das heißt mit mindestens der Mehrheit seiner Stimmen (Art. 52 Abs. 3 Satz 1 GG). Bei derzeit 69 stimmberechtigten Mitgliedern sind also mindestens **35 Stimmen** für einen Beschluss notwendig. Für die Erteilung der Zustimmung bei Gesetzen zur Änderung des Grundgesetzes (Art. 79 Abs. 2 GG) und für die Beschlussfassung auf Erhebung der Anklage des Bundespräsidenten vor dem Bundesverfassungsgericht (Art. 61 Abs. 1 GG) ist eine absolute (qualifizierte) Zweidrittelmehrheit erforderlich.

6. Welche wesentlichen Aufgaben und Zuständigkeiten hat der Bundesrat?

Der **Bundesrat** hat folgende wesentlichen Aufgaben und Befugnisse:

- das Recht, bei der **Bundesgesetzgebung**, der **Bundesverwaltung** und in **Angelegenheiten der Europäischen Union** mitzuwirken (Art. 50 GG)
- das Recht, Gesetzesvorlagen beim Bundestag einzubringen (**Initiativrecht**; Art. 76 Abs. 1 GG)
- das Recht, bei Grundgesetzänderungen und bei Zustimmungsgesetzen das Zustandekommen eines Gesetzes endgültig zu verhindern (**absolutes Vetorecht**; Art. 78, 79 GG)
- das Recht, bei nicht zustimmungsbedürftigen Gesetzen Einspruch einzulegen (**Einspruchsrecht**; Art. 77 Abs. 3 GG)
- das Recht auf Zutritt zu allen Sitzungen des Bundestages und seiner Ausschüsse (**Zutrittsrecht**; Art. 43 Abs. 2 GG)
- das Recht, die **Hälfte der Mitglieder des Bundesverfassungsgerichts zu wählen** (Art. 94 Abs. 1 GG)
- das Recht, den **Amtseid des Bundespräsidenten** bei seinem Amtsantritt zusammen mit dem Bundestag **entgegenzunehmen** (Art. 56 GG)
- das Recht, den **Bundespräsidenten** wegen vorsätzlicher Verletzung des Grundgesetzes oder eines anderen Bundesgesetzes vor dem **Bundesverfassungsgericht anzuklagen** (Art. 61 Abs. 1 GG)
- das Recht der **Rechnungskontrolle** (Art. 114 GG)
- das Recht, jeweils für ein Jahr aus seiner Mitte den **Bundesratspräsidenten zu wählen** (Art. 52 Abs. 1 GG).

4.3 Der Gemeinsame Ausschuss

1. Welche staatsrechtliche Stellung hat der Gemeinsame Ausschuss?

Der **Gemeinsame Ausschuss** – auch als **Notparlament** bezeichnet – ist ein Verfassungsorgan, das im Verteidigungsfall bei Verhinderung des Bundestages die Aufgaben von Bundestag und Bundesrat wahrnimmt (Art. 53a, 115e GG).

2. Wie ist der Gemeinsame Ausschuss zusammengesetzt?

Dem **Gemeinsamen Ausschuss** gehören **48 Mitglieder** an, 32 Abgeordnete des Bundestages, die entsprechend dem Stärkeverhältnis der Fraktionen bestimmt werden und nicht der Bundesregierung angehören dürfen, sowie 16 Mitglieder (aus jedem Land ein Mitglied) des Bundesrates. Für die Mitglieder des Gemeinsamen Ausschusses werden aus den Mitgliedern des Bundestages und des Bundesrates in gleicher Zahl Stellvertreter bestellt.

Vorsitzender des Gemeinsamen Ausschusses ist der **Präsident des Bundestages**, der von Amts wegen Mitglied des Gemeinsamen Ausschusses ist und der Fraktion zugerechnet wird, der er angehört.

Die Einzelheiten über die Bildung des Gemeinsamen Ausschusses und sein Verfahren sind in der gemäß Artikel 53a Abs. 1 des Grundgesetzes (GG) vom Bundestage mit Zustimmung des Bundesrates erlassenen Geschäftsordnung geregelt.

3. Wann ist der Gemeinsame Ausschuss beschlussfähig und mit welcher Mehrheit fasst er seine Beschlüsse?

Der **Gemeinsame Ausschuss** ist **beschlussfähig**, wenn **mehr als die Hälfte der Mitglieder** oder der Stellvertreter **anwesend** ist. Er fasst seine Beschlüsse in der Regel mit der Mehrheit der abgegebenen Stimmen (einfache bzw. relative Mehrheit), soweit nicht das Grundgesetz (GG) etwas anderes bestimmt.

4. Welche wesentlichen Aufgaben und Befugnisse hat der Gemeinsame Ausschuss?

Der **Gemeinsame Ausschuss** hat nach dem Grundgesetz (GG) folgende wesentlichen **Aufgaben und Befugnisse:**

- das Recht, von der Bundesregierung über die **Planung für den Verteidigungsfall unterrichtet** zu werden (Art. 53a Abs. 2 GG)
- das Recht, den **Verteidigungsfall festzustellen**, wenn dem rechtzeitigen Zusammentritt des Bundestages unüberwindliche Hindernisse entgegenstehen oder er nicht beschlussfähig ist (Art. 115a Abs. 2 GG)
- das Recht, die **Rechte von Bundestag und Bundesrat einheitlich wahrzunehmen**, wenn nach Feststellung des Verteidigungsfalles dem rechtzeitigen Zusammentritt des Bundestages unüberwindliche Hindernisse entgegenstehen oder er nicht beschlussfähig ist. Dies gilt nicht für Grundgesetzänderungen sowie für Gesetze zur Übertragung von Hoheitsrechten auf die Europäische Union oder zwischenstaatliche Einrichtungen und für Gesetze zur Neugliederung des Bundesgebietes (Art. 115e Abs. 1 und 2 GG)
- das Recht, einen **neuen Bundeskanzler zu wählen**, wenn während des Verteidigungsfalles eine Neuwahl des Bundeskanzlers durch den Gemeinsamen Ausschuss erforderlich wird (Art. 115h Abs. 2 GG).

4.4 Der Bundespräsident und die Bundesversammlung

1. Wie heißen die Bundespräsidenten der Bundesrepublik Deutschland?

Name	Partei	Amtszeit
Theodor Heuss	FDP	13.09.1949 - 12.09.1959
Heinrich Lübke	CDU	13.09.1959 - 30.06.1969
Gustav Heinemann	SPD	01.07.1969 - 30.06.1974
Walter Scheel	FDP	01.07.1974 - 30.06.1979
Karl Carstens	CDU	01.07.1979 - 30.06.1984
Richard von Weizsäcker	CDU	01.07.1984 - 30.06.1994
Roman Herzog	CDU	01.07.1994 - 30.06.1999
Johannes Rau	SPD	01.07.1999 - 30.06.2004
Horst Köhler	CDU	01.07.2004 - 31.05.2010
Christian Wulff	CDU	02.07.2010 - 17.02.2012
Joachim Gauck	Parteilos	18.03.2012 - 18.03.2017
Frank-Walter Steinmeier	SPD	seit 19.03.2017

2. Welche verfassungsrechtliche Stellung hat der Bundespräsident?

Der **Bundespräsident repräsentiert** als Staatsoberhaupt die **Bundesrepublik Deutschland** nach außen. Er hat aber nicht die Macht, die man allgemein einem Verfassungsorgan mit dieser Stellung zuschreibt. Vom Grundgesetz (GG) sind seine Befugnisse aus der Erkenntnis der verhängnisvollen Rolle des mit Machtfülle ausgestatteten Amtes des Reichspräsidenten der Weimarer Republik bewusst zugunsten der Zuständigkeiten der Bundesregierung stark eingeschränkt worden. So hat der Bundespräsident weitgehend repräsentative Aufgaben und übt als parteipolitische neutrale Kraft eine ausgleichende Wirkung auf das politische Geschehen aus. Diese strikte **Inkompatibilität**, das heißt die Unvereinbarkeit von zwei verschiedenen Funktionen, sieht der Artikel 55 des GG für den Bundespräsidenten ausdrücklich vor.

Der **Bundespräsident** ist für die **Politik nicht verantwortlich**. Alle Anordnungen und Verfügungen des Bundespräsidenten bedürfen zu ihrer Gültigkeit der **Gegenzeichnung durch den Bundeskanzler** oder **den zuständigen Bundesminister** (Art. 58 Satz 1 GG). Dadurch übernimmt der Gegenzeichnende die politische Verantwortung für alle Maßnahmen des Bundespräsidenten gegenüber dem Parlament. Eine **Gegenzeichnung ist nicht erforderlich**,

- wenn er dem Bundestag einen Kandidaten für die Wahl zum Bundeskanzler vorschlägt
- für die Ernennung und Entlassung des Bundeskanzlers
- für die Auflösung des Bundestages
- bei dem Ersuchen an den entlassenen Bundeskanzler oder einen Bundesminister, die Geschäfte bis zur Ernennung eines Nachfolgers fortzuführen (Art. 58 Satz 2 GG).

3. Welches Gremium wählt den Bundespräsident und wie setzt sich dieses Gremium zusammen?

Der **Bundespräsident** wird von der **Bundesversammlung** gewählt. Diese setzt sich zusammen aus den **Mitgliedern des Bundestages** und ebenso vielen **Mitgliedern**, die **von den Landtagen** nach den Grundsätzen der Verhältniswahl **gewählt** werden. Von den Volksvertretungen der Länder können auch Personen gewählt werden, die nicht Abgeordnete eines Landesparlamentes sind, z. B. Künstler und Sportler, aber auch einfache Bürger. Die Bundesversammlung wird vom Präsidenten des Bundestages einberufen und tritt spätestens 30 Tage vor Ablauf der Amtszeit des Bundespräsidenten zusammen, bei vorzeitiger Beendigung des Amtes spätestens 30 Tage nach diesem Zeitpunkt. Den **Vorsitz** in der **Bundesversammlung** führt der **Bundestagspräsident**.

Einzige **Aufgabe** der Bundesversammlung ist es, den **Bundespräsidenten zu wählen**. Nach der Wahl des Bundespräsidenten löst sich die Bundesversammlung wieder auf (Art. 54 GG).

4. Für welchen Zeitraum wird der Bundespräsident gewählt und welche Voraussetzungen bestehen hinsichtlich der Wählbarkeit?

Der **Bundespräsident** wird ohne Aussprache von der **Bundesversammlung** auf die Dauer von **fünf Jahren gewählt**. Anschließende Wiederwahl ist nur einmal zulässig. Gewählt ist, wer die Stimmen der Mehrheit der Mitglieder der Bundesversammlung erhält. Wird diese Mehrheit in zwei Wahlgängen von keinem Bewerber erreicht, so ist gewählt, wer in einem weiteren Wahlgang die meisten Stimmen auf sich vereinigt (Art. 54 GG). Wahlvorschläge für die Wahl des Bundespräsidenten kann jedes Mitglied der Bundesversammlung beim Präsidenten des Bundestages schriftlich einreichen. Für den zweiten und dritten Wahlgang können neue Wahlvorschläge eingebracht werden (§ 9 Abs. 1 des Gesetzes über die Wahl des Bundespräsidenten und die Bundesversammlung).

Wählbar ist **jeder Deutsche** im Sinne des Artikels 116 des Grundgesetzes (GG), der das **aktive Wahlrecht** zum Bundestag besitzt, und das **40. Lebensjahr** vollendet hat (Art. 54 Abs. 1 Satz 2 GG). Außerdem darf er nicht bereits zweimal hintereinander Bundespräsident gewesen sein (Art. 54 Abs. 2 Satz 2 GG).

5. Welche wesentlichen Aufgaben und Zuständigkeiten hat der Bundespräsident?

Der **Bundespräsident**

- kann die Einberufung des Bundestages verlangen (Art. 39 Abs. 3 GG)
- vertritt die Bundesrepublik Deutschland völkerrechtlich (Art. 59 Abs. 1 Satz 1 GG)
- schließt im Namen des Bundes die Verträge mit auswärtigen Staaten (Art. 59 Abs. 1 Satz 2 GG)
- beglaubigt die eigenen Gesandten (Botschafter) und empfängt die ausländischen Gesandten (Art. 59 Abs. 1 Satz 3 GG)

- ernennt und entlässt die Bundesrichter, die Bundesbeamten, die Offiziere und Unteroffiziere, soweit gesetzlich nichts anderes bestimmt ist (Art. 60 Abs. 1 GG)
- übt im Einzelfall das Begnadigungsrecht für den Bund aus (Art. 60 Abs. 2 GG)
- schlägt dem Bundestag den Bundeskanzler zur Wahl vor (Art. 63 Abs. 1 GG)
- ernennt den Bundeskanzler nach erfolgter Wahl (Art. 63 Abs. 2 GG)
- kann den Bundestag auflösen, wenn dieser nicht mit der Mehrheit seiner Mitglieder einen Bundeskanzler wählt (Art. 63 Abs. 4 Satz 3 GG) oder wenn ein Vertrauensantrag des Bundeskanzlers nicht die Zustimmung der Mehrheit der Mitglieder des Bundestages findet (Art. 68 Abs. 1 GG)
- ernennt und entlässt auf Vorschlag des Bundeskanzlers die Bundesminister (Art. 64 Abs. 1 GG)
- genehmigt die Geschäftsordnung der Bundesregierung und etwaige Änderung (Art. 65 Satz 4 GG)
- kann den Bundeskanzler oder einen Bundesminister verpflichten, die Geschäfte bis zur Ernennung eines Nachfolgers fortzuführen (Art. 69 Abs. 3 GG)
- kann für einen Gesetzesvorschlag der Bundesregierung den Gesetzgebungsnotstand mit Zustimmung des Bundesrates erklären und ihn dadurch gegen den Willen des Bundestages in Kraft setzen (Art. 81 Abs. 1 Satz 1 GG)
- fertigt die Gesetze aus und verkündet sie im Bundesgesetzblatt (Art. 82 Abs. 1 GG)
- verkündet den Beschluss des Bundestages oder des Gemeinsamen Ausschusses von Bundestag und Bundesrat, dass der Verteidigungsfall eingetreten ist (Art. 115a Abs. 3 GG)
- verkündet den Beschluss des Bundestages über die Beendigung des Verteidigungsfalles (Art. 115 Abs. 2 GG).

6. Wie kann die Amtszeit des Bundespräsidenten enden?

Die **Amtszeit des Bundespräsidenten endet** in der Regel mit Ablauf der fünfjährigen Amtszeit. Eine anschließende Wiederwahl ist nur einmal möglich. Daneben kann die Amtszeit des Bundespräsidenten auch durch Amtsniederlegung, Tod oder Aberkennung des Amtes durch das Bundesverfassungsgericht im Wege der sogenannten Präsidentenanklage (Antrag auf Erhebung der Anklage muss vom Bundestag oder Bundesrat gestellt werden) enden (Art. 61 GG).

7. Durch wen wird der Bundespräsident vertreten?

Die Befugnisse des Bundespräsidenten werden im Falle seiner Verhinderung oder bei vorzeitiger Beendigung des Amtes durch den **Präsidenten des Bundesrates** wahrgenommen (Art. 57 GG).

4.5 Die Bundesregierung

1. Welche staatsrechtliche Stellung hat die Bundesregierung und wie setzt sie sich zusammen?

Die **Bundesregierung** (Kabinett) ist das **kollegial gebildete Verfassungsorgan** des Bundes.

Die Bundesregierung besteht aus dem **Bundeskanzler** und den **Bundesministern** (Art. 62 GG), die zusammen unter dem Vorsitz des Bundeskanzlers das Bundeskabinett bilden. Der Bundesregierung obliegt die oberste Führung und Leitung der inneren und äußeren Politik der Bundesrepublik Deutschland.

2. Wer ist wählbar zum Bundeskanzler der Bundesrepublik Deutschland?

Wählbar zum Bundeskanzler ist jeder volljährige Deutsche, der das aktive und passive Wahlrecht zum Deutschen Bundestag besitzt (§§ 12 ff. Bundeswahlgesetz – BWG). Nicht erforderlich ist es, Mitglied des Bundestages zu sein.

3. Wie heißen die Bundeskanzler der Bundesrepublik Deutschland?

Name	Partei	Amtszeit
Konrad Adenauer	CDU	15.09.1949 - 16.10.1963
Ludwig Erhard	CDU	16.10.1963 - 01.12.1966
Kurt Georg Kiesinger	CDU	01.12.1966 - 21.10.1969
Willy Brandt	SPD	21.10.1969 - 16.05.1974
Helmut Schmidt	SPD	16.05.1974 - 01.10.1982
Helmut Kohl	CDU	01.10.1982 - 27.10.1998
Gerhard Schröder	SPD	27.10.1998 - 22.11.2005
Angela Merkel	CDU	seit 22.11.2005

4. Wie wird der Bundeskanzler gewählt?

Nach der Neuwahl des Bundestages finden in der politischen Praxis in der Regel Verhandlungen zwischen zwei oder mehreren im Bundestag vertretenen Parteien statt, die über die Mehrheit der Abgeordneten verfügen. Kommt es bei den Verhandlungen dieser Parteien zu einer Vereinbarung über ein Regierungsprogramm für die neue Wahlperiode des Bundestages, findet anschließend die Wahl des Bundeskanzlers statt. Der **Bundeskanzler** wird auf Vorschlag des Bundespräsidenten vom **Bundestage ohne Aussprache gewählt** (Art. 63 Abs. 1 GG). Die Wahl findet mit verdeckten Stimmzetteln, das heißt geheim, statt (§ 4, Satz 1 i. V. m. § 49 GOBT). Erhält der Vorgeschlagene die Stimmen der Mehrheit der Mitglieder des Bundestages, also die absolute Mehrheit – auch Kanzlermehrheit genannt –, so ist er zum Bundeskanzler gewählt und muss vom Bundespräsidenten ernannt werden (Art. 63 Abs. 2 GG). Kommt auf diese Weise keine Wahl eines Bundeskanzlers zustande, so geht die Initiative für Wahlvorschläge auf den Bundestag über, der mit mehr als der Hälfte seiner Mitglieder innerhalb von 14 Tagen einen Kandidaten zum Bundeskanzler wählen kann. Innerhalb dieser Frist sind beliebig viele Wahlgänge möglich (Art. 63 Abs. 3 GG). Kommt eine Wahl innerhalb dieser Frist nicht zustande, so findet unverzüglich ein neuer Wahlgang statt, in dem gewählt ist, wer die relative Mehrheit der Stimmen (d. h. mehr Stimmen als jeder andere Mitkandidat) erhält (Art. 63 Abs. 4 Satz 1 GG). Hat der Gewählte in diesem Wahlgang jedoch die Stimmen der Mehrheit der Mitglieder des Bundestages, also die absolute Mehrheit, auf sich vereinigt, so muss der Bundespräsident ihn binnen sieben Tagen nach der Wahl ernennen (Art. 63 Abs. 4 Satz 2 GG). Erreicht der Gewählte diese Mehrheit nicht, so hat der Bundespräsident binnen sieben Tagen entweder ihn zu ernennen oder den Bundestag aufzulösen (Art. 63 Abs. 4 Satz 3 GG). Zu beachten ist, dass die Wahlvorschläge aus der Mitte des Bundestages oder einer Fraktion, die mindestens ein Viertel der Mitglieder des Bundestages umfasst, zu unterzeichnen sind (§ 4 Satz 2 GOBT).

Darüber hinaus kann ein Bundeskanzler auch durch ein sog. **konstruktives Misstrauensvotum** nach Artikel 67 des Grundgesetzes (GG) gewählt werden.

5. Wann beginnt das Amt des Bundeskanzlers?

Das **Amt des Bundeskanzlers beginnt** mit der Aushändigung der Ernennungsurkunde durch den Bundespräsidenten nach der erfolgreich abgeschlossenen Kanzlerwahl.

6. Welche wesentlichen Aufgaben hat der Bundeskanzler?

Der **Bundeskanzler**

- schlägt dem Bundespräsidenten die Ernennung und Entlassung der Minister vor (Art. 64 Abs. 1 GG)
- bestimmt die Richtlinien der Politik und trägt dafür die politische Verantwortung (Art. 65 Satz 1 GG)
- leitet die Geschäfte der Bundesregierung nach einer von ihr beschlossenen und vom Bundespräsidenten genehmigten Geschäftsordnung (Art. 65 Satz 4 GG)
- ernennt einen Bundesminister zu seinem Stellvertreter (Vizekanzler; Art. 69 Abs. 1 GG)
- übernimmt vom Verteidigungsminister mit Verkündung des Verteidigungsfalles die Befehls- und Kommandogewalt der Streitkräfte (Art. 15b GG).

7. Wie erfolgt die Auswahl und die Ernennung der Bundesminister?

Die **Bundesminister** werden auf **Vorschlag des Bundeskanzlers** vom **Bundespräsidenten ernannt** (Art. 64 Abs. 1 GG). Politisch ist der Bundeskanzler bei seinem Vorschlag an die von den die Regierung tragenden Parteien, der sog. Koalitionsregierung, im Regierungsprogramm über die Zusammensetzung der Bundesregierung getroffenen Festlegung gebunden. Die Zahl der Bundesminister und ihr Aufgabengebiet sind im Grundgesetz (GG) nicht festgelegt und wechselt je nach den fachlichen und parteipolitischen Notwendigkeiten. Über die Zahl der Ministerien hat die Bundesregierung selbst zu entscheiden. Durch das GG sind lediglich das Ministerium für Verteidigung (Art. 65a GG) und das Ministerium der Finanzen (Art. 108 Abs. 3, 112, 114 Abs. 1 GG) vorgegeben. Der Bundestag kann jedoch aufgrund seines Rechts, die Ausgaben für die Regierung zu bewilligen, Einfluss auf die Zahl der Ministerien nehmen.

8. Wann endet das Amt des Bundeskanzlers?

Das **Amt des Bundeskanzlers endet** im Regelfall mit dem **Zusammentritt eines neuen Bundestages** (Art. 69 Abs. 2 GG). Nach der Konstituierung des neuen Bundestages ist der Bundeskanzler auf Ersuchen des Bundespräsidenten jedoch verpflichtet, die Geschäfte bis zur Ernennung seines Nachfolgers, das heißt als **geschäftsführender Bundeskanzler**, weiterzuführen (Art. 69 Abs. 3 GG).

Daneben führen die **Amtsniederlegung** (Rücktritt) und der Tod des Bundeskanzlers sowie ein **erfolgreiches konstruktives Misstrauensvotum** zu einer **vorzeitigen Beendigung des Amtes** des Bundeskanzlers.

9. An welche Voraussetzungen ist ein erfolgreiches konstruktives Misstrauensvotum geknüpft?

Der Bundestag kann dem Bundeskanzler das **Misstrauen** nur dadurch aussprechen, dass er mit der Mehrheit seiner Mitglieder einen Nachfolger wählt und den Bundespräsidenten ersucht, den Bundeskanzler zu entlassen. Aus diesem Grunde wird das Verfahren als „konstruktiv“ bezeichnet (**konstruktives Misstrauensvotum**). Der Bundespräsident muss dem Ersuchen entsprechen und den Gewählten ernennen. Zwischen dem Antrag und der Wahl müssen 48 Stunden liegen (Art. 67 GG).

10. Welche Anforderungen gelten für die Vertrauensfrage?

Mit der **Vertrauensfrage** hat das Grundgesetz (GG) dem Bundeskanzler ein Mittel an die Hand gegeben, mit dem er überprüfen lassen kann, ob er noch die Zustimmung der Mehrheit der Mitglieder des Bundestages hat. Die Vertrauensfrage erfordert gemäß Artikel 68 Abs. 1 Satz 1 GG einen Antrag des Bundeskanzlers an den Bundestag, ihm das Vertrauen auszusprechen. Der Bundeskanzler kann den Antrag allgemein stellen oder mit einer Abstimmung über ein Gesetz oder eine andere Sachentscheidung des Bundestages verbinden. Er verfügt damit auch über ein Mittel, die Bundestagsabgeordneten der Regierungsfraktionen zur Geschlossenheit zu drängen, sie also politisch zu disziplinieren. Über den Antrag darf nicht vor Ablauf von 48 Stunden abgestimmt werden (Art. 68 Abs. 2 GG).

Das Bundesverfassungsgericht hat in seiner Entscheidung vom 16. Februar 1983 Grundsätze zur Vertrauensfrage aufgestellt. Danach darf ein Bundeskanzler den Weg über Artikel 68 GG nur beschreiten, wenn es politisch für ihn nicht mehr gewährleistet ist, mit den im Bundestag bestehenden Kräfteverhältnissen weiter zu regieren. Diese Kräfteverhältnisse müssen seine Handlungsfähigkeit so beeinträchtigen oder lähmen, dass er eine vom stetigen Vertrauen der Mehrheit getragene Politik nicht sinnvoll zu verfolgen vermag. Diese Rechtsgrundsätze zur Prüfung der Vertrauensfrage hat das

Bundesverfassungsgericht mit seiner Entscheidung vom 25. August 2005 fortentwickelt. Dabei hat es echte und unechte Vertrauensfragen im Ergebnis gleichgestellt. Maßstab ist vor allem der Zweck des Artikel 68 des GG, dem eine auf Auflösung des Bundestages gerichtete Vertrauensfrage des Bundeskanzlers nicht widerspricht. **Die Vertrauensfrage gehört neben dem konstruktiven Misstrauensvotum, der Minderheitsregierung, der nichtauflösungsbedingten Vertrauensfrage und dem Kanzlerrücktritt zum Instrumentarium zur Beseitigung politischer Krisen und Instabilitäten.** Für politische Organe ist jeder Weg systemkonformer Stabilisierung erlaubt. Insbesondere darf der Kanzler mit einer auflösungsgerichteten Vertrauensfrage einer weiteren Zuspitzung politischer Instabilitäten und Krisen zuvorkommen. Die zweckgerechte Anwendung des Artikels 68 GG prüft das Bundesverfassungsgericht nur in dem vom GG vorgesehenen eingeschränkten Umfang.

In der Praxis haben bisher vier Bundeskanzler die Vertrauensfrage gestellt, und zwar Willy Brandt am 20. September 1972 zur Ostpolitik, Helmut Schmidt am 5. Februar 1982 zur Wirtschaftspolitik, Helmut Kohl am 17. Dezember 1982 zum Zwecke der Herbeiführung vorzeitiger Neuwahlen und Gerhard Schröder am 13. November 2001 zum Einsatz der Bundeswehr in Afghanistan sowie am 1. Juli 2005 zum Zwecke der Herbeiführung vorzeitiger Neuwahlen.

11. Welche Schritte kann der Bundeskanzler beim Scheitern der Vertrauensfrage einleiten?

Erreicht der Bundeskanzler bei der Abstimmung über seinen nach Artikel 68 Abs. 1 Satz 1 des Grundgesetzes (GG) gestellten Antrag, ihm das Vertrauen auszusprechen (**Vertrauensfrage**), nicht die Zustimmung der Mehrheit der Mitglieder des Bundestages – also die absolute Mehrheit (auch Kanzlermehrheit genannt) – steht es ihm frei, welchen der folgenden Schritte er einleiten will:

- Er kann dem **Bundespräsidenten** gemäß Artikel 68 GG die **Auflösung des Bundestages vorschlagen**, wobei der Bundespräsident nach politischem Ermessen entweder den Bundestag binnen 21 Tagen auflösen (bei der Bundestagsauflösung muss dieser nach Artikel 39 Abs. 1 Satz 4 GG innerhalb von 60 Tagen neu gewählt werden) oder den Antrag ablehnen kann. Die Ablehnung des Antrages hat zur Folge, dass die bisherige Bundesregierung als Minderheitsregierung weiterhin im Amt bleibt. Die Möglichkeit der Bundestagsauflösung erlischt nach Ablauf der 21-Tage-Frist sowie dann, wenn der Bundestag in dieser Zeit mit der Mehrheit seiner Mitglieder einen anderen Bundeskanzler wählt (Art. 68 Abs. 1 Satz 2 GG).
- Er kann untätig bleiben und als sogenannter **Minderheitskanzler**, auch mithilfe der Möglichkeiten des Gesetzgebungsnotstandes nach Artikel 81 GG, weiter regieren.
- Er kann versuchen eine **neue Koalition** zustande zu bringen, die über eine Mehrheit im Bundestag verfügt und es ihm ermöglicht weiter zu regieren, wobei er sich das neue Bündnis durch eine erneute Vertrauensfrage legitimieren lassen kann.
- Er kann den **Rücktritt** von seinem Amt erklären.

Findet die **Vertrauensfrage die Mehrheit** der Mitglieder des Bundestages, so ist dem Bundeskanzler das **Vertrauen ausgesprochen** und er wird in der Regel im Amt bleiben, wobei er jedoch auch von seinem Amt zurücktreten kann, z. B. wegen zu geringer Mehrheit.

12. Durch welche Grundsätze werden die Organisation und Arbeitsweise der Bundesregierung gekennzeichnet?

Die **Organisation und Arbeitsweise der Bundesregierung** ergibt sich aus dem Grundgesetz (GG) und aus der von der Bundesregierung beschlossenen Geschäftsordnung, die vom Bundespräsidenten genehmigt werden muss (Art. 65 Satz 4 GG). Diese wird durch die folgenden **drei Grundsätze** gekennzeichnet:

- Das **Kanzlerprinzip**, das heißt der Bundeskanzler bestimmt die Richtlinien der inneren und äußeren Politik (Richtlinienkompetenz). Er leitet die Regierungsgeschäfte und trägt die alleinige politische Verantwortung für die Politik gegenüber dem Bundestag (Art. 65 Satz 1 GG).
- Das **Ressortprinzip**, das heißt die Bundesminister leiten innerhalb der vom Bundeskanzler bestimmten Richtlinien der Politik ihren Geschäftsbereich selbstständig und unter eigener Verantwortung gegenüber dem Bundeskanzler (Art. 65 Satz 2 GG).
- Das **Kollegialprinzip**, das heißt bestimmte Entscheidungen werden durch Beratung und Mehrheitsbeschluss der Mitglieder der Bundesregierung (Kabinettbeschluss) getroffen (Art. 65 Satz 3 GG).

13. Welche wesentlichen Zuständigkeiten hat die Bundesregierung?

Die **Bundesregierung** hat folgende wesentlichen **Zuständigkeiten:**

- das Recht, beim Rechtsetzungsverfahren der EU mitzuwirken (Art. 23 GG)
- das Recht, Maßnahmen zur Durchführung des Bundeszwanges mit Zustimmung des Bundesrates zu treffen (Art. 37 GG)
- das Recht, die Einberufung des Bundesrates zu verlangen (Art. 52 Abs. 2 GG)
- das Recht, Gesetzesvorlagen einzubringen (Art. 76 GG)
- das Recht, die Einberufung des Vermittlungsausschusses bei Zustimmungsgesetzen zu verlangen (Art. 77 Abs. 2 Satz 4 GG)
- das Recht zum Erlass von Rechtsverordnungen, soweit eine gesetzliche Ermächtigung vorliegt (Art. 80 GG)
- das Recht, beim Bundespräsidenten die Erklärung des Gesetzgebungsnotstandes zu beantragen (Art. 81 Abs. 1 GG)
- das Recht zum Erlass von allgemeinen Verwaltungsvorschriften und bestimmten anderen Maßnahmen betreffend die Ausführung von Bundesgesetzen (Art. 84 bis 86 GG).

14. Wie endet im Regelfall die Amtszeit der Bundesregierung?

Die **Amtszeit der Bundesregierung endet** durch

- Zusammentritt eines neuen Bundestages (Art. 69 Abs. 2 GG)
- ein erfolgreiches konstruktives Misstrauensvotum (Art. 67 Abs. 1 GG)
- Ablehnung der vom Bundeskanzler gestellten Vertrauensfrage durch den Bundestag und dessen Auflösung durch den Bundespräsidenten (Art. 68 Abs. 1 GG)
- Amtsniederlegung (Rücktritt) oder Tod des Bundeskanzlers.

Die Amtszeit der Bundesminister kann außerdem auch dadurch enden, dass sie auf Vorschlag des Bundeskanzlers vom Bundespräsidenten entlassen werden (Art. 64 GG).

4.6 Das Bundesverfassungsgericht

1. Welche verfassungsrechtliche Stellung hat das Bundesverfassungsgericht?

Das **Bundesverfassungsgericht** mit Sitz in Karlsruhe ist ein allen übrigen Verfassungsorganen gegenüber **selbstständiger und unabhängiger Gerichtshof des Bundes** (§ 1 Abs. 1 BVerfGG).

2. Wie setzt sich das Bundesverfassungsgericht zusammen?

Das Bundesverfassungsgericht besteht aus **zwei Senaten** mit **je acht Richtern** (§ 2 BVerfGG).

Die Einzelheiten über die Zusammensetzung des Bundesverfassungsgerichts und seine Verfassung, das Verfahren und die Wirkung seiner Entscheidungen sind im Gesetz über das Bundesverfassungsgericht (**Bundesverfassungsgerichtsgesetz** – BVerfGG) geregelt (Art. 94 Abs. 2 GG). Außerdem enthält die aufgrund des § 1 Abs. 3 BVerfGG vom Plenum des Bundesverfassungsgerichts erlassene Geschäftsordnung Vorschriften zur Organisation und Verwaltung des Bundesverfassungsgerichts sowie verfahrensergänzende Vorschriften.

3. Wer wählt die Richter des Bundesverfassungsgerichts und welche Anforderungen müssen diese erfüllen?

Die **Richter** jedes Senats des Bundesverfassungsgerichts werden **je zur Hälfte vom Bundestag und vom Bundesrat gewählt** (§ 5 BVerfGG). Drei Richter jedes Senats sollen wenigstens drei Jahre an einem obersten Gerichtshof des Bundes tätig gewesen sein (§ 2 Abs. 3 BVerfGG). Die Amtszeit der Richter des Bundesverfassungsgerichts dauert zwölf Jahre, längstens jedoch bis zur Altersgrenze (68 Jahre). Eine anschließende oder spätere Wiederwahl ist ausgeschlossen (§ 4 BVerfGG).

Die vom **Bundestag zu berufenden Richter** werden in **indirekter Wahl gewählt**. Der Bundestag wählt nach den Grundsätzen der Verhältniswahl einen Wahlausschuss für die Richter des Bundesverfassungsgerichts, der aus zwölf Bundestagsabgeordneten besteht. Als Verfassungsrichter ist gewählt, wer mindestens acht Stimmen auf sich vereinigt (§ 6 BVerfGG). Der **Bundesrat** wählt die Verfassungsrichter **direkt mit Zweidrittelmehrheit seiner Stimmen** (§ 7 BVerfGG).

Die **Richter** müssen das **40. Lebensjahr** vollendet haben **und** zum **Bundestag wählbar** sein. Außerdem müssen sie die **Befähigung zum Richteramt** nach dem Deutschen Richtergesetz besitzen (§ 3 BVerfGG). Sie dürfen weder dem Bundestag, dem Bundesrat, der Bundesregierung noch entsprechenden Landesorganen angehören (Art. 94 Abs. 1 GG). Mit ihrer Ernennung durch den Bundespräsidenten zum Verfassungsrichter scheiden sie aus solchen Organen aus.

4. Nach welchem Verfahren werden der Präsident und der Vizepräsident des Bundesverfassungsgerichts gewählt?

Der Präsident und der Vizepräsident des Bundesverfassungsgerichts werden nach demselben Wahlverfahren gewählt wie die Verfassungsrichter, wobei der Vizepräsident aus dem Senat zu wählen ist, dem der Präsident nicht angehört (§ 9 BVerfGG). Der Präsident und der Vizepräsident führen den Vorsitz in einem der Senate (§ 15 Abs. 1 BVerfGG). Da die beiden Senate einander gleichgeordnet sind – das heißt jeder Senat ist das Bundesverfassungsgericht – spricht man auch von einem Doppel- oder Zwillingsgericht.

5. Welche wesentlichen Zuständigkeiten hat das Bundesverfassungsgericht?

Das **Bundesverfassungsgericht** entscheidet nach dem Grundgesetz (GG) insbesondere über:

- Streitigkeiten zwischen Bundesorganen, z. B. zwischen Bundesregierung und Bundestag über ihre verfassungsmäßigen Rechte und Pflichten (**Organstreitigkeiten**; Art. 93 Abs. 1 Nr. 1 GG).
- die Vereinbarkeit von Bundesrecht oder Landesrecht mit dem Grundgesetz (abstrakte **Normenkontrolle**; Art. 93 Abs. 1 Nr. 2 GG)
- Streitigkeiten zwischen Bund und Ländern über ihre verfassungsmäßigen Rechte und Pflichten (**Bund-Länder-Streitigkeiten**; Art. 93 Abs. 1 Nr. 3 und 4 GG)
- **Verfassungsbeschwerden** einzelner Bürger, die sich durch Maßnahmen der öffentlichen Gewalt (z. B. Verwaltungsakte, Gerichtsentscheidungen, Gesetze) unmittelbar in ihren Grundrechten verletzt sehen (Art. 93 Abs. 1 Nr. 4a GG). Die Verfassungsbeschwerde kann in der Regel jedoch erst eingelegt werden, wenn der Rechtsweg erschöpft ist, das heißt wenn zuvor die für den jeweiligen Fall zuständigen Gerichte durch die Instanzen hindurch erfolglos angerufen worden sind
- die Vereinbarkeit eines Bundes- oder Landesgesetzes mit dem Grundgesetz (konkrete **Normenkontrolle**; Art. 100 Abs. 1 GG)
- Maßnahmen zum **Schutz der verfassungsmäßigen Ordnung**, z. B. Verwirkung von Grundrechten, Parteienverbot (Art. 18, 21 GG).

6. Welche Wirkungen haben die Entscheidungen des Bundesverfassungsgerichts?

Die Entscheidungen des Bundesverfassungsgerichts **binden die übrigen Verfassungsorgane des Bundes und der Länder sowie alle Gerichte und Behörden** (§ 31 Abs. 1 BVerfGG). Darüber hinaus hat die Entscheidung des Bundesverfassungsgerichts in bestimmten Fällen sogar Gesetzeskraft, z. B. bei der abstrakten und konkreten Normenkontrolle (§ 31 Abs. 2 BVerfGG). Die Entscheidungsformel muss dann durch den Bundesminister der Justiz im Bundesgesetzblatt veröffentlicht werden.

5. Staatsfunktionen

5.1 Die Gesetzgebungskompetenzen und das Gesetzgebungsverfahren

1. Wie ist die Gesetzgebungszuständigkeit nach dem Grundgesetz geregelt?

Nach dem Grundgesetz (GG) steht grundsätzlich den Ländern das Recht der Gesetzgebung zu (**Grundsatz der Länderzuständigkeit**). Dem Bund nur insoweit, als ihm das GG die Gesetzgebung verleiht (Art. 70 GG). Durch die umfassenden Zuweisungen an den Bundesgesetzgeber sind den Ländern die Zuständigkeiten zur alleinigen Gesetzgebung aber nur noch in sehr begrenztem Umfang verblieben, z. B. Bereiche des Polizeirechts, kulturelle Angelegenheiten, das kommunale Verfassungsrecht sowie das Straßen- und Wegerecht.

2. Welche Arten der Gesetzgebungszuständigkeit des Bundes unterscheidet man?

Das Grundgesetz (GG) unterscheidet folgende zwei Arten der Gesetzgebungszuständigkeit des Bundes:

- Die **ausschließliche Gesetzgebung:** Hier hat der Bund das alleinige Recht, Gesetze zu erlassen. Die Länder haben in diesem Bereich die Befugnisse zur Gesetzgebung nur, wenn und soweit sie hierzu in einem Bundesgesetz ausdrücklich ermächtigt werden (Art. 71 GG). Die wichtigsten Gebiete, in denen der Bund die ausschließliche Gesetzgebungszuständigkeit hat, sind in Artikel 73 Abs. 1 des Grundgesetzes (GG) aufgeführt.
- Die **konkurrierende Gesetzgebung:** Hier haben die Länder die Befugnis zur Gesetzgebung, solange und soweit der Bund von seiner Gesetzgebungszuständigkeit nicht durch Gesetz Gebrauch gemacht hat (Art. 72 Abs. 1 GG). Die Gebiete der konkurrierenden Gesetzgebung des Bundes sind in Artikel 74 Abs. 1 des GG aufgeführt.

Bei einigen der in Artikel 74 Abs. 1 des GG aufgeführten Gebieten hat der Bund die Gesetzgebungsbefugnis nur, wenn und soweit die Herstellung gleichwertiger Lebensverhältnisse im Bundesgebiet oder die Wahrung der Rechts- oder Wirtschaftseinheit im gesamtstaatlichen Interesse eine bundesgesetzliche Regelung erforderlich macht (Art. 72 Abs. 2 GG, sog. Erforderlichkeitsklausel). Hat der Bund von seiner Gesetzgebungszuständigkeit Gebrauch gemacht, können die Länder durch Gesetz zum Teil hiervon abweichende Regelungen auf bestimmten Gebieten treffen, die in Artikel 72 Abs. 3 des GG näher bestimmt sind (sog. Abweichungsgesetzgebung). Bundesgesetze auf diesen Gebieten treten frühestens sechs Monate nach ihrer Verkündung in Kraft, soweit nicht mit Zustimmung des Bundesrates anderes bestimmt ist. Auf diesen Gebieten geht im Verhältnis von Bundes- und Landesrecht das jeweils spätere Gesetz vor. Schließlich kann durch Bundesgesetz festgelegt werden, dass eine bundesgesetzliche Regelung, für die eine Erforderlichkeit im Sinne der Herstellung gleichwertiger Lebensverhältnisse nicht mehr besteht, durch Landesrecht ersetzt werden kann (Art. 72 Abs. 4 GG).

Das Institut der **Rahmengesetzgebung** ist im Zuge der Föderalismusreform I durch das Gesetz zur Änderung des Grundgesetzes vom 28. August 2006 **abgeschafft worden**, indem der Gesetzgeber die bisher in Artikel 75a GG a.F. verankerten Sachbereiche teilweise der ausschließlichen oder konkurrierenden Gesetzgebungszuständigkeit des Bundes zugewiesen hat, wobei in den unberücksichtigt gebliebenen Bereichen die Zuständigkeit der Länder gegeben ist (Grundsatz der Länderzuständigkeit).

3. Auf welche Bereiche erstreckt sich die ausschließliche Gesetzgebung und die konkurrierende Gesetzgebung des Bundes?

Art der Gesetzgebungszuständigkeit	Bereich
Ausschließliche Gesetzgebung des Bundes (Art. 71 GG)	► Auswärtige Angelegenheiten, Verteidigung, Zivilschutz ► Staatsangehörigkeit ► Freizügigkeit, Pass-, Melde- und Ausweiswesen, Ein- und Auswanderung ► Währungs-, Geld- und Münzwesen, Maße und Gewichte, Zeitbestimmung ► Außenwirtschaft, Zoll und Grenzschutz ► Schutz des deutschen Kulturgutes gegen Abwanderung ins Ausland ► Luftverkehr, Bundes-Eisenbahnen ► Postwesen und Telekommunikation ► Recht der Bundesbeamten ► Gewerblicher Rechtsschutz ► Terrorismusabwehr durch das Bundeskriminalamt ► Polizeiliche Zusammenarbeit von Bund und Ländern ► Statistik für Bundeszwecke ► Waffen- und Sprengstoffrecht ► Kriegsopferversorgung und Kriegsopferfürsorge ► Erzeugung und Nutzung der Kernenergie

Art der Gesetzgebungszuständigkeit	Bereich
Konkurrierende Gesetzgebung des Bundes (Art. 74 Abs. 1 GG)	► Bürgerliches Recht, Strafrecht ► Personenstandswesen ► Vereinsrecht ► Kriegsfolgen, Wiedergutmachung ► Sozialversicherung, Arbeitsrecht ► Wettbewerbsrecht ► Agrarförderung, Ernährung ► Bodenrecht, Wohngeldrecht ► Gesundheitswesen ► Schifffahrt ► Umweltrecht (Abfall, Luft, Lärm) ► Statusrechte und Statuspflichten der Beamten der Länder, Gemeinden und anderen Körperschaften des öffentlichen Rechts sowie der Richter in den Ländern (ausgenommen Laufbahnen, Besoldung und Versorgung) ► Jagdwesen[1] ► Naturschutz, Landschaftspflege[1] ► Raumordnung[1] ► Wasserhaushalt[1] ► Hochschulzulassung, Hochschulabschluss[1] ► Aufenthalts- und Niederlassungsrecht der Ausländer[2] ► Öffentliche Fürsorge (ohne das Heimrecht)[2] ► Recht der Wirtschaft (ohne das Recht des Ladenschlusses, der Gaststätten, der Spielhallen, der Schaustellung von Personen, der Messen, der Ausstellungen und der Märkte)[2] ► Ausbildungsförderung, Forschungsförderung[2] ► Überführung in Gemeineigentum[2] ► Krankenhauswirtschaft[2] ► Lebensmittelrecht, Produktsicherheit[2] ► Straßenverkehr, Kraftfahrwesen[2] ► Staatshaftung[2] ► Gentechnik[2]

[1] Von bundesgesetzlichen Regelungen auf diesen Gebieten können die Länder abweichen.

[2] In diesen Bereichen ist der Bund nur zuständig, wenn und soweit zur Herstellung gleichwertiger Lebensverhältnisse im Bundesgebiet oder zur Wahrung der Rechts- und Wirtschaftseinheit im gesamtstaatlichen Interesse eine bundesgesetzliche Regelung erforderlich ist.

4. Wer besitzt das Recht der Gesetzesinitiative beim Bundestag?

Das **Recht der Gesetzesinitiative**, das heißt Gesetzesvorlagen beim Bundestag einzubringen, haben:

- die Abgeordneten des Bundestages, wenn mindestens 5 vom Hundert der Mitglieder des Bundestages oder eine Fraktion eine betreffende Vorlage unterstützen
- der Bundesrat
- die Bundesregierung (Art. 76 GG und §§ 75 ff. GO-BT).

5. Wie ist das Gesetzgebungsverfahren im Bundestag geregelt?

Das Gesetzgebungsverfahren beginnt mit der **Gesetzesvorlage** (Gesetzentwurf), die beim Bundestag eingebracht wird.

Gesetzesvorlagen, von der **Bundesregierung** eingebracht werden, sind zunächst dem Bundesrat zuzuleiten. Der Bundesrat ist dann berechtigt, innerhalb von sechs Wochen zu diesen Vorlagen Stellung zu nehmen. Verlangt der Bundesrat aus wichtigem Grunde, insbesondere mit Rücksicht auf den Umfang einer Vorlage, eine Fristverlängerung, so beträgt die Frist neun Wochen. Besonders eilbedürftige Vorlagen kann die Bundesregierung dem Bundestag bereits nach drei Wochen (wenn der Bundesrat eine Fristverlängerung verlangt hat nach sechs Wochen) zuleiten, auch wenn die Stellungnahme des Bundesrates noch nicht bei ihr eingegangen ist. Die Bundesregierung hat dann die Stellungnahme des Bundesrates unverzüglich nach Eingang dem Bundestag nachzureichen. Bei Vorlagen zur Änderung des Grundgesetzes und zur Übertragung von Hoheitsrechten nach Artikel 23 oder Artikel 24 GG beträgt die Frist zur Stellungnahme neun Wochen (Art. 76 GG).

Für **Gesetzesvorlagen des Bundesrates**, die dem Bundestag durch die Bundesregierung zuzuleiten sind, gelten hinsichtlich der Fristen entsprechende Regelungen. Die Bundesregierung soll hierbei ihre Auffassung darlegen (vgl. Art. 76 Abs. 3 GG).

Bei **Gesetzesvorlagen aus der Mitte des Bundestages** ist der Bundestag sofort mit dem Gesetzentwurf befasst.

Die **Bundesgesetze** werden vom **Bundestag beschlossen**. Dies geschieht in drei Beratungen, die auch Lesungen genannt werden (Art. 77 GG und § 78 GO-BT).

Die **erste Beratung** (Lesung) dient dazu, den Gesetzentwurf allgemein zu begründen und eine grundsätzliche Aussprache über die politische Notwendigkeit und die Zielsetzung des vorgeschlagenen Gesetzes herbeizuführen. Eine allgemeine Aussprache findet in der ersten Beratung nur statt, wenn dies vom Ältestenrat empfohlen oder von einer Fraktion oder von 5 vom Hundert der anwesenden Mitglieder des Bundestages verlangt wird (§ 79 GO-BT). Am Schluss wird der Gesetzentwurf zur weiteren Beratung an die zuständigen Ausschüsse des Bundestages verwiesen. In den Ausschüssen erfolgt die fachliche Behandlung des Gesetzentwurfes. Der Bericht des Ausschusses und seine Beschlussempfehlungen werden dem Bundestag dann zur zweiten Beratung des Gesetzentwurfes vorgelegt (§ 80 GO-BT).

Die **zweite Beratung** (Lesung) beginnt in der Regel mit der Berichterstattung eines Mitgliedes des Ausschusses, welcher den Gesetzentwurf bereits im Einzelnen geprüft hat. Sie wird mit einer allgemeinen Aussprache nur dann eröffnet, wenn sie vom Ältestenrat empfohlen oder von einer Fraktion oder von 5 vom Hundert der anwesenden Mitglieder des Bundestages verlangt wird (§ 81 GO-BT).

Anschließend befasst sich der Bundestag mit den einzelnen Paragrafen des Gesetzentwurfs. Dabei wird über jede Bestimmung im Anschluss an die Einzelberatung abgestimmt, wobei jeder Abgeordnete Änderungsanträge stellen kann, solange die Beratung des Gegenstandes auf den sie sich beziehen, noch nicht abgeschlossen ist. Ebenso ist es möglich, den Gesetzentwurf an einen Ausschuss zurückzuverweisen (§ 82 GO-BT).

Sind in der zweiten Beratung alle Bestimmungen des Gesetzentwurfs abgelehnt worden, so ist die Vorlage abgelehnt und jede weitere Beratung unterbleibt. Ansonsten bilden die Beschlüsse der zweiten Beratung die Grundlage der dritten Beratung (§ 83 GO-BT).

Die **dritte Beratung** (Lesung) des Gesetzentwurfs kann sich unmittelbar an die zweite Beratung anschließen, wenn keine Änderungen beschlossen wurden. Ansonsten muss der gedruckte Text der Änderungen den Abgeordneten mindestens einen Tag vorgelegen haben. In der Regel kommt es in der dritten Beratung zu einer allgemeinen Aussprache, in der nochmals Grundsatzfragen diskutiert werden und über eventuelle Änderungsanträge, die der Unterstützung von 5 vom Hundert der anwesenden Mitglieder des Bundestages bedürfen, abgestimmt wird (§§ 84, 85 GO-BT). Am Ende der dritten Beratung findet die Schlussabstimmung über den Gesetzentwurf im Ganzen statt (§ 86 GO-BT). Falls die Abstimmung mit der erforderlichen Mehrheit des Bundestages endet, ist die Gesetzesvorlage zum Gesetz erhoben. Der Präsident des Bundestages hat sodann das beschlossene Gesetz unverzüglich dem Bundesrat zuzuleiten (Art. 77 Abs. 1 Satz 2 GG).

6. Wie ist die Mitwirkung des Bundesrates beim Gesetzgebungsverfahren geregelt?

Ist der Bundesrat mit der beschlossenen Fassung des Gesetzes nicht einverstanden, kann er innerhalb von drei Wochen nach Eingang des Gesetzbeschlusses die Einberufung des **Vermittlungsausschusses** verlangen (Art. 77 Abs. 2 GG).

Dem **Vermittlungsausschuss** gehören **16 Abgeordnete des Bundestages** (entsprechend der Stärke der Fraktionen) und **16 Mitglieder des Bundesrates** (aus jedem Land eines) an. Seine Aufgabe ist es, einen Einigungsvorschlag zu erarbeiten, damit der Bundestag und der Bundesrat der Gesetzesvorlage zustimmen können. Schlägt der Vermittlungsausschuss eine Änderung des Gesetzesbeschlusses vor, so hat der Bundestag erneut darüber zu beschließen (Art. 77 Abs. 2 Satz 5 GG). Kommt es zu keiner Einigung zwischen Bundestag und Bundesrat, so hängt das Ausmaß der Mitwirkung des Bundesrates bei der Gesetzgebung davon ab, ob es sich um ein Gesetz, für das nach dem Grundgesetz (GG) die Zustimmung des Bundesrates nicht erforderlich ist (**Einspruchsgesetz** bzw. einfaches Gesetz) oder um ein Gesetz, das nach dem GG der Zustimmung des Bundesrates bedarf (**Zustimmungsgesetz**), handelt. Für diese beiden Arten von Gesetzen schreibt Artikel 77 GG ein unterschiedliches Gesetzgebungsverfahren vor.

7. Wie ist das Gesetzgebungsverfahren bei Einspruchsgesetzen geregelt?

Der Bundesrat kann nach erfolgloser Beendigung des Verfahrens im Vermittlungsausschuss gegen ein **nicht zustimmungsbedürftiges Gesetz** innerhalb von zwei Wochen **Einspruch** einlegen (Art. 77 Abs. 3 GG) und dadurch eine erneute Beschlussfassung durch den Bundestag herbeiführen. Der Einspruch des Bundesrates hat zunächst aufschiebende Wirkung. Wird der Einspruch mit der Mehrheit der Stimmen des Bundesrates beschlossen, so kann er durch Beschluss der Mehrheit der Mitglieder des Bundestages zurückgewiesen werden. Hat der Bundesrat den Einspruch mit einer Mehrheit von mindestens zwei Dritteln seiner Stimmen beschlossen, so bedarf die Zurückweisung durch den Bundestag ebenfalls einer Mehrheit von zwei Dritteln der abgegebenen Stimmen, mindestens jedoch der Mehrheit der Mitglieder des Bundestages (Art. 77 Abs. 4 GG). Erreicht der Bundestag die erforderliche Mehrheit nicht, so ist das Gesetz gescheitert.

Zusammenfassend lässt sich feststellen, dass **Einspruchsgesetze nur zustande kommen**, wenn der Bundesrat

- auf die Anrufung des Vermittlungsausschusses verzichtet,
- keinen Einspruch einlegt oder
- einen eingelegten Einspruch zurücknimmt oder
- wenn der Einspruch des Bundesrates vom Bundestag mit der erforderlichen Mehrheit überstimmt wird (Art. 78 GG).

8. Wie ist das Gesetzgebungsverfahren bei Zustimmungsgesetzen geregelt?

Ein **zustimmungspflichtiges Gesetz kommt nur zustande**, wenn ihm der **Bundesrat zustimmt** (Art. 77 Abs. 2 a GG). Verweigert der Bundesrat dem vom Bundestag beschlossenen Gesetz seine Zustimmung, können sich neben dem Bundesrat auch der Bundestag und die Bundesregierung an den **Vermittlungsausschuss** wenden (Art. 77 Abs. 2 Satz 4 GG). Ist nach dem Verfahren im Vermittlungsausschuss nicht die Zustimmung des Bundesrates zu erreichen, so ist das Gesetz gescheitert.

9. Wie lässt sich das Gesetzgebungsverfahren für Bundesgesetze grafisch darstellen?

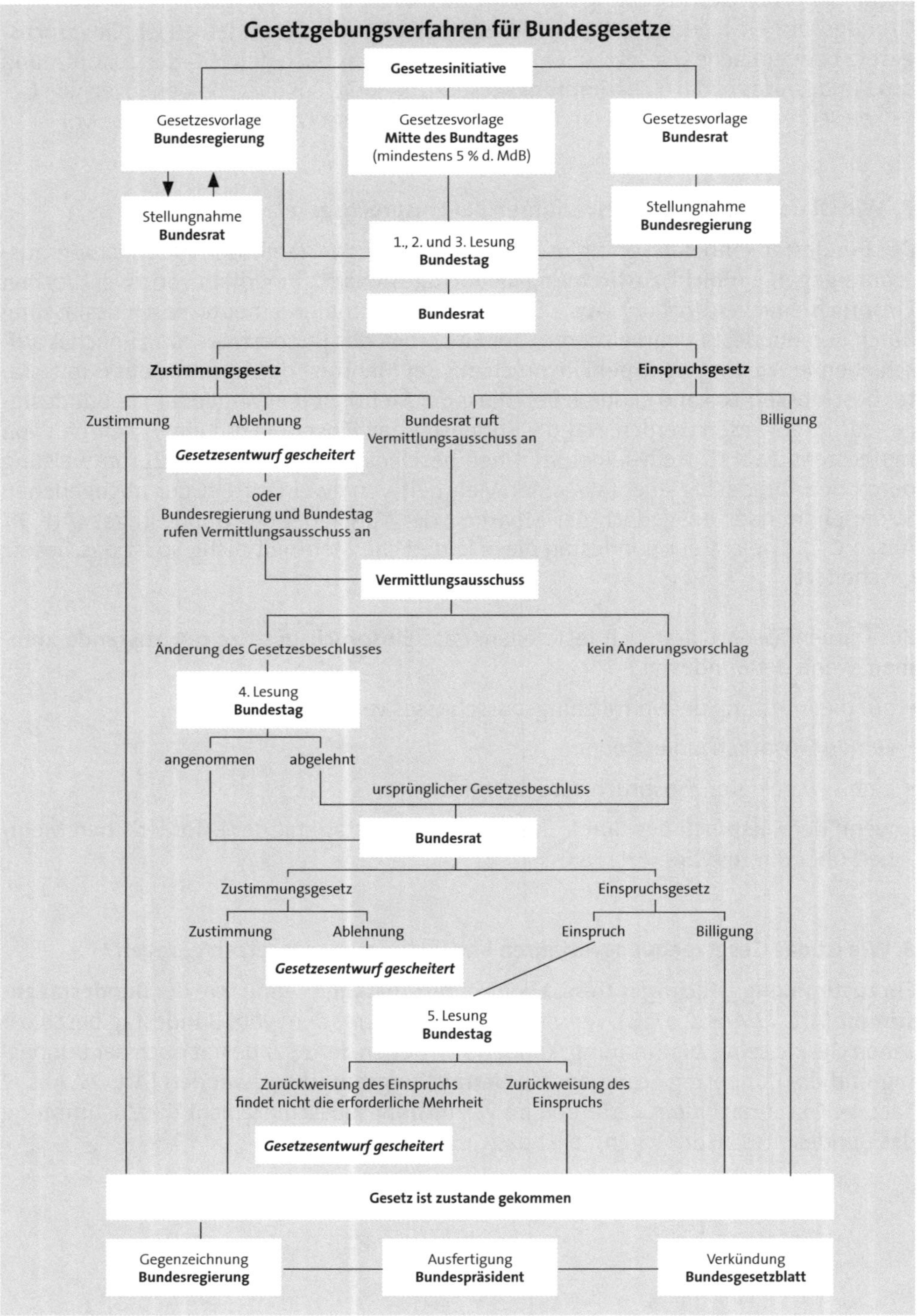

10. Was versteht man unter Gesetzgebungsnotstand und wann liegen seine Voraussetzungen vor?

Der **Gesetzgebungsnotstand** ist ein **außerordentliches Gesetzgebungsverfahren** zur Behebung der Aktionsunfähigkeit der Bundesregierung, wenn diese sich im Bundestag nicht mehr auf eine regierungsfähige Mehrheit stützen kann (Art. 81 GG).

Voraussetzung des Gesetzgebungsnotstandes ist zunächst die Ablehnung des gemäß Artikel 68 des Grundgesetzes (GG) gestellten Vertrauensantrages des Bundeskanzlers durch den Bundestag, ohne dass der Bundespräsident auf Vorschlag des Bundeskanzlers den Bundestag auflöst. In solch einem Fall kann der Bundespräsident auf Antrag der Bundesregierung mit Zustimmung des Bundesrates für eine Gesetzesvorlage den Gesetzgebungsnotstand erklären, wenn der Bundestag sie ablehnt, obwohl die Bundesregierung die Vorlage als dringlich bezeichnet hat (Art. 81 Abs. 1 Satz 1 GG). Das Gleiche gilt, wenn eine Gesetzesvorlage abgelehnt worden ist, obwohl der Bundeskanzler mit ihr die Vertrauensfrage verbunden hatte (Art. 81 Abs. 1 Satz 2 GG).

11. Welche Wirkungen hat der Gesetzgebungsnotstand?

Der unter den Voraussetzungen des Artikels 81 des Grundgesetzes (GG) auf Antrag der Bundesregierung mit Zustimmung des Bundesrates vom Bundespräsidenten für eine Gesetzesvorlage erklärte **Gesetzgebungsnotstand** hat folgende **Wirkungen:**

- Lehnt der Bundestag die Gesetzesvorlage nach nochmaliger Einbringung ab oder nimmt er sie in einer für die Bundesregierung als unannehmbar bezeichneten Fassung an oder verabschiedet er sie nicht innerhalb von vier Wochen nach der erneuten Einbringung, so genügt für das Zustandekommen des Gesetzes die Zustimmung des Bundesrates (Art. 81 Abs. 2 GG).
- Während der Amtszeit eines Bundeskanzlers kann auch jede andere vom Bundestag abgelehnte Gesetzesvorlage innerhalb einer Frist von sechs Monaten nach der ersten Erklärung des Gesetzgebungsnotstandes nach dem vorgenannten Verfahren verabschiedet werden (Art. 81 Abs. 3 Satz 1 GG). Nach Ablauf der Frist darf während der Amtszeit des gleichen Bundeskanzlers kein weiterer Gesetzgebungsnotstand erklärt werden (Art. 81 Abs. 3 Satz 2 GG). Im Wege des Gesetzgebungsnotstandes darf jedoch das GG weder geändert noch ganz oder teilweise außer Kraft oder außer Anwendung gesetzt werden (Art. 81 Abs. 4 GG).

Der Bundestag ist im Übrigen nicht befugt, die durch den Gesetzgebungsnotstand zustande gekommenen Gesetze während der Dauer des Notstandes, der außer durch Fristablauf auch durch den Amtsantritt eines neuen Bundeskanzlers oder mit dem Zusammentritt eines neuen Bundestages endet, aufzuheben. Die Gesetze bleiben auch nach Beendigung des Notstandes in Kraft und können nur im Wege des ordentlichen Gesetzgebungsverfahrens aufgehoben werden. Einen Fall des Gesetzgebungsnotstandes hat es bisher in der Praxis noch nicht gegeben.

12. Wer fertigt die Bundesgesetze aus und wo werden sie verkündet?

Die nach den Vorschriften des Grundgesetzes zustande gekommenen Gesetze werden vom **Bundespräsidenten** nach Gegenzeichnung durch den Bundeskanzler oder den zuständigen Ministern ausgefertigt und im **Bundesgesetzblatt verkündet** (Art. 82 Abs. 1 GG). Falls im Gesetz kein Datum über das Inkrafttreten bestimmt ist, so tritt es 14 Tage nach der Verkündung im Bundesgesetzblatt in Kraft (Art. 82 Abs. 2 GG).

13. Wie ist das Gesetzgebungsverfahren in den Ländern geregelt?

Der Gang des **Gesetzgebungsverfahrens in den Ländern** ist jeweils in den **Landesverfassungen geregelt**. Die Gesetzesinitiative liegt im Allgemeinen bei der jeweiligen Landesregierung und bei einer bestimmten Zahl der im Parlament vertretenen Abgeordneten. Die Gesetze werden von der Volksvertretung beschlossen. Darüber hinaus sehen die meisten Landesverfassungen auch die Möglichkeit vor, dass die Gesetzesinitiative durch Volksbegehren ausgeübt werden kann.

5.2 Die Verwaltungskompetenzen

1. Wem obliegt die Ausführung der Bundesgesetze nach dem Grundgesetz?

Die Ausführung der Bundesgesetze ist nach dem Grundgesetz (GG) auf den Bund und die Länder verteilt. Der Artikel 30 GG enthält hierzu eine **Zuständigkeitsvermutung zugunsten der Länder**, das heißt die Ausübung der staatlichen Befugnisse und die Erfüllung der staatlichen Aufgaben ist Sache der Länder, soweit das GG keine andere Regelung trifft oder zulässt. Im Gegensatz zur Gesetzgebungskompetenz, wo trotz grundsätzlicher Zuständigkeit der Länder das Schwergewicht tatsächlich beim Bund liegt, entfällt bei den Verwaltungsaufgaben in der Praxis auch tatsächlich der überwiegende Anteil auf die Länder (Art. 83 ff. GG). Die konkrete **Kompetenzaufteilung** für die Ausführung der Bundesgesetze bestimmt sich dabei nach den im GG hierzu festgelegten unterschiedlichen **Verwaltungsformen**.

2. Welche Verwaltungsformen unterscheidet das Grundgesetz hinsichtlich der Ausführung der Bundesgesetze?

Das Grundgesetz (GG) unterscheidet hinsichtlich der Ausführung der Bundesgesetze drei **Verwaltungsformen:**

- **bundeseigene Verwaltung**
- **Bundesauftragsverwaltung**
- **Bundesaufsichtsverwaltung**.

3. Was versteht man unter der bundeseigenen Verwaltung?

Diese Verwaltungsform liegt vor, wenn die Bundesgesetze durch bundeseigene Behörden (sog. **unmittelbare Bundesverwaltung**) oder durch Körperschaften und Anstalten des öffentlichen Rechts, die für das gesamte Bundesgebiet zuständig und zum Teil Außenstellen haben (sog. **mittelbare Bundesverwaltung**), ausgeführt werden. Die Bundesregierung regelt hierbei die Einrichtung der Behörden und erlässt die allgemeinen Verwaltungsvorschriften, soweit durch Gesetz nicht anderes bestimmt ist (Art. 86 GG).

Die **unmittelbare Bundesverwaltung** ist zwingend vorgeschrieben im Bereich des Auswärtigen Dienstes (Art. 87 Abs. 1 Satz 1 GG), der Bundesfinanzverwaltung (Art. 87 Abs. 1 Satz 1 GG), der Bundeswasserstraßen- und Schifffahrtsverwaltung (Art. 87 Abs. 1 Satz 1, 89 Abs. 2 GG), der Bundeswehrverwaltung (Art. 87b Abs. 1 GG), der Luftverkehrsverwaltung (Art. 87d Abs. 1 GG), der Eisenbahnverkehrsverwaltung (Art. 87e Abs. 1 GG) und der Hoheitsaufgaben im Bereich des Postwesens und der Telekommunikation (Art. 87f Abs. 2 Satz 2 GG). Diese Verwaltungsform wird wegen der zwingenden Festlegung durch das Grundgesetz (GG) auch als **obligatorische bundeseigene Verwaltung** bezeichnet. Das GG schreibt zugleich für den Bereich der bundeseigenen Verwaltung grundsätzlich einen eigenen Verwaltungsunterbau mit Mittelbehörden und unteren Behörden oder Außenstellen, die den Bundesministerien als oberste Bundesbehörden nachgeordnet sind, vor. Bundesmittelbehörden sind z. B. die Oberfinanzdirektionen, Bundesunterbehörden, z. B. die Wasserstraßen- und Schifffahrtsämter und die Hauptzollämter.

Daneben kann der Bund durch Bundesgesetz auf dem Gebiet der Polizeiverwaltung Behörden und Zentralstellen einrichten (Art. 87 Abs. 1 Satz 2 GG). Durch Bundesgesetz wurden beispielsweise Bundesgrenzschutzbehörden, das Bundeskriminalamt und das Bundesamt für Verfassungsschutz errichtet. Außerdem kann der Bund für Angelegenheiten, für die ihm die Gesetzgebung zusteht, selbstständige Bundesoberbehörden durch Bundesgesetz errichten (Art. 87 Abs. 3 Satz 1 GG). Auf dieser Grundlage wurde unter anderem das Bundesamt für Wirtschaft und Ausfuhrkontrolle, das Statistische Bundesamt und das Bundesverwaltungsamt errichtet. Diese Verwaltungsform wird wegen der dem Bundesgesetzgeber nach dem GG zustehenden Entscheidungskompetenz auch als **fakultative bundeseigene Verwaltung** bezeichnet.

Die **mittelbare Bundesverwaltung** ist zwingend vorgeschrieben für **Sozialversicherungsträger**, deren Zuständigkeitsbereich sich über das Gebiet eines Landes hinaus erstreckt, soweit der Bund die ihm nach Art. 74 Nr. 12 GG zustehende konkurrierende Gesetzgebungskompetenz wahrgenommen hat (Art. 87 Abs. 2 Satz 1 GG). Dazu gehören beispielsweise die „Deutsche Rentenversicherung Bund" und die „Bundesagentur für Arbeit".

Außerdem können für Angelegenheiten, für die dem Bunde die Gesetzgebung zusteht, neue **bundesunmittelbare Körperschaften und Anstalten des öffentlichen Rechts** durch Bundesgesetz errichtet werden (Art. 87 Abs. 3 Satz 1 GG). Auf dieser Grundlage sind unter anderem die Bundesrechtsanwaltskammer und die Bundessteuerberaterkammer errichtet worden. Die bundesunmittelbaren Körperschaften oder Anstalten des öffentlichen Rechts unterstehen grundsätzlich der **Rechtsaufsicht** des Bundesministers, zu dessen Geschäftsbereich sie gehören.

4. Was ist unter der Bundesauftragsverwaltung zu verstehen?

Unter der **Bundesauftragsverwaltung** versteht man die Ausführung von Bundesgesetzen durch die Länder im Auftrage des Bundes. Die Einrichtung der Behörden bleibt dabei Angelegenheit der Länder, soweit nicht Bundesgesetze mit Zustimmung des Bundesrates etwas anderes bestimmen (Art. 85 Abs. 1 Satz 1 GG). Zu beachten ist, dass durch Bundesgesetz Gemeinden und Gemeindeverbänden Aufgaben nicht übertragen werden dürfen (Art. 85 Abs. 1 Satz 2 GG).

Zwingend vorgeschrieben ist die Bundesauftragsverwaltung im Bereich der Verwaltung der Bundesautobahnen und Bundesfernstraßen (Art. 90 Abs. 2 GG), der Ausführung von Geldleistungsgesetzen des Bundes, wenn der Bund mindestens die Hälfte der Ausgaben trägt (Art. 104a Abs. 3 GG) und der Verwaltung von Bundessteuern durch die Länder (Art. 108 Abs. 3 GG). Diese Verwaltungsform wird auch als **obligatorische Bundesauftragsverwaltung** bezeichnet.

Daneben kann durch Bundesgesetze, die der Zustimmung des Bundesrates bedürfen, im Bereich der Verteidigung einschließlich des Wehrersatzwesens und des Schutzes der Zivilbevölkerung (Art. 87b Abs. 2 GG), der Kernenergie (Art. 87c GG), der Luftverkehrsverwaltung (Art. 87d Abs. 2 GG), der Bundeswasserstraßenverwaltung (Art. 89 Abs. 2 GG) und des Lastenausgleichs (Art. 120a Abs. 1 GG) die Bundesauftragsverwaltung eingeführt werden. Diese Verwaltungsform wird auch als **fakultative Bundesauftragsverwaltung** bezeichnet.

5. Welche Einflussmöglichkeiten auf die Länder hat der Bund bei der Auftragsverwaltung?

Der Bund hat bei der **Auftragsverwaltung** folgende **Einflussmöglichkeiten:**

- Die zuständigen **Bundesminister** haben ein **Weisungsrecht gegenüber den Landesbehörden**. Einzelweisungen sind in der Regel an die obersten Landesbehörden zu richten (Art. 85 Abs. 3 GG).
- Die **Bundesregierung** hat ein **Aufsichtsrecht gegenüber den Ländern**. Die Bundesaufsicht erstreckt sich nicht nur auf die Rechtmäßigkeit, sondern auch auf die Zweckmäßigkeit des behördlichen Handelns der Länder (**Rechts- und Fachaufsicht**). Die Bundesregierung kann zu diesem Zweck Bericht und Vorlage der Akten verlangen und Beauftragte zu allen Landesbehörden entsenden (Art. 85 Abs. 4 GG).
- Die **Bundesregierung** kann mit Zustimmung des Bundesrates **allgemeine Verwaltungsvorschriften erlassen** und eine **einheitliche Ausbildung der Beamten und Angestellten regeln**. Die Leiter der Mittelbehörden sind im Einvernehmen mit der Bundesregierung zu bestellen (Art. 85 Abs. 2 GG).

6. Was versteht man unter der Bundesaufsichtsverwaltung?

Diese Verwaltungsform liegt vor, wenn die **Länder die Bundesgesetze als eigene Angelegenheit ausführen**, d. h. es besteht für die Ausführung von Bundesgesetzen weder eine bundeseigene Verwaltung noch eine Bundesauftragsverwaltung (Art. 83 GG).

7. Welche Einflussmöglichkeiten auf die Länder hat der Bund bei der Aufsichtsverwaltung?

Der Bund hat bei der **Aufsichtsverwaltung** folgende **Einflussmöglichkeiten:**

- Die **Bundesregierung** kann mit Zustimmung des Bundesrates **allgemeine Verwaltungsvorschriften erlassen** (Art. 84 Abs. 2 GG).
- Die **Bundesregierung** hat ein **Aufsichtsrecht** gegenüber den Ländern. Die Bundesaufsicht erstreckt sich aber nur auf die Rechtmäßigkeit des behördlichen Handelns der Länder (**Rechtsaufsicht**). Eine Zweckmäßigkeitskontrolle steht der Bundesregierung hierbei nicht zu. Die Bundesregierung kann zu diesem Zwecke Beauftragte zu den obersten Landesbehörden entsenden und – falls deren Zustimmung versagt wird, mit Zustimmung des Bundesrates – auch zu den nachgeordneten Behörden (Art. 84 Abs. 3 GG).
- Die **Bundesregierung** hat das Recht der sogenannten **Mängelrüge**. Werden Mängel, die die Bundesregierung bei der Ausführung der Bundesgesetze in den Ländern festgestellt hat, nicht beseitigt, so beschließt auf Antrag der Bundesregierung oder des Landes der Bundesrat, ob das Land das Recht verletzt hat. Gegen den Beschluss des Bundesrates kann das Bundesverfassungsgericht angerufen werden (Art. 84 Abs. 4 GG).
- Der **Bundesregierung** kann durch Bundesgesetz, das der Zustimmung des Bundesrates bedarf, die **Befugnis verliehen werden**, für besondere Fälle **Einzelweisungen zu erteilen**. Die Einzelweisungen sind, außer wenn die Bundesregierung den Fall für dringlich erachtet, an die obersten Landesbehörden zu richten (Art. 84 Abs. 5 GG).

5.3 Die Rechtsprechungskompetenzen

1. Durch wen wird die Rechtsprechung ausgeübt?

Die **Rechtsprechung** obliegt nach dem Grundsatz der Gewaltenteilung **unabhängigen Richtern,** die nur dem Gesetz unterworfen sind (Art. 92, 97 GG). Ausgeübt wird sie durch das **Bundesverfassungsgericht**, das als eigenständiges Verfassungsorgan für die Entscheidung verfassungsrechtlicher Streitigkeiten zuständig ist (Art. 93, 94 GG) und durch die im Grundgesetz (GG) vorgesehenen **Bundesgerichte** sowie durch die **Gerichte der Länder** (Art. 92 GG). Im GG ist dabei abschließend bestimmt, welche Gerichte der Bund errichten muss und welche er errichten kann. In der Praxis wird die Rechtsprechung grundsätzlich durch die Länder ausgeübt.

2. Welche Bundesgerichte schreibt das Grundgesetz zwingend vor?

Als **Bundesgerichte** sind gemäß Artikel 95 Abs. 1 des Grundgesetzes (GG) die folgenden fünf Gerichtshöfe zwingend vorgeschrieben:

- der **Bundesgerichtshof** mit dem Sitz in Karlsruhe für den Bereich der Zivil- und Strafgerichtsbarkeit (§ 12 GVG)
- das **Bundesverwaltungsgericht** mit dem Sitz in Leipzig für den Bereich der Verwaltungsgerichtsbarkeit (§ 2 VwGO)

- das **Bundesarbeitsgericht** mit dem Sitz in Erfurt für den Bereich der Arbeitsgerichtsbarkeit (§ 40 AGG)
- das **Bundessozialgericht** mit dem Sitz in Kassel für den Bereich der Sozialgerichtsbarkeit (§ 38 SGG)
- der **Bundesfinanzhof** mit dem Sitz in München für den Bereich der Finanzgerichtsbarkeit (Art. 95 Abs. 1 GG).

Zur Wahrung der Einheitlichkeit der Rechtsprechung dieser fünf obersten Gerichtshöfe des Bundes ist ein **Gemeinsamer Senat** mit dem Sitz in Karlsruhe gebildet worden (Art. 95 Abs. 3 GG). Das Verfahren ist im Einzelnen im Gesetz zur Wahrung der Einheitlichkeit der Rechtsprechung der obersten Gerichtshöfe des Bundes geregelt.

3. Welche weiteren Gerichte hat der Bund errichtet?

Der **Bund** hat außer den gemäß Artikel 95 Abs. 1 des Grundgesetzes (GG) zwingend vorgeschriebenen Bundesgerichten auf der Grundlage des Artikels 96 des GG folgende Gerichte errichtet:

- das **Bundespatentgericht** mit dem Sitz in München für Angelegenheiten des gewerblichen Rechtsschutzes (§ 65 Patentgesetz)
- das **Bundesdisziplinargericht** in Frankfurt am Main zur Entscheidung im Disziplinar- und Beschwerdeverfahren von Bundesbeamten mit den Disziplinarsenaten beim Bundesverwaltungsgericht als Rechtsmittelinstanz (§ 42 Bundesdisziplinarordnung)
- das **Richterdienstgericht** beim Bundesgerichtshof für Dienstvergehen der Richter im Bundesdienst (§ 61 Deutsches Richtergesetz)
- **Truppendienstgerichte** zur Entscheidung im Disziplinar- und Beschwerdeverfahren von Soldaten mit den Disziplinarsenaten beim Bundesverwaltungsgericht als Rechtsmittelinstanz (§ 62 Wehrdisziplinarordnung).

Außerdem kann der Bund **Wehrstrafgerichte** errichten (Art. 96 Abs. 2 GG). Von dieser Ermächtigung hat der Bund bisher noch keinen Gebrauch gemacht.

4. Welche Gerichte bestehen innerhalb der Länder?

Innerhalb der **Länder** bestehen folgende Gerichte:

- Verfassungs- bzw. Staatsgerichtshöfe für landesverfassungsrechtliche Streitigkeiten (ausgenommen Schleswig-Holstein)
- Amtsgerichte, Landgerichte und Oberlandesgerichte für die ordentliche Gerichtsbarkeit (Zivil- und Strafgerichtsbarkeit)
- Verwaltungsgerichte und Oberverwaltungsgerichte bzw. Verwaltungsgerichtshöfe für die Verwaltungsgerichtsbarkeit
- Finanzgerichte für die Finanzgerichtsbarkeit

- Arbeitsgerichte und Landesarbeitsgerichte für die Arbeitsgerichtsbarkeit
- Sozialgerichte und Landessozialgerichte für die Sozialgerichtsbarkeit.

6. Die Einbindung der Bundesrepublik Deutschland in das europäische Rechtssystem

6.1 Die Europäische Union

1. Wie entstand die Europäische Union?

Die institutionelle Entwicklung, die zur Bildung der Europäischen Union (EU) führte, begann mit dem am 18. April 1951 in Paris durch den von Belgien, der Bundesrepublik Deutschland, Frankreich, Italien, Luxemburg und die Niederlande unterzeichneten Vertrag über die Gründung der **Europäischen Gemeinschaft für Kohle und Stahl** (EGKS/Montanunion). Um die Integration auf alle Wirtschaftsbereiche auszudehnen, unterzeichneten diese sechs Staaten am 25. März 1957 in Rom den Vertrag zur Gründung der **Europäischen Wirtschaftsgemeinschaft** (EWG) und den Vertrag zur Gründung der **Europäische Atomgemeinschaft** (Euratom) – auch Römische Verträge genannt –, die am 1. Januar 1958 in Kraft traten. Aus den drei Wirtschaftszusammenschlüssen (EGKS, EWG und Euratom) entstanden durch den am 8. April 1965 in Brüssel unterzeichneten sogenannten Fusionsvertrag, der am 1. Juli 1967 in Kraft trat, die **Europäischen Gemeinschaften** (EG), eine Vorläuferin der Europäischen Union (EU). Am 1. Januar 1973 traten Großbritannien, Irland und Dänemark der EG bei. Griechenland wurde am 1. Januar 1981 aufgenommen, am 1. Januar 1986 folgten Spanien und Portugal. Die erste grundlegende Änderung und Ergänzung der Gründungsverträge erfolgte durch die am 17. und 28. Februar 1986 in Luxemburg bzw. Den Haag/Niederlande unterzeichnete **Einheitliche Europäische Akte** (EEA), die am 1. Juli 1987 in Kraft trat. Durch die EEA wurden die Organe der EG gestärkt, die Kompetenzen der EG und die Ziele der Integration erweitert sowie die Einrichtung eines gemeinsamen Binnenmarktes vereinbart.

Die zweite und bisher grundlegendste Änderung und Ergänzung der Verträge der Europäischen Gemeinschaften erfolgte durch den am 7. Februar 1992 in Maastricht/Niederlande von den Außenministern der zwölf Mitgliedstaaten der Europäischen Gemeinschaft (EG) unterzeichneten **Vertrag über die Europäische Union** (EUV) – auch **Vertrag von Maastricht** genannt –, der am 1. November 1993 in Kraft trat und zugleich die Geburtsstunde der Europäischen Union (EU) markiert. Der EUV fasst die bisherigen drei Gründungsverträge der Gemeinschaft (EGKS, EWG, Euratom) zusammen, wobei die Europäische Wirtschaftsgemeinschaft (EWG) auch offiziell die Bezeichnung Europäische Gemeinschaft (EG) erhielt. Der EUV bildet die Grundlage für die Vollendung der Europäischen Wirtschafts- und Währungsunion (EWWU) sowie für weitere politische Integrationsschritte, insbesondere eine Gemeinsame Außen- und Sicherheitspolitik (GASP) und eine Zusammenarbeit in den Bereichen Justiz und Inneres (ZJIP).

Am 1. Januar 1995 traten mit Finnland, Österreich und Schweden drei weitere Länder der EU bei. Auf ihrem Gipfeltreffen am 16./17. Juni 1997 in Amsterdam/Niederlande verabschiedeten die Staats- und Regierungschefs der Mitgliedstaaten der EU (Europäischer Rat) umfangreiche materielle Änderungen und eine umfassende Vereinfachung des EU-Vertrages und des EG-Vertrages. Die als **Vertrag von Amsterdam** bezeichneten Vertragsänderungen wurden von den Außenministern der EU-Mitgliedstaaten am 2. Oktober 1997 unterzeichnet und sind am 1. Mai 1999 in Kraft getreten.

Der am 1. Mai 2004 erfolgte Beitritt von weiteren 10 Staaten (Estland, Lettland, Litauen, Malta, Polen, Slowakei, Slowenien, Tschechien, Ungarn und Zypern) zur EU machte insbesondere institutionelle Änderungen des EU-Vertrages und des EG-Vertrages notwendig, die von den Staats- und Regierungschefs der Mitgliedstaaten der EU (Europäischer Rat) auf ihrem Gipfeltreffen am 7. bis 9. Dezember 2000 in Nizza/Frankreich verabschiedet wurden. Die als **Vertrag von Nizza** bezeichneten Vertragsänderungen wurden von den Außenministern der EU-Mitgliedstaaten am 26. Februar 2001 unterzeichnet und traten am 1. Februar 2003 in Kraft. Am 1. Januar 2007 sind Bulgarien und Rumänien der EU beigetreten.

Bei ihrem Gipfeltreffen am 18./19. Oktober 2007 in Lissabon/Portugal einigten sich die Staats- und Regierungschefs der Mitgliedstaaten der EU (Europäischer Rat) auf einen neuen EU-Grundlagenvertrag, der am 13. Dezember 2007 in Lissabon unterzeichnet wurde und auch als **Vertrag von Lissabon** bezeichnet wird. In den Vertrag von Lissabon wurden die wesentlichen Elemente des am 29. Oktober 2004 in Rom unterzeichneten Vertrages über eine Verfassung über Europa, der unter anderem wegen fehlender Mehrheit bei den am 29. Mai 2005 in Frankreich und am 1. Juni 2005 in den Niederlanden durchgeführten Volksabstimmungen nicht wie geplant in Kraft treten konnte, in das bestehende Vertragssystem überführt. Er sieht in zwei Artikeln die Änderung des Vertrags über die Europäische Union (EUV) und des Vertrags zur Gründung der Europäischen Gemeinschaft (EGV) vor. Der Name des EG-Vertrags wurde dabei in „Vertrag über die Arbeitsweise der Europäischen Union (AEUV)“ geändert. Der Vertrag von Lissabon ist nach Abschluss der Zustimmungsverfahren in allen EU-Mitgliedstaaten am 1. Dezember 2009 in Kraft getreten. Am 1. Juli 2013 ist Kroatien der EU beigetreten.

2. Was ist die Europäische Union?

Die **Europäische Union** (EU) ist der wirtschaftliche und politische Zusammenschluss von 28 Staaten (Stand: 1. Januar 2015) der Europäischen Gemeinschaft (EG). Nach dem Urteil des Bundesverfassungsgerichts zum Vertrag von Maastricht vom 12. Oktober 1993 **begründet der Vertrag über die Europäische Union einen Staatenverbund zur Verwirklichung einer immer engeren Union der – staatlich organisierten – Völker Europas und keinen sich auf ein europäisches Staatsvolk stützenden Staat**.

Nach der Entscheidung des Bundesverfassungsgerichtes vom 30. Juni 2009 zum Vertrag von Lissabon erreicht die Europäische Union auch bei Inkrafttreten des Vertrags von Lissabon noch keine Ausgestaltung, die staatsanalog ist und deshalb dem Legitimationsniveau einer staatlich verfassten Demokratie entsprechen müsste. Sie ist kein Bundesstaat, sondern bleibt ein Verbund souveräner Staaten unter Geltung des Prinzips der begrenzten Einzelermächtigung.

Der Vertrag über die Europäische Union (EUV) bestimmt in Artikel 1, dass die Europäische Union an die Stelle der Europäischen Gemeinschaft tritt, deren Rechtsnachfolgerin sie ist. In diesem Vertrag wird der **Europäischen Union** auch ausdrücklich die eigene **Rechtspersönlichkeit** zugestanden (Art. 47 EUV). Mit der Verschmelzung der derzeit bestehenden Europäischen Gemeinschaft und Europäischen Union zur Europäischen Union entfällt zugleich auch die bisherige äußere Säulenstruktur der EU (Gemeinsame Außen- und Sicherheitspolitik (GASP), Zusammenarbeit in der Justiz- und Innenpolitik (ZJIP) und Europäische Gemeinschaft), wobei lediglich der Vertrag zur Gründung der **Europäischen Atomgemeinschaft** (EAG) nach wie vor in Kraft ist und im Bereich der Gemeinsamen Außen- und Sicherheitspolitik (einschließlich der Verteidigung) nach wie vor besondere Beschlussfassungen vorgesehen sind, wie der spezifische Charakter dieser Materie es erfordert.

3. Welche Verträge bilden die Grundlagen für die Europäische Union?

Die Grundlagen der Europäischen Union (EU) bilden:

- der **Vertrag über die Europäische Union** (EUV)
- der **Vertrag über die Arbeitsweise der Europäischen Union** (AEUV)
- die **Charta der Grundrechte der Europäischen Union**, wobei die beiden Vertragswerke und die Charta der Grundrechte der Europäischen Union rechtlich gleichrangig sind (Art. 1 und 6 Abs. 1 EUV).

4. Wie ist der Vertrag über die Europäische Union aufgebaut?

Der **Vertrag über die Europäische Union** (EUV) ist wie folgt aufgebaut:

	Präambel
Titel I	Gemeinsame Bestimmungen (Artikel 1 bis 8)
Titel II	Bestimmungen über die demokratischen Grundsätze (Artikel 9 bis 12)
Titel III	Bestimmungen über die Organe (Artikel 13 bis 19)
Titel IV	Bestimmungen über eine verstärkte Zusammenarbeit (Artikel 20)
Titel V	Allgemeine Bestimmungen über das auswärtige Handeln der Union und besondere Bestimmungen über die Gemeinsame Außen- und Sicherheitspolitik Kapitel 1 Allgemeine Bestimmungen über das auswärtigeHandeln der Union (Artikel 21 und 22) Kapitel 2 Besondere Bestimmungen über die Gemeinsame Außen- und Sicherheitspolitik Abschnitt 1 Gemeinsame Bestimmungen (Artikel 23 bis 41) Abschnitt 2 Bestimmungen über die Gemeinsame Sicherheits- und Verteidigungspolitik (Artikel 42 bis 46)
Titel VI	Schlussbestimmungen (Artikel 47 bis 55)

Daneben sind dem Vertrag 37 Protokolle und zwei Anhänge sowie 65 Erklärungen beigefügt.

5. Wie ist der Vertrag über die Arbeitsweise der Europäischen Union aufgebaut?

Der **Vertrag über die Arbeitsweise der Europäischen Union** (AEUV) ist wie folgt aufgebaut:

	Präambel
Erster Teil	Grundsätze
Zweiter Teil	Nichtdiskriminierung und Unionsbürgerschaft
Dritter Teil	Die internen Politiken und Maßnahmen der Union
Vierter Teil	Die Assoziierung der überseeischen Länder und Hoheitsgebiete
Fünfter Teil	Das auswärtige Handeln der Union
Sechster Teil	Institutionelle Bestimmungen und Finanzvorschriften
Siebter Teil	Allgemeine und Schlussbestimmungen

Daneben sind dem Vertrag – ebenso wie dem Vertrag über die Europäische Union (EUV) – 37 Protokolle und zwei Anhänge sowie 65 Erklärungen beigefügt.

6. Auf welchen gemeinsamen demokratischen Grundwerten basiert die Europäische Union?

Die Europäische Union (EU) basiert auf den folgenden **gemeinsamen demokratischen Grundwerten**, und zwar der Achtung der Menschenwürde, Freiheit, Demokratie, Gleichheit, Rechtsstaatlichkeit und der Wahrung der Menschenrechte einschließlich der Rechte der Personen, die Minderheiten angehören (Art. 2 EUV). Diese Werte, die das Fundament der EU bilden, sind in der **Charta der Grundrechte der Europäischen Union** nochmals ausführlich dargestellt. Nach Artikel 6 des Vertrages über die Europäische Union (EUV) erkennt die EU die in der Charta der Grundrechte der Europäischen Union niedergelegten Rechte, Freiheiten und Grundsätze ausdrücklich an.

7. Welche Ziele verfolgt die Europäische Union?

Die **Ziele der Europäischen Union** (EU) sind in Artikel 3 des Vertrages über die Europäische Union (EUV) enthalten. Danach ist es Ziel der EU,

- den Frieden, ihre Werte und das Wohlergehen ihrer Völker zu fördern
- ihren Bürgern einen Raum der Freiheit zu bieten, der Sicherheit und des Rechts ohne Binnengrenzen, in dem – in Verbindung mit geeigneten Maßnahmen in Bezug auf die Kontrollen an den Außengrenzen, das Asyl, die Einwanderung sowie die Verhütung und Bekämpfung der Kriminalität – der freie Personenverkehr gewährleistet ist
- einen Binnenmarkt zu errichten und auf die nachhaltige Entwicklung Europas auf der Grundlage eines ausgewogenen Wirtschaftswachstums und von Preisstabili-

tät, eine in hohem Maße wettbewerbfähige soziale Marktwirtschaft, die auf Vollbeschäftigung und sozialen Frieden abzielt, sowie ein hohes Maß an Umweltschutz und Verbesserung der Umweltqualität hinwirkt

- den wissenschaftlichen und technischen Fortschritt zu fördern
- soziale Ausgrenzung und Diskriminierungen zu bekämpfen und soziale Gerechtigkeit und sozialen Schutz, die Gleichstellung von Frauen und Männern, die Solidarität zwischen den Generationen und den Schutz der Rechte des Kindes zu fördern
- den Reichtum ihrer kulturellen und sprachlichen Vielfalt zu wahren und für den Schutz und die Entwicklung des kulturellen Erbes Europas zu sorgen
- eine Wirtschafts- und Währungsunion zu errichten, deren Währung der Euro ist
- in ihren Beziehungen zur übrigen Welt ihre Werte und Interessen zu schützen und zu fördern und zum Schutz ihrer Bürger beizutragen
- einen Beitrag zu Frieden, Sicherheit, globaler nachhaltiger Entwicklung, Solidarität und gegenseitiger Achtung unter den Völkern, zu freiem und gerechtem Handel, zur Beseitigung der Armut und zum Schutz der Menschenrechte, insbesondere der Rechte des Kindes, sowie zur strikten Einhaltung und Weiterentwicklung des Völkerrechts, insbesondere zur Wahrung der Grundsätze der Charta der Vereinten Nationen zu leisten.

Die EU verfolgt ihre Ziele mit geeigneten Mitteln entsprechend den Zuständigkeiten, die ihr in den Verträgen übertragen sind.

8. Wer sind die Mitgliedstaaten der Europäischen Union?

Mitgliedstaat	Beitrittsjahr	Einwohner in Mio.[1]
Belgien	1. Januar 1958 (Gründungsmitglied)	11.289.853
Bulgarien	1. Januar 2007	7.153.784
Dänemark	1. Januar 1973	5.707.251
Deutschland	1. Januar 1958 (Gründungsmitglied)	82.162.000
Estland	1. Mai 2004	1.315.944
Finnland	1. Januar 1995	5.487.308
Frankreich	1. Januar 1958 (Gründungsmitglied)	66.661.621
Griechenland	1. Januar 1981	10.783.748
Irland	1. Januar 1973	4.723.605
Italien	1. Januar 1958 (Gründungsmitglied)	60.665.551
Kroatien	1. Juli 2013	4.190.669
Lettland	1. Mai 2004	1.968.957
Litauen	1. Mai 2004	2.888.558
Luxemburg	1. Januar 1958 (Gründungsmitglied)	576.249

1 Quelle: Eurostat (Stand: 01.01.2016)

Mitgliedstaat	Beitrittsjahr	Einwohner in Mio.[1]
Malta	1. Mai 2004	434.403
Niederlande	1. Januar 1958 (Gründungsmitglied)	16.979.120
Österreich	1. Januar 1995	8.700.471
Polen	1. Mai 2004	37.967.209
Portugal	1. Januar 1986	10.341.330
Rumänien	1. Januar 2007	19.759.968
Schweden	1. Januar 1995	9.851.017
Slowakei	1. Mai 2004	5.426.252
Slowenien	1. Mai 2004	2.064.188
Spanien	1. Januar 1986	46.438.422
Tschechische Republik	1. Mai 2004	10.553.843
Ungarn	1. Mai 2004	9.830.485
Vereinigtes Königreich	1. Januar 1973	65.382.556
Zypern	1. Mai 2004	848.319

9. Welche Arten der Zuständigkeit der Europäischen Union unterscheidet man?[1]

Die Arten der Zuständigkeit der Europäischen Union (EU) sind in dem Vertrag über die Arbeitsweise der Europäischen Union (AEUV) geregelt. Danach können folgende Arten der Zuständigkeit für das Handeln der Europäischen Union (EU) unterschieden werden:

- **Ausschließliche Zuständigkeit:** Hier kann nur die EU rechtsverbindliche Akte verabschieden; die Mitgliedstaaten können nur eingreifen, wenn sie von der Union dazu ermächtigt werden oder um die Rechtsakte der Union umzusetzen (Art. 2 Abs. 1 AEUV).
- **Geteilte Zuständigkeit:** Hier haben die EU und die Mitgliedstaaten die Möglichkeit, rechtsverbindliche Akte zu verabschieden, wobei die Mitgliedstaaten in dem Maße tätig werden können, wie die Union nicht tätig geworden ist (Art. 2 Abs. 2 AEUV).
- **Ergänzende Zuständigkeit:** Hier kann die EU nur tätig werden, um das Handeln der Mitgliedstaaten zu unterstützen (vor allem mithilfe finanzieller Interventionen); sie kann Gesetze erlassen, jedoch nicht die nationalen Rechts- und Verwaltungsvorschriften angleichen (Art. 2 Abs. 5 AEUV).

Außerdem sieht der Vertrag über die Arbeitsweise der Europäischen Union (AEUV) eine koordinierende Zuständigkeit für die Wirtschaftspolitik der Mitgliedstaaten der Europäischen Union (EU) sowie die Zuständigkeit für die Erarbeitung und Verwirklichung einer gemeinsamen Außen- und Sicherheitspolitik einschließlich der schrittweisen Festlegung einer gemeinsamen Verteidigungspolitik vor (Art. 2 Abs. 3 und 4 AEUV).

[1] Quelle: Eurostat (Stand: 01.01.2016)

10. Auf welche Bereiche erstreckt sich die Zuständigkeit der Europäischen Union nach dem Vertrag über die Arbeitsweise der Europäischen Union?

Art der Zuständigkeit	Bereich
Ausschließliche Zuständigkeit (Art. 2 Abs. 1 AEUV)	► Zollunion ► Erstellung der für das Funktionieren des Binnenmarkts erforderlichen Wettbewerbsregeln ► Währungspolitik für die Mitgliedstaaten, deren Währung der Euro ist ► Erhaltung der biologischen Meeresschätze im Rahmen der gemeinsamen Fischereipolitik ► gemeinsame Handelspolitik ► Abschluss internationaler Übereinkünfte, wenn der Abschluss einer solchen Übereinkunft in einem Gesetzgebungsakt der Europäischen Union (EU) vorgesehen ist, wenn er notwendig ist, damit die EU ihre interne Zuständigkeit ausüben kann, oder soweit er gemeinsame Regeln beeinträchtigen oder deren Tragweite verändern könnte (Art. 3 AEUV)
Geteilte Zuständigkeit (Art. 2 Abs. 2 AEUV)	► Binnenmarkt ► Sozialpolitik hinsichtlich der im Vertrag über die Arbeitsweise der Europäischen Union (AEUV) genannten Aspekte ► wirtschaftlicher, sozialer und territorialer Zusammenhalt ► Landwirtschaft und Fischerei (mit Ausnahme des Erhalts der biologischen Meeresschätze) ► Umwelt ► Verbraucherschutz ► Verkehr ► transeuropäische Netze ► Energie ► Raum der Freiheit, der Sicherheit und des Rechts ► gemeinsame Sicherheitsanliegen der öffentlichen Gesundheit ► Forschung und technologische Entwicklung sowie Raumfahrt ► Entwicklungszusammenarbeit und humanitäre Hilfe (Art. 4 AEUV)

Art der Zuständigkeit	Bereich
Ergänzende Zuständigkeit (Art. 2 Abs. 5 AEUV)	▸ Schutz und Verbesserung der menschlichen Gesundheit ▸ Industrie ▸ Kultur ▸ Tourismus ▸ allgemeine und berufliche Bildung, Jugend und Sport ▸ Katastrophenschutz ▸ Verwaltungszusammenarbeit (Art. 6 AEUV)

Für die darüber hinaus im Vertrag über die Arbeitsweise der Europäischen Union (AEUV) aufgeführten Bereiche „Wirtschafts- und Beschäftigungspolitik" (Art. 2 Abs. 3 AEUV) und „Gemeinsame Außen- und Sicherheitspolitik" (Art. 2 Abs. 4 AEUV) gelten folgende besondere Zuständigkeitsregelungen:

- **Wirtschaftspolitik:** Hier erlässt der Rat der Europäischen Union (EU) zur Koordinierung dieser Politik innerhalb der EU Maßnahmen; insbesondere beschließt er die Grundzüge dieser Politik, wobei für die Mitgliedstaaten, deren Währung der Euro ist, besondere Regelungen gelten (Art. 5 Abs. 1 AEUV).
- **Beschäftigungspolitik:** Hier trifft die EU Maßnahmen zur Koordinierung dieser Politik der Mitgliedstaaten, insbesondere durch die Festlegung von Leitlinien für diese Politik (Art. 5 Abs. 2 AEUV). Ferner kann die EU Initiativen zur Koordinierung der Sozialpolitik der Mitgliedstaaten ergreifen (Art. 5 Abs. 3 AEUV).
- **Gemeinsame Außen- und Sicherheitspolitik:** Hier ist die EU nach Maßgabe des Vertrages über die Europäische Union (EUV) dafür zuständig, eine gemeinsame Außen- und Sicherheitspolitik einschließlich der schrittweisen Festlegung einer gemeinsamen Verteidigungspolitik zu erarbeiten und zu verwirklichen (Art. 2 Abs. 4 AEUV).

11. Wonach bestimmt sich die Abgrenzung der Zuständigkeiten der Europäischen Union?

Für die **Abgrenzung der Zuständigkeiten der Europäischen Union** (EU) gilt der Grundsatz der begrenzten Einzelermächtigung. Dieser Grundsatz besagt, dass die EU nur innerhalb der Grenzen der Zuständigkeiten tätig wird, die die Mitgliedstaaten ihr in den Verträgen zur Verwirklichung der darin niedergelegten Ziele übertragen haben. Alle der EU nicht in den Verträgen übertragenen Zuständigkeiten verbleiben bei den Mitgliedstaaten (Art. 5 Abs. 1 und 2 EUV).

Eine **Ausnahme** bildet die sogenannte Flexibilisierungsklausel in Artikel 352 des Vertrages über die Arbeitsweise der Europäischen Union (AEUV), die es der EU ermöglicht, geeignete Vorschriften zu erlassen, auch wenn in den Verträgen die hierfür erforderlichen Befugnisse nicht vorgesehen sind, sofern ein Tätigwerden der EU im Rahmen der in diesen Verträgen festgelegten Politikbereiche erforderlich erscheint, um eines der Ziele der Verträge zu verwirklichen. Dies setzt jedoch Einstimmigkeit im Rat der EU (Ministerrat) voraus.

Nach der Entscheidung des Bundesverfassungsgerichtes vom 30. Juni 2009 zum Vertrag von Lissabon ermächtigt das Grundgesetz (GG) die deutschen Staatsorgane nicht, Hoheitsrechte derart zu übertragen, dass aus ihrer Ausübung heraus eigenständig weitere Zuständigkeiten begründet werden können. Es **untersagt die Übertragung der Kompetenz-Kompetenz**, worunter die Befugnis zu verstehen ist, über die eigene Zuständigkeit zu entscheiden. Das Prinzip der begrenzten Einzelermächtigung ist deshalb nicht nur ein europarechtlicher Grundsatz, sondern nimmt – ebenso wie die Pflicht der EU, die nationale Identität der Mitgliedstaaten zu achten (Art. 4 Abs. 2 Satz 1 EUV) – mitgliedstaatliche Verfassungsprinzipien auf. Das Integrationsprogramm der EU muss deshalb hinreichend bestimmt sein. Sofern die Mitgliedstaaten das Vertragsrecht so ausgestalten, dass unter grundsätzlicher Fortgeltung des Prinzips der begrenzten Einzelermächtigung eine Veränderung des Vertragsrechts ohne Ratifikationsverfahren herbeigeführt werden kann, obliegt neben der Bundesregierung den gesetzgebenden Körperschaften eine besondere Verantwortung im Rahmen der Mitwirkung, die in Deutschland innerstaatlich den Anforderungen des Artikels 23 Abs. 1 GG genügen muss (**Integrationsverantwortung**). Das Zustimmungsgesetz zu einem europäischen Änderungsvertrag und die innerstaatliche Begleitgesetzgebung müssen so beschaffen sein, dass die europäische Integration weiter nach dem Prinzip der begrenzten Einzelermächtigung erfolgt, ohne dass für die EU die Möglichkeit besteht, sich der Kompetenz-Kompetenz zu bemächtigen oder die integrationsfeste Verfassungsidentität der Mitgliedstaaten, hier des Grundgesetzes, zu verletzen. Für Grenzfälle des noch verfassungsrechtlich Zulässigen muss der deutsche Gesetzgeber mit seinen die Zustimmung begleitenden Gesetzen Vorkehrungen dafür treffen, dass die Integrationsverantwortung der Gesetzgebungsorgane sich hinreichend entfalten kann.

12. Welche Grundsätze gelten für die Ausübung der Zuständigkeiten der Europäischen Union?

Für die **Ausübung der Zuständigkeiten der Europäischen Union** (EU) gelten:

- **Grundsätze der Subsidiarität**
- **Grundsätze der Verhältnismäßigkeit** (Art. 5 Abs. 3 und 4 EUV).

13. Was besagen die Grundsätze der Subsidiarität und der Verhältnismäßigkeit in der Europäischen Union?

Der Grundsatz der Subsidiarität ist ein Kompetenzausübungsprinzip, welches eines der Grundprinzipien des europäischen Rechts darstellt. Das in Artikel 5 Abs. 3 des Vertrages über die Europäische Union (EUV) verankerte **Subsidiaritätsprinzip** besagt, dass die Europäische Union (EU) in den Bereichen, die nicht in ihre ausschließliche Zuständigkeit fallen, nur tätig wird, sofern und soweit die Ziele der in Betracht gezogenen Maßnahmen von den Mitgliedstaaten weder auf zentraler noch auf regionaler oder lokaler Ebene ausreichend verwirklicht werden können, sondern vielmehr wegen ihres Umfangs oder ihrer Wirkungen auf der Ebene der EU besser zu verwirklichen sind.

Durch das in Artikel 5 Abs. 4 des EU-Vertrages verankerte **Verhältnismäßigkeitsprinzip** wird klargestellt, dass die Maßnahmen der EU inhaltlich wie formal nicht über das zur Erreichung der Ziele der Verträge erforderliche Maß hinausgehen sollen.

Um die Beachtung des Subsidiaritäts- und Verhältnismäßigkeitsprinzips zu gewährleisten, ist den europäischen Verträgen ein Protokoll über die Anwendung der Grundsätze der Subsidiarität und der Verhältnismäßigkeit beigefügt, das die Einzelheiten regelt.

14. Wie wird die Einhaltung der Grundsätze der Subsidiarität und der Verhältnismäßigkeit kontrolliert?

Das **Protokoll** (Nr. 2) **über die Anwendung der Grundsätze der Subsidiarität und der Verhältnismäßigkeit**, das dem Vertrag über die Europäische Union (EUV) und dem Vertrag über die Arbeitsweise der Europäischen Union (AEUV) beigefügt ist, sieht zur Durchsetzung des Subsidiaritäts- und Verhältnismäßigkeitsprinzips folgendes neuartiges Verfahren vor:

Die nationalen Parlamente bzw. deren Kammern bekommen jeden Entwurf eines Gesetzesgebungsakts der Europäischen Kommission direkt und zeitgleich mit dem Rat der EU (Ministerrat) und dem Europäischen Parlament mit der entsprechenden Begründung im Hinblick auf die Grundsätze der Subsidiarität und Verhältnismäßigkeit übermittelt und können dann innerhalb einer Frist von acht Wochen nach Übermittlung des Entwurfs begründete Stellungnahmen, aus denen hervorgeht, weshalb der Entwurf ihrer Ansicht nach nicht mit dem Subsidiaritätsprinzip vereinbar ist, direkt an die Organe der EU richten, die diese dann berücksichtigen müssen. Ferner verpflichtet ein sogenannter **„Frühwarnmechanismus“** die Europäische Kommission, ihren Entwurf nochmals zu überprüfen, wenn ein Drittel der nationalen Parlamente bzw. deren Kammern die Auffassung vertritt, das dieser nicht dem Subsidiaritätsprinzip entspricht. Außerdem ist nach dem Protokoll über die Anwendung der Grundsätze der Subsidiarität und der Verhältnismäßigkeit für die Mitgliedstaaten der EU auch die Möglichkeit vorgesehen, im Namen ihres nationalen Parlaments bzw. deren Kammern (wenn die innerstaatliche Rechtsordnung dies erlaubt) vor dem Europäischen Gerichtshof Klage gegen einen Gesetzgebungsakt wegen Missachtung des Subsidiaritätsprinzips zu erheben. Der Ausschuss der Regionen erhält ebenfalls das Recht, solche Klagen gegen Gesetzgebungsakte zu erheben, für deren Erlass seine Anhörung nach dem Vertrag über die Arbeitsweise der Europäischen Union vorgeschrieben ist. Diese Mechanismen bieten wichtige zusätzliche Garantien gegen eine mögliche unbedachte Wahrnehmung von Zuständigkeiten der EU und tragen zur Stärkung der demokratischen Kontrolle der Gemeinschaftsgesetzgebung bei.

Außerdem sieht Artikel 8 des **Protokolls** (Nr. 2) **über die Anwendung der Grundsätze der Subsidiarität und der Verhältnismäßigkeit** erstmals die Möglichkeit vor, dass wegen Verstoßes eines Gesetzgebungsakts der EU gegen das Subsidiaritätsprinzip von einem Mitgliedstaat oder entsprechend der jeweiligen innerstaatlichen Rechtsordnung von einem Mitgliedstaat im Namen seines nationalen Parlaments oder einer Kammer dieses Parlaments Klage vor dem Gerichtshof der EU erhoben werden kann (sog. Subsidiaritätsklage). Die verfassungsrechtlichen Voraussetzungen für die Befugnis des Bundestages und des Bundesrates zur Erhebung der Subsidiaritätsklage wurden durch die mit dem Gesetz zur Änderung des Grundgesetzes (GG) vom 8. Oktober 2008 vorgenommene Einfügung eines Absatzes 1a in Artikel 23 des GG geschaffen, wobei diese Grundgesetzänderung jedoch erst mit Inkrafttreten des Vertrags von Lissabon in Kraft getreten ist. Die Einzelheiten zur Subsidiaritätsklage sind in § 12 des Gesetzes über die Wahrnehmung der Integrationsverantwortung des Bundestages und des Bundesrates in Angelegenheiten der Europäischen Union (**Integrationsverantwortungsgesetz** – IntVG) geregelt.

Darüber hinaus hat das **Bundesverfassungsgericht** in seiner Entscheidung vom 30. Juni 2009 zum Vertrag von Lissabon hinsichtlich seines Prüfungsmaßstabes unter anderem ausgeführt, dass es prüft, ob Rechtsakte der europäischen Organe und Einrichtungen sich unter Wahrung des gemeinschafts- und unionsrechtlichen Subsidiaritätsprinzips in den Grenzen der ihnen im Wege der begrenzten Einzelermächtigung eingeräumten Hoheitsrechte halten (sog. **ultra-vires-Kontrolle**). Darüber hinaus prüft das Bundesverfassungsgericht, ob der unantastbare Kerngehalt der Verfassungsidentität des Grundgesetzes (GG) nach Artikel 23 Abs. 1 Satz 3 in Verbindung mit Artikel 79 Abs. 3 GG gewahrt ist (**Identitätskontrolle**). Die Ausübung dieser verfassungsrechtlich geforderten Prüfungskompetenzen wahrt die von Artikel 4 Abs. 2 Satz 1 des Vertrages über die Europäische Union in der Fassung des Vertrages von Lissabon anerkannten grundlegenden politischen und verfassungsmäßigen Strukturen souveräner Mitgliedstaaten auch bei fortschreitender Integration. Sie folgt bei der konkreten Ausübung dem Grundsatz der Europarechtsfreundlichkeit des GG.

15. Welche Vorteile sind mit der Erweiterung der Europäischen Union verbunden?

Die **Europäische Union** (EU) hat von der seit dem 1. Mai 2004 erfolgten Erweiterung von 15 auf derzeit 28 Mitgliedstaaten insbesondere folgende **Vorteile:**

- Stärkung der Demokratie sowie der Stabilität und Sicherheit in den Beitrittsländern, wodurch der gesamten EU bessere Chancen für Frieden und Wohlstand erwachsen.
- Erhöhung der Stärke, des Zusammenhaltes und des Einflusses in der Welt, wodurch die EU noch besser in der Lage sein wird, die Herausforderungen der Globalisierung zu bewältigen und das europäische Sozialmodell zu verteidigen.
- Erweiterung der wirtschaftlichen Möglichkeiten als Folge des entstandenen wesentlich größeren Marktes, der neue Impulse für die Investitionstätigkeit und die Schaffung von Arbeitsplätzen auslösen und damit zu mehr Wohlstand in der gesamten EU führen dürfte.
- Stärkere wirtschaftliche Integration der neuen Mitgliedstaaten in die bestehende Union, wodurch die Verbraucher in den Genuss einer größeren Auswahl und niedrigerer Preise kommen werden und die Unternehmen, die sich nach gemeinsamen Regeln richten, von einer Zunahme des Handels, größerer Effizienz und mehr Wettbewerb profitieren dürften.

16. Wer kann Mitglied der Europäischen Union werden?

Jeder europäische Staat, der die in Artikel 2 des Vertrages über die Europäische Union (EUV) genannten Werte – dies sind die Achtung der Menschenwürde, Freiheit, Demokratie, Gleichheit, Rechtsstaatlichkeit und die Wahrung der Menschenrechte einschließlich der Rechte der Personen, die Minderheiten angehören – achtet und sich für ihre Förderung einsetzt, kann beantragen, Mitglied der EU zu werden. Das Europäische Parlament und die nationalen Parlamente werden über diesen Antrag unterrichtet. Die Aufnahmebedingungen und die durch die Aufnahme erforderlich werdenden Anpassungen der Verträge, auf denen die EU beruht, werden durch ein Abkommen zwischen den Mitgliedstaaten und dem antragstellenden Staat geregelt. Das Abkommen bedarf der Ratifikation durch alle Vertragsstaaten gemäß ihren verfassungsrechtlichen Vorschriften (Art. 49 EUV).

17. Ist ein Austritt aus der Europäischen Union möglich?

Der Vertrag über die Europäische Union (EUV) sieht in Artikel 50 die Möglichkeit vor, dass jeder Mitgliedstaat im Einklang mit seinen verfassungsrechtlichen Vorschriften beschließen kann, aus der Europäischen Union (EU) auszutreten. Außerdem regelt diese Bestimmung das Verfahren für den Austritt aus der EU.

Im Vereinigten Königreich (England, Schottland, Wales und Nordirland) fand am 23. Juni 2016 eine Volksbefragung über Verbleib oder Austritt aus der Europäischen Union (EU) statt. Die Mehrheit der Abstimmenden hat sich für einen Austritt des Vereinigten Königreichs aus der EU – auch als **Brexit** (ein aus den englischen Begriffen „Britain" = Großbritannien und „exit" = Ausstieg gebildetes Kunstwort) bezeichnet – ausgesprochen. Der Austrittsprozess wurde durch eine Mitteilung der britischen Regierung an den Europäischen Rat am 29. März 2017 rechtlich wirksam in die Wege geleitet. Bis zum Oktober/November 2018 sollen die Austrittsverhandlungen abgeschlossen sein, damit das Abkommen bis zu dem voraussichtlichen Ende der EU-Mitgliedschaft des Vereinigten Königreichs im März 2019 noch rechtzeitig ratifiziert werden kann.

6.2 Die Organe der Europäischen Union

1. Von welchen Organen werden die Aufgaben der Europäischen Union wahrgenommen?

Die **Organe der Europäischen Union** (EU) sind:

- das Europäische Parlament
- der Europäische Rat – auch Rat der Staats- und Regierungschefs genannt
- der Rat der EU – auch EU-Ministerrat genannt
- die Europäische Kommission
- der Gerichtshof der Europäischen Union – auch Europäischer Gerichtshof genannt
- die Europäische Zentralbank
- der Rechnungshof – auch Europäischer Rechnungshof genannt (Art. 13 Abs. 1 EUV).

Das Europäische Parlament, der Rat und die Europäische Kommission werden von einem **Wirtschafts- und Sozialausschuss** sowie einem **Ausschuss der Regionen** unterstützt, die beratende Aufgaben wahrnehmen (Art. 13 Abs. 4 EUV). Daneben besteht als weitere Einrichtung noch die Europäische Investitionsbank (Art. 308 und 309 EUV).

2. Wie setzten sich die Organe der Europäischen Union zusammen und welche Aufgaben haben diese?

Bezeichnung	Sitz	Zusammensetzung	Aufgaben	Rechtsgrundlage
Europäisches Parlament	Straß-burg	751 Abgeordnete (Stand: Wahlen Mai 2014) Amtszeit = 5 Jahre	▸ ist gemeinsam mit dem Rat der EU (Ministerrat) für die Gesetzgebung zuständig ▸ übt gemeinsam mit dem Rat (Ministerrat) die Haushaltsbefugnisse aus ▸ erfüllt Aufgaben der politischen Kontrolle und Beratungsfunktionen nach Maßgabe der Verträge ▸ wählt den Präsidenten der Europäischen Kommission	Art. 14 EUV
Europäischer Rat	Brüssel	Staats- und Regierungschefs der Mitgliedstaaten sowie der Präsident der Europäischen Kommission und der Präsident des Europäischen Rats (diese Institution wurde mit dem Vertrag von Lissabon neu geschaffen)	▸ gibt der EU die für ihre Entwicklung erforderlichen Impulse und legt die allgemeinen politischen Prioritäten hierfür fest **Hinweis:** Der Europäische Rat wird nicht gesetzgeberisch tätig.	Art. 15 EUV Art. 235 und 236 AEUV
Rat der EU (EU-Ministerrat)	Brüssel	jeweilige Fachminister aus jedem Mitgliedstaat **Hinweis:** Der Minister muss befugt sein, für die Regierung des von ihm zu vertretenden Mitgliedstaats verbindlich zu handeln und das Stimmrecht auszuüben.	▸ ist gemeinsam mit dem Europäischen Parlament für die Gesetzgebung zuständig ▸ übt gemeinsam mit dem Europäischen Parlament die Haushaltsbefugnisse aus ▸ ist zuständig für die Festlegung der Politik und Koordinierung der Politik der EU nach Maßgabe der Verträge	Art. 16 EUV

Bezeichnung	Sitz	Zusammensetzung	Aufgaben	Rechtsgrundlage
Europäische Kommission	Brüssel	28 Mitglieder (je ein Vertreter aus jedem Mitgliedstaat) Amtszeit = 5 Jahre **Hinweis:** Nach dem Vertrag von Lissabon sind in der Gesamtzahl der Mitglieder der Kommission der Kommissionspräsident und der Hohe Vertreter der EU für Außen- und Sicherheitspolitik, der zugleich einer der Vizepräsidenten ist, eingeschlossen.	► fördert die allgemeinen Interessen der EU und ergreift geeignete Initiativen zu diesem Zweck ► sorgt für die Anwendung der Verträge sowie der von den Organen der EU kraft der Verträge erlassenen Maßnahmen ► überwacht die Anwendung des Rechts der EU unter der Kontrolle des Europäischen Gerichtshofs ► führt den Haushaltsplan aus und verwaltet die Programme ► übt nach Maßgabe der Verträge Koordinierungs-, Exekutiv- und Verwaltungsfunktionen aus ► nimmt die Vertretung der EU nach außen wahr (mit Ausnahme der Gemeinsamen Außen- und Sicherheitspolitik und den übrigen in den Verträgen vorgesehenen Fällen) ► leitet die jährliche und die mehrjährige Programmplanung der EU	Art. 17 EUV
Europäischer Gerichtshof	Luxemburg	28 Richter (je ein Richter aus jedem Mitgliedstaat und acht Generalanwälten) Amtszeit = 6 Jahre	► sichert die Wahrung des Rechts bei der Auslegung und Anwendung der Verträge ► entscheidet über Klagen eines Mitgliedstaats, eines Organs oder natürlicher oder juristischer Personen nach Maßgabe der Verträge ► trifft die Vorabentscheidung auf Antrag der einzelstaatlichen Gerichte über die Auslegung des Rechts der EU oder über die Gültigkeit der Handlungen der Organe ► entscheidet in allen anderen in den Verträgen vorgesehenen Fällen	Art. 19 EUV, Protokoll (Nr. 3) über die Satzung des Gerichtshofs der Europäischen Union

Bezeichnung	Sitz	Zusammensetzung	Aufgaben	Rechtsgrundlage
Europäische Zentralbank (EZB) **Hinweis:** Die EZB bildet zusammen mit den nationalen Zentralbanken der Mitgliedstaaten der EU das Europäische System der Zentralbanken (ESZB). Das ESZB wird von den Beschlussorganen der EZB (EZB-Direktorium, EZB-Rat, Erweiterter EZB-Rat) geleitet.	Frankfurt am Main	EZB-Direktorium: Präsident Vizepräsident und vier weitere Mitglieder EZB-Rat: EZB-Direktorium und die Präsidenten der nationalen Zentralbanken der Euro-Mitgliedstaaten Erweiterter EZB-Rat: EZB-Direktorium und alle Präsidenten der nationalen Zentralbanken der Mitgliedstaaten der EU	▸ hat das vorrangige Ziel, die Preisstabilität zu gewährleisten ▸ legt die Geldpolitik der EU fest und führt diese aus ▸ führt die Devisengeschäfte im Einklang mit Artikel 219 AEUV durch ▸ hält und verwaltet die offiziellen Währungsreserven der Mitgliedstaaten der EU ▸ fördert das reibungslose Funktionieren der Zahlungssysteme ▸ betreibt die Währungspolitik der Euro-Mitgliedstaaten	Art. 127 bis 133, 282 bis 284 AEUV, Protokoll (Nr. 4) über die Satzung des europäischen Systems der Zentralbanken und der Europäischen Zentralbank

Bezeichnung	Sitz	Zusammensetzung	Aufgaben	Rechtsgrundlage
Europäischer Rechnungshof	Luxemburg	je ein Vertreter aus jedem Mitgliedstaat Amtszeit = 6 Jahre	► prüft die Rechnung über alle Einnahmen und Ausgaben der EU sowie jeder von der EU geschaffenen Einrichtung oder sonstigen Stelle, soweit der Gründungsakt dies nicht ausschließt ► legt dem Europäischen Parlament und dem Europäischen Rat eine Erklärung über die Zuverlässigkeit der Rechnungsführung sowie die Rechtmäßigkeit und Ordnungsmäßigkeit der zugrunde liegenden Verträge vor, die im Amtsblatt der EU veröffentlicht sind ► prüft die Rechtmäßigkeit und Ordnungsmäßigkeit der Einnahmen und Ausgaben der EU und überzeugt sich von der Wirtschaftlichkeit der Haushaltsführung und berichtet dabei über alle Fälle von Unregelmäßigkeiten ► erstattet nach Abschluss eines jeden Haushaltsjahrs einen Jahresbericht, der den anderen Organen der EU vorgelegt und im Amtsblatt der EU zusammen mit den Antworten dieser Organe auf die Bemerkungen des Rechnungshofs veröffentlicht wird ► kann jederzeit Bemerkungen zu besonderen Fragen vorlegen, insbesondere in Form von Sonderberichten, und auf Antrag eines der anderen Organe der EU Stellungnahmen abgeben ► unterstützt das Europäische Parlament und den Europäischen Rat bei der Kontrolle der Ausführung des Haushaltsplans der EU	Art. 285 bis 287 AEUV

3. Wie ist der Wirtschafts- und Sozialausschuss zusammengesetzt und welche Aufgaben hat er?

Der mit dem Vertrag zur Gründung der Europäischen Wirtschaftsgemeinschaft (EWG) und dem Vertrag zur Gründung der Europäischen Atomgemeinschaft (EAG/Euratom) 1957 eingerichtete **Wirtschafts- und Sozialausschuss** mit Sitz in Brüssel setzt sich zusammen aus Vertretern der Organisationen der Arbeitgeber und der Arbeitnehmer sowie anderen Vertretern der Zivilgesellschaft, insbesondere aus dem sozialen und wirtschaftlichen, dem staatsbürgerlichen, dem beruflichen und dem kulturellen Bereich (Art. 300 Abs. 2 AEUV). Der Wirtschafts- und Sozialausschuss hat 350 Mitglieder aus allen 28 Ländern der Europäischen Union. Die Mitglieder des Wirtschafts- und Sozialausschusses werden vom Rat (Ministerrat) gemäß den Vorschlägen der Mitgliedstaaten für fünf Jahre ernannt, wobei eine Wiederernennung zulässig ist. Er wählt aus seiner Mitte seinen Präsidenten und sein Präsidium auf zweieinhalb Jahre (Art. 13 Abs. 4 EUV, Art. 301 bis 303 AEUV).

Der **Wirtschafts- und Sozialausschuss** ist eine beratende Einrichtung der Europäischen Union (EU) und wird vom Europäischen Parlament, dem Rat (Ministerrat) oder der Europäischen Kommission in den in den Verträgen vorgesehenen Fällen, z. B. bei Maßnahmen zur Herstellung der Freizügigkeit der Arbeitnehmer oder bei der Zusammenarbeit in sozialen Fragen, von diesen Organen der EU vor ihren Entscheidungen gehört. Daneben kann er von diesen Organen in allen Fällen gehört werden, in denen diese es für zweckmäßig erachten. Ebenso kann der Wirtschafts- und Sozialausschuss von sich aus eine Stellungnahme in den Fällen abgeben, in denen er dies für zweckmäßig erachtet. Die Stellungnahmen des Wirtschafts- und Sozialausschusses sowie ein Bericht über die Beratungen werden dem Europäischen Parlament, dem Rat und der Europäischen Kommission übermittelt (Art. 304 AEUV).

4. Wie setzt sich der Ausschuss der Regionen zusammen und was sind seine Befugnisse?

Der mit dem Vertrag über die Europäische Union (EUV) – auch Vertrag von Maastricht genannt – 1994 eingerichtete **Ausschuss der Regionen** mit Sitz in Brüssel setzt sich zusammen aus Vertretern der regionalen und lokalen Gebietskörperschaften, die entweder ein auf Wahlen beruhendes Mandat in einer regionalen oder lokalen Gebietskörperschaft innehaben oder gegenüber einer gewählten Versammlung politisch verantwortlich sind (Art. 300 Abs. 3 AEUV). Der Ausschuss der Regionen hat 350 Mitglieder aus allen 28 Ländern der Europäischen Union. Die Mitglieder des Ausschusses der Regionen sowie eine gleiche Zahl von Stellvertretern werden vom Rat (Ministerrat) gemäß den Vorschlägen der Mitgliedstaaten für fünf Jahre ernannt, wobei eine Wiederernennung zulässig ist. Der Ausschuss der Regionen wählt aus seiner Mitte seinen Präsidenten und sein Präsidium auf zweieinhalb Jahre (Art. 13 Abs. 4 EUV, Art. 305 und 306 AEUV).

Der **Ausschuss der Regionen** hat als beratende Einrichtung der Europäischen Union (EU) die Aufgabe, die regionalen und lokalen Interessen zu bündeln und in die Entscheidungsverfahren einzubringen und dabei vor allem auf die Verträglichkeit von EU-Regelungen mit regionalen und lokalen Problemen und mit der Verwaltungspraxis zu achten. Er muss dabei in den vertraglich vorgesehenen Fällen, z. B. vor Entscheidungen in der Regionalpolitik, in der Bildung oder zur Förderung der Kultur, vom Rat (Ministerrat) und der Europäischen Kommission vor ihren Entscheidungen gehört werden. Im Übrigen entsprechen seine Beteiligungsrechte der für den Wirtschafts- und Sozialausschuss geltenden Regelung (Art. 307 AEUV). Außerdem sieht das dem neuen EU-Vertrag beigefügte Protokoll (Nr. 2) über die Anwendung der Grundsätze der Subsidiarität und der Verhältnismäßigkeit in Artikel 8 für den Ausschuss der Regionen das Recht vor, wegen Missachtung des Subsidiaritätsprinzips gegen Gesetzgebungsakte, für deren Erlass seine Anhörung nach dem Vertrag über die Arbeitsweise der Europäischen Union (AEUV) vorgeschrieben ist, Klage zu erheben.

5. Was ist die Aufgabe der Europäischen Investitionsbank?

Die **Europäische Investitionsbank** (EIB) mit **Sitz in Luxemburg** hat die Aufgabe, zu einer **ausgewogenen Entwicklung und zum wirtschaftlichen und sozialen Zusammenhalt der Mitgliedstaaten der Europäischen Union (EU) beizutragen**. Zu diesem Zweck nimmt sie umfangreiche Mittel auf den Kapitalmärkten auf und stellt diese zu günstigen Konditionen für Investitionsvorhaben bereit, die der Erreichung der politischen Ziele der EU dienen. Darüber hinaus beteiligt sich die EIB an zahlreichen Projekten außerhalb der EU und spielt deshalb eine wichtige Rolle im Rahmen der Entwicklungszusammenarbeit der EU. Anteilseigner der EIB sind die Mitgliedstaaten der EU. Die EIB besitzt eine **eigene Rechtspersönlichkeit** und ist innerhalb der EU finanziell autonom (Art. 308 und 309 AEUV).

Zu beachten ist, dass die EIB eine politisch orientierte **Bank ohne Erwerbszweck** ist und sie sich insofern von den Geschäftsbanken unterscheidet, als sie keine Privatkonten verwaltet, keine Schaltergeschäfte führt und keine private Anlageberatung erteilt.

6. Welche Aufgabe hat der Hohe Vertreter der Europäischen Union für Außen- und Sicherheitspolitik und wie ist das Verfahren für seine Ernennung und Entlassung gestaltet?

Der Vertrag über die Europäische Union (EUV) sieht in Artikel 18 die Einrichtung des Amtes eines **Hohen Vertreters der Europäischen Union für Außen- und Sicherheitspolitik** vor, in dem die bereits bestehenden Ämter des Hohen Vertreters für die Gemeinsame Außen- und Sicherheitspolitik und des für die Außenbeziehungen der Europäischen Union zuständigen Kommissars zusammengelegt werden.

Der Hohe Vertreter der Europäischen Union für Außen- und Sicherheitspolitik ist mit der **Führung der Gemeinsamen Außen- und Sicherheitspolitik der Europäischen Union** (EU) betraut und führt als solcher den Vorsitz im Rat (Ministerrat) „Auswärtige Angelegenheiten“, er legt Vorschläge vor und sorgt für die Ausführung der Beschlüsse des Rates. Gleichzeitig ist er Vizepräsident der Europäischen Kommission und nimmt als solcher die Zuständigkeiten dieses Organs im Bereich der Außenbeziehungen wahr und koordiniert alle Aspekte des auswärtigen Handelns der EU. Er wird von einem Europäischen Auswärtigen Dienst unterstützt, dem Personal der Europäischen Kommission, des Generalsekretariats des Rates und der nationalen diplomatischen Dienste angehören und der durch Beschluss des Rates nach Stellungnahme des Europäischen Parlaments und Zustimmung der Europäischen Kommission eingerichtet wird.

Der Hohe Vertreter der Europäischen Union für Außen- und Sicherheitspolitik wird vom Europäischen Rat (Rat der Staats- und Regierungschefs) mit qualifizierter Mehrheit im Einvernehmen mit dem Präsidenten der Europäischen Kommission ernannt. Er kann vom Europäischen Rat nach dem gleichen Verfahren entlassen werden und reicht seinen Rücktritt ein, falls ihn der Präsident der Europäischen Kommission dazu auffordert. Als Mitglied der Europäischen Kommission muss er sich ebenfalls dem Zustimmungsvotum des Europäischen Parlaments stellen und muss mit der Europäischen Kommission zurücktreten, falls das Europäische Parlament einen Misstrauensantrag gegen diese annimmt.

6.3 Das Recht der Europäischen Union

1. Wer besitzt das Recht der Gesetzesinitiative in der Europäischen Union?

In der Europäischen Union (EU) hat das alleinige Recht einen Gesetzesvorschlag zu machen (Gesetzesinitiative) die **Europäische Kommission** (Art. 289 Abs. 1, 293 und 294 AEUV). Der Vertrag über die Arbeitsweise der Europäischen Union (AEUV) sieht daneben erstmals die Möglichkeit vor, dass in bestimmten in dem Vertrag über die Europäische Union (EUV) vorgesehenen Fällen auch Verordnungen und Richtlinien auf Initiative einer Gruppe von Mitgliedstaaten oder des Europäischen Parlamentes, auf Empfehlung der Europäischen Zentralbank oder auf Antrag des Europäischen Gerichtshofes oder der Europäischen Investitionsbank erlassen werden können (Art. 289 Abs. 4 AEUV).

Der Rat (Ministerrat) und das Europäische Parlament können die Europäische Kommission lediglich auffordern, einen Vorschlag – dies ist die offizielle Bezeichnung der EU für den Entwurf eines Rechtsaktes – vorzulegen (Art. 225 AEUV). Die Europäische Kommission muss jedoch diesem Vorschlag nicht nachkommen; sie muss lediglich begründen, warum sie dies nicht will.

2. In welche Kategorien lassen sich die Rechtsquellen der Europäischen Union zusammenfassen?

Die **Rechtsquellen** der **Europäischen Union** (EU) lassen sich in vier Kategorien zusammenfassen:

- **Primäres Gemeinschaftsrecht**, welches aus den Gründungsverträgen der drei Europäischen Gemeinschaften (EG-Vertrag, EGKS-Vertrag und EAG-Vertrag) sowie deren Anlagen, Anhängen und Protokollen sowie den späteren Ergänzungen und Änderungen dieser Verträge besteht.
- **Sekundäres Gemeinschaftsrecht** – auch abgeleitetes Gemeinschaftsrecht genannt –, welches das aufgrund einer Ermächtigung im primären Gemeinschaftsrecht von den Organen der EU erlassene Recht umfasst.

- **Akte der Gesamtheit der Mitgliedstaaten**, das die Mitgliedstaaten der EU mit Bezug auf das Gemeinschaftsrecht, aber ohne Ermächtigung durch das Primärrecht vornehmen, wobei das Handeln allein auf der völkerrechtlichen Handlungsfähigkeit der Mitgliedstaaten beruht.
- **Völkerrechtliche Verträge** – soweit die EU bzw. die Gemeinschaft zuständig ist –, wobei sich eine solche Kompetenz insbesondere aus einzelnen Bestimmungen des Primärrechts ergibt.

3. Was sind die wichtigsten Rechtsakte des sekundären Gemeinschaftsrechts?

Die wichtigsten Rechtsakte des sekundären Gemeinschaftsrechts sind:

- **Verordnungen:** Diese sind die stärkste Form der Rechtsetzung; sie haben allgemeine Geltung, sind in allen Teilen verbindlich und gelten unmittelbar in jedem Mitgliedstaat der EU (Art. 288 Abs. 2 AEUV)
- **Richtlinien:** Diese sind für jeden Mitgliedstaat, an den sie gerichtet sind, hinsichtlich des zu erreichenden Zieles verbindlich; sie überlassen jedoch den innerstaatlichen Stellen die Wahl der Form und der Mittel (Art. 288 Abs. 3 AEUV) und müssen von den Mitgliedstaaten in nationales Recht umgesetzt werden
- **Beschlüsse bzw. Entscheidungen:** Diese sind allen ihren Teilen für diejenigen verbindlich, die sie bezeichnen, z. B. für einen Mitgliedstaat oder ein Unternehmen (Art. 288 Abs. 4 AEUV)
- **Empfehlungen und Stellungnahmen:** Beide sind Mittel der Meinungsäußerung, die keine rechtliche Bindungswirkung haben und somit unverbindlich sind (Art. 288 Abs. 5 AEUV).

4. Wie geschieht die rechtliche Umsetzung von europäischen Richtlinien und welche Wirkung haben die Richtlinien?

Die vom Rat (Ministerrat) erlassenen Richtlinien sind Rechtsnormen, die an die Mitgliedstaaten der Europäischen Union (EU) gerichtet sind, verpflichten diese, ihren Inhalt in innerstaatliches Recht umzusetzen. Für die Umsetzung der Richtlinien in das nationale Recht wird bei deren Erlass jeweils eine bestimmte Frist festgelegt. Die Pflicht zur Umsetzung ergibt sich aus Artikel 4 Abs. 3 des Vertrages über die Europäische Union (EUV). Zur **Umsetzung einer Richtlinie in deutsches Recht bedarf es in der Regel eines förmlichen Gesetzes oder einer Verordnung**. In den Gebieten, in denen der Bund keine umfassende Gesetzgebungskompetenz hat, müssen Bund und Länder entsprechend der unterschiedlich verteilten Gesetzgebungskompetenzen ihr Handeln aufeinander abstimmen, damit die Richtlinie in deutsches Recht umgesetzt werden kann. Eine Verwaltungspraxis oder Verwaltungsvorschriften genügen diesen Anforderungen nicht. Außerdem muss das nationale Recht richtlinienkonform ausgelegt werden. Dies gilt insbesondere, wenn zur Umsetzung der Richtlinie nicht neues, der Richtlinie wörtlich entsprechendes Recht geschaffen wird. Mit der rechtlichen Umsetzung wird der Inhalt der Richtlinie Teil der nationalen Rechtsordnung und gilt somit für alle, die von dem Gesetz oder der Verordnung betroffen sind. Dies bedeutet, dass den Richtlinien selbst grundsätzlich keine direkte Wirkung im innerstaatlichen Recht zukommt, sondern erst nach deren Umsetzung durch den jeweiligen Mitgliedstaat. Die Richtlinien begründen somit auch keine unmittelbaren Rechte und Pflichten beim Einzelnen.

Die Mitgliedstaaten setzen die Richtlinien manchmal jedoch nicht oder verspätet in nationales Recht um. Es ist daher möglich, dass einem Einzelnen hierdurch Rechte vorenthalten werden oder er einen Nachteil erleidet. Damit dem Bürger kein Schaden erwächst, hat der **Europäischen Gerichtshof richterrechtliche Instrumente entwickelt**, die das Bundesverfassungsgericht als zulässige Rechtsfortbildung anerkannt hat, wonach unter bestimmten Voraussetzungen Richtlinien auch mit sofortiger Wirkung in Kraft treten und somit unmittelbare Geltung entfalten können. Die Voraussetzungen dafür sind, dass die Richtlinie nicht fristgerecht oder nicht ordnungsgemäß umgesetzt wurde sowie unbedingte und hinreichend genaue Vorschriften enthält. Ferner kann eine fehlende oder verspätete Umsetzung einer Richtlinie zu Schadensersatzpflichten des säumigen Mitgliedstaates gegenüber geschädigten Bürgern führen. Bei Nichteinhaltung der Fristen drohen den Mitgliedstaaten außerdem Sanktionen durch die EU, wie zum Beispiel die Einleitung eines Vertragsverletzungsverfahrens. Dies kann zu hohen Geldstrafen für die säumigen Mitgliedstaaten führen (Art. 258, 260 AEUV).

5. Welche Rechtsetzungsverfahren bestehen innerhalb der Europäischen Union?

Der Vertrag über die Europäische Union (EUV) unterscheidet zwei Rechtsetzungsverfahren innerhalb der Europäischen Union (EU):

- **ordentliches Gesetzgebungsverfahren**
- **besonderes Gesetzgebungsverfahren**.

6. Wie ist das ordentliche Gesetzgebungsverfahren der Europäischen Union gestaltet?

Beim **ordentlichen Gesetzgebungsverfahren** als dem **Regelfall** ist die Entscheidungsbefugnis in der Gesetzgebung auf das Europäische Parlament und den Rat (Ministerrat) gleich verteilt.

Nach der **ersten Lesung** eines Gesetzes im Parlament kann der Rat den Gesetzentwurf nur verabschieden, wenn er den in erster Lesung vom Parlament festgelegten Standpunkt, der ihm übermittelt werden muss, billigt. Ist dies nicht der Fall, legt der Rat seinen Standpunkt in erster Lesung fest und leitet ihn mit einer detaillierten Begründung dem Parlament zu.

Der Standpunkt des Rates ist Gegenstand der **zweiten Lesung** im Europäischen Parlament. Das Parlament hat drei Monate Zeit, um den Standpunkt des Rates zu billigen, zu ändern oder abzulehnen, wobei für eine Änderung oder Ablehnung die absolute Mehrheit erforderlich ist. Billigt das Europäische Parlament in der zweiten Lesung den Standpunkt des Rates oder äußert es sich nicht in der vorgegebenen Frist, ist der Rechtsakt damit in der Fassung des Standpunkts des Rates erlassen. Lehnt das Parlament mit der Mehrheit seiner Mitglieder den Standpunkt ab, gilt der Rechtsakt als nicht erlassen. Ändert das Europäische Parlament aber in zweiter Lesung den Standpunkt des Rates, muss der Rat diese Änderungen mit qualifizierter Mehrheit akzeptieren, um das Gesetz erlassen zu können.

Billigt der Rat die Änderungen des Europäischen Parlamentes nicht, wird vom Präsidenten des Rates ein **Vermittlungsausschuss** einberufen, der aus den Mitgliedern des Rates oder deren Vertretern und ebenso vielen Abgeordneten des Europäischen Parlaments besteht. Der Vermittlungsausschuss hat die Aufgabe, mit der qualifizierten Mehrheit der Mitglieder des Rates oder deren Vertretern und der Mehrheit der Mitglieder des Europäischen Parlaments binnen sechs Wochen nach seiner Einberufung eine Einigung auf der Grundlage der Standpunkte des Parlaments und des Rates in zweiter Lesung zu erzielen. Kommt innerhalb dieser Frist im Vermittlungsausschuss kein gemeinsamer Entwurf zustande, so gilt der vorgeschlagene Rechtsakt als nicht erlassen. Billigt der Vermittlungsausschuss aber einen gemeinsamen Entwurf, so geht dieser an das Europäische Parlament und den Rat. Wenn beide Organe in **dritter Lesung** dann dem Gesetzentwurf zustimmen, wobei im Parlament die Mehrheit der abgegebenen Stimmen und im Rat die qualifizierte Mehrheit erforderlich ist, ist er angenommen; ansonsten gilt der vorgeschlagene Rechtsakt als nicht erlassen (Art. 294 Abs. 1 bis 14 AEUV).

Daneben enthält der Vertrag über die Arbeitsweise der Europäischen Union (AEUV) besondere Bestimmungen für die in den Verträgen vorgesehenen Fälle, in denen ein Gesetzgebungsakt auf Initiative einer Gruppe von Mitgliedstaaten, auf Empfehlung der Europäischen Zentralbank oder auf Antrag des Europäischen Gerichtshofs im ordentlichen Gesetzgebungsverfahren erlassen wird (Art. 294 Abs. 15 AEUV).

7. Was ist unter den besonderen Gesetzgebungsverfahren der Europäischen Union zu verstehen?

Bei den **besonderen Gesetzgebungsverfahren**, die in den europäischen Verträgen ausdrücklich vorgesehen werden müssen, besteht das Verfahren aus der Initiative der Europäischen Kommission (mit Ausnahme bestimmter Bereiche des Raums der Freiheit, der Sicherheit und des Rechts, in denen sie die Initiative mit mindestens einem Viertel der Mitgliedstaaten teilt) und der Mitentscheidung des Europäischen Parlaments und des Rates (Ministerrat), wobei der Rat mit qualifizierter Mehrheit beschließt. Die Fälle der besonderen Gesetzgebungsverfahren, in denen eines der Organe der EU unter der Beteiligung des anderen Organs einen Rechtsakt erlässt, können von Zustimmung bis zur bloßen Stellungnahme reichen.

8. Mit welcher Mehrheit fasst der Rat der Europäischen Union seine Beschlüsse?

Die für einen **Beschluss des Rates** (Ministerrat) erforderliche Mehrheit ist für den jeweiligen Politikbereich in den Verträgen festgelegt. In Betracht kommt dabei die **einfache Mehrheit**, die **qualifizierte Mehrheit** oder **einstimmige Beschlüsse**.

Ist zu einem Beschluss des Rates die **einfache Mehrheit** erforderlich, so beschließt der Rat mit der Mehrheit seiner Mitglieder (Art. 238 Abs. 1 AEUV).

Die **qualifizierte Mehrheit** wird derzeit erreicht, wenn mindestens 15 von 28 Mitgliedstaaten, die zusammen über mindestens 250 von 352 Stimmen im Rat verfügen, dem Beschluss zustimmen. Außerdem kann ein Mitgliedstaat überprüfen lassen, ob die qualifizierte Mehrheit mindestens 62 % der Gesamtbevölkerung der Europäischen Union (EU) repräsentiert. Falls sich erweist, dass diese Bedingung nicht erfüllt ist, kommt der betreffende Beschluss nicht zustande (Art. 3 Abs. 4 des Protokolls (Nr. 36) über die Übergangsbestimmungen). Der Vertrag über die Europäische Union (EUV) sieht in Artikel 16 Abs. 4 einen neuen Modus zur Berechnung der qualifizierten Mehrheit vor. Danach erfolgt die Beschlussfassung nach dem Prinzip der doppelten Mehrheit, das heißt mindestens 55 % der Mitglieder des Rates müssen zusammen mindestens 65 % der Bevölkerung der EU repräsentieren, wobei eine Sperrminorität von vier Mitgliedstaaten vorgesehen ist. Diese Regelung gilt seit dem 1. November 2014. Bis zum 31. März 2017 kann ein Mitgliedstaat im Einzelfall aber auch verlangen, dass nach dem früheren Verfahren abgestimmt wird.

Einstimmigkeit bedeutet, dass kein Mitgliedstaat überstimmt werden kann, wobei aber jeder Staat die von allen anderen Staaten für notwendig erachtenden Entschlüsse blockieren kann.

9. Welche Regelung gilt hinsichtlich des Inkrafttretens für Rechtsakte der Europäischen Union?

Die nach dem ordentlichen Gesetzgebungsverfahren erlassenen Gesetzgebungsakte werden vom Präsidenten des Europäischen Parlaments und vom Präsidenten des Rates (Ministerrat) unterzeichnet; die gemäß einem besonderen Gesetzgebungsverfahren erlassenen Gesetzgebungsakte sowie die Rechtsakte ohne Gesetzescharakter, die als Verordnung, Richtlinie oder Beschluss, der an keinen bestimmten Adressaten gerichtet ist, erlassen wurden, werden vom Präsidenten des Organs unterzeichnet, das sie erlassen hat. Alle Gesetzgebungsakte und Rechtsakte ohne Gesetzescharakter werden im **Amtsblatt der Europäischen Union** veröffentlicht. Sie treten zu dem durch sie festgelegten Zeitpunkt oder andernfalls am zwanzigsten Tag nach ihrer Veröffentlichung in Kraft (Art. 297 Abs. 1 und Abs. 2 Satz 1 bis 3 AEUV).

Die anderen Richtlinien sowie die Entscheidungen werden denjenigen, für die sie bestimmt sind, bekannt gegeben und werden durch diese Bekanntgabe wirksam (Art. 297 Abs. 2 Satz 4 AEUV).

10. Welche Garantien schreibt das Grundgesetz für die Beteiligung der Bundesrepublik Deutschland an der Verwirklichung der Europäischen Union vor?

Der im Jahre 1992 in das Grundgesetz (GG) eingefügte Artikel 23 – der auch als **Europaartikel** bezeichnet wird – enthält in seinem ersten Absatz die **Staatszielbestimmung eines vereinten Europas**. Damit verbunden ist eine **Struktursicherungsklausel**, nach der die Europäische Union (EU) demokratischen, rechtsstaatlichen, sozialen und föderativen Grundsätzen verpflichtet sein und einen dem GG vergleichbaren Grundrechtsschutz gewährleisten muss (Art. 23 Abs. 1 Satz 1 GG). Außerdem gilt das Prinzip der **Subsidiarität**, das heißt die EU darf in den Politikbereichen, in denen ihr vertraglich keine ausschließliche Kompetenz zusteht, nur tätig werden, soweit Maßnahmen auf der Ebene der einzelnen Mitgliedstaaten nicht ausreichen, um die angestrebten Ziele zu erreichen. Der Bund kann hierzu durch Gesetz mit Zustimmung des Bundesrates Hoheitsrechte übertragen (Art. 23 Abs. 1 Satz 2 GG). Für die Begründung der EU sowie für Änderungen ihrer vertraglichen Grundlagen und vergleichbaren Regelungen, durch die das GG seinem Inhalt nach geändert oder ergänzt wird oder solche Änderungen oder Ergänzungen ermöglicht werden, sind die Schranken des Artikels 79 Abs. 2 und 3 GG zu beachten (Art. 23 Abs. 1 Satz 3 GG).

Zu beachten ist, dass Artikel 23 des GG ausschließlich anwendbar ist für Angelegenheiten der EU. Für die Übertragung von Hoheitsrechten außerhalb der EU bildet Artikel 24 GG die verfassungsrechtliche Grundlage.

11. Wie ist die Mitwirkung von Bundestag und Bundesrat bei Rechtsetzungsakten der Europäischen Union geregelt?

Die **Mitwirkungsbefugnisse** des **Bundestages** und des **Bundesrates** in Angelegenheiten der Europäischen Union (EU) sind in Artikel 23 Abs. 2 bis 6 des Grundgesetzes (GG) näher konkretisiert. Danach wirken in Angelegenheiten der EU der Bundestag und durch den Bundesrat die Länder mit, wobei die Bundesregierung den Bundestag und den Bundesrat umfassend und zum frühestmöglichen Zeitpunkt zu unterrichten hat (Art. 23 Abs. 2 GG).

Hinsichtlich der Mitwirkungsbefugnisse des Bundestages bestimmt Artikel 23 Abs. 3 GG, dass die Bundesregierung dem **Bundestag** Gelegenheit zur Stellungnahme vor ihrer Mitwirkung an Rechtsetzungsakten der EU gibt und die Stellungnahmen des Bundestages bei den Verhandlungen berücksichtigt. Daneben sieht Artikel 45 GG vor, dass der Bundestag einen **Ausschuss für die Angelegenheiten der EU** bestellen und diesen Ausschuss ermächtigen kann, die Rechte des Bundestages gemäß Artikel 23 GG gegenüber der Bundesregierung wahrzunehmen. Näheres hierzu und zur Beteiligung des Bundestages in Angelegenheiten der EU ist im **Gesetz über die Zusammenarbeit von Bundesregierung und Deutschem Bundestag in Angelegenheiten der Europäischen Union** (EUZBBG) geregelt. Vorgesehen ist außerdem, dass der Bundestag den Ausschuss für die Angelegenheiten der EU auch zur Wahrnehmung seiner direkten Mitwirkungsrechte gegenüber den Organen der EU ermächtigen kann, die durch den Vertrag von Lissabon den nationalen Parlamenten erstmals eingeräumt worden sind. Hierzu wurde durch das Gesetz zur Änderung des Grundgesetzes (GG) vom 8. Oktober 2008 eine entsprechende Ergänzung des Artikels 45 des GG vorgenommen, die am 1. Dezember 2009 in Kraft getreten ist. Die Einzelheiten sind im Gesetz über die Wahrnehmung der Integrationsverantwortung des Bundestages und des Bundesrates in Angelegenheiten der Europäischen Union (**Integrationsverantwortungsgesetz** – IntVG) festgelegt. Darüber hinaus ist darauf hinzuweisen, dass das Bundesverfassungsgericht (BVerfG) mit Urteil vom 30. Juni 2009 zum Vertrag von Lissabon unter anderem festgestellt hat, dass die verfassungsrechtlich gebotenen Beteiligungsrechte der gesetzgebenden Körperschaften am europäischen Integrationsprozess im nationalen Recht auf der Ebene des einfachen Gesetzes abzubilden und zu konkretisieren sind. Vor dem Hintergrund dieses Urteils wurden die Regelungen der Vereinbarung zwischen dem Deutschen Bundestag und der Bundesregierung über die Zusammenarbeit in Angelegenheiten der Europäischen Union in Ausführung des § 6 des Gesetzes über die Zusammenarbeit von Bundesregierung und Deutschem Bundestag in Angelegenheiten der Europäischen Union (EUZBBV) in neuer Systematik in das EUZBBG überführt.

Hinsichtlich der Mitwirkungsbefugnisse des Bundesrates enthält Artikel 23 Abs. 4 bis 6 GG nähere Regelungen. Danach ist der Bundesrat an der Willensbildung des Bundes zu beteiligen, soweit er an einer entsprechenden innerstaatlichen Maßnahme mitzuwirken hätte oder soweit die Länder innerstaatlich zuständig wären (Art. 23 Abs. 4 GG). Soweit in einem Bereich ausschließlicher Zuständigkeiten des Bundes Interessen der Länder berührt sind oder soweit im übrigen der Bund das Recht zur Gesetzgebung hat, berücksichtigt die Bundesregierung die Stellungnahme des Bundesrates. Wenn im Schwerpunkt Gesetzgebungsbefugnisse der Länder, die Einrichtung ihrer Behörden oder ihre Verwaltungsverfahren betroffen sind, ist bei der Willensbildung des Bundes insoweit die Auffassung des Bundesrates maßgeblich zu berücksichtigen; dabei ist die gesamtstaatliche Verantwortung des Bundes zu wahren. In Angelegenheiten, die zu Ausgabenerhöhungen oder Einnahmeminderungen für den Bund führen können, ist die Zustimmung der Bundesregierung erforderlich (Art. 23 Abs. 5 GG). Wenn im Schwerpunkt ausschließliche Gesetzgebungsbefugnisse der Länder auf den Gebieten der schulischen Bildung, der Kultur oder des Rundfunks betroffen sind, wird die Wahrnehmung der Rechte, die der Bundesrepublik Deutschland als Mitgliedstaat der Europäischen Union zustehen, vom Bund auf einen vom Bundesrat benannten Vertreter der Länder übertragen. Die Wahrnehmung der Rechte erfolgt unter Beteiligung und in Abstimmung mit der Bundesregierung; dabei ist die gesamtstaatliche Verantwortung des Bundes zu wahren (Art. 23 Abs. 6 GG).

Die Einzelheiten zu den in Artikel 23 Abs. 4 bis 6 des GG festgelegten **Beteiligungsrechten der Länder** sind in dem in Ausführung des Artikels 23 Abs. 7 GG mit Zustimmung des Bundesrates erlassenen **Gesetz über die Zusammenarbeit von Bund und Ländern in Angelegenheiten der Europäischen Union** (EUZBLG) geregelt. Ebenfalls vor dem Hintergrund des Urteils des BVerfG vom 30. Juni 2009 zum EU-Reformvertrag von Lissabon sind daher auch die Regelungen der Vereinbarung zwischen der Bundesregierung und den Regierungen der Länder über die Zusammenarbeit in Angelegenheiten der Europäischen Union in Ausführung von § 9 des Gesetzes über die Zusammenarbeit von Bund und Ländern in Angelegenheiten der Europäischen Union (EUZBLV) in ihrer an den Vertrag von Lissabon angepassten Fassung in das EUZBLG als Anlage zu § 9 überführt worden.

6.4 Die Unionsbürgerschaft

1. Welcher Vertrag bildet die Grundlage für die Unionsbürgerschaft?

Die **Unionsbürgerschaft** ist in den Artikeln 20 bis 25 des Vertrages über die Arbeitsweise der Europäischen Union (AEUV) geregelt.

2. Wer ist Unionsbürger?

Unionsbürger ist, wer die Staatsangehörigkeit eines Mitgliedstaats besitzt (Art. 20 Abs. 1 Satz 2 AEUV). Die **Unionsbürgerschaft** ergänzt die nationale Staatsbürgerschaft, ersetzt sie aber nicht (Art. 20 Abs. 1 Satz 3 AEUV).

3. Welche Rechte sind mit der Unionsbürgerschaft verbunden?

Mit der **Unionsbürgerschaft** sind unter anderem folgende Rechte verbunden:

- Niederlassungs- und Aufenthaltsrecht (Art. 21 EAUV)
- aktives und passives Wahlrecht bei Kommunal- und Europawahlen am Wohnort (Art. 22 AEUV)
- diplomatischer und konsularischer Schutz durch Auslandsvertretungen anderer EU-Mitgliedstaaten in Drittländern, in denen das eigene Land nicht vertreten ist (Art. 23 AEUV)
- Petitionsrecht beim Europäischen Parlament in Angelegenheiten der Tätigkeit der Gemeinschaft (Art. 24 Satz 2 i. V. m. Art. 227 EUAV (neu), Art. 21 Satz 1 i. V. m. Art. 194 EGV)
- Beschwerdemöglichkeiten bei einem vom Europäischen Parlament bestellten Bürgerbeauftragten in Angelegenheiten der Verwaltungstätigkeit der EG (Art. 24 Satz 3 i. V. m. Art. 228 EUAV).

4. Was bedeutet die Europäische Bürgerinitiative?

Der Vertrag über die Europäische Union (EUV) sieht in Artikel 11 die Einführung der **Europäischen Bürgerinitiative** vor. Diese am 1. Dezember 2009 in Kraft getretene Bestimmung beinhaltet, dass eine Million Bürger aus einer bestimmten Zahl von Mitgliedstaaten der Europäischen Union (EU) die Europäische Kommission auffordern können, im Rahmen ihrer Befugnisse geeignete Vorschläge zu Themen zu unterbreiten, zu denen es nach Ansicht jener Bürger eines Rechtsaktes der EU bedarf, um die europäischen Verträge umzusetzen. Die Bestimmungen über das Verfahren und die Bedingungen, die für eine solche Bürgerinitiative gelten, einschließlich der Mindestzahl der Mitgliedstaaten, aus denen die Bürger kommen müssen, die diese Initiative ergreifen, werden vom Europäischen Parlament und vom Rat (Ministerrat) gemäß dem ordentlichen Gesetzgebungsverfahren festgelegt (Art. 24 Abs. 1 AEUV).

Teilgebiet Rechtskunde

1. Grundlagen des Rechts

1.1 Funktionen des Rechts

1. Was versteht man unter einer Rechtsordnung?

Als **Rechtsordnung** bezeichnet man die Gesamtheit aller von einer **Gemeinschaft festgelegten Regeln**, nach denen der Einzelne und die staatlichen Organe ihr Verhalten auszurichten haben.

2. Was ist Aufgabe und Ziel der Rechtsordnung?

Die **Rechtsordnung** hat im Wesentlichen die **Aufgabe:**

- die verschiedenen Lebensbereiche und Angelegenheiten des Gemeinschaftslebens sinnvoll zu ordnen (**Ordnungsfunktion**)
- die Rechtsgüter und Interessen des Einzelnen und der Gemeinschaft zu schützen (**Schutzfunktion**)
- einen gerechten Ausgleich der zwischenmenschlichen Interessengegensätze herbeizuführen (**Ausgleichsfunktion**).

Das oberste Ziel der Rechtsordnung und die Richtschnur für jedes staatliche Handeln in Gesetzgebung und Verwaltung bildet dabei die Gerechtigkeit. Man unterscheidet zwei Arten der Gerechtigkeit, die **ausgleichende Gerechtigkeit** als Prinzip gerechter Regelung der Verhältnisse der Einzelnen untereinander und die **austeilende Gerechtigkeit** als Grundlage der Regelung von Rechten und Pflichten des Einzelnen gegenüber der Gemeinschaft.

Beispiel

Die kaufrechtlichen Gewährleistungsrechte des BGB beinhalten einen gerechten Ausgleich der Interessen zwischen Verkäufer und Käufer wegen Mängeln einer Sache (ausgleichende Gerechtigkeit). Die gerechte Beurteilung der Leistungen der Schüler gebietet es, dass die Schulnoten unter Beachtung der klassischen Gerechtigkeitsformeln „Jedem das Seine" und „Gleiches gleich zu behandeln" und „Ungleiches ungleich" verteilt werden (austeilende Gerechtigkeit).

3. Durch welche Normen wird das Zusammenleben und Verhalten der Menschen noch beeinflusst?

Das Zusammenleben und Verhalten der Menschen wird außer durch die Rechtsordnung insbesondere auch durch außerrechtliche **soziale Normen**, das heißt Verhaltensregeln, die das gegenwärtige oder das zukünftige Handeln einer bestimmten Gruppe von Menschen in bestimmten Situationen mehr oder weniger verbindlich vorschreiben, beeinflusst. Es handelt sich hierbei um die Normen:

- **Brauch**
- **Sitte**
- **Moral**.

4. Was versteht man unter den Begriffen Brauch, Sitte und Moral?

Unter einem **Brauch** versteht man regelmäßig wiederkehrende Verhaltensweisen, die sich im Gemeinschaftsleben herausgebildet haben und eine gewisse Gleichartigkeit des Handelns in bestimmten Situationen bewirken.

Beispiel: Es ist Brauch, einen Weihnachtsbaum aufzustellen oder Geschenke zum Geburtstag zu machen.

Unter **Sitte** versteht man die in einer Gemeinschaft über einen längeren Zeitraum entstandenen Lebensgewohnheiten und Verhaltensformen.

Beispiel: Es ist Sitte, in einer bestimmten Weise und für eine bestimmte Zeit Trauerkleidung zu tragen oder beim Essen Messer und Gabel zu benutzen.

Die **Moral** – auch als Sittlichkeit oder Ethik bezeichnet – bezieht sich auf die innere Haltung, d. h. die Gesinnung und das Gewissen des Menschen, wobei sittliches Handeln darauf abzielt, das Gute zu tun und das Böse zu unterlassen.

Beispiel: Es ist unmoralisch, sein Ehrenwort zu brechen.

5. Wodurch unterscheidet sich die Sitte vom Brauch?

Die **Sitte unterscheidet sich vom Brauch** dadurch, dass ihr **Grad der Verbindlichkeit** und damit der Anspruch auf Beachtung seitens der Gemeinschaft zumeist **deutlich höher** ist. Der Begriff Brauch wird in der Praxis jedoch oft in Verbindung mit Sitte verwendet.

6. Welche rechtliche Bedeutung haben die sich aus den sozialen Normen ergebenden Verhaltensregeln?

Die sich aus dem Brauch, der Sitte und der Moral ergebenden **Verhaltensregeln** sind von den durch die Rechtsordnung getroffenen Regelungen zu unterscheiden. Sie beruhen nämlich auf dem freien Willen des Einzelnen und sind im Unterschied zum Recht **nicht erzwingbar**, d. h. sie können nicht mit staatlichen Zwangsmitteln durchgesetzt werden. Die **Missachtung** der sich aus dem Brauch, der Sitte und der Moral ergebenden Regeln kann aber den Betroffenen entsprechend der Bedeutung, die die verletzte Norm für das Gemeinschaftsleben hat, mit mehr oder weniger schweren **nachteiligen Folgen** oder **sozialen Sanktionen** treffen, z. B. Missbilligung, Isolierung.

Im Gegensatz dazu führt die **Verletzung des Rechts** zu **rechtlichen Konsequenzen**, da das Recht von den Mitgliedern der Gemeinschaft entweder eine bestimmte Handlung fordert oder ein bestimmtes Verhalten verbietet. Das Recht zwingt somit die Mitglieder der Gemeinschaft, die Rechtsordnung zu beachten und sich ihr unterzuordnen.

Zu beachten ist aber, dass zwischen der Rechtsordnung sowie dem Brauch, der Sitte und den moralischen Vorstellungen vielfältige Zusammenhänge bestehen. So sind die durch Sitte, Brauch und Moral geprägten Regeln vielfach von der Rechtsordnung übernommen worden oder nehmen auf diese Bezug und ziehen daraus rechtliche Folgerungen.

Beispiele: § 242 StGB stellt das in der Moral verankerte Verbot zu stehlen unter Strafe. § 138 BGB verbietet Rechtsgeschäfte, die gegen die guten Sitten verstoßen.

1.2 Einteilung des Rechts

1. Was versteht man unter objektivem und subjektivem Recht?

Unter **Recht im objektiven Sinne** versteht man die Rechtsordnung des Staates, die die Gesamtheit der Rechtsvorschriften umfasst, durch die das Leben in der menschlichen Gemeinschaft verbindlich geordnet wird.

Unter **Recht im subjektiven Sinne** versteht man die dem Einzelnen von der Rechtsordnung, das heißt vom objektiven Recht, eingeräumte Befugnis. Das subjektive Recht kann sein:

- Ein **Anspruch**, das heißt der Berechtigte kann von dem anderen ein Tun oder Unterlassen verlangen (§ 194 BGB).

  Beispiel: Der Eigentümer eines Grundstücks kann vom Nachbarn das Unterlassen unzulässiger Einwirkungen verlangen (§ 194 BGB).

- Ein **Gestaltungsrecht**, das heißt der Berechtigte ist ermächtigt, ein Rechtsverhältnis zu begründen, zu verändern oder aufzuheben.

  Beispiel: Der Käufer erklärt den Rücktritt von einem Vertrag, in dem ein Rücktrittsrecht innerhalb von vier Wochen vereinbart wurde (§§ 346 ff. BGB).

- Ein **Herrschaftsrecht**, das heißt der Berechtigte kann über Gegenstände nach seinem Belieben verfügen.

  Beispiel: Der Eigentümer kann mit der Sache nach Belieben verfahren und andere von jeder Einwirkung ausschließen, soweit nicht das Gesetz oder Rechte Dritter entgegenstehen (§ 903 BGB).

2. In welche Rechtsgebiete lässt sich die Rechtsordnung der Bundesrepublik Deutschland einteilen und welche sonstigen Unterscheidungen gibt es?

Die Rechtsordnung der Bundesrepublik Deutschland, also das **Recht im objektiven Sinne**, lässt sich einteilen in:

- **öffentliches Recht**
- **Privatrecht**.

Darüber hinaus unterscheidet man je nach dem Gesichtspunkt noch zwischen

- gesetztem (geschriebenem) Recht und Gewohnheitsrecht
- materiellem Recht und formellem Recht
- zwingendem Recht und nachgiebigem (dispositivem) Recht.

3. Was versteht man unter öffentlichem Recht und Privatrecht?

Das **öffentliche Recht** regelt die Rechtsbeziehungen des einzelnen Bürgers zum Staat und zu den sonstigen juristischen Personen des öffentlichen Rechts sowie die Rechtsbeziehungen dieser juristischen Personen untereinander.

Beispiele: Zum öffentlichen Recht gehören insbesondere das Verfassungsrecht, Verwaltungsrecht, Strafrecht und Völkerrecht.

Das **Privatrecht** – auch als Zivilrecht bezeichnet – regelt die Rechtsbeziehungen der Personen untereinander oder von Personen zu Sachen.

Beispiele: Zum Privatrecht gehören vor allem das Bürgerliche Recht sowie das Handels- und Gesellschaftsrecht.

4. Wodurch unterscheidet sich das öffentliche Recht vom Privatrecht?

Das öffentliche Recht und das Privatrecht unterscheiden sich dadurch, dass sich im **Privatrecht** die Beteiligten **gleichberechtigt** gegenüberstehen, während im **öffentlichen Recht** in der Regel der Einzelne dem Staat **untergeordnet** ist (eine Ausnahme hiervon bilden die Rechtsbeziehungen zwischen den öffentlich-rechtlichen Rechtsträgern sowie die öffentlich-rechtlichen Verträge).

In der Praxis führt die Teilung zwischen privatem und öffentlichem Recht im Einzelfall gelegentlich zu erheblichen **Abgrenzungsproblemen**. Wichtig ist die Teilung zwischen privatem und öffentlichem Recht jedoch in erster Linie für die Bestimmung der für die Entscheidung eines Rechtsstreites zuständigen Gerichtsbarkeit. So ist z. B. für den Verwaltungsrechtsweg nach § 40 VwGO das Vorliegen einer öffentlich-rechtlichen Streitigkeit erforderlich, während die Zuständigkeit der Zivilgerichte nach § 13 GVG grundsätzlich nur in allen bürgerlich-rechtlichen Streitigkeiten gegeben ist.

5. Welches ist das wichtigste Gesetz des Privatrechts in der Bundesrepublik Deutschland?

Das wichtigste Gesetz des Privatrechts in der Bundesrepublik Deutschland ist das **Bürgerliche Gesetzbuch** (BGB), das im Jahre 1896 von dem damaligen Parlament, dem Reichstag, beschlossen und mit Datum vom 18. August 1896 im Reichsgesetzblatt verkündet wurde. Das BGB trat am 1. Januar 1900 in Kraft.

6. Wie ist das Bürgerliche Gesetzbuch aufgebaut?

Das **Bürgerliche Gesetzbuch** (BGB) gliedert sich in **fünf Bücher:**

- Erstes Buch: **Allgemeiner Teil** (§§ 1 - 240)
- Zweites Buch: **Recht der Schuldverhältnisse** (§§ 241 - 853)
- Drittes Buch: **Sachenrecht** (§§ 854 - 1296)
- Viertes Buch: **Familienrecht** (§§ 1297 - 1921)
- Fünftes Buch: **Erbrecht** (§§ 1922 - 2385).

7. Gilt das Bürgerliche Gesetzbuch auch in den neuen Bundesländern?

Das BGB und seine Nebengesetze gelten mit wenigen Ausnahmen (Art. 230 EGBGB) auch in den fünf neuen Bundesländern. Den durch den Übergang von einer Rechtsordnung zu einer anderen zwangsläufig entstehenden Rechtsproblemen wurde durch Übergangsvorschriften Rechnung getragen, insbesondere um soziale Härten zu vermeiden (Art. 231 ff. EGBGB).

8. Was versteht man unter gesetztem Recht und Gewohnheitsrecht?

Unter **gesetztem** (geschriebenem) **Recht** versteht man die schriftlich niedergelegten Rechtsvorschriften, die von den gesetzlich vorgesehenen Organen beschlossen und in einer bestimmten Art und Weise veröffentlicht wurden.

Beispiele: Verfassungen, Gesetze, Rechtsverordnungen, Satzungen.

Unter **Gewohnheitsrecht** ist das ungeschriebene Recht, das durch langjährige tatsächliche Übung, die von der Rechtsüberzeugung der Beteiligten getragen ist, zu verstehen. Das Gewohnheitsrecht steht dem gesetzten (geschriebenen) Recht im Rang gleich. Durch das staatlich gesetzte Recht endet aber das Gewohnheitsrecht. Da die meisten Lebensbereiche heute durch das gesetzte Recht geregelt sind, hat das Gewohnheitsrecht nur noch geringe Bedeutung.

9. Was ist unter materiellem und formellem Recht zu verstehen?

Als **materielles Recht** werden diejenigen Rechtsvorschriften (Rechtsnormen) bezeichnet, die das Recht als solches ordnen.

Beispiele: Bürgerliches Gesetzbuch, Strafgesetzbuch.

Als **formelles Recht** werden diejenigen Rechtsvorschriften (Rechtsnormen) bezeichnet, die der Durchsetzung des materiellen Rechts dienen.

Beispiele: Zivilprozessordnung, Strafprozessordnung, Verwaltungsgerichtsordnung.

10. Was bedeutet zwingendes und nachgiebiges Recht?

Von **zwingendem Recht** spricht man, wenn die rechtlich vorgeschriebene Regelung durch die Beteiligten nicht geändert werden kann.

Beispiel: Das Verfahrensrecht ist in der Regel nicht abänderbar.

Um **nachgiebiges** (dispositives) **Recht** handelt es sich, wenn die rechtlich vorgeschriebene Regelung durch die Beteiligten geändert werden kann.

Beispiel: Das Vertragsrecht des BGB ist grundsätzlich abänderbar.

1.3 Rechtsquellen und Rechtsnormen

1. Was versteht man unter einer Rechtsquelle und welche Rechtsquellen gibt es?

Unter einer **Rechtsquelle** versteht man die Herkunft und die Verankerung des Rechts. Rechtsquellen sind:

- **Verfassung**
- **Gesetze**
- **Rechtsverordnungen**
- **Satzungen**
- **Gewohnheitsrecht**
- **Richterrecht**.

2. Wodurch unterscheiden sich Verfassung, Gesetz, Rechtsverordnung, Satzung und Gewohnheitsrecht?

Die **Verfassung** ist die Gesamtheit der geschriebenen und ungeschriebenen Rechtsnormen, welche die Grundordnung eines Staates bestimmen.

Unter einem **Gesetz** versteht man eine durch bewusste Setzung niedergelegte Regel. Innerhalb der Gesetze wird unterschieden zwischen dem **Gesetz im formellen Sinn**, das ist eine Rechtsvorschrift, die von den verfassungsmäßigen Gesetzgebungsorganen beschlossen und verfassungsgemäß ausgefertigt und verkündet ist, und dem **Gesetz im materiellen Sinn**, das ist jede Rechtsnorm einschließlich des Gewohnheitsrechts.

Die **Rechtsverordnung** ist eine Rechtsvorschrift, die von gesetzlich dazu ermächtigten Regierungen oder einzelnen Ministern erlassen ist. Sie dient der Ausführung der Gesetze, in deren Rahmen sie sich halten muss. Die Rechtsverordnung ist nur dann gültig, wenn sie ordnungsgemäß verkündet worden ist.

Die **Satzung** ist eine Rechtsvorschrift, die von einer mit Rechtssetzungsbefugnis ausgestatteten Körperschaft, Anstalt oder Stiftung des öffentlichen Rechts für ihren Bereich erlassen ist (z. B. Gemeindesatzungen).

Gewohnheitsrecht sind die ungeschriebenen Regeln, die sich in langjähriger Übung als Recht herausgebildet haben. Das Gewohnheitsrecht war früher, als es noch keine Gesetze gab, die wichtigste Rechtsquelle. Heute ist das Gewohnheitsrecht als Rechtsquelle nur noch von untergeordneter Bedeutung, da die meisten Lebensbereiche durch das geschriebene Recht geregelt sind.

3. Was ist unter Richterrecht zu verstehen und worin liegt seine Bedeutung?

Unter **Richterrecht** versteht man die von unabhängigen Richtern ausgeübte Auslegung und Fortbildung des Rechts.

Das Richterrecht greift ein, wenn keine Rechtsnormen vorhanden sind oder wenn sie ein Rechtsproblem nicht regeln, z. B. Ausfüllung von Gesetzeslücken im Wege der Auslegung, Grundsatzentscheidungen der oberen Gerichte zu streitigen Rechtsfragen und Fortentwicklung oder Überprüfung bereits bestehender Auslegungen.

Umstritten ist, ob das Richterrecht (mit Ausnahme der Normenkontrollentscheidungen des Bundesverfassungsgerichts) eine allgemein verbindliche Rechtsetzung und damit Rechtsquelle sein kann, da nach Artikel 20 Abs. 3 des Grundgesetzes (GG) der Richter kein Recht zu setzen, sondern im Rahmen der Gewaltenteilung Recht anzuwenden hat. Da sich die unteren Gerichte und die Verwaltungsbehörden an den höchstrichterlichen Entscheidungen bei der Auslegung von Rechtsvorschriften und der Ausfüllung von Gesetzeslücken orientieren, hat das Richterrecht zumindest aber die Bedeutung einer **ergänzenden Rechtsquelle**.

4. Was versteht man unter einer Rechtsnorm?

Unter einer **Rechtsnorm** ist eine generell-abstrakte hoheitliche Anordnung zu verstehen, die sich an eine unbestimmte Vielzahl von Personen (generell) zur Regelung einer unbestimmten Vielzahl von Fällen (abstrakt) wendet.

Beispiel für eine Rechtsnorm aus dem BGB: Wer durch die Leistung eines anderen oder in sonstiger Weise auf dessen Kosten etwas ohne rechtlichen Grund erlangt, ist ihm zur Herausgabe verpflichtet. Diese Verpflichtung besteht auch dann, wenn der rechtliche Grund später wegfällt oder der mit einer Leistung nach dem Inhalte des Rechtsgeschäfts bezweckte Erfolg nicht eintritt (§ 812 Abs. 1 BGB).

5. Was ist das Kennzeichen einer Rechtsnorm?

Die **Rechtsnorm** ist dadurch **gekennzeichnet**, dass sie eine **Rechtsfolge** an einen **Tatbestand** knüpft, d. h. die Rechtsfolge schreibt die rechtlichen Konsequenzen fest, wenn der gesetzlich vorgegebene Sachverhalt vorliegt.

Beispiel: Wer vorsätzlich oder fahrlässig das Leben, den Körper, die Gesundheit, die Freiheit, das Eigentum oder ein sonstiges Recht eines anderen widerrechtlich verletzt (Tatbestand), ist dem anderen zum Ersatz des daraus entstehenden Schadens verpflichtet (Rechtsfolge) (§ 823 Abs. 1 BGB).

6. Was versteht man unter dem Begriff Subsumtion?

Unter **Subsumtion** versteht man die Unterordnung eines konkreten Lebenssachverhaltes unter den generell-abstrakten Tatbestand einer Rechtsnorm.

2. Rechtssubjekte und Rechtsobjekte

2.1 Personenrecht

1. Was versteht man unter den Begriffen Rechtssubjekt und Rechtsobjekt?

Unter einem **Rechtssubjekt** versteht man jede Person, die Träger von Rechten und Pflichten sein kann.

Rechtsobjekte sind Gegenstände des Rechts, die von Rechtssubjekten beherrscht werden.

2. Welche Arten von Personen unterscheidet das Bürgerliche Gesetzbuch?

Das Bürgerliche Gesetzbuch (BGB) unterscheidet **natürliche Personen**, das sind alle Menschen, und **juristische Personen**, das sind Vereinigungen bzw. Zusammenschlüsse von Menschen oder von Vermögensmassen, denen der Gesetzgeber die Rechtsfähigkeit und Handlungsfähigkeit verliehen hat. Die juristische Person ist damit also Träger von Rechten und Pflichten und kann selbst so handeln, als ob sie eine natürliche Person wäre.

3. Welche Arten juristischer Personen unterscheidet man?

- **juristische Personen des privaten Rechts**, z. B. Aktiengesellschaft, Gesellschaft mit beschränkter Haftung, eingetragener Verein.
- **juristische Personen des öffentlichen Rechts**, z. B. Bund, Länder, Gemeinden und Gemeindeverbände, Krankenkassen, Kirchen, Universitäten, Rundfunkanstalten.

4. Was bedeutet der Begriff Rechtsfähigkeit und wann beginnt oder endet diese?

Unter **Rechtsfähigkeit** versteht man die Fähigkeit natürlicher und juristischer Personen, Träger von Rechten und Pflichten zu sein.

Die Rechtsfähigkeit des Menschen **beginnt** mit der Vollendung der Geburt (§ 1 BGB) und **endet** mit dem Tod.

5. Wie erhalten oder verlieren juristische Personen des privaten Rechts die Rechtsfähigkeit?

Juristische Personen des privaten Rechts **erhalten die Rechtsfähigkeit** durch einen staatlichen Hoheitsakt, das heißt entweder durch Eintragung in das entsprechende öffentliche Register oder mit der staatlichen Verleihung bzw. staatlichen Genehmigung (z. B. §§ 21, 22, 80 BGB).

Die juristischen Personen des privaten Rechts **verlieren ihre Rechtsfähigkeit** durch Auflösung oder Löschung im entsprechenden öffentlichen Register.

Beispiele: Löschung eines Vereins im Vereinsregister, Auflösung einer Stiftung.

6. Was bedeutet Handlungsfähigkeit?

Handlungsfähigkeit bedeutet die Fähigkeit, Handlungen mit rechtlicher Wirkung vornehmen zu können.

Die Handlungsfähigkeit ist der Oberbegriff für:

- **Geschäftsfähigkeit**
- **Deliktsfähigkeit**.

7. Was versteht man unter Geschäftsfähigkeit und welche Abstufungen unterscheidet das Bürgerliche Gesetzbuch?

Geschäftsfähigkeit ist die Fähigkeit, durch eigenes Handeln wirksam Rechtsgeschäfte abschließen zu können.

Beispiele: Abschluss von Kaufverträgen, Kündigung eines Arbeitsvertrages.

Das Bürgerliche Gesetzbuch (BGB) unterscheidet folgende Abstufungen der Geschäftsfähigkeit:

- **unbeschränkte** (volle) **Geschäftsfähigkeit**
- **beschränkte Geschäftsfähigkeit**
- **Geschäftsunfähigkeit**.

8. Wann beginnt die unbeschränkte Geschäftsfähigkeit?

Die **unbeschränkte Geschäftsfähigkeit** beginnt mit Erlangung der Volljährigkeit, die mit der Vollendung des 18. Lebensjahres eintritt (§ 106 i.V.m. § 2 BGB).

9. Wer ist beschränkt geschäftsfähig?

Beschränkt geschäftsfähig sind Personen, die das 7. Lebensjahr, aber noch nicht das 18. Lebensjahr vollendet haben (§ 106 BGB).

10. Wer ist geschäftsunfähig?

Geschäftsunfähig sind:

- Kinder bis zur Vollendung des 7. Lebensjahres (§ 104 Nr. 1 BGB)
- Personen, die sich in einem die freie Willensbestimmung ausschließenden Zustand krankhafter Störung der Geistestätigkeit befinden, sofern nicht der Zustand seiner Natur nach ein vorübergehender ist (§ 104 Nr. 2 BGB).

11. Welche rechtlichen Wirkungen haben die von geschäftsunfähigen und beschränkt geschäftsfähigen Personen abgegebenen Willenserklärungen?

Die von **geschäftsunfähigen Personen** abgegebenen Willenserklärungen sind nichtig, das heißt rechtlich überhaupt nicht vorhanden (§ 105 BGB).

Die von **beschränkt geschäftsfähigen Personen** abgegebenen Willenserklärungen, durch die sie nicht lediglich einen rechtlichen Vorteil erlangen, bedürfen zu ihrer Wirksamkeit der Einwilligung (vorherigen Zustimmung) des gesetzlichen Vertreters (§ 107 BGB).

Liegt die Einwilligung nicht vor, so hängt die Wirksamkeit der Willenserklärung von der nachträglichen Genehmigung des gesetzlichen Vertreters ab (§ 108 BGB). Die durch die Willenserklärung abgeschlossenen Verträge sind **schwebend unwirksam**. Wird die Genehmigung verweigert, so ist die Willenserklärung unwirksam, ebenfalls von Anfang an (§§ 108, 109, 184 BGB). Bei bestimmten Rechtsgeschäften mit beschränkt Geschäftsfähigen ist außer der Einwilligung des gesetzlichen Vertreters für die Wirksamkeit auch noch die Genehmigung des Vormundschaftsgerichts erforderlich, z. B. zur Kreditgewährung (vgl. § 1643, § 1822 Nr. 8 BGB). Darüber hinaus können von beschränkt geschäftsfähigen Personen in einigen gesetzlich besonders geregelten Fällen auch Rechtsgeschäfte ohne Einwilligung des gesetzlichen Vertreters abgeschlossen werden.

12. Welche Rechtsgeschäfte darf ein beschränkt Geschäftsfähiger ohne Einwilligung des gesetzlichen Vertreters abschließen?

Der **beschränkt Geschäftsfähige** darf ohne Einwilligung (vorherige Zustimmung) des gesetzlichen Vertreters Rechtsgeschäfte abschließen,

- die ihm lediglich einen rechtlichen Vorteil bringen (§ 107 BGB)
- die er mit Mitteln bewirkt, die ihm zu diesem Zwecke oder zu freier Verfügung von dem gesetzlichen Vertreter oder mit dessen Zustimmung von einem Dritten überlassen worden sind (§ 110 BGB)
- die ein Geschäftsbetrieb mit sich bringt, zu dessen selbstständigem Betrieb er durch den gesetzlichen Vertreter mit Genehmigung des Vormundschaftsgerichts ermächtigt wurde (§ 112 BGB)
- die die Eingehung, Aufhebung oder Erfüllung von Verpflichtungen aus einem vom gesetzlichen Vertreter erlaubten Dienst- oder Arbeitsverhältnis betreffen (§ 113 BGB). Hierunter fällt jedoch nicht der Abschluss von Ausbildungsverträgen.

13. Was versteht man unter Deliktsfähigkeit und welche Abstufungen gibt es?

Deliktsfähigkeit ist die Handlungsfähigkeit auf dem Gebiete der unerlaubten Handlungen. Die Deliktsfähigkeit umfasst die Verpflichtung, Ersatz für einen Schaden zu leisten, der einem anderen durch eine unerlaubte Handlung zugefügt worden ist (§§ 823 ff. BGB).

Das Bürgerliche Gesetzbuch (BGB) unterscheidet folgende **Abstufungen der Deliktsfähigkeit:**

- **unbeschränkte** (volle) **Deliktsfähigkeit**
- **beschränkte Deliktsfähigkeit**
- **Deliktsunfähigkeit**.

14. Wer ist unbeschränkt deliktsfähig?

Unbeschränkt deliktsfähig sind alle Personen, die das 18. Lebensjahr vollendet haben.

15. Wer ist beschränkt deliktsfähig?

Beschränkt deliktsfähig sind alle Personen, die das 7. Lebensjahr vollendet und noch keine 18 Jahre alt sind sowie alle Taubstummen. Diese Personen haften für vorsätzlich oder fahrlässig begangene Schadenshandlungen nur dann, wenn sie die zur Erkenntnis der Verantwortlichkeit erforderliche Einsicht hatten (§ 828 Abs. 2 BGB).

16. Wer ist deliktsunfähig?

Deliktsunfähig sind:

- Kinder bis zur Vollendung des 7. Lebensjahres (§ 828 Abs. 1 BGB)
- Personen, die sich im Zustand der Bewusstlosigkeit oder in einem die freie Willensbildung ausschließenden Zustande krankhafter Störung der Geistestätigkeit befinden (z. B. Ohnmächtige, Geisteskranke, Hypnotisierte). Dies gilt nicht für Personen, die durch die Einnahme von alkoholhaltigen Getränken oder ähnlichen Mitteln (z. B. Drogen) den Rauschzustand selbst verschuldet haben. Diese Personen sind für eine im Rausch begangene unerlaubte Handlung in gleicher Weise verantwortlich, wie wenn ihnen Fahrlässigkeit zur Last fiele (§ 827 BGB).

2.2 Gegenstände des Rechts

1. Was versteht man unter einem Gegenstand des Rechts?

Unter einem **Gegenstand des Rechts** ist das einem Menschen oder einer juristischen Person unterworfene Rechtsobjekt zu verstehen. Hierunter fallen

- körperliche Gegenstände, die als **Sachen** bezeichnet werden (§ 90 BGB)
- unkörperliche Gegenstände, insbesondere **Rechte, Forderungen sowie sonstige objektive Werte** (z. B. Geschäftswert einer Firma, Miet- und Pachtrechte, Patent- und Lizenzrechte).

2. Welche Arten von Sachen unterscheidet man?

- **Unbewegliche Sachen:** Das sind Grundstücke und deren wesentliche Bestandteile.
- **Bewegliche Sachen:** Das sind alle Sachen, die nicht Grundstücke sind.

  Beispiele: Tische, Stühle, Fernsehgeräte.
- **Vertretbare Sachen** (sog. Gattungssachen): Das sind bewegliche Sachen, die gewöhnlich nach Zahl, Maß oder Gewicht bestimmt werden.

  Beispiele: 1 Zentner Kartoffeln, 1 Liter Wein.
- **Nicht vertretbare Sachen** (sog. Speziessachen): Das sind bewegliche Sachen, die individuell bestimmt werden.

  Beispiele: Ein bestimmtes Buch, das Reitpferd Wirbelwind.
- **Verbrauchbare Sachen:** Das sind bewegliche Sachen, deren bestimmungsmäßiger Gebrauch in dem Verbrauch oder in der Veräußerung besteht.

  Beispiele: Lebensmittel, Banknoten.
- **Nicht verbrauchbare Sachen:** Das sind bewegliche Sachen, die nicht zum Verbrauch oder zur Veräußerung bestimmt sind.

  Beispiel: Maschinen in einer Fabrik.

3. Was bezeichnet man als wesentlichen Bestandteil einer Sache?

Als wesentlichen **Bestandteil einer Sache** bezeichnet man andere Sachen, die nicht von der Hauptsache getrennt werden können, ohne dass die eine oder die andere Sache zerstört oder in ihrem Wesen verändert wird (§ 93 BGB), z. B. der Motor eines Autos, die Räder eines Fahrrades.

4. Was sind wesentliche Bestandteile eines Grundstücks?

Wesentliche **Bestandteile eines Grundstücks** sind die mit dem Grund und Boden festverbundenen Sachen, insbesondere Gebäude, sowie die Erzeugnisse des Grundstücks, solange sie mit dem Boden zusammenhängen. Samen wird mit dem Aussäen, eine Pflanze mit dem Einpflanzen wesentlicher Bestandteil des Grundstücks (§ 94 BGB). Hinsichtlich des für das Gebiet der ehemaligen DDR geltenden Übergangsrechts zu § 94 BGB ist Artikel 231 § 5 EGBGB zu beachten.

5. Welche rechtliche Bedeutung haben die wesentlichen Bestandteile einer Sache?

Wesentliche Bestandteile einer Sache können nicht für sich allein, sondern nur **zusammen mit der Hauptsache veräußert oder belastet werden**. Sie können somit nicht Gegenstand besonderer Rechte sein (§ 93 BGB).

6. Was versteht man unter Zubehör einer Sache?

Unter **Zubehör einer Sache** sind bewegliche Sachen zu verstehen, die nicht Bestandteile der Hauptsache sind, aber ihrem wirtschaftlichen Zwecke dienen und zu ihr in einem entsprechenden räumlichen Verhältnis stehen (§§ 97, 98 BGB).

Beispiele: Öl im Heiztank, Maschinen einer Fabrik, Baumaterial auf einem Baugrundstück, die Luftpumpe am Fahrrad.

7. Was sind Nutzungen einer Sache?

Als **Nutzungen einer Sache** bezeichnet man die Erzeugnisse der Sache oder die sonstige bestimmungsgemäße Ausbeute (sog. Sachfrüchte) und alle Vorteile, die der Gebrauch der Sache oder des Rechts gewährt (§§ 99, 100 BGB).

Beispiele: Die Früchte eines Obstbaumes, die Milch, die Kohlen aus einem Bergwerk, die Zinsen einer Geldsumme, das Bewohnen eines Hauses, das Fahren eines Kraftfahrzeuges.

8. Welche Besonderheit gilt für Tiere?

Tiere sind keine Sachen. Sie werden durch besondere Gesetze geschützt. Auf sie sind die für Sachen geltenden Vorschriften entsprechend anzuwenden, soweit nicht etwas anderes bestimmt ist (§ 90 a BGB).

3. Rechtsgeschäfte

3.1 Willenserklärung und Rechtsgeschäft

1. Was versteht man unter einer Willenserklärung?

Der Begriff der **Willenserklärung** ist im Bürgerlichen Gesetzbuch (BGB) nicht definiert. Man versteht hierunter eine Äußerung einer oder mehrerer Personen, die in der Absicht abgegeben wird, eine bestimmte Rechtsfolge herbeizuführen.

2. Welche Voraussetzungen muss eine Willenserklärung erfüllen, wenn ein rechtsgeschäftlicher Wille erklärt werden soll?

- Es muss der Wille vorhanden sein, die zur Willenserklärung führende Handlung vornehmen zu wollen (**Handlungswille**).
- Der Wille muss nach außen erkennbar geäußert (erklärt) werden (**Erklärungswille**).
- Der erklärte Wille muss auf einen bestimmten rechtlichen Erfolg gerichtet sein (**Geschäftswille**).

3. Welche Arten von Willenserklärungen unterscheidet man?

Das Bürgerliche Gesetzbuch (BGB) unterscheidet zwischen

- **empfangsbedürftiger Willenserklärung** und
- **nicht empfangsbedürftiger** (einseitiger) **Willenserklärung**.

4. Ab welchem Zeitpunkt wird eine Willenserklärung wirksam?

Die **nicht empfangsbedürftige** (einseitige) Willenserklärung wird mit Vollendung ihrer Voraussetzungen wirksam (z. B. Errichtung eines Testaments, das mit der Unterschrift unter die Testamentsurkunde wirksam wird).

Die **empfangsbedürftige Willenserklärung** – darunter fallen die meisten Willenserklärungen (z. B. alle Vertragsanträge und Vertragsannahmen) – setzt dagegen für ihre Wirksamkeit den Zugang der Erklärung gegenüber dem Empfänger voraus. Dabei ist zu beachten, ob es sich um eine Willenserklärung unter An- oder Abwesenden handelt.

Die unter **Anwesenden** abgegebene Willenserklärung ist hierbei mit ihrer Abgabe rechtswirksam, da die Äußerung der Willenserklärung und die Vernehmung der Willenserklärung zeitlich zusammenfallen (**Vernehmungstheorie**).

Die unter **Abwesenden** abgegebene Willenserklärung wird dagegen erst zu dem Zeitpunkt wirksam, in welchem sie dem Empfänger zugeht (**Zugangstheorie, Empfangstheorie**). Die Willenserklärung muss dabei so in den Bereich des Empfängers gelangen, dass dieser unter gewöhnlichen Umständen von ihr Kenntnis nehmen kann. Nimmt er die Willenserklärung nicht zur Kenntnis, so ist diese dennoch wirksam (§ 130 BGB).

5. Kann eine Willenserklärung widerrufen werden?

Solange eine Willenserklärung noch nicht rechtswirksam (gültig) geworden ist, kann sie widerrufen werden. Der Widerruf muss dabei dem Empfänger spätestens gleichzeitig mit der Willenserklärung zugehen (§ 130 Abs. 1 Satz 2 BGB).

6. Was ist ein Rechtsgeschäft?

Das **Rechtsgeschäft** ist ein Tatbestand, dessen wesentlicher Bestandteil **eine oder mehrere Willenserklärungen** sind und dessen Wirkungen sich nach dem Inhalt dieser Erklärungen bestimmen.

Beispiele: Vertrag, Testamentserrichtung, Kündigung.

7. Wie verhalten sich Rechtsgeschäft und Willenserklärung zueinander?

Die **Willenserklärung** ist der **wichtigste Inhalt eines Rechtsgeschäfts**. Jedes Rechtsgeschäft besteht aus mindestens einer Willenserklärung. Wenn die Rechtsfolge allein aus der Willenserklärung hervorgeht, decken sich Rechtsgeschäft und Willenserklärung. Dies ist z. B. bei der Kündigung der Fall. Das Rechtsgeschäft geht aber über die Willenserklärung hinaus, wenn zum Eintritt der Rechtsfolge zur Willenserklärung noch etwas hinzukommen muss. So ist z. B. bei einem Kaufvertrag nicht nur die Willenserklärung des Verkäufers, sondern auch die des Käufers erforderlich.

8. Welche Arten von Rechtsgeschäften unterscheidet man?

Die gebräuchlichsten Unterscheidungen sind:

- **einseitige** und **mehrseitige Rechtsgeschäfte**
- **Verfügungsgeschäfte** und **Verpflichtungsgeschäfte**.

9. Wodurch unterscheiden sich die einseitigen Rechtsgeschäfte von den mehrseitigen Rechtsgeschäften?

Die **einseitigen Rechtsgeschäfte** kommen durch die Willenserklärung einer Person zustande. Man unterscheidet hierbei:

- **einseitige empfangsbedürftige** Rechtsgeschäfte (z. B. Kündigung eines Arbeitsvertrages)
- **einseitige nicht empfangsbedürftige** Rechtsgeschäfte (z. B. Testamentserrichtung).

Die **mehrseitigen Rechtsgeschäfte** sind solche, die durch übereinstimmende Willenserklärungen von mindestens zwei Personen zustande kommen. Hierzu gehören insbesondere alle Verträge.

10. Was ist unter Verpflichtungsgeschäft und Verfügungsgeschäft zu verstehen?

Bei dem **Verpflichtungsgeschäft** handelt es sich um ein Rechtsgeschäft, durch das ein Schuldverhältnis entsteht, in dem eine oder mehrere Personen eine Leistungspflicht übernehmen.

Beispiel

Herr Meier (Verkäufer) macht Herrn Müller (Käufer) am 15. Januar das Angebot, ihm seine Briefmarkensammlung für 1.000 € zu verkaufen. Herr Müller nimmt dieses Angebot an. Damit ist ein Kaufvertrag wirksam abgeschlossen.

Das **Verfügungsgeschäft** ist ein Rechtsgeschäft, das unmittelbar auf ein bestehendes Recht einwirkt, indem es übertragen, mit neuen Rechten belastet, inhaltlich umgestaltet oder aufgehoben wird.

Beispiel

Herr Müller (Käufer) holt am 16. Januar bei Herrn Meier (Verkäufer) die Briefmarkensammlung ab und zahlt ihm den vereinbarten Kaufpreis.

Zu beachten ist, dass der Bestand des Verfügungsgeschäftes unabhängig ist vom Bestand des Verpflichtungsgeschäftes, d. h. Eigentum kann auch dann wirksam übertragen werden, wenn hierzu keine wirksame Verpflichtung besteht (sog. **Abstraktionsprinzip**).

11. In welcher Form kann die Willenserklärung abgegeben werden?

Die **Willenserklärung** kann grundsätzlich in **jeder beliebigen Form,** die geeignet ist, den Empfänger zu erreichen, abgegeben werden. Eine bestimmte Form ist hierfür nur in Ausnahmefällen vorgesehen. Es ist lediglich erforderlich, dass der **Wille hinreichend deutlich zum Ausdruck kommt.** So kann der Wille

- ausdrücklich, **unmittelbar erklärt werden** (z. B. durch das gesprochene oder geschriebene Wort) oder
- **stillschweigend**, das heißt durch schlüssiges oder konkludentes Handeln zum Ausdruck kommen (z. B. durch Handheben, Kopfnicken, Einsteigen in ein Taxi).

Von der stillschweigenden Willenserklärung ist das **Schweigen** zu unterscheiden. Grundsätzlich ist das **Schweigen keine Willenserklärung** und führt somit nicht zu einer rechtlichen Bindung. In Ausnahmefällen, dies gilt insbesondere bei Kaufleuten, wird das Schweigen jedoch als Zustimmung angesehen (z. B. §§ 416 Abs. 1, 496 BGB, § 362 Abs. 1 HGB).

12. Welche Form ist für den Abschluss von Rechtsgeschäften vorgeschrieben?

Für den Abschluss von Rechtsgeschäften gilt der **Grundsatz der Formfreiheit**, das heißt es braucht keine besondere Form eingehalten zu werden, wenn sie nicht ausdrücklich im Gesetz vorgeschrieben oder unter den Parteien vereinbart ist.

13. Welche gesetzlichen Formvorschriften für den Abschluss von Rechtsgeschäften unterscheidet man?

- **Schriftform:** Hier ist über den Inhalt des Rechtsgeschäfts ein Schriftstück in Hand-, Maschinen- oder Druckschrift anzufertigen, das eigenhändig vom Erklärenden unterzeichnet werden muss. Bei zweiseitigen (mehrseitigen) Rechtsgeschäften muss das Schriftstück von beiden Vertragsparteien unterschrieben werden (§§ 126 Abs. 1 und 2, 127 BGB).
- **elektronische Form:** Hier muss der Aussteller der Erklärung dieser seinen Namen hinzufügen und das elektronische Dokument mit einer qualifizierten elektronischen Signatur nach dem Signaturgesetz versehen, wobei bei einem Vertrag die Parteien jeweils ein gleichlautendes Dokument in der vorbezeichneten Weise elektronisch signieren müssen (§ 126a BGB).
- **Textform:** Hier muss die Erklärung in einer Urkunde oder auf andere zur dauerhaften Wiedergabe in Schriftzeichen geeignete Weise abgegeben werden, die Person des Erklärenden genannt und der Abschluss der Erklärung durch Nachbildung der Namensunterschrift oder anders erkennbar gemacht werden (§ 126b BGB).
- **notarielle Beurkundung:** Hier nimmt der Notar in einer Niederschrift (Protokoll) den Inhalt des Rechtsgeschäfts auf, die in Gegenwart des Notars den Beteiligten vorgelesen, von ihnen genehmigt und unterschrieben wird (§ 128 BGB).
- **öffentliche Beglaubigung:** Hier wird von einem Notar oder einem hierzu befugten Beamten einer Behörde die Echtheit der Unterschrift des Unterzeichners bzw. der Unterzeichner eines Schriftstückes bestätigt (§ 129 BGB).

Wenn die gesetzlich vorgeschriebene Form für ein Rechtsgeschäft nicht eingehalten wurde, so ist dieses Rechtsgeschäft nichtig, das heißt von Anfang an unwirksam (§ 125 BGB).

14. Welchem Zweck dient die für ein Rechtsgeschäft vorgeschriebene Form?

Zweck des für Rechtsgeschäfte vorgeschriebenen Formzwanges sind je nach der Art der Vorschrift:

- den Zeitpunkt des Abschlusses eines Rechtsgeschäftes und dessen Inhalt genau festzulegen
- die Beteiligten vor einem übereilten Vertragsabschluss zu bewahren
- einen hinreichenden Beweis über Abschluss und Inhalt des Rechtsgeschäftes zu sichern
- eine öffentliche Kontrolle zu ermöglichen.

15. Wodurch unterscheidet sich die öffentliche Beglaubigung von der notariellen Beurkundung?

Der Unterschied zwischen öffentlicher Beglaubigung und notarieller Beurkundung liegt darin, dass bei der **öffentlichen Beglaubigung** nur die **Unterschrift beglaubigt** wird, während bei der **notariellen Beurkundung** die **gesamte Erklärung beurkundet** wird.

16. Was sind die wichtigsten Gründe, die nach dem BGB zur Nichtigkeit eines Rechtsgeschäftes führen?

- Rechtsgeschäfte, die gegen die gesetzlichen Formvorschriften verstoßen (§ 125 BGB).

  Beispiel: Ein mündlich abgeschlossener Grundstückskaufvertrag.
- Rechtsgeschäfte, die von Geschäftsunfähigen vorgenommen werden (§ 105 Abs. 1 BGB).
- Rechtsgeschäfte beschränkt Geschäftsfähiger, sofern die Zustimmung vom gesetzlichen Vertreter verweigert wird. Dies gilt nicht für Rechtsgeschäfte, durch die beschränkt Geschäftsfähige lediglich einen rechtlichen Vorteil erlangen oder dessen Erfüllung sie mit Mitteln bewirken, die ihnen zu diesem Zwecke oder zur freien Verfügung überlassen worden sind (§§ 107 bis 110 BGB).
- Rechtsgeschäfte, die im Zustand der Bewusstlosigkeit oder vorübergehender Störung der Geistestätigkeit abgegeben werden (§ 105 Abs. 2 BGB).

  Beispiel: Ein Volltrunkener verkauft sein Fahrrad.
- Rechtsgeschäfte, die zum Schein mit einem anderen abgeschlossen werden (Scheingeschäfte, § 117 BGB).

  Beispiel: Bei einem Grundstückskaufvertrag vereinbaren die Vertragsparteien mündlich einen höheren Kaufpreis.
- Rechtsgeschäfte, die offensichtlich nicht ernst gemeint sind (Scherzgeschäfte, § 118 BGB).

  Beispiel: Jemand unterbreitet ein Angebot, für 1.000 € Fahrkarten zur Sonne verkaufen zu wollen.
- Rechtsgeschäfte, die gegen ein gesetzliches Verbot verstoßen, soweit sich nicht aus dem Gesetz ein anderes ergibt (§ 134 BGB).

  Beispiel: Kaufvertrag zwischen einem Dieb und einem Hehler.
- Rechtsgeschäfte, die gegen die guten Sitten verstoßen (§ 138 Abs. 1 BGB).

  Beispiel: Vertrag über die Zahlung eines Entgeltes für eine wahrheitswidrige Zeugenaussage vor Gericht.
- Rechtsgeschäfte bei Wucher. Es handelt sich hierbei um einen Sonderfall der Sittenwidrigkeit (§ 138 Abs. 2 BGB).

  Beispiel: In einem Darlehensvertrag wird ein unverhältnismäßig hoher Zinssatz, z. B. 60 %, vereinbart.

- Rechtsgeschäfte, die von vornherein auf eine objektiv unmögliche Leistung gerichtet sind (§ 306 BGB).

  Beispiel: Herr Meier verpflichtet sich, Herrn Müller Gold vom Mars zu verschaffen.
- Rechtsgeschäfte, bei denen die Gegenpartei weiß, dass der Erklärende das gar nicht will, was er erklärt hat (sog. erkannter geheimer Vorbehalt, § 116 BGB).

17. Wie kann man vorgehen um festzustellen, ob ein mehrseitiges Rechtsgeschäft nichtig ist?

1. Schritt: Prüfen, ob überhaupt eine Willenserklärung vorliegt. Falls nein, erübrigt sich die weitere Prüfung, da das Rechtsgeschäft dann nicht vorliegt.

2. Schritt: Liegt eine Willenserklärung vor, dann ist zu prüfen, ob die Willenserklärung dem anderen zugegangen ist. Falls nein, erübrigt sich die weitere Prüfung, da das Rechtsgeschäft dann unwirksam (nichtig) ist.

3. Schritt: Liegt eine Willenserklärung vor und ist diese dem anderen zugegangen, so ist zu prüfen, ob ein Nichtigkeitsgrund vorliegt.

18. In welchen Fällen ist die Anfechtung eines Rechtsgeschäftes möglich?

Ein Rechtsgeschäft ist **anfechtbar**,

- **wegen Irrtums** (§ 119 BGB) und zwar
  a) über den Inhalt der Erklärung (Inhalts- oder Geschäftsirrtum)
  b) in der Erklärungshandlung (Erklärungsirrtum)
  c) über die Eigenschaften der Person oder der Sache, die im Verkehr als wesentlich angesehen werden (Eigenschaftsirrtum)
- wenn falsch durch Boten oder die Post übermittelt wird (**Übermittlungsirrtum**; § 120 BGB)
- wegen **arglistiger Täuschung** (§ 123 BGB)

  Beispiel: Ein Eigentümer eines Wohngrundstückes kauft einen Jägerzaun, weil ihm der Verkäufer wahrheitswidrig erklärt hat, dass neuerdings gesetzlich vorgeschrieben sei, um bebaute Grundstücke einen mindestens 50 cm hohen Zaun zu ziehen
- wegen **widerrechtlicher Drohung** (§ 123 BGB)

  Beispiel: Jemand wird durch Androhung von Gewalt dazu genötigt, ein Vertragsangebot anzunehmen, das er sonst nicht angenommen hätte.

Eine **Anfechtung** ist jedoch **nicht möglich**, wenn der Erklärende sich über den Beweggrund geirrt und ein Rechtsgeschäft abgeschlossen hat, das sich nachträglich als unnötig oder ungünstig auswirkt (sog. **Motivirrtum**).

19. Innerhalb welcher Frist muss das Rechtsgeschäft angefochten werden?

Bei **Anfechtung wegen Irrtums** muss die Anfechtung **unverzüglich nach Kenntnis des Anfechtungsgrundes** erklärt werden. Die Anfechtung ist ausgeschlossen, wenn seit der Abgabe der Willenserklärung 10 Jahre vergangen sind (§ 121 BGB).

Die **Anfechtung wegen Täuschung oder Drohung** muss **innerhalb eines Jahres** nach der Aufdeckung der Täuschung oder nach Beendigung der durch die Drohung herbeigeführten Zwangslage erklärt werden. Allerdings ist die Anfechtung dann ausgeschlossen, wenn 10 Jahre nach Abgabe der Willenserklärung vergangen sind (§ 124 BGB).

20. Welcher Unterschied besteht zwischen der Nichtigkeit und der Anfechtbarkeit von Rechtsgeschäften?

Das **nichtige Rechtsgeschäft** ist rechtlich überhaupt **nicht vorhanden**, also von Anfang an unwirksam (nichtig).

Das **anfechtbare Rechtsgeschäft** ist bis zu der erklärten Anfechtung **voll rechtswirksam** (gültig). Nach einer rechtswirksamen Anfechtung, diese muss gesetzlich zugelassen und fristgemäß erfolgt sein, wird das Rechtsgeschäft **rückwirkend aufgehoben**. Es ist damit ebenfalls von Anfang an unwirksam (nichtig).

3.2 Vollmacht und Vertretung

1. Was versteht man unter Stellvertretung?

Unter **Stellvertretung** versteht man die Abgabe oder den Empfang einer Willenserklärung für einen anderen und in dessen Namen mit der Folge, dass die Wirkungen unmittelbar den Vertretenen treffen (vgl. §§ 164 ff. BGB).

2. Welche Voraussetzungen sind an eine wirksame Stellvertretung geknüpft?

- Die **Stellvertretung** muss für das betreffende Rechtsgeschäft **zulässig** sein. Grundsätzlich kann unterstellt werden, dass die Stellvertretung zulässig ist, sofern nicht die Art des Rechtsgeschäftes ein persönliches Handeln verlangt (z. B. bei der Eheschließung, bei der Testamentserrichtung) oder die Stellvertretung aus anderen Gründen ausgeschlossen ist (z. B. bei Geschäften, die der Stellvertreter im eigenen Namen mit sich selbst abschließen müsste; sog. Insichgeschäfte).
- Die Stellvertretung muss sich auf die **Abgabe oder den Empfang einer Willenserklärung beziehen**. Der Stellvertreter handelt dabei eigenständig und fasst seine Entschlüsse selbst und muss eigenes Handlungs- und Erklärungsbewusstsein haben. Davon zu unterscheiden ist die Übermittlung einer fremden Willenserklärung, dessen Überbringer kein Stellvertreter, sondern Bote ist.
- Der Vertreter muss im **Namen des Vertretenen handeln**. Dies kann sich ergeben aus einer ausdrücklichen Erklärung, schlüssigem Verhalten oder den gesamten Umständen. Zweifel gehen dabei zulasten des Stellvertreters, der sich dann selbst als Ver-

tragspartner behandeln lassen muss, weil ein Vertrag mit dem Vertretenen dann nicht zustande kommt.

- Der Vertreter muss **Vertretungsmacht**, das heißt die Befugnis einen anderen zu vertreten, besitzen.

3. Welche Arten der Vertretungsmacht unterscheidet man?

Man unterscheidet folgende Arten der Vertretungsmacht:

- **gesetzliche** Vertretungsmacht
- **rechtsgeschäftliche** Vertretungsmacht (Vollmacht).

4. Worauf beruht die gesetzliche Vertretungsmacht?

Die **gesetzliche Vertretungsmacht** beruht auf einer Ermächtigung, die das Gesetz jemanden erteilt. Das Gesetz legt dabei meistens auch den Inhalt und den Umfang der Vertretungsmacht fest.

Die wichtigsten im Bürgerlichen Gesetzbuch (BGB) geregelten Fälle der gesetzlichen Vertretung sind:

- Eltern (§§ 1626 ff. BGB)
- Pfleger (§§ 1909 ff. BGB)
- Betreuer (§§ 1896 ff. BGB)
- Vormund (§§ 1793 ff. BGB)
- Schlüsselgewalt der Ehegatten (§ 1357 BGB)
- Vorstand eines eingetragenen Vereins (§ 26 Abs. 2 BGB)
- Testamentsvollstrecker (§§ 2205 ff. BGB).

5. Wie und in welcher Form wird eine Vollmacht erteilt?

Die Vollmacht wird durch einseitige, empfangsbedürftige Willenserklärung gegenüber dem zu Bevollmächtigenden (**Innenvollmacht**) oder gegenüber dem Geschäftsgegner (**Außenvollmacht**) erteilt.

Die **Vollmacht** bedarf grundsätzlich **keiner Form**, auch wenn das Rechtsgeschäft auf das sie sich bezieht, formbedürftig ist. Aus Beweisgründen ist es jedoch ratsam, die Vollmacht schriftlich zu erteilen. Der Umfang der Vollmacht ergibt sich aus der Bevollmächtigung und hängt von dem Willen des Vollmachtgebers ab, es sei denn, dass gesetzlich der Umfang bindend festgelegt ist, z. B. bei der Prokura (§ 167 BGB).

6. Welche Folge tritt ein, wenn jemand für einen anderen ohne Vertretungsmacht einen Vertrag schließt?

Ein Vertrag, der **ohne Vertretungsmacht** geschlossen wurde, ist **schwebend unwirksam**. Genehmigt ihn der Vertretene, dann wird der Vertrag wirksam. Verweigert dieser die Genehmigung, dann wird der Vertrag unwirksam (§ 177 BGB). Der Vertretene ohne Vertretungsmacht haftet in diesem Falle unter bestimmten Voraussetzungen dem Geschäftsgegner nach dessen Wahl auf Erfüllung oder auf Schadensersatz wegen Nichterfüllung (§ 179 BGB).

7. Wann endet die Vollmacht?

Die **Vollmacht** kann grundsätzlich jederzeit von dem Vollmachtsgeber **widerrufen** werden. Daneben endet die Vollmacht, ohne dass es eines Widerrufs bedarf, u. a. mit Eintritt eines in der Vollmacht festgelegten **Beendigungsgrundes** (z. B. einer Bedingung, einer Frist) oder mit dem Erlöschen des ihr zugrunde liegenden Rechtsverhältnisses (§ 168 BGB).

3.3 Bedingung und Zeitbestimmung

1. Kann die Wirkung eines Rechtsgeschäftes von einem in der Zukunft liegenden Ereignis abhängig gemacht werden?

Die Beteiligten können die Wirkungen eines Rechtsgeschäfts von einem in der **Zukunft** liegenden Ereignis abhängig machen, wenn dies gesetzlich nicht ausdrücklich ausgeschlossen ist (wie z. B. bei der Eheschließung oder bei der Auflassung eines Grundstückes), durch

- **Bedingung** oder
- **Zeitbestimmung**.

2. Was versteht man unter den Begriffen Bedingung und Zeitbestimmung?

Unter **Bedingung** ist der Eintritt oder das Ausbleiben eines noch ungewissen, in der Zukunft liegenden Ereignisses zu verstehen (§ 158 BGB).

Unter **Zeitbestimmung** versteht man den Eintritt eines zukünftigen gewissen Ereignisses zu einem bestimmten Zeitpunkt (z. B. ab 1. Januar nach der Volljährigkeit meiner Tochter; § 163 BGB).

3. Welche Arten von Bedingungen unterscheidet man?

- **Aufschiebende** (suspensive) **Bedingungen**, bei denen das Rechtsgeschäft erst mit dem Eintritt der Bedingung wirksam wird (§ 158 Abs. 1 BGB).

  Beispiel: Herr Schulze kauft ein Fertighaus unter der Bedingung, dass er ein bestimmtes Grundstück erwerben kann.

- **Auflösende** (resolutive) **Bedingungen**, bei denen zunächst eingetretene Rechtswirkungen mit dem Eintritt der Bedingung wieder wegfallen und der frühere Rechtszustand wieder eintritt (§ 158 Abs. 2 BGB).

  Beispiel: Herr Braun verschenkt seine Münzensammlung an seinen Sohn unter der Bedingung, dass dieser sie innerhalb der nächsten zwei Jahre nicht veräußert.

4. Worin liegt der Unterschied zwischen einer Frist und einem Termin?

Unter einer **Frist** versteht man einen Zeitabschnitt, der von einem bestimmten Zeitpunkt oder einem bestimmten Ereignis begrenzt wird.

Beispiel: Kündigungsfrist zwei Wochen zum Monatsschluss.

Der **Termin** ist ein bestimmter Zeitpunkt, der für ein Ereignis, z. B. den Beginn einer Frist, maßgebend ist.

Beispiel: Fälligkeit der Leistung am 1. Dezember.

5. Welche Regeln gelten nach dem Bürgerlichen Gesetzbuch für die Berechnung des Beginns einer Frist?

Ist für den Anfang einer Frist ein Ereignis oder ein in den Lauf eines Tages fallender Zeitpunkt maßgebend, so wird bei der Berechnung der Frist der Tag nicht mitgerechnet, in welchen das Ereignis oder der Zeitpunkt fällt (§ 187 Abs. 1 BGB).

Beispiel

Herr Meyer erhält von seiner Bank am 5. Mai ein Schreiben zugestellt mit der Aufforderung, den ihm gewährten Kredit spätestens nach 14 Tagen zurückzuzahlen. Bei der Berechnung des Beginns der Frist wird der 5. Mai nicht mitgerechnet, die Frist beginnt also am 6. Mai und endet am 19. Mai.

Ist der Beginn eines Tages für den Anfang einer Frist maßgebend, so zählt dieser Tag mit. Dies gilt auch bei der Berechnung des Lebensalters (§ 187 Abs. 2 BGB).

6. Welche Regeln gelten nach dem Bürgerlichen Gesetzbuch für die Berechnung des Endes einer Frist?

Eine nach **Tagen** bestimmte Frist endet mit dem **Ablauf des letzten Tages** der Frist (§ 188 Abs. 1 BGB).

Beispiel: Eine am 10. Januar beginnende Frist von 10 Tagen endet mit Ablauf des 20. Januar, 24:00 Uhr.

Eine nach **Wochen** bestimmte Frist endet mit dem **gleich benannten Tag** der folgenden Woche (§ 188 Abs. 2 BGB).

Beispiel: Eine am Freitag, dem 5. Januar 2018 beginnende Frist von zwei Wochen endet am Freitag, dem 19. Januar 2018, 24:00 Uhr.

Eine nach **Monaten** oder nach einem mehrere Monate umfassenden Zeitraum (Jahr, halbes Jahr, Vierteljahr) bestimmte Frist endet mit Ablauf des Tages des letzten Monats, welcher durch seine Zahl dem Tage entspricht, in den das Ereignis oder der Zeitpunkt fällt (§ 188 Abs. 2 BGB). Fehlt bei einer Monatsfrist in dem letzten Monat der für ihren Ablauf maßgebende Tag, so endet die Frist mit dem Ablauf des letzten Tages dieses Monats (§ 188 Abs. 3 BGB).

Beispiel: Eine am 1. Januar beginnende Frist von sechs Monaten endet mit dem 30. Juni, 24:00 Uhr. Eine am 31. August beginnende Frist von einem Monat endet mit dem 30. September, 24:00 Uhr.

Eine **Ausnahme** gilt jedoch für die Fälle, in denen der Anfangstag als Fristbeginn mitgerechnet wird. Hier endet die Frist mit dem Ablauf des dem entsprechenden Wochen- oder Monatstag vorhergehenden Tages (§ 188 Abs. 2 BGB).

Beispiel: Ist ein Mietvertrag am 1. Dezember 2017 auf drei Jahre geschlossen, so endet der Vertrag am 30. November 2020, 24:00 Uhr.

Fällt das Ende einer Frist auf einen Samstag, Sonntag oder einen staatlich anerkannten Feiertag, so tritt an seine Stelle der folgende Werktag (§ 193 BGB).

Beispiel: Eine eigentlich am Samstag, dem 13. Januar 2018, 24:00 Uhr, endende Frist läuft am Montag, dem 15. Januar 2018, 24:00 Uhr, ab.

3.4 Verjährung

1. Was versteht man unter Verjährung und welchem Zweck dient diese?

Unter **Verjährung** versteht man die Möglichkeit, eine **Leistungsverpflichtung nach Ablauf einer bestimmten Frist zu verweigern**.

Die **Verjährung dient dem Rechtsfrieden und der Rechtssicherheit**. Der Gläubiger soll hierdurch angehalten werden, seinen Anspruch alsbald geltend zu machen, da eine längere Zeit der Untätigkeit stets die Gefahr mit sich bringt, dass die wirklichen Rechtsverhältnisse nicht mehr festgestellt werden können.

2. Wonach bestimmt sich die Anwendung der von dem Gesetz zur Modernisierung des Schuldrechts ausgehenden neuen Verjährungsregelungen?

Die Anwendung der von dem Gesetz zur Modernisierung des Schuldrechts ausgehenden Verjährungsregelungen bestimmt sich nach der Überleitungsvorschrift des Artikels 229 § 6 des Einführungsgesetzes zum Bürgerlichen Gesetzbuch (EGBGB). Danach finden die neuen Verjährungsregelungen für alle nach dem 31. Dezember 2001 entstehenden Ansprüche Anwendung. Grundsätzlich gelten die neuen Verjährungsregelungen auch für alle am 1. Januar 2002 bestehenden und nach dem bisherigen Recht noch nicht verjährten Ansprüche, wobei die vorbezeichnete Überleitungsvorschrift aber verschiedene Ausnahmen vorsieht, die im konkreten Fall zu beachten sind.

Hinsichtlich des für das Gebiet der ehemaligen DDR geltenden Übergangsrechts zum Verjährungsrecht ist Artikel 231 § 6 EGBGB zu beachten

3. Welches sind die wichtigsten Verjährungsfristen von Ansprüchen im Zivilrecht?

- **Regelmäßige Verjährungsfrist:** Diese beträgt drei Jahre (§ 195 BGB). Die Regelverjährung kommt immer dann zum Tragen, wenn besondere Verjährungsfristen fehlen.
- **10-jährige Verjährungsfrist:** Dieser unterliegen Rechte an Grundstücken (§ 196 BGB).
- **30-jährige Verjährungsfrist:** Dieser unterliegen Herausgabeansprüche aus Eigentum und anderen dinglichen Rechten, familien- und erbrechtliche Ansprüche sowie rechtskräftig festgestellte Ansprüche und bestimmte vollstreckbare Ansprüche (§ 197 Abs. 1 Nr. 1 bis 5 BGB).

INFO

Die Regelungen über die Verjährung der Mängelgewährleistungsansprüche sind im Kapitel über die Leistungsstörungen bei der Erfüllung von Kaufverträgen dargestellt.

4. Wann beginnt die Verjährungsfrist grundsätzlich zu laufen?

Die **regelmäßige Verjährungsfrist** beginnt mit dem Schluss des Jahres, in dem der Anspruch entstanden ist (§ 199 Abs. 1 Nr. 1 BGB) und der Gläubiger von den anspruchsbegründenden Umständen und von der Person des Schuldners Kenntnis erlangt oder ohne grobe Fahrlässigkeit hätte erlangen müssen (§ 199 Abs. 1 Nr. 2 BGB). Dies bedeutet, dass für den Verjährungsbeginn beide Voraussetzungen erfüllt sein müssen.

Die Verjährungsfrist von Ansprüchen, die der **10-jährigen Verjährungsfrist** unterliegen, beginnt mit der Entstehung des Anspruchs (§ 200 BGB).

Die **30-jährige Verjährungsfrist** beginnt für Herausgabeansprüche aus Eigentum und anderen dinglichen Rechten (§ 197 Abs. 1 Nr. 1 BGB) sowie für familien- und erbrechtliche Ansprüche (§ 197 Abs. 1 Nr. 2 BGB) mit der Entstehung des Anspruchs (§ 200 BGB). Für rechtskräftige und bestimmte vollstreckbare Ansprüche beginnt die dreißigjährige Verjährungsfrist mit der Rechtskraft der Entscheidung, der Errichtung des vollstreckbaren Titels oder der Feststellung im Insolvenzverfahren (§ 201 BGB).

5. Welche Höchstfristen für die Verjährung gibt es und wann beginnen diese zu laufen?

Das BGB unterscheidet folgende Höchstfristen für die Verjährung:

- **10-jährige Verjährungshöchstfrist:** Dieser unterliegen alle Ansprüche mit Ausnahme von Schadensersatzansprüchen, die auf der Verletzung des Lebens, des Körpers, der Gesundheit oder der Freiheit beruhen (§ 199 Abs. 3 und 4 BGB).
- **30-jährige Verjährungshöchstfrist:** Dieser unterliegen Schadensersatzansprüche, die auf der Verletzung des Lebens, des Körpers, der Gesundheit oder der Freiheit beruhen (§ 199 Abs. 2 BGB).

Die **10-jährige Verjährungshöchstfrist beginnt** ohne Rücksicht auf die Kenntnis oder grob fahrlässige Unkenntnis ab der Entstehung (§ 199 Abs. 3 Nr. 1 und 4 BGB).

Die **30-jährige Verjährungshöchstfrist beginnt** von dem schadensauslösenden Ereignis ab, die unabhängig von der Schadensentstehung und der Kenntnis oder grob fahrlässiger Unkenntnis eintritt (§ 199 Abs. 3 Nr. 2 BGB).

6. Können Vereinbarungen über die Dauer der Verjährung getroffen werden?

Aufgrund der allgemeinen Vertragsfreiheit (§ 311 Abs. 1 BGB) können grundsätzlich Vereinbarungen auch über die Dauer der Verjährung getroffen werden. Das Bürgerliche Gesetzbuch (BGB) unterscheidet hierbei zwischen rechtsgeschäftlichen Vereinbarungen in Form von **Verjährungserleichterungen**, das heißt einem früheren oder einfacheren Eintritt der Verjährung, und **Verjährungserschwerungen** das heißt einem späteren Eintritt der Verjährung, wobei lediglich Vereinbarungen durch Rechtsgeschäft unzulässig sind, die eine Verjährungserleichterung für Vorsatzhaftung vor der Anspruchsentstehung vorsehen (§ 202 Abs. 1 BGB) oder eine Verjährungsverlängerung über dreißig Jahre hinaus beinhalten (§ 202 Abs. 2 BGB).

Zu beachten ist, dass die Vorschrift des § 202 BGB über Verjährungserleichterungen und Verjährungserschwerungen nur für die Verjährung im Einzelvertrag gilt. Vereinbarungen über Verjährungserleichterungen in den Allgemeinen Geschäftsbedingungen unterliegen den Grenzen der §§ 307, 309 Nr. 7a und b, 8b, ee und ff BGB.

7. Wann spricht man von Hemmung der Verjährung und welche wesentlichen Hemmungstatbestände kennt das BGB?

Von **Hemmung der Verjährung** spricht man, wenn die Verjährungsfrist aus besonderen gesetzlichen Gründen ruht. Die Frist läuft hierbei erst dann weiter, wenn der Hemmungsgrund beseitigt ist. Die Verjährungsfrist verlängert sich dabei um den Zeitraum, um den die Verjährung gehemmt ist. Einen Unterfall der Hemmung bildet die **Ablaufhemmung**. Hier läuft die Hemmungsfrist frühestens eine bestimmte Zeit nach Wegfall von Gründen ab, die der Geltendmachung des Anspruchs entgegenstehen.

Gesetzliche **Gründe, die zu einer Hemmung der Verjährung führen**, sind unter anderem die Verhandlungen der Parteien über einen streitigen oder zweifelhaften Anspruch (§ 203 BGB), die in § 204 Abs. 1 Nr. 1 bis 14 BGB aufgeführten, eine Rechtsverfolgung auslösenden Tatbestände, das Leistungsverweigerungsrecht des Schuldners (§ 205 BGB), Ansprüche, bei denen zwischen Schuldnern und Gläubigern bestimmte familienrechtliche Verhältnisse bestehen (§ 207 Satz 1 BGB) und Ansprüche wegen Verletzung der sexuellen Selbstbestimmung (§ 208 BGB).

Gründe für eine Ablaufhemmung sind z. B. Ansprüche für oder gegen einen nicht Geschäftsfähigen, die nicht vor Ablauf von sechs Monaten nach dem Eintritt der Geschäftsfähigkeit verjähren (§ 210 BGB), oder Nachlassfälle, die nicht vor Ablauf von sechs Monaten nach Annahme der Erbschaft verjähren (§ 211 BGB).

8. Was versteht man unter Neubeginn der Verjährung und bei welchen Handlungen tritt diese ein?

Der **Neubeginn der Verjährung** – früher Unterbrechung der Verjährung genannt – führt dazu, dass die bisher abgelaufene Verjährungsfrist hinfällig wird und die volle Verjährungsfrist neu zu laufen beginnt.

Die **Verjährung beginnt nur dann erneut**, wenn der Schuldner dem Gläubiger gegenüber den Anspruch durch **Abschlagszahlung, Zinszahlung, Sicherheitsleistung** oder in anderer Weise anerkennt oder eine **gerichtliche oder behördliche Vollstreckungshandlung** vorgenommen oder beantragt wird (§ 212 Abs. 1 BGB).

Zu beachten ist, dass die Hemmung der Verjährung den Regelfall darstellt und der Neubeginn der Verjährung die Ausnahme bildet.

9. Welche Wirkung hat die Verjährung?

Nach Ablauf der Verjährungsfrist ist der Schuldner berechtigt, den **Anspruch des Gläubigers zu verweigern.** Der Schuldner darf jedoch den Anspruch des Gläubigers erfüllen, wenn er dies will. Der Gläubiger kann ihn aber nicht mehr dazu zwingen. Zahlt der Schuldner nicht, kann ihn der Gläubiger auch auf Zahlung verklagen. Im Prozess wird der Schuldner aber nur dann zur Zahlung verurteilt, wenn er sich nicht darauf beruft, dass die Verjährung eingetreten ist. Macht der Schuldner die sogenannte **Einrede der Verjährung** geltend, so muss das Gericht die Klage wegen Verjährung des Anspruchs abweisen. Im Prozess darf das Gericht die Verjährung nicht von sich aus berücksichtigen oder darauf aufmerksam machen. Wenn das Urteil rechtskräftig ist, kann sich der Schuldner aber nicht mehr darauf berufen, dass die Verjährung eingetreten ist, sondern muss die an sich verjährte Forderung erfüllen (§ 214 BGB).

10. Worin unterscheiden sich Verjährung und Ausschlussfrist?

Durch die **Verjährung** erlischt lediglich das **Recht des Gläubigers, den Anspruch durchzusetzen**. Der Anspruch auf die Leistung bleibt jedoch bestehen (vgl. § 214 BGB).

Bei Überschreitung der **Ausschlussfrist** erlischt das Recht. Die Ausschlussfrist hat daher das Gericht von sich aus zu berücksichtigen. Solche Ausschlussfristen sind z. B. die Frist zur Ausschlagung einer Erbschaft (§ 1954 BGB) oder die Frist zur Anfechtung der Ehelichkeit eines Kindes (§ 1594 BGB).

4. Recht der Schuldverhältnisse, dargestellt am Kaufvertrag

4.1 Vertragliche Schuldverhältnisse

1. Wie ist das Schuldrecht des BGB gegliedert?

Das **Schuldrecht des Bürgerlichen Gesetzbuches (BGB)** gliedert sich in:

- **allgemeinen Teil** (§§ 241 bis 432 BGB), der für alle Arten von Schuldverhältnissen geltende Regelungen enthält
- **besonderen Teil** (§§ 433 bis 853 BGB), der einzelne typische Schuldverhältnisse regelt.

2. Was versteht man unter einem Schuldverhältnis im Sinne des BGB?

Unter einem **Schuldverhältnis** im Sinne des Bürgerlichen Gesetzbuches (BGB) ist ein Rechtsverhältnis zu verstehen, kraft dessen eine Person (Gläubiger) berechtigt ist, von einer anderen Person (Schuldner) eine Leistung zu fordern (§ 241 Satz 1 BGB).

3. Welche Grundtypen von Schuldverhältnissen unterscheidet das BGB?

Das Bürgerliche Gesetzbuch (BGB) unterscheidet folgende **Grundtypen von Schuldverhältnissen:**

- **vertragliche** (rechtsgeschäftliche) **Schuldverhältnisse**
- **gesetzliche Schuldverhältnisse**.

4. In welche Arten lassen sich die vertraglichen Schuldverhältnisse einteilen?

Die **vertraglichen Schuldverhältnisse** lassen sich einteilen in:

- Austauschverträge
- Gebrauchsüberlassungsverträge
- Dienstleistungsverträge
- sonstige Schuldverträge.

5. Worin unterscheiden sich Austauschverträge, Gebrauchsüberlassungsverträge und Dienstleistungsverträge?

Austauschverträge sind Verträge, in denen sich die Vertragspartner zum Austausch von Sachen verpflichten.

Gebrauchsüberlassungsverträge sind Verträge, in denen die Vertragspartner die zeitweise Überlassung eines Gegenstandes zum Gebrauch vereinbaren.

Dienstleistungsverträge sind Verträge, in denen die Vertragspartner eine Arbeitsleistung vereinbaren.

6. Nach welchen Kriterien lassen sich die Kaufverträge unterscheiden?

Die **Kaufverträge** lassen sich im Wesentlichen nach folgenden Kriterien unterscheiden:

- nach der **Einmaligkeit der Kaufsache**, z. B. Gattungskauf, Spezieskauf
- nach der **Art und Beschaffenheit der Kaufsache**, z. B. Spezifikationskauf, Gattungskauf
- nach den **Lieferungs- und Zahlungsbedingungen**, z. B. Fixkauf, Kommissionskauf, Teilzahlungskauf.

7. Welche besondere Arten des Kaufvertrags unterscheidet das BGB?

Das Bürgerliche Gesetzbuch (BGB) unterscheidet insbesondere folgende **Arten des Kaufvertrages:**

- **Kauf auf Probe** = Kauf, bei dem die Billigung der Kaufsache in das Belieben des Käufers gestellt ist und der Verkäufer verpflichtet ist, dem Käufer die Untersuchung des Kaufgegenstandes zu gestatten (§§ 454 bis 455 BGB).
- **Wiederkauf** = Kauf, bei dem sich der Verkäufer vorbehält, den Kaufgegenstand vom Käufer zurückzuerwerben (§ 456 bis 462 BGB).
- **Vorkauf** = Kauf durch Ausübung des Vorkaufsrechts gegenüber dem Verpflichteten unter den Bestimmungen, welche der Verpflichtete mit einem Dritten vereinbart hat (§§ 463 bis 473 BGB).
- **Verbrauchsgüterkauf** = Kauf einer beweglichen Sache durch einen Verbraucher bei einem Unternehmer (§§ 474 bis 479 BGB).

8. Was versteht man unter den Begriffen Verbraucher und Unternehmer im bürgerlichen Recht?

Ein **Verbraucher** ist jede natürliche Person, die ein Rechtsgeschäft zu einem Zwecke abschließt, der weder ihrer gewerblichen noch ihrer selbstständigen beruflichen Tätigkeit zugerechnet werden kann (§ 13 BGB).

Ein **Unternehmer** ist eine natürliche oder juristische Person oder eine rechtsfähige Personengesellschaft, die bei Abschluss eines Rechtsgeschäfts in Ausübung ihrer gewerblichen oder selbstständigen beruflichen Tätigkeit handelt (§ 14 BGB).

4.2 Der Kaufvertragsabschluss

1. Was kann Gegenstand eines Kaufvertrages sein?

Gegenstand eines Kaufvertrages können alle im Rechtsverkehr anerkannten Güter sein, das heißt jeder vermögenswerte Gegenstand.

2. Was sind die vertragstypischen Pflichten des Verkäufers und Käufers beim Kaufvertrag?

Vertragstypische Pflicht des Verkäufers beim Kaufvertrag ist es, dem **Käufer den Kaufgegenstand zu übergeben**, das heißt den Besitz einzuräumen und das Eigentum an der Sache oder dem verkauften Recht zu verschaffen (§ 433 Abs. 1 Satz 1 BGB). Außerdem ist der Verkäufer verpflichtet, dem Käufer den **Kaufgegenstand frei von Rechts- und Sachmängeln zu verschaffen** (§ 433 Abs. 1 Satz 2 BGB).

Vertragstypische Pflicht des Käufers beim Kaufvertrag ist es, dem **Verkäufer den vereinbarten Kaufpreis zu zahlen und die gekaufte Sache abzunehmen** (§ 433 Abs. 2 BGB).

3. Was versteht man unter dem Abstraktionsprinzip?

Das Bürgerliche Gesetzbuch (BGB) trennt scharf zwischen dem schuldrechtlichen **Verpflichtungsgeschäft**, z. B. dem Kaufvertrag, und dem sachenrechtlichen (dinglichen) **Verfügungsgeschäft**, auch Erfüllungsgeschäft genannt, z. B. der Eigentumsübertragung. Beides sind Verträge, jedoch mit verschiedenem Inhalt. Da diese Verträge häufig in einem Akt geschlossen werden, ist ihre rechtliche Trennung für den Laien oftmals nicht klar erkennbar. Das Verfügungsgeschäft ist gegenüber dem Verpflichtungsgeschäft in seiner Wirksamkeit unabhängig **(Abstraktionsprinzip)**. Grundsätzlich berührt also ein Mangel des Verpflichtungsgeschäftes, z. B. Nichtigkeit oder Anfechtbarkeit des Kaufvertrages, nicht das Verfügungsgeschäft, z. B. die Wirksamkeit der Eigentumsübertragung.

4. Unterliegt der Abschluss eines Kaufvertrages einer bestimmten Form?

Eine bestimmte **Form** ist für den Abschluss von Kaufverträgen **gesetzlich nicht vorgeschrieben. Ausnahmen** gelten lediglich für Grundstücks- und Erbschaftskaufverträge sowie Kaufverträge über ein gegenwärtiges Vermögen einer Person (z. B. Übertragungsverträge). Diese Kaufverträge bedürfen der notariellen Beurkundung (vgl. §§ 311, 313, 2371 BGB).

5. Wie kommt ein Kaufvertrag zustande?

Der **Kaufvertrag** kommt wie alle Verträge durch mindestens **zwei übereinstimmende Willenserklärungen** der vertragsschließenden Parteien, von Käufer und Verkäufer, zustande.

Diese Willenserklärungen werden bezeichnet als:

- **Antrag** (Angebot), das ist die Willenserklärung des Verkäufers (Vertragsanbieters)
- **Annahme** (Bestellung), das ist die Willenserklärung des Käufers (Vertragsannehmers).

6. Welche rechtlichen Wirkungen hat das Angebot?

Der Vertragsanbieter ist **rechtlich an sein Angebot gebunden**, bis dieses **angenommen oder abgelehnt ist** (§ 145 BGB).

Die **Bindung an das Angebot** besteht unter **Anwesenden** (als solche gelten auch die per Telefon miteinander verbundenen Parteien) solange das Gespräch dauert, das heißt der Angebotsempfänger muss sofort antworten (§ 147 Abs. 1 BGB). Bei einem Angebot unter **Abwesenden** besteht die Bindung für den Anbieter solange, wie er unter normalen Umständen mit einer Antwort rechnen kann (§ 147 Abs. 2 BGB). Beim **befristeten Angebot** ergibt sich die Dauer der Bindung aus der vom Anbieter angegebenen Frist (§ 148 BGB).

7. Wann besteht keine rechtliche Bindung an das Angebot?

Die rechtliche **Bindung an das Angebot entfällt:**

- bei **rechtzeitigem Widerruf** des Angebotes durch den Vertragsanbieter, das heißt der Widerruf muss spätestens mit dem Angebot beim Empfänger eingehen (§ 130 Abs. 1 BGB)
- bei vom Angebot **abweichender Bestellung** (§ 150 Abs. 2 BGB)
- bei **zu später Bestellung**, das heißt das Angebot wurde zu spät angenommen (§ 150 Abs. 1 BGB).

Außerdem kann der Anbieter die Bindung an ein Angebot von vornherein ausdrücklich einschränken oder ganz ausschließen durch sog. Freizeichnungsklauseln, wie „unverbindlich", „ohne Gewähr", „so lange Vorrat reicht", „Lieferung vorbehalten" (§ 145 BGB).

8. Welche Angaben muss ein Angebot mindestens enthalten, wenn es rechtlich bindend sein soll?

Eine gesetzliche Regelung über den Inhalt eines Angebotes besteht nicht. Im **Angebot** müssen jedoch mindestens enthalten sein:

- **Menge**
- **Preis** der angebotenen bzw. lieferbaren Ware.

Um Streitigkeiten zu vermeiden, sollte das Angebot darüber hinaus auch Angaben enthalten über:

- Art, Güte und Beschaffenheit der Ware
- Verpackungsart und Verpackungskosten
- Lieferbedingungen einschließlich Liefertermin und Zahlungsbedingungen
- Erfüllungsort (das BGB spricht von Leistungsort) und Gerichtsstand.

9. Welche Form ist für das Angebot vorgeschrieben?

Eine bestimmte **Form** ist für das Angebot **gesetzlich nicht vorgeschrieben**. Es genügt daher bereits, wenn das Angebot durch mündliche Erklärung oder durch schlüssiges (konkludentes) Handeln (z. B. Einsteigen in ein Taxi) erfolgt.

Aus Gründen der Rechtssicherheit und der Beweissicherung ist jedoch die Schriftform zu empfehlen und in der Praxis auch üblich.

10. Welche Wirkung hat eine Bestellung?

Durch die **Bestellung** erklärt der Käufer, dass er von dem Verkäufer eine bestimmte Ware zu den im (verbindlichen) Angebot enthaltenen Bedingungen kaufen will. Die Bestellung ist somit die Annahme eines Angebotes und führt zum Zustandekommen eines Kaufvertrages. Sofern der Anbieter ein bindendes Angebot abgegeben hat, ist durch die unveränderte und rechtzeitige Annahme des Angebotes ein Kaufvertrag abgeschlossen, der grundsätzlich nicht mehr widerrufen werden kann, es sei denn, dass der Widerruf spätestens gleichzeitig mit der Bestellung beim Verkäufer eintrifft. Eine Ausnahme hiervon gilt u.a. beim Ratenkaufvertrag, der innerhalb einer Woche nach seinem Abschluss widerrufen werden kann.

Eine besondere **Form** ist für die Bestellung **nicht vorgeschrieben**. Die Bestellung kann daher mündlich oder schriftlich abgegeben oder durch schlüssiges (konkludentes) Handeln vollzogen werden.

11. Welche rechtliche Bedeutung hat die Bestellungsannahme?

Die **Bestellungsannahme**, die im Geschäftsleben häufig als **Auftragsbestätigung** bezeichnet wird, ist rechtlich nur dann von Bedeutung, wenn durch die Bestellung noch kein Kaufvertrag zustande gekommen ist. Die Bestellung ist dann der Antrag (Angebot) und die Bestellungsannahme (Auftragsbestätigung) die Annahme. Dies ist der Fall, wenn:

- die Bestellung vom Angebot abweicht
- der Bestellung kein Angebot zugrunde liegt
- das Angebot eine Freizeichnungsklausel enthält
- das Angebot verspätet angenommen wird.

In allen anderen Fällen ist die Bestellungsannahme (Auftragsbestätigung) rechtlich nicht erforderlich, da bereits durch die Bestellung (Annahme des Angebotes) der Kaufvertrag wirksam zustande gekommen ist. In der Praxis wird jedoch dem Käufer vor allem bei größeren Bestellungen und/oder bei längeren Lieferzeiten häufig eine Auftragsbestätigung zugestellt. Hierdurch können Unklarheiten vermieden werden und der Käufer hat die Gewissheit, dass seine Bestellung auch tatsächlich angekommen ist.

12. Was versteht man unter Anpreisung und Anfrage?

Die **Anpreisung** ist eine Aufforderung an die Allgemeinheit, Waren zu kaufen. Die Anpreisung kommt u.a. in der Form von Auslagen in Schaufenstern, Werbung im Rundfunk und Fernsehen vor. Zu beachten ist dabei, dass die Anpreisung kein Angebot ist.

Die **Anfrage** ist die Erkundigung eines Kunden bei dem Lieferer, z. B. über Warenpreise, Liefer- und Zahlungsbedingungen.

Sowohl die **Anpreisung** als auch die **Anfrage** sind **rechtlich unverbindlich**.

4.3 Die Grenzen der Vertragsfreiheit

1. Welcher Grundsatz gilt für die Begründung von Schuldverhältnissen im bürgerlichen Recht?

Für die Begründung von Schuldverhältnissen gilt der **Grundsatz der Vertragsfreiheit**. Dies bedeutet, dass die Parteien frei darüber entscheiden können, ob sie einen Vertrag abschließen wollen und in welcher Form und mit welchem Inhalt dies geschehen soll, auch abweichend von den im Schuldrecht des BGB geregelten einzelnen Schuldverhältnissen (z. B. Kauf, Miete), sofern dies nicht gesetzlich ausdrücklich untersagt ist.

2. Durch welche Regelungen wird die Vertragsfreiheit eingeschränkt?

Die **Vertragsfreiheit** wird in verschiedenen Fällen **eingeschränkt**, so unter anderem durch die Vorschriften des Bürgerlichen Gesetzbuches (BGB) zur Geschäftsfähigkeit, zur Einhaltung gesetzlicher Formvorschriften und durch die Nichtigkeit und Anfechtbarkeit von Verträgen sowie durch die Einbeziehung **Allgemeiner Geschäftsbedingun-**

gen (AGB) in den Vertrag, die häufig auch bei der Begründung von Kaufverträgen anzutreffen sind.

Eine sehr weitgehende Einschränkung der Vertragsfreiheit besteht insbesondere auch für die öffentlichen Monopolbetriebe (z. B. Deutsche Bahn AG, Versorgungsgesellschaften für Strom, Gas, Wasser), die gesetzlich verpflichtet sind, Verträge bestimmten Inhalts mit jedem Antragsteller abzuschließen (sog. Abschluss- oder Kontrahierungszwang).

3. In welchen Vorschriften ist das Recht der Allgemeinen Geschäftsbedingungen geregelt?

Das **Recht der Allgemeinen Geschäftsbedingungen**, das bisher im Gesetz zur Regelung des Rechts der Allgemeinen Geschäftsbedingungen (AGBG) zu finden war, wurde mit dem am 1. Januar 2002 in Kraft getretenen Gesetz zur Modernisierung des Schuldrechts hinsichtlich seiner materiell-rechtlichen Vorschriften im Wesentlichen unverändert in die §§ 305 bis 310 des Bürgerlichen Gesetzbuches (BGB) eingegliedert. Die verfahrensrechtlichen Vorschriften, z. B. Befugnisse zu Verbandsklagen, sind in dem neuen Unterlassungsklagengesetz zu finden.

4. Was sind Allgemeine Geschäftsbedingungen?

Allgemeine Geschäftsbedingungen sind alle für eine Vielzahl von Verträgen vorformulierten Vertragsbedingungen, die eine Vertragspartei (Verwender) der anderen Vertragspartei bei Abschluss eines Vertrages stellt, das heißt einseitig auferlegt. Unerheblich ist hierbei, ob die Bestimmungen einen äußerlich gesonderten Bestandteil des Vertrags bilden oder in die Vertragsurkunde selbst aufgenommen werden, welchen Umfang sie haben, in welcher Schriftart sie verfasst sind und welche Form der Vertrag hat (§ 305 Abs. 1 BGB).

5. Welchem Zweck dient die Einbeziehung Allgemeiner Geschäftsbedingungen in einen Vertrag?

Die Einbeziehung Allgemeiner Geschäftsbedingungen in einen Vertrag dient dem Zweck, einen Missbrauch der Allgemeinen Geschäftsbedingungen zu verhindern und den wirtschaftlich Schwächeren vor Übervorteilung zu schützen.

6. Wann sind die in den Allgemeinen Geschäftsbedingungen getroffenen Bestimmungen unwirksam?

Die in den Allgemeinen Geschäftsbedingungen getroffenen Bestimmungen sind dann **unwirksam**, wenn sie den Vertragspartner entgegen dem Grundsatz von Treu und Glauben unangemessen benachteiligen (§ 307 Abs. 1 Satz 1 BGB). Eine unangemessene Benachteiligung kann sich auch daraus ergeben, dass die Bestimmung nicht klar und verständlich ist (sog. **Transparenzgebot**; § 307 Abs. 1 Satz 2 BGB).

Eine unangemessene Benachteiligung ist im Zweifel anzunehmen, wenn eine Bestimmung mit wesentlichen Grundgedanken der gesetzlichen Regelung, von der abgewichen wird, nicht zu vereinbaren ist, oder wesentliche Rechte oder Pflichten, die sich aus der Natur des Vertrages ergeben, so einschränkt, dass die Erreichung des Vertragszwecks gefährdet ist (§ 307 Abs. 2 BGB). Daneben besteht ein Katalog von verbotenen Klauseln, die stets zur Unwirksamkeit führen, wenn sie in den Allgemeinen Geschäftsbedingungen verwendet werden (§§ 308, 309 BGB). Dieser Katalog gilt jedoch nicht gegenüber einem Kaufmann oder einer juristischen Person des öffentlichen Rechts (§ 310 Abs. 1 BGB).

7. Wann werden Allgemeine Geschäftsbedingungen Bestandteil eines Kaufvertrages?

Allgemeine Geschäftsbedingungen werden grundsätzlich nur dann **Bestandteil eines Kaufvertrages**, wenn der **Verwender bei Vertragsabschluss ausdrücklich auf sie hinweist** und die **andere Vertragspartei** nach der Möglichkeit, in zumutbarer Weise von ihrem Inhalt Kenntnis zu nehmen, mit ihrer Geltung **einverstanden ist** (§ 305 Abs. 2 BGB).

8. Wann liegen keine Allgemeinen Geschäftsbedingungen vor?

Allgemeine Geschäftsbedingungen liegen dann nicht vor, wenn die Vertragsbedingungen zwischen den Vertragsparteien im **Einzelnen ausgehandelt worden sind** (§ 305 Abs. 1 Satz 3 BGB). Im Übrigen haben **individuelle Vertragsabreden stets Vorrang vor Allgemeinen Geschäftsbedingungen** (§ 305b BGB).

4.4 Die Erfüllung des Kaufvertrages

1. Welcher Art kann die vom Verkäufer zu erbringende Leistung bei einem Kaufvertrag sein?

Hinsichtlich der Art der vom Verkäufer (Schuldner) bei einem Kaufvertrag zu erbringenden Leistung (Leistungsgegenstand) ist zu unterscheiden zwischen

- **Gattungsschuld**: Das heißt die Vertragsparteien beschränken sich darauf, den Leistungsgegenstand nach gleichartigen Merkmalen zu beschreiben, die für eine Vielzahl gleichartiger, durch gemeinschaftliche Merkmale gekennzeichneter Kaufgegenstände zutreffen, sodass zunächst offen bleibt, mit welchem konkreten Kaufgegenstand der Schuldner später erfüllt, z. B. 10 Zentner Getreide, 10 Liter Orangensaft (§ 243 Abs. 1 BGB) und
- **Stückschuld** (auch Speziesschuld genannt): Das heißt die Vertragsparteien bestimmen den Leistungsgegenstand von vornherein eindeutig auf einen individuellen Kaufgegenstand, sodass die Schuld nur mit diesem bestimmten Kaufgegenstand erfüllt werden kann, z. B. ein bestimmtes Gemälde, ein bestimmtes Buch oder ein bestimmter Schrank in einem Antiquitätengeschäft (§ 243 Abs. 2 BGB).

Zu beachten ist, dass die Art der geschuldeten Leistung (Leistungsgegenstand) von grundlegender Bedeutung für den Inhalt des Kaufvertrages ist.

2. Was bedeuten Hol-, Bring- und Schickschuld?

Als **Holschuld** bezeichnet man eine Schuld, bei der der Gläubiger (Käufer) die Leistung am Wohn- oder Geschäftssitz des Schuldners (Verkäufer) in Empfang nehmen (holen) muss.

Beispiel: K. hat bei einem Baustoffhändler 10 Sack Zement gekauft. Ist nichts besonderes vereinbart, muss K. den Zement abholen.

Als **Bringschuld** bezeichnet man diejenige Schuld, bei der aufgrund besonderer Vereinbarung zwischen den Vertragsparteien der Schuldner (Verkäufer) die Leistung am Ort des Gläubigers (Käufer) zu bewirken hat.

Beispiel: Ist „frei Baustelle" vereinbart, so hat der Baustoffhändler den Zement zu der von dem Käufer bezeichneten Baustelle anzufahren.

Als **Schickschuld** bezeichnet man eine Schuld, bei der der Schuldner (Verkäufer) zwar die ihm obliegende Leistung an seinem Wohn- bzw. Geschäftssitz zu erbringen hat, jedoch verpflichtet ist, die Versendung der Ware an den Gläubiger (Käufer) vorzunehmen.

Beispiel: Kauf eines Fernsehgerätes bei einem Versandhaus.

3. An welchem Ort sind die Leistungen aus dem Kaufvertrag zu bewirken, wenn eine entsprechende vertragliche Vereinbarung fehlt?

Die Leistungen (Lieferung der Ware oder Bezahlung des Kaufpreises) aus dem Kaufvertrag sind am **Leistungsort** zu bewirken. Der Leistungsort, den man oft auch als Erfüllungsort oder Schuldort bezeichnet, wird in erster Linie bestimmt durch Vereinbarung zwischen Verkäufer und Käufer (**vertraglicher Leistungsort**). Fehlt eine entsprechende Vereinbarung im Kaufvertrag, dann gilt die gesetzliche Regelung.

Der **gesetzliche Leistungsort** (Erfüllungsort) ist

- für die **Lieferung der Ware** der **Wohn- bzw. Geschäftssitz des Verkäufers** (§ 269 BGB). An diesem Ort geht die Gefahr des Verlustes oder einer Beschädigung der Ware vom Verkäufer auf den Käufer über (§ 446 BGB).
- für die **Bezahlung der Ware** der **Wohn- bzw. Geschäftssitz des Käufers** (§ 270 BGB). Die Zahlung hat der Käufer dabei jedoch auf seine Kosten und seine Gefahr vorzunehmen, da er verpflichtet ist, die Geldzahlung kostenfrei und auf eigene Gefahr gegenüber dem Verkäufer zu bewirken. Es gilt hier der Grundsatz **„Geldschulden sind Schickschulden"**.

Darüber hinaus ist der gesetzliche Leistungsort (Erfüllungsort) auch von Bedeutung für den **Gerichtsstand**. Da seit dem 1. April 1974 vertragliche Vereinbarungen über den Leistungsort nicht mehr den Gerichtsstand begründen (außer unter Vollkaufleuten sowie juristischen Personen des öffentlichen Rechts und öffentlich-rechtlichen Sondervermögen), ist das Gericht des Ortes zuständig, an dem die Leistung nach dem Gesetz zu erfüllen wäre (§ 29 ZPO).

Beispiel

Der Verkäufer hat seinen Geschäftssitz in Hamburg und der Käufer wohnt in Köln. Der Verkäufer muss in Köln klagen, wenn der Käufer nicht zahlt. Liefert der Verkäufer nicht oder nicht vertragsgemäß, so muss der Käufer in Hamburg klagen.

4. Welche Regelungen gelten hinsichtlich der Beschaffenheit des Kaufgegenstandes, der Lieferzeit und der Zahlungsfrist, wenn im Kaufvertrag keine besonderen Vereinbarungen getroffen wurden?

Wenn im Kaufvertrag keine besonderen Vereinbarungen über die Beschaffenheit des Kaufgegenstandes und über die Lieferzeit und die Zahlungsfrist getroffen wurden, gelten folgende Regelungen:

- Es ist eine **mangelfreie Ware zu liefern** (§ 434 BGB). Bei Gattungssachen gilt außerdem, dass eine Ware mittlerer Beschaffenheit und Güte zu liefern ist (§ 243 BGB).
- Der **Käufer hat die Aufwendungen für die Versandverpackung und den Transport zu tragen** (§ 448 BGB).
- Der **Verkäufer hat die Ware sofort zu liefern** (§ 271 BGB).
- Der Käufer hat den Kaufpreis sofort zu bezahlen (§§ 270, 271 BGB). Es gilt hier der Grundsatz **„Geldschulden sind Schickschulden“**.

5. Welche Regelungen gelten für die Beförderungs- und Verpackungskosten, wenn im Kaufvertrag entsprechende Vereinbarungen fehlen?

Aus den Bestimmungen der §§ 269 und 447 des Bürgerlichen Gesetzbuches (BGB) ergibt sich, dass der **Käufer** die **Beförderungskosten** (z. B. Fracht, Verladekosten, Rollgeld) zu tragen hat, wenn er die Ware nicht selbst beim Lieferer abholt und keine besondere Regelung im Kaufvertrag getroffen wurde. Hieraus lässt sich der Grundsatz **„Warenschulden sind Holschulden“** ableiten.

Das BGB enthält jedoch **keine Regelung** darüber, wer die Verpackungskosten zu tragen hat. Da der Käufer nach dem Grundsatz „Warenschulden sind Holschulden“ die Beförderungskosten übernehmen muss, wenn er die Ware nicht selbst beim Lieferer abholt und keine besondere Regelung im Kaufvertrag vereinbart wurde, dürften wohl grundsätzlich auch die **Verpackungskosten vom Käufer zu tragen sein**.

Im Geschäftsverkehr werden jedoch in der Regel nähere Vereinbarungen zwischen den Vertragsparteien über die Frage, wer die Beförderungskosten tragen soll, getroffen:

z. B. „Lieferung ab Werk (Lager, Fabrik)“, „Lieferung frei Haus“. Dies gilt auch für die bei fehlender vertraglicher Regelung vom Käufer zu übernehmenden Verpackungskosten.

Die in den Lieferungsbedingungen häufig zu findenden Klauseln „ab hier“, „ab Bahnhof“, „unfrei“ usw. sind an sich überflüssig, da sie der gesetzlichen Regelung über die Beförderungskosten entsprechen.

4.5 Die Leistungsstörungen bei der Erfüllung von Kaufverträgen

1. Auf welche Kaufverträge sind die im Gesetz zur Modernisierung des Schuldrechts enthaltenen Neuregelungen des Leistungsstörungsrechts anwendbar?

Die im Gesetz zur Modernisierung des Schuldrechts enthaltenen Neuregelungen des Leistungsstörungsrechts sind auf alle Kaufverträge anwendbar, die nach dem 31. Dezember 2001 geschlossen wurden. Für die vor dem 1. Januar 2002 geschlossenen Kaufverträge ist weiterhin das bisherige Recht anzuwenden (Art. 229 § 5 Satz 1 EGBGB).

2. Was versteht man unter einer Leistungsstörung und welcher Tatbestand bildet die Anspruchsgrundlage für Schadensersatz bei einer Leistungsstörung?

Unter einer **Leistungsstörung** versteht man die nicht ordnungsgemäße Erbringung der geschuldeten Leistung durch eine Vertragspartei (Käufer oder Verkäufer).

Die einzige **Anspruchsgrundlage für Schadensersatz** ist für alle Arten von Leistungsstörungen – abgesehen von dem Sonderfall der anfänglichen Unmöglichkeit einer Leistung nach § 311a des Bürgerlichen Gesetzbuches (BGB) – das Vorliegen einer **Pflichtverletzung** (§ 280 Abs. 1 BGB), wobei für bestimmte Leistungsstörungen neben der Pflichtverletzung zusätzliche Voraussetzungen vorgeschrieben sind (§ 280 Abs. 2 und 3 BGB). Es ist hierbei ohne Bedeutung, auf welchen Gründen die Pflichtverletzung und damit die Leistungsstörung beruht und welche Folgen sie hat.

3. Welche Arten von Leistungsstörungen können bei der Erfüllung von Kaufverträgen auftreten?

Auf der **Verkäuferseite** können bei der Erfüllung (Abwicklung) von Kaufverträgen folgende **Leistungsstörungen** auftreten:

- Nichtleistung (**Unmöglichkeit**)
- Schlechtleistung (**mangelhafte Lieferung**)
- nicht rechtzeitige Lieferung (**Lieferungsverzug**).

Auf der **Käuferseite** können folgende **Leistungsstörungen** auftreten:

- Nichtannahme der Leistung (**Annahmeverzug**)
- nicht rechtzeitige Zahlung des Kaufpreises (**Zahlungsverzug**).

4. Was bedeutet Unmöglichkeit der Leistung und welche Rechtsfolgen hat diese bei einem Kaufvertrag?

Die **Unmöglichkeit der Leistung** ist gegeben, wenn es dem **Verkäufer** (Schuldner) **nicht möglich ist, die geschuldete Leistung zu erbringen**.

Das Bürgerliche Gesetzbuch (BGB) sieht bei einem Kaufvertrag im Falle der Unmöglichkeit der Leistungserbringung – unabhängig von der Art der Unmöglichkeit – folgende Rechtsfolgen vor:

- Der **Verkäufer** (Schuldner) ist von der **Leistungsverpflichtung** befreit, das heißt der Verkäufer muss die unmögliche Leistung nicht mehr erbringen (§ 275 Abs. 1 BGB).
- Der **Käufer** (Gläubiger) ist von der **Gegenleistungsverpflichtung** befreit, das heißt es entfällt für den Käufer die Pflicht zur Zahlung des Kaufpreises (§ 326 Abs. 1 BGB).
- Der **Verkäufer** ist zum **Schadensersatz verpflichtet**, wobei die verschuldensabhängige Haftung greift, das heißt es besteht bei Kenntnis oder fahrlässiger Unkenntnis des Verkäufers vom Mangel für den **Käufer Anspruch auf Schadensersatz statt der Leistung** oder **Anspruch auf Ersatz seiner Aufwendungen**, und zwar ohne dass es einer Fristsetzung bedarf (§ 311a Abs. 2 BGB).
- Der **Käufer** ist zum **Rücktritt vom Kaufvertrag** ohne Fristsetzung berechtigt (§ 326 Abs. 5 i.V.m. § 323 BGB), wobei durch das Rücktrittsrecht das Recht auf Schadensersatz nicht ausgeschlossen wird (§ 325 BGB).

Zu beachten ist, dass auch im Falle der Unmöglichkeit der Leistungserbringung der **Kaufvertrag wirksam** ist, und zwar unabhängig davon, dass der Verkäufer nicht zu leisten braucht und das Leistungshindernis schon bei Vertragsabschluss vorliegt (§ 311a Abs. 1 BGB).

5. Wann liegt eine mangelhafte Lieferung vor?

Durch den Kaufvertrag wird der Verkäufer nicht nur verpflichtet, dem Käufer die Kaufsache zu übergeben und das Eigentum an der Kaufsache zu verschaffen (§ 433 Abs. 1 Satz 1 BGB), sondern auch frei von Sach- und Rechtsmängeln zu verschaffen (§ 433 Abs. 1 Satz 2 BGB). Eine **mangelhafte Lieferung (Schlechtleistung)** liegt somit vor, wenn der Verkäufer zwar rechtzeitig geliefert hat, die Kaufsache aber einen **Mangel (Sach- oder Rechtsmangel)** aufweist.

6. Wann liegt ein Sachmangel bei einer Kaufsache vor?

Ein **Sachmangel** liegt vor, wenn die Kaufsache bei Gefahrübergang

- **nicht die vereinbarte Beschaffenheit hat** (§ 434 Abs. 1 Satz 1 BGB) oder
- sie sich **nicht für die vertraglich vorausgesetzte Verwendung eignet** (falls eine Vereinbarung über die Beschaffenheit fehlt, aber eine bestimmte Verwendungsmöglichkeit in den Vertrag mit einbezogen wird; § 434 Abs. 1 Nr. 1 BGB) oder

- sie sich **nicht für die gewöhnliche Verwendung eignet** und nicht von der Beschaffenheit ist, die bei Sachen der gleichen Art üblich ist und die der Käufer nach der Art der Sache erwarten durfte (falls eine Vereinbarung über die Beschaffenheit fehlt und keine bestimmte Verwendungsmöglichkeit in den Kaufvertrag einbezogen wurde; § 434 Abs. 1 Nr. 2 BGB), wobei zu der Beschaffenheit auch Eigenschaften gehören, die der Käufer z. B. von der Werbung oder von Produktbeschreibungen erwarten durfte (§ 434 Abs. 1 Satz 3 BGB).

Daneben liegt ein Sachmangel auch dann vor, wenn:

- die **vereinbarte Montage unsachgemäß durchgeführt wird** (§ 434 Abs. 2 Satz 1 BGB)
- die **Montageanleitung mangelhaft** ist und die Kaufsache deshalb falsch montiert wird (sog. Ikea-Klausel; § 434 Abs. 2 Satz 2 BGB)
- eine **andere Sache geliefert wird** als bestellt (sog. Aliudlieferung; § 434 Abs. 3, 1. Alt. BGB)
- zu **wenig geliefert wird** (§ 434 Abs. 3, 2. Alt. BGB).

7. Wann liegt ein Rechtsmangel bei einer Kaufsache vor?

Ein **Rechtsmangel** bei einer Kaufsache liegt vor, wenn:

- sie mit Rechten Dritter belegt ist, die diese gegen den Käufer geltend machen können (§ 435 Satz 1, 1. Alt. BGB) oder
- dem Käufer nicht bestehende Rechte an der Kaufsache vorgetäuscht werden (§ 435 Satz 1, 2. Alt. BGB).

8. Wie werden Mängel bei einer Kaufsache im Hinblick auf ihre Erkennbarkeit unterschieden?

Im Hinblick auf die Erkennbarkeit der Mängel unterscheidet man:

- **offene Mängel**, die sofort erkennbar sind und
- **versteckte Mängel**, die nicht sofort erkennbar sind und oftmals erst später bemerkt werden.

Wenn der Verkäufer einen ihm bekannten Mangel der Ware beim Verkauf nicht nennt, liegt ein **arglistig verschwiegener Mangel** vor.

9. Welche Pflichten obliegen dem Käufer nach der Lieferung der Ware?

Der Käufer muss die gelieferte Ware auf eventuell bestehende Mängel prüfen (sog. **Prüfungspflicht**) und die festgestellten Mängel dem Verkäufer in Form einer Mängelrüge mitteilen (sog. **Rügepflicht**). Wenn die Vertragsparteien keine anderen Vereinbarungen getroffen haben, gelten für die Prüfung und Rüge von Mängeln folgende gesetzlichen Fristen:

Arten des Kaufes	Prüfungsfrist	Rügefrist
Zweiseitiger Handelskauf	unverzüglich (ohne schuldhaftes Zögern)	Für offene Mängel: unverzüglich nach Prüfung. Für versteckte Mängel: unverzüglich nach Entdeckung (§ 377 Abs. 3 HGB), längstens innerhalb der zweijährigen Gewährleistungsfrist.
Einseitiger Handelskauf (Verbrauchsgüterkauf)	innerhalb von sechs Monaten nach Lieferung	Für offene und versteckte Mängel: innerhalb der zweijährigen Gewährleistungsfrist (§ 438 BGB).
Bürgerlicher Kauf	innerhalb von sechs Monaten nach Lieferung	Für offene und versteckte Mängel: innerhalb von zwei Jahren nach Lieferung (§ 438 BGB).

10. Was versteht man unter Gewährleistung und welche Gewährleistungsrechte hat der Käufer bei mangelhafter Lieferung?

Unter **Gewährleistung** versteht man das gesetzlich verankerte Recht, vom Vertragspartner ein Einstehen für Mängel an der Sache zu fordern.

Hat der **Käufer** (Gläubiger) die mangelhafte Lieferung (Schlechtleistung) rechtzeitig beanstandet, kann er folgende **Gewährleistungsrechte** geltend machen:

- Recht auf **Nacherfüllung**
  Der Käufer kann als **Nacherfüllung** nach seiner Wahl entweder die Beseitigung des Mangels (**Nachbesserung**) oder die Lieferung einer mangelfreien Sache (**Nachlieferung**) verlangen, wobei der Verkäufer die zum Zwecke der Nacherfüllung erforderlichen Aufwendungen (z. B. Transport- und Arbeitskosten) zu tragen hat (§ 437 Nr. 1 i.V.m. § 439 Abs. 1 und 2 BGB). Der Verkäufer kann die Nachbesserung und/oder Nachlieferung verweigern, wenn unverhältnismäßig hohe Kosten anfallen würden (§ 439 Abs. 3 BGB). Liefert der Verkäufer zum Zwecke der Nacherfüllung eine mangelfreie Sache, so kann er vom Käufer die Herausgabe der mangelhaften Sache fordern (§ 439 Abs. 4 BGB).

- Recht auf **Rücktritt vom Kaufvertrag**
  Der Käufer kann vom Kaufvertrag zurücktreten, wenn die Nacherfüllung (Nachbesserung bzw. Nachlieferung) innerhalb einer gesetzten Frist nicht vorgenommen wird, nicht möglich oder unverhältnismäßig ist, verweigert wird oder fehlschlägt (§§ 323, 326 Abs. 4 und 440 Satz 1 BGB). Eine Nachbesserung gilt nach dem erfolglosen zweiten Versuch als fehlgeschlagen (§ 440 Satz 2 BGB). Ein Rücktritt ist aber ausgeschlossen, wenn der Mangel der Kaufsache nur unerheblich ist (§ 323 Abs. 5 Satz 2 BGB).

- Recht auf **Minderung des Kaufpreises**
  Der Käufer kann anstelle des Rücktritts vom Kaufvertrag die Kaufsache aber auch behalten und den Kaufpreis durch Erklärung gegenüber dem Verkäufer mindern, wobei der Kaufpreis in dem Verhältnis herabzusetzen ist, in welchem zurzeit des Vertragsabschlusses der Wert der Sache in mangelfreiem Zustand zu dem wirklichen Wert

gestanden haben würde, gegebenenfalls ist die Kaufpreisminderung durch Schätzung zu ermitteln (§ 437 Nr. 2, 2. Alt. i.V.m. § 441 BGB).

- Recht auf **Schadensersatz**
  Der Käufer kann neben der Nacherfüllung/Leistung auch zusätzlich Schadensersatz wegen Pflichtverletzung verlangen, wenn ein Verschulden des Verkäufers vorliegt (§ 437 Nr. 3, 1. Alt. i.V.m. §§ 280 Abs. 1, 440 BGB), oder statt der Leistung Schadensersatz verlangen, wobei allerdings bei geringfügigen Mängeln ein Schadensersatz ausgeschlossen ist (§ 437 Nr. 3, 1. Alt. i.V.m. §§ 280 Abs. 3, 281, 283, 311 a und 440 BGB).
- Recht auf **Ersatz vergeblicher Aufwendungen**
  Der Käufer kann anstelle des Schadensersatzes statt der Leistung aber auch verlangen, dass ihm alle Aufwendungen ersetzt werden, die er im Vertrauen auf den Erhalt der erwarteten Leistung gemacht hat (sog. Aufwendungsersatz; § 437 Nr. 3, 2. Alt. i.V.m. § 284 BGB).

Zu beachten ist, dass die dem Käufer gesetzlich zustehenden **Gewährleistungsrechte nicht gleichrangig sind** und nicht wahlweise geltend gemacht werden können, d.h. zunächst muss der Käufer das Recht auf Nacherfüllung geltend machen und erst nach ergebnisloser Nacherfüllung hat er das Recht auf Rücktritt vom Kaufvertrag oder Minderung des Kaufpreises.

11. Wann stehen dem Käufer bei mangelhafter Lieferung keine Gewährleistungsrechte zu?

Dem Käufer stehen bei mangelhafter Lieferung **keine Gewährleistungsrechte** zu, wenn er den **Mangel** (Sach- oder Rechtsmangel) **bei Vertragsabschluss kennt** oder ihm der Mangel infolge grober Fahrlässigkeit unbekannt geblieben ist (§ 442 Abs. 1 BGB).

12. Wann verjähren Mängelansprüche?

Die **regelmäßige kaufrechtliche Verjährungsfrist** bei Mängelansprüchen beträgt **zwei Jahre** (§ 438 Abs. 1 Nr. 3 BGB). Bei **arglistig verschwiegenen Mängeln** beträgt die Verjährungsfrist **drei Jahre** (§ 338 Abs. 3 BGB). Mängelansprüche im Zusammenhang mit einem **Bauwerk** verjähren in **fünf Jahren** (§ 438 Abs. 1 Nr. 2 BGB).

Im Falle des **Verbrauchsgüterkaufs** darf die Verjährungsfrist nicht auf weniger als zwei Jahre, bei gebrauchten Sachen nicht auf weniger als ein Jahr, verkürzt werden (§ 475 BGB).

13. Wer muss die Voraussetzungen für das Vorliegen eines Mangels bei Gewährleistungsansprüchen beweisen?

Nach den allgemeinen Grundsätzen über die Beweislast bei Lieferung einer mangelhaften Kaufsache muss der **Käufer beweisen, dass der Sachmangel bereits bei Gefahrübergang vorhanden war** und nicht erst später infolge des anschließenden Gebrauchs der Kaufsache entstanden ist, wenn er einen Gewährleistungsanspruch geltend machen will.

Lediglich beim **Verbrauchsgüterkauf** (§ 474 BGB) wird beim Auftreten eines Sachmangels **innerhalb der ersten sechs Monate nach Lieferung** (Gefahrübergang) **vermutet, dass der Mangel bereits bei Lieferung vorhanden war**, sodass der **Verkäufer beweisen** muss, **dass ein Mangel nicht vorgelegen hat**, es sei denn, diese Vermutung ist mit der Art der Sache oder des Mangels unvereinbar, wobei dies vor allem gebrauchte Sachen betrifft (§ 476 BGB). Diese Beweislastumkehr kann weder durch Allgemeine Geschäftsbedingungen noch in individuellen Vereinbarungen ausgeschlossen oder eingeschränkt werden (§§ 309 Nr. 12, 475 Abs. 1 BGB). **Nach Ablauf der ersten sechs Monate** wird die Beweislast jedoch wieder umgekehrt, das heißt der **Käufer** muss dann **beweisen, dass der aufgetretene Mangel schon bei Übergabe der Sache vorgelegen hat**.

14. Was bedeutet in Verzug geraten und welche Arten des Verzugs unterscheidet man?

In **Verzug** geraten bedeutet, dass eine **Vertragspartei** (Käufer oder Verkäufer) ihre vertraglichen oder gesetzlichen **Verpflichtungen aus einem Kaufvertrag nicht oder nicht vollständig erfüllt**. Hierbei ist zu unterscheiden zwischen:

- **Verzug des Schuldners** (Schuldnerverzug) in Form des **Lieferungsverzugs** des Verkäufers bzw. des **Zahlungsverzugs** des Käufers
- **Verzug des Gläubigers** (Gläubigerverzug) in Form des **Annahmeverzugs** des Käufers.

15. Welche Voraussetzungen müssen nach dem BGB erfüllt sein, damit der Verkäufer in Verzug gerät?

Damit der **Verkäufer** (Schuldner) **in Verzug** (Lieferungsverzug) gerät, müssen nach dem Bürgerlichen Gesetzbuch (BGB) folgende Voraussetzungen erfüllt sein:

- Die **Leistung** (Lieferung) **muss fällig sein**, das heißt der Verkäufer (Schuldner) leistet trotz Fälligkeit nicht.
- Der Käufer muss die Lieferung nach Fälligkeit durch eine **Mahnung** angefordert haben, wobei der Mahnung die Erhebung der Klage auf die Leistung sowie die Zustellung eines Mahnbescheids im Mahnverfahren gleichstehen (§ 286 Abs. 1 BGB). Eine **Mahnung** ist **nicht erforderlich**, wenn für die Leistung eine Zeit nach dem Kalender bestimmt ist oder der Leistung ein Ereignis vorauszugehen hat und eine angemessene Zeit für die Leistung in der Weise bestimmt ist, dass sie sich von dem Ereignis an nach dem Kalender berechnen lässt, oder der Verkäufer die Leistung ernsthaft und endgültig verweigert oder wenn aus besonderen Gründen unter Abwägung der beiderseitigen Interessen der sofortige Eintritt des Verzugs gerechtfertigt ist (§ 286 Abs. 2 BGB).

16. Welche Rechte stehen dem Käufer nach dem BGB zu, wenn sich der Verkäufer in Lieferungsverzug befindet?

Dem **Käufer** (Gläubiger) stehen wahlweise folgende Rechte zu, wenn sich der Verkäufer (Schuldner) in Lieferungsverzug befindet:

- Er kann weiterhin die **Lieferung der Ware verlangen**.

- Er kann neben der Lieferung der Ware auch **zusätzlich Ersatz des Schadens verlangen**, der ihm durch die Verzögerung der Leistung (Lieferung) entstanden ist, sofern der Verkäufer (Schuldner) die Pflichtverletzung zu vertreten hat (sog. Verzögerungsschaden; § 280 Abs. 1 BGB).
- Er kann **vom Kaufvertrag zurücktreten**, wenn er dem Verkäufer vorher eine angemessene **Nachfrist zur Erfüllung der Leistung** (Lieferung) **bestimmt hat und die Frist erfolglos abgelaufen ist** (§ 323 Abs. 1 BGB). Dadurch erlischt der Anspruch des Käufers auf die Leistung (Lieferung). Die Setzung einer **Nachfrist ist nicht notwendig**, wenn der Verkäufer (Schuldner) die **Leistung ernsthaft und endgültig verweigert** oder wenn er die Leistung zu einem im Vertrag **bestimmten Termin oder innerhalb einer bestimmten Frist nicht bewirkt** und der Käufer (Gläubiger) im Vertrag den Fortbestand seines Leistungsinteresses an die Rechtzeitigkeit der Leistung gebunden hat oder besondere Umstände vorliegen, die unter Abwägung der beiderseitigen Interessen den sofortigen Rücktritt rechtfertigen (§ 323 Abs. 2 BGB). Durch den Rücktritt wird das Recht, Schadensersatz zu verlangen, nicht ausgeschlossen (§ 325 BGB).
- Er kann neben dem Rücktritt vom Kaufvertrag auch **zusätzlich Ersatz des Schadens** verlangen, der ihm wegen der nicht oder nicht wie geschuldet erbrachten Leistung (Lieferung) entstanden ist (sog. Nichterfüllungsschaden, § 281 BGB), sofern der Verkäufer (Schuldner) die Pflichtverletzung zu vertreten hat (§ 280 Satz 2 BGB). Anstelle des Schadensersatzes kann der Käufer auch **Ersatz vergeblicher Aufwendungen** verlangen, die er im Vertrauen auf den Erhalt der Leistung (Lieferung) gemacht hat (§ 284 BGB).

17. Wann gerät der Käufer in Annahmeverzug und welche Folgen sind hiermit verbunden?

Der **Käufer** gerät in **Annahmeverzug**, wenn er die ihm vom Verkäufer **ordnungsgemäß angebotene, fällige Leistung** (Kaufsache) **nicht annimmt** (§ 293 BGB). Dies gilt unabhängig davon, welche Gründe für die Nichtannahme vorliegen. Unter ordnungsgemäß angeboten versteht man die Lieferung der bestellten Ware zur rechten Zeit, an dem rechten Ort und in der richtigen Güte und Menge.

Nach Eintritt des Annahmeverzugs **vermindert sich die Haftung des Verkäufers**, das heißt er haftet jetzt nur noch für grobe Fahrlässigkeit (§ 300 Abs. 1 BGB). Zugleich wird die **Haftung des Käufers erweitert**, das heißt er haftet z. B. für Schäden, die durch den zufälligen Untergang der Kaufsache verursacht sind (§ 300 Abs. 2 BGB).

18. Welche Rechte stehen dem Verkäufer beim Annahmeverzug des Käufers zu?

Der **Verkäufer** ist beim **Annahmeverzug des Käufers weiterhin zur Leistung verpflichtet** (§ 324 BGB). Ohne Zustimmung des Käufers stehen ihm wahlweise folgende **Rechte** zu:

- Er kann auf **Erfüllung des Vertrages bestehen** und den Käufer auf Abnahme der Ware verklagen.

- Er kann **hinterlegungsfähige Waren** (z. B. Schmuck) bei einer öffentlichen Verwahrungsstelle (z. B. Amtsgericht) am Erfüllungsort **hinterlegen** bzw. **nichthinterlegungsfähige Sachen** (z. B. verderbliche Waren) **öffentlich versteigern** lassen (sog. Selbsthilfeverkauf) und den Erlös hinterlegen (§§ 372 ff. BGB).
- Außerdem kann der Verkäufer **Ersatz seiner Mehraufwendungen** (z. B. Hinterlegungskosten) **verlangen** (§ 304 BGB).

Beim Handelskauf gelten zusätzlich die Vorschriften des § 373 Handelsgesetzbuch (HGB).

19. Wann kommt der Käufer mit seiner Zahlungsverpflichtung in Verzug?

Erfüllt der Käufer (Schuldner) seine Zahlungsverpflichtung aus dem Kaufvertrag nicht, so gerät er in **Verzug** (Zahlungsverzug) nach Ablauf der vom Verkäufer durch eine **Mahnung gesetzten Nachfrist**, sofern er innerhalb dieser Frist die Zahlung nicht geleistet hat (§ 286 Abs. 1 BGB). Die **Mahnung ist entbehrlich**, wenn:

- für die **Leistung eine Zeit nach dem Kalender bestimmt ist**, z. B. der Kaufvertrag enthält folgende Vereinbarung: „Der Kaufpreis ist bis zum 30. Januar 2018 zahlbar."
- der **Leistung ein Ereignis vorauszugehen hat und eine angemessene Zeit für die Leistung in der Weise bestimmt ist, dass sie sich von dem Ereignis an nach dem Kalender berechnen lässt**, z. B. der Kaufvertrag enthält folgende Vereinbarung: „Der Kaufpreis ist zahlbar innerhalb von 10 Tagen nach Lieferung."
- der **Käufer die Leistung ernsthaft und endgültig verweigert**
- aus **besonderen Gründen unter Abwägung der beiderseitigen Interessen der sofortige Eintritt des Verzugs gerechtfertigt ist** (§ 286 Abs. 2 BGB), z. B. der Käufer kündigt die Leistung zu einem bestimmten Termin selbst an und kommt damit der Mahnung zuvor.

Außerdem kommt der Käufer bei einer **Entgeltforderung** spätestens nach **Ablauf von 30 Tagen nach Fälligkeit und Zugang einer Rechnung oder gleichwertigen Zahlungsaufstellung ohne Mahnung in Verzug**, sofern er die Rechnung innerhalb dieser Frist nicht bezahlt (§ 286 Abs. 3 Satz 1 BGB). Wenn der Schuldner ein Verbraucher ist, kommt diese 30-Tage-Frist nur zur Anwendung, wenn dieser auf die Folgen in der Rechnung besonders hingewiesen worden ist (§ 286 Abs. 3 Satz 2 BGB).

20. Welche Rechte stehen dem Verkäufer beim Zahlungsverzug des Käufers zu?

Wenn der Käufer (Schuldner) sich mit seiner Zahlungsverpflichtung in Zahlungsverzug befindet, kann der **Verkäufer** (Gläubiger) wahlweise eines der folgenden **Rechte** geltend machen:

- Er kann auf **Erfüllung des Kaufvertrages bestehen**, das heißt die Zahlung des Kaufpreises verlangen und gegebenenfalls den Käufer auf Zahlung verklagen.

- Er kann neben der Zahlung des Kaufpreises auch **zusätzlich Ersatz des Schadens** wegen Verzögerung der Leistung verlangen, sofern der Käufer die Pflichtverletzung zu vertreten hat (sog. Verzögerungsschaden; § 280 Abs. 1 BGB) sowie **Verzugszinsen** verlangen, und zwar beim einseitigen Handelskauf und beim bürgerlichen Kauf fünf Prozentpunkte über dem Basiszinssatz (§ 247 BGB) vom Eintritt des Zahlungsverzugs an (§ 288 Abs. 1 BGB) und beim zweiseitigen Handelskauf acht Prozentpunkte über dem Basiszinssatz (§ 247 BGB) von der Fälligkeit der Schuld an (§§ 352, 353 HGB).
- Er kann **die Zahlung des Kaufpreises ablehnen und Ersatz des Schadens** verlangen, der ihm durch die nicht rechtzeitige Bezahlung der Ware (Leistung) entstanden ist (§ 281 BGB), sofern der Käufer die Pflichtverletzung zu vertreten hat (§ 280 Satz 2 BGB). Voraussetzung für die Inanspruchnahme dieses Rechtes ist, das der Verkäufer dem Käufer vorher eine angemessene Nachfrist zur Bezahlung der Ware (Leistung) bestimmt hat. Die Setzung einer Nachfrist ist nicht notwendig, wenn der Käufer die Zahlung endgültig verweigert oder wenn besondere Umstände vorliegen, die einen sofortigen Schadensersatzanspruch rechtfertigen (§ 281 Abs. 2 BGB). Zu beachten ist, dass durch die Ablehnung der Zahlung zwar der Anspruch des Verkäufers (Gläubigers) auf die Leistung der Zahlung erlischt, dafür kann er aber die Ware vom Käufer (Schuldner) zurück fordern (§§ 281 Abs. 5 und 346 bis 348 BGB). Anstelle des Schadensersatzes kann er auch Ersatz vergeblicher Aufwendungen verlangen, z. B. Vertragskosten (§ 284 BGB).
- Er kann **vom Kaufvertrag zurücktreten**, wenn er dem Käufer vorher eine angemessene **Nachfrist zur Bezahlung der Ware** (Leistung) **bestimmt hat und die Frist erfolglos abgelaufen ist** (§ 323 Abs. 1 BGB). Die Setzung einer **Nachfrist ist nicht notwendig**, wenn der Käufer (Schuldner) die **Zahlung endgültig verweigert** oder wenn der **Zahlungstermin kalendermäßig bestimmt ist** oder wenn besondere Umstände vorliegen, die einen sofortigen Rücktritt rechtfertigen (§ 323 Abs.2 BGB). Beim Rücktritt vom Kaufvertrag hat der Käufer die schon empfangenen Leistungen zurückzugewähren (§§ 346 ff. BGB). Durch den Rücktritt wird das Recht, Schadensersatz zu verlangen, nicht ausgeschlossen (§ 325 BGB).
- Er kann neben dem Rücktritt vom Kaufvertrag auch **zusätzlich Ersatz des Schadens** verlangen, der ihm durch die nicht rechtzeitige Zahlung des Kaufpreises entstanden ist (§ 281 BGB), sofern der Käufer (Schuldner) die Pflichtverletzung zu vertreten hat (§ 280 Satz 2 BGB). Anstelle des Schadensersatzes kann der Verkäufer auch **Ersatz vergeblicher Aufwendungen** verlangen, z. B. Vertragskosten (§ 284 BGB).

21. Was versteht man im Schuldrecht unter Garantie?

Garantie ist ein **vertraglich eingeräumtes Versprechen** – in der Regel des Herstellers – **für Mängel**, die an einer Sache während der Garantiezeit auftreten, **entsprechend der Garantieerklärung einzustehen**.

22. Welche Voraussetzungen gelten für die Übernahme einer Garantie?

Für die **Garantie**, die durch das am 1. Januar 2002 in Kraft getretene Gesetz zur Modernisierung des Schuldrechts erstmals ausdrücklich gesetzlich geregelt wurde, gelten nach § 443 Abs. 1 BGB die folgenden **Voraussetzungen:**

Der Verkäufer oder ein Dritter (z. B. Hersteller) können eine Garantie übernehmen, wobei die Garantie dem Käufer gegenüber demjenigen zusteht, der die Garantie eingeräumt hat. Die Garantie kann abgegeben werden für die Beschaffenheit der Sache (**Beschaffenheitsgarantie**) oder dafür, dass die Sache für eine bestimmte Dauer eine bestimmte Beschaffenheit behält (**Haltbarkeitsgarantie**). Im Garantiefall stehen dem Käufer die Rechte aus der Garantie unbeschadet der gesetzlichen Ansprüche zu den in der Garantieerklärung oder der einschlägigen Werbung angegebenen Bedingungen zu. Will der Käufer den Garantiegeber aus der Garantie in Anspruch nehmen, muss er beweisen, dass der Defekt innerhalb der Garantiezeit eingetreten und von der Garantie erfasst ist. Für die Geltungsdauer der **Haltbarkeitsgarantie** besteht jedoch eine **Beweislastumkehr**, das heißt es wird vermutet, dass dem Käufer die Rechte aus der Garantie zustehen (§ 443 Abs. 2 BGB), sodass der Garantiegeber nur dann nicht haftet, wenn er beweisen kann, dass der Käufer den Defekt verschuldet hat.

23. Welche Anforderungen muss die Garantieerklärung im Verbrauchsgüterkauf erfüllen?

Für die **Garantie im Verbrauchsgüterkauf** gelten **ergänzende Vorschriften**. So muss im Falle eines Verbrauchsgüterkaufs die Garantieerklärung (§ 443 BGB) einfach und verständlich abgefasst sein (sog. Transparenzgebot; § 477 Abs. 1 Satz 1 BGB). Außerdem muss die Garantieerklärung Name und Anschrift des Garantiegebers ausdrücklich nennen, Art, Umfang und Geltungsdauer der Garantie sowie einen Hinweis enthalten, dass die gesetzlichen Gewährleistungsrechte des Käufers unabhängig von der Garantie bestehen (§ 477 Abs. 1 Satz 2 BGB). Daneben kann der Verbraucher auch verlangen, dass ihm die Garantieerklärung in Textform mitgeteilt wird (§ 477 Abs. 2 BGB).

Zu beachten ist, dass die vorbezeichneten formalen Anforderungen an die Garantieerklärung aber keine Voraussetzung für die Wirksamkeit der Garantie sind. Dem Käufer stehen somit die Rechte aus der Garantie gleichwohl zu, falls die Anforderungen an die Garantieerklärung vom Garantiegeber nicht erfüllt werden (§ 477 Abs. 3 BGB).

4.6 Gesetzliche Schuldverhältnisse

1. Was versteht man unter dem Begriff ungerechtfertigte Bereicherung?

Unter **ungerechtfertigter Bereicherung** versteht man eine Vermehrung des Vermögens, die jemand ohne rechtlichen Grund auf Kosten eines anderen erlangt hat (§§ 812 ff. BGB).

Beispiel: Jemand begleicht eine Rechnung versehentlich doppelt. Der Verkäufer wäre nun ungerechtfertigt bereichert, wenn er die doppelte Summe behalten dürfte.

2. Welchen Anspruch hat der Leistende gegenüber dem ungerechtfertigt Bereicherten?

Er kann von dem Bereicherten die **Herausgabe des Erlangten verlangen** (§ 812 BGB). Ist die Herausgabe nicht oder nicht mehr möglich (z. B. weil der Bereicherte den Gegenstand weiterveräußert hat), so kann der Leistende Ersatz des Wertes verlangen (§ 818 Abs. 2 BGB).

Der **Anspruch auf Herausgabe oder Wertersatz ist ausgeschlossen**, wenn:

- der Leistende gewusst hat, dass er zur Leistung nicht verpflichtet war (§ 814 BGB), z. B. der Verkäufer übergibt den Kaufgegenstand einem Minderjährigen, obwohl er weiß, dass der mit diesem geschlossene Kaufvertrag unwirksam ist, weil der gesetzliche Vertreter die Genehmigung verweigert hat
- die Leistung einer sittlichen Pflicht oder einer auf den Anstand zu nehmenden Rücksicht entsprach (§ 814 BGB), z. B. die Gewährung von Unterhalt an nicht unterhaltsberechtigte Verwandte
- der Leistende den Eintritt des Erfolges wider Treu und Glauben verhindert hat (§ 815 BGB), z. B. der Vater kann die geleistete Mitgift nicht zurückfordern, wenn er die Eheschließung seiner Tochter ohne Grund verhindert hat
- der Eintritt des Erfolges von Anfang an unmöglich war und der Leistende dies gewusst hat (§ 815 BGB).

3. Was ist eine unerlaubte Handlung im Sinne des BGB?

Eine **unerlaubte Handlung** ist der widerrechtlich, das heißt ohne Rechtfertigungsgrund (z. B. Notwehr) vorgenommene Eingriff in ein vom Gesetz geschütztes Rechtsgut (z. B. das Leben, den Körper, die Gesundheit, die Freiheit, das Eigentum) eines anderen, durch das diesem ein Schaden zugefügt wird (vgl. §§ 823 ff. BGB).

Beispiel: Ein Autofahrer verletzt bei einem selbstverschuldeten Unfall einen Fußgänger.

4. Welchen Anspruch hat der Geschädigte aus einer unerlaubten Handlung?

Der Geschädigte hat aus einer unerlaubten Handlung **Anspruch auf Schadensersatz** (§ 823 BGB).

Grundsätzlich ist **Voraussetzung für den Schadensersatzanspruch**, dass der Verursacher eines Schadens schuldhaft, d. h. vorsätzlich oder fahrlässig, gehandelt hat (sog. **Verschuldenshaftung**). **Ausnahmen** hiervon gelten lediglich in den gesetzlich geregelten Fällen der sog. **Gefährdungshaftung**. Hier ist die Pflicht zum Schadensersatz nicht an das Verschulden, sondern an die durch die Inbetriebnahme einer Einrichtung bzw. der Haltung eines Tieres ausgehende Gefährdung geknüpft, wenn hierdurch Dritte zu Schaden kommen (z. B. Betrieb eines Kraftfahrzeuges oder eines Flugzeuges).

Teilgebiet Wirtschaftskunde

1. Notwendigkeit des Wirtschaftens

1.1 Bedürfnisse und Bedarf

1. Woraus ergibt sich die Notwendigkeit zu wirtschaften?

Jeder Mensch hat vielfältige Wünsche bzw. Bedürfnisse, die er befriedigen möchte oder muss. Zur Befriedigung dieser Bedürfnisse stehen den Menschen aber nur Güter in begrenztem (knappen) Umfang zur Verfügung. Die **Notwendigkeit zu wirtschaften** liegt daher in den **Bedürfnissen**, die die Menschen befriedigen möchten. Das Problem der Knappheit der Güter ist somit Ausgangspunkt und Mittelpunkt allen Wirtschaftens. Dagegen braucht in einem Schlaraffenland, in dem es keine Knappheit gibt, nicht gewirtschaftet zu werden.

2. Was versteht man unter dem Begriff Wirtschaften?

Unter dem Begriff **Wirtschaften** versteht man das Entscheiden über den Einsatz knapper Güter mit dem Ziel, menschliche Bedürfnisse rational (vernünftig) und auf optimale Art und Weise zu befriedigen.

3. Was versteht man unter einem Bedürfnis im volkswirtschaftlichen Sinne?

Unter einem **Bedürfnis** versteht man in der Volkswirtschaft das persönliche Empfinden eines Mangels, verbunden mit dem Wunsch, diesen Mangel zu beseitigen. Die vielfältigen Bedürfnisse, die jeder Mensch hat und die er befriedigen möchte oder muss, sind die Voraussetzung und die Grundlage des Wirtschaftens und damit der eigentliche Grund, warum Menschen überhaupt wirtschaften.

4. Nach welchen Kriterien lassen sich die Bedürfnisse einteilen und welche Bedürfnisarten werden hierbei unterschieden?

Einteilung der Bedürfnisse	Arten der Bedürfnisse
nach der Dringlichkeit	▸ Existenzbedürfnisse ▸ Kulturbedürfnisse ▸ Luxusbedürfnisse
nach der Möglichkeit der Bedürfnisbefriedigung	▸ Individualbedürfnisse ▸ Kollektivbedürfnisse
nach dem Gegenstand der Bedürfnisse	▸ materielle Bedürfnisse ▸ immaterielle Bedürfnisse
nach dem Bewusstheitsgrad	▸ offene (akute) Bedürfnisse ▸ unbewusste (latente) Bedürfnisse

Daneben ist weit verbreitet die Einteilung der Bedürfnisse nach dem Modell des Psychologen Maslow (siehe >> Kapitel 1.1, Fragen 9 und 10).

5. Wodurch unterscheiden sich Existenz-, Kultur- und Luxusbedürfnisse?

Existenzbedürfnisse sind die für das Leben notwendigen Bedürfnisse, die zuerst befriedigt werden müssen.

Beispiele: Bedürfnisse nach Nahrung, Kleidung, Wohnen.

Kulturbedürfnisse sind die über die reine Existenznotwendigkeit hinausgehenden Bedürfnisse, die sich aus dem jeweiligen Kulturniveau einer Volkswirtschaft ergeben. Im Gegensatz zu den Existenzbedürfnissen ist die Befriedigung der Kulturbedürfnisse nicht überlebenswichtig.

Beispiele: Wunsch nach Freizeitgestaltung wie Sport, Musik, Kino, Reisen, Theater.

Luxusbedürfnisse sind übersteigerte Bedürfnisse, die den Wunsch nach einem sehr gehobenen Lebensstandard befriedigen. Diese werden erst erfüllt, wenn Existenz- und Kulturbedürfnisse befriedigt sind.

Beispiele: Wunsch nach einem Luxusauto, einem Privatflugzeug, einer eigenen Yacht.

Die Grenzen zwischen Existenz-, Kultur- und Luxusbedürfnisse sind fließend, sodass eine eindeutige Zuordnung nicht immer möglich ist. Die Zuordnung ist abhängig vom Lebensstandard der Gesellschaft, dem technischen Niveau der Volkswirtschaft, der Kultur einer Gesellschaft sowie der individuellen Einstellung und persönlichen Situation des Menschen, die sich im Laufe der Zeit ändern kann.

6. Was sind Individual- und Kollektivbedürfnisse?

Individualbedürfnisse sind die auf den Vorstellungen einer Einzelperson, dem Individuum, beruhenden Bedürfnisse vom Leben.

Beispiele: Auto fahren, Essen gehen.

Kollektivbedürfnisse sind die aus dem Zusammenleben der Menschen entstehenden Bedürfnisse, die nur kollektiv, das heißt mithilfe der Gemeinschaft befriedigt werden können.

Beispiele: Wunsch nach Versorgung mit Infrastruktur wie Straßen, Eisenbahnen, Flughäfen.

7. Wodurch unterscheiden sich die materiellen von den immateriellen Bedürfnissen?

Materielle (gegenständliche) **Bedürfnisse** sind Bedürfnisse, die aus der wirtschaftlichen Tätigkeit befriedigt werden können.

Beispiele: Möbel, modische Kleider, Auto.

Immaterielle Bedürfnisse sind nicht greifbare Bedürfnisse, die nicht durch Kauf befriedigt werden können.

Beispiele: Bedürfnisse nach Liebe, Geborgenheit, Anerkennung.

8. Was sind offene und unbewusste Bedürfnisse?

Offene (akute) **Bedürfnisse** sind Bedürfnisse, die bereits in das Bewusstsein der Menschen getreten sind und nach Befriedigung verlangen.

Beispiel: Wunsch nach einer Reise in die Südsee.

Unbewusste (latente) **Bedürfnisse** sind Bedürfnisse, die unterschwellig vorhanden sind und nur noch geweckt werden müssen.

Beispiel: Der Wunsch nach einem neuen Kleidungsstück wird durch Werbung geweckt.

9. Wie hat Maslow die Bedürfnisse unterteilt?

Der amerikanische Psychologe *Abraham Maslow* (1908 - 1970) hat die Bedürfnisse des Menschen in Form einer fünfstufigen Pyramide eingeteilt, die einerseits die unterschiedliche Bedeutung von Bedürfnisschichten und andererseits die Rangordnung der Bedürfnisse berücksichtigt. Diese Einteilung wird allgemein als **Bedürfnispyramide** nach Maslow bezeichnet. Sie ist nachstehend dargestellt.

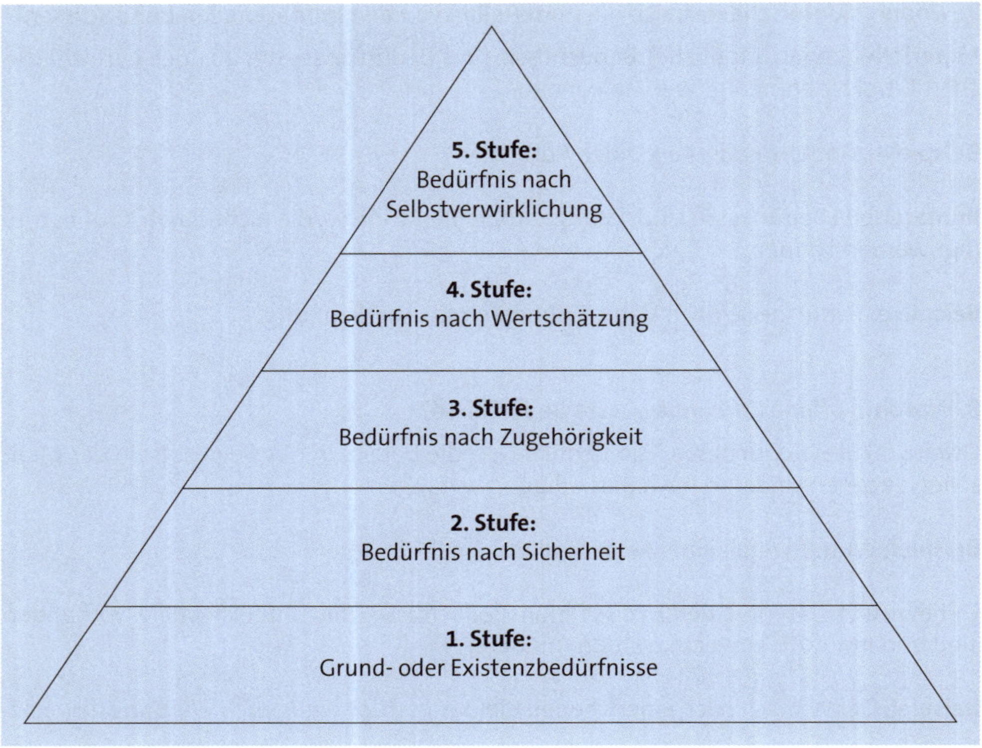

Bedürfnispyramide nach Maslow

10. Was besagen die einzelnen Stufen der Bedürfnispyramide?

Die Stufen der Pyramide besagen, dass zuerst ein Bedürfnis der untersten und breitesten Stufe befriedigt werden muss, bevor die nächst höhere Stufe ein Bedürfnis darstellt.

Die unterste und breiteste Stufe bilden die Grund- oder Existenzbedürfnisse, wie essen, trinken, schlafen. Die darauf folgende zweite Stufe gibt die Sicherheitsbedürfnisse an, womit die Bedürfnisse gemeint sind, die darauf ausgerichtet sind, die Befriedigung der Grund- oder Existenzbedürfnisse nachhaltig zu sichern, z. B. Schutz vor Einbrechern, Altersvorsorge, Arbeitsplatzsicherheit. Auf der dritten Stufe sind Liebe, Freundschaft, Zugehörigkeit zu einer Gruppe, ganz allgemein soziale Bedürfnisse angesiedelt. Die vierte Stufe umfasst Bedürfnisse nach Anerkennung, Ruhm, Aufmerksamkeit (sog. Ich-Bedürfnisse). Die fünfte und höchste Stufe wird eingenommen vom Bedürfnis nach Selbstverwirklichung, das heißt das eigene Leben gestalten können und nicht eingeschränkt zu sein.

11. Was versteht man unter den Begriffen Bedarf und Nachfrage?

Unter **Bedarf** im wirtschaftlichen Sinne ist der Teil der Bedürfnisse zu verstehen, den der Mensch mit den ihm zur Verfügung stehenden Mitteln befriedigen kann.

Beispiel: Die Auszubildende Lea Kaufmann will Ordnung in ihrem Arbeitszimmer schaffen und beschließt, von ihrer gesparten Ausbildungsvergütung ein Bücherregal zu kaufen.

Unter **Nachfrage** versteht man den Teil des Bedarfs, der mit Kaufkraft am Markt wirksam wird.

Beispiel: Die Auszubildende Lea Kaufmann geht in ein Möbelhaus und kauft sich das ausgesuchte Bücherregal.

1.2 Güter als Mittel der Bedürfnisbefriedigung

1. Was ist das Ziel des Wirtschaftens und was umfasst der Begriff Wirtschaft?

Das **Ziel des Wirtschaftens** besteht ganz allgemein in der Erzeugung und Bereitstellung von Gütern und Dienstleistungen zur Befriedigung der Bedürfnisse.

Der Begriff **Wirtschaft** umfasst sämtliche Einrichtungen und Maßnahmen, die dazu dienen die Bedürfnisse der Menschen nach Gütern planvoll zu befriedigen.

2. Nach welchem Grundprinzip versucht man das Problem der Güterknappheit zu lösen?

Das Problem der Güterknappheit (Güterversorgungsproblem) versucht man national und international noch besser und schneller durch das Prinzip der **Arbeitsteilung** zu lösen.

3. Was versteht man unter Arbeitsteilung?

Unter **Arbeitsteilung** versteht man die Zerlegung eines Arbeits- oder Produktionsvorganges in Teilfunktionen, die von Menschen mit unterschiedlichen beruflichen Qualifikationen und in verschiedenen Betrieben, Sektoren und Regionen durchgeführt werden.

4. Welche Arten der Arbeitsteilung unterscheidet man?

Man unterscheidet **vier Arten** der Arbeitsteilung:

- **Berufliche Arbeitsteilung:** Diese stellt den geschichtlich ältesten Grundtyp der Arbeitsteilung dar. So wurden der Frau die leichten Feld- und Hausarbeiten übertragen, während der Mann mit schwereren Aufgaben, wie z. B. mit dem Hausbau und mit der Jagd betraut wurde. Im Laufe der Zeit bildeten sich Berufe wie Jäger, Bauer, Tischler. Die nächste Entwicklungsstufe ist die der Berufsspaltung. Aus dem Schneider bildete sich der Damenschneider, Herrenschneider, Hosenschneider oder der Mantelschneider. Man nennt diese drei Stufen der Arbeitsteilung auch gesellschaftliche und natürliche Arbeitsteilung.

- **Technische Arbeitsteilung:** Diese vollzieht sich in den Unternehmen und lässt sich in zwei Formen unterteilen, und zwar der überbetrieblichen und der innerbetrieblichen Arbeitsteilung. Die überbetriebliche Form der Arbeitsteilung ist dadurch gekennzeichnet, dass die meisten Unternehmen nicht mehr ein Gut vom Rohstoff bis zum Endprodukt selbst herstellen, sondern sich auf Teilproduktionsprozesse beschränken. Die innerbetriebliche Form der Arbeitsteilung beinhaltet die Zerlegung des Produktionsprozesses in einzelne selbstständige Arbeitsvorgänge.
- **Volkswirtschaftliche Arbeitsteilung:** Diese umfasst den gesamten Bereich der Volkswirtschaft. In ihr sind die Unternehmen in drei unterschiedlichen Wirtschaftsbereichen tätig, und zwar der Urerzeugung (primärer Bereich), der Weiterverarbeitung (sekundärer Bereich) und der Verteilung bzw. Dienstleistung (tertiärer Bereich). Zur Urerzeugung oder Gütergewinnung zählen die Betriebe der Land- und Forstwirtschaft, der Fischerei und des Bergbaus. Die Weiterverarbeitung der Güter erfolgt in Industrie- und Handwerksbetrieben. Zum Dienstleistungsbereich gehören Groß- und Einzelhandelsbetriebe, Verkehrsbetriebe, Kreditinstitute, Versicherungsbetriebe, Betriebe der Nachrichtenübermittlung und die freien Berufe.
- **Internationale Arbeitsteilung:** Diese ist das Ergebnis der unterschiedlichen Ausstattung der einzelnen Volkswirtschaften mit Rohstoffen und Produktionsfaktoren und zeigt sich durch den gegenseitigen Austausch von Waren und Dienstleistungen (Ex- und Import) der Länder, die am internationalen Handel beteiligt sind. So lassen beispielsweise deutsche Firmen wegen der Kosten- und Preisunterschiede optische Linsen in Hongkong herstellen, in Japan schleifen und in der Bundesrepublik Deutschland montieren.

5. Was sind die wesentlichsten Vor- und Nachteile der einzelnen Arten der Arbeitsteilung?

Arten der Arbeitsteilung	Vorteile	Nachteile
Berufliche Arbeitsteilung	► Es können die persönlichen Fähigkeiten und Neigungen der Arbeitskräfte besser berücksichtigt werden. ► Es lassen sich technische Entwicklungen besser vorantreiben. ► Es werden die Maschinen besser ausgelastet.	► Durch die Spezialisierung verkümmern bei den Arbeitskräften vorhandene andere körperliche und geistige Fähigkeiten. ► Die Arbeitskräfte sind durch die hohe Spezialisierung stärker an den Betrieb gebunden und damit weniger mobil.

Arten der Arbeitsteilung	Vorteile	Nachteile
Technische Arbeitsteilung	► Es wird die Effektivität der Arbeit gesteigert. ► Es wird eine Produktvielfalt ermöglicht. ► Es steigt die Qualität der Güter. ► Es lassen sich technische Entwicklungen schneller verwirklichen.	► Bei den Arbeitskräften treten häufiger Gesundheitsschäden wegen einseitiger körperlicher oder geistiger Belastung auf. ► Die Arbeitskräfte verlieren die Übersicht über den Gesamtzusammenhang ihrer Tätigkeit. ► Die Monotonie der Arbeit führt bei den Arbeitskräften zum Verlust der Arbeitsfreude.
Volkswirtschaftliche Arbeitsteilung	► Es wird die Arbeitsproduktivität gesteigert. ► Es können Güter preiswerter angeboten werden.	► Es kann zu Über- oder Unterproduktionen kommen. ► Es wächst die Abhängigkeit vom Markt.
Internationale Arbeitsteilung	► Es wird der Güteraustausch zwischen den Staaten ermöglicht. ► Es wachsen die Staaten wirtschaftlich, kulturell und politisch enger zusammen. ► Es wird die bestmöglichste Versorgung der Weltbevölkerung gesichert.	► Es wächst die gegenseitige Abhängigkeit der Volkswirtschaften. ► Es sind Arbeitsplätze im Inland gefährdet, wenn die Produktion aus Kostengründen ins Ausland verlagert wird oder die entsprechenden Güter aus dem Ausland billiger zu beziehen sind. ► Es können die vom Güterimport abhängigen Länder bei Preiserhöhungen des Exportlandes häufig ihre Versorgung nur durch Verschuldung sichern.

6. Wie lässt sich der Begriff Güter im wirtschaftlichen Sinne definieren und welche Arten von Gütern unterscheidet die Wirtschaft?

Güter im wirtschaftlichen Sinne sind Mittel materieller oder immaterieller Art, mit denen Menschen ihre **Bedürfnisse befriedigen** können.

Die Wirtschaft unterscheidet **freie Güter** und **wirtschaftliche Güter**, die auch als knappe Güter bezeichnet werden.

7. Wodurch unterscheiden sich freie und wirtschaftliche Güter?

Freie Güter sind unbeschränkt verfügbar und kosten grundsätzlich nichts (z. B. Luft, Sonne, Wind, Meerwasser).

Wirtschaftliche Güter weisen die folgenden drei Merkmale auf: Sie sind knapp, prinzipiell erreichbar und stiften Nutzen als Beitrag zur Bedürfnisbefriedigung. Sie werden unterschieden in **Sachgüter** (z. B. Lebensmittel, Kleidung), **Dienstleistungen** (z. B. Beratung durch einen Rechtsanwalt, Leistung eines Arztes) oder **Rechte** (z. B. Patente, Gebrauchsmuster). Während die Sachgüter **materielle Güter** darstellen, lassen sich die Dienstleistungen und Rechte unter dem Oberbegriff **immaterielle** Güter zusammenfassen. Zu beachten ist, dass nur die wirtschaftlichen Güter Ziel des Wirtschaftens sind. Da ihre Bereitstellung Kosten verursacht, haben sie am Markt einen Preis.

8. Nach welchen Kriterien lassen sich die Sachgüter einteilen und welche Güterarten werden dabei unterschieden?

Einteilung der Sachgüter	Güterarten	Beispiele
nach der Verfügbarkeit	► private Güter (dienen dem Einzelnen) ► öffentliche Güter (dienen der Gemeinschaft)	► Kleidung, Autos ► Krankenhäuser, Schulen
nach der Art der Verwendung	► Konsumgüter (dienen der unmittelbaren Bedürfnisbefriedigung) ► Produktionsgüter (dienen zur Herstellung anderer Güter)	► Nahrungsmittel, Fernseher, Kühlschränke ► Werkzeuge, Fahrzeuge, Fabrikgebäude
nach der Nutzungsdauer	► Gebrauchsgüter (können über einen längeren Zeitraum genutzt werden) ► Verbrauchsgüter (stiften nur einmal Nutzen)	► Büromöbel, Kleiderschrank, Maschinen ► Briefumschläge, Kopierpapier
nach der Beziehung der Güter zueinander	► Komplementärgüter (können nur gemeinsam ein Bedürfnis befriedigen) ► Substitutionsgüter (sind gegeneinander austauschbar)	► Glühlampe und Strom, Pfeife und Tabak, Fotoapparat und Film ► Butter oder Margarine, Streichhölzer oder Feuerzeug, Auto oder Bahn

1.3 Prinzipien wirtschaftlichen Handelns

1. Was bedeutet der Begriff Ökonomie?

Der aus dem Griechischen stammende Begriff **Ökonomie** (oikos = Haus, nomos = Gesetzmäßigkeit, Ordnung) ist die Lehre von der Wirtschaft, die versucht, wirtschaftliche Vorgänge zu beschreiben und zu erklären.

2. Was versteht man unter dem ökonomischen Prinzip?

Unter dem **ökonomischen Prinzip** – auch Rationalprinzip (ratio = Vernunft, Verstand) oder Wirtschaftlichkeitsprinzip genannt – ist das wirtschaftlich optimale Handeln im Sinn eines möglichst günstigen Verhältnisses zwischen Aufwand und Ertrag zu verstehen. Dabei unterscheidet man zwei Erscheinungsformen, und zwar das **Maximalprinzip** – auch Maximumprinzip genannt – und das **Minimalprinzip** – auch als Minimumprinzip bezeichnet.

3. Wodurch unterscheidet sich das Maximalprinzip vom Minimalprinzip?

Wer nach dem **Maximalprinzip** handelt, will mit einem gegebenem Aufwand einen möglichst hohen Ertrag erwirtschaften.

Beispiel: Ein Autofahrer will mit einem Liter Benzin möglichst viele Kilometer fahren.

Wer nach dem **Minimalprinzip** handelt, will einen bestimmten Ertrag mit möglichst niedrigem Aufwand erzielen.

Beispiel: Ein Autofahrer will 100 Kilometer fahren mit möglichst wenig Benzin.

4. Von welchem Wirtschaftsprinzip lassen sich die Betriebe in einer Volkswirtschaft leiten?

Die Betriebe haben in einer Volkswirtschaft im Allgemeinen das Bestreben, einen optimalen oder maximalen Gewinn mit den eingesetzten Mitteln zu erreichen (Gewinnmaximierung). Diese Zielvorstellung wird als **erwerbswirtschaftliches Prinzip** bezeichnet.

5. Was versteht man unter dem gemeinwirtschaftlichen Prinzip?

Vom **gemeinwirtschaftlichen Prinzip** spricht man, wenn nicht die Gewinnerzielung, sondern die bestmögliche Versorgung der Allgemeinheit mit wichtigen Gütern und Dienstleistungen im Vordergrund des Betriebes steht. Man unterscheidet hierbei zwischen **Kostendeckungsbetrieben** und **Zuschussbetrieben**.

Beispiele: Kommunale Verkehrsbetriebe, Stadtwerke (Kostendeckungsbetriebe), Kommunale Schwimmbäder, Theater (Zuschussbetriebe).

6. Was bedeutet der Begriff Ökologie?

Der aus dem Griechischen abgeleitete Begriff **Ökologie** (oikos = Haus, logos = Lehre) bedeutet wörtlich übersetzt „Lehre vom Haushalt". Heute wird unter dem Wort Ökologie zumeist die Umweltlehre verstanden, die Wechselbeziehungen zwischen Lebewesen und Umwelt untersucht.

7. Was beinhaltet das ökologische Prinzip?

Unter dem **ökologischen Prinzip** – auch Umweltschonungsprinzip genannt – ist die Ausrichtung des ökonomischen (wirtschaftlichen) Handelns mit dem Ziel zu verstehen, die Umwelt so wenig wie möglich und nur so stark wie unbedingt nötig zu belasten.

8. Welcher Zusammenhang besteht zwischen Ökonomie und Ökologie?

Die zentralen Umweltprobleme (z. B. Klimaänderungen, Waldsterben, Ozonloch) mit ihren weltweiten Auswirkungen auf die natürlichen Lebensgrundlagen zeigen, dass ökonomisches (wirtschaftliches) Handeln unbedingt auch ökologisch ausgerichtet sein sollte. Diese Erkenntnis hat sich in den letzten Jahren verstärkt durchgesetzt. Ökologie und Ökonomie sind also nicht als Gegensatz, sondern in ihrem Miteinander zu sehen. So lassen sich durch konsequenten Umweltschutz und die bessere Ausnutzung von Energie, Wasser oder Rohstoffen sowie die Reduzierung von Abfall durchaus auch Kosten sparen.

9. Wie lässt sich eine Verbesserung der ökologischen Verhaltensweisen erreichen?

Eine Verbesserung der ökologischen Verhaltensweisen lässt sich insbesondere durch ein steuerndes Eingreifen des Staates erreichen. Der Staat muss hierbei die Rahmenbedingungen so ändern, dass umweltfreundliches Verhalten gegenüber umweltschädigendem Verhalten durch finanzielle Vorteile oder andere Vergünstigungen belohnt wird.

Beispiel: Schadstoffarme Kraftfahrzeuge zahlen weniger Kraftfahrzeugsteuer.

2. Wirtschaftskreislauf und Volkswirtschaftliche Gesamtrechnung

2.1 Der Wirtschaftskreislauf

1. Was versteht man unter dem Begriff Wirtschaftskreislauf?

Der **Wirtschaftskreislauf** ist die **bildhafte Darstellung** (Modell) der in einer arbeitsteiligen Volkswirtschaft zwischen den Wirtschaftseinheiten fließenden **Geld- und Güterströme**, die dazu in verschiedene **Sektoren** eingeteilt werden.

Der **Wirtschaftskreislauf ist Folge der Arbeitsteilung** und in seinem Umfang von deren Ausmaß abhängig. Die **theoretische Untersuchung des Wirtschaftskreislaufes** ist

Gegenstand der Kreislaufanalyse, deren Ursprünge auf den französischen Volkswirtschaftler und Arzt *Francois Quesnay* (1694 - 1774) zurückgehen und von dem britischen Volkswirtschaftler und Diplomaten *John Maynard Keynes* (1883 - 1946) weiterentwickelt wurde.

2. Welche Wirtschaftskreislaufmodelle unterscheidet man?

Die Volkswirtschaftslehre unterscheidet **drei Wirtschaftskreislaufmodelle**:

- **einfacher Wirtschaftskreislauf** (2-Sektoren-Modell)
- **erweiterter Wirtschaftskreislauf** (3-Sektoren-Modell)
- **vollständiger Wirtschaftskreislauf** (5-Sektoren-Modell).

3. Welche Voraussetzungen werden im einfachen Wirtschaftskreislauf unterstellt?

Im **einfachen Wirtschaftskreislauf** werden folgende Voraussetzungen – auch Prämissen genannt – unterstellt:

- Es gibt nur **zwei Beteiligte** (Wirtschaftssubjekte) am Wirtschaftsgeschehen, und zwar die **privaten Haushalte und die Unternehmen**, wobei alle privaten Haushalte und alle Unternehmen zu je einem Wirtschaftssektor zusammengefasst werden
- Es existiert eine **geschlossene Volkswirtschaft** (ohne Ausland), das heißt es bestehen keine Beziehungen zu anderen Volkswirtschaften.
- Es existiert eine **stagnierende Volkswirtschaft** (ohne Wachstum).
- Es existiert eine **Volkswirtschaft ohne staatliche Aktivitäten**, das heißt der Staat tritt nicht als wirtschaftende Einheit in Erscheinung.
- Es wird das **gesamte Einkommen ausgegeben** (konsumiert), das heißt es wird weder gespart noch investiert.
- Es bestehen **keine zeitlichen Verzögerungen** zwischen Produktion und Konsum.

4. Wie wirken die beiden Wirtschaftssektoren private Haushalte und Unternehmen im einfachen Wirtschaftskreislauf zusammen?

Die beiden Wirtschaftssektoren **private Haushalte** und **Unternehmen wirken** im **einfachen Wirtschaftskreislauf** wie folgt **zusammen:**

a) Die **privaten Haushalte stellen den Unternehmen** ihre **Arbeitskraft**, den **Boden** (für die Fabriken) und das **Kapital** (für die Maschinen und Anlagen) zur Produktion **zur Verfügung (Güterstrom)**.

b) Die **privaten Haushalte erhalten als Gegenleistung Einkommen** in Form von Lohn oder Gehalt (für die geleistete Arbeit), Miete oder Pacht (für den Boden) und Zinsen (für das Kapital) **von den Unternehmen (Geldstrom)**.

c) Die **Unternehmen verkaufen** ihre erzeugten **Güter an die privaten Haushalte (Güterstrom)**.

d) Die **privaten Haushalte bezahlen** den **Untenehmen** für die Güter **den geforderten Preis (Geldstrom)**.

Auf diese Art und Weise ergibt sich volkswirtschaftlich ein **geschlossener Wirtschaftskreislauf**. Dieser besteht aus zwei in entgegengesetzte Richtungen verlaufenden Strömen, und zwar einem **Güterstrom** (a und c) und einem **Geldstrom** (b und d). Da der einfache Wirtschaftskreislauf eine Volkswirtschaft beschreibt, bei der die gesamte Produktion in vollem Umfange wieder in den Konsum fließt und es somit keine Veränderungen gibt, spricht man auch von einer **stationären Wirtschaft**.

5. Wie lässt sich der einfache Wirtschaftskreislauf grafisch darstellen?

Der **einfache Wirtschaftskreislauf** lässt sich grafisch wie folgt darstellen:

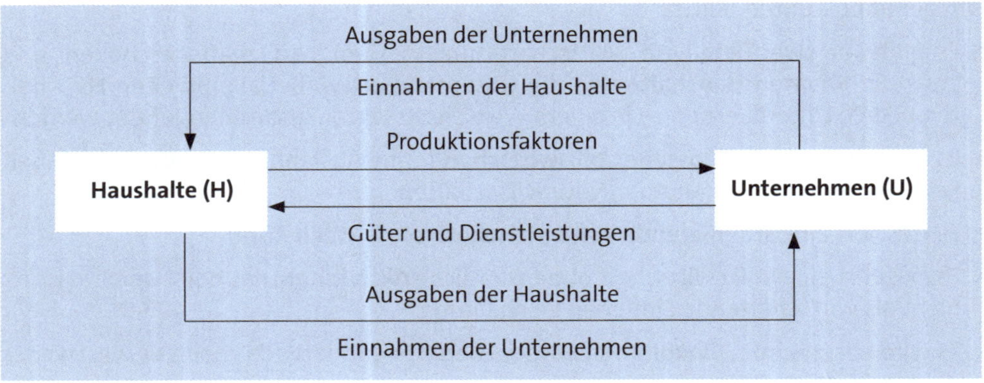

6. Wer sind die drei Sektoren des erweiterten Wirtschaftskreislaufs?

Die **drei Sektoren des erweiterten Wirtschaftskreislaufs** sind die beiden volkswirtschaftlichen Sektoren des einfachen Wirtschaftskreislaufes, **private Haushalte** und **Unternehmen**, erweitert um den Sektor **Kreditinstitute**.

7. Welche Funktion hat der Sektor Kreditinstitute im Wirtschaftskreislauf?

Die **Kreditinstitute** (Banken, Sparkassen) haben im Modell des Wirtschaftskreislaufs die Funktion von **Kapitalsammelstellen**. Man geht bei diesem Modell davon aus, dass die privaten Haushalte nicht mehr ihr gesamtes Einkommen konsumieren, sondern einen Teil bei den Kreditinstituten sparen. Diese verwenden die Einlagen ihrer Kunden zur Vergabe von Krediten an Unternehmen. Mit den Krediten können die Unternehmen ihre Investitionen finanzieren.

8. Welche Sektoren umfasst der vollständige Wirtschaftskreislauf?

Der **vollständige Wirtschaftskreislauf** umfasst alle fünf Sektoren der Volkswirtschaft, und zwar die **privaten Haushalte**, die **Unternehmen**, die **Kreditinstitute**, den **Staat** (öffentliche Haushalte) und das **Ausland**.

9. Welche Bedeutung hat der Sektor Staat im Wirtschaftskreislauf?

Um das Modell des Wirtschaftskreislaufs stärker an die Wirklichkeit anzunähern, wurde es um den **Sektor Staat**, der ebenfalls aktiv am Wirtschaftsgeschehen teilnimmt, erweitert. In diesem Sektor sind **alle öffentlichen Haushalte der Gebietskörperschaften** (Bund, Länder und Gemeinden) und der **Sozialversicherungsträger zusammengefasst**. Der Staat erzielt im Geldkreislauf vor allem Einnahmen aus Steuern sowohl von den privaten Haushalten als auch von den Unternehmen. Damit der Staat seine vielfältigen Aufgaben erfüllen kann, benötigt er von den Kreditinstituten aber auch zusätzliche Kredite. Seine Einnahmen verwendet der Staat unter anderem zur Bezahlung seines Personals, zum Erwerb von Gütern und Dienstleistungen (Staatsaufträge), für soziale Zwecke (Sozialleistungen) sowie für Subventionen an die Unternehmen. Diese wirtschaftlichen Aktivitäten des Staates werden im Wirtschaftskreislauf als **Staatseinnahmen** und **Staatsausgaben** gekennzeichnet.

Zu beachten ist, dass die Summe der Einnahmen, die von den Sektoren private Haushalte und Unternehmen an den Staat abgeführt werden, nicht unbedingt in gleicher Höhe in den jeweiligen Sektor in Form von Staatsausgaben zurückfließen. Der Rückfluss dieser Einnahmen, der zugunsten oder zulasten der beiden Sektoren sowie zwischen den privaten Haushalten bzw. den Unternehmen stattfindet, wird auch als **Einkommensverteilung** bezeichnet. Diese Umverteilung ist jedoch nicht im Modell des Wirtschaftskreislaufs darstellbar, da hier nur die Sektoren im Ganzen berücksichtigt werden.

10. Welche Rolle spielt das Ausland im Wirtschaftskreislauf?

Die Volkswirtschaft in Deutschland ist eingebettet in ein System vielfältiger internationaler Arbeitsteilung und **wechselseitiger wirtschaftlicher Verflechtungen mit dem Ausland**. Man spricht hierbei auch von einer **offenen Volkswirtschaft.** Durch die Einbeziehung des Sektors Ausland wird das Kreislaufmodell noch wirklichkeitsnäher gestaltet, wobei der Begriff **Ausland** nicht nach einzelnen Sektoren unterschieden wird, sondern sowohl **ausländische Staaten als auch ausländische Unternehmen und Haushalte umfasst.** Aus dem **Ausland** werden im Wege der Einfuhren (**Importe**) Güter und Dienstleistungen bezogen (**Güterstrom**). Dafür fließen Zahlungen ins Ausland, die hier zu Einkommen werden (**Geldstrom**). Umgekehrt strömt durch Ausfuhren (**Exporte**) von Gütern und Dienstleistungen (**Güterstrom**) Geld aus dem Ausland ins Inland (**Geldstrom**). In der Kreislaufdarstellung werden die wirtschaftlichen Beziehungen, die das Ausland mit dem Inland unterhält, zur besseren Übersicht nur in Gütereinfuhren (Importe) und Güterausfuhren (Exporte) unterschieden.

11. Wie lässt sich der vollständige Wirtschaftskreislauf grafisch darstellen?

Der **vollständige Wirtschaftskreislauf** lässt sich grafisch (auf die Darstellung entsprechender Güterströme wurde verzichtet) wie folgt darstellen:

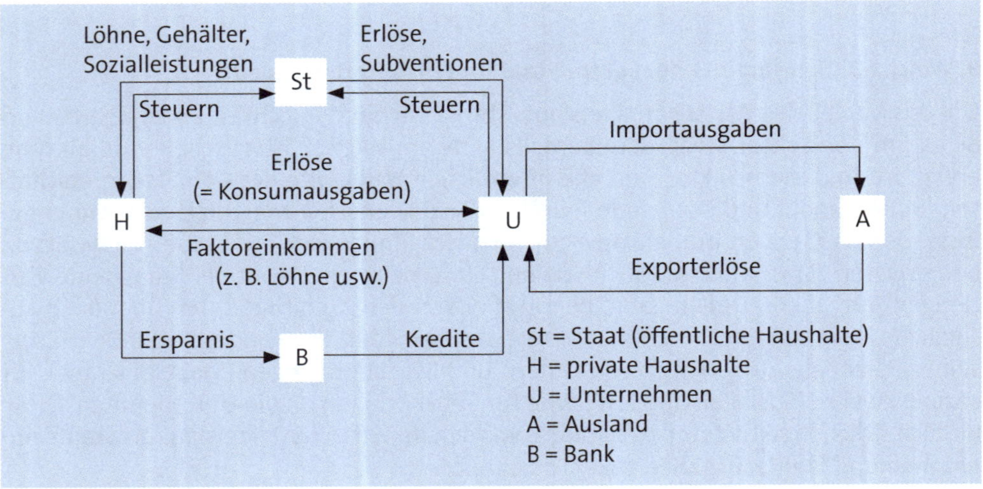

Der vollständige Wirtschaftskreislauf

2.2 Volkswirtschaftliche Gesamtrechnungen

1. Was versteht man unter Volkswirtschaftlicher Gesamtrechnung?

Unter **Volkswirtschaftlicher Gesamtrechnung** (VGR) versteht man die **zahlenmäßige Erfassung des Wirtschaftsgeschehens einer Volkswirtschaft** für eine abgelaufene Periode (meist ein Jahr).

2. Welches System bildet die Grundlage für die Erstellung der Volkswirtschaftlichen Gesamtrechnungen in der Europäischen Union?

Grundlage für die Erstellung der innerhalb der Europäischen Union (EU) durch verbindliche Rechtsakte gesetzlich festgeschriebenen Volkswirtschaftlichen Gesamtrechnungen bildet das seit dem 1. September 2014 in allen Mitgliedstaaten der EU geltende **Europäische System Volkswirtschaftlicher Gesamtrechnungen** auf **nationaler und regionaler Ebene (ESVG) 2010**, welches das bis dahin geltende ESVG 1995 ersetzt hat.

3. Wer stellt in der Bundesrepublik Deutschland für Bundeszwecke die Volkswirtschaftlichen Gesamtrechnungen auf?

In der Bundesrepublik Deutschland werden für Bundeszwecke die **Volkswirtschaftlichen Gesamtrechnungen** vom **Statistischen Bundesamt** mit Sitz in Wiesbaden aufgestellt, die diese für allgemeine Zwecke veröffentlicht und darstellt (§ 3 Abs. 1 Nr. 13 BStatG).

INFO

Die Ergebnisse der Volkswirtschaftlichen Gesamtrechnungen (VGR) für Deutschland werden vom Statistischen Bundesamt auf der Internetseite www.destatis.de veröffentlicht und sind unter Zahlen und Fakten auf der Seite „Volkswirtschaftliche Gesamtrechnungen" zu finden. Die nachfolgenden Fragen und Antworten basieren auf den Erläuterungen zu den Volkswirtschaftlichen Gesamtrechnungen (VGR) des Statistischen Bundesamtes.

4. Was ist Aufgabe der Volkswirtschaftlichen Gesamtrechnungen?

Die Volkswirtschaftlichen Gesamtrechnungen (VGR) haben die Aufgabe, für einen bestimmten Zeitraum ein möglichst umfassendes, übersichtliches, hinreichend gegliedertes, quantitatives Gesamtbild des wirtschaftlichen Geschehens in einer Volkswirtschaft zu geben. Dabei wird die wirtschaftliche Betätigung aller Wirtschaftseinheiten erfasst, die ihren ständigen Sitz bzw. Wohnsitz im Wirtschaftsgebiet haben (Inlandskonzept), wobei das Wirtschaftsgebiet die gesamte Volkswirtschaft (z. B. Deutschland) oder ein Teil davon (z. B. ein Bundesland) sein kann.

5. Wie werden die Ergebnisse der Volkswirtschaftlichen Gesamtrechnungen ermittelt und dargestellt?

Die **Ergebnisse der Volkswirtschaftlichen Gesamtrechnungen** werden vom Statistischen Bundesamt in **Form eines geschlossenen Kontensystems** mit doppelter Buchung, dessen Kern die sogenannten **Sektorkonten** bilden, ermittelt. Die Darstellung der Ergebnisse erfolgt in **Form von Tabellen**, die eine tiefer gegliederte Beschreibung der Kontenpositionen liefern.

6. In welche Sektoren ist die Volkswirtschaft gegliedert?

Die Volkswirtschaft ist in die folgenden fünf der zu **Sektoren** zusammengefassten Wirtschaftseinheiten gegliedert:

- **nichtfinanzielle Kapitalgesellschaften** (z. B. AG, GmbH)
- **Personengesellschaften** (z. B. OHG, KG)
- **finanzielle Kapitalgesellschaften** (z. B. Banken, Versicherungen, Pensionskassen)
- **Staat** (Bund, Länder, Gemeinden und Sozialversicherungsträger)
- **private Haushalte** (z. B. Nichtselbstständige, Selbstständige, Einzelunternehmer)
- **private Organisationen ohne Erwerbszweck** (z. B. Gemeinnützige Organisationen, Kirchen, Stiftungen).

7. Welche Sektorkonten werden in den Volkswirtschaftlichen Gesamtrechnungen unterschieden und welchem Zweck dienen diese?

Das Kontensystem der Volkswirtschaftlichen Gesamtrechnungen unterscheidet die nachstehend aufgeführten **sieben Sektorkonten:**

- Produktionskonto
- Einkommensentstehungskonto
- primäres Einkommensverteilungskonto
- Konten der sekundären Einkommensverteilung
- Einkommensverwendungskonto
- Konto der Reinvermögensänderung durch Sparen und Vermögenstransfers
- Sachvermögensbildungskonto.

Die **Sektorkonten** in den Volkswirtschaftlichen Gesamtrechnungen dienen dem Zweck, in übersichtlicher und vergleichbarer Form ein möglichst aussagefähiges Bild über die wirtschaftlichen Tätigkeiten und damit verbundenen Vorgänge der zu Sektoren zusammengefassten Wirtschaftseinheiten zu erhalten, das heißt über die Produktion, Verteilung und Verwendung der Güter, die Entstehung, Verteilung, Umverteilung und Verwendung der Einkommen sowie die Vermögensbildung und ihre Finanzierung.

8. Aus welchen Teilen bestehen die Volkswirtschaftlichen Gesamtrechnungen?

Die **Volkswirtschaftlichen Gesamtrechnungen** bestehen aus:

- **Inlandsproduktberechnung**
- **Input-Output-Rechnung**
- **Vermögensrechnung**
- **Erwerbstätigenrechnung**
- **Arbeitsvolumenrechnung**
- **Finanzierungsrechnung.**

9. Worin unterscheidet sich die Inlandsproduktberechnung von der Input-Output-Rechnung?

In der **Inlandsproduktberechnung** werden die Produktion von Waren und Dienstleistungen und ihre Verwendung sowie die im Produktionsprozess entstandenen Einkommen zahlenmäßig in einem abgelaufenen Zeitraum dargestellt. Die ermittelten Größen – allen voran das **Bruttoinlandsprodukt** (BIP) – sind wichtige Daten für die Beurteilung und Gestaltung der Wirtschaftspolitik.

Die **Input-Output-Rechnung** beschreibt die Waren- und Dienstleistungsströme, welche zwischen den zu Sektoren zusammengefassten Wirtschaftseinheiten eines Wirtschaftsraumes in einer bestimmten Periode fließen. Im Mittelpunkt der Betrachtung steht der Produktionsprozess, in dem verschiedene Güter (**Inputs**) kombiniert werden, um andere Güter (**Outputs**) zu erhalten. Die Tabellen der Input-Output-Rechnung geben einen detaillierten und tief gegliederten Einblick in die Güterströme und Produktionsverflechtungen in der Volkswirtschaft und mit der übrigen Welt. Sie dienen unter anderem als Grundlage für Strukturuntersuchungen der Wirtschaft sowie für Analysen der direkten und indirekten Auswirkungen von Nachfrage-, Preis- und Lohnänderungen auf die Gesamtwirtschaft und die einzelnen Bereiche.

10. Welche Angaben stellt die Vermögensrechnung bereit?

Die **Vermögensrechnung** stellt Angaben über Wert, Zusammensetzung und Veränderung von Vermögensbeständen sowie Abschreibungen auf das Anlagevermögen bereit. Hierbei stellt das Statistische Bundesamt Informationen zu verschiedenen Vermögensgütern – auch Sachvermögen genannt – zur Verfügung. Im Vordergrund stehen dabei Daten zum Anlagevermögen bzw. Kapitalstock. Das Geldvermögen als zweiter Bestandteil der Vermögensrechnung wird von der Deutschen Bundesbank ermittelt und veröffentlicht.

11. Was umfasst die Erwerbstätigenrechnung und die Arbeitsvolumenrechnung?

Die **Erwerbstätigenrechnung** im Rahmen der Volkswirtschaftlichen Gesamtrechnungen (VGR) umfasst die Bereitstellung von durchschnittlichen Angaben zu Erwerbstätigen und Erwerbspersonen nach dem sogenannten ILO-Konzept (Konzept der internationalen Arbeitsorganisation). Hierzu werden alle wichtigen erwerbsstatistischen Quellen herangezogen. Die Ergebnisse der Erwerbstätigenrechnung dienen als Bezugszahlen für die Ermittlung von Arbeitsproduktivität und anderen Quoten sowie als Ausgangsgröße für die Berechnung des gesamtwirtschaftlichen Arbeitsvolumens.

Die **Arbeitsvolumenrechnung** umfasst die tatsächlich geleistete Arbeitszeit aller Erwerbstätigen, die innerhalb Deutschlands eine auf wirtschaftlichen Erwerb gerichtete Tätigkeit ausüben. Die Ergebnisse werden für Zwecke der VGR vom Institut für Arbeitsmarkt- und Berufsforschung der Bundesagentur für Arbeit in Zusammenarbeit mit dem Statistischen Bundesamt ermittelt.

12. Welche Angaben beinhaltet die Finanzierungsrechnung?

Die **Finanzierungsrechnung** beinhaltet Angaben zu den Finanztransaktionen in einer Volkswirtschaft und zeigt auf, welcher Sektor (private Haushalte, Unternehmen oder Staat) in welchem Umfang und in welcher Form finanzielle Mittel bereitstellt oder beansprucht und wie die Finanzintermediäre (d. h. Banken, Versicherungen und Investmentfonds) in den Finanzierungskreislauf eingeschaltet sind. Die Finanzierungsrechnung wird in Deutschland von der Deutschen Bundesbank erstellt.

13. Was versteht man unter Bruttoinlandsprodukt und Bruttonationaleinkommen?

Das **Bruttoinlandsprodukt** (BIP) ist (unter Berücksichtigung der Bevölkerungszahl) ein Wertmaßstab für die Leistungsfähigkeit einer Volkswirtschaft. Es setzt sich aus dem Wert sämtlicher im Inland in einem bestimmten Zeitraum produzierten Waren und Dienstleistungen nach Abzug des Wertes der im Produktionsprozess als Vorleistungen verbrauchten Güter zusammen. Das BIP wird – ausgehend von der (bereinigten) Bruttowertschöpfung aller Wirtschaftsbereiche – durch Addition von Gütersteuern abzüglich Gütersubventionen ermittelt. Von seiner Verwendung her gesehen ist das BIP gleich der Summe aller Erwerbs- und Vermögenseinkommen, die in der Berichtsperiode im Zuge der Produktion im Inland entstanden sind, zuzüglich der Abschreibungen und der (um die Subventionen verminderten) Produktions- und Importabgaben.

Das **Bruttonationaleinkommen** (BNE), das bis zur Einführung des Europäischen Systems Volkswirtschaftlicher Gesamtrechnungen als Bruttosozialprodukt bezeichnet wurde, ist die Summe der Wertschöpfungen, die durch die Volkswirtschaftlichen Gesamtrechnungen für eine Volkswirtschaft und eine Periode ermittelt wird. Das Bruttonationaleinkommen ergibt sich rechnerisch, wenn das BIP um die Erwerbs- und Vermögenseinkommen, die ins Ausland abfließen, vermindert wird.

14. Worin unterscheidet sich das Bruttoinlandsprodukt vom Bruttonationaleinkommen?

Das **Bruttoinlandsprodukt** (BIP) unterscheidet sich vom **Bruttonationaleinkommen** (BNE) dadurch, dass es die im Inland entstandene wirtschaftliche Leistung misst, und zwar unabhängig davon, in welchem Umfang inländische oder ausländische Wirtschaftseinheiten dazu beigetragen haben (**Inlandskonzept**). Dagegen dient das BNE als Maßstab für die von Inländern erbrachte wirtschaftliche Leistung, wobei es unerheblich ist, ob diese Leistung im Inland oder in der übrigen Welt erbracht wurde (**Inländerkonzept**).

Rechnerisch unterscheidet sich das BIP vom BNE durch den Saldo der an die übrige Welt (Ausland, übriges Inland) geleisteten und von den Inländern aus der übrigen Welt bezogenen **Primäreinkommen** (Arbeitnehmerentgelte, Vermögenseinkommen sowie geleistete Produktions- und Importabgaben bzw. empfangene Subventionen).

15. Welche Aussagefähigkeit hat das Bruttoinlandsprodukt?

Die Berechnung des **Bruttoinlandsproduktes** (BIP) ist aufgrund von Mängeln in der statistischen Erfassung immer mit Fehlern behaftet, sodass bestenfalls Näherungswerte erreicht werden. Darüber hinaus gehen in die Berechnung nur statistisch messbare und in Geld bewertbare Güter und Leistungen ein, das heißt das BIP beschränkt sich fast ausschließlich auf die Messung des materiellen **Wohlstandes**. Unberücksichtigt bleiben hierbei viele produktiven Leistungen, die teilweise ebenfalls entscheidend zum Wohlstand der Gesellschaft beitragen (z. B. Tätigkeit der Hausfrauen und Hausmänner, Nachbarschaftshilfe, Eigenarbeit, ehrenamtliche Tätigkeit). Daneben fließen Arbeiten und Produktionen in das BIP mit ein, die nach dem gesellschaftlichen Verständnis eigentlich nicht bei der Wohlstandsmessung berücksichtigt werden dürften (z. B. Umweltverschmutzungen führen zu einem höheren BIP, da deren Beseitigung u. a. den Einsatz von mehr Arbeitskräften und von mehr Maschinen erfordert).

Zusammenfassend bleibt daher festzustellen, dass das BIP eine Möglichkeit ist, den Wohlstand einer Volkswirtschaft bzw. einer Gesellschaft zu messen, nicht jedoch die einzige und nicht die allein richtige.

16. Mit welchen Schwierigkeiten ist die Einführung anderer Verfahren zur Messung des Wohlstandes verbunden?

Die Kritik am Bruttoinlandsprodukt als Maßstab für den Wohlstand hat zu Überlegungen nach einem anderen Berechnungsmodus geführt. Grundidee des von dem amerikanischen Volkswirtschaftler und Nobelpreisträger Paul Anthony Samuelson eingeführten neuen Maßstabes **NEW** (**Net Economic Welfare = wirtschaftlicher Nettowohlstand**) ist es, zunächst auf herkömmliche Weise das Bruttoinlandsprodukt zu berechnen und davon dann die schädlichen sozialen Kosten (z. B. Umweltbelastung) abzuziehen und die Leistungen, die die Lebensqualität verbessern (z. B. Hausfrauenarbeit) dazu zu addieren.

Das zentrale Problem der modernen Methode der Messung des Wohlstandes besteht in der Schwierigkeit, allgemein akzeptierte Zahlenwerte für soziale Kosten bzw. die Lebensqualität zu bestimmen und die einzelnen Indikatoren (Merkmale) zur Wohlstandsmessung sinnvoll zusammenzufassen.

17. Welche weiteren zentralen Größen kommen in den Volkswirtschaftlichen Gesamtrechnungen noch vor?

- Das **Bruttonationaleinkommen zu Marktpreisen** (frühere Bezeichnung Bruttosozialprodukt): Dies ist die Summe aller mit ihren Marktpreisen bewerteten Güter und Dienstleistungen einer Periode.
- Das **Nettonationaleinkommen zu Marktpreisen** (frühere Bezeichnung Nettosozialprodukt): Dies ist das Bruttonationaleinkommen zu Marktpreisen abzüglich der Abschreibungen.
- Das **Nettonationaleinkommen zu Faktorkosten,** auch **Volkseinkommen** genannt: Dies ist die Summe aller von Inländern (Personen und Institutionen, die ihren ständigen Wohnsitz oder Standort im Inland haben) im Laufe einer Periode aus dem In- und Ausland bezogenen Erwerbs- und Vermögenseinkünfte (z. B. Löhne, Gewinne, Mieten, Zinsen).

18. Welche Berechnungsmethoden werden innerhalb der Volkswirtschaftlichen Gesamtrechnungen unterschieden?

Innerhalb der **Volkswirtschaftlichen Gesamtrechnungen** werden zur Ermittlung des Bruttoinlandsproduktes (BIP), des Bruttonationaleinkommens und des Volkseinkommens **drei Berechnungsmethoden** unterschieden, und zwar im Stadium der Entstehung die **Entstehungsrechnung**, im Stadium der Verwendung die **Verwendungsrechnung** und im Stadium der Verteilung die **Verteilungsrechnung**.

19. Was beinhalten die Entstehungs-, Verteilungs- und Verwendungsrechnung?

- Die **Entstehungsrechnung** ist die Summe der kostenmäßigen Beiträge sämtlicher am Produktionsprozess beteiligter Wirtschaftseinheiten. Sie zeigt, in welchen Wirtschaftsbereichen das Bruttoinlandsprodukt (BIP) entstanden ist.
- Die **Verteilungsrechnung** ist die Summe der Faktoreinkommen aus Vermögen, selbstständiger und unselbstständiger Arbeit. Sie belegt, wofür das laufende BIP verwendet wurde.
- Die **Verwendungsrechnung** ist die Summe der Verwendungen, denen das Nationaleinkommen zugeführt wurde, privater Verbrauch, Staatsverbrauch, Bruttoinvestitionen und Außenbeitrag (Saldo zwischen Ausfuhr und Einfuhr von Waren und Dienstleistungen). Sie gibt Auskunft darüber, welche Einkommen im Produktionsprozess entstanden sind.

20. Wie wird innerhalb der Volkswirtschaftlichen Gesamtrechnungen das Volkseinkommen ermittelt?

Das Volkseinkommen wird innerhalb der Volkswirtschaftlichen Gesamtrechnungen wie folgt ermittelt:

	Summe der Bruttowertschöpfung aller Wirtschaftsbereiche (unbereinigt)
-	Unterstellte Bankgebühr
=	**Bruttowertschöpfung aller Wirtschaftsbereiche** (bereinigt)
+	Gütersteuern
-	Gütersubventionen
=	**Bruttoinlandsprodukt (BIP)**
+	Aus der übrigen Welt empfangene Primäreinkommen
-	An die übrige Welt geleistete Primäreinkommen
=	**Bruttonationaleinkommen (BNE)**
-	Abschreibungen
=	**Nettonationaleinkommen zu Marktpreisen**
-	Produktions- und Importabgaben an den Staat
+	Subventionen vom Staat
=	**Nettonationaleinkommen zu Faktorkosten (= Volkseinkommen)**

21. Wer sind die Nutzer der Daten der Volkswirtschaftlichen Gesamtrechnungen?

Nationale Nutzer der Daten der Volkswirtschaftlichen Gesamtrechnungen (VGR-Daten), die das Statistische Bundesamt für die Beurteilung und Gestaltung der Wirtschafts-, Finanz-, Sozialpolitik und weiterer Politikbereiche bereit stellt und auf die sich

Politik, Wirtschaft und Verwaltung bei ihren Arbeiten und Entscheidungen stützen, und die unter anderem als Grundlage für Gutachten, Wachstumsprognosen, Steuerschätzungen, Rentenanpassungen und Tarifverhandlungen dienen, sind vor allem die Bundesregierung (speziell das Bundesministerium für Wirtschaft und Technologie, das Bundesministerium der Finanzen sowie das Bundeskanzleramt), die Deutsche Bundesbank, der Sachverständigenrat zur Begutachtung der gesamtwirtschaftlichen Entwicklung, Wirtschaftsforschungsinstitute, Universitäten und Medien.

Hauptnutzer auf internationaler Ebene der VGR-Daten sind das Statistische Amt der Europäischen Gemeinschaft (Eurostat), die Europäische Zentralbank (EZB), die Organisation für wirtschaftliche Zusammenarbeit und Entwicklung (OECD) sowie der Internationale Währungsfonds (IWF) und die Vereinten Nationen (UN).

22. Was bedeutet der Begriff Staatsquote?

Staatsquote ist die Bezeichnung für die Gesamtausgaben eines Staates (einschließlich Sozialversicherung) in Prozent des Bruttoinlandsprodukts (BIP). Die Staatsquote gibt also an, wie hoch der Anteil der Staatsausgaben am BIP ist. Je höher die Staatsquote, desto größer ist der Anteil des Staates am Wirtschaftsleben einer Volkswirtschaft.

23. Welcher Trend lässt sich hinsichtlich der Entwicklung der Staatsquote in der Europäischen Union feststellen?

In der gesamten **Europäischen Union** (EU) kann ein **Rückgang der Staatsquoten** festgestellt werden. Der Trend weist auf weniger Staat und mehr Eigenverantwortung hin. Der Rückzug des Staates aus Teilen des Wirtschaftslebens könnte sich positiv auf die Entwicklung und das Wirtschaftswachstum auswirken. Allgemein lässt sich feststellen, dass diejenigen Staaten, die sich in einer guten konjunkturellen Lage befinden, in den vergangenen Jahren ihre Staatsquote reduziert haben.

3. Markt und Preis

3.1 Marktarten und Marktformen

1. Was versteht man unter einem Markt?

In der **Volkswirtschaftslehre** versteht man unter einem **Markt** jedes Zusammentreffen von Angebot und Nachfrage zum Zweck des Gütertauschs, und zwar unabhängig davon, ob er geografisch oder zeitlich eindeutig bestimmbar ist (z. B. Wochenmarkt, Immobilienmarkt), wobei es auch gleichgültig ist, unter welchen Umständen Angebot und Nachfrage zusammentreffen (z. B. schriftliche oder telefonische Bestellung von Waren). Es handelt sich hierbei um den Markt im weiteren Sinne, auch **abstrakter Markt** genannt.

Im **alltäglichen Sprachgebrauch** versteht man unter einem **Markt** einen bestimmten geographischen Ort, an dem sich Anbieter und Nachfrager unmittelbar gegenüberstehen, z. B. Wochenmarkt, Flohmarkt. Es handelt sich hierbei um den Markt im engeren Sinne, auch **konkreter Markt** genannt.

2. Was sind die wesentlichen Elemente eines Marktes und welche Funktionen erfüllen Märkte?

Die wesentlichen **Elemente eines Marktes** bilden das **Güterangebot**, die **Nachfrage** und der **Preis**, der für ein Gut bezahlt wird.

Märkte erfüllen folgende **Funktionen:**

- **Versorgungsfunktion**
- **Koordinationsfunktion**
- **Preisbildungsfunktion**
- **Verteilungsfunktion**.

3. Nach welchen Kriterien werden die verschiedenen Arten von Märkten üblicherweise aufgeteilt?

Aufteilung der Märkte	Marktarten
nach der Art der gehandelten Güter	► Gütermärkte - Konsumgütermärkte - Produktionsgütermärkte - Dienstleistungsmärkte ► Faktormärkte - Arbeitsmärkte - Kapitalgütermärkte - Immobilienmärkte
nach der räumlichen Funktion	► kommunale Märkte **Beispiel:** Der Markt in einer bestimmten Stadt, z. B. Ludwigshafen. ► regionale Märkte **Beispiel:** Der Markt in einer bestimmten Region, z. B. Südpfalz. ► nationale Märkte **Beispiel:** Der Markt in einem bestimmten Land, z. B. Deutschland. ► supranationale Märkte **Beispiel:**Der Markt in einer bestimmten Wirtschaftsunion, z. B. der EU-Markt. ► globale Märkte **Beispiel:** Die ganze Erde als Markt.

Aufteilung der Märkte	Marktarten
nach der zeitlichen Funktion	▸ Wochenmärkte ▸ Saisonmärkte ▸ Jahrmärkte
nach den Zugangsmöglichkeiten zum Markt	▸ offene Märkte ▸ geschlossene Märkte
nach dem Grad der Organisation	▸ organisierte Märkte ▸ unorganisierte Märkte
nach dem Umfang der staatlichen Beeinflussung	▸ freie Märkte ▸ regulierte Märkte

4. Wodurch unterscheidet sich der geschlossene vom offenen Markt?

Beim **geschlossenen Markt** ist ein Zugang für neu hinzutretende Marktteilnehmer nicht möglich, z. B. durch ein Niederlassungsverbot.

Beim **offenen Markt** ist ein beschränkter Zugang, z. B. durch besonders hohe Kapitalanforderungen, oder ein unbeschränkter Zugang für neue Marktteilnehmer möglich.

5. Was sind organisierte und unorganisierte Märkte?

- **Organisierte Märkte** sind Märkte mit festen Regeln für das Marktgeschehen, z. B. Wertpapierbörsen.
- **Unorganisierte Märkte** sind Märkte, die keine festen Regeln kennen.

6. Was sind freie und regulierte Märkte?

- **Freie Märkte** sind Märkte mit freier Preisbildung.
- **Regulierte Märkte** sind Märkte mit staatlich vorgeschriebener, z. B. durch Subventionen, oder durch private Marktmacht verfälschter Preisbildung.

Beispiel: Deutsche Post AG für bestimmte Briefsendungen.

7. Was bezeichnet man als Marktform und welche Marktformen werden unterschieden?

Als **Marktform** bezeichnet man ein gedankliches Modell, das die Situation auf den Märkten nach Anzahl und relativer Größe der Marktteilnehmer auf beiden Marktseiten (Anbieter und Nachfrager) charakterisiert. Die volkswirtschaftliche Theorie geht in der Regel von den folgenden drei Marktformen aus:

- **Polypol**
- **Oligopol**
- **Monopol**.

8. Was versteht man unter den Marktformen Polypol, Oligopol und Monopol und wie lassen sich diese unterscheiden und darstellen?

Polypol (griechisch: Verkauf durch viele) ist eine Marktform, in der viele kleine Anbieter vielen kleinen Nachfragern gegenüberstehen. In dieser Marktform ist der Preis- und Qualitätswettbewerb häufig besonders ausgeprägt, z. B. Wochenmarkt.

Oligopol (griechisch: Verkauf durch wenige) ist eine Marktform, in der nur wenige große Anbieter auftreten, die um eine Vielzahl von Nachfragern konkurrieren. Die großen Anbieter können mit ihrem Verhalten den Marktpreis beeinflussen, wobei sie allerdings die Reaktionen ihrer Mitkonkurrenten berücksichtigen müssen. Typisch für das Oligopol ist oft nicht der Preiswettbewerb, sondern nur ein Qualitäts- und Werbungswettbewerb, z. B. Mineralölmarkt.

Monopol (griechisch: Verkauf durch einen) ist eine Marktform, in der nur ein einziger Anbieter auftritt, der auf eine Vielzahl von Nachfragern trifft. Der Monopolist braucht in seiner Marktstrategie keine Konkurrenten zu berücksichtigen und kann daher eine insoweit uneingeschränkte Preispolitik betreiben (Monopolpreis). Häufig beruhen Monopole auf staatlichen Regelungen, z. B. Monopol der Deutschen Post AG für bestimmte Briefsendungen.

Das bekannteste **Kriterium für die Unterscheidung** der einzelnen **Marktformen** ist die **Anzahl der Marktteilnehmer** (Anbieter und Nachfrager), die in je drei Gruppen von „viele“ über „wenige“ bis „einer“ angegeben wird, wobei man insgesamt neun Marktformen erhält. Diese Marktformen lassen sich wie folgt schematisch darstellen:

Marktformenschema

Nachfrager	**Anbieter**		
	viele	**wenige**	**einer**
viele	Polypol (vollständige Konkurrenz)	Oligopol (Angebotsoligopol)	Monopol (Angebotsmonopol)
Beispiele	Wochenmarkt	Mineralölmarkt	Kiosk im Schwimmbad
wenige	Oligopson (Nachfrageoligopol)	bilaterales Oligopol (zweiseitiges Oligopol)	beschränktes Angebotsmonopol
Beispiele	Molkereien	Flugzeughersteller	Spezialgerätehersteller
einer	Monopson (Nachfragemonopol)	beschränktes Nachfragemonopol	bilaterales Monopol (zweiseitiges Monopol)
Beispiele	Bauunternehmen	Rüstungsunternehmen	ein Automobilunternehmen

3.2 Preis und Preisbildung

1. Was versteht man unter dem Begriff Preis und wo erfolgt die Preisbildung?

Unter dem Begriff **Preis** versteht man den Tauschwert eines Gutes auf dem Markt, der in der modernen Wirtschaft in Geld ausgedrückt wird.

Die **Preisbildung** für die Güter erfolgt auf den verschiedenen Märkten, wo das Angebot für ein Gut mit der Nachfrage nach einem Gut zusammentreffen.

2. Von welchen wesentlichen Einflussfaktoren bzw. Bestimmungsgründen ist das Güterangebot und die Nachfrage auf dem Markt abhängig?

Einflussfaktoren der Nachfrage	Einflussfaktoren des Angebots
► Preis des angebotenen Gutes	► Preis des Gutes
► Preis aller anderen (ähnlicher) Güter	► Preis aller anderen (ähnlicher) Güter
► Höhe des Einkommens der Nachfrager	► Preis der Produktionsfaktoren
► Bedarfsstruktur der Nachfrager	► Gewinnerwartung der Anbieter
► Größe der Bevölkerung	► Konkurrenzsituation auf dem Markt
► Erwartungen der Wirtschaftsentwicklung	► Stand des technischen Wissens

3. Wie lässt sich der Preisbildungsvorgang für ein angebotenes oder nachgefragtes Gut am anschaulichsten darstellen?

Der Preisbildungsvorgang für ein angebotenes oder nachgefragtes Gut lässt sich am anschaulichsten in grafischer Form darstellen, und zwar durch den Verlauf einer Kurve, der sogenannten **Angebotskurve** bzw. **Nachfragekurve**. Der Preisbildungsvorgang wird hierbei nur in Abhängigkeit vom Preis des Gutes als einziger Bestimmungsgröße (ceteris-paribus-Bedingung) betrachtet, wobei eine normale, übliche Verhaltensweise der Anbieter und der Nachfrager unterstellt wird.

Die **Angebotskurve**, die in der Regel einen steigenden Verlauf hat, bringt zum Ausdruck, welche Mengen eines Gutes zu einem bestimmten Preis am Markt angeboten werden. Sie zeigt, dass mit steigendem Preis das mengenmäßige Angebot steigt und bei einem sinkenden Preis das mengenmäßige Angebot sinkt (**Gesetz des Angebots**).

Die **Nachfragekurve**, die in der Regel einen fallenden Verlauf hat (Ausnahme: Qualitätsvermutungseffekt, Snobeffekt), bringt zum Ausdruck, welche Mengen eines Gutes zu einem bestimmten Preis am Markt nachgefragt werden. Sie zeigt, dass mit steigendem Preis die mengenmäßige Nachfrage sinkt und mit sinkendem Preis die mengenmäßige Nachfrage steigt (**Gesetz der Nachfrage**).

Nachstehend sind der typische Kurvenverlauf einer **Angebotskurve** und einer **Nachfragekurve** dargestellt.

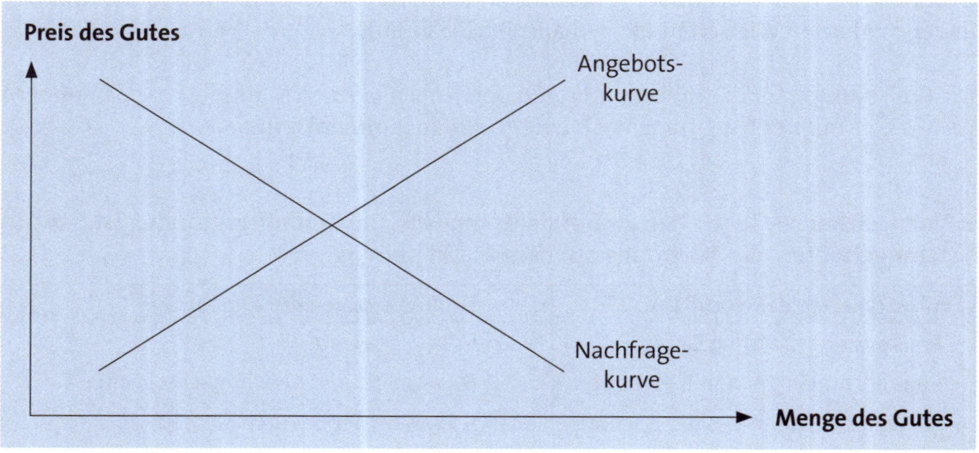

4. Mit welchem Modell wird die Preisbildung auf den Märkten beschrieben und auf welchen Bedingungen basiert es?

Die **Preisbildung** auf den Märkten wird mithilfe des **Modells des vollkommenen Marktes** beschrieben. Es handelt sich hierbei um ein durch vorgegebene Bedingungen – auch Prämissen genannt – sehr einfaches, aber wirklichkeitsfernes Modell. In der Praxis kommen die Wertpapierbörsen und die Devisenmärkte dem Ideal des vollkommenen Marktes am nächsten.

Das **Modell des vollkommenen Marktes** basiert auf folgenden **Bedingungen** (Prämissen):

- Vielzahl von Anbietern und Nachfragern (Polypol)
- Gleichartigkeit und Gleichwertigkeit der Güter (Homogenität)
- vollständige Marktübersicht (Markttransparenz)
- keinerlei unterschiedliche Werteinschätzungen (Präferenzen)
- Idealtyp des rein rational handelnden Wirtschaftsmenschen (Homo oeconomicus)
- sofortige Reaktion auf Marktänderung (Timelag)
- Einhaltung der rechtlichen Rahmenbedingungen.

Aus den Bedingungen des vollkommenen Marktes lässt sich das **Gesetz der Unterschiedslosigkeit der Preise** ableiten. Dieses besagt, dass es an einem **Markt**, wo die Homogenitätsbedingung und die Bedingung der Markttransparenz gegeben sind, es zu jedem Zeitpunkt für jede Güterart **nur einen Preis** geben kann.

Fehlen eine oder mehrere Bedingungen (Prämissen) des vollkommenen Marktes, spricht man vom **unvollkommenen Markt**.

5. Welcher Zusammenhang besteht zwischen Angebot, Nachfrage und Preis?

Zwischen den drei Größen **Angebot, Nachfrage** und **Preis** besteht ein **wechselseitiges Abhängigkeitsverhältnis**, wobei durch das Zusammenwirken dieser drei Größen das **Marktgleichgewicht** herbeigeführt wird. Dieser Prozess der wechselseitigen Beeinflussung wird auch als **Markt-Preis-Mechanismus** bezeichnet.

6. Wann spricht man von einem Marktgleichgewicht und wann kann es gestört sein?

Ein **Marktgleichgewicht** ist dadurch gekennzeichnet, dass ein **Gleichgewichtspreis** existiert. Der Gleichgewichtspreis, der sich nur auf vollkommenen Märkten bilden kann, bewirkt den Ausgleich der auf einem Markt angebotenen und nachgefragten Mengen eines Gutes. Zum Gleichgewichtspreis wird der höchste Umsatz erzielt, weil zu jedem anderen Preis entweder die angebotene oder die nachgefragte Menge kleiner ist als die Gleichgewichtsmenge. Der Gleichgewichtspreis liegt im Schnittpunkt von Angebots- und Nachfragekurve. Es gilt: **Angebot und Nachfrage bestimmen den Preis.**

Marktungleichgewichte können sich ergeben, wenn eine oder mehrere Bedingungen (Prämissen) des vollkommenen Marktes nicht vorliegen. Die **Marktungleichgewichte bewirken Preisänderungen**, da die Preise der einzelnen Anbieter mehr oder weniger stark voneinander abweichen. Der **Markt-Preis-Mechanismus** sorgt dann längerfristig jedoch dafür, dass diese Ungleichgewichte abgebaut werden. Es gilt: **Der Preis bestimmt Angebot und Nachfrage.**

7. Welche Aussagen sind aus der nachstehenden grafischen Darstellung der Preisbildung bei vollkommenem Markt abzulesen?

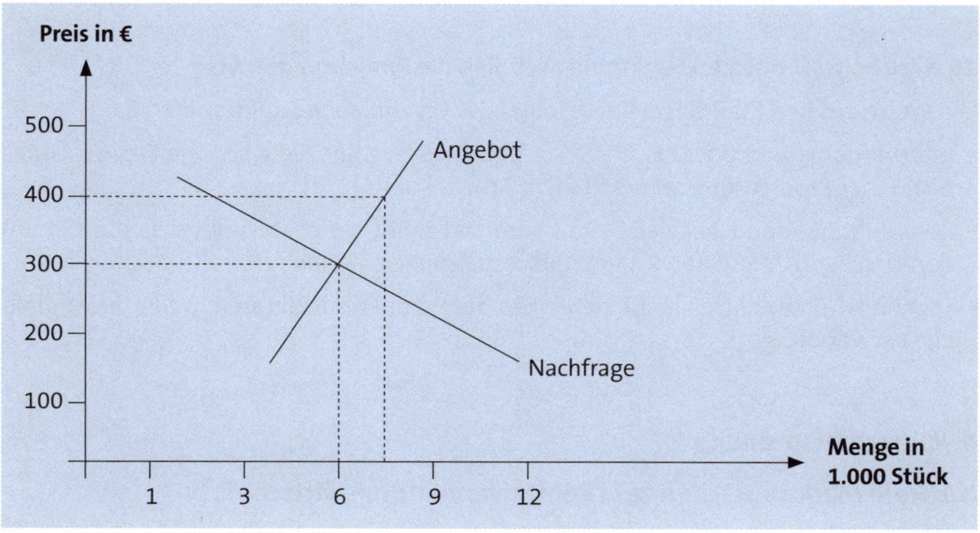

- Der Preis von 300 € ist der Gleichgewichtspreis.
- 6.000 Stück ist die Gleichgewichtsmenge.
- Zu einem Preis von 400 € besteht ein Überangebot.

8. Wie entsteht ein Angebots- und Nachfrageüberhang?

Der den Marktteilnehmern nicht von vornherein bekannte Gleichgewichtspreis ist das Produkt eines Anpassungsprozesses. Wird ein Preis erhoben, der kleiner als der Gleichgewichtspreis ist, entsteht als unmittelbare Folge ein **Nachfrageüberhang** bzw. eine Angebotslücke, das heißt die nachgefragte Menge ist größer als die angebotene Menge. Wird ein Preis erhoben, der höher als der Gleichgewichtspreis ist, entsteht als unmittelbare Folge ein **Angebotsüberhang** bzw. eine Nachfragelücke, das heißt die nachgefragte Menge ist kleiner als die angebotene Menge.

9. Welche Auswirkungen haben die Steigerung oder Senkung der Nachfrage bzw. des Angebots auf die Preisbildung?

Eine Steigerung oder Senkung der Nachfrage bzw. des Angebots haben folgende Auswirkungen auf die **Preisbildung:**

- Eine **steigende Nachfrage** führt bei gleichbleibendem Angebot zu **steigenden Preisen**.
- Eine **sinkende Nachfrage** führt bei gleichbleibendem Angebot zu **sinkenden Preisen**.
- Ein **steigendes Angebot** führt bei gleichbleibender Nachfrage zu **fallenden Preisen**.
- Ein **sinkendes Angebot** führt bei gleichbleibender Nachfrage zu **steigenden Preisen**.

10. Welche wesentlichen Funktionen erfüllen die Preise auf den Märkten?

Die **Preise** auf den Märkten erfüllen folgende wesentlichen **Funktionen:**

- Informationsfunktion: Das heißt sie informieren über die Knappheit eines Gutes oder eines Produktionsfaktors (Boden, Arbeit, Kapital).
- Koordinations- und Ausgleichsfunktion: Das heißt sie passen die sich ständig ändernden Bedürfnisse und Knappheitsverhältnisse einander an.
- Lenkungsfunktion: Das heißt sie lenken die Produktionsfaktoren in ihre bestmögliche Verwendung.

4. Wirtschaftsordnung

4.1 Freie Marktwirtschaft und Zentralverwaltungswirtschaft

1. Was versteht man unter den Begriffen Wirtschaftssystem und Wirtschaftsordnung?

Wirtschaftssysteme sind theoretische, in sich logisches Gebilde, die Wirtschaftsordnungen in reiner Form als Idealtypen angeben.

Als **Wirtschaftsordnung** bezeichnet man die Gesamtheit aller Regelungen, die das wirtschaftliche Geschehen in einer Volkswirtschaft gestalten und beeinflussen.

Zu beachten ist, dass Wirtschaftssysteme nur in der Wirtschaftstheorie existieren, während Wirtschaftsordnungen als Realtypen in der Praxis vorkommen. In der Literatur werden die Begriffe Wirtschaftssystem und Wirtschaftsordnung häufig einheitlich verwandt.

2. Was sind die Aufgaben des Wirtschaftssystems und der Wirtschaftsordnung?

Die wichtigste **Aufgabe jedes Wirtschaftssystems** ist die **Sicherstellung einer möglichst optimalen Versorgung der Bevölkerung mit Gütern und Dienstleistungen**. Dieses elementare Ziel jedes Wirtschaftssystems lässt sich auch auf die Frage zurückführen: **Was** soll **wo** und **wie** produziert werden?

Aufgaben der Wirtschaftsordnung sind:

- **Herstellung und Sicherung der Funktionsfähigkeit der Volkswirtschaft**
- **zielgerichtete Koordinierung wirtschaftlicher Aktivitäten**
- **Förderung gesellschaftspolitischer Ziele.**

3. Welche Grundformen von Wirtschaftssystemen unterscheidet man?

An **Grundformen** werden **zwei Wirtschaftssysteme** unterschieden:

- das Modell der **freien Marktwirtschaft**, welchem die Idee des Liberalismus, wonach durch freie Entfaltung der Individuen zugleich ein gesellschaftlicher Idealzustand herbeigeführt werden soll, zugrunde liegt
- das Modell der **Zentralverwaltungswirtschaft** – auch als **Planwirtschaft** bezeichnet –, das auf der Lehre des Sozialismus (Lehre von *Karl Marx*) gründet.

4. Was bedeutet freie Marktwirtschaft?

Die **freie Marktwirtschaft** ist ein Wirtschaftssystem, in dem der Staat in das Wirtschaftsgeschehen nicht eingreift, das heißt alle Wirtschaftsprozesse beruhen auf der freien Entscheidung der einzelnen Wirtschaftssubjekte und spielen sich frei auf dem Markt ab.

5. Was versteht man unter Zentralverwaltungswirtschaft?

Die **Zentralverwaltungswirtschaft** ist ein Wirtschaftssystem, in dem der gesamte Wirtschaftsprozess zentral über eine staatliche Planungsbehörde gesteuert wird.

6. Was sind die typischen Merkmale der freien Marktwirtschaft und der Zentralverwaltungswirtschaft?

Merkmale der freien Marktwirtschaft	Merkmale der Zentralverwaltungswirtschaft
► dezentrale Planung durch Produzenten und Konsumenten ► Privateigentum an Produktionsmitteln ► Produktionsfreiheit ► Gewerbefreiheit ► Konsumfreiheit ► Vertragsfreiheit ► Freiheit der Berufs- und Arbeitsplatzwahl ► Wettbewerbsfreiheit ► Freihandel	► zentrale staatliche Planung ► Kollektiveigentum (Staatseigentum) an Produktionsmitteln ► staatliche Preisfestsetzung ► staatliche Lohnfestsetzung ► Planerfüllungsprinzip ► keine Vertragsfreiheit ► Berufs- und Arbeitsplatzbestimmung ► keine Gewerbe- und Niederlassungsfreiheit ► Außenhandelsmonopol

7. Welche wesentlichen Vor- und Nachteile werden in der freien Marktwirtschaft und der Zentralverwaltungswirtschaft gesehen?

Wirtschaftssystem	Vorteile	Nachteile
Freie Marktwirtschaft	► Freiheit und Eigenverantwortung ► hoher Leistungsanreiz ► Unternehmer trägt Risiko der Fehlplanung ► hohe Anpassungsfähigkeit an die Marktvorgaben ► Konsumentensouveränität	► Gefahr der Konzentration wirtschaftlicher Macht ► Konjunkturanfälligkeit ► ungleiche Einkommens- und Vermögensverteilung ► geringe Preisstabilität
Zentralverwaltungswirtschaft	► gleichmäßige Verteilung der Ressourcen ► preisgünstige Befriedigung existenzieller Bedürfnisse ► stärkere Berücksichtigung des Gemeinwohles ► geringere Konjunkturanfälligkeit ► höhere Preisstabilität	► keine freie Verfügung über die Ressourcen ► kein Privateigentum ► Hemmung des technischen Fortschritts ► mangelhafte Flexibilität ► Zwang zur Planerfüllung ► geringe Eigeninitiative ► erdrückende Staatsmacht

4.2 Soziale Marktwirtschaft

1. Was bedeutet soziale Marktwirtschaft?

Unter **sozialer Marktwirtschaft** versteht man eine Wirtschaftsordnung auf der Grundlage des Systems der freien Marktwirtschaft, die wirtschaftliche Leistungsfähigkeit und soziale Gerechtigkeit bei einem hohen Maß an individueller Freiheit gewährleisten will. Die soziale Marktwirtschaft ist die Wirtschaftsordnung in der Bundesrepublik Deutschland.

2. Welche Festlegungen enthält das Grundgesetz zur Wirtschaftsordnung in der Bundesrepublik Deutschland?

Das **Grundgesetz** (GG) enthält **keine Festlegungen für eine bestimmte Wirtschaftsordnung**. Im GG sind aber, teils ausdrücklich, vor allem aber abgeleitet, eine Vielzahl von **wirtschaftlichen Grundfreiheiten verankert**. Das GG lässt somit ausschließlich eine Wirtschaftsordnung auf der Grundlage des Systems der freien Marktwirtschaft zu und schließt damit zugleich eine auf dem System der Zentralverwaltungswirtschaft beruhende Wirtschaftsordnung aus.

Der vom GG gesetzte Rahmen hinsichtlich der **Ausgestaltung der Wirtschaftsordnung** wird insbesondere bestimmt durch:

- das **Recht auf freie Entfaltung der Persönlichkeit** (Art. 2 Abs. 1 GG), welches im wirtschaftlichen Bereich die Freiheit des Konsums, die Gewerbefreiheit, die Produktions- und Handelsfreiheit sowie die Vertrags- und Wettbewerbsfreiheit beinhaltet
- die **Koalitionsfreiheit** (Art. 9 Abs. 3 GG), die das Recht einräumt, zur Wahrung und Förderung der Arbeits- und Wirtschaftsbedingungen Vereinigungen zu bilden und damit vor allem freie Gewerkschaften und Arbeitgebervereinigungen gewährleistet
- das **Grundrecht der persönlichen Freizügigkeit** (Art. 11 GG), woraus sich für den wirtschaftlichen Bereich die Niederlassungsfreiheit im gesamten Bundesgebiet ergibt und i. V. m. Art. 2 Abs. 1 GG das Recht der freien Ausreise ableitet
- das **Recht der freien Berufs- und Arbeitsplatzwahl** (Art. 12 Abs. 1 GG)
- die **Gewährleistung des Privateigentums**, die auch für Produktionsmittel gilt (Art. 14 Abs. 1 GG), verbunden mit der Sozialpflichtigkeit des Eigentums (Art. 14 Abs. 2 GG)
- die **Sicherung der natürlichen Lebensgrundlagen** (Art. 20a GG).

Zu beachten ist, dass die soziale Marktwirtschaft der vom GG geforderten Wirtschaftsordnung entspricht. Sie ist jedoch nicht die verfassungsrechtlich einzig mögliche marktwirtschaftliche Ordnung.

3. Wer begründete die soziale Marktwirtschaft in der Bundesrepublik Deutschland?

Begriff und Konzept der **sozialen Marktwirtschaft** stammen von dem Volkswirtschaftler und Soziologen *Alfred Müller-Armack* (1901 - 1978), der hierunter eine Wirtschaftsordnung verstand, die das Prinzip der Freiheit auf dem Markt mit dem des sozialen Ausgleichs verbindet. In der tatsächlichen Ausgestaltung ist die soziale Marktwirtschaft wesentlich durch das von dem Volkswirtschaftsprofessor *Walter Eucken* (1891 - 1950) entworfene wirtschaftspolitische System des Ordoliberalismus beeinflusst worden.

Eingeführt wurde die soziale Marktwirtschaft nach der Währungsreform im Jahre 1948 durch den damaligen Direktor des Zweizonen-Wirtschaftsrates und späteren Bundeskanzler *Ludwig Erhard* (1897 - 1977).

4. Was sind die wichtigsten Merkmale der sozialen Marktwirtschaft in der Bundesrepublik Deutschland?

Die wichtigsten **Merkmale der sozialen Marktwirtschaft** in der Bundesrepublik Deutschland sind:

- **freier Wettbewerb**
- **gerechte Einkommensverteilung**
- **soziale Sicherheit**
- **Startgerechtigkeit.**

5. Welches sind die Elemente der sozialen Marktwirtschaft in der Bundesrepublik Deutschland?

Die **Elemente der sozialen Marktwirtschaft** in der Bundesrepublik Deutschland sind:

- **Wettbewerbsordnung:** Das heißt der Staat hat zur Sicherung des Wettbewerbs Spielregeln aufgestellt und sorgt für deren Einhaltung.

  Beispiele: Gesetz gegen Wettbewerbsbeschränkungen (Kartellgesetz), das Machtmissbrauch durch wirtschaftliche Zusammenschlüsse und Preisbildung der zweiten Hand (bindende Preisvorschriften des Herstellers) verbietet, Gesetz gegen den unlauteren Wettbewerb (UWG), das alle geschäftlichen Maßnahmen verbietet, die gegen die guten Sitten verstoßen oder den Wettbewerb verfälschen.

- **Eigentumsordnung:** Das heißt der Staat sorgt für eine Korrektur der ursprünglichen Einkommens- und Vermögensverteilung.

  Beispiele: Umverteilung des Einkommens durch Steuerprogression (Anwachsen des Steuersatzes bei steigendem Einkommen), Steuervergünstigungen bei vermögenswirksamer Anlage.

- **Sozialordnung:** Das heißt der Staat sorgt für eine wirtschaftliche Sicherung der sozial Schwachen.

  Beispiele: Sozialgesetzgebung, Kündigungs-, Mieter-, Verbraucherschutz.
- **Geld- und Währungsordnung:** Das heißt der Staat schafft die Voraussetzungen für die Sicherung der Geldwertstabilität durch die Errichtung einer unabhängigen, autonomen Zentralbank.

  Beispiele: Deutsche Bundesbank, Europäische Zentralbank.
- **Tarifautonomie der Sozialpartner:** Das heißt der Staat überlässt es den Gewerkschaften und Arbeitgebern die Regelungen über Entlohnung und Arbeitsbedingungen auszuhandeln.

6. Welche Eingriffe des Staates in den Wirtschaftsablauf sind mit dem Wesen der sozialen Marktwirtschaft vereinbar bzw. widersprechen diesem?

Mit dem Wesen der sozialen Marktwirtschaft lassen sich alle Eingriffe des Staates in den Wirtschaftsablauf mit Mitteln, die lediglich auf Angebot und Nachfrage einwirken, ohne den Preismechanismus außer Kraft zu setzen, vereinbaren (**marktkonforme Maßnahmen**).

Beispiele: Einlagerung lebenswichtiger Güter, Subventionen, Sozialleistungen bei Notlagen.

Dem Wesen der sozialen Marktwirtschaft widersprechen alle Eingriffe des Staates in den Wirtschaftsablauf mit Mitteln, die die Produktion und Verbrauchsmengen begrenzen oder Preise festsetzen, sodass der Preismechanismus außer Kraft gesetzt wird (**marktkonträre Maßnahmen**).

Beispiele: Festsetzung von Höchst-, Mindest- oder Festpreisen.

5. Grundzüge der Wirtschaftspolitik

5.1 Konjunktur und Konjunkturverlauf

1. Was versteht man unter dem Begriff Konjunktur?

Als **Konjunktur** bezeichnet man die Schwankungen der Wirtschaftslage oder der wirtschaftlichen Tätigkeit in einer Volkswirtschaft.

2. Was ist ein Konjunkturzyklus?

Der **Konjunkturzyklus** ist der Zeitabschnitt, der für den Verlauf einer Konjunkturbewegung vom Beginn der ersten Phase bis zum Ende der letzten Phase vergeht.

3. Aus welchen Phasen besteht ein Konjunkturzyklus?

Ein Konjunkturzyklus besteht aus vier Konjunkturphasen, die mehr oder weniger stark ausgeprägt sein können:

- Aufschwung (**Expansion**)
- Hochkonjunktur (**Boom**)
- Abschwung (**Rezession**)
- Tiefstand (**Depression**).

4. Was versteht man unter dem Begriff Konjunkturindikatoren?

Konjunkturindikatoren sind die eine konjunkturelle Lage der Volkswirtschaft anzeigenden wirtschaftlichen Messgrößen, z. B. die Auftragseingänge der Industrie, die Lagerbestände im Großhandel, die Umsätze in der Elektrobranche, die Arbeitslosenquote. Die Konjunkturindikatoren bilden die Grundlage der **Konjunkturforschung**. Diese erstellt **Konjunkturanalysen** und **Konjunkturprognosen**, wobei führend auf dem Gebiet der Konjunkturforschung der Sachverständigenrat und die großen wirtschaftswissenschaftlichen Forschungsinstitute sind.

5. Worin unterscheiden sich Konjunkturanalysen von Konjunkturprognosen?

Mit **Konjunkturanalysen** wird versucht, die aktuelle konjunkturelle Entwicklung zu beschreiben und darzustellen.

Mit **Konjunkturprognosen** wird versucht, eine sich abzeichnende konjunkturelle Entwicklung zu beschreiben und darzustellen.

6. Warum kann man sich nicht immer auf Konjunkturprognosen verlassen?

Eine zuverlässige Vorhersage der künftigen Konjunkturentwicklung (Konjunkturprognose) ist sehr schwierig, weil die heutige Wirtschaftslage mit ihren weltweiten Verflechtungen ständigen Veränderungen unterliegt.

5.2 Wirtschaftspolitische Ziele

1. Was sind die Hauptziele der staatlichen Wirtschaftspolitik?

Durch Artikel 109 Abs. 4 des Grundgesetzes (GG) und das hierzu ergangene **Gesetz zur Förderung der Stabilität und des Wachstums der Wirtschaft** (Stabilitätsgesetz) sind der deutschen Wirtschaftspolitik folgende Ziele vorgegeben:

- **Stabilität des Preisniveaus** (Preisniveaustabilität)
- **hoher Beschäftigungsstand** (Vollbeschäftigung)
- **außenwirtschaftliches Gleichgewicht** (Ausgleich der Zahlungsbilanz)
- **stetiges und angemessenes Wirtschaftswachstum**.

2. Weshalb spricht man bei den im Stabilitätsgesetz vorgegebenen vier Zielen der staatlichen Wirtschaftspolitik auch vom magischen Viereck?

Aufgrund der zwischen einzelnen Zielen des Stabilitätsgesetzes bestehenden Zielkonflikte ist es nicht möglich, alle vier Ziele gleichzeitig zu verwirklichen. Die Zielsetzung des Staates wird daher auch als **magisches Viereck** bezeichnet, weil es offenbar magischer Kräfte bedarf, um alle Ziele gleichzeitig zu erreichen.

In den letzten Jahren sind zu den Zielen des magischen Vierecks zwei weitere Hauptziele der staatlichen Wirtschaftspolitik hinzugetreten, zum einen die **gerechte Einkommensverteilung** und zum anderen die **Erhaltung einer lebenswerten Umwelt**. Man spricht dann vom **magischen Sechseck**.

3. Was bedeutet Preisniveaustabilität?

Die **Preisniveaustabilität** wird an der Inflationsrate gemessen und ist vorrangig ein **Ziel der Geldpolitik**. In der Europäischen Währungsunion ist es **Aufgabe der Europäischen Zentralbank** (EZB), ein **stabiles Preisniveau zu erreichen und zu sichern**. Die europäische Währung soll sich – hinsichtlich der Kaufkraft – nicht in ihrem Wert ändern, das heißt es soll sowohl eine Inflation als auch eine Deflation vermieden werden. In der Realität ist ein absolut konstanter Geldwert jedoch kaum zu erreichen. Man strebt daher an, die Inflationsraten möglichst gering zu halten, wobei das Preisniveau bei einer langfristigen Inflationsrate von weniger als 2 % als stabil angesehen wird.

4. Wie ist der Begriff Geldwert zu erklären?

Der **Geldwert** findet seinen Ausdruck im allgemeinen Preisstand (Preisniveau) der Güter, das heißt je höher der allgemeine Preisstand, desto niedriger ist der Geldwert und umgekehrt.

Die Kaufkraft des Geldes nennt man auch **Realwert** im Gegensatz zum Nominal- oder Nennwert, der auf die Münze geprägt oder auf die Banknote gedruckt ist.

Der Geldwert steht damit im umgekehrten Verhältnis zum allgemeinen Preisniveau und lässt sich daher als das reziproke Preisniveau bezeichnen.

5. Was sind die Kennzeichen der Inflation und Deflation?

Bei der **Inflation** handelt es sich um einen relativ hohen Anstieg der Geldmenge im Verhältnis zur Gütermenge. Dies führt unter anderem zu Preissteigerungen und zur Geldentwertung.

Bei der **Deflation** handelt es sich um eine starke Verringerung der Geldmenge, die in Relation zur gleichbleibenden Gütermenge steht, was unter anderem zu einem Preisverfall, Ansteigen der Kaufkraft, aber auch zur Arbeitslosigkeit führen kann.

6. Was können die Ursachen für eine Deflation und Inflation sein?

Ursachen für eine **Deflation** können sein:

- Rückgang der Auslandsnachfrage
- Überbewertung der eigenen Währung
- Einfuhrbeschränkungen der ausländischen Handelspartner
- allgemeine Abschwächung der wirtschaftlichen Aktivität infolge pessimistischer Beurteilungen der künftigen Entwicklung
- Kürzung der Ausgaben des Staates.

Ursachen für eine **Inflation** können sein:

- eine übermäßige Geldschöpfung durch den Staat
- überhöhte Kreditgewährungen der Kreditinstitute an die Unternehmer
- zu geringe Sparbereitschaft der privaten Haushalte, der Unternehmen und des Staates
- zu hoher Exportüberschuss.

7. Was versteht man üblicherweise unter Vollbeschäftigung?

Von **Vollbeschäftigung** spricht man, wenn alle Arbeitsfähigen und Arbeitswilligen Beschäftigung finden und keine nennenswerte Arbeitslosigkeit besteht. Höchstens 1 bis 3 % Arbeitslose sind vertretbar (hängt vom jeweiligen politischen Standpunkt ab), da saisonale und friktionelle Arbeitslosigkeit nicht zu vermeiden ist.

8. Welche Arten von Arbeitslosigkeit lassen sich nach den Ursachen unterscheiden?

Nach den Ursachen unterscheidet man folgende **Arten von Arbeitslosigkeit:**

- **Friktionelle Arbeitslosigkeit** – auch Sucharbeitslosigkeit genannt –, die gewöhnlich mit dem Wechsel des Arbeitsplatzes verbunden ist, z. B. verursacht durch eigene Kündigung, weil man sich verändern möchte. Es handelt sich dabei in der Regel um eine Arbeitslosigkeit von kurzer Dauer.
- **Saisonale Arbeitslosigkeit**, die auf die Saisonabhängigkeit bestimmter Berufe zurückzuführen ist, z. B. witterungsbedingte Arbeitslosigkeit in der Landwirtschaft oder im Baugewerbe im Winter.
- **Konjunkturelle Arbeitslosigkeit**, die durch eine Nachfrageschwäche hervorgerufen wird. In Zeiten konjunkturellen Abschwungs vermindern Unternehmen die Produktion und reduzieren dabei die Beschäftigung.
- **Strukturelle Arbeitslosigkeit**, die insbesondere durch eine Verlangsamung des Wirtschaftswachstums in bestimmten Branchen, die zumeist an Bedeutung verlieren oder in Wirtschaftszweigen, die neue Technologien einführen (**technologische Arbeitslosigkeit**) oder durch den Strukturwandel einer Volkswirtschaft ausgelöst wird, z. B. im Bergbau, in der Stahlproduktion.

9. Was bedeutet außenwirtschaftliches Gleichgewicht?

Der Begriff **außenwirtschaftliches Gleichgewicht**, für den es keine einheitliche Definition gibt, wird am **Außenbeitrag gemessen**. Der Außenbeitrag ist der Unterschied zwischen der Ausfuhr (Export) und Einfuhr (Import) von Waren und Dienstleistungen, wobei in der Bundesrepublik Deutschland ein positiver Außenbeitrag in Höhe von 1 bis 2 % des Bruttoinlandsproduktes als außenwirtschaftliches Gleichgewicht angestrebt wird.

10. Was versteht man unter einer Zahlungsbilanz?

Die **Zahlungsbilanz** ist eine Gegenüberstellung aller in Geld bezifferbaren Transaktionen einer Volkswirtschaft mit dem Ausland innerhalb eines bestimmten Zeitraumes. Sie wird von der Deutschen Bundesbank in Zusammenarbeit mit dem Statistischen Bundesamt monatlich erstellt.

11. Wie ist die Zahlungsbilanz zusammengesetzt?

Die **Zahlungsbilanz** setzt sich aus mehreren Teilbilanzen zusammen, wobei grob gegliedert die Leistungsbilanz und die Kapitalbilanz unterschieden werden können. Die **Leistungsbilanz** ist weiter in die folgenden vier Teilbilanzen unterteilt:

- **Handelsbilanz**, in der die Einfuhr (Import) und die Ausfuhr (Export) von Waren erfasst werden.
- **Dienstleistungsbilanz**, in der die Einnahmen und Ausgaben für den Außenhandel mit Dienstleistungen verbucht werden, z. B. Reiseverkehr, Transithandel.
- **Bilanz der Erwerbs- und Vermögenseinkommen**, in der die Faktoreinkommen vom und an das Ausland erfasst werden, z. B. Erträge aus Kapitalanlagen im Ausland.
- **Bilanz der laufenden Übertragungen**, in der alle Übertragungen vom und an das Ausland erfasst werden, die Einkommen und Verbrauch der betroffenen Länder beeinflussen, z. B. Zahlungen an internationale Organisationen.

In der **Kapitalbilanz** werden die Ausfuhr (Export) und Einfuhr (Import) von Kapital erfasst.

Der buchungstechnische **Ausgleich zwischen Leistungsbilanz und Kapitalbilanz** findet in der **Veränderung der Devisenreserven** statt. In der Vergangenheit ist es bisher nicht gelungen, alle Teilbilanzen ständig zum Ausgleich zu bringen. Ziel der Wirtschaftspolitik muss es daher sein, Überschüsse und Defizite auf ein Mindestmaß zu beschränken und so ein **außenwirtschaftliches Gleichgewicht** zu erreichen.

12. Was versteht man unter Binnenwert und Außenwert des Geldes?

Unter dem **Binnenwert** des Geldes versteht man die Kaufkraft einer Währung in Bezug auf Güter und Dienstleistungen im Inland.

Unter dem **Außenwert** des Geldes versteht man den Wert einer Währung (z. B. des Euro) zu einer anderen Währung (z. B. zum US-Dollar), wie er sich durch den jeweiligen Wechselkurs ergibt. Der Außenwert drückt somit die Kaufkraft einer über den Wechselkurs umgerechneten Einheit der inländischen Währung im Ausland aus. Steigender Außenwert bedeutet Aufwertung, sinkender Außenwert Abwertung.

13. Welche Formen der Wechselkurse unterscheidet man?

Man unterscheidet Währungen mit freien Wechselkursen und Währungen mit festen Wechselkursen.

Bei Währungen mit **freien Wechselkursen** bestehen grundsätzlich keinerlei Grenzen für die Schwankungen des Wechselkurses. Durch die Kursschwankungen fehlt den Importeuren und Exporteuren eine feste Kalkulationsgrundlage.

Die Währungen mit **festen Wechselkursen** bedeuten für die Importeure und Exporteure eine feste Kalkulationsgrundlage.

14. Was versteht man unter stetigem und angemessenem Wirtschaftswachstum und welchem Ziel dient es?

Unter dem Begriff **„Wirtschaftswachstum“** versteht man die **prozentuale Zunahme des Produktionsertrages an Gütern und Dienstleistungen** (reales Sozialprodukt) gegenüber der Vorperiode. Das Wirtschaftswachstum kann durch vermehrten Einsatz von Arbeit und Kapital sowie durch technischen Fortschritt erreicht werden.

Der Begriff **„stetig“** bedeutet, dass die Wirtschaft in gleichbleibenden Raten wachsen soll, wobei konjunkturelle Schwankungen unerwünscht sind und saisonale Schwankungen toleriert werden. Unter dem Begriff **„angemessen“** ist zu verstehen, dass die Wettbewerbsfähigkeit gegenüber dem Ausland erhalten bleibt, eine Steigerung des Wohlstandes ermöglicht wird und es auch möglich sein soll, die erforderlichen Investitionen zu tätigen. Im Allgemeinen geht man von einem angemessenen Wirtschaftswachstum im Bereich von 2 % des Bruttoinlandsproduktes aus.

Das **Wirtschaftswachstum** dient dazu, **bestimmte gesellschaftspolitische Ziele zu erreichen**. Im Hinblick auf die reichliche Versorgung mit Gütern aller Art und die zunehmende Gefährdung der Umwelt wird aber von immer mehr Menschen der Sinn eines reinen Mengenwachstums bezweifelt und die Frage nach den Grenzen des ökonomischen und ökologischen Wachstums gestellt.

5.3 Die Handlungsfelder der Wirtschaftspolitik

1. Was versteht man unter Wirtschaftspolitik?

Unter **Wirtschaftspolitik** versteht man alle politischen und verbandlichen Aktivitäten sowie die staatlichen Maßnahmen, die darauf gerichtet sind, den Wirtschaftsprozess zu ordnen, im Sinne bestimmter Ziele zu beeinflussen oder direkt in den Wirtschaftsablauf einzugreifen.

2. Welche wirtschaftstheoretischen Ansätze bilden die Grundlage moderner Wirtschaftspolitik?

Die **Grundlage moderner Wirtschaftspolitik** bilden die folgenden zwei wirtschaftstheoretischen Ansätze:

- **angebotsorientierte Wirtschaftspolitik**
- **nachfrageorientierte Wirtschaftspolitik**.

3. Wodurch unterscheidet sich die angebotsorientierte von der nachfrageorientierten Wirtschaftspolitik?

Die **angebotsorientierte Wirtschaftspolitik** stellt die Renditeerwartungen der Kapitalgeber in den Mittelpunkt und betont die Bedeutung der wirtschaftspolitischen Rahmenbedingungen (z. B. Geldwertstabilität, Löhne, Arbeitszeitregelungen, Steuern, staatliche Auflagen).

Bei der **nachfrageorientierten Wirtschaftspolitik**, die man auch nach der auf den britischen Nationalökonomen *John Maynard Keynes* (1883 - 1946) zurückgehenden ökonomischen Theorie als **Keynesianismus** bezeichnet, stehen der Staat und die Fiskalpolitik im Mittelpunkt, das heißt dem Staat sind wichtige Aufgaben bei der Stabilisierung der gesamtwirtschaftlichen Entwicklung zugewiesen (z. B. Erhöhung der Staatsausgaben bei schwacher privatwirtschaftlicher Nachfrage, Senkung der Staatsausgaben bei einer Übernachfrage).

4. Wer sind die Träger der Wirtschaftspolitik?

Träger der Wirtschaftspolitik sind:

- **Bund, Länder und Gemeinden**
- die **Europäische Zentralbank** (EZB) und die **Deutsche Bundesbank**
- **übernationale Organisationen**, z. B. die Europäische Union.

5. Welche Bereiche der Wirtschaftspolitik unterscheidet man?

Innerhalb der Wirtschaftspolitik werden folgende Bereiche unterschieden:

- **Ordnungspolitik**, die sich mit der Sicherung der Wirtschaftsordnung im weiteren Sinne befasst.
- **Konjunktur- und Wachstumspolitik** (Ablaufpolitik), die sich mit Maßnahmen zur Stabilisierung des Wirtschaftsablaufs befasst.
- **Geldpolitik**, die sich mit Maßnahmen zur Stabilisierung der Währung befasst.
- **Fiskalpolitik**, die sich mit Maßnahmen zur Beschaffung von Einnahmen für den Staat und deren Ausgaben zur Erfüllung der Staatsaufgaben befasst.
- **Sektorale und regionale Strukturpolitik**, die sich mit Maßnahmen zur Förderung einzelner Wirtschaftszweige und/oder Regionen befasst.

6. Was ist Aufgabe der staatlichen Konjunktur- und Wachstumspolitik?

Aufgabe der Konjunktur- und Wachstumspolitik ist es, die **Konjunkturausschläge so gering wie möglich zu halten**, das heißt für ein stetiges und angemessenes Wirtschaftswachstum bei gleichzeitiger Stabilität des Preisniveaus, einem hohen Beschäftigungsstand und außenwirtschaftlichem Gleichgewicht zu sorgen (§ 1 StWG).

7. Was sind die wichtigsten Konjunkturindikatoren, auf denen die Konjunkturprognose aufbaut?

- **Entwicklung der Investitionsgüternachfrage**

  Eine Zunahme der Nachfrage nach Investitionsgütern führt zu steigenden Umsätzen und Auftragsbeständen in der Investitionsgüterindustrie. Dadurch kann eine erhöhte Beschäftigung erwartet werden. Bei einer Vollbeschäftigung können Preissteigerungen und Lohnerhöhungen vorausgesagt werden. Im Falle einer sinkenden Investitionsgüternachfrage ist mit dem Gegenteil zu rechnen.

- **Entwicklung der Konsumgüternachfrage**

  Steigende Einzelhandelsumsätze sind ein Indiz dafür, dass das Volkseinkommen (Nachfrage) gestiegen ist. Ist die Volkswirtschaft vollbeschäftigt, sind zunächst im Konsumgüterbereich Preissteigerungen wahrscheinlich. Stagnierende oder zurückgehende Einzelhandelsumsätze führen zum Gegenteil.

- **Entwicklung des Außenhandels**

  Steigen die Exporte schneller als die Importe, so kann mit einer Konjunkturbelebung gerechnet werden. Das Gegenteil ist der Fall, wenn die Importe schneller steigen als die Exporte.

- **Entwicklung der öffentlichen Haushalte**

  Beabsichtigt der Staat große zusätzliche Konsum- oder Investitionsvorhaben, ohne die Steuern zu erhöhen, kann mit einer Belebung der Wirtschaftstätigkeit gerechnet werden. Im Falle einer Vollbeschäftigung sind Preiserhöhungen zu erwarten. Steuererhöhungen können bei den Unternehmen zu einer Verminderung der Investitionsneigung führen.

- **Entwicklung der Lagerbestände**

  Steigen die Lagerbestände der Unternehmen über das übliche Maß hinaus, so liegt vermutlich eine Überproduktion vor und die Unternehmen müssen die Produktion drosseln, was zu einem Konjunkturumschwung (z. B. Kurzarbeit) führen kann. Das Gegenteil ist der Fall, wenn die Lagerbestände abnehmen.

- **Geld und Kredit**

  Als Konjunkturindikator kann auch die Geldpolitik der Europäischen Zentralbank (EZB) ausschlaggebend sein. Eine positive Entwicklung der Wirtschaft ist dann möglich, wenn für die gestiegene Nachfrage auch die erforderliche Geld- bzw. Kreditmenge zur Verfügung steht.

- **Unternehmererwartungen**

  Wird von einem großen Teil der Unternehmer die zukünftige Entwicklung gut beurteilt, so ist von Unternehmerseite kein negativer Einfluss auf die Konjunkturentwicklung zu erwarten.

Die vorstehenden Konjunkturindikatoren sind voneinander abhängig und dürfen nicht isoliert gesehen werden.

8. Wie kann eine Hochkonjunktur gedämpft werden?

Eine **Hochkonjunktur** kann durch monetäre und fiskalische Maßnahmen abgeschwächt werden.

Monetäre Maßnahmen:

- Erhöhung der Mindestreservesätze
- Erhöhung der Leitzinsen
- Verkauf von Wertpapieren am offenen Markt.

} Instrumente der EZB

Fiskalische Maßnahmen:

- Steuererhöhungen
- Sparanreize
- Bildung von Konjunkturrücklagen
- Verringerung der Staatsausgaben
- Exportdrosselung.

} Instrumente des Staates

Im Falle der Rezession werden die monetären und fiskalpolitischen Maßnahmen in umgekehrter Richtung (antizyklisch) eingesetzt.

9. Mit welchen konjunkturpolitischen Begründungen werden von Unternehmern beim Abschluss von Tarifverträgen geringe Lohnerhöhungen gefordert?

Es wird behauptet, dass hierdurch:

- die **Produktionskosten** und damit die Preise **günstig beeinflusst werden** (sie steigen weniger)
- die **Konkurrenzfähigkeit** (besonders gegenüber dem Ausland) **verbessert** (bzw. weniger stark verschlechtert) wird
- die **Nachfrage** und damit die Produktion **weniger negativ beeinflusst** werden
- die **Beschäftigung nicht so stark betroffen wird** und folglich das Einkommen der privaten Haushalte (die Kaufkraft) nicht so stark zurückgeht, was wiederum weniger negativ auf inländische Nachfrage und Wirtschaftswachstum wirkt.

10. Was versteht man unter sektoralen und regionalen Wirtschaftssubventionen und welche Ziele werden damit verfolgt?

Bei den **Wirtschaftssubventionen** können vor allem sektorale und regionale Wirtschaftsförderungen unterschieden werden.

Ein wesentlicher Bestandteil der Mittel **sektoraler Strukturpolitik** sind die **Subventionen**, wobei als Subventionen in der Regel nur solche Geldzahlungen und finanzielle Begünstigungen durch den Staat zu verstehen sind, die an Unternehmen ohne Gegenleistung fließen. Bei der sektoralen Wirtschaftsförderung kann es sich z. B. um Subventionen für die Landwirtschaft, um den Schiffbau oder Steinkohlebergbau handeln, während es sich z. B. bei den Fördermaßnahmen zugunsten der neuen Bundesländer um Strukturverbesserungen handelt. Auch besteht die Möglichkeit zu strukturellen Hilfsmaßnahmen nach den Bestimmungen des Stabilitätsgesetzes, z. B. für die Erhaltung von Betrieben, der Anpassung von Betrieben an neue Bedingungen (Produktionsmethoden).

Die Mittel der **regionalen Strukturpolitik** sind denen der sektoralen Strukturpolitik sehr ähnlich. Da das Ziel der sektoralen Strukturpolitik die Förderung wirtschaftlich schwacher Regionen ist, werden die geleisteten Subventionen (und gewährten Steuererleichterungen) bei regionalen Wirtschaftssubventionen in starkem Maße mit Verwendungsauflagen verbunden. Die bereitgestellten Mittel sollen in der Region zur Schaffung neuer Arbeitsplätze, der Neugründung und Erweiterung von Betrieben verwendet werden.

11. Was versteht man unter dem Begriff Globalisierung?

Unter dem Begriff **Globalisierung**, der unterschiedlich verwandt wird, wird vorrangig das erdweite Zusammenwachsen von Güter-, Kredit- und Arbeitsmärkten durch Nutzung der Informationstechnologien verstanden.

12. Wie entstand die Globalisierung?

Die **Globalisierung** ist zum größten Teil das Ergebnis von Entscheidungen, die die führenden westlichen Industrienationen hinsichtlich der Beseitigung politischer und behördlicher Hindernisse für den grenzüberschreitenden Verkehr von Gütern, Dienstleistungen, Kapital und Menschen in der Vergangenheit getroffen haben und nach wie vor treffen (**außenwirtschaftliche Liberalisierung**). Mit der Liberalisierung nach außen ging zugleich der Abbau staatlicher Vorschriften im Innern (**Deregulierung**) einher.

Beschleunigt wurde diese weltweite Öffnung der Märkte durch die Entwicklung **der modernen Informations- und Kommunikationstechnologien**, die es möglich gemacht haben, die Welt mit einem dichten Kommunikationsnetz (z. B. Internet) zu überspannen, das nahezu jeden Punkt der Erde in oft nur Bruchteilen von Sekunden erreichbar werden lässt. Daneben sind als wesentliche Faktoren, die den Prozess der Globalisierung vorangetrieben haben, noch die gesunkenen Transportkosten und die Vereinheitlichung technischer Normen zu nennen.

13. Welche wirtschaftlichen Folgen hat die Globalisierung?

Wirtschaftliche Folgen der **Globalisierung** sind insbesondere:

- die **Intensivierung des internationalen Wettbewerbs** auf den Märkten, die zu einer qualitativ und preislich besseren Versorgung der Bevölkerung der in den Globalisierungsprozess einbezogenen Länder führt
- die **Vergrößerung des Angebotes an qualifizierter und unqualifizierter Arbeit** auf den Arbeitsmärkten mit der Folge des Entstehens von Massenarbeitslosigkeit, da das Wachstum der Güter- und Dienstleistungsproduktion nicht ausreicht um das vergrößerte Arbeitsangebot aufzunehmen
- die **Erhöhung des Druckes auf die Arbeitseinkommen** und die sonstigen Arbeitsbedingungen einschließlich der Sozialleistungen, die durch die Vergrößerung der Zahl der miteinander verbundenen Arbeitsmärkte und die Wanderung von Arbeitskräften in Gebiete mit besseren Arbeitsbedingungen sowie die Massenarbeitslosigkeit bedingt ist
- die **Zunahme der Ungleichverteilung der Einkommen**, weil das Missverhältnis zwischen Angebot an und Nachfrage nach Arbeit auf den Märkten unqualifizierter Arbeitnehmer größer ist als auf den Märkten für qualifizierte Arbeitnehmer und sich die eingeschränkte Gestaltungsmacht der Politik gegenüber der Wirtschaft vor allem zugunsten der hochqualifizierten Arbeit und der Eigentümer von Geld- und Sachvermögen auswirkt.

14. Welche sonstigen wesentlichen Änderungen sind mit der Globalisierung verbunden?

- Die Globalisierung **löst** die **Bindung der Unternehmen an einen nationalen Standort**, das heißt sie gibt Unternehmensleitungen und Kapitaleignern die Möglichkeit, das Unternehmen oder Unternehmensteile in ein anderes Land zu verlagern, was den Verlust von Arbeitsplätzen und Steueraufkommen in dem betroffenen Land bewirkt.
- Die Globalisierung **schwächt** erheblich die nationale wirtschafts-, finanz- und sozialpolitische Autonomie nationaler Regierungen und supranationaler Verantwortungsträger (z. B. Rat und Kommission der EU).
- Die Globalisierung **gefährdet** durch den gewachsenen Einfluss von Unternehmen und Unternehmensverbänden auf die Gestaltung der politischen Bedingungen den sozialen Frieden, die soziale Qualität und die demokratische Stabilität der Gesellschaften sowie die Regierbarkeit und Funktionsfähigkeit des Staates.
- Die Globalisierung schafft **Umweltprobleme**, d. h. der fortschreitende Industrialisierungs- und Modernisierungsprozess hat durch seine Folgewirkungen (Schadstoffemissionen, Ressourcenverzehr, Umweltvergiftung) eine ökologische Katastrophe (Treibhauseffekt, Zerstörung der Ozonschicht) möglich gemacht.

6. Die Europäische Währungsunion

6.1 Die europäische Währung

1. Was ist eine Währungsunion und seit wann besteht die Europäische Währungsunion?

Eine **Währungsunion** ist ein **freiwilliger Zusammenschluss von Staaten mit unterschiedlichen Währungen zu einem einheitlichen Währungsraum**. Die Währungen der an der Währungsunion beteiligten Staaten werden dabei lediglich nach einem bestimmten Austauschverhältnis in die neue Währung umgerechnet, wobei der Wert der Währung durch die Umstellung nicht verändert wird und die im Geldguthaben ausgedrückte Kaufkraft genau gleich bleibt.

Die **Europäische Währungsunion** ist seit dem **1. Januar 1999** in Kraft.

2. Worin unterscheidet sich eine Währungsunion von einer Währungsreform?

Im Gegensatz zur Währungsunion dient die **Währungsreform**, die zwangsweise erfolgt, der **Wiederherstellung eines zerrütteten Geldwesens**. Dabei werden alles Geld oder Teile davon entwertet, weil das Geld seine Kaufkraft verloren hat. Einem Überangebot von Geld steht praktisch kein bzw. ein zu geringes Warenangebot gegenüber. Zu beachten ist, dass die Wertänderung des Geldes mit dem Verlust von Ersparnissen verbunden ist.

3. Wer sind die an der Europäischen Währungsunion teilnehmenden Staaten?

Staaten der Europäischen Währungsunion	Beitrittsdatum
Belgien	1. Januar 1999 (Gründungsmitglied)
Deutschland	1. Januar 1999 (Gründungsmitglied)
Estland	1. Januar 2011
Finnland	1. Januar 1999 (Gründungsmitglied)
Frankreich	1. Januar 1999 (Gründungsmitglied)
Griechenland	1. Januar 2001
Irland	1. Januar 1999 (Gründungsmitglied)
Italien	1. Januar 1999 (Gründungsmitglied)
Lettland	1. Januar 2014
Litauen	1. Januar 2015
Luxemburg	1. Januar 1999 (Gründungsmitglied)
Malta	1. Januar 2008
Niederlande	1. Januar 1999 (Gründungsmitglied)
Österreich	1. Januar 1999 (Gründungsmitglied)
Portugal	1. Januar 1999 (Gründungsmitglied)
Slowakei	1. Januar 2009
Slowenien	1. Januar 2007
Spanien	1. Januar 1999 (Gründungsmitglied)
Zypern	1. Januar 2008

4. Welche gemeinsame Währung gilt in der Europäischen Währungsunion?

Die nationalen Währungen der an der Währungsunion teilnehmenden Staaten der Europäischen Union sind am **1. Januar 1999** durch eine einheitliche Währung, den **Euro**, ersetzt worden, der zunächst im bargeldlosen Zahlungsverkehr eingeführt wurde. Ab dem **1. Januar 2002** wurden die bisher geltenden nationalen Geldscheine durch Euro und die Münzen durch Cent (100 Cent = ein Euro) ersetzt. Mit der neuen Währung wurden die bisherigen nationalen Währungen der an der Währungsunion teilnehmenden Staaten als gesetzliche Zahlungsmittel abgelöst.

5. Welche wirtschaftlichen Kriterien müssen die Mitgliedstaaten der Europäischen Union für die Einführung des Euro erfüllen?

Mitgliedstaaten der Europäischen Union, die den Euro einführen wollen, müssen vier wirtschaftliche Kriterien erfüllen. Diese sog. **Konvergenzkriterien** sind in Artikel 140 des Vertrages über die Arbeitsweise der Europäischen Union (AEUV) sowie in einem diesem Vertrag beigefügten Protokoll (Nr. 13) über die Konvergenzkriterien näher festgelegt. Danach kann ein Mitgliedstaat der Europäischen Union den **Euro** nur einführen, wenn er

- eine anhaltende **Preisstabilität** nachweisen kann, das heißt die Inflationsrate darf nur um maximal 1,5 Prozentpunkte über der Durchschnittsrate der drei preisstabilsten Länder liegen
- **kein übermäßiges Haushaltsdefizit** aufweist, das heißt das jährliche Haushaltsdefizit darf nicht mehr als 3 % des Bruttoinlandsprodukts (BIP) betragen und der gesamte öffentliche Schuldenstand soll 60 % des BIP nicht übersteigen
- im **Europäischen Währungssystem** (EWS) mindestens zwei Jahre lang keine **Wechselkursschwankungen** ausgelöst hat
- sein **Zinssatz für langfristige Kredite maximal 2 Prozentpunkte über den Zinsen** für die Staatsanleihen der **drei Länder mit der niedrigsten Inflationsrate** liegt.

Die finanzpolitischen **Konvergenzkriterien**, das heißt die Obergrenzen für das Haushaltsdefizit und den Schuldenstand des Staates, gelten für die Mitgliedstaaten auch nach dem Eintritt in die Währungsunion fort. Der Europäische Rat von Amsterdam hat hierzu am 16. und 17. Juni 1997 einen sog. **Stabilitäts- und Wachstumspakt** beschlossen, der die Mitgliedstaaten auf Dauer zu einer stabilen Haushalts- und Wirtschaftspolitik verpflichtet, deren Einhaltung vom Ministerrat und der Europäischen Kommission überwacht wird (Art. 121 AEUV), wobei im Falle der Nichteinhaltung der Konvergenzkriterien nach einem festgelegten Stufenverfahren (sog. **EU-Defizitverfahren**) letztendlich eine Geldbuße als Sanktion verhängt werden kann (Art. 126 AEUV). Als Reaktion auf die Staatsschuldenkrise einiger Mitgliedstaaten des Euro-Währungsgebiets wurden die Regelungen in Artikel 121 AEUV über die Überwachung der Konvergenzkriterien und die Bestimmungen in Artikel 126 AEVU über das Verfahren bei der Nichteinhaltung der Konvergenzkriterien geändert. Die Änderungen, die am 13. Dezember 2011 in Kraft getreten sind, sehen vor, dass die Europäische Kommission auch bereits dann **Sanktionen** gegen einen Mitgliedstaat des Euro-Währungsgebiets einleiten kann, wenn das Staatsdefizit kleiner als 3 % des BIP ist, falls das neue mittelfristige Ziel eines ausgeglichenen oder nahezu ausgeglichenen Haushalts nicht erreicht wird. In den Fällen, in denen das Staatsdefizit der Euroländer größer als 3 % des BIP und/oder der Abbau des über die Marke von 60 % des BIP hinausgehenden Schuldenstands unzureichend ist, können nunmehr ebenfalls bereits zu einem früheren Zeitpunkt als bisher finanzielle Sanktionen verhängt werden. Da für den Widerruf der von der Europäischen Kommission dem Rat der EU zur Bestätigung vorgelegten Sanktionsbeschlüsse eine qualifizierte Mehrheit – im Gegensatz zu der bisherigen einfachen Mehrheit – im Rat erforderlich ist, wird hier von einem „Quasi-Automatismus" der Sanktionsbeschlüsse der Europäischen Kommission gesprochen.

6. Wer trifft die Entscheidung über die Erfüllung der Kriterien für die Teilnahme an der gemeinsamen europäischen Währung?

Die Entscheidung, welcher Mitgliedstaat der Europäischen Union (EU) die Kriterien für die Teilnahme an der gemeinsamen Währung erfüllt, wird auf Empfehlung der Europäischen Kommission durch den Rat der Wirtschafts- und Finanzminister – auch **Eco-**

fin-Rat genannt – getroffen und vom Europäischen Rat in der Zusammensetzung der Staats- und Regierungschefs der Mitgliedstaaten der EU bestätigt.

7. Welche Vorteile können sich aus der gemeinsamen europäischen Währung ergeben?

Aus der gemeinsamen **europäischen Währung** können sich insbesondere folgende **Vorteile** ergeben:

- Die einheitliche Währung schafft **bessere Vergleichsmöglichkeiten** (Markttransparenz).
- Das **Wechselkursrisiko entfällt** und damit ein Faktor der Unsicherheit über die Geschäftsgrundlage im europäischen Binnenmarkt, das heißt höhere Planungssicherheit für die Unternehmen.
- Der **grenzüberschreitende Zahlungsverkehr** zwischen den Mitgliedstaaten **wird erleichtert**.
- Der **Geschäfts- und Reiseverkehr wird nicht mehr mit Kosten belastet**, die durch den Umtausch der Währungen entstehen.
- Durch die Vergrößerung des Marktes wird der **Wettbewerb intensiver**, was zu einem vielfältigeren und preiswerteren Angebot führen dürfte.
- Da sich innerhalb des Binnenmarktes die Arbeitsteilung verstärken wird, ist mit einem **Produktivitätsanstieg** zu rechnen.

8. Welche Risiken und Nachteile werden in der gemeinsamen europäischen Währung gesehen?

Mögliche **Risiken in der gemeinsamen europäischen Währung** werden im Wesentlichen darin gesehen, dass die einheitliche Geldpolitik, die in der Währungsunion von der Europäischen Zentralbank (EZB) und dem Europäischen System der Zentralbanken (ESZB) nach für alle Teilnehmerstaaten festgelegten Regeln gestaltet wird, **nicht durch eine einheitliche Haushalts-, Finanz- und Wirtschaftspolitik flankiert wird**, da für diese Politikbereiche nach wie vor die Regierungen und Parlamente der einzelnen Mitgliedstaaten zuständig sind. Mangelnde Stabilitätsdisziplin kann hier auf die gemeinsame Währung durchschlagen und den Euro nach außen – insbesondere im Verhältnis zum Dollar – und nach innen im Hinblick auf die Preisstabilität **destabilisieren**.

Darüber hinaus können sich aus der gemeinsamen europäischen Währung insbesondere folgende **Nachteile** ergeben:

- Durch den verschärften Wettbewerb können weitere Arbeitsplätze verloren gehen.
- Das unterschiedliche Lohnniveau in den Mitgliedstaaten kann zur Verlagerung der Produktionsstandorte führen, falls die Unternehmen wegen des verschärften Wettbewerbs zu einer kostengünstigeren Produktion gezwungen sind.
- Die gemeinsame europäische Währung könnte sich als weniger stabil erweisen als die bisherigen Währungen einzelner Mitgliedstaaten.

9. Was ist unter dem Begriff Euro-Rettungsschirm zu verstehen?

Mit dem **Euro-Rettungsschirm** wird die Gesamtheit der Maßnahmen der Europäischen Union (EU) und der Mitgliedstaaten, deren Währung der Euro ist, bezeichnet, die dazu dienen, im Gebiet der Europäischen Währungsunion die Staatenschuldenkrise – auch Euro-Krise genannt – zu überwinden und die Stabilität des Euro zu sichern. Der Euro-Rettungsschirm wird auch als Euro-Schutzschirm bezeichnet.

10. Welche Maßnahmen und Einrichtungen werden zum Euro-Rettungsschirm gezählt?

Zum **Euro-Rettungsschirm** zählen folgende Maßnahmen und Einrichtungen:

- die Kreditvergabe im Rahmen des **Europäischen Finanzstabilisierungsmechanismus (EFSM)**
- die Gewährung von Kreditausfallbürgschaften im Rahmen der **Europäischen Finanzstabilisierungsfazilität (EFSF)**
- der **Europäische Stabilitätsmechanismus (ESM)**
- die verstärkte Zusammenarbeit von Staaten der Europäischen Union (EU) im Bereich der Fiskalpolitik nach Maßgabe des **Europäischen Fiskalpaktes**.

Teilweise werden auch die bilateralen Kredite als Unterstützungspaket für Griechenland (sog. Griechenland-Hilfe), dem der Bundestag mit dem Gesetz zur Übernahme von Gewährleistungen zum Erhalt der für die Finanzstabilität in der Währungsunion erforderlichen Zahlungsfähigkeit der Hellenischen Republik (Währungsunion-Finanzstabilitätsgesetz – WFStG) vom 7. Mai 2010 zugestimmt hat, sowie die Kreditvergaben des Internationalen Währungsfonds (IWF) und die Politik der EZB als zum Euro-Rettungsschirm zugehörig angesehen.

Die Maßnahmen des Euro-Rettungsschirms sowie die Einrichtung von EFSM, EFSF und ESM werden zum Teil auch als Verstoß gegen die sog. **No-Bailout-Regel** des Artikels 125 des Vertrags über die Arbeitsweise der Europäischen Union (AEUV) angesehen, wonach kein Mitgliedstaat der Europäischen Union (EU) zum Beistand für die Finanzierung der Staatsschulden eines anderen Mitgliedstaates verpflichtet werden darf.

11. Wie entstand der Europäische Finanzstabilisierungsmechanismus (EFSM) und die Europäische Finanzstabilisierungsfazilität (EFSF)?

Die Staats- und Regierungschefs der Mitgliedstaaten des Euro-Währungsgebiets vereinbarten im Zuge der mit der weltweiten Wirtschafts- und Finanzkrise der letzten Jahre einhergehenden erheblichen Verschlechterung der Lage der öffentlichen Haushalte in den Mitgliedstaaten der Europäischen Union (EU) bei ihrer Zusammenkunft am 7. Mai 2010 in Brüssel, dass die Europäische Kommission einen Stabilisierungsmechanismus zur Wahrung der Finanzmarktstabilität in Europa vorschlagen solle. Daraufhin beschloss am 9. Mai 2010 der Rat der Wirtschafts- und Finanzminister – auch Ecofin-Rat genannt – einen Europäischen Stabilisierungsmechanismus zu schaffen. Der Europäische Stabilisierungsmechanismus setzte sich aus dem **Europäischen Finanzstabilisierungsmechanismus (EFSM)** und aus der **Europäischen Finanzstabilisierungsfazilität**

(EFSF) zusammen. Es handelte sich dabei um vorläufige provisorische Einrichtungen, die durch den **Europäischen Stabilitätsmechanismus (ESM)** abgelöst wurden und damit ersatzlos weggefallen sind.

12. Was ist der Europäische Stabilitätsmechanismus (ESM)?

Der **Europäische Stabilitätsmechanismus (ESM)** ist eine von den Mitgliedstaaten des Euro-Währungsgebiets durch den Vertrag vom 2. Februar 2012 zur Einrichtung des Europäischen Stabilitätsmechanismus – der am 27. September 2012 in Kraft getreten ist – geschaffene internationale Finanzinstitution mit Sitz in Luxemburg, die den Namen „Europäischer Stabilitätsmechanismus (ESM)" trägt, deren Vertragsparteien die ESM-Mitglieder sind (Art. 1 ESM-Vertrag). Der rechtliche Rahmen für den ESM bildet der vom Europäischen Rat am 25. März 2011 angenommene Beschluss 2011/199/EU zur Änderung des Artikels 136 des Vertrags über die Arbeitsweise der Europäischen Union (AEUV), wonach die Mitgliedstaaten, deren Währung der Euro ist, einen Stabilitätsmechanismus einrichten können.

13. Welchen Zweck verfolgt der Europäische Stabilitätsmechanismus (ESM)?

Zweck des Europäische Stabilitätsmechanismus (ESM) ist es, **Finanzmittel zu mobilisieren** und ESM-Mitgliedern, die schwerwiegende Finanzierungsprobleme haben oder denen solche Probleme drohen, unter strikten Auflagen, die dem gewählten Finanzhilfeinstrument angemessen sind, eine **Stabilitätshilfe zu gewähren**, wenn dies zur Wahrung der Finanzstabilität des Euro-Währungsgebiets insgesamt und seiner Mitgliedstaaten unabdingbar ist. Zu diesem Zweck ist der ESM berechtigt, Mittel aufzunehmen, in dem er Finanzinstrumente begibt oder mit ESM-Mitgliedern, Finanzinstituten oder sonstigen Dritten finanzielle oder sonstige Vereinbarungen oder Übereinkünfte schließt (Art. 3 ESM-Vertrag). Geleitet wird der ESM von einem Gouverneursrat, der aus den nationalen Finanzministern der Euroländer besteht, und einem Direktorium, das sich in der Regel aus den Finanzstaatssekretären zusammensetzt. Die Einzelheiten zur Geschäftsführung des ESM sind in den Artikeln 4 und 5 des ESM-Vertrages geregelt. Die Finanzhilfeinstrumente, die in den Artikeln 14 bis 18 des ESM-Vertrags näher konkretisiert sind, beinhalten die Vergabe von Darlehen, die vorsorgliche Einräumung von Kreditlinien, den Kauf von Anleihen bei der Emission (sog. Primärmarktkäufe) oder den Erwerb bereits auf den Finanzmärkten in Umlauf befindlicher Anleihen (sog. Sekundärintervention) und die Ausreichung von Darlehen an Mitgliedstaaten zur Rekapitalisierung von Finanzinstituten. Zur Finanzierung seiner Instrumente nimmt der ESM selbst Mittel durch den Ankauf von Anleihen an den Kapitalmärkten im nötigen Umfang auf. Außerdem erhält der ESM einen Kapitalstock von 80 Mrd. €, der von den Euroländern durch Ratenzahlungen über fünf Jahre aufgebracht wird. Dem ESM hat der Bundestag mit dem **Gesetz zur finanziellen Beteiligung am Europäischen Stabilitätsmechanismus (ESM-Finanzierungsgesetz – ESMFinG)** vom 13. September 2012, das am 19. September 2012 in Kraft getreten ist, zugestimmt. Mit dem ESM verfügen die Mitgliedstaaten des Euro-Währungsgebiets über einen unbefristeten Euro-Schutzschirm zur dauerhaften Stabilisierung des Euros.

Die Europäische Kommission hat im Dezember 2017 ein Paket zur Reform der EU-Zone präsentiert, das unter anderem vorsieht, den ESM in einen Europäischen Währungsfonds (EWF) umzuwandeln.

14. Welche Regelungen enthält der Europäische Fiskalpakt?

Der als **Europäischer Fiskalpakt** bekannte „Vertrag über Stabilität, Koordinierung und Steuerung in der Wirtschafts- und Währungsunion", der von den Staats- und Regierungschefs der Staaten des Euro-Währungsgebiets sowie der übrigen Mitgliedstaaten der Europäischen Union (EU) – außer Großbritannien und Tschechien – am 2. März 2012 unterzeichnet wurde, und am 1. Januar 2013 in Kraft getreten ist, enthält vor allem Regelungen zur Verankerung von Schuldenbremsen in den nationalen Rechtsordnungen, möglichst auf Verfassungsebene, die Verpflichtung der teilnehmenden EU-Staaten auf ausgeglichene Haushalte und einen Quasi-Automatismus des EU-Defizitverfahrens. Außerdem sieht der Fiskalvertrag eine stärkere Haushaltskontrolle durch die Europäische Kommission bis hin zu einem Klageverfahren vor dem Europäischen Gerichtshof vor.

Der Fiskalvertrag ist eng verknüpft mit dem Europäischen Stabilitätsmechanismus (ESM), da Finanzhilfen aus dem ESM nur diejenigen Mitgliedstaaten des Euro-Währungsgebiets erhalten können, die den Fiskalvertrag ratifiziert und nationale Schuldenbremsen in ihren innerstaatlichen Rechtsverordnungen vorgesehen haben, um ausgeglichene Haushalte zu erreichen. Dem Fiskalvertrag hat der Bundestag am 13. September 2012 mit dem **Gesetz zu dem Vertrag vom 2. März 2012 über Stabilität, Koordinierung und Steuerung in der Wirtschafts- und Währungsunion** zugestimmt. In Artikel 3 dieses Gesetzes ist bestimmt, dass die **Beteiligung des Bundesrates** bei der Anwendung des Fiskalvertrags nach Maßgabe des Gesetzes über die Zusammenarbeit von Bund und Ländern in Angelegenheiten der Europäischen Union (EUZBLG) erfolgt.

15. Welcher Wechselkurs gilt für die ehemalige nationale Währung der Teilnehmerstaaten an der Europäischen Währungsunion?

Land	Währung	Wechselkurs für 1 Euro
Belgien	Belgischer Franken	40,3399 BEF
Deutschland	Deutsche Mark	1,95583 DEM
Estland	Estnische Krone	15,6466 EEK
Finnland	Finnmark	5,94573 FIM
Frankreich	Französische Franc	6,55957 FRF
Griechenland	Drachme	340,750 GRD
Irland	Irisches Pfund	0,787564 IEP
Italien	Italienische Lira	1.936,27 ITL
Lettland	Lettische Lats	0,702804 LVL
Litauen	Litauische Litas	3,4528 LTL
Luxemburg	Luxemburgische Franken	40,3399 LUF
Malta	Maltesische Lira	0,4239300 MTL

Land	Währung	Wechselkurs für 1 Euro
Niederlande	Niederländische Gulden	2,20371 NLG
Österreich	Österreichische Schilling	13,7603 ATS
Portugal	Portugiesische Escudo	200,482 PTE
Slowakei	Slowakische Krone	30,1260 SKK
Slowenien	Tolar	239,640 SIT
Spanien	Spanische Peseta	166,386 ESP
Zypern	Zypern Pfund	0,585274 CYP

6.2 Das Europäische Währungssystem

1. Welche Institution ist für die Geldpolitik der gemeinsamen europäischen Währung zuständig und wer nahm diese Aufgabe in Deutschland vorher wahr?

Allein zuständig für die Geldpolitik der an der gemeinsamen europäischen Währung teilnehmenden Staaten der Europäischen Union (EU) ist die **Europäische Zentralbank** (EZB) mit Sitz in Frankfurt am Main, die am 1. Juni 1998 offiziell errichtet wurde und seit dem 1. Januar 1999, dem Beginn der Europäischen Währungsunion, alle im EG-Vertrag festgelegten Kompetenzen übernommen hat. Die EZB bildet zusammen mit den nationalen Zentralbanken aller EU-Mitgliedstaaten das **Europäische System der Zentralbanken** (ESZB).

Bis zum Beginn der Europäischen Währungsunion war für die Geldpolitik in der Bundesrepublik Deutschland die **Deutsche Bundesbank** verantwortlich und verfügte über die hierfür erforderlichen währungspolitischen Befugnisse. Seit dem 1. Januar 1999 ist die Deutsche Bundesbank, die dezentral organisiert ist und in den Bundesländern neun Hauptverwaltungen unterhält, als Zentralbank der Bundesrepublik Deutschland **integraler Bestandteil des Europäischen Systems der Zentralbanken**. Sie wirkt an der Erfüllung seiner Aufgaben mit dem vorrangigen Ziel mit, die Preisstabilität zu gewährleisten, hält und verwaltet die Währungsreserven der Bundesrepublik Deutschland, sorgt für die bankmäßige Abwicklung des Zahlungsverkehrs im Inland und mit dem Ausland und trägt zur Stabilität der Zahlungs- und Verrechnungssysteme bei (§ 3 BBankG).

2. Welcher Vertrag bildet die rechtliche Grundlage für die Europäische Zentralbank und das Europäische System der Zentralbanken?

Die **rechtliche Grundlage** für die **Europäische Zentralbank** (EZB) und das **Europäische System der Zentralbanken** (ESZB) bildet

- der **Vertrag über die Arbeitsweise der Europäischen Union** (AEUV), und zwar die Artikel 282 bis 284 und
- das **Protokoll** (Nr. 4) über die Satzung des Europäischen Systems der Zentralbanken (ESZB) und der Europäischen Zentralbank.

3. Was ist das vorrangige Ziel des Europäischen Systems der Zentralbanken?

Das vorrangige Ziel des **Europäischen Systems der Zentralbanken** (ESZB) ist es, die **Preisstabilität zu gewährleisten**, wobei das ESZB die allgemeine Wirtschaftspolitik in der Gemeinschaft unterstützt, soweit dies nicht die Zielsetzung der Preisniveaustabilisierung beeinträchtigt (Art. 127 Abs. 1 AEUV).

4. Was sind die grundlegenden Aufgaben des Europäischen Systems der Zentralbanken?

Die grundlegenden **Aufgaben des Europäischen Systems der Zentralbanken** (ESZB) bestehen darin,

- die **Geldpolitik in der Währungsunion festzulegen** und auszuführen
- **Devisengeschäfte durchzuführen**
- die offiziellen **Währungsreserven** der Mitgliedstaaten der Währungsunion zu halten und **zu verwalten**
- das reibungslose **Funktionieren der Zahlungssysteme zu fördern**
- zur reibungslosen Durchführung der von den zuständigen Behörden auf dem Gebiet der Aufsicht über die Kreditinstitute und der Stabilität des Finanzsystems ergriffenen Maßnahmen beizutragen (Art. 127 Abs. 2 und 5 AEUV).

5. Welche Rechtsstellung hat die Europäische Zentralbank?

Die **Europäische Zentralbank** (EZB) besitzt eigene Rechtspersönlichkeit (Art. 282 Abs. 3 Satz 1 AEUV), das heißt sie kann völkerrechtlich verbindliche Verträge abschließen und sich an der Arbeit internationaler Organisationen, z. B. dem Internationalen Währungsfonds, beteiligen. Daneben besitzt die EZB institutionelle **Unabhängigkeit**. So dürfen der EZB von Organen oder Einrichtungen der Gemeinschaft, Regierungen der Mitgliedstaaten oder anderen Stellen keine Weisungen erteilt werden, wobei dies auch für die Mitglieder der Beschlussorgane der EZB gilt (Art. 130 AEUV).

6. Was ist die Aufgabe der Europäischen Zentralbank?

Aufgabe der Europäischen Zentralbank (EZB) als „Hüterin" des Euro ist es,

- über die **Preisstabilität der europäischen Währung zu wachen**
- die **Währungsreserven zu verwalten**
- die **Kreditwirtschaft mit Zentralbankgeld zu versorgen**
- die **Wirtschaftspolitik der Europäischen Union zu unterstützen**.

Darüber hinaus hat die EZB das ausschließliche Recht, die **Ausgabe von Banknoten** als gesetzliches Zahlungsmittel in der Währungsunion zu **genehmigen**. Zur Ausgabe der Euro-Banknoten sind die EZB und die nationalen Notenbanken berechtigt, während die Mitgliedstaaten der Währungsunion weiterhin das Recht zur Ausgabe von Münzen haben, wobei der Umfang der Münzemissionen jedoch der Genehmigung durch die EZB bedarf (Art. 128 AEUV).

7. Wer sind die Beschlussorgane der Europäischen Zentralbank?

Die Beschlussorgane der **Europäischen Zentralbank** (EZB) sind:

- **Europäischer Zentralbankrat**
- **Direktorium**
- **Erweiterter Rat**.

8. Wie sind die Beschlussorgane der Europäischen Zentralbank zusammengesetzt?

Der **Europäische Zentralbankrat** (EZB-Rat) setzt sich zusammen aus den Mitgliedern des Direktoriums der Europäischen Zentralbank (EZB) und den Präsidenten der nationalen Zentralbanken der Staaten der Europäischen Union, deren Währung der Euro ist (Art. 283 Abs. 1 AEUV).

Das **Direktorium** der EZB besteht aus sechs Mitgliedern, und zwar dem Präsidenten, dem Vizepräsidenten und vier weiteren Mitgliedern (Art. 283 Abs. 2 Satz 1 AEUV). Die Mitglieder des Direktoriums werden vom Europäischen Rat auf Empfehlung des Rates der Europäischen Union nach Anhörung des Europäischen Parlamentes und des EZB-Rates aus dem Kreis der in Währungs- und Bankfragen anerkannten und erfahrenen Persönlichkeiten ausgewählt und ernannt (Art. 283 Abs. 2 Satz 2 AEUV). Ihre Amtszeit beträgt acht Jahre, wobei eine Wiederernennung nicht zulässig ist (Art. 283 Abs. 2 Satz 3 AEUV).

Dem **Erweiterten Rat** der EZB als drittes Beschlussorgan gehören die Präsidenten aller nationalen Zentralbanken der Mitgliedstaaten der Europäischen Union und das Direktorium der EZB an. Vom Direktorium sind jedoch nur der Präsident und Vizepräsident stimmberechtigt. Der Erweiterte Rat, der im EG-Vertrag nicht vorgesehen ist, ergab sich aus der Tatsache, dass nicht alle Mitgliedstaaten der EU den Euro eingeführt haben. Er beteiligt sich an den Beratungs- und Koordinierungsaufgaben der EZB und den Vorbereitungen für eine mögliche Erweiterung des Euro-Währungsgebietes (Art. 44 des Protokolls (Nr. 4) über die Satzung des ESZB und der EZB).

9. Was sind die Aufgaben des Europäischen Zentralbankrates und des Direktoriums der Europäischen Zentralbank?

Die wichtigste Aufgabe des **Europäischen Zentralbankrats** (EZB-Rats) ist die Festlegung der Geldpolitik für das Euro-Währungsgebiet. Darüber hinaus erlässt der EZB-Rat die maßgeblichen Leitlinien und Entscheidungen zur Erfüllung der im Vertrag über die Arbeitsweise der Europäischen Union (AEUV) an das Europäische System der Zentralbanken (ESZB) übertragenen Aufgaben (Art. 12 (Nr. 4) über die Satzung des Protokolls des ESZB und der EZB).

Das **Direktorium** der EZB ist verantwortlich für die Ausführung der Geldpolitik gemäß den Leitlinien und Entscheidungen des EZB-Rats und der damit verbundenen Weisungen an die nationalen Zentralbanken sowie für die Führung der laufenden Geschäfte (Art. 12 EZB-Satzung).

10. Welche Instrumente stehen der Europäischen Zentralbank zur Erreichung ihrer geld-politischen Ziele zur Verfügung?

Der **Europäischen Zentralbank** (EZB) stehen zur Erreichung ihrer Ziele im Wesentlichen **drei geldpolitische Instrumente** zur Verfügung. So führt die EZB **Offenmarktgeschäfte** durch, bietet **ständige Fazilitäten** an und verlangt, dass die Kreditinstitute **Mindestreserven** bei ihr unterhalten (Art. 18 und 19 des Protokolls (Nr. 4) über die Satzung des ESZB und der EZB).

11. Welche Bedeutung haben die von der Europäischen Zentralbank durchgeführten Offenmarktgeschäfte?

Mithilfe der **Offenmarktgeschäfte** steuert die Europäische Zentralbank (EZB) die Liquiditätsausstattung des Finanzsystems und damit – indirekt – die längerfristige Versorgung der Wirtschaft mit Zentralbankgeld. Gleichzeitig bestimmt die EZB mit ihren Konditionen im Offenmarktgeschäft das Zinsniveau am Geldmarkt. Sie bietet den Geschäftsbanken bestimmte Transaktionen an und entscheidet über Mengen und Preise. Die größte Bedeutung haben hierbei die befristeten Transaktionen in Form von Pensionsgeschäften oder Pfandkrediten, also das Hauptrefinanzierungsgeschäft und das längerfristige Refinanzierungsgeschäft. Die Initiative für diese Geschäfte geht dabei von der EZB aus.

12. Wozu dienen die von der Europäischen Zentralbank angebotenen ständigen Fazilitäten?

Die **ständigen Fazilitäten** dienen dazu, überschüssige Liquidität im Bankensystem kurzfristig abzuschöpfen bzw. zusätzlich benötigte Liquidität kurzfristig bereit zu stellen und damit die Zinsausschläge am Markt für Tagesgeld zu begrenzen. Die Europäische Zentralbank (EZB) bietet hierbei den Geschäftsbanken die Möglichkeit, sich zu vorab genau bestimmten, einheitlichen Bedingungen Liquidität für einen Geschäftstag (Übernachtkredit) von der Zentralbank zu beschaffen (**Spitzenrefinanzierungsfazilität**) bzw. Guthaben bis zum nächsten Geschäftstag (Übernachtguthaben) bei den nationalen Zentralbanken anzulegen (**Einlagefazilität**). Der Zinssatz für die Spitzenrefinanzierungsfazilität bildet dabei die Obergrenze beim Tagesgeld, der Zinssatz für die Einlagefazilität die Untergrenze. Die Initiative zu diesen Geschäften geht von den Geschäftsbanken aus.

13. Welchem Zweck dienen die von den Kreditinstituten bei der Europäischen Zentralbank zu unterhaltenden Mindestreserven?

Die **Mindestreserven** sind Pflichtguthaben, die die Geschäftsbanken bei der Europäischen Zentralbank (EZB) bzw. ihren nationalen Zentralbanken für bestimmte Bankgeschäfte unterhalten müssen. Sie dienen in erster Linie dazu, die Geldmarktzinsen zu stabilisieren und beeinflussen die Liquidität und damit die Möglichkeiten der Kreditvergabe der Geschäftsbanken, das heißt durch eine Anhebung der Mindestreserve werden die den Banken zur Verfügung stehenden Kreditmittel verringert und bei einer Senkung vergrößert. Um mögliche Wettbewerbsnachteile gegenüber Geschäftsbanken außerhalb des Euro-Raums zu mildern, wird die Einlage marktmäßig verzinst.

C. Übungsfälle

1. Vorbemerkung

Die Übungsfälle wurden auf der Grundlage der zum 1. August 1999 in Kraft getretenen Ausbildungsordnung für den Ausbildungsberuf Verwaltungsfachangestellter/Verwaltungsfachangestellte vom 19. Mai 1999 (BGBl. I. S. 1029) entsprechend der in dem Ausbildungsrahmenplan sowie in dem von der Kultusministerkonferenz am 5. Februar 1999 beschlossenen bundeseinheitlichen Rahmenlehrplan verbindlich festgeschriebenen Prüfungsgegenständen aus Teilgebieten der drei Prüfungsgebiete der Zwischenprüfung und der vier schriftlichen Prüfungsbereiche der Abschlussprüfung zusammengestellt. Die Auswahl der Übungsfälle erfolgte dabei in Anlehnung an die Prüfungsschwerpunkte, die in den vom Bundesinstitut für Berufsbildung herausgegebenen Erläuterungen und Praxishilfen zur Ausbildungsordnung, erschienen im BW Bildung und Wissen Verlag und Software GmbH, Postfach 82 01 50, 90252 Nürnberg (Tel. 0911/ 9676-175, Fax. 0911/9676-189), näher konkretisiert sind.

2. Übungsfälle für die Zwischenprüfung

2.1 Prüfungsgebiet „Ausbildungsbetrieb, Arbeitsorganisation und bürowirtschaftliche Abläufe"

Fall 1: Die Auswirkungen der Abschlussprüfung auf die Ausbildungsdauer

I. Sachverhalt

Elke Roth hat beim Statistischen Bundesamt eine Ausbildung zur Verwaltungsfachangestellten begonnen. Im Ausbildungsvertrag wurde eine dreijährige Ausbildungszeit vom 1. September 2013 bis 31. August 2017 vereinbart. Am 5. Juli 2017 nimmt Elke an der praktischen Prüfung teil. Im Anschluss an diese Prüfung teilt ihr der Vorsitzende des Prüfungsausschusses mit, dass sie die Abschlussprüfung mit der Note „befriedigend" bestanden habe. Anschließend händigt er der Auszubildenden das Prüfungszeugnis aus.

II. Aufgaben

Aufgabe 1:

Prüfen und begründen Sie, wann das Berufsausbildungsverhältnis von Elke Roth endet.

Aufgabe 2:

Erläutern Sie, wann das Berufsausbildungsverhältnis der Auszubildenden enden würde, falls diese am 5. Juli 2017 die Abschlussprüfung nicht bestanden hätte.

III. Hilfsmittel

- Berufsbildungsgesetz (BBiG)
- Tarifvertrag für die Auszubildenden des öffentlichen Dienstes nach BBiG (TVAöD-BBiG).

Lösung s. Seite 605

Fall 2: Die Einladung zum Eignungstest

I. Sachverhalt

Der Schüler Franz Hausmann, wohnhaft Habsburgerring 19, 50674 Köln hat sich auf eine der in den örtlichen Tageszeitungen vom Bundesverwaltungsamt, Barbarastraße 1, 50728 Köln, ausgeschriebenen Ausbildungsstellen für den Ausbildungsberuf Verwaltungsfachangestellter/Verwaltungsfachangestellte beworben.

Während ihrer Ausbildung im Personalreferat des Bundesverwaltungsamtes erhalten Sie den Auftrag, den Bewerber Hausmann zu einem Eignungstest einzuladen. Der Eignungstest soll am Donnerstag, dem 1. März 2018, ab 8:00 Uhr im Raum 5 (kleiner Sitzungssaal) des Bundesverwaltungsamtes stattfinden und bis etwa 14:00 Uhr dauern. Eine Erstattung etwaiger Kosten der Bewerber ist seitens des Bundesverwaltungsamtes nicht vorgesehen. Schreibmaterialien stehen den Bewerbern nicht zur Verfügung.

II. Aufgabe

Erstellen Sie entsprechend dem vorliegenden Sachverhalt das Einladungsschreiben an Herrn Hausmann unter dem Datum vom 7. Februar 2018.

III. Hilfsmittel

Keine

Lösung s. Seite 607

Fall 3: Die Planung von Terminen

I. Sachverhalt

Sie sind als Verwaltungsfachangestellte beim Rheingau-Taunus-Kreis im Sportamt beschäftigt und haben die Aufgabe, die Belegung der kreiseigenen Sporthalle in Wallrabenstein durch die Vereine für die nächste Hallensaison zu koordinieren. Die Sporthalle besteht aus einer großen und einer kleinen Halle. In der großen Halle können bis zu 40 Personen gleichzeitig Sport treiben, wobei die Halle auch geteilt werden kann. Die kleine Halle ist für höchstens 20 Sportler ausgelegt. Im Einzelnen liegen Terminwünsche zur Hallennutzung von folgenden Vereinen vor, und zwar:

- der Jugendspielgemeinschaft für jeden Wochentag (außer montags) von 17:00 bis 19:00 Uhr für acht Jugendfußballmannschaften mit jeweils 15 Spielern und zwei Betreuern
- des Karateclubs für montags von 19:00 bis 22:00 Uhr für 25 Mitglieder

- des Turnvereins für montags und dienstags von 19:00 bis 22:00 Uhr für sechs Gruppen mit jeweils maximal 20 Mitgliedern
- des Tischtennisvereins für montags und freitags von 17:00 bis 19:00 Uhr für vier Jugendmannschaften mit jeweils 20 Mitgliedern sowie für mittwochs von 20:00 bis 22:00 Uhr für zwei Seniorenmannschaften mit insgesamt 20 Mitgliedern
- des Karnevalvereins für montags von 17:00 bis 19:00 Uhr für sechs Mitglieder und donnerstags von 20:00 bis 22:00 Uhr für zwölf Mitglieder der Gardetanzgruppe
- des Handballvereins für dienstags von 20:00 bis 22:00 Uhr für zwei Mannschaften mit jeweils 12 Spielern
- des Fußballsportvereins für dienstags und donnerstags von 18:00 bis 20:00 Uhr für zwei Seniorenfußballmannschaften (mit jeweils 20 Spielern) und mittwochs von 18:00 bis 20:00 Uhr für zwei Alte-Herren-Mannschaften (mit jeweils 14 Spielern)
- des Turn- und Sportvereins für mittwochs von 20:00 bis 22:00 Uhr für die Damengymnastik mit zwei Gruppen von jeweils 25 Frauen
- des Skisportclubs für donnerstags von 19:00 bis 20:00 Uhr für Skigymnastik für 18 Mitglieder
- des Volleyballvereins für donnerstags von 20:00 bis 22:00 Uhr für 30 Mitglieder
- des Badmintonclubs für freitags von 19:00 bis 21:00 Uhr für 20 Mitglieder
- des Tanzsportvereins für freitags von 20:00 bis 22:00 Uhr für 15 Paare.

II. Aufgabe
Koordinieren Sie die Belegung der Sporthalle, sodass alle Terminwünsche der Vereine berücksichtigt werden können. Verwenden Sie für die Eintragungen der Belegung der Halle das nachstehend abgedruckte Muster und geben Sie hierbei die Sportart an.

Wochentag	Trainingszeit	Große Halle	Halbe Halle	Kleine Halle
Montag				
Dienstag				
Mittwoch				
Donnerstag				
Freitag				

III. Hilfsmittel
Keine

Lösung s. Seite 608

2.2 Prüfungsgebiet „Haushaltswesen und Beschaffung“

Fall 4: Die Beschaffung von Terminkalendern

I. Sachverhalt

Frau Elaine Kantner ist beim Statistischen Bundesamt in Wiesbaden als Verwaltungsfachangestellte beschäftigt. Zu ihren Aufgaben gehört auch die Bestellung von Büromaterialien. Von ihrem Vorgesetzten erhält sie den Auftrag, für das Jahr 2018 50 Terminkalender entsprechend dem nachstehend abgedruckten Muster zu beschaffen.

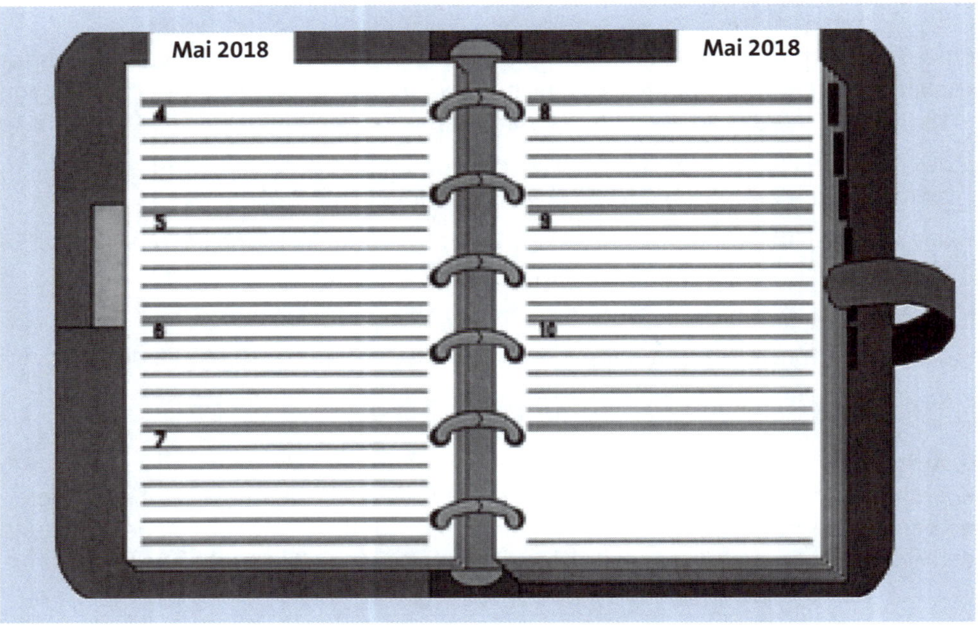

Von vier Firmen erhält Frau Kantner auf Anfrage die folgenden Angebote:

a) Bürobedarf Müller: 29,02 € pro Kalender.

b) Bürobedarf Meier: 29,30 € pro Kalender.

c) Bürobedarf Hannes: 29,02 € pro Kalender bei Einzelbestellung. Bei Abnahme von 50 Kalendern 1.400,61 €.

d) Bürobedarf Dauster: 30,93 € pro Kalender; jedoch Einräumung von 10 % Behördenrabatt.

II. Aufgaben

Aufgabe 1:

Erstellen Sie ein Leistungsverzeichnis (Beschreibung der gewünschten Leistung) und erläutern Sie seinen Zweck.

Aufgabe 2:

Beschreiben Sie stichwortartig das Verfahren von der Auftragsvergabe bis zur Rechnungsabwicklung.

III. Hilfsmittel

- Unterschwellenvergabeordnung (UVgO)
- Auszug aus der Bundeshaushaltsordnung (BHO)
- Auszug aus Allgemeine Verwaltungsvorschriften zur Bundeshaushaltsordnung (VV-BHO)

Lösung s. Seite 608

§ 55 Bundeshaushaltsordnung (BHO)

(1) Dem Abschluss von Verträgen über Lieferungen und Leistungen muss eine Öffentliche Ausschreibung oder eine Beschränkte Ausschreibung mit Teilnahmewettbewerb vorausgehen, sofern nicht die Natur des Geschäfts oder besondere Umstände eine Ausnahme rechtfertigen. Teilnahmewettbewerb ist ein Verfahren, bei dem der öffentliche Auftraggeber nach vorheriger öffentlicher Aufforderung zur Teilnahme eine beschränkte Anzahl von geeigneten Unternehmen nach objektiven, transparenten und nichtdiskriminierenden Kriterien auswählt und zur Abgabe von Angeboten auffordert.

(2) Beim Abschluss von Verträgen ist nach einheitlichen Richtlinien zu verfahren.

Zu § 55 VV-BHO (Öffentliche Ausschreibung)

Vergabe öffentlicher Aufträge unterhalb der EU-Schwellenwerte

Anzuwenden sind für die Vergabe von Liefer- und Dienstleistungen die Verfahrensordnung für die Vergabe öffentlicher Liefer- und Dienstleistungsaufträge unterhalb der EU-Schwellenwerte (Unterschwellenvergabeordnung – UVgO).

Ergänzende Hinweise

In jedem Fall sind die Grundsätze der Wirtschaftlichkeit und Sparsamkeit zu beachten.

Fall 5: Die Kostenermittlung für die Anschaffung eines Dienstfahrzeuges

I. Sachverhalt

Im Haushalt des Bundesverwaltungsamtes in Köln stehen Mittel für die Anschaffung eines Dienstfahrzeuges zur Verfügung. Der Beauftragte für den Haushalt erteilt Ihnen in der Mitarbeiterbesprechung am 6. März 2018 den Auftrag, zu prüfen, ob die Anschaffung eines Benzinkraftfahrzeuges oder eines Dieselkraftfahrzeuges günstiger ist. Hinsichtlich der Nutzung und Abschreibung geht die Behörde bei beiden Fahrzeugen von einem Zeitraum von insgesamt acht Jahren aus. Als Grundlage für die zu treffende Entscheidung stehen Ihnen folgende Daten zur Verfügung:

- **A: Benzinkraftfahrzeug**
  - Anschaffungskosten 18.000 €
  - Jährliche Wartungskosten 500 €
  - Kraftstoffverbrauch 7,4 Liter/100 km
  - Benzinpreis Super 1,45 €
- **B: Dieselkraftfahrzeug**
  - Anschaffungskosten 21.000 €
  - Jährliche Wartungskosten 650 €
  - Kraftstoffverbrauch 5,7 Liter/100 km
  - Dieselpreis 1,20 €

II. Aufgaben

Aufgabe 1:
Ermitteln Sie anhand der nachstehenden Tabelle die Kosten des Benzinkraftfahrzeuges und des Dieselkraftfahrzeuges unter Berücksichtigung der in der Tabelle vorgegebenen drei unterschiedlichen Fallkonstellationen.

Jahres-kilometer	Jährliche Abschreibung in €	Festkosten in €	Kilometerabhängige Kosten in €	Gesamtkosten in €	Kosten pro km in €
10.000					
20.000					
30.000					

Aufgabe 2:
Begründen Sie das Ergebnis ihrer Berechnungen gegenüber dem Beauftragten für den Haushalt in Form eines Aktenvermerks unter dem Datum vom 8. März 2018.

III. Hilfsmittel
Taschenrechner

Lösung s. Seite 611

2.3 Prüfungsgebiet „Wirtschafts- und Sozialkunde“

Fall 6: Die politischen Parteien

I. Sachverhalt
An den Wahlen in der Bundesrepublik Deutschland beteiligen sich immer weniger Bürger. Dieser Trend lässt sich seit Jahren insbesondere auf der Ebene der Kommunal- und Landtagswahlen feststellen. In der Öffentlichkeit hat dies zu Diskussionen über die möglichen Ursachen der sinkenden Wahlbeteiligung geführt. Als eine Ursache für die hohe Zahl der Nichtwähler wird dabei die Unzufriedenheit der Bürger mit dem Parteiensystem genannt.

II. Aufgaben

Aufgabe 1:
Beschreiben Sie, welche Aussagen das Grundgesetz über die Existenz der politischen Parteien enthält.

Aufgabe 2:
Erläutern Sie an drei von Ihnen zu wählenden Beispielen die Aufgaben der politischen Parteien.

Aufgabe 3:
Erläutern Sie die in der Öffentlichkeit diskutierte Möglichkeit, durch ein reines Mehrheitswahlrecht die Anzahl der im Parlament vertretenen Parteien zu verändern und beschreiben Sie die möglichen Folgen für die Demokratie.

Aufgabe 4:
Prüfen Sie, ob nach dem Grundgesetz die Möglichkeit besteht, Parteien zu verbieten.

III. Hilfsmittel

Grundgesetz (GG)

Lösung s. Seite 613

Fall 7: Die Verjährung von Gewährleistungsansprüchen

I. Sachverhalt

Am 8. April 2016 kauft Herr Manfred Winter bei der Firma Conrad einen tragbaren Personalcomputer, den er insbesondere für Computerspiele nutzen möchte. Der Computer, der bisher einwandfrei funktionierte, fällt am 22. April 2018 plötzlich aus. Dabei stellt sich heraus, dass der Fehler durch eine schlecht gelötete Montageplatte ausgelöst wurde, was Herr Winter beim Kauf nicht bemerken konnte.

Herr Winter wendet sich daraufhin an die Firma Conrad und macht Mängelansprüche geltend. Die Firma Conrad ist der Auffassung, dass die Ansprüche von Herrn Winter bereits verjährt seien.

II. Aufgaben

Aufgabe 1:
Erläutern Sie, was unter Verjährung zu verstehen ist, und beschreiben Sie, welche Wirkung die Verjährung hat.

Aufgabe 2:
Prüfen und begründen Sie, ob die Firma Conrad die Mängelansprüche von Herrn Winter wegen Verjährung verweigern kann.

III. Hilfsmittel

Bürgerliches Gesetzbuch (BGB)

Lösung s. Seite 614

Fall 8: Wirtschaftliches Handeln

I. Sachverhalt

Die Stadt Münster beabsichtigt eine neue Stadthalle zu errichten, um künftig größere Veranstaltungen mit bekannten Künstlern durchführen zu können. Die Auszubildende Sabine Jung ist der Meinung, dass für eine solche Einrichtung kein Bedarf bestehe. Eine Nachfrage nach derartigen Veranstaltungen habe sie bei den Bürgern bisher nicht festgestellt. Die Mehrzahl der Bürger fordere vielmehr bereits seit Jahren den Neubau einer Sport- und Kulturhalle, die viel eher den Bedürfnissen insbesondere auch der Jugend gerecht werde. Wenn die Stadt in der Vergangenheit besser gewirtschaftet hätte, wären sicher wohl mehr Wünsche aus der Bürgerschaft zu verwirklichen gewesen.

II. Aufgaben

Aufgabe 1:

Stellen Sie fest, welcher Zusammenhang zwischen den Begriffen Bedürfnis, Bedarf und Nachfrage besteht.

Aufgabe 2:

Erläutern Sie, warum gewirtschaftet werden muss und in welchen Formen wirtschaftliches Handeln grundsätzlich erfolgt.

III. Hilfsmittel

Keine

Lösung s. Seite 615

3. Übungsfälle für die schriftliche Abschlussprüfung

3.1 Prüfungsbereich „Verwaltungsbetriebswirtschaft"

Fall 1: Die Kosten- und Leistungsrechnung

I. Sachverhalt

Der Magistrat der Landeshauptstadt Wiesbaden beabsichtigt, im Rahmen des „Neuen Steuerungsmodells" für einige Ämter die Kosten- und Leistungsrechnung einzuführen. Sie sind in der Kämmerei als Verwaltungsfachangestellte beschäftigt und werden von ihrem Abteilungsleiter gebeten, am Beispiel des Standesamtes die Möglichkeit der Einführung einer Kosten- und Leistungsrechnung zu prüfen.

II. Aufgaben

Aufgabe 1:
Stellen Sie fest, wer beim Standesamt mit der Aufgabe der Einführung der Kosten- und Leistungsrechnung beauftragt werden könnte, und begründen Sie ihre Entscheidung.

Aufgabe 2:
Erläutern Sie Begriff und Aufgabe des Controlling.

Aufgabe 3:
Bilden Sie vier Produkte (Produktbezeichnung und Produktbeschreibung) für den Bereich Standesamt.

Aufgabe 4:
Definieren Sie exemplarisch ein Produkt unter Verwendung des auf der übernächsten Seite abgedruckten Vordruckes und erläutern Sie die von Ihnen vorgenommenen Eintragungen.

Aufgabe 5:
Machen Sie jeweils zwei Vorschläge, wie die Quantität und die Qualität des beschriebenen Produktes verbessert werden kann.

III. Hilfsmittel

- Personenstandsgesetz (PStG)
- Auszug aus dem städtischen Telefonbuch (auf der folgenden Seite abgedruckt).

Lösung s. Seite 616

34 - STANDESAMT
Altes Rathaus
Marktstr. 16

65183 Wiesbaden

Dezernat II	Herr Moller Kämmerer	1234/5678
Amtsleitung:	Frau Nebel	1001/1003
	Büro: Frau Graulich	1001/1003
Vertretung:	Herr Kaus	1005

34 S*
Verwaltung und Controlling

Frau Buch	Zi. 5	1006

3401
Anmeldung zur Eheschließung, Eheschließung, Familienbuch und Verwaltung

Herr Kaus	Zi. 12	1005

3401 10
Anmeldung zur Eheschließung, Eheschließung und Verwaltung

Frau Maus	Zi. 14	1009
Herr Stiller	Zi. 15	1010
Frau Baum	Zi. 15	1011

3401 20
Familienbuch

Frau Hoin	Zi. 20	1012
Herr Dorsten	Zi. 21	1013
Frau Fischer	Zi. 22	1015

*Stabsstelle

3402
Geburten, Sterbefälle, Ordnungsbehörde für das Leichenwesen, Urkundenservice, Kasse und Archiv

Herr Hundt	Zi. 1	1020

3402 10
Geburten

Herr Hundt	Zi. 1	1020
Frau Müller	Zi. 2	1021
Frau Berg	Zi. 1	1022
Herr Freund	Zi. 1	1023

3402 20
Sterbefälle, Ordnungsbehörde für das Leichenwesen

Frau Freier	Zi. 6	1030
Frau Beinlich	Zi. 7	1031

3402 30
Fortführungsbeurkundung, Urkundenservice, Kasse und Archiv

Frau Heim	Zi. 3	1032
Herr Hardt	Zi. 4	1033
Frau Garella	Zi. 4	1034
Herr Zahn	Zi. 3	1035

Produktinformation	
1. Produktangaben allgemein	
Produktbezeichnung: (Wie nennen Sie Ihr Produkt?)	
Produktbeschreibung: (Welche Leistungen/Tätigkeiten fassen Sie unter ihrem Produkt zusammen?)	
Rechts-/Auftragsgrundlage:	
Produktverantwortlicher: (Wer ist für das Produkt verantwortlich?)	
2. Ziele	
Zielgruppe(n): (Wer sind Ihre Kunden usw.?)	
Produktziel(e) (Was wollen Sie mit dem Produkt erreichen?)	
3. Produktmessgrößen (Gradmesser der Zielerreichung)	
Quantität: (Soll-Mengengröße, z. B. Stückzahl, die in einem Jahr „produziert“ werden soll.)	
Qualität: (Soll-Verbesserung, z. B. Minderung der Widersprüche.)	

Fall 2: Ermittlung von Zuschlagssätzen und Selbstkosten

I. Sachverhalt

Der Kostenrechnung der Gazi-Ulla-Pharm GmbH entnehmen wir für den Monat Oktober 2017 folgende Kosten:

Fertigungsmaterial	206.000 €
Hilfs- und Betriebsstoffe	98.000 €
Energie	15.300 €
Fremdinstandhaltung	7.934 €
Fertigungslöhne einschließlich Sozialkosten	98.093 €
Gehälter	243.000 €
Personalnebenkosten	54.742 €
Betriebliche Steuern	7.204 €
Sonstige kalkulatorische Kosten	23.777 €
Kalkulatorische Abschreibungen Jahressumme	888.000 €

II. Aufgaben

Aufgabe 1:

Stellen Sie nach folgenden Angaben einen Betriebsabrechnungsbogen (BAB) mit den Kostenstellen Material, Fertigung, Verwaltung und Vertrieb auf und ermitteln Sie die Zuschläge für die Gemeinkosten.

Gemeinkostenart	Material	Fertigung	Verwaltung	Vertrieb
Hilfs- und Betriebsstoffe	50.000 €	44.000 €	0 €	4.000 €
Energie	12.000 kWh	45.000 kWh	4.500 kWh	8.700 kWh
Fremdinstandhaltung	2.504 €	3.437 €	903 €	1.090 €
Gehälter	68.340 €	127.944 €	24.016 €	22.700 €
Personalnebenkosten	10.302 €	33.000 €	9.900 €	1.540 €
Betriebliche Steuern	3	7	5	3
Kalkulatorische Abschreibungen	2	6	4	1
Sonstige kalkulatorische Kosten	2.300 €	13.050 €	6.222 €	2.205 €

Aufgabe 2:
Berechnen Sie die Herstellkosten des Umsatzes und die Selbstkosten. Im Monat Oktober beträgt der Minderbestand an unfertigen Erzeugnissen 94.000 € und der Mehrbestand an fertigen Erzeugnissen 60.000 €.

III. Hilfsmittel
Keine

Lösung s. Seite 618

Fall 3: Ertrags-, Aufwandskonten und Abschlusskonto der Ergebnisrechnung

I. Sachverhalt
Die vereinfachte Eröffnungsbilanz einer Kommune stellt sich wie folgt dar:

AKTIVA	Eröffnungsbilanz des Haushaltsjahres 2018		PASSIVA
	Euro		Euro
A. Anlagevermögen		**A. Eigenkapital**	100.000
Fahrzeuge	100.000		
BGA[1]	10.000		
B. Umlaufvermögen		**B. Fremdkapital**	
Vorräte	1.000	Darlehen	36.000
Liquide Mittel (Bank)	60.000	Verbindlichkeiten	40.000
Liquide Mittel (Kasse)	5.000		
	176.000		176.000

II. Aufgaben

Aufgabe 1:
Erstellen Sie das Eröffnungsbilanzkonto.

Aufgabe 2:
Eröffnen Sie die Bestandskonten unter Benennung der jeweiligen Buchungssätze.

Aufgabe 3:
Folgende Geschäftsvorfälle, die sich im Verlaufe des Haushaltsjahres ereignen, sind unter Benennung der jeweiligen Buchungssätze zu verbuchen:

a) Anschaffung eines Fahrzeuges für die Feuerwehr zu 30.000 € durch Banküberweisung.

b) Kauf eines Bürostuhles für 500 € (Barzahlung).

---
[1] Betriebs- und Geschäftsausstattung

c) Kauf von Vorräten für das Lager des Bauhofes in Höhe von 1.000 € gegen Rechnung mit einem Zahlungsziel von 30 Tagen.

d) Überweisung des Gehaltes für die Beschäftigten in Höhe von 20.000 € durch Banküberweisung.

e) Die Jahresmiete für eine Halle in Höhe von 30.000 € wird von dem Betreiber im Januar per Banküberweisung für das laufende Haushaltsjahr gezahlt.

Es sind die Erfolgskonten „Personalaufwand“ und „Mietertrag“ zu bilden.

Aufgabe 4:
Schließen Sie die Erfolgskonten über das Abschlusskonto der Ergebnisrechnung (AER) und das Eigenkapitalkonto im Schlussbilanzkonto ab mit Benennung der Buchungssätze.

Aufgabe 5:
Schließen Sie die aktiven und passiven Bestandskonten am Ende des Jahres im Schlussbilanzkonto unter Benennung der Buchungssätze ab.

Aufgabe 6:
Erstellen Sie die Schlussbilanz.

III. Hilfsmittel
Keine

Lösung s. Seite 620

Fall 4: Bürgerbeschwerden

I. Sachverhalt
Ziel der Reform der Modernisierung des öffentlichen Dienstes ist es, die Verwaltungen zu modernen, wirtschaftlich arbeitenden und an den Interessen ihrer Kunden ausgerichteten Dienstleistungsunternehmen zu machen. Zur Erreichung dieses Zieles haben die öffentlichen Verwaltungen bereits vielfältige Schritte unternommen. Um dem Reformziel näher zu kommen, wird auch überlegt, wie man Bürgerbeschwerden produktiv nutzen kann.

II. Aufgabe
Beschreiben Sie die wichtigsten Inhalte einer Regelung für die Behandlung von Beschwerden in einer Stadtverwaltung vom Eingang des Schreibens bis zur Beantwortung.

III. Hilfsmittel
Keine

Lösung s. Seite 624

Fall 5: Die Veränderung von Ansprüchen

I. Sachverhalt
Der beim Bundesministerium des Innern beschäftigte Arbeitnehmer Franz Müller verursacht als Fahrer eines bundeseigenen Kraftfahrzeuges einen Unfall, durch den der

Dienstwagen und das Kraftfahrzeug eines anderen Verkehrsteilnehmers schwer beschädigt werden. Die Schäden an beiden Fahrzeugen belaufen sich nach dem Sachverständigengutachten auf insgesamt 9.000 €.

Das Bundesministerium des Innern, das die Schäden an beiden Fahrzeugen inzwischen reguliert hat, kommt nach abschließender Prüfung des Vorganges zu dem Ergebnis, dass die Voraussetzungen für einen Regressanspruch gegen den Fahrer des Dienstfahrzeuges gegeben sind. Es fordert daraufhin Herrn Müller auf, die dem Bund entstandenen Kosten in Höhe von 9.000 € an die Bundeskasse Halle, IBAN: DE 38 8600 0000 0086 0010 40, BIC: MARKDEF1860 unter Angabe des Verwendungszwecks „BMI Regress Franz Müller" zu überweisen.

Herr Müller, der die Forderung anerkennt, sieht sich jedoch wegen anderweitiger Zahlungsverpflichtungen und eines kurz zuvor für die Anschaffung einer neuen Wohnungseinrichtung aufgenommenen Kredits außer Stande, den Betrag in einer Summe zum Fälligkeitstermin zu zahlen. Er stellt deshalb den Antrag, ihm die Möglichkeit einer Zahlung in monatlichen Raten in Höhe von 150 € einzuräumen. Das Bundesministerium des Innern gibt dem Antrag statt unter Verzicht auf die Erhebung von Zinsen sowie auf Sicherheitsleistung.

II. Aufgaben

Aufgabe 1:
Stellen Sie fest, um welche Maßnahme es sich bei dem Antrag von Herrn Müller handelt.

Aufgabe 2:
Prüfen Sie, ob das Bundesministerium des Innern dem Antrag von Herrn Müller entsprechen durfte und wen es bei seiner Entscheidung gegebenenfalls zu beteiligen hat.

III. Hilfsmittel

- Bundeshaushaltsordnung (BHO)
- Allgemeine Verwaltungsvorschriften zur Bundeshaushaltsordnung (VV-BHO).

Lösung s. Seite 625

3.2 Prüfungsbereich „Personalwesen"

Fall 6: Rechtsgrundlagen und Beendigungsmöglichkeiten der Ausbildungs-, Arbeits- und Dienstverhältnisse

I. Sachverhalt

Die von Jugend an befreundeten jungen Leute Mike, Nina und Dennis wohnen in Mainz und treten im Jahre 2016 bzw. 2017 in das Berufsleben ein.

Mike, geboren am 17. April 1999, erreicht den Realschulabschluss und beginnt eine Ausbildung zum Verwaltungsfachangestellten ab 1. August 2016 bei der Stadt Mainz.

Nina, geboren am 11. Oktober 1997 erwirbt die Fachhochschulreife mit dem Schwerpunkt Wirtschaft und Verwaltung und beginnt zum 1. Oktober 2016 beim Statistischen Bundesamt im benachbarten Wiesbaden als Regierungsinspektoranwärterin (Laufbahn des gehobenen nichttechnischen Dienstes in der allgemeinen und inneren Verwaltung des Bundes) den dreijährigen Vorbereitungsdienst.

Dennis, geboren am 7. März 1996, besitzt die allgemeine Hochschulreife. Er weiß noch nicht genau, ob er einmal studieren will. Da er im Besitz des Führerscheins ist, tritt er deshalb eine angebotene unbefristete Ganztagsstelle (Entgeltgruppe 5) als Kraftfahrer und Mitarbeiter in der Poststelle bei der Stadt Bingen am Rhein zum 1. Juli 2017 an.

Trotz der örtlichen Trennung hinsichtlich der beruflichen Aufgabe bleiben die drei jungen Leute, die leidenschaftliche Computerfreaks sind, befreundet und halten ihre Kontakte aufrecht. So entsteht im Februar des Jahres 2018 bei ihnen der Wunsch, sich selbstständig zu machen und zum 1. Juli 2018 einen Computerladen zu eröffnen.

II. Aufgaben

Aufgabe 1:
Beschreiben Sie, welche Rechtsgrundlagen jeweils für die Begründung und Durchführung des Ausbildungs-, Beamten- und Arbeitsverhältnisses von Mike, Nina und Dennis für den Eintritt in das Berufsleben maßgeblich sind. Beziehen Sie hierbei Ausbildungsvorschriften für Mike und Nina sowie die jeweiligen Regelungen für monatliche und gegebenenfalls einmalige Entgelte ein.

Aufgabe 2:
Erläutern Sie, welche Möglichkeiten Mike, Nina und Dennis jeweils haben, von sich aus ihre Ausbildung bzw. berufliche Tätigkeit entsprechend den rechtlichen Regelungen rechtzeitig vor Eröffnung des Computerladens zum 30. Juni 2018 zu beenden und welche Fristen hierbei gegebenenfalls zu beachten sind.

III. Hilfsmittel

- Bürgerliches Gesetzbuch (BGB)
- Tarifrecht öffentlicher Dienst (dtv-Textausgabe)[1]
- Beamtenrecht (dtv-Textausgabe).[2]

Lösung s. Seite 625

[1] Die Ausgabe enthält die Texte der wichtigsten tarifvertraglichen Regelungen für Beschäftigte des Bundes, der Länder und der Gemeinden.

[2] Die Ausgabe enthält die wichtigsten beamtenrechtlichen Regelungen für den Bundesbereich.

Fall 7: Die Auswirkungen der Kündigung des Berufsausbildungsverhältnisses auf die Jahressonderzahlung, den Urlaub und den Anspruch auf Schadensersatz

I. Sachverhalt

Werner Zirbel, geboren am 16. Januar 1999, ist seit dem 1. September 2016 als Auszubildender des Ausbildungsberufs Verwaltungsfachangestellter beim Statistischen Bundesamt in Wiesbaden tätig. Am 23. Januar 2018 kündigt er nach § 16 Abs. 4 Buchstabe b) des Tarifvertrages für Auszubildende des öffentlichen Dienstes (TVAöD) mit Ablauf des 28. Februar 2018 sein Berufsausbildungsverhältnis. Er begründet dies mit dem Angebot eines Softwareunternehmens, das ihn ab 1. März 2018 in ein unbefristetes Arbeitsverhältnis übernehmen wolle. Der Auszubildende hat im laufenden Kalenderjahr noch keinen Urlaub beantragt. Ein Urlaubsanspruch aus dem Jahre 2017 besteht nicht mehr.

II. Aufgaben

Aufgabe 1:

Erläutern Sie, welche Auswirkungen die Kündigung des Berufsausbildungsverhältnisses zum 28. Februar 2018 auf die an den Auszubildenden am 1. Dezember 2017 ausgezahlte Jahressonderzahlung hat.

Aufgabe 2:

Stellen Sie fest, wie viele Tage Erholungsurlaub dem Auszubildenden bei Ausscheiden aus dem Berufsausbildungsverhältnis zum 28. Februar 2018 für das Urlaubsjahr 2018 zustehen.

Aufgabe 3:

Prüfen Sie, ob der Ausbildende Anspruch auf Schadensersatz wegen der vorzeitigen Beendigung des Berufsausbildungsverhältnisses durch den Auszubildenden geltend machen kann.

III. Hilfsmittel

Tarifrecht öffentlicher Dienst (dtv-Textausgabe)[1]

Lösung s. Seite 629

Fall 8: Die Ermittlung des Arbeitsentgelts und sonstiger Leistungen

I. Sachverhalt

Manfred Schmidt befindet sich im dritten Jahr seiner Ausbildung als Verwaltungsfachangestellter. Im November 2017 trifft er bei einem Besuch im Mainzer Dom zufällig seine am 21. August 1995 geborene Cousine Martha Hofmann, die in Wiesbaden wohnt.

Bei diesem Treffen erfährt Manfred von seiner Cousine, dass sie im Sommer die Ausbildung zur Bürokauffrau mit dem Gesamtergebnis „gut“ abgeschlossen habe und

[1] Die Ausgabe enthält die Texte der wichtigsten tarifvertraglichen Regelungen für Beschäftigte des Bundes, der Länder und der Gemeinden.

derzeit bei ihrer früheren Ausbildungsstätte halbtags beschäftigt sei. Ferner erzählt Martha, dass Sie ab 1. Mai 2018 ganztätig arbeiten wolle und sich deshalb auf verschiedene ausgeschriebene Stellen beworben und auch einige Angebote erhalten habe. Am interessantesten und lukrativsten sei das Angebot des Statistischen Bundesamtes in Wiesbaden und ein weiteres des Innenministeriums in Mainz. Beide Behörden hätten ihr eine mit der Entgeltgruppe 8 dotierte Stelle angeboten. In den Einstellungsgesprächen habe sie den Eindruck gewonnen, das Betriebsklima stimme bei beiden Behörden. Auch die jeweiligen Aufgaben entsprächen ihren Vorstellungen. Für ihre Tochter erhalte sie aber keinen Unterhalt, sodass sie auf jeden Euro angewiesen sei. Da sie nicht wisse, ob das Entgelt bei beiden Behörden gleich sei, könne sie derzeit noch nicht sagen, welches Angebot sie annehmen werde. Sie bittet Manfred, ihr bei der zu treffenden Entscheidung zu helfen.

Außerdem erklärt Martha, dass sie vom Statistischen Bundesamt darüber informiert worden sei, dass ihr auch ein Leistungsentgelt, vermögenswirksame Leistungen und eine Sonderzahlung zustehen würden. Die genaue Höhe dieser Leistungen habe sie jedoch bisher ebenfalls nicht in Erfahrung bringen können. Sie hoffe, Manfred könne ihr auch hierüber Genaueres sagen. Außerdem würde sie gerne wissen, ob das Innenministerium ebenfalls derartige Leistungen gewähre.

II. Aufgaben

Aufgabe 1:

Berechnen Sie unter Angabe der Rechtsgrundlagen das der Cousine von Herrn Schmidt sowohl bei einer Beschäftigung beim Statistischen Bundesamt als auch beim Innenministerium in Mainz zustehende Arbeitsentgelt für den Monat Mai 2018 (ohne die vermögenswirksamen Leistungen) und erläutern Sie ihre Berechnung.

Aufgabe 2:

Erläutern Sie den Zweck des Leistungsentgelts und die Ansprüche, die sich für die Cousine von Herrn Schmidt hinsichtlich des Leistungsentgelts, der vermögenswirksamen Leistungen und der Sonderzahlung im Jahre 2018 beim Statistischen Bundesamt ergeben und prüfen Sie, ob das Innenministerium ebenfalls diese Leistungen gewährt.

III. Hilfsmittel

- Tarifrecht öffentlicher Dienst (dtv-Textausgabe)[1]

Lösung s. Seite 630

[1] Die Ausgabe enthält die Texte der wichtigsten tarifvertraglichen Regelungen für Beschäftigte des Bundes, der Länder und der Gemeinden.

Fall 9: Der Werdegang des Beamten

I. Sachverhalt

Felix Fink, geboren am 24. Januar 1990 in Bonn, besteht im Juni 2009 das Abitur. Aufgrund einer Stellenausschreibung bewirbt er sich beim Bundesverwaltungsamt in Köln um Einstellung in die Laufbahn des gehobenen nichttechnischen Dienstes in der allgemeinen und inneren Verwaltung des Bundes. Sein Vorbereitungsdienst beginnt am 1. Oktober 2006. Die Laufbahnprüfung legt er mit der Note „befriedigend" ab. Danach bleibt er Beamter des Bundesverwaltungsamtes. Die ihm übertragene Stelle ist im Stellenplan mit der Besoldungsgruppe A 12 der Bundesbesoldungsordnung (BBesO) ausgewiesen.

II. Aufgaben

Aufgabe 1:

Prüfen Sie die sachlichen und persönlichen Voraussetzungen bei der Einstellung, auch im Hinblick auf die gewählte Laufbahn.

Aufgabe 2:

Erstellen Sie den beamtenrechtlichen Lebenslauf von Felix Fink von der Einstellung bis zum Eintritt in den Ruhestand unter Beachtung eventueller Beförderungsverbote und erläutern Sie dabei die zutreffenden Vorschriften des Beamtenrechts.

Aufgabe 3:

Fertigen Sie alle Urkunden an, die Felix Fink bis zu seinem Ruhestand unter Beachtung eventueller Beförderungsverbote erhält.

III. Hilfsmittel

- Beamtenrecht (dtv-Textausgabe)[1]
- Verordnung über den Vorbereitungsdienst für den gehobenen nichttechnischen Dienst in der allgemeinen und inneren Verwaltung des Bundes (GntDAIVVDV).

Lösung s. Seite 632

3.3 Prüfungsbereich „Verwaltungsrecht und Verwaltungsverfahren"

Fall 10: Die Einziehung rückständiger Gebühren

I. Sachverhalt

Der Eigentümer des Hausgrundstückes Wackernheimer Straße 30 in Ingelheim, Herr Helmut Ochs, bezahlt trotz Mahnung die ihm von dem bevollmächtigten Bezirksschornsteinfeger Horst Altenhofen entsprechend der Anlage 3 zu § 6 der Kehr- und Überprüfungsordnung - KüO mit Datum vom 29. September 2017 in Rechnung gestellten Gebühren für hoheitliche Tätigkeiten nach dem Schornsteinfeger-Handwerksgesetz (SchfHwG), und zwar die Feuerstättenschau am 29. September 2017, nicht. Am 1. Februar 2018 beantragt der Bezirksschornsteinfeger bei der Stadtverwaltung Ingelheim am Rhein, Am Markt 1, 55218 Ingelheim, als der zuständigen Verwaltungsbe-

---

[1] Die Ausgabe enthält die wichtigsten beamtenrechtlichen Regelungen für den Bundesbereich.

hörde die Einziehung der bisher von Herrn Ochs noch nicht entrichteten Gebühren. Dem Antrag ist die auf der folgenden Seite abgedruckte Rechnungskopie beigefügt. Die Kosten für die Mahnung belaufen sich nach den Angaben des Bezirksschornsteinfegers auf 12 €.

Mit Schreiben vom 6. Februar 2018 – Aktenzeichen 80/6010 – unterrichtet die Stadtverwaltung Ingelheim Herrn Ochs über den ihr vom Bezirksschornsteinfeger übermittelten Sachverhalt und bittet ihn, sich zu der Sache zu äußern. Außerdem fordert die Stadtverwaltung Herrn Ochs auf, die Gebühren innerhalb einer Woche auf das Konto des Bezirksschornsteinfegers zu überweisen, da ansonsten gegen ihn ein gebührenpflichtiger Kostenfeststellungsbescheid erlassen werden müsste. Herr Ochs reagiert auf dieses Schreiben nicht. Am 6. März 2018 teilt der Bezirksschornsteinfeger der Stadtverwaltung Ingelheim mit, dass die Gebühren von Herrn Ochs bisher nicht auf seinem Konto eingegangen sind.

Die Stadtverwaltung Ingelheim möchte nunmehr den bereits angekündigten kostenpflichtigen Gebührenbescheid an Herrn Ochs erlassen. Als Frist für die Zahlung der Gebühren ist eine Woche vorgesehen. Die Verwaltungsgebühr für den Erlass des Gebührenbescheides beläuft sich nach Nr. 4.4 der Landesverordnung Rheinland-Pfalz über die Gebühren der Behörden der Wirtschaftsverwaltung (Besonderes Gebührenverzeichnis) auf 38,35 €. Die Auslagen der Stadtverwaltung Ingelheim betragen 11,25 €. Die Gebühren sollen bei der Haushaltsstelle „1100-1000 – Bezirksschornsteinfegergebühr" vereinnahmt werden. Für den Fall einer weiteren Zahlungsversäumnis besteht nach den Bestimmungen des § 18 des Landesgebührengesetzes für Rheinland-Pfalz die Möglichkeit, einen Säumniszuschlag in Höhe von 1 v. H. für jeden angefangenen Monat der Versäumnis zu erheben, wovon die Stadt Gebrauch machen will.

II. Aufgabe

Fertigen Sie den Gebührenbescheid an Herrn Ochs unter dem Datum vom 20. März 2018. Der Bescheid soll durch die Post mit Zustellungsurkunde zugestellt werden.

III. Hilfsmittel

- Gesetz über das Berufsrecht und die Versorgung im Schornsteinfegerhandwerk (Schornsteinfeger-Handwerksgesetz – SchfHwG)
- Verordnung über die Kehrung und Überprüfung von Anlagen (Kehr- und Überprüfungsordnung – KÜO).

Lösung s. Seite 637

Rechnungskopie

Horst Altenhofen
Bevollmächtigter Bezirksschornsteinfeger

55218 Ingelheim
In der Weinbergstraße 10
Tel. 06132/897653
Fax 06132/785326

Herrn
Helmut Ochs
Wackernheimer Straße 30
55218 Ingelheim

Liegenschaft: Wackernheimer Straße 30
55218 Ingelheim
Datum: 29. September 2017
Rechn-Nr.: 2050/2017

Rechnung für hoheitliche Tätigkeiten des bevollmächtigten Bezirksschornsteinfegers

Entsprechend der Kehr- und Überprüfungsordnung – KÜO vom 16. Juni 2009 (BGBl. I S. 1292), zuletzt geändert durch Artikel 1 der Verordnung vom 8. April 2013 (BGBl. I S. 760)

KÜO Anl. 3	Bezeichnung	Anzahl	Arbeitswert (AW) 1 AW = 1,05 €	Betrag in €
	Feuerstättenschau am 29. September 2017			
2.1	Grundwert je Gebäude einschließlich der ersten Nutzungseinheit	1	11,7	12,29
2.3	Feuerstättenschau an Abgasanlagen und Gruppen von Abgasanlagen – für jeden vollen und angefangenen Meter von senkrechten Teilen an alleinstehenden Abgasanlagen und Gruppen von Abgasanlagen	7	7,0	7,35
2.4	Zuschlag je Feuerstätte	1	6,0	6,30
1.1	Ausstellung eines Feuerstättenbescheides – für bis zu 3 Feuerungsanlagen	1	10,0	10,50

Summe	36,44 €
19 % MwSt.	6,92 €
Rechnungsbetrag	**43,36 €**

Der Rechnungsbetrag ist innerhalb von 21 Tagen ohne Abzug zahlbar.

Bitte geben Sie als Verwendungszweck die Rechnungsnummer an.

Bankverbindung: Mainzer Volksbank IBAN: DE44 5519 0000 0094 4447 27
BIC: MVBMDE55XXX

Fall 11: Der Widerruf einer Gaststättenerlaubnis

I. Sachverhalt

Der 35-jährige Reinhold Zeibig hat im Mai 2015 von der Stadt Ingelheim am Rhein nach § 2 Abs. 1 Satz 1 des Gaststättengesetzes (GastG) die Erlaubnis zum Betrieb einer Schankwirtschaft erhalten. Im Juli 2016 eröffnet er die Gaststätte „Zum fröhlichen Zecher". Anfang August 2017 kommt es mehrfach zu Beschwerden von Nachbarn, die in unmittelbarer Nähe der Gaststätte wohnen. Diese beklagen vor allem die Störung der Nachtruhe. Besonders laut vernehmbar sei eine Gruppe junger Leute, die oft dienstags und freitags die Gaststätte gegen 23:00 Uhr verlassen würde und dann aus voller Kehle auf der Straße wilde Zechlieder singe. Verschiedene Aufforderungen der Stadtverwaltung an Herrn Zeibig, darauf hinzuwirken, dass seine Gäste beim Verlassen der Gaststätte das laute Singen unterlassen, blieben leider erfolglos.

Daraufhin widerruft die Stadt mit Bescheid vom 18. Oktober 2017 die Gaststättenerlaubnis vom Mai 2015. Der Bescheid, der mit einer ordnungsgemäßen Rechtsbehelfsbelehrung versehen ist, wird Herrn Zeibig am 19. Oktober 2017 mit Postzustellungsurkunde zugestellt.

Den Bescheid übergibt Herr Zeibig seinem Rechtsanwalt Karl Lüdenscheidt, der am 20. November 2017 bei der Stadt Widerspruch gegen den Widerruf der Gaststättenerlaubnis unter Beifügung einer ordnungsgemäßen Vollmacht einlegt.

II. Aufgabe

Prüfen Sie, ob der Widerspruch zulässig ist.

III. Hilfsmittel

- Bürgerliches Gesetzbuch (BGB)
- Verwaltungsverfahrensgesetz (VwVfG)
- Verwaltungsgerichtsordnung (VwGO)
- Verwaltungszustellungsgesetz (VwZG)
- Zivilprozessordnung (ZPO)
- Kalender 2017.

Lösung s. Seite 641

3.4 Prüfungsbereich „Wirtschafts- und Sozialkunde"

Fall 12: Die Einbindung der Bundesrepublik Deutschland in das europäische Rechtssystem

I. Sachverhalt

Meinungsumfragen zeigen, dass viele Bürger Zweifel haben, ob ihre berechtigten Anliegen durch die zunehmende Verlagerung von Entscheidungen auf die Europäische Union noch ausreichend berücksichtigt werden. Außerdem besteht in weiten Teilen der Bevölkerung die Sorge, dass Bundestag und Bundesrat bald keine Kompetenzen mehr haben, wenn sich diese Entwicklung weiter fortsetzt. Alle wichtigen politischen Entscheidungen würden dann nur noch von den Organen der Europäischen Union getroffen.

II. Aufgaben

Aufgabe 1:
Beschreiben Sie die verfassungsrechtlichen Grundlagen für die Geltung des Rechts der Europäischen Union in der Bundesrepublik Deutschland.

Aufgabe 2:
Erläutern Sie, wie das Recht der Europäischen Union auf das Rechtssystem der Bundesrepublik Deutschland einwirkt.

Aufgabe 3:
Stellen Sie fest, welche Mitwirkungsbefugnisse nach dem Grundgesetz der Bundestag in Angelegenheiten der Europäischen Union besitzt.

Aufgabe 4:
Beschreiben Sie die Beteiligungsrechte, die das Grundgesetz den Bundesländern bei der innerstaatlichen Willensbildung in Angelegenheiten der Europäischen Union einräumt.

Aufgabe 5:
Was besagen die Grundsätze der Subsidiarität und der Verhältnismäßigkeit in der Rechtsordnung der Europäischen Union?

Aufgabe 6:
Was sind die Aufgaben des Europäischen Parlaments, des Europäischen Rates, des Rates der Europäischen Union und der Europäischen Kommission und wie ist die Zusammensetzung dieser Organe der Europäischen Union?

III. Hilfsmittel

- Grundgesetz (GG)
- Vertrag über die Europäische Union (EUV).

Lösung s. Seite 644

Fall 13: Die vernichtete Gipsstatue

I. Sachverhalt

Der Bürgermeister der Landeshauptstadt Mainz erwirbt auf einer Ausstellung eine Gipsstatue der Künstlerin Jutta Werth. Die Gipsstatue soll dem Oberbürgermeister bei seinem bevorstehenden Eintritt in den Ruhestand als Abschiedsgeschenk der Stadt überreicht werden. Der Preis der Gipsstatue beträgt 1.500 €. Am Tage vor der Verabschiedung des Oberbürgermeisters übergibt die Künstlerin die verpackte Gipsstatue der Spedition Heim, die diese bei der Stadt abliefern soll. Auf der Fahrt nach Mainz wird das Transportfahrzeug der Spedition durch ein nicht die Vorfahrt beachtendes Baufahrzeug schwer beschädigt. Dabei wird auch die Gipsstatue zerstört.

II. Aufgabe

Prüfen und begründen Sie, ob die Stadt zur Zahlung des Kaufpreises verpflichtet ist.

III. Hilfsmittel

Bürgerliches Gesetzbuch (BGB)

Lösung s. Seite 648

Fall 14: Die Europäische Währungsunion

I. Sachverhalt

Am 1. Januar 1999 wurde für alle Teilnehmerstaaten an der Europäischen Währungsunion eine neue Währung mit dem Namen „Euro" als Buchgeld eingeführt. Seit dem 1. Januar 2002 steht der Euro auch als Bargeld zur Verfügung und hat in Deutschland die D-Mark als gesetzliches Zahlungsmittel abgelöst.

Die Einführung der neuen europäischen Währung ist ein wirtschaftlicher Meilenstein, der viele neue Möglichkeiten, aber auch Risiken mit sich bringt.

Im Zuge der Währungsunion wurde auch eine neue Zentralbank, und zwar die Europäische Zentralbank mit Sitz in Frankfurt am Main, errichtet.

II. Aufgaben

Aufgabe 1:

Was ist eine Währungsunion und wodurch unterscheidet sich diese von einer Währungsreform?

Aufgabe 2:

Von welchen Voraussetzungen ist eine Aufnahme in die Europäische Währungsunion abhängig und wer sind die Teilnehmerstaaten an der Europäischen Währungsunion?

Aufgabe 3:

Beschreiben Sie jeweils vier Vor- und Nachteile bzw. Risiken der Europäischen Währungsunion.

Aufgabe 4:
Was sind das vorrangige Ziel und die grundlegenden Aufgaben der Europäischen Zentralbank.

Aufgabe 5:
Erläutern Sie die geldpolitischen Instrumente der Europäischen Zentralbank.

III. Hilfsmittel

- Vertrag über die Europäische Union (EUV)
- Vertrag über die Arbeitsweise der Europäischen Union (AEUV).

Lösung s. Seite 649

D. Praktische Prüfung

1. Vorbemerkung

Die Ausbildung in dem Ausbildungsberuf Verwaltungsfachangestellter/Verwaltungsfachangestellte ist mit der zum 1. August 1999 in Kraft getretenen Ausbildungsordnung vom 19. Mai 1999 (BGBl. I S. 1029) neu geordnet worden. Nach der neuen Ausbildungsordnung umfasst die Abschlussprüfung neben vier schriftlichen Prüfungsbereichen entsprechend den neueren Entwicklungen in beruflichen Prüfungen statt einer mündlichen Prüfung eine praktische Prüfung in dem Prüfungsbereich Fallbezogene Rechtsanwendung. Die Inhalte der Fachrichtung, in denen der Prüfling ausgebildet worden ist, bilden dabei die Grundlage der praktischen Prüfung. Die Anforderungen für die praktische Prüfung sind in § 8 Abs. 3 Nr. 5 der Ausbildungsordnung festgelegt, die hierzu Folgendes bestimmt:

Der Prüfling soll eine praktische Aufgabe bearbeiten und dabei Sachverhalte aus seiner Fachrichtung beurteilen und Lösungen aufzeigen. Die Aufgabe soll Ausgangspunkt für das folgende Prüfungsgespräch sein. Hierbei soll der Prüfling zeigen, dass er Arbeitsergebnisse bürgerorientiert darstellen sowie in berufstypischen Situationen kommunizieren und kooperieren kann. Das Prüfungsgespräch einschließlich der Bearbeitungszeit für die Aufgabe soll für den einzelnen Prüfling nicht länger als 45 Minuten dauern.

Hiernach gliedert sich die praktische Prüfung in drei Schritte, und zwar die Bearbeitung der vom Prüfungsausschuss gestellten praktischen Aufgabe durch den Prüfling, die Präsentation der Lösung der Aufgabe durch den Prüfling vor dem Prüfungsausschuss und das Gespräch zwischen dem Prüfungsausschuss und dem Prüfling.

Die Prüfungsdauer von 45 Minuten umfasst neben der Bearbeitungszeit für die Prüfungsaufgabe auch die Zeit des Prüfungsgesprächs einschließlich der Präsentation der Lösung der Aufgabe. Für die Bearbeitung der praktischen Aufgabe und für das anschließende Prüfungsgespräch sollten im Interesse der Gleichbehandlung für alle Prüflinge gleiche Zeitanteile von dem jeweiligen Prüfungsausschuss festgelegt werden, wobei für die Aufgabenbearbeitung die Hälfte der vorgesehenen Prüfungszeit in der Regel ausreichend sein dürfte.

Die in der Praxis üblichen Rechtsgrundlagen sollten dem Prüfling zur Lösung der Aufgabe zur Verfügung stehen. Hinsichtlich der Präsentation der Aufgabe ist ein Zeitlimit festzulegen, das 10 Minuten nicht überschreiten sollte.

Im Übrigen ist zu beachten, dass nach der Ausbildungsordnung das Prüfungsgespräch von der vom Prüfungsausschuss gestellten praktischen Aufgabe ausgehen muss. Dies bedeutet, dass sich das Prüfungsgespräch auch im weiteren Verlauf an dem vorgegebenen Sachverhalt zu orientieren hat, wobei jedoch im Zusammenhang mit der Prüfungsaufgabe stehende Themenkomplexe ebenfalls angesprochen werden können.

1.1 Ganzheitliche Prüfungsvorbereitung

Die mit der Neuordnung der Ausbildung der Verwaltungsfachangestellten im Jahre 1999 als neue Prüfungsform eingeführte praktische Prüfung hat die Ausbildungsbeteiligten vor große Probleme gestellt. Inzwischen liegen die ersten Erfahrungen mit dieser Prüfungsform vor. Dabei hat sich gezeigt, dass es einer eingehenden Vorbereitung auf die praktische Prüfung bedarf. Unbedingt erforderlich ist, die angehenden Verwaltungsfachangestellten gezielt auf die praktische Prüfung, in der sich das **Prüfungsgespräch** aufgrund einer simulierten Situation des Berufsalltages in Form eines **Rollenspiels** vollzieht, vorzubereiten. Gefordert sind hierbei ganzheitliche Vorgehensweisen, integrierte Lerninhalte sowie situationsangemessene Präsentationen. Der Unterricht in den Berufs- und Verwaltungsschulen sollte daher zur Vorbereitung auf die praktische Prüfung sogenannte **RVP-Einheiten** (R = Rollenspiele, V = Visualisierung, P = Präsentation) zwingend vorsehen. Falls Rollenspiele noch nicht zum Bestandteil Ihrer Ausbildung gehören, sollten Sie hierüber mit Ihrem Ausbilder sprechen.

Bei der Durchführung der praktischen Prüfung nimmt der **Prüfling** die Position eines **Sachbearbeiters in der Verwaltung** ein, während sich der Prüfer in der Rolle eines Bürgers, Kollegen, Personalvertreters, Bürgermeisters oder Vorgesetzten befindet. Denken Sie deshalb stets daran, dass von Ihnen ein **angemessenes Verhalten** erwartet wird, während Sie auf die Fragen antworten bzw. den Sachverhalt darlegen. Zu den **kommunikativen Maßnahmen** zählen dabei insbesondere freundliche Begrüßung, Platz anbieten, sich vorstellen, freundliches Gesicht, offene Körperhaltung, ggf. gleich beruhigend auf den Antragsteller einwirken und ihn zum Gespräch ermuntern, Verständnis für die Situation zeigen, eventuell Lösungsmöglichkeiten andeuten, Ergebnisse zusammenfassen. An **fachlichen Überlegungen** sind im Wesentlichen zu nennen: Zuständigkeit prüfen, Hinweise auf die rechtlichen Grundlagen mit verständlichen Worten erläutern, persönliche Verhältnisse und Unterlagen besprechen, mitteilen, dass der Antragsteller mit einem positiven Ergebnis rechnen kann.

Zur **Visualisierung** (bildhaften Darstellung) sollten bei der praktischen Prüfung die entsprechenden Hilfsmittel (z. B. Flipchart) zur Verfügung stehen, mit deren Hilfe Sie dem Prüfungsausschuss Ihr Arbeitsergebnis präsentieren können. Eines der gebräuchlichsten Verfahren zur Visualisierung ist das sogenannte **Flussdiagramm**, auch unter dem englischen Begriff „Flowchart“ bekannt. Das Flussdiagramm ist weder fachspezifisch noch inhaltsspezifisch und lässt sich ideal auf den Verwaltungsbereich übertragen. Flussdiagramme bestehen aus **fünf Grundbausteinen**, und zwar

- ein an beiden Seiten kreisförmig geschlossenes Rechteck 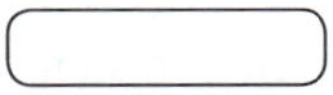 symbolisiert Anfang und Ende eines Flussdiagramms; ein Flussdiagramm hat immer nur einen Anfang, es kann aber mehrere Enden haben
- ein rautenförmiges Symbol  charakterisiert Entscheidungen. Ein Entscheidungsfeld hat immer nur einen Eingang, aber mindestens zwei Ausgänge (meistens „Ja/Nein“)
- ein Rechteck 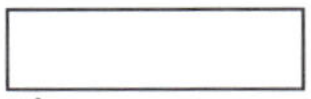 oder Quadrat 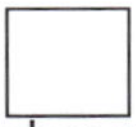 kennzeichnet Tätigkeiten; ein Tätigkeitsfeld kann immer nur einen Eingang, aber mehrere Ausgänge haben

- ein Kreis ◯ bezeichnet einen Anschlusspunkt, der immer dann verwendet wird, wenn der Handlungsablauf zwar weitergeht, aber aus Platzgründen bzw. wegen der besseren Übersichtlichkeit nicht mehr dargestellt werden kann. In den Kreis setzt man eine Ziffer und/oder einen Buchstaben, die/der bei der Fortsetzung wieder aufgenommen wird
- ein ⟶ Pfeil stellt die Richtung des Handlungsablaufes dar (z. B. den Ablauf des Vorverfahrens nach der Verwaltungsgerichtsordnung (VwGO) bei der Widerspruchsprüfung).

Nachstehend finden Sie in Anlehnung an einen tatsächlichen Vorgang einen Beispielfall, der sich sehr gut für Rollenspiele und Präsentationsübungen eignet und problemlos an die Rechtslage sowie an die örtlichen Verhältnisse in jedem Bundesland angepasst werden kann.

Beispielfall: Nie wieder in das „Georg-Arnhold-Bad"

Der alleinstehende Rentner Rudi Hebenstreit benutzt seit vielen Jahren das „Georg-Arnhold-Bad" in Dresden, das von der Stadtverwaltung Dresden betrieben wird. Die Benutzung des Bades ist durch eine Satzung (Schwimmbadsatzung) gemäß § 4 Absatz 1 der Sächsischen Gemeindeordnung (SächsGemO) geregelt, die unter anderem folgende Bestimmungen enthält:

„Im Badebereich (Schwimmbecken mit Umrandung) ist der Verzehr von Speisen und Getränken untersagt."

„Bei Verstößen gegen diese Satzung kann die Benutzung des Schwimmbads für angemessene Zeit untersagt werden."

Rudi Hebenstreit trifft sich regelmäßig zur Mittagszeit im Arnholdbad mit seinen ehemaligen Arbeitskollegen, um dort den Nachmittag gemeinsam zu verbringen. Seine Arbeitskollegen nehmen in der Regel im Schwimmbadcafe einen Imbiss ein. Herr Hebenstreit bezieht jedoch nur eine geringe Rente und bringt sich deshalb belegte Brote und Getränke mit. Als langjähriger Schwimmbadbenutzer hat er sich angewöhnt, am Rande des Schwimmbeckens seine Brote und Getränke zu verzehren, insbesondere dann, wenn er sich vom aufsichtführenden Bademeister Paul Brandenburg unbeobachtet fühlt. Da jedoch immer wieder Speisereste, gelegentlich auch Pappbecher ins Wasser fallen, haben sich schon häufig andere Badegäste hierüber beim Bademeister beschwert. Letzte Woche wenden sich erneut mehrere Badegäste an Herrn Brandenburg und bitten ihn, dafür zu sorgen, dass Herr Hebenstreit künftig den Verzehr seiner Speisen und Getränke im Badebereich unterlässt. Der Bademeister hat wegen fehlendem Personal jedoch keine Zeit für eine Aussprache mit Herrn Hebenstreit. Da er aber seine Anschrift kennt, schreibt er ihm im Namen der Stadtverwaltung Dresden unter dem Datum vom 18. August 2017 Folgendes:

„Sehr geehrter Herr Hebenstreit, da Sie laufend gegen die Schwimmbadsatzung verstoßen, müssen wir Ihnen aus diesem Grund ab sofort und für alle Zeiten die Benutzung des „Georg-Arnhold-Bades“ untersagen.“

Als verantwortlicher Bademeister ist Herr Brandenburg zum Erlass entsprechender Anordnungen im Auftrag der Stadtverwaltung ausdrücklich befugt. Das Schreiben enthält die Anschrift und die sonstigen erforderlichen Angaben der Stadtverwaltung, die Anschrift von Herrn Hebenstreit sowie die Unterschrift des Bademeisters. Von einem Mitarbeiter der Poststelle des Rathauses wird das Schreiben am 22. August 2017 per Einschreiben zur Post gegeben und Herrn Hebenstreit am 23. August 2017 von der Postbediensteten übergeben.

Herr Hebenstreit ist mit der Entscheidung der Stadt Dresden nicht einverstanden und legt persönlich am 28. August 2017 in der Posteingangsstelle des Rathauses schriftlich Widerspruch gegen das Schreiben vom 22. August 2017 ein. Am 29. August 2017 geht er wieder wie gewohnt in sein „Arnholdbad“.

Aufgabe
Sie sind Sachbearbeiter bei der Stadt Dresden und haben Herrn Hebenstreit zur Anhörung eingeladen. Ihre Aufgabe ist es, die Anhörung durchzuführen. Stellen Sie hierbei Herrn Hebenstreit die Sach- und Rechtslage dar und zeigen Sie ihm Möglichkeiten für alternative Entscheidungen und Handlungen der Verwaltung auf. Suchen Sie außerdem mit ihm nach Möglichkeiten einer einvernehmlichen Lösung des Problems.

2. Übungsaufgaben für die praktische Prüfung

2.1 Prüfungsbereich „Fallbezogene Rechtsanwendung“

Fall 1: Die nachlassende Arbeitsleistung

I. Sachverhalt
Als Mitarbeiter in der Personalabteilung beim Bundesverwaltungsamt in Köln sind Sie mit folgendem Sachverhalt befasst:

Das dienstliche Verhalten des seit dem 1. Juli 1995 beim Bundesverwaltungsamt in Köln tätigen Verwaltungsfachangestellten Manfred Sauer, geb. am 30. Januar 1974, dessen Arbeitsleistungen in den vergangenen Jahren nur selten zu beanstanden waren, hat sich im Jahre 2016 verändert. Herr Sauer hält häufig Termine nicht ein und seine Arbeitsergebnisse enthalten zunehmend Fehler. Beschwerden von Antragstellern und Ratsuchenden wurden aktenkundig. Darauf von seinem Vorgesetzten angesprochen, versprach Herr Sauer Besserung. Kurze Zeit später wurden erneut schlechte und mangelhafte Arbeitsleistungen festgestellt. Herr Sauer wurde deshalb im März 2017 schriftlich abgemahnt. Vermutungen, dass die nachlassende Arbeitsleistung mit gesundheitlichen Beeinträchtigungen oder gar Alkohol- bzw. Medikamentenabhängigkeit zu erklären sei, erwiesen sich als nicht zutreffend. Im Oktober 2017 erfolgte eine nochmalige schriftliche Abmahnung. Bis heute ist jedoch keine Besserung im Verhalten des Herrn Sauer eingetreten.

Herr Sauer kann sich sein Verhalten nicht erklären und fragt Sie, ob das Arbeitsverhältnis von seinem Arbeitgeber gekündigt werden kann.

II. Aufgabe
Informieren Sie Herrn Sauer über die Möglichkeit der Kündigung seines Arbeitsverhältnisses durch den Arbeitgeber unter Beurteilung seiner arbeitsrechtlichen Situation und Beachtung eventueller Fristen.

III. Hilfsmittel

- Tarifvertrag für den öffentlichen Dienst (TVöD)
- Tarifvertrag für den öffentlichen Dienst (TVöD) – Besonderer Teil Verwaltung (BT-V)
- Kündigungsschutzgesetz (KSchG)

Lösung s. Seite 653

Fall 2: Beginn und Ende der Mutterschutzfrist

I. Sachverhalt
Als Sachbearbeiterin in der Personalabteilung beim Statistischen Bundesamt in Wiesbaden sind Sie mit folgendem Sachverhalt befasst:

Sie erhalten am 5. März 2018 einen Anruf von der Verwaltungsfachangestellten Wilma Glücklich. Frau Glücklich berichtet Ihnen, dass sie am 28. Februar 2018 Mutter eines gesunden Jungen geworden sei. Laut der Bescheinigung ihrer Krankenkasse handele es sich dabei um eine Frühgeburt. Nach der von ihrem Frauenarzt ausgestellten Bescheinigung, die dem Statistischen Bundesamt vorliege, sollte sie eigentlich erst am 3. Juni 2018 entbinden. Der Beginn ihrer Mutterschutzfrist war deshalb für den 22. April 2018 festgesetzt. Frau Glücklich fragt Sie, ob sie unter diesen Umständen Anspruch auf Freistellung von der Arbeit nach dem Mutterschutzgesetz habe.

Darüber hinaus teilt Ihnen Frau Glücklich mit, dass sie bereits am 15. Januar 2018 das Statistische Bundesamt schriftlich um Informationen über den Mutterschutz gebeten habe. Die gewünschten Informationen seien ihr aber bisher nicht zugegangen.

II. Aufgaben
Prüfen Sie den Sachverhalt und erteilen Sie Frau Glücklich die gewünschten Informationen, indem Sie zu folgenden Fragen Stellung nehmen:

Aufgabe 1:
Welche Auswirkungen hat die Frühgeburt auf die Dauer der Mutterschutzfrist?

Aufgabe 2:
Was geschieht mit den sechs Wochen Mutterschutzfrist, die Frau Glücklich eigentlich vor der Entbindung in Anspruch hätte nehmen können?

Aufgabe 3:
Bis zu welchem Tage dauert die Mutterschutzfrist von Frau Glücklich denn nun tatsächlich?

Aufgabe 4:
Welche Auswirkungen hat die längere Mutterschutzfrist auf die Dauer der Elternzeit?

Aufgabe 5:
Was sagen Sie Frau Glücklich hinsichtlich ihrer nicht beantworteten schriftlichen Anfrage?

Aufgabe 6:
Wie stellen Sie sicher, dass künftig kein Anlass für Beschwerden wegen einer unbeantworteten schriftlichen Anfrage mehr entsteht?

III. Hilfsmittel

- Mutterschutzgesetz (MuSchG)
- Bundeselterngeld- und Elternzeitgesetz (BEEG)
- Kalender des Jahres 2018.

Lösung s. Seite 654

Fall 3: Der unentschuldigt versäumte Berufsschulunterricht

I. Sachverhalt
Als Sachbearbeiterin im Staatlichen Schulamt für die Stadt Frankfurt am Main sind Sie mit folgendem Sachverhalt befasst:

Ihrer Behörde geht am 16. April 2018 eine Ordnungswidrigkeitsanzeige des Schulleiters der Hans-Böckler-Schule in Frankfurt am Main zu. Die Anzeige betrifft Franz Jung, geb. am 2. Januar 2000, der bei der Stadt Frankfurt am Main als Auszubildender für den Ausbildungsberuf Verwaltungsfachangestellter beschäftigt ist, und im Januar an drei, im Februar an vier und im März an zwei Tagen den Berufsschulunterricht unentschuldigt versäumt hat. Der Schulleiter bittet um Ahndung der von dem Auszubildenden verletzten Pflicht zum Besuch der Berufsschule, da drei schriftliche Ermahnungen erfolglos geblieben seien.

Am 20. April 2018 ruft Sie Herr Jung an und bittet um Auskunft, zu welchen Konsequenzen ein mehrmals unentschuldigt versäumter Berufsschulunterricht führen könne und welche rechtlichen Möglichkeiten bestünden, wenn man mit der vom Staatlichen Schulamt getroffenen Maßnahme nicht einverstanden sei.

II. Aufgaben

Prüfen Sie den Sachverhalt und nehmen Sie zu folgenden Fragen Stellung:

Aufgabe 1:
Liegen die Voraussetzungen für die Einleitung eines Ordnungswidrigkeitsverfahrens vor?

Aufgabe 2:
Wie ist der weitere Gang des Ordnungswidrigkeitsverfahrens?

Aufgabe 3:
Welche Rechtsmittel stehen dem Betroffenen zur Verfügung, wenn er mit der Entscheidung des Staatlichen Schulamtes nicht einverstanden ist?

Aufgabe 4:
Welche Möglichkeiten stehen dem Staatlichen Schulamt zur Verfügung, falls der Betroffene eine Geldbuße nicht zahlen sollte?

III. Hilfsmittel

- Hessisches Schulgesetz (HSchG)
- Gesetz über Ordnungswidrigkeiten (OwiG).

Lösung s. Seite 655

E. Musterprüfung

1. Muster-Zwischenprüfung

1.1 Prüfungsgebiet „Ausbildungsbetrieb, Arbeitsorganisation und bürowirtschaftliche Abläufe“

Bearbeitungszeit: 60 Minuten
Hilfsmittel: BBiG, JArbSchG, TVAöD – BBiG
Erreichbare Punkte: 100

Sachverhalt 1
Bei der Stadtverwaltung Mainz sind zum 1. August 2017 die 17-jährige Inge Faber und der 18-jährige Markus Kaufmann als Auszubildende für den Ausbildungsberuf Verwaltungsfachangestellter eingestellt worden. Die regelmäßige tägliche Ausbildungszeit ist festgelegt von montags bis donnerstags von 7:30 Uhr bis 16:30 Uhr und freitags von 7:30 bis 15:00 Uhr mit jeweils einer einstündigen Mittagspause.

Die Auszubildenden besuchen montags von 9:00 bis 14:30 Uhr und donnerstags von 8:00 bis 13:00 Uhr die Berufsschule. An Fahrtzeit benötigen die Auszubildenden von ihrem Wohnort bis zur Berufsschule und von der Berufsschule zur Ausbildungsstätte je eine Stunde.

Aufgabe 1
Erläutern Sie, ob die Auszubildenden in der Ausbildungsstätte vor und/oder nach dem Berufsschulunterricht beschäftigt werden dürfen. (25 Punkte)

Aufgabe 2
Prüfen und begründen Sie, ob die Berufsschulzeiten der Auszubildenden auf die Arbeitszeit angerechnet werden und gegebenenfalls in welchem Umfang dies zu geschehen hat. (25 Punkte)

Lösung s. Seite 657

Sachverhalt 2
Der Auszubildende Jürgen Molitor befindet sich im zweiten Jahr der Ausbildung zum Verwaltungsfachangestellten bei der Stadtverwaltung Wiesbaden. Er wird gegenwärtig in der Kämmerei ausgebildet und soll nach dem Ausbildungsplan im nächsten Monat seine Ausbildung im Einwohnermeldeamt fortsetzen. Wegen der vorzeitigen Pensionierung eines Mitarbeiters ist vom Ausbildungsleiter und dem Leiter der Kämmerei beabsichtigt, den Auszubildenden, der durch sehr gute Leistungen aufgefallen ist, als Nachfolger einzusetzen. Zur Einarbeitung soll Herr Molitor bis zum Ende seiner Ausbildung in der Kämmerei bleiben. Der Auszubildende ist hiermit einverstanden, da er auch nach der Ausbildung gerne in der Kämmerei arbeiten würde.

Aufgabe 3
Beschreiben Sie, welche Bedeutung der Ausbildungsplan hat. (15 Punkte)

Aufgabe 4
Prüfen Sie, ob der Auszubildende bis zum Ende seiner Ausbildung in der Kämmerei beschäftigt werden darf. (20 Punkte)

Lösung s. Seite 658

Sachverhalt 3
Die beim Statistischen Bundesamt in Wiesbaden in der Personalabteilung beschäftigte Verwaltungsfachangestellte Susanne Conrad (Geschäftszeichen I A 11) nimmt am 23. Januar 2018 einen für ihre Vorgesetzte, Frau Hermann, bestimmten Anruf von Herrn Dinges vom Statistischen Landesamt Hessen entgegen. Dieser teilt ihr mit, dass er den mit Frau Hermann für Freitag, den 26. Januar 2018 vereinbarten Besuchstermin wegen einer kurzfristig angesetzten Personalversammlung nicht wahrnehmen kann. Er bittet Sie, Frau Hermann auszurichten, dass diese sich mit ihm wegen eines neuen Termins in Verbindung setzen soll.

Aufgabe 5
Fertigen Sie die Gesprächsnotiz für Frau Hermann in Form eines Aktenvermerks. (15 Punkte)

Lösung s. Seite 659

1.2 Prüfungsgebiet „Haushaltswesen und Beschaffung“

Bearbeitungszeit:	60 Minuten
Hilfsmittel:	Vergabe- und Vertragsverordnung für Leistungen – Teil A (VOL/A)
Erreichbare Punkte:	100

Sachverhalt
An den Landkreis Hildburghausen werden im Jahre 2018 Wünsche von mehreren Städten und Gemeinden nach Aufstellung weiterer Altglassammelbehälter innerhalb neu entstandener Baugebiete herangetragen. Nach entsprechender Überprüfung stellt das Abfallwirtschaftsamt des Landkreises einen Bedarf von 10 zusätzlichen Altglassammelbehältern (Dreikammerbehältern) für Weiß-, Braun- und Grünglas fest. Nach dem vom Abfallwirtschaftsamt entsprechend der Vergabe- und Vertragsordnung für Leistungen – Teil A – (VOL/A) durchgeführten Vergabeverfahren gehen folgende Angebote ein:

a) Metallbau Rügen: Listenpreis 2.150 €, kein Rabatt, kein Skonto.

b) Kahl Maschinenbau: Listenpreis 2.195 €, 5 % Rabatt, kein Skonto.

c) Gruber Anlagenbau: Listenpreis 2.175 €, 2 % Rabatt, 2 % Skonto.

Die Listenpreise verstehen sich netto je Dreikammerbehälter zuzüglich 19 % Mehrwertsteuer. Skonto wird bei Zahlung innerhalb von 14 Tagen gewährt.

Aufgabe 1
Erläutern Sie, welche Vergabeart nach dem Sachverhalt in Betracht kommt, und grenzen Sie diese Vergabeart von möglichen weiteren Vergabearten ab. (25 Punkte)

Aufgabe 2
Beschreiben Sie den Ablauf des Verfahrens der in Betracht kommenden Vergabeart und erläutern Sie, wodurch sich dieses Verfahren von den möglichen anderen Vergabeverfahren unterscheidet. (35 Punkte)

Aufgabe 3

Benennen Sie fünf Informationsquellen, die das Abfallwirtschaftsamt heranziehen kann, um Adressen von möglichen Lieferfirmen für Dreikammerbehälter zu erhalten. (10 Punkte)

Aufgabe 4

Ermitteln Sie anhand des Sachverhaltes in einer übersichtlichen und nachvollziehbaren Darstellung das günstigste Angebot. Gehen Sie dabei davon aus, dass Rabatt und Skonto in Anspruch genommen werden. (30 Punkte)

Lösung s. Seite 659

1.3 Prüfungsgebiet „Wirtschafts- und Sozialkunde"

Bearbeitungszeit:	60 Minuten
Hilfsmittel:	BWahlG, BGB
Erreichbare Punkte:	100

Sachverhalt 1

Die in München wohnende Auszubildende Ilka Glaser gehört zu den rund 3 Mio. Jugendlichen, die bei der Bundestagswahl am 24. September 2017 zum ersten Mal in ihrem Leben ihre Stimme abgeben und damit eines der wichtigsten Erwachsenenrechte, die Entscheidung über die Zusammensetzung des Deutschen Bundestages, ausüben dürfen. Ein Arbeitskollege berichtet ihr, dass alle Wähler bei der Bundestagswahl zwei Stimmen hätten und die Abgeordneten des Bundestages in allgemeiner, unmittelbarer, freier, gleicher und geheimer Wahl gewählt werden.

Aufgabe 1
Beschreiben Sie den Unterschied zwischen Erst- und Zweitstimme bei der Bundestagswahl. (14 Punkte)

Aufgabe 2
Erläutern Sie die Wahlrechtsgrundsätze Allgemeinheit, Unmittelbarkeit, Freiheit, Gleichheit und Geheime Wahl. (20 Punkte)

Lösung s. Seite 661

Sachverhalt 2

Die Auszubildende Britta Hanebut möchte sich zu ihrem 18. Geburtstag einen lang gehegten Wunsch erfüllen und von ihrem gesparten Geld einen Motorroller kaufen. Seit einiger Zeit beobachtet sie daher schon den Motorradmarkt und hält nach günstigen Angeboten Ausschau. Im Internet findet sie schließlich ihr Wunschmodell. Auf Nachfrage bei einem in ihrem Wohnort ansässigen Motorradhändler erfährt sie, dass dieser ein entsprechendes Vorführfahrzeug hat, dass sie sofort kaufen kann. An ihrem Geburtstag erwirbt sie daraufhin den Motorroller bei diesem Händler.

Aufgabe 3

Erläutern Sie anhand des vorgegeben Sachverhaltes die volkswirtschaftlichen Begriffe „Markt“, „Angebot“ und „Nachfrage“ und stellen Sie fest, um welche Marktart es sich hierbei handelt und welcher andere Markt noch zu dieser Marktart zählt. (14 Punkte)

Aufgabe 4

Beschreiben Sie, welche Funktionen ein Markt erfüllt und benennen Sie je vier Faktoren, die das individuelle Nachfrageverhalten der Auszubildenden und das individuelle Angebotsverhalten des Motorradhändlers bestimmt haben könnten. (20 Punkte)

Lösung s. Seite 662

Sachverhalt 3

Der 20-jährige Auszubildende Dieter Schramm bestellt am 25. Januar 2018 beim Online-Shop Redcoon einen Tablet PC zum Preis von 240 €. Die Lieferung und Rechnung geht dem Auszubildenden am 30. Januar 2018 zu. In der Rechnung ist der Hinweis enthalten, dass der Gesamtbetrag ohne Abzug innerhalb von zwei Wochen zahlbar ist. Am 28. Februar 2018 erhält der Auszubildende eine Mahnung des Online-Shops über den noch offenen Rechnungsbetrag.

Aufgabe 5

Prüfen Sie, an welchem Datum die Zahlung des Kaufpreises fällig war und wann Verzug eingetreten ist. (14 Punkte)

Aufgabe 6

Stellen Sie fest, wann die Forderung verjährt. (18 Punkte)

Lösung s. Seite 663

2. Muster-Abschlussprüfung

2.1 Prüfungsbereich „Verwaltungsbetriebswirtschaft“

Bearbeitungszeit: 135 Minuten
Hilfsmittel: Taschenrechner, Lineal
Erreichbare Punkte: 100

Sachverhalt 1
In einem kommunalen Verwaltungsbetrieb ist die Kosten- und Leistungsrechnung als Kern des internen Rechnungswesens eingeführt worden. Die Kostenträgerrechnung erfolgt hier nach dem Berechnungsmodell der differenzierenden Zuschlagskalkulation.

Aufgabe 1
Vervollständigen Sie das Schema der differenzierenden Zuschlagskalkulation (18 Punkte):

<table>
<tr><td rowspan="8">Selbstkosten</td><td rowspan="5"></td><td rowspan="2">Materialkosten</td><td></td></tr>
<tr><td></td></tr>
<tr><td rowspan="3"></td><td></td></tr>
<tr><td>Fertigungsgemeinkosten</td></tr>
<tr><td>Sondereinzelkosten der Fertigung</td></tr>
<tr><td colspan="3"></td></tr>
<tr><td colspan="3">Vertriebsgemeinkosten</td></tr>
<tr><td colspan="3">Sondereinzelkosten des Vertriebs</td></tr>
</table>

Aufgabe 2
An der Herstellung eines kommunalen Produkts wirken zwei Fertigungsabteilungen F1 und F2 mit. Im Rahmen der Kostenstellenrechnung des kommunalen Verwaltungsbetriebes wurden folgende Zuschlagssätze ermittelt:

- F1 = 150 %
- F2 = 120 %

Ferner sind die Zuschlagssätze der Materialkostenstelle (30 %), der Vertriebskos-tenstelle (20 %) und der Verwaltungskostenstelle (10 %) bekannt.

An Einzelkosten können dem Produkt zugeordnet werden:

- Materialeinzelkosten 15 €
- Lohneinzelkosten in F1 30 €
- Lohneinzelkosten in F2 10 €
- Sondereinzelkosten der Fertigung 8 €
- Sondereinzelkosten des Vertriebs 2 €

Ermitteln Sie anhand der vorstehenden Angaben, wie hoch die Herstellkosten und die Selbstkosten für das Produkt pro Stück sind. (24 Punkte)

Lösung s. Seite 664

Sachverhalt 2

In den Johann-Wolfgang-von-Goethe-Theaterbetrieben ist die Kosten- und Leistungsrechnung fester Bestandteil des betrieblichen Rechnungswesens geworden. Bei der Kostenträgerrechnung hat man sich für die Methode der Divisionskalkulation entschieden. Es fallen folgende Kosten an:

Kostenart	Kosten	Verteilungsschlüssel
Personalkosten	450.000 €	1:4:2:3:15
Miete	500.000 €	1:4:2:3:15
Strom, Wasser	70.000 €	1:1:2:30:1
Reinigungsartikel	15.000 €	2:3:1:8:1
Verbrauchsmittel (Farben, Stoffe ...)	45.000 €	1:0:1:8:5

Als Kostenstellen wurden eingerichtet:

a) Hausverwaltung

b) Direktion

c) Orchester

d) Werkstatt

e) Künstlerischer Betrieb

Die Kostenstellen „Hausverwaltung“ und „Direktion“ arbeiten gleichermaßen für die drei verbleibenden Kostenstellen.

In den Johann-Wolfgang-von-Goethe-Theaterbetrieben wurden drei Produkte definiert:

Eigenproduktionen:

a) Klassische Bühne (75 Vorstellungen pro Jahr)

b) Modernes Ensemble (25 Vorstellungen pro Jahr)

Gastspiele:

c) New-Broadway-Arrangements (50 Vorstellungen pro Jahr)

Die Gastspiele beanspruchen keinen Einsatz des Orchesters.

Aufgabe 3
Stellen Sie anhand des vorgegebenen Sachverhalts das Schema des Betriebsabrechnungsbogens auf und führen Sie hierin die primäre und sekundäre Kostenverrechnung der Kostenstellenrechnung sowie die Kostenträgerrechnung durch. (39 Punkte)

Aufgabe 4
Erläutern Sie **kurz** den Unterschied zwischen primärer und sekundärer Kostenverrechnung. (10 Punkte)

Lösung s. Seite 665

Sachverhalt 3
In einem städtischen Betriebshof wird ein neues Transportfahrzeug zum Preis von 25.000 € angeschafft. Der lineare Abschreibungssatz beträgt 10 %. Die Anschaffung wird ordnungsgemäß verbucht.

Aufgabe 5
Erläutern Sie anhand des im Sachverhalt genanntem Beispiels den Unterschied zwischen Ausgaben und Kosten. (6 Punkte)

Aufgabe 6
Geben Sie die Formel an, nach der der im Sachverhalt genannte Abschreibungssatz ermittelt wird. (3 Punkte)

Lösung s. Seite 666

2.2 Prüfungsbereich „Personalwesen“

Bearbeitungszeit:	120 Minuten
Hilfsmittel:	TVöD, BUrlG, BBG, Kalender 2017
Erreichbare Punkte:	100

Sachverhalt 1
Der Auszubildende Franz Jung wird im unmittelbarem Anschluss an seine erfolgreich abgeschlossene Ausbildung als Verwaltungsfachangestellter bei seiner Ausbildungsbehörde, der Stadt Hanau, die Mitglied in der Vereinigung der Kommunalen Arbeitgeberverbände ist, in ein Arbeitsverhältnis übernommen. Der Oberbürgermeister beglückwünscht ihn an seinem ersten Arbeitstag, dem 1. Juli 2016, zur bestandenen Prüfung. Zugleich überreicht er ihm den bereits ausgefertigten Arbeitsvertrag, den Herr Jung sodann unterzeichnet. Anschließend teilt ihm der Oberbürgermeister mit, dass er auf Dauer als Sachbearbeiter im Dezernat 2 (Finanzverwaltung) im Servicebereich Finanzen beschäftigt wird. Als Arbeitsentgelt wurde im Arbeitsvertrag – wie bei allen Berufsanfängern – die Entgeltgruppe 3 vereinbart. Am 21. Juli 2017 erfährt Herr Jung, dass seine beiden Kolleginnen im Servicebereich Finanzen, die vor einem Jahr ihre Ausbildung als Verwaltungsfachangestellte abgeschlossen haben und die gleichen Tätigkeiten wie er verrichten, ein Arbeitsentgelt nach der Entgeltgruppe 5 erhalten. Der zuständige Dezernent bestätigt Herrn Jung auf Nachfrage, dass alle Stellen

im Servicebereich Finanzen nach Entgeltgruppe 5 bewertet und auch entsprechend im Stellenplan ausgewiesen sind. Herr Jung beantragt daraufhin mit Schreiben vom 25. Juli 2017 die rückwirkende Zahlung der Entgeltgruppe 5 ab seiner Übernahme in das Arbeitsverhältnis.

Aufgabe 1
Prüfen und begründen Sie, ob der Antrag des Beschäftigten Erfolg hat. (25 Punkte)

Lösung s. Seite 667

Sachverhalt 2
Frau Diana Fleischer, geb. am 27. Mai 1988 wird seit dem 15. April 2017 bei der Stadt Essen im Ordnungsamt als Verwaltungsfachangestellte in einem unbefristeten Arbeitsverhältnis beschäftigt. Nach dem Arbeitsvertrag handelt es sich um eine Vollbeschäftigung mit einer Fünftagewoche. Die Eingruppierung erfolgte nach Entgeltgruppe 6. Am 30. Juni 2017 spricht sie im Personalamt vor und erklärt, dass ihr Lebenspartner am 15. Oktober eine längere Studienreise antreten werde und sie ihn gerne auf dieser Reise begleiten möchte. Sie wolle deshalb ihren gesamten Jahresurlaub so schnell wie möglich nehmen. Dienstliche Gründe stehen der Gewährung des Urlaubes nicht entgegen.

Aufgabe 2
Erläutern Sie, ab welchem Zeitpunkt die Verwaltungsfachangestellte frühestens ihren Jahresurlaub antreten und wie viel Arbeitstage sie ihren Lebenspartner auf seiner Reise begleiten kann. (25 Punkte)

Lösung s. Seite 667

Sachverhalt 3
Der 35-jährige Diplombetriebswirt Detlev Schneider ist seit dem 1. Februar 2015 bei der Stadt Salzgitter in einem unbefristeten Arbeitsverhältnis beschäftigt. Zuvor war er ausschließlich in der Privatwirtschaft tätig. Am 12. Januar 2018 gerät er auf der Fahrt zu seinen Eltern mit dem Auto bei einem Ausweichmanöver wegen plötzlich die Fahrbahn überquerender Rehe auf die Gegenfahrbahn und prallt gegen einen Baum. Herr Schneider erleidet hierbei so schwere Verletzungen, dass er ins Krankenhaus eingeliefert werden muss. Zwei Tage später geht der Stadt Salzgitter eine Arbeitsunfähigkeitsbescheinigung zu, wonach der Beschäftigte „bis auf weiteres" krank ist.

Aufgabe 3
Stellen Sie fest, ob und ggf. für welchen Zeitraum der Beschäftigte Anspruch auf Krankenbezüge hat. (25 Punkte)

Lösung s. Seite 668

Sachverhalt 4
Frau Jasmin Thomas wurde zum 1. September 2017 beim Bundesverwaltungsamt als Regierungssekretäranwärterin eingestellt. Am 8. September 2017 händigt ihr der Präsident des Bundesverwaltungsamtes die Ernennungsurkunde aus. Die Urkunde enthält den Hinweis, dass Frau Thomas mit Wirkung vom 1. September 2017 in das Beamtenverhältnis auf Widerruf berufen wird.

Aufgabe 4
Prüfen Sie, ob die Einstellung rechtens ist. (10 Punkte)

Lösung s. Seite 669

Sachverhalt 5
Herr Gerold Schneider ist seit dem 1. Oktober 2014 beim Statistischen Bundesamt beschäftigt. Vom 1. Oktober 2014 bis 30. September 2017 absolvierte er seinen Vorbereitungsdienst als Regierungsinspektoranwärter. Seit dem 1. Oktober 2017 befindet er sich in der beamtenrechtlichen Probezeit. Trotz Verlängerung der Probezeit konnte bisher seine Befähigung für die Laufbahn des gehobenen Verwaltungsdienstes nicht festgestellt werden.

Aufgabe 5
Stellen Sie fest, ob und gegebenenfalls zu welchem Zeitpunkt der Beamte entlassen werden kann. (15 Punkte)

Lösung s. Seite 669

2.3 Prüfungsbereich „Verwaltungsrecht und Verwaltungsverfahren"

Bearbeitungszeit:	120 Minuten
Hilfsmittel:	VwVfG, VwGO, GastG
Erreichbare Punkte:	100

Sachverhalt 1
Der 16-jährige Schüler Roman Zeithammer besucht die Realschule des Main-Taunus-Kreises in Hofheim. Vor den Sommerferien entscheidet die Klassenkonferenz unter Vorsitz der Schulleiterin, Roman wegen nicht ausreichender Leistungen in zwei Hauptfächern (Englisch und Mathematik) nicht in die nächste Jahrgangsstufe zu versetzen. Am 30. Juni 2017 erhält Roman von seiner Klassenlehrerin das Schuljahreszeugnis ausgehändigt. Zu Hause zeigt er das Zeugnis seinen Eltern. Diese können die Nichtversetzung ihres Sohnes nicht verstehen, weil Roman in den im letzten Schulhalbjahr in den Hauptfächern geschriebenen Klassenarbeiten keine schlechtere Note als „ausreichend" erhielt. Die Eltern erheben nach dem Ende der Sommerferien am 18. August 2017 Widerspruch gegen das Zeugnis beim Staatlichen Schulamt. Da ihnen am 30. November 2017 immer noch kein Bescheid über ihren Widerspruch vorliegt, überlegen sie, weitere Schritte zu unternehmen.

Aufgabe 1
Prüfen Sie, ob gegen das Zeugnis der Widerspruch statthaft ist und ob dieser gegebenenfalls fristgemäß erhoben wurde. (24 Punkte)

Aufgabe 2
Erläutern Sie, welche rechtliche Möglichkeit die Eltern von Roman haben, um das begonnene Verfahren fortzusetzen. (18 Punkte)

Aufgabe 3
Zeigen Sie vier weitere sonstigen Maßnahmen auf, die Romans Eltern ergreifen können, um zu erreichen, dass die Behörde auf den eingelegten Widerspruch reagiert. (8 Punkte)

Lösung s. Seite 670

Sachverhalt 2
Herr Erich Ernst führt nach dem Tod seiner Ehefrau, die eine Gaststättenerlaubnis besaß, deren Restaurant „Zum Schützenhof" weiter. Über die Weiterführung unterrichtet er die zuständige Erlaubnisbehörde. Nach sechs Monaten erinnert die zuständige Behörde Herrn Ernst an die ihr noch nicht gemäß § 4 Abs. 1 Nr. 4 des Gaststättengesetzes vorgelegte Bescheinigung der Industrie- und Handelskammer, dass er über die Grundzüge der für die Weiterführung des Restaurants notwendigen lebensmittelrechtlichen Kenntnisse unterrichtet worden ist und mit ihnen als vertraut gelten kann. Hierzu teilt Herr Ernst der Behörde mit, dass er bisher keine Zeit hatte, den zum Nachweis der lebensmittelrechtlichen Kenntnisse erforderlichen Lehrgang bei der Industrie- und Handelskammer zu besuchen. Die Behörde widerruft daraufhin die Gaststättenerlaubnis.

Aufgabe 4
Erläutern Sie, ob Herr Ernst nach dem Tode seiner Ehefrau das Restaurant weiterführen durfte. (20 Punkte)

Aufgabe 5
Prüfen und begründen Sie, ob die Entscheidung der Behörde über den Widerruf der Gaststättenerlaubnis rechtmäßig ist. (30 Punkte)

Lösung s. Seite 671

2.4 Prüfungsbereich „Wirtschafts- und Sozialkunde"

Bearbeitungszeit:	90 Minuten
Hilfsmittel:	Vertrag über die Arbeitsweise der Europäische Union (AEUV), EZB-Satzung, GG, GO-BT
Erreichbare Punkte:	100

Sachverhalt 1
Der Europäische Zentralbankrat (EZB-Rat) hat am 26. Oktober 2017 folgende geldpolitischen Beschlüsse gefasst:

1. Der Zinssatz für die Hauptrefinanzierungsgeschäfte des Eurosystems wird unverändert bei 0,00 % belassen.
2. Der Zinssatz für die Spitzenrefinanzierungsfazilität wird unverändert bei 0,25 % belassen.
3. Der Zinssatz für die Einlagefazilität wird unverändert bei 0,40 % belassen.

Aufgabe 1
Beschreiben Sie die Zusammensetzung und die Aufgaben des EZB-Rats. (10 Punkte)

Aufgabe 2
Erläutern Sie den Begriff „Leitzinsen" und beschreiben Sie, welches Ziel mit einer Senkung **und** einer Erhöhung der Leitzinsen verfolgt wird. (15 Punkte)

Aufgabe 3
Erläutern Sie die Begriffe „Hauptrefinanzierungsgeschäft", „Spitzenrefinanzierungsfazilität" und „Einlagefazilität". (15 Punkte)

Lösung s. Seite 672

Sachverhalt 2
Der ehemalige Bundespräsident Christian Wulff erklärte in einer Pressekonferenz am 17. Februar 2012 in seinem Amtssitz im Schloss Bellevue in Berlin nach einer Amtszeit von lediglich 598 Tagen seinen Rücktritt vom Amt des Bundespräsidenten. Er begründete den Schritt damit, dass Deutschland einen Präsidenten brauche, der uneingeschränkt auf breiter Ebene das Vertrauen der Bevölkerung genieße und sich den gewaltigen nationalen und internationalen Herausforderungen widmen könne. Die Entwicklung der vergangenen Tage und Wochen habe jedoch gezeigt, dass dieses Vertrauen für ihn nicht mehr gegeben sei.

Aufgabe 4
Prüfen Sie, wer nach dem Rücktritt des Bundespräsidenten dessen Amtsgeschäfte wahrnimmt und welche Voraussetzungen für die Wählbarkeit zum Bundespräsidenten erfüllt sein müssen. (15 Punkte)

Aufgabe 5
Stellen Sie fest, von welchem Organ sowie für welche Dauer der Bundespräsident gewählt wird und wie dieses Organ gebildet wird. (10 Punkte)

Aufgabe 6
Benennen Sie vier Aufgaben des Bundespräsidenten. (8 Punkte)

Lösung s. Seite 673

Sachverhalt 3
Dem Bundestag liegt ein Antrag der Bundesregierung zur Zustimmung vor, Soldaten der Bundeswehr im Ausland als Unterstützung für den Kampf gegen den internationalen Terrorismus bereit zu stellen. Mehrere Bundestagsabgeordnete der Regierungsfraktionen sind aus Gewissensgründen gegen den vorgesehenen Bundeswehreinsatz und wollen deshalb dem Antrag der Bundesregierung ihre Zustimmung verweigern. Das Zustandekommen einer Mehrheit der Regierungsfraktionen im Bundestag erscheint daher gefährdet. Die Fraktionsvorsitzenden der Regierungsparteien fordern deshalb von den Abgeordneten, die gegen den Beschluss der Bundesregierung stimmen wollen, Fraktionsdisziplin ein. Zugleich drohen sie mit einer Nichtberücksichtigung bei der Kandidatenaufstellung für die nächste Wahl des Bundestages. Verschiedene Abgeord-

nete erklärten daraufhin, dass sie nur ihrem Gewissen unterworfen seien und es für sie keinen Fraktionszwang gebe.

Aufgabe 7
Erläutern Sie, was unter den Begriffen „Fraktion“, „Fraktionsdisziplin“ und „Fraktionszwang“ zu verstehen ist. (12 Punkte)

Aufgabe 8
Erörtern Sie, ob die Handlungsweise des Fraktionsvorsitzenden der Regierungspartei nach dem Grundgesetz (GG) rechtmäßig ist. (15 Punkte)

Lösung s. Seite 674

C. Übungsfälle

1. Vorbemerkung

Die Lösungen zu den Übungsfällen für die Zwischen- und Abschlussprüfung sollen Ihnen als Hilfe dienen, Fehler beim systematischen Aufbau und bei der Subsumtion zu vermeiden, die häufig bei der Bearbeitung der Arbeiten in den Prüfungen gemacht werden. Bei den Lösungen handelt es sich nicht um Musterlösungen, die frei von jeder Kritik sind und somit als einzig brauchbare Falllösung angesehen werden können. Im Einzelfall sind oft mehrere vertretbare Lösungswege möglich. So hat jeder Fall seine Eigenheiten, die es zu berücksichtigen gilt. Beachten Sie dies stets bei der Lösung der Fälle in der Prüfung.

2. Übungsfälle für die Zwischenprüfung

2.1 Prüfungsgebiet „Ausbildungsbetrieb, Arbeitsorganisation und bürowirtschaftliche Abläufe"

Lösung zu Fall 1: Die Auswirkungen der Abschlussprüfung auf die Ausbildungsdauer

Aufgabe 1

Als Rechtsgrundlagen hinsichtlich der Beendigung des Berufsausbildungsverhältnisses kommen beim Bestehen der Abschlussprüfung vor Ablauf der Ausbildungszeit § 21 Abs. 2 des Berufsbildungsgesetzes (BBiG) oder die entsprechende Regelung im Berufsausbildungsvertrag (§ 11 Abs. 1 Nr. 2 BBiG) in Betracht.

Grundsätzlich endet das Berufsausbildungsverhältnis durch Zeitablauf, nämlich mit dem Ablauf der Ausbildungszeit (§ 21 Abs. 1 BBiG bzw. § 16 Abs. 1 Satz 1 TVAöD – BBiG). Dies ist nach dem Sachverhalt der 31. August 2017.

Besteht die Auszubildende bereits vor Ablauf der Ausbildungszeit die Abschlussprüfung, so endet das Berufsausbildungsverhältnis mit Bekanntgabe des Prüfungsergebnisses durch den Prüfungsausschuss (§ 21 Abs. 2 BBiG). Als maßgeblicher Zeitpunkt des Bestehens der Prüfung gilt hierbei der Tag, an dem der Prüfungsausschuss nach vorheriger Bewertung der von der Auszubildenden geforderten Prüfungsleistungen das Prüfungsergebnis förmlich festgestellt hat, das heißt der Auszubildenden muss entweder die Bescheinigung über das Bestehen der Abschlussprüfung oder das Prüfungszeugnis zugegangen sein.

Die Auszubildende hat am 5. Juli 2017 den letzten Prüfungsteil abgelegt. Anschließend wurde ihr vom Vorsitzenden des Prüfungsausschusses das Prüfungsergebnis mitgeteilt und das Prüfungszeugnis ausgehändigt. Ihr Berufsausbildungsverhältnis endet somit mit Ablauf des 5. Juli 2017.

Aufgabe 2
Als Rechtsgrundlagen hinsichtlich der Beendigung des Berufsausbildungsverhältnisses bei nicht bestandener Abschlussprüfung kommen § 21 Abs. 3 des Berufsbildungsgesetzes (BBiG) bzw. § 16 Abs. 1 Satz 2 des Tarifvertrages für die Auszubildenden des öffentlichen Dienstes nach BBiG (TVAöD-BBiG), die inhaltlich identisch sind, oder die entsprechende Regelung im Berufsausbildungsvertrag (§ 11 Abs. 1 Nr. 2 BBiG) in Betracht.

Das Berufsausbildungsverhältnis endet – auch wenn der Auszubildende die Abschlussprüfung nicht bestanden hat – grundsätzlich mit Ablauf der im Berufsausbildungsvertrag vereinbarten Ausbildungszeit (§ 21 Abs. 1 Satz 1 BBiG bzw. § 16 Abs. 1 Satz 1 TVAöD-BBiG).

Das BBiG räumt allerdings dem Auszubildenden die Möglichkeit ein, vom Ausbildungsbetrieb die Verlängerung des Berufsausbildungsverhältnisses zu verlangen. Dies bedeutet, dass die Verlängerung des Berufsausbildungsverhältnisses immer dann eintritt, wenn der Auszubildende dies verlangt, wobei das Verlängerungsverlangen einen schriftlichen Antrag erfordert. Eine derartige Verlängerung gilt bis zur nächstmöglichen Wiederholungsprüfung, höchstens jedoch für ein Jahr (§ 21 Abs. 3 BBiG). Hierbei ist zu beachten, dass der Auszubildende nach der Rechtsprechung des Bundesarbeitsgerichts auch im Falle des Nichtbestehens der ersten Wiederholungsprüfung verlangen kann, dass das Ausbildungsverhältnis bis zur zweiten Wiederholungsprüfung fortgesetzt wird. Denn § 37 Abs. 1 Satz 2 BBiG erlaubt, dass die Abschlussprüfung insgesamt zweimal wiederholt werden kann. Dabei darf die Gesamtzeit der Verlängerungen des Berufsausbildungsverhältnisses aber die Dauer von einem Jahr nicht übersteigen, da die Ein-Jahres-Frist des § 21 Abs. 3 BBiG die Höchstgrenze darstellt. Zu beachten ist, dass das Verlangen auf Verlängerung des Berufsausbildungsverhältnisses unverzüglich beantragt werden muss, wobei dem Auszubildenden aber eine gewisse Überlegungsfrist zuzubilligen ist. Das Verlängerungsverlangen dürfte daher noch fristgerecht sein, wenn es innerhalb von zwei Wochen nach der nicht bestandenen Abschlussprüfung gestellt wird.

Im Hinblick auf den vorgegebenen Sachverhalt bedeutet dies, dass das Berufsausbildungsverhältnis mit Ablauf der vereinbarten Ausbildungszeit, das heißt am 31. August 2017 endet, sofern die Auszubildende wegen der nicht bestandenen Abschlussprüfung keine Verlängerung des Berufsausbildungsverhältnisses beantragt. Sollte die Auszubildende aber eine Verlängerung des Berufsausbildungsverhältnisses verlangen, gilt Folgendes:

- Besteht die Auszubildende die Abschlussprüfung bei der ersten Wiederholung, endet das Berufsausbildungsverhältnis an dem Tag, an dem ihr entweder die Bescheinigung über das Bestehen der Abschlussprüfung oder das Prüfungszeugnis zugegangen ist. Im Regelfall geschieht dies im Anschluss an die praktische Prüfung.
- Besteht die Auszubildende die erste Wiederholungsprüfung nicht und stellt sie ein neues Weiterbeschäftigungsverlangen, so verlängert sich das Berufsausbildungsverhältnis unter Beachtung der Höchstgrenze von einem Jahr bis zur zweiten Wiederholungsprüfung. Findet die zweite Wiederholungsprüfung innerhalb der Ein-Jahres-Frist statt, endet das Ausbildungsverhältnis mit der zweiten Wiederholungsprüfung,

und zwar unabhängig davon, ob die zweite Wiederholungsprüfung bestanden oder nicht bestanden wird.

- Nimmt die Auszubildende schuldhaft an einer Wiederholungsprüfung nicht teil, so endet das Berufsausbildungsverhältnis mit Beginn der ersten bzw. zweiten Wiederholungsprüfung.
- Nimmt sie ohne eigenes Verschulden (z. B. wegen Krankheit) an der Wiederholungsprüfung nicht teil oder findet keine Wiederholungsprüfung innerhalb eines Jahres statt, so endet das Berufsausbildungsverhältnis mit Ablauf des Verlängerungsjahres des Berufsausbildungsverhältnisses, das heißt am 31. August 2018.

Lösung zu Fall 2: Die Einladung zum Eignungstest

Bundesverwaltungsamt 17. Februar 2018
50728 Köln Aktenzeichen

Herrn
Franz Hausmann
Habsburgerring 19
50674 Köln

Ihre Bewerbung um eine Ausbildungsstelle als Verwaltungsfachangestellter
hier: Einladung zum Eignungstest

Sehr geehrter Herr Hausmann,

die Auswahl der Bewerber für die bei meiner Behörde zu besetzenden Ausbildungsstellen in dem Ausbildungsberuf Verwaltungsfachangestellter/Verwaltungsfachangestellte erfolgt nach dem Ergebnis eines Eignungstests.

Der Eignungstest findet am Donnerstag, dem **1. März 2018** um 8:00 Uhr im Raum 5 (kleiner Sitzungssaal) meines Dienstgebäudes Barbarastraße 1, 50728 Köln statt und wird voraussichtlich bis 14:00 Uhr dauern. Ich darf Sie bitten, sich zu diesem Termin einzufinden und einen Kugelschreiber mitzubringen.

Sollten Sie den Termin nicht wahrnehmen können oder an einer Einstellung nicht mehr interessiert sein, bitte ich um umgehende Nachricht.

Im Übrigen weise ich darauf hin, dass ich Ihnen eventuell entstehende Kosten nicht erstatten kann, da mir hierfür keine Haushaltsmittel zur Verfügung stehen.

Mit freundlichen Grüßen
Im Auftrag

Unterschrift

Lösung zu Fall 3: Die Planung von Terminen

Wochentag	Trainingszeit	Große Halle	Halbe Halle	Kleine Halle
Montag	17:00 - 18:00	Tischtennis		Gardetanz
	18:00 - 19:00	Tischtennis		Gardetanz
	19:00 - 20:00	Karate		Turnen
	20:00 - 21:00	Karate		Turnen
	21:00 - 22:00	Karate		Turnen
Dienstag	17:00 - 18:00			Jugendfußball
	18:00 - 19:00		Seniorenfußball	Jugendfußball
	19:00 - 20:00		Seniorenfußball	Turnen
	20:00 - 21:00		Handball	Turnen
	21:00 - 22:00		Handball	Turnen
Mittwoch	17:00 - 18:00			Jugendfußball
	18:00 - 19:00		Alte Herren	Jugendfußball
	19:00 - 20:00		Alte Herren	
	20:00 - 21:00	Damengymnastik		Tischtennis
	21:00 - 22:00	Damengymnastik		Tischtennis
Donnerstag	17:00 - 18:00			Jugendfußball
	18:00 - 19:00		Seniorenfußball	Jugendfußball
	19:00 - 20:00		Seniorenfußball	Skigymnastik
	20:00 - 21:00	Volleyball		Gardetanz
	21:00 - 22:00	Volleyball		Gardetanz
Freitag	17:00 - 18:00	Tischtennis		Jugendfußball
	18:00 - 19:00	Tischtennis		Jugendfußball
	19:00 - 20:00			Badminton
	20:00 - 21:00	Tanzsport		Badminton
	21:00 - 22:00	Tanzsport		

2.2 Prüfungsgebiet „Haushaltswesen und Beschaffung“

Lösung zu Fall 4: Die Beschaffung von Terminkalendern

Aufgabe 1

INFO

Die Lösung erfolgt nach dem Haushaltsrecht des Bundes. Die haushaltsrechtlichen Vorschriften der Länder und Kommunen können von der Regelung des Bundes abweichen.

Kalender	Bürobedarf Müller	Bürobedarf Meier	Bürobedarf Hannes	Bürobedarf Dauster
Farbe schwarz	X	X	X	X
Material Leder	X	X	X	X
1 Woche 2 Seiten	X	X	X	X
DIN A 4	X	X	X	X
Adressenverzeichnis	X	X	X	X
Jahresübersicht	X	X	X	X
Angebotspreis	29,02 € pro Kalender	29,30 € pro Kalender	29,02 € pro Kalender; bei Abnahme von 50 Kalendern 1.400,61 €	30,93 € pro Kalender; Einräumung von 10 % Behördenrabatt

Das Leistungsverzeichnis dient der genauen Beschreibung dessen, was ich will und wie ich es will (z. B. Form, Farbe, Größe, Aufteilung, Besonderheiten), damit die Preise der einzelnen Anbieter dann auch für die identisch gleiche Leistung angefordert und später verglichen werden können.

Der Auftragswert des öffentlichen Auftrages liegt nach dem Sachverhalt unterhalb des EU-Schwellenwertes, sodass sich das Verfahren der Auftragsvergabe durch das Statistische Bundesamt nach den haushaltsrechtlichen Vorschriften des Bundes, und zwar der Bundeshaushaltsordnung (BHO), bestimmt. Nach § 55 BHO muss bei dem Abschluss von Verträgen über Lieferungen und Leistungen eine öffentliche Ausschreibung vorausgehen, sofern nicht die Natur des Geschäfts oder besondere Umstände eine Ausnahme rechtfertigen. Die Verwaltungsvorschriften zu § 55 der Bundeshaushaltsordnung (VV-BHO) sehen für die Vergabe öffentlicher Aufträge, die unterhalb der EU-Schwellenwerte liegen, die Anwendung der Unterschwellenvergabeordnung (UVgO) vor.

Zunächst ist nach den Grundsätzen der Wirtschaftlichkeit und Sparsamkeit, die in jedem Fall zu beachten sind, zu prüfen, welche Verfahrensart aufgrund des Sachverhaltes zur Ausführung kommen kann oder ausgeschlossen werden muss.

Die Öffentliche Ausschreibung und die Beschränkte Ausschreibung mit Teilnahmewettbewerb stehen dem Auftraggeber nach seiner freien Wahl zur Verfügung (§ 8 Abs. 2 Satz 1 UVgO). Beim Kauf von fünfzig Kalendern stehen die Beschaffungskosten von ca. 1.400 € aber in keinem Verhältnis zu den Kosten einer öffentlichen Ausschreibung (Anzeige in der Tagespresse ca. 350 €). Es ist daher zwingend gerechtfertigt, von der Öffentlichen Ausschreibung und der Beschränkten Ausschreibung mit Teilnahmewettbewerb aus Gründen der Wirtschaftlichkeit abzusehen.

Als mögliche Alternative kann somit entweder die Beschränkte Ausschreibung ohne Teilnahmewettbewerb oder die Verhandlungsvergabe ohne Teilnahmewettbewerb in Betracht gezogen werden (§ 8 Abs. 3 Nr. 2 und § 8 Abs. 4 Nr. 8 UVgO). Bei beiden Verfahrensarten muss der Auftraggeber grundsätzlich aber mindestens drei Unternehmen zur Abgabe eines Angebotes auffordern (§ 11 Abs. 1 und § 12 Abs. 2 UVgO). Nach dem Sachverhalt sind die vorbezeichneten Voraussetzungen als erfüllt anzusehen, sodass es in der Entscheidung der Beschäftigten des Statistischen Bundesamtes liegt, von welcher der beiden Möglichkeiten sie Gebrauch machen will. Dem kostengünstigsten Anbieter ist dann bei gleicher Leistung der Auftrag zu erteilen.

Aufgabe 2

- Schriftliche Bestellung der 50 Kalender bei der Firma Bürobedarf Dauster, da diese das günstigste Angebot bei gleicher Leistung aller Anbieter abgegeben hat, und zwar zu einem Preis von 27,84 € pro Kalender (1 Kalender 30,93 € abzüglich 10 % Behördenrabatt = 27,84 €).
- Die Lieferung der Kalender ist nach Eingang auf eventuell bestehende Mängel zu überprüfen. Die festgestellten Mängel sind der Firma Bürobedarf Dauster in Form einer Mängelrüge mitzuteilen.
- Nach Eingang der Rechnung ist von dem bzw. den hierzu befugten Beschäftigten des Statistischen Bundesamtes die Zahlungsverpflichtung auf ihren Grund und ihre Höhe zu prüfen und die Richtigkeit entweder schriftlich – dies geschieht auf der Rechnung durch Unterschrift des Vermerks „Sachlich und rechnerisch richtig" bzw. Sachlich richtig" und „Rechnerisch richtig" mit Angabe der Amtsbezeichnung (bei Beamten) oder der Entgeltgruppe (bei Arbeitnehmern) oder durch eine elektronische Signatur zu bescheinigen und eine Auszahlungsanordnung zu erstellen. Die Auszahlungsanordnung ist sodann an die Rechnungsstelle weiterzuleiten zur Prüfung der haushaltsrechtlichen Voraussetzungen und zur Anordnung durch den Anordnungsbefugten.
- Anschließend ist die Auszahlungsanordnung an die Bundeskasse weiterzuleiten zur Anweisung des Rechnungsbetrages an die Firma Bürobedarf Dauster.
- Die Belege (Auszahlungsanordnung mit der Rechnung) sind sodann abzuheften und sicher aufzubewahren.

Bei der Lösung der Aufgabe kann auch die elektronische Rechnungsbearbeitung zugrunde gelegt werden, wobei hier ebenfalls die einzelnen Bearbeitungsschritte (z. B. Posteingang, Rechnung scannen, Belegerfassung, Feststellung und Anordnung der Rechnung, Zahlung durch die Bundeskasse und Archivierung) zu beschreiben sind.

Lösung zu Fall 5: Die Kostenermittlung für die Anschaffung eines Dienstfahrzeuges

Aufgabe 1

A) Benzinkraftfahrzeug

Jahres-kilometer	Jährliche Abschreibung in €	Feste Kosten in €	Kilometerabhängige Kosten in €	Gesamt-kosten in €	Kosten pro km in €
10.000	2.250	500	1.073	3.823	0,38
20.000	2.250	500	2.146	4.896	0,25
30.000	2.250	500	3.219	5.969	0,20

B) Dieselkraftfahrzeug

Jahres-kilometer	Jährliche Abschreibung in €	Feste Kosten in €	Kilometerabhängige Kosten in €	Gesamt-kosten in €	Kosten pro km in €
10.000	2.625	650	684	3.959	0,40
20.000	2.625	650	1.368	4.643	0,23
30.000	2.625	650	2.052	5.327	0,18

Hinweis zur Kostenermittlung:

$$\text{Jährliche Abschreibung} = \frac{\text{Anschaffungskosten}}{\text{Nutzungsdauer}}$$

Feste Kosten = Sachverhaltsangabe

Kilometerabhängige Kosten = Kraftstoffpreis • Kraftstoffverbrauch pro Jahreskilometer

Gesamtkosten = Kosten der jährlichen Abschreibung + feste Kosten + kilometerabhängige Kosten

$$\text{Kosten pro Kilometer} = \frac{\text{Gesamtkosten}}{\text{Jahreskilometer}}$$

Aufgabe 2

Aktenzeichen Köln, 8. März 2018

Ermittlung der Kosten für die Anschaffung eines Dienstfahrzeuges;
Mitarbeiterbesprechung am 6. März 2018

<u>I. Aktenvermerk</u>

Entsprechend den mir zur Verfügung stehenden Daten habe ich die Kosten für die Anschaffung des Dienstfahrzeuges, und zwar getrennt nach Benzin- und Dieselkraftfahrzeug, ermittelt. Im Einzelnen führte die Kostenberechnung zu folgendem Ergebnis:

Bei Zugrundelegung einer Jahresleistung von 10.000 Kilometer ist die Anschaffung eines Benzinkraftfahrzeuges einem Dieselkraftfahrzeug vorzuziehen, weil das Benzinkraftfahrzeug gegenüber dem Dieselkraftfahrzeug wegen der niedrigeren Anschaffungskosten und den niedrigeren festen Kosten trotz der höheren Kraftstoffverbrauchskosten die günstigeren Gesamtkosten aufweist.

Bei einer Jahresleistung ab 20.000 Kilometer ist jedoch die Anschaffung eines Dieselkraftfahrzeuges einem Benzinkraftfahrzeug vorzuziehen, weil das Dieselkraftfahrzeug gegenüber dem Benzinkraftfahrzeug wegen der günstigeren Kraftstoffverbrauchskosten trotz höherer Anschaffungskosten und höherer fester Kosten bei zunehmender Kilometerleistung die günstigeren Gesamtkosten aufweist.

Die Entscheidung, ob als Dienstfahrzeug ein Benzinkraftfahrzeug oder ein Dieselkraftfahrzeug angeschafft werden soll, sollte deshalb in Abhängigkeit von der voraussichtlichen Jahreskilometerleistung des Dienstfahrzeuges getroffen werden.

Die Kostenberechnung füge ich zur Kenntnis bei.

II. Herrn Beauftragten für den Haushalt
mit der Bitte um Entscheidung.

Unterschrift

Anlage

2.3 Prüfungsgebiet „Wirtschafts- und Sozialkunde"

Lösung zu Fall 6: Die politischen Parteien

Aufgabe 1

Aussagen über die Existenz der politischen Parteien finden sich im Grundgesetz (GG) ausschließlich in Artikel 21. Dieser Verfassungsartikel weist den Parteien eine besondere verfassungsrechtliche Stellung zu und hebt sie gegenüber anderen Organisationen oder Verbänden hervor.

Die hervorgehobene Rolle der Parteien zeigt sich darin, dass diese Verfassungsnorm die Mitwirkung der Parteien bei der politischen Willensbildung des Volkes garantiert (Art. 21 Abs. 1 Satz 1 GG) und das Recht der freien Parteiengründung (Art. 21 Abs. 1 Satz 2 GG) gewährleistet, das heißt die Gründung einer Partei ist keiner staatlichen Genehmigung oder Zulassung unterworfen.

Daneben sind den politischen Parteien durch das Grundgesetz auch Bindungen auferlegt. So muss ihre innere Ordnung demokratischen Grundsätzen entsprechen (Art. 21 Abs. 1 Satz 2 GG) und sie müssen über die Herkunft und Verwendung ihrer Mittel sowie über ihr Vermögen öffentlich Rechenschaft geben (Art. 21 Abs. 1 Satz 3 GG).

Aufgabe 2

Drei mögliche Beispiele für Aufgaben der politischen Parteien:

- Die politischen Parteien beteiligen sich an den Wahlen in Bund, Ländern und Gemeinden sowie des Europäischen Parlaments durch die Aufstellung von Kandidaten und werben im Wahlkampf um Zustimmung für ihre Programme und Argumente in der Öffentlichkeit, wobei im Falle eines Wahlsieges die Programme weitgehend verwirklicht werden können, z. B. in Form von für alle Bürger geltenden Gesetzen.
- Die politischen Parteien üben durch Vorentscheidungen insbesondere ihrer in den Parlamenten vertretenen Fraktionen umfassenden Einfluss auf die Gesetzgebung und die Regierung aus.
- Die politischen Parteien greifen durch ihre Abgeordneten und Funktionsträger in den Orts- und Kreisverbänden Probleme der Bürger auf und bringen sie in die Parlamente und in die Regierungen von Bund und Ländern.

Aufgabe 3

Das Grundgesetz (GG) schreibt kein bestimmtes Wahlsystem vor. Artikel 38 Abs. 1 GG enthält lediglich wichtige Grundsätze hinsichtlich der Ausgestaltung der Wahl. Bund und Länder können daher per Gesetz frei entscheiden, wie die Volksvertreter gewählt werden. Somit könnte auch ein reines Mehrheitswahlrecht vom Gesetzgeber eingeführt werden.

Das Mehrheitswahlsystem führt meistens zu klaren Mehrheiten. Alle Abgeordneten werden dabei direkt in den Wahlkreisen gewählt und es gibt keine Parteilisten, sodass der Bewerber mit den meisten Stimmen im Wahlkreis das Mandat gewinnt. Die Stimmen für alle anderen Kandidaten wirken sich nicht auf die Zusammensetzung des Parlaments aus. So begünstigt die Mehrheitswahl stets die großen Parteien, und es gibt häufig eine klare absolute Mehrheit für eine Partei. Die Regierungsbildung ist deshalb in der Regel kein Problem.

Den kleineren Parteien lässt das Mehrheitswahlrecht jedoch kaum eine Chance, ihre Ideen in die parlamentarische Debatte einzubringen. Das ist ein erheblicher Nachteil, denn unter Umständen fühlen sich größere Bevölkerungsgruppen mit ihren Überzeugungen politisch überhaupt nicht vertreten.

Aufgabe 4
Nach Artikel 21 Abs. 2 des Grundgesetzes (GG) besteht die Möglichkeit, Parteien zu verbieten. Für ein Verbot muss nachgewiesen werden, dass die Partei nach ihren Zielen oder nach dem Verhalten ihrer Anhänger darauf ausgeht, die freiheitlich demokratische Grundordnung zu beeinträchtigen oder zu beseitigen oder den Bestand der Bundesrepublik Deutschland zu gefährden (Art. 21 Abs. 2 Satz 1 GG).

Über die Verfassungswidrigkeit, das heißt, ob eine Partei verfassungswidrige Ziele verfolgt, entscheidet allein das Bundesverfassungsgericht (Art. 21 Abs. 2 Satz 2 GG). Dieses sogenannte Parteienprivileg dient dem Schutz der Parteien, damit nicht eine unliebsame und unbequeme Partei durch die Exekutive (Verwaltung) ausgeschaltet werden kann.

Lösung zu Fall 7: Die Verjährung von Gewährleistungsansprüchen

Aufgabe 1
Unter Verjährung versteht man die Möglichkeit, eine Leistungsverpflichtung nach Ablauf einer bestimmten Frist zu verweigern (§ 194 BGB). Durch die Verjährung erlischt lediglich das Recht des Gläubigers, den Anspruch durchzusetzen. Der Anspruch auf die Leistung bleibt jedoch bestehen (§ 214 BGB).

Aufgabe 2
Bei dem Rechtsgeschäft von Herrn Winter mit der Firma Conrad (Kauf eines Personalcomputers) vom 8. April 2016 handelt es sich um einen Kaufvertrag über eine bewegliche Sache. Nach § 438 Abs. 1 Nr. 3 des Bürgerlichen Gesetzbuches (BGB) verjähren Mängelansprüche aus Kaufverträgen in zwei Jahren. Die Verjährung beginnt mit der Ablieferung der Sache zu laufen (§ 438 Abs. 2 BGB). Der Beginn der Verjährungsfrist ist hierbei von der Kenntnis des Mangels nicht abhängig. Auch für den Ablauf der Verjährungsfrist ist die Kenntnis eines Mangels der Kaufsache unerheblich.

Die Frist für die Verjährung der Mängelansprüche für den von Herrn Winter erworbenen Personalcomputer begann somit am 8. April 2016 (Tag der Ablieferung des Personalcomputers) zu laufen und endet am 8. April 2018 um 24:00 Uhr. Folglich kann die Firma Conrad die von Herrn Winter am 22. April 2018 festgestellten Mängel wegen Verjährung verweigern, auch wenn diese bei der Ablieferung der Kaufsache zwar vorhanden, aber nicht zu erkennen waren.

Etwas anderes würde aber gelten, wenn die Firma Conrad den Mangel arglistig verschwiegen hätte. Die Verjährungsfrist würde dann mindestens drei Jahre betragen, wobei die Frist erst beginnt, sobald der Käufer von dem arglistigen Verschweigen Kenntnis erlangt hat (§ 438 Abs. 3, § 195, § 199 Abs. 1 BGB). Aus dem Sachverhalt ist jedoch nicht erkennbar, dass die Firma Conrad Herrn Winter wider besseres Wissen über den Zustand des Personalcomputers getäuscht hat.

Lösung zu Fall 8: Wirtschaftliches Handeln

Aufgabe 1

Bedürfnis ist das Empfinden eines Mangelzustandes, verbunden mit dem Wunsch, diesen Zustand zu beseitigen. Da nicht genug Mittel zur Verfügung stehen, jedes Bedürfnis zu befriedigen, stellt sich die Frage nach der Konkretisierung.

Die Unterscheidung zwischen Bedürfnis, Bedarf und Nachfrage stellt hierbei im begrifflichen Sinne die Konkretisierung dar. Bedürfnis bedeutet den generellen Wunsch bzw. das allgemeine Mangelgefühl, wie z. B. Durchführung von größeren Veranstaltungen mit bekannten Künstlern. Wird dieser generelle Wunsch auf ein bestimmtes Mittel zur Bedürfnisbefriedigung konkretisiert, z. B. auf die Stadthalle, dann spricht man von Bedarf. Wird dieser Bedarf weiter konkretisiert, z. B. auf eine bestimmte Stadthalle, die gebaut wird, um das Bedürfnis zu befriedigen, so ist dies die Nachfrage.

Aufgabe 2

Um alle Bedürfnisse für alle Menschen zu allen Zeiten zu befriedigen, stehen nicht genug Mittel zur Verfügung. Aus diesem Grunde muss gewirtschaftet werden. Dies bedeutet, dass Wirtschaften eine planvolle Handlung ist, die darauf abzielt, Bedürfnisse zu befriedigen, wobei die Knappheit der Mittel zur Bedürfnisbefriedigung berücksichtigt werden muss.

Wirtschaftliches Handeln kann durch zwei unterschiedliche Strategien geschehen, und zwar entweder durch das Minimalprinzip, das heißt Bedürfnisbefriedigung mit möglichst geringem Einsatz an Mitteln, oder durch das Maximalprinzip, das heißt mit gegebenen Mitteln eine möglichst hohe Zielerreichung (Bedürfnisbefriedigung). Beides wirtschaftliches Handeln (Minimal- oder Maximalprinzip) wird auch als Handeln nach dem ökonomischen Prinzip bezeichnet.

3. Übungsfälle für die schriftliche Abschlussprüfung

3.1 Prüfungsbereich „Verwaltungsbetriebswirtschaft"

Lösung zu Fall 1: Die Kosten- und Leistungsrechnung

Aufgabe 1

Nach dem Sachverhalt erscheint es sinnvoll und zweckmäßig, die beim Standesamt bestehende Organisationseinheit 34 S „Verwaltung und Controlling" mit der Erstellung des Leitfadens zu beauftragen. Es handelt sich hierbei um eine Stabsstelle. Stäbe nehmen vorbereitende Führungshilfsfunktionen wahr. Sie sind in der Regel mit Spezialisten besetzt und unterstützen die Instanz (hier: die Amtsleitung) bei der Wahrnehmung ihrer Führungsaufgaben durch informatorische und beratende Entscheidungsvorbereitung.

Aufgabe 2

Controlling heißt, Zielerreichung steuernd zu gewährleisten. Informationen zur Steuerung liefert vor allem die Kosten- und Leistungsrechnung.

Aufgabe des Controlling ist es, der Verwaltungsführung frühzeitig umfassendes Informationsmaterial zukommen zu lassen, mit dessen Hilfe sie die „richtigen" Entscheidungen treffen kann.

Aufgabe 3

Beispiel

Produkt:	**Ehe**
Produktbeschreibung:	Anmeldung zur Eheschließung Eheschließung Familienbuch
Produkt:	**Geburt**
Produktbeschreibung:	Geburten
Produkt:	**Sterben**
Produktbeschreibung:	Sterbefälle Ordnungsbehörde für das Leichenwesen
Produkt:	**Zentrale Dienste**
Produktbeschreibung:	Beurkundungen und Urkundenservice Kasse Archiv

Aufgabe 4

Beispiel

Produktinformation	
1. Produktangaben allgemein	
Produktbezeichnung: (Wie nennen Sie ihr Produkt?)	Ehe
Produktbeschreibung: (Welche Leistungen/Tätigkeiten fassen Sie unter ihrem Produkt zusammen?)	Anmeldung zur Eheschließung Eheschließung Familienbuch
Rechts-/Auftragsgrundlage:	Personenstandsgesetz
Produktverantwortlicher: (Wer ist für das Produkt verantwortlich?)	Sinnvoll ist hier die Ebene der Abteilungsleitung, da diese Geld- und Personalverantwortung übernehmen soll sowie selbstständige Entscheidungen zu treffen hat. Herr Kaus als Abteilungsleiter der Abteilung 3401. Für jedes Produkt sollte ein Produktverantwortlicher benannt werden.
2. Ziele	
Zielgruppe(n): (Wer sind Ihre Kunden usw.?)	Bürger und Bürgerinnen der Landeshauptstadt Wiesbaden, die eine Eheschließung beabsichtigen
Produktziel(e) (Was wollen Sie mit dem Produkt erreichen?)	Gesetzliche Anforderungen des Personenstandsgesetzes erfüllen
3. Produktmessgrößen (Gradmesser der Zielerreichung)	
Quantität: (Soll-Mengengröße, z. B. Stückzahl, die in einem Jahr „produziert“ werden soll.)	**Beispiele:** ► Steigerung der Eheschließungen im Stadtgebiet ► Minderung der Beschwerden
Qualität: (Soll-Verbesserung, z. B. Minderung der Widersprüche.)	**Beispiele:** ► kürzere Wartezeiten ► Erhöhung des positiven Feedbacks

Aufgabe 5

Quantität:
Steigerung der Eheschließungen im Stadtgebiet durch:

- Bereitstellung attraktiverer Räumlichkeiten, z. B. Schloss, Festsäle
- Durchführung von Informationsveranstaltungen zum Thema Eheschließung.

Qualität:
Erhöhung des positiven Feedbacks durch:

- Umfragen, z. B. in Form von Fragebögen, die den „Eheinteressenten" nach einem Informationsgespräch oder nach der Eheschließung ausgehändigt werden
- Auswertung der Fragebögen und Vornahme von Veränderungen.

Lösung zu Fall 2: Ermittlung von Zuschlagssätzen und Selbstkosten

Aufgabe 1

Betriebsabrechnungsbogen

Kostenstellen	**Kosten (€)**	**Material (€)**	**Fertigung (€)**	**Verwaltung (€)**	**Vertrieb (€)**
Hilfs- und Betriebsstoffe	98.000,00	50.000,00	44.000,00	0,00	4.000,00
Energie	15.300,00	2.615,38	9.807,69	980,77	1.896,15
Fremdinstandhaltung	7.934,00	2.504,00	3.437,00	903,00	1.090,00
Gehälter	243.000,00	68.340,00	127.944,00	24.016,00	22.700,00
Personalnebenkosten	54.742,00	10.302,00	33.000,00	9.900,00	1.540,00
Betriebliche Steuern	7.204,00	1.200,67	2.801,56	2.001,11	1.200,67
Kalkulatorische Abschreibungen	74.000,00	11.384,62	34.153,85	22.769,23	5.692,31
Sonstige kalkulatorische Kosten	23.777,00	2.300,00	13.050,00	6.222,00	2.205,00
Gemeinkosten	523.957,00	148.646,67	268.194,10	66.792,11	40.324,13
Zuschlagsgrundlage		206.000,00	98.093,00	754.933,76	754.933,76
Zuschlagssätze in Prozent		72,16 %	273,41 %	8,85 %	5,34 %

Hinweis zur Ermittlung der Zuschlagssätze und Selbstkosten:

Hilfs- und Betriebsstoffe = Sachverhaltsangabe

$$\text{Energie} = \frac{\text{Summe Energieverbrauchswerte}}{\text{Energiekosten} \cdot \text{jeweiligen Energieverbrauchswert}}$$

Fremdinstandhaltung = Sachverhaltsangabe

Gehälter = Sachverhaltsangabe

Personalnebenkosten = Sachverhaltsangabe

$$\text{Betriebliche Steuern} = \frac{\text{Gesamtbetrag}}{\text{Summe der Einzelanteilswerte} \cdot \text{jeweiligen Einzelanteilswert}}$$

$$\text{Kalkulatorische Abschreibungen} = \frac{\text{Monatsbetrag (Jahresbetrag : 12 Monate)} + \text{Summe der Einzelanteile}}{\text{Gesamtkosten der Abschreibungen} \cdot \text{jeweiligen Einzelanteilswert}}$$

Sonstige kalkulatorische Kosten = Sachverhaltsangabe

Gemeinkosten = Summe der einzelnen Kostenstellen

Zuschlagsgrundlage = Sachverhaltsangabe (Material und Fertigung) bzw.
Herstellkosten des Umsatzes (Verwaltung und Vertrieb)

$$\text{Zuschlagssätze in \%} = \frac{\text{Summe der jeweiligen Gemeinkosten} \cdot 100}{\text{Summe der jeweiligen Zuschlagsgrundlage}}$$

Aufgabe 2

Berechnung der Herstellkosten des Umsatzes und der Selbstkosten:

	Fertigungsmaterial	206.000,00 €
+	Materialgemeinkosten	148.646,67 €
=	Materialkosten	354.646,67 €
	Fertigungslöhne	98.093,00 €
+	Fertigungsgemeinkosten	268.194,09 €
=	Fertigungskosten	366.287,09 €
	Herstellkosten	720.933,76 €
-	Mehrbestand	60.000,00 €
+	Minderbestand	94.000,00 €
=	**Herstellkosten des Umsatzes**	**754.933,76 €**
+	Verwaltungsgemeinkosten	66.792,11 €
+	Vertriebsgemeinkosten	40.324,13 €
=	**Selbstkosten**	**862.050,00 €**

Lösung zu Fall 3: Ertrags-, Aufwandskonten und Abschlusskonto der Ergebnisrechnung

Aufgabe 1

SOLL	Eröffnungsbilanzkonto		HABEN
	Euro		Euro
Eigenkapital	100.000	Fahrzeuge	100.000
Darlehen	36.000	BGA[1]	10.000
Verbindlichkeiten	40.000	Vorräte	1.000
		Liquide Mittel:	
		Bank	60.000
		Kasse	5.000
	176.000		176.000

[1] Betriebs- und Geschäftsausstattung

Aufgabe 2

Buchungssätze:

Alle Aktivkonten	**an**	**Eröffnungsbilanzkonto:**	
1. Fahrzeuge	an	Eröffnungsbilanzkonto	**100.000 €**
2. BGA	an	Eröffnungsbilanzkonto	**10.000 €**
3. Vorräte	an	Eröffnungsbilanzkonto	**1.000 €**
4. Liquide Mittel (Bank)	an	Eröffnungsbilanzkonto	**60.000 €**
5. Liquide Mittel (Kasse)	an	Eröffnungsbilanzkonto	**5.000 €**
Eröffnungsbilanzkonto	**an**	**alle Passivkonten:**	
1. Eröffnungsbilanzkonto	an	Eigenkapital	**100.000 €**
2. Eröffnungsbilanzkonto	an	Darlehen	**36.000 €**
3. Eröffnungsbilanzkonto	an	Verbindlichkeiten	**40.000 €**

Aufgabe 3

Buchungssätze:

a) Fahrzeuge	an	Liquide Mittel (Bank)	**30.000 €**
b) BGA	an	Liquide Mittel (Kasse)	**500 €**
c) Vorräte	an	Verbindlichkeiten	**1.000 €**
d) Personalaufwand	an	Liquide Mittel (Bank)	**20.000 €**
e) Liquide Mittel (Bank)	an	Mietertrag	**30.000 €**

S	Personalaufwand		H
d) Bank	20.000,00 €	Abschlusskonto der Ergebnisrechnung (AER)	20.000,00 €
	20.000,00 €		20.000,00 €

S	Mietertrag		H
Abschlusskonto der Ergebnisrechnung (AER)	30.000,00 €	e) Bank	30.000,00 €
	30.000,00 €		30.000,00 €

Aufgabe 4

Abschluss- und Buchungssätze zum Abschlusskonto der Ergebnisrechnung

1.	Abschlusskonto Ergebnisrechnung (AER)	an	Personalaufwand	**20.000 €**
2.	Mietertrag	an	Abschlusskonto Ergebnisrechnung (AER)	**30.000 €**

S — Abschlusskonto Ergebnisrechnung (AER) — H

S			H
Personalaufwand	20.000,00 €	Mietertrag	30.000,00 €
Jahresüberschuss (Eigenkapitalkonto)	10.000,00 €		
	30.000,00 €		30.000,00 €

Der Buchungssatz zum Eigenkapitalkonto lautet:

Abschlusskonto Ergebnisrechnung (AER)	**an**	**Eigenkapitalkonto**	**10.000 €**

Aufgabe 5

Aktive Bestandskonten

Buchungssätze zur Schlussbilanz über das Schlussbilanzkonto:

1.	Schlussbilanzkonto	an	Fahrzeuge	**130.000 €**
2.	Schlussbilanzkonto	an	BGA	**10.500 €**
3.	Schlussbilanzkonto	an	Vorräte	**2.000 €**
4.	Schlussbilanzkonto	an	Liquide Mittel (Bank)	**40.000 €**
5.	Schlussbilanzkonto	an	Liquide Mittel (Kasse)	**4.500 €**

S — Fahrzeuge — H

S			H
AB	100.000 €	SBK	130.000 €
a) Bank	30.000 €		
	130.000 €		130.000 €

S — BGA — H

S			H
AB	10.000 €	SBK	10.500 €
b) Kasse	500 €		
	10.500 €		10.500 €

S — Vorräte — H

S			H
AB	1.000 €	SBK	2.000 €
c) Verb.	1.000 €		
	2.000 €		2.000 €

S — Liquide Mittel (Bank) — H

S			H
AB	5.000 €	b) BGA	500 €
		SBK	4.500 €
	5.000 €		5.000 €

S	Liquide Mittel (Bank)		H
AB	60.000 €	a) Fahrzeuge	30.000 €
e) Mietertrag	30.000 €	d) Personalaufwendungen	20.000 €
		SBK	40.000 €
	90.000 €		90.000 €

S	Eigenkapital		H
SBK	110.000 €	AB	100.000 €
		AERB	10.000 €
	110.000 €		110.000 €

S	Darlehen		H
SBK	36.000 €	AB	36.000 €
	36.000 €		36.000 €

S	Verbindlichkeiten		H
SBK	41.000 €	AB	40.000 €
		c) Vorräte	1.000 €
	41.000 €		41.000 €

Passive Bestandskonten
Buchungssätze zur Schlussbilanz über das Schlussbilanzkonto:

1.	Eigenkapital	an	Schlussbilanzkonto	**110.000 €**
2.	Darlehen	an	Schlussbilanzkonto	**36.000 €**
3.	Verbindlichkeiten	an	Schlussbilanzkonto	**41.000 €**

SOLL	**Schlussbilanzkonto**		**HABEN**
	Euro		Euro
Fahrzeuge	130.000	Eigenkapital	110.000
BGA	10.500	Darlehen	36.000
Vorräte	2.000	Verbindlichkeiten	41.000
Liquide Mittel (Bank)	40.000		
Liquide Mittel (Kasse)	4.500		
	187.000		187.000

Aufgabe 6

AKTIVA	Schlussbilanz		PASSIVA
	Euro		Euro
A. Anlagevermögen		**A. Eigenkapital**	110.000
Fahrzeuge	130.000		
BGA[1]	10.500		
B. Umlaufvermögen		**B. Fremdkapital**	
Vorräte	2.000	Darlehen	36.000
Liquide Mittel (Bank)	40.000	Verbindlichkeiten	41.000
Liquide Mittel (Kasse)	4.500		
	187.000		187.000

Lösung zu Fall 4: Bürgerbeschwerden

Ziele:
Auf den Bürger bezogen soll eine angemessene Reaktion auf sein individuelles Anliegen vorgenommen werden. Ebenfalls muss eine Prüfung eventueller rechtlicher Folgen (z. B. Fehlverhalten eines Bediensteten) erfolgen.

Für die Verwaltung bedeutet dies, Informationen über die Qualität der Dienstleistungen zu erhalten, und die Möglichkeit, Schwachstellen zu beseitigen.

Ablauf:

- Abgrenzung von förmlichen Rechtsbehelfen (z. B. Widerspruch) und formlosen Rechtsbehelfen (z. B. Dienstaufsichtsbeschwerde)
- zentrale Erfassung und Weiterleitung, Wiedervorlage usw.
- dezentrale Bearbeitung
- Einbeziehung spezieller Stellen, falls erforderlich (z. B. Bürgerreferent, Bürgerbüro)
- Überlegungen zur Sachverhaltsklärung, inhaltliche Auswertung der Beschwerde und Schwachstellenbeseitigung
- Verknüpfung mit Anreizen für Bedienstete (z. B. Vorschlagswesen)
- Ermunterung der Bürger, Probleme und Mängel zu melden – Öffentlichkeitsarbeit
- Schulung der Mitarbeiter (positive Einstellung, mündliche Beschwerdegespräche usw.)
- Durchführung von Bürgerbefragungen (sog. „Image-Studien“)

[1] Betriebs- und Geschäftsausstattung

- Erlass von Richtlinien für die Beantwortung von Beschwerdeschreiben (Form, Inhalt, Fristen, Unterschriften, Zwischenbescheide)
- Aufnahme von Richtlinien in die allgemeinen Geschäftsanweisungen der Stadtverwaltung.

Lösung zu Fall 5: Die Veränderung von Ansprüchen

Aufgabe 1

Bei dem Antrag von Herrn Müller handelt es sich um eine Stundung. Eine Stundung ist eine Maßnahme, durch die die Fälligkeit eines Anspruchs hinausgeschoben wird. Die Voraussetzungen für die Gewährung einer Stundung sind im Einzelnen in § 59 Bundeshaushaltsordnung (BHO) festgelegt. Hiernach darf eine Stundung auf Antrag gewährt werden, wenn die sofortige Einziehung mit erheblichen Härten für den Anspruchsgegner (hier: Franz Müller) verbunden wäre und der Anspruch des Bundes durch die Stundung nicht gefährdet wird. Nach den Angaben im Sachverhalt liegen beide Voraussetzungen vor, sodass dem Antrag von Herrn Müller vom Bundesministerium des Innern zu Recht stattgegeben wurde.

Aufgabe 2

Das Bundesministerium des Innern hat vor der endgültigen Entscheidung den Beauftragten für den Haushalt zu beteiligen (VV Nr. 3.1.2.6 zu § 9 BHO). Eine Beteiligung des Bundesministeriums der Finanzen ist nicht erforderlich, weil es sich bei dem vorliegenden Sachverhalt um keinen Fall von grundsätzlicher Bedeutung im Sinne der Allgemeinen Verwaltungsvorschriften (VV) Nr. 1.6.1 zu § 59 BHO oder erheblicher finanzieller Bedeutung im Sinne der VV Nr. 1.6.2.3 zu § 59 BHO handelt.

3.2 Prüfungsbereich „Personalwesen"

Lösung zu Fall 6: Rechtsgrundlagen und Beendigungsmöglichkeiten der Ausbildungs-, Arbeits- und Dienstverhältnisse

Aufgabe 1

A) Rechtsgrundlagen für das Ausbildungsverhältnis von Mike:

Gesetzliche Grundlagen:

- Berufsbildungsgesetz (BBiG)
- Jugendarbeitsschutzgesetz (JArbSchG)
- Bürgerliches Gesetzbuch (BGB).

Rechtsverordnungen:

- Verordnung über die Berufsausbildung zum Verwaltungsfachangestellten/zur Verwaltungsfachangestellten i.V.m. § 5 BBiG.

Tarifliche Grundlagen:

- Tarifvertrag für den öffentlichen Dienst (TVöD)
- Tarifvertrag für die Auszubildenden des öffentlichen Dienstes nach BBiG (TVAöD – BBiG).

Dienstvereinbarungen nach dem Personalvertretungsgesetz

Regelungen der zuständigen Stelle nach dem BBiG:

- Grundsätze für die Durchführung von Zwischenprüfungen in dem Ausbildungsberuf Verwaltungsfachangestellter/Verwaltungsfachangestellte i. V. m. § 48 BBiG
- Prüfungsordnung für die Durchführung von Abschlussprüfungen in dem Ausbildungsberuf Verwaltungsfachangestellter/Verwaltungsfachangestellte i. V. m. § 47 BBiG.

Vertragliche Grundlagen:

- Berufsausbildungsvertrag i. V. m. §§ 10 und 11 BBiG.

B) Rechtsgrundlagen für das Beamtenverhältnis von Nina:

Gesetzliche Grundlagen:

- Grundgesetz (GG)
- Bundesbeamtengesetz (BBG)
- Bundesbesoldungsgesetz (BBesG)
- Gesetz über vermögenswirksame Leistungen für Beamte, Richter, Berufssoldaten und Soldaten auf Zeit
- Bundesdisziplinargesetz (BDG).

Rechtsverordnungen:

- Verordnung über die Arbeitszeit der Beamtinnen und Beamten des Bundes (Arbeitszeitverordnung – AZV)
- Verordnung über den Erholungsurlaub der Beamtinnen, Beamten und Richterinnen und Richter des Bundes (Erholungsurlaubsverordnung – EUrlV)
- Verordnung über die Laufbahnen der Bundesbeamtinnen und Bundesbeamten (Bundeslaufbahnverordnung – BLV)
- Verordnung über den Vorbreitungsdienst für den gehobenen nichttechnischen Dienst in der allgemeinen und inneren Verwaltung des Bundes (LAP – GntDAIVVDV).

Dienstvereinbarungen nach dem Personalvertretungsgesetz

Sonstige Grundlagen:

- Ernennungsurkunde (Ernennung zur Regierungsinspektoranwärterin – Beamtenverhältnis auf Widerruf).

C) Rechtsgrundlagen für das Arbeitsverhältnis von Dennis:

Gesetzliche Grundlagen:

- Bürgerliches Gesetzbuch (§§ 611 ff BGB)
- Arbeitszeitgesetz (ArbZG).

Tarifliche Grundlagen:

- Tarifvertrag für den öffentlichen Dienst (TVöD).

Dienstvereinbarungen nach dem Personalvertretungsgesetz

Vertragliche Grundlagen:

- Arbeitsvertrag.

Aufgabe 2
A) Beendigung des Berufsausbildungsverhältnisses von Mike:
Mike könnte sein Berufsausbildungsverhältnis durch Kündigung beenden. Als Rechtsgrundlagen kommen hierfür § 22 des Berufsbildungsgesetzes (BBiG) bzw. zusätzlich § 16 Abs. 4 TVAöD – BBiG (bei Kündigung des Berufausbildungsverhältnisses nach der Probezeit) oder die entsprechende Regelung im Berufausbildungsvertrag (§ 11 Abs. 1 Nr. 8 BBiG) in Betracht.

Mike hat bereits die Probezeit beendet, sodass § 22 Abs. 1 BBiG keine Anwendung findet. Für die Kündigung seines Ausbildungsverhältnisses wegen der vorgesehenen Eröffnung eines Computerladens ist somit § 22 Abs. 2 Nr. 2 BBiG i.V.m. § 16 Abs. 4 Buchst. b TVAöD – BBiG anzuwenden. Danach kann Mike sein Berufsausbildungsverhältnis mit einer Kündigungsfrist von vier Wochen kündigen, wobei sich die Berechnung der Frist nach §§ 187 Abs. 1 und 188 Abs. 2 BGB bestimmt. Wenn Mike zum 30. Juni 2018 sein Berufsausbildungsverhältnis beenden möchte, müsste somit seine Kündigung der Stadt Mainz bis spätestens zum 2. Juni 2018 zugehen. Die Kündigung muss dabei schriftlich unter Angabe des Kündigungsgrundes erfolgen (§ 22 Abs. 3 BBiG).

Des Weiteren könnte das Ausbildungsverhältnis auch durch einen Auflösungsvertrag zu dem von Mike gewünschten Zeitpunkt (30. Juni 2018) beendet werden. Da der Auflösungsvertrag durch zwei übereinstimmende Willenserklärungen (§§ 145 ff. BGB) zustande kommt, wäre hierzu aber das Einvernehmen seines Arbeitgebers (Stadt Mainz) erforderlich. Außerdem bedarf der Auflösungsvertrag zu seiner Wirksamkeit der Schriftform (§ 623 BGB).

Da Mike bereits volljährig (§ 2 BGB) ist, bedarf die Kündigung nicht der Zustimmung der gesetzlichen Vertreter (§ 106 ff. BGB).

B) Beendigung des Beamtenverhältnisses von Nina:
Nina könnte einen Antrag auf Entlassung aus dem Beamtenverhältnis mit Ablauf des 30. Juni 2018 stellen. Nach § 33 Abs. 2 Satz 1 BBG kann die Beamtin jederzeit ihre Entlassung verlangen. Dies gilt unabhängig von der Art des Beamtenverhältnisses. Ihre Entlassung muss Nina schriftlich gegenüber dem Statistischen Bundesamt verlangen (§ 33 Abs. 1 Satz 1 BBG). Die Entlassung ist zu dem beantragten Zeitpunkt auszusprechen; sie könnte jedoch so lange hinausgeschoben werden, bis die Beamtin ihre Amtsgeschäfte ordnungsgemäß erledigt hat, längstens aber für drei Monate (§ 33 Abs. 2 BBG).

Ein Hinausschieben der Entlassung über den beantragten Zeitpunkt hinaus dürfte bei Beamten im Vorbereitungsdienst jedoch unwahrscheinlich sein, weil die wahrgenommenen Aufgaben dies kaum rechtfertigen. Wenn Nina jedoch ganz sicher gehen will, sollte dem Statistischen Bundesamt ihr Antrag auf Entlassung aus dem Beamtenverhältnis bis spätestens zum 31. März 2018 zugegangen sein.

C) Beendigung des Arbeitsverhältnisses von Dennis:
Die ordentliche Kündigung ist an Fristen gebunden, die in § 34 des Tarifvertrages für den öffentlichen Dienst (TVöD) festgelegt sind. Da Dennis bereits das 18. Lebensjahr vollendet hat und schon länger als sechs Monate bei der Stadt Bingen am Rhein beschäftigt ist, findet § 34 Abs. 1 Satz 1 TVöD keine Anwendung. Seine Kündigungsfrist ist daher von seiner Beschäftigungszeit abhängig (§ 34 Abs. 3 TVöD). Das ist die Zeit, die Dennis nach Vollendung des 18. Lebensjahres bei der Stadt Bingen in einem Arbeitsverhältnis gestanden hat (§ 34 Abs. 3 Satz 1 TVöD). Das 18. Lebensjahr hat Dennis mit Ablauf des 6. März 2014 vollendet (§§ 187 Abs. 2, 188 Abs. 2 BGB). Seit dem 1. Juli 2017 steht er in einem unbefristeten Arbeitsverhältnis und ist vollbeschäftigt. Der Beginn der Beschäftigungszeit ist somit der 1. Juli 2017.

Für die Berechnung der Kündigungsfristen ist jeweils die Beschäftigungszeit maßgebend, die der Arbeitnehmer an dem Tag erreicht hat, an dem die Kündigung zugeht. Dennis hat zum Zeitpunkt seines Entschlusses, einen Computerladen eröffnen zu wollen (Februar 2018), eine Beschäftigungszeit von mehr als sechs Monaten und weniger als einem Jahr. Folglich könnte er bereits im Februar 2018 sein Arbeitsverhältnis zum 30. Juni 2018 gemäß § 34 Abs. 1 Satz 2 TVöD mit einer Frist von einem Monat zum Monatsschluss kündigen, wobei der Beginn der Frist der 1. Juni 2018 und das Ende der Frist der 30. Juni 2018 (Monatsschluss) wäre (§§ 187 Abs. 1 und 188 Abs. 2 BGB).

Der letztmögliche Tag der Kündigung zum 30. Juni 2018 ist der 31. Mai 2018.Die Beschäftigungszeit liegt zu dem letztmöglichen Kündigungstag (31. Mai 2018) immer noch unter einem Jahr, sodass auch in diesem Falle keine längere Kündigungsfrist die Folge wäre und Dennis das Arbeitsverhältnis zum 30. Juni 2018 beenden könnte.

Des Weiteren könnte das Arbeitsverhältnis von Dennis auch durch einen Auflösungsvertrag zum 30. Juni 2018 beendet werden (§ 33 TVöD). Da der Auflösungsvertrag durch zwei übereinstimmende Willenserklärungen (§§ 145 ff. BGB) zustande kommt, wäre hierzu aber das Einvernehmen seines Arbeitgebers (Stadt Bingen) erforderlich. Außerdem bedarf der Auflösungsvertrag zu seiner Wirksamkeit der Schriftform (§ 623 BGB).

Da Dennis bereits volljährig (§ 2 BGB) ist, bedürfen weder die Kündigung noch der Auflösungsvertrag der Zustimmung der gesetzlichen Vertreter (§ 106 ff. BGB).

Lösung zu Fall 7: Die Auswirkungen der Kündigung des Berufsausbildungsverhältnisses auf die Jahressonderzahlung, den Urlaub und den Anspruch auf Schadensersatz

Aufgabe 1

Grundlage für die Zahlung der Jahressonderzahlung bildet § 14 des Tarifvertrages für Auszubildende des öffentlichen Dienstes nach BBiG (TVAöD-BBiG). Im Gegensatz zu den bisherigen Regelungen des Zuwendungstarifvertrages verzichtet der TVAöD-BBiG auf weitreichende Anspruchsvoraussetzungen und verlangt nur, dass der Auszubildende am 1. Dezember in einem Ausbildungsverhältnis steht (§ 14 Abs. 1 Satz 1 TVAöD-BBiG). Der Auszubildende erfüllt diese Voraussetzung, da er in dem fraglichen Zeitraum in einem Ausbildungsverhältnis gestanden hat. Die Kündigung des Ausbildungsverhältnisses durch den Auszubildenden hat somit keine Auswirkungen auf die gezahlte Jahressonderzahlung, sodass diese dem Auszubildenden verbleibt und von ihm nicht zurückgezahlt werden muss.

Aufgabe 2

Grundlage für den Erholungsurlaub des Auszubildenden bildet ausschließlich § 9 des Tarifvertrages für Auszubildende des öffentlichen Dienstes (TVAöD) – Besonderer Teil BBiG –, der bestimmt, dass Auszubildende in jedem Urlaubsjahr Erholungsurlaub unter Fortzahlung ihres Ausbildungsentgelts in entsprechender Anwendung der für die Beschäftigten des Ausbildenden geltenden Regelungen mit der Maßgabe erhalten, dass der Urlaubsanspruch bei Verteilung der wöchentlichen Ausbildungszeit auf fünf Tage in der Kalenderwoche in jedem Urlaubsjahr 29 Ausbildungstage beträgt. Die Dauer des Urlaubs findet sich zwar auch im Berufsausbildungsvertrag (§ 11 Abs. 1 Nr. 8 BBiG), was jedoch hier nicht zur Lösung der Aufgabe führt.

Für den beim Statistischen Bundesamt beschäftigten Auszubildenden richtet sich die Berechnung der Dauer des Urlaubsanspruchs wegen der Beendigung des Ausbildungsverhältnisses im Laufe des Urlaubsjahres (28. Februar 2018) aufgrund der Verweisungsregelung in § 9 Abs. 1 TVAöD-Besonderer Teil BBiG nach § 26 des Tarifvertrages für den öffentlichen Dienst (TVöD). Der Urlaubsanspruch beträgt hiernach ein Zwölftel für jeden vollen Beschäftigungsmonat (§ 26 Abs. 2 Buchst. b TVöD). Bruchteile von Urlaubstagen, die sich bei der Berechnung ergeben, sind dabei auf einen vollen Tag aufzurunden, wenn der Bruchteil mindestens einen halben Urlaubstag ergibt; Bruchteile von weniger als einem halben Urlaubstag bleiben unberücksichtigt (§ 26 Abs. 1 Satz 4 TVöD). Danach ergibt sich für die Monate Januar und Februar 2018 ein Anspruch von zwei Zwölftel aus 29 Ausbildungstagen (29 : 12 • 2 = 4,83), das sind 5 Ausbildungstage.

Aufgabe 3
Grundlage für den Anspruch auf Schadensersatz bei vorzeitiger Beendigung des Berufsausbildungsverhältnisses nach der Probezeit bildet § 23 des Berufsbildungsgesetzes (BBiG). Nach dieser gesetzlichen Regelung kann bei vorzeitiger Beendigung des Berufsausbildungsverhältnisses nach der Probezeit vom Ausbildenden oder Auszubildenden grundsätzlich Schadensersatz verlangt werden, wenn der andere den Grund für die Auflösung zu vertreten hat.

Der Auszubildende befindet sich nicht mehr in der Probezeit, da das Berufsausbildungsverhältnis zum Zeitpunkt der Kündigung (23. Januar 2018) bereits seit über 16 Monaten besteht. Außerdem hat der Auszubildende allein den Grund für die vorzeitige Beendigung des Berufsausbildungsverhältnisses zu vertreten. Damit liegen die vorerwähnten Voraussetzungen für einen Schadensersatzanspruch des Ausbildenden (Statistisches Bundesamt) zwar vor; die Vorschrift des § 23 Abs. 1 Satz 2 BBiG schließt jedoch die Möglichkeit der Schadensersatzforderung ausdrücklich aus für den Fall einer Kündigung des Berufsausbildungsverhältnisses nach der Probezeit durch Auszubildende, die ihre Berufsausbildung aufgeben oder sich für eine andere Berufstätigkeit ausbilden lassen wollen, wobei eine Kündigungsfrist von vier Wochen einzuhalten ist.

Nach dem Sachverhalt handelt es sich bei der Kündigung des Berufsausbildungsverhältnisses durch den Auszubildenden um einen von dieser Ausnahmeregelung erfassten Fall, sodass das Statistische Bundesamt folglich keinen Schadensersatz von dem Auszubildenden wegen der vorzeitigen Beendigung des Berufsausbildungsverhältnisses verlangen kann.

Lösung zu Fall 8: Die Ermittlung des Arbeitsentgelts und sonstiger Leistungen

Aufgabe 1
Tabellenentgelt
Das Arbeitsentgelt der unter den Geltungsbereich des Tarifvertrages für den öffentlichen Dienst (TVöD) bzw. des Tarifvertrages für den öffentlichen Dienst der Länder (TV-L) fallenden Arbeitnehmer besteht aus einem festen monatlichen Tabellenentgelt (§ 15 Abs. 1 Satz 1 TVöD/TV-L).

Die Höhe des Tabellenentgelts bestimmt sich nach der Entgeltgruppe, in die der Beschäftigte eingruppiert ist, und nach der für ihn geltenden Stufe (§ 15 Abs. 1 Satz 2 TVöD/TV-L). Die dem Beschäftigten konkret zustehenden Beträge des Tabellenentgelts sind aus der Tabelle der Anlage A (Bund) und Anlage B (Land) zu ersehen (§ 15 Abs. 2 TVöD/TV-L).

Nach dem vorgegebenen Sachverhalt ist eine Eingruppierung von Frau Hofmann zum 1. Mai 2018 in die Entgeltgruppe 8 vorgesehen. Die Zuordnung erfolgt hierbei in die Stufe 1, da Frau Hofmann über keine einschlägige Berufserfahrung von mindestens einem Jahr verfügt, welche Voraussetzung für eine Zuordnung in Stufe 2 wäre (§ 16 Abs. 3 TVöD (Bund) bzw. § 16 Abs. 2 TV-L). Für Frau Hofmann würde bei einer Beschäftigung beim Statistischen Bundesamt in Wiesbaden das monatliche Entgelt in der Entgeltgruppe 8, Stufe 1 nach der Anlage A der Tabelle zum TVöD Bund 2.543,89 € (gültig ab 1. Februar 2017) und bei einer Beschäftigung beim Innenministerium in Mainz nach der Anlage B der Tabelle zum TV-L 2.583,21 € (gültig ab 1. Januar 2018) betragen.

Aufgabe 2
Leistungsentgelt
Das Leistungsentgelt ist eine variable und leistungsorientierte Bezahlung zusätzlich zum Tabellenentgelt (§ 18 Abs. 1 Satz 2 TVöD Bund bzw. VKA), die dazu beitragen soll, die öffentlichen Dienstleistungen zu verbessern. Zugleich sollen Motivation, Eigenverantwortung und Führungskompetenz gestärkt werden.

Grundlage für die Gewährung eines Leistungsentgelts für Arbeitnehmer beim Statistischen Bundesamt ist § 18 TVöD (Bund) in Verbindung mit dem Tarifvertrag über das Leistungsentgelt für die Beschäftigten des Bundes (LeistungsTV-Bund). Die Höhe des individuellen Leistungsentgelts der Beschäftigten richtet sich dabei nach einem durch Dienstvereinbarung festzulegenden Schlüssel, der das Ergebnis der individuellen Leistungsfeststellung der Beschäftigten mit dem jeweils vor Ort zur Verfügung stehenden Leistungsentgeltvolumen verknüpft, wobei durch Dienstvereinbarung eine Obergrenze für das individuelle Leistungsentgelt festgelegt werden kann (§ 10 LeistungsTV-Bund).

Grundlage für die Gewährung eines Leistungsentgelts für Arbeitnehmer beim Innenministerium in Mainz bildet der TV-L. Der TV-L enthält keine Regelung mehr über die Zahlung eines Leistungsentgelts, da die Tarifvertragsparteien des öffentlichen Dienstes der Länder die ursprünglich in § 18 TV-L vereinbarten Regelungen über das Leistungsentgelt mit Wirkung vom 1. Januar 2009 gestrichen haben. Die tarifliche Grundlage für die Zahlung eines Leistungsentgelts ist somit für diesen Personenkreis entfallen.

Vermögenswirksame Leistungen
Grundlage für die Gewährung der vermögenswirksamen Leistungen bildet für die beim Statistischen Bundesamt beschäftigten Arbeitnehmer der TVöD (Bund) und für die beim Innenministerium in Mainz beschäftigten Arbeitnehmer der TV-L. Unter der Voraussetzung, dass das Arbeitsverhältnis voraussichtlich länger als sechs Monate dauert, hätte Frau Hofmann als Vollbeschäftigte sowohl beim Statistischen Bundesamt als auch beim Innenministerium einen Anspruch auf vermögenswirksame Leis-

tungen nach Maßgabe des Vermögensbildungsgesetzes für jeden vollen Kalendermonat in Höhe von 6,65 € (§ 23 Abs. 1 Satz 2 TVöD Bund/TV-L). Zu beachten ist, dass der Anspruch frühestens für den Kalendermonat entsteht, in dem die Beschäftigte dem Arbeitgeber die erforderlichen Angaben schriftlich mitteilt, und für die beiden vorangegangenen Monate desselben Kalenderjahres, wobei die Fälligkeit nicht vor acht Wochen nach Zugang der Mitteilung beim Arbeitgeber eintritt (§ 23 Abs. 1 Satz 3 TVöD Bund/TV-L). Die vermögenswirksame Leistung wird nur für Kalendermonate gewährt, für die der Beschäftigten Tabellenentgelt, Entgeltfortzahlung oder Krankgeldzuschuss zusteht (§ 23 Abs. 1 Satz 4 TVöD Bund/TV-L).

Jahressonderzahlung
Die Anspruchsvoraussetzungen für die Jahressonderzahlung sowie deren Höhe bestimmen sich für die Arbeitnehmer des Statistischen Bundesamtes nach § 20 TVöD (Bund) und für die Arbeitnehmer beim Innenministerium in Mainz nach § 20 TV-L, wobei diese Tarifregelungen inhaltlich identisch sind.

Frau Hofmann hätte bei Aufnahme der Beschäftigung am 1. Mai 2018 als Vollbeschäftigte sowohl beim Statistischen Bundesamt als auch beim Innenministerium grundsätzlich einen Anspruch auf die Jahressonderzahlung. Voraussetzung hierfür ist, dass sie am 1. Dezember 2018 noch im Arbeitsverhältnis steht (§ 20 Abs. 1 TVöD Bund/TV-L). Die Jahressonderzahlung würde für Frau Hofmann in der Entgeltgruppe 8 bei einer Beschäftigung beim Statistischen Bundesamt in Wiesbaden 90 v. H. und bei einer Beschäftigung beim Innenministerium in Mainz 95 v. H. des der Beschäftigten in den Kalendermonaten Juli, August und September 2018 durchschnittlich gezahlten monatlichen Entgelts betragen, wobei hierbei das zusätzlich für Überstunden und Mehrarbeit gezahlte Entgelt (mit Ausnahme der im Dienstplan vorgesehenen Mehrarbeits- oder Überstunden), Leistungszulagen, Leistungs- und Erfolgsprämien unberücksichtigt bleiben (§ 20 Abs. 2 und 3 TVöD Bund/TV-L). Nach § 20 Abs. 4 Satz 1 TVöD Bund/TV-L vermindert sich die Jahressonderzahlung wegen des Arbeitsbeginns am 1. Mai 2018 jedoch um insgesamt vier Zwölftel für die Monate Januar bis April 2018.

Lösung zu Fall 9: Der Werdegang des Beamten

Aufgabe 1
Sachliche Voraussetzungen

- Die öffentliche Körperschaft muss die Dienstherrnfähigkeit besitzen, das heißt rechtlich befähigt sein, Beamte zu beschäftigen. Das Bundesverwaltungsamt besitzt als selbstständige Bundesoberbehörde die Dienstherrnfähigkeit (§ 2 BBG).
- Es muss sich um die Wahrnehmung hoheitsrechtlicher Aufgaben oder solcher Aufgaben handeln, die aus Gründen der Sicherung des Staates oder des öffentlichen Lebens nicht ausschließlich Personen übertragen werden dürfen, die in einem privatrechtlichen Arbeitsverhältnis stehen (§ 5 BBG). Nach dem Sachverhalt kann unterstellt werden, dass Felix Fink hoheitsrechtliche Aufgaben wahrnimmt.
- Es muss zum Zeitpunkt der Anstellung des Beamten eine freie Planstelle der jeweiligen Besoldungsgruppe zur Verfügung stehen, die im Stellenplan des Haushaltspla-

nes ausgewiesen sein muss (§§ 17 Abs. 5, 49 Abs. 1 BHO). Nach dem Sachverhalt sind im Stellenplan die entsprechenden Planstellen ausgewiesen.

- Es muss grundsätzlich eine Stellenausschreibung erfolgt sein (§ 8 Abs. 1 BBG, § 4 Abs. 1 BLV). Nach dem Sachverhalt erfolgte die Einstellung durch Stellenausschreibung.
- Es muss ein Auswahlverfahren durchgeführt worden sein (§ 9 BBG, § 4 GntDAIVVDV). Dies kann nach dem Sachverhalt unterstellt werden.

Persönliche Voraussetzungen

Der Bewerber muss

- Deutscher im Sinne des Artikels 116 des Grundgesetzes (GG) sein oder die Staatsangehörigkeit eines anderen Mitgliedstaates der Europäischen Union oder eines anderen Vertragsstaates des Abkommens über den Europäischen Wirtschaftsraum oder eines Drittstaates, dem die Bundesrepublik Deutschland und die Europäische Union vertraglich einen entsprechenden Anspruch auf Anerkennung der Berufsqualifikationen eingeräumt haben, besitzen (§ 7 Abs. 1 Nr. 1 BBG), es sei denn, die Aufgaben erfordern die Deutsche Staatsangehörigkeit (§ 7 Abs. 2 BBG) oder es ist eine Ausnahme zugelassen (§ 7 Abs. 3 BBG)
- die Gewähr dafür bieten, jederzeit für die freiheitlich demokratische Grundordnung im Sinne des GG einzutreten (§ 7 Abs. 1 Nr. 2 BBG)
- als Laufbahnbewerber die für seine Laufbahn vorgeschriebene Vorbildung besitzen (§ 7 Abs. 1 Nr. 3a BBG), wobei für die Einstellung in den Vorbereitungsdienst der Laufbahn des gehobenen Dienstes als Bildungsvoraussetzung entweder eine zu einem Hochschulstudium berechtigende Schulbildung (z. B. allgemeine Hochschulreife, Fachhochschulreife) oder ein als gleichwertig anerkannter Bildungsstand gefordert wird (§ 17 Abs. 4 Nr. 1 BBG)
- geschäftsfähig sein (§ 104 ff. BGB)
- in gesundheitlicher Hinsicht berufstauglich (dienstfähig) sein
- in geordneten wirtschaftlichen Verhältnissen leben.

Ergebnis

Nach dem Sachverhalt besitzt Felix Fink das Abitur. Er erfüllt damit die Vorbildungsvoraussetzung für die Einstellung in den Vorbereitungsdienst der Laufbahn des gehobenen nichttechnischen Dienstes in der allgemeinen und inneren Verwaltung des Bundes. Des Weiteren kann nach dem Sachverhalt unterstellt werden, dass Felix Fink die deutsche Staatsangehörigkeit besitzt. Zu den weiteren persönlichen Einstellungsvoraussetzungen enthält der Sachverhalt keine konkreten Angaben. Felix Fink erfüllt jedoch offensichtlich diese Voraussetzungen, weil ansonsten eine Einstellung in den Vorbereitungsdienst der Laufbahn des gehobenen nichttechnischen Dienstes nicht erfolgt wäre.

Aufgabe 2

01.10.2009	Einstellung als **Regierungsinspektoranwärter** beim Bundesverwaltungsamt unter Berufung in das Beamtenverhältnis auf Probe	§§ 6 Abs. 4 Nr. 1, 10 Abs. 1 Nr. 1 BBG
30.09.2012	Erwerb der Laufbahnbefähigung nach erfolgreichem Abschluss des Vorbereitungsdienstes und Ablegung der Laufbahnprüfung	§§ 7, 13 Abs. 1 und 17 Abs. 1 BLV
01.10.2012	Ernennung zum **Regierungsinspektor** unter Verleihung der Eigenschaft eines Beamten auf Probe Beginn der Probezeit zur Feststellung der Bewährung	§§ 10 Abs. 1 Nr. 2 BBG, § 28 BLV
30.09.2015	**Ende der Probezeit** von drei Jahren bei entsprechender Bewährung	§ 28 Abs. 1 BLV
01.10.2015	Ernennung zum Beamten auf Lebenszeit	§ 11 Abs. 1 BBG
01.10.2016	Beförderung zum **Regierungsoberinspektor** (BesGr A 10 BBesO) – erstes Beförderungsamt – frühestens möglich ein Jahr nach der Probezeit	§ 10 Abs. 1 Nr. 3 BBG § 22 Abs. 4 Nr. 2 BBG
01.10.2017	Beförderung zum **Regierungsamtmann** (BesGr A 11 BBesO) – zweites Beförderungsamt – frühestens möglich ein Jahr nach der letzten Beförderung	§ 10 Abs. 1 Nr. 3 BBG § 22 Abs. 4 Nr. 2 BBG
01.10.2018	Beförderung zum **Regierungsamtsrat** (BesGr A 12 BBesO) – drittes Beförderungsamt – frühestens möglich ein Jahr nach der letzten Beförderung	§ 10 Abs. 1 Nr. 3 BBG § 22 Abs. 4 Nr. 2 BBG
24.01.2053	Versetzung in den Ruhestand auf eigenen Antrag – frühestens möglich mit Vollendung des 63. Lebensjahres (bei Schwerbehinderten des 62. Lebensjahres)	§ 52 Abs. 3 BBG
31.01.2057	Eintritt in den Ruhestand wegen Erreichen der Regelaltersgrenze (Ende des Monats der Vollendung des 67. Lebensjahres)	§ 51 Abs. 1 BBG

Aufgabe 3

<table>
<tr>
<td>1. Urkunde

Im Namen der
Bundesrepublik Deutschland

ernenne ich

Herrn Felix Fink
geb. am 24. Januar 1990

mit Wirkung vom 1. Oktober 2009

unter Berufung in das Beamtenverhältnis auf Widerruf

zum Regierungsinspektoranwärter

Köln, den 24. September 2009

Für den Bundesminister des Innern
Der Präsident des Bundesverwaltungsamtes</td>
<td>2. Urkunde

Im Namen der
Bundesrepublik Deutschland

ernenne ich

den Regierungsinspektoranwärter Felix Fink
geb. am 24. Januar 1990

mit Wirkung vom 1. Oktober 2012

unter Verleihung der Eigenschaft eines Beamten auf Probe

zum Regierungsinspektor

Köln, den 27. September 2012

Für den Bundesminister des Innern
Der Präsident des Bundesverwaltungsamtes</td>
</tr>
<tr>
<td>3. Urkunde

Im Namen der
Bundesrepublik Deutschland

verleihe ich

dem Regierungsinspektor Felix Fink
geb. am 24. Januar 1990

mit Wirkung vom 1. Oktober 2015
die Eigenschaft eines Beamten
auf Lebenszeit

Köln, den 24. September 2015

Für den Bundesminister des Innern
Der Präsident des Bundesverwaltungsamtes</td>
<td>4. Urkunde

Im Namen der
Bundesrepublik Deutschland

ernenne ich

den Regierungsinspektor Felix Fink
geb. am 24. Januar 1990

mit Wirkung vom 1. Oktober 2016
zum Regierungsoberinspektor

Köln, den 22. September 2016

Für den Bundesminister des Innern
Der Präsident des Bundesverwaltungsamtes</td>
</tr>
</table>

<table>
<tr>
<td>

5. Urkunde

Im Namen der
Bundesrepublik Deutschland
ernenne ich

den Regierungsoberinspektor Felix Fink
geb. am 24. Januar 1990

mit Wirkung vom 1. Oktober 2017

zum Regierungsamtmann

Köln, den 20. September 2017

Für den Bundesminister des Innern
Der Präsident des Bundesverwaltungsamtes

</td>
<td>

6. Urkunde

Im Namen der
Bundesrepublik Deutschland
ernenne ich

den Regierungsamtmann Felix Fink
geb. am 24. Januar 1990

mit Wirkung vom 1. Oktober 2018

zum Regierungsamtsrat

Köln, den 21. September 2018

Für den Bundesminister des Innern
Der Präsident des Bundesverwaltungsamtes

</td>
</tr>
<tr>
<td>

7. Urkunde

Im Namen der
Bundesrepublik Deutschland

Der Regierungsamtsrat Felix Fink
geb. am 24. Januar 1990

tritt nach Erreichen der Altersgrenze
mit Ablauf des Monats Januar 2057
in den Ruhestand.

Für die der Bundesrepublik Deutschland geleisteten treuen Dienste spreche ich ihm Dank und Anerkennung aus.

Köln, den 31. Januar 2057

Für den Bundesminister des Innern
Der Präsident des Bundesverwaltungsamtes

</td>
<td>

Alternativ

Im Namen der
Bundesrepublik Deutschland

versetze ich

den Regierungsamtsrat Felix Fink
geb. am 24. Januar 1990

auf seinen Antrag zum 24. Januar 2053
in den Ruhestand.

Für die der Bundesrepublik Deutschland geleisteten treuen Dienste spreche ich ihm Dank und Anerkennung aus.

Köln, den 24. Januar 2053

Für den Bundesminister des Innern
Der Präsident des Bundesverwaltungsamtes

</td>
</tr>
</table>

3.3 Prüfungsbereich „Verwaltungsrecht und Verwaltungsverfahren"

Lösung zu Fall 10: Die Einziehung rückständiger Gebühren

Vorbemerkung: Die Lösung der Aufgabe orientiert sich an dem nachstehenden Aufbauschema, welches sich in der Praxis für die Anfertigung eines schriftlichen Verwaltungsaktes (Bescheides) durchgesetzt hat.

Aufbauschema für die Anfertigung eines schriftlichen Bescheides
► **Briefvordruck der Behörde** mit ggf. **individuellen Einfügungen**, wie Name des Sachbearbeiters, Hausanschrift, Amt, Abteilung, Zimmernummer, Aktenzeichen, Datum, Durchwahltelefon-Nummer
► eventuell **Vermerk über besondere Zustellung**
► **Adresse des Empfängers** oder des **Bevollmächtigten**
► **Betreff/Bezug, Anlage/n** und **Anrede**
► **Einleitungssatz/-sätze** und **kennzeichnende Überschrift**
► **Tenor** (Entscheidungssatz) mit **Hauptentscheidung** und a) ggf. **Nebenbestimmungen** (Befristung, Bedingung, Widerrufsvorbehalt, Auflage, Auflagenvorbehalt) und b) ggf. **Nebenentscheidungen** (Anordnung der sofortigen Vollziehung, Androhung von Zwangsmitteln, Entscheidung über die Kosten der Behörde und/oder von Adressaten).
► **Begründung** mit **Überschrift** und a) den **tatsächlichen Gründen** (die der Entscheidung zugrunde gelegt sind) und b) den **rechtlichen Gründen** (zu jedem Teil des Tenors) mit - den Rechtsgrundlagen (zu jedem Teil des Tenors), - dem wesentlichen Inhalt (der herangezogenen Vorschriften in für den Laien verständlicher Form), - der Subsumtion (Zutreffen des konkreten Sachverhalts auf die Vorschriften) und - den Ermessensüberlegungen (wenn Ermessen eingeräumt ist).
► **Rechtsbehelfsbelehrung** mit a) Art des zulässigen Rechtsbehelfs, b) Sitz und Adresse der Behörde oder dem Gericht, wo der Behelf einzulegen ist und c) Hinweis auf die Einlegungsfrist.
► eventuell **ergänzende Hinweise, Rat, Empfehlungen, weitere Informationsquellen**
► **Grußformel** und **Unterschrift** des Verantwortlichen (bei Massenbescheiden auch ohne Unterschrift möglich) sowie ggf. **Dienstsiegel** der Behörde
► **Geschäftsgangvermerke** und **Bearbeitungsvermerke**

Lösung:

Stadt Ingelheim am Rhein
Am Markt 1
55218 Ingelheim am Rhein

20. März 2018 - Ordnungsamt -
Aktenzeichen

Gegen Postzustellungsurkunde
Herrn
Helmut Ochs
Wackernheimer Straße 30
55218 Ingelheim am Rhein

Vollzug des Schornsteinfeger-Handwerksgesetzes (SchfHwG) und der Kehr- und Überprüfungsordnung (KÜO)

Unser Anhörungsschreiben vom 6. Februar 2018

Anlage

Sehr geehrter Herr Ochs,

aufgrund des § 20 des Schornsteinfeger-Handwerksgesetzes (SchfHwG) i. V. m. § 6 der Kehr- und Überprüfungsordung (KÜO) und der Nr. 4.4 der Landesverordnung über die Gebühren der Behörden der Wirtschaftsverwaltung (Besonderes Gebührenverzeichnis) in den derzeit gültigen Fassungen ergeht folgender

Gebührenbescheid:

I.	Für die vom bevollmächtigten Bezirksschornsteinfeger für das Jahr 2017 vorgenommenen Leistungen wird eine Gebühr i. H. von und	59,11 €
II.	für den Erlass dieses Gebührenbescheides wird eine Verwaltungsgebühr in Höhe von	38,35 €
III.	zuzüglich Auslagen in Höhe von	11,25 €
	Gesamtbetrag	108,71 €

festgesetzt.

Die Zusammensetzung der Gebühr über die vom Bezirksschornsteinfeger vorgenommenen Leistungen einschließlich der gesetzlichen Berechnungsgrundlage ist der Anlage zu entnehmen, die Bestandteil dieses Gebührenbescheides ist.

Der festgesetzte Gesamtbetrag ist innerhalb einer Woche nach Zustellung dieses Bescheides unter der Angabe der Haushaltsstelle „1100-1000 – Bezirksschornsteinfegergebühr" auf eines unserer Konten zu überweisen.

Sofern von Ihnen bis zum Ablauf eines Monats nach dem Fälligkeitstag die Gebühren nicht entrichtet werden, kann für jeden angefangenen Monat der Säumnis ein Säumniszuschlag von 1 v. H. gemäß den Bestimmungen des § 18 des Landesgebührengesetzes für Rheinland-Pfalz in der derzeit gültigen Fassung erhoben werden.

Begründung:

Der für die Kehr- und Überprüfungsarbeiten Ihres Anwesens, Wackernheimer Straße 30, 55218 Ingelheim, zuständige bevollmächtigte Bezirksschornsteinfeger, Herr Horst Altenhofen, hat uns mitgeteilt, dass Sie trotz Zahlungserinnerung die in der Anlage näher bezeichnete Gebühr nicht entrichtet haben.

Nach § 20 Abs. 2 SchfHwG ist die Gebühr nach der Kehr- und Überprüfungsgebührenordnung eine öffentliche Last des Grundstücks, die vom Grundstückseigentümer zu tragen ist. Rückständige Gebühren und Auslagen, die trotz Mahnung nicht entrichtet worden sind, werden von der zuständigen Verwaltungsbehörde auf Antrag des Bezirksschornsteinfegers nach den für sie geltenden Vorschriften der Verwaltungsvollstreckung beigetrieben. Wir haben Ihnen mit Schreiben vom 6. Februar 2018 Gelegenheit gegeben, sich zu dem entscheidungserheblichen Sachverhalt zu äußern bzw. die Gebühr innerhalb einer Woche auf das Konto des Bezirksschornsteinfegers zu überweisen.

Von der Möglichkeit, sich uns gegenüber zu äußern, haben Sie keinen Gebrauch gemacht. Nach Auskunft des Bezirksschornsteinfegermeisters war bis zum 6. März 2018 auch kein Zahlungseingang der ausstehenden Gebühren zu verzeichnen.

Es ist somit ein förmlicher Gebührenbescheid zu erlassen.

Rechtsbehelfsbelehrung:

Gegen diesen Bescheid können Sie innerhalb eines Monats nach seiner Bekanntgabe schriftlich oder zur Niederschrift bei der Stadt Ingelheim am Rhein, Am Markt 1, 55218 Ingelheim am Rhein, Widerspruch erheben.

Mit freundlichen Grüßen
Im Auftrag (Dienstsiegel)

Unterschrift

Anlage zum Gebührenbescheid

Berechnung der rückständigen Gebühr nach der KÜO

für das Hausgrundstück Wackernheimer Straße 30, 55218 Ingelheim, gemäß Rechnung von Herrn Bezirksschornsteinfegermeister Horst Altenhofen vom 29. September 2017, Rechnungsnummer 2050/2017.

Gebührenschuldner: Helmut Ochs, Wackernheimer Straße 30, 55218 Ingelheim

Gebühren für Feuerstättenbescheid nach Nr. 1.1.1 bis 1.1.3 Anlage 3 KÜO		=	27,30 €
Gebühr für Feuerstättenschau nach Nr. 2.2.1 Anlage 3 KÜO		=	12,29 €
	19 % Mehrwertsteuer	=	7,52 €
Mahnkosten		=	12,00 €
	Gesamtbetrag	=	59,11 €

Lösung zu Fall 11: Der Widerruf einer Gaststättenerlaubnis

Vorbemerkung: Die Lösung der Aufgabe stützt sich auf das nachstehende Aufbauschema. Dieses entspricht inhaltlich den Aufbaumustern, die sich bei der gutachtlichen Zulässigkeitsprüfung von Entscheidungen im Widerspruchsverfahren in der Praxis bewährt haben.

Aufbauschema zur gutachtlichen Zulässigkeitsprüfung von Widerspruchsentscheidungen	
Erster Schritt:	Prüfen, ob der Verwaltungsrechtsweg eröffnet ist (§ 40 Abs. 1 VwGO).
Zweiter Schritt:	Prüfen, ob der Widerspruch statthaft (gesetzlich vorgesehen) ist, das heißt gerichtet gegen einen Verwaltungsakt mit dem Ziel der Aufhebung (Anfechtungswiderspruch, § 68 Abs. 1 S. 1 VwGO) oder zur Erreichung des (tatsächlichen) Zieles der Erlass eines Verwaltungsaktes erforderlich ist (Verpflichtungswiderspruch, § 68 Abs. 2 VWGO) und kein Vorverfahren gesetzlich ausgeschlossen ist (§ 68 Abs. 1 Satz 2 VwGO).
Dritter Schritt:	Prüfen, ob der Widerspruch ordnungsgemäß erhoben wurde, das heißt bei der richtigen Behörde, in der richtigen Form und innerhalb der zulässigen Frist (§ 70 i. V. m. §§ 58 Abs. 2 und 60 VwGO).
Vierter Schritt:	Prüfen, ob der Widerspruchsführer beteiligungs- und handlungsfähig ist (§ 79 i. V. m. §§ 11, 12 VwVfG) und ggf. im Falle der Vertretung eine ordnungsgemäße Vollmacht vorliegt (§ 79 i. V. m. § 14 VwVfG).
Fünfter Schritt:	Prüfen, ob der Widerspruchsführer in analoger Anwendung des § 42 Abs. 2 VwGO widerspruchsbefugt ist, das heißt sind möglicherweise eigene Rechte des Widerspruchsführers beeinträchtigt (Anfechtungswiderspruch) bzw. besteht möglicherweise ein Anspruch auf den begehrten Verwaltungsakt oder auf ermessensfehlerfreie Entscheidung über den Antrag (Verpflichtungswiderspruch).

INFO

Bei der Zulässigkeitsprüfung von Widerspruchsentscheidungen stellt sich das Problem, ob tatsächlich auf alle Zulässigkeitsvoraussetzungen eingegangen werden muss, da der Sachverhalt häufig nur einige strittige Punkte enthält. Generell kann hierzu empfohlen werden, nur diejenigen Zulassungsvoraussetzungen mit der notwendigen Ausführlichkeit zu behandeln, zu denen der Sachverhalt auch Veranlassung gibt. Auf die unstreitigen Punkte der Zulässigkeitsvoraussetzungen sollte allenfalls kurz eingegangen werden. Die Reihenfolge der Prüfungsschritte ist nicht zwingend und kann auch umgestellt werden, sofern sich dies als zweckmäßig erweisen sollte.

Prüfung der Zulässigkeit des Widerspruchs:

1. Ist der Verwaltungsrechtsweg gegeben?

Nach der Generalzuweisung des § 40 Abs. 1 Verwaltungsgerichtsordnung (VwGO) ist der Verwaltungsrechtsweg gegeben, wenn es sich um eine öffentlich-rechtliche Streitigkeit nichtverfassungsrechtlicher Art handelt und eine Zuweisung an eine andere Gerichtsbarkeit nicht vorliegt.

Rechtsgrundlage für die Aufhebung der Gaststättenerlaubnis ist das Gaststättengesetz. Diese Rechtsnorm ist dem öffentlichen Recht zuzuordnen. Es handelt sich somit um eine öffentlich-rechtliche Streitigkeit. Die Streitigkeit ist auch nichtverfassungsrechtlicher Art, weil weder Verfassungsorgane miteinander streiten noch Streit über Anwendung und Auslegung von Verfassungsrecht besteht. Eine ausdrückliche Zuweisung an eine andere Gerichtsbarkeit ist nicht ersichtlich.

Der Verwaltungsrechtsweg ist somit gegeben.

2. Ist der Widerspruch statthaft?

Der Widerspruch wäre der statthafte Rechtsbehelf, wenn die von der betroffenen Person begehrte Aufhebung des Bescheides über den Widerruf der Gaststättenerlaubnis einen Verwaltungsakt (§ 35 Satz 1 VwVfG) darstellt, bei dem die Anwendbarkeit des § 68 VwGO gesetzlich ausdrücklich gefordert wird.

Bei dem Widerruf der Gaststättenerlaubnis handelt es sich um eine hoheitliche Maßnahme einer Behörde auf dem Gebiet des öffentlichen Rechts zur Regelung eines Einzelfalles mit unmittelbarer Rechtswirkung nach außen, also um einen Verwaltungsakt im Sinne des § 35 Satz 1 VwVfG.

Ein Fall des § 68 Abs. 1 Satz 2 VwGO, der den Widerspruch gegen den Verwaltungsakt nicht zulassen würde, ist hier nicht gegeben.

Das Ziel des Widerspruchs ist die Aufhebung eines Verwaltungsaktes, und zwar des Bescheides vom 18. Oktober 2016 über den Widerruf der Gaststättenerlaubnis. Der Widerspruch ist somit als Anfechtungswiderspruch der statthafte Rechtsbehelf.

3. Ist der Widerspruch ordnungsgemäß eingelegt worden?

Der Widerspruch ist nach § 70 Abs. 1 Satz 1 VwGO innerhalb eines Monats nach Bekanntgabe schriftlich oder zur Niederschrift bei der Behörde zu erheben, die den Verwaltungsakt erlassen hat.

Nach dem Sachverhalt wurde der Widerspruch schriftlich, und damit formgerecht bei der Stadt Ingelheim am Rhein als Ausgangsbehörde erhoben (§ 70 Abs. 1 Satz 1 VwGO).

Gemäß § 70 Abs. 1 Satz 1 VwGO hätte der bevollmächtigte Rechtsanwalt den Widerspruch fristgerecht erhoben, wenn er ihn innerhalb eines Monats nach der Bekanntgabe des Bescheides über den Widerruf der Gaststättenerlaubnis eingelegt hätte, weil Herr Zeibig über den Rechtsbehelf richtig belehrt worden ist und damit nach §§ 58 Abs. 1 und 70 Abs. 2 VwGO die Monatsfrist zu laufen begonnen hat.

Der Bescheid vom 18. Oktober 2017 wurde am 19. Oktober 2017 mit Postzustellungsurkunde zugestellt. Der 19. Oktober 2017 ist demnach der Tag der Bekanntgabe (§ 41 Abs. 5 VwVfG i. V. m. § 3 VwZG). Wegen des rechtlichen Doppelcharakters des Vorverfahrens, welches einerseits ein gerichtliches Vorverfahren ist, das für die Zulässigkeit einer Anfechtungs- oder Verpflichtungsklage erforderlich ist und andererseits auch ein Verwaltungsverfahren ist, weil es durch die Ausgangs- und Widerspruchsbehörde selbst durchgeführt wird, kommt sowohl eine Berechnung der Widerspruchsfrist nach den Vorschriften der Verwaltungsgerichtsordnung (VwGO) als auch eine Fristberechnung nach den Vorschriften des Verwaltungsverfahrensgesetzes (VwVfG) in Betracht. Die herrschende Meinung geht hierbei von der Berechnung nach § 79 in Verbindung mit § 31 VwVfG aus, weil die Vorschrift zur Widerspruchsfrist (§ 70 Abs. 2 VwGO) nicht auf die Bestimmung des § 57 VwGO verweist. Im Ergebnis führen jedoch beide Meinungen zum selben Ergebnis, da sowohl § 31 VwVfG als auch § 57 Abs. 2 VwGO in Verbindung mit seiner Verweisung auf § 222 der Zivilprozessordnung hinsichtlich der Berechnung von Fristen auf die Vorschriften des Bürgerlichen Gesetzbuches (BGB) weiterverweisen (§§ 187 bis 193 BGB). Die Widerspruchsfrist beginnt danach am 20. Oktober 2017 um 0:00 Uhr zu laufen (§ 187 Abs. 1 BGB) und würde eigentlich am 19. November 2017 um 24:00 Uhr enden (§ 188 Abs. 2 Satz 1 Alternative 1 BGB). Der 19. November 2017 war jedoch ein Sonntag, sodass in diesem Fall die Frist erst mit Ablauf des nächsten Werktages, also am Montag, dem 20. November 2017 um 24:00 Uhr endet (§ 222 Abs. 2 ZPO).

Da der Widerspruch am 20. November 2017 bei der Ausgangsbehörde eingegangen ist, wurde somit die Widerspruchsfrist von einem Monat ab Bekanntgabe des Bescheides eingehalten.

4. Ist der Widerspruchsführer beteiligungs- und handlungsfähig und liegt gegebenenfalls eine ordnungsgemäße Vollmacht vor?

Reinhold Zeibig ist als natürliche Person beteiligungsfähig (§ 79 i. V. m. § 11 Nr. 1 VwVfG). Da er volljährig ist, ist er auch handlungsfähig (§ 79 i. V. m. § 12 Abs. 1 Nr. 1 VwVfG).

Nach § 79 i. V. m. § 14 Abs. 1 Satz 1 VwVfG kann sich Reinhold Zeibig als Beteiligter (§ 13 Abs. 1 Nr. 2 VwVfG) durch einen Bevollmächtigten, z. B. einen Rechtsanwalt, vertreten lassen. Da eine ordnungsgemäße Vollmacht vorgelegt wurde, ist somit die Vertretungsmacht nachgewiesen.

5. Ist der Widerspruchsführer widerspruchsbefugt?

Für die Zulässigkeit eines Widerspruchs wird entsprechend der Klagebefugnis in § 42 Abs. 2 VwGO (in analoger Anwendung) eine Widerspruchsbefugnis verlangt. Hierdurch wird der sog. Popularwiderspruch ausgeschlossen und damit verhindert, dass jedermann Widerspruch gegen jeden Verwaltungsakt erheben kann. Vielmehr muss der Widerspruchsführer die Verletzung eigener subjektiv-öffentlicher Rechte geltend machen. Dies lässt sich auch aus der Vorschrift des § 70 Abs. 1 VwGO ableiten, in der im Zusammenhang mit der Erhebung des Widerspruchs der Begriff des „Beschwerten" verwandt wird.

Hinsichtlich der Prüfung der Widerspruchsbefugnis ist zwischen der sogenannten Adressatentheorie, die beim Anfechtungswiderspruch Anwendung findet, und der sogenannten Möglichkeitstheorie, die beim Verpflichtungswiderspruch gilt, zu unterscheiden. Beim Anfechtungswiderspruch ist die Widerspruchsbefugnis ohne weiteres gegeben und muss nicht gesondert geprüft werden, weil bei dem Adressaten eines belastenden Verwaltungsaktes zwangsläufig die durch Artikel 2 Abs. 1 GG geschützte allgemeine Handlungsfreiheit berührt wird. Dagegen wird der Verpflichtungswiderspruch nicht wegen einer Belastung eingelegt, die in der Ablehnung der begehrten begünstigten Entscheidung liegt, sondern um diese Begünstigung zu erhalten. Es ist daher beim Verpflichtungswiderspruch im Rahmen der Widerspruchsbefugnis die Frage zu klären, ob zugunsten des Widerspruchsführers möglicherweise ein Anspruch auf den begehrten Verwaltungsakt besteht oder ein Anspruch auf ermessensfehlerfreie Entscheidung über den Antrag.

Reinhold Zeibig ist als Adressat eines ihn belastenden Verwaltungsaktes (des Widerrufs der Gaststättenerlaubnis) in seinen Rechten beeinträchtigt. Er ist somit widerspruchsbefugt im Sinne der analogen Anwendung des § 42 Abs. 2 VwGO.

Ergebnis
Da alle Zulässigkeitsvoraussetzungen gegeben sind, ist der Widerspruch somit zulässig.

3.4 Prüfungsbereich „Wirtschafts- und Sozialkunde"

Lösung zu Fall 12: Die Einbindung der Bundesrepublik Deutschland in das europäische Rechtssystem

Aufgabe 1
Verfassungsrechtliche Grundlage für die Geltung des Rechts der Europäischen Union in der Bundesrepublik Deutschland bildet Artikel 23 des Grundgesetzes (GG). Dieser Artikel, der auch als Europaartikel bezeichnet wird, wurde im Dezember 1992 in das GG eingefügt und ist an die Stelle des weiter bestehenden Verfassungsartikels 24 Abs. 1 GG getreten, welcher zuvor den Integrationshebel für die Übertragung von Hoheitsrechten auf die Europäische Gemeinschaft (EG) bildete.

Artikel 23 Abs. 1 Satz 1 GG enthält die Staatszielbestimmung eines vereinten Europas. Damit verbunden ist eine Struktursicherungsklausel, nach der die Europäische Union demokratischen, rechtsstaatlichen, sozialen und föderativen Grundsätzen verpflichtet sein und einen dem GG vergleichbaren Grundrechtsschutz gewährleisten muss. Zur Entwicklung der Europäischen Union kann der Bund gemäß Artikel 23 Abs. 1 Satz 2 GG durch Gesetz mit Zustimmung des Bundesrates Hoheitsrechte auf die Europäische Union übertragen. Für die Begründung der Europäischen Union sowie für Änderungen ihrer vertraglichen Grundlagen bedarf es nach Artikel 23 Abs. 1 Satz 3 GG einer Zweidrittelmehrheit in Bundestag und Bundesrat.

Aufgabe 2
Aus der Übertragung von Hoheitsrechten auf die Europäische Union folgt, dass das Gemeinschaftsrecht, welches den Befugnissen des Vertrages über die Europäische Union (EUV) und des Vertrages über die Arbeitsweise der Europäischen Union (AEUV) entsprechend gesetzt wurde, jedem entgegenstehenden nationalen Recht der Mitgliedstaaten vorgeht und von allen nationalen Gerichten und Verwaltungsbehörden vorrangig anzuwenden ist (sog. Anwendungsvorrang des Gemeinschaftsrechts). Das Gemeinschaftsrecht verdrängt auch das nationale Verfassungsrecht, mit Ausnahme der Grundprinzipien der Verfassungen.

Die deutschen Gerichte und Verwaltungsbehörden sind somit verpflichtet, das deutsche Recht auf seine Vereinbarkeit mit dem Gemeinschaftsrecht zu prüfen und wegen des Anwendungsvorrangs gegebenenfalls unangewendet zu lassen, ohne dass es einer Änderung des entsprechenden deutschen Rechts und eine innerstaatliche Abklärung durch die Verfassungsgerichte der Bundesrepublik Deutschland bedarf.

Aufgabe 3
Grundlage für die Mitwirkung des Bundestages in Angelegenheiten der Europäischen Union bildet der Artikel 23 des Grundgesetzes (GG). Danach hat die Bundesregierung den Bundestag umfassend und zum frühestmöglichen Zeitpunkt zu unterrichten, wenn eine Angelegenheit der Europäischen Union ansteht und ihm Gelegenheit zur Stellungnahme vor ihrer Mitwirkung an Rechtsetzungsakten der Europäischen Union zu geben; wobei die Bundesregierung die Stellungnahmen des Bundestages bei den Verhandlungen berücksichtigt (Art. 23 Abs. 2 Satz 2 und Abs. 3). Die Einzelheiten hierzu sind in dem in Ausführung des Artikel 23 Abs. 3 GG erlassenen Gesetz über die Zusammenarbeit von Bundesregierung und Deutschem Bundestag in Angelegenheiten der Europäischen Union (EUZBBG) geregelt.

Des Weiteren sieht Artikel 45 GG die Bestellung eines Ausschusses für die Angelegenheiten der Europäischen Union durch den Bundestag vor. Der Bundestag kann den Ausschuss ermächtigen, die Rechte des Bundestages gemäß Artikel 23 GG gegenüber der Bundesregierung wahrzunehmen. Damit soll eine zügige Beteiligung des Bundestages ermöglicht werden. Außerdem kann der Bundestag den Ausschuss für die Angelegenheiten der Europäischen Union auch zur Wahrnehmung seiner direkten Mitwirkungsrechte gegenüber den Organen der Europäischen Union ermächtigen, die durch den Vertrag von Lissabon den nationalen Parlamenten erstmals eingeräumt worden sind. Die Einzelheiten sind im Gesetz über die Wahrnehmung der Integrationsverantwortung des Bundestages und des Bundesrates in Angelegenheiten der Europäischen Union (Integrationsverantwortungsgesetz – IntVG) festgelegt.

Aufgabe 4
In Angelegenheiten der Europäischen Union wirken die Bundesländer über den Bundesrat mit, wobei die Bundesregierung den Bundesrat umfassend und zum frühestmöglichen Zeitpunkt zu unterrichten hat (Art. 23 Abs. 2 GG).

Der Umfang der Beteiligung der Bundesländer an der innerstaatlichen Willensbildung in Angelegenheiten der Europäischen Union ist im Einzelnen in Artikel 23 Abs. 4 bis 6 des Grundgesetzes (GG) geregelt. Danach ist der Bundesrat an der Willensbildung des Bundes zu beteiligen, soweit er an einer entsprechenden innerstaatlichen Maßnahme mitzuwirken hätte oder soweit die Länder innerstaatlich zuständig wären (Art. 23 Abs. 4 GG). Daneben kann der Bundesrat durch Einwirkung auf die Bundesregierung mitwirken. Inwieweit die Einwirkung auf die Bundesregierung diese bindet, hängt davon ab, ob Kompetenzen der Länder betroffen sind. Dies bestimmt sich nach Artikel 23 Abs. 5 Satz 1 (Berücksichtigung) und Artikel 23 Abs. 5 Satz 2 GG (maßgebliche Berücksichtigung). Welche Bedeutung dem Bundesrat bei Erlass des Rechtsakts zukommt, hängt dabei davon ab, inwieweit Kompetenzen der Länder von der geplanten Maßnahme betroffen sind. Dies bestimmt sich nach Artikel 23 Abs. 6 GG. Danach ist die Verhandlungsführung für die Bundesrepublik Deutschland einem Ländervertreter zu übertragen, wenn von dem zu erlassenden Rechtsakt ausschließliche Gesetzgebungsbefugnisse der Länder betroffen sind. Die Einzelheiten zu den in Artikel 23 Abs. 4 bis 6 des GG festgelegten Beteiligungsrechten der Länder sind in dem in Ausführung des Artikels 23 Abs. 7 GG mit Zustimmung des Bundesrates erlassenen Gesetz über die Zusammenarbeit von Bund und Ländern in Angelegenheiten der Europäischen Union (EUZBLG) geregelt.

Außerdem kann der Bundesrat gemäß Artikel 52 Abs. 3a GG für Angelegenheiten der Europäischen Union eine Europakammer bilden, deren Beschlüsse als Beschlüsse des Bundesrates gelten. Damit soll eine zügige Beteiligung des Bundesrates ermöglicht werden. Im Übrigen ist zu beachten, dass dem Bundesrat in dem Artikel 50 GG ein Mitwirkungsrecht in allen Angelegenheiten der Europäischen Union, die die Länder betreffen, eingeräumt ist. Dies bedeutet, dass der Bundesrat im Ergebnis immer zu beteiligen ist, weil er über Artikel 50 GG an allen Gesetzgebungsverfahren mitwirkt.

Aufgabe 5
Der **Grundsatz der Subsidiarität** ist ein Kompetenzausübungsprinzip, welches eines der Grundprinzipien des europäischen Rechts darstellt. Das in Artikel 5 Abs. 3 des Vertrages über die Europäische Union (EUV) in der Fassung des Vertrages von Lissabon verankerte Subsidiaritätsprinzip besagt, dass die Europäische Union (EU) in den Bereichen, die nicht in ihre ausschließliche Zuständigkeit fallen, nur tätig wird, sofern und soweit die Ziele der in Betracht gezogenen Maßnahmen von den Mitgliedstaaten weder auf zentraler noch auf regionaler oder lokaler Ebene ausreichend verwirklicht werden können, sondern vielmehr wegen ihres Umfangs oder ihrer Wirkungen auf der Ebene der EU besser zu verwirklichen sind.

Durch das in Artikel 5 Abs. 4 des Vertrages über die Europäische Union (EUV) verankerte **Verhältnismäßigkeitsprinzip** wird klargestellt, dass die Maßnahmen der EU inhaltlich wie formal nicht über das zur Erreichung der Ziele der Verträge erforderliche Maß hinausgehen sollen.

Um die Beachtung des Subsidiaritäts- und Verhältnismäßigkeitsprinzips zu gewährleisten, ist den europäischen Verträgen ein Protokoll über die Anwendung der Grundsätze der Subsidiarität und der Verhältnismäßigkeit beigefügt, das die Einzelheiten regelt.

Aufgabe 6

Das **Europäische Parlament** mit Sitz in Straßburg besteht seit den Europawahlen im Mai 2014 aus 751 Vertretern der Völker der in der Europäischen Union zusammengeschlossenen Staaten. Es ist gemeinsam mit dem Europäischen Rat als Gesetzgeber tätig und übt gemeinsam mit ihm die Haushaltsbefugnisse aus. Außerdem erfüllt es Aufgaben der politischen Kontrolle und Beratungsfunktionen nach Maßgabe der Verträge der Europäischen Union und wählt den Präsidenten der Europäischen Kommission (Art. 14 EUV).

Der **Europäische Rat** (auch EU-Gipfel genannt) setzt sich aus den Staats- bzw. Regierungschefs der Mitgliedstaaten der Europäischen Union sowie dem Präsidenten des Europäischen Rates (diese Institution wurde mit dem Vertrag von Lissabon neu geschaffen) und dem Präsidenten der Europäischen Kommission zusammen. Aufgabe des Europäischen Rates ist es, der Europäischen Union die für ihre Entwicklung erforderlichen Impulse zu geben und die allgemeinen politischen Zielvorstellungen und Prioritäten hierfür festzulegen (Art. 15 EUV).

Der **Rat der Europäischen Union** (auch Ministerrat genannt) mit Sitz in Brüssel setzt sich aus je einem Minister jedes Mitgliedstaates zusammen. Er ist gemeinsam mit dem Europäischen Parlament als Gesetzgeber tätig und übt gemeinsam mit ihm die Haushaltsbefugnisse aus. Außerdem gehört zu seinen Aufgaben die Festlegung der Politik und die Koordinierung nach Maßgabe der Verträge der Europäischen Union (Art. 16 EUV).

Die **Europäische Kommission**, deren Amtszeit fünf Jahre beträgt, hat ihren Sitz in Brüssel und besteht einschließlich ihres Präsidenten und des Hohen Vertreters der Europäischen Union für Außen- und Sicherheitspolitik (diese Institution wurde mit dem Vertrag von Lissabon neu geschaffen), der einer der Vizepräsidenten der Kommission ist, aus je einem Staatsangehörigen jedes Mitgliedstaats der Europäischen Union (Art. 17 Abs. 4 EUV). Die Europäische Kommission fördert die allgemeinen Interessen der Europäischen Union und ergreift geeignete Initiativen zu diesem Zweck. Sie sorgt für die Anwendung der Verträge der Europäischen Union sowie der von den Organen der Europäischen Union kraft der Verträge erlassenen Maßnahmen, überwacht die Anwendung des Rechts der EU unter der Kontrolle des Europäischen Gerichtshofs, führt den Haushaltsplan aus und verwaltet die Programme, übt nach Maßgabe der Verträge Koordinierungs-, Exekutiv- und Verwaltungsfunktionen aus, nimmt die Vertretung der EU nach außen wahr (mit Ausnahme der Gemeinsamen Außen- und Sicherheitspolitik und den übrigen in den Verträgen der Europäischen Union vorgesehenen Fällen) und leitet die jährliche und die mehrjährige Programmplanung der EU mit dem Ziel ein, interinstitutionelle Vereinbarungen zu erreichen (Art. 17 Abs. 1 EUV).

Lösung zu Fall 13: Die vernichtete Gipsstatue

Vorbemerkung: Der Lösung der Aufgabe liegt das nachstehende Aufbauschema zugrunde.

Aufbauschema zur gutachtlichen Bearbeitung eines Rechtsfalles	
Erster Schritt:	Bildung von Überschrift und Obersatz (Prämisse), die an der zur Lösung der Frage gefundenen Anspruchsgrundlage auszurichten sind, wobei als Hilfestellung die sog. 4-W-Frage „**W**er kann **W**as von **W**em **W**oraus verlangen?“ herangezogen werden kann.
Zweiter Schritt:	Prüfen, ob der Sachverhalt die Tatbestandsmerkmale der zitierten Anspruchsgrundlage erfüllt und damit die gefragte Rechtsfolge auslöst (Subsumtion), wobei die Voraussetzungen des Rechtssatzes im Einzelnen zu konkretisieren sind, das heißt: ► es ist zunächst das jeweils nächste Erfordernis des Obersatzes zu erörtern und zu präzisieren ► dann ist eine eingehende Prüfung der für den Abschluss des Kaufvertrages erforderlichen Umstände vorzunehmen ► dann sind die rechtlichen Voraussetzungen der erforderlichen vertraglichen Einigung so lange zu präzisieren, bis die Vorgaben so konkret sind, dass der geschilderte Sachverhalt eindeutig beurteilt werden kann ► dann ist der Sachverhalt mit den erarbeiteten gesetzlichen Vorgaben zu vergleichen ► dann ist der Obersatz schrittweise nach oben hin zu beantworten.
Dritter Schritt:	Feststellung des Ergebnisses, das heißt die Prüfung ist mit der Schlussfolgerung aus dem Vergleich zwischen gesetzlichen Voraussetzungen und Sachverhalt abzuschließen.

Anspruch der Künstlerin Jutta Werth auf Zahlung des Kaufpreises von 1.500 € gegen die Landeshauptstadt Mainz aus § 433 Abs. 2 des Bürgerlichen Gesetzbuches (BGB)?

Die Künstlerin Jutta Werth könnte möglicherweise gegen die Landeshauptstadt Mainz einen Anspruch auf Zahlung des Kaufpreises von 1.500 € nach § 433 Abs. 2 BGB haben.

Dafür ist erforderlich, dass ein wirksamer Kaufvertrag zustande gekommen ist. Nach dem Sachverhalt ist ein solcher Vertrag über eine Gipsstatue zum Preis von 1.500 € zwischen der Künstlerin Jutta Werth und der Landeshauptstadt Mainz zustande gekommen. Der Anspruch ist mithin entstanden.

Zu prüfen ist, ob die Landeshauptstadt Mainz von der Verpflichtung zur Zahlung der Gipsstatue frei geworden ist, weil die Lieferung nach Vertragsschluss unmöglich geworden ist.

Die Folgen der Unmöglichkeit sind in § 275 Abs. 1 BGB geregelt. Danach ist der Anspruch auf Leistung ausgeschlossen, soweit diese für den Schuldner oder für jedermann unmöglich ist. Dies bedeutet, dass jede Art der Unmöglichkeit zur Befreiung von der Leistungspflicht führt und es nicht darauf ankommt, wer die Unmöglichkeit zu vertreten hat. Zu dieser Vorschrift tritt bei gegenseitigen Verträgen § 326 BGB hinzu, der die Gegenleistung regelt.

Nach dem Sachverhalt trifft die Landeshauptstadt Mainz kein Verschulden. Aber auch die Künstlerin Jutta Werth ist schuldlos, weil die Spedition Heim nicht den Unfall herbeigeführt hat. Der Untergang der Gipsstatue ist also von keinem der beiden Vertragspartner zu vertreten.

Gemäß § 326 Abs. 1 Satz 1 BGB verliert die Künstlerin in einem solchen Fall den Anspruch auf die Gegenleistung und die Landeshauptstadt Mainz braucht somit den Kaufpreis nicht zu zahlen. Gewährte Vorausleistungen können nach den §§ 346 bis 348 BGB zurückgefordert werden (§ 326 Abs. 4 BGB).

Lösung zu Fall 14: Die Europäische Währungsunion

Aufgabe 1

Eine **Währungsunion** ist ein freiwilliger Zusammenschluss von Ländern mit unterschiedlichen Währungen zu einem einheitlichen Währungsraum. Die Währungen der an der Währungsunion beteiligten Länder werden dabei lediglich nach einem bestimmten Austauschverhältnis in die neue Währung umgerechnet. Der Wert der Währung wird durch die Umstellung nicht verändert und auch die Kaufkraft bleibt unverändert erhalten.

Im Gegensatz dazu dient die **Währungsreform** der Wiederherstellung eines zerrütteten Geldwesens. Dabei werden alles Geld oder Teile davon entwertet, weil das Geld seine Kaufkraft verloren hat. Einem Überangebot von Geld steht praktisch kein bzw. ein zu geringes Warenangebot gegenüber. Zu beachten ist, dass die Währungsreform zwangsweise erfolgt und die Wertänderung des Geldes mit dem Verlust von Ersparnissen verbunden ist.

Aufgabe 2

Um an der Europäischen Währungsunion teilnehmen zu können, muss jeder Mitgliedstaat der Europäischen Union die in Artikel 140 des Vertrages über die Arbeitsweise der Europäischen Union (AEUV) und in dem Protokoll (Nr. 13) über die Konvergenzkriterien näher festgelegten vier Kriterien erfüllen, das heißt:

- der Anstieg der Verbraucherpreise darf nicht mehr als 1,5 Prozentpunkte über der Teuerungsrate der drei preisstabilsten Länder der Europäischen Union liegen,

- der langfristige Zinssatz darf das Niveau in den drei preisstabilsten Ländern der Europäischen Union um nicht mehr als 2 Prozentpunkte übersteigen,
- der Wechselkurs muss sich seit mindestens zwei Jahren ohne starke Spannungen innerhalb der normalen Bandbreite des Wechselkursmechanismus des Europäischen Währungssystems bewegt haben; insbesondere darf der Leitkurs einer Währung innerhalb des gleichen Zeitraums nicht auf Initiative eines Mitgliedstaates abgewertet worden sein und
- die Bruttostaatsverschuldung und das Budgetdefizit dürfen – gemessen am Bruttoinlandsprodukt – die Prozentsätze von 60 % bzw. 3 % nicht überschreiten, wobei der Vertrag über die Europäische Union (EUV) hier einen gewissen Interpretationsspielraum zulässt.

Die Konvergenzkriterien sind jedoch nicht nur für den Beitritt in die Währungsunion einzuhalten. Die Mitgliedsländer der Europäischen Union haben sich in Artikel 3 Abs. 3 des Vertrages über die Europäische Union (EUV) vielmehr verpflichtet, dauerhaft auf Preisstabilität hinzuwirken.

An der Europäischen Währungsunion nehmen 19 Länder (Stand: 1. Februar 2018) teil. Es sind dies Belgien, Deutschland, Estland (seit 1. Januar 2011), Finnland, Frankreich, Griechenland (seit 1. Januar 2001), Irland, Italien, Lettland (seit 1. Januar 2014), Litauen (seit 1. Januar 2015) Luxemburg, Malta (seit 1. Januar 2008), Niederlande, Österreich, Portugal, Slowakei (seit 1. Januar 2009), Slowenien (seit 1. Januar 2007), Spanien und Zypern (seit 1. Januar 2008).

Aufgabe 3

Beispiele

Vorteile der Währungsunion

- Es entfallen die mit einem Währungsumtausch verbundenen Kosten, wodurch sich für den Geschäfts- und Reiseverkehr zwischen den Teilnehmerstaaten Einsparungen ergeben.
- Es wird der Preisvergleich erleichtert (Markttransparenz), was zu höherem Wettbewerb und somit niedrigeren Preisen führen dürfte.
- Es fällt das Wechselkursrisiko weg, wodurch sich die Handels- und Geschäftsmöglichkeiten für die Unternehmen erweitern und verbessern dürften.
- Es werden die grenzüberschreitenden Zahlungsvorgänge zwischen den Teilnehmerstaaten erleichtert, die sich somit verbilligen dürften.

Nachteile/Risiken der Währungsunion

- Die nationale geld- und währungspolitische Autonomie der Teilnehmerstaaten geht verloren.
- Da die einheitliche Geldpolitik der an der Währungsunion teilnehmenden Staaten nicht durch eine einheitliche Haushalts-, Finanz- und Wirtschaftspolitik flankiert

wird, könnte eine mangelnde Stabilitätsdisziplin auf die gemeinsame europäische Währung durchschlagen und den Euro im Hinblick auf die Preisstabilität sowohl nach außen – insbesondere im Verhältnis zum Dollar – als auch nach innen destabilisieren.

- Durch die Währungsumstellung könnte für Unternehmen in den Teilnehmerstaaten ein Wettbewerbsnachteil entstehen.
- Die gemeinsame europäische Währung könnte sich als weniger stabil erweisen als die bisherigen Währungen einzelner an der Währungsunion teilnehmender Staaten.

Aufgabe 4

Aufgabe der Europäischen Zentralbank (EZB) als „Hüterin" des Euro ist es,

- über die Preisstabilität der europäischen Währung zu wachen
- die Währungsreserven zu verwalten
- die Kreditwirtschaft mit Zentralbankgeld zu versorgen
- die Wirtschaftspolitik der Europäischen Union zu unterstützen.

Darüber hinaus hat die EZB das ausschließliche Recht, die Ausgabe von Banknoten als gesetzliches Zahlungsmittel in der Währungsunion zu genehmigen. Zur Ausgabe der Euro-Banknoten sind die EZB und die nationalen Notenbanken berechtigt, während die Mitgliedstaaten der Währungsunion weiterhin das Recht zur Ausgabe von Münzen haben, wobei der Umfang der Münzemissionen jedoch der Genehmigung durch die EZB bedarf (Art. 128 AEUV).

Aufgabe 5

Die geldpolitischen Instrumente der Europäischen Zentralbank (EZB) lassen sich entsprechend ihrer Funktion und Wirkungsweise im Wesentlichen in drei Gruppen unterteilen und zwar in Offenmarktgeschäfte, in ständige Fazilitäten und in Mindestreserven.

Mithilfe der **Offenmarktgeschäfte** steuert die EZB die Liquiditätsausstattung des Finanzsystems und damit – indirekt – die längerfristige Versorgung der Wirtschaft mit Zentralbankgeld. Gleichzeitig bestimmt die EZB mit ihren Konditionen im Offenmarktgeschäft das Zinsniveau am Geldmarkt. Sie bietet den Geschäftsbanken bestimmte Transaktionen an und entscheidet über Mengen und Preise. Die größte Bedeutung haben hierbei die befristeten Transaktionen in Form von Pensionsgeschäften oder Pfandkrediten, also das Hauptrefinanzierungsgeschäft und das längerfristige Refinanzierungsgeschäft. Die Initiative für diese Geschäfte geht dabei von der EZB aus.

Die **ständigen Fazilitäten** dienen dazu, überschüssige Liquidität im Bankensystem kurzfristig abzuschöpfen bzw. zusätzlich benötigte Liquidität kurzfristig bereit zu stellen und damit die Zinsausschläge am Markt für Tagesgeld zu begrenzen. Die EZB bietet hierbei den Geschäftsbanken die Möglichkeit, sich zu vorab genau bestimmten, einheitlichen Bedingungen Liquidität für einen Geschäftstag (Übernachtkredit) von der Zentralbank zu beschaffen (Spitzenrefinanzierungsfazilität) bzw. Guthaben bis zum nächsten Geschäftstag (Übernachtguthaben) bei den nationalen Zentralbanken anzulegen (Einlagenfazilität). Der Zinssatz für die Spitzenrefinanzierungsfazilität bildet dabei die Obergrenze beim Tagesgeld, der Zinssatz für die Einlagenfazilität die Untergrenze. Die Initiative zu diesen Geschäften geht von den Geschäftsbanken aus.

Die **Mindestreserven** sind Pflichtguthaben, die die Geschäftsbanken bei der EZB bzw. ihren nationalen Zentralbanken für bestimmte Bankgeschäfte unterhalten müssen. Dies beeinflusst die Liquidität und damit die Möglichkeiten der Kreditvergabe der Geschäftsbanken. Um mögliche Wettbewerbsnachteile gegenüber Geschäftsbanken außerhalb des Euro-Raums zu mildern, wird die Einlage marktmäßig verzinst.

D. Praktische Prüfung

1. Vorbemerkung

Die Lösungen zu den Übungsaufgaben für die praktische Prüfung sollen Ihnen als Hilfe dienen, Fehler beim systematischen Aufbau und bei der Subsumtion zu vermeiden, die häufig bei der Bearbeitung der Arbeiten in den Prüfungen gemacht werden. Bei den Lösungen handelt es sich nicht um Musterlösungen, die frei von jeder Kritik sind und somit als einzig brauchbare Falllösung angesehen werden können. Im Einzelfall sind oft mehrere vertretbare Lösungswege möglich. So hat jeder Fall seine Eigenheiten, die es zu berücksichtigen gilt. Beachten Sie dies stets bei der Lösung der Fälle in der Prüfung.

2. Übungsaufgaben für die praktische Prüfung

2.1 Prüfungsbereich „Fallbezogene Rechtsanwendung"

Lösung zu Fall 1: Die nachlassende Arbeitsleistung

Nach dem Kündigungsschutzgesetz (KSchG) ist eine ordentliche Kündigung möglich, wenn sie sozial gerechtfertigt ist. Sozial gerechtfertigt ist eine ordentliche Kündigung, wenn sie im Verhalten oder in der Person des Arbeitnehmers oder betriebsbedingt zu begründen ist (§ 1 Abs. 2 KSchG). Bei betriebsbedingten Kündigungen hat der Arbeitgeber soziale Gesichtspunkte zu berücksichtigen. Hierzu zählen seit dem 1. Januar 2004 nur noch die Dauer der Betriebszugehörigkeit, das Lebensalter, die Unterhaltspflichten und die Schwerbehinderung des Arbeitnehmers (§ 1 Abs. 3 Satz 1 KSchG), wobei bestimmte für den Betrieb wichtige Personen (sog. Leistungsträger) in die Sozialauswahl nicht einzubeziehen sind (§ 1 Abs. 3 Satz 2 KSchG).

- Betriebsbedingte Gründe liegen vor, wenn durch Rationalisierung, Stilllegung oder Verlagerung von Betriebs- oder Verwaltungseinheiten keine Beschäftigungsmöglichkeiten mehr gegeben sind.
- In der Person des Arbeitnehmers sind Kündigungen begründet, wenn sie wegen Krankheit oder mangelnder Qualifikation ausgesprochen werden. Aber auch hier gibt es Verpflichtungen für den Arbeitgeber, die Kündigung als letztes Mittel anzusehen.
- Im Verhalten begründet sind Kündigungen fast immer, wenn es um Pflichtverletzungen des Arbeitnehmers geht. Allerdings müssen arbeitsvertragliche Pflichten betroffen sein und vor der Kündigung muss begründet abgemahnt worden sein.

Nach dem Sachverhalt geht es eindeutig um Pflichtverletzungen. Der Verwaltungsfachangestellte Sauer verstößt sowohl gegen die allgemeinen vertraglichen Pflichten als auch konkret gegen Vorschriften des Tarifvertrages für den öffentlichen Dienst (TVöD) – Besonderer Teil Verwaltung (BT-V). Der Arbeitsvertrag verpflichtet zur Durchführung der übertragenen Arbeiten. § 41 TVöD BT-V bestimmt, dass der Beschäftigte die im Rahmen des Arbeitsvertrages geschuldete Leistung gewissenhaft und ordnungsgemäß auszuführen hat. Vermutungen hinsichtlich gesundheitlicher Beeinträchtigungen sind gegenstandslos. Es wurde zweimal erfolglos abgemahnt. Eine ordentliche Kündigung ist daher möglich und rechtlich zulässig.

Hinsichtlich der ordentlichen Kündigung sind die Fristen gemäß § 34 TVöD zu beachten. Im vorliegenden Fall beträgt die Beschäftigungszeit mehr als 12 Jahre und die Kündigungsfrist 6 Monate zum Schluss eines Kalendervierteljahres, wobei sich für eine eventuelle Kündigung vier feste Termine (31.03., 30.06., 30.09. und 31.12.) ergeben.

Lösung zu Fall 2: Beginn und Ende der Mutterschutzfrist

Aufgabe 1
Die Mutterschutzfrist beginnt sechs Wochen vor der Entbindung, das heißt werdende Mütter dürfen in dieser Zeit nicht beschäftigt werden, es sei denn, dass sie sich zur Arbeitsleistung ausdrücklich bereit erklären, wobei die Erklärung jederzeit widerrufen werden kann (§ 3 Abs. 2 MuSchG). Die Mutterschutzfrist, die normalerweise acht Wochen nach der Entbindung endet, verlängert sich bei einer Frühgeburt auf zwölf Wochen, wobei für diesen Zeitraum ein absolutes Beschäftigungsverbot gilt (§ 6 Abs. 1 Satz 1 MuSchG).

Aufgabe 2
Gemäß § 6 Abs. 1 Satz 2 des Mutterschutzgesetzes (MuSchG) verlängert sich die Mutterschutzfrist nach der Entbindung bei einer Frühgeburt zusätzlich um die Anzahl der Tage, die bei der sechswöchigen Schutzfrist vor der Entbindung nicht in Anspruch genommen werden konnte. Nach dem Sachverhalt verlängert sich damit die Mutterschutzfrist um weitere sechs Wochen, das heißt auf insgesamt 18 Wochen (zwölf Wochen plus sechs Wochen).

Aufgabe 3
Nach dem Sachverhalt (Frühgeburt) endet die Mutterschutzfrist nach 18 Wochen, das heißt also tatsächlich erst mit Ablauf des 4. Juli 2018.

Aufgabe 4
Die Zeit der Mutterschutzfrist nach § 6 Abs. 1 MuSchuG wird auf die 3-jährige Begrenzung der Elternzeit für jedes Kind angerechnet (§ 15 Abs. 2 Satz 2 BEEG). Nach dem Sachverhalt besteht also unter Anrechnung der 18 Wochen Mutterschutzfrist auf die 3-jährige Elternzeit ein Anspruch auf Elternzeit bis zum 27. Februar 2021.

Zu beachten ist, dass ein Anteil von bis zu 24 Monaten der Elternzeit mit Zustimmung des Arbeitgebers auf die Zeit zwischen dem dritten Geburtstag und dem vollendeten 8. Lebensjahr des Kindes übertragbar ist (§ 15 Abs. 2 Satz 4 BEEG).

Aufgabe 5
Die Sachbearbeiterin der Personalabteilung sollte sich bei Frau Glücklich wegen der nicht beantworteten schriftlichen Anfrage entschuldigen und ihr dabei die Gründe für die Nichtbeantwortung darlegen.

Aufgabe 6
Um sicherzustellen, dass kein Anlass für Beschwerden wegen einer nicht beantworteten schriftlichen Anfrage mehr entsteht, bieten sich folgende Maßnahmen an:

- Erteilung einer Eingangsbestätigung.
- Erteilung eines Zwischenbescheides, sofern die Beantwortung der Anfrage längere Zeit in Anspruch nimmt, wobei aus dem Zwischenbescheid die Gründe für die lange Beantwortung ersichtlich sein sollten.
- Erteilung einer Abgabenachricht, falls die Zuständigkeit für die Beantwortung der Anfrage nicht gegeben sein sollte.

Lösung zu Fall 3: Der unentschuldigt versäumte Berufsschulunterricht

Aufgabe 1
Auszubildende, die in einem Ausbildungsverhältnis im Sinne des Berufsbildungsgesetzes (BBiG) stehen, sind für die Dauer des Ausbildungsverhältnisses berufsschulpflichtig (§ 62 Abs. 2 HSchG). Nach dem Sachverhalt liegt ein Unterrichtsversäumnis an einer Pflichtschule vor, und zwar hier an einer Berufsschule. Bei dem unentschuldigtem Versäumnis des Berufsschulunterrichts handelt es sich um eine Verletzung der Erfüllung der Berufsschulpflicht nach § 63 des Hessischen Schulgesetzes (HSchG) und damit nach § 181 Abs. 1 Nr. 1 HSchG um eine Ordnungswidrigkeit. Die Voraussetzungen für die Einleitung eines Ordnungswidrigkeitsverfahrens sind daher gegeben.

Aufgabe 2
Die Berufsschule mahnt zunächst zwei- bis dreimal schriftlich den Auszubildenden, wobei auch ein Nachholunterricht angeordnet werden kann. Sollte dies erfolglos bleiben, erstellt die Schule eine Ordnungswidrigkeitsanzeige und sendet diese mit einem Ergänzungsbogen (ergänzende Angaben über schriftliche Mahnungen, evtl. Anordnung von Nachholunterricht usw.) an die zuständige Verwaltungsbehörde. Das unentschuldigte Unterrichtsversäumnis stellt eine Verletzung der Erfüllung der Berufsschulpflicht dar und kann als Ordnungswidrigkeit mit einer Geldbuße geahndet werden (§ 181 Abs. 2 Satz 1 HSchG), wobei die zuständige Verwaltungsbehörde die Schulaufsichtsbehörde ist und zwar das Staatliche Schulamt (§ 181 Abs. 2 Satz 2 HSchG). Das Staatliche Schulamt prüft sodann die Anzeige auf Vollständigkeit und Richtigkeit (z. B. Übereinstimmung von Zeitraum mit Anzahl der angegebenen Tage) und gibt dem 18-jährigen Auszubildenden Gelegenheit sich zu der Beschuldigung zu äußern (§ 55 OwiG). Hierzu verwendet das Staatliche Schulamt einen Anhörbogen. Bei der Anhörung ist eine Frist von einer Woche einzuhalten (§ 55 OwiG i. V. m. § 163 Abs. 1 StPO). Das Staatliche Schulamt prüft dann unter Berücksichtigung der eingegangenen Äußerungen des Auszubildenden nochmals den Sachverhalt und fordert gegebenenfalls die Schule erneut zur Stellungnahme auf. Falls die Überprüfung zu keinem anderen Ergebnis führt oder sich der Auszubildende nicht geäußert hat, erlässt das Staatliche Schulamt einen Bußgeldbescheid. Der Inhalt des Bußgeldbescheides bestimmt sich nach § 66 OwiG. Die Versendung des Bußgeldbescheides erfolgt mit Postzustellungsurkunde. In der Regel wird vom Staatlichen Schulamt pro Tag der Unterrichtsversäumnis ein Betrag von 5,00 € als Geldbuße festgesetzt. Der Staatskasse wird die Kassenanordnung

zugeleitet (Vollstreckungsbeamte: Finanzamt); das Bußgeld fließt der Landeskasse zu (§ 90 Abs. 2 OwiG).

Aufgabe 3
Gegen den Bußgeldbescheid kann der Auszubildende innerhalb von zwei Wochen nach Zustellung schriftlich oder zur Niederschrift beim Staatlichen Schulamt der Stadt Frankfurt am Main Einspruch einlegen (§ 67 OwiG).

Aufgabe 4
Wenn die Geldbuße nicht gezahlt wird, kann der Jugendrichter (Amtsgericht) auf Antrag der Vollstreckungsbehörde dem Auszubildenden auferlegen, anstelle der Geldbuße Arbeitsleistungen zu erbringen (§ 98 Abs. 1 OwiG); gegebenenfalls kann auch Jugendarrest gegen ihn verhängt werden (§ 98 Abs. 2 OwiG).

E. Musterprüfung

Vorbemerkung

Die Lösungen zu der Muster-Zwischenprüfung und der Muster-Abschlussprüfung sollen Ihnen als Hilfe dienen, Fehler beim systematischen Aufbau und bei der Subsumtion zu vermeiden, die häufig bei der Bearbeitung der Arbeiten in den Prüfungen gemacht werden. Bei den Lösungen handelt es sich nicht um Musterlösungen, die frei von jeder Kritik sind und somit als einzig brauchbare Falllösung angesehen werden können. Im Einzelfall sind oft mehrere vertretbare Lösungswege möglich. So hat jeder Fall seine Eigenheiten, die es zu berücksichtigen gilt. Beachten Sie dies stets bei der Lösung der Fälle in der Prüfung.

1. Muster-Zwischenprüfung

1.1 Prüfungsgebiet „Ausbildungsbetrieb, Arbeitsorganisation und bürowirtschaftliche Abläufe"

Sachverhalt 1

Lösung zu Aufgabe 1:

Grundlage für ein mögliches Beschäftigungsverbot der Auszubildenden der Stadt Mainz vor und/oder nach dem Berufsschulunterricht bildet das Jugendarbeitsschutzgesetz (JArbSchG).

Die Auszubildende Inge Faber fällt aufgrund ihres Lebensalters (17 Jahre) uneingeschränkt unter den Geltungsbereich des Jugendarbeitsschutzgesetzes (§ 1 Abs. 1 Nr. 1 JArbSchG). Der Arbeitgeber hat hierbei die Beschäftigungsverbote des

§ 9 Abs. 1 Nr. 1 und 2 JArbSchG zu beachten. Dies bedeutet, dass die Auszubildende vor dem vor 9 Uhr beginnenden Berufsschulunterricht **und** an einem Nachmittag der beiden Berufsschultage – nach dem Sachverhalt werden an beiden Berufsschultagen mehr als fünf Unterrichtsstunden von mindestens je 45 Minuten erteilt – nicht beschäftigt werden darf.

Für den volljährigen und noch berufsschulpflichtigen Auszubildenden Markus Kaufmann gilt dagegen ausschließlich das Beschäftigungsverbot des § 9 Abs. 1 Nr. 1 JArbSchG. Diese Vorschrift gilt nach dem Gesetzeswortlaut auch für Personen, die über 18 Jahre alt und noch berufsschulpflichtig sind. Dies bedeutet, dass der Auszubildende lediglich vor einem vor 9 Uhr beginnenden Unterricht nicht beschäftigt werden darf. Ein Anrecht auf einen freien Berufsschulnachmittag besteht für den Auszubildenden nicht, da es hierfür an einer rechtlichen Grundlage fehlt.

Lösung zu Aufgabe 2:

Bei der Auszubildenden Inge Faber kommt aufgrund ihres Lebensalters (17 Jahre) als Grundlage einer Freistellung für die Teilnahme am Berufsschulunterricht und eine mögliche Anrechnung des Berufsschulunterrichts auf die Arbeitszeit das Jugendarbeitsschutzgesetzes (JArbSchG) in Betracht (§ 1 Abs. 1 Nr. 1 JArbSchG). Der eine Berufsschultag, an dem die Auszubildende gemäß § 9 Abs. 1 Nr. 2 JArbSchG nicht mehr beschäftigt werden darf und von der Ausbildung freigestellt wird, ist mit acht Stunden auf die Arbeitszeit anzurechnen (§ 9 Abs. 2 Nr. 1 JArbSchG). Bei dem zweiten Berufsschultag, an dem kein Anrecht auf eine Freistellung besteht, ist die Zeit des Berufsschulunterrichts einschließlich der Pausen auf die Arbeitszeit anzurechnen (§ 9 Abs. 2 Nr. 3 JArbSchG). Ebenfalls auf die Arbeitszeit angerechnet wird die einstündige Wegezeit zwischen der Berufsschule und der Ausbildungsstätte.

Grundlage einer Freistellung des über 18 Jahre alten Auszubildenden Markus Kaufmann für die Teilnahme am Berufsschulunterricht und eine mögliche Anrechnung des Berufsschulunterrichts auf die Arbeitszeit bildet § 15 Satz 1 des Berufsbildungsgesetzes (BBiG). Dieser bestimmt, dass Auszubildende für die Zeit der Teilnahme am Berufsschulunterricht und an den Prüfungen freizustellen sind. Die Zeit der Freistellung umfasst dabei den Zeitraum für den Unterricht einschließlich der Pausen und für die Wegstrecke zwischen Ausbildungsstätte und Unterrichtsstätte. Die Wegstrecke zwischen dem Wohnort und der Ausbildungsstätte fällt nicht hierunter. Nach dem vorliegenden Sachverhalt bedeutet dies, dass bei dem Auszubildenden die Zeit des Berufsschulunterrichts und die einstündige Wegezeit zwischen der Berufsschule und der Ausbildungsstätte auf die Arbeitszeit anzurechnen sind. Nicht zu berücksichtigen ist dabei die Zeit, die durch die Fahrt zwischen dem Wohnort des Auszubildenden und der Berufsschule anfällt.

Sachverhalt 2

Lösung zu Aufgabe 3:

Nach § 11 Abs. 1 Nr. 1 des Berufsbildungsgesetzes (BBiG) i.V.m. § 2 Abs. 1 Buchstabe a) des Tarifvertrages für die Auszubildenden des öffentlichen Dienstes nach BBiG (TVAöD – BBiG) ist der Ausbildende (Ausbildungsbetrieb) verpflichtet, für jeden Auszubildenden einen Ausbildungsplan aufzustellen. Der Ausbildungsplan, der Bestandteil des Ausbildungsvertrages ist, weist den tatsächlichen Ausbildungsverlauf in sachlicher und zeitlicher Hinsicht aus. Der Ausbildungsbetrieb erhält mit dem Ausbildungsplan die Möglichkeit, die Lernziele aus dem Ausbildungsrahmenplan auf die betrieblichen Bedingungen hin zu übertragen. Der Ausbildungsplan und seine Umsetzung ist ein wesentlicher Qualitätsfaktor der Ausbildung.

Lösung zu Aufgabe 4:

Der Ausbildende (Ausbildungsbetrieb) muss dafür sorgen, dass dem Auszubildenden die Fertigkeiten und Kenntnisse vermittelt werden, die zum Erreichen des Ausbildungszieles erforderlich sind. Dabei hat er die Berufsausbildung planmäßig, zeitlich und sachlich gegliedert so durchzuführen, dass das Ausbildungsziel in der vorgesehenen Ausbildungszeit erreicht werden kann (§ 14 Abs. 1 Nr. 1 BBiG).

In dem Ausbildungsberuf der Verwaltungsfachangestellten stellt die Ausbildung in der Kämmerei einen Teilbereich der nach dem Ausbildungsplan zu vermittelten Ausbildungsinhalte dar. Sollte der Auszubildende in der noch fast zweijährigen Dauer seiner Berufsausbildung ausschließlich in der Kämmerei beschäftigt werden, bleibt keine Zeit mehr, ihm die anderen Kenntnisse und Fertigkeiten, die ebenfalls Gegenstand der Berufsausbildung sind, zu vermitteln. Dies würde im Ergebnis ein Verzicht der weiteren Berufsausbildung durch den Ausbildungsbetrieb bedeuten und somit der vorerwähnten Vorschrift des BBiG widersprechen. Das Vorhaben des Ausbildungsleiters und des Kämmerers ist daher als nicht zulässig anzusehen.

Sachverhalt 3

Lösung zu Aufgabe 5:

I A 11 Wiesbaden, 23.01.2018

Anruf von Herrn Dinges vom Statistischen Landesamt

I. Aktenvermerk

Herr Dinges vom Hessischen Statistischen Landesamt hat heute bei mir angerufen und mitgeteilt, dass er den mit Frau Hermann für Freitag, den 26. Januar 2018 vereinbarten Besuchstermin wegen einer kurzfristig angesetzten Personalversammlung nicht wahrnehmen könne. Er bittet um Rückruf von Frau Hermann und Vereinbarung eines neuen Gesprächstermins.

Conrad

II. Frau Hermann zur Kenntnis und der Bitte um weitere Veranlassung.

1.2 Prüfungsgebiet „Haushaltswesen und Beschaffung“

Lösung zu Aufgabe 1:

Die Vergabe- und Vertragsverordnung für Leistungen (VOL) sieht im Teil A Abschnitt 1 drei verschiedene Arten von Vergabeverfahren vor, und zwar die öffentliche Ausschreibung, die einen unbeschränkten Kreis von Unternehmen zur Abgabe von Angeboten auffordert (§ 3 Abs. 1 VOL/A), die beschränkte Ausschreibung, die vorsieht, dass nur ein beschränkter Kreis von Unternehmen zur Angebotsabgabe aufgefordert wird (§ 3 Abs. 2 VOL/A), und die freihändige Vergabe, bei der Leistungen ohne ein förmliches Verfahren vergeben werden (§ 3 Abs. 3 VOL/A).

Die öffentlichen Auftraggeber sind vorrangig verpflichtet, Aufträge im Wege der öffentlichen Ausschreibung zu vergeben. Die anderen Verfahren dürfen nur unter den in § 3 Abs. 4 Nr. 2 bis 4 VOL/A genannten engen Voraussetzungen gewählt werden. Für die Lieferung von Dreikammerbehältern kommen nur wenige Spezialfirmen infrage, die die Leistung in geeigneter Weise ausführen können. Eine öffentliche Ausschreibung wäre daher in diesem Falle unzweckmäßig. Auch eine freihändige Vergabe scheidet aus, da die in § 3 Abs. 4 Nr. 4 VOL/A genannten Kriterien für die vorgesehene Leistung nicht zutreffen. Als Vergabeart kommt deshalb nach dem vorgegebenen Sachverhalt die beschränkte Ausschreibung in Betracht.

Lösung zu Aufgabe 2:

Bei der beschränkten Ausschreibung werden mehreren Unternehmen die Verdingungsunterlagen (z. B. Leistungsbeschreibung, Vertragsbedingungen) direkt von der Vergabestelle mit der Aufforderung zugesandt, ein Angebot bis zu einem bestimmten Termin in einem verschlossenen Umschlag abzugeben. Bei fehlender Marktübersicht kann der beschränkten Ausschreibung ein öffentlicher Teilnahmewettbewerb zur Vorauswahl möglicher Bieter vorausgehen, das heißt die Unternehmen werden durch öffentliche Bekanntmachung aufgefordert, sich um die Teilnahme zu bewerben. Die Vergabestelle wählt aus diesen Bewerbern sodann geeignete aus, die dann zur Abgabe eines Angebotes aufgefordert werden. Nach Ablauf der Angebotsfrist werden alle Angebote geöffnet, wobei hierüber eine Niederschrift zu fertigen ist. Zu beachten ist, dass nach Öffnung der Angebote keine weiteren Verhandlungen mit den ein Angebot abgebenden Unternehmen geführt werden dürfen. Auf der Grundlage der vorgelegten Angebote ist sodann der Zuschlag zu erteilen. Ansonsten muss die Ausschreibung aufgehoben werden, z. B. wenn kein Angebot den Ausschreibungsbedingungen entspricht oder sich die Grundlagen für die Ausschreibung geändert haben.

Bei der öffentlichen Ausschreibung werden die Unternehmen durch die Vergabestelle öffentlich aufgefordert, z. B. durch Anzeigen in den Tageszeitungen, der Fachpresse und den amtlichen Verkündungsblättern, sich an der Ausschreibung zu beteiligen. In der Bekanntmachung werden die Leistungen allgemein beschrieben und das weitere Verfahren festgelegt. Innerhalb einer in der Ausschreibung bestimmten Frist kann dann das Unternehmen, das in dem geforderten Marktsegment tätig ist, die Verdingungsunterlagen, zumeist unter Einzahlung einer Gebühr, bei der Vergabestelle anfordern und bis zum Abgabetermin sein Angebot in einem verschlossenen Umschlag einreichen. Das weitere Verfahren ist mit dem der beschränkten Ausschreibung identisch.

Bei der freihändigen Vergabe werden Leistungen ohne ein förmliches Verfahren vergeben. Der Auftraggeber verhandelt nur mit einem ausgewählten Unternehmen, ggf. nach formloser Einholung eines Angebotes, und vergibt sodann freihändig den Auftrag. Bei fehlender Marktübersicht kann der freihändigen Vergabe ebenso wie beim Verfahren der beschränkten Ausschreibung ein öffentlicher Teilnahmewettbewerb vorausgehen.

Lösung zu Aufgabe 3:

Mögliche Informationsquellen:

- Internet
- Branchentelefonbücher
- Informationen der Handelskammern und Innungen
- Firmenverzeichnisse, z. B. Wer liefert was?, ABC der deutschen Wirtschaft
- Fachzeitschriften und Kataloge

Lösung zu Aufgabe 4:

Dreikammerbehälter	Metallbau Rügen	Kahl Maschinenbau	Gruber Anlagenbau
Listenpreis in Euro	2.150,00	2.195,00	2.175,00
Rabatt		109,75	43,50
Zwischensumme	2.150,00	2.085,25	2.131,50
Preis inkl. MwSt.	2.558,50	2.481,45	2.536,49
Skonto			50,73
zu zahlender Betrag	2.558,50	2.481,45	2.485,76

Das günstigste Angebot wurde mit 2.481,45 € von der Firma Kahl Maschinenbau abgegeben.

1.3 Prüfungsgebiet „Wirtschafts- und Sozialkunde“

Sachverhalt 1

Lösung zu Aufgabe 1:

Mit der Erststimme (sog. Personenstimme) werden die Hälfte der Bundestagsabgeordneten in den Wahlkreisen nach dem Prinzip der einfachen (relativen) Mehrheit gewählt, das heißt es ist der Kandidat direkt gewählt, der die meisten gültigen Erststimmen auf sich vereinigt; wobei bei Stimmengleichheit das Los entscheidet (§ 5 BWG).

Mit der Zweitstimme (sog. Parteienstimme) wird die andere Hälfte der Bundestagsabgeordneten über die von den Parteien zu erstellenden Landeslisten, auf der die Kandidaten einer Partei in einer festgelegten Reihenfolge aufgeführt sind, nach dem Prinzip der Verhältniswahl gewählt (§ 6 BWG).

Die Zweitstimme ist ausschlaggebend für die Sitzverteilung, das heißt nach der Zweitstimme bemisst sich die Anzahl der Sitze, die eine Partei im Bundestag erhält (mit Ausnahme der Überhangmandate und der Ausgleichsmandate). Dabei ist zu beachten, dass die Zweitstimme zuteilungsberechtigt sein muss. Dies ist der Fall, wenn die Zweitstimme gültig ist und für eine Partei abgegeben wird, die mindestens 5 % der gültigen Stimmen erreicht (Fünf-Prozent-Sperrklausel) oder mindestens drei Direktmandate errungen hat (Grundmandatsklausel) oder eine nationale Minderheit vertritt (Minderheitsprivileg). Für die Verteilung der nach Landeslisten zu besetzenden Sitze werden dabei die für jede Landesliste abgegebenen Zweitstimmen zusammengezählt, wobei die Zweitstimmen derjenigen Wähler, die ihre Erststimme für einen im Wahlkreis erfolgreichen parteiunabhängigen Einzelbewerber (§ 20 Abs. 3 BWG) oder für den erfolgreichen Wahlkreisbewerber einer Partei abgegeben haben, für die in dem betreffenden Land keine Landesliste zugelassen ist, unberücksichtigt bleiben (§ 6 Abs. 1 Satz 1 und 2 BWG).

Lösung zu Aufgabe 2:

Allgemeinheit der Wahl bedeutet, dass allen Staatsangehörigen das Wahlrecht zustehen muss und nicht nur bestimmten Ständen oder Schichten der Bevölkerung. Dieses Recht darf nur durch für alle Staatsangehörigen allgemein verbindliche Voraussetzungen eingeschränkt werden, z. B. altersmäßige Beschränkungen.

Unmittelbarkeit der Wahl bedeutet, dass für die Wahlberechtigten die Möglichkeit bestehen muss, Abgeordnete direkt ohne eine Zwischeninstanz, z. B. Wahlmänner, zu wählen.

Freiheit der Wahl bedeutet, dass die Wahlberechtigten das Wahlrecht ohne Zwang, Drohung oder sonstige Beeinflussung ausüben können.

Gleichheit der Wahl bedeutet, dass allen Wahlberechtigten die gleiche Anzahl von Stimmen zustehen muss und alle Stimmen den gleichen Wert haben müssen.

Geheime Wahl bedeutet, dass die Stimmabgabe weder öffentlich noch offen erfolgen darf.

Sachverhalt 2

Lösung zu Aufgabe 3:

Unter einem Markt im volkswirtschaftlichen Sinne versteht man jedes Zusammentreffen von Angebot und Nachfrage zum Zwecke des Gütertauschs. Dies gilt unabhängig davon, ob der Markt geografisch oder zeitlich eindeutig bestimmbar ist, wobei es auch gleichgültig ist, unter welchen Umständen Angebot und Nachfrage zusammentreffen.

Nach dem Sachverhalt gehört die Auszubildende als Käuferin des Motorrollers zu den Nachfragern und der Motorradhändler gehört als Verkäufer zu den Anbietern von Motorrädern. Da es sich für die Auszubildende bei dem Motorroller um ein Konsumgut handelt, bezeichnet man den Markt als Konsumgütermarkt, der neben dem Produktionsgütermarkt zu der Marktart Gütermärkte zählt.

Lösung zu Aufgabe 4:

Der Markt erfüllt folgende Funktionen:

- Versorgungsfunktion
- Koordinationsfunktion
- Preisbildungsfunktion
- Verteilungsfunktion.

Mögliche Einflussfaktoren für das individuelle Nachfrageverhalten der Auszubildenden:

- Dringlichkeit des Bedürfnisses nach dem Motorroller
- Höhe des Sparguthabens und des sonstigen verfügbaren Einkommens

- Preis des Motorrollers
- Preis anderer Motorroller.

Mögliche Einflussfaktoren für das individuelle Angebotsverhalten des Motorradhändlers:

- Preis des Motorrollers
- Preis anderer Motorroller
- Ziele des Unternehmens
- Entwicklung der künftigen Nachfrage nach Motorrollern.

Sachverhalt 3

Lösung zu Aufgabe 5:

Nach dem Sachverhalt kann unterstellt werden, dass für die Zahlung des Rechnungsbetrages entsprechend dem Hinweis in der Rechnung zwei Wochen nach Rechnungserhalt vereinbart wurden. Der Auszubildende erhielt die Rechnung am 30. Januar 2018, sodass der Rechnungsbetrag (Kaufpreis) am 12. Februar 2018 fällig gewesen ist.

Der Auszubildende ist am 28. Februar 2018, dem Tag des Zugangs der Mahnung, in Verzug gekommen (§ 286 Abs. 1 Satz 1 BGB).

Lösung zu Aufgabe 6:

Der Anspruch des Online-Shops auf Zahlung des Kaufpreises unterliegt, da keine Sonderverjährungsfristen gelten, der regelmäßigen Verjährungsfrist. Diese beträgt drei Jahre (§ 195 BGB). Die regelmäßige Verjährungsfrist beginnt mit dem Schluss des Jahres, in dem der Anspruch entstanden ist (§ 199 Abs. 1 Nr. 1 BGB) und die Versandbuchhandlung (Gläubiger) Kenntnis von den anspruchsbegründenden Umständen und der Person des Auszubildenden (Schuldners) hatte oder diese ohne grobe Fahrlässigkeit hätte erlangen müssen (§ 199 Abs. 1 Nr. 2 BGB). Nach dem Sachverhalt ist der Anspruch des Online-Shops am 12. Februar 2018, dem Tag der Fälligkeit des Kaufpreises, entstanden, sodass die Verjährungsfrist am 31. Dezember 2018 beginnt. Der Anspruch verjährt somit mit Ablauf des 31. Dezember 2021.

2. Muster-Abschlussprüfung

2.1 Prüfungsbereich „Verwaltungsbetriebswirtschaft“

Sachverhalt 1

Lösung zu Aufgabe 1:

<table>
<tr><td rowspan="8">Selbstkosten</td><td rowspan="5">Herstell-kosten</td><td rowspan="2">Material-kosten</td><td>Materialeinzelkosten</td></tr>
<tr><td>Materialgemeinkosten</td></tr>
<tr><td rowspan="3">Fertigungs-kosten</td><td>Fertigungseinzelkosten</td></tr>
<tr><td>Fertigungsgemeinkosten</td></tr>
<tr><td>Sondereinzelkosten der Fertigung</td></tr>
<tr><td colspan="3">Verwaltungsgemeinkosten</td></tr>
<tr><td colspan="3">Vertriebsgemeinkosten</td></tr>
<tr><td colspan="3">Sondereinzelkosten des Vertriebs</td></tr>
</table>

INFO

Das Schema der differenzierenden Zuschlagskalkulation ist um die Positionen „Materialeinzelkosten“, „Materialgemeinkosten“, „Fertigungseinzelkosten“ und „Verwaltungsgemeinkosten“ zu ergänzen. Alle Kosten, welche in Zusammenhang mit der Fertigung eines Produkts entstehen, werden als „Fertigungskosten“ bezeichnet. „Fertigungskosten“ und „Materialkosten“ ergeben zusammengefasst die sog. „Herstellkosten“.

Lösung zu Aufgabe 2:

	Materialeinzelkosten	15,00 €
+	30 % Materialgemeinkostenzuschlag	4,50 €
+	Lohneinzelkosten F1	30,00 €
+	150 % Fertigungsgemeinkosten F1	45,00 €
+	Lohneinzelkosten F2	10,00 €
+	120 % Fertigungsgemeinkosten F2	12,00 €
+	Sondereinzelkosten der Fertigung	8,00 €
=	**Herstellkosten pro Stück**	**124,50 €**
+	10 % Verwaltungsgemeinkostenzuschlag	12,45 €
+	20 % Vertriebsgemeinkostenzuschlag	24,90 €
+	Sondereinzelkosten des Vertriebs	2,00 €
=	**Selbstkosten pro Stück**	**163,85 €**

Die **Herstellkosten** für das Produkt betragen **124,50 €** pro Stück und die **Selbstkosten** betragen **163,85 €** pro Stück.

Sachverhalt 2

Lösung zu Aufgabe 3:

Betriebsabrechnungsbogen Theaterbetriebe									
		Hilfskostenstellen		Hauptkostenstellen			Produkt 1	Produkt 2	Produkt 3
Kostenart	Summe	Haus-verwaltung	Direktion	Orchester	Werkstatt	Künstlerischer Betrieb	Klassische Bühne	Modernes Ensemble	New-Broadway-Arrangements
Personalkosten	450.000,00 €	18.000,00 €	72.000,00 €	36.000,00 €	54.000,00 €	270.000,00 €	–	–	–
Miete	500.000,00 €	20.000,00 €	80.000,00 €	40.000,00 €	60.000,00 €	300.000,00 €	–	–	–
Strom, Wasser	70.000,00 €	2.000,00 €	2.000,00 €	4.000,00 €	60.000,00 €	2.000,00 €	–	–	–
Reinigungsartikel	15.000,00 €	2.000,00 €	3.000,00 €	1.000,00 €	8.000,00 €	1.000,00 €	–	–	–
Verbrauchsmittel (Farben, Stoffe, ...)	45.000,00 €	3.000,00 €	–	3.000,00 €	24.000,00 €	15.000,00 €	–	–	–
Zwischensumme Primäre Kostenverrechnung	1.080.000,00 €	45.000,00 €	157.000,00 €	84.000,00 €	206.000,00 €	588.000,00 €			
Umlage Hausverwaltung (1:1:1)		→	→	15.000,00 €	15.000,00 €	15.000,00 €	–	–	–
Umlage Direktion (1:1:1)			→	52.333,33 €	52.333,33 €	52.333,33 €	–	–	–
Zwischensumme Sekundäre Kostenverrechnung	1.080.000,00 €			151.333,33 €	273.333,33 €	655.333,33 €			
Kostenträgerrechnung									
Umlage Kapelle (75:25)				→	→	→	113.500,00 €	37.833,33 €	–
Umlage Werkstatt (75:25:50)					→	→	136.666,67 €	45.555,56 €	91.111,11 €
Umlage: Künstlerischer Betrieb (75:25:50)						→	327.666,67 €	109.222,22 €	218.444,44 €
Summe Kostenträgerrechnung	1.080.000,00 €						577.833,33 €	192.611,11 €	309.555,55 €

Lösung zu Aufgabe 4:

Bei der primären Kostenverrechnung werden im Betriebsabrechnungsbogen sämtliche Kosten auf die Kostenstellen (Hilfs- und Hauptkostenstellen) verrechnet.

Mithilfe der sekundären Kostenverrechnung, die im zweiten Schritt erfolgt, werden dann die Hilfskostenstellen kostenmäßig auf die Hauptkostenstellen verrechnet (Kostenstellenumlage).

Sachverhalt 3

Lösung zu Aufgabe 5:

Die Begriffe „Ausgaben" und „Kosten" beziehen sich ausschließlich auf Vorgänge, die für den Betrieb bzw. die Verwaltung eine Belastung darstellen.

Unter dem Begriff Ausgaben versteht man alle vom Betrieb bzw. der Verwaltung geleisteten Zahlungen mittels Bar- oder Buchgeld. Darüber hinaus zählen zu den Ausgaben auch Kreditvorgänge – also Forderungs- und Schuldenzugänge.

Unter dem Begriff Kosten versteht man den in Geld bewerteten Güter- und Dienstleistungsverzehr zur betrieblichen Leistungserstellung. Entscheidend für die Zuordnung zu dem Kostenbegriff ist, dass Güter oder Dienstleistungen verbraucht bzw. in Anspruch genommen werden, und zwar unabhängig von den eventuell dazugehörigen Zahlungsvorgängen.

Zu beachten ist, dass der Zahlungsvorgang und der Verbrauch der entsprechenden Güter (Materialbeschaffung und Verbrauch) nicht unbedingt gleichzeitig erfolgt. Außerdem gibt es Zahlungsvorgänge, die nicht der betrieblichen Leistungserstellung dienen, d. h. sie können nicht zu Kosten werden. Ferner gibt es Kosten, die nicht zu Ausgaben führen. Dies sind sogenannte kalkulatorische Kosten (Zinsen für Eigenkapital, Miete bei Benutzung eigener Räume, ...).

In dem vorgegebenen Sachverhalt stellt die Zahlung des Rechnungsbetrages von 25.000 € eine Ausgabe dar und die Abschreibung ist eine Kostenart.

Lösung zu Aufgabe 6:

Der Abschreibungssatz wird nach folgender Formel ermittelt:

$$\text{Abschreibungssatz (linear) in \%} = \frac{100}{\text{Nutzungsdauer in Jahren}}$$

2.2 Prüfungsbereich „Personalwesen“

Sachverhalt 1

Lösung zu Aufgabe 1:

Nach Maßgabe des § 17 des Tarifvertrages zur Überleitung der Beschäftigten der kommunalen Arbeitgeber in den TVöD und zur Regelung des Übergangrechts (TÜV-VKA) gelten bis zum Inkrafttreten der Eingruppierungsvorschriften (mit Entgeltordnung) unter anderem die §§ 22, 23, 25 des Bundes-Angestelltentarifvertrages (BAT) und Anlage 3 zum BAT fort. Nach § 22 Abs. 2 UnterAbsatz 1 BAT ist der Beschäftigte in der Vergütungsgruppe (neue Bezeichnung: Entgeltgruppe) eingruppiert, deren Tätigkeitsmerkmale er erfüllt. Dies bedeutet, dass es keines besonderen förmlichen Eingruppierungsaktes bedarf. Vielmehr folgt aus der nicht nur vorübergehenden Übertragung einer Tätigkeit automatisch ein Anspruch auf Vergütung nach dieser Vergütungsgruppe (Grundsatz der Tarifautomatik). Nach dem Sachverhalt entsprechen die Tätigkeitsmerkmale der Stelle des Beschäftigten der Entgeltgruppe 5. Von der Stadt Hanau, die als Arbeitgeber tarifgebunden ist, sind ihm die Aufgaben am 1. Juli 2016 auf Dauer übertragen worden, sodass er seit diesem Tag in der Entgeltgruppe 5 eingruppiert ist. Die Angabe der unzutreffenden Entgeltgruppe im Arbeitsvertrag hat nur deklaratorische Bedeutung und somit keine Auswirkungen hinsichtlich der falschen Eingruppierung (§ 22 Abs. 2 UnterAbsatz 1 BAT).

Es ist nun zu prüfen, ob Herr Jung ab dem 1. Juli 2016 Anspruch auf die höhere Entgeltgruppe hat. Nach § 37 TVöD verfallen Ansprüche aus dem Arbeitsverhältnis, wenn sie nicht innerhalb einer Ausschlussfrist von sechs Monaten nach Fälligkeit von dem Beschäftigten schriftlich geltend gemacht werden. Fälligkeitstag für die Bezüge ist nach § 24 TVöD jeweils der letzte Tag eines jeden Monats (Zahltag). Nach dem Sachverhalt hat der Beschäftigte den Anspruch auf die höhere Vergütung am 25. Juli 2017 geltend gemacht. Der Beschäftigte erhält somit rückwirkend ab Januar 2017 das höhere Entgelt, da wegen der Ausschlussfrist für die Monate Juli bis Dezember des Jahres 2016 der Anspruch verfallen ist.

Sachverhalt 2

Lösung zu Aufgabe 2:

Grundlage für den Anspruch auf Gewährung von Erholungsurlaub und die Dauer des Erholungsurlaubs der Beschäftigten bildet § 26 des Tarifvertrages für den öffentlichen Dienst (TVöD), der in Absatz 2 bestimmt, dass im Übrigen das Bundesurlaubsgesetz (BUrlG) mit einigen Abweichungen gilt. Nach § 26 Abs. 1 TVöD hat die Beschäftigte in jedem Kalenderjahr einen Anspruch auf Erholungsurlaub unter Fortzahlung des Entgelts. Der volle Urlaubsanspruch kann aber erstmalig nach sechsmonatigem Bestehen des Arbeitsverhältnisses erworben werden (§ 4 BUrlG). Da die Beschäftigte am 15. April 2017 eingestellt wurde, könnte sie somit frühestens am 15. Oktober 2017 ihren Jahresurlaub antreten.

Die 29-jährige Beschäftigte hat in der Fünftagewoche einen Urlaubsanspruch auf 30 Arbeitstage (§ 26 Abs. 1 Satz 2 TVöD). Da das Arbeitsverhältnis der Beschäftigten aber erst im Laufe des Jahres (15. April 2017) beginnt, beträgt der Urlaubsanspruch ein

Zwölftel für jeden vollen Beschäftigungsmonat (§ 26 Abs. 2 Buchst. b) TVöD). Im April 2017 war die Beschäftigte nicht den vollen Monat beschäftigt, sodass dieser Monat unberücksichtigt bleiben muss. Es können somit ausschließlich die Monate Mai bis Dezember 2017 für die Berechnung der Urlaubstage herangezogen werden. Danach ist der Urlaub wie folgt zu ermitteln:

$$\frac{30 \text{ Urlaubstage} \cdot 8 \text{ volle Monate}}{12 \text{ Monate}} = 20 \text{ Urlaubstage}$$

Die Beschäftigte hat somit für 20 Arbeitstage Anspruch auf Urlaub, an denen sie ihren Lebenspartner ab dem 15. Oktober 2017 auf seiner Reise begleiten kann.

Sachverhalt 3

Lösung zu Aufgabe 3:

Grundlage für die Zahlung von Krankenbezügen an den Beschäftigten bildet § 22 des Tarifvertrages für den öffentlichen Dienst (TVöD). Nach § 22 Abs. 1 TVöD erhält der Beschäftigte bei Arbeitsunfähigkeit Krankenbezüge, wenn er durch Arbeitsunfähigkeit infolge Krankheit an seiner Arbeitsleistung verhindert wird, ohne dass ihn ein Verschulden trifft. Gemäß der Protokollnotiz zu § 22 Abs. 1 TVöD liegt ein Verschulden nur dann vor, wenn die Arbeitsunfähigkeit vorsätzlich oder grob fahrlässig herbeigeführt wurde. Nach dem Sachverhalt trifft den Beschäftigten an dem Unfall kein Verschulden, da er mit den plötzlich vor seinem Auto auftauchenden Rehen nicht rechnen konnte. Es blieb ihm daher lediglich noch die Möglichkeit, durch ein Ausweichmanöver zu versuchen, einen Zusammenstoß seines Fahrzeuges mit den Rehen zu vermeiden. Er hat somit Anspruch auf Gewährung von Krankenbezügen. Als Krankenbezüge werden dem Beschäftigten bis zur Dauer von längstens sechs Wochen das Tabellenentgelt sowie die sonstigen in Monatsbeträgen festgelegten Entgeltbestandteile weitergezahlt, wobei für nicht in Monatsbeträgen festgelegte Entgeltbestandteile eine Durchschnittsberechnung auf der Grundlage der letzten drei Monate erfolgt und bestimmte Entgelte und Zahlungen von der Berücksichtigung ausgenommen sind (§ 22 Abs. 1 Satz 1 i. V. m. § 21 TVöD). Dies bedeutet, dass dem Beschäftigten vom 12. Januar 2018 bis zum 23. Februar 2018 (= 42 Kalendertage) Krankenbezüge gezahlt werden.

Sollte der Beschäftigte, der „bis auf weiteres" arbeitsunfähig ist, auch noch nach Ablauf der Sechswochenfrist (23. Februar 2018) arbeitsunfähig sein, gilt Folgendes: Der Beschäftigte erhält nach Ablauf der sechs Wochen Entgeltfortzahlung für die Zeit, für die ihm Krankengeld oder entsprechende gesetzliche Leistungen gezahlt werden, einen Krankengeldzuschuss in Höhe des Unterschiedsbetrages zwischen den tatsächlichen Barleistungen des Sozialleistungsträgers (sog. Bruttokrankengeld, das einen Arbeitnehmeranteil zur Sozialversicherung enthält und daher nicht voll ausbezahlt wird) und dem Nettoentgelt (§ 22 Abs. 2 TVöD).

Die Bezugsdauer des Krankengeldzuschusses ist hierbei von der Beschäftigungszeit nach § 34 Abs. 3 TVöD abhängig (§ 22 Abs. 3 TVöD). Da der Beschäftigte erstmals seit dem 1. Februar 2015 im öffentlichen Dienst tätig ist – zuvor war er in der Privatwirtschaft beschäftigt – sind keine Vorzeiten, die anrechnungsfähig wären, vorhanden. Der Beginn der Beschäftigungszeit ist somit der 1. Februar 2015. Zum Zeitpunkt des Beginns der Arbeitsunfähigkeit (12. Januar 2018) hat der Beschäftigte eine Beschäftigungszeit von unter drei Jahren vollbracht. Er hätte damit einen Anspruch auf einen Krankengeldzuschuss längstens bis zum Ende der 13. Woche seit dem Beginn der Arbeitsunfähigkeit, das heißt vom 24. Februar 2018 bis zum 13. April 2018 (§ 22 Abs. 3 Satz 1 TVöD). Am 31. Januar 2018 vollendet der Beschäftigte seine dreijährige Beschäftigungszeit. Falls die Arbeitsunfähigkeit über diesen Zeitraum hinausgehen sollte, würde der Beschäftigte jedoch so gestellt, als ob er diese längere Beschäftigungszeit bereits bei Beginn der Erkrankung vollendet habe (§ 22 Abs. 3 Satz 2 TVöD). Er hätte dann einen Anspruch auf einen Krankengeldzuschuss längstens bis zum Ende der 39. Woche seit dem Beginn der Arbeitsunfähigkeit, das heißt vom 24. Februar 2018 bis zum 12. Oktober 2018.

Sachverhalt 4

Lösung zu Aufgabe 4:

Die Ernennung wird nach § 12 Absatz 2 des Bundesbeamtengesetzes (BBG) mit dem Tage der Aushändigung der Ernennungsurkunde wirksam, wenn nicht in der Urkunde ausdrücklich ein späterer Tag bestimmt ist. Eine Ernennung auf einen zurückliegenden Zeitpunkt ist unzulässig und insoweit unwirksam. Die Ernennung von Frau Thomas kann deshalb erst ab dem 8. September 2017 wirksam werden und nicht mehr für den in der Urkunde vorgesehenen früheren Tag (1. September 2017).

Sachverhalt 5

Lösung zu Aufgabe 5:

Aus dem Sachverhalt ist ersichtlich, dass der Beamte die für die Laufbahn des gehobenen Verwaltungsdienstes vorgeschriebene Probezeit ableistet. Er befindet sich somit im Beamtenverhältnis auf Probe (§ 6 Abs. 3 Nr. 1 BBG). Der Beamte hat sich in der Probezeit – obwohl diese verlängert wurde – nicht bewährt, sodass er wegen mangelnder Bewährung aus dem Beamtenverhältnis auf Probe entlassen werden kann (§ 34 Abs. 1 Nr. 2 BBG). Bei der Entlassung sind gemäß § 34 Abs. 2 des Bundesbeamtengesetzes (BBG) bestimmte Fristen einzuhalten, deren Dauer sich nach der Beschäftigungszeit richtet. Als Beschäftigungszeit gilt hiernach die Zeit ununterbrochener Tätigkeit als Beamter auf Probe im Bereich derselben obersten Dienstbehörde. Aufgrund der Beschäftigungszeit des Beamten, die ab dem 1. Oktober 2017 zu berücksichtigen ist, wäre bei der Entlassung eine Frist von sechs Wochen zum Schluss eines Kalendervierteljahres einzuhalten.

2.3 Prüfungsbereich „Verwaltungsrecht und Verwaltungsverfahren"

Sachverhalt 1

Lösung zu Aufgabe 1:

Bei dem Widerspruch der Eltern gegen das Zeugnis ihres Sohnes könnte ein Anfechtungswiderspruch gemäß § 68 Abs. 1 Verwaltungsgerichtsordnung (VwGO) statthaft sein. Voraussetzung ist, dass das Zeugnis ein Verwaltungsakt ist. Die Merkmale des Verwaltungsaktes lassen sich aus der gesetzlichen Definition des Begriffes des Verwaltungsaktes in § 35 Satz 1 Verwaltungsverfahrensgesetz (VwVfG) entnehmen. Bei der Erteilung des Zeugnisses handelt es sich um eine hoheitliche Maßnahme. Die Schule ist eine unselbstständige Anstalt des öffentlichen Rechts und somit eine Behörde im Sinne des § 1 Abs. 4 VwVfG. Da über die Versetzung des Schülers in die nächsthöhere Jahrgangsstufe entschieden wird, liegt eine Regelung eines Einzelfalles vor. Die Maßnahme ist dem Gebiet des öffentlichen Rechts (Verwaltungsrecht) zuzuordnen. Die getroffene Regelung über die Nichtversetzung besitzt Rechtswirkung nach außen. Es liegen damit bei dem Zeugnis sämtliche gesetzlichen Begriffsmerkmale des Verwaltungsaktes vor. Da zumindest die abstrakte Möglichkeit einer Rechtsverletzung besteht (analog § 42 Abs. 2 VwGO), ist somit der von den betroffenen Eltern erhobene Widerspruch gegen das Zeugnis statthaft.

Der Widerspruch ist innerhalb eines Monats nach Bekanntgabe des Bescheides zu erheben (§ 70 Abs. 1 VwGO). Das setzt voraus, dass der Bescheid eine ordnungsgemäße Rechtsbehelfsbelehrung enthält (§ 58 Abs. 1 VwGO). Aus dem Sachverhalt ist nicht ersichtlich, dass das Zeugnis eine Rechtsbehelfsbelehrung enthalten hat. Damit läuft in dem vorliegenden Fall nicht die Frist des § 70 Abs. 1 VwGO von einem Monat, sondern die Jahresfrist des § 58 Abs. 2 VwGO. Der erst nach sieben Wochen nach dem Erhalt des Zeugnisses von den Eltern eingelegte Widerspruch gegen das Zeugnis ihres Sohnes erfolgte daher fristgemäß.

Lösung zu Aufgabe 2:

Die zuständige Behörde hat bisher weder dem Widerspruch abgeholfen (§ 72 VwGO), noch erließ sie einen ablehnenden Widerspruchsbescheid nach § 73 Verwaltungsgerichtsordnung (VwGO). Das Widerspruchsverfahren wurde somit noch nicht ordnungsgemäß abgeschlossen. Dies ist jedoch Voraussetzung für die Erhebung der Klage vor dem zuständigen Verwaltungsgericht. Gleichwohl kann aber eine Klage unter den Voraussetzungen des § 75 VwGO (sog. Untätigkeitsklage) zulässig sein. Hiernach beträgt die Frist für die Erhebung der Klage grundsätzlich drei Monate seit der Einlegung des Widerspruchs, wenn über den Widerspruch ohne zureichenden Grund in angemessener Frist sachlich nicht entschieden worden ist. Diese Voraussetzungen sind nach dem Sachverhalt als erfüllt anzusehen, da über den vor mehr als drei Monaten eingelegten Widerspruch bisher noch nicht entschieden wurde. Die betroffenen Eltern könnten somit Klage vor dem zuständigen Verwaltungsgericht erheben, um das begonnene Verfahren fortzusetzen.

Lösung zu Aufgabe 3:

Mögliche Maßnahmen der Eltern gegenüber der zuständigen Behörde:

- telefonische Nachfrage nach dem Sachstand
- persönliche Vorsprache bei dem Bearbeiter
- schriftliche Erinnerung
- Androhung einer Untätigkeitsklage nach § 75 VwGO.

Sachverhalt 2

Lösung zu Aufgabe 4:

Gemäß § 10 Satz 1 des Gaststättengesetzes (GastG) darf nach dem Tode des Erlaubnisinhabers das Gaststättengewerbe aufgrund der bisherigen Erlaubnis unter anderem auch durch den Ehegatten weitergeführt werden. Die Person, die den Betrieb weiterführen will, hat dies der Erlaubnisbehörde unverzüglich anzuzeigen (§ 10 Satz 3 GastG).

Die Ehefrau von Herrn Ernst besaß nach dem Sachverhalt eine Gaststättenerlaubnis. Herr Ernst durfte somit aufgrund der seiner verstorbenen Ehefrau erteilten Gaststättenerlaubnis das Restaurant weiterführen. Seiner Verpflichtung zur Erstattung der Anzeige über die Weiterführung des Gaststättenbetriebes ist Herr Ernst nachgekommen. Zu bemerken ist hierzu, dass eine etwaige vorsätzlich oder fahrlässig unterlassene Erstattung bzw. nicht unverzügliche Erstattung der Anzeige über die Weiterführung des Gaststättenbetriebes keine Auswirkungen auf die Gaststättenerlaubnis hat, sondern lediglich eine Ordnungswidrigkeit darstellt, die mit einer Geldbuße geahndet werden kann (§ 28 Abs. 1 Nr. 5 und Abs. 3 GastG).

Lösung zu Aufgabe 5:

Nach dem Sachverhalt könnte ein Widerruf der Gaststättenerlaubnis gemäß § 15 Abs. 3 Nr. 7 i.V.m. § 4 Abs. 1 Nr. 4 GastG vorliegen. Herr Ernst, der die Gaststätte nach dem Tod seiner Ehefrau weiterführt, hat bisher nicht den nach § 4 Abs. 1 Nr. 4 GastG geforderten Nachweis (Bescheinigung der Industrie- und Handelskammer) vorgelegt, dass er über die Grundzüge der für die Weiterführung des Restaurants notwendigen lebensmittelrechtlichen Kenntnisse unterrichtet worden ist und mit ihnen als vertraut gelten kann. Gemäß § 15 Abs. 3 Nr. 7 GastG kann die zuständige Behörde die Gaststättenerlaubnis widerrufen, wenn dieser Nachweis nicht innerhalb von sechs Monaten nach der Weiterführung des Gaststättenbetriebes erbracht wird. Nach dem Sachverhalt sind bereits über sechs Monate seit der Weiterführung des Restaurants durch Herrn Ernst vergangen. Aus der Formulierung der vorbezeichneten Vorschrift geht hervor, dass die Behörde hinsichtlich ihrer Entscheidung einen Ermessensspielraum hat (sog. Kann-Vorschrift). Die Grenzen des Ermessens sind in § 40 VwVfG geregelt. Die Entscheidung der Behörde wäre dabei als rechtswidrig anzusehen, wenn Ermessensfehler auftreten. In dem vorliegenden Fall ist ein Ermessensfehler nicht zu ersehen. Die Behörde musste die Erklärung von Herrn Ernst, dass er keine Zeit für den Besuch des Lehrganges habe, nicht anerkennen. Die Entscheidung der Behörde über den Widerruf der Gaststättenerlaubnis ist somit rechtmäßig.

2.4 Prüfungsbereich „Wirtschafts- und Sozialkunde"

Sachverhalt 1

Lösung zu Aufgabe 1:

Der Europäische Zentralbankrat (EZB-Rat) ist ein Beschlussorgan der Europäischen Zentralbank (Art. 129 Abs. 1 AEUV). Der EZB-Rat setzt sich zusammen aus den Mitgliedern des Direktoriums der EZB und den Präsidenten der nationalen Zentralbanken der Staaten der Europäischen Union, welche den Euro eingeführt haben (Art. 283 Abs. 1 AEUV).

Die wichtigste Aufgabe des EZB-Rats ist die Festlegung der Geldpolitik für das Euro-Währungsgebiet. Darüber hinaus erlässt der EZB-Rat die maßgeblichen Leitlinien und Entscheidungen zur Erfüllung der im EG-Vertrag an das Europäische System der Zentralbanken (ESZB) übertragenen Aufgaben (Art. 12 EZB-Satzung).

Lösung zu Aufgabe 2:

Leitzinsen sind Zinssätze, die eine Zentralbank im Rahmen ihres geldpolitischen Instrumentariums festsetzt, um damit die Zinsverhältnisse am Geldmarkt und darüber auch die allgemeine Zinsentwicklung in einer Volkswirtschaft maßgeblich zu beeinflussen bzw. zu „leiten".

Die Leitzinsen signalisieren jeweils den von der Notenbank angestrebten geldpolitischen Kurs. Ziel der **Senkung der Leitzinsen** ist die Anzeige einer expansiveren Geldpolitik, wodurch eine Verbesserung der Wirtschaftslage, z. B. bei schwachen Wachstumsaussichten erreicht werden soll. Bei einer Leitzinssenkung kann die Zentralbank den nationalen Banken Kredite zu günstigeren Konditionen anbieten, sodass auch für Unternehmen und Verbraucher die Kredite günstiger werden. Damit einher geht aber eine Senkung der Verzinsung für Sparguthaben. Dies führt zu einem Rückgang der Sparneigung der Bürger und der Konsum steigt. Häufig bewirkt dies auch, dass die Bürger Sparguthaben auflösen und zusätzliche Kredite wegen der günstigen Konditionen aufnehmen. Dabei sind von besonderer Bedeutung insbesondere langfristige Kredite beispielsweise für eine größere Investition oder den Erwerb einer Immobilie. Die **Erhöhung der Leitzinsen** steht für eine restriktivere Geldpolitik. Ziel der Erhöhung der Leitzinsen ist es, die Inflation niedrig zu halten. Für Kreditinstitute wird es teurer, sich bei den Zentralbanken mit Geld zu versorgen. Auch für Unternehmen und Verbraucher werden die Kredite teurer und damit unattraktiver, da die Banken die höheren Zinskosten zumindest teilweise an ihre Kunden weitergeben. Wegen der teurer gewordenen Finanzierung investieren die Unternehmen nach einer Leitzinserhöhung weniger und auch die Bürger nehmen weniger Kredite für Konsum oder Hausbau auf und sparen mehr. Dadurch sinkt die Nachfrage nach Waren und Dienstleistungen und die Anbieter können die Preise nicht mehr so leicht erhöhen.

Lösung zu Aufgabe 3:

Das Hauptrefinanzierungsgeschäft ist ein regelmäßiges Offenmarktgeschäft des Europäischen Systems der Zentralbanken (ESZB), mit dem die EZB den Banken kürzerfristige Liquidität zur Verfügung stellt. Die Hauptrefinanzierungsgeschäfte sind das wichtigste geldpolitische Instrument der EZB, da hiermit die Zinsen und die Liquidität am Geldmarkt gesteuert sowie der geldpolitische Kurs signalisiert werden.

Bei der Spitzenrefinanzierungsfazilität handelt es sich um eine den Geschäftsbanken von der EZB gebotene Möglichkeit, sich zu vorab genau bestimmten, einheitlichen Bedingungen Liquidität für einen Geschäftstag (Übernachtkredit) von der Zentralbank zu beschaffen. Der Zinssatz für die Spitzenrefinanzierungsfazilität bildet dabei die Obergrenze beim Tagesgeld.

Bei der Einlagefazilität handelt es sich um eine den Geschäftsbanken von der EZB gebotene Möglichkeit, Guthaben bis zum nächsten Geschäftstag (Übernachtguthaben) bei den nationalen Zentralbanken anzulegen. Der Zinssatz für die Einlagefazilität bildet dabei die Untergrenze beim Tagesgeld.

Sachverhalt 2

Lösung zu Aufgabe 4:

Die Befugnisse des Bundespräsidenten werden im Falle seiner Verhinderung oder bei vorzeitiger Erledigung des Amtes - hierunter fällt auch der Rücktritt vom Amt - durch den Präsidenten des Bundesrates wahrgenommen (Art. 57 GG). Zum Bundespräsidenten wählbar sind Deutsche im Sinne des Artikel 116 des Grundgesetzes (GG), die das aktive Wahlrecht zum Bundestag besitzen (Art. 38 Abs. 2 und 3 GG), und das vierzigste Lebensjahr vollendet haben (Art. 54 Abs. 1 Satz 2 GG). Außerdem dürfen sie nicht bereits zweimal hintereinander Bundespräsident gewesen sein (Art. 54 Abs. 2 Satz 2 GG).

Lösung zu Aufgabe 5:

Der Bundespräsident wird ohne Aussprache von der Bundesversammlung auf die Dauer von fünf Jahren gewählt (Art. 54 Abs. 1 Satz 1 GG).

Die Bundesversammlung wird aus den Mitgliedern des Bundestages und einer gleichen Anzahl von Mitgliedern gebildet, die von den einzelnen Landtagen der Bundesländer nach den Grundsätzen der Verhältniswahl gewählt wurden (Art. 54 Abs. 3 GG).

Lösung zu Aufgabe 6:

Mögliche Aufgaben des Bundespräsidenten:

- Völkerrechtliche Vertretung des Bundes (Art. 59 Abs. 1 Satz 1 GG)
- Ernennung des Bundeskanzlers nach erfolgter Wahl (Art. 63 Abs. 2 GG)
- Ernennung und Entlassung der Bundesminister auf Vorschlag des Bundeskanzlers (Art. 64 Abs. 1 GG)
- Ausfertigung und Verkündigung der Gesetze im Bundesgesetzblatt (Art. 82 Abs. 1 GG).

Sachverhalt 3

Lösung zu Aufgabe 7:

Eine Fraktion ist die Vereinigung von Abgeordneten einer Partei oder von solchen Parteien, die aufgrund gleichgerichteter politischer Ziele in keinem Land miteinander in Wettbewerb stehen (§ 10 Abs. 1 GO-BT).

Unter Fraktionsdisziplin ist die freiwillige Unterordnung des Abgeordneten unter die Mehrheitsbeschlüsse der Fraktion bei parlamentarischen Abstimmungen und Debatten zu verstehen.

Als Fraktionszwang wird das dem Abgeordneten durch die Fraktion vorgeschriebene Verhalten bei parlamentarischen Abstimmungen und Debatten bezeichnet, das im Falle des Zuwiderhandelns zum Mandatsverlust führt.

Lösung zu Aufgabe 8:

Der Fraktionszwang ist mit dem Grundsatz des freien Mandats des Artikel 38 des Grundgesetzes (GG) nicht vereinbar und somit unzulässig. Die in Artikel 21 GG verankerte Rolle der Parteien als wesentliche Träger der politischen Willensbildung schließt aber verfassungsrechtlich einen faktischen Druck auf den Abgeordneten, wie z. B. die Nichtberücksichtigung bei der Kandidatenaufstellung für die nächste Wahl zur Durchsetzung der Fraktionssolidarität nicht aus.

A

Ablauforganisation 27, 33 f.
Abmahnung 160
Abordnung 152 f., 196
Abschlussprämie 142
Absolute Monarchie 363
Abstraktionsprinzip 488
Akteneinsicht 299
Alimentationsprinzip 221
Allgemeine Geschäftsbedingungen 492 f.
Allgemeine Kassenanordnung 76
Allgemeine Leistungsklage 349 ff.
Allgemeiner Kündigungsschutz 159
Allgemeines Gleichbehandlungsgesetz 255
Allgemeinverfügung 300 f.
Altersrente 186
Altersversorgung 183, 188
-, betriebliche 174, 188
Altersvorsorge 189
Altersvorsorgezulage 241
Amt 194 f., 275 f.
Amtsbezeichnung 197
Amtshilfe 297
Amtswalter 276
Amtszulagen 229
Anderer Bewerber 200
Änderungskündigung 157
Anfechtbarkeit 317 f.
Anfechtungsklage 349 ff.
Anfechtungswiderspruch 341, 344
Anforderungsprofil 125
Anfrage 491
Angebot 489 f., 533 f.
Anhörung 298 f.
Anhörungsrüge 352, 357
Annahmeverzug 496, 502
Anordnungsbefugnis 62, 77 f.
Anordnungsbefugter 77
Anpassungsfortbildung 128
Anpreisung 491
Anstalt 274
Anstalt des öffentlichen Rechts 274
Anwärterbezüge 231 f.
Anwärtergrundbetrag 232
Anwärtersonderzuschlag 232
Äquivalenzziffernkalkulation 103 f.
Arbeitgeber 155, 159
Arbeitnehmer 129 ff., 135, 143 f., 146, 148, 151, 154, 156 f., 167 f., 183, 188 f.
Arbeitsentgelt 168
Arbeitsgericht 255 ff.
Arbeitsgerichtsbarkeit 255
Arbeitsgerichtsgesetz 256
Arbeitsgruppe 30
Arbeitslosenversicherung 179, 183
Arbeitslosigkeit 542
Arbeitsplatzschutzgesetz 254
Arbeitsschutzgesetz 249
Arbeitssicherheitsgesetz 250
Arbeitsstättenverordnung 250
Arbeitsteilung 511 f.
Arbeitsverhältnis 130, 143 f., 148, 154, 157 ff.
-, befristetes 162
-, Pflichten 154
-, Rechte 154
Arbeitsvertrag 148 f.
-, befristeter 148 ff.
-, unbefristeter 149
Arbeitszeitgesetz 250 f.
Arbeitszeitschutz 251
Aufbauorganisation 27 f., 30, 32
Aufgabenbeschreibung 32
Aufgabengliederungsplan 31
Aufgabenkritik 34
Auflage 305
Auflagenvorbehalt 305
Auflösende Bedingung 304, 481
Auflösungsvertrag 162
Aufschiebende Bedingung 480
Aufschiebende Wirkung 341 ff.
Aufsichtsverwaltung 431
Aufsteigendes Gehalt 226
Aufstiegsfortbildung 128 f.
Auftragsverwaltung 430
Auftragswesen 111 f.
Ausbildender 140
Ausbildungsvertrag 138
Ausgleich bei besonderen Altersgrenzen 236
Ausgleichsmandat 389
Ausschließliche Gesetzgebung 420 f.
Ausschlussfrist 165, 486
Ausschuss der Regionen 445, 449
Außenwert des Geldes 543 f.
Außenwirtschaftliches Gleichgewicht 543
Außerordentliche Kündigung 160 f.
Außerplanmäßige Ausgabe 69
Austauschvertrag 325 f., 487
Auswahlermessen 290
Auszubildender 138, 140 f.

B

Beamtengruppe 198
Beamtenpflicht 209
Beamtenrecht 190 f.
Beamtenverhältnis 133, 190, 198, 201 f., 216, 218 f.
-, auf Lebenszeit 198
-, auf Probe 199
-, auf Widerruf 199
-, Begründung eines 133
Beamtenversorgung 235
Beamtenversorgungsgesetz 235
Beamter 130 f., 197, 209 f., 212 f., 216 f.
-, im haftungsrechtlichen Sinne 193
-, im staatsrechtlichen Sinne 193
-, im strafrechtlichen Sinne 193
Beauftragter für den Haushalt 61 f., 73 f., 77
Bedarf 511
Bedingung 304, 480
Bedürfnis 507, 509
Beendigung des Arbeitsverhältnisses 164
Beendigung des Beamtenverhältnisses 214
Beförderung 197, 208
Befristung 304
Behörde 275, 277
Behördenorganisation 27
Beihilfe 234
Beitragsbemessungsgrenze 182
Bekanntgabe 308 f.
-, einfache 309
Beliehener Unternehmer 273, 275
Bepackungsverbot 57
Berichtswesen 108
Berufsausbildungsverhältnis 136, 139 ff.
Berufsausbildungsvertrag 138
Berufsbeamtentum 192
Berufsbeamter 199
Berufsbildung 136
Berufsbildungsgesetz 137, 139
Berufung 352 ff.
Beschäftigungszeit 155 ff.
Beschwerde 352, 356
Besoldung 221 ff., 233
Besoldungsgruppe 225, 228
Besoldungsordnung 225 f.
Besonderer Kündigungsschutz 159
Besondere Zahlung 174
Besorgnis der Befangenheit 296
Bestellung 490
Bestellungsannahme 490
Bestimmter Rechtsbegriff 291
Bestimmtheitsgebot 268
Beteiligter 294
Beteiligungsfähigkeit 294
Betriebsabrechnungsbogen 101 f., 104
Betriebsmittel 77
Betriebsrente 189
Beurteilung 128
Bevollmächtigter 295
Bewirtschaftungsbefugnis 61
Bezüge bei Verschollenheit 236
Binnenwert des Geldes 543
Boom 540
Brauch 460
Bringschuld 494
Bruttoinlandsprodukt 524
Bruttonationaleinkommen 524
Bruttoprinzip 58
Buchführung 89
Buchungsanordnung 74
Budgetierung 52 f.
Bundesarbeitsgericht 255 f., 432
Bundesaufsicht 387
Bundesaufsichtsverwaltung 428, 430
Bundesauftragsverwaltung 428, 430
Bundesbesoldungsgesetz 222, 227, 232
Bundesbesoldungsordnung 225, 227
Bundesdisziplinargericht 432
Bundesdisziplinargesetz 211
Bundeseigene Verwaltung 428
Bundeselterngeld- und Elternzeitgesetz 253
Bundesfinanzhof 432
Bundesgericht 431
Bundesgerichtshof 431
Bundeshaushaltsordnung 35, 38
Bundeskanzler 413 ff.
Bundesminister 413 f.
Bundespatentgericht 432
Bundespersonalvertretungsgesetz 241 ff., 245 ff.
Bundespräsident 410 ff.
Bundesrat 387, 405 ff., 424
Bundesrechnungshof 35, 109
Bundesrechnungshofgesetz 35
Bundesregierung 413, 417
Bundessozialgericht 432
Bundesstaat 383 ff.
Bundestag 388 ff., 396, 398 ff., 423
Bundestagsausschuss 404
Bundestagspräsident 403
Bundesverfassungsgericht 418 f.

Bundesversammlung 411
Bundesverwaltungsgericht 347, 356, 431
Bundeszwang 387
Bürgerliches Gesetzbuch 463
Bürgermeisterverfassung 282

C

Charta der Grundrechte der Europäischen Union 435
Controlling 106 f.
-, operatives 107
-, strategisches 107

D

dbb Tarifunion 145
Deckungsfähigkeit 68
-, einseitige 68
-, gegenseitige 68
Deflation 541
Dekonzentration 278
Deliktsfähigkeit 467, 469
Demokratie 365, 368
Demokratische Republik 364
Depression 540
Devolutiveffekt 345
Dezentralisation 278
Dienstaufsicht 263
Dienstbezeichnung 197
Dienstbezüge 223 ff.
Diensteid 210
Dienstherrnfähigkeit 193
Dienstleistungsvertrag 487
Dienstordnungs-Angestellter 131
Dienstunfähigkeit 219, 238
Dienstunfall 240
Dienstvergehen 210 f.
Dienstvertrag 148
Dienstvorgesetzter 194
Dienstzeit 237
Diktatur 365
Direktionsrecht 152
Dispositions- oder Verfügungsprinzip 293
Disziplinarmaßnahme 211
Disziplinarverfahren 212
Divisionskalkulation 103
Divisorverfahren mit Standardrundung 393
Doppik 81, 83 f., 90 f.
Drei-Komponenten-Rechnung 91

E

Echte Deckungsfähigkeit 68
Eckwertebeschluss 42
Ecofin-Rat 552
Ehrenbeamter 199
Einfacher Wirtschaftskreislauf 518
Eingruppierung 165 ff.
Eingruppierungsfeststellungsklage 167
Einheitsstaat 384 f.
Einlagefazilität 560
Einliniensystem 28 f.
Einmannsystem 279
Einspruchsgesetz 425
Einstellung 195
Einstellungsanordnung 76
Einstweiliger Ruhestand 200
Einzelanordnung 75
Einzelplan 48
-, des Haushalts 48
-, Kapitel 48
-, Titel 48
Elektronischer Verwaltungsakt 306
Entgeltfortzahlung 176
-, im Krankheitsfall 176 f.
Entgeltgruppe 168, 170 f.
Entgelt im Krankheitsfall 174
Entgeltordnung 167
Entgelttabelle 169, 171 f.
Entlassung 214, 216, 218
Entschließungsermessen 290
Entstehungsrechnung 526
Erfolgsplan 42
Ergebnishaushalt 53, 91
Ergebnisrechnung 91
Erlass 78, 80
-, von Ansprüchen 81
Ermessen 288 ff.
Ermessensfehler 290
Ermessensfehlgebrauch 290
Ermessensmissbrauch 290
Ermessensüberschreitung 290
Ernennung 203 ff.
Ernennungsurkunde 204
Erprobungszeit 195
Ersatzvornahme 331
Ersatzzustellung 312
Erschwerniszulage 229, 231
Erschwerniszuschlag 174
Erweiterte Kameralistik 81 ff.
Erweiterter Wirtschaftskreislauf 518

Erwerbsminderung 162, 184 f.
Erziehungsrente 188
Europäische Bürgerinitiative 458
Europäische Investitionsbank 450
Europäische Kommission 446
Europäischer Gerichtshof 446
Europäischer Rat 445
Europäischer Rechnungshof 448
Europäischer Zentralbankrat 559
Europäisches Parlament 445
Europäisches System der Zentralbanken 557
Europäische Union 401, 433 ff., 443 ff., 451, 453 ff., 551
Europäische Währungsunion 550 f., 556
Europäische Zentralbank 447, 557 ff.
Europakammer 407
EU-Schwellenwert 113
Exekutive 267
Existenzbedürfnis 508
Expansion 540

F

Fachaufsicht 263
Fälligkeitsprinzip 58
Familienzuschlag 228 f., 232
Fazilität 560
Fester Wechselkurs 544
Festes Gehalt 226
Feststellungsklage 349 f., 352
Finanzhaushalt 47, 53, 91
Finanzplan 42, 52
Finanzrechnung 91
Fiskalische Verwaltung 261
Fiskalpakt 556
Förmliche Bekanntgabe 310
Förmliche Kassenanordnung 76
Formloser Rechtsbehelf 335
Fortbildung 128
-, Anpassungsfortbildung 129
-, Aufstiegsfortbildung 129
Fraktion 397
Fraktionsdisziplin 397
Fraktionszwang 397
Freie Güter 514
Freie Marktwirtschaft 535 f.
Freier Wechselkurs 544
Frist 481
Funktionenplan 38, 46, 51
Funktionenübersicht 46
Fürsorgepflicht 155, 213

G

Garantie 504 f.
Gattungsschuld 493
Gebietskörperschaft 274
Geborene Deckungsfähigkeit 68
Gebot der Gesamtdeckung 58
Gebrauchsüberlassungsvertrag 487
Gegenstand des Rechts 470
Geldwert 541
Gemeindehaushaltsverordnung 35, 39, 46, 53
Gemeindekassenverordnung 35
Gemeindeordnung 35, 39
Gemeinsamer Ausschuss 408 f.
Geräte- und Produktsicherheitsgesetz 250
Gericht 432
Gesamtplan 48
-, des Haushalts 51
Geschäftsfähigkeit 467 f.
Geschäftsordnung 33
Geschäftsverteilungsplan 30 f.
Gesetz 464 f.
Gesetzesinitiative 423
Gesetzesvorbehalt 266
Gesetzgebungsnotstand 427
Gesetzgebungsverfahren 423 f., 426, 428
Gesetzgebungszuständigkeit 420
Gesetz gegen Wettbewerbsbeschränkungen 112, 115 f., 118
Gesetz im formellen Sinne 267
Gesetz im materiellen Sinne 267
Gesetzmäßigkeit der Verwaltung 286
Gestaltungsklage 349
Gewährleistung 499
Gewährleistungsanspruch 500
Gewährleistungsrecht 499 f.
Gewaltenteilung 372, 381 f.
Gewohnheitsrecht 269, 463 ff.
Gläubigerverzug 501
Gleichbehandlung 286
Gleichbehandlungsgesetz 255
Globalisierung 548, 550
Grundgehalt 225 ff.
Grundgesetz 191, 266 f., 366 ff., 372 ff., 382, 385, 387, 391, 420, 537
Grundrecht 265 f., 373 f.
Grundrechtsverwirkung 266
Grundsatz der Einheit und Vollständigkeit 56
Grundsatz der Einzelveranschlagung 58
Grundsatz der Formfreiheit 306

Grundsatz der funktionsgerechten Besoldung 222
Grundsatz der Gesetzmäßigkeit der Verwaltung 286
Grundsatz der Gleichbehandlung 286
Grundsatz der Haushaltswahrheit und Haushaltsklarheit 59
Grundsatz der Jährlichkeit 57
Grundsatz der Öffentlichkeit 59
Grundsatz der pflichtgemäßen Ausübung des Ermessens 286
Grundsatz der sachlichen Bindung 66
Grundsatz der Verhältnismäßigkeit 266, 286 f., 373
Grundsatz der Vorherigkeit 57
Grundsatz der Wirtschaftlichkeit 286 ff.
Grundsatz der Wirtschaftlichkeit und Sparsamkeit 57, 63
Grundsatz der zeitlichen Bindung 66 f.
Grundsatz des Berufsbeamtentums 192
Grundsatz des Vorbehalts des Gesetzes 268, 286
Grundsatz des Vorrangs des Gesetzes 286
Grundsatz des Vorrangs des Rechts 372
Grundsatz von Treu und Glauben 286, 288
Gruppierungsplan 38, 48, 50
Gruppierungssystem 50
Gruppierungsübersicht 46
Güter 513 f.

H

Halbwaisenrente 187
Handlungsfähigkeit 294, 467
Hauptstadt 360
Haushalt 49
Haushaltsgesetz 35, 44 f., 47
Haushaltsgrundsatz der Einzelveranschlagung 59
Haushaltsgrundsätze 56 f.
Haushaltsgrundsätzegesetz 35 ff., 53, 85
Haushaltsgrundsätzemodernisierungsgesetz 81, 85
Haushaltsmittel 60
Haushaltsplan 39, 41, 44, 46 f., 53
Haushaltsplanentwurf 42
Haushaltsquerschnitt 46
Haushaltsrecht 35, 39
Haushaltssatzung 46 f.
Haushaltssperre 65
Haushaltstechnische Richtlinien 38
-, des Bundes 35
Haushaltsverfassungsrecht 35
Haushaltsvermerk 64
Herabgruppierung 168, 172
Hinterbliebenenversorgung 236, 240
HKR-Verfahren 62
Hochkonjunktur 547
Hoheitliche Verwaltung 260
Höhergruppierung 172
Holschuld 494
Homogenitätsprinzip 386

I

Immaterielle Bedürfnisse 509
Individualbedürfnis 508
Inflation 541
Inkompatibilität 217
Integrationsverantwortungsgesetz 456
Integrierter Produktrahmen 87
Istkostenrechnung 98

J

Jahressonderzahlung 174 f.
Jubiläumsgeld 177 f.
Jubiläumszuwendung 232
Judikative 267
Jugendarbeitsschutzgesetz 251
Jugend- und Auszubildendenvertretung 247 f.
Juristische Person 273 f., 466 f.
-, des öffentlichen Rechts 273 f.
Justizgrundrecht 373

K

Kalkulationsverfahren 103
Kameralistik 59, 81 f.
Kannvorschrift 289
Kanzlerprinzip 417
Karriereplanung 128
Kassenanordnung 72 ff.
Kassenbestimmungen für die Bundesverwaltung 35
Kaufvertrag 487 ff., 493 ff.
Kennzahl 108 f.
Kirchensteuer 179
Klage 336, 347 f.

Klageart 349
Kollegialprinzip 417
Kollegialsystem 279
Kollektivbedürfnis 508
Kommunaler Kontenrahmen 54
Kommunaler Produktplan 55
Kommunaler Produktrahmen 55
Konjunktur 539
Konjunkturanalyse 540
Konjunkturindikator 540, 546 f.
Konjunkturprognose 540, 546
Konjunkturzyklus 539
Konkurrierende Gesetzgebung 420 f.
Konstitutionelle Monarchie 363
Konstruktives Misstrauensvotum 415
Kontenrahmen 46, 54
Konvergenzkriterium 551
Konzentration 278
Kooperativer Föderalismus 388
Körperschaft 274
Körperschaft des öffentlichen Rechts 274
Kosten 97 f.
Kostenartenrechnung 100
Kostenstellenrechnung 100 f.
Kostenträgerrechnung 100
-, Kostenträgerstückrechnung 102
-, Kostenträgerzeitrechnung 102
Kosten- und Leistungsrechnung 94 f.
Krankenversicherung 179, 183
Kulturbedürfnis 508
Kündigung 157 ff.
Kündigungsfrist 158
Kündigungsschutzklage 160

L

Landesarbeitsgericht 255 f.
Landesbesoldungsgesetz 222
Landesbesoldungsordnung 225
Landeshaushaltsordnung 35, 38
Landesrechnungshof 109
Laufbahn 134
Laufbahnbewerber 195, 200, 202
Laufbahngruppe 134 f.
Legalitätsprinzip 293
Legislative 267
Leistungsbeurteilung 128
Leistungsbezüge 228
Leistungsentgelt 168, 173
Leistungsklage 349
Leistungsort 494
Leistungsprämie 229 f.
Leistungsstörung 496
Leistungsverwaltung 261
Leistungszulage 229 f.
Lieferungsverzug 496, 501
Liniensystem 28 f.
Lohnsteuer 180 f.
Lohnsteuertabelle 181
Luxusbedürfnis 508

M

Magisches Viereck 541
Magistratsverfassung 282
Mängelanspruch 500
Mangelhafte Lieferung 496 f., 499 f.
Markt 527, 529, 532 ff.
Marktwirtschaft 534 ff.
Materielles Bedürfnis 509
Matrixorganisation 28 ff.
Maximalprinzip 288, 515
Mehrarbeitsvergütung 231
Mehrliniensystem 28 f.
Mindestreserve 560
Mindestversorgung 239
Minimalprinzip 288, 515
Ministerrat 445
Mitarbeiterbefragung 127
Mitarbeitergespräch 127
Mitbestimmung 245
Mittelbare Bundesverwaltung 429
Monarchie 363
Monopol 529
Moral 460
Mussvorschrift 289
Mutterschutzgesetz 252

N

Nachfrage 511, 533 f.
Nachtragshaushaltsgesetz 71
Nachtragssatzung 71
Nachweisgesetz 148
Natürliche Person 466
Nebenabrede 148
Nebenbestimmung zum Verwaltungsakt 303
Nichtiger Verwaltungsakt 317
Nichtigkeit 316
Niederschlagung 78 ff.
Norddeutsche Ratsverfassung 282
Normalkostenrechnung 98

Normenpyramide 273
Notarielle Beurkundung 475
Nothaushaltsrecht 39, 71

O

Oberste Dienstbehörde 194
Oberverwaltungsgericht 346 f., 354
Obrigkeitliche Verwaltung 261
Offener Mangel 498
Öffentliche Aufträge 114
Öffentliche Beglaubigung 475
Öffentliche Bekanntgabe 309
Öffentlicher Auftraggeber 114
Öffentlicher Dienst 129, 132, 135, 154
Öffentliches Recht 462
Öffentliche Verwaltung 273
Öffentliche Zustellung 311, 314
Öffentlich-rechtlicher Vertrag 284, 325 ff.
Öffentlich-rechtliches Dienst- und Treueverhältnis 130
Öffentlich-rechtliches Verwaltungshandeln 283
Offizialprinzip 293
Ökologie 516
Ökologisches Prinzip 516
Ökonomie 515 f.
Ökonomisches Prinzip 515
Oligopol 529
Opportunitätsprinzip 293
Ordentliche Kündigung 158
Ordnungsverwaltung 261
Organ 275 f.
Organisation 27
Organisationsanweisung 33 f.
Organisationsbefugnis 277
Organisationsplan 30
Organwalter 276

P

Parlamentarische Monarchie 363
Parlamentsbeteiligungsgesetz 402
Parlamentsrepublik 364
Partei 369 ff.
Parteienprivileg 370
Parteiverbotsverfahren 371
Personalabbau 124
Personalbedarf 124
Personalbedarfsplanung 124
Personaleinsatzplanung 125
Personalentwicklung 126
Personalgestellung 152 f.
Personalgewinnungszuschlag 229 f.
Personalkörperschaft 274
Personalplanung 123
Personalrat 241 ff., 245 f.
Personalversammlung 246
Personalvertretung 242
Persönliche Zulage 174
Pflegeversicherung 179, 183
Pflichten 154
-, des Beamten 209
Plankostenrechnung 98
Planungsverwaltung 262
Politischer Beamter 200
Polypol 529
Prämie 229
Präsidialrepublik 364
Preis 531, 533 f.
Preisbildung 531 ff.
Preisniveaustabilität 541
Privatrecht 462
Privatrechtliches Verwaltungshandeln 283
Probezeit 139 f., 151 f., 195
Produkt 92
Produkthaushalt 46, 60, 92 ff.
Produktorientierter Haushalt 92 ff.
Produktplan 54 f.
Produktrahmen 46, 49, 54 f., 87
Produktübersicht 46
Projektgruppe 30

R

Rahmengesetzgebung 421
Rat 445
Ratsverfassung 282
Realakt 284 f.
Realkörperschaft 274
Realprinzip 48
Rechnerische Richtigkeit 73 f.
Rechnungsprüfung 109 ff.
Rechte des Beamten 213
Recht im objektiven Sinne 461
Recht im subjektiven Sinne 461
Rechtsaufsicht 263
Rechtsbehelf 335 f.
Rechtsbehelfsbelehrung 340
Rechtsfähigkeit 467
Rechtsgeschäft 469, 473, 475 ff., 480
Rechtsmangel 498

Rechtsmittel 336, 352 f., 355 f.
Rechtsnorm 264, 465 f.
Rechtsobjekt 466
Rechtsordnung 459, 462
Rechtsprechung 431
Rechtsquelle 191, 264, 271, 273, 464
Rechtsstaat 372
Rechtsstaatsprinzip 285, 372
Rechtssubjekt 466
Rechtsverordnung 268 f., 283, 464
Rechtsweggarantie 267, 346, 372
Rechtswidriger Verwaltungsakt 316, 318
Regelaltersrente 163, 185
Regierungsform 365
Reisekostenvergütung 234
Reise- und Umzugskosten 179
Rente 184 f., 187
Rentenversicherung 179, 183 f., 187
Republik 364
Ressortprinzip 48, 417
Revision 352, 355 f.
Rezession 540
Richter 131
Richterdienstgericht 432
Richterrecht 465
Riester-Rente 189, 241
Rücknahme 320 ff.
Ruhegehalt 235 f., 238 f.
Ruhegehaltfähige Dienstbezüge 236
Ruhegehaltfähige Dienstzeit 237
Ruhestand 219 f.
Rürup-Rente 190, 241

S

Sache 470 f.
Sachgüter 514
Sachliche Richtigkeit 73 f.
Sachmangel 497
Sammelanordnung 75
Satzung 269, 284, 464
Schickschuld 494
Schlicht-hoheitliche Verwaltung 261
Schuldnerverzug 501
Schuldverhältnis 486
Sektorenverordnung 112
Selbstverwaltung 262 f.
Sitte 460
Sofortiger Vollzug 333 f.
Sofortige Vollziehung 342
Soldat 131
Solidaritätszuschlag 181
Sollvorschrift 289
Sonstige Besoldungsbezüge 223
Sonstige Bezüge 223
Soziale Marktwirtschaft 537 f.
Sozialstaatsprinzip 382
Spitzenrefinanzierungsfazilität 560
Sprungrevision 355
Staat 359, 362
Staatenbund 383
Staatengemeinschaft 383
Staatliche Doppik 82
Staatsangehörigkeit 360 f.
Staatsform 363
Staatsgebiet 359
Staatsgewalt 359, 362
Staatsquote 527
Staatsverwaltung 262
Staatsvolk 359
Stabilitätsgesetz 541
Stabilitätsrat 37
Stabilitätsratsgesetz 35, 37
Stabilitäts- und Wachstumsgesetz 35 f.
Stabliniensystem 28 f.
Ständige Fazilität 560
Stellenausschreibung 136
Stellenbeschreibung 30 f., 124
Stellenbesetzungsplan 125
Stellenzulage 229
Stellvertretung 478
Sterbegeld 178
Steuerklasse 180
Stiftung des öffentlichen Rechts 274 f.
Stückschuld 493
Stundung 78 f.
Subsumtion 466
Süddeutsche Ratsverfassung 282

T

Tabellenentgelt 168, 171 ff.
Tarifautomatik 166
Tarifautonomie 144
Tarifgebundenheit 145
Tarifgemeinschaft deutscher Länder 145
Tarifvertrag 144, 146 f.
-, für Auszubildende der Länder in Ausbildungsberufen nach dem Berufsbildungsgesetz 137
-, für den öffentlichen Dienst 147 f., 150

-, für den öffentlichen Dienst der Länder 147 f., 150
-, für die Auszubildenden des öffentlichen Dienstes nach BBiG 137
Tarifvertragsparteien 145
Teilkostenrechnung 98 f.
Teilzeitbeschäftigung 173, 225
Teilzeit- und Befristungsgesetz 148
Termin 481
Trennungsgeld 179, 234
Treuepflichten 154
Treu und Glauben 288
Truppendienstgericht 432

U

Übergangsgeld 236
Überhangmandat 389
Übermaßverbot 287, 373
Überplanmäßige Ausgabe 69
Übertragbare Ausgabe 67
Umbuchungsanordnung 76
Umdeutung eines Verwaltungsaktes 319
Umsetzung 153, 196
Umwandlungsvermerk 64
Umzugskostenvergütung 234
Unbefristeter Arbeitsvertrag 149
Unbestimmter Rechtsbegriff 291
Unechte Deckungsfähigkeit 68
Unerlaubte Handlung 506
Unfallfürsorge 236, 240
Ungerechtfertigte Bereicherung 505
Unionsbürger 458
Unionsbürgerschaft 458
Unmittelbare Bundesverwaltung 429
Unmittelbarer Zwang 332
Unmöglichkeit 496
-, der Leistung 497
Unterhaltsbeitrag 235, 239
Unterschied 548
Unterschwellenvergabeordnung 114
Untersuchungsgrundsatz 296

V

Verbandskörperschaft 274
Verbot von Einzelfallgesetzen 266
Vereinigung der kommunalen Arbeitgeberverbände 145
Vereinte Dienstleistungs-gewerkschaft e. V. 145
Verfassung 464
Verfassungsbeschwerde 267
Verfügungsgeschäft 473 f.
Verfügungsmittel 69
Vergabekammer 120 f.
Vergabe- und Vertragsordnung für Bauleistungen 112
Vergabeverordnung 112 ff.
Vergleichsvertrag 325
Vergütung 231
Verhältnismäßigkeit 287
Verjährung 482, 484 ff.
Verjährungsfrist 165, 483
Verlust der Beamtenrechte 218
Vermittlungsausschuss 424
Vermögensrechnung 91
Vermögenswirksame Leistungen 177 f., 233
Verpflichtungsermächtigung 49, 63, 66, 70
Verpflichtungsgeschäft 473 f.
Verpflichtungsklage 349, 351
Verpflichtungswiderspruch 344
Versetzung 152 f., 196
Versicherungspflichtgrenze 182
Versorgung 235
Versteckter Mangel 498
Verteilungsrechnung 526
Vertragsfreiheit 491
Vertrag über die Arbeitsweise der Europäischen Union 435 f.
Vertrag über die Europäische Union 435
Vertrauensfrage 415 f.
Vertretungsmacht 479 f.
Verwaltung 259 ff.
-, im formellen Sinn 259
-, im materiellen Sinn 259
-, im organisatorischen Sinn 259
Verwaltungsakt 284, 299 ff., 315 ff., 342
Verwaltungsaufbau 279 f.
Verwaltungsform 428
Verwaltungsgericht 346 f.
Verwaltungsgerichtsbarkeit 346 f.
Verwaltungsgerichtsordnung 337
Verwaltungsgliederungsplan 31
Verwaltungshandeln 285
Verwaltungshaushalt 47
Verwaltungskontenrahmen 49, 86
Verwaltungsrechtsweg 348
Verwaltungsverfahren 292 ff., 299
Verwaltungsvollstreckung 328 f.
Verwaltungsvollstreckungsverfahren 333
Verwaltungsvorschrift 270 f.

Verwaltungsvorschriften über die endgültige Haushaltsführung 39
Verwaltungsvorschriften über die vorläufige Haushaltsführung 39
Verwaltungsvorschriften zur Bundeshaushaltsordnung 35
Verwaltungsvorschriften zur Haushaltssystematik 38
Verwaltungsvorschriften zur Haushaltssystematik des Bundes 35
Verwaltungsvorschriften zur Landeshaushaltsordung 35
Verwaltungszwang 329, 334
Verweisungsregelung 151
Verwendungsbeurteilung 128
Verwendungsrechnung 526
Verzug 501, 503
Volkseinkommen 526
Volkswirtschaftliche Gesamtrechnung 520 ff., 525
Vollbeschäftigung 542
Vollkostenrechnung 98 f.
Vollmacht 479 f.
Vollständiger Wirtschaftskreislauf 519 f.
Vollstreckung von Geldforderungen 78
Vollzugskritik 34
Vollzugsverwaltung 262
Vorbehalt des Gesetzes 286
Vorbereitungsdienst 195
Vorgesetzter 194
Vorläufiges Zeugnis 165
Vorrang des Gesetzes 286

W

Wahlrecht 391
Wahlrechtsgrundsatz 390
Wahlsystem 391 f.
Währungsreform 550
Währungsunion 550
Waisenrente 187
Wechselkurs 544, 556
Wegfall- und Umwandlungsvermerk 64
Wesensgehaltsgarantie 266
Widerruf 322 ff.
Widerrufsvorbehalt 304
Widerspruch 336 f., 339, 341, 343 f.
Widerspruchsbescheid 340
Widerspruchsfrist 339 f.
Widerspruchsverfahren 337 f., 343, 345
Widerstandsrecht 367
Wiederaufgreifen des Verfahrens 324
Willenserklärung 472 ff.
Wirtschaftliche Güter 514
Wirtschaftlichkeit 287
Wirtschaftskreislauf 516 ff.
Wirtschaftsordnung 534 f.
Wirtschaftsplan 41 f.
Wirtschaftspolitik 539 f., 545 f.
Wirtschaftssystem 534 f.
Wirtschafts- und Sozialausschuss 445, 449
Wirtschaftswachstum 544
Witwen- oder Witwerrente 187

Z

Zahlstellenbestimmungen für die Bundesverwaltung 35
Zahlungsanordnung 74
Zahlungsbefugnis 78
Zahlungsbilanz 543
Zahlungsverzug 496, 503
Zeitbestimmung 480
Zentralisation 278
Zentralverwaltungswirtschaft 534 ff.
Zeugnis 164
Zielvereinbarung 107, 127
Zitiergebot 266, 268
Zulage 229 f.
-, für die Wahrnehmung befristeter Funktionen 229
Zuschlagskalkulation 103 ff.
Zustellung 310 ff.
-, an Bevollmächtigte 313
-, durch die Behörde gegen Empfangsbekenntnis 312
-, durch die Post mittels Einschreiben 311
-, durch die Post mit Zustellungsurkunde 311
-, im Ausland 311, 314
Zustellungsmangel 314
Zustimmungsgesetz 425
Zuweisung 152 f., 196
Zwangsbeitreibung 329
Zwangsgeld 332
Zwangsmittel 331
Zwangsvollstreckung 328
Zweckkritik 34
Zwischenzeugnis 165